बिहार पुलिस अवर सेवा आयोग

BPSSC
अवर निरीक्षक (दरोगा)

मुख्य परीक्षा

30 प्रैक्टिस सेट्स

बिहार पुलिस अवर सेवा आयोग

BPSSC

अवर निरीक्षक (दरोगा)

मुख्य परीक्षा

30 प्रैक्टिस सेट्स

राम मोहन शर्मा

प्रभात एग्जाम
www.prabhatexam.com

प्रकाशक

प्रभात एग्जाम

प्रभात प्रकाशन प्रा. लि. का उपक्रम

4/19 आसफ अली रोड, नई दिल्ली-110002

फोन— 23289555 • 23289666 • 23289777 • हेल्पलाइन/ 7827007777

इ-मेल : prabhatbooks@gmail.com ❖ वेब ठिकाना : www.prabhatexam.com

मूल्य

दो सौ पैंतालीस रुपए

अ.मा.पु.स. 978-93-5488-065-0

मुद्रक

नक्षत्र आर्ट, दिल्ली

★

BIHAR POLICE AVAR NIRIKSHAK (DAROGA)
MUKHYA PARIKSHA
30 PRACTICE SETS
by Ram Mohan Sharma

ISBN 978-93-5488-065-0

₹ 245.00

विषय-सूची

सॉल्व्ड पेपर–2020 1–5

सॉल्व्ड पेपर–2018 1–5

प्रैक्टिस सेट्स सामान्य अध्ययन 1–177

- प्रैक्टिस सेट–1 3–11
- प्रैक्टिस सेट–2 12–20
- प्रैक्टिस सेट–3 21–29
- प्रैक्टिस सेट–4 30–37
- प्रैक्टिस सेट–5 38–45
- प्रैक्टिस सेट–6 46–54
- प्रैक्टिस सेट–7 55–63
- प्रैक्टिस सेट–8 64–70
- प्रैक्टिस सेट–9 71–78
- प्रैक्टिस सेट–10 79–88
- प्रैक्टिस सेट–11 89–95
- प्रैक्टिस सेट–12 96–104
- प्रैक्टिस सेट–13 105–112
- प्रैक्टिस सेट–14 113–121
- प्रैक्टिस सेट–15 122–130
- प्रैक्टिस सेट–16 131–140
- प्रैक्टिस सेट–17 141–150
- प्रैक्टिस सेट–18 151–158
- प्रैक्टिस सेट–19 159–168
- प्रैक्टिस सेट–20 169–177

प्रैक्टिस सेट्स सामान्य हिन्दी 1–50

- प्रैक्टिस सेट–1 3–7
- प्रैक्टिस सेट–2 8–11
- प्रैक्टिस सेट–3 12–15
- प्रैक्टिस सेट–4 16–20
- प्रैक्टिस सेट–5 21–25
- प्रैक्टिस सेट–6 26–30
- प्रैक्टिस सेट–7 31–35
- प्रैक्टिस सेट–8 36–40
- प्रैक्टिस सेट–9 41–45
- प्रैक्टिस सेट–10 46–50

समसामयिक प्रश्न संग्रह 1–18

- समसामयिक प्रश्न संग्रह 3–18

B.P.S.S.C.

बिहार दरोगा

(पुलिस अवर निरीक्षक)

सॉल्व्ड पेपर (मुख्य परीक्षा) तिथि-29-11-2020

1. अंतर्राष्ट्रीय महिला दिवस कब मनाया जाता है?

(a) 6 अप्रैल (b) 8 मार्च
(c) 18 दिसम्बर (d) 28 अक्टूबर

2. नौजवान भारत सभा की स्थापना किसने की?

(a) हरदयाल सिंह (b) चित्तरंजन दास
(c) सुभाषचन्द्र बोस (d) भगत सिंह

3. भारत में वरीयता का सही क्रम चुनें-

(a) राष्ट्रपति, उपराष्ट्रपति, प्रधानमंत्री, कैबिनेट मंत्री, राज्यों के राज्यपाल
(b) राष्ट्रपति, उपराष्ट्रपति, प्रधानमंत्री, भारत के मुख्य न्यायाधीश, भूतपूर्व राष्ट्रपति
(c) राष्ट्रपति, उपराष्ट्रपति, प्रधानमंत्री, राज्यों के राज्यपाल, भूतपूर्व राष्ट्रपति
(d) राष्ट्रपति, उपराष्ट्रपति, प्रधानमंत्री, भारत के मुख्य न्यायाधीश, राज्यों के राज्यपाल

4. कवक की कोशिका भित्ति का मुख्य अवयव है-

(a) काइटिन (b) सैल्यूलोज
(c) लिग्निन (d) पैक्टिन

5. एक सम बहुभुज का आंतरिक कोण उसके बाह्य कोण से चार गुना है। बहुभुज की कितनी भुजाएँ हैं?

(a) 6 (b) 8
(c) 10 (d) 12

6. वर्ष 2011 की जनगणनानुसार भारत में वह राज्य जहाँ न्यूनतम जनसंख्या घनत्व दर्ज किया गया है, वह है-

(a) सिक्किम
(b) अरुणाचल प्रदेश
(c) नागालैंड
(d) मिजोरम

7. पॉलिशदार पाषाण उपकरण किस युग की विशेषता है?

(a) पुरापाषाण (b) पूर्वपुरापाषाण
(c) मध्यपाषाण (d) नवपाषाण

8. राज्य विधान परिषद् के संबंध में निम्नलिखित में से कौन-सा कथन सत्य नहीं है?

(a) महाराष्ट्र एवं तेलंगाना राज्य में द्विसदनात्मक विधानमंडल है।
(b) विधान परिषद् के सदस्यों की अधिकतम संख्या विधानसभा की सदस्य संख्या 1/3 है।
(c) न्यूनतम सदस्य संख्या 60 है।
(d) कुल सदस्यों का 1/3 भाग स्थानीय निकायों के सदस्यों द्वारा निर्वाचित होता है

9. शिवाजी से संबंधित निम्नलिखित घटनाओं का सही क्रम क्या है?

(a) राज्याभिषेक
(b) सूरत की पहली लूटमार
(c) कर्नाटक का आक्रमण
(d) पुरन्दर दुर्ग पर विजय

10. 120 किलोमीटर प्रति घंटे की रफ्तार से दौड़ने वाली ट्रेन 30 सेकंड में 800 मी. लंबाई के प्लेटफॉर्म को पार करती है, तो ट्रेन की लंबाई है-

(a) 200 मी. (b) 240 मी.
(c) 250 मी. (d) 300 मी.

11. निम्नलिखित में से कौन-सा प्रत्यक्ष लोकतंत्र का साधन नहीं है?

(a) जनमत संग्रह
(b) प्रत्यावर्तन
(c) आरंभक
(d) जैरीमेंडरिंग

12. एक महिला की तरफ इशारा करते हुए विजय ने कहा "वह मेरे ससुर की पत्नी की इकलौती पुत्री है" उस महिला का विजय से क्या रिश्ता है?

(a) बहन (b) साली
(c) पत्नी की बहन (d) पत्नी

13. भारत के उत्तर-पश्चिमी भाग में शीतकालीन वर्षा मुख्य रूप से निम्नलिखित कारण से होती है-

(a) पश्चिमी विक्षोभ
(b) उत्तरी-पूर्वी मानसून
(c) दक्षिणी-पश्चिमी मानसून
(d) बंगाल की खाड़ी में अवनमन

14. z का मान है-

(a) 19 1/2 (b) 21
(c) 22 (d) 22 1/2

15. यदि x का एक चौथाई 6 से 5 अधिक है तब-

(a) 40 (b) 44
(c) 24 (d) 48

16. निम्नलिखित में से कौन-सा पथ्वी के घर्षण का प्रभाव नहीं है?

(a) पवनों का विक्षेपण
(b) कोरिओलिस बल की उत्पत्ति
(c) दिन-रात का बनना
(d) ऋतु परिवर्तन

17. आपात्काल की उद्घोषणा हो तब निम्नलिखित में से कौन-से मूल अधिकार को छोड़कर अन्य सभी अधिकारों के प्रवर्तन के लिए न्यायालय में जाने का अधिकार निलंबित रहता है।

(a) अनुच्छेद 20 और अनुच्छेद 21
(b) अनुच्छेद 21 और अनुच्छेद 22
(c) अनुच्छेद 19 और अनुच्छेद 20
(d) अनुच्छेद 15 और अनुच्छेद 16

18. भारत के संविधान की निम्नलिखित में से कौन-सी अनुसूची द्वारा निम्नलिखित जिला परिषदों की स्थापना का प्रावधान किया गया है?
(a) तीसरी अनुसूची (b) छठी अनुसूची
(c) आठवीं अनुसूची (d) दसवीं अनुसूची

19. एफ्ला विष का उत्पादन होता है-
(a) जीवाणु द्वारा
(b) शैवाल द्वारा
(c) विषाणु द्वारा
(d) कवक द्वारा

20. राज्य सभा के सदस्यों के चुनाव की प्रक्रिया ग्रहण की गई है-
(a) जापान के संविधान से
(b) दक्षिण अफ्रीका के संविधान से
(c) संयुक्त राज्य अमेरिका के संविधान से
(d) आयरलैंड के संविधान से

21. प्यूनिक युद्ध .... के मध्य लड़े गये।
(a) रोम और मैसेडोनिया
(b) रोम और कार्थेज
(c) रोम और मिस्र
(d) रोम और असीरिया

22. आनुवंशिक विकार जिसमें केंद्रक में 47 क्रोमोसोम (xxy) हो जाते हैं-
(a) क्लाइफेलटर सिंड्रोम
(b) टर्नर सिंड्रोम
(c) डाउल सिंड्रोम
(d) थैलेसीमिया

23. निम्नलिखित में से कौन-सा मुख्यमंत्री के विषय में सही नहीं है?
(a) अंतर राज्य परिषद् का सदस्य
(b) राष्ट्रीय विकास परिषद् का सदस्य
(c) राज्य योजना बोर्ड का अध्यक्ष
(d) राज्य मानवाधिकार आयोग का अध्यक्ष

24. अग्रदिशिक बायस में p-n संधि डायोड के अवक्षय क्षेत्र की चौड़ाई–
(a) अपरिवर्तित रहती है
(b) बढ़ती है
(c) घटती है
(d) पहले घटती है, फिर बढ़ती है

25. जेम्स टोबिन के द्वारा पहली बार लगाया गया टॉबिन टैक्स निम्न में से किस लेनदेन पर लगाया जाता था?
(a) संपत्ति के लेनदेन पर
(b) करेंसी के लेनदेन पर
(c) कृषि उत्पाद के लेनदेन पर
(d) औद्योगिक उत्पाद के लेनदेन पर

26. मुगल दरबार में प्रमुख चित्रकार कौन था जिसके नेतृत्व में अकबर ने चित्रकला का एक पृथक विभाग स्थापित किया?
(a) अब्दुस समद
(b) सांवलदास
(c) मुराद
(d) मनोहर

27. एक शर्ट को ₹ 1,353 के बजाय ₹ 1,425 में बेचने पर 8% ज्यादा प्राप्ति होती है, तो शर्ट का लागत मूल्य है-
(a) ₹ 800 (b) ₹ 900
(c) ₹ 1,000 (d) ₹ 1,200

28. कृषि का 'काटो और जलाओ' प्रतिरूप भारत के किस प्रदेश में प्रचलित है?
(a) पश्चिम घाट प्रदेश
(b) पूर्वी तटीय प्रदेश
(c) दक्कन पठार
(d) उत्तरी-पूर्वी राज्य प्रदेश

29. भारत में इस्पात उद्योग को निम्नलिखित में से किसके आयात की अपेक्षा होती है?
(a) शोरा
(b) रॉक फॉस्फेट
(c) कोर्किंग कोयला
(d) लौह अयस्क?

30. निम्न में से कौन-सा प्रत्यक्ष कर का उदाहरण नहीं है?
(a) सम्पत्ति कर
(b) व्यवसाय कर
(c) आय कर
(d) वस्तुओं और सेवाओं पर कर

31. संस्कृति और शिक्षा का अधिकार वर्णित है-
(a) अनुच्छेद 28 और 29 में
(b) अनुच्छेद 29 और 30 में
(c) अनुच्छेद 30 और 31 में
(d) अनुच्छेद 28, 29 और 30 में

32. निम्नलिखित में से किसने रैयतवाड़ी बन्दोबस्त आरंभ किया?
(a) लॉर्ड कार्नवालिस
(b) थॉमस मुनरो
(c) सर जॉन शोर
(d) वारेन हेस्टिंग्स

33. पश्चिम बंगाल में होने वाली मानसून-पूर्व की वर्षा को कहते हैं-
(a) चेरी ब्लॉसम
(b) चाय वर्षा
(c) वोर्डोइचिला
(d) कालवैशाखी (नार्वेस्टर्स)

34. अज्ञात राशि ज्ञात कीजिए-

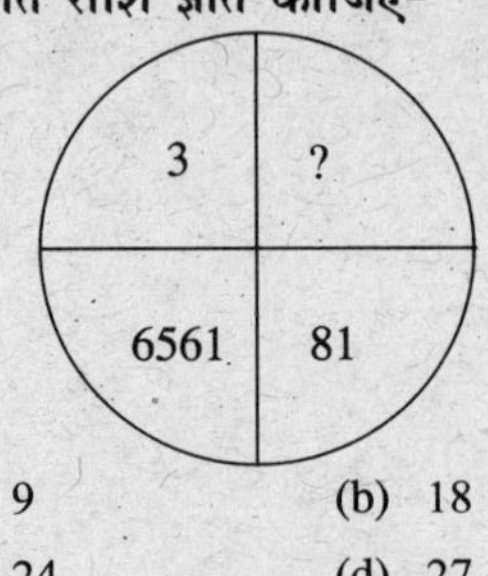

(a) 9 (b) 18
(c) 24 (d) 27

35. भारत के राष्ट्रपति के चुनाव में हुए विवाद का निर्णय कौन करता है?
(a) संसद (b) सर्वोच्च न्यायालय
(c) निर्वाचन आयोग (d) राज्य सभा

36. भोपाल गैस दुर्घटना में, विषाक्त गैस जिसका रिसाव हुआ था-
(a) इथाइल आइसोसायनाइड
(b) कार्बन मोनोक्साइड
(c) मिथाइल आइसोसायनेट
(d) हाइड्रोजन सायनाइड

37. माना PQ तथा RS दो समांनातर रेखाएँ हैं। यदि दोनों के बीच की लंबवत दूरी 2 सेमी. है तथा A एक बिन्दु है जिसकी PQ तथा RS से दूरी समान है। (चित्र देखें) यदि $\angle PAR$, 120° है, तब $\angle APQ$ तथा $\angle APR$ के बीच संबंध है-

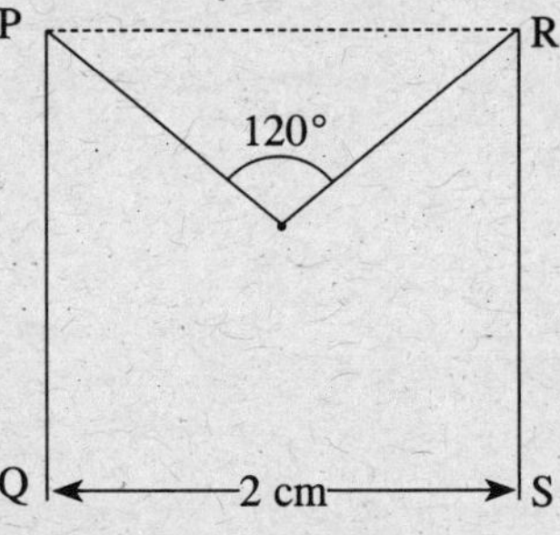

(a) $\angle APQ = 2\ \angle APR$
(b) $\angle APR = 2\ \angle APQ$
(c) $\angle APQ = 1/3\ \angle APR$
(d) $\angle APQ = 1/4\ \angle APR$

38. कल से एक दिन पहले शनिवार था। अगला मंगलवार कब होगा?
(a) आज
(b) आने वाला कल
(c) कल के एक दिन बाद
(d) कल के दो दिन बाद

39. दक्षिण पूर्वी एशिया के वृद्धि त्रिकोण में सम्मिलित है-
(a) सिंगापुर, मलेशिया एवं इंडोनेशिया
(b) मलेशिया, थाईलैंड एवं कम्बोडिया
(c) मलेशिया, म्यांमार एवं लाओस
(d) कम्बोडिया, वियतनाम एवं मलेशिया

40. निर्विरोध निर्वाचित होने वाले भारत के प्रथम राष्ट्रपति कौन हैं?
(a) डॉ. राधाकृष्णन
(b) डॉ. राजेंद्र प्रसाद
(c) वी.वी. गिरी
(d) एन. संजीव रेड्डी

41. निम्न में से कौन-सा हाइड्रोजन का समस्थानिक नहीं है?
(a) प्रोटियम (b) ड्यूटेरियम
(c) ट्राइटियम (d) इट्रियम

42. भारत में बाजार नियंत्रण प्रणाली किस सुल्तान द्वारा लागू की गई थी?
(a) अलाउद्दीन खिलजी
(b) बलबन
(c) फीरोजशाह तुगलक
(d) मुहम्मद-बिन-तुगलक

43. अकबर के 1567-68 ईस्वी में चित्तौड़ पर आक्रमण के समय मेवाड़ का शासक कौन था?
(a) महाराणा सांगा
(b) राणा उदयसिंह
(c) महाराणा प्रताप
(d) राणा अमरसिंह

44. पटाखों से निकलने वाली हरि ज्वाला निम्न के कारण उत्पन्न होती है-
(a) सोडियम
(b) पोटेशियम
(c) पारा
(d) बेरियम

45. लोकसभा में प्रथम विपक्ष के नेता थे-
(a) देवीलाल
(b) वाई.वी. चव्हाण
(c) राम सुभाग सिंह
(d) मोरारजी देसाई

46. ग्लूकोज का एक अणु एंजाइम उत्प्रेरित श्रृंखलाओं की अभिक्रियाओं द्वारा पायरुविक अम्ल के दो अणुओं में टूट जाता है, इस प्रक्रिया को .... कहते हैं।
(a) इलेक्ट्रॉन परिवहन तंत्र
(b) क्रेब्स चक्र
(c) ग्लाइकोलिसिस
(d) ऑक्सीकारी फॉस्फोरिलीकरण

47. गारो, खासी, जयंतिया पहाड़ियाँ किस राज्य में स्थित है?
(a) अरुणाचल प्रदेश
(b) मेघालय
(c) मणिपुर
(d) सिक्किम

48. डेविस कप का संबंध किस खेल से है?
(a) बैडमिंटन
(b) टेबल टेनिस
(c) टेनिस
(d) तीरंदाजी

49. निम्नलिखित में से कौन-सा युग्म सुमेलित नहीं है?

जलयान निर्माण उद्योग	अवस्थिति
(a) गार्डन रीच शिप लि.	कोलकाता
(b) गोवा शिपयार्ड लि.	वास्को डी गामा
(c) मजगांव डॉक लि.	गोवा
(d) हिंदुस्तान शिपयार्ड लि.	विशाखापट्टनम

50. राज्य सभा साधारण विधेयक को अधिकतम लंबित कर सकती है-
(a) 14 दिनों के लिए
(b) एक माह के लिंए
(c) छह माह के लिए
(d) एक साल के लिए

51. दो संख्याओं का अनुपात 3:4 है। यदि उनका ल.स.प. 240 है, तब बड़ी संख्या है-
(a) 60 (b) 80
(c) 120 (d) 240

52. राष्ट्रपति के द्वारा किसी अपराध में दण्ड को कुछ समय के लिए निलंबित करना कहलाता है-
(a) क्षमा (b) परिहार
(c) विराम (d) प्रबिलंबन

53. भारतीय राज्यों का आजादी के बाद पुनर्गठन मुख्यतः जिस आधार पर किया गया था-
(a) भाषायी आधार पर
(b) धार्मिक आधार पर
(c) आर्थिक आधार पर
(d) प्रथा एवं परंपराओं के आधार पर

54. निम्नलिखित में से कौन-सा युग्म (संपादक और समाचार पत्र) सुमेलित नहीं है?
(a) राजा राममोहन रॉय - संवाद कौमुदी
(b) ईश्वर चन्द्र विद्यासागर - सोमप्रकाश
(c) मोतीलाल घोष - अमृत बाजार पत्रिका
(d) एनी बेसेंट - सर्वेंट ऑफ इंडिया

55. वह सबसे छोटी संख्या जिससे 147 को गुणा करने पर एक पूर्ण बन जाये, वह है-
(a) 2 (b) 3
(c) 7 (d) 11

56. निम्नलिखित में से कौन कैबिनेट मिशन का सदस्य नहीं था?
(a) विलियम वार्ड
(b) पेथिक लॉरेंस
(c) स्टेफोर्ड क्रिप्स
(d) ए.वी. एलेक्जैण्डर

57. भ्रूण और गर्भाशय के बीच सवहनी संपर्क बनाने वाली संरचना को .... कहते हैं।
(a) अपरा (प्लेसेन्टा)
(b) डिम्बवाहिनी नलिका (फैलोपिन नलिका)
(c) शुक्रजनक नलिका
(d) (a) व (b) दोनों

58. मिनामाटा रोग निम्नलिखित में से किसके सेवन से होता है?
(a) लेड (सीसा) (b) मरकरी (पारा)
(c) कैडमियम (d) जिंक (जस्ता)

59. ''प्रेरित विद्युत वाहक बल का परिणाम चुंबकीय फ्लक्स में समय के साथ होने वाले परिवर्तन की दर के बराबर होता है।'' यह कथन है-
(a) स्थिरवैद्युतिकी के गाउस के नियम का
(b) लेंज के नियम का
(c) फैराडे के विद्युतचुंबकीय प्रेरण के नियम का
(d) स्थिरचुम्बकत्व के गाउस के नियम का

60. यदि 2 मेजों तथा 3 कुर्सियों का एक साथ मूल्य ₹ 2,000, जबकि 3 मेजों तथा 2 कुर्सियों का एक साथ मूल्य ₹ 2,500 है, 4 कुर्सियों का मूल्य है-
(a) ₹ 200 (b) ₹ 700
(c) ₹ 800 (d) ₹ 2,800

61. भारत में तटीय सीमा वाले राज्यों की संख्या है-
(a) 7 (b) 8
(c) 9 (d) 10

62. 'पादशाहनामा' का रचयिता कौन है?
(a) अब्दुल कादिर बदायूँनी
(b) इनायत खाँ
(c) अब्दुल हमीद लाहौरी
(d) खाफी खाँ

63. निम्नलिखित में से भारत की कौन-सी नदी ज्वारनदमुख बनाती है
(a) कवेरी (b) तापी (ताप्ती)
(c) गोदावारी (d) महानदी

64. गाँधी सागर बाँध निम्नलिखित में से किसका हिस्सा है?
(a) चम्बल (b) सरदार सरोवर
(c) हीराकुंड (d) कोसी

65. दी गई श्रेणी में लुप्त पद ज्ञात किजिए-
D2V, F6T, I11Q, M17M, ?
(a) R24H
(b) R24I
(c) S24H
(d) R34H

66. दो पाशे एक साथ फेकें जाते हैं। उन वा पाये गये अंकों का योग 8 नहीं होने की संभावना क्या है?
(a) $\frac{5}{36}$ (b) $\frac{31}{36}$
(c) $\frac{5}{9}$ (d) $\frac{5}{9}$

67. निम्नलिखित राज्यों में से किस एक राज्य में केबुललामजाओ राष्ट्रीय उद्यान स्थित है?
(a) सिक्किम (b) नागालैंड
(c) मणिपुर (d) अरुणाचल प्रदेश

68. निम्नलिखित में से किस गवर्नर जनरल का नाम 'व्यपगत का सिंद्धात' (डॉक्ट्रिन ऑफ लैप्स) के साथ जुड़ा हुआ है?
(a) लॉर्ड रिपन
(b) लॉर्ड डलहौजी
(c) लॉर्ड बैंटिक
(d) लॉर्ड कर्जन

69. निम्नलिखित में से भारत में सदाबहार वन कहाँ पाए जाते हैं?
(a) असम
(b) राजस्थान
(c) पंजाब
(d) उत्तर प्रदेश

70. एक स्वस्थ मनुष्य का रक्त चाप होता है-
(a) 120/40 mm Hg
(b) 120/120 mm Hg
(c) 120/100 mm Hg
(d) 120/80 mm Hg

71. 'सुंदर वन' जाने जाते हैं-
(a) मैंग्रोव वन
(b) मानसून वन
(c) शुष्क वन
(d) आर्द्र वन

72. 'योर्कर' शब्द का प्रयोग किया जाता है-
(a) क्रिकेट में
(b) टेनिस में
(c) निशानेबाजी में
(d) नेट बॉल में

73. भारत का कौन-सा राज्य नौकादौड़ के लिए प्रसिद्ध है?
(a) केरल (b) पंजाब
(c) हरियाणा (d) चेन्नई

74. यदि R_1 व R_2 क्रमशः 400 W व 200 W के दो लैम्पों के तन्तुओं के प्रतिरोध हैं, जो कि समान वोल्टता पर कार्य करने के लिए डिजाइन किये गए हैं, तो
(a) $R_1 = 2R_2$
(b) $R_2 = 2R_1$
(c) $R_2 = 4R_1$
(d) $R_1 = R_2$

75. भारत का वह राज्य जहाँ विश्व का थोरियम का विशाल भण्डार है-
(a) केरल
(b) कर्नाटक
(c) आंध्र प्रदेश
(d) असम

76. कंबोडिया निम्नलिखित में से किस भौगोलिक और सांस्कृतिक व राजनैतिक उपविभाग में आता है?
(a) दक्षिण - पूर्वी एशिया
(b) पूर्वी एशिया
(c) दक्षिण - पश्चिम एशिया
(d) मध्य एशिया

77. 'आत्मीय सभा' की स्थापना किसने की?
(a) ज्योतिराव फूले
(b) दयानंद सरस्वती
(c) राजा राममोहन रॉय
(d) स्वामी विवेकानंद

78. न्युक्लियस के बाहर डी.एन.ए. मिलता है-
(a) गॉल्जीकाय
(b) राइबोसोम
(c) अन्तर्द्रव्यी जलिका
(d) माइटोकॉण्ड्रिया

79. निम्न में से कौन-सा कथन सत्य है-
(a) सात नियम संख्याओं का योग सम होता है।
(b) सभी अभाज्य संख्याएं विषम होती हैं
(c) दो अभाज्य संख्याओं का योग हमेशा सम होता है।
(d) दो सम संख्याओं का गुणन हमेशा सम होता है।

80. निम्नलिखित गुप्त शासकों में से किसने अश्वमेध यज्ञ सम्वादित किया?
(a) चन्द्रगुप्त प्रथम
(b) समुद्रगुप्त
(c) चन्द्रगुप्त द्वितीय
(d) श्रीगुप्त

81. एक गोले, बेलन तथा शंकु की त्रिज्या तथा ऊँचाई समान है, तब उनके वक्रीय पृष्ठीय क्षेत्रफल का अनुपात है-
(a) 1:1:1 (b) 4:4:5
(c) 2:2:5 (d) $4:4:\sqrt{5}$

82. निम्नलिखित नदियों में से कौन-सी नदी डेल्टा नहीं बनाती है?
(a) महानदी (b) कृष्णा
(c) गंगा (d) ताप्ती

83. यदि VARANASI का कूट WCUESGZQ है, तो KOLKATA का कूट होगा-
(a) LOQOZEH (b) LQOOFZH
(c) LHOOQEZ (d) HLZEOOQ

84. ''विक्रम संवत्'' किस गुप्त शासक ने आरंभ किया था?
(a) समुद्रगुप्त
(b) स्कन्दगुप्त
(c) चन्द्रगुप्त द्वितीय
(d) चन्द्रगुप्त

85. निम्न में से कौन-सा खाने के नमक के नाम से जाना जाता है?
(a) CaO (b) $AlCl_3$
(c) $MgCl_2$ (d) NaCl

86. निम्नलिखित में से कौन $1 - x^2 \geq 0$ के लिए x के सभी मानों को निरूपित करता है?
(a) $x \leq -1$ एवं $x \geq 1$
(b) $-1 \leq x \leq 0$
(c) $0 \leq x \leq 1$
(d) $-1 \leq x \leq 1$

87. उपयुक्त आवृत्ति का प्रकाश जब किसी धातु पृष्ठ पर डाला जाता है तो इलेक्ट्रॉनों का उत्सर्जन होता है। इस प्रक्रिया को कहते हैं-
(a) तापायनिक उत्सर्जन
(b) क्षेत्र उत्सर्जन
(c) प्रकाशविद्युत उत्सर्जन
(d) प्रोटोन उत्सर्जन

88. समीकरण $\frac{x+b}{a-b} = \frac{x-b}{a+b}$ का हल है-
(a) $x = a$ (b) $x = b$
(c) $x = -a$ (d) $x = -b$

89. निम्नलिखित में से कौन प्रधानमंत्री बनने से पहले मुख्यमंत्री रही हैं?
(a) चरण सिंह
(b) मोरारजी देसाई
(c) एच.डी. देवगौडा
(d) गुलजारीलाल नंदा

90. निम्न में से कौन-सा वर्ग फ्रांस के तृतीय एस्टेट का हिस्सा नहीं था?

(a) कृषक (b) मजदूर
(c) पादरी (d) वकील

91. निम्नलिखित में से कनिष्क की राजधानी कौन-सी थी?

(a) पुरुषपुर (पेशावर)
(b) तक्षशिला
(c) श्रीनगर
(d) सियालकोट

92. निम्नलिखित में से कौन-सा शब्द अंग्रेजी शब्दकोश में तीसरे स्थान पर आयेगा?

(a) Spinner
(b) Spindle
(c) Spine
(d) Spinet

93. अंतर्राष्ट्रीय श्रम संगठन की मुख्यालय स्थित है-

(a) जिनेवा में
(b) वाशिंगटन में
(c) रोम में
(d) पेरिस में

94. दाब बढाने पर बर्फ का गलनांक-

(a) घट जायेगा
(b) बढ़ जायेगा
(c) 4°C हो जायेगा
(d) अपरिवर्तित रहेगा

95. निम्न अनुक्रम में ऐसे कितने 9 के अंक हैं जिनके पहले 5 का अंक हो तथा बाद में 3 का अंक न हो?

5937596395459476559359759295

(a) 3 (b) 4
(c) 7 (d) 8

96. माना *PQR* कोई त्रिभुज है और *O* त्रिभुज *PQR* के अन्दर कोई बिन्दु है, तब-

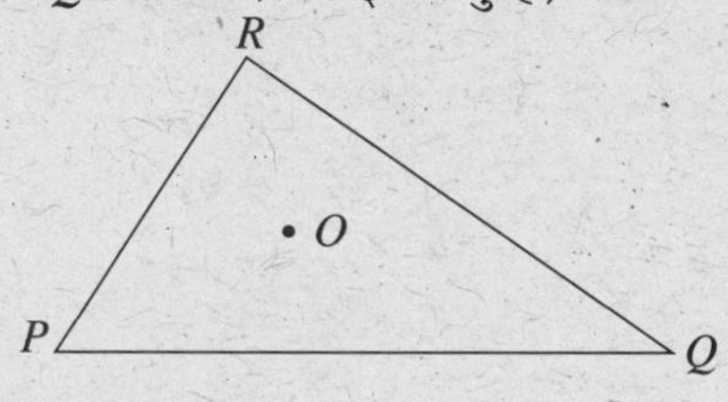

(a) $OP + OR < PR$
(b) $OR + RQ < OQ$
(c) $OP + OQ > PQ$
(d) $OR - OQ > RQ$

97. कौन-सा धन 4% वार्षिक ब्याज की दर से 2 वर्ष पश्चात् ₹ 5,408 हो जायेगा, जब चक्रवृद्धि ब्याज वार्षिक देय है?

(a) ₹ 4,000 (b) ₹ 4,500
(c) ₹ 4,850 (d) ₹ 5,000

98. निम्नलिखित में से कौन-सी एक परिमेय संख्या है?

(a) $\frac{\sqrt{2}}{2}$ (b) $2\sqrt{2}$
(c) $\left(\sqrt{2}\right)^2$ (d) $2+\sqrt{2}$

99. एक घड़ी 4 बजकर 30 मिनट का समय दिखाती है यदि मिनट सूई पश्चिम दिशा दिखाती है तब घंटे की सूई की दिशा क्या होगी?

(a) उत्तर-पूर्व (b) दक्षिण-पूर्व
(c) उत्तर-पश्चिम (d) दक्षिण-पश्चिम

100. शिक्षित व्यक्तियों का विकासशील देशों से विकसित देशों की ओर पलायन कहलाता है-

(a) प्रतिभा पलायन
(b) राजनैतिक अवसरवाद
(c) सामाजिक समन्वय
(d) सामाजिक गतिशीलता

उत्तरमाला

1. (b)	**2.** (d)	**3.** (c)	**4.** (a)	**5.** (c)	**6.** (b)	**7.** (d)	**8.** (c)	**9.** (c)	**10.** (a)
11. (d)	**12.** (d)	**13.** (a)	**14.** (d)	**15.** (b)	**16.** (d)	**17.** (a)	**18.** (b)	**19.** (b)	**20.** (b)
21. (b)	**22.** (a)	**23.** (d)	**24.** (c)	**25.** (b)	**26.** (a)	**27.** (b)	**28.** (d)	**29.** (c)	**30.** (d)
31. (b)	**32.** (b)	**33.** (d)	**34.** (a)	**35.** (b)	**36.** (c)	**37.** (*)	**38.** (b)	**39.** (a)	**40.** (d)
41. (d)	**42.** (a)	**43.** (b)	**44.** (d)	**45.** (c)	**46.** (c)	**47.** (b)	**48.** (c)	**49.** (c)	**50.** (c)
51. (b)	**52.** (d)	**53.** (a)	**54.** (d)	**55.** (b)	**56.** (b)	**57.** (a)	**58.** (b)	**59.** (c)	**60.** (b)
61. (c)	**62.** (c)	**63.** (b)	**64.** (b)	**65.** (b)	**66.** (b)	**67.** (c)	**68.** (b)	**69.** (a)	**70.** (d)
71. (a)	**72.** (a)	**73.** (a)	**74.** (b)	**75.** (a)	**76.** (a)	**77.** (c)	**78.** (d)	**79.** (d)	**80.** (b)
81. (d)	**82.** (d)	**83.** (b)	**84.** (c)	**85.** (d)	**86.** (d)	**87.** (c)	**88.** (c)	**89.** (d)	**90.** (c)
91. (a)	**92.** (d)	**93.** (a)	**94.** (a)	**95.** (b)	**96.** (c)	**97.** (d)	**98.** (c)	**99.** (d)	**100.** (a)

❑❑❑

B.P.S.S.C.

बिहार दरोगा (पुलिस अवर निरीक्षक)

सॉल्व्ड पेपर (मुख्य परीक्षा) तिथि–22-07-2018

1. सुनहरा चावल किस रोग के बचाव में सहायक होता है ?

(a) गलगण्ड (b) पेलाग्रा
(c) जीरोप्थेल्मिया (d) बेरी बेरी

2. मॉन्ट्रियल प्रोटोकोल किससे संबंधित है ?

(a) वन्यजीव संरक्षण
(b) हिमालय संरक्षण
(c) तटीय भागों का विकास
(d) ओजोन परत का संरक्षण

3. टाइफाइड (मियादी बुखार) फैलता है

(a) छूने से
(b) वायु से
(c) कीट रोगवाही से
(d) पानी खाद्य पदार्थ से

4. निम्नलिखित में से स्वच्छ जल की मछलियाँ कौन-सी है ?

(A) रोहू (B) कतला
(C) इलेक्ट्रीक रे (D) कुत्ता मछली

(a) A, B, C (b) A, B
(c) B, C, D (d) A, C

5. वानिकी अनुसंधान संस्थान स्थित है-

(a) जबलपुर में (b) जोरहाट में
(c) बंगलौर में (d) देहरादून में

6. निम्न में से कौन-सी पर्वत चोटी भारत में है ?

(a) अन्नपूर्णा (b) मकालू
(c) कामेट (d) नामचा बर्वा

7. जापान के योकोहामा शहर में वर्ष 1994 में संयुक्त राष्ट्र सदस्य देशों का सम्मेलन जिस सन्दर्भ में किया गया, वह है

(a) प्राकृतिक आपदा नियंत्रण
(b) पृथ्वी सम्मेलन
(c) वैश्विक तापवृद्धि
(d) वन विनाश

8. भारतवर्ष का नूनमती तेलशोधक कारखाना स्थित है-

(a) बिहार (b) महाराष्ट्र
(c) असम (d) केरल

9. गुलबदन बेगम ने किसके कहने पर हुमायूँनामा लिखा था ?

(a) हुमायूँ के (b) अकबर के
(c) जहाँगीर के (d) औरंगजेब के

10. सीरी शहर और सीरी का दुर्ग का निर्माण किसने करवाया था ?

(a) शेरशाह सूरी
(b) फिरोजशाह तुगलक
(c) अलाउद्दीन खिलजी
(d) इल्तुतमिश

11. अकबर के 1567 ई. में चित्तौड़ आक्रमण के समय वहाँ का शासक था-

(a) अमर सिंह (b) महाराणा प्रताप
(c) उदय सिंह (d) राणा सांगा

12. शेरशाह का मकबरा स्थित है-

(a) कालिंजर में (b) सासाराम में
(c) दिल्ली में (d) आगरा में

13. 'कथा सरित सागर' के लेखक कौन हैं ?

(a) क्षेमेन्द्र (b) सोमदेव
(c) विशाखदत्त (d) धनपाल

14. गुप्तकालीन प्रथम गणितज्ञ व ख़गोलशास्त्री कौन था ?

(a) वराहमिहिर (b) ब्रह्मगुप्त
(c) भास्कर प्रथम (d) आर्यभट्ट

15. निम्न में से कौन जैनों के 23वें तीर्थकर थे ?

(a) ऋषभदेव (b) नेमि नाथ
(c) पार्श्व नाथ (d) महावीर

16. निम्नांकित में से किसने हिन्दी भाषा को भारत की राष्ट्रभाषा के रूप में स्वीकारा व पहली बार 'स्वराज' शब्द का प्रयोग किया ?

(a) राजा राममोहन राय
(b) स्वामी दयानंद सरस्वती
(c) स्वामी विवेकानंद
(d) बालगंगाधर तिलक

17. अखिल भारतीय राष्ट्रीय कांग्रेस की प्रथम भारतीय महिला अध्यक्ष थी-

(a) विजयालक्ष्मी पंडित
(b) कस्तूरबा गाँधी
(c) सरोजनी नायडू
(d) अरूणा आसफ अली

18. रविन्द्रनाथ टैगोर ने 'सर' की उपाधि को क्यों लौटा दिया ?

(a) गाँधीजी की रिहाई के लिए
(b) जलियाँवाला बाग हत्या कांड के विरोध में
(c) खिलाफत आन्दोलन के कारण
(d) असहयोग आन्दोलन के कारण

19. 1937 ई. में काँग्रेस मंत्रिमंडल कितने प्रांतों में बने-

(a) छ: (b) सात
(c) आठ (d) नौ

20. 'भारतीय मुस्लिम लीग' की स्थापना किस वर्ष में हुई थी ?

(a) 1885 ई. (b) 1905 ई.
(c) 1906 ई. (d) 1907 ई.

21. प्रार्थना समाज के संस्थापक कौन थे?

(a) महादेव गोविन्द राणाडे
(b) ईश्वरचन्द्र विद्यासागर
(c) ज्योतिराव फूले
(d) राजा राममोहन राय

22. गाँधीजी की दाण्डी यात्रा का प्रारंभ किस तारीख और वर्ष है?

(a) 12 फरवरी, 1922
(b) 12 मार्च, 1930
(c) 6 अप्रैल, 1930
(d) 2 मार्च, 1930

23. वर्ष 2011 की जनगणनानुसार भारत में न्यूनतम जनसंख्या घनत्व वाला राज्य है-

(a) नागालैण्ड (b) अरूणाचल प्रदेश
(c) मणिपुर (d) सिक्किम

24. अंतर्राष्ट्रीय मुद्राकोष का वित्तीयन किसके द्वारा किया जाता है?

(a) USA (b) UNO
(c) कॉमनवेल्थ देश (d) सदस्य देश

25. बेरोजगारी व मुद्रास्फीति की संयुक्त घटक कहलाती है-

(a) मुद्रा संकुचन (b) विस्फीति
(c) स्टेगफ्लेशन (d) स्क्यूफ्लेशन

26. बैंक दर को बढ़ाने का प्रभाव कम हो जाएगा, यदि-

(a) SLR बढ़ा दी जाए
(b) CRR बढ़ा दी जाए
(c) CRR कम कर दी जाए
(d) (a) और (b) दोनों

27. निम्न सार्वजनिक उपक्रम में से कौन-सा महारत्न नहीं है?

(a) BHEL (b) GAIL
(c) SAIL (d) BSNL

28. निम्न में से बहुआयामी गरीब सूचकांक के संबंध में गलत है-

(a) सचकांक के तीन आयाम-स्वांस्थ्य, शिक्षा और जीवनस्तर है
(b) सूचकांक में प्रत्येक आयाम को समान भार दिया गया है
(c) सूचकांक में 10 प्राचल शामिल है
(d) प्रत्येक प्राचल को समान भार दिया गया।

29. भारतीय नियोजन के वास्तुकार कौन थे?

(a) सरदार बल्लभभाई पटेल
(b) पी. वी. महालनोबिस
(c) बी. आर. अम्बेडकर
(d) पं. जवाहरलाल नेहरू

30. निम्न में से उनकी पहचान करें जो रिजर्व बैंक का कार्य नहीं है-

(a) विदेशी विनिमय भण्डारण का संरक्षण
(b) करेंसी जारी करना
(c) जनता से प्राप्त जमाओं पर ब्याज देना
(d) नगद आरक्षण का संरक्षण

31. तिलहन के उत्पादन में वृद्धि का कारण है-

(a) श्वेत क्रांति (b) पीली क्रांति
(c) नीली क्रांति (d) भूरी क्रांति

32. भारत के किस राज्य में शिशु मृत्यु-दर सबसे कम है?

(a) राजस्थान (b) केरल
(c) तमिलनाडु (d) उत्तर प्रदेश

33. विश्व व्यापार संगठन (WTO) का मुख्यालय कहाँ है?

(a) सिएटल (b) वाशिंगटन डी. सी.
(c) जिनेवा (d) न्यूयॉर्क

34. दिये गये चित्र में त्रिभुजों की कुल संख्या ज्ञात कीजिए-

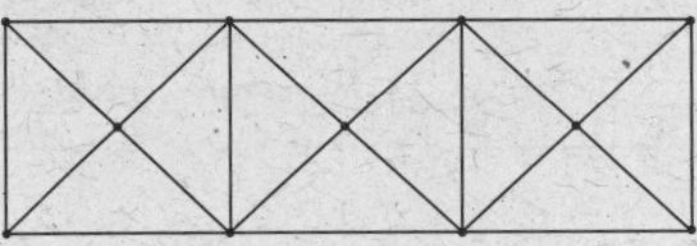

(a) 22 (b) 24
(c) 26 (d) 28

35. भारतीय संविधान में प्रारंभ में मौलिक कर्त्तव्यों का प्रावधान नहीं था। संविधान संशोधन द्वारा संविधान के किस भाग में इसका समावेश किया गया है?

(a) भाग-III (b) भाग-IIIA
(c) भाग-IV (d) भाग-IVA

36. 'राज्य पृथ्वी पर ईश्वर का अवतार है'। उक्त कथन किस विचारक का है?

(a) हेगेल (b) अरस्तू
(c) प्लेटो (d) ग्रीन

37. संविधान सभा में 'उद्देश्य प्रस्ताव' प्रस्तुत किया गया-

(a) 9 दिसंबर, 1946
(b) 26 जनवरी, 1947
(c) 13 दिसंबर, 1946
(d) 15 अगस्त, 1946

38. स्वाधीनता आन्दोलन के दौरान पूर्ण स्वराज के लक्ष्य की घोषणा किस वर्ष की गई?

(a) 1919 ई. (b) 1929 ई.
(c) 1935 ई. (d) 1947 ई.

39. संविधान सभा के प्रथम अध्यक्ष कौन थे?

(a) राजेन्द्र प्रसाद
(b) सच्चिदानंद सिन्हा
(c) भीमराव अम्बेडकर
(d) पं. जवाहरलाल नेहरू

40. किस भारतीय शासन अधिनियम द्वारा भारत में ब्रिटिश सरकार द्वारा साम्प्रदायिक निर्वाचन प्रणाली का प्रारंभ हुआ-

(a) 1892 ई. (b) 1878 ई.
(c) 1919 ई. (d) 1909 ई.

41. निम्नलिखित में से क्या भारत का नागरिक बनने के लिए आवश्यक नहीं है?

(a) वंशानुक्रम
(b) जन्म
(c) अधिगृहित सम्पत्ति
(d) देशीयकरण

42. लोकसभा का अध्यक्ष अपना त्याग-पत्र किसे सम्बोधित करता है?

(a) राष्ट्रपति (b) प्रधानमंत्री
(c) उपराष्ट्रपति (d) उपाध्यक्ष

43. भारत के किस राज्य में द्विसदनीय व्यवस्थापिका नहीं है?

(a) बिहार (b) उत्तर प्रदेश
(c) पंजाब (d) जम्मू और कश्मीर

44. कौन-से मूल अधिकार केवल भारतीय नागरिकों को उपलब्ध है-

(a) अनु.-15, 16, 19, 29
(b) अनु.-15, 16, 19, 24
(c) अनु.-14, 19, 29, 30
(d) अनु.-14, 16, 21, 25

45. सत्य कथन चुनिये-

(a) राज्यसभा में 11 सदस्यों को राष्ट्रपति मनोनीत करते हैं।
(b) प्रत्याशी को उसी राज्य का होना चाहिए। जहाँ से वह राज्यसभा का चुनाव लड़ रहा है।
(c) राज्यसभा को भंग किया जा सकता है।
(d) लोकसभा में राष्ट्रपति दो सदस्य मनोनीत करते हैं।

46. सत्य कथन चुनिये-

(a) वित्त आयोग संवैधानिक निकाय है।

(b) वित्त आयोग को संसद नियुक्त करती है

(c) वित्त आयोग में पाँच सदस्य होते हैं

(d) हर छः वर्ष बाद वित्त आयोग अपनी रिपोर्ट पेश करता है।

47. राज्यसभा में गणपूर्ति हेतु कितने सदस्यों की आवश्यकता होती है-

(a) 25 (b) 50

(c) 100 (d) 126

48. निम्नलिखित में से कौन-सा कारक अभिक्रिया दर पर कोई प्रभाव नहीं डालता है ?

(a) एन्थेल्पी में परिवर्तन

(b) तापमान

(c) उत्प्रेरक

(d) सान्द्रता

49. कार्बन नैनोट्यूब निम्न में से किस संरचनात्मक परिवार का सदस्य है ?

(a) ग्लिसराल

(b) पोलिएनिलीन्स

(c) फुलेरीन्स

(d) अमीन्स

50. कॉपर की किस मिश्रधातु में Zn नहीं होता-

(a) पीतल (b) जर्मन सिल्वर

(c) बेलधातु (d) गन मेटल

51. फेफड़ों का सफेद कैंसर किसके कारण होता है-

(a) ऐस्बेस्टस (b) सिलिका

(c) टेक्सटाइल (d) पेपर

52. संसद की प्राक्कलन समिति है-

(a) स्थायी (b) अस्थायी

(c) न्यायिक (d) इनमें से कोई नहीं

53. वित्त आयोग के सन्दर्भ में गलत कथन चुनिये-

(a) वित्त आयोग द्वारा की गई सिफारिशें राष्ट्रपति पर बाध्यकारी होती है

(b) वित्त आयोग के अध्यक्ष पद के लिए योग्यता संविधान में निर्धारित की गई है

(c) अभी तक पन्द्रह वित्त आयोगों का गठन किया जा चुका है

(d) संविधान के अनुच्छेद 280 के अनुसार वित्त आयोग का गठन किया जाता है

54. यदि $>$ का मतलब $+$, $<$ का मतलब $-$, $+$ का मतलब $\div$ हो, तो $13 > 8 < 6 + 2$ का मान होगा-

(a) 10 (b) 14

(c) 18 (d) 20

55. विलुप्त संख्या को ज्ञात कीजिए-

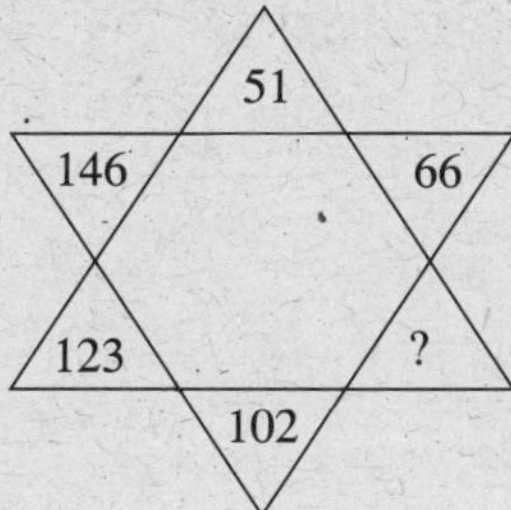

(a) 81 (b) 82

(c) 83 (d) 84

56. अनुक्रम में गलत संख्या ज्ञात कीजिए-
7, 15, 32, 65, 138

(a) 65 (b) 7

(c) 138 (d) 15

57. यदि नवीन कहता है कि मोहन की माता मेरी माता की इकलौती पुत्री है, जब नवीन का मोहन से क्या संबंध है ?

(a) भाई (b) पिता

(c) माता (d) दादा

58. रमण पश्चिम की ओर 10 किमी. चलता है। अब बाँयीं तरफ मुड़ता है तथा 15 किमी. चलता है। पुनः वह बाँयीं ओर मुड़ता है तथा 20 किमी. चलता है। अब उसकी दिशा कौन-सी है ?

(a) उत्तर (b) दक्षिण

(c) पूर्व (d) पश्चिम

59. निम्न विकल्पों में से एक का चयन कर श्रेणी को पूर्ण करें-
A9D, G25L, T36Z, _____

(a) E63F (b) M20

(c) UIV (d) W3A

60. यदि घड़ी में दर्पण प्रतिबिंब में समय 11 : 40 दिखाई देता है, तो घड़ी में वास्तविक समय है-

(a) 12 : 20 (b) 11 : 40

(c) 11 : 20 (d) 12 : 40

61. निम्न में से किस रासायनिक अभिक्रिया में नाइट्रोजन का अपचयन नहीं होता है ?

(a) $NO_2 \rightarrow NO_2$

(b) $NO_3^- \rightarrow NO$

(c) $NO_3^- \rightarrow NH_4^+$

(d) $NH_4^+ \rightarrow N_2$

62. क्योटो प्रोटोकॉल का उद्देश्य निम्न में से किसकी मात्रा कम करना है ?

(a) क्लोरोफ्लोरो कार्बन

(b) सल्फर डाईऑक्साइड

(c) ग्रीनहाउस गैस

(d) वाष्पशील कार्बनिक यौगिक

63. ऊर्जा का स्तूप (पिरामिड) होता है-

(a) उल्टा

(b) हमेशा सीधा

(c) हमेशा उल्टा

(d) सीधा तथा उल्टा दोनों

64. परंपरागत रूप से क्रिकेट बैट के निर्माण में किस पेड़ के काष्ठ का उपयोग होता है ?

(a) विलो (b) मेपल

(c) बाँस (d) नीम

65. भारत का राष्ट्रीय पुष्प है-

(a) निल्मवो इंडिका

(b) निल्मबो हिन्दुस्तानी

(c) निलम्बो न्यूसिफेरा

(d) निलम्बो रिकर्वा

66. जीव विज्ञान के पिता कौन कहलाते हैं ?

(a) अरस्तू (b) हम्सले

(c) लेमार्क (d) थियोफ्रेस्टस

67. निम्न में से कौन-सा एक कूट फल है-

(a) पोम (b) ड्रम

(c) सिप्सेला (d) पीपो

68. कीटभक्षी पादप का उदाहरण है-

(a) टैगेरीज (b) नेपेन्थीज

(c) लॉरेन्थस (d) जूनीपेरस

69. निम्नलिखित में से कौन-सी शर्त 1813 ई. के चार्टर एक्ट का अंग नहीं थी-

(a) ईस्ट इंडिया कंपनी का भारत से व्यापारिक अधिकार आंशिक रूप से समाप्त कर दिया

(b) ईस्ट इंडिया कम्पनी का भारत में व्यापारिक अधिकार पूर्ण रूप से समाप्त कर दिया

(c) ब्रिटिश व्यापारियों को कुछ शर्तों के साथ भारत में निवास की स्वतंत्रता दे दी।

(d) चीन से कम्पनी ने चाय व्यापार को सुरक्षित रखा

70. एक प्रकाशवर्ष बराबर होता है-

(a) 9.46×11^{11} किमी.

(b) 9.46×11^{12} किमी.

(c) 9.46×11^{13} किमी.

(d) 9.46×11^{14} किमी.

71. निम्न में से कौन-सा नियम रॉकेट प्रणोदन में शामिल होता है-

(a) न्यूटन के गति का पहला नियम

(b) न्यूटन के गति का दूसरा नियम

(c) न्यूटन के गति का तीसरा नियम

(d) न्यूटन का गुरुत्वाकर्षण का नियम

72. निम्न में से कौन-सा ग्रह सौरमंडल के वैक्यूम क्लीनर की भाँति कार्य करता है-

(a) बृहस्पति

(b) शनि

(c) अरूण (यूरेनस)

(d) नेपच्यून

73. यदि वायुमंडल दाब पारे के 76 सेमी. (सामान्य दाब) से कम हो, तो पानी ______ तापमान पर उबलेगा।

(a) 100°C से कम

(b) 100°C से ज्यादा

(c) 100°C पर

(d) 0°C पर

74. सूर्य व तारों में ऊर्जा का प्रमुख स्रोत है-

(a) नाभिकीय विखण्डन

(b) नाभिकीय संलयन

(c) परमाणवीय टक्कर

(d) प्लाज्मा निर्माण

75. पेय जल में निम्न में से किसकी अधिकता के कारण ब्लू बेबी सिंड्रोम होता है-

(a) सल्फाइट (b) क्रोमियम

(c) पारा (d) नाइट्रेट

76. ब्राण्डलैण्ड रिपोर्ट जो सतत् विकास के संदर्भ में है, उसका शीर्षक है-

(a) साइलैंट स्प्रिंग

(b) अर्थ कंजरवेशन

(c) आवर कॉमन फ्यूचर

(d) फ्यूचर ऑफ अर्थ

77. प्रत्येक वर्ष 'विश्व जल दिवस' कब मनाया जाता है ?

(a) 22 मई (b) 23 सितंबर

(c) 22 मार्च (d) 22 अप्रैल

78. मेघालय की गारो पहाड़ियाँ निम्न में से किस फसल के उत्पादन के लिए जानी जाती है ?

(a) संतरा (b) रबर

(c) केसर (d) सेब

79. भारत में वन नीति (1952 ई.) का संशोधन कब किया गया

(a) 1960 ई. में (b) 1970 ई. में

(c) 1980 ई. में (d) 1988 ई. में

80. NEFA है-

(a) नार्दर्स ईस्ट फ्रंटियर एजेंसी

(b) नार्थ ईर्स्टन फ्रंटियर एजेंसी

(c) नार्थ ईस्ट फ्रंटियर एजेंसी

(d) नार्थ ईस्ट फ्रंट एजेंसी

81. पशुओं की 'रेड सिंधी' नस्ल निम्न में से किस (घरेलू पशु) से संबंधित है ?

(a) भैंस (b) गाय

(c) घोड़ा (d) ऊँट

82. भारत का दक्षिणतम बिन्दु है-

(a) कन्याकुमारी (b) इंदिराकॉल

(c) इंदिरा प्वांइट (d) तुतीकोरिन

83. 'लोनावाला जलविद्युत संयंत्र' कहाँ स्थित है ?

(a) पंजाब (b) हरियाणा

(c) महाराष्ट्र (d) राजस्थान

84. भारत में 'परमाणु ऊर्जा आयोग' की स्थापना कब की गई ?

(a) 1947 ई. (b) 1948 ई.

(c) 1950 ई. (d) 1952 ई.

85. 'नामदफा बाघ अभ्यारण्य' किस राज्य में स्थित है ?

(a) अरूणाचल प्रदेश

(b) केरल

(c) तमिलनाडु

(d) बिहार

86. दक्षिणी भारत की सर्वोच्च चोटी है-

(a) दोडाबेट्टा

(b) कल्सुगई

(c) अनाइमुडी

(d) जिन्दारपाड़ा

87. एक वर्गाकार कागज के टुकड़े को निम्न तरह से मोड़ा गया है और दिए गए चित्र के अनुसार इसे काटा गया है। कागज के टुकड़े को खोलने के बाद कैसा दिखाई देगा ? सही विकल्प का चयन करें

प्रश्न आकृतिः

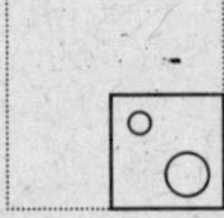

उत्तर आकृतियाँः

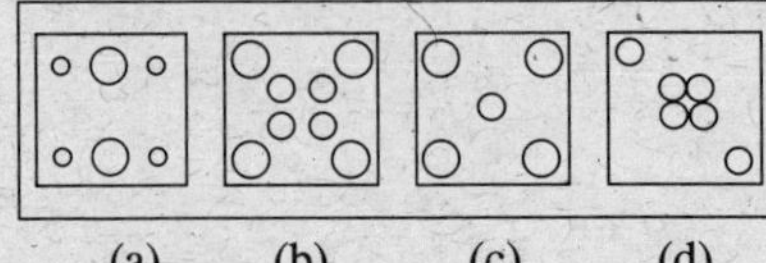

(a) (b) (c) (d)

88. दिए चित्रों में से कौन 'एथलीट, एशियन और इंडियन' शब्द में सही सम्बन्ध दर्शाता है-

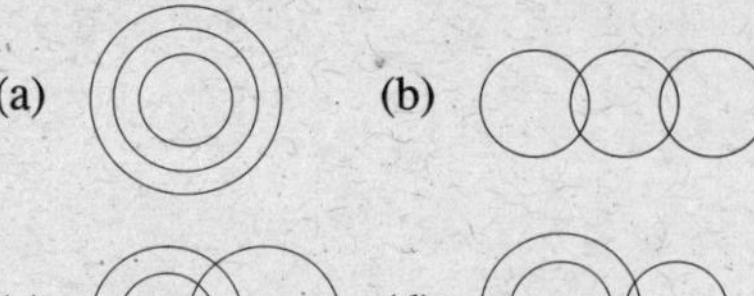

(a) (b) (c) (d)

89. एक आदमी 2 तथा 7 अंकों के बिना 50 से 99 तक की सभी संख्याओं को लिखता है। कितनी संख्याएँ लिखी गईं ?

(a) 32 (b) 36

(c) 38 (d) 40

90. यदि M = 13 एवं PEN = 35, तो HOTEL के लिए क्या होगा-

(a) 12 (b) 60

(c) 26 (d) 28

91. निम्न श्रेणी में दाँयी ओर से आंठवें के दांयीं तरफ चौथा अवयव कौन-सा होगा-

LA+53E+T2XY%Q3-&16+4

(a) 1 (b) 2

(c) % (d) &

92. किसी लीप वर्ष के लिए निम्नलिखित महीनों में से किसका समान कैलेण्डर नहीं होगा ?

(a) जनवरी-अक्टूबर

(b) मार्च-सितंबर

(c) जनवरी-जुलाई

(d) मार्च-अक्टूबर

93. पाचन तंत्र का कौन-सा भाग HCI स्त्रावित करता है ?

(a) छोटी आँत (b) यकृत

(c) अग्न्याशय (d) आमाशय

94. चित्र में दर्शाये अनुसार किसी अर्द्धवृत्त का व्यास AB है। यदि AQ = 2AP, तो निम्न में से सही विकल्प है-

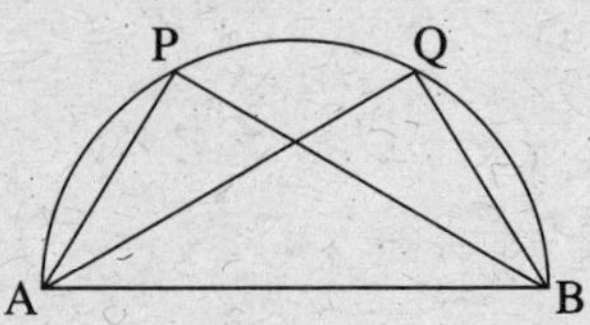

(a) $\angle APB = \frac{1}{2} \angle AQB$

(b) $\angle APB = 2\angle AQB$

(c) $\angle APB = \angle AQB$

(d) $\angle APB = \frac{1}{4} \angle AQB$

95. एक वृत्त की परिधि 880 मीटर है। वृत्त का व्यास होगा-

(a) 140 मी. (b) 280 मी.

(c) 560 मी. (d) 564 मी.

96. यदि a, b, c गुणोत्तर श्रेणी में है; तब log a, log b, log c है-

(a) समांतर श्रेणी में

(b) गुणोत्तर श्रेणी में

(c) हरात्मक श्रेणी में

(d) समांतर गुणोत्तर श्रेणी में

97. यदि A तथा B क्रमशः असमिकाएँ $(5x + 2) < (8x - 1)$ तथा $(7x - 2) \geq 3(x + 6)$ जहाँ $x \in N$ का हल सम्मुच्च है, तब सम्मुच्चय $A \cap B$ है-

(a) {2, 3, 4, 5} (b) N

(c) {5, 6, 7, 8} (d) {5, 6, 7, 8, ...}

98. यदि $\frac{2P}{P^2 - 2P + 1} = \frac{1}{4}$ तो $\left(P + \frac{1}{P}\right)$ का मान क्या होग ?

(a) 7 (b) 1

(c) $\frac{2}{5}$ (d) 10

99. एक खिलौना घन की सभी सतहों को लाल रंग से रंगा जाता है। इस घन को 64 छोटे समान घनों में काटा जाता है। कितने छोटे घन ऐसे हैं जिनकी किसी भी सतह पर लाल रंग नहीं है ?

(a) 4 (b) 8

(c) 12 (d) 16

100. कोलाल पावर विद्युत् परियोजना कहाँ है ?

(a) महाराष्ट्र

(b) उत्तर प्रदेश

(c) आंध्र प्रदेश

(d) गुजरात

उत्तरमाला

1. (c)	**2.** (d)	**3.** (d)	**4.** (b)	**5.** (d)	**6.** (c)	**7.** (a)	**8.** (c)	**9.** (b)	**10.** (c)
11. (c)	**12.** (b)	**13.** (b)	**14.** (d)	**15.** (c)	**16.** (b)	**17.** (c)	**18.** (b)	**19.** (c)	**20.** (c)
21. (a)	**22.** (b)	**23.** (b)	**24.** (d)	**25.** (c)	**26.** (c)	**27.** (d)	**28.** (d)	**29.** (d)	**30.** (c)
31. (b)	**32.** (b)	**33.** (c)	**34.** (d)	**35.** (d)	**36.** (a)	**37.** (c)	**38.** (b)	**39.** (b)	**40.** (d)
41. (c)	**42.** (d)	**43.** (c)	**44.** (a)	**45.** (d)	**46.** (a)	**47.** (a)	**48.** (a)	**49.** (c)	**50.** (c)
51. (a)	**52.** (a)	**53.** (a)	**54.** (c)	**55.** (c)	**56.** (a)	**57.** (c)	**58.** (c)	**59.** (c)	**60.** (a)
61. (b)	**62.** (c)	**63.** (c)	**64.** (a)	**65.** (c)	**66.** (a)	**67.** (b)	**68.** (b)	**69.** (d)	**70.** (b)
71. (c)	**72.** (a)	**73.** (a)	**74.** (b)	**75.** (d)	**76.** (c)	**77.** (c)	**78.** (a)	**79.** (d)	**80.** (c)
81. (b)	**82.** (c)	**83.** (c)	**84.** (b)	**85.** (a)	**86.** (c)	**87.** (b)	**88.** (c)	**89.** (a)	**90.** (b)
91. (a)	**92.** (b)	**93.** (d)	**94.** (c)	**95.** (b)	**96.** (a)	**97.** (*)	**98.** (d)	**99.** (b)	**100.** (d)

❑❑❑

प्रैक्टिस सेट्स
सामान्य अध्ययन

प्रैक्टिस सेट-1

1. **पृथ्वी पर अधिकतर निरंतर पर्माफ्रॉस्ट पाये जाते हैं-**
   (a) अत्यधिक ऊंचाई वाले पर्वतीय वातावरण में
   (b) अंटार्कटिका में
   (c) उत्तरी अमेरिका एवं साइबेरिया में
   (d) ग्रीनलैंड में

2. **दक्षिण-पूर्व एशिया में ग्रीष्मकालीन मानसून के दौरान-**
   (a) मौसम प्रायः साफ एवं शुष्क रहता है।
   (b) हवायें मध्य एशिया से दक्षिण की ओर प्रवाहित होती हैं।
   (c) हवायें हिंद महासागर से एशिया महाद्वीप की ओर प्रवाहित होती हैं।
   (d) हवायें निम्न वायु दबाव से उच्च दबाव की ओर प्रवाहित होती हैं।

3. **बोरियल वन का, सबसे महत्वपूर्ण वनस्पति संसाधन है-**
   (a) गेहूं (b) वन्य उत्पाद
   (c) नींबू (d) प्राकृतिक रबर

4. **मानव का पर्माफ्रॉस्ट पर प्रभाव सम्मिलित करता है-**
   (a) पर्माफ्रॉस्ट की गहनता को बढ़ाता है।
   (b) पर्माफ्रॉस्ट जोन का धीरे-धीरे ध्रुव की ओर खिसकना।
   (c) पर्माफ्रॉस्ट को जानवरों से बचाना।
   (d) तापीय अपरदन को प्रेरित करना।

5. **वर्ष 2011 की जनगणना के अनुसार, उत्तराखंड राज्य में न्यूनतम साक्षरता दर किस जिले में थी?**
   (a) उत्तरकाशी में
   (b) टिहरी गढ़वाल में
   (c) हरिद्वार में
   (d) ऊधमसिंह नगर में

6. **वर्ष 2011 की जनगणना के अनुसार उत्तराखंड राज्य का लिंगानुपात है-**
   (a) 932 (b) 951
   (c) 956 (d) 963

7. **जनसंख्या का गणितीय घनत्व होता है-**
   (a) सम्पूर्ण भूमि और कुल जनसंख्या का अनुपात
   (b) सम्पूर्ण ग्रामीण भूमि और कुल जनसंख्या के बीच का अनुपात
   (c) सम्पूर्ण कृषि भूमि और कुल ग्रामीण जनसंख्या के बीच का अनुपात
   (d) सम्पूर्ण भूमि और कुल ग्रामीण जनसंख्या के बीच का अनुपात

8. **निम्न में से किस सामाजिक-धार्मिक आंदोलन ने दलित वर्ग के संबंध में आवाज उठायी?**
   (a) ब्रह्म समाज
   (b) प्रार्थना समाज
   (c) आर्य समाज
   (d) इनमें से कोई नहीं

9. **''भारतीय प्रेस की स्वतंत्रता का प्रणेता'' किसे कहा जाता है?**
   (a) आगस्टस हिक्की
   (b) चार्ल्स मेटकॉफ
   (c) मैकग्रेथ
   (d) डिजारेली

10. **दिसम्बर 1929, में कांग्रेस के लाहौर अधिवेशन ने जोर दिया।**
    (a) होम-रूल
    (b) पूर्ण स्वराज
    (c) औपनिवेशिक स्वशासन
    (d) प्रशासन में भारतीयों की उचित भागीदारी

11. **1928 के बारदौली सत्याग्रह का नेतृत्व किसने किया था?**
    (a) गांधी जी के अनुयायियों ने
    (b) कांग्रेस सोशलिस्ट पार्टी ने
    (c) वामपंथियों ने
    (d) किसान सभा ने

12. **गदर पार्टी का संस्थापक कौन था?**
    (a) बरकतउल्ला
    (b) लाला हरदयाल
    (c) भगत सिंह
    (d) लाला लाजपत राय

13. **जवाहरलाल नेहरू भारतीय राष्ट्रीय कांग्रेस के पहली बार अध्यक्ष कब बने?**
    (a) 1929 (b) 1927
    (c) 1921 (d) 1932

14. **'चौखंभा सिद्धांत' के अग्रणीय सिद्धांतकार कौन थे?**
    (a) एम.जी. रानाडे
    (b) महात्मा गांधी
    (c) राम मनोहर लोहिया
    (d) एनी बेसेंट

15. **निम्नलिखित में से कौन-सा भारत का दक्षिणतम बिंदु है?**
    (a) इंदिरा बिंदु (b) शास्त्री बिंदु
    (c) मोदी बिंदु (d) राम बिंदु

16. **सुंदरवन डेल्टा कौन से पेड़ के लिए प्रसिद्ध है?**
    (a) रोजवुड (b) साल
    (c) सुंदरी (d) शीशम

17. **निम्न में से कौन सा भू-संतुलन का उदाहरण है?**
    (a) अण्डमान द्वीपसमूह का निर्माण
    (b) पथरीले पहाड़ों का निर्माण
    (c) मिसीसीपी मुहाने का संकुचन
    (d) सेन एण्ड्रीयास भ्रंश

18. **भाखड़ा नांगल बांध की ऊंचाई है-**
    (a) 406 मी. (b) 316 मी.
    (c) 226 मी. (d) 186 मी.

19. **निम्न में से कौन सा ज्वालामुखी सतही प्लेट के मध्य में घटित होता है?**
    (a) माउंट फ्यूजीयामा
    (b) माउंट सेंट-हेलन्स
    (c) कार्कोटोवा
    (d) माउंट किलिमंजारो

20. **न्यूनतम वृद्धि काल वाला बायोम है-**
    (a) सवाना (b) टैगा
    (c) चपारल (d) टुंड्रा

21. **जीरोफाइट वनस्पति अधिकतर पाई जाती है-**
    (a) टुंड्रा एवं टैगा वनों में
    (b) मध्य अक्षांशों एवं भूमध्यसागरीय वनों में
    (c) घास के मैदान एवं मरूस्थलों में
    (d) सवाना एवं उष्ण वर्षा वाले वनों में

22. **निम्न में से कौन-सा बायोम प्रायः मरूस्थलीकरण का कारण है?**
    (a) ऊष्ण कटिबंधीय घास के मैदान
    (b) भूमध्यसागरीय वन
    (c) पर्वत
    (d) बोरियल वन

23. 2011 की जनगणना के अनुसार किस राज्य की जनसंख्या सर्वाधिक है?
(a) उत्तर प्रदेश
(b) बिहार
(c) पश्चिम बंगाल
(d) केरल

24. लोकसभा में भारत के राष्ट्रपति द्वारा एंग्लो-इंडियन समुदाय के कितने सदस्य मनोनीत किये जाते हैं?
(a) 12 (b) 8
(c) 4 (d) 2

25. लोकसभा का प्रोटेम अध्यक्ष नियुक्त किया जाता है-
(a) भारत के राष्ट्रपति द्वारा
(b) भारत के उप-राष्ट्रपति द्वारा
(c) भारत के प्रधानमंत्री द्वारा
(d) भारत के मुख्य न्यायाधीश द्वारा

26. भारतीय संविधान के अनुच्छेद 70 के अंतर्गत राष्ट्रपति एवं उप-राष्ट्रपति की अनुपस्थिति में कौन राष्ट्रपति होगा?
(a) लोकसभा अध्यक्ष
(b) भारत का प्रधानमंत्री
(c) भारत का मुख्य निर्वाचन आयुक्त
(d) भारत का मुख्य न्यायाधीश

27. निम्नलिखित राज्यों में किस राज्य का विधान-मण्डल द्विसदनीय है?
(a) तमिलनाडु
(b) त्रिपुरा
(c) पश्चिम बंगाल
(d) बिहार

28. भारतीय संघ कौन-से देश के संघ के सदृश है?
(a) संयुक्त राज्य अमेरिका
(b) ऑस्ट्रेलिया
(c) स्विट्जरलैंड
(d) कनाडा

29. भारत में केंद्र शासित प्रदेशों की कुल संख्या है-
(a) 5 (b) 6
(c) 9 (d) 8

30. भारत के सर्वोच्च न्यायालय की अधिकारिक भाषा है–
(a) हिंदी-देवनागरी
(b) उर्दू/पारसी
(c) अंग्रेजी
(d) भारत के संविधान में वर्णित 18 भाषाएं

31. भारत में राजनीतिक दलों को मान्यता दी जाती है-
(a) केंद्र सरकार द्वारा
(b) राज्य सरकार द्वारा
(c) भारत के उच्चतम न्यायालय द्वारा
(d) भारतीय निर्वाचन आयोग द्वारा

32. भारत में सूचना का अधिकार किस वर्ष मे पारित किया गया?
(a) 2004 में (b) 1999 में
(c) 2005 में (d) 2009 में

33. भारत का निर्वाचन आयोग है
(a) विधिक संस्था
(b) प्रशासनिक संस्था
(c) अधिनियमित संस्था
(d) संवैधानिक संस्था

34. 93 वां संविधान संशोधन किससे संबंधित है?
(a) पंचायती राज संस्था से
(b) मौलिक कर्तव्यों से
(c) भारत के उत्तर-पूर्वी राज्यों से
(d) शिक्षण संस्थानों में OBC के आरक्षण से

35. 'ट्राइसेम' एक कार्यक्रम है-
(a) ग्रामीण विकास का
(b) औद्योगिक विकास का
(c) शहरी विकास का
(d) सुरक्षा विकास का

36. 'निर्धनता का दुश्चक्र' की अवधारणा संबंधित है-
(a) कार्ल मार्क्स
(b) आर. नर्कसे
(c) एडम स्मिथ
(d) उपर्युक्त में से कोई नहीं

37. भारत की नई औद्योगिक नीति, 1991 आधारित है-
(a) उदारीकरण
(b) निजीकरण
(c) वैश्वीकरण
(d) उपयुक्त सभी

38. भारत में पहली औद्योगिक नीति कब अस्तित्व में आई?
(a) मार्च, 1942
(b) मई, 1946
(c) अप्रैल, 1948
(d) जून, 1952

39. भारत के किस क्षेत्र से "अधिकतम कुल घेरलू बचत" प्राप्त होती है?
(a) सार्वजनिक क्षेत्र
(b) घरेलू क्षेत्र
(c) निजी क्षेत्र
(d) इनमें से कोई नहीं

40. निम्न में से कौन-सी अवधि प्रथम पंचवर्षीय योजना की थी?
(a) 1946-50 (b) 1951-56
(c) 1952-57 (d) 1953-58

41. भारत में मानव विकास सूचकांक (HDI) में समाविष्ट है-
(a) जीवन प्रत्याशा
(b) शैक्षिक उपलब्धि
(c) प्रति व्यक्ति आय
(d) उपर्युक्त सभी

42. भारतीय जीवन बीमा निगम (LIC) की स्थापना किस वर्ष में हुई थी?
(a) 1953 (b) 1956
(c) 1954 (d) 1958

43. चौदहवें वित्त आयोग (2015-20) ने भारत के राष्ट्रपति को अपनी रिपोर्ट प्रस्तुत की-
(a) दिसम्बर, 2014
(b) जनवरी, 2015
(c) अक्टूबर, 2016
(d) मई, 2017

44. ग्रामीण अवस्थापना विकास कोष का सृजन किसके अधीन किया गया है?
(a) आर.बी.आई.
(b) नाबार्ड
(c) कृषि मंत्रालय
(d) ग्रामीण विकास मंत्रालय

45. राष्ट्रीय सांख्यिकी आयोग की स्थापना कब हुई थी?
(a) 1 जून, 2000
(b) 10 जून, 2002
(c) 24 मई, 2004
(d) 12 जुलाई, 2006

46. भारतीय रिजर्व बैंक के गवर्नर के कार्यकाल की अवधि होती है-
(a) 2 साल (b) 3 साल
(c) 4 साल (d) 5 साल

47. जब बर्फ पिघलती है तो उसका आयतन–
(a) घटता है।
(b) बढ़ता है।
(c) पहले घटता है फिर बढ़ता है।
(d) वही रहता है।

48. निम्नलिखित में से किसमें कार्बन नहीं होता है?
(a) हीरा (b) ग्रेफाइट
(c) कोयला (d) बलुआ पत्थर

49. भारी जल है एक-
(a) शीतलक
(b) मंदक
(c) एक प्रकार की औषधि
(d) ईंधन

50. निम्न में से कौन-सी धातु चाकू से काटी जा सकती है?
(a) चांदी (b) एल्युमिनियम
(c) जस्ता (d) सोडियम

51. वर्षा ऋतु में लकड़ी से बने दरवाजों के फूलने का कारण है-
(a) वाष्पोत्सर्जन
(b) अन्त: शोषण
(c) बहि: परासरण
(d) बिंदुस्रावण

52. पादपों द्वारा वायुमंडल में जल परिवर्धन की प्रक्रिया कहलाती है-
(a) संघनन (b) अवक्षेपण
(c) बहना (d) वाष्पोत्सर्जन

53. विटामिन-सी का रासायनिक नाम है:
(a) फोलिक अम्ल
(b) साइट्रिक अम्ल
(c) एस्कॉर्बिक अम्ल
(d) लैक्टिक अम्ल

54. अरक्तता निम्न में से किन विटामिन की अल्पता के कारण होती है?
(a) ए$_1$ एवं बी$_2$ (b) बी$_6$ एवं बी$_{12}$
(c) ए एवं डी (d) ई एवं के

55. इलायोप्लास्ट संगृहीत करते हैं
(a) स्टार्च
(b) प्रोटीन
(c) वसा
(d) आवश्यक अमीनो अम्ल

56. निम्न में से किसको ''लाल रक्त कोशिकाओं की कब्रगाह'' कहा जाता है?
(a) यकृत
(b) तिल्ली
(c) अस्थि मज्जा
(d) आंत

57. निम्नलिखित में से कौन-सी विधि/प्रक्रिया जैव-प्रौद्योगिकी की है?
(a) अमाशय मे दूध का जमना
(b) दही बनाना
(c) अचार बनाना
(d) उपर्युक्त में से कोई नहीं

58. ''चिपको आन्दोलन'' संबंधित है:
(a) प्रोजेक्ट टाइगर से
(b) पौध प्रजनन से
(c) वन संरक्षण से
(d) ऊतक संवर्धन से

59. जीव मिल्खा सिंह किस खेल से जुड़े हैं?
(a) शतरंज (b) मुक्केबाजी
(c) गोल्फ (d) कुश्ती

60. किस वर्ष नीति आयोग अस्तित्व में आया?
(a) जनवरी 01, 2014
(b) जनवरी 26, 2014
(c) जनवरी 26, 2015
(d) जनवरी 01, 2015

61. वैदिक काल में 'बलि' शब्द का क्या अर्थ था?
(a) बलिदान
(b) बैल
(c) आनुवंशिक
(d) प्रजा द्वारा शासक को दी गई भेंट

62. किस सातवाहन राजा ने स्वयं 'एकब्राह्मण' की उपाधि धारण की थी?
(a) यज्ञश्री शातकर्णी
(b) शातकर्णी
(c) गौतमीपुत्र शातकर्णी
(d) वशिष्ठीपुत्र शातकर्णी

63. कौन से बौद्ध ग्रंथ में 'सोलह महाजनपदों' का उल्लेख मिलता है?
(a) अंगुत्तर निकाय
(b) महावंश
(c) दीघ निकाय
(d) महावग्ग

64. निम्नलिखित में से किस शासक ने भारत में सर्वप्रथम 'इक्ता व्यवस्था' प्रारंभ की थी?
(a) इल्तुतमिश
(b) बलबन
(c) अलाउद्दीन खिलजी
(d) रजिया

65. बुलन्द दरवाजा किसके द्वारा बनवाया गया था?
(a) अकबर (b) जहांगीर
(c) शाहजहां (d) बाबर

66. भारत में 'मनसबदारी व्यवस्था' किसने प्रारम्भ की?
(a) शाहजहां (b) जहांगीर
(c) अकबर (d) औरंगजेब

67. वहाबी आन्दोलन का मुख्य उद्देश्य क्या था?
(a) अंग्रेजों से अच्छे सम्बन्ध
(b) इस्लाम का शुद्धीकरण
(c) अंग्रेजी शिक्षा का समर्थन
(d) सामाजिक सुधारों का विरोध

68. भारतीय इतिहास में 6 अप्रैल, 1930 ई. की तिथि जानी जाती है-
(a) महात्मा गांधी द्वारा डाण्डी मार्च हेतु
(b) प्रथम गोलमेज सम्मेलन हेतु
(c) गांधी-इर्विन समझौता हेतु
(d) जलियांवाला बाग हत्याकांड हेतु

69. निम्न में से कौन-सा वृक्ष जो कभी सामाजिक वानिकी में लोकप्रिय था, अब एक पारिस्थितिक आतंकवादी माना गया है?
(a) बबूल (b) अमलतास
(c) नीम (d) यूकेलिप्टस

70. भारत की निम्नलिखित में से कौन-सी जनजाति प्रोटो ऑस्ट्रेलॉयड प्रजाति से संबंधित है?
(a) इरुला (b) खासी
(c) संथाल (d) थारु

71. गांधी जी को किसने सावधान किया था कि वे मुस्लिम धार्मिक नेताओं और उनके अनुयायियों के कट्टरपन को प्रोत्साहित न करें?
(a) आगा खां (b) अजमल खां
(c) हसन इमाम (d) मो. अली जिन्ना

72. दक्षिण अफ्रीका में रहने की अवधि में महात्मा गांधी ने निम्न में से जिस पत्रिका का प्रकाशन किया, उसका नाम था-
(a) नवजीवन (b) इंडिया गजट
(c) अफ्रीकन (d) इंडियन ओपिनियन

73. निम्न में से किस राज्य की सीमा बांग्लादेश से नहीं मिलती है?
(a) मेघालय (b) त्रिपुरा
(c) मणिपुर (d) मिजोरम

74. कथन (A): नगरीकरण औद्योगीकरण का अनुसरण करता है।
कारण (R): विकासशील देशों में नगरीकरण स्वयं में एक आन्दोलन है।
कूट :
(a) A तथा R दोनों सही हैं तथा R, A की सही व्याख्या है
(b) A और R दोनों सही हैं परन्तु R, A की सही व्याख्या नहीं है
(c) A सही है, परन्तु R गलत है
(d) A गलत है, परन्तु R सही है

75. निम्न में से कौन बारूदी सुरंगों का पता लगाने में उपयोगी होते हैं?
(a) मधुमक्खी (b) बर्र
(c) तितली (d) पतंगा

76. शहद का प्रमुख घटक है-
(a) ग्लूकोज (द्राक्षा शर्करा)
(b) सुक्रोज (इक्षु शर्करा)
(c) माल्टोज (यव शर्करा)
(d) फ्रक्टोज (फल शर्करा)

77. जीनोम चित्रण का सम्बन्ध है-
(a) रक्त वर्गीकरण से
(b) जीन्स के चित्रण से
(c) स्नायु केन्द्रों के चित्रण से
(d) मस्तिष्क के चित्रण से

78. कंप्यूटर के आई.सी. चिप प्रायः बनाए जाते हैं-
(a) पर्ण से
(b) क्रोमियम से
(c) सिलिकॉन से
(d) स्वर्ण से

79. भारत में अणुबम के विकास से संबंधित हैं-
(a) डॉ. ए.पी.जे. अब्दुल कलाम
(b) डॉ. होमी जहांगीर भाभा
(c) डॉ. राजा रमन्ना
(d) कस्तूरी रंगन

80. लेसर बीम का उपयोग होता है-
(a) कैंसर चिकित्सा में
(b) हृदय की चिकित्सा में
(c) आंख की चिकित्सा में
(d) गुर्दे की चिकित्सा में

81. निम्नलिखित में से कौन-सा ओजोन परत के रिक्तीकरण के लिए उत्तरदायी नहीं है?
(a) प्रशीतकों में प्रयुक्त होने वाला CFC-12
(b) विलायक के रूप में प्रयुक्त मेथिल क्लोरोफार्म
(c) अग्निशमन में प्रयुक्त हैलान-1211
(d) नाइट्रस ऑक्साइड

82. योग दर्शन के प्रतिपादक हैं-
(a) पतंजलि (b) गौतम
(c) जैमिनी (d) शुक्राचार

83. प्रसिद्ध नैमिषारण्य तीर्थ निम्न जनपदों में से किस एक में स्थित है?
(a) उज्जैन (b) मथुरा
(c) सीतापुर (d) जबलपुर

84. निम्नलिखित में से कौन बीजगणित के क्षेत्र में अपने योगदान के लिए विशेष रूप से जाना जाता है?
(a) आर्यभट्ट (b) ब्रह्मगुप्त
(c) भास्कर (d) ऊर्जयन्त

85. कौटिल्य प्रधानमंत्री थे-
(a) चन्द्रगुप्त विक्रमादित्य के
(b) अशोक के
(c) चन्द्रगुप्त मौर्य के
(d) राजा जनक के

निर्देश (प्रश्न 86-87 तक): शृंखला में विषय संख्या ज्ञात कीजिए।

86. 2, 10, 50, 252, 1250, 6250
(a) 50 (b) 252
(c) 1250 (d) 6250

87. 0, 6, 24, 60, 124
(a) 124 (b) 6
(c) 24 (d) 60

88. निम्नलिखित को शब्दकोश के क्रम में व्यवस्थित कीजिए, तो तीसरा शब्द कौन-सा होगा ?
(1) Particular
(2) Particle
(3) Participate
(4) Partiality
(a) 2 (b) 3
(c) 4 (d) 1

89. यदि D, A की पुत्री है। D, M की बहन है और A का भाई C है, तो C और M का क्या संबंध है?
(a) माता और पुत्री
(b) चाचा और भतीजी
(c) पिता और पुत्री
(d) चाची और भतीजी

90. कौन-सा शेष तीनों से भिन्न है ?
(a) 61523 : 61532
(b) 84224 : 84242
(c) 45742 : 45742
(d) 15632 : 15623

91. निम्नलिखित विकल्पों में से वह शब्द चुनिए जो दिए गए शब्द के अक्षरों का प्रयोग करके नहीं बनाया जा सकता है–
PERMISSIBLE
(a) MISSILE
(b) SIMPLE
(c) LIMPER
(d) BUMPER

92. निम्नलिखित लंबाइयों को छोटे से बड़े क्रम में व्यवस्थित कीजिए–
1. nanometer
2. millimetre
3. centimetre
4. metre
5. micrometre
(a) 1, 2, 5, 3, 4
(b) 1, 5, 2, 3, 4
(c) 1, 5, 2, 4, 3
(d) 5, 1, 2, 3, 4

93. निम्नलिखित शब्दों को शब्दकोश में दिए गए क्रम के अनुसार लिखिए–
1. Obstacle
2. Observe
3. Obvious
4. Obtain
5. Obstruct
(a) 2, 4, 1, 5, 3
(b) 2, 5, 4, 1, 3
(c) 2, 1, 5, 4, 3
(d) 4, 2, 1, 5, 3

निर्देश (प्रश्न 94-97 तक) : दिए गए विकल्पों में से संबंधित अक्षर/शब्द/संख्या को चुनिए।

94. CAT : 21 : : DOG : ?
(a) 23 (b) 24
(c) 25 (d) 26

95. पेंटिंग : कला : : ? : नृत्य
(a) मीराबाई (b) समारोह
(c) कत्थक (d) तबला

96. समबाहु त्रिभुज जिसकी प्रत्येक भुजा 6 सेमी है के अन्तवृत्त की त्रिज्या है–
(a) $2\sqrt{3}$ सेमी (b) $\sqrt{3}$ सेमी
(c) $6\sqrt{3}$ सेमी (d) 2 सेमी

97. यदि 6 वर्ष के साधारण ब्याज मूलधन के 30% के बराबर हो जाए तो यह कितने समय के बाद मूलधन के बराबर हो जाएगा?
(a) 10 वर्ष (b) 20 वर्ष
(c) 22 वर्ष (d) 30 वर्ष

98. एक व्यक्ति ने 60 पैसे और 35 पैसे के 147 डाक-टिकटों की खरीद की। उसने इसमें कुल ₹68.20 की धनराशि खर्च की। उसके द्वारा 35 पैसे के कितने डाक-टिकटों की खरीद की गई थी?
(a) 60 (b) 72
(c) 76 (d) 80

99. एक महिला और उसकी बेटी की औसत आयु 16 वर्ष है। उनकी आयु का अनुपात 7 : 1 है। महिला की आयु क्या है?
(a) 4 वर्ष (b) 28 वर्ष
(c) 32 वर्ष (d) 6 वर्ष

100. एक ट्रेन बिना रुके 50 किमी/घंटे की गति से यात्रा करती है तथा रुकने के साथ 40 किमी/घंटे की गति से यात्रा करती है। ट्रेन प्रति घंटा औसत पर रुकने में कितने मिनट लेती है?
(a) 6 मिनट (b) 12 मिनट
(c) 18 मिनट (d) 14 मिनट

व्याख्या सहित उत्तर

1. (c) भूविज्ञान में पर्माफ्रॉस्ट स्थायी तुषार ऐसी धरती को कहते हैं जिसमें मिट्टी लगातार कम-से-कम दो वर्षों तक पानी जमने के तापमान से कम तापमान पर रही हो। इस प्रकार की भूमि में मौजूदा जल अक्सर मिट्टी के साथ मिलकर उसे इतनी सख्ती से जमा देता है कि मिट्टी, सीमेंट या पत्थर जैसी कठोर हो जाती है। इस प्रकार के स्थान अधिकतर पृथ्वी के ध्रुवों के पास होते हैं (जैसे कि साइबेरिया, ग्रीनलैंड व अलास्का) यद्यपि कुछ ऊंचे पहाड़ी क्षेत्रों (जैसे कि तिब्बत व लद्दाख) में भी जहां-तहां पर्माफ्रॉस्ट मिलते हैं। पर्माफ्रॉस्ट में खुदाई करना पत्थर तोड़ने की तरह ही होता है और इसके लिए भारी औजारों की जरुरत होती है। अत: विकल्प (c) सही है।

2. (c) 21 मार्च के बाद सूर्य के उत्तरायण होने के कारण ITCZ का मौसमी स्थानांतरण होता है। इस समय एशिया विशेषत: दक्षिण एवं दक्षिण पूर्व एशिया में दबाव में परिवर्तन के कारण वायु की दिशा हिन्द महासागर से उपरोक्त क्षेत्र की ओर हो जाती है। जिससे ग्रीष्म काल में हल्की वर्षा होती है।

3. (b) बोरियल वन को शंकुधारी वन भी कहा जाता है। इस क्षेत्र के वन अपेक्षाकृत आर्थिक एवं वन्य उत्पादों की दृष्टि से अधिक महत्वपूर्ण होते हैं इस क्षेत्र की प्रमुख वनस्पतियों में स्प्रुस, पाइन, रेडवुड, फर आदि हैं।

4. (d) मानव का पर्माफ्रास्ट पर प्रभाव तापीय अपरदन को प्रेरित करना सम्मिलित करता है। ध्यातव्य है कि इस प्रकार की मिट्टी (पर्माफ्रॉस्ट), प्रायः अत्यधिक कम तापमान वाले क्षेत्रों, जैसे, साइबेरिया, ग्रीनलैंड, लद्दाख एवं तिब्बत, में पायी जाती हैं। इस मिट्टी की कठोरता इतनी अधिक होती है कि इसे तोड़ने के लिए भारी औजारों की आवश्यकता होती है।

5. (d) **6.** (d)

7. (a) जनसंख्या घनत्व का तात्पर्य जनसंख्या एवं धरातल के अनुपात से है। जनसंख्या घनत्व के 4 प्रकार हैं-

1. गणितीय घनत्व
2. फिजियोलॉजिक घनत्व
3. कृषि घनत्व
4. आर्थिक घनत्व

गणितीय जनसंख्या घनत्व के लिए कुल जनसंख्या को उसके क्षेत्रफल से विभाजित करते हैं।

अर्थात् गणितीय घनत्व = कुल जनसंख्या/क्षेत्रफल

8. (c) विकल्प में दिये गये सामाजिक-धार्मिक आन्दोलनों में आर्य समाज ने दलित वर्ग के संबंध में आवाज उठायी। यह एक हिन्दू सुधार आन्दोलन था जिसकी स्थापना स्वामी दयानन्द सरस्वती ने 1875 ई. में बंबई (मुंबई) में मथुरा के स्वामी विरजानंद की प्रेरणा से की थी। यह आन्दोलन पाश्चात्य प्रभावों की प्रतिक्रिया स्वरूप हिन्दू धर्म में सुधार के लिए प्रारंभ हुआ था। जबकि सत्यशोधक समाज वर्ष 1873 में ज्योतिबा राव फूले द्वारा शुरू किया गया था। इसका मुख्य उद्देश्य ब्राह्मणवाद और उसकी कुरीतियों के विरुद्ध आवाज उठाना था। इन्होंने मूर्ति पूजा तथा कर्मकांडों का विरोध किया, सर्वप्रथम इन्होंने शूद्रों एवं अछूतों के लिए आवाज उठाया तथा अछूतों के लिए विद्यालय भी खुलवाया। आर्य समाज ने दलितों, अछूतों के लिए आवाज उठाई थी इसलिए विकल्प c सही माना जाएगा।

9. (b) कार्यवाहक गवर्नर-जनरल चार्ल्स मेटकॉफ ने भारतीय प्रेस के प्रति उदारवादी दृष्टिकोण अपनाया तथा 1823 के कुत्सित अधिनियम को रद्द कर दिया। इस प्रयास के कारण चार्ल्स मेटकॉफ को भारतीय समाचार पत्रों के 'मुक्तिदाता', की संज्ञा दी गयी। मेटकॉफ ने 1835 में एक प्रेस अधिनियम बनाया जिसके अनुसार, प्रकाशक या मुद्रक को केवल प्रकाशन के स्थान की निश्चित सूचना ही सरकार को देनी थी और वह आसानी से अपना कार्य कर सकता था। यह कानून 1856 तक चलता रहा तथा अवधि में समाचार पत्रों की संख्या में उल्लेखनीय वृद्धि हुई।

10. (b) दिसंबर 1929 में, भारतीय राष्ट्रीय कांग्रेस का वार्षिक अधिवेशन तत्कालीन पंजाब प्रांत की राजधानी लाहौर में हुआ। इस ऐतिहासिक अधिवेशन में कांग्रेस का पूर्ण स्वराज का घोषणा-पत्र तैयार किया गया तथा इसे कांग्रेस का मुख्य लक्ष्य घोषित किया गया। जवाहर लाल नेहरू जिन्होंने 'पूर्ण स्वराज' के विचार को लोकप्रिय बनाने में सर्वाधिक योगदान दिया था, इस अधिवेशन के अध्यक्ष चुने गये। नेहरू को अध्यक्ष बनाने में गांधी जी की निर्णायक भूमिका थी।

11. (a) बारदौली सत्याग्रह, भारतीय स्वाधीनता संग्राम के दौरान वर्ष 1928 में गुजरात में हुआ यह एक प्रमुख किसान आन्दोलन था जिसका नेतृत्व वल्लभ भाई पटेल ने किया था। इस सत्याग्रह आंदोलन के सफल होने के बाद वहां की महिलाओं ने वल्लभ भाई पटेल को 'सरदार' की उपाधि प्रदान की। सरदार पटेल गांधी जी के अनुयायियों में से एक थे।

12. (b) गदर पार्टी की स्थापना भारत को अंग्रेजों से स्वतंत्रता दिलाने हेतु की गई थी। इस पार्टी को अमेरिका और कनाडा के भारतीयों ने 25 जून, 1913 में बनाया था। इस पार्टी के द्वारा 'हिन्दुस्तान गदर' नाम का पत्र भी निकलता था जो उर्दू और पंजाबी में छपता था। गदर आंदोलन, गदर दल द्वारा चलाया गया, जिसका गठन 1 नवबंर, 1913 को संयुक्त राज्य अमेरिका के सैन फ्रांसिस्को में लाला हरदयाल द्वारा किया गया था। रामचंद्र, बरकतउल्ला तथा कुछ अन्य क्रांतिकारियों ने भी इसमें सहयोग किया था। सैन फ्रांसिस्को में गदर दल का मुख्यालय तथा अमेरिका के कई शहरों में इसकी शाखाएं खोली गयी।

13. (a) जवाहर लाल नेहरू (14 नवंबर, 1889-27 मई, 1964) भारत के प्रथम प्रधानमंत्री थे और स्वतंत्रता के पूर्व और पश्चात् की भारतीय राजनीति में केन्द्रीय व्यक्तित्व थे। महात्मा गांधी के संरक्षण में, वे भारतीय स्वतंत्रता आन्दोलन के सर्वोच्च नेता के रूप में उभरे और 1947 में भारत के स्वतंत्र राष्ट्र बनने से लेकर 1964 तक अपने निधन तक वे भारत के प्रधानमंत्री रहे। जवाहर लाल नेहरू, भारतीय राष्ट्रीय कांग्रेस के अध्यक्ष पहली बार 1929 के लाहौर अधिवेशन में बनाये गये जिसमें उन्होंने कांग्रेस के 'पूर्ण स्वराज' के लक्ष्य की घोषणा की।

14. (c)

15. (a) भारत का दक्षिणतम बिंदु इन्दिरा प्वाइंट है। यह भारत के निकोबार द्वीप समूह के बड़े निकोबार द्वीप पर स्थित एक गांव है। यहां एक प्रकाश स्तम्भ स्थित है। प्रशासनिक रूप से यह लक्ष्मीनगर पंचायत के अधीन है। देश की चतुर्दिक अंतिम सीमा बिन्दु निम्नलिखित है-

दक्षिणतम बिंदु	- इंदिरा प्वाइंट (ग्रेट निकोबार द्वीप)
उत्तरतम बिंदु	- इंदिरा कॉल (जम्मू-कश्मीर)
पश्चिमोत्तर बिंदु	- गौर माता (गुजरात)
पूर्वोत्तर बिंदु	- किबिथु (अरूणाचल प्रदेश)

16. (c)

17. (c) मिसीसीपी मुहाने का संकुचन भू-संतुलन का प्रमुख उदाहरण है। इस सिद्धांत के अनुसार विशाल भू-रचनाएं, जैसे ऊंची-ऊंची पर्वतमालाएं, पठार, मैदान आदि संतुलन की अवस्था में रहते हैं।

18. (c) भाखड़ा नांगल परियोजना पंजाब में सतलुज नदी पर स्थित भारत की सबसे बड़ी बहुउद्देशीय नदी घाटी परियोजना है। यह राजस्थान, पंजाब और हरियाणा की संयुक्त परियोजना है। भाखड़ा नांगल बांध भूकंपीय क्षेत्र में स्थित विश्व का सबसे ऊंचा गुरुत्वीय बांध है। यह बांध हिमाचल प्रदेश के बिलासपुर जिले में सतलुज नदी पर बनाया गया है। यह बांध 261 मीटर ऊंचे टिहरी बांध के बाद भारत का दूसरा सबसे ऊंचा बांध है। इसकी ऊंचाई 226 मीटर है।

19. (d) किलिमंजारो पर्वत अफ्रीका का सबसे ऊंचा पर्वत है और सात शिखरों में चौथा सबसे ऊंचा है। यह दुनिया का सबसे लंबा मुक्त पहाड़ है जिसका शिखर 5895 मी. है। किलिमंजारो एक विशाल स्ट्रैटो ज्वालामुखी है जो करीब एक मिलियन साल पहले गठित होना शुरू हुआ था, जब लावा रिफ्ट घाटी से बहना शुरू हुआ। अतः स्पष्ट है कि माउंट किलिमंजारो ज्वालामुखी सतही प्लेट के मध्य में घटित होते हैं।

20. (d) टुंड्रा एक प्रकार का बायोम है जहां वृक्षों की वृद्धि कम तापमान और बढ़ने के अपेक्षाकृत छोटे मौसम के कारण प्रभावित होती है। टुंड्रा शब्द फिनिश भाषा से आया है जिसका अर्थ 'ऊंची भूमि' या वृक्षविहीन पर्वतीय रास्ता होता है। टुंड्रा प्रदेश तीन प्रकार के हैं-आर्कटिक टुंड्रा, अल्पाइन टुंड्रा और अंटार्कटिका टुंड्रा। इन प्रदेशों की वनस्पतियां मुख्यतया बौनी झाड़ियां, दलदली पौधे, घास, काई और लाइकेन से मिलकर बनती हैं। अतः यह न्यूनतम वृद्धि करने वाला बायोम है।

21. (c) शुष्क परिस्थितियों में उगने वाले पादपों को मरूद्भिद् पादप कहते हैं। जीरोफाइट (Xerophytes) शब्द दो ग्रीक शब्दों से मिलकर बना है। Xeric का अर्थ है शुष्क तथा Phytus का अर्थ है आवास। जीवन-चक्र की अवधि, आकार एवं कार्यिकी अनुकूलन के आधार पर जीरोफाइट को तीन श्रेणियों में विभाजित किया गया है।

(1) अल्पकालिक पादप,

(2) गूदेदार या मांसल पादप,

(3) अमांसल पादप।

इस प्रकार की वनस्पति रेगिस्तान-शुष्क क्षेत्रों में बहुत ही कम मात्रा में पाई जाती हैं। यहां विरल पादप वहां ऑक्सीजन के स्रोत होते हैं। शुष्क मरुस्थलीय क्षेत्रों में पाए जाने वाले अल्पकालिक पादप वहां के मानव व जन्तुओं के जीवन आधार है। मरुदभिद् पौधे के कुछ उदाहरण हैं-नागफनी, यूफोर्बिया, एकासिया, कैजुराइना आदि शुष्क स्थानों एवं रेगिस्तानों में

उगने वाले कैक्टस वर्गीय पौधे मरुदभिदों के सुन्दर उदाहरण हैं।

22. (a)

23. (a) जनगणना 2011 के अंतिम आंकड़ों के अनुसार उत्तर प्रदेश राज्य की कुल जनसंख्या 19,98,12,341 है, जो कि देश के अन्य राज्यों के सन्दर्भ में सर्वाधिक है। विकल्प में दिये गये अन्य राज्यों की जनसंख्या निम्न है-

बिहार - 10.40 करोड़
पश्चिम बंगाल - 9.12 करोड़
केरल - 3.34 करोड़

24. (d) संविधान का अनुच्छेद 331 लोकसभा में अखिल भारतीय समुदाय के प्रतिनिधित्व से संबंधित है। इसके अन्तर्गत अनुच्छेद 81 में किसी बात के होते हुए भी यदि राष्ट्रपति की राय है कि लोकसभा में अखिल-भारतीय समुदाय का प्रतिनिधित्व पर्याप्त नहीं है, तो वह लोकसभा में उस समुदाय के दो सदस्यों का नाम निर्देशित कर सकता है।

25. (a) संविधान में उपबंध किया गया है कि पिछली लोकसभा के अध्यक्ष एवं लोकसभा की पहली बैठक के ठीक पहले तक अपने पद पर रहता है। इसलिए राष्ट्रपति लोकसभा के एक सदस्य को सामाजिक अध्यक्ष (प्रोटेम स्पीकर) नियुक्त करता है। आमतौर पर लोकसभा के वरिष्ठ सदस्य को इसके लिए चुना जाता है। राष्ट्रपति स्वयं प्रोटेम स्पीकर को शपथ दिलवाता हैं। प्रोटेम स्पीकर को स्थायी अध्यक्ष के समान ही शक्तियां प्राप्त होती हैं। वह नई लोकसभा की पहली बैठक में पीठासीन अधिकारी होता है। उसका मुख्य कर्तव्य नए सदस्यों को शपथ दिलवाना है। वह सदन को नए अध्यक्ष का चुनाव करने के लिए भी मदद करता है। जब नये अध्यक्ष को चुन लिया जाता है तो प्रोटेम स्पीकर का पद स्वयं ही समाप्त हो जाता है। अत: यह पद अल्पकालिक होता है।

26. (d) भारतीय संविधान के अनुच्छेद 70 के अंतर्गत राष्ट्रपति एवं उप-राष्ट्रपति की अनुपस्थिति में भारत का मुख्य न्यायाधीश, कार्यवाहक राष्ट्रपति के रूप में कार्य करेगा।

27. (d) संविधान के छठें भाग में अनुच्छेद 168-212 तक राज्य विधान मंडल की संरचना, गठन, कार्यकाल अधिकारियों, प्रक्रियाओं, विशेषाधिकारों तथा शक्तियों आदि के बारे में बताया गया है। यद्यपि ये सभी संसद के अनुरूप है, फिर भी इनमें कुछ विभेद पाया जाता है। राज्य विधानमंडल के गठन में कोई एकरूपता नहीं है अधिकतर राज्यों में एक सदनीय व्यवस्था है, जबकि कुछ में द्विसदनीय है।

28. (d) संविधान में कहीं भी संघ, शब्द का प्रयोग नहीं किया गया है। इसके स्थान पर संविधान का अनुच्छेद 1 भारत को 'राज्यों के संघ' के रूप में परिभाषित करता है। डॉ. बी.आर. अंबेडकर के अनुसार राज्यों के संघ से दो बातें उभरकर सामने आती हैं-

(i) अमेरिकी संघ के विपरीत, भारतीय संघ राज्यों के बीच सहमति का प्रतिफल नहीं है।

(ii) राज्यों को यह अधिकार नहीं है कि वे स्वयं को संघ से पृथक कर सके। भारत राज्यों का संघ है क्योंकि वह अविभाज्य है। भारत की संघीय व्यवस्था कनाडाई मॉडल पर आधारित है। एक अत्यंत सशक्त केन्द्र के होने के नाते कनाडाई मॉडल अमेरीकी, मॉडल से सर्वदा भिन्न है।

29. (c) संविधान के भाग 1 के अंतर्गत अनुच्छेद 1-4 तक में संघ और उसके क्षेत्रों को चर्चा की गयी है। अनुच्छेद 1 के अनुसार भारतीय क्षेत्र को तीन श्रेणियों में बांटा गया है-

(1) राज्यों के क्षेत्र (2) संघ क्षेत्र (3) ऐसे क्षेत्र जिन्हें किसी भी समय भारत सरकार द्वारा अधिग्रहीत किया जा सकता है। उन्हें संविधान की पहली अनुसूची में रखा गया है। वर्तमान में भारत में 28 राज्य तथा 9 केन्द्रशासित प्रदेश हैं। केन्द्र शासित प्रदेशों के नाम इस प्रकार हैं-

(1) अंडमान एवं निकोबार द्वीप समूह
(2) चंडीगढ़
(3) दादरा एवं नागर हवेली
(4) दमन एवं दीव
(5) दिल्ली (राष्ट्रीय राजधानी क्षेत्र)
(6) लक्षद्वीप
(7) पांडिचेरी (पुदुचेरी)
(8) जम्मु-कश्मीर
(9) लद्दाख

30. (c) संविधान में न्यायपालिका एवं विधायिका की भाषा के संबंध में उपबंध किए गए हैं-

1. जब तक संसद अन्यथा यह व्यवस्था न दे निम्नलिखित कार्य केवल अंग्रेजी भाषा में होंगे।

(अ) उच्चतम न्यायालय व प्रत्येक उच्च न्यायालय की कार्यवाही

(ब) केन्द्र एवं राज्य स्तर पर सभी विधेयक, अधिनियम, अध्यादेश, आदेश, नियमों व उपनियमों के प्रारंभिक पाठ हालांकि संसद ने उच्चतम न्यायालय में हिंदी के प्रयोग के लिए ऐसी कोई व्यवस्था नहीं की है। अत: उच्चतम न्यायालय केवल, उन्हीं याचिकाओं को सुनता है, जो केवल, अंग्रेजी में हो।

31. (d) राजनीतिक दल, वे स्वैच्छिक संगठन अथवा लोगों के संगठित समूह होते हैं जो समान दृष्टिकोण रखते हैं तथा जो संविधान के प्रावधानों के अनुरूप राष्ट्र को आगे बढ़ाने के लिए राजनीतिक शक्ति प्राप्त करने की कोशिश करते हैं। निर्वाचन आयोग, निर्वाचन के प्रयोजनों हेतु राजनीतिक दलों को पंजीकृत करता है और उनकी चुनाव निष्पादनता के आधार पर उन्हें राष्ट्रीय या राज्य स्तरीय दलों के रूप में मान्यता प्रदान करता है। अन्य दलों को केवल पंजीकृत गैर-मान्यता प्राप्त दल घोषित किया जाता है।

32. (c) सूचना का अधिकार (Right to information Act/RTI) भारत की संसद द्वारा पारित एक कानून है, जो 12 अक्टूबर 2005 को लागू हुआ (15 जून 2005 को इसके कानून बनने के 120वें दिन) भारत में भ्रष्टाचार को रोकने और समाप्त करने के लिए इसे बहुत ही प्रभावी कदम बताया गया है। यह कानून भारत के सभी नागरिकों को सरकारी फाइलों/ रिकॉर्डस में दर्ज सूचना को देखने और उसे प्राप्त करने का अधिकार देता है। यह कानून जम्मू-कश्मीर राज्य को छोड़कर सम्पूर्ण भारत में लागू है।

33. (d) संविधान के अनुच्छेद 324 के अनुसार संसद, राज्य विधानमंडल, राष्ट्रपति एवं उपराष्ट्रपति के पदों के निर्वाचन के लिए संचालन, निर्देशन व नियंत्रण की जिम्मेदारी निर्वाचन आयोग की है। निर्वाचन आयोग एक स्थायी एवं स्वतंत्र निकाय है। इसका गठन भारत के संविधान द्वारा देश में स्वतंत्र और निष्पक्ष चुनाव संपन्न कराने के उद्देश्य से किया गया था।

अत: निर्वाचन आयोग एक अखिल भारतीय संस्था है। जो केंद्र व राज्य सरकारों दोनों के लिए समान है। ध्यातव्य है कि राज्यों में होने वाले पंचायतों व निगमों के चुनाव से आयोग का कोई संबंध नहीं है। इसके लिए भारत के संविधान में अलग राज्य निर्वाचन आयोगों की व्यवस्था की गई है।

34. (d) 93वां संविधान संशोधन अधिनियम, 2005 राज्यों को सामाजिक और शैक्षिक दृष्टि से पिछड़े वर्गों, अनुसूचित जातियों एवं अनुसूचित जनजातियों के लिए शैक्षणिक संस्थानों में आरक्षण करने हेतु विशेष उपबंध बनाने की शक्ति प्रदान करता है। इन शैक्षणिक संस्थानों में निजी क्षेत्र के संस्थान (अल्पसंख्यक संस्थानों को छोड़कर (खण्ड 5) अनुच्छेद 15) संदर्भ में भी शामिल है। यह संविधान संशोधन 2005 के इनामदार केस के उच्चतम न्यायालय द्वारा दिये गये निर्णय के परिप्रेक्ष्य में लाया गया।

35. (a) ट्राइसेम (स्वरोजगार प्रशिक्षण कार्यक्रम) निर्धन ग्रामीण युवाओं को स्वरोजगार हेतु तकनीकी प्रशिक्षण देने का कार्यक्रम है, जो 15 अगस्त, 1979 को प्रारंभ हुआ। इसके अंतर्गत गांवों के 18-35 आयु वर्ग के गरीबी रेखा से नीचे के परिवारों के युवाओं को निजी काम-धंधों की शुरूआत करने हेतु प्रशिक्षण दिया जाता है।

36. (b)

37. (d) 1991 की औद्योगिक नीति के अंतर्गत बहुत से परिवर्तन किये गये क्योंकि उदारीकरण निजीकरण, वैश्वीकरण, जो नयी आर्थिक नीति के आधार स्तम्भ थे, वे सभी प्रत्यक्ष या अप्रत्यक्ष रूप से औद्योगिक नीति से जुड़े हुये थे।

38. (c) 6 अप्रैल, 1948 को तत्कालीन उद्योग एवं वाणिज्य मंत्री डॉ. श्यामा प्रसाद मुखर्जी ने स्वतंत्रता के बाद पहली औद्योगिक नीति का प्रस्ताव रखा। इस नीति में मिश्रित अर्थव्यवस्था की आर्थिक विचार धारा स्वीकार की गयी जिसमें औद्योगिक विकास के लिए सार्वजनिक तथा निजी दोनों क्षेत्रों पर बल दिया गया।

39. (b) भारत में अधिकतम कुल घरेलू बचत 'घरेलू क्षेत्र' से प्राप्त होती है।

40. (b) भारत की प्रथम पंचवर्षीय योजना 1 अप्रैल, 1951 से प्रारंभ हुई थी, जबकि इस योजना का अंतिम प्रारूप दिसंबर 1952 में प्रकाशित किया गया था। इस योजना में कृषि को उच्चतम प्राथमिकता प्रदान की गई। इसकी अवधि 1 अप्रैल, 1951 से 31 मार्च, 1956) थी।

41. (d) मानव विकास सूचकांक में निम्नलिखित तीन बातों को शामिल किया जाता है–

I. जीवन प्रत्याशा द्वारा परिलक्षित दीर्घजीवी एवं स्वस्थ जीवन

II. विद्यालयी शिक्षा के माध्य वर्ष (विद्यालयों से बाहर के बच्चों को समायोजित करते हुए) एवं साक्षरता दर (सात वर्ष और इससे अधिक आयु वर्ग) द्वारा परिलक्षित शिक्षा तथा ज्ञान की प्राप्ति

III. मासिक प्रति व्यक्ति आय (मुद्रा स्फीति तथा असमानता से समायोजित) के रूप में परिलक्षित जीवन स्तर।

अत: उपर्युक्त सभी विकल्प सही हैं।

42. (b) 19 जनवरी 1956 को केन्द्र सरकार ने समस्त 245 भारतीय तथा विदेशी बीमा कंपनियों को अपने अधिकार में ले लिया तथा 1 सितंबर, 1956 को इनका राष्ट्रीयकरण कर दिया गया। संसद के एक अधिनियम के तहत सितंबर, 1956 में 5 करोड़ रुपए की भारत सरकार के पूंजी के साथ भारतीय जीवन बीमा निगम (LIC) की स्थापना की गई। बीमा क्षेत्र में सुधार के लिए गठित मल्होत्रा समिति ने LIC के लिए 5 करोड़ की पूंजी को 200 करोड़ करने की सिफारिश की थी, किंतु सरकार ने इसे अस्वीकार कर दिया। LIC के राष्ट्रीयकरण का उद्देश्य बीमा के व्यापक प्रसार के साथ-साथ जनता की बचत को देश के हित में जुटाना था।

43. (a) 14वें वित्त आयोग का गठन जनवरी 2013 में, 2015-20 की अवधि के लिए केंद्र एवं राज्यों के बीच वित्त के बंटवारे के लिए दिशा-निर्देश सुझाने के लिए किया गया। इस आयोग ने अपनी रिपोर्ट सरकार को 15 दिसम्बर, 2014 को प्रस्तुत कर दी थी। RBI के पूर्व गवर्नर डॉ. वाई. वी. रेड्डी की अध्यक्षता में इस आयोग का गठन किया गया।

44. (b)

45. (d) भारत का राष्ट्रीय सांख्यिकी आयोग एक स्वायत्त संस्था है जिसकी स्थापना 12 जुलाई, 2006 में की गयी थी। 2005 में भारत सरकार ने सी रंगराजन की अध्यक्षता वाली आर्थिक सलाहकार समिति की संस्तुति के आधार पर इसकी स्थापना का निर्णय लिया। आयोग में एक अंशकालिक अध्यक्ष, चार अंश कालिक सदस्य तथा एक पदेन सदस्य होता है।

46. (b) भारतीय रिजर्व बैंक के गवर्नर भारत के केन्द्रीय बैंक तथा भारतीय रिजर्व बैंक के सबसे वरिष्ठ बैंककर्मी ही बनते हैं। 1935 में स्थापना के बाद, भारतीय रिजर्व बैंक की कमान अब तक कुल 22 गवर्नर संभाल चुके हैं। रिजर्व बैंक के पहले गवर्नर सर ओस्बोर्न स्मिथ थे और वर्तमान में उर्जित पटेल हैं जिन्होंने 5 सितम्बर, 2016 को पदभार ग्रहण किया। RBI के गवर्नर का कार्यकाल 3 वर्ष का होता है।

47. (a) जब बर्फ पिघलती है, तो उसका आयतन घटता है।

48. (d) हीरा, ग्रेफाइट, कोयले में कार्बन होता है जबकि बलुआ पत्थर में कार्बन नहीं होता है। बलुआ पत्थर (सैंड स्टोन)ऐसी दृढ़ शिला है जो मुख्यतया बालू के कणों का दबाव पाकर जम जाने से बनती है और किसी योजक पदार्थ से जुड़ी होती है। बालू के समान इसकी रचना में अनेक पदार्थ विभिन्न मात्रा में हो सकते हैं, किंतु इसमें अधिकांश स्फटिक ही होता है। बलुआ पत्थर में वे ही धात्विक तत्व होते हैं, जो बालू में बलुआ पत्थर में स्फटिक की मात्रा अधिक होती है, फेल्स पार तथा श्वेत अभ्रक भी थोड़ी मात्रा में पाए जाते हैं।

49. (b) भारी जल (D_2O) हाइड्रोजन के समस्थानिक (आइसोटोप) ड्यूटीरियम तथा ऑक्सीजन का एक यौगिक है। सामान्य रूप से उपयोग में लाये जाने वाले मंदको में भारी जल, ग्रेफाइट, बेरीलियम तथा हल्का जल शामिल होता है। भारी जल एक उत्कृष्ट मंदक है।

50. (d)

51. (b) वर्षा ऋतु में लकड़ी से बने दरवाजों के फूलने का कारण अन्त: शोषण है। यह एक विशेष प्रकार का विसरण है। जब ठोस एवं कोलाइडस द्वारा पानी को अवशोषित किया जाता है तो इसके कारण उसके आयतन में वृद्धि होती है। अंत: शोषण के प्रमुख उदाहरणों में बीजों और सूखी लकड़ियों द्वारा जल का अवशोषण है।

52. (d) वाष्पोत्सर्जन (ट्रांसपिरेशन) पौधों द्वारा जल का वाष्प के रूप में परिवर्तन तथा इससे उत्पन्न क्षति है। मुख्यत: यह पत्तियों पर पाए जाने वाले रंध्रों से होता है। वाष्पोत्सर्जन में पानी का वाष्प बनकर उड़ने के अलावा ऑक्सीजन एवं कार्बन-डाइ ऑक्साइड का आदान-प्रदान भी पत्तियों में छोटे छिद्रों जिन्हें रंध्र कहते हैं, के द्वारा होता है। सामान्यत: ये रंध्र दिन में खुलते हैं और रात में बंद हो जाते हैं।

53. (c)

54. (b) शरीर को स्वस्थ बनाए रखने के लिए हमें कुछ विटामिन तथा जरूरी पोषक तत्वों की जरूरत होती है। उनमें से एक है विटामिन-बी। विटामिन-बी अपने आप में एक समूह है जिसे हम विटामिन-बी कॉम्पलेक्स के नाम से जानते हैं। इस समूह में विटामिन B_1, B_2, B_3, B_5, B_6, B_7, B_8, B_9 एवं B_{12} सम्मिलित हैं। विटामिन B समूह जल में घुलनशील होता है। विटामिन B_6 एवं B_{12} की कमी से अरक्तता रोग हो जाता है। विटामिन B_6 के अच्छे स्रोत-खमीर, चावल, मटर, गेहूं, मछली, अंडे की जर्दी होते हैं। विटामिन B_{12} का अच्छे स्रोत अंडे, मांस तथा मछली होते हैं। विटामिन B_6 एवं B_{12} के रासायनिक नाम क्रमश: पायरीडॉक्सिन तथा साएनोकोबालमिन हैं।

55. (c) इलायोप्लास्ट एक प्रकार का ल्यूकोप्लास्ट है जो पौधे में लिपिड भण्डारण के लिए विशिष्ट है। इलायोप्लास्ट, प्लोस्टोग्लोबुली को वसा की बूदों के रूप में इकट्ठा करता है। विभिन्न प्रकार के ल्यूकोप्लास्ट होने के कारण इलायोप्लास्ट गैर पिग्मेंटेड होते हैं।

56. (b) लाल रूधिर कणिकाएं (इरिथ्रोसाइट) अन्य सभी कोशिकाओं से संख्या में अधिक होती है। एक स्वस्थ मनुष्य में ये कणिकाएं लगभग 5 से 5.5 लाख प्रतिघन मिमी. (5-5.5 मिलियन प्रतिघन मिमी.) होती है। वयस्क अवस्था में लाल रूधिर कणिकाएं लाल अस्थि मज्जा में बनती है। अधिकतर स्तनधारियों की लाल रूधिर कणिकाओं में केंद्रक नहीं पाये जाते हैं। इनकी आकृति उभयावतल (वाईकोनकेव) होती है। इनका लाल रंग एक लौहयुक्त जटिल प्रोटीन हीमोग्लोबिन की उपस्थिति के कारण होता है। एक स्वस्थ मनुष्य के प्रति 100 ml रक्त में लगभग 12-16 ग्राम हीमोग्लोबिन पाया जाता है। इन पदार्थों की श्वसन गैसों के परिवहन में महत्वपूर्ण भूमिका होती है। इनकी औसत आयु 4 महीने होती है। तत्पश्चात् इनका विनाश प्लीहा (लाल रक्त कणिकाओं का कब्रिस्तान) में होता है।

57. (b) दही (yogurt) एक ऐसा उत्पाद है, जिसे दूध के जीवाण्विक किण्डवन के द्वारा बनाया जाता है। लैक्टोज के किण्डवन से लैक्टिक अम्ल बनता है, जो दूध के प्रोटीन पर कार्य करके उसे दही की बनावट और दही जैसी लाक्षणिक खटास देता है।

58. (c) चिपको आन्दोलन पर्यावरण सुरक्षा का एक महत्वपूर्ण आंदोलन है। यह भारत के उत्तराखंड राज्य (तब उत्तर प्रदेश का भाग) में किसानों ने वृक्षों की कटाई का विरोध करने के लिए प्रारंभ किया था। वे राज्य के वन विभाग के ठेकेदारों द्वारा वनों की कटाई का विरोध कर रहे थे और उन पर अपना परंपरागत अधिकार जता रहे थे।

59. (c) जीव मिल्खा सिंह भारत के पहले प्रोफेशनल गोल्फर हैं। ये फ्लाइंग सिक्ख के नाम से जाने जाने वाले प्रसिद्ध भारतीय धावक मिल्खा सिंह के पुत्र हैं। उनकी माता निर्मल भारत की पहली महिला वॉलीबाल टीम की कप्तान रह चुकी हैं।

60. (d) नीति आयोग (NITI-राष्ट्रीय भारत परिवर्तन संस्थान) भारत सरकार द्वारा गठित एक नया संस्थान है, जिसे योजना आयोग के स्थान पर बनाया गया है। 1 जनवरी, 2015 को इस नए संस्थान के संबंध में जानकारी देने वाले मंत्रिमंडल का प्रस्ताव जारी किया गया। यह संस्थान सरकार के थिंक टैंक के रूप में सेवाएं प्रदान करेगा और उसे निर्देशात्मक एवं नीतिगत गतिशीलता प्रदान करेगा।

61. (d) वैदिक काल में 'बलि' शब्द का अर्थ–प्रजा द्वारा शासक को दी गई भेंट से था।

62. (c) सातवाहन दक्षिण भारत का एक राजवंश था, जिसने केंद्रीय दक्षिण भारत पर शासन किया। सातवाहन वंश के संस्थापक सिमुक ने 60 ई.पू. से 37 ई.पू. तक राज्य किया। राजा शातकर्णी के उत्तराधिकारियों के केवल नाम ही पुराणों द्वारा ज्ञात हैं। इनमें गौतमीपुत्र शातकर्णी के संबंध में उसके शिलालेखों से बहुत कुछ परिचय प्राप्त होता है। यह प्रसिद्ध शक महाक्षत्रप 'नहपान' का समकालीन था। गौतमी पुत्र शातकर्णी ने 'एकराट' या 'एक ब्राह्मण' की उपाधि धारण की।

63. (a) 'अंगुतर निकाय बौद्ध धर्म का एक महत्वपूर्ण ग्रंथ है। इस ग्रंथ में ही सोलह महाजनपदों का उल्लेख मिलता है। ये महाजनपद हैं-

(1) अवंति	(2) अश्मक
(3) अंग	(4) कंबोज
(5) काशी	(6) कुरू
(7) कोशल	(8) गांधार
(9) चेदि	(10) वज्जि
(11) वत्स	(12) पांचाल
(13) मगध	(14) मत्स्य
(15) मल्ल	(16) सूरसेन

ये सभी महाजनपद आज के उत्तरी अफगानिस्तान से बिहार तक और हिन्दुकुश से गोदावरी नदी तक फैले हुए थे।

64. (a) इल्तुतमिश (1210-1236 ई.) कुतुबुद्दीन ऐबक का दामाद व उत्तराधिकारी, इलबरी तुर्क था। यह दिल्ली सल्तनत का वास्तविक संस्थापक था। इल्तुतमिश ने सुल्तान के पद को वंशानुगत बनाया। इल्तुतमिश ने इक्ता को शासन व्यवस्था का आधार बनाया। इक्ता संस्था का प्रयोग भारतीय समाज की सामंतवादी व्यवस्था को समाप्त करने तथा साम्राज्य के दूरस्थ भागों को केन्द्र के साथ संयुक्त करने के एक साधन के रूप में प्रयुक्त किया।

65. (a) बुलंद दरवाजा आगरा शहर से 43 किमी दूर फतेहपुर सीकरी नामक स्थान पर स्थित एक प्रवेश द्वार है। इस द्वार का निर्माण अकबर ने 1602 ई. में गुजरात पर अपनी विजय के उपलक्ष्य में कराया था। बुलंद दरवाजे का निर्माण लाल और बादामी रंग के बलुआ पत्थर से किया गया। है। जिनको सफेद और काले संगमरमर से सजाया गया है। यह ईरान से ली गयी अर्द्ध गुंबदीय शैली में बना है।

66. (c) **67.** (b)

68. (a) 12 मार्च, 1930 ई. को महात्मा गांधी ने अहमदाबाद स्थित साबरमती आश्रम से अपने 78 सहयोगियों के साथ 'दांडी मार्च' का शुभारंभ किया था। 24 दिनों की पैदल यात्रा के बाद गांधीजी 5 अप्रैल, 1930 ई. को दांडी पहुंचे थे। 6 अप्रैल, 1930 ई. को दांडी में समुद्र के किनारे एक मुट्ठी नमक लेकर गांधीजी ने सविनय अवज्ञा आन्दोलन की शुरुआत की थी। इसी दिन गांधीजी को दांडी के समीप स्थित करड़ी गांव में गिरफ्तार कर लिया गया। सरकार ने 25 जनवरी, 1931 ई. को गांधीजी को रिहा कर दिया। 5 मार्च, 1931 को गांधी-इर्विन समझौते के बाद गांधी ने सविनय अवज्ञा आंदोलन को समाप्त कर दिया।

69. (d)

70. (c) प्रोटो-आस्ट्रेलॉयड या पूर्व-द्रविड़ प्रजाति भारतीय जनजातियों में सम्मिश्रित हो गई है। इस प्रजाति से संबंधित जनजातियां संथाल, भील, कोल, चेंचू, मलायन, उरांव, मुंडा आदि हैं।

71. (b) हकीम अजमल खां ने सन् 1920 ई. में गांधीजी से मुस्लिम कट्टरपन को प्रोत्साहित न करने का अनुरोध किया था। 1921 ई. में अहमदाबाद में हुए कांग्रेस के अधिवेशन की अध्यक्षता हकीम अजमल खां ने की थी। ये कार्यकारी अध्यक्ष थे, क्योंकि चितरंजन दास जी अध्यक्ष के रूप में निर्वाचित हुए थे जो जेल में बन्द थे।

72. (d) दक्षिण अफ्रीका प्रवास के समय महात्मा गांधी द्वारा जून, 1903 में साप्ताहिक पत्रिका 'इंडियन ओपिनयन' का प्रकाशन किया गया था। यह पत्रिका अंग्रेजी भाषा में निकाली गई थी।

73. (c) मणिपुर राज्य की सीमा बांग्लादेश से नहीं मिलती है। बांग्लादेश से लगे भारतीय राज्य हैं-असम, मेघालय, मिजोरम, पश्चिम बंगाल एवं त्रिपुरा।

74. (a) जहां उद्योगों की संख्या ज्यादा होती है वहां पर दूसरे क्षेत्रों से लोग आकर उन उद्योगों में काम करते हैं। इतने सारे लोगों के एक जगह रहने से नगरीकरण का विस्तार या विकास होता है। अत: नगरीकरण औद्योगीकरण का अनुसरण करता है। विकासशील देशों में नगरीकरण स्वयं में एक आंदोलन का रूप ले चुका है। अत: उत्तर (a) सही है।

75. (a) बारूदी सुरंगों का पता लगाने में मधुमक्खी का उपयोग किया जाता है। अमेरिका और रूस में इस कार्य के लिए मधुमक्खियों को प्रशिक्षित किया जा रहा है। मधुमक्खियों को प्रशिक्षित करने वाले वैज्ञानिकों का मानना है कि मधुमक्खियों की सूंघने की क्षमता कुत्तों से अधिक होती है।

76. (a) मधुमक्खी का मुख्य उत्पाद शहद है। यह पौष्टिक तथा स्वास्थ्यवर्द्धक पदार्थ है जो औषधि के रूप में प्रयुक्त होता है। शहद में सैल्युलोज-38.19% तथा डेक्सट्रोज-21.26% होती है। शहद में पाये जाने वाले मुख्य घटक इस प्रकार हैं-

अवयव	प्रतिशत
(i) फल शर्करा	41
(ii) द्राक्षा शर्करा	35
(iii) जल	17
(iv) गन्ने की चीनी	1.9
(v) डेक्सट्रीन या गोंद	1.5
(vi) खनिज पदार्थ	0.2
(vii) अन्य पदार्थ	3.4

77. (b) जीनोम चित्रण (Genome Mapping) का संबंध जींस के चित्रण से है। जीन गुणसूत्रों में स्थित होते हैं। DNA जीवन का आधार है।

78. (c) चूंकि सिलिकॉन (S) तथा जरमेनियम (Ge) अर्द्धचालक होते हैं अत: इनका प्रयोग कंप्यूटर के आई.सी. चिप तथा ट्रान्जिस्टर में किया जाता है।

79. (b) भारत में अणु बम के विकास से भारत के प्रसिद्ध परमाणु वैज्ञानिक डॉ. होमी जहांगीर भाभा संबंधित थे। भारत के भूतपूर्व राष्ट्रपति डॉ. ए.पी. जे. अब्दुल कलाम मिसाइल तकनीक के विकास से संबंधित हैं, इसी कारण इन्हें 'मिसाइल मैन' भी कहा जाता है। ये भारत के मध्यम दूरी के बैलेस्टिक प्रक्षेपास्त्र (Intermediate Range Balistic Missile) के जनक माने जाते हैं। डॉ. राजा रमन्ना भारत के न्यूक्लियर वैज्ञानिक थे। इन्होंने BARC के निदेशक सहित अनेक महत्त्वपूर्ण पदों पर कार्य किया। श्री कस्तूरी रंगन अन्तरिक्ष वैज्ञानिक हैं जिन्होंने ISRO के अध्यक्ष पद पर भी कार्य किया है।

80. (c) लेसर बीम का उपयोग आंख (मोतियाबिन्द) की चिकित्सा में किया जाता है। यह एक नई तकनीक है जिसके कारण बिना चीर-फाड़ के ही ऑपरेशन संभव है। कैंसर की चिकित्सा में X-Ray एवं कोबाल्ट (Co) का प्रयोग होता है।

81. (d)

82. (a) योग दर्शन के प्रतिपादक पतंजलि थे, न्याय के गौतम, मीमांसा के जैमिनी एवं अद्वैतवाद के प्रतिपादक शंकराचार्य थे।

83. (c) प्रसिद्ध नैमिषारण्य तीर्थ स्थल उत्तर प्रदेश के सीतापुर जनपद में स्थित है। इन स्थान का वर्णन विष्णु पुराण में मिलता है जिसके अनुसार इस स्थान पर महर्षि दधीचि का आश्रम था। यहीं पर महर्षि दधीचि ने राक्षसों के नाश हेतु देवताओं को अपनी अस्थियां दी थीं। इस स्थान को चक्र तीर्थ भी कहते हैं, जिसका सम्बन्ध भगवान विष्णु के सुदर्शन चक्र से है।

84. (c) भास्कराचार्य का महत्वपूर्ण ग्रन्थ 'लीलावती' बीजगणित पर आधारित है। भास्कराचार्य ने बीजगणित के साथ ही अंकगणित तथा ज्यामिति के क्षेत्र में भी महत्त्वपूर्ण कार्य किया है।

85. (c) मौर्य वंश के संस्थापक चन्द्रगुप्त मौर्य के गुरु एवं उसके प्रधानमंत्री आचार्य कौटिल्य थे।

इनके अन्य नाम विष्णुगुप्त व चाणक्य भी थे। इन्होंने 'अर्थशास्त्र' नामक पुस्तक की रचना की। चन्द्रगुप्त मौर्य ने अपने गुरु विष्णुगुप्त अथवा चाणक्य की सहायता से नन्द वंश के अन्तिम शासक धनानन्द को हराकर मौर्य साम्राज्य की स्थापना की थी।

86. (b)

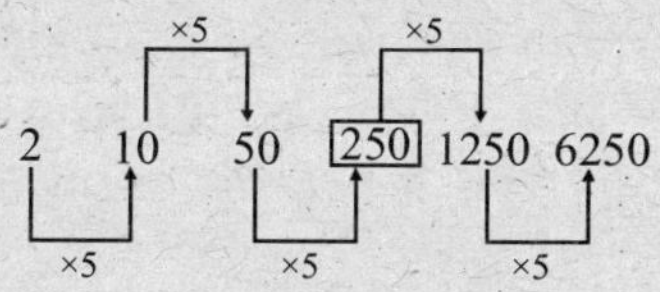

$\because$ सही संख्या = 50 × 5 = 250

$\therefore$ विषम संख्या = 252

87. (a) 0 6 24 60 120

↓ ↓ ↓ ↓ ↓

$1^3 - 1$ $2^3 - 2$ $3^3 - 3$ $4^3 - 4$ $5^3 - 5$

$\therefore$ सही संख्या $= 5^3 - 5$
$= 125 - 5 = 120$

$\therefore$ विषम संख्या = 124

88. (a) Partiality, Participate, Particle, Particular.

89. (b) **90.** (c) **91.** (d)

92. (b) **93.** (c)

94. (a) CAT : 21 : : DOG : 23

95. (b) पेंटिंग कला का भाग है वैसे ही नृत्य समारोह का भाग है।

96. (b)

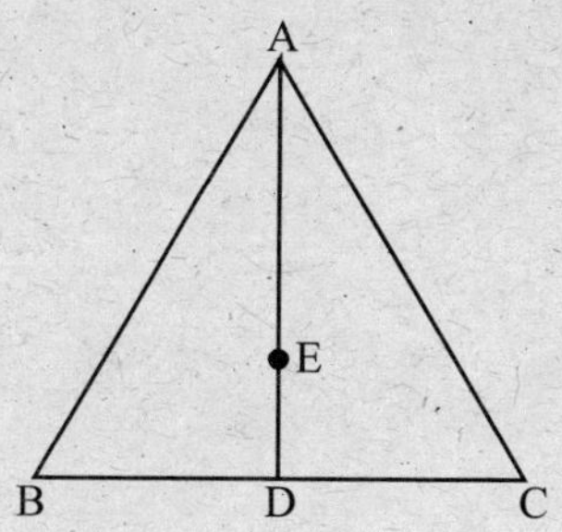

E = अंत: केन्द्र, AB ⊥ BC

AB = 6 सेमी, BD = 3 सेमी

$\angle ADB = 90^\circ$

$\therefore \quad AD = \sqrt{AB^2 - BD^2}$

$= \sqrt{6^2 - 3^2}$

$= \sqrt{36 - 9}$

$= \sqrt{27} = 3\sqrt{3}$ सेमी

$\therefore$ अंत:त्रिज्या $ED = \frac{1}{3} AD$

$= \frac{1}{3} \times 3\sqrt{3} = \sqrt{3}$ सेमी.

97. (b) मूलधन = ₹x

ब्याज $= \frac{30x}{100} =$ ₹$\frac{3x}{10}$

$\therefore$ दर $= \frac{\text{ब्याज} \times 100}{\text{मूलधन} \times \text{समय}}$

$= \frac{3x \times 100}{10 \times x \times 6} = 5\%$ प्रति वर्ष

दूसरी स्थिति

ब्याज = ₹x

समय $= \frac{x \times 100}{x \times 5} = 20$ वर्ष

98. (d) 35 पैसे के डाक-टिकटों की संख्या $= x$

$\therefore$ 60 पैसे के डाक टिकटों की संख्या $= 147 - x$

$\therefore \quad 35x + 60(147 - x) = 6820$

$\therefore \quad 35x + 8820 - 60x = 6820$

$\Rightarrow 8820 - 25x = 6820$

$\Rightarrow 25x = 8820 - 6820 = 2000$

$\Rightarrow x = 20000 \div 25 = 80$

99. (b) बेटी की आयु = x वर्ष,

महिला की आयु = $7x$ वर्ष

$\therefore 7x + x = 2 \times 16 = 32$

$\Rightarrow 8x = 32$

$\Rightarrow x = 4$

$\therefore$ महिला की आयु $= 7x = 7 \times 4 = 28$ वर्ष

100. (b) स्टेशनों पर रुकने का समय

= 50 किमी/घण्टा की दर से (50 – 40) किमी

= 10 किमी तय करने में लगा समय

$= \frac{10}{50}$ घंटा

$= \left(\frac{1}{5} \times 60\right)$ मिनट

= 12 मिनट

❑❑❑

प्रैक्टिस सेट-2

1. **गौतम बुद्ध किसके समकालीन थे?**
(a) चन्द्रगुप्त मौर्य
(b) बिम्बिसार
(c) महापदमनंद
(d) समुद्रगुप्त

2. **पत्थरों में तराशी विश्व की विशालतम बुद्ध प्रतिमा जिसे तालिबान ने वर्ष 2001 में नष्ट कर दिया, वह अफगानिस्तान में अवस्थित थी–**
(a) बामियान में
(b) कन्धार में
(c) खोस्त में
(d) मजारे शरीफ में

3. **वैदिक ग्रन्थों के प्रसिद्ध भाष्यकार सायण निम्न में से किस काल में सक्रिय थे?**
(a) चोल राज्यकाल
(b) गुप्त राज्यकाल
(c) सातवाहन राज्यकाल
(d) विजयनगर राज्यकाल

4. **निम्नलिखित चार बाहरी आक्रमणों को कालक्रमानुसार अवस्थित करें एवं नीचे दिए हुए कूट से सही उत्तर ढूंढें-**
1. अहमदशाह अब्दाली
2. चंगेज खां
3. नादिरशाह
4. तैमूर
कूटः

(a)	1	2	3	4
(b)	4	3	2	1
(c)	2	4	3	1
(d)	2	4	1	3

5. **निम्नलिखित में से किसने सल्तनत काल में प्रचलित डाक व्यवस्था का विस्तृत विवरण दिया है?**
(a) अमीर खुसरो
(b) फरिश्ता
(c) इब्नबतूता
(d) जियाउद्दीन बरनी

6. **बहमनी राज्य की स्थापना की थी-**
(a) अलाउद्दीन हसन ने
(b) अली आदिलशाह ने
(c) हुसैन निजामशाह ने
(d) मुजाहिदशाह ने

7. **पानीपत का तीसरा युद्ध लड़ा गया था-**
(a) हेमू तथा अकबर के बीच
(b) हुमायूं तथा शेरशाह के बीच
(c) मराठों तथा अहमदशाह अब्दाली के बीच
(d) नादिरशाह तथा मुगलों के बीच

8. **सूची-I एवं सूची-II को सुमेलित करें तथा नीचे दिए गए कूटों से सही उत्तर दें-**

	सूची-I		सूची-II
A.	आदिलशाही	1.	हैदराबाद
B.	कुतुबशाही	2.	बीजापुर
C.	निजामशाही	3.	गोलकुंडा
D.	शर्की शाही	4.	जौनपुर

कूट :

	A	B	C	D
(a)	1	2	3	4
(b)	2	3	4	1
(c)	3	4	1	2
(d)	2	3	1	4

9. **खालसा पंथ की स्थापना की थी–**
(a) गुरु अर्जुन देव ने
(b) गुरु गोविन्द सिंह ने
(c) गुरु नानक ने
(d) गुरु तेग बहादुर ने

10. **प्रसिद्ध विद्वान अमीर खुसरो किसके दरबार में रहे?**
(a) अलाउद्दीन खिलजी
(b) इल्तुतमिश
(c) मुहम्मद बिन तुगलक
(d) कुतुबुद्दीन ऐबक

11. **'आदि ग्रन्थ' संगृहीत किया था-**
(a) गुरु अमरदास ने
(b) गुरु अर्जुन देव ने
(c) गुरु रामदास ने
(d) गुरु तेग बहादुर ने

12. **'सूफिया कलाम' जो एक प्रकार का भक्ति संगीत है, विशेषता है-**
(a) गुजरात की
(b) कश्मीर की
(c) राजस्थान की
(d) इनमें से कोई नहीं

13. **बंगाल तथा बिहार में स्थायी बन्दोबस्त आरम्भ किया था-**
(a) कार्नवालिस ने
(b) मिंटो ने
(c) वारेन हेस्टिंग्स ने
(d) वेलेजली ने

14. **सन् 1907 ई. में भारतीय राष्ट्रीय कांग्रेस का पहला विभाजन हुआ था–**
(a) बम्बई (मुंबई) अधिवेशन
(b) कलकत्ता (कोलकाता) अधिवेशन
(c) लाहौर अधिवेशन
(d) सूरत अधिवेशन

15. **सूची-I एवं सूची-II को सुमेलित कीजिए तथा नीचे दिए गए कूट से सही उत्तर का चयन कीजिए-**

सूची-I (समाचार पत्र)		सूची-II (प्रारंभ करने वाला व्यक्ति)
A. बाम्बे क्रॉनिकल	1.	एनी बेसेन्ट
B. कॉमनवील	2.	मदन मोहन मालवीय
C. लीडर	3.	फिरोजशाह मेहता
D. सर्चलाइट	4.	सच्चिदानंद सिन्हा

कूटः

	A	B	C	D
(a)	1	4	3	2
(b)	2	3	4	1
(c)	3	1	2	4
(d)	4	2	1	3

16. **गांधीजी ने अपना प्रथम सत्याग्रह आरम्भ किया था-**
(a) तुर्की पर ब्रिटिश आक्रमण के विरुद्ध
(b) भारत सरकार अधिनियम, 1935 के विरुद्ध
(c) मजदूरों को कम मजदूरी दिए जाने के विरुद्ध
(d) रौलेट एक्ट के विरुद्ध

17. **स्वराज पार्टी को स्थापित किया था-**
(a) बाल गंगाधर तिलक तथा महात्मा गांधी ने

(b) विपिनचन्द्र पाल तथा लाला लाजपत राय ने
(c) सी.आर. दास तथा मोतीलाल नेहरू ने
(d) सरदार पटेल तथा डॉ. राजेन्द्र प्रसाद ने

18. स्वराज को बतौर राष्ट्रीय मांग के रूप में रखा था-
(a) बी.जी. तिलक ने
(b) सी.आर. दास ने
(c) दादाभाई नौरोजी ने
(d) महात्मा गांधी ने

19. किसने कहा था, "कांग्रेस पतन के लिए लड़खड़ा रही है, मेरी सबसे बड़ी अभिलाषा, जब तक मैं भारत में हूं कांग्रेस की शांतिपूर्ण समाप्ति में सहायता करना है?"
(a) लॉर्ड कर्जन
(b) लॉर्ड डफरिन
(c) जॉर्ज हैमिल्टन
(d) लॉर्ड मिंटो

20. निम्नलिखित में से कौन कांग्रेस के आधिकारिक इतिहास के रचयिता थे?
(a) सी. राजगोपालाचारी
(b) जे.बी. कृपलानी
(c) पट्टाभि सीतारमैया
(d) सरदार पटेल

21. भारतीय स्वतंत्रता संघर्ष के दौरान निम्न में से किसकी गिरफ्तारी के विरोध में काफी संख्या में निहत्थे लोग अमृतसर के जलियांवाला बाग में 13 अप्रैल, 1919 ई. को इकट्ठा हुए थे?
(a) मदन मोहन मालवीय तथा मोहम्मद अली जिन्ना
(b) महात्मा गांधी तथा अबुल कलाम आजाद
(c) डॉ. सैफुद्दीन किचलू तथा डॉ. सत्यपाल
(d) स्वामी श्रद्धानंद तथा मजरूल हक

22. भारत के संविधान के अन्तर्गत आर्थिक योजना विषय है-
(a) राज्य सूची का
(b) संघ सूची का
(c) समवर्ती सूची का
(d) किसी सूची में निर्दिष्ट नहीं

23. कल्याणकारी राज्य की संकल्पना का समावेश भारत के संविधान में है–
(a) राज्य के नीति-निदेशक तत्त्व
(b) चौथी अनुसूची
(c) मौलिक अधिकार
(d) प्रस्तावना

24. निम्नलिखित में से कौन-सा मौलिक अधिकार नहीं है?
(a) समानता का अधिकार
(b) स्वतंत्रता का अधिकार
(c) सम्पत्ति का अधिकार
(d) धर्म का अधिकार

25. भारत के उपराष्ट्रपति निर्वाचित होते हैं-
(a) जनता द्वारा
(b) निर्वाचक मंडल द्वारा जो राष्ट्रपति को निर्वाचित करते हैं
(c) संसद के दोनों सदनों के सदस्यों द्वारा
(d) राज्यों के विधान मंडलों द्वारा

26. निम्न में से किस एक की संस्तुति के आधार पर मूल कर्त्तव्यों से संबंधित प्रावधानों को भारत के संविधान में जोड़ा गया था?
(a) बलवंत राय मेहता समिति
(b) आयंगर समिति
(c) स्वर्ण सिंह समिति
(d) ठक्कर आयोग

27. भारत में केंद्र-राज्य संबंध प्रभावित होते हैं-
1. संविधान के प्रावधानों से
2. नियोजन प्रक्रिया से
3. राजनीतिक हितों के अंतर्विरोध से
4. राजनीतिक हितों की एकता से
5. हुक्म चलाने की इच्छा की प्रबलता से
कूट:
(a) 1 और 2
(b) 2, 3 और 4
(c) 2, 4 और 5
(d) 1, 2 और 3

28. संविधान के 73वें संशोधन ने प्रावधान किया है-
1. पंचायत के नियमित चुनाव कराने के लिए।
2. महिलाओं के लिए सभी स्तरों पर सीटों के आरक्षण के लिए।
3. राज्य वित्त आयोग की संस्तुति के अनुसार पंचायतों को फंड्स का अनिवार्य रूप से हस्तांतरण।
4. 11वीं अनुसूची में दिए विषयों के संबंध में पंचायतों को शक्ति का अनिवार्य रूप से हस्तांतरण।
कूट:
(a) 1 और 2
(b) 1, 2 और 3
(c) 2, 3 और 4
(d) उपर्युक्त सभी

29. सूची-I को सूची-II के साथ सुमेलित कीजिए और सूचियों के नीचे दिए गए कूट का प्रयोग करते हुए सही उत्तर का चयन कीजिए-

	सूची-I (संविधान के अनुच्छेद)	सूची-II (विषय)
A.	124	1. आकस्मिक प्रावधान
B.	5	2. विधायी शक्तियों का वितरण
C.	352	3. संघीय न्यायपालिका
D.	245	4. नागरिकता

कूट:

	A	B	C	D
(a)	1	2	3	4
(b)	2	1	4	3
(c)	4	3	2	1
(d)	3	4	1	2

30. निम्न में से किस एक की सिफारिशों के आधार पर संघ एवं राज्यों के बीच वित्तीय वितरण होता है?
(a) वित्त आयोग
(b) अन्तर्राज्यीय काउंसिल
(c) योजना आयोग
(d) सरकारिया आयोग

31. वर्ष 2011 की जनगणना के अनुसार सबसे अधिक निरक्षरता वाला राज्य है-
(a) बिहार
(b) मध्य प्रदेश
(c) उड़ीसा (ओडिशा)
(d) उत्तर प्रदेश

32. वर्ष 2011 की जनगणना के अनुसार भारत में शहरी जनसंख्या कुल जनसंख्या का कितने प्रतिशत है–
(a) 20.5 (b) 25.5
(c) 31.16 (d) 30.5

33. 2011 की जनगणना के अनुसार लिंग अनुपात (महिला प्रति 1000 पु.) है।
(a) 941 (b) 934
(c) 927 (d) 943

34. बंध्याकरण के लिए, जो जनसंख्या नियंत्रित करने का एक अधिक विश्वसनीय तरीका है, दंपत्तियों के अपनी इच्छा से न आने के कुछ कारण हैं-
1. लड़कों के लिए इच्छा।
2. शिशु मृत्यु की ऊंची दर।
3. समझदारी की कमी।
4. अति गरीब परिवारों में आर्थिक मजबूरियां।

कूटः
(a) 1 और 2
(b) 1, 2 और 3
(c) 2, 3 और 4
(d) उपर्युक्त सभी

35. कि.ग्रा./सेमी.^{2} दाब समतुल्य है-
(a) 0.1 बार के
(b) 1.0 बार के
(c) 10.0 बार के
(d) 100.0 बार के

36. पास्कल इकाई है-
(a) आर्द्रता की (b) दाब की
(c) वर्षा की (d) तापमान की

37. कौन सुमेलित नहीं है?
(a) सेल्सियस-ताप
(b) किलोवाट-विद्युत
(c) आर.एच. गुणांक-रक्त
(d) रिक्टर पैमाना-आर्द्रता

38. मोटर वाहनों से निकलने वाली निम्न में से कौन-सी एक मुख्य प्रदूषक गैस है?
(a) कार्बन डाइ-ऑक्साइड
(b) कार्बन मोनोऑक्साइड
(c) मार्श गैस
(d) नाइट्रोजन ऑक्साइड

39. निम्न में से किसे शुष्क बर्फ कहते हैं?
(a) निर्जलित बर्फ
(b) पहाड़ों पर जमी बर्फ
(c) ठोस कार्बन डाइ-ऑक्साइड
(d) ठोस कार्बन मोनोऑक्साइड

40. पीतल एक मिश्रण है-
(a) एल्युमिनियम और तांबे का
(b) तांबे और टिन का
(c) तांबे और जस्ते का
(d) जस्ते और लोहे का

41. अश्रु गैस है-
(a) अमोनिया
(b) क्लोरीन
(c) हाइड्रोजन कार्बाइड
(d) हाइड्रोजन सल्फाइड

42. शीरा अति उत्तम कच्चा माल है–
(a) एसीटिक एसिड के लिए
(b) ग्लिसरीन के लिए
(c) पावर एल्कोहल के लिए
(d) यूरिया के लिए

43. एन्जाइम मूलतः है-
(a) वसा (b) शर्करा
(c) प्रोटीन (d) विटामिन

44. लौह का अंश सबसे अधिक पाया जाता है-
(a) सेम में
(b) अंडों में
(c) हरी सब्जियों में
(d) दूध में

45. प्रकाश संश्लेषण में पौधों द्वारा निम्न में से कौन-सी गैस उपयोग की जाती है?
(a) अमोनिया
(b) कार्बन डाइ-ऑक्साइड
(c) क्लोरीन
(d) सल्फर डाइ-ऑक्साइड

46. निम्न में से किस एक अनाज में प्रोटीन की मात्रा सर्वाधिक होती है?
(a) लोबिया (b) मसूर
(c) अरहर (d) सोयाबीन

47. उड़ाका पक्षियों में सबसे ऊंचे कद वाला कौन है?
(a) सारस (b) बगुला
(c) शतुरमुर्ग (d) मोर

48. निम्न में से किसमें विटामिन 'सी' की मात्रा सर्वाधिक होती है?
(a) गाजर (b) अमरूद
(c) आम (d) संतरा

49. पोलियो का विषाणु शरीर में प्रवेश करता है-
(a) कुत्ते के काटने पर
(b) मच्छर के काटने पर
(c) दूषित भोजन तथा जल के द्वारा
(d) थूक के द्वारा

50. विश्व का पहला परमाणु बिजलीघर कहां स्थापित किया गया था?
(a) ब्रिटेन में
(b) जर्मनी में
(c) रूस में
(d) संयुक्त राज्य अमेरिका में

51. वायु शक्ति में ऊर्जा का कौन सा रूप विद्युत ऊर्जा में परिवर्तित होता है?
(a) गतिज ऊर्जा
(b) स्थितिज ऊर्जा
(c) सौर ऊर्जा
(d) विकिरण ऊर्जा

52. मलिन बस्तियों में रहने वालों का जनसंख्या प्रतिशत अधिकतम है-
(a) चेन्नई में
(b) दिल्ली में
(c) कोलकाता में
(d) मुम्बई में

53. 'विश्व जनसंख्या दिवस' मनाया जाता है-
(a) 8 मई को
(b) 7 जून को
(c) 11 जुलाई को
(d) 15 सितम्बर को

54. 'इग्नाइटेड माइंड' के लेखक हैं–
(a) ए.पी.जे. अब्दुल कलाम
(b) बाबा साहेब ठाकरे
(c) खुशवन्त सिंह
(d) नयनतारा सहगल

55. प्लासी का युद्ध हुआ था–
(a) 1750 में
(b) 1757 में
(c) 1760 में
(d) इनमें से कोई नहीं

56. डॉ. अमर्त्य सेन को नोबेल पुरस्कार उनके निम्न में से किस एक के योगदान के अभिज्ञान में दिया गया है?
(a) श्रम अर्थशास्त्र
(b) विपणन अर्थशास्त्र
(c) मौद्रिक अर्थशास्त्र
(d) कल्याणकारी अर्थशास्त्र

57. सूची-I तथा सूची-II को सुमेलित कीजिए तथा सूचियों के नीचे दिए गए कूट का प्रयोग करते हुए सही उत्तर का चयन कीजिए-

सूची-I (पुस्तक)	सूची-II (लेखक)
A. हाफ ए लाइफ	1. अरुण शौरी
B. वर्शिपिंग फाल्स गॉड्स	2. शिव खेड़ा
C. अग्नि की उड़ान	3. वी.एस. नॉयपाल
D. जीत आपकी	4. ए.पी.जे. अब्दुल कलाम
	5. जेम्स एंड जोगेवर्ड

कूटः

	A	B	C	D
(a)	1	2	3	5
(b)	2	1	4	3
(c)	3	1	4	2
(d)	1	2	3	5

58. बुसान एशियन गेम्स में स्नूकर खेल में स्वर्ण पदक प्राप्त करने वाली भारतीय जोड़ी थी–
(a) गुरप्रीत और मंजुला राय
(b) मुजीब रहमान और रत्नेश कुमार
(c) साजी थामस और कासिम खां
(d) यासीन मर्चेंट और रफत हबीब

59. सूची-I में शामिल फुटबाल खिलाड़ियों का सुमेल सूची-II में इंगित देशों से कीजिए जिनके वे वासी हैं–

सूची-I	सूची-II
A. जिनेदिन जिदाने	1. इंग्लैंड
B. ग्रोब्रयल बतिस्ता	2. अर्जेन्टीना

C. लूईस फिगो 3. पुर्तगाल

D. डेविड बेकहम 4. फ्रांस

कूट:

	A	B	C	D
(a)	1	2	3	4
(b)	2	3	4	1
(c)	4	2	3	1
(d)	4	3	2	1

60. दो बार एवरेस्ट पर विजय प्राप्त करने वाली महिला पर्वतारोही हैं-

(a) बछेंद्री पाल (b) चन्द्रप्रभा सतवाल

(c) जया क्षेत्री (d) संतोष यादव

61. कुचिपुड़ी नृत्य आरम्भ हुआ-

(a) आन्ध्र प्रदेश में

(b) केरल में

(c) उड़ीसा में

(d) तमिलनाडु में

62. 'विश्व वन्य जीव दिवस' मनाया जाता है-

(a) 21 मार्च को

(b) 2 मई को

(c) 5 जून को

(d) 21 जून को

63. भारत के तीन सर्वाधिक नगरीकृत राज्यों का सही क्रम है-

(a) गुजरात, महाराष्ट्र, तमिलनाडु

(b) महाराष्ट्र, गुजरात, कर्नाटक

(c) महाराष्ट्र, तमिलनाडु, गुजरात

(d) पंजाब, गुजरात, महाराष्ट्र

64. भारत का प्राचीनतम विशाल उद्योग है-

(a) सूती कपड़ा (b) लोहा एवं इस्पात

(c) जूट (d) कागज

65. नीचे दो वक्तव्य दिए गए हैं-

कथन (A) : भारतीय आर्थिक नीति की अन्दर और बाहर दोनों ओर से अधिकाधिक आलोचना हो रही है।

कारण (R) : आलोचना अधिकांशत: आदर्शों के भेदों पर आधारित है।

कूट:

(a) (A) और (R) दोनों सही हैं और (R), (A) का सही स्पष्टीकरण है

(b) (A) तथा (R) दोनों सही हैं किन्तु (R), (A) की सही व्याख्या नहीं है

(c) (A) सही है, किन्तु (R) गलत है

(d) (A) गलत है, किन्तु (R) सही है

66. किसके निर्यात से भारत की निर्यात आय में सर्वाधिक योगदान होता है?

(a) कृषि उत्पादों के

(b) रत्न एवं आभूषणों के

(c) मशीनरी के

(d) कपड़ा एवं सिले-सिलाए वस्त्रों के

67. विश्व व्यापार संगठन स्थापित हुआ-

(a) वर्ष 1990 में

(b) वर्ष 1995 में

(c) वर्ष 1998 में

(d) वर्ष 2000 में

68. भारत में 'स्वसंपोषित विकास' का उद्देश्य सर्वप्रथम अपनाया गया-

(a) तृतीय पंचवर्षीय योजना

(b) चतुर्थ पंचवर्षीय योजना

(c) पांचवीं पंचवर्षीय योजना

(d) छठी पंचवर्षीय योजना

69. स्वर्ण जयंती ग्राम स्वरोजगार योजना-

1. के अन्तर्गत उस समय मौजूद छह कार्यक्रमों की समाप्ति हो गयी।

2. समूह रीति अपनाने पर बल देती है।

3. चयनित स्वरोजगारों के हुनर की उन्नति करने का प्रयास करती है।

4. ग्रामीण युवकों को गरीबी की रेखा के ऊपर उठाने पर संकेन्द्रित है।

कूट :

(a) 1 और 2 (b) 1, 2 और 3

(c) 2, 3 और 4 (d) उपर्युक्त सभी

70. सूची-I तथा सूची-II को सुमेलित कीजिए तथा सूचियों के नीचे दिए गए कूट से सही उत्तर का चयन कीजिए-

सूची-I	सूची-II
A. कांग्रेस का पूर्ण स्वाधीनता प्रस्ताव	1. 26 जनवरी
B. पूर्ण स्वराज दिवस	2. 31 दिसम्बर, 1929 ई.
C. दांडी मार्च	3. जुलाई 1931 ई.
D. द्वितीय गोलमेज कान्फ्रेंस	4. 12 मार्च, 1930 ई.
	5. सितम्बर 1931 ई.

कूट :

	A	B	C	D
(a)	1	2	3	4
(b)	2	1	4	3
(c)	5	4	1	3
(d)	3	4	2	5

71. निम्नलिखित में से किसने असहयोग आन्दोलन के दौरान विदेशी कपड़ों को जलाया जाना एक निष्ठुर बरबादी बताया था?

(a) लॉर्ड रीडिंग

(b) मोहम्मद अली जिन्ना

(c) मोतीलाल नेहरू

(d) रवीन्द्रनाथ टैगोर

72. नागार्जुन सागर बांध बना हुआ है-

(a) गोदावरी नदी पर

(b) कावेरी नदी पर

(c) कृष्णा नदी पर

(d) नर्मदा नदी पर

73. निम्नलिखित में से कौन एक सुमेलित नहीं है?

(a) गोरखपुर-राप्ती

(b) लुधियाना-रावी

(c) जबलपुर-नर्मदा

(d) सूरत-ताप्ती

74. 'भारत छोड़ो प्रस्ताव' का आलेख बनाया था-

(a) जवाहरलाल नेहरू

(b) महात्मा गांधी

(c) मौलाना अबुल कलाम आजाद

(d) सरोजिनी नायडू

75. ब्रह्म समाज के संस्थापक थे-

(a) सी.आर. दास

(b) महात्मा गांधी

(c) राजा राममोहन राय

(d) स्वामी दयानन्द सरस्वती

76. निम्नलिखित में से कौन सुमेलित है?

(a) असम - शिलांग

(b) मेघालय - कोहिमा

(c) मिजोरम - आइजोल

(d) नागालैण्ड - गुवाहाटी

77. प्राकृतिक कृषि का अन्वेषक है-

(a) मसानोवा फुकुका

(b) एम.एस. रंधावा

(c) एम.एस. स्वामीनाथन

(d) नॉर्मन बोरलॉग

78. निम्न में से कौन-सा वृक्ष समुद्रतल से सर्वाधिक ऊंचाई पर पाया जाता है?

(a) देवदार (b) चीड़

(c) साल (d) सागौन

79. ग्लोबीय तापवृद्धि से संबंधित निम्नलिखित कथनों में से कौन-से सही है?

1. ग्लोबीय तापवृद्धि का सबसे महत्त्वपूर्ण परिणाम यह है कि इससे ध्रुवीय बर्फ की चोटियों के पिघलने से समुद्र की सतह में वृद्धि होगी।

2. यदि ग्लोबीय तापवृद्धि के वर्तमान स्तर पर नियंत्रण नहीं किया गया तो सन् 2070 ई. तक समुद्र की सतह का 1 मीटर तक बढ़ना संभावित है।

3. विश्व के समस्त मूंगे के द्वीप डूब जाएंगे।
4. यह संभावना है कि सन् 2044 ई. तक फिजी डूब जाएगा और समुद्र तल के बढ़ने से इसी वर्ष तक नीदरलैंड पर एक गंभीर संकट छा जाएगा।

कूट:
(a) 1, 2 और 4
(b) 1, 2 और 3
(c) 1, 3 और 4
(d) केवल 4

80. समताप मंडल में ओजोन परत का कार्य है-
(a) भूमंडलीय ताप को स्थिर रखना
(b) भूकंपों की आवृत्ति को घटाना
(c) मानसूनों की विफलता को बचाना
(d) भूतल पर पराबैंगनी विकिरण पात को थामना

81. जब दिन और रात की अवधि बराबर होती है तो सूर्य की किरणें सीधी पड़ती हैं–
(a) उत्तरी ध्रुव पर
(b) भूमध्य रेखा पर
(c) दक्षिणी ध्रुव पर
(d) कर्क रेखा पर

82. निम्नलिखित सागरों में से किस एक का जल सबसे अधिक खारा है?
(a) बाल्टिक सागर
(b) काला सागर
(c) मृत सागर
(d) लाल सागर

83. पृथ्वी से निकटतम दूरी पर स्थित ग्रह है-
(a) मंगल (b) बुध
(c) बृहस्पति (d) शुक्र

84. सदाबहार वर्षा वन पाए जाते हैं-
(a) ऑस्ट्रेलिया (b) ब्राजील
(c) कनाडा (d) फ्रांस

85. निम्नलिखित में से कौन एक सुमेलित नहीं है?
(a) शेरपा नेपाल
(b) थारू उत्तराखंड
(c) टोडा दक्षिण भारत
(d) जुलू उड़ीसा

86. ADIP : DGLS : : BEJQ : ?
(a) EHMT (b) EJQU
(c) CGLS (d) FINU

87. लुप्त संख्या ज्ञात कीजिए–
10, 12, 9, 13, 8, ?, 7
(a) 11 (b) 7
(c) 14 (d) 12

निर्देश (प्रश्न 88-90 तक) : दिए गए विकल्पों में से विषम संख्या/अक्षर/शब्द/को चुनिए।

88. (a) हृदय
(b) वृक्क (गुर्दा)
(c) प्लीहा (तिल्ली)
(d) यकृत (कलेजा)

89. (a) ACEG (b) MOQS
(c) GHJL (d) RTVX

90. (a) 1 (b) 2
(c) 3 (d) 4

निर्देश (प्रश्न 91-92 तक) : एक अनुक्रम दिया है, जिसमें एक पद लुप्त है दिए गए विकल्पों में से वह सही विकल्प चुनिए जो अनुक्रम को पूरा करे।

91. SCD, TEF, UGH, ?, WKL
(a) CMN (b) UJI
(c) VIJ (d) IJT

92. BC, DF, FI, HL, ?, LR
(a) LQ (b) LR
(c) JO (d) MP

93. बिन्दुओं वाले त्रिभुजों की संख्या ज्ञात कीजिए–

(a) 5 (b) 8
(c) 10 (d) 16

94. अक्षरों का कौन-सा समूह खाली स्थानों पर क्रमवार रखने से दी गई अक्षर शृंखला को पूरा करेगा?
ab_bc_c_ba_c
(a) baac (b) aabb
(c) caab (d) aaab

95. यदि एक दर्पण को MN रेखा पर रखा जाए, तो दी गई उत्तर आकृतियों में से कौन-सी आकृति प्रश्न आकृति का सही प्रतिबिंब होगी?

प्रश्न आकृति :

उत्तर आकृतियां :

(a) (b) (c) (d)

96. राम और श्याम मिलकर किसी काम को 8 दिन में कर सकते हैं। राम उसी काम को अकेले 12 दिन में कर सकता है। श्याम अकेले उस काम को कितने समय में कर सकता है?
(a) 16 दिन (b) 20 दिन
(c) 24 दिन (d) 30 दिन

97. एक व्यक्ति साइकिल से 12 किमी. की दूरी 90 मिनट में तय करता है। यदि साइकिल एक समान गति से चल रही है तो 3 घण्टे में वह व्यक्ति कितनी दूरी तय करेगा?
(a) 36 किमी. (b) 24 किमी.
(c) 30 किमी. (d) 27 किमी.

98. A और B मिलकर किसी काम को 18 दिन में कर सकते हैं तथा A अकेला उसे 36 दिन में कर सकता है। B अकेला उसे कितने दिन में कर सकता है?
(a) 35 दिन (b) 25 दिन
(c) 36 दिन (d) 39 दिन

99. दी गई आकृति में, सरल रेखाएं AB और CD एक-दूसरे को O पर काटती हैं। अगर $\angle\delta = 3\angle v$ है तो $\angle v = ?$

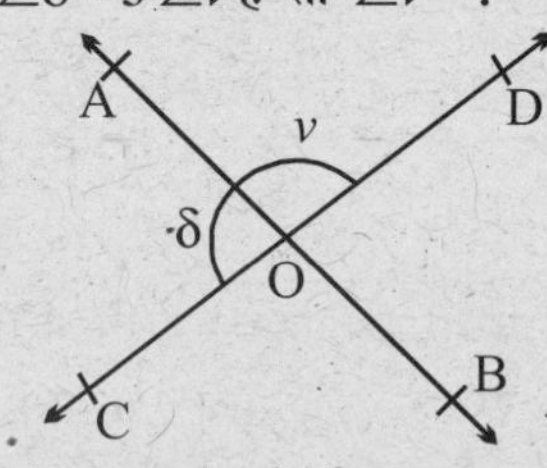

(a) 40° (b) 45°
(c) 50° (d) 55°

100. एक वस्तु का क्रय मूल्य उसके विक्रय मूल्य का दो-तिहाई है। उस वस्तु पर लाभ या हानि प्रतिशत क्या है?
(a) 45 (b) 50
(c) 35 (d) 54

व्याख्या सहित उत्तर

1. (a) गौतम बुद्ध बिम्बिसार के समकालीन थे। चन्द्रगुप्त मौर्य वंश का संस्थापक था। महापद्मनंद ने नंद वंश की स्थापना की थी। समुद्रगुप्त वंश का सम्राट था, जिसे भारत का नेपोलियन कहा जाता है।

2. (a) विश्व की विशालतम बौद्ध मूर्ति अफगानिस्तान के बामियान क्षेत्र में स्थित थी। इसका निर्माण 200BC में किया गया था जिसका वर्णन ह्वेनसांग ने किया है।

3. (d) विजयनगर साम्राज्य की स्थापना सन् 1336 ई. में दक्षिण भारत में तुगलक सत्ता के विरुद्ध होने वाले विद्रोह के परिणामस्वरूप हुई। विजयनगर साम्राज्य की स्थापना हरिहर एवं बुक्का द्वारा तुंगभद्रा

के उत्तरी तट पर स्थित अनेगुण्डी दुर्ग के निकट की गयी। अपने इस साहसिक कार्य में उन्हें ब्राह्मण विद्वान माधव विद्यारण्य तथा वेदों के प्रसिद्ध भाष्यकार 'सायण' से प्रेरणा मिली।

4. (c) चार बाहरी आक्रमणों का कालक्रम इस प्रकार है–

चंगेज खां	-	सन् 1220-21 या 1228 ई.
तैमूर	-	सन् 1398 ई.
नादिरशाह	-	सन् 1739 ई.
अहमदशाह अब्दाली	-	सन् 1761 ई.

5. (c) अफ्रीकी यात्री इब्नबतूता सन् 1333 ई. में भारत आया था। मुहम्मद बिन तुगलक ने इसे दिल्ली का काजी नियुक्त किया था। सन् 1342 ई. में सुल्तान ने उसे अपने राजदूत के रूप में चीन भेजा। इब्नबतूता ने अपनी पुस्तक 'रेहला' में मुहम्मद तुगलक के समय की घटनाओं का वर्णन किया है।

6. (a) मुहम्मद बिन तुगलक के शासन के अन्तिम दिनों में, दक्कन में अमी-ए-सादा (सरदारों) के विद्रोह के परिणामस्वरूप सन् 1347 ई. में बहमनी साम्राज्य की स्थापना हुई। यहां के सरदारों ने इस्माइल को नासिरुद्दीन शाह के नाम से दक्कन का राजा घोषित किया परन्तु वह अयोग्य सिद्ध हुआ जिससे उसे 'हसन' के पक्ष में गद्दी छोड़नी पड़ी जिसकी उपाधि जफर खां थी। 3 अगस्त, 1347 को उसे अबुल मुजफ्फर अलाउद्दीन बहमन हसन शाह के नाम से सुल्तान घोषित किया गया। अलाउद्दीन हसन ने गुलबर्गा को अपनी राजधानी बनाया तथा उसका नाम बदलकर अहसानाबाद कर दिया।

7. (c) पानीपत का तृतीय युद्ध मुख्यत: दो कारणों का परिणाम था, पहला नादिरशाह की तरह अहमदशाह अब्दाली भी भारत को लूटना चाहता था, दूसरा मराठे हिन्दू पद पादशाही की भावना से ओत-प्रोत होकर दिल्ली को अपने अधिकार क्षेत्र में लेना चाहते थे। 14 जनवरी, 1761 को इस युद्ध में मराठा सेना बुरी तरह पराजित हो गयी। इतिहासकार जे.एन. सरकार के अनुसार ''महाराष्ट्र में शायद ही कोई ऐसा परिवार होगा जिसने कोई न कोई सगा-संबंधी न खोया हो तथा कुछ परिवारों का तो विनाश ही हो गया।''

8. (d) बीजापुर नामक स्वतंत्र राज्य की स्थापना सन् 1489 ई. में यूसुफ आदिलशाह ने की थी। यह धार्मिक रूप से सहिष्णु एवं न्यायप्रिय शासक था। बहमनी वंश के कुली कुतुबशाह नामक तुर्की अधिकारी ने गोलकुंडा में कुतुबशाही वंश की स्थापना की। सन् 1394 ई. में फिरोज तुगलक के पुत्र महमूद ने अपने वजीर ख्वाजा जहान को 'मलिक उस शर्क' की उपाधि प्रदान की। उसने दिल्ली पर हुए तैमूर आक्रमण (1398 ई.) के कारण व्याप्त अस्थिरता का लाभ उठाकर जौनपुर में स्वतन्त्र शर्की राजवंश की नींव डाली।

9. (b) गुरु अर्जुन देव ने 'आदि ग्रंथ' संगृहीत किया। गुरु गोविन्द सिंह ने 'खालसा ग्रंथ' की स्थापना की। गुरु नानक सिख धर्म के प्रवर्तक माने जाते हैं।

10. (a)

11. (b) आदि ग्रंथ को पांचवें सिख गुरु अर्जुन देव ने 1605 ई. में संगृहीत किया।

12. (b) सूफिया कलाम भक्ति संगीत की एक भाषा है जो कश्मीर में प्रचलित है।

13. (a) बंगाल में भू-राजस्व वसूली का अधिकार किसे दिया जाए तथा उसे कितने समय के लिए दिया जाए, इस पर अंतिम निर्णय कार्नवालिस ने सर जॉन शोर के सहयोग से लिया और अंतिम रूप से जमीदारों को भूमि का स्वामी मान लिया गया। सन् 1790 ई. में 10 वर्ष की व्यवस्था की गयी जिसे सर जॉन शोर व्यवस्था के नाम से भी जाना जाता था, परन्तु इस व्यवस्था को सन् 1793 ई. में 'स्थायी बंदोबस्त' में परिवर्तित कर दिया गया। जमीदारों को अब भू-राजस्व का 8/9 भाग कंपनी को तथा 1/9 भाग अपनी सेवाओं के लिए अपने पास रखना था।

14. (d) सन् 1907 ई. के सूरत अधिवेशन में भारतीय राष्ट्रीय कांग्रेस के नरम एवं गरम दलों के बीच मतभेद हो जाने से कांग्रेस पार्टी में विभाजन हो गया जो सन् 1916 ई. के लखनऊ अधिवेशन में पुन: एकजुट हुए। सन् 1907 ई. में सूरत अधिवेशन की अध्यक्षता रास बिहारी बोस ने की थी।

15. (c)

समाचार पत्र	प्रारंभ करने वाला व्यक्ति
1. बाम्बे क्रॉनिकल	फिरोजशाह मेहता
2. कॉमनवील	श्रीमती एनी बेसेंट
3. लीडर	मदन मोहन मालवीय
4. सर्चलाइट	सच्चिदानंद सिन्हा

16. (c) महात्मा गांधी ने सर्वप्रथम 1911 ई. में द. अफ्रीका प्रवास के दौरान नेटाल प्रान्त की सरकार द्वारा प्रवासी भारतीयों के प्रवेश को रोकने के लिए बनाए गए कानून के विरोध में सत्याग्रह प्रारंभ किया था। गांधी जी ने भारत में अपना प्रथम सत्याग्रह 1917 ई. में बिहार के चंपारण से नील कृषकों के पक्ष में शुरू किया जिसमें उन्हें सफलता प्राप्त हुई। चंपारण सत्याग्रह के पश्चात् 1918 ई. में अहमदाबाद के मिल मजदूरों, जो वेतन वृद्धि के लिए आंदोलन कर रहे थे, को सहायता दी और आमरण अनशन प्रारम्भ कर दिया गांधीजी के सत्याग्रह से विवश होकर मिल मालिकों ने मजूदरों के वेतन बढ़ा दिए।

17. (c) 1 जनवरी, 1923 ई. को चितरंजन दास ने मोतीलाल नेहरू, विट्ठलभाई पटेल, मदन मोहन मालवीय तथा जयकर के साथ मिलकर इलाहाबाद में स्वराज दल (कांग्रेस के खिलाफ स्वराज पार्टी) की स्थापना की जिसके अध्यक्ष सी.आर. दास तथा सचिव मोतीलाल नेहरू बनाए गए।

18. (c) स्वराज को बतौर राष्ट्रीय मांग दादा भाई नौरोजी ने सर्वप्रथम 1905 ई. के बनारस अधिवेशन में उठाया था।

19. (a) 19वीं सदी के 8वें व 9वें दशक में गरमपंथी विचारधारा का प्रादुर्भाव हो गया था हालांकि इस विचारधारा से कांग्रेसी नेता अपने को अलग रखते थे, परन्तु अंग्रेजी हुकूमत कांग्रेस से संतुष्ट नहीं थी और उसे कुचल देना चाहती थी। इसके दो कारण थे- (1) नरमपंथी चाहे जितने उदारवादी रहे हों, वे राष्ट्रवादी, उपनिवेशवाद विरोधी राजनीति व विचारधारा के प्रचारक थे, (2) अंग्रेज यह समझते थे कि नरमपंथियों की जनता में घुसपैठ कम है अत: इस समय इसे समाप्त किया जा सकता है। इस नीति का सबसे बड़ा समर्थक लॉर्ड कर्जन था। सन् 1900 ई. में लॉर्ड कर्जन ने कहा कि ''कांग्रेस अब लड़खड़ा रही है और जल्द ही गिरने वाली है। मेरा सबसे बड़ा मकसद भी यही है कि मेरे भारत प्रवास के दौरान ही इस पार्टी का अंत हो जाए।''

20. (c) कांग्रेस के आधिकारिक इतिहास के लेखक पट्टाभि सीतारमैया हैं।

21.(c) डॉ. सैफुद्दीन किचलू और डॉ. सत्यपाल की गिरफ्तारी का विरोध करने के लिए 13 अप्रैल, 1919 ई. में बैसाखी के दिन अमृतसर के जलियांवाला बाग में एक सभा एकत्रित हुई जिस पर जनरल डायर ने बिना कोई चेतावनी दिए गोलियां चलवा दी थीं जिसमें 1000 से अधिक लोग मारे गए थे तथा 3000 घायल हुए थे।

22. (c) भारत के संविधान के अंतर्गत समवर्ती सूची में आर्थिक एवं सामाजिक योजना को रखा गया है।

23. (a) निदेशक तत्त्वों का लक्ष्य एक सच्चे कल्याणकारी राज्य की स्थापना करना है। इसके अलावा आर्थिक शोषण और भारी असमानताओं तथा अन्यायों का अंत भी निदेशक तत्त्वों का उद्देश्य है। अनुच्छेद 38 के अनुसार, ''राज्य ऐसी सामाजिक व्यवस्था, जिसमें सामाजिक, आर्थिक और राजनीतिक न्याय राष्ट्रीय जीवन की सभी संस्थाओं को अनुप्राणित करे, भरसक रूप में स्थापना एवं संरक्षण करके लोक कल्याण की अभिवृद्धि का प्रयास करेगा।''

24. (c) 44वें संविधान संशोधन द्वारा अनुच्छेद 31 में संशोधन करके सम्पत्ति के मूल अधिकार को समाप्त कर दिया गया। अब यह अनुच्छेद 300 (क) के तहत एक कानूनी अधिकार है।

25. (c) अनुच्छेद 66 के अनुसार, ''उपराष्ट्रपति का निर्वाचन संसद के दोनों सदनों के सदस्यों से मिलकर बनने वाले निर्वाचकगण के सदस्यों द्वारा आनुपातिक प्रतिनिधित्व के अनुसार एकल

संक्रमणीय मत द्वारा होगा और ऐसे निर्वाचन में मतदान गुप्त होगा।''

26. (c) स्वर्णसिंह समिति की रिपोर्ट के आधार पर संविधान के भाग चार में अनुच्छेद 50-क के रूप में मूल कर्त्तव्यों को जोड़ा गया है।

27. (a) भारतीय संविधान में केन्द्र और राज्यों के अधिकारों का बंटवारा सातवीं अनुसूची में किया गया है।

28. (d) संविधान के 73वें संशोधन द्वारा यह प्रावधान किया गया है कि पंचायतों का चुनाव नियमित हो, महिलाओं के लिए सभी स्तरों पर सीटों का आरक्षण हो, राज्य वित्त आयोग की संस्तुति के अनुसार पंचायतों को वित्त प्रदान किया जाए तथा 11वीं अनुसूची में दिए गए विषयों के सम्बन्ध में पंचायतों को शक्ति का हस्तांतरण अनिवार्य रूप से किया जाए।

29. (d)

विषय	संविधान के अनुच्छेद
1. आकस्मिक प्रावधान	352
2. विधायी शक्तियों का वितरण	245
3. संघीय न्यायपालिका	124
4. नागरिकता	5

30. (a) वित्त आयोग का गठन केन्द्र तथा राज्य के बीच राजस्व वितरण के उपाय सुझाने के लिए किया गया है। अनुच्छेद 280 के अनुसार राष्ट्रपति द्वारा प्रत्येक 5 वर्ष बाद या आवश्यकता पड़ने पर समय से पूर्व एक वित्त आयोग का गठन किया जाएगा जिसमें अध्यक्ष के अलावा 4 अन्य सदस्य होंगे। प्रथम वित्त आयोग के अध्यक्ष के.सी. नियोगी थे। अब तक 11 वित्त आयोगों ने अपनी रिपोर्ट सौंपी है। 12वें वित्त आयोग के अध्यक्ष सी. रंगराजन हैं।

31. (a) **32.** (c) **33.** (d)

34. (d) परिवार नियोजन के लिए बंध्याकरण एक विश्वसनीय तकनीक है। परन्तु भारत में इसे न अपनाने के मुख्य तथ्य सामने आए हैं जो कि निम्न हैं-

1. लड़कों के लिए इच्छा।
2. शिशु मृत्यु की ऊंची दर।
3. समझदारी की कमी।
4. अति गरीब परिवारों की आर्थिक मजबूरियां।

35. (a) 1 कि.ग्रा./से.मी. 100/1000 = 0.1 बार

36. (b) पास्कल दाब के माप की इकाई होती है।

37. (d) रिक्टर पैमाने से भूकंप की तीव्रता मापी जाती है, सिस्मोग्राफ से कागज पर भूकंप का अंकन किया जाता है; जबकि हाइग्रोमीटर से आर्द्रता की माप की जाती है। सेल्सियस पैमाने से ताप, किलोवाट ऑवर से विद्युत तथा आर.एच. गुणांक द्वारा रक्त की माप की जाती है।

38. (b) मोटर वाहनों से निकलने वाली गैसों में कार्बन मोनोऑक्साइड एक मुख्य प्रदूषक गैस है। कार्बन मोनोऑक्साइड हीमोग्लोबिन के साथ क्रिया करके एक स्थायी यौगिक बना लेती है जिससे हीमोग्लोबिन ऑक्सीजन को ऊतकों तक नहीं पहुंचा पाता। अत: यह मनुष्य के लिए नुकसानदायक होता है। पौधों में हीमोग्लोबिन नहीं होता। अत: कार्बन मोनोऑक्साइड पौधों के लिए नुकसानदायक नहीं होती।

39. (c) कार्बन-डाइ-ऑक्साइड एक रंगहीन, गंधहीन गैस है। वायुमंडल में कार्बन-डाइ-ऑक्साइड आयतनानुसार 0.03% पायी जाती है। इसका जलीय विलयन अम्लीय होता है। वायुमंडलीय दाब पर यह-78°C ताप पर ठोस अवस्था मे परिवर्तित हो जाती है जिसे शुष्क बर्फ कहते हैं।

40. (c) पीतल का निर्माण तांबा एवं जस्ता मिलाकर किया जाता है जिसमें तांबे की मात्रा 70% तथा जस्ते की मात्रा 30% होती है।

41. (a) अमोनिया एक तीक्ष्ण गंध वाली गैस है जो वायु से कुछ हल्की होती है। अमोनिया का उपयोग बर्फ बनाने के कारखानों, धुलाई व उर्वरक के रूप में किया जाता है। अमोनिया एक क्षारीय गैस है तथा जल में घुलकर अमोनियम हाइड्रॉक्साइड बनाती है। कृत्रिम रेशे व अश्रु गैस बनाने में भी अमोनिया गैस का प्रयोग किया जाता है।

42. (c) शीरा का उपयोग पावर एल्कोहल में किया जाता है।

43. (c) शरीर में संपादित विभिन्न रासायनिक प्रक्रियाओं के लिए उत्प्रेरक के रूप में एन्जाइम की आवश्यकता होती है। टाइलिन, पेप्सिन, माल्टोज, सुक्रोज, लाइपेज आदि प्रमुख एन्जाइम हैं। एन्जाइम अनेक जटिल प्रोटीन मेटाबोलिक प्रक्रियाओं में कार्य करते हैं। प्रोटीन के मुख्य स्रोत हैं-दूध, अंडा, बादाम, दाल, पनीर आदि।

44. (c) लौह तत्त्व की कमी अधिकांशतया बालकों एवं महिलाओं में पायी जाती है। लौह तत्त्व से रक्त का हीमोग्लोबिन बनता है, जो शरीर में रक्त का संवाहक होता है। लौह तत्त्व की कमी से 'अरक्तता' नामक बीमारी हो जाती है। विभिन्न भोज्य पदार्थों में लोहे की प्रतिशत मात्रा इस प्रकार है-

भोज्य पदार्थ	लोहा (मिली. ग्राम)
मेथी (सब्जी)	16.9
पुदीना	15.6
पालक	10.5
तिल	10.8
हरा धनिया	9.8
चना	8.0
पोहा	8.0
आटा	5.3
मूंगफली	8.5

45. (b) पौधों में जल, प्रकाश, पर्णहरित तथा कार्बन डाइ-ऑक्साइड की उपस्थिति में कार्बोहाइड्रेट्स के निर्माण की प्रक्रिया को प्रकाश-संश्लेषण कहा जाता है। प्रकाश-संश्लेषण (Photosyn-thesis) में पौधों द्वारा कार्बन-डाइ-ऑक्साइड का उपयोग किया जाता हैं।

46. (d) सोयाबीन प्रोटीन का सबसे बड़ा स्रोत है। इसमें प्रोटीन की मात्रा 45% होती है।

47. (a) उड़ने वाले पक्षियों में सबसे बड़ा सारस होता है।

48. (d) विटामिन 'सी' की कमी से मसूढ़ों से खून बहना, घावों का देर से भरना तथा रक्त स्राव की प्रवृत्ति पायी जाती है। इसके प्रमुख स्रोत हैं-संतरा, नींबू, आंवला, टमाटर, पत्तेदार सब्जियां आदि।

49. (c) पोलियों के विषाणुओं का संक्रमण दूषित भोजन और जल के माध्यम से होता है।

50. (c) विश्व का पहला परमाणु बिजलीघर रूस में स्थापित किया गया था तथा दूसरा परमाणु बिजलीघर यू.एस.ए. में स्थापित किया गया।

51. (a)

52. (d) दस लाख से अधिक जनसंख्या वाले नगरों में मलिन बस्तियों की जनसंख्या का अनुपात सर्वाधिक वृहत्तर मुंबई में (48.88%) है; जबकि मलिन बस्तियों का सबसे कम अनुपात पटना में (0.25%) है।

53. (c) **54.** (a)

55. (b)

56. (d) अमर्त्य सेन विश्व में कल्याणकारी अर्थशास्त्र के प्रणेता माने जाते हैं। इन्हें कल्याण अर्थशास्त्र पर कार्य करने के लिए नोबेल पुरस्कार से सम्मानित किया गया है।

57. (c) 'हाफ ए लाइफ' नामक पुस्तक वी.एस. नॉयपाल ने 'वर्शिपिंग फाल्स गॉड्स' अरुण शौरी ने, 'अग्नि की उड़ान' ए.पी.जे. अब्दुल कलाम ने तथा 'जीत आपकी' शिव खेड़ा ने लिखी है।

58. (d) एशियन गेम्स में स्नूकर का स्वर्णपदक यासीन मर्चेंट और रफत हबीब ने जीता है।

59. (c) फुटबाल खिलाड़ी जिनेदिन जिदाने फ्रांस के हैं। गेब्रियल बतिस्ता अर्जेंटीना, लूइस फिगो पुर्तगाल तथा डेविड बेकहम इंग्लैण्ड के खिलाड़ी हैं।

60. (d) दो बार एवरेस्ट पर चढ़ने वाली महिला सन्तोष यादव है।

61. (a) कुचिपुड़ी नृत्य का आरंभ आंध्र प्रदेश में हुआ था।

62. (a) 21 मार्च को वन्य जीव दिवस मनाया जाता है।

63. (b) विकल्प में दिए गए राज्यों में नगरीकरण का प्रतिशत इस प्रकार है-

तमिलनाडु	43.8%
महाराष्ट्र	42.4%

गुजरात	37.5%
कर्नाटक	33.98%

64. (a) 18वीं शताब्दी के छठे दशक में सूती वस्त्र, जूट, कोयला तथा खान उद्योगों की स्थापना प्रारंभ हुई। वर्ष 1853 में कावासाणी नाना भाई उद्योगपति द्वारा प्रथम सूती वस्त्र मिल की स्थापना की गयी थी। वस्त्र उद्योग आधुनिक भारत का सबसे बड़ा उद्योग है। कुल औद्योगिक उत्पादन में इसका हिस्सा 20% तथा कुल निर्यात में इसका 38% हिस्सा है।

65. (a) कथन तथा कारण दोनों सही हैं तथा कारण, कथन की सही व्याख्या करता है। यह बात सत्य है कि भारत की नई आर्थिक नीति की देश के अन्दर और बाहर आलोचना हो रही है परन्तु यह आलोचना तथ्यों पर आधारित न होकर आदर्शों तथा विचारधाराओं पर है।

66. (d) **67.** (b)

68. (a) भारत में स्वसंपोषित विकास का उद्देश्य सर्वप्रथम तीसरी पंचवर्षीय योजना में अपनाया गया था। पांचवीं योजना बनाते समय मुद्रास्फीति का भारी दबाव था। इस योजना का प्रमुख उद्देश्य आत्मनिर्भरता प्राप्त करना तथा गरीबी रेखा के नीचे जीवन-यापन करने वालों के स्तर में सुधार करना था।

69. (d) स्वर्ण जयंती ग्राम स्वरोजगार योजना का शुभारंभ 1 अप्रैल, 1995 ई. को किया गया। इसके द्वारा ग्रामीण गरीबों को स्वयं सहायता समूह के माध्यम से उनकी क्षमता निर्माण, क्रियाशील समूहों का निर्माण, अवस्थापन निर्माण, तकनीकी ज्ञान, ऋण व्यवस्था तथा बाजार व्यवस्था को विकसित करना है। इस योजना में पूर्व की सभी निम्नलिखित योजनाओं का विलय कर दिया गया-

1. एकीकृत ग्रामीण विकास योजना
2. ट्राइसेम
3. ग्रामीण महिला एवं बालोत्थान योजना (ड्वाकरा)
4. दस लाख कूप योजना
5. उन्नत टूल किट योजना
6. गंगा कल्याण योजना

70. (b)

1. कांग्रेस का पूर्ण स्वाधीनता प्रस्ताव	- 31 दिसंबर, 1929 ई.
2. पूर्ण स्वराज दिवस	- 26 जनवरी
3. दांडी मार्च	- 12 मार्च, 1930 ई.
4. द्वितीय गोलमेज कॉन्फ्रेंस	- सितंबर, 1931

71. (d) रवीन्द्रनाथ टैगोर ने प्रारंभ में (बंग भंग के समक्ष) असहयोग एवं बहिष्कार की नीति का समर्थन किया था परन्तु बाद में वे गांधीजी के असहयोग एवं बहिष्कार आन्दोलन के आलोचक बन गए थे। शिक्षण संस्थाओं, न्यायालयों तथा विधानमंडलों का बहिष्कार जैसा कि गांधीजी चाहते थे, रवीन्द्रनाथ को अरचनात्मक एवं नकारात्मक प्रतीत हुआ। विदेशी वस्त्रों के सन्दर्भ में रवीन्द्र का मानना था कि विदेशी वस्त्रों के बहिष्कार की आग प्रत्येक विदेशी वस्तु एवं विचार के बहिष्कार तक फैल सकती है, ऐसी असहिष्णुता भारत के साथ अन्य देशों के संबंधों तथा पूर्व एवं पश्चिम की संस्कृतियों के मिलन में बाधक बन सकती है।

72. (c) नागार्जुन सागर बांध आंध्र प्रदेश में कृष्णा नदी पर बना हुआ है, जिससे विद्युत का उत्पादन एवं सिंचाई की जाती है।

73. (b) सतलज नदी का उद्गम मानसरोवर झील के समीप स्थित राकस ताल से होता है। यह नदी शिवालिक पर्वत शृंखला को काटते हुए पंजाब राज्य में प्रवेश करती है। लुधियाना तथा फिरोजपुर इसके तटवर्ती नगर हैं; शेष विकल्पों में गोरखपुर राप्ती नदी के किनारे, जबलपुर नर्मदा नदी के किनारे तथा सूरत ताप्ती नदी के किनारे स्थित है।

74. (b) भारत छोड़ो आंदोलन का प्रारूप महात्मा गांधी ने बनाया था और इसे नेहरू ने प्रस्तुत किया था।

75. (c) ब्रह्म समाज की स्थापना 20 अगस्त, 1828 को कलकत्ता (कोलकाता) में भारतीय पुनर्जागरण के मसीहा राजा राममोहन राय ने की थी जिसका मुख्य उद्देश्य तत्कालीन हिन्दू समाज में व्याप्त बुराइयों जैसे-सती प्रथा, बहुविवाह, वेश्यागमन, जातिवाद, अस्पृश्यता आदि को समाप्त करना था। यह हिन्दू धर्म का प्रथम सुधार आन्दोलन था।

76. (c) आइजोल मिजोरम की राजधानी है। मेघालय की राजधानी शिलांग तथा नागालैण्ड की राजधानी कोहिमा है। गुवाहाटी असम राज्य का मुख्य नगर एवं राजधानी है।

77. (a) प्राकृतिक कृषि का अन्वेषक मसानोवा को माना जाता है।

78. (a) समुद्रतल से सर्वाधिक ऊंचाई पर पाया जाने वाला वृक्ष देवदार है।

देवदार	- हिमाचल के उत्तरी भाग में 1690 मी. से 2400 मी. की ऊंचाई तक
चीड़	- हिमालय के उत्तरी भाग में 1000 मी. से 2000 मी. की ऊंचाई तक
साल	- हिमाचल के निचले ढाल पर
सागवान	- मध्यवर्ती भारत

79. (a) ग्लोबीय ताप वृद्धि के परिणामस्वरूप समुद्री जलस्तर ऊपर उठ जायेगा, फलतः सभी तटीय क्षेत्र जलमग्न हो जायेंगे।

80. (d) ओजोन परत सूर्य से निकलने वाली पराबैंगनी किरणों को पृथ्वी पर आने से रोकती है। यह वायुमंडल के ऊपरी भाग में ऑक्सीजन पर पराबैंगनी किरणों के प्रभाव से बनती है। इसकी गंध ठीक मछली के समान होती है। इसका उपयोग विरंजक, जीवाणुनाशक, कृत्रिम रबर एवं कपूर बनाने में किया जाता है।

81. (b) सूर्यताप की सर्वाधिक मात्रा विषुवत् रेखा के पास होती है। क्योंकि यहां दिन एवं रात की अवधि बराबर होती है। भूमध्य रेखा पर सूर्य की किरणों का कोण 90° होता है। पृथ्वी पर पहुंचने वाले सूर्यताप की मात्रा तथा धरातल के किसी क्षेत्रफल पर उसकी प्राप्ति मुख्यतः तीन बातों पर निर्भर करती है, जो इस प्रकार है-

1. धरातल पर पड़ने वाली सूर्य की किरणों के झुकाव का कोण
2. दिन की लंबाई तथा धूप की अवधि
3. वायुमंडल की पारगम्यता

82. (c) इजराइल की मृत सागर झील संपूर्ण संसार में तुर्की की वॉन लेक के बाद सर्वाधिक खारे पानी की झील है जिसकी लवणता 243% है। वान लेक की लवणता 338% है। कैस्पियन सागर विश्व की सबसे बड़ी खारे पानी की झील है।

83. (d) पृथ्वी से निकटतम ग्रह शुक्र है। शुक्र ग्रह का आकार लगभग पृथ्वी के समान है। इस ग्रह का जीवित ज्वालामुखी भी है। सूर्य से पृथ्वी की दूरी 14.15 करोड़ कि.मी. है, जबकि शुक्र की दूरी 10.80 करोड़ कि.मी. है। शुक्र ग्रह का कोई उपग्रह नहीं है।

84. (b) भूमध्यसागरीय वन (सदाबहार वर्षा वन) कठोर लकड़ी वाले एवं सदापर्णी वन होते हैं। ये वन अफ्रीका में जायरे नदी की घाटी, दक्षिणी अमेरिका में अमेजन नदी की घाटी, मलेशिया तथा इंडोनेशिया के द्वीपों में पाए जाते हैं। अमेजन नदी की घाटी में इन वनों को 'सेल्वास' कहा जाता है। वर्ष भर प्राप्त होने वाले उच्च तापमान एवं वर्षा के कारण इन वनों की सघनता बहुत अधिक होती है।

85. (d) शेरपा नामक जनजाति नेपाल में, थारू नामक जनजाति उत्तराखंड तथा उत्तर प्रदेश में तथा टोडा नामक जनजाति दक्षिण भारत में पायी जाती है। जुलू नामक जनजाति अफ्रीका महाद्वीप में पायी जाती है।

86. (a) $A \xrightarrow{+2} D$ अतः $B \xrightarrow{+2} E$

$D \xrightarrow{+2} G$ $E \xrightarrow{+2} H$

$I \xrightarrow{+2} L$ $J \xrightarrow{+2} M$

$P \xrightarrow{+2} S$ $Q \xrightarrow{+2} T$

87. (c)

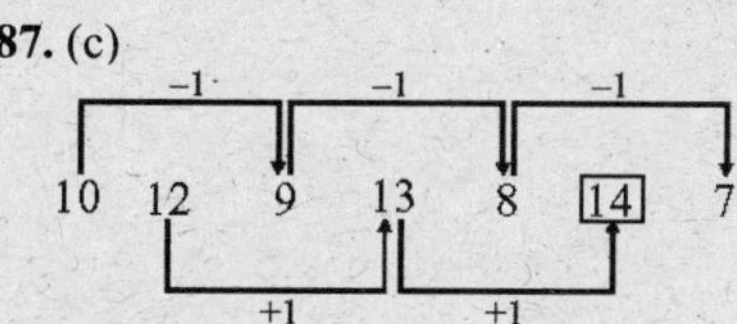

88. (c) **89.** (c)

90. (d) 1, 2 और 3 केवल खुद से विभाजित हैं, जबकि 4 दो से भी विभाजित है।

91. (c)

$S \xrightarrow{+1} T \xrightarrow{+1} U \xrightarrow{+1} V \xrightarrow{+1} W$

$C \xrightarrow{+2} E \xrightarrow{+2} G \xrightarrow{+2} I \xrightarrow{+2} K$

$D \xrightarrow{+2} F \xrightarrow{+2} H \xrightarrow{+2} J \xrightarrow{+2} L$

92. (c)

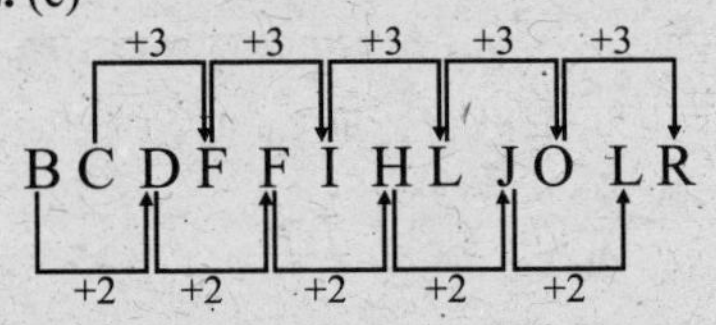

93. (d)

94. (c) abc / bca / cab / abc

95. (a)

96. (c) श्याम का 1 दिन का काम

$= \frac{1}{8} - \frac{1}{12} = \frac{3-2}{24} = \frac{1}{24}$

∴ श्याम अकेले उस काम को 24 दिन में पूरा करेगा।

97. (b) समय = 90 मिनट = $\frac{3}{2}$ घंटे

साइकिल की चाल= $\frac{\text{दूरी}}{\text{समय}} = \frac{12}{\frac{3}{2}}$

$= 12 \times \frac{2}{3} = 8$ किमी/घंटा

3 घंटे में तय की गयी दूरी = 3 × 8 = 24 किमी.

98. (c) B द्वारा 1 दिन में किया गया काम

= (A + B) का 1 दिन का काम — A का 1 दिन का काम

$= \frac{1}{18} - \frac{1}{36} = \frac{2-1}{36} = \frac{1}{36}$

अत: B अकेले 36 दिन में काम करेगा।

99. (b)

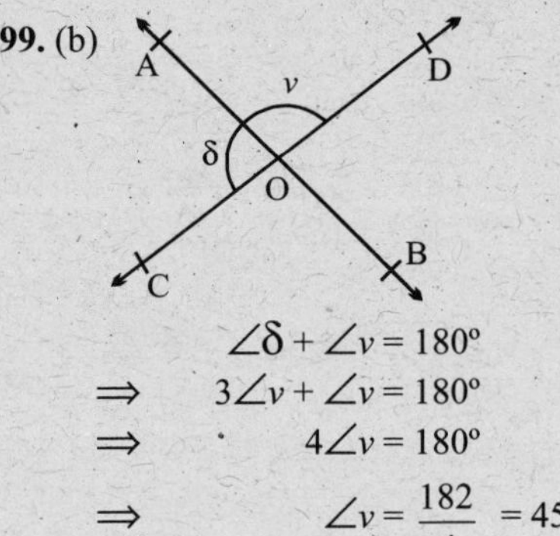

$\angle\delta + \angle v = 180^\circ$

$\Rightarrow \quad 3\angle v + \angle v = 180^\circ$

$\Rightarrow \quad 4\angle v = 180^\circ$

$\Rightarrow \quad \angle v = \frac{182}{4} = 45^\circ$

100. (b) वस्तु का विक्रय मूल्य = ₹ $3x$

क्रय मूल्य = $\frac{2}{3} \times 3x$ = ₹ $2x$

लाभ = $3x - 2x$ = ₹ x

लाभ प्रतिशत = $\frac{x}{2x} \times 100 = 50\%$

❑❑❑

प्रैक्टिस सेट-3

1. भारत में सोयाबीन का सबसे बड़ा उत्पादक राज्य है-
(a) आंध्र प्रदेश (b) कर्नाटक
(c) मध्य प्रदेश (d) उत्तर प्रदेश

2. निम्नलिखित में से कौन एक तिलहनी फसल है?
(a) मसूर (b) लोबिया
(c) सूर्यमुखी (d) बरसीम

3. इस समय भारत का सबसे बड़ा वस्त्र उद्योग केंद्र है-
(a) अहमदाबाद (b) कानपुर
(c) मुंबई (d) सूरत

4. निम्नलिखित में से कौन-सा एक ग्लोब पर वृहत् वृत्त नहीं है?
(a) विषुवत रेखा
(b) मुख्य देशान्तर रेखा
(c) 60° पू. देशान्तर
(d) 60^0 उ. अक्षांश

5. निम्नलिखित में से किस एक नगर में भूमध्य सागरीय जलवायु नहीं पायी जाती है?
(a) लॉस एंजिल्स (b) रोम
(c) केपटाउन (d) न्यूयॉर्क

6. निम्नलिखित में से कौन एक राष्ट्रीय राजधानी नहीं है?
(a) बर्लिन (b) केनबरा
(c) न्यूयॉर्क (d) बीजिंग

7. निम्नलिखित में से कौन-सा एक लवण सागर में सर्वाधिक मात्रा में पाया जाता है?
(a) कैल्सियम कार्बोनेट
(b) सोडियम क्लोराइड
(c) पोटैशियम क्लोराइड
(d) मैग्नेशियम सल्फेट

8. दुग्ध उत्पादन में किस देश का विश्व में प्रथम स्थान है?
(a) चीन
(b) भारत
(c) संयुक्त राज्य अमेरीका
(d) ऑस्ट्रेलिया

9. निम्नलिखित में से कौन-सा एक देश गेहूं तथा चावल दोनों का संसार का सबसे बड़ा उत्पादक देश है?
(a) चीन (b) भारत
(c) रूस (d) यू.एस.ए.

10. 'भारत छोड़ो आन्दोलन' फल था-
1. **क्रिप्स के प्रस्तावों से भारतीयों के नैराश्य का**
2. **भारत पर जापानी आक्रमण की धमकी का**
3. **गांधीजी के लेखनों में देशवासियों को हिंसक साधन अपनाने के लिए भड़काने का**
4. **ए.आई.सी.सी. द्वारा अगस्त 1942 में एक प्रस्ताव पारित किया गया**

नीचे दिए गए कूटों का प्रयोग करके सही उत्तर का चयन कीजिए-
कूटः
(a) 1 और 2 (b) 1, 2 और 4
(c) 2, 3 और 4 (d) उपर्युक्त सभी

11. बंगाल प्रांत का विभाजन किस वायसराय के काल में किया गया?
(a) लॉर्ड लैंसडाउन के
(b) लॉर्ड एल्गिन के
(c) लॉर्ड कर्जन के
(d) लॉर्ड मार्ले के

12. कालागढ़ बांध किस नदी पर बना हुआ है?
(a) यमुना पर (b) शारदा पर
(c) गंगा पर (d) रामगंगा पर

13. निम्नलिखित में से कौन एक सुमेलित नहीं है?
(a) सुंदरवन - पश्चिम बंगाल
(b) भीतर कनिका - उड़ीसा
(c) पिचवरम् - तमिलनाडु
(d) वैंबनाद - कर्नाटक

14. निम्नलिखित में से पश्चिम दिशा में बहने वाली भारतीय नदी कौन-सी है?
(a) रामगंगा (b) नर्मदा
(c) गोदावरी (d) चंबल

15. पश्चिमी हिमालय की शीतोष्ण पेटी (Temperate Zone) में निम्नलिखित में से किस एक वृक्ष का बाहुल्य है?
(a) चीड़ (b) देवदार
(c) सिल्वर फर (d) नीला पाइन

16. निम्नलिखित में से किस प्रकार की मृदा की जल-धारण क्षमता सबसे कम होती है?
(a) बलुई दोमट (b) दोमट बालू
(c) मटियार दोमट (d) दोमट

17. हमारे देश के निम्नलिखित राज्यों में से किस राज्य में वनों का सर्वाधिक क्षेत्र है?
(a) केरल में (b) उत्तर प्रदेश में
(c) मध्य प्रदेश में (d) राजस्थान में

18. नगरीकरण का कारण है-
1. **ग्रामीण नगरीय असंतुलन**
2. **ग्रामीण क्षेत्रों में नौकरी के अवसरों की कमी**
3. **कृषि-भूमि की न बढ़ सकने वाली प्रकृति**
4. **नगरों की चुंबकीय विशेषताएं**

नीचे दिए गए कूटों में से सही उत्तर का चयन कीजिए-
(a) 1 और 2 (b) 1, 2 और 3
(c) 2, 3 और 4 (d) उपर्युक्त सभी

19. भारतीय संविधान स्पष्ट रूप से 'प्रेस की स्वतंत्रता' की व्यवस्था नहीं करता, परन्तु यह स्वतंत्रता अंतर्निहित है, अनुच्छेद-
(a) 19 (i) अ में (b) 19 (i) ब में
(c) 19 (i) स में (d) 19 (i) द में

20. भारतीय संसद का संयुक्त अधिवेशन निम्नलिखित में से कौन एक बुला सकता है?
(a) राष्ट्रपति
(b) उपराष्ट्रपति
(c) प्रधानमंत्री
(d) लोकसभा का अध्यक्ष

21. भारत में लोकसभा का (स्पीकर) अध्यक्ष-
(a) मनोनीत किया जाता है
(b) चयनित किया जाता है
(c) निर्वाचित किया जाता है
(d) नियुक्त किया जाता है

22. निम्नलिखित में से कौन एक से अधिक बार प्रधानमंत्री नियुक्त हुए?
1. **पं. जवाहर लाल नेहरू**
2. **श्रीमती इंदिरा गांधी**

3. गुलजारी लाल नंदा
4. अटल बिहारी वाजपेयी

नीचे दिए गए कूटों में से सही उत्तर का चयन कीजिए-

(a) 1 और 2 (b) 1 और 3
(c) 1, 2 और 4 (d) उपर्युक्त सभी

23. भारत के योजना आयोग का सृजन किया गया है-

(a) संविधान के अंतर्गत
(b) संसद के एक अधिनियम के अंतर्गत
(c) मंत्रिमंडल के एक प्रस्ताव द्वारा
(d) लोक सभा के एक प्रस्ताव द्वारा

24. भारतीय संविधान की उद्देशिका में संशोधन किया गया था-

(a) सत्रहवें संशोधन द्वारा
(b) चौबीसवें संशोधन द्वारा
(c) बयालीसवें संशोधन द्वारा
(d) चौवालीसवें संशोधन द्वारा

25. एक क्षेत्र पंचायत का क्षेत्र निर्धारित किया जाता है-

(a) राज्य चुनाव आयोग द्वारा
(b) राज्य सरकार द्वारा
(c) मंडल के आयुक्त द्वारा
(d) जनपद के जिलाधिकारी द्वारा

26. राज्य वित्त आयोग का गठन भारतीय संविधान के अंतर्गत किया जाता है-

(a) अनुच्छेद 243 (एच) के अनुसार
(b) अनुच्छेद 243 (आई) के अनुसार
(c) अनुच्छेद 243 (जे) के अनुसार
(d) अनुच्छेद 243 (के) के अनुसार

27. भारत के सामने सबसे बड़ी चुनौती है-

(a) आधारभूत सुविधाओं में अधिक सरकारी पूंजी लगाना
(b) देश की जैव विविधता को कायम रखना
(c) बेहतर तथा अधिक संतुलित विकास करना
(d) भारत की प्रमुख नदियों की सफाई

28. निम्नलिखित में से कौन भारत में केंद्रीय सरकार के गैर-योजनागत व्यय में सबसे बड़ा मद है?

(a) अनुदान
(b) प्रशासन
(c) ब्याज का भुगतान
(d) सामाजिक व्यय

29. भारत में सबसे बड़ा व्यापारिक बैंक है-

(a) भारतीय स्टेट बैंक
(b) आई.सी.आई.सी.आई.
(c) भारतीय रिजर्व बैंक
(d) आई.डी.बी.आई.

30. भारत में मूल्य संवर्द्धित कर निम्नलिखित का स्थान लेगा-

(a) विक्रय और क्रय कर का
(b) प्रवेश कर का
(c) a एवं b दोनों
(d) उपर्युक्त सभी का

31. निम्नलिखित कथनों पर विचार कीजिए-

1. आकाश के नीला दिखने का कारण है प्रकाश का प्रकीर्णन (Scattering)
2. इंद्रधनुष के सात रंगों का कारण है प्रकाश का प्रकीर्णन
3. सूर्योदय के समय सूर्य के लाल दिखने का कारण है प्रकाश का प्रकीर्णन

उपर्युक्त कथनों में से-

(a) केवल 1 सही है
(b) 1 तथा 3 सही है
(c) केवल 2 सही है
(d) 2 तथा 3 सही है

32. ऐसे परमाणुओं को, जिनमें प्रोटानों की संख्या समान परन्तु न्यूट्रॉनों की संख्या भिन्न-भिन्न होती है, कहते हैं-

(a) समस्थानिक (Isotopes)
(b) समदाबिक (Isobars)
(c) समावयवी (Isomers)
(d) समन्यूट्रॉनिक (Isotones)

33. निम्नलिखित में से किसने 'एक्स' किरणों का आविष्कार किया है?

(a) रदरफोर्ड (b) रोयन्ट्जन
(c) मैक्सवेल (d) टोरिसेली

34. पेंसिल की लैड निम्नलिखित में से किस एक से बनती है?

(a) सीसा
(b) एंटीमनी
(c) ग्रेफाइट
(d) उपर्युक्त में कोई नहीं

35. अधूरे प्रज्ज्वलन के कारण मोटर कार एवं सिगरेट से निकलने वाली रंगहीन गैस है-

(a) कार्बन डाईऑक्साइड
(b) नाइट्रस ऑक्साइड
(c) कार्बन मोनोक्साइड
(d) मीथेन

36. निम्नलिखित में से क्या जल से हल्का होता है?

(a) एल्युमीनियम (b) सोडियम
(c) मैग्नीशियम (d) मैंगनीज

37. एक बीज के अंकुरण के लिए निम्नलिखित में से कौन-सी तीन परिस्थितियां सर्वाधिक महत्वपूर्ण हैं?

(a) मिट्टी, पानी, ऑक्सीजन
(b) पानी, उचित तापमान, ऑक्सीजन
(c) उचित तापमान, ऑक्सीजन, कार्बन डाइऑक्साइड
(d) तापमान, ऑक्सीजन, प्रकाश

38. निम्नलिखित में से किस ग्रुप के जन्तु प्रायः रात्रिचर (Nocturnal) होते हैं?

(a) घरेलू मक्खी, खटमल, तोता
(b) मच्छर, चमगादड़, उल्लू
(c) मच्छर, गौरैया, हिरन
(d) उल्लू, चमगादड़, कुत्ता

39. निद्रा रोग (Sleeping Sickness) नामक बीमारी होती है-

(a) विटामिन-ए की कमी से
(b) शरीर में कैल्सियम की कमी से
(c) रक्तचाप के बढ़ने से
(d) ट्रिपैनोसोमा नामक एककोषीय जीव से

40. उस वैज्ञानिक का नाम बताइए जिसने यह खोज की थी, कि मलेरिया प्लाजमोडियम (Malaria Plasmodium) नामक परजीवी से होता है-

(a) जे.जी. मेंडल
(b) हेकल
(c) सर रोनाल्ड रॉस
(d) डॉर्विन

41. कीटों (Insects) के वैज्ञानिक अध्ययन को कहते हैं-

(a) इचथियोलॉजी
(b) एंटोमोलॉजी
(c) पैरासिटोलॉजी
(d) मेकेकोलॉजी

42. दूध के खराब होने का कारण होता है-

(a) लैक्टोबैसीलस (Lactobacillus)
(b) एसपरजिलस (Aspergillus)
(c) स्यूडोमोनास (Pseudomonas)
(d) स्टेफाइलोकोकस (Staphylococcus)

43. निम्नलिखित में से सील (Seal) किस जाति का है?

(a) मछली (b) पक्षी
(c) सरीसृप (d) स्तनपायी

44. निम्नलिखित में से कौन हमारे शरीर का सबसे दृढ़ भाग है?

(a) अस्थि (b) दंतवल्क
(c) डेंटीन (d) सीमेंटम

45. दुग्ध-प्रोटीन को पचाने वाला एंजाइम है-

(a) पेप्सिन (b) ट्रिप्सिन
(c) रेनिन (d) इरेप्सिन

46. हमारे शरीर का अधिकतम भार बना है-

(a) अस्थियों से
(b) शारीरिक अंगों से
(c) त्वचा, मांसपेशी व अंगों से
(d) जल से

47. एक वर्णांध पुरुष का विवाह एक सामान्य स्त्री से होता है जिसके माता-पिता की दृष्टि भी सामान्य थी उनके बच्चों की निम्नलिखित में से कितने प्रतिशत की वर्णांध होने की संभावना है?
(a) 25% (b) 50%
(c) 100% (d) 0%

48. लाल रक्त कणिकाओं (R.B.Cs.) का रंग लाल होता है-
(a) क्युटिन के कारण
(b) क्लोरोफिल के कारण
(c) हीमोयायनिन के कारण
(d) हीमोग्लोबिन के कारण

49. यीस्ट (Yeast) और मशरूम (Mushrooms) हैं-
(a) शैवाल (Algae)
(b) नग्नबीजी (विकृत बीज) (Gymnosperm)
(c) फफूंद (Fungi)
(d) गांठदार जड़ें (Tuberous Roots)

50. इंसुलिन का उत्पादन किया जाता है-
(a) आइलेट्स ऑफ लैंगरहैंस द्वारा
(b) पियूष ग्रंथि द्वारा
(c) थायरॉयड द्वारा
(d) एड्रिनल ग्रंथि द्वारा

51. ब्रह्मोस (Brahmos) है-
(a) एक वायुयान
(b) एक कंप्यूटर वायरस
(c) एक प्रक्षेपास्त्र
(d) एक पनडुब्बी

52. ई-व्यापार का अर्थ है-
(a) निर्यात व्यापार
(b) यूरोपीय देशों से व्यापार
(c) इंटरनेट पर व्यापार
(d) उपर्युक्त में से कोई नहीं

53. भारत में सोने की खानें किस राज्य में स्थित हैं?
(a) कर्नाटक (b) तमिलनाडु
(c) महाराष्ट्र (d) केरल

54. बद्रीनाथ मंदिर स्थित है-
(a) चमोली जनपद में
(b) रुद्र प्रयाग जनपद में
(c) टिहरी जनपद में
(d) उत्तर-काशी जनपद में

55. भारत में स्थापित प्रथम राष्ट्रीय पार्क (National Park) उत्तराखंड में स्थित है, वह है-
(a) राजाजी राष्ट्रीय पार्क
(b) फूलों की घाटी
(c) जिम कार्बेट राष्ट्रीय पार्क
(d) गंगोत्री राष्ट्रीय पार्क

56. हमारा राष्ट्रीय वृक्ष है-
(a) नीम (b) आम
(c) पीपल (d) बरगद

57. 'भारतीय सुदूर संवेदी' संस्थान स्थित है-
(a) दिल्ली में (b) देहरादून में
(c) भोपाल में (d) कोलकाता में

58. भारत का राष्ट्रीय पक्षी है-
(a) कोयल (b) हंस
(c) मोर (d) कबूतर

59. रेशम कीट पालन को कहते हैं-
(a) एपीकल्चर (b) हॉर्टीकल्चर
(c) सेरीकल्चर (d) फ्लोरीकल्चर

60. प्रसिद्ध खिलाड़ी, पेले संबंधित है-
(a) बेल्जियम से (b) ब्राजील से
(c) पुर्तगाल से (d) सेनेगल से

61. सूची-I एवं सूची-II को सुमेलित कीजिए तथा सूची के नीचे दिये गये कूटों में से सही उत्तर का चयन कीजिए-

सूची-I	सूची-II
A. रंगास्वामी कप	1. क्रिकेट
B. रिलायंस कप	2. नौका दौड़
C. रोवर्स कप	3. फुटबाल
D. वेलिंग्टन कप	4. हॉकी
	5. गोल्फ

कूट:

	A	B	C	D
(a)	5	1	3	4
(b)	2	3	1	5
(c)	4	1	3	2
(d)	5	3	4	2

62. कावेरी जल-विवाद में अंतर्ग्रस्त राज्य हैं-
(a) कर्नाटक-महाराष्ट्र-गोवा-आंध्र प्रदेश
(b) कर्नाटक-तमिलनाडु-महाराष्ट्र-केरल
(c) कर्नाटक-तमिलनाडु-केरल-आंध्र प्रदेश
(d) कर्नाटक-तमिलनाडु-पुदुचेरी-केरल

63. एशिया का सबसे बड़ा नगर है-
(a) शंघाई (b) मुंबई
(c) ओसाका (d) टोकियो

64. भारत के निम्नलिखित राज्यों में से किसे 'भारत का कोहिनूर' कहा जाता है?
(a) आंध्र प्रदेश (b) केरल
(c) मध्य प्रदेश (d) राजस्थान

65. भारत का सुदूरस्थ दक्षिण बिन्दु हैं-
(a) कन्याकुमारी पर
(b) रामेश्वरम् पर
(c) इंदिरा प्वाइंट पर
(d) प्वाइंट कालीमेर पर

66. निम्नलिखित सार्क देशों में कौन-सा एक सर्वाधिक घना आबाद देश है?
(a) बांग्लादेश (b) भारत
(c) पाकिस्तान (d) श्रीलंका

67. निम्नलिखित में से कौन-सा एक सुनियोजित राजधानी नगर नहीं है?
(a) चंडीगढ़ (b) भुवनेश्वर
(c) बेंगलुरु (d) गांधीनगर

68. सूची-I को सूची-II से सुमेलित कीजिए तथा सूचियों के नीचे दिये हुए कूट में से सही उत्तर का चयन कीजिए-

सूची-I (पुराना नाम)	सूची-II (नया नाम)
A. स्याम	1. ताइवान
B. फारमोसा	2. म्यांमार
C. मेसोपोटामिया	3. थाइलैंड
D. बर्मा	4. इराक

कूटः

	A	B	C	D
(a)	2	1	3	4
(b)	4	2	1	4
(c)	1	3	2	4
(d)	3	1	4	2

69. निम्नलिखित में से कौन भारत में हरित क्रांति से जुड़ा रहा है?
(a) एम.एस. स्वामीनाथन
(b) डी.आर. गाडगिल
(c) सी.डी. देशमुख
(d) सी.एन. वकील

70. 'राष्ट्रीय ग्रामीण विकास संस्थान' स्थित है-
(a) नई दिल्ली में
(b) मुंबई में
(c) कानपुर में
(d) हैदराबाद में

71. प्रांतों में द्वैध-शासन प्रणाली (Dyarchy) किस अधिनियम के अंतर्गत लागू की गयी थी?
(a) 1892 (b) 1909
(c) 1919 (d) 1935

72. सूची-I को सूची-II से सुमेलित कीजिए तथा सूचियों के नीचे दिए गए कूट का प्रयोग करते हुए सही उत्तर का चयन कीजिए-

सूची-I
A. दि रेग्यूलेटिंग एक्ट, 1773
B. भारत परिषद् अधिनियम, 1909
C. भारत परिषद् अधिनियम, 1919
D. भारत परिषद् अधिनियम, 1935

सूची-II
1. प्रदेशों की स्वायत्तता के लिए प्रावधान
2. द्वैध-शासन का प्रारंभ
3. सांप्रदायिक निर्वाचन मंडल का प्रारम्भ
4. सुप्रीम कोर्ट की स्थापना

कूट:

	A	B	C	D
(a)	1	2	3	4
(b)	4	3	2	1
(c)	2	1	4	3
(d)	3	4	1	2

73. नीचे दो वक्तव्य दिए गए हैं :
कथन (A) : भारत छोड़ो आंदोलन को लोगों को जागृत करने और साहस दिलाने में सफलता मिली।
कारण (R) : 'करो या मरो' का नारा लोगों के मन में प्रवेश कर गया
उपर्युक्त के संदर्भ में निम्नलिखित में से कौन सा एक सही है?
(a) (A) और (R) दोनों सही हैं तथा (R), (A) का सही स्पष्टीकरण है।
(b) (A) और (R) दोनों सही हैं किन्तु (R), (A) का सही स्पष्टीकरण नहीं है।
(c) (A) सही है, किन्तु (R) गलत है।
(d) (A) गलत है, किन्तु (R) सही है।

74. सूची-I तथा सूची-II को सुमेलित कीजिए तथा सूचियों के नीचे दिए गए कूट का प्रयोग करके सही उत्तर का चयन कीजिए-
सूची-I
A. मदन मोहन मालवीय
B. मोतीलाल नेहरू
C. श्रीमती एनी बेसेंट
D. गोपालकृष्ण गोखले
सूची-II
1. होमरूल लीग के संस्थापक
2. सर्वेंट्स ऑफ इंडिया सोसाइटी को प्रारम्भ किया
3. बनारस हिंदू विश्वविद्यालय के संस्थापक
4. स्वराज पार्टी का अन्य लोगों के साथ गठन किया

कूट:

	A	B	C	D
(a)	3	4	1	2
(b)	4	3	2	1
(c)	1	2	3	4
(d)	2	1	4	3

75. भारतीय राष्ट्रीय कांग्रेस में 'सूरत की फूट' (Surat Splits) हुई थी–
(a) 1905 में (b) 1906 में
(c) 1907 में (d) 1908 में

76. सिंधु घाटी सभ्यता जानी जाती है-
1. अपने नगर नियोजन के लिए
2. मोहनजोदड़ो और हड़प्पा के लिए
3. अपने कृषि संबंधी कार्य के लिए
4. अपने उद्योगों के लिए
नीचे दिए गए कूटों में से सही उत्तर का चयन कीजिए-
कूट:
(a) 1 और 2 (b) 1, 2 और 3
(c) 2, 3 और 4 (d) उपर्युक्त सभी

77. बाबर के साम्राज्य में सम्मिलित थे-
1. काबुल का क्षेत्र
2. पंजाब का क्षेत्र
3. आधुनिक उत्तर प्रदेश का क्षेत्र
4. आधुनिक राजस्थान का क्षेत्र
नीचे दिए गए कूटों में से सही उत्तर का चयन कीजिए-
कूट:
(a) 1 और 2 (b) 2 और 3
(c) 1, 2 और 3 (d) 2, 3 और 4

78. शेरशाह सूरी द्वारा किये गये सुधारों में सम्मिलित थे-
1. राजस्व सुधार
2. प्रशासनिक सुधार
3. सैनिक सुधार
4. करेंसी प्रणाली में सुधार
नीचे दिए गए कूटों में से सही उत्तर का चयन कीजिए-
कूट:
(a) 1 और 2 (b) 1, 2 और 3
(c) 2, 3 और 4 (d) उपर्युक्त सभी

79. अकबर का शासन जाना जाता है-
1. क्षेत्रों को जीतने के लिए
2. अपनी प्रशासनिक व्यवस्था के लिए
3. न्यायिक प्रशासन के लिए
4. उसकी धार्मिक कट्टरता के लिए
नीचे दिए गए कूटों में से सही उत्तर चुनिए-
कूट:
(a) 1 और 2
(b) 1, 2 और 3
(c) 2, 3 और 4
(d) उपर्युक्त सभी

80. निम्नलिखित में से कौन एक भारतीय राष्ट्रीय कांग्रेस से कभी संबद्ध नहीं रहे?
(a) फिरोजशाह मेहता
(b) हकीम अजमल खान
(c) खान अब्दुल गफ्फार खान
(d) सर सैय्यद अहमद खां

81. टेलीविजन के दूरस्थ नियंत्रण में किस प्रकार की प्रकाश तरंगों का उपयोग होता है?
(a) दृश्य प्रकाश (b) अवरक्त तरंग
(c) एक्स-किरण (d) गामा-किरण

82. ध्वनि तरंगें-
(a) निर्वात में चल सकती हैं
(b) केवल ठोस माध्यम में चल सकती हैं
(c) केवल गैसों में चल सकती हैं
(d) ठोस तथा गैस दोनों माध्यम में चल सकती हैं

83. विद्युत उपकरणों में अर्थ का उपयोग होता है-
(a) खर्च को कम करने के लिए
(b) क्योंकि उपकरण 3 फेज में काम करते हैं
(c) सुरक्षा के लिए
(d) फ्यूज के रूप में

84. जल के अन्दर वायु का बुलबुला व्यवहार करता है-
(a) द्विफेसी लेंस जैसा
(b) अभिसारी लेंस जैसा
(c) अपसारी लेंस जैसा
(d) शंक्वाकार लेंस जैसा

85. धब्बा रहित लोहा बनाने में लोहे के साथ प्रयुक्त होने वाली महत्वपूर्ण धातु है-
(a) एल्यूमीनियम (b) क्रोमियम
(c) टिन (d) कार्बन

86. श्रीमती और श्री गोपाल के 3 पुत्रियां हैं। प्रत्येक पुत्री का एक भाई भी है, तो इस परिवार में कुल कितने सदस्य हैं?
(a) 5 (b) 6
(c) 7 (d) 8

87. वर्ष 1996 में गणतंत्र दिवस शुक्रवार को मनाया गया था, वर्ष 2000 में स्वतंत्रता दिवस किस दिन मनाया गया?
(a) मंगलवार (b) सोमवार
(c) शुक्रवार (d) शनिवार

88. राहुल और रोबिन भाई हैं। प्रमोद, रोबिन के पिता हैं। शीला, प्रमोद की बहन है। प्रेमा प्रमोद की भांजी है, शुभ शीला की नातिन (दोहती) है, राहुल शुभा के क्या लगते हैं?
(a) भाई (b) ममेरा भाई
(c) मामा (d) भांजा

89. एक परिवार में माता की आयु पुत्री की आयु से दोगुनी है, पिता माता से 10 वर्ष बड़े हैं। भाई माता से 20 वर्ष छोटा है और अपनी बहन से 5 वर्ष बड़ा है पिता की आयु क्या है?
(a) 62 वर्ष (b) 60 वर्ष
(c) 58 वर्ष (d) 55 वर्ष

90. एक कक्षा में सफल हुए लड़कों की सूची में राजन का 11वां स्थान है और नीचे की ओर से वह 31 वें स्थान पर है, तीन लड़कों ने परीक्षा ही नहीं दी और एक फेल हो गया था, कक्षा में कुल कितने छात्र हैं?

(a) 32 (b) 42
(c) 45 (d) 46

91. निम्नलिखित शृंखला में गलत संख्या ज्ञात कीजिए–

7, 28, 63, 124, 215, 342

(a) 28 (b) 63
(c) 124 (d) 342

92. दिए कथन के नीचे चार वैकल्पिक तर्क दिए गए हैं, सर्वाधिक उपयुक्त तर्क चुनिए–

कथन : सफेद वस्त्र ग्रीष्म ऋतु में बहुधा ही पहने जाते हैं, क्योंकि–

(a) वे महीन और शीतल होते हैं
(b) वे ताप के कुअवशोषक हैं
(c) वे सरलता से धुल जाते हैं
(d) वे ग्रीष्म ऋतु में सरलता से उपलब्ध होते हैं

93. यदि किसी कूट भाषा में 95789 को EGKPT और 2436 को ALUR लिखा जाता है, तो उसी कूट भाषा में 24539 को किस प्रकार लिखा जाएगा?

(a) ALEUT (b) ALGTU
(c) ALGUT (d) ALGRT

94. यदि एक कूट भाषा में PLAYER को QNDCJX लिखा जाता है, तो उसी कूट भाषा में SINGER को किस प्रकार लिखा जाएगा?

(a) TKQKJX
(b) TKJKQX
(c) TKQKXJ
(d) TKQXJK

95. निम्नलिखित विकल्पों में से वह शब्द चुनिए जो दिए गए शब्द के अक्षरों का प्रयोग करके बनाया जा सकता है–
MANUFACTURE

(a) FRACTURE
(b) MANNER
(c) MATTER
(d) FACE

96. 180 मीटर की एक रेलगाड़ी A 72 किमी/घंटा की गति से चलकर, 120 मीटर लम्बी, 108 किमी/घंटा से विपरीत दिशा में चलने वाली रेलगाड़ी B को, कितनी अवधि में पार कर लेगी?

(a) 24 सेकेंड (b) 12 सेकेंड
(c) 6 सेकेंड (d) 30 सेकेंड

97. एक विद्यालय में लड़कों का 10% लड़कियों की संख्या के $\frac{1}{4}$ बराबर है। तदनुसार, उस विद्यालय में लड़के तथा लड़कियों का अनुपात क्या है?

(a) 3 : 2 (b) 5 : 2
(c) 2 : 1 (d) 4 : 3

98. यदि दो अंकों की एक संख्या उन अंकों के योग की k गुनी है, तो अंकों को आपस में बदल देने से बनी संख्या उन अंकों का योग है जिसे गुणा किया जाएगा–

(a) 9 + k से (b) 10 + k से
(c) 11 – k से (d) k – 1 से

99. दो परीक्षा कक्ष P और Q हैं। यदि 10 विद्यार्थियों को P से Q में भेज दिया, तो दोनों कक्षों में विद्यार्थियों की संख्या समान हो जाएगी। यदि 20 विद्यार्थियों को Q से P में भेज दिया जाता है। तो P के विद्यार्थियों की संख्या Q की संख्या से दोगुनी हो जाती है। P और Q में विद्यार्थियों की संख्या क्रमशः है–

(a) 60, 40 (b) 70, 50
(c) 80, 60 (d) 100, 80

100. 120 विद्यार्थियों द्वारा प्राप्त औसत अंक 35 हैं। यदि सफल उम्मीदवारों का औसत 39 था और असफल उम्मीदवारों का औसत 15 है, तो उस परीक्षा में सफल हुए उम्मीदवारों की संख्या है–

(a) 100 (b) 110
(c) 120 (d) 80

व्याख्या सहित उत्तर

1. (c) सोयाबीन में प्रोटीन के अलावा वसा भी पर्याप्त मात्रा में पायी जाती है। सोयाबीन के अधीन कुल क्षेत्र का तीन-चौथाई से भी अधिक मध्य प्रदेश में है तथा कुल उत्पादन में इस राज्य का भारत में प्रथम स्थान है। इसके बाद महाराष्ट्र, राजस्थान तथा कर्नाटक राज्यों का स्थान आता है।

2. (c) सूर्यमुखी, सरसों, राई आदि तिलहनी फसलें हैं; तथा अरहर, मटर, चना, मसूर आदि दलहनी फसलें हैं; लोबिया, बरसीम आदि चारे की फसलें हैं।

3. (a) गुजरात के अहमदाबाद नगर में देश के सबसे अधिक सूती वस्त्रों के कारखाने (72) हैं। मुंबई को 'वस्त्रों की राजधानी' कहा जाता है। यहां कारखानों की संख्या 63 है तथा उत्पादन सर्वाधिक है। सूरत भी वस्त्र उद्योग का एक प्रमुख केंद्र है। उत्तर प्रदेश के कानपुर नगर को उत्तर 'भारत का मैनचेस्टर' कहते हैं। यहां 17 मिलें हैं।

4. (d) विषुवत रेखा ग्लोब पर वृहत वृत्त बनाती है। जबकि मुख्य देशांतर रेखा एवं 60° पूर्वी देशांतर रेखा सहित सभी देशांतर रेखाएं ग्लोब पर अर्द्ध वृत्त बनाती हैं। सभी अक्षांश रेखाएं ग्लोब पर विषुवत रेखा की अपेक्षा लघु वृत्त बनाती हैं। इस प्रकार 60° उत्तरी अक्षांश रेखा ग्लोब पर वृहत् वृत्त न बनाकर लघु वृत्त बनाएगी।

5. (d) भूमध्यसागरीय जलवायु महाद्वीपों के पश्चिमी किनारों पर 30° और 40° उत्तरी तथा दक्षिणी अक्षांशों के बीच, पांच प्रदेशों में पायी जाती है। भूमध्यसागर के उत्तर में पुर्तगाल से तुर्की तक, ईरान के पठारी क्षेत्र भूमध्यसागर के दक्षिणी किनारे पर स्थित मोरक्को, उत्तरी नाइजीरिया, ट्यूनीशिया तथा लीबिया में बेनेगाजी के उत्तरी क्षेत्र तक संयुक्त राज्य अमेरिका में कैलीफोर्निया का मध्यवर्ती तथा दक्षिणी तट तथा मध्य चिली, दक्षिण अफ्रीका का केपटाउन क्षेत्र, ऑस्ट्रेलिया के दक्षिणी और दक्षिण-पश्चिम तटवर्ती क्षेत्र में इस जलवायु का विस्तार है।

6. (c) जर्मनी की राजधानी बर्लिन, ऑस्ट्रेलिया की राजधानी केनबरा, चीन की राजधानी बीजिंग तथा सं.रा. अमेरिका की राजधानी वाशिंगटन डी.सी. है। न्यूयॉर्क सं.रा. अमेरिका का एक नगर है।

7. (b) महासागरों की औसत लवणता 35% होती है। सागरीय जल में पाये जाने वाले लवणों का प्रतिशत इस प्रकार है-सोडियम क्लोराइड-27.21% (सर्वाधिक), मैग्नेशियम क्लोराइड-3.80%, मैग्नेशियम सल्फेट-1.65%, कैल्शियम सल्फेट-1.26% आदि। उल्लेखनीय है कि सागरीय जल में कुल 47 प्रकार के लवण पाये जाते हैं।

8. (b)

9. (a) विश्व में सर्वाधिक गेहूं और चावल का उत्पादन चीन में होता है तथा मक्का उत्पादन में संयुक्त राज्य अमेरिका सबसे आगे है।

10. (b) 1942 में आए क्रिप्स प्रस्तावों की विफलता तथा जापानी आक्रमण के बढ़ते खतरे ने भारतीय जनमानस को निराश तथा बेचैन कर दिया। इसी परिस्थिति में 14 जुलाई, 1942 ई. को वर्धा में आयोजित कांग्रेस कार्यसमिति की बैठक में 'भारत छोड़ो आंदोलन' पर एक प्रस्ताव पारित किया गया। 7 अगस्त, 1942 ई. को ऑल इंडिया कांग्रेस कमेटी द्वारा वर्धा प्रस्तावों की पुष्टि कर दी गयी। बंबई (मुंबई)

कांग्रेस ने थोड़े बहुत संशोधनों के बाद 8 अगस्त, 1942 ई. को भारत छोड़ो प्रस्ताव पास कर दिया। जिसका फल भारत छोड़ो आंदोलन था। गांधीजी ने देशवासियों को हिंसक साधन अपनाने के लिए नहीं भड़काया था बल्कि, यह कहा था कि किसी भी परिस्थिति में यह आंदोलन रोका नहीं जाएगा। यहीं पर उन्होंने करो या मरो का नारा दिया था।

11. (c) राष्ट्र चेतना के तीव्र प्रसार से अंग्रेज सरकार अत्यधिक चिंतित थी। फलस्वरूप तत्कालीन वायसराय लॉर्ड कर्जन ने देशभक्ति के उफनते सैलाब को रोकने के लिए राष्ट्रीय गतिविधियों के केंद्र बंगाल को जुलाई, 1905 ई. में दो प्रांतों, पश्चिमी बंगाल (बिहार, उड़ीसा सहित) और पूर्वी बंगाल (असम सहित) में विभाजित करने की घोषणा की। 16 अक्टूबर, 1905 के दिन विभाजन लागू हुआ था। ध्यातव्य है कि ब्रिटिश सम्राट जार्ज पंचम के दिल्ली दरबार (1911) में बंगाल विभाजन को वापस ले लिया गया।

12. (d) कालागढ़ बांध रामगंगा नदी पर बना हुआ है। रामगंगा नदी महान हिमालय श्रेणी में कुमायूं मंडल के दक्षिणी भाग में नैनीताल के समीप से निकलती है। यह नदी उत्तर प्रदेश के मैदानी भाग में बिजनौर जिले के कालागढ़ नामक स्थान से प्रवेश करती है। कन्नौज के समीप यह गंगा नदी में मिल जाती है तथा इसकी कुल लंबाई लगभग 600 किमी. है।

13. (d) सुंदर वन टाइगर रिजर्व, चौबीस परगना (पं. बंगाल) में स्थित है। यहां चीता, हिरन, जंगली सुअर आदि पाये जाते हैं। तमिलनाडु में पिचवरम में वेदातंगल पक्षी विहार स्थित है। भीतर कनिका वन्य प्राणी अभ्यारण्य उड़ीसा राज्य में स्थित है। यहां मगरमच्छ संरक्षण व प्रजनन केंद्र स्थित है। बैम्बनाद झील केरल राज्य में स्थित है।

14. (b) नर्मदा नदी का उद्गम स्थान अमरकंटक के पश्चिमी ढाल पर 1057 मीटर की ऊंचाई पर है। यह जबलपुर के पश्चिम में 160 किमी. तक विंध्याचल व संतपुड़ा श्रेणियों के मध्य पश्चिम की ओर बहती है। यह जबलपुर के नीचे भेड़ाघाट की संगमरमर चट्टानों को काटते हुए मनोरम 'धुंआधर' जल प्रपात बनाती है। यह नदी भ्रंशोत्थ घाटी में प्रवाहित होती है तथा अरब सागर में गिरने से पहले एस्चुउरी बनाती है।

15. (b) पश्चिमी हिमालय पर 1800 से 3000 मी. की ऊंचाई पर शीतोष्ण कोणधारी वन पाये जाते हैं। यहां 2500 मी. तक चौड़ी पत्ती वाले वृक्ष मिलते हैं। जिनमें चीड़, देवदार, नीला पाइन (ब्लू पाइन) एल्डर, पोपलर प्रमुख हैं। 2500 मी. से ऊपर के भाग में सिल्वर फर तथा पीला पाइन वृक्ष मिलते हैं। 900 से 1800 मी. की ऊंचाई पर चीड़ के वृक्ष अधिकता में पाये जाते हैं।

16. (b) कणों के आकार के आधार पर मिट्टी को चार प्रकारों में बांटा गया है-चिकनी मिट्टी, दोमट मिट्टी, बलुई मिट्टी, रेतीली मिट्टी। जिस मिट्टी के कण बड़े आकार के होते हैं, उसमें जल धारण क्षमता सबसे कम होती है। इनके आकार इस प्रकार हैं-मोटी बालू (2.0-20 मिमी.), महीन बालू (20-0.2 मिमी.), सिल्ट (02-0.02 मिमी.) क्ले (.002 मिमी. से कम)

17. (c)

18. (d) भारत के नगरीकरण का इतिहास बहुत पुराना है। भारतीय नगरीकरण निर्वाहक स्तर का है। इसका अभिप्राय यह है कि गांव से नगरों की ओर प्रवास करने वाली जनसंख्या नगरों में रोजगार प्राप्त करने के उद्देश्य से आकर्षित होती है। नगरीकरण के निम्न कारण हैं-(i) ग्रामीण नगरीय असंतुलन, (ii) ग्रामीण क्षेत्रों में नौकरी के अवसरों की कमी, (iii) कृषि भूमि की न बढ़ सकने की प्रवृत्ति, (iv) नगरों की चुंबकीय विशेषताएं आदि। भारतीय नगर द्वितीयक की अपेक्षा तृतीयक क्षेत्र पर अधिक आधारित है। बहुत बड़ी संख्या में ग्रामीण नगरों की ओर पलायन कर रहे हैं। किन्तु अधिकांश नगरों में जीवन की गुणवत्ता का ह्रास हो रहा है।

19. (a) संविधान के अनुच्छेद 19(i) अ में वर्णित है कि सभी नागरिकों को वाक् स्वतंत्रता' और अभिव्यक्ति-स्वतंत्रता का अधिकार होगा। इसी में ही 'प्रेस की स्वतंत्रता' का अधिकार भी निहित है।

20. (a) संसद के दोनों सदनों का संयुक्त अधिवेशन राष्ट्रपति बुलाता है। संयुक्त अधिवेशन से संबंधित उपबंध संविधान के अनुच्छेद 108 में उपबंधित है। ज्ञातव्य है कि संसद के संयुक्त अधिवेशन की अध्यक्षता लोकसभा अध्यक्ष करता है।

21. (b) अनुच्छेद 93 के तहत लोकसभा अपनी पहली बैठक के पश्चात् यथाशीघ्र अपने दो सदस्यों को अध्यक्ष और उपाध्यक्ष के रूप में चुनती है और जब-जब अध्यक्ष और उपाध्यक्ष का पद रिक्त होता है, तब-तब लोकसभा किसी अन्य सदस्य को, यथास्थिति अध्यक्ष व उपाध्यक्ष चुनेगी।

22. (d) दिए गए कूट के विकल्प सही हैं। पं. नेहरू 15 अगस्त, 1947 से 27 मई, 1964 तक, श्रीमती इंदिरा गांधी 24 जनवरी, 1966 से 24 मार्च, 1977 तक फिर 14 जनवरी, 1980 से 31 अक्टूबर, 1984 तक तथा अटल बिहारी वाजपेयी (1998 से 2004 तक) (इसके पहले 13 दिन तक प्रधानमंत्री रहे थे)। गुलजारी लाल नंदा 27 मई, 1964 से 9 जून, 1964 तक कार्यकारी प्रधानमंत्री रहे, पुन: 11 जनवरी, 1966 से 24 जनवरी, 1966 तक कार्यकारी प्रधानमंत्री रहे।

23. (c) योजना आयोग संवैधानिक निकाय नहीं अपितु एक परामर्शदात्री (असंवैधानिक) संस्था है। स्वतंत्रता प्राप्ति के बाद आर्थिक कार्यक्रम समिति ने 1948 में एक स्थायी योजना आयोग स्थापित करने की सिफारिश की थी, जिसके फलस्वरूप 15 मार्च, 1950 को केंद्र सरकार (मंत्रिमंडल के एक प्रस्ताव द्वारा) एक प्रस्ताव पारित करके इसकी स्थापना की गई। भारत का प्रधानमंत्री इस आयोग का पदेन अध्यक्ष होता है।

24. (c) भारतीय संविधान की उद्देशिका में 42वें संविधान संशोधन, 1976 द्वारा संशोधन किया गया था। इसमें 'प्रभुत्व संपन्न लोकतंत्रात्मक गणराज्य' के स्थान पर प्रभुत्व संपन्न, समाजवादी, पंथनिरपेक्ष, लोकतंत्रात्मक गणराज्य प्रतिस्थापित किया गया तथा 'राष्ट्र की एकता' के स्थान पर 'राष्ट्र की एकता और अखंडता' शब्द प्रतिस्थापित किए गए।

25. (b) एक क्षेत्र पंचायत के क्षेत्र का निर्धारण राज्य सरकार द्वारा किया जाता है।

26. (b) संविधान के अनुच्छेद 243-झ (243 1) पंचायतों की वित्तीय स्थिति के पुनर्विलोकन के लिए वित्त आयोग के गठन का प्रावधान करता है।

27. (c) **28.** (c) **29.** (a) **30.** (a)

31. (b) वायुमंडल में विभिन्न प्रकार के धूलकण, जलवाष्प आदि होते हैं। जब सूर्य से आने वाली तरंगें ऐसे कणों से गुजरती हैं जिनके न्यास इनके तरंग दैर्ध्य से छोटे होते हैं, तो लघु तरंगों (आसमानी तथा बैंगनी रंग) का प्रकीर्णन हो जाता है जिससे आकाश नीला दिखाई देता है। सूर्योदय और सूर्यास्त के समय किरणों को अधिक दूरी पार करनी पड़ती है जिससे प्रकाश की छोटी तरंगों का प्रकीर्णन हो जाता है केवल लाल रंग के ही आगे बढ़ने से सूर्योदय तथा सूर्यास्त के समय आकाश लाल रंग का दिखाई देता है। इंद्रधनुष के सात रंगों का कारण वर्षा से अवशिष्ट जलकणों से प्रकाश का अपवर्तन है ये जल कण प्रिज्म के रूप में कार्य करते हैं।

32. (a) किसी तत्व के वे परमाणु जिनमें इलेक्ट्रॉनों व प्रोटॉनों की संख्या समान होती है किंतु न्यूट्रॉनों की संख्या या द्रव्यमान संख्या भिन्न होती है, समस्थानिक कहलाते हैं। इनके रासायनिक गुण समान होते हैं। ऐसे तत्व जिनके परमाणुओं का परमाणु भार तथा न्यूट्रॉनों की संख्या समान तथा परमाणु क्रमांक इलेक्ट्रॉनों व प्रोटॉनों की संख्या से भिन्न होता है वे समभारी कहलाते हैं। दो या दो से अधिक रासायनिक यौगिक जिनका परमाणु सूत्र एक ही होता है किन्तु इनके गुण भिन्न-भिन्न होते हैं। समावयवी कहलाते हैं ऐसे तत्व जिसके परमाणुओं में न्यूट्रॉनों की संख्या समान तथा प्रोटॉनों की संख्या भिन्न होती है समन्यूट्रॉनिक कहलाते हैं।

33. (b) एक्स-किरणों की खोज 1895 में रोयंट्जन द्वारा की गयी थी। इसके उत्पादन हेतु कूलिज नलिका का उपयोग किया जाता है। यह एक विद्युत

चुंबकीय विकिरण है। इसकी तरंगदैर्ध्य 1 से 100 A° तक होती है। इन किरणों का निर्वात में वेग 2×10^8 मीटर प्रति सेकेंड होता है एक्स-किरणें फोटोग्रॉफिक प्लेट को प्रभावित करती हैं।

34. (c) ग्रेफाइट से कागज पर सरलता से लिखा जा सकता है इसलिए इसे पेंसिल की लैड बनाने में प्रयोग किया जाता है। ग्रेफाइट का प्रयोग विद्युत आर्क तथा शुष्क सेलों में इलेक्ट्रोड के रूप में भी किया जाता है।

35. (c) ऑक्सीजन की उपस्थिति में कार्बन का परमाणु जब पूरा जलता है तो कार्बन डाईऑक्साइड का निर्माण होता है तथा जब कार्बन का परमाणु आक्सीजन की कम मात्रा में अधूरा जलता है तो कार्बन मोनोआक्साइड बनती है। मीथेन गैस दलदली स्थानों पर उत्पन्न होती है इसलिए इसे मार्श गैस भी कहते हैं। गोबर गैस तथा जैविक पदार्थों से भी मीथेन गैस उत्पन्न होती है। नाइट्रस ऑक्साइड हास्य गैस कहलाती है।

36. (b) सोडियम जल से हल्का होता है सोडियम जल के संपर्क में आने पर जल उठता है। जबकि एल्युमिनियम, मैग्नीशियम तथा मैगनीज जल से भारी होने के कारण पानी में डूब जाते हैं।

37. (b) एक बीज के अंकुरित होने के लिए पानी, उचित तापमान तथा ऑक्सीजन सर्वाधिक महत्वपूर्ण आवश्यक तत्व हैं।

38. (b) मच्छर, चमगादड़ व उल्लू जैसे रात्रिचर रात में ही अपने भोजन की तलाश करते हैं जबकि दिन में इनकी गतिविधियां सीमित हो जाती है। चमगादड़ रात में पराबैंगनी तरंगों के माध्यम से अपना रास्ता और शिकार तलाशता है जबकि उल्लू की आंख में स्थित 'टेपिटम ल्युसिडम' नामक परत प्रकाश को परावर्तित कर रात में देखने में मदद करती है।

39. (d) निद्रा रोग (स्लीपिंग सिकनेस) ट्रिपैनोसोमा नामक प्रोटोजोआ के कारण उत्पन्न होता है। यह एक परजीवी है, जो सी-सी मक्खियों के शरीर में आश्रय लेता है। इन मक्खियों के काटने से जीवाणु शरीर में प्रवेश कर जाते हैं जिससे लसिका ग्रंथियां बढ़ जाती हैं और शरीर में दर्द तथा कमजोरी महसूस होती है। रोगी दिन में भी नींद से बोझिल मालूम पड़ता है और ऊंघता रहता है। इसके उपचार के लिए ट्रिपसेमाइड की सुई का पूरा कोर्स लेना चाहिए।

40. (c) मलेरिया रोग प्लाजमोडियम प्रोटोजोआ (परजीवी) से होता है। इस रोग की तीन अवस्थाएं होती हैं-प्रथम अवस्था में सिर दर्द के साथ ठंड लगकर बुखार आता है, दूसरी अवस्था में बुखार सिर दर्द के साथ बढ़कर अधिक हो जाता है और तीसरी अवस्था में पसीना आता है, दर्द कम हो जाता है और बुखार उतर जाता है। इसके उपचार में क्लोरोक्वीन, केमोक्वीन आदि का सेवन करना चाहिए।

41. (b) एंटोमोलॉजी (Entomology) जंतु विज्ञान की वह शाखा है जिसमें कीट पतंगों का व्यापक अध्ययन किया जाता है।

42. (a)

43. (d) स्तनधारी वर्ग में स्तन ग्रंथियां रखने वाले वे जन्तु आते हैं जिनके दुग्ध द्वारा इनके शिशु पोषण प्राप्त करते हैं। ये मुख्यत: स्थलीय होते हैं तथा कुछ जलीय एवं वायवीय भी होते हैं। स्तनधारी वर्ग के तीन उपवर्ग हैं-(i) प्रोटोथीरिया, (ii) मैटाथीरिया, (iii) यूथीरिया। सील यूथीरिया के गण कार्नीवोरा का जंतु है जो स्तनपायी है। सरीसृप साधारणत: स्थलवासी हैं। इस वर्ग के जन्तु छिपकली, सांप, कछुआ इत्यादि हैं।

44. (b) शरीर में पाया जाने वाला सबसे कठोर तत्त्व दांतों के ऊपर पाया जाने वाला दंत वल्क-एनामिल है।

45. (c) पेप्सिन प्रोटीन को खंडित कर सरल पदार्थों में परिवर्तित कर देता है। रेनिन एंजाइम दूध में घुली हुई प्रोटीन केसीन को ठोस प्रोटीन कैल्शियम पैराकेसीनेट को दही के रूप में बदल देता है। ट्रिप्सिन क्षारीय प्रोटीन को पचाता है। इरेप्सिन प्रोटीन के अनपचे भाग को अमीनो अम्ल में परिवर्तित कर देता है।

46. (d) हमारे शरीर का लगभग 70% भाग जल होता है। यह शरीर की सभी कोशिकाओं का एक महत्वपूर्ण घटक है। शरीर में संपूर्ण रासायनिक अभिक्रियायें तथा प्रक्रमण जल के माध्यम से ही होते हैं। गर्मियों में सर्दियों की अपेक्षा अधिक पानी की आवश्यकता पड़ती है। सामान्यत: स्वस्थ व्यक्ति को औसतन 4 से 5 लीटर जल पीना चाहिए।

47. (b) वर्णांधता का प्रभाव लिंग सूत्र X क्रोमोसोम पर होता है। अत: पुरुष इससे अधिक प्रभावित होता है जबकि XX होने पर ही महिला प्रभावित होती है। माता-पिता में से पिता के प्रभावित होने तथा माता के वाहक न होने की दशा में बच्चों का केवल X क्रोमोसोम प्रभावित होगा। अत: लड़के वर्णांध जबकि लड़कियां वाहक होंगी। अत: 50% बच्चे वर्णांध होंगे। जबकि लड़का-लड़की के पैदा होने की संभावना समान है।

48. (d) लाल रुधिर कणिकाओं (R.B.C.) का रंग हीमोग्लोबीन (Hb) के कारण लाल होता है। ध्यातव्य है कि लाल रुधिर कोशिकाएं केंद्रक विहीन (Nucleus) होती हैं। इनकी संख्या सामान्यत: 40 से 50 लाख प्रति घन मीटर होती हैं।

49. (c) यीस्ट और मशरूम फफूंद (Fungi) या कवक है। कवक ऐसी श्रेणी का पौधा है जिसमें पर्णहरित नहीं होता। पर्णहरित के अभाव में इसमें प्रकाश संश्लेषण की क्रिया नहीं होती है। फलत: यह अपना भोजन स्वयं नहीं बना पाता। यह विभिन्न प्रकार के जैविक पदार्थों जैसे गोबर, सड़े-गले फलों, सब्जियों से अपना भोजन ग्रहण करता है। इनका उपयोग एल्कोहल और डबल रोटी बनाने में किया जाता है। कवकों से प्रतिजैवी पदार्थों का निर्माण किया जाता है। शैवाल पर्णहरित युक्त पौधा है। यह प्रकाश संश्लेषण द्वारा कार्बोहाइड्रेट का निर्माण करता है।

50. (a) इंसुलिन 'लैंगरहैंस की द्वीपिका' के द्वारा स्रावित एक हार्मोन है जो रक्त में शर्करा की मात्रा को नियंत्रित करता है। यह ग्लूकोज के उपापचय का नियमन करता है। यकृत में ग्लूकोज में ग्लाइकोजन के संश्लेषण की क्रिया को प्रेरित करता है। यह RNA संश्लेषण को प्रेरित करता है। इसके अल्पस्रावण से मधुमेह या डायबिटीज नामक रोग हो जाता है।

51. (c) 'दागो और भूल जाओ' के अचूक सिद्धांत पर भारत-रूस संयुक्त परियोजना के तहत विकसित की गयी सुपरसोनिक क्रूज मिसाइल (प्रक्षेपास्त्र) ब्रह्मोस है। ध्वनि की गति से दोगुनी रफ्तार से चलने वाली 8 मीटर लंबी यह मिसाइल 14 किमी. की ऊंचाई तक जा सकती है।

52. (c) इलेक्ट्रॉनिक वाणिज्य या (ई-कॉमर्स) से तात्पर्य है इंटरनेट लाइन पर कारोबार करना या वस्तुओं और सेवाओं की वेब संग्रहों के माध्यम से बिक्री और खरीद करना। ई-कामर्स ने इलेक्ट्रॉनिक दुकानदारी की छोटी सी अवधारणा से विकसित होते हुए व्यापार और बाजार प्रक्रिया के वे सभी पहलू अपने दामन में समेट लिए हैं जो इंटरनेट और विश्वव्यापी प्रौद्योगिकियों का मात्र एक सेट न रहकर ग्राहकों को उत्पाद और सेवाएं पूरी तरह पहुंचाने में सहायता व समर्थन देता है।

53. (a) भारत में सोने की खानें कर्नाटक राज्य में स्थित हैं। भारत में कर्नाटक सोने का सबसे बड़ा उत्पादक राज्य है।

54. (a) उत्तराखंड में चमोली जिले के पैनखंडा परगने के तल्ला पट्टी में विष्णुगंगा से दाहिने तट पर स्थित बद्रीनाथ तीर्थ प्रकृति की एक भव्यतम रचना है। इसके कुछ प्रसिद्ध नाम हैं-मुक्तिप्रदा, योगसिद्धा, विशालपुरी, बदरिकाश्रम, नरनारायणाश्रम। संभवत: इस मंदिर का निर्माण गढ़वाल के चंद्रवंश के प्रारंभिक राजा अजयपाल के शासन काल में हुआ। बद्रीनाथ में ही भगवान ब्रदीनाथ की माता का 'माता मूर्ति मंदिर' स्थापित है।

55. (c) जिम कार्बेट राष्ट्रीय पार्क दक्षिण-पूर्व एशिया का प्रथम राष्ट्रीय पार्क है। 1300 वर्ग किमी. में फैला यह पार्क भारत का प्रथम राष्ट्रीय पार्क भी है। इसकी स्थापना 1935 में राज्य के तत्कालीन गवर्नर सर हेली के नाम पर हेली नेशनल पार्क के रूप में हुई थी। 1957 में पुन: इसका नाम बदलकर 'जिम कार्बेट नेशनल' पार्क कर दिया गया। उत्तराखंड के देहरादून, हरिद्वार एवं पौड़ी गढ़वाल जिलों के लगभग 820 वर्ग किमी. क्षेत्रफल में, 1983 में 'राजाजी राष्ट्रीय उद्यान' की स्थापना की गयी। फूलों की घाटी उत्तराखंड चमोली जिले में स्थित है। उत्तराखंड के उत्तरकाशी जिले में 1989 में 'गंगोत्री राष्ट्रीय पार्क' की स्थापना की गयी।

56. (d) भारत का राष्ट्रीय वृक्ष बरगद है।

भारत का राष्ट्रीय पक्षी मोर, राष्ट्रीय पशु बाघ, राष्ट्रीय पुष्प कमल तथा राष्ट्रीय फल आम है।

57. (b)

58. (c) भारत का राष्ट्रीय पक्षी मोर (पावो क्रिस्टेसस) है। ध्यातव्य है कि भारत का राष्ट्रीय वृक्ष 'बरगद' राष्ट्रीय पुष्प 'कमल', राष्ट्रीय फल 'आम' तथा राष्ट्रीय वाक्य 'सत्यमेव जयते' है।

59. (c) सेरीकल्चर (Sericulture) के अंतर्गत रेशम के कीड़ों का पालन और उनसे रेशम के उत्पादन का अध्ययन किया जाता है तथा हार्टीकल्चर (Horticulture) के अंतर्गत फल-फूल व साग-सब्जी उगाने, बाग लगाने तथा पुष्प उत्पादन का अध्ययन किया जाता है।

60. (b)

61. (c) रंगास्वामी कप-हॉकी, रिलायंस कप-क्रिकेट, रोवर्स कप-फुटबाल तथा वेलिंग्टन कप-नौकायन से संबंधित है।

62. (d) कावेरी जल-विवाद में कर्नाटक-तमिलनाडु-पुदुचेरी-केरल राज्य संबद्ध हैं।

63. (d) **64.** (c)

65. (c) भारत का धुर दक्षिणी (सुदूरस्थ द. बिन्दु) द्वीप ग्रेट निकोबार से 20 किमी. दूर 'इंदिरा प्वाइंट' है जो अंडमान निकोबार द्वीप से 128 किमी. दक्षिण की तरफ है। यह 21 द्वीपों का समूह है।

66. (a) 'दक्षिण एशियाई क्षेत्रीय सहयोग संगठन' (SAARC) के भारत मालदीव, पाकिस्तान, बांग्लादेश, श्रीलंका, भूटान तथा नेपाल सदस्य देश हैं। (वर्तमान में सार्क में अफगानिस्तान के शामिल होने से इसकी सदस्य संख्या 8 हो गई है) इसकी स्थापना 7-8 दिसंबर, 1985 को हुई। इसका मुख्यालय काठमांडू में है। इस संगठन का उद्देश्य दक्षिण एशियाई देशों में क्षेत्रीय सहयोग का विस्तार करना है। सार्क संगठन देशों में बांग्लादेश सर्वाधिक घना आबाद देश है। इसका जनघनत्व 981 व्यक्ति प्रतिवर्ग किमी. है। यह विश्व में हांगकांग और सिंगापुर के बाद सर्वाधिक घना आबाद देश है।

67. (b)

68. (d) थाईलैंड का पुराना नाम स्याम, ताइवान का पुराना नाम फारमोसा, इराक का पुराना नाम मेसोपोटामिया तथा म्यांमार का पुराना नाम बर्मा था। म्यांमार की राजधानी यागूंन, इराक की राजधानी बगदाद, थाईलैंड की राजधानी बैंकॉक है।

69. (a) भारत में हरित क्रांति से डॉ. एम. एस. स्वामीनाथन (कृषि वैज्ञानिक) जुड़े हैं।

70. (d) राष्ट्रीय ग्रामीण विकास संस्थान हैदराबाद (आंध्र प्रदेश) में है।

71. (c) प्रांतों में द्वैध शासन व्यवस्था भारत शासन अधिनियम, 1919 के द्वारा लागू की गई थी जबकि भारत शासन अधिनियम 1935 द्वारा प्रांतों में द्वैध शासन व्यवस्था समाप्त कर दी गई थी। भारत परिषद् अधिनियम, 1892 के अंतर्गत व्यवस्थापिका सभा के सदस्यों को कार्यकारिणी परिषद् के बजट पर बहस का अधिकार मिला। सदस्य प्रश्न भी पूछ सकते थे। परोक्ष निर्वाचन को भी स्वीकार किया गया। भारत परिषद् अधिनियम, 1909 के द्वारा मुसलमानों के लिए पृथक मताधिकार तथा पृथक् निर्वाचक मण्डल की व्यवस्था की गई। इसके द्वारा भारतीयों को विधि-निर्माण तथा प्रशासन दोनों में भागीदारी मिली।

72. (b) रेग्युलेटिंग एक्ट, 1773-सर्वोच्च न्यायालय की स्थापना (बंगाल का गवर्नर जनरल वारेन हेस्टिंग्स), भारतीय शासन अधिनियम, 1909 सांप्रदायिक निर्वाचक मंडल का प्रारंभ (वायसराय लॉर्ड मिंटो), भारत शासन अधिनियम, 1919-प्रांतों में द्वैध शासन का प्रारम्भ (वायसराय चेम्सफोर्ड) तथा भारत शासन अधिनियम 1935-प्रांतों में स्वायत्तता के लिए प्रावधान (वायसराय लार्ड वेलिंगटन) था।

73. (a) भारत छोड़ो आंदोलन जिसे 'अगस्त क्रांति' भी कहा जाता है, भारतीय जनता की वीरता और लड़ाकूपन की अद्वितीय मिसाल है। गांधी जी ने इसी आंदोलन के दौरान 'करो या मरो' का नारा दिया। उन्होंने कहा "एक मंत्र है, छोटा-सा मंत्र जो मैं आपको देता हूं- उसे आप अपने हृदय में अंकित कर सकते हैं और अपनी सांस द्वारा व्यक्त कर सकते हैं। वह मंत्र है 'करो या मरो' या तो हम भारत को आजाद कराएंगे या इस कोशिश में अपनी जान दे देंगे। अपनी गुलामी का स्थायित्व देखने के लिए हम जिंदा नहीं रहेंगे।" इस ऐतिहासिक आंदोलन की एक बड़ी खूबी यह रही कि इसके द्वारा आजादी की मांग राष्ट्रीय आंदोलन की पहली मांग बन गयी।

74. (a) होमरूल लीग की स्थापना (सितंबर, 1916 में) श्रीमती ऐनी बेसेंट द्वारा भारत सेवक समाज की स्थापना (1905 में) गोपाल कृष्ण गोखले द्वारा, स्वराज्य दल का गठन (मार्च 1923 में) मोतीलाल नेहरू व चितरंजन दास द्वारा तथा हिंदू विश्वविद्यालय की स्थापना पं. मदन मोहन मालवीय द्वारा की गई।

75. (c) कांग्रेस में उदारवादी तथा उग्रवादी विचारधारा के नेताओं में गंभीर मतभेद 1904 से स्पष्ट होने लगे थे। 1906 के कलकत्ता (कोलकाता) अधिवेशन में यह मतभेद एकदम स्पष्ट हो गया। 1907 के सूरत अधिवेशन में उग्रवादी लाला लाजपत राय को तथा उदारवादी डॉ. रासबिहारी बोस को अध्यक्ष बनाना चाहते थे। तिलक ने निर्वाचन के बारे में आपत्तियां उठानी चाही तो उदारवादियों ने उन्हें कुछ बोलने नहीं दिया। इसके बाद अधिवेशन में अव्यवस्था फैल गयी और कांग्रेस उदारवादी और उग्रवादी दो गुटों में बंट गयी। इस विभाजन के बाद 1916 के लखनऊ कांग्रेस अधिवेशन में श्रीमती एनी बेसेंट तथा अन्य नेताओं के प्रयास से दोनों गुट एक मंच पर आये।

76. (d) सिंधु सभ्यता अपने नगर-नियोजन एवं जल-निकास प्रणाली के लिए विख्यात है। मोहनजोदड़ो तथा हड़प्पा इस सभ्यता के विशिष्ट नगर हैं जो क्रमशः सिंधु तथा रावी नदी के तट पर स्थित है। सैंधव निवासियों के जीवन का मुख्य उद्यम यद्यपि कृषि कर्म था किंतु सभ्यता की विशिष्ट पहचान उसके व्यापार-वाणिज्य से थी। सीप उद्योग, मनका उद्योग, मृद्भांड उद्योग एवं धातुओं को गलाने एवं ढालने की कला लोग परिचित थे।

77. (c) संभवतः बाबर कुषाणों के बाद पहला शासक था जिसने काबुल एवं कंधार को अपने कब्जे में रखा। इसने मुगल साम्राज्य की स्थापना की। आलम खां के आत्म समर्पण के बाद पूरा पंजाब बाबर के कब्जे में आ गया था। 6 मई, 1529 को बाबर ने घाघरा के युद्ध में बंगाल एवं बिहार की संयुक्त सेना को पराजित किया। परिणामस्वरूप बाबर का साम्राज्य ऑक्सस से घाघरा एवं हिमालय से ग्वालियर तक फैल गया। आधुनिक उत्तर प्रदेश का क्षेत्र भी बाबर के साम्राज्य में सम्मिलित था। बाबर ने राजपूताना के प्रमुख शासक चित्तोड़ के महाराणा सांगा को फतेहपुर सीकरी के निकट खानवा के युद्ध में 17 मार्च, 1527 को हरा दिया था किंतु राजस्थान के अन्य राज्यों पर उसका अधिकार नहीं हो पाया था।

78. (d) शेरशाह को 'व्यवस्था के सुधारक' के रूप में जाना जाता है। शेरशाह की वित्त व्यवस्था के अन्तर्गत सरकारी आय का सबसे बड़ा स्रोत जमीन पर लगने वाला कर था। शेरशाह के शासन काल में सर्वेक्षण शुल्क एवं संग्रह शुल्क भी देना पड़ता था, जिनकी दरें क्रमशः भू-राजस्व की 2.5 एवं 5% थी। शेरशाह ने भूमि की माप के लिए 32 इंच या 39 अंगुल वाला सिकंदरी गज व सन की डंडी का प्रयोग किया। करेंसी सुधार शेरशाह का दूसरा महत्वपूर्ण सुधार था। इसने सोने, चांदी एवं तांबे के आकर्षक सिक्के चलवाये। इन सिक्कों का अनुकरण मुगल शासकों ने किया। इसने 178 ग्रेन का चांदी का रुपया एवं 380 ग्रेन का तांबे का दाम चलवाया। शेरशाह ने प्रशासनिक सुधारों के अंतर्गत केंद्रीयकरण को वरीयता दी। सूबों को सरकारों तथा सरकारों को परगनों में बांटकर सैन्य तथा प्रशासनिक अधिकारियों को नियुक्त किया। सैनिक सुधारों में घोड़ों को दागने तथा सैनिकों का हुलिया लिखने के साथ ही उन्हें नकद वेतन देकर उसने अलाउद्दीन खिलजी की पद्धति को पुनर्जीवित किया।

79. (b) **80.** (d)

81. (b) अवरक्त तरंगों का प्रयोग टेलीविजन में रिमोट कंट्रोल से किया जाता है। ये किरणें ऊष्मीय विकिरण हैं। ये जिस वस्तु पर पड़ती हैं उसका ताप बढ़ जाता है। इसका प्रयोग कुहरे में फोटोग्राफी करने एवं रोगियों की सिकाई करने में भी किया जाता है।

82. (d) विभिन्न माध्यमों में ध्वनि की चाल भिन्न-भिन्न होती है। किसी माध्यम में ध्वनि की चाल

मुख्यत: माध्यम की प्रत्यास्थता तथा घनत्व पर निर्भर करती है। ध्वनि की चाल सबसे अधिक ठोस में, उसके बाद द्रवों में और उसके बाद गैसों में होती है। लोहे में ध्वनि की चाल 5130मी./से होती है जबकि जल में ध्वनि की चाल 1483 मी./से. होती है तथा वायु में ध्वनि की चाल 332 मी./से. होती है।

83. (c)

84. (c) जल के अंदर वायु का बुलबुला अपसारी (अवतल) लेंस जैसा व्यवहार करता है। यह प्रकाश किरणों को उसके फोकस की ओर नहीं मोड़ता है।

85. (b) धब्बा रहित लोहा बनाने में लोहे के साथ प्रयुक्त होने वाली महत्वपूर्ण धातु क्रोमियम है। इसमें 10% क्रोमियम, 0.025% कार्बन और लगभग 0.35% तक मैंगनीज होता है।

86. (b) सदस्यों की कुल संख्या
$= 1 + 1 + 3 + 1 = 6$

87. (a) 26 जनवरी, 1996 से 15 अगस्त, 2000 तक दिनों की संख्या = 1663

1663 दिनों में विषम दिनों की संख्या = 4

∴ वर्ष 2000 में स्वतंत्रता दिवस = मंगलवार को पड़ेगा।

88. (c)

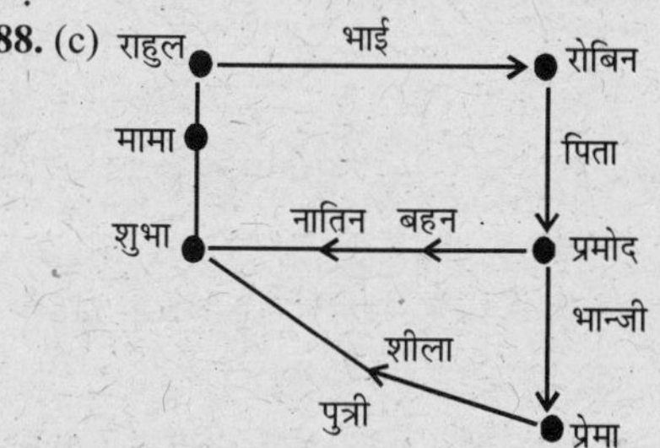

राहुल शुभा के मामा हैं।

89. (b) माना पिता की आयु $= x$ वर्ष

∴ माता की आयु $= x - 10$ वर्ष

पुत्री की आयु $= \frac{x-10}{2}$ वर्ष

भाई की आयु $= x - 30$ वर्ष

$$(x-30)-\left(\frac{x-10}{2}\right) = 5$$

$$x-30-\frac{x}{2}+5 = 5$$

$$\frac{x}{2} = 30$$

∴ $x = 60$ वर्ष

90. (c) कक्षा में कुल छात्रों की संख्या
$= 10 + 30 + 1 + 3 + 1 = 45$

91. (a) $7 \rightarrow (2)^3 - 1$

$\boxed{26}$ $28 \rightarrow (3)^3 - 1$

$63 \rightarrow (4)^3 - 1$

$124 \rightarrow (5)^3 - 1$

$215 \rightarrow (6)^3 - 1$

$342 \rightarrow (7)^3 - 1$

92. (b)

93. (c) 9 5 7 8 9 → E G K P T

तथा 2 4 3 6 → A L U R

∴ 2 4 5 3 9 → A L G U T

94. (a) जिस प्रकार — उसी प्रकार

जिस प्रकार	उसी प्रकार
$P \xrightarrow{+1} Q$	$S \xrightarrow{+1} T$
$L \xrightarrow{+2} N$	$I \xrightarrow{+2} K$
$A \xrightarrow{+3} D$	$N \xrightarrow{+3} Q$
$Y \xrightarrow{+4} C$	$G \xrightarrow{+4} K$
$E \xrightarrow{+5} J$	$E \xrightarrow{+5} J$
$R \xrightarrow{+6} X$	$R \xrightarrow{+6} X$

95. (d)

96. (c) विपरीत दिशा में चलने वाली दोनों रेलगाड़ियों की

सापेक्ष गति $= (72 + 108)$

$= 180 \times \frac{5}{18}$ मी/सेकेंड

= 50 मी/सेकेंड

दोनों रेलगाड़ियों की कुल लम्बाई

= (180 + 120) मी

= 300 मी.

∴ अभीष्ट समय $= \frac{\text{दूरी}}{\text{गति}} = \frac{300\text{मी}}{50\text{मी/से}} = 6$ सेकेंड

97. (b) माना विद्यालय में लड़कें तथा लड़कियों की संख्या क्रमशः x तथा y है।

तब प्रश्नानुसार,

$\because x$ का $10\% = \frac{1}{4} \times y$

$\Rightarrow x \times \frac{10}{100} = \frac{1}{4} \times y$

$\therefore x : y = \frac{10}{4} = 5 : 2$

98. (c) माना दो अंकों की एक संख्या
$= 10x + y$

तब प्रश्नानुसार,

$10x + y = k(x + y)$ ...(i)

∴ अंकों को आपस में बदलने पर बनी संख्या

$= 10y + x$

$= (11 - 1)y + (11 - 10)x$

$= 11(x + y) - (10x + y)$

$= 11(x + y) - k(x + y)$

$= (11 - k)(x + y)$

= उन अंकों का योग है जिसे गुणा किया जाएगा

$= (11 - k)$

99. (a) माना परीक्षा कक्षों P और Q में विद्यार्थियों की संख्या क्रमशः x और y है।

तब प्रश्नानुसार,

$(x - 10) = y + 10$

$\Rightarrow x - y = 20$ ..(i)

तथा $(x + 20) = 2(y - 20)$

$\Rightarrow 2y - x = 60$

समीकरण (i) और (ii) को जोड़ने पर

$y = 20 + 60 = 80$

$x = 80 + 20 = 100$

100. (a) माना सफल उम्मीदवारों की संख्या = x है।

तब प्रश्नानुसार,

$\because x \times 39 + (120 - x) \times 15 = 120 \times 35$

$\Rightarrow x(39 - 15) = 120(35 - 15)$

$\therefore x = \frac{120 \times 20}{24} = 24$

❑❑❑

प्रैक्टिस सेट-4

1. निम्न में से किस राज्य की सीमा बांग्लादेश से नहीं मिलती?
(a) मिजोरम (b) त्रिपुरा
(c) मणिपुर (d) मेघालय

2. हरीके बैराज (इंदिरा गांधी नहर का प्रमुख जल स्त्रोत) निम्न में से किन नदियों के संगम पर है?
(a) रावी और व्यास
(b) झेलम और चिनाब
(c) चिनाब और सतलुज
(d) व्यास और सतलुज

3. 'दुलहस्ती पावर स्टेशन' किस नदी पर अवस्थित है?
(a) व्यास (b) चिनाब
(c) रावी (d) सतलुज

4. कौन-सा मसाला भारत में "काला सोना" के रूप में जाना जाता है-
(a) काली मिर्च (b) इलायची
(c) लौंग (d) केसर

5. निम्न में से कौन-सा राज्य सोयाबीन का अग्रणी उत्पादक है?
(a) मध्य प्रदेश (b) महाराष्ट्र
(c) पंजाब (d) तमिलनाडु

6. बिहार का गया जिला क्यों प्रसिद्ध है?
(a) भव्य मन्दिरों के लिए
(b) विशिष्ट जड़ी-बूटियों के लिए
(c) पितरों के तर्पण के लिए
(d) इनमें से कोई नहीं

7. निम्न में से कौन एक भारत की सबसे पुरानी तेल शोधन इकाई है?
(a) हल्दिया (b) डिग्बोई
(c) कोयली (d) मथुरा

8. निम्न में से कौन-सा राज्य कोयले का सर्वाधिक उत्पादन करता है?
(a) मध्य प्रदेश (b) झारखंड
(c) उड़ीसा (d) बिहार

9. बैलाडिला खान किस खनिज से संबंधित है?
(a) लौह अयस्क (b) कोयला
(c) मैंगनीज (d) अभ्रक

10. राजा सांसी अंतर्राष्ट्रीय हवाई अड्डा कहां है?
(a) हैदराबाद (b) नागपुर
(c) अमृतसर (d) चेन्नई

11. निम्न में से कौन एक द्वीपीय महाद्वीप है?
(a) अफ्रीका (b) न्यूजीलैंड
(c) ग्रीनलैंड (d) ऑस्ट्रेलिया

12. मेडागास्कर सबसे बड़ा द्वीप है-
(a) हिंद महासागर में
(b) प्रशांत महासागर में
(c) बंगाल की खाड़ी में
(d) लाल सागर में

13. ग्रेट साल्ट लेक कहां स्थित है?
(a) ईरान
(b) यू.एस.ए. (संयुक्त राज्य अमेरिका)
(c) तुर्की
(d) भारत

14. निम्न में से किस देश को 'यूरेनियम सिटी' स्थापित करने का श्रेय दिया जाता है?
(a) ऑस्ट्रेलिया
(b) कनाडा
(c) रूस
(d) संयुक्त राज्य अमेरिका

15. निम्न में से किसको विश्व का 'काफी बंदरगाह' कहा जाता है?
(a) कोस्टारिका
(b) सेंटोस
(c) रियो डी जेनरो
(d) ब्यूनस आयर्स

16. भारत के सी.ए.जी. नियंत्रक एवं महालेखा परीक्षक कार्य करते हैं-
(a) नागरिक स्वतंत्रता के संरक्षक के रूप में
(b) लोक वित्त संरक्षक के रूप में
(c) सरकार के मुख्य विधिक सलाहकार के रूप में
(d) उपर्युक्त सभी के संरक्षक के रूप में

17. सर्वोच्च न्यायालय के न्यायाधीशों की नियुक्ति की जाती है, राष्ट्रपति के द्वारा-
(a) राज्यसभा द्वारा अनुमोदित किये जाने पर
(b) लोकसभा की सलाह पर
(c) प्रधानमंत्री की सलाह पर
(d) सर्वोच्च न्यायालय के मुख्य न्यायाधीश से परामर्श के बाद

18. निम्न में से कौन सा चुनाव निर्वाचन आयोग द्वारा संपादित नहीं किया जाता?
(a) लोकसभा (b) राज्यसभा
(c) राष्ट्रपति (d) स्थानीय निकायों का

19. जिस समिति की अनुशंसा पर देश में पंचायती राज लागू किया गया, उसके प्रमुख थे-
(a) जीवराज मेहता
(b) बलवंत राय मेहता
(c) श्री मन्नारायण
(d) जगजीवन राम

20. 'सामुदायिक विकास कार्यक्रम' कब लागू किया गया था?
(a) 26 जनवरी, 1950
(b) 15 अगस्त, 1950
(c) 2 अक्टूबर, 1952
(d) 1 जून, 1975

21. निम्न में से किस शासक ने सर्वप्रथम जजिया कर समाप्त किया था?
(a) जैन-उल-आबीदीन
(b) मुहम्मद बिन तुगलक
(c) हुसैन शाह शर्की
(d) अकबर

22. पानीपत का तीसरा युद्ध लड़ा गया था, वर्ष-
(a) 1526 ई. में (b) 1761 ई. में
(c) 1556 ई. में (d) 1857 ई. में

23. महात्मा ज्योतिबा फुले द्वारा किस संगठन की स्थापना की गई थी?
(a) गोपाल मंडली
(b) श्रीनारायण सभा
(c) सत्यशोधक समाज
(d) महाजन सभा

24. 'किसको' भारतीय पुनर्जागरण का पिता' कहा जाता है?
(a) राजा राममोहन राय
(b) दयानंद सरस्वती
(c) स्वामी विवेकानंद
(d) रामकृष्ण परमहंस

25. भारतीय राष्ट्रीय कांग्रेस का प्रथम अधिवेशन हुआ था-
(a) मुंबई में (b) कोलकाता में
(c) नागपुर में (d) दिल्ली में

26. 'वंदे मातरम् गीत' के रचयिता कौन थे-
(a) बंकिमचंद्र चटर्जी
(b) ताराशंकर बंधोपाध्याय
(c) शरतचंद्र
(d) रवीन्द्रनाथ टैगोर

27. भगत सिंह को उसके दो साथियों के साथ 23 मार्च, 1931 को फांसी दी गई थी, वे दो साथी कौन थे?
(a) राजगुरु और सुखदेव
(b) सुखदेव और बी.के. दत्त
(c) राजगुरु और बी.के. दत्त
(d) चन्द्रशेखर आजाद और सुखदेव

28. महात्मा गांधी को 'राष्ट्रपिता' कहने वाला प्रथम व्यक्ति कौन था?
(a) अबुल कलाम आजाद
(b) जवाहरलाल नेहरू
(c) चितरंजन दास
(d) सुभाष चन्द्र बोस

29. किसने यह विचार व्यक्त किया था कि भारत में 'ब्रिटिश आर्थिक नीति' घिनौनी है?
(a) बी.जी. तिलक
(b) दादाभाई नौरोजी
(c) कार्ल मार्क्स
(d) एडम स्मिथ

30. निम्न में से किसने 'निकास का सिद्धान्त' का प्रतिपादन किया था?
(a) दादा भाई नौरोजी
(b) गोपाल कृष्ण गोखले
(c) लोकमान्य तिलक
(d) मदन मोहन मालवीय

31. यमुना नदी का उद्‌गम स्थान है–
(a) चौखंबा (b) बंदरपूंछ
(c) नंदादेवी (d) नीलकंठ

32. भार के अनुसार पानी (H_2O) में हाइड्रोजन का प्रतिशत है–
(a) 44.45% (b) 5.55%
(c) 88.89% (d) 11.11%

33. लाल रक्त कणिकाएं मुख्यतया बनती हैं–
(a) यकृत में (b) गुर्दे में
(c) हृदय में (d) अस्थि मज्जा में

34. 'वाडा' का संबंध है–
(a) वैमानिकी से (b) डोप टेस्टिंग से
(c) बीमा से (d) स्टॉक एक्सचेंज से

35. जैविक ऑक्सीजन आवश्यकता (बी.ओ.डी.) एक प्रकार का प्रदूषण सूचकांक है–
(a) जलीय वातावरण में
(b) मृदा में
(c) वायु में
(d) उपर्युक्त सभी में

36. वातावरण में सर्वाधिक प्रतिशत है–
(a) ऑक्सीजन का
(b) कार्बन डाइऑक्साइड का
(c) नाइट्रोजन का
(d) हाइड्रोजन का

37. वह कौन-सा प्रथम भारतीय राज्य है, जिसके सभी जिले राज्य की राजधानी से फाइबर-ऑप्टिकल नेटवर्क द्वारा जुड़े हैं?
(a) उत्तर प्रदेश (b) बिहार
(c) आंध्र प्रदेश (d) उत्तराखंड

38. अंग्रेजी शासन के दौरान भारत के 'आर्थिक दोहन' के विचार का प्रतिपादन किसने किया था?
(a) दादाभाई नौरोजी
(b) एम.एन. रॉय
(c) जयप्रकाश नारायण
(d) राम मनोहर लोहिया

39. निम्नलिखित का सही क्रम नीचे दिए गए कूट से ज्ञात कीजिए–
1. सी. राजगोपालाचारी योजना
2. वेवेल योजना
3. माउंट बेटन योजना
4. कैबिनेट मिशन योजना
कूट:
(a) 1, 2, 3 एवं 4
(b) 2, 3, 4 एवं 1
(c) 1, 2, 4 एवं 3
(d) 2, 1, 3 एवं 4

40. निम्नलिखित में से किसने असहयोग आन्दोलन के दौरान विदेशी कपड़ों को जलाया जाना एक निष्ठुर बर्बादी बताया था?
(a) रवीन्द्रनाथ टैगोर
(b) मोहम्मद अली जिन्ना
(c) लॉर्ड रीडिंग
(d) मोतीलाल नेहरू

41. काफी संख्या में लोग अमृतसर के जलियांवाला बाग में 13 अप्रैल, 1919 ई. को एकत्रित हुए थे, गिरफ्तारी के विरोध में–
(a) स्वामी श्रद्धानंद और मजरुल हक
(b) मदन मोहन मालवीय और मोहम्मद अली जिन्ना
(c) महात्मा गांधी और अबुल कलाम आजाद
(d) डॉ. सैफुद्दीन किचलू और डॉ. सत्यपाल

42. किस भारतीय क्रांतिकारी ने सुभाष चन्द्र बोस को 'इंडियन नेशनल आर्मी' के गठन में सक्रिय सहयोग दिया था?
(a) बटुकेश्वर दत्त
(b) रासबिहारी बोस
(c) राम प्रसाद बिस्मिल
(d) सूर्य सेन

43. देव समाज का संस्थापक निम्न में से कौन था?
(a) वल्लभभाई पटेल
(b) दादाभाई नौरोजी
(c) शिवनारायण अग्निहोत्री
(d) रामकृष्ण परमहंस

44. निम्न में से किस आंदोलन में सरदार वल्लभभाई पटेल ने मुख्य भूमिका निभाई?
(a) बिजौलिया आंदोलन
(b) दांडी मार्च
(c) अहमदाबाद में कपड़ा मिल श्रमिकों की हड़ताल
(d) बारदोली सत्याग्रह

45 नमक सत्याग्रह के समय जब गांधी जी कैद कर लिए गए, उस समय किसने आंदोलन के नेता के रूप में उनका स्थान लिया?
(a) जवाहरलाल नेहरू
(b) सरदार पटेल
(c) अबुल कलाम आजाद
(d) अब्बास तैयब जी

46. निम्न में से किस स्थान पर एक प्रसिद्ध सिख गुरुद्वारा अवस्थित है?
(a) रूपकुंड (b) हेमकुंड
(c) ताराकुंड (d) ब्रह्मकुंड

47. 'प्लानिंग एंड द पुअर' पुस्तक के लेखक हैं–
(a) डी.आर. गाडगिल
(b) वी.एस. मिनहास
(c) चरण सिंह
(d) रुद्र दत्त

48. ग्रामीण क्षेत्रों में शहरी सुविधाएं देने की नीति का समर्थन किसने किया था?
(a) डॉ. ए.पी.जे. अब्दुल कलाम
(b) डॉ. मनमोहन सिंह
(c) डॉ. करण सिंह
(d) डॉ. मोंटेक सिंह आहलूवालिया

49. "द ऑडेसिटी ऑफ होप" का लेखक कौन है?
(a) अल गोर
(b) बराक ओबामा
(c) हिलेरी क्लिंटन
(d) बिल क्लिंटन

50. नालंदा विश्वविद्यालय कहाँ स्थित था?
(a) उड़ीसा में
(b) बिहार में
(c) उत्तर प्रदेश में
(d) महाराष्ट्र में

51. महाबलिपुरम के रथ मंदिरों का निर्माण किसने कराया था?
(a) नरसिंह वर्मन (b) समुद्र गुप्त
(c) हर्ष (d) पुलकेशिन–II

52. अभिनव बिंद्रा किस खेल से संबंधित है?
(a) पोलो (b) गोल्फ
(c) निशानेबाजी (d) बैडमिंटन

53. निम्न में से किसे ''दक्षिण गंगोत्री'' के नाम से जाना जाता है?
(a) कावेरी नदी का उद्गम स्थल
(b) वह स्थान जहां से पेरीयार नदी उत्तर की तरफ बहती है
(c) भारत का प्रथम अंटार्कटिक शोध केंद्र
(d) केरल में रॉकेट छोड़ने का केंद्र

54. पेट्रोलियम उत्पादक क्षेत्र लुनोज किस राज्य में स्थित है?
(a) असम
(b) मुंबई-हाई
(c) अरुणाचल प्रदेश
(d) गुजरात

55. निम्न में से कौन-सा स्थल चित्रकला के लिए प्रसिद्ध है?
(a) अजंता (b) भीम बेटका
(c) बाघ (d) अमरावती

56. 'विशाल स्नानागार' किस पुरातत्त्व स्थल से पाया गया था?
(a) रोपड़ (b) हड़प्पा
(c) मोहन जोदड़ो (d) कालीबंगा

57. जीविकोपार्जन हेतु 'वेद वेदांग' पढ़ाने वाला अध्यापक कहलाता था-
(a) आचार्य (b) अध्वर्यु
(c) उपाध्याय (d) पुरोहित

58. आंध्र-सातवाहन राजाओं की सबसे लम्बी सूची किस पुराण में मिलती है?
(a) वायु पुराण
(b) विष्णु पुराण
(c) मत्स्य पुराण
(d) उपर्युक्त में से किसी में नहीं

59. निम्नलिखित में से किस वंश के साम्राज्य की सीमाएं भारत के बाहर तक फैली थी?
(a) गुप्त वंश (b) मौर्य वंश
(c) कुषाण वंश
(d) उपर्युक्त में से किसी में नहीं

60. 'इण्डिका' का मूल लेखक था-
(a) निआर्कस (b) मेगस्थनीज
(c) प्लूटार्क (d) डायोडोरस

61. निम्न में से किस राज्य ने 'एक रुपये में एक किलो चावल' योजना शुरू की थी?
(a) पश्चिम बंगाल (b) उड़ीसा
(c) केरल (d) तमिलनाडु

62. नागार्जुन किस बौद्ध संप्रदाय के थे?
(a) सौत्रांतिक (b) वैभाषिक
(c) माध्यमिक (d) योगाचार

63. किस सिख गुरु को अकबर ने 500 बीघा जमीन दी थी?
(a) अर्जुन देव (b) रामदास
(c) हर राय (d) तेग बहादुर

64. भारतीय अर्थव्यवस्था के किस क्षेत्र का 'सकल घरेलू उत्पाद' में सर्वाधिक योगदान है?
(a) कृषि क्षेत्र (b) औद्योगिक क्षेत्र
(c) सेवा क्षेत्र (d) इनमें से कोई नहीं

65. सामुदायिक विकास कार्यक्रम जिसे 2 अक्टूबर, 1952 में प्रारंभ किया गया ने रास्ता तैयार किया-
(a) आर्थिक योजना के संगठन का
(b) पंचायती राज के संगठन का
(c) अनुसूचित जाति एवं जनजाति के विकास का
(d) बालिका शिशु के संरक्षण का

66. भारत के राज्यों में, राज्य वित्त निगमों ने मुख्य रूप से जिनके विकास के लिए सहायता दी है, वे हैं-
(a) कृषि-फार्म (b) कुटीर उद्योग
(c) बड़े पैमाने के उद्योग
(d) मध्यम एवं छोटे पैमाने के उद्योग

67. बारहवें वित्त आयोग के अध्यक्ष कौन थे?
(a) सी. रंगराजन (b) राजा चेलिया
(c) के.सी. पंत (d) वाई.वी. चह्वाण

68. नरसिम्हम समिति संबंधित है-
(a) भूमि सुधार से
(b) बैकिंग क्षेत्र में सुधार से
(c) श्रम सुधार से
(d) कृषि सुधार से

69. निम्न में से नाबार्ड का मुख्यालय कहां है?
(a) नई दिल्ली (b) चेन्नई
(c) मुंबई (d) जयपुर

70. निम्नलिखित में से किस पदार्थ की विद्युत चालकता सर्वाधिक है?
(a) हीरा (b) चांदी
(c) ग्रेफाइट (d) लकड़ी

71. सूर्य से उत्पन्न ऊर्जा का स्रोत है-
(a) नाभिकीय विखंडन
(b) नाभिकीय संलयन
(c) प्रकाश विद्युत प्रभाव
(d) सेरेनकोव प्रभाव

72. प्रकाश-संश्लेषण हेतु सर्वाधिक क्रियाशील प्रकाश है-
(a) बैंगनी प्रकाश
(b) लाल प्रकाश
(c) नीला प्रकाश
(d) हरा प्रकाश

73. रासायनिक रूप में सूखी बर्फ है-
(a) ठोस सल्फर डाइऑक्साइड
(b) आसूत जल से बनी बर्फ
(c) बर्फ तथा साधारण नमक का मिश्रण
(d) ठोस कार्बन डाईऑक्साइड

74. ऐल्यूमिनियम धातु को प्राप्त किया जाता है-
(a) पिच ब्लेडे से
(b) ग्रेफाइट से
(c) बॉक्साइट से
(d) अर्जेंटाइट से

75. सर्वाधिक जनसंख्या घनत्व वाला राज्य है-
(a) केरल (b) तमिलनाडु
(c) उत्तर प्रदेश (d) बिहार

76. वर्ष 2011 की जनगणना के अनुसार साक्षरता दर के संदर्भ में निम्नलिखित राज्यों का सही अवरोही क्रम है-
(a) बिहार, उत्तर प्रदेश, राजस्थान, मध्य प्रदेश
(b) उत्तर प्रदेश, बिहार, मध्य प्रदेश, राजस्थान
(c) राजस्थान, मध्य प्रदेश, बिहार, उत्तर प्रदेश
(d) मध्य प्रदेश, बिहार, राजस्थान, उत्तर प्रदेश

77. निम्नलिखित में से कौन-सा ग्रह सबसे कम समय में सूर्य का चक्कर लगाता है?
(a) बृहस्पति (b) बुध
(c) पृथ्वी (d) शनि

78. निम्नलिखित में से कौन-सा कथन सही है?
(a) जलवाष्प निचले वायुमंडल की अति परिवर्ती गैस है।
(b) अधिकतम तापमान की मेखला विषुवत रेखा के सहारे पायी जाती है।
(c) शीत कटिबंध उभय गोलार्द्धों, ध्रुवीय वृत्त एवं ध्रुवों के बीच स्थित है।
(d) जेट वायुधाराएं ऊंचाई की हवाएं हैं, जो धरातलीय मौसमी दशाओं को प्रभावित करती हैं।

79. ग्लोबीय तापमान के संबंध में निम्नलिखित कथनों पर विचार दीजिए-
1. ग्लोबीय तापमान का सबसे महत्त्वपूर्ण परिणाम यह है कि इससे ध्रुवीय बर्फ की चोटियों के पिघलने से समुद्र के जल स्तर में वृद्धि होगी।
2. यदि ग्लोबीय तापमान के वर्तमान स्तर पर नियंत्रण नहीं किया गया तो सन् 2070 ई. तक समुद्र की सतह का एक मीटर तक बढ़ना संभावी है।
3. विश्व के समस्त मूंगे डूब जाएंगे
4. यह संभावना है कि सन् 2044 ई. तक फिजी डूब जाएगा और समुद्र तल के बढ़ने से इसी वर्ष तक नीदरलैंड पर एक गंभीर संकट छा जाएगा।
कूटः
(a) 1, 2, 3 एवं 4
(b) केवल 4
(c) 1, 2 एवं 4
(d) 1, 2 एवं 3

80. निम्नलिखित में से कौन-सा पारिस्थितिकी तंत्र पृथ्वी के सर्वाधिक क्षेत्र पर फैला हुआ है?
(a) मरुस्थलीय (b) घास के मैदान
(c) पर्वतीय (d) सामुद्रिक

81. निम्नलिखित में से कौन-सी मिट्टी चाय बागानों के लिए उपयुक्त है?
(a) अम्लीय (b) क्षारीय
(c) जलोढ़ (d) रेगुर

82. कथन (A) : भारत में नगरीकरण एवं औद्योगीकरण की वृद्धि के साथ अपराधों में भी वृद्धि हुई है।
कारण (R) : औद्योगिक नगरीय व्यवस्था परिवार एवं सांस्कृतिक अव्यवस्था के कारण है।
कूट:
(a) A तथा R दोनों सही हैं तथा R, A की सही व्याख्या है।
(b) A तथा R दोनों सही हैं किन्तु R, A की सही व्याख्या नहीं है।
(c) A सही है, किन्तु R गलत है।
(d) A गलत है, किन्तु R सही है।

83. वर्ष 1901 की जनगणना के अनुसार निम्नलिखित में से कौन-सा देश का प्रथम दसलाखी नगर था?
(a) मद्रास (चेन्नई)
(b) दिल्ली
(c) कलकत्ता (कोलकाता)
(d) बम्बई (मुंबई)

84. निम्नलिखित राज्यों में से किस एक में पेट्रो-रसायन उद्योगों के लिए आदर्श दशाएं पायी जाती हैं?
(a) गुजरात (b) महाराष्ट्र
(c) तमिलनाडु (d) उत्तर प्रदेश

85. इंडियन इंस्टीट्यूट ऑफ नेचुरोपैथी एंड यौगिक साइंस स्थित है-
(a) पुणे में (b) लखनऊ में
(c) हैदराबाद में (d) बंगलुरू में

86. निम्नलिखित शब्दों को शब्दकोश में दिए गए क्रम के अनुसार लिखें–
1. succeed 2. shuffle
3. subtle 4. subway
(a) 2, 3, 4, 1 (b) 2, 1, 3, 4
(c) 1, 3, 4, 2 (d) 2, 4, 3, 1

87. दी गई एक विशेष पद्धति के आधार पर बिना हल किए गए समीकरण का सही उत्तर ज्ञात कीजिए–
2 + 3 + 6 + 7 = 9, 12 + 13 + 16 + 17 = 99,
102 + 103 + 106 + 107 = ?
(a) 999 (b) 9999
(c) 109 (d) 1009

निर्देश (प्रश्न 88 से 91 तक): प्रत्येक प्रश्न में दिए गए विकल्पों में से संबंधित अक्षर/शब्द/संख्या को चुनिए

88. KLMN : PONM :: HIJK : ?
(a) UVWX (b) SRQP
(c) DEFG (d) OPQR

89. DOG : Z :: CAT : ?
(a) X (b) Y
(c) V (d) W

90. 14 : 9 :: 26 : ?
(a) 31 (b) 15
(c) 12 (d) 13

91. लेखक : पुस्तक :: ? : गीत
(a) गायक (b) ध्वनि इंजीनियर
(c) संगीतकार (d) रचयिता

निर्देश (प्रश्न 92 से 94 तक) : प्रत्येक प्रश्न में दिए गए विकल्पों में से विषम संख्या/संख्या युग्म/शब्द ज्ञात कीजिए।

92. 6, 11, 16, 17, 21, 26.
(a) 21 (b) 26
(c) 17 (d) 16

93. (a) 59–48 (b) 33–27
(c) 68–85 (d) 121–134

94. (a) मक्खन (b) दही
(c) पनीर (d) दूध

95. दिए गए विकल्पों में (a), (b), (c) और (d) में से सही दर्पण प्रतिबिंब को चुनें।

प्रश्न आकृति

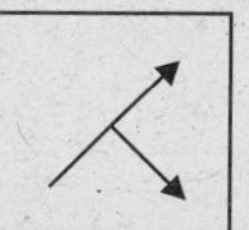

उत्तर आकृतियां

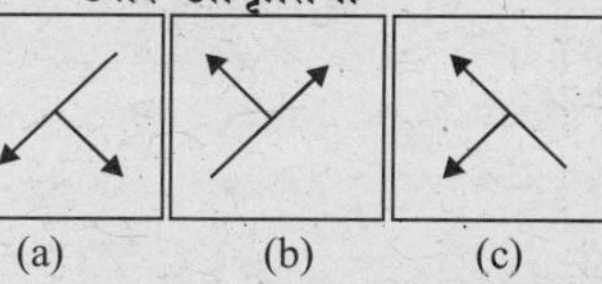

(a) (b) (c) (d)

96. 100 व्यक्तियों के एक समूह के लिए एक भोज का आयोजन किया जाता है। इस भोज में 50 लोगों को मछली पसंद नहीं है, 60 लोगों को मुर्गा पसंद है, और 10 न तो मछली, न ही मुर्गा पसंद करते हैं। व्यक्तियों की वह संख्या ज्ञात करें जो मछली और मुर्गा दोनों पसंद करते हैं–
(a) 20 (b) 30
(c) 40 (d) 10

97. एक सम बहुभुज का बाह्य कोण 72° है। तदनुसार, उसके सभी अंतःकोणों का कुल योग कितना होगा?
(a) 360° (b) 480°
(c) 520° (d) 540°

98. पांच वर्ष पहले P तथा Q की औसत आयु 15 वर्ष थी। अब P, Q तथा R की औसत आयु 20 वर्ष है। तदनुसार 10 वर्षों बाद की आयु कितनी हो जाएगी?
(a) 35 वर्ष (b) 40 वर्ष
(c) 30 वर्ष (d) 50 वर्ष

99. वह धनराशि कितनी होगी, जो 5% वार्षिक की दर पर, दूसरे वर्ष में ₹420 चक्रवृद्धि ब्याज प्राप्त कर सके?
(a) ₹ 4,000 (b) ₹ 42,000
(c) ₹ 8,000 (d) ₹ 21,000

100. $\frac{8.73 \times 8.73 \times 8.73 + 4.27 \times 4.27 \times 4.27}{8.73 \times 8.73 - 8.73 \times 4.27 + 4.27 \times 4.27}$ बराबर है–
(a) 11 (b) 13
(c) $1\frac{1}{7}$ (d) इनमें से कोई नहीं

व्याख्या सहित उत्तर

1. (c) बांग्लादेश भारत का पूर्वी पड़ोसी देश है जो तीन ओर से भारत से घिरा है और दक्षिण में बंगाल की खाड़ी को स्पर्श करता है। बांग्लादेश डेल्टाई प्रदेश है जो विश्व के सबसे बड़े डेल्टा (गंगा ब्रह्मपुत्र डेल्टा) पर स्थित है। यहां धान (खाद्यान्न) व जूट (नकदी फसल) पैदा होती है। यही कारण है कि इस देश को 'सोनार वाला' कहा जाता है। भारत के प. बंगाल, असम, मेघालय, त्रिपुरा, मिजोरम इस देश के पड़ोसी सीमावर्ती राज्य हैं।

2. (d) सतलुज तथा व्यास नदी के संगम पर निर्मित हरीके बैराज से इंदिरा गांधी नहर का उद्गम होता है। यह स्थान राजस्थान की सिंचाई की दृष्टि से सर्वोच्च महत्व का है। मुख्य नहर हरीके बैराज रामगढ़ तक 683 किमी. लंबी है। मुख्य नहर की प्रथम शाखा की लंबाई 167 किमी. है जो पंजाब में सरहिंद फीडर के लगभग समानांतर है।

3. (b) डोडा जिले में दुलहस्ती परियोजना प्रारंभ करने का निर्णय वर्ष 1982 में लिया गया था, अप्रैल

1983 में इसकी आधार शिला तत्कालीन प्रधानमंत्री स्व. श्रीमती इंदिरा गाँधी द्वारा रखी गई थी। परियोजना पर वास्तविक कार्य 1989 में प्रारंभ हो सका।

4. (a) काली मिर्च एक लता से प्राप्त होती है। इसका उत्पादन कहवा तथा नारंगी के साथ मिश्रित रूप से तथा अलग से भी किया जाता है। दक्षिणी भारत के किसान इसकी लता अपनी झोपड़ियों पर तथा आम, कटहल आदि के वृक्षों पर चढ़ा देते हैं। भारत में इसकी खेती मालाबार तट पर, पश्चिमी घाट के दोनों ओर के ढलानों पर, उत्तर कोंकण से लेकर दक्षिण में कोचीन तक की जाती है। इसके प्रमुख उत्पादक राज्य केरल, तमिलनाडु और कर्नाटक हैं जिनसे कुल उत्पादन का लगभग 89% प्राप्त होता है।

5. (a) **6.** (c) **7.** (b)

8. (b) भारत में आधुनिक ढंग से कोयला निकालने का प्रथम प्रयास पं. बंगाल के रानीगंज कोयला क्षेत्र में किया गया, देश में प्राचीन काल की गोंडवाना शैलों में कुल कोयले का 98% भाग पाया जाता है शेष 2% तृतीयक या टर्शियरी युगीन चट्टानों में मिलता है। गोंडवाना युगीन चट्टानों का सबसे प्रमुख क्षेत्र पश्चिम बंगाल, झारखंड तथा उड़ीसा राज्यों में विस्तृत है जहां से कुल उत्पादन का 76% कोयला प्राप्त होता है। वर्तमान में कोयले का सर्वाधिक भंडार झारखंड तथा उत्पादन छत्तीसगढ़ राज्य करता है।

9. (a)

10. (c) भारत में वायु परिवहन का आरम्भ 1911 ई. में हुआ जब इलाहाबाद से नैनी के बीच विश्व की सर्वप्रथम विमान डाक सेवा का प्रचालन किया गया। देश के भीतरी भागों में विमान सेवाओं के संचालन के लिए स्थापित विमानन निगम का मुख्यालय नई दिल्ली में है। भारतीय विमान पत्तन प्राधिकरण का गठन 1995 में किया गया। यह भारत में नागर विमानन की शीर्ष ईकाई है। भारत में अंतर्राष्ट्रीय हवाई अड्डों की संख्या अब 13 हो गई है। राजा सांसी अंतर्राष्ट्रीय हवाई अड्डा पंजाब राज्य के अमृतसर में स्थित है।

11. (d) ऑस्ट्रेलिया, न्यूजीलैंड तथा तसमानिया के द्वीपों को संयुक्त रूप से 'आस्ट्रेलिया' कहा जाता है। ऑस्ट्रेलिया विश्व का सबसे छोटा महाद्वीप है अत: इसे 'द्वीपीय महाद्वीप' भी कहते हैं। इसकी खोज सन् 1770 में सर्वप्रथम जेम्स कुक नामक अंग्रेज नाविक ने की थी। यह महाद्वीप पूरी तरह दक्षिणी गोलार्द्ध में है। मकर रेखा इसके मध्य से गुजरती है।

12. (a) द्वीप स्थल खंड के ऐसे भाग होते हैं जिनके चारों ओर जल का विस्तार पाया जाता है। द्वीपों का आकार छोटा भी हो सकता है और बड़ा भी। इनका क्षेत्रफल कुछ वर्ग मीटर से लेकर हजारों वर्ग किमी. तक भी पाया जाता है। मेडागास्कर द्वीप जिसका क्षेत्रफल 590,00 वर्ग किमी. है यह हिंद महासागर में स्थित सबसे बड़ा द्वीप है।

13. (b) महाद्वीपों के मध्यवर्ती भाग अर्थात् धरातल पर उपस्थित जलपूर्ण भागों को झील (Lake) के नाम से संबोधित किया जाता है और इनके आकार में पर्याप्त विविधता पायी जाती है। विश्व में खारे पानी की प्रमुख झील इस प्रकार हैं- तुर्की की वॉन झील में सर्वाधिक लवणता (330%) पायी जाती है इसके बाद जार्डन के मृत सागर (238%) एवं संयुक्त राज्य अमेरिका की ग्रेट साल्ट झील (220%) का स्थान आता है।

14. (b) 'यूरेनियम सिटी' स्थापित करने का श्रेय कनाडा को है। कनाडा की अथावस्का झील के पास इसे स्थापित किया गया है। कनाडा में ग्रेट बियर झील के पास ही पोर्ट रेडियम है। विश्व में यूरेनियम उत्पादन में कनाडा का प्रथम स्थान है फिर आस्ट्रेलिया और दक्षिण अफ्रीका का स्थान आता है जबकि भंडारण में ऑस्ट्रेलिया, दक्षिण अफ्रीका, नाइजर, ब्राजील तथा कनाडा का स्थान आता है।

15. (b)

16. (b) भारत में स्वतंत्र लेखा परीक्षा का कार्य नियंत्रक महालेखा परीक्षक को सौंपा गया है। संविधान के भाग 5 के अनुच्छेद 148-151 में इसका वर्णन है। यह सार्वजनिक धन का संरक्षक तथा भारत की लेखा परीक्षा तथा लेखा प्रणालियों का निष्पक्ष प्रधान होता है। उसे राष्ट्रीय वित्त का संरक्षक कहा जाता है।

17. (d) उच्चतम न्यायालय के परामर्श के पश्चात् राष्ट्रपति अपने हस्ताक्षर और मुद्रा सहित अधिपत्र द्वारा उच्चतम न्यायालय के प्रत्येक न्यायाधीश को नियुक्त करेगा और न्यायाधीश तब तक पद धारण करेगा जब तक वह पैसठ वर्ष की आयु प्राप्त नहीं कर लेता है अनुच्छेद 124।

18. (d) केंद्रीय निर्वाचन आयोग द्वारा लोकसभा, राज्यसभा तथा राष्ट्रपति के चुनाव कराये जाते हैं जबकि स्थानीय निकायों के लिए निर्वाचन नामावली तैयार करने और उन सभी निर्वाचनों के संचालन का निदेशन और नियंत्रण करने के लिए एक राज्य निर्वाचन आयोग होता है।

19. (b) 'सामुदायिक विकास कार्यक्रम' व 'राष्ट्रीय प्रचार सेवा, की विफलता के बाद बलवंत राय मेहता की अध्यक्षता में 1957 में एक समिति का गठन किया गया। इस समिति ने अपनी रिपोर्ट लगभग एक वर्ष में केंद्र सरकार को सौंपी। इस समिति की सिफारिश के आधार पर पं. नेहरू जी ने 2 अक्टबर, 1959 को राजस्थान के नागौर जिले में 'प्रजातांत्रिक विकेंद्रीकरण की योजना का श्रीगणेश किया जिसे पंचायती राज कहा गया।

20. (c)

21. (a) 1420 ई. में अलीशाह का भाई शाही खां 'जैन-उल-आबीदीन' के नाम से सिंहासन पर बैठा। वह कश्मीर का सबसे महान् शासक हुआ और उसकी धार्मिक उदारता के कारण बहुत से इतिहासकारों ने उसकी तुलना मुगल बादशाह अकबर से की है। उसके समय में कश्मीर राज्य का अधिकतम विस्तार हुआ तथा कश्मीर की भौतिक और सांस्कृतिक उन्नति हुई। जैन-उल-आबीदीन ने अपनी धार्मिक सहिष्णुता की नीति के तहत हिंदुओं को जजिया से मुक्त कर दिया।

22. (b) पानीपत का तृतीय युद्ध 14 जनवरी, 1761 ई. को मराठों और अफगान आक्रमणकारी अहमद शाह अब्दाली की सेनाओं के बीच हुआ। इस युद्ध में मराठों की पराजय हुई। इस युद्ध में मराठों की पराजय का प्रमुख कारण सदाशिव राव भाऊ की कूटनीतिक असफलता और अब्दाली की तुलना में उसका दुर्बल सेनापति होना था।

23. (c) 1873 ई. में ज्योतिबा फूले ने सत्यशोधक समाज (सत्य को खोजने वाले समाज) की स्थापना की, जिसका उद्देश्य था कि समाज के कमजोर वर्ग को सामाजिक न्याय दिलाना।

24. (a) राजाराम मोहन राय को 'भारतीय पुनर्जागरण का पिता' कहा जाता है। वह आने वाली संस्कृति और सभ्यता के विषद् रूप में एक शिखर के समान थे, वे मानवतावाद के दूत और आधुनिक भारत के पुरखा और पिता थे।

25. (a) दिसंबर, 1885 में बम्बई (मुंबई) में हुए कांग्रेस के प्रथम अधिवेशन में 72 प्रतिनिधियों में प्राय: सभी अंग्रेजी पढ़े-लिखे लोगों में वकील, व्यापारी (बम्बई) और बंगाल के जमींदार आदि थे। इस अधिवेशन में कई मांगें रखी गई- (1) केंद्र और प्रांतों की विधान परिषदों का विस्तार किया जाये, (2) सैनिक खर्च में कटौती, (3) भारतीय प्रशासन की जांच हेतु एक रॉयल कमीशन की नियुक्ति आदि।

26. (a) बंकिम चंद्र चटर्जी ने 'वंदे मातरम्' गीत की रचना की, जिसे 'जन-गण-मन' के समान दर्जा प्राप्त है। यह गीत स्वतंत्रता-संग्राम में जन-जन की प्रेरणा स्रोत था। वह पहला राजनीतिक अवसर, जब यह गीत गाया गया था, 1896 में कलकत्ता (कोलकाता) में हुआ भारतीय राष्ट्रीय कांग्रेस का अधिवेशन था।

27. (a) लाहौर षड्यंत्र व ऐसे ही अन्य मामलों में अनेक क्रांतिकारियों को लंबी सजाएं दी गई। अनेक लोगों को अंडमान भेज दिया गया। भगत सिंह, सुखदेव और राजगुरु को फांसी की सजा सुनाई गई और 23 मार्च, 1931 को उन्हें फांसी दे दी गई।

28. (d) 6 जुलाई, 1944 को सुभाष चंद्र बोस ने आजाद हिंद रेडियो सिंगापुर से गांधी जी के नाम एक अपील की, 'हे राष्ट्रपिता, भारत की स्वतंत्रता का अंतिम संग्राम आरंभ हो चुका है। भारत की स्वतंत्रता के इस पवित्र संग्राम के अवसर पर हम आपके आशीर्वाद तथा शुभ कामनाओं की इच्छा करते हैं....

29. (c) कार्ल मार्क्स ने विचार व्यक्त किया था कि "भारत में ब्रिटिश आर्थिक नीति घिनौनी है, यह भारत में सामाजिक क्रांति का कारण बनेगी और इंग्लैंड को क्रांति संपन्न करने में अनजाने आ गया औजार है।"

30. (a) **31.** (b)

32. (d) जल में हाईड्रोजन एवं आक्सीजन के अणुभार का अनुपात $= H_2O = H : O$
$= 2 : 16$
$= 1 : 8$

इसलिए जल में हाइड्रोजन का प्रतिशत अंश= 1/9× = 1/9

अथवा = 11.11%

33. (d) जब तक मनुष्य जीवित रहता है, उसकी रक्त कोशिकाएं परिपक्व और नष्ट होती रहती है तथा पुनः नई कोशिकाएं जन्म लेती रहती हैं। लाल रक्त कोशिकाएं सामान्यतः चार महीने तक जीवित रहती है। रक्त कोशिकाओं का निर्माण लाल अस्थिमज्जा, लसीका ग्रंथियों और प्लीहा में होता है।

34. (b) वर्ल्ड एन्टी डोपिंग एजेन्सी, अन्तर्राष्ट्रीय खेलों में खिलाड़ियों द्वारा शक्तिवर्धक दवाओं का उपयोग करने को प्रतिबंधित करने के लिए स्थापित किया गया एक निकाय है, अन्तर्राष्ट्रीय ओलम्पिक समिति द्वारा वाडा की स्थापना 10 नवम्बर, 1999 को लुसाने (स्विट्जरलैंड) में की गई थी।

35. (a) शुद्ध जल में घुली ऑक्सीजन की मात्रा 8 से 10 मिली ग्राम प्रति लीटर होती है, जो जलीय पौधों एवं जन्तुओं हेतु उपयोगी होती है, इसे जैविक आक्सीजन मांग कहा जाता है। जल में प्रदूषणकारी रासायनिक तत्वों के विसर्जन से जलाशयों में सुपोषण की स्थिति उत्पन्न हो जाती है, जिससे जल में घुली ऑक्सीजन की मात्रा घट जाती है। जल में घुली ऑक्सीजन की मात्रा घट जाती है। जल में घुली ऑक्सीजन की मात्रा के 4 मिली ग्राम में प्रति लीटर से कम होने पर जल को प्रदूषित कहा जाता है।

36. (c) वायुमण्डल पृथ्वी का कवच है। यह भूतल की समस्त प्राकृतिक एवं मानवीय घटनाओं का कारण है हमारे वायुमण्डल में विभिन्न गैसें एक निश्चित अनुपात में पायी जाती है जैसे नाइट्रोजन (78.09 प्रतिशत), आक्सीजन (20.95 प्रतिशत), कार्बन डाइ आक्साइड (0.03 प्रतिशत), आदि प्रमुख गैसें हैं अति निम्न मात्रा में हाइड्रोजन, हीलियम ओजोन, जलवाष्प, क्रिप्टान, नियान तथा जेनान आदि निष्क्रिय गैसें पायी जाती हैं।

37. (c)

38. (a) दादाभाई नौरोजी पहले व्यक्ति थे, जिन्होने इंग्लैण्ड द्वारा भारत के शोषण की तरफ ध्यान आकर्षित किया। उन्होंने अपनी पुस्तक ('Poverty and Unbritish Rule in India') में धन निष्कासन का सिद्धान्त प्रस्तुत किया। इन्होंने अंग्रेजों के द्वारा धन के निष्कासन को अनिष्टों का अनिष्ट कहा था।

39. (c) घोषणाओं का क्रम इस प्रकार है-

1. सी. राजगोपालाचारी योजना सन् 1944 ई.
2. वेवेल योजना सन् 1945 ई.
3. कैबिनेट मिशन योजना सन् 1946 ई.
4. माउण्टबेटन योजना सन् 1947 ई.

40. (a) रवीन्द्रनाथ टैगोर ने प्रारम्भ में असहयोग एवं बहिष्कार की नीति का समर्थन किया था, परन्तु बाद में वे गांधीजी के असहयोग एवं बहिष्कार आन्दोलन के आलोचक बन गए थे। विदेशी वस्त्रों के संदर्भ में रवीन्द्रनाथ टैगोर का मानना था, कि विदेशी वस्त्रों में बहिष्कार की आग प्रत्येक विदेशी वस्तु एवं विचार के बहिष्कार तक फैल सकती है। ऐसी असहिष्णुता भारत के साथ अन्य देशों के सम्बन्धों तथा पूर्व-पश्चिम की संस्कृतियों के मिलन में बाधक बन सकती है।

41. (d) डॉ. सैफुद्दीन किचलू और डॉ. सत्यपाल की गिरफ्तारी का विरोध करने के लिए 13 अप्रैल, 1919 ई. को वैशाखी के दिन अमृतसर के जलियांवाला बाग में एक सभा हुई, जिस पर जनरल डायर ने बिना कोई चेतावनी दिए गोलियां चलवा दी थीं, जिसमें लगभग एक हजार लोग मारे गए तथा तीन हजार घायल हुए थे। जलियांवाला बाग हत्याकाण्ड के समय पंजाब का लेफ्टिनेन्ट गवर्नर माइकल ओ. डायर था, इसने जनरल डायर की इस कार्यवाही का समर्थन किया था। इस घटना के विरोध में रवीन्द्रनाथ टैगोर ने अपनी सर की उपाधि वापस कर दी थी। भारतीय सदस्य शंकरन ने इस हत्याकाण्ड के विरोध में वायसराय की कार्यकारिणी परिषद् से इस्तीफा दे दिया था।

42. (b) आजाद हिन्द फौज की स्थापना मोहन सिंह एवं रासबिहारी बोस द्वारा की गई थी। 4 जुलाई, 1943 ई. को आजाद हिन्द फौज की कमान सिंगापुर में सुभाषचन्द्र बोस को सौंपी गई। 21 अक्टूबर, 1943 को सिंगापुर स्थित कैथी हॉल में बोस ने स्वतन्त्र भारत की अस्थायी सरकार की स्थापना की थी। रासबिहारी बोस ने इण्डियन इण्डिपेन्डेन्स लींग की स्थापना जापान में की थी।

43. (c)

44. (d) सूरत (गुजरात) के बारदोली ताल्लुके में किसानों ने सन् 1928 ई. में लगान न अदा करने का आंदोलन किया। बारदोली के किसानों ने जनवरी, 1928 में सरदार वल्लभभाई पटेल को इस आन्दोलन का नेतृत्व करने के लिए आमन्त्रित किया। 4 फरवरी, 1928 ई. को पटेल बारदोली आए। उन्होंने सरकार को बढ़े हुए लगान के विरोध में पत्र लिख कर निष्पक्ष जांच कराने की मांग की। स्थानीय सरकार द्वारा जांच में देरी किए जाने पर पटेल ने 'लगान न देने' का आन्दोलन संगठित किया। पटेल जिन्होंने खेड़ा सत्याग्रह, नागपुर झण्डा सत्याग्रह, वलसाड सत्याग्रह में काफी प्रसिद्धि प्राप्त की थी। बारदोली में ही यहां की औरतों द्वारा पटेल को 'सरदार' की उपाधि दी गई थी।

45. (d)

46. (b) चमोली जिले के बदरीनाथ के समीप स्थित हेमकुण्ड मात्र धार्मिक आस्था का केंद्र ही नहीं बल्कि प्रकृति के वैभव का एक सुरम्य पर्यटक स्थल भी है। सिख मतावलम्बी मानते हैं कि सिखों के दसवें गुरु गोविन्द सिंह ने पूर्व जन्म में इस स्थान पर घोर तपस्या की थी। इसीलिए सिखों द्वारा हेमकुंड की झील को अपना मान सरोवर माना जाता है। इसी झील के किनारे गुरुद्वारा स्थित है।

47. (b)

48. (a) भारत के पूर्व राष्ट्रपति डॉ. ए.पी. जे. अब्दुल कलाम की ग्रामीण-शहरी अन्तर को दूर करने और संतुलित सामाजिक-आर्थिक विकास प्राप्त करने सम्बन्धी संकल्पना के बारे में प्रधानमंत्री ने 15 अगस्त, 2003 को ग्रामीण क्षेत्रों में शहरी सुविधाओं के प्रावधान सम्बन्धी योजना (पुरा) की घोषणा की थी।

49. (b) ड्रीम्स फ्राम माई फादर, द ऑडेसिटी ऑफ होप' यह दोनों पुस्तक अमेरिकी राष्ट्रपति बराक ओबामा द्वारा लिखी गई है।

50. (b)

51. (a) मामल्ल शैली का विकास नरसिंह वर्मन् प्रथम महामल्ल के काल में हुआ। इसके अन्तर्गत दो प्रकार के स्मारक बने-मण्डप तथा एकाश्मक मंदिर, जिन्हें 'रथ' कहा गया है। इस शैली में निर्मित सभी स्मारक मामल्लपुर (महाबलीपुरम्) में विद्यमान है। रथ अथवा एकाश्मक मंदिरों का निर्माण कठोर चट्टानों को काटकर किया गया है। प्रमुख रथ हैं द्रोपदी रथ, नकुल-सहदेव रथ, अर्जुन रथ, भीम रथ, धर्मराज रथ, गणेश रथ।

52. (c) भारत के निशानेबाज 25 वर्षीय अभिनव बिद्रा ने बीजिंग ओलंपिक खेलों की 10 मीटर एयर राइफल स्पर्धा में 700.5 अंकों के साथ स्वर्ण जीतकर 11 अग्रस्त, 2008 को इतिहास रच दिया था।

53. (c) अंटार्कटिक विश्व का पांचवां बड़ा महाद्वीप है। यह दक्षिणी गोलार्द्ध में अवस्थित है, एवं अकेला ऐसा महाद्वीप है जो पूरी तरह निर्जन और वीरान है। पूर्णतः हिमाच्छदित रहने के कारण इसे 'श्वेत

महाद्वीप' भी कहा गया है। अंटार्कटिक पहुँचने वाले प्रथम भारतीय रामचरण जी (1960 ई.) थे। 1981 ई. से यहां प्रतिवर्ष भारतीयों का अभियान दल आने लगा है एवं भारत ने इस महाद्वीप पर भू-संरचना, मौसम पर्यावरण जीवाश्म आदि वैज्ञानिक परीक्षण हेतु यहां एक स्थायी मानवयुक्त केंद्र 'दक्षिणी गंगोत्री' स्थापित किया। 1987 ई. में भारतीय शोध केंद्र 'मैत्री' की स्थापना की गई।

54. (d) खम्भात या लुनोज क्षेत्र बड़ोदरा से 60 किमी. पश्चिम में वाड़सर में स्थित है। यहां खोज कार्य 1958 ई. में आरम्भ किया गया। यहां के कुओं में रूसी वैज्ञानिकों के अनुसार तेल मय स्तरों की मोटाई देखते हुए कम से कम 3 करोड़ टन तेल विद्यमान है। असम देश का सबसे महत्त्वपूर्ण एवं प्राचीन तेल क्षेत्र हैं। मुम्बई तट से 176 किमी. दूर एक महत्वपूर्ण तेल मुम्बई हाई क्षेत्र है। यहां से देश के कुल उत्पादन का 60% खनिज तेल की आपूर्ति होती है।

55. (b) मध्य प्रदेश की राजधानी भोपाल से 40 किमी. दक्षिण में भीमबेटका नामक एक पहाड़ी स्थित है। इस पहाड़ी पर ऊंची चट्टानों की एक शृंखला खड़ी है यहां करीब 500 गुफाओं में शैल चित्रों का अपूर्व संसार बसा है। ऐसी विस्मयपूर्ण प्रागैतिहासिक चित्रशालाएं संसार में अन्यत्र नहीं मिलती है। भीम बेटका की खोज का श्रेय स्व. वाकणकर को है। विद्वानों के मतानुसार यहां पर बने चित्र 8000 ई.पू. से लेकर 1500 ई. पूर्व तक के हैं।

56. (c) वृहत् स्नानागार मोहनजोदड़ों का सर्वाधिक उल्लेखनीय स्मारक है जो 39 फुट लम्बा, 23 फुट चौड़ा तथा 8 फुट गहरा है इसमें उतरने के लिए उत्तर तथा दक्षिण की ओर सीढ़ियां बनी है। इसका उपयोग धार्मिक समारोहों के अवसर पर किया जाता था। इससे सूचित होता है कि सैधव सभ्यता में धार्मिक कार्यों के लिए तथा शरीर संस्कार के लिए स्वच्छता का अत्यन्त ऊंचा आदर्श था। मार्शल ने इसे तत्कालीन विश्व का एक 'आश्चर्यजनक' निर्माण बताया है।

57. (c) वैदिक काल में जीविकोपार्जन हेतु 'वेद-वेदांग' पढ़ाने वाला अध्यापक 'उपाध्याय' कहलाता था जबकि पाणिनी ने चार प्रकार के अध्यापकों का उल्लेख किया है जो आचार्य, प्रवक्ता, श्रेणिय तथा अध्यापक हैं, में आचार्य अध्यापक की सबसे बड़ी पदवी थी। यजुर्वेद के मन्त्रों का उच्चारण करने वाला पुरोहित 'अध्वर्यु', कहलाता है।

58. (c) सातवाहन इतिहास के लिए मत्स्य तथा वायु पुराण विशेष रूप से उपयोगी है। पुराण सातवाहनों को आन्ध्रभृत्य तथा आन्ध्र जातीय कहते हैं। पुराणों में सातवाहन वंश के कुल तीस राजाओं के नाम मिलते हैं। मत्स्य पुराण में गौतमी पुत्र सातकर्णी को तेइसवां राजा माना गया है। अतः सातवाहन राजाओं की सबसे लम्बी सूची मत्स्य पुराण में ही मिलती है जबकि वायु पुराण में मुख्य रूप से गुप्त राजाओं के नाम मिलते हैं तथा विष्णु पुराण में मौर्य वंश के राजाओं का उल्लेख मिलता है।

59. (c) कनिष्क के सिहासनारूढ़ होने के समय कुषाण साम्राज्य में अफगानिस्तान-सिंध का भाग एवं बैक्ट्रिया तथा पार्थिया सम्मिलित था।

60. (b) मौर्यकाल के शासन एवं चन्द्रगुप्त मौर्य के जीवन पर क्लासिकल लेखकों के ग्रन्थों से बड़ी महत्वपूर्ण जानकारी मिलती है जिसमें सर्वाधिक महत्वपूर्ण मेगास्थनीज का है जिसे सेल्यूकस निकेटर ने चन्द्रगुप्त मौर्य के दरबार में लगभग ई.पू. 300 में अपने राजदूत के रूप में भेजा था। पाटलिपुत्र में रहते हुए मेगास्थनीज ने जो देखा व सुना उसे 'इण्डिका' नामक पुस्तक में लेखबद्ध किया। 'इण्डिका यद्यपि अब उपलब्ध नहीं है किन्तु यूनान व रोम के लेखकों ने उसके कुछ अंश अपने ग्रन्थों में दिये हैं।

61. (d) डी.एम.के. पार्टी ने तमिलनाडु में अपने चुनाव घोषणा पत्र में 'एक रुपये में एक किलो चावल' देने का वादा, मतदाताओं से किया था। सत्ता में आने के बाद उन्होंने इसको लागू किया।

62. (c) माध्यमिक (शून्यवाद) के प्रवर्तक नागार्जुन हैं जिसकी प्रसिद्ध रचना 'माध्यमिक कारिका' है। इसे सापेक्षवाद भी कहा जाता है। जिसके अनुसार प्रत्येक वस्तु किसी-न-किसी कारण से उत्पन्न हुई है और वह उसी पर निर्भर है। नागार्जुन ने 'प्रतीत्यसमुत्पाद' को ही शून्यता कहा है। इस मत में महात्मा बुद्ध द्वारा प्रतिपादित मध्यम-मार्ग को विकसित किया गया है।

63. (b) चौथे गुरु रामदास पर अकबर की कृपा रही और उसने उन्हें 1577 ई. में 500 बीघा जमीन दी जिसमें एक प्राकृतिक तालाब भी था यहीं पर अमृतसर नगर बसा और स्वर्ण-मंदिर बना। 1581 में गुरु राम दास की मृत्यु हुई। उन्होंने अपने तीसरे लड़के अर्जुन को गद्दी सौंपी। उस समय से गुरु गद्दी पैतृक आधार पर निश्चित होने लगी। सातवें गुरु हरराय ने दारा को विजयी होने का आशीर्वाद दिया था। नवें गुरु तेग बहादुर ने औरंगजेब की धार्मिक नीति का खुले रूप में विरोध किया।

64. (c) भारत के राष्ट्रीय आय के सृजन में अर्थव्यवस्था के तीन क्षेत्रों का योगदान होता है। प्राथमिक क्षेत्र में कृषि, वन क्षेत्र, मत्स्य क्षेत्र व खानें होती हैं, द्वितीय क्षेत्र (उद्योग क्षेत्र) के दो प्रमुख अंग हैं-विनिर्माण तथा निर्माण, तृतीय क्षेत्र में व्यापार, परिवहन, संचार, बैंकिंग, बीमा, वास्तविक तथा सामुदायिक व वैयक्तिक सेवाएं आदि हैं।

65. (a) अक्टूबर, 1952 को नेहरू जी के द्वारा पंचायती राज एवं सामुदायिक विकास मंत्रालय के तत्वावधान में 'सामुदायिक विकास कार्यक्रम' का आरम्भ किया गया। इस कार्यक्रम के अधीन विकास खण्ड को इकाई मानकर ब्लॉक में विकास हेतु सरकारी कर्मचारियों के साथ सामान्य जनता को विकास की प्रक्रिया से जोड़ने का प्रयास किया गया, लेकिन जनता को अधिकार न दिए जाने के कारण यह कार्यक्रम अधिकारियों तक सीमित रह गया।

66. (d) देश में वित्त-पोषण करने वाली संस्थाओं की संरचना के विकास में राज्य वित्त निगम अभिन्न अंग है, वे अपने राज्यों में छोटे और मध्यम उद्योगों के उन्नयन के लिए प्रयास करते हैं और इस प्रकार सन्तुलित क्षेत्रीय वृद्धि, अधिक निवेश, अधिक रोजगार और उद्योगों के व्यापक स्वामित्व में सहायक होते हैं।

67. (a) भारत के संविधान के अनुच्छेद 280 के प्रावधानों और वित्त आयोग (विविध प्रावधान) अधिनियम 1951 के अनुसरण में तीन अन्य सदस्यों सहित डॉ. सी. रंगराजन की अध्यक्षता में 1 नवम्बर, 2002 को बारहवें वित्त आयोग का गठन किया गया था। वाई.वी. चव्हाण आठवें तथा के.सी. पंत दसवें वित्त आयोग के अध्यक्ष थे। वर्तमान में 14वें वित्त आयोग के अध्यक्ष वाई.वी. रेड्डी (2015-2022 ई.) हैं।

68. (b)

69. (c) राष्ट्रीय कृषि व ग्रामीण विकास बैंक (नाबार्ड) 12 जुलाई, 1982 को कृषि और ग्रामीण विकास सहायता के लिए भारतीय रिजर्व बैंक के कृषि विभाग, ग्रामीण आयोजना तथा साख कक्ष एवं कृषि पुनर्वित्त और विकास निगम के सम्पूर्ण उद्यम को मिलाकर कृषि एवं ग्रामीण विकास बैंक (नाबार्ड) की स्थापना हुई। मुम्बई में प्रधान कार्यालय, राज्यों की राजधानियों में स्थित क्षेत्रीय कार्यालय, पोर्ट ब्लेयर में स्थित एक उप कार्यालय तथा जिला कार्यालय के माध्यम से यह बैंक कार्य करता है।

70. (b) जिन पदार्थों से होकर आवेश का प्रवाह सरलता से होता है उन्हें चालक कहते हैं। लगभग सभी धातुएं अम्ल, क्षार लवणों के विलयन, मानव शरीर आदि विद्युत चालक पदार्थों के उदाहरण हैं। चांदी सबसे अच्छा चालक होता है।

71. (b) सूर्य तथा ब्रह्मांड के अन्य तारों की ऊर्जा का स्रोत वहां पर होने वाला नाभिकीय संलयन है। सूर्य का अधिकांश भाग हाइड्रोजन (71%) तथा हीलियम (26%) का बना है। सूर्य के केंद्र का ताप लगभग दो करोड़ डिग्री सेल्सियस है, इतने अधिक ताप पर हाइड्रोजन नाभिकों का संलयन हीलियम नाभिक में होता रहता है, जिसमें बहुत अधिक मात्रा में ताप एवं प्रकाश ऊर्जा की उत्पत्ति होती है।

72. (b)

73. (d) ठोस कार्बन डाईआक्साइड को शुष्क बर्फ या शुष्क हिम कहा जाता है। यह गर्म करने पर सीधे ही गैस में परिवर्तित हो जाती हैं। इसका उपयोग मछली या फल आदि के संरक्षण तथा रेफ्रीजरेशन में होता है।

74. (c) ऐल्यूमिनियम मुक्त अवस्था में नहीं पायी जाती। संयुक्त अवस्था में यह धातु विभिन्न अयस्कों के रूप में पायी जाती है। ऐल्यूमिनियम के मुख्य खनिज बॉक्साइट, एभ्रो, फेलस्पार, लापिस, ऐलुनाइट आदि हैं। औद्योगिक रूप में ऐल्यूमिनियम बॉक्साइट से प्राप्त किया जाता है। बॉक्साइट अयस्क मुख्य रूप से झारखण्ड, उड़ीसा, छत्तीसगढ़ में पाया जाता है।

75. (d) **76.** (a)

77. (b) सूर्य के सर्वाधिक नजदीक ग्रह बुध है, जो सबसे गर्म और सर्वाधिक छोटा ग्रह है। यह मात्र 88 दिन में ही सूर्य की परिक्रमा कर लेता है।

78. (b) पृथ्वी की जिस अक्षांश रेखा पर सूर्य लंबवत होता है, वहीं सर्वाधिक तापमान मिलता है। इसके फलस्वरूप उसे ही तापीय भूमध्य रेखा कहा जाता है। यह रेखा कर्क तथा मकर रेखा के मध्य परिवर्तित होती रहती है। सूर्य 21 मार्च तथा 23 सितम्बर को भूमध्य रेखा पर लम्बवत चमकता है। फलस्वरूप तापीय भूमध्य रेखा यहीं पर होती है, जबकि 21 जून को तापीय भूमध्य रेखा, कर्क रेखा पर तथा 22 दिसम्बर को मकर रेखा पर रहती है। पृथ्वी का सर्वाधिक ताप 21 जून को कर्क रेखा पर होता है।

79. (a) पृथ्वी के तापमान में वृद्धि को ग्लोबीय ताप वृद्धि के नाम से जाना जाता है। वर्तमान विश्व के लिए यह एक प्रमुख समस्या है। पर्यावरणशास्त्रियों के अनुसार तापवृद्धि से बर्फ पिघलकर सन् 2070 ई. तक समुद्र की सतहें एक मीटर की वृद्धि से मूंगे के सभी द्वीपों के डूब जाने की सम्भावना है। समुद्री द्वीप फिजी और नीदरलैण्ड भी जलमग्न हो जाएंगे।

80. (d) पृथ्वी का कुल क्षेत्रफल 51,0100448 वर्ग किमी. है। सम्पूर्ण पृथ्वी का 70.78% जल तथा 29.22% स्थल है। इस प्रकार स्थल के दो गुने से अधिक क्षेत्रफल पर सामुद्रिक पारिस्थितिकी तन्त्र फैला हुआ है।

81. (a) **82.** (a)

83. (c) वर्ष 1901 की जनगणना के अनुसार कोलकाता देश का प्रथम दसलाखी नगर था। वर्ष 2001 की जनगणना के अनुसार दस लाख से ऊपर की जनसंख्या वाले शहरों (नगरों) की संख्या 27 है 1901 ई. की जनगणना के अनुसार कोलकाता नगर की जनसंख्या 10 लाख थी। 1911 ई. की जनगणना के अनुसार कोलकाता एवं मुंबई अर्थात् दो दसलाखी नगर थे।

84. (a) पेट्रो-केमिकल उद्योग के लिए सर्वाधिक उपयुक्त दशाएं गुजरात राज्य की हैं। यहां का समुद्र तटीय क्षेत्र पेट्रोलियम उत्पादन के लिए प्रसिद्ध है। गुजरात में समुद्री बन्दरगाह होने के साथ-साथ यहां अनेक तेल शोधक कारखाने भी स्थित हैं जो पेट्रो-रसायन के लिए एक आदर्श अवस्था है। भारत का प्रथम पेट्रो-केमिकल उद्योग गुजरात के अंकलेश्वर में स्थापित किया गया था।

85. (a) **86.** (a)

87. (a) एक अंकों वाली संख्याओं का योग 9 है। दो अंकों वाली संख्याओं का योग 99 है। इसी प्रकार, तीन अंकों वाली संख्याओं का योग 999 होगा।

88. (b) $\text{KLMN}\xrightarrow[\text{वर्ण}]{\text{विपरीत}}\text{PONM}$

इसी प्रकार,

$\text{HIJK}\xrightarrow[\text{वर्ण}]{\text{विपरीत}}\text{SRQP}$

89. (a) $\text{DOG} \Rightarrow 4 + 15 + 7 = 26 \Rightarrow \text{Z}$
$\text{CAT} \Rightarrow 3 + 1 + 20 = 24 \Rightarrow \text{X}$

90. (b) $14 \Rightarrow \frac{14}{2} + 2 = 7 + 2 = 9$

इसी प्रकार, $26 \Rightarrow \frac{26}{2} + 2 = 13 + 2 = 15$

91. (d) लेखक पुस्तक लिखता है रचयिता गीत लिखता है।

92. (c)

$$6 \xrightarrow{+5} 11 \xrightarrow{+5} 16 \xrightarrow{+5} 21 \xrightarrow{+5} \boxed{26}$$

93. (a) 59 अभाज्य संख्या है।

94. (d) सभी दूध के उत्पाद हैं।

95. (c)

96. (a) प्रश्नानुसार,

∵ व्यक्तियों की संख्या (जो मछली पसंद नहीं करते)

$= 50 - 10 = 40$

⇒ व्यक्तियों की संख्या (जो मुर्गा पसंद नहीं करते)

$\Rightarrow = (100 - 60) - 10 = 30$

⇒ व्यक्तियों की संख्या (जो न तो मछली न ही मुर्गा दोनों पसंद करते हैं) = 10

∴ व्यक्तियों की संख्या, जो मछली और मुर्गा दोनों पसंद करते हैं $= 100 - (40 + 30 + 10) = 20$

97. (d) ∵ समबहुभुज का बाह्य कोण = 72°

⇒ समबहुभुज का आंतरिक कोण

$= 180° - 72° = 108°$

माना समबहुभुज की भुजाओं की संख्या = n है। तब,

∴ सभी आंतरिक कोणों का योग

$= (n - 4)$ समकोण

$\Rightarrow \quad n \times 108° = (2n - 4) \times 90°$

$n \times 6 = (2n - 4) \times 5$

$\therefore \quad n(10 - 6) = 20$

$n = \frac{20}{4} = 5$

∴ सभी अंत:कोणों का कुल योग

$= 5 \times 108° = 540°$

98. (c) प्रश्नानुसार,

∵ (P + Q + R) की आयु का योग

$= 3 \times 20 = 60$

∴ 10 वर्ष बाद अभीष्ट औसत आयु

$= \frac{(P+10) + (Q+10) + (R+10)}{3}$

$= \frac{(P+Q+R)+30}{3}$

$= \frac{60+30}{3} = 30$ वर्ष

99. (c) माना अभीष्ट धनराशि = ₹P है।

तब प्रश्नानुसार,

∴ केवल द्वितीय वर्ष में अर्जित चक्रवृद्धि ब्याज

⇒ ₹ 420

$= P\left(1+\frac{5}{100}\right)\left[\left(1+\frac{5}{100}\right)-1\right]$

$= P\left(\frac{105}{100}\right)\left[\left(\frac{105}{100}\right)-1\right]$

$= P\left(\frac{21}{20}\right)\left[\frac{21}{20}-1\right]$

$\therefore P = 420 \times \frac{20 \times 20}{21} =$ ₹ 8000

100. (b) माना $8.73 = x$

तथा $4.27 = y$ तब,

व्यंजक

$= \frac{8.73 \times 8.73 \times 8.73 + 4.27 \times 4.27 \times 4.27}{8.73 \times 8.73 - 8.73 \times 4.27 + 4.27 \times 4.27}$

$= \frac{x^3 + y^3}{x^2 - x.y + y^2}$

$= \frac{(x+y)(x^2 - xy + y^2)}{(x^2 - xy + y^2)} = (x + y)$

$= 8.73 + 4.27 = 13.00$

❑❑❑

प्रैक्टिस सेट–5

1. **प्राचीन भारत (Ancient India) में संगम क्या था?**
(a) तमिल कवियों का संघ या मंडल
(b) तमिल राजाओं के दरबारी कवि
(c) तमिल बस्ती
(d) महापाषाण कब्रें

2. **भारतीयों के लिए सिल्क मार्ग (Silk Route) किसने आरंभ किया था?**
(a) कनिष्क (b) हर्षवर्धन
(c) अशोक (d) फाहियान (फाह्यान)

3. **खजुराहो के मंदिर किसने बनवाए थे?**
(a) विजयनगर राजाओं ने
(b) बहमनी सुल्तानों ने
(c) चंदेल राजाओं ने
(d) गुप्त राजाओं ने

4. **वह सुल्तान, जिसने प्रथम बार हिंदू धर्मग्रंथों का फारसी भाषा में अनुवाद कराने का कार्य प्रारंभ किया था-**
(a) इल्तुतमिश
(b) अलाउद्दीन खिलजी
(c) मुहम्मद-बिन-तुगलक
(d) फिरोजशाह तुगलक

5. **निम्न में से कौन अकबर के नवरत्नों में से नहीं था?**
(a) अबुल फजल (b) तानसेन
(c) फैजी (d) आधम खाँ

6. **दलित अधिकारों की सुरक्षा के लिए डॉ. बी.आर. अंबेडकर ने तीन पत्रिकाएं निकालीं, निम्नलिखित में से कौन उनमें से एक नहीं है?**
(a) मूक नायक
(b) बहिष्कृत भारत
(c) बहिष्कृत समाज
(d) इक्वालिटी जनता

7. **ब्रिटिश सरकार ने किस तिथि को भारत को पूर्ण स्वशासन देने की घोषणा की थी?**
(a) 26 जनवरी, 1946
(b) 15 अगस्त, 1947
(c) 31 दिसंबर, 1947
(d) 30 जून, 1948

8. **महात्मा गांधी के निम्नलिखित आंदोलनों को प्रारंभ से सही क्रम में व्यवस्थित कीजिए-**
(a) चंपारण, अहमदाबाद, खेड़ा, असहयोग
(b) अहमदाबाद, चंपारण, खेड़ा, असहयोग
(c) खेडा, चंपारण, अहमदाबाद, असहयोग
(d) असहयोग, चंपारण, खेड़ा, अहमदाबाद,

9. **साबरमती आश्रम का वास्तविक नाम था-**
(a) गांधी आश्रम
(b) सत्याग्रह आश्रम
(c) फिनिक्स फार्म
(d) दांडी (डांडी) आश्रम

10. **1906 से 1920 के मध्य मोहम्मद अली जिन्ना की भूमिका भारत के स्वतंत्रता संघर्ष (Struggle) संग्राम में थी-**
(a) अलगाववादी
(b) चरमपंथी
(c) राष्ट्रवादी
(d) राष्ट्रवादी एवं धर्म-निरपेक्ष

11. **स्वतंत्रता के पश्चात् 'प्रिवी पर्स' (Privy Purse) किससे संबंधित था?**
(a) जमींदार
(b) पूर्वराजा
(c) उद्योगपति
(d) नील उत्पादक (कृषक)

12. **'आर्थिक निर्गम' (Economic Drain) सिद्धांत का प्रतिपादन किसने किया था?**
(a) एम. के. गांधी
(b) जवाहरलाल नेहरू
(c) दादाभाई नौरोजी
(d) आर.सी. दत्त

13. **एम.के. गांधी द्वारा लिखी गई पहली पुस्तक थी-**
(a) माई एक्सपेरिमेंट विद ट्रुथ
(b) हिन्द स्वराज
(c) इंडिया ऑफ माई ड्रीम्स
(d) की टु द हेल्थ

14. **दरमा एवं ब्यास घाटियों को जोड़ने वाला दर्रा है-**
(a) सिनला (b) ऊंटा
(c) ज्यातिया (d) रामल

15. **खतलिंग हिमनद उद्गम स्थान है-**
(a) जलकुर नदी का
(b) भिलंगना नदी का
(c) पिलंग गंगा नदी का
(d) बालगंगा नदी का

16. **हिमालय में मुख्य सीमा भ्रंश (MCT) पृथक् करता है-**
(a) लघु हिमालय एवं बाह्य हिमालय को
(b) 'दून' घाटियों एवं शिवालिक श्रेणियों को
(c) महान् हिमालय एवं हिमालय पार क्षेत्र को
(d) महान् हिमालय एवं लघु हिमालय को

17. **म्यांमार की सीमा की सहारे भारत के राज्यों का उत्तर से दक्षिण का सही क्रम क्या है?**
(a) अरुणाचल प्रदेश, नागालैंड, मणिपुर, मिजोरम
(b) अरुणाचल प्रदेश, असम, नागालैण्ड, मणिपुर
(c) असम, नागालैंड, मणिपुर, मिजोरम
(d) अरुणाचल प्रदेश, मणिपुर, नागालैंड, मिजोरम

18. **निम्नलिखित पर्वत शिखरों में से कौन उत्तराखंड में स्थित नहीं है?**
(a) कामेट (b) बंदर पूंछ
(c) दूनगिरि (d) नंगा पर्वत

19. **निम्नलिखित कथनों में से कौन-सा गलत है?**
(a) गोदावरी को दक्षिण भारत में पद्मा कहते हैं।
(b) कोसी नदी को बिहार का शोक कहा जाता है।
(c) ब्रह्मपुत्र एक पूर्ववर्ती नदी है।
(d) गंगा नदी गंगोत्री से निकलती है।

20. **निम्नलिखित नहरों में से कौन राजस्थान में भूमिक्षरण के लिए उत्तरदायी है?**
(a) गंगा नहर
(b) सरहिन्द नहर
(c) इन्दिरा गांधी नहर
(d) आगरा नहर

21. **निम्नलिखित देशों में से किसके पास विश्व का सर्वाधिक बॉक्साइट का संचित भंडार है?**
(a) भारत (b) रूस
(c) सूरीनाम (d) ऑस्ट्रेलिया

22. **भारत के निम्नलिखित तटों में से किस पर औसत समुद्रतल मापा जाता है?**
(a) मुंबई
(b) चेन्नई

(c) कोचीन (कोच्चि)
(d) विशाखापट्टनम

23. निम्नलिखित राज्यों में किसका वन क्षेत्र भारत में सर्वाधिक है?
(a) छत्तीसगढ़ (b) महाराष्ट्र
(c) मध्य प्रदेश (d) आंध्र प्रदेश

24. निम्नलिखित युग्मों (देश-राजधानी) में कौन-सा सुमेलित नहीं है?
(a) ब्राजील-ब्राजीलिया
(b) ट्यूनिशिया-ट्यूनिस
(c) अल्जीरिया-अल्जीयर्स
(d) मोरक्को-मराकेश

25. निम्नलिखित देशों में से किसे 'हजार झीलों का देश कहा जाता है?
(a) स्वीडन (b) कनाडा
(c) पोलैंड (d) फिनलैंड

26. निम्नलिखित नदियों में से कौन-सी नदी भूमध्यरेखा को दो बार पार करती है?
(a) जायरे (b) अमेजन
(c) नील (d) नाइजर

27. ओजोन ह्रास का प्रमुख कारण है-
(a) कार्बन मोनोऑक्साइड
(b) कार्बन डाईऑक्साइड
(c) हाइड्रो कार्बन
(d) क्लोरोफ्लोरो कार्बन

28. निम्नलिखित में से अम्ल वर्षा (Acid Rain) के लिए कौन उत्तरदायी है?
(a) नाइट्रोजन ऑक्साइड तथा कार्बन डाईऑक्साइड
(b) नाइट्रोजन ऑक्साइड तथा कार्बन मोनोऑक्साइड
(c) सल्फर डाईऑक्साइड तथा नाइट्रोजन ऑक्साइड
(d) उपर्युक्त में से कोई नहीं

29. दिए गए कूट से निम्नलिखित को सुमेलित कीजिए-

सूची-I (पादप)	सूची-II (जलवायु प्रदेश)
A. मेगाथर्म	1. टुंडा प्रदेश
B. मेसोथर्म	2. भूमध्यरेखीय प्रदेश
C. माइक्रोथर्म	3. उष्ण कटिबंधीय प्रदेश
D. हेकिस्थर्म	4. शीतोष्ण कटि. बंधीय प्रदेश

कूट :

	A	B	C	D
(a)	1	2	3	4
(b)	1	3	2	4
(c)	3	4	2	1
(d)	2	3	4	1

30. निम्नलिखित देशों में से कौन पशुचारण के लिए विश्व प्रसिद्ध है?
(a) ब्राजील (b) कोलंबिया
(c) अर्जेंटीना (d) वेनेजुएला

31. इलेक्ट्रान की खोज की-
(a) रदरफोर्ड ने
(b) जे.जे. थॉमसन ने
(c) चैडविक ने
(d) न्यूटन ने

32. निम्नलिखित देशों में से किसके साथ भारत की सबसे लम्बी अंतर्राष्ट्रीय सीमा है?
(a) चीन (b) पाकिस्तान
(c) बांग्लादेश (d) नेपाल

33. 2011 की जनगणना के अनुसार निम्नलिखित राज्यों में से किसकी साक्षरता दर सर्वाधिक थी?
(a) मिजोरम
(b) गोवा
(c) हिमाचल प्रदेश
(d) त्रिपुरा

34. निम्नलिखित में से किस वर्ष भारत में राष्ट्रीय जनसंख्या नीति (NPP) की घोषणा की गई?
(a) 1999 (b) 2000
(c) 2001 (d) 2002

35. 'विश्व जनसंख्या दिवस' मनाया जाता है-
(a) 11 अप्रैल (b) 11 मई
(c) 11 जुलाई (d) 12 अगस्त

36. 'पलायन का गतिशीलता संक्रमण मॉडल' किसने प्रतिपादित किया था?
(a) ली (b) क्लार्क
(c) रैवेसंटीन (d) जेलिंसकी

37. 2011 की जनगणना के अनुसार भारत के निम्नलिखित राज्यों में से किसमें सर्वाधिक लिंगानुपात (यौन अनुपात) था?
(a) कर्नाटक (b) केरल
(c) उत्तर प्रदेश (d) पश्चिम बंगाल

38. भारत का संविधान भारत को घोषित करता है-
(a) एक स्वैच्छिक संघ
(b) एक परिसंघ
(c) राज्यों का एक समूह
(d) एक संघ

39. भारतीय संविधान का कौन-सा भाग नागरिकता से संबंधित है?
(a) II (b) III
(c) IV (d) V

40. भारत में राज्य सभा के लिए 12 सदस्यों का मनोनयन कौन करता है?
(a) प्रधानमंत्री (b) मुख्य न्यायाधीश
(c) राष्ट्रपति (d) उपराष्ट्रपति

41. भारत के संविधान में अवशिष्ट शक्तियां दी गई हैं-
(a) राज्यों को
(b) केंद्र को
(c) (a) तथा (b) दोनों को
(d) उपर्युक्त में से कोई नहीं

42. पहला 'लोकपाल बिल' (Lokpal Bill) भारत की संसद में प्रस्तुत किया गया-
(a) 1971 में (b) 1967 में
(c) 1972 में (d) 1968 में

43. संसदीय सरकार जिस सिद्धांत पर कार्य करती है, वह है-
(a) शक्तियों का विभाजन
(b) अंकुश एवं संतुलन
(c) विधायिका एवं कार्यपालिका में घनिष्ठ संबंध
(d) न्यायपालिका का कार्यपालिका पर नियंत्रण

44. भारत की संसद में शून्य काल (Zero Hour) शुरू होता है-
(a) बैठक के पहले एक घंटे में
(b) बैठक के अंतिम एक घंटे में
(c) दोपहर 12.00 बजे
(d) किसी भी समय

45. निम्नलिखित राज्यों में से कहां विधान परिषद् (Legislative Council) नहीं है?
(a) उत्तर प्रदेश (b) महाराष्ट्र
(c) कर्नाटक (d) उत्तराखंड

46. जनहित याचिका की अवधारणा का प्रादुर्भाव हुआ-
(a) यूनाइटेड किंगडम में
(b) ऑस्ट्रेलिया में
(c) संयुक्त राज्य अमेरिका में
(d) भारत में

47. भारत के राष्ट्रपति के चुनाव संबंधी विवाद का निपटारा कौन करता है?
(a) सर्वोच्च न्यायालय
(b) निर्वाचन आयोग
(c) संसद
(d) उपर्युक्त में से कोई नहीं

48. किस संविधान संशोधन के द्वारा शिक्षा का विषय राज्य सूची से समवर्ती सूची को स्थानांतरित किया गया?
(a) पांचवें (b) नौवें
(c) बयालीसवें (d) चवालीसवें

49. निम्नलिखित युग्मों (राज्य निर्माण की तिथि) में कौन-सा सुमेलित है?
(a) हरियाणा-1 नवम्बर, 1966
(b) मिजोरम-25 जून, 1986
(c) तेलंगाना-15 अगस्त, 2014
(d) छत्तीसगढ़ 20 नवम्बर, 2000

50. 'बजट' (Budget) का मुख्य उद्देश्य होता है-
(a) जवाबदेही सुनिश्चित करना
(b) प्रबंधन के साधन के रूप में कार्य करना
(c) आर्थिक विश्लेषण हेतु सुविधा देना
(d) उपर्युक्त सभी

51. भारत में 'नीति आयोग' के उपाध्यक्ष कौन हैं?
(a) रघुराम राजन
(b) अरुण जेटली
(c) अरविंद पनगड़िया
(d) राहुल गांधी

52. निम्नलिखित राज्यों में कौन-सा भारत में दालों (Pulses) का सर्वाधिक उत्पादक हैं?
(a) मंध्य प्रदेश (b) उत्तर प्रदेश
(c) महाराष्ट्र (d) राजस्थान

53. भारत में श्वेत क्रांति (White Revolution) का जनक किसको कहा जाता है?
(a) डॉ. नॉरमन बोरलॉग
(b) डॉ. एम.एस. स्वामीनाथन
(c) डॉ. वर्गीस कुरियन
(d) डॉ. विलियम गान्दे

54. भारत में पंचायतों द्वारा निम्नलिखित में से कौन-सा कर संगृहीत किया जाता है?
(a) बिक्री कर (Sales Tax)
(b) सीमा शुल्क (Custom Tax)
(c) भू-राजस्व (Land Revenue)
(d) स्थानीय मेलों पर कर

55. बंद अर्थव्यवस्था वह अर्थव्यवस्था है, जिसमें-
(a) केवल निर्यात होता है
(b) बजट घाटा कम होता है
(c) केवल आयात होता है
(d) विदेशी व्यापार नहीं होता है

56. 'सुपर-301' क्या है?
(a) आधुनिक कंप्यूटर
(b) चावल की एक किस्म
(c) कीटनाशक
(d) अमेरिकी व्यापार कानून

57. ऊष्मागतिकी का प्रथम नियम संरक्षण के किस सिद्धांत से संबंधित है?
(a) आवेश (Charge)
(b) संवेग (Momentum)
(c) ऊर्जा
(d) पदार्थ

58. 'पारसेक' (Parsee) मात्रक है-
(a) दूरी का (b) समय का
(c) ऊर्जा का (d) तापक्रम का

59. निम्नलिखित में से किसके द्वारा पेट्रोल जनित आग को बुझाया जा सकता है?
(a) रेत (Sand)
(b) पानी (Water)
(c) कार्बन डाईआक्साइड
(d) लकड़ी का बुरादा

60. फल पकाने का हॉर्मोन है-
(a) एथिलीन (b) ऑक्सिन
(c) काइनेटिन (d) ये सभी

61. सूरजमुखी के पौधों के बीजों में होता है-
(a) क्षारोद (अल्केलाइड्स)
(b) तेल
(c) डाइज
(d) क्रिस्टल्स (रवे)

62. आनुवांशिकी में निम्न में से कौन प्रभावी है?
(a) रंजकहीनता (b) आर.एच. फैक्टर
(c) रंगांधी (d) अधिरक्तस्राव

63. जैव-प्रौद्योगिकी (Bio-Technology) द्वारा कैंसर के इलाज के लिए तैयार की गई औषधि है-
(a) इंटरफिरॉन (b) इंसुलिन
(c) एच.जी.एच. (d) टी.एस.ए.

64. मनुष्य के फेफड़ों (Lungs) में कितने भाग (खंड) पाए जाते हैं?
(a) 2 (b) 3
(c) 4 (d) 5

65. पक्षी, जो अपना ऊपरी जबड़ा (Jaw) हिला सकता है-
(a) कबूतर (Pigeon)
(b) तोता (Parrot)
(c) गिद्ध (Vulture)
(d) गौरैया (Sparrow)

66. निम्नलिखित में से कौन शरीर में प्रतिरोधक क्षमता विकसित करता है?
(a) एंटीजन
(b) एंटीबॉडी
(c) एंजाइम (किण्उवक)
(d) हॉर्मोस

67. निम्नलिखित में से किसके द्वारा स्वाइन फ्लू होता है?
(a) विषाणु (b) जीवाणु
(c) फफूंदी (d) फीता कृमि

68. प्रोटीन का मुख्य तत्व है-
(a) हाइड्रोजन (b) नाइट्रोजन
(c) ऑक्सीजन (d) कार्बन (Carbon)

69. पर्यावरणीय समस्याओं के कारण किस कीटनाशक का प्रयोग कम किया जाने लगा है?
(a) गैमेक्सीन (b) डी.डी.टी.
(c) बी.एच.सी. (d) डी.एम.टी.

70. निम्नलिखित में से किसे नगर का हृदय कहा जाता है?
(a) केंद्रीय व्यापारिक क्षेत्र (जिला)
(b) बेहतर आवास क्षेत्र
(c) बेहतर सामाजिक सुविधाओं वाला क्षेत्र
(d) नित्यप्रति आवाजाही यात्री क्षेत्र

71. 'परितंत्र (Ecosystem) शब्द का प्रथम प्रयोग 1935 में किसके द्वारा किया गया था?
(a) टेलर (b) क्लॉर्क
(c) टेन्सले (d) लिंडेगन

72. 'जैवविविधता' (Bio-Diversity) है-
(a) संपूर्ण प्रजातियों, संपूर्ण जीन व संपूर्ण परितंत्रों का योग
(b) पादपों की विविधता
(c) जंतुओं की विविधता
(d) सांस्कृतिक पर्यावरण का योग

73. भारतीय नगरों का कार्यात्मक वर्गीकरण किसने किया था?
(a) आर.एल. सिंह (b) जी.एस. गोसल
(c) अशोक मित्रा (d) ए.बी. मुखर्जी

74. राष्ट्रीय ग्रामीण विकास संस्थान (NIRD) स्थित है-
(a) शिमला में (b) हैदराबाद में
(c) देहरादून में (d) नई दिल्ली में

75. प्रथम भारतीय नोबेल पुरस्कार विजेता थे-
(a) सी.वी. रमन
(b) रवीन्द्रनाथ टैगोर
(c) हरगोविन्द खुराना
(d) अमर्त्य सेन

76. प्रथम 'भारत रत्न' पुरस्कार किस वर्ष में दिया गया?
(a) 1951 (b) 1953
(c) 1954 (d) 1956

77. 'लज्जा' पुस्तक का लेखक कौन है?
(a) शेख मुजीबुर्रहमान
(b) तस्लीमा नसरीन
(c) किरन बेदी
(d) अरुंधति राय

78. पंडित भीमसेन जोशी संबंधित हैं-
(a) ज्योतिष से (b) राजनीति से
(c) पर्यावरण से (d) संगीत से

79. 'पद्मश्री' पुरस्कार पाने वाली भारतीय अभिनेत्री कौन थी?
(a) स्मिता पाटिल
(b) नरगिस दत्त
(c) मीना कुमारी
(d) मधुबाला

80. चीन की संसद जानी जाती है-
(a) नेशनल एसेम्बली
(b) नेशनल पीपुल्स कांग्रेस
(c) द नेशनल पार्लियामेण्ट ऑफ चीन
(d) द हाउस ऑफ डेमोक्रेसी ऑफ चीन

81. निम्नलिखित में से कौन 'साउथ एशियन एसोसिएशन ऑफ रीजनल को-ऑपरेशन' (दक्षिण एशियाई क्षेत्रीय सहयोग संगठन'' सार्क) का सदस्य नहीं है?
(a) पाकिस्तान (b) श्रीलंका
(c) नेपाल (d) थाईलैंड

82. ''नोबेल पुरस्कार' विजेता भारत के अर्थशास्त्री हैं-
(a) डॉ. मनमोहन सिंह
(b) अमर्त्य सेन
(c) माल्थस
(d) उपर्युक्त में से कोई नहीं

83. निम्नलिखित में से संयुक्त राज्य अमेरिका का वह राष्ट्रपति कौन था जिसने राष्ट्रपति पद से त्यागपत्र दिया हो?
(a) बिल क्लिंटन
(b) रिचर्ड निक्सन
(c) जॉर्ज डब्लू. बुश (सीनियर)
(d) उपर्युक्त में से कोई नहीं

84. निम्नलिखित में से ब्रिटिश प्रधानमंत्री के सरकारी आवास का नाम क्या है?
(a) लंदन हाउस
(b) बर्किंघम पैलेस
(c) 10 (दस) डाउनिंग स्ट्रीट
(d) उपर्युक्त में से कोई नहीं

85. संयुक्त राज्य अमेरिका के प्रथम राष्ट्रपति थे-
(a) जॉर्ज वाशिंगटन
(b) जॉन एडम्स
(c) अब्राहम लिंकन
(d) जे.एफ. कैनेडी

86. नीचे दी गई श्रेणी में ऐसी कितनी विषम संख्याएं हैं, जो किसी अन्य विषम संख्या के तत्काल बाद आई हैं?
468134481578482148248167484812548 6
(a) 1 (b) 2
(c) 3 (d) 4

87. यदि DISTANCE को EKVXFTJM लिखा जाए, तो उसी कूट भाषा में PRESENT को किस प्रकार लिखा जाएगा?
(a) EKTRACQ (b) QTHWJTA
(c) IDUJLAO (d) RCIBVZT

88. निम्नलिखित विकल्पों में से वह शब्द चुनिए जो दिए गए शब्द के अक्षरों का प्रयोग करके नहीं बनाया जा सकता–
QUALIFICATION
(a) QUART (b) QUAIL
(c) CAUTION (d) QUAINT

89. कृष्ण, उत्तर दिशा में 40 किमी. की यात्रा करता है। उसके बाद दाएं मुड़कर 4 किमी और फिर बाएं मुड़कर 5 किमी की यात्रा करता है। अनंतर वह बाएं मुड़कर 4 किमी की यात्रा करता है। तद्नुसार वह अपने प्रस्थान बिंदु से कितनी दूरी पर है?
(a) 45 किमी (b) 37 किमी
(c) 53 किमी (d) 40 किमी

90. P, Q, R, S, T तथा U छः बच्चे क्रिकेट खेल रहे हैं, इनमें P तथा T बहनें हैं, U, T का भाई है। R, P की चाची की इकलौती बेटी है। Q तथा S, R की मां की बहन के बेटे हैं। तद्नुसार R का U से क्या संबंध है?
(a) चाची (b) चचेरा भाई
(c) बेटी (d) बहन

91. दी गई श्रृंखला में गलत संख्या ज्ञात कीजिए–
19, 28, 39, 52, 67, 84, 102
(a) 52 (b) 102
(c) 84 (d) 67

92. अक्षरों का कौन-सा समूह खाली स्थानों पर क्रमवार रखने से दी गई अक्षर श्रृंखला को पूरा करेगा?
a...ca...c...dc...d..ad...
(a) d d a c d c (b) d a a d c a
(c) d a d a a c (d) d d a a c c

निर्देश : (प्रश्न 93 से 95 तक) : दिए गए विकल्पों में से संबंधित अक्षर/शब्द/संख्या को चुनिए।

93. पुस्तक : प्रकाशक :: फिल्म : ?
(a) प्रोड्यूसर (b) डायरेक्टर
(c) संपादक (d) लेखक

94. मकड़ी : कीट :: मगरमच्छ : ?
(a) रेंगने वाला जलचर
(b) स्तनपायी
(c) मेंढ़क
(d) मांसभक्षी

95. 17 : 19 :: 107 : .....?....
(a) 109 (b) 190
(c) 901 (d) 910

96. 10 मदों का औसत 80 है, यदि एक मद को 50 की जगह 60 गिन लिया गया, तो सही औसत होगा–
(a) 79.5 (b) 69
(c) 79.25 (d) 79

97. एक व्यापारी नकद भुगतान पर अंकित मूल्य पर 10% छूट देता है। तदनुसार उसे 17% लाभ प्राप्त करने हेतु अपनी चीजों के अंकित मूल्य, उनके लागत मूल्य से कितना ज्यादा रखने चाहिए?
(a) 33% (b) 40%
(c) 27% (d) 30%

98. एक संख्या में से 10% कम करने पर, वह 30 हो जाती है। तद्नुसार वह संख्या क्या है?
(a) $33\frac{1}{2}$ (b) $33\frac{1}{3}$
(c) 40 (d) 35

99. दो व्यक्तियों ने सांसद बनने के लिए चुनाव लड़ा। उसमें विजेता उम्मीदवार ने डाले गये कुल मतों के 57% मत प्राप्त किए और वह ₹ 42,000 मतों से विजयी हुआ। तद्नुसार, डाले गए कुल मतों की संख्या कितनी थी?
(a) 5,00,000 (b) 6,00,000
(c) 3,00,000 (d) 4,00,000

100. एक व्यापारी एक कलाई घड़ी ₹ 450 में खरीदता है। वह उसका सूचीबद्ध मूल्य इस प्रकार निश्चित करता है कि उसे उस पर 10% छूट देकर भी 20% लाभ प्राप्त हो सके। तद्नुसार, उस घड़ी का सूचीबद्ध मूल्य कितना होगा?
(a) ₹ 650 (b) ₹ 700
(c) ₹ 550 (d) ₹ 600

व्याख्या सहित उत्तर

1. (a) प्राचीन भारत में 'संगम' का तात्पर्य 'कवियों की गोष्ठी' से है। इन गोष्ठियों (संगमों) में कवियों द्वारा रचित साहित्य को 'संगम साहित्य' कहा जाता है। इस साहित्य से तीन महत्त्वपूर्ण राज्य चोल, चेर, पांड्य का उल्लेख मिलता है। संगम तमिल कवियों का संघ अथवा मंडल था। इन संघों या परिषदों का आयोजन पांड्य शासकों के संरक्षण में किया गया था।

संगम	अध्यक्ष	संरक्षक	स्थल
प्रथम	अगस्त्य ऋषि	पांड्य शासक	मदुरा
द्वितीय	तोल्लकाप्पियर	पांड्य शासक	कपाटपुरम
	(संस्थापक अध्यक्ष अगस्त्य ऋषि)		(अलैव)
तृतीय	नक्कीरर	पांड्य शासक	उत्तरी मदुरा

2. (a) कनिष्क कुषाण वंश का सर्वश्रेष्ठ शासक था। ऐसा माना जाता है कि उसका राज्याभिषेक

78 ई. में हुआ था। कनिष्क ने चीन के सेनापति पान-चाओ को परास्त कर यारकंद, काशगर व खोतान पर अधिकार कर लिया। उसका साम्राज्य गंगा, सिंधु तथा ऑक्सस की घाटियों तक विस्तृत था। उसकी दो राजधानियां थी-पुरुषपुर (पेशावर) तक मथुरा। उसने कश्मीर में कनिष्कपुर नामक नगर की स्थापना की। उसके रोमन साम्राज्य से महत्त्वपूर्ण संबंध थे तथा सिल्क मार्ग पर अधिकार होने से कुषाण साम्राज्य को बहुत अधिक आय प्राप्त होती थी।

3. (c) खजुराहो मंदिर मध्य प्रदेश के छतरपुर जिले में स्थित हैं, चंदेल शासकों द्वारा निर्मित नागर शैली के (950-1050) इन मंदिरों में कंदरिया महादेव, चौसठ यौगिनी, चित्रगुप्त, दूलह देव, चतुर्भुज, मांतगेश्वर मंदिर प्रमुख हैं।

4. (d) दिल्ली के सुल्तान फिरोजशाह तुगलक ने पहली बार हिन्दू धर्म ग्रंथों का फारसी भाषा में अनुवाद करने के लिए एक 'अनुवाद विभाग' की स्थापना की थी। जिससे हिंदू एवं मुस्लिम दोनों संप्रदायों के लोगों में एक-दूसरे के विचारों की समझ बेहतर हो सके।

5. (d) अबुल फजल, फैजी और तानसेन अकबर के नवरत्नों में सम्मिलित थे। आधम खाँ अकबर के नवरत्नों में शामिल नहीं था।

6. (c) डा. बी.आर अंबेडकर ने दलित अधिकारों के लिए तीन पत्रिकाएं 'मूक नायक', 'बहिष्कृत भारत', 'इक्वालिटी जनता' निकाली। बहिष्कृत समाज अंबेडकर की पत्रिका नहीं थी।

7. (d) ब्रिटेन के प्रधानमंत्री क्लीमेंट एटली ने 20 फरवरी, 1947 को हाउस ऑफ कॉमंस में यह घोषणा की कि अंग्रेज जून, 1948 के पहले ही उत्तरदायी लोगों को सत्ता हस्तांतरित करने के बाद भारत छोड़ कर चले जायेंगे। एटली ने वेवेल के स्थान पर लॉर्ड माउंटबेटेन को वायसराय नियुक्त किया, जिन्होंने 22 मार्च, 1947 को भारत आकर शीघ्र ही सत्ता हस्तांतरण के लिए पहल शुरू कर दी।

8. (a) महात्मा गांधी द्वारा किये गये आंदोलनों के वर्ष निम्न हैं-

आंदोलन		वर्ष
चंपारण	-	1917
अहमदाबाद	-	फरवरी-मार्च, 1918
खेड़ा	-	22 मार्च, 1918
असहयोग	-	1920-22

अतः सही क्रम विकल्प (a) में दिये गये हैं।

9. (b)

10. (d) मुस्लिम लीग के प्रमुख नेता तथा पाकिस्तान के निर्माता मोहम्मद अली जिन्ना का जन्म 1876 ई. में कराची में हुआ था। उन्होंने बैरिस्टर बनने की शिक्षा इंग्लैंड से प्राप्त की तथा 1896 ई. में भारत लौटे तथा मुम्बई में वकालत प्रारम्भ की। वह प्रारम्भ में कांग्रेस से जुड़ गये तथा उदारवादी विचारधारा से प्रभावित थे। 1906 ई. में जिन्ना ने मुस्लिमों के पृथक प्रतिनिधित्व का विरोध किया था। वे 1914 ई. में कांग्रेस के प्रतिनिधि के रूप में इंग्लैण्ड गये, लीग के 1916 ई. के लखनऊ अधिवेशन की अध्यक्षता इन्होंने की थी। अतः 1906-1920 के मध्य जिन्ना की भूमिका भारतीय स्वतंत्रता संघर्ष में राष्ट्रवादी एवं धर्मनिरपेक्ष थी।

11. (b) भारत में (गणराज्य के शुरुआती वर्षों में) कुल 562 राजवंश थे। ये भारत में उन पूर्व राज्यों के राजवंश थे जिन्होंने नव स्वतंत्र भारत (अर्थात् भारत अधिराज्य) (Dominion of India) में अपनी रियासतों को संधि द्वारा भारतीय संघ में पहले शामिल किया एवं बाद में अपने राज्यों को भारत गणराज्य में संपूर्णतः विलीन कर आधुनिक भारत को स्थापित किया था। इन सम्मिलित रियासतों के तत्कालीन शासकों एवं उनके उत्तराधिकारियों को आजीवन जीवनयापन हेतु भारत सरकार द्वारा विशेष धनराशि एवं भत्ते दिये जाने का प्रावधान था। इस विशेष वार्षिक धनराशि का राजभत्ता, निजीकोश या प्रिवी पर्स कहा जाता था। इस अलोकतांत्रिक भत्ते को (26वां संविधान संशोधन अधिनियम) सन् 1971 ई. में प्रधानमंत्री इन्दिरा गांधी के शासनकाल के दौरान पूर्णतः स्थगित कर दिया गया।

12. (c) दादा भाई नौरोजी प्रथम व्यक्ति थे, जिन्होंने 1878 में प्रकाशित, अपनी पुस्तक 'भारत में गरीबी तथा अब्रिटीश राज्य' (Poverty and Unbritish Rule in India) में अपना 'निकास (Drain) का सिद्धांत' प्रतिपादित किया तथा चेतावनी दी कि भारत का धन धीरे-धीरे निकलकर विदेशी तिजोरी में जा रहा है।

13. (a)

14. (a) उत्तराखंड की दरमा और ब्यास घाटियों को सिनला दर्रा जोड़ता है। यह दर्रा हिमालयन दर्रे से संबंधित है।

15. (b) केदारनाथ से लगभग 10 किमी. पश्चिम में स्थित खतलिंग हिमनद जोगिन, स्फटिक, प्रिस्वार, वार्तकौहर व कीर्ति स्तंभ चोटियों के मध्य में स्थित है। यह रुद्र प्रयाग, टिहरी व उत्तरकाशी के संगम पर स्थित है। भिलंगना नदी इसी स्थल से निकलती है।

16. (d) हिमालय में मुख्य सीमा भ्रंश महान हिमालय एवं लघु हिमालय को पृथक् करता है।

17. (a) म्यांमार की सीमा के सहारे भारत के राज्यों का उत्तर से दक्षिण सही क्रम इस प्रकार है- अरुणाचल प्रदेश, नागालैंड, मणिपुर और मिजोरम।

18. (d) कामेट, बंदरपूंछ और दूनगिरी उत्तराखंड में स्थित हैं जबकि नंगा पर्वत पाक अधिकृत कश्मीर के गिलगित-बाल्टिस्तान क्षेत्र में आता हैं। नंगा पर्वत को 'कातिल चोटी' भी कहा जाता है।

19. (a) गोदावरी को 'वृद्ध गंगा' के नाम जानते हैं प्रायद्वीपीय नदियों में यह सबसे लंबी (1465 किमी.) नदी है। जबकि कावेरी को 'दक्षिण भारत की गंगा' कहते हैं। कोसी नदी को 'बिहार का शोक' कहा जाता है। ब्रह्मपुत्र एक पूर्ववर्ती अपवाह का उदाहरण है जबकि गंगा नदी गंगोत्री से निकलती है।

20. (c)

21. (d) बॉक्साइट के संचित भंडार की दृष्टि से विश्व के देशों में क्रमशः गिनी, आस्ट्रेलिया और ब्राजील का प्रथम, द्वितीय तथा तृतीय स्थान है।

22. (b) **23.** (c)

24. (d) मोरक्को की राजधानी रब्बात है न कि मराकेश, शेष विकल्प सुमेलित हैं। मराकेश मोरक्को का चौथा सबसे बड़ा नगर है।

25. (d) फिनलैंड उत्तरी यूरोप में स्थित एक नार्डिक देश है जिसकी सीमा पश्चिम में स्वीडन, पूर्व में रूस और उत्तर में नार्वे से मिलती है झीलों की अधिकता के कारण फिनलैंड को 'हजार झीलों का देश' कहा जाता है।

26. (a) जायरे नदी जिसे कांगो नदी भी कहा जाता है, अफ्रीका की महत्वपूर्ण नदी है। अपने मार्ग में कांगो नदी भूमध्य रेखा को दो बार काटती है। विश्व की समस्त नदियों में अमेजन के बाद दूसरी सर्वाधिक जल प्रवाह वाली नदी कांगो है।

27. (d) क्लोरोफ्लोरो कार्बन मानव निर्मित रसायनों का वह समूह है जो रंगहीन एवं गंधहीन होता है तथा सरलता से द्रव में परिवर्तित हो जाता है। यह ओजोन परत के ह्रास के लिए मुख्य रूप से उत्तरदायी गैस है। 16 सितंबर को ओजोन परत के संरक्षण के लिए 'अंतर्राष्ट्रीय ओजोन दिवस' मनाया जाता है।

28. (c) वातावरणी प्रदूषकों और प्रकृति में होने वाली विभिन्न क्रियाओं के फलस्वरूप उत्पन्न सल्फर डाई ऑक्साइड तथा नाइट्रस ऑक्साइड गैसें वायुमंडल में पहुंचकर ऑक्सीजन और मेघों के जल के साथ रासायनिक अभिक्रिया कर क्रमशः सल्फ्यूरिक अम्ल तथा नाइट्रिक अम्ल बनाकर वर्षा के साथ पृथ्वी पर गिरती हैं। इसी को ही अम्लीय वर्षा (Acid Rain) कहते हैं।

29. (c) **30.** (c)

31. (b) इलेक्ट्रॉन की खोज जे.जे. थॉमसन ने की थी। चैडविक ने न्यूट्रॉन, रदरफोर्ड ने प्रोटॉन तथा न्यूटन ने गति के नियमों की खोज की।

32. (c) भारत की सबसे लंबी स्थलीय सीमा बांग्लादेश (4096.7 किमी) के साथ तथा सबसे छोटी स्थलीय सीमा अफगानिस्तान (106 किमी.) के साथ लगती है। उल्लेखनीय है कि भारत के निकटतम पड़ोसी देश पाकिस्तान, अफगानिस्तान, चीन, नेपाल, भूटान, म्यांमार, बांग्लादेश तथा श्रीलंका हैं।

33. (a)

34. (b) भारत की नई जनसंख्या नीति की घोषणा 15 फरवरी, 2000 को की गई थी। इस नई जनसंख्या नीति के क्रियान्वयन व समीक्षा हेतु 11 मई, 2000 को 'राष्ट्रीय जनसंख्या आयोग' का गठन किया गया। उल्लेखनीय है कि देश में 1976 में पहली बार जनसंख्या नीति की घोषणा की गई थी।

35. (c)

36. (d) 'पलायन का गतिशीलता संक्रमण मॉडल' जेलिंसकी ने प्रतिपादित किया था जबकि क्लार्क ने 'जनांकिकीय संक्रमण सिद्धांत की पांचवीं अवस्था' (जनांकिकीय अपरदन अथवा जातीय संहार) की परिकल्पना की थी।

37. (b)

38. (c) भारत के संविधान के अनुच्छेद 1 में संघ का नाम और उसके राज्य क्षेत्र से संबंधित उपबंध हैं इसके अनुसार-

(1) भारत, अर्थात् इंडिया, राज्यों का संघ होगा।

(2) राज्य और उनके राज्य क्षेत्र वे होंगे जो पहली अनुसूची में विनिर्दिष्ट हैं।

(3) भारत के राज्य क्षेत्र में

(क) राज्यों के राज्य क्षेत्र

(ख) पहली अनुसूची में विनिर्दिष्ट संघ राज्य क्षेत्र और

(ग) ऐसे अन्य राज्य क्षेत्र जो अर्जित किए जाएं समाविष्ट होंगे।

39. (a) भारतीय संविधान को मूलत: 22 भागों में विभाजित किया गया है। संविधान के भाग II में नागरिकता संबंधी प्रावधान हैं। यह संविधान के अनु. (5-11) में वर्णित हैं।

40. (c) संविधान के अनुच्छेद 80 के तहत राज्यसभा में अधिकतम 12 सदस्यों का मनोनयन राष्ट्रपति के द्वारा किया जाता है। यह मनोनयन साहित्य, विज्ञान, कला व समाज सेवा आदि क्षेत्रों में विशेषज्ञता एवं अनुभव प्राप्त लोगों में से किया जाता है।

41. (b) संविधान के अनुच्छेद 248 में अवशिष्ट विधायी शक्तियां संघीय संसद को सौंपी गई है। जबकि संघीय शासन व्यवस्था में अवशिष्ट विधायी शक्तियां प्राय: राज्यों को प्रदान की जाती है। जैसा कि संयुक्त राज्य अमेरिका को संघीय प्रणाली में अवशिष्ट विधायी शक्ति राज्यों को प्रदान की गई है।

42. (d) भारत की संसद में पहला लोकपाल बिल 1968 में प्रस्तुत किया गया था। केंद्र सरकार के लोकपाल के पद के गठन के लिए अभी तक बहस जारी है। यहां कई राज्यों में लोकायुक्त के पद का गठन भी हो चुका है। ध्यातव्य है कि सर्वप्रथम लोकायुक्त का गठन 1971 में महाराष्ट्र में हुआ था।

43. (c) भारतीय संविधान ने अमेरिका की अध्यक्षीय प्रणाली की बजाए ब्रिटेन के संसदीय तंत्र को ग्रहीत किया है। संसदीय व्यवस्था विधायिका और कार्यपालिका के मध्य समन्वय व सहयोग के सिद्धांत पर आधारित है। जबकि अध्यक्षीय प्रणाली दोनों के बीच शक्तियों के विभाजन के सिद्धांत पर आधारित है।

संसदीय प्रणाली की सरकार को वेस्टमिंस्टर रूप उत्तरदायी सरकार और मंत्रिमंडलीय सरकार के नाम से भी जाना जाता है।

44. (c) प्रश्नकाल की तरह प्रक्रिया के नियमों में शून्यकाल का उल्लेख नहीं है। इस तरह यह अनौपचारिक साधन है। जिसमें संसद सदस्य बिना पूर्व सूचना के मामले उठा सकते हैं। शून्यकाल प्रश्नकाल के तुरंत बाद शुरू होता है और उसे सदन के नियमित कार्य के कार्यवृत्त के साथ किया जाता है। भारत की संसद में शून्य काल दोपहर 12.00 बजे से शुरू होता है जो लगभग 1 घंटे का होता है।

45. (d)

46. (c) जनहित याचिकाओं का विचार अमेरिका में जन्मा। वहां इसे सामाजिक कार्यवाही याचिका कहते हैं। यह न्यायपालिका का आविष्कार तथा न्यायाधीश निर्मित विधि है। भारत में जनहित याचिका पी.एन. भगवती ने प्रारंभ की थी।

47. (a) संविधान के अनु. 71 के अनुसार राष्ट्रपति या उपराष्ट्रपति के निर्वाचन से उत्पन्न या संसक्त सभी शंकाओं और विवादों की जांच और विनिश्चय उच्चतम न्यायालय द्वारा किया जाएगा और उसका विनिश्चय अंतिम होगा।

48. (c) 42वें संविधान संशोधन में कुल 59 प्रावधान थे और यह भारतीय संविधान का व्यापक और सर्वाधिक विवादास्पद संवैधानिक संशोधन था। इस संविधान संशोधन द्वारा शिक्षा, नापतौल, वन और जंगली जानवर तथा पक्षियों की रक्षा के विषय राज्य सूची से निकालकर समवर्ती सूची में रख दिये गये।

49. (a)

50. (d) बजट में अगले वित्त वर्ष यानी 1 अप्रैल से लेकर 31 मार्च तक की अवधि की वित्तीय योजना होती है। इसमें विगत का लेखा-जोखा देते हुए आगत की तैयारी का इंतजाम होता है। संविधान के अनुच्छेद 112 के अंतर्गत सरकार को हर साल फरवरी में अगले वित्त वर्ष के अनुमानित खर्चे और आमदनी का ब्यौरा संसद में रखना पड़ता है। वर्तमान में बजट (2017-18) 1 फरवरी को प्रस्तुत किया जायेगा। बजट का मुख्य उद्देश्य जवाबदेही, प्रबन्धन के साधन, आर्थिक विश्लेषण हेतु सुविधा आदि शामिल होते हैं।

51. (c) भारत में 'नीति आयोग' के उपाध्यक्ष अरविन्द पनगड़िया है। नीति आयोग की स्थापना 1 जनवरी, 2015 को योजना आयोग का नाम बदलकर किया गया था।

52. (a) भारत में दालों का सर्वाधिक उत्पादन मध्य प्रदेश (देश का 27.40%) में होता है। उसके बाद क्रमश: राजस्थान (देश का 11.03%) और महाराष्ट्र (देश का 10.1%) का स्थान है। उल्लेखनीय है कि दलहन उत्पादन में भारत का विश्व में प्रथम स्थान है।

53. (c) भारत में श्वेत क्रान्ति का जनक डॉ. वर्गीस कुरियन को कहा जाता है। डॉ. कुरियन ने 1973 में गुजरात में कोऑपरेटिव मिल्क मार्केटिंग फेडरेशन की स्थापना की थी।

54. (d) बिक्रीकर व सीमा शुल्क केंद्रीय कर हैं और कृषि राज्य का विषय है जबकि स्थानीय मेलों पर कर भारत में पंचायतों द्वारा संग्रहीत किया जाता है।

55. (d) बन्द अर्थव्यवस्था वह अर्थव्यवस्था होती है जिसमें आयात एवं निर्यात दोनों बन्द होते हैं अर्थात कोई विदेशी व्यापार नहीं होता है।

56. (d) 'सुपर-301' अमेरिकी व्यापार कानून की एक धारा है जो उसे अपने उच्च आयातों पर उच्च सीमा शुल्क लगाने की शक्ति प्रदान करती है।

57. (c) उष्मागतिकी के प्रथम नियम के अनुसार किसी विषय को दी जाने वाली उष्मा दो प्रकार के कार्यों में व्यय होती है-(1) निकाय की आन्तरिक ऊर्जा में वृद्धि करने में जिससे निकाय का ताप बढ़ता है एवं (2) बाह्य कार्य करने में। यह नियम मुख्यत: ऊर्जा के संरक्षा को प्रदर्शित करता है।

$$Q = u + w$$

जहां u आन्तरिक ऊर्जा में वृद्धि है तथा w निकाय द्वारा किया गया बाह्य कार्य है।

58. (a) पारसेक लम्बाई की खगोलीय इकाई है। यह 30 टिलियन किलोमीटर के लगभग होती है।

59. (c) कार्बन डाइ आक्साइड एक रंगहीन तथा गंधहीन गैस है जो पृथ्वी पर जीवन के लिए अत्यावश्यक है। वायुमण्डल में यह गैस 0.03 तक पायी जाती है। यह एक ग्रीन हाउस गैस है। इसका प्रयोग पेट्रोल जनित आग को बुझाने में किया जा सकता है।

60. (a) एथिलीन एक हाइड्रोकार्बन है जिसका अणुसूत्र (C_2H_4) हैं यह एक रंगहीन, ज्वलनशील गैस है। एथिलीन एक महत्वपूर्ण प्राकृतिक पादप हार्मोन भी है, जिसका उपयोग फलों को जल्दी पकाने में किया जाता है।

61. (b) सूरजमुखी (वानस्पतिक नाम हैलियनथस एनस) अमेरिका के देशज वार्षिक पौधे हैं। यह अनेक देशों के भागों में पाया जाता है। इस पौधों के फूल की पंखुडियां पीले रंग की होती है और मध्य में भूरे पीत या नीलोहित या किसी वर्णसंकर पौधे में काला

चक्र रहता है। चक्र में ही चिपटे काले बीज रहते हैं। बीज से ही उत्कृष्ट कोटि का खाद्य तेल प्राप्त होता है।

62. (d) अधिरक्तस्राव (Haemophilia) एक आनुवंशिक लिंग सहलग्न रोग है। इस रोग में रोगी को चोट लगने पर रक्त का स्राव काफी समय तक होता रहता है इसका कारण रक्त में फाइब्रिनोजन प्रोटीन्स की कमी के कारण थक्का नहीं जमता है। और रुधिर बहता रहता है। इस रोग का वहन स्त्रियां करती हैं और वह प्राय: पुरुषों में प्रकट होता है।

63. (a)

64. (d) मनुष्य के छाती में दो फुफ्फुस (फेफड़े) होते हैं-दायां और बायां। दायां फेफड़ा बाएं से 1 इंच छोटा पर कुछ अधिक चौड़ा होता है। दाएं फेफड़े का औसत भार 23 ओंस और बाएं का 19 ओंस होता है। फेफड़े चिकने और कोमल होते हैं। इनके भीतर अत्यन्त सूक्ष्म अनंत कोष्ठ होते हैं। इन वायु कोष्ठों में वायु भरी होती है। मनुष्य के फेफड़ों में 5 खण्ड (दाएं में 3 एवं बाएं में 2) पाए जाते हैं।

65. (b) तोता (Parrot) एक पक्षी है, जिसका वैज्ञानिक नाम सिटाक्यूला केमरी है। यह कई प्रकार के रंग में मिलता है। तोता पक्षियों के सिटैसीगण के सिटैसिडी कुल का पक्षी है, जो गरम देशों का निवासी है। यह पक्षी अपना ऊपरी जबड़ा (Jaw) हिला सकता है।

66. (b) मानव शरीर में प्रतिरोधक क्षमता विकसित करने का कार्य प्रतिपिण्ड (Antibody) करता है। यह एक ग्लाइको प्रोटीन होता है। रक्त प्लाज्मा में प्रतिरक्षी (Antibody) 'a' तथा एण्टरीबाडी 'b' दो महत्वपूर्ण पदार्थ पाये जाते हैं।

67. (a)

68. (d) प्रोटीन एक जटिल कार्बनयुक्त पदार्थ है। जिसका, गठन कार्बन, हाइड्रोजन, आक्सीजन एवं नाइट्रोजन तत्वों के अणुओं से मिलकर होता है। कुछ प्रोटीन में इन तत्वों के अतिरिक्त आंशिक रूप से गंधक, जस्ता, तांबा तथा फास्फोरस भी उपस्थित होता है। ये जीवद्रव्य (Protoplasm) के मुख्य अवयव हैं जो शारीरिक वृद्धि तथा विभिन्न जैविक क्रियाओं के लिए आवश्यक है। प्रोटीन को रासायनिक गठन के आधार पर तीन भागों में बांटा जाता है-सरल प्रोटीन, संयुक्त प्रोटीन, व्युत्पन्न प्रोटीन।

69. (b) डी.डी.टी. (Dichloro Diphenyl Trichloroethane) पहला आधुनिक कीटनाशक था जो मलेरिया के विरुद्ध उपयोग किया गया था, किंतु बाद में यानि 1950 के बाद इसे कृषि कीटनाशक रूप में प्रयोग करने लगे। खेतों में इसके भारी प्रयोग से अनेक क्षेत्रों में मच्छर इसके प्रतिरोधी हो गए।

70. (a)

71. (c) पारिस्थितिकी तंत्र अथवा परितंत्र शब्द का प्रयोग सर्वप्रथम ए.जी. टेन्सले ने 1935 में किया था। उनके अनुसार किसी भी स्थान के जीवीय समुदाय के जीवों तथा उनके चारों ओर पाये जाने वाले अजीवीय वातावरण में पारस्परिक संबंध होता है और ये दोनों एक दूसरे पर प्रभाव डालते हैं।

72. (a) किसी पारिस्थितिकी तंत्र में विद्यमान सजीव प्राणियों (पौधे एवं जंतुओं) की विविधता को ही जैव-विविधता के रूप में परिभाषित किया गया है। वायोडायवर्सिटी शब्द का प्रयोग सर्वप्रथम अमेरिकी वनस्पतिशास्त्री **वाल्टर जी रोसेन** ने किया था।

73. (c) भारतीय नगरों का कार्यात्मक वर्गीकरण अशोक मित्रा ने किया था। उल्लेखनीय है कि प्रकार्यात्मक आधार पर नगरों के विभाजन की पांच अवस्थाएं हैं-औद्योगिक नगर, धार्मिक नगर, प्रशासनिक नगर, गैरिसननगर और नगरमाल।

74. (b) राष्ट्रीय ग्रामीण विकास संस्थान (NIRD) की स्थापना 1977 में हैदराबाद में की गई थी।

75. (b) नोबल पुरस्कार की स्थापना स्वीडन के वैज्ञानिक अल्फ्रेड बर्नहार्ड नोबल ने 1901 ई. में की थी। उनके द्वारा लिखी गई वसीयत के आधार पर उनके द्वारा छोड़े गये धन पर मिलने वाले ब्याज से पुरस्कार उन व्यक्तियों को दिया जायेगा जिन्होंने विज्ञान, साहित्य, शांति और अर्थशास्त्र के क्षेत्र में उत्कृष्ट योगदान दिया है। प्रथम भारतीय नोबल पुरस्कार विजेता रवीन्द्रनाथ टैगोर थे। उन्हें यह पुरस्कार 1913 में साहित्य के क्षेत्र में इनकी पुस्तक गीतांजलि के लिए दिया गया जबकि सी.वी. रमन को 1930 और हरगोविन्द खुराना को 1998 ई. में वैज्ञानिक क्षेत्र में प्रदान किया गया। 1998 ई. में कल्याणकारी अर्थशास्त्र के लिए अमर्त्य सेन को यह पुरस्कार मिला था।

76. (c) भारत रत्न पुरस्कार कला, साहित्य तथा विज्ञान या बड़े पैमाने पर जनसेवा में उत्कृष्ट योगदान करने पर देश का यह सर्वोच्च पुरस्कार दिया जाता है। इसकी शुरुआत 1954 ई. में हुई जो 26 जनवरी को भारत के राष्ट्रपति द्वारा दिया जाता है। 1954 ई. में इसे प्राप्त करने वाले थे डॉ. राधाकृष्णन्, राजगोपालाचारी और डॉ. चन्द्रशेखर वेंकटरमण।

77. (b) बाबरी मस्जिद की कथावस्तु बनाकर लिखी गयी 'लज्जा' पुस्तक की लेखिका तस्लीमा नसरीन है। उनकी अन्य प्रसिद्ध पुस्तकें हैं-फ्रामभाई जेल, नारीकोना देशनई, द्विखंडितो, छोटे-छोटे सुख व अंधेरे दिन आदि।

78. (d) पंडित भीमसेन जोशी शास्त्रीय संगीत से संबंधित हैं। उनके इस क्षेत्र में विशेष योगदान के लिए वर्ष 2008 में भारत रत्न प्रदान किया गया।

79. (b) अभिनेत्री नरगिस दत्त को भारतीय सिनेमा में उत्कृष्ट योगदान के लिए सर्वप्रथम पद्मश्री पुरस्कार 1959 ई. में दिया गया।

80. (b) चीनी कम्युनिस्ट पार्टी की सर्वोच्च परिषद को जिसे संसद कहा जाता है उसका नाम नेशनल पीपुल्स कांग्रेस है।

81. (d) सार्क में 7 दक्षिण एशियाई देश सदस्य हैं-(1) भारत, (2) पाकिस्तान, (3) नेपाल, (4) बांग्लादेश, (5) भूटान, (6) श्रीलंका और (7) मालदीव जबकि थाईलैण्ड आसियान का सदस्य है।

82. (b) अमर्त्य सेन को 1998 ई. में कल्याणकारी अर्थशास्त्र के लिए अर्थशास्त्र का नोबल पुरस्कार दिया गया था जो भारतीय मूल के अमेरिकी अर्थशास्त्री हैं।

83. (b) ''वाटरगेट'' घोटाले में नाम आने के कारण अमेरिकी राष्ट्रपति रिचर्ड निक्सन को राष्ट्रपति पद से त्यागपत्र देना पड़ा था।

84. (c) ब्रिटिश प्रधानमंत्री के सरकारी आवास को दस डाउनिंग स्ट्रीट कहा जाता है जबकि बकिंघम पैलेस ब्रिटिश राज परिवार का निवास स्थान है।

85. (a) अमेरिका को पूर्ण स्वतंत्रता 4 जुलाई, 1776 ई. को मिली। अमेरिकी स्वतंत्रता के नायक जॉर्ज वांशिगटन थे, जो बाद में अमेरिका के प्रथम राष्ट्रपति बने।

86. (c) 13 15 57

87. (b)

जिस प्रकार,	उसी प्रकार,
$D \xrightarrow{+1} E$	$P \xrightarrow{+1} Q$
$I \xrightarrow{+2} K$	$R \xrightarrow{+2} T$
$S \xrightarrow{+3} V$	$E \xrightarrow{+3} H$
$T \xrightarrow{+4} X$	$S \xrightarrow{+4} W$
$A \xrightarrow{+5} F$	$E \xrightarrow{+5} J$
$N \xrightarrow{+6} T$	$N \xrightarrow{+6} T$
$C \xrightarrow{+7} J$	$T \xrightarrow{+7} A$
$E \xrightarrow{+8} M$	

88. (a) दिए गए शब्द में 'R' नहीं है।

89. (a)

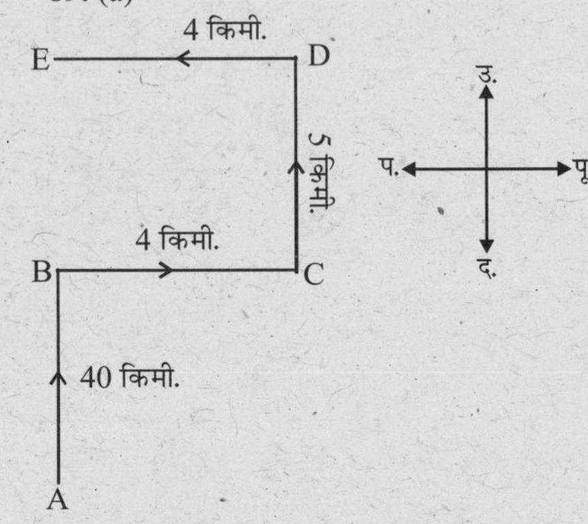

अभीष्ट दूरी = 40 + 5 = 45 किमी.

90. (b)

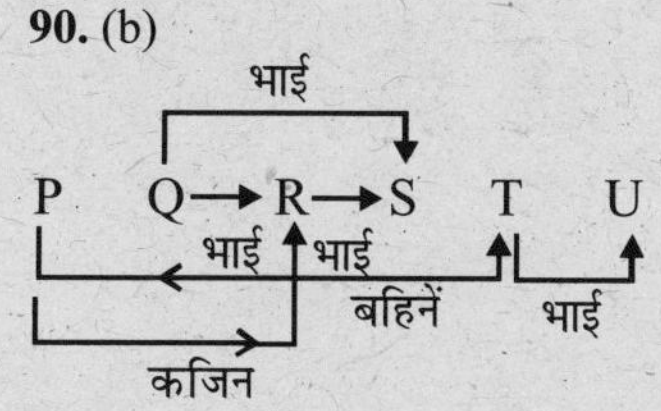

∴ R, U का चचेरा भाई है।

91. (b)

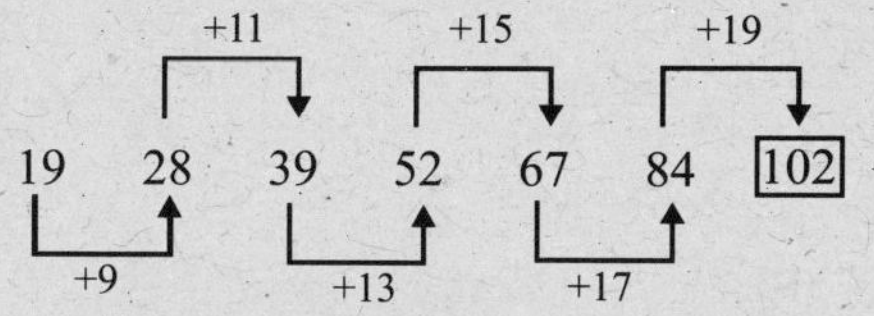

∴ गलत संख्या 102 है।

92. (d) a d c / a d c / a d c / a d c/ a d c

93. (a) पुस्तक को प्रकाशित कराने का उत्तरदायित्व प्रकाशक का होता है। उसी प्रकार, प्रोड्यूसर (निर्माता) फिल्म के निर्माण में सहायक होता है।

94. (a) मकड़ी कीट वर्ग के अंतर्गत आता है। उसी प्रकार, मगरमच्छ रेंगने वाले जानवर सरीसृप वर्ग का है।

95. (a) जिस प्रकार,

$17 + 2 = 19$

उसी प्रकार,

$107 + 2 + 109$

96. (d) अभीष्ट सही औसत

$$= \frac{10 \times 80 - 60 + 50}{10}$$

$$= \frac{800 - 10}{10} = 79$$

97. (d) वस्तु का क्रय मूल्य = ₹ 100

वस्तु का अंकित मूल्य = ₹ x

$$\therefore x \times \frac{90}{100} = 117$$

$$\Rightarrow x = \frac{117 \times 100}{90} = ₹\ 130$$

यानी क्रय मूल्य से 30% अधिक

98. (b) यदि संख्या $= x$ हो, तो

$$x \times \frac{90}{100} = 30$$

$$\Rightarrow x = \frac{3000}{90} = \frac{100}{3} = 33\frac{1}{3}$$

99. (c) डाले गये कुल मत $= x$

∴ x का $(57–43)\% = 42000$

$$\Rightarrow x \times \frac{14}{100} = 42000$$

$$x = \frac{42000 \times 100}{14} = 3,00,000$$

100. (d) यदि घड़ी का सूचीबद्ध मूल्य = ₹ x हो, तो

$$x \times \frac{90}{100} = \frac{450 \times 120}{100}$$

$$\Rightarrow x = \frac{450 \times 120}{90}$$

$= ₹\ 600$

❑❑❑

प्रैक्टिस सेट-6

1. **किस संवैधानिक संशोधन द्वारा शहरी स्थानीय शासन को संवैधानिक दर्जा दिया गया?**
   (a) 72वां (b) 73वां
   (c) 74वां (d) 71वां
2. **भारत के सर्वोच्च न्यायालय का क्षेत्राधिकार किसके द्वारा बढ़ाया जा सकता है?**
   (a) भारत के राष्ट्रपति द्वारा
   (b) संसद द्वारा प्रस्ताव पारित करके
   (c) संसद द्वारा विधि बनाकर
   (d) भारत के मुख्य न्यायाधीश से परामर्श करके राष्ट्रपति द्वारा
3. **मंत्रिपरिषद् सामूहिक रूप से किसके प्रति उत्तरदायी है?**
   (a) प्रधानमंत्री (b) राष्ट्रपति
   (c) राज्यसभा (d) लोकसभा
4. **निम्नलिखित में से किसको 'भारतीय संविधान की आत्मा' कहा गया है?**
   (a) मौलिक अधिकार
   (b) राज्य के नीति-निदेशक सिद्धांत
   (c) संवैधानिक उपचार का अधिकार
   (d) उद्देशिका
5. **निम्न में से किसकी नियुक्ति राज्य का राज्यपाल नहीं करता?**
   (a) मुख्यमंत्री
   (b) सदस्य, राज्य लोक सेवा आयोग
   (c) उच्च न्यायालय के न्यायाधीश
   (d) महान्यायवादी
6. **निम्नलिखित में से किसके अंतर्गत भारतीय संविधान सभा का गठन किया गया?**
   (a) भारत सरकार अधिनियम, 1935
   (b) क्रिप्स प्रस्ताव, 1942
   (c) कैबिनेट मिशन योजना, 1946
   (d) भारतीय स्वतंत्रता अधिनियम, 1947
7. **भारतीय संसद में निम्न में से कौन सम्मिलित हैं?**
   (a) राष्ट्रपति, लोकसभा एवं राज्यसभा
   (b) लोकसभा, राज्यसभा एवं प्रधानमंत्री
   (c) लोकसभा, राज्यसभा एवं संसदीय कार्य मंत्री
   (d) लोकसभा, राज्यसभा एवं संसदीय सचिवालय
8. **भारत के मुख्य चुनाव आयुक्त का कार्यकाल कितना होता है?**
   (a) पांच वर्ष
   (b) छह वर्ष या 65 वर्ष की आयु जो भी पहले हो
   (c) पांच वर्ष या 65 वर्ष की आयु जो भी पहले हो
   (d) भारत के राष्ट्रपति के प्रसादपर्यंत
9. **जनहित याचिका (पी.आई.एल.) कहां पर प्रस्तुत की जा सकती है?**
   (a) केवल भारत के सर्वोच्च न्यायालय में
   (b) केवल राज्यों के उच्च न्यायालयों में
   (c) केंद्रीय प्रशासनिक प्राधिकरण में
   (d) उच्च न्यायालय एवं सर्वोच्च न्यायालय दोनों में
10. **एक व्यक्ति पंचायत का चुनाव लड़ सकता है यदि उसने पूर्ण कर ली है**
   (a) 25 वर्ष की आयु
   (b) 30 वर्ष की आयु
   (c) 21 वर्ष की आयु
   (d) 18 वर्ष की आयु
11. **संविधान के किस संशोधन के अंतर्गत अन्य पिछड़ा वर्ग को शिक्षण संस्थाओं में प्रवेश हेतु 27% का आरक्षण दिया गया है?**
   (a) 92वें (b) 93वें
   (c) 94वें (d) 96वें
12. **राज्यपाल को पद व गोपनीयता की शपथ कौन दिलाता है?**
   (a) राष्ट्रपति
   (b) सर्वोच्च न्यायालय का मुख्य न्यायाधीश
   (c) उच्च न्यायालय का मुख्य न्यायाधीश
   (d) मुख्यमंत्री
13. **निम्न में से किस राज्य ने सर्वप्रथम लोकायुक्त संस्था की स्थापना की?**
   (a) राजस्थान (b) महाराष्ट्र
   (c) बिहार (d) गुजरात
14. **निम्न में से किस आयोग/समिति ने स्थानीय संस्था ऑम्बुड्समैन बनाने का सुझाव दिया?**
   (a) प्रथम प्रशासनिक सुधार आयोग
   (b) द्वितीय प्रशासनिक सुधार आयोग
   (c) बलवंतराय मेहता समिति
   (d) अशोक मेहता समिति
15. **निम्न में से कौन-सी समिति भारत में पंचायती राज व्यवस्था से संबंधित नहीं है?**
   (a) दिनेश गोस्वामी समिति
   (b) एल.एम. सिंघवी समिति
   (c) सादिक अली समिति
   (d) अशोक मेहता समिति
16. **संविधान के किस अनुच्छेद के अंतर्गत शिक्षण संस्थाओं में, जिसमें गैर-सरकारी व गैर-अनुदान प्राप्त भी सम्मिलित हैं, अन्य पिछड़ों, अनुसूचित जाति व अनुसूचित जनजाति हेतु आरक्षण की सुविधा प्रदान की गई है?**
   (a) अनुच्छेद 15(4)
   (b) अनुच्छेद 15(5)
   (c) अनुच्छेद 16(4)
   (d) अनुच्छेद 16(5)
17. **86वें संशोधन द्वारा प्रस्तावित 'शिक्षा का अधिकार' किस वर्ष से लागू किया गया?**
   (a) 2002 से (b) 2004 से
   (c) 2008 से (d) 2010 से
18. **निम्नलिखित में से कौन, उत्तराखंड राज्य की सबसे ऊंची हिमाच्छादित पर्वत चोटी है?**
   (a) कामेत (b) त्रिशूल
   (c) नंदादेवी (d) चंगोरी
19. **ब्रेटनवुड्स सम्मेलन ने किन संस्थाओं की स्थापना की?**
   1. आई.एम.एफ. (IMF)
   2. आई.बी.आर.डी. (IBRD)
   3. सयुक्त राष्ट्र
   4. डब्ल्यू.टी.ओ. (WTO)
   कूट:
   (a) 1 और 2 (b) 1, 2 और 3
   (c) 1 और 3 (d) 1, 2, 3 और 4
20. **मानव विकास रिपोर्ट, निम्नलिखित में से किस संस्था द्वारा प्रकाशित की जाती है?**
   (a) यूनेस्को (b) विश्व बैंक
   (c) यू.एन.डी.पी. (d) आई.एम.एफ.
21. **निम्नलिखित में से विश्व बैंक की कौन-सी संबद्ध संस्था, विश्व के निर्धनतम राष्ट्रों को गरीबी उन्मूलन हेतु सहायता प्रदान करती है?**

(a) अंतर्राष्ट्रीय वित्त निगम
(b) अंतर्राष्ट्रीय विकास संघ
(c) बहुपक्षीय निवेश गारंटी एजेंसी
(d) अंतर्राष्ट्रीय मौद्रिक कोष

22. माल्थस के जनसंख्या सिद्धांत के अनुसार, जनसंख्या में वृद्धि होती है
(a) ज्यामितीय क्रम में
(b) अंकगणितीय क्रम में
(c) हरात्मक क्रम में
(d) उपर्युक्त में से कोई नहीं

23. फिलिप्स वक्र किनके मध्य संबंध को व्यक्त करता है?
(a) मुद्रा विस्फीति एवं बेरोजगारी
(b) मुद्रास्फीति एवं बेरोजगारी
(c) मुद्रास्फीति एवं अदृश्य बेरोजगारी
(d) मुद्रा विस्फीति एवं चक्रीय बेरोजगारी

24. निम्नलिखित में से 'पूंजी का संग्रहण' (The Accumulation of Capital) पुस्तक का लेखक कौन है?
(a) श्रीमती जॉन रॉबिंसन
(b) एडम स्मिथ
(c) लॉर्ड मेनार्ड कींस
(d) इनमें से कोई नहीं

25. वर्ष 2011 की जनगणना के अनुसार भारत में लिंग अनुपात (प्रति 1000 पुरुषों के पीछे स्त्रियों की संख्या) है
(a) 925 (b) 947
(c) 916 (d) 940

26. निम्नलिखित में से कौन-सा राज्य, भारतवर्ष में रबर की खेती के लिए प्रसिद्ध है?
(a) कर्नाटक (b) ओडिशा
(c) आंध्र प्रदेश (d) केरल

27. निम्नलिखित में से कौन एक राजकोषीय नीति का भाग है?
(a) उत्पादन नीति (b) कर नीति
(c) विदेश नीति (d) ब्याज दर नीति

28. नरेगा (NREGA) को मनरेगा (MNREGA) नाम कब दिया गया?
(a) 2 अक्टूबर, 2007 को
(b) 2 फरवरी, 2008 को
(c) 2 अक्टूबर, 2009 को
(d) 2 अक्टूबर, 2010 को

29. भारत सरकार द्वारा, बीमा नियामक एवं विकास प्राधिकरण की स्थापना की गई थी
(a) अप्रैल 2000 में
(b) अप्रैल 2001 में
(c) अप्रैल 2002 में
(d) अप्रैल 2003 में

30. निम्नलिखित में से किस अर्थशास्त्री ने व्यापार चक्र का विशुद्ध मौद्रिक सिद्धान्त प्रतिपादित किया?
(a) हाट्रे (b) हायक
(c) कींस (d) हिक्स

31. एक कार्बन क्रेडिट समतुल्य है
(a) 10 किग्रा. CO_2
(b) 100 किग्रा. CO_2
(c) 1000 किग्रा. CO_2
(d) 10,000 किग्रा. CO_2

32. मिनामाता व्याधि का मुख्य कारण है
(a) आर्सेनिक विषाक्तता
(b) सीसा विषाक्तता
(c) पारद विषाक्तता
(d) कैडमियम विषाक्तता

33. किसी निश्चित क्षेत्र में प्राणियों की संख्या की सीमा, जिसे पर्यावरण समर्थन कर सकता है, कहलाती है-
(a) जनसंख्या
(b) वहन-क्षमता
(c) संख्या या जैव-द्रव्यमान का पिरामिड
(d) उपर्युक्त में से कोई नहीं

34. नैनो-कण का आकार निम्नलिखित में से किसके बीच होता है
(a) 100 एन-एम से 1000 एन-एम
(b) 0.1 एन-एम से 1 एन-एम
(c) 1 एन-एम से 100 एन-एम
(d) 0.01 एन-एम से 0.1 एन-एम

35. निम्नलिखित में से कौन-सा एक भारतीय रिजर्व बैंक का कार्य नहीं है?
(a) करेंसी का नियमन
(b) विदेशी व्यापार का नियमन
(c) साख का नियमन
(d) देश के विदेशी विनिमय कोषों की रखवाली एवं प्रबंध

36. बेसिलस थूरिनजिएन्सिस का उपयोग होता है
(a) जैविक खाद
(b) जैविक कीटनाशक
(c) रासायनिक खाद
(d) रासायनिक कीटनाशक

37. निम्नलिखित में से कौन-सी गैस ग्लोबल वार्मिंग के लिए ज्यादा जिम्मेदार है?
(a) नाइट्रोजन
(b) मीथेन
(c) कार्बन डाइ-ऑक्साइड
(d) कार्बन मोनो-ऑक्साइड

38. निम्नलिखित में से किस जोड़े का मिलान सही नहीं है?
(a) इबोला वायरस : चेचक
(b) जीव-सांख्यिकी पहचान : अंगुली छापन तथा आयरिस स्कैन
(c) क्लोनिंग : आनुवंशिक प्रतिकृति
(d) डी.एन.ए. फिंगरप्रिंटिंग : पैत्रक या अपराधी की पहचान

39. बायोगैस का मुख्य घटक है
(a) हाइड्रोजन (b) मीथेन
(c) ब्यूटेन (d) एसिटीलिन

40. निम्नलिखित में से कौन-सा तत्व सोलर सेल में उपयोग किया जाता है?
(a) सिलिकॉन (b) सीरियम
(c) एस्टैटीन (d) वैनेडियम

41. कौन-सा विटामिन खून का थक्का बनाने के लिए चाहिए?
(a) विटामिन A (b) विटामिन C
(c) विटामिन E (d) विटामिन K

42. इलैक्ट्रिक बल्ब में फिलामेंट बना होता है
(a) टंगस्टन (b) नाइक्रोम
(c) सीसा (d) एल्युमीनियम

43. निम्न में से किस विकिरण में ऊर्जा प्रति क्वाटंम सर्वाधिक होगी?
(a) 320-400 nm (b) 200-280 nm
(c) 280-320 nm (d) 400-600 nm

44. भारत का पहला संचालन उपग्रह IRNSS-1Aकहां से छोड़ा गया?
(a) श्रीहरिकोटा (b) अहमदाबाद
(c) तिरूअनंतपुरम (d) बंगलुरू

45. 'भारतीय रिमोट सेसिंग संस्थान' (IIRS) स्थित है
(a) देहरादून (b) नई दिल्ली
(c) लखनऊ (d) नागपुर

46. 'ग्रेट हिमालय राष्ट्रीय पार्क', जिसे यूनेस्को ने विश्व धरोहर स्थल घोषित किया है, स्थित है
(a) उत्तराखंड में
(b) हिमाचल प्रदेश में
(c) जम्मू-कश्मीर में
(d) नागालैंड में

47. उत्तर-मध्य रेलवे जोन (क्षेत्र) का मुख्यालय कहां स्थित है?
(a) इलाहाबाद (b) जबलपुर
(c) भोपाल (d) दिल्ली

48. 'अंतर्राष्ट्रीय अहिंसा दिवस' मनाया जाता है–
(a) 10 दिसंबर को
(b) 30 जनवरी को
(c) 2 अक्टूबर को
(d) 23 मार्च को

49. निम्नलिखित में से किस जोड़े का मिलान सही नहीं है?
(a) प्रकाशिक फाइबर — प्रकाश तरंगें
(b) एंड्रॉइड — वाणी निवेश
(c) बृहद हेड्रॉन कोलाइडर — गॉड पार्टीकल
(d) लाल ग्रह — मंगल

50. निम्नलिखित में से कौन संयुक्त राष्ट्रसंघ के प्रथम अफ्रीकी महासचिव रहे हैं?
(a) बान-की-मून
(b) जेवियर पेरेज द क्यूलार
(c) बुतरस-बुतरस घाली
(d) यू-थांट

51. निम्न में से कौन-सा राज्य/कौन से राज्य, प्रस्तावित "किसाऊ बांध" परियोजना से लाभांवित होंगे?
(a) हरियाणा
(b) उत्तराखंड व हिमाचल प्रदेश
(c) जम्मू-कश्मीर
(d) असम

52. "आउट ऑफ प्रिंट : न्यूजपेपर्स, जर्नलिज्म, एंड द बिजनेस ऑफ न्यूज इन द डिजिटल एज" नामक पुस्तक के लेखक कौन हैं?
(a) प्रोफेसर जॉर्ज ब्रॉक
(b) राबिन ज्याफ्रे
(c) निक न्यूमैन
(d) मार्क टूली

53. भागवत् धर्म का ज्ञात सर्वप्रथम अभिलेखीय साक्ष्य है–
(a) समुद्रगुप्त की प्रयाग प्रशस्ति
(b) गौतमी वलश्री का नासिक अभिलेख
(c) बेसनगर का गरुड़ स्तंभ अभिलेख
(d) धनदेव का अयोध्या अभिलेख

54. बौद्ध ग्रंथ 'मिलिंदपन्हों' किस हिंद-यवन शासक पर प्रकाश डालता है?
(a) डायोडोरस I (b) डेमेट्रियस
(c) मिंनाडर (d) स्ट्रैटो I

55. किस वैदिक ग्रंथ में 'वर्ण' शब्द का सर्वप्रथम नामोल्लेख मिलता है?
(a) ऋग्वेद (b) अथर्ववेद
(c) सामवेद (d) यजुर्वेद

56. गुप्त साम्राज्य के पतन के विभिन्न कारण थे। निम्नलिखित में से कौन-सा कारण नहीं था?
(a) हूण आक्रमण
(b) प्रशासन का सामंतीय ढांचा
(c) उत्तरवर्ती गुप्तों का बौद्ध धर्म स्वीकार करना
(d) अरब आक्रमण

57. दिल्ली सल्तनत के पतन के उपरांत किस शासक द्वारा स्वर्ण मुद्रा का सर्वप्रथम प्रचलन किया गया?
(a) अकबर (b) हुमायूं
(c) शाहजहां (d) शेरशाह

58. निम्नलिखित स्मारकों को उनसे संबंधित शासक से सुमेलित करके नीचे दिए गए कूटों से सही उत्तर का चयन कीजिए
A. दोहरा गुंबद
B. अष्टभुजीय मकबरा
C. सत्य मेहराबीय मकबरा
D. गोल गुंबद
1. शेरशाह
2. मुहम्मद आदिल शाह
3. बलबन
4. सिकंदर लोदी
कूट:

	A	B	C	D
(a)	4	3	1	2
(b)	4	1	3	2
(c)	1	3	4	2
(d)	2	3	1	4

59. कौन-सा स्मारक फतेहपुर सीकरी में नहीं है?
(a) जलमहल
(b) पंच महल
(c) जोधा बाई का महल
(d) उज्जयानी का महल

60. महात्मा गांधी से संबंद्ध निम्नलिखित आश्रमों में कौन-सा सबसे पुराना है?
(a) साबरमती (b) फिनिक्स
(c) वर्धा (d) सदाकत

61. ईस्ट इंडिया कंपनी द्वारा स्थापित उच्चतम न्यायालय के प्रथम मुख्य न्यायाधीश थे–
(a) एलिजाह इंपे
(b) कोर्टनी इल्बर्ट
(c) फिलिप फ्रांसिस
(d) इनमें से कोई नहीं

62. 'नील दर्पण' के लेखक कौन थे?
(a) ईश्वर चंद्र विद्यासागर
(b) बंकिम चंद्र चटर्जी
(c) नबगोपाल मित्रा
(d) दीनबंधु मित्रा

63. अजीमुल्ला खां सलाहकार थे--
(a) नाना साहब के
(b) तात्या टोपे के
(c) रानी लक्ष्मीबाई के
(d) कुंवर सिंह के

64. 'सत्य शोधक समाज' की स्थापना किसने की थी?
(a) बी.आर. अंबेडकर
(b) संतराम
(c) ज्योतिबा फुले
(d) भास्कर राव जाधव

65. 'चुंबकीय दिशासूचक' यंत्र का सर्वप्रथम संदर्भ मिलता है
(a) मिफल-उल-फुतूह में
(b) चयनामा में
(c) रजतुस सफा में
(d) जीवामिउल् हिकायात में

66. गोविन्द घाट किन नदियों के संगम पर स्थित है?
(a) अलकनंदा एवं भागीरथी
(b) अलकनंदा एवं खिरोंगाड
(c) अलकनंदा एवं लक्ष्मणगंगा (भ्यूंडार गाड)
(d) अलकनंदा एवं धौली गंगा

67. महासागरीय नितल का सबसे विस्तृत भाग कौन-सा है?
(a) महासागरीय गर्त
(b) महासागरीय ढाल
(c) महासागरीय मग्न तट
(d) गहरे सागरीय मैदान

68. ग्रेनाडा अवस्थित है
(a) प्रशांत महासागर में
(b) हिंद महासागर में
(c) कैरीबियन सागर में
(d) भूमध्य सागर में

69. ग्रीनविच से दोपहर 12.00 बजे एक तार भेजा गया। तार संप्रेषित करने में 12 मिनट का समय लगा। वह एक नगर में 6.00 बजे सायं को पहुंचा। नगर का देशांतर होगा-
(a) 978° पू. (b) 87° प.
(c) 87° प. (d) 97° प.

70. निम्नलिखित में कौन 'ब्रिक्स' (BRICS) का सदस्य नहीं है?
(a) भारत (b) चीन
(c) सऊदी अरब (d) ब्राजील

71. निम्नलिखित में से कौन 'समूह' से संबंधित नहीं है?
(a) नीस (b) बालुका पत्थर
(c) चूना पत्थर (d) शैल

72. निम्नलिखित में से कौन सुमेलित नहीं है?
जैवमंडल आरक्षी क्षेत्र — राज्य
(a) सिमलीपाल — ओडिशा
(b) नोकरेक — मेघालय
(c) अगस्त्यमलाई — केरल
(d) कंचनजंगा — हिमाचल प्रदेश

73. निम्नलिखित में से कौन-सी नदी सरदार सरोवर परियोजना से संबंधित है?
(a) नर्मदा (b) ताप्ती (तापी)
(c) गोदावरी (d) कावेरी

74. निम्नलिखित समूहों में कौन-सा पूर्व से पश्चिम की ओर पर्वत शिखरों का सही क्रम है?

(a) एवरेस्ट, कंचनजंगा, अन्नपूर्णा, धौलागिरि
(b) कंचनजंगा, एवरेस्ट, अन्नपूर्णा, धौलागिरि
(c) कंचनजंगा, धौलागिरि, अन्नपूर्णा, एवरेस्ट
(d) एवरेस्ट, कंचनजंगा, धौलागिरि, अन्नपूर्णा

75. सूची-I को सूची-II से सुमेलित कीजिए और नीचे दिए गए कूट का उपयोग करते हुए सही उत्तर का चयन कीजिए

सूची-I		सूची-II
A. उर्वरक	1.	कोटा
B. कांच	2.	उदयपुर
C. सीमेंट	3.	जयपुर
D. कृत्रिम रेशम	4.	श्री गंगानगर

कूट:

	A	B	C	D
(a)	4	3	2	1
(b)	1	4	3	2
(c)	2	1	4	3
(d)	3	2	1	4

76. निम्नलिखित में से कौन-सी नदी गंगा नदी में बाएं से नहीं मिलती है?

(a) गोमती (b) घाघरा
(c) कोसी (d) सोन

77. सूची-I को सूची-II से सुमेलित कीजिए और नीचे दिए गए कूट का उपयोग करते हुए सही उत्तर चुनिए–

सूची-I (समुद्री बंदरगाह)		सूची-II (राज्य)
A. अलेप्पी	1.	तमिलनाडु
B. इन्नोर	2.	ओडिशा
C. पारादीप	3.	केरल
D. काकीनाड़ा	4.	आंध्र प्रदेश

कूट:

	A	B	C	D
(a)	3	1	2	4
(b)	4	2	1	3
(c)	2	4	3	1
(d)	1	3	4	2

78. भारत के दक्कन के पठार पर बेसाल्ट-निर्मित लावा शैलों का निर्माण हुआ है।

(a) क्रिटेशियस युग में
(b) प्लास्टोरीन युग में
(c) कार्बोनीफेरस युग में
(d) मायोसीन युग में

79. वर्ष 1946 में स्थापित 'संयुक्त राष्ट्र मानवाधिकार आयोग' के सदस्य के रूप में सम्मिलित प्रथम भारतीय कौन थे?

(a) श्रीमती सरोजनी नायडू
(b) श्रीमती हंसा मेहता
(c) श्रीमती विजया लक्ष्मी पंडित
(d) उपर्युक्त में से कोई नहीं

80. 'स्टार्ट I' एवं 'स्टार्ट II' संधियां हस्ताक्षरित की गई हैं

(a) अमेरिका व सोवियत संघ के मध्य
(b) अमेरिका व चीन के मध्य
(c) सोवियत संघ व चीन के मध्य
(d) उपर्युक्त में से किसी के मध्य नहीं

81. भारत में 'मानवाधिकार संरक्षण अधिनियम' कब लागू हुआ?

(a) 1990 में (b) 1991 में
(c) 1992 में (d) 1993 में

82. अंतर्राष्ट्रीय मुद्रा कोष की स्थापना किस समझौते के अंतर्गत हुई?

(a) ब्रेटनवुड्स समझौता
(b) ब्रेटन स्टोन समझौता
(c) एस. वुड्स समझौता
(d) यू थांट समझौता

83. दक्षिण एशियाई क्षेत्रीय सहयोग संगठन (सार्क) की स्थापना कब हुई?

(a) 1984 में (b) 1987 में
(c) 1985 में (d) 1989 में

84. राज्य विधानसभा निम्नलिखित में से किनके निर्वाचन में भागलेती है?

1. भारत के राष्ट्रपति के
2. भारत के उपराष्ट्रपति के
3. राज्य सभा के सदस्यों के
4. राज्य विधानपरिषद् के सदस्यों के

कूट:
(a) 1, 2 और 3
(b) 1, 3 और 4
(a) 1 और 3
(b) 1, 2 और 4

85. निम्नलिखित में से कौन भारत के राज्यों का उनके क्षेत्रफल के अवरोही क्रम में सही क्रम है?

(a) उत्तराखंड, छत्तीसगढ़, झारखंड, हिमाचल प्रदेश
(b) झारखंड, उत्तराखंड, हिमाचल प्रदेश, छत्तीसगढ़
(c) छत्तीसगढ़, झारखंड, हिमाचल प्रदेश, उत्तराखंड
(d) हिमाचल प्रदेश, उत्तराखंड, झारखंड, छत्तीसगढ़

86. 10 दिसंबर मनाया जाता है-

(a) मानवाधिकार दिवस के रूप में
(b) विश्व स्वास्थ्य दिवस के रूप में
(c) यू.एन. दिवस के रूप में
(d) मजदूर दिवस के रूप में

निर्देशः (प्रश्न 87-88 तक) : उसे चुनिए जो अन्य तीन विकल्पों में भिन्न हो।

87. (a) गैंडा (b) घोड़ा
(c) हाथी (d) मगर

88. (a) 1436 (b) 2321
(c) 345 (d) 648

निर्देश : (प्रश्न 89 से 90 तक) : दो कथन के आगे दो/चार निष्कर्ष I, II, III और IV दिए गए हैं। आपको कथन को सत्य मानकर विचार करना है। चाहे वह सामान्यतः ज्ञात तथ्यों से भिन्न प्रतीत होता हो। आपको निर्णय करना है कि दिए गए निष्कर्षों में से कौन-सा, यदि कोई हो, निश्चित रूप से दिए गए कथनों के आधार पर निकाला जा सकता है, अपना उत्तर निर्दिष्ट करें।

89. कथन : 1. सभी बक्से, बैंचे हैं।
2. सभी बक्से, कुर्सियां हैं।
निष्कर्ष : I. सभी बैंचे, कुर्सियां हैं।
II. सभी बैंचे, बक्से हैं।
III. कुछ बैंचे, कुर्सियां हैं।
IV कुछ कुर्सियां, बक्से हैं।

(a) सभी निष्कर्ष लागू हैं।
(b) केवल निष्कर्ष I तथा III लागू हैं।
(c) केवल निष्कर्ष II या IV लागू हैं।
(d) केवल निष्कर्ष, III तथा IV लागू हैं।

90. कथन : 1. कुछ अभिनेता, गायक हैं।
2. सभी गायक, नर्तकी हैं।
निष्कर्ष : I. कुछ अभिनेता, नर्तक हैं।
II. कोई गायक, अभिनेता नहीं है।

(a) केवल निष्कर्ष I ठीक है।
(b) केवल निष्कर्ष II ठीक है।
(c) या निष्कर्ष I या II ठीक है।
(d) न निष्कर्ष, I न ही II ठीक है।

निर्देशः (प्रश्न 91-91 तक) : दिए गए विकल्पों में से लुप्त संख्या ज्ञात कीजिए।

91.

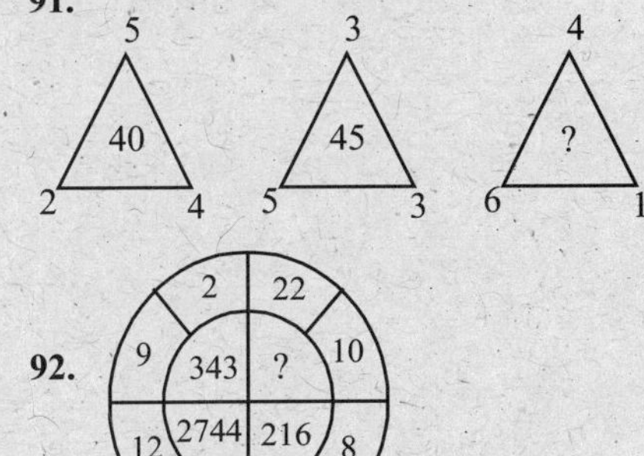

92.

(a) 1000 (b) 1728
(c) 878 (d) 560

93. कन्नन, उत्तर दिशा में 21 किमी गया, फिर दाएं मुड़कर 17 किमी गया और फिर से दाएं मुड़कर 10 किमी गया। तदनुसार अब वह अपने प्रस्थान बिन्दु से किस दिशा में है?

(a) पूर्व
(b) उत्तर-पूर्व
(c) दक्षिण-पूर्व
(d) पश्चिम

94. कौन-सी उत्तर आकृति प्रश्न आकृति के प्रतिरूप को पूरा करेगी?

प्रश्न आकृति :

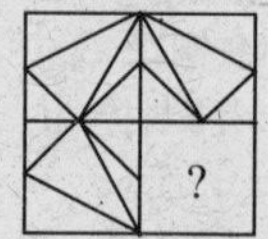

उत्तर आकृतियां :

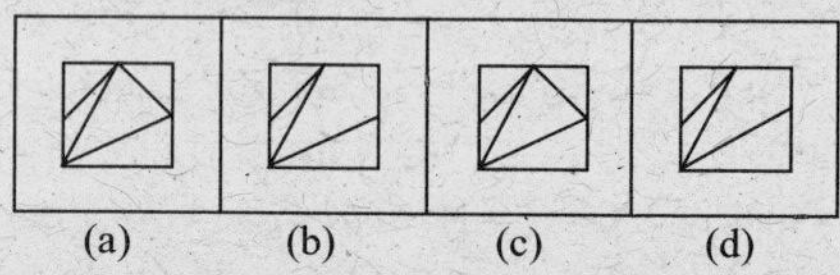

(a) (b) (c) (d)

95. यदि एक दर्पण को MN रेखा पर रखा जाए, तो दी गई उत्तर आकृतियों में से कौन-सी आकृति प्रश्न आकृति की सही दर्पण प्रतिबिम्ब होगी?

प्रश्न आकृति :

उत्तर आकृतियां :

(a) (b) (c) (d)

96. 70% तथा 30% की दो क्रमिक छूटें, कितनी मात्रा की एकल छूट के बराबर हैं?

(a) 75%

(b) 79%

(c) 100%

(d) 89%%

97. यदि आयताकार समान्तर षट्फलक की लम्बाई, चौड़ाई और ऊंचाई का योग 24 सेमी है उसके विकर्ण की लम्बाई 15 सेमी है। तद्नुसार उसका समग्र पृष्ठीय क्षेत्रफल कितना होगा?

(a) 256 सेमी^{2}

(b) 265 सेमी^{2}

(c) 315 सेमी^{2}

(d) 351 सेमी^{2}

98. एक समबाहु त्रिभुज के अंतर्गत एक वृत्त बनाया गया है और उस वृत्त के अंतर्गत एक वर्ग बनाया गया है। तदनुसार, उक्त त्रिभुज तथा वर्ग के क्षेत्रफलों का अनुपात कितना होगा?

(a) $\sqrt{3}:4$ (b) $\sqrt{3}:8$

(c) $3\sqrt{3}:2$ (d) $3\sqrt{3}:1$

99. A, B तथा C एक कार्य क्रमशः 10, 12 और 15 दिनों में कर सकते हैं। A उस कार्य को पूरा होने से 5 दिन पहले छोड़ देता है, और B उसे A के 2 दिनों बाद छोड़ देता है। तदनुसार कार्य पूरा होने में कितना समय लगेगा?

(a) 6 दिन

(b) 12 दिन

(c) 13 दिन

(d) 7 दिन

100. दो नालियां A तथा B एक टंकी को क्रमशः 6 घण्टों तथा 4 घण्टों में भर सकती हैं। यदि उन्हें हर घण्टे के बाद बारी-बारी से खोला जाए और नली A को पहले खोला जाए, तो टंकी भरने में कितना समय लगेगा?

(a) 5 घण्टे (b) $5\frac{1}{2}$ घण्टे

(c) 6 घण्टे (d) $4\frac{1}{2}$ घण्टे

व्याख्या सहित उत्तर

1. (c) 74वां संविधान संशोधन द्वारा शहरी स्थानीय शासन को संवैधानिक दर्जा दिया गया। इस संविधान संशोधन द्वारा एक नया भाग 9 'क' जोड़ा गया, इसके अंतर्गत अनुच्छेद 243 (P) से 243 (ZG) समाविष्ट किया गया। इसके लिए 12वीं अनुसूची को जोड़ा गया।

2. (c) भारत के संविधान में अनुच्छेद 138 में उच्चतम न्यायालय की अधिकारिता की वृद्धि से संबंधित प्रावधान किया गया है। अनुच्छेद 138 में यह व्यवस्था की गई है कि संसद विधि बनाकर उच्चतम न्यायालय की अधिकारिता में वृद्धि कर सकती है।

3. (d) भारतीय संसदीय व्यवस्था में मन्त्रिपरिषद् का कार्यकाल लोकसभा के विश्वास पर निर्भर करता है, क्योंकि संविधान के अनुच्छेद 75(3) के तहत सामूहिक उत्तरदायित्व का प्रावधान किया गया है अर्थात् मन्त्रिपरिषद् सामूहिक रूप से लोकसभा के प्रति उत्तरदायी होती है।

4. (c) भारतीय संविधान के अनुच्छेद 32 अर्थात् 'संवैधानिक उपचारों के अधिकारों' को डॉ. अम्बेडकर ने संविधान की आत्मा की संज्ञा दी है। इसके अंतर्गत हर नागरिक को यह अधिकार प्राप्त है कि वह मौलिक अधिकारों के उल्लंघन की स्थिति में सीधे उच्चतम न्यायालय अथवा उच्च न्यायालय जा सकता है।

5. (c) अनुच्छेद 217 के अनुसार उच्च न्यायालय के मुख्य न्यायाधीशों की नियुक्ति, भारत के राष्ट्रपति द्वारा उच्चतम न्यायालय के मुख्य न्यायमूर्ति और संबंधित राज्य के राज्यपाल के परामर्श से होती है। अन्य न्यायाधीशों की नियुक्ति भारत का राष्ट्रपति संबंधित राज्य के राज्यपाल तथा संबंधित उच्च न्यायालय के मुख्य न्यायाधीश के परामर्श से करता है। राज्य लोक सेवा आयोग के सदस्यों, मुख्यमंत्री तथा राज्य महाधिवक्ता की नियुक्ति राज्यपाल के द्वारा की जाती है।

6. (c) भारतीय संविधान का निर्माण एक संविधान सभा द्वारा किया गया। संविधान सभा का गठन कैबिनेट मिशन योजना (1946) के तहत किया गया। संविधान सभा में कुल 389 सदस्य थे, जिनमें से 292 सदस्य ब्रिटिश भारत के गवर्नरों के अधीन, 11 प्रान्तों से, 4 चीफ कमिश्नरों के अधीन, 4 प्रान्तों (दिल्ली, अजमेर-मारवाड़, कुर्ग एवं ब्रिटिश बलूचिस्तान) से तथा 93 प्रतिनिधि देशी रियासतों से लिए जाने थे। प्रान्तीय सभाओं के द्वारा प्रत्येक 10 लाख जनसंख्या में से एक सदस्य के अनुपात में इसके सदस्य निर्वाचित हुए।

7. (a) भारतीय संसद (अनुच्छेद 79) में राष्ट्रपति (अनुच्छेद 52), लोकसभा (अनुच्छेद 81) तथा राज्यसभा (अनुच्छेद 80) को सम्मिलित किया जाता है।

8. (b) संविधान के अनुच्छेद 324 के अंतर्गत एक स्वतन्त्र निर्वाचन आयोग की व्यवस्था की गई है। इसमें एक मुख्य निर्वाचन आयुक्त तथा दो अन्य निर्वाचन आयुक्त होते हैं। मुख्य निर्वाचन आयुक्त का कार्यकाल 6 वर्ष या 65 वर्ष की आयु तक (जो पहले हो) होता है। वह किसी भी समय अपना त्याग-पत्र राष्ट्रपति को सौंप सकता है। मुख्य निर्वाचन आयुक्त को उसी प्रक्रिया से पदच्युत किया जा सकता है, जिसके द्वारा सर्वोच्च न्यायालय के न्यायाधीशों को हटाया जाता है।

9. (d) लोकहितवाद या जनहित याचिका की अवधारणा मुख्य न्यायमूर्ति पी.एन. भगवती और न्यायमूर्ति बी.आर. कृष्णा अय्यर के द्वारा दी गई। इससे तात्पर्य है कि यदि ऐसा कोई व्यक्ति जो पीड़ित है और न्यायालय में नहीं जा सकता है, तो इस स्थिति में अन्य व्यक्ति या गैर-सरकारी संगठनों को यह अधिकार है कि वे पीड़ित व्यक्ति की ओर से न्याय की मांग कर सकता है।

10. (c) किसी भी भारतीय नागरिक को पंचायत का चुनाव लड़ने के लिए न्यूनतम आयु 21 वर्ष निर्धारित की गई है।

11. (b) 93वें संविधान संशोधन अधिनियम, 2003 द्वारा अन्य पिछड़ा वर्ग को शिक्षण संस्थाओं में प्रवेश हेतु 27% आरक्षण की व्यवस्था की गई है।

12. (c) संविधान के अनुच्छेद 159 के तहत उच्च न्यायालय का मुख्य न्यायाधीश या उसकी अनुपस्थिति में उस न्यायालय के उपलब्ध ज्येष्ठतम न्यायाधीश के द्वारा राज्यपाल को पद एवं गोपनीयता की शपथ दिलाई जाती है। राज्यपाल राष्ट्रपति के प्रसादपर्यन्त पदभार ग्रहण करता है। राज्यपाल नियुक्त होने के लिए न्यूनतम आयु 35 वर्ष है।

13. (b) सर्वप्रथम 1966 में प्रशासनिक सुधार आयोग ने केंद्र स्तर पर लोकपाल तथा राज्य स्तर पर लोकायुक्त की स्थापना की सिफारिश की थी। सर्वप्रथम महाराष्ट्र में वर्ष 1971 में लोकायुक्त पद का सृजन हुआ था। राजस्थान, बिहार तथा गुजरात में लोकायुक्त की स्थापना क्रमश: वर्ष 1973, 1974 तथा 1986 में की मई थी।

14. (a) ऑम्बुड्समैन संस्था पहली बार 1809 ई. में स्वीडन में गठित की गई थी। भारत में ऑम्बुड्समैन को लोकपाल/लोकायुक्त कहा जाता है। सर्वप्रथम भारत में स्थानीय संस्था ऑम्बुड्समैन बनाने का सुझाव 1966 ई. से प्रथम प्रशासनिक सुधार आयोग ने दिया था।

15. (a) दिनेश गोस्वामी समिति, 'चुनाव सुधार व्यवस्था' से संबंधित है। सिंघवी समिति, अशोक मेहता समिति तथा सादिक अली समिति का संबंध पंचायत राज व्यवस्था से है। अशोक मेहता समिति ने ही, बलवन्त राय मेहता समिति द्वारा प्रस्तावित 'त्रिस्तरीय प्रणाली' के स्थान पर 'द्विस्तरीय प्रणाली' अपनाने की सिफारिश की थी।

16. (b) भारतीय संविधान के अनुच्छेद 15 (धर्म, मूलवंश, जाति, लिंग या जन्म स्थान के आधार पर विभेद का प्रतिषेध) के 15(5) के अंतर्गत अल्पसंख्यक शिक्षण संस्थाओं को छोड़कर चाहे वह राज्य द्वारा सहायता प्राप्त हों या न हों, शिक्षण संस्थाओं में सम्मिलित होने वाली प्राइवेट शिक्षण संस्थाओं में उनके प्रवेश से संबंधित विशिष्ट उपबन्ध जहां तक सामाजिक, शैक्षणिक पिछड़े वर्ग के नागरिकों या अनुसूचित जाति अथवा अनुसूचित जनजाति के लाभ का संबंध है, के लिए आरक्षण की सुविधा प्रदान की गई है।

17. (d) संविधान के 86वें संशोधन अधिनियम, 2002 द्वारा एक नया अनुच्छेद 21 (क) जोड़कर शिक्षा के अधिकार (Right to Education) को मूल अधिकार में सम्मिलित किया गया। इसके अंतर्गत 6 से 14 वर्ष की आयु के सभी बच्चों के लिए नि:शुल्क एवं अनिवार्य शिक्षा का प्रावधान किया गया। 1 अप्रैल, 2010 से 'शिक्षा का अधिकार' अधिनियम लागू हो गया है।

18. (c) नन्दादेवी राज्य की ऊंची हिमाच्छादित पर्वत चोटी है। यह राज्य के उच्च हिमालयी क्षेत्र में स्थित है। साथ ही त्रिशूल और कामेन भी उच्च हिमालयी क्षेत्र में पाए जाते हैं, जबकि चंगोरी पर्वत चोटी जम्मू एवं कश्मीर राज्यक्षेत्र में है। नन्दादेवी की ऊंचाई 7,817 मी, कामेत की ऊंचाई 7,756 मी. एवं त्रिशूल की ऊंचाई 7,120 मी. है।

19. (a) ब्रेटनवुड्स सम्मूलेन 1944 में संयुक्त राज्य अमेरिका के ब्रेटनवुड्स शहर में आयोजित किया गया। इसकी अध्यक्षता प्रसिद्ध अर्थशास्त्री जॉन बर्नार्ड कोस ने की थी। इस सम्मेलन में अंतर्राष्ट्रीय मुद्रा कोष (IMF) तथा पुनर्निर्माण और विकास के लिए अंतर्राष्ट्रीय बैंक (IBRD) की स्थापना का निर्णय लिया गया। इसके तहत दिसम्बर 1945 में इन दोनों संस्थाओं की स्थापना की गई।

20. (c) मानव विकास रिपोर्ट का प्रकाशन संयुक्त राष्ट्र विकास कार्यक्रम (UNDP) द्वारा प्रतिवर्ष किया जाता है। यह रिपोर्ट विश्व के विभिन्न भागों में मानव विकास की स्थिति का आकलन करती है। इसके लिए यह शिक्षा, स्वास्थ्य एवं आय के तीन आयामों से संबंधित चार मानकों जीवन-प्रत्याशा, स्कूलिंग का माध्य वर्ष, स्कूलिंग का अपेक्षित वर्ष और क्रय शक्ति समता के आधार पर प्रति व्यक्ति सकल राष्ट्रीय आय को आधार बनाता है।

21. (b)

22. (a) टी.आर. माल्थस की पुस्तक "एन एस्से ऑन द प्रिंसिपल्स ऑफ पॉपुलेशन" 1978 में प्रकाशित हुई। इसमें उन्होंने अपना प्रसिद्ध जनसंख्या सिद्धान्त दिया था। इस सिद्धान्त के अनुसार, जनसंख्या में वृद्धि ज्यामितीय क्रम में अर्थात् 2,4, 8, 16, 32 में होती है, जबकि खाद्यान्न में वृद्धि अंकगणितीय क्रम 1, 2, 3, 4 में होती है।

23. (b) फिलिप्स वक्र बेरोजगारी के स्तर और मौद्रिक मजदूरी में परिवर्तन की दर के अंर्तसंबंधों की दिशा में संकेत देते हुए बतलाता है कि बेरोजगारी और मुद्रास्फीति की दर में कुछ हद तक नकारात्मक संबंध पाया जाता है। आशय यह है कि अगर मुद्रास्फीति की दर अधिक होगी तो बेरोजगारी घटेगी, क्योंकि अर्थव्यवस्था में बेरोजगारी का एक निश्चित स्तर मौद्रिक मजदूरी में परिवर्तन की विशेष दर को जन्म देगी। बेरोजगारी के निम्न स्तर और मुद्रास्फीति के निम्न स्तर के उद्देश्य में निरन्तरता का अभाव होता है।

24. (a) पूंजी का संग्रहण (The Accomulation of Capital) पुस्तक की लेखिका श्रीमती जॉन रॉबिन्सन है। इसका प्रकाशन 1956 में हुआ था।

25. (d) वर्ष 2011 की अन्तिम भारतीय जनगणना के अनुसार, देश को लिंगानुपात 943 (अनन्तिम 940) है। केरल में सर्वाधिक लिंगानुपात 1084 है तो हरियाणा में न्यूनतम 879 है।

26. (d) भारत में रबर के उत्पादन में केरल का एकाधिकार है, जो 90.63% रबर का उत्पादन करता है। अन्य उत्पादक राज्यों में तमिलनाडु कर्नाटक, त्रिपुरा आदि हैं।

27. (b) राजस्व या लोक वित्त सरकार के राजस्व से संबंधित है। इनके विभिन्न पहलुओं को प्रभावित करने वाली नीति सामान्यत: राजकोषीय नीति या बजटेरी नीति के नाम से जानी जाती है। इसके अंतर्गत सरकार के सार्वजनिक व्यय, करारोपण, सार्वजनिक ऋण तथा उसके प्रबन्धन से संबंधित उन नीतियों को शामिल किया जाता है, जिनका प्रयोग अर्थव्यवस्था में रोजगार, राष्ट्रीय आय, आन्तरिक तथा बाह्य स्थिरता आर्थिक समता आदि उद्देश्यों को प्राप्त करने के लिए किया जाता है।

28. (c) **29.** (a)

30. (b) व्यापार चक्र का विशुद्ध मौद्रिक सिद्धान्त प्रो. आर.जी. हाट्रे ने प्रतिपादित किया था। प्रो. हाट्रे के अनुसार, व्यापार चक्र विशुद्ध रूप से मौद्रिक परिघटना है। यह व्यवसायियों की ओर से मुद्रा की मांग के पक्ष में अर्थव्यवस्था की समृद्धि तथा मन्दी में परिवर्तित होता है।

31. (c) एक कार्बन क्रेडिट 1000 किग्रा. CO_2 के बराबर होता है उत्सर्जन व्यापार का प्रयोग प्रदूषकों के उत्सर्जन में कटौती को प्राप्त करने पर आर्थिक प्रोत्साहन प्रदान करके प्रदूषण को नियन्त्रित करने के लिए किया जाता है।

32. (c) यह रोग पारद विषाक्तता (Marcury Poisoning) के कारण से होता है। इस रोग की पहली बार खोज जापान के मिनामाता शहर (Minamata City) में वर्ष 1956 में की गई थी। इस रोग में मरीज के बोलने तथा सुनने की क्षमता समाप्त हो जाती है।

33. (b) वहन-क्षमता (Carrying Capacity) किसी भौगोलिक क्षेत्र के पारितन्त्र में किसी जीवधारी प्रजाति की उस अधिकतम जनसंख्या के रूप में परिभाषित की जाती है, जिसे उस पारितन्त्र के संसाधन पोषण प्रदान कर सकते हैं। पारितन्त्र की वह क्षमता जिससे अधिक जनसंख्या वृद्धि हो जाने को जनसंख्या उत्क्षेप (Population Overshoot) कहा जाता है।

34. (c) नैनो-कण का आकार 1 नैनोमीटर से 100 नैनोमीटर तक होता है। नैनो-कण मजबूती-प्रत्यास्था, विद्युत चालकता तथा रंग आदि गुणों को प्रदर्शित करते हैं, जबकि इनके पदार्थ रूप सूक्ष्म अथवा वृहत स्तर पर ये गुण प्रदर्शित नहीं करते। नैनो-कण एम आर आई (MRI) तथा अल्ट्रासोनोग्राफी में निदानात्मक कार्य निभा सकते हैं।

35. (b) भारतीय रिजर्व बैंक (RBI) भारत सरकार का केंद्रीय बैंक तथा देश का शीर्ष मौद्रिक नियामक है। इसके प्रमुख कार्य हैं–

1. मुद्रा का निर्गमन
2. सरकार का बैंक तथा बैंकों का बैंक

3. मौद्रिक एवं साख-नीति का निर्माण एवं नियमन

4. विनिमय का स्थिरीकरण

5. आई. एम. एफ. में भारत सरकार का एजेण्ट

6. वित्तीय संस्थानों का नियामक

वित्तीय व्यापार का नियमन रिजर्व बैंक का कार्य न होकर वाणिज्य मंत्रालय भारत सरकार का कार्य है।

36. (b) बैसिलस थूरिनजिएनसिस का उपयोग जैविक कीटनाशक के रूप में किया जाता है। यह एक भूमिगत जीवाणु है, जिसकी खोज जापानी वैज्ञानिक ईशीवाटा ने वर्ष 1902 में की थी।

37. (c) कार्बन डाइ-ऑक्साइड गैस ग्लोबलवार्मिंग के लिए सर्वाधिक जिम्मेदार है। पृथ्वी के सतह से होने वाले विकिरण को कार्बन डाइ-ऑक्साइड रोककर तापमान को 15 डिग्री सेल्सियस तक बनाए रखती हैं, परन्तु इसकी मात्रा बढ़ जाने पर पृथ्वी आवश्यकता से अधिक गर्म हो जाएगी, जो पृथ्वी के सभी प्राणियों के लिए खतरे का सूचक है।

38. (a) इबोला वायरस रोग या इबोला रक्तस्त्रावी बुखार इबोला वायरस के कारण लगने वाला अत्यन्त संक्रामक रोग है। आमतौर पर इसके लक्षणों में बुखार, गले में खराश, मांसपेशियों में दर्द तथा सिरदर्द होता है।

39. (d) जैव गैस या बायोगैस वह गैस मिश्रण है, जो ऑक्सीजन की अनुपस्थिति में जैविक सामग्री के विघटन से उत्पन्न होती है। यह पर्यावरण मित्र ऊर्जा है। यह एक नवीकरणीय ऊर्जा स्रोत है। बायोगैस स्थानीय उपलब्ध कच्चे पदार्थों एवं कचरा से पैदा की जा सकती है।

40. (a)

41. (d) विटामिन K खून का थक्का बनाने में महत्वपूर्ण योगदान देता है। विटामिन K की खोज डेनिश वैज्ञानिक Heurik Dan द्वारा की गई थी।

42. (a) इलैक्ट्रिक बल्ब में फिलामेन्ट टंगस्टन का बना होता है। टंग्स्टन अथवा आवर्त सारणी के छठे अंतवर्ती समूह का तत्व है।

43. (b) हम जानते हैं कि विकिरण ऊर्जा $E = hv$, जहां v = आवृति, जिस विकिरण में तरंगदैर्ध्य जितना कम होगा, आवृत्ति उतनी ही अधिक होगी अर्थात् ऊर्जा भी अधिक होगी। अत: दिए गए विकल्पों में 200-280 nm तरंगदैर्ध्य के लिए आवृत्ति सर्वाधिक होगी। अत: ऊर्जा प्रति क्वान्टम भी अधिक होगी।

44. (a) भारत का पहला संचालन उपग्रह IRNSS-IA, 1 जुलाई, 2013 को PSLV-C-22 द्वारा सतीश ध्वन अंतरिक्ष केंद्र से छोड़ा गया। इसका निर्माण इसरो उपग्रह केंद्र बंगलूरू द्वारा किया गया है।

45. (a)

46. (b) ग्रेट हिमालय राष्ट्रीय पार्क हिमाचल प्रदेश के कुल्लू जिले में स्थित है। इसे वर्ष 1999 में राष्ट्रीय पार्क घोषित किया गया। यह 754.4 वर्ग किमी. क्षेत्र में फैला है। इसे जून, 2014 में यूनेस्को के विश्व विरासत सूची में शामिल किया गया।

47. (a)

48. (b)

49. (b) प्रकाशीय फाइबर, कांच या प्लास्टिक से निर्मित एक तन्तु होता है, जिससे लम्बाई की दिशा में प्रकाश का संचरण हो सकता है। वर्तमान में इसका संचार में अधिक प्रयोग हो रहा है। वृहद् हेड्रोन कोलाइडर सर्न एक महत्वाकांक्षी परियोजना है। इस परियोजना के अंतर्गत ही गॉड पार्टीकल की खोज की गई है। मंगल ग्रह को लाल ग्रह के रूप में जाना जाता है।

50. (c) बुतरस-बुतरस घाली प्रथम अफ्रीकी है, जो संयुक्त राष्ट्रसंघ के महासचिव रहे। संयुक्त राष्ट्रसंघ में इनका कार्यकाल 1 जनवरी, 1992 से 31 दिसम्बर, 1996 तक था। इनका जन्म 14 नवम्बर, 1922 को मिस्र के एक राजनीतिक परिवार में हुआ था।

51. (b) 'किसाऊ बांध' यमुना के सहायक नदी टोस पर बनाया जा रहा है, जिससे उत्तराखण्ड एवं हिमाचल प्रदेश को लाभ मिलेगा, इस परियोजना में 660 मेगावाट जल विद्युत उत्पादन होगा।

52. (a) "आउट ऑफ प्रिण्ट न्यूजपेपर्स, जर्नलिज्म एण्ड द विजनेस ऑफ न्यूज इन द डिजिटल एज" नामक पुस्तक के लेखक प्रोफेसर जॉर्ज ब्रॉक है।

53. (c) ब्राह्मण धर्म के जटिल कर्मकाण्ड एवं यज्ञीय व्यवस्था के विरुद्ध प्रतिक्रिया स्वरूप भागवत धर्म का उदय हुआ। इस धर्म का सर्वप्रथम उल्लेख छठी शताब्दी ई.पू. के आस-पास उपनिषदों में मिलता है। वासुदेव कृष्ण के भक्त या उपासक भागवत कहलाते थे। भागवत धर्म का ज्ञात सर्वप्रथम अभिलेखीय साक्ष्य बेसनगर का गरुड़ स्तम्भ है। हिन्द-यवन शासक एन्टियालकीट्स ने हेलियोडोरस को भागभद्र के दरबार में भेजा था, जिसने बेसनगर के गरुड़ स्तम्भ की स्थापना की थी। इस स्तम्भ पर दम्भ, त्याग तथा अप्रमाद तीन शब्द अंकित किए गए हैं।

54. (c)

55. (a) सर्वप्रथम ऋग्वेद के दसवें मण्डल में वर्णित पुरुष सूक्त में चार वर्णों की उत्पत्ति का वर्णन मिलता है। इसमें चारों वर्णों की उत्पत्ति एक विराट पुरुष के विभिन्न अंगों से बताई गई है। प्रारम्भ में वर्ण शब्द रंग का द्योतक हुआ करता था तथा आर्य मूल निवासियों से अपने को पृथक दर्शाने के लिए इस शब्द का प्रयोग करते थे। ऋग्वैदिक काल के उत्तरार्द्ध में वर्ण शब्द कर्म का भी व्यंजक हो गया।

56. (d)

57. (a) 1526 ई. के पानीपत के प्रथम युद्ध में लोदी शासक इब्राहिम लोदी का बाबर के हाथों पराजित होने के साथ ही दिल्ली सल्तनत का पराभव हो गया। बाबर ने शासक बनने के पश्चात चांदी का सिक्का चलाया। हुमायूं को सिक्का चलाने का अवसर नहीं मिल पाया। शेरशाह ने शुद्ध चांदी के सिक्के, जिसे रुपया कहा जाता था तथा तांबे का सिक्का चलाया। मुगलकालीन मुद्रा को एक सुव्यवस्थित एवं व्यापक आधार अकबर ने दिया। अकबर ने शासनकाल के प्रारम्भ में 'मुहर' नामक एक सोने का सिक्का चलाया, जो मुगलकाल का सबसे अधिक प्रचलित सिक्का था।

58. (b) बलबन का मकबरा शुद्ध इस्लामी पद्धति द्वारा निर्मित भारत का पहला मकबरा है। सिकन्दर लोदी के समय एक नई शैली की शुरूआत हुई, जिसमें एक गुंबद के स्थान पर दो गुंबदों का निर्माण होता था। लोदी काल को मकबरों का काल भी कहा जाता है। बीजापुरी वास्तुशिल्प में गुंबद अर्द्धवृत्ताकार होते थे तथा छज्जे का चलन था। मुहम्मद आदिलशाह का मकबरा गोल गुंबद विश्व प्रसिद्ध है। शेरशाह का मकबरा सासाराम में स्थित है।

59. (a) अकबर ने गुजरात विजय की स्मृति में फतेहपुर सीकरी की स्थापना की थी। यहां अनेक भव्य इमारतों का निर्माण कराया गया था, जिनमें पंचमहल, जोधाबाई का महल, मरियम का महल बीरबल का महल, शेख सलीम की दरगाह, बुलन्द दरवाजा आदि प्रमुख हैं।

60. (b) गांधीजी 1893 ई. में पहली बार गुजराती व्यापारी दादा अब्दुल्ला एण्ड कम्पनी का मुकदमा लड़ने दक्षिण अफ्रीका गए। वहां उन्होंने 'नटाल भारतीय कांग्रेस' का गठन किया और 'इंडियन ओपिनियन' नामक एक अखबार निकालना प्रारम्भ किया। जहां से इण्डियन ओपिनियन निकलता था, उस जगह का नाम 'फिनिक्स आश्रम' रखा गया, जो वर्ष 1904 में अस्तित्व में आया।

61. (a) हेस्टिंग्स के काल में रेग्युलेटिंग एक्ट, 1773 के तहत कलकत्ता में एक उच्चतम न्यायालय की स्थापना की गई, जिसके मुख्य न्यायाधीश एलिजा इम्पे थे।

62. (d) दीनबन्धु मित्र के 'नीलदर्पण' में नील की खेती करने वाले किसानों की पीड़ा की अभिव्यक्ति हुई है। नील विद्रोह (1859-60) सम्भवत: प्रथम कृषक आन्दोलन माना जाता है, जो बंगाल में हुआ। नील आन्दोलन, नील उत्पादक किसानों पर उनके मालिकों द्वारा किए गए अत्याचार के विरोधस्वरूप हुआ था।

63. (a) अजीमुल्ला खां नाना साहब के सलाहकार थे। ऐसा माना जाता है अजीमुल्ला खां तथा सतारा के अपदस्थ राजा के निकटवर्ती रणोजी बापू ने लन्दन में 1857 के विद्रोह की योजना बनाई थी। अजीमुल्ला ने बिठूर (कानपुर) में नाना साहब

के साथ मिलकर विद्रोह की योजना का अन्तिम रूप देते हुए 31 मई, 1857 को क्रान्ति का दिन निश्चित किया।

64. (c) सत्यशोधक समाज की स्थापना ज्योतिबा फुले द्वारा 1873 ई. में की गई थी। यह आन्दोलन दलितों और निम्न जाति के लोगों के कल्याण के लिए चलाया गया था।

65. (d) चुम्बकीय दिशा सूचक यन्त्र का सर्वप्रथम प्रयोग चीन में किया गया था। 13वीं सदी के अरबी ग्रन्थ 'जवामिउल् हिकायात' में चुम्बकीय दिशासूचक यन्त्र का सर्वप्रथम उल्लेख मिलता है, इसकी रचना मुहम्मद-अल-अवफी ने की है।

66. (c) अलकनन्दा चमोली के उत्तरी भाग में स्थित संतोपंथ शिखर के अल्कापुरी बांक हिमनद और संतोपंथ शिखर के अल्कापुरी बांक हिमनद और संतोपंथ ताल (श्रीनगर) से होते हुए, 195 किमी. की यात्रा के बाद देवप्रयाग में भागीरथी नदी में मिल जाती है। अलकनन्दा में सर्वप्रथम लक्ष्मण गंगा या हेमगंगा या पुरुणावती नदी मिलती है और इन नदियों के संगम स्थल पर गोविन्दा घाट स्थित है।

67. (d) गहरे सागरीय मैदान महासागरीय नितल का सर्वाधिक विस्तृत भाग होता है, जिसकी गहराई 3000 से 6000 मी. तक होती है। समस्त महासागरीय क्षेत्रफल का लगभग 75.9% भाग पर गहरे सागरीय मैदान का विस्तार पाया जाता है, जबकि महाद्वीपीय मग्नतट का 8.6%, महाद्वीपीय मग्नढाल का 8.5% तथा महासागरीय गर्त का 7% भाग पर विस्तार पाया जाता है।

68. (c) ग्रेनाडा पश्चिमी द्वीप समूह का एक देश है, जो कैरीबियन सागर में स्थित है। इसकी राजधानी सेंट जॉर्ज है। यहां की मुद्रा ईस्ट कैरिबियन डॉलर एवं भाषा इंग्लिश एवं फ्रेंच है।

69. (b) पृथ्वी अपनी धुरी पर पश्चिम से पूर्व की ओर घूमती है, इसलिए ग्रीनविच से पूर्व की ओर समय इससे आगे तथा इससे पश्चिम की ओर समय इससे पीछे होता है। सूर्य प्रति 4 मिनट में 1° देशान्तर को पार करता है, इसलिए 6 घण्टे में 90° देशान्तर को सूर्य पार करेगा, लेकिन 12 मिनट तार संप्रेषित करने में समय लगा। जिससे 6.00 बजे सायं को पहुंचने वाले तार के नगर का देशान्तर 87° होगा, क्योंकि 3° देशान्तर को पार करने में 12 मिनट का समय लगता है।

70. (c) ब्रिक्स संगठन विश्व की पांच सबसे बड़ी विकासशील अर्थव्यवस्थाओं का संगठन है। ब्रिक्स इन अर्थव्यवस्थाओं के पहले अक्षर का द्योतक है। इस प्रकार यह बी-ब्राजील, आर-रूस, आई-इण्डिया, सी-चाइना तथा एस-साउथ अफ्रीका को दर्शाता है।

71. (a) नीस रूपान्तरित चट्टान है, जबकि चूनापत्थर, बालू का पत्थर एवं शेल अवसादी चट्टान के उदाहरण है। कांग्लोमेरेट तथा बड़े कणों वाली आग्नेय चट्टान रूपान्तरित होकर नीस में बदल जाती हैं। नीस का प्रमुख खनिज फेल्सपार होता है, इसमें पत्रीकरण (Foliation) अच्छी तरह विकसित नहीं हो पाता है।

72. (d) सिमलीपाल ओडिशा में, नोकरेक मेघालय में, अगस्त्यमलाई केरल में तथा कंचनजंगा सिक्किम में अवस्थित जैवमण्डल आरक्षी क्षेत्र है। कंचनजंगा जैवमण्डल आरक्षी क्षेत्र का कुल क्षेत्रफल 849.5 वर्ग किमी. है। इसमें जेमू हिमनद को भी शामिल किया गया है। इसमें मस्क हिरण, हिमतेंदुआ आदि पाए जाते हैं।

73. (a) सरदार सरोवर परियोजना मध्य प्रदेश, महाराष्ट्र, गुजरात एवं राजस्थान की संयुक्त परियोजना है, जिसको गुजरात के भड़ौच जिले में नवगांव के निकट नर्मदा नदी पर बनाया गया है। इससे 17.92 लाख हेक्टेयर भूमि की सिंचाई होगी।

74. (b) कंचनजंगा सिक्किम में स्थित है, जबकि एवरेस्ट, अन्नपूर्णा पर्वत शिखर वृहत हिमालय में स्थित है। एवरेस्ट विश्व का सबसे ऊंचा शिखर है, जिसकी ऊंचाई 8848 मी. है। हिमालय श्रेणी का भारत में सबसे ऊंचा शिखर कंचनजंगा है, जिसकी ऊंचाई 8598 मी. है।

75. (a)

76. (a) भारत के पश्चिमी तट पर केरल में अलेप्पी बन्दरगाह स्थित है, जबकि भारत के पूर्वी तट पर इन्नोर तमिलनाडु में, पारद्वीप ओडिशा में तथा काकीनाड़ा आन्ध्र प्रदेश में स्थित है। इन्नोर बन्दरगाह चेन्नई से 24 किमी. उत्तर की ओर स्थित है। यह भारत का प्रथम निगमित बन्दरगाह है।

77. (a) दक्कन के पठार की उत्पत्ति क्रिटेशियस युग में ज्वालामुखी क्रिया द्वारा निःसृत लावा के जमने से हुई है। इसका विस्तार मध्य प्रदेश, महाराष्ट्र, कर्नाटक एवं तमिलनाडु राज्यों में है। यहां पर जीवाश्म रहित ग्रेनाइट, नीस, बेसाल्ट, बालुका पत्थर, क्वाटर्ज एवं चूना पत्थर शैलों की अधिकता है।

78. (b) श्रीमती हंसा मेहता प्रसिद्ध समाजसेवी, स्वतन्त्रता सेनानी तथा शिक्षाविद् थीं। यह वर्ष 1950 में संयुक्त राष्ट्र मानवाधिकार आयोग की उपाध्यक्ष बनी।

79. (a) स्टार्ट सन्धि अमेरिका एवं रूस के मध्य की गई एक द्विवक्षीय सन्धि है। यह सन्धि रणनीतिक आक्रमण शस्त्रों की कमी से संबंधित है। स्टार्ट-1 सन्धि पर 31 जुलाई, 1991 का हस्ताक्षर किए गए एवं यह 5 दिसम्बर, 1994 को अस्तित्व में आई।

80. (d) राष्ट्रीय मानवाधिकार आयोग, एक सांविधिक (संवैधानिक नहीं) निकाय है। इसका गठन संसद में पारित अधिनियम के अंतर्गत हुआ था, जिसका नाम था, मानवाधिकार संरक्षण अधिनियम, 1993। इस अधिनियम में वर्ष 2006 में संशोधन किया गया था।

81. (a)

82. (c) दक्षिण एशियाई क्षेत्रीय सहयोग संघ (SAARC) की स्थापना दिसम्बर, 1985 में ढाका में दक्षिण एशिया के 7 देशों के राष्ट्राध्यक्षों के सम्मेलन में हुई थी। SAARC का मुख्यालय काठमाण्डू (नेपाल) में है तथा संगठन के वर्तमान महासचिव अर्जुन बहादुर थापा (नेपाल) है।

83. (d)

84. (c)

राज्य	क्षेत्रफल (वर्ग किमी.)
छत्तीसगढ़	135190
झारखण्ड	79714
हिमाचल प्रदेश	55673
उत्तराखण्ड	53483

85. (a) **86.** (a)

87. (d) केवल मगर पानी में रहता है।

88. (b) 1436 = 2 × 2 × 359
2321 = 11 × 211
345 = 5 × 3 × 23
648 = 2 × 2 × 2 × 3 × 3 × 3 × 3

89. (d)

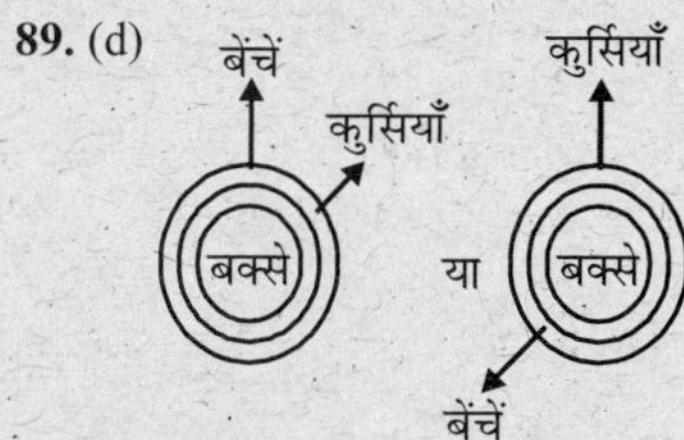

90. (d)

91. (a) जिस प्रकार, 40 = 5 × 2 × 4
तथा 45 = 3 × 5 × 3
उसी प्रकार, ? = 4 × 6 × 1
= 24

92. (b) जिस प्रकार,
$(9-2)^3 = 343$,
$(26-12)^3 = 2744$
तथा $(8-2)^3 = 216$
उसी प्रकार,
$? = (22-10)^3$
$= 1728$

93. (b)

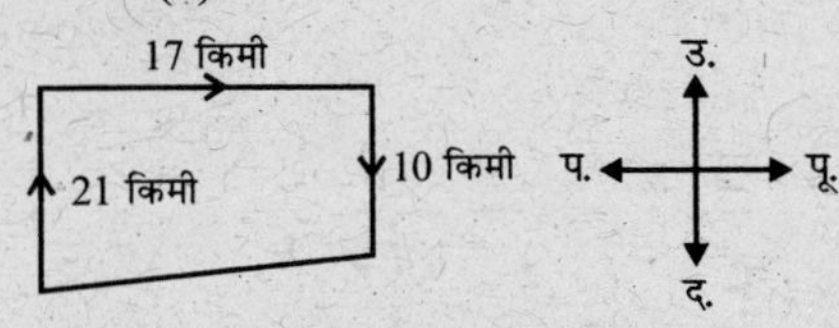

94. (a)
95. (a)
96. (b) संक्षिप्त विधि द्वारा,
एकल समतुल्य बट्टा

$$= \left(70+30-\frac{70\times30}{100}\right)\%$$

$= (100 - 21)\% = 79\%$

97. (d) $l + b + h = 24$

$l^2 + b^2 + h^2 = 225$

$\therefore (l + b + h)^2$

$= l^2 + b^2 + h^2 + 2\,(lb + bh + hl)$

$\Rightarrow (24)^2 = 225 + 2\,(lb + bh + hl)$

$\Rightarrow 2 = (lb + bh + hl)$

$= 576 - 225 = 351$ वर्ग सेमी

98. (c)

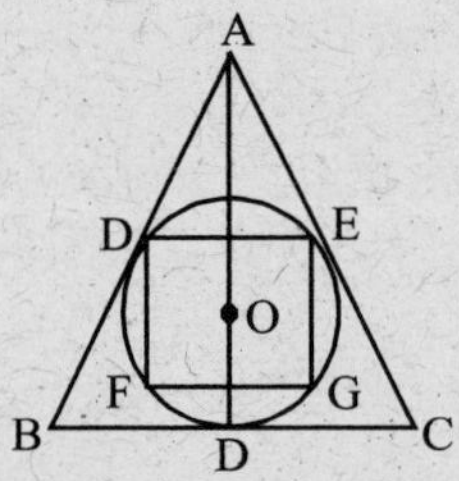

यदि $AB = BC = CA = x$ इकाई हो, तो

$$AD = \sqrt{x^2 - \frac{x^2}{4}} = \frac{\sqrt{3}x}{2}$$

$$OD = \frac{1}{3}\,AD = \frac{x}{2\sqrt{3}} = \text{वृत्त की त्रिज्या}$$

$$\text{वर्ग का विकर्ण} = 2\times\frac{x}{2\sqrt{3}} = \frac{x}{\sqrt{3}}$$

$$\therefore \text{त्रिभुज : वर्ग} = \frac{\sqrt{3}}{2}x^2 : \frac{x^2}{2\times3}$$

$$= \frac{\sqrt{3}}{2} : \frac{1}{3} = 3\sqrt{3} : 2$$

99. (d) अभीष्ट समय $= x$ दिन (माना)

$$\therefore \frac{x-5}{10} + \frac{x-3}{12} + \frac{x}{15} = 1$$

$$\Rightarrow \frac{6x-30+5x-15+4x}{60} = 1$$

$\Rightarrow 15x - 45 = 60$

$\Rightarrow 15x = 105$

$\Rightarrow x = 7$ दिन

100. (a) पहले दो घण्टे में टंकी का भरा गया भाग

$$= \frac{1}{6} + \frac{1}{4} = \frac{2+3}{12} = \frac{5}{12}$$

पहले 4 घण्टे में टंकी का भरा गया भाग

$$= \frac{-10}{12} = \frac{5}{6}$$

$$\text{शेष भाग} = \left(1-\frac{5}{6}\right) = \frac{1}{6}$$

नल A द्वारा $\frac{1}{6}$ भाग भरने में लगा समय

$= \frac{1}{6}\times 6 = 1$ घण्टा

$\therefore$ कुल समय $= (4 + 1) = 5$ घण्टे

❑❑❑

प्रैक्टिस सेट-7

1. मंदाकिनी नदी किस जल प्रवाह अथवा मुख्य नदी से सम्बन्धित है?
(a) अलकनन्दा (b) भागीरथी
(c) यमुना (d) धौली गंगा

2. नागार्जुन सागर बांध स्थित है-
(a) तमिलनाडु में (b) आन्ध्र प्रदेश में
(c) कर्नाटक में (d) उड़ीसा में

3. भारत के अधिकांश वन्य जीव संरक्षित क्षेत्र घिरे हुए हैं-
(a) घने जंगलों से
(b) नदियों और झीलों से
(c) मानवीय बस्तियों से
(d) पर्वतों और पहाड़ियों से

4. निम्न में से कौन-सी नदी बंगाल की खाड़ी में नहीं गिरती है?
(a) महानदी (b) कृष्णा
(c) ताप्ती (d) गोदावरी

5. भारत में ग्रीष्मकालीन मानसून के प्रवाह की सामान्य दिशा है-
(a) दक्षिण से उत्तर
(b) दक्षिण-पश्चिम से दक्षिण-पूर्व
(c) दक्षिण-पूर्व से दक्षिण-पश्चिम
(d) दक्षिण-पश्चिम से उत्तर-पूर्व

6. भारत में सर्वाधिक जनसंख्या का घनत्व सम्बन्धित है-
(a) औद्योगिक क्षेत्रों से
(b) समुद्रतटीय मैदानों में
(c) कम ऊंचाई युक्त पहाड़ियों से
(d) समतल धरातलीय बनावट, उपजाऊ मिट्टियां और पानी की उपलब्धता वाले क्षेत्रों से

7. लघु हिमालय स्थित है, मध्य में-
(a) ट्रांस हिमालय और महान् हिमालय
(b) शिवालिक और महा हिमालय
(c) ट्रांस हिमालय और शिवालिक
(d) शिवालिक और बाह्य हिमालय

8. भारतीय सर्वेक्षण विभाग (Survey of India) का मुख्यालय स्थित है-
(a) चण्डीगढ़ में (b) हैदराबाद में
(c) देहरादून में (d) नई दिल्ली में

9. 2001-2011 के दौर में सर्वाधिक जनसंख्या वृद्धि दर दर्ज की गई-
(a) आन्ध्र प्रदेश में
(b) नागालैण्ड में
(c) मेघालय में
(d) उत्तराखण्ड में

10. भोजपत्र वृक्ष (Birch tree) मिलता है-
(a) अरावली पर्वतमाला में
(b) हिमालय में
(c) नीलगिरी शृंखलाओं में
(d) विन्ध्याचल पर्वतमाला में

11. उस नदी का नाम बताइए जो केदारनाथ से रुद्र प्रयाग के मध्य बहती है-
(a) भागीरथी (b) अलकनन्दा
(c) सरयू (d) मन्दाकिनी

12. निम्नलिखित में से विश्व का सबसे बड़ा पोताश्रय (Harbour) है?
(a) टोक्यो (b) मुम्बई
(c) राडरटम (d) लन्दन

13. यलो स्टोन नेशनल पार्क स्थित है-
(a) मैक्सिको में (b) दक्षिण अफ्रीका में
(c) कनाडा में (d) यू.एस.ए. में

14. निम्न में से अलास्का किस देश का हिस्सा है?
(a) ग्रीनलैण्ड (b) यू.एस.ए.
(c) कनाडा (d) यूनाइटेड किंगडम

15. एण्डीज पर्वत श्रेणी निम्न में से किस महाद्वीप में स्थित है?
(a) आस्ट्रेलिया
(b) यूरोप
(c) दक्षिण अमेरिका
(d) एशिया

16. आल्पस पर्वत श्रेणी निम्न में से किस देश का हिस्सा नहीं है?
(a) फ्रांस (b) जर्मनी
(c) ऑस्ट्रियां (d) इंग्लैण्ड

17. मैक्सिको देश स्थित है-
(a) दक्षिण अमेरिका महाद्वीप में
(b) उत्तर अमेरिका महाद्वीप में
(c) अफ्रीका महाद्वीप में
(d) यूरोप महाद्वीप में

18. दक्षिण एशिया के निम्न देशों में से क्षेत्रफल की दृष्टि से कौन सबसे छोटा है?
(a) मालदीव (b) भूटान
(c) श्रीलंका (d) बांग्लादेश

19. एशिया के निम्न देशों में से किस देश में जन्म दर सबसे कम है?
(a) नेपाल (b) भूटान
(c) श्रीलंका (d) मालदीव

20. दुनिया में सर्वाधिक आण्विक खनिज उत्पाद देश निम्न में से कौन-सा है?
(a) रूस (b) चीन
(c) यू.एस.ए. (d) कनाडा

21. किस नगर को निषिद्ध नगर (Forbidden City) कहा जाता है?
(a) शंघाई (b) सेन फ्रांसिस्को
(c) न्यूयॉर्क (d) ल्हासा

22. निम्न में से कौन-सी रबी की फसल नहीं है?
(a) भिण्डी (Lady's Finger)
(b) गाजर (Carrot)
(c) मूली (Radish)
(d) मटर (Pea)

23. कोयला एक उदाहरण है-
(a) आग्नेय शैलों (Igneous rocks) का
(b) रूपान्तरित शैलों (Metamorphic rocks) का
(c) परतदार चट्टानों (Sedimentary rocks) को
(d) उपर्युक्त सभी का

24. ऊर्जा संकट से क्या तात्पर्य है?
(a) जलविद्युत को कमी
(b) कुपोषण के कारण शरीर में ऊर्जा का ह्रास
(c) तापीय ऊर्जा की कमी
(d) कोयला तथा पेट्रोल जैसे जीवाश्म ईंधन के समाप्त होने का खतरा

25. लावा के ठोस होने के फलस्वरूप पृथ्वी के अन्दर निर्मित चट्टानों को कहते हैं-
(a) प्लूटोनिक चट्टानें
(b) वॉल्केनिक चट्टानें
(c) रूपान्तरित (Metamorphic) चट्टानें
(d) पर्तदार (Sedimentary) चट्टानें

26. पृथ्वी के अन्दर पिघले पदार्थ को कहते हैं-

(a) लावा (b) बेसाल्ट

(c) ऑब्सीडियन (d) इनमें से कोई नहीं

27. संगमरमर (Marble) है-

(a) पुनर्रवीकृत (Re-crystallised) चूना पत्थर

(b) एक आग्नेय शैल (Igneous rocks)

(c) बलुआ पत्थर (Sand stone)

(d) कार्बनिक पदार्थ से अकार्बनिक पदार्थ में परिवर्तित होने से निर्मित

28. निम्न में से कौन-सा रूपान्तरित चट्टानों (Metamorphic rocks) का उदाहरण नहीं है?

(a) संगमरमर (b) क्वार्टजाइट

(c) स्लेट (d) ग्रेनाइट

29. अपक्षय (Weathering) का विचार सम्बन्धित है-

(a) पृथक हुए पदार्थों का संग्रह

(b) मौसम में दैनिक परिवर्तन

(c) एक प्राकृतिक क्रिया जो चट्टानों को सूक्ष्म कणों में विभक्त करती है

(d) उपर्युक्त में से कोई नहीं

30. भारत में पंचायती राज प्रणाली का शुभारम्भ कब और कहां हुआ?

(a) 5 जुलाई, 1957; फैजाबाद (उ. प्र.)

(b) 2 अक्टूबर, 1959; नागौर (राजस्थान)

(c) 14 नवम्बर, 1959; अहमदाबाद (गुजरात)

(d) 3 दिसम्बर, 1960; भोपाल (म. प्र.)

31. भारतीय संविधान के किस अनुच्छेद में भारतीय नागरिकों के मूल कर्त्तव्य शामिल है?

(a) अनुच्छेद 50 क

(b) अनुच्छेद 50 ख

(c) अनुच्छेद 51 क

(d) अनुच्छेद 51 ख

32. भारत में संघ लोक सेवा आयोग के लिए निम्न में से कौन सही है?

(a) यह राज्य लोक सेवा आयोग का निरीक्षण करता है।

(b) इसका राज्य लोक सेवा आयोग से कोई लेना-देना नहीं है।

(c) इसके सारे सदस्य राज्य लोक सेवा आयोग से लिए जाते हैं।

(d) यह राज्य लोक सेवा आयोगों को वार्षिक दिशा-निर्देश भेजता है।

33. भारत के योजना आयोग का प्रथम अध्यक्ष कौन था?

(a) एम. विश्वेसरैया

(b) पण्डित जवाहरलाल नेहरू

(c) पी.सी. महालनोबिस

(d) जॉन मथाई

34. राष्ट्रीय विकास परिषद की अध्यक्षता कौन करता है?

(a) भारत का योजना आयोग का उपाध्यक्ष

(b) भारत का प्रधानमन्त्री

(c) भारत का वित्त मन्त्री

(d) भारत का उपराष्ट्रपति

35. निम्न राज्यों में .... को छोड़कर सभी में कृषि भूमि का प्रतिशत काफी अधिक है।

(a) पंजाब (b) हरियाणा

(c) उत्तर प्रदेश (d) सिक्किम

36. भारत निर्माण योजना का सम्बन्ध है-

(a) अवस्थापना (Infrastrusture) विकास से

(b) खाद्यान्न उत्पादन आत्मनिर्भरता से

(c) पारिवारिक कल्याण कार्यक्रम से

(d) उपर्युक्त में से कोई नहीं

37. नरसिम्हन समिति का सम्बन्ध है-

(a) बैंक क्षेत्र के सुधार में

(b) भारी उद्योग के विकास में

(c) बीमा क्षेत्र के सुधार में

(d) 'a' और 'c' सही है

38. क्यूसेक में क्या मापा जाता है?

(a) जल की शुद्धता

(b) जल की गहराई

(c) जल का बहाव

(d) जल की मात्रा

39. तारे अपनी ऊर्जा निम्न में से किस प्रकार प्राप्त करते हैं?

(a) नाभिकीय संयोजन के फलस्वरूप

(b) नाभिकीय विखण्डन से

(c) रासायनिक क्रिया से

(d) गुरुत्वाकर्षण खिंचाव से

40. रासायनिक ऊर्जा का विद्युत ऊर्जा में रूपान्तरण निम्नवत होता है-

(a) इलेक्ट्रोलाइसिस द्वारा

(b) प्रकाश संश्लेषण (Phototsynthesis) द्वारा

(c) श्वसन (Respiration) द्वारा

(d) उत्स्वेदन (Transpiration) द्वारा

41. एकीकृत परिपथ में प्रयुक्त अर्द्धचालक चिप निम्न की बनी होती है-

(a) बेरीलियम

(b) कार्बन

(c) सिलिकॉन

(d) जिरकॉन

42. आइन्स्टीन के $E = mc^2$ समीकरण में c द्योतक है-

(a) ध्वनि वेग का

(b) प्रकाश वेग का

(c) प्रकाश तरंगदैर्ध्य का

(d) एक स्थिरांक

43. ऑटो हान ने अणुबम की खोज निम्न सिद्धान्त के आधार पर की-

(a) यूरेनियम विखण्डन

(b) नाभिक विखण्डन (Nuclear Fission)

(c) अल्फा विकिरण

(d) गामा विकिरण

44. भौतिकी में चतुर्थ आयाम का परिचय दिया था-

(a) न्यूटन ने (b) आइन्स्टीन ने

(c) गैलीलियो ने (d) नील बोर ने

45. टैकियॉन (Techyon) से तात्पर्य है-

(a) प्रकाश गति से तीव्र गति वाले कण

(b) भारी नाभिक वाले अणु का भाग

(c) वायु में ध्वनि की गति से तीव्र गति वाले कण

(d) जालक कम्पन (Lattice vibration) की मात्रा

46. हीरे की खनिजीय बनावट क्या है?

(a) कार्बन (b) नाइट्रोजन

(c) निकिल (d) जस्ता

47. पायरोमीटर (Pyrometer) का प्रयोग करते हैं-

(a) गहराई (Depth) नापने में

(b) आर्द्रता (Humidity) नापने में

(c) तापक्रम (Temperature) नापने में

(d) ऊंचाई (Altitiudes) नापने में

48. एक रेडियोधर्मी तत्व (Radioactive element) जिसके भारतवर्ष में बड़े भण्डार पाए जाते हैं-

(a) प्लूटोनियम (b) थोरियम

(c) थासेरियम (d) यूरेनियम

49. तारों के मध्य दूरी ज्ञात करने की इकाई-

(a) स्टीलर मील

(b) कॉस्मिक किलोमीटर

(c) गैलेक्टिक इकाई

(d) प्रकाश वर्ष

50. कार्बन डेटिंग निम्न की आयु निर्धारण हेतु प्रयुक्त होती है-

(a) जीवाश्म (Fossils)

(b) पौधे (Plants)

(c) चट्टानें (Rocks)

(d) उपरोक्त में से कोई नहीं

51. कलपक्कम के फास्ट ब्रीडर टेस्ट रिएक्टर में प्रयुक्त ईंधन है-
(a) समृद्ध (Enriched) यूरेनियम
(b) थोरियम
(c) प्लूटोनियम
(d) टंग्स्टन

52. मोती की रासायनिक संरचना है-
(a) कैल्सियम कार्बोनेट
(b) कैल्सिम कार्बोनेट तथा मैग्नीशियम कार्बोनेट
(c) कैल्सियम क्लोराइड
(d) कैल्सियम सल्फेट

53. निम्न में से कौन सीमेन्ट का मुख्य संघटक (Ingredient) है?
(a) जिप्सम (Gypsum)
(b) चूना पत्थर (Limestone)
(c) राख (Ash)
(d) मटियार (Clay)

54. खानों में अधिकतम विस्फोट निम्न में से किसके मिलने से होते हैं?
(a) कार्बन डाइ-ऑक्साइड के साथ मिथेन
(b) मिथेन के साथ वायु
(c) ऑक्सीजन के साथ एसीटिलीन
(d) हाइड्रोजन के साथ ऑक्सीजन

55. निम्न में से किस धातु को प्राप्त करने हेतु बॉक्साइट अयस्क है?
(a) लोहा (b) तांबा
(c) एल्युमीनियम (d) चांदी

56. शरीर में हीमोग्लोबिन का कार्य है-
(a) ऑक्सीजन का परिवहन
(b) जीवाणु को नष्ट करना
(c) रक्ताल्पता (Anaemia) को रोकना
(d) लौह का उपयोग

57. जब वृक्क कार्य करना बन्द कर देते हैं, तो निम्न में कौन-सा पदार्थ जमा होता है?
(a) शरीर में वसा
(b) शरीर में प्रोटीन
(c) रक्त में शर्करा
(d) रक्त में नत्रजनित अपशिष्ट पदार्थ

58. निम्न में से कौन-सी व्याधि आनुवंशिक (Hereditary) है?
(a) हीमोफीलिया (b) ट्यूबरकुलोसिस
(c) कैंसर (d) पेचिस

59. निम्न में से कौन-सी प्रोटीन दूध में पाई जाती है?
(a) एग्लूटिनिन (b) केसीन
(c) मायोसिन (d) हीमोग्लोबिन

60. रक्त समूह का आविष्कारक है-
(a) लैण्डस्टीनर (b) विलियम हार्वे
(c) रोबर्ट कोच (d) लुई पाश्चर

61. पीलिया (Jaundice) से दुष्प्रभावित होता है-
(a) अग्न्याशय (Pancreas)
(b) आमाशय (Stomach)
(c) यकृत (Liver)
(d) छोटी आंत (Intestine)

62. जब एक व्यक्ति वृद्ध होता जाता है तो सामान्यतया उसका रक्त का दाब-
(a) घट जाता है।
(b) बढ़ जाता है।
(c) उतना ही रहता है।
(d) बदलता रहता है।

63. मधुमेह (Diabetes) के उपचार हेतु प्रयुक्त हॉर्मोन इन्सुलिन का आविष्कार किया था-
(a) एफ.जी. बैन्टिंग ने
(b) श्लीडेन एवं श्वान ने
(c) ब्राउन ने
(d) हुक ने

64. रुधिर में श्वेत रक्त कणिकाओं को अत्यधिक मात्रा में उपस्थिति रोग को विज्ञान की भाषा में कहते हैं-
(a) एनोक्सिया (b) ल्यूकेमिया
(c) एनीमिया (d) सेप्टीसीमिया

65. चिकित्सक परामर्श देते हैं कि हमें अपना भोजन वनस्पति घी की अपेक्षा तेल में बनाना चाहिए क्योंकि-
(a) तेल में असंतृप्त वसाएं होती हैं।
(b) तेल में संतृप्त वसाएं होती हैं।
(c) तेल का संग्रह आसान है।
(d) तेल सस्ता है।

66. फलीदार पादपों की जड़ों में उपस्थित गांठों में पाए जाने वाले नत्रजन स्थिरीकरण जीवाणु है-
(a) मृतोपजीवी (Saprophytic)
(b) पराश्रयी (Parasitic)
(c) सहजीवी (Symbiotic)
(d) प्रोटोपघटनी (Protolytic)

67. कोलेस्ट्रॉल है-
(a) पर्णहरित का प्रकार
(b) क्लोरोफार्म का एक यौगिक
(c) जन्तु वसा में उपस्थित वसीय एल्कोहॉल
(d) क्रोमियम लवण

68. एक सामान्यतः स्वस्थ मनुष्य का हृदय प्रति मिनट धड़कता है-
(a) 60 बार (b) 78 बार
(c) 120 बार (d) 72 बार

69. निम्न में से कौन-सी गैस वैश्विक उष्णता (Global warming) के लिए उत्तरदायी है?
(a) केवल ऑक्सीजन
(b) ऑक्सीजन और कार्बन डाइ-ऑक्साइड
(c) कार्बन डाइ-ऑक्साइड और मिथेन
(d) केवल मिथेन

70. निम्न में से कौन-सी एक यन्त्र सामग्री नहीं है?
(a) प्रिन्टर
(b) की-बोर्ड
(c) माऊस
(d) प्रचालन तन्त्र (Operating system)

71. श्याम विवर (Black hole)-
(a) कोई भी विकिरण प्रवाहित नहीं करता।
(b) पराबैंगनी किरणों को पार रक्त किरणों में बदल देता है।
(c) सारे विकिरण जो इसके पास से प्रवाहित होते हैं उनका अवशोषण करता है।
(d) एक काल्पनिक विचार है।

72. तेजाब वर्षा पर्यावरण में निम्न प्रदूषण से होती है-
(a) कार्बन मोनोऑक्साइड एवं कार्बन डाइ-ऑक्साइड
(b) कार्बन डाइ-ऑसाइड एवं नाइट्रोजन
(c) ओजोन तथा कार्बन डाइ-ऑक्साइड
(d) नाइट्स ऑक्साइड एवं सल्फर डाइ-ऑक्साइड

73. जीन अभियन्त्रण में नवीनतम तकनीक विकसित हुई है-
(a) जीन विश्लेषण (Gene analysis)
(b) जीन प्रतिचित्रण (Gene maping)
(c) जीन समबन्धन (Gene splicing)
(d) जीन संश्लेषण (Gene synthesis)

74. हरित गृह प्रभाव (Green House Effect) का अर्थ है-
(a) वायुमण्डल में ग्रीन हाऊस गैसों के घनीकरण के कारण वायुमण्डल के तापमान का बढ़ना।
(b) बढ़े हुए तापमान में सब्जियों तथा फूलों का उत्पादन।
(c) शीशे के मकानों में खाद्य फसलों का उत्पादन।
(d) उपरोक्त में से कोई नहीं।

75. निम्न के साथ मिलाने से ऐजोला एक अच्छा उर्वरक (Bio-fertilizer) होता है-
(a) नील हरित शैवाल (Blue green algae)
(b) हड्डी का चूरा (Bone meal)
(c) गोबर (Cow Dung)
(d) यूरिया

76. अल्बर्ट आइन्स्टीन कौन-सा वाद्य यन्त्र बजाने में निपुण थे?
(a) गिटार
(b) बांसुरी
(c) वायलिन
(d) सितार

77. निम्नलिखित में से किसको 'भारत रत्न' सम्मान प्रदान नहीं किया गया है?
(a) जे.आर.डी. टाटा
(b) आचार्य नरेन्द्र देव
(c) सत्यजीत रे
(d) सी. सुब्रह्मण्यम

78. विश्व पर्यावरण दिवस (World Environment Day) निम्नलिखित में से किस तारीख को मनाया जाता है?
(a) 5 जून (b) 2 अक्टूबर
(c) 10 नवम्बर (d) 19 नवम्बर

79. भटनागर पुरस्कार निम्न में से किस क्षेत्र में योगदान के लिए दिया जाता है?
(a) संगीत
(b) पुरातत्व (Archaeology)
(c) विज्ञान
(d) सामाजिक कार्य

80. 'इन्साइड आई.बी. एण्ड रॉ : द रोलिंग स्टोन दैट गैदर्ड मौर्स' पुस्तक का लेखक कौन है?
(a) आर.एन. काव
(b) के. शंकरन नायर
(c) आर.बी. शाही
(d) इनमें से कोई नहीं

81. व्यास सम्मान पाने वाली प्रथम महिला कौन थी?
(a) चित्रा मुद्‌गल (b) प्रभा खेतान
(c) मालती जोशी (d) मन्नू भण्डारी

82. भागीरथी नदी निकलती है-
(a) गोमुख से (b) गंगोत्री से
(c) तपोवन से (d) विष्णु प्रयाग से

83. निम्न में से कौन-सा भारत में निर्वनीकरण (Deforestation) का प्रभाव नहीं है?
(a) हिमालय में जलस्रोतों का सूखना
(b) जैव विविधता की हानि
(c) नगरीयकरण (Urbanization)
(d) मृदा अपरदन (Soil erosion)

84. भारतीय वन्य जीव संस्थान (Wildlife Institute of India) स्थित है-
(a) नई दिल्ली (b) शिमली
(c) देहरादून (d) भोपाल

85. निम्न में से कौन-सी नदी का स्रोत हिमनदों में नहीं है?
(a) यमुना (b) अलकनन्दा
(c) कोसी (d) मन्दाकिनी

86. नीचे दिए गए संकेतों से सही अनुक्रिया की पहचान कीजिए–
2 (27 * 3) * 30 * 30 * 18
(a) + – = + (b) × + ÷ =
(c) + – ÷ = (d) ÷ + – =

निर्देश (प्रश्न 127-130 तक): एक अनुक्रम दिया है, जिसमें एक पद लुप्त है, दिए गए विकल्पों में से वह सही विकल्प चुनिए जो अनुक्रम को पूरा करे।

87. 37, 32, 26, 19, ?
(a) 10 (b) 11
(c) 12 (d) 13

88. 15, 20, 30, ?, 65
(a) 40 (b) 45
(c) 50 (d) 60

89. 10 , 11, 14, 23, 50, ?
(a) 110 (b) 104
(c) 70 (d) 131

90. कौन-सा विकल्प दिए गए अक्षरों में जोड़ने पर सार्थक शब्द का रूप लेगा ?
A L _ _ T
(a) TE (b) ER
(c) FE (d) AT

91. यदि RATE को SBUF लिखा जाता है, तो FIRE को कैसे लिखा जायेगा ?
(a) HJSF (b) GJSF
(c) GJFS (d) JGSF

92. निम्नलिखित विकल्पों में से वह शब्द चुनिए जो दिए गए शब्द के अक्षरों का प्रयोग करके नहीं बनाया जा सकता–
INTERDEPENDENCE
(a) DEPENDENT
(b) INTEND
(c) INCENT
(d) INCIDENT

93. दिए गए शब्दों को एक सार्थक क्रम में व्यवस्थित कीजिए–
1. शिशु 2.किशोर
3. बालक 4.वृद्ध
5. वयस्क
(a) 3, 1, 2, 4, 5 (b) 1, 3, 2, 5, 4
(c) 3, 2, 4, 5, 1 (d) 5, 4, 3, 2, 1

94. शब्दकोश में अन्तिम स्थान पर कौन-सा शब्द होगा ?
(a) laugh (b) latch
(c) laurels (d) latitude

95. शब्दकोश में तीसरे स्थान पर कौन-सा शब्द होगा ?
(a) BALLIUM
(b) BALLISTICS
(c) BALLERINA
(d) BALLISTITE

96. यदि $a : b = 3 : 5$ और $b : c = 4 : 7$ है, तो $a : c = ?$
(a) 11 : 35 (b) 35 : 11
(c) 35 : 12 (d) 12 : 35

97. एक व्यक्ति 6 किमी प्रति घण्टा की गति से 30 किमी का सफर तय करता है तथा शेष 40 किमी का सफर 5 घण्टें में तय करता है। पूरे सफर के लिए उसकी औसत गति कितनी है ?
(a) $6\frac{4}{11}$ किमी/घण्टा
(b) 7 किमी/घण्टा
(c) $77\frac{1}{2}$ किमी/घण्टा
(d) 8 किमी/घण्टा

98. A और B किमी काम को 72 दिन में कर सकते हैं। B और C उसे 120 दिन में कर सकते हैं। A और C उसे 90 दिन में कर सकते हैं। A अकेला उस काम के कितने दिन में कर सकता है?
(a) 80 दिन (b) 100 दिन
(c) 120 दिन (d) 150 दिन

99. पहली और दूसरी अभाज्य संख्याओं का योगफल ज्ञात करें–
(a) 5 (b) 3
(c) 7 (d) 2

100. एक वस्तु के क्रय मूल्य और विक्रय मूल्य के बीच अन्तर ₹ 300 है। यदि 25% हानि हुई है तो विक्रय मूल्य ज्ञात करें ?
(a) ₹ 1000 (b) ₹ 850
(c) ₹ 900 (d) ₹ 940

व्याख्या सहित उत्तर

1. (a) मन्दाकिनी नदी, अलकनन्दा जल प्रवाह अथवा मुख्य नदी से सम्बन्धित है। मन्दाकिनी नदी ब्रदीनाथ के दक्षिण की ओर रुद्रप्रयाग नामक स्थान पर अलकनन्दा में मिलती है।

2. (b) नागार्जुन सागर परियोजना आन्ध्र प्रदेश में स्थित है। यह परियोजना कृष्णा नदी पर बनाई गई है। इसका मुख्य उद्देश्य शक्ति का उत्पादन एवं सिंचाई की व्यवस्था करना है।

3. (a) भारत के अधिकांश वन्य जीव संरक्षित क्षेत्र घने जंगलों से घिरे हुए हैं।

4. (c) महानदी, कृष्णा और गोदावरी नदी बंगाल की खाड़ी में गिरती हैं, जबकि ताप्ती नदी अरब सागर में गिरती है।

5. (d) भारत में ग्रीष्मकालीन मानसून के प्रवाह की सामान्य दिशा दक्षिण-पश्चिम से उत्तर-पूर्व की ओर है।

6. (a) भारत में सर्वाधिक जनसंख्या घनत्व औद्योगिक क्षेत्रों में है।

7. (b) लघु हिमालय शिवालिक और महा हिमालय के मध्य स्थित है। लघु अथवा मध्य हिमालय श्रेणी महान् हिमालय के दक्षिण में, उसके समानान्तर विस्तृत है। इसकी चौड़ाई 80 से 100 किमी. तथा औसत ऊंचाई 1,828 से 3000 मी. के बीच पाई जाती है। इस श्रेणी में नदियों द्वारा 1,000 मी. से भी अधिक गहरे खड्डों अथवा गार्जों का निर्माण किया गया है। यह श्रेणी मुख्यत: छोटी-छोटी पर्वत श्रेणियों जैसे-धौलाधर, नागटिब्बा, पीरपंजाल, महाभारत तथा मसूरी का सम्मिलित रूप है। इस श्रेणी के निचले भाग में देश के प्रसिद्ध पर्वतीय स्वास्थ्यवर्द्धक स्थान शिमला, मसूरी, नैनीताल, चकराता, रानीखेत, दार्जिलिंग आदि स्थित है।

8. (c) **9.** (b)

10. (d) भोजपत्र वृक्ष प्राय: विन्ध्याचल पर्वतमाला में पाए जाते हैं।

11. (d) मन्दाकिनी नदी केदारनाथ से रुद्र प्रयाग के मध्य बहती है। यह नदी ब्रद्रीनाथ के दक्षिण की ओर रुद्र प्रयाग नामक स्थान पर अलकनन्दा में मिलती है।

12. (c) विश्व का सबसे बड़ा पोताश्रय रॉटरडैम है। इसको आन्त्रेपो पत्तन (Interport ports) भी कहा जाता है। ऐसे पत्तनों द्वारा एक देश के माल को दूसरे देश को भेजने का कार्य सम्पन्न किया जाता है। इन पर जो माल आता है, उसको भेजने वाले दूसरे देश होते हैं और उनका गन्तव्य भी दूसरे ही देश होते हैं। इन पत्तनों पर आने वाले माल को बड़े-बड़े गोदामों में संचयन करके रखा जाता है। इस प्रकार के अन्य पत्तन हैं-सिंगापुर, कोपेनहेगन आदि।

13. (d) यलो स्टोन नेशनल पार्क यू.एस.ए. में स्थित है।

14. (b) अलास्का, यू.एस.ए. का हिस्सा है। यह उत्तरी अमेरिका के उत्तर-पश्चिम में स्थित है। अलास्का पर्वत श्रेणी यहीं स्थित है। इस श्रेणी का सर्वोच्च बिन्दु माउण्ट मैकिन्ले है, जिसकी ऊंचाई 6,193 मी. और लम्बाई 1,130 किमी. है।

15. (c) एण्डीज पर्वत श्रेणी दक्षिण अमेरिका महाद्वीप में स्थित है। यह दक्षिण अमेरिका के पश्चिमी भाग में अवस्थित है। इसकी सर्वोच्च चोटी एकांकागुआ है जिसकी ऊंचाई 6,960 मी. है। इस पर्वत की लम्बाई 7,200 किमी. है।

16. (d) आल्पस पर्वत श्रेणी मध्यवर्ती यूरोप में स्थित है। इसका सर्वोच्च बिन्दु माउण्ट ब्लैक है जिसकी ऊंचाई 4,807 मी. और लम्बाई 1,050 किमी. है। यह पर्वत श्रेणी इंग्लैण्ड का हिस्सा नहीं है।

17. (b) मैक्सिको देश उत्तर अमेरिका महाद्वीप के दक्षिण भाग में स्थित है।

18. (a) प्रश्न में दिए गए विकल्प में मालदीव सबसे छोटा देश है। विश्व के प्रमुख सबसे छोटे देश एवं उनके क्षेत्रफल इस प्रकार हैं-

देश	क्षेत्रफल (किमी.)	स्थिति
1. वेटिकन सिटी	0.44	यूरोप
2. मोनाको	1.95	यूरोप
3. मालदीव	298.00	हिन्द महासागर
4. माल्टा	316.00	हिन्द महासागर
5. भूटान	47,000	एशिया
6. श्रीलंका	65,610	एशिया
7. बांग्लादेश	1,43,998	एशिया

19. (c) **20.** (d)

21. (d) तिब्बत की राजधानी 'ल्हासा' को निषिद्ध नगर कहा जाता है।

22. (a) उपरोक्त में से भिण्डी (Lady Finger) रबी की फसल नहीं है। रबी की फसलें वे फसलें होती हैं जो अक्टूबर-नवम्बर में बोयी जाती हैं एवं फरवरी-मार्च में काट ली जाती है। इस वर्ग की प्रमुख फसलें हैं-गेहूं, जौ, चना, मटर, मसूर, आलू, सरसों, बरें, तीसी इत्यादि।

23. (c) **24.** (d)

25. (a) लावा के ठोस होने के फलस्वरूप पृथ्वी के अन्दर निर्मित चट्टानों को प्लूटोनिक चट्टानें कहते हैं।

26. (d) पृथ्वी के अन्दर पिघले पदार्थ को मैग्मा कहा जाता है।

27. (a) संगमरमर तापीय एवं संस्पर्शीय रूपान्तरण से बनी रूपान्तरित या कायान्तरित चट्टानें हैं। इस प्रकार के रूपान्तरण का प्रमुख कारण ताप होता है। इसी प्रकार के रूपान्तरण के कारण चूना पत्थर संगमरमर में परिवर्तित हो जाता है।

28. (d) उपरोक्त विकल्पों में से संगमरमर, क्वार्टजाइट एवं स्लेट रूपान्तरित चट्टान के उदाहरण हैं जबकि ग्रेनाइट आग्नेय चट्टान का उदाहरण है।

29. (c) भौतिक अथवा रासायनिक प्रक्रियायों द्वारा चट्टानों का अपने ही स्थान पर टूटना-फूटना या सड़ना-गलना अपक्षय (Weathering) कहलाता है। अपक्षय दो प्रकार का होता है-

(i) भौतिक अपक्षय-बिना किसी रासायनिक परिवर्तन के चट्टानों के टूट-फूट कर टुकड़े-टुकड़े होने की प्रक्रिया भौतिक या यान्त्रिक ऋतुक्षरण कहलाता है। यह मरुस्थलों में अधिक दैनिक तापान्तर के कारण एवं ठंडी जलवायु वाले क्षेत्रों में पाले (Frost) के कारण होता है।

(ii) रासायनिक अपक्षय-जब रासायनिक प्रक्रियाओं द्वारा चट्टानों का विखण्डन होता है तो उसे रासायनिक अपक्षयण कहा जाता है। जब विभिन्न कारणों से चट्टानों के अवयवों में रासायनिक परिवर्तन होता है तो उनका बन्धन ढीला हो जाता है तब रासायनिक अपक्षयण की क्रिया होती है। तापमान एवं आर्द्रता अधिक रहने पर रासायनिक अपक्षयण की क्रिया तीव्र गति से होती है। यही कारण है कि विश्व के उष्ण एवं आर्द्र प्रदेशों में यह क्रिया अधिक महत्वपूर्ण होती है। रासायनिक अपक्षय के तहत विलयन, आक्सीकरण, जलयोजन, कार्बोनेटीकरण इत्यादि रासायनिक अभिक्रिया होती है।

30. (b)

31. (c) भारतीय संविधान में नागरिकों के मूल कर्त्तव्यों का कोई उल्लेख नहीं था। संविधान के पुनरीक्षण के लिए गठित स्वर्ण सिंह समिति की रिपोर्ट के आधार पर वर्ष 1976 में 42वें संविधान संशोधन द्वारा संविधान में भाग 4-क तथा अनुच्छेद 51 (क) को जोड़कर मूल कर्त्तव्यों को शामिल किया गया। इस अनुच्छेद में 10 मूल कर्त्तव्यों को शामिल किया गया है। पूर्व सोवियत संघ के अतिरिक्त विश्व के किसी अन्य संविधान में मूल कर्त्तव्यों का उल्लेख नहीं है, इसलिए यह कहा जा सकता है कि 42वें संविधान संशोधन द्वारा संविधान में सम्मिलित मूल कर्त्तव्य पूर्व सोवियत संघ के संविधान से लिये गए हैं।

32. (b) भारत के संविधान के अनुच्छेद 315 में लोक सेवा आयोग के सम्बन्ध में यह प्रावधान किया गया है कि संघ सरकार के लिए संघ लोक सेवा आयोग और प्रत्येक राज्य के लिए राज्य लोक सेवा आयोग होगा। साथ ही यदि दो या दो से अधिक राज्य चाहे, तो उनके लिए राष्ट्रपति एक संयुक्त लोक सेवा आयोग की स्थापना कर सकता है। इसके अतिरिक्त किसी राज्य के अनुरोध पर तथा राष्ट्रपति की पूर्व अनुमति से संघ लोक सेवा आयोग उस राज्य के लिए भी कार्य कर सकता है। संघ लोक सेवा आयोग का राज्य लोक सेवा आयोग से कोई लेना-देना नहीं है।

33. (b) भारत के योजना आयोग के प्रथम अध्यक्ष पण्डित जवाहरलाल नेहरू थे। स्वतन्त्रता प्राप्ति के बाद सरकार ने 15 मार्च, 1950 में प्रधानमन्त्री की अध्यक्षता में एक योजना आयोग का गठन किया, जिसे देश के विकास की रणनीति तय करने का भार सौंपा गया।

आयोग की सिफारिशों के आधार पर 1951-52 में प्रथम पंचवर्षीय योजना लागू हुई। योजना आयोग का अध्यक्ष भारत का प्रधानमन्त्री होता है।

34. (b) राज्यों तथा केन्द्रों के बीच शक्तियों के विभाजन को देखते हुए योजना तैयार करने में राज्यों का भाग लेना अनिवार्य था, इसलिए 1952 ई. में राष्ट्रीय एकता परिषद की स्थापना की गयी। राष्ट्रीय विकास परिषद का अध्यक्ष प्रधानमन्त्री होता है तथा सभी राज्यों के मुख्यमन्त्री इसके पदेन सदस्य होते हैं।

35. (d) सिक्किम राज्य को छोड़कर प्रश्न में दिए गए राज्य पंजाब, हरियाणा तथा उत्तर प्रदेश में कृषि भूमि का प्रतिशत काफी अधिक है। चूंकि सिक्किम राज्य पर्वतीय क्षेत्र है, इसलिए यहां खेती योग्य भूमि बहुत कम है।

36. (a) भारत निर्माण योजना का सम्बन्ध, अवस्थापना (Infrastructure) विकास से है।

37. (a) नरसिम्हन समिति का सम्बन्ध है, बैंक क्षेत्र के सुधार में। बैंकिंग क्षेत्र में सुधार हेतु वित्त मंत्रालय ने एम. नरसिम्हन की अध्यक्षता में ही दूसरी समिति गठित की, जिसने वर्ष 1998 में अपनी रिपोर्ट सरकार को सौंप दी।

38. (c) क्यूसेक से जल के बहाव को मापा जाता है।

39. (a) तारे अपनी ऊर्जा नाभिकीय संयोजन के फलस्वरूप प्राप्त करते है। नाभिकीय संयोजन (Nuclear Fussion) प्रक्रिया के अन्तर्गत दो हल्के नाभिक परस्पर संयुक्त होकर एक भारी और स्थायी नाभिक का निर्माण करते हैं। नाभिकीय संलयन प्रक्रिया में द्रव्यमान की संदैव क्षति होती है जो आइन्स्टीन समीकरण $E = mc^2$ के अनुसार ऊर्जा में परिवर्तित हो जाती है।

यही कारण है कि इस प्रक्रिया में अपार ऊर्जा विमुक्त होती है। चूंकि नाभिकीय संलयन की प्रक्रिया अति उच्च ताप पर (लगभग 10 लाख डिग्री सेल्सियस) पर होती है, इस कारण इसे उष्मा नाभिकीय अभिक्रिया कहा जाता है। सूर्य एवं अन्य तारों से प्राप्त होने वाली उष्मा एवं प्रकाश ऊर्जा का कारण यही उष्मा नाभिकीय अभिक्रिया है, जो वहां लगातार चलती रहती है।

हाइड्रोजन बम, जिसकी संहारक क्षमता परमाणु बम से कई गुना ज्यादा होती है, के निर्माण में नाभिकीय संलयन का सिद्धान्त निहित है।

$$1H^1 + 1H^3 - 2He^4 + {}_0n^1 + \text{ऊर्जा}$$

40. (a) रासायनिक ऊर्जा का विद्युत ऊर्जा में रूपान्तरण इलेक्ट्रोलाइसिस द्वारा होता है। किसी यौगिक की द्रवित अवस्था या घोल की अवस्था में विद्युत धारा प्रवाहित कर अपघटित करने की क्रिया को वैद्युत अपघटन कहते हैं। वैद्युत अपघटन, वैद्युत धारा का एक रासायनिक प्रभाव है। जब शुद्ध धातुओं में वैद्युत धारा प्रवाहित की जाती है, तो वे अपघटित नहीं होती, परन्तु कुछ पदार्थ ऐसे होते हैं, कि जब उनमें वैद्युत धारा प्रवाहित की जाती है तो वे अपघटित हो जाते हैं, तथा रासायनिक प्रभाव दर्शाते हैं, वैद्युत अपघट्य (electrolyte) कहलाते हैं। जैसे-अम्लीय जल, नमक का जल में विलयन आदि वैद्युत अपघट्य के ऋण एवं धन आयन उपस्थित करते हैं तथा वैद्युत धारा का प्रवाह इन्हीं आयनों की गति के कारण होता है।

41. (c) एकीकृत परिपथ में प्रयुक्त अर्द्धचालक चिप सिलिकॉन की बनी होती है। सिलिकॉन का प्रमुख उपयोग निम्नलिखित है-

(i) शुद्ध सिलिकॉन का उपयोग अतिचालकता में होता है।

(ii) कम्प्यूटर चिप्स के निर्माण में।

(iii) अर्द्धचालक उपकरणों के निर्माण में।

(iv) कार्बोरेण्डम के निर्माण में।

(v) मिश्रधातुओं के निर्माण में।

42. (b) आइन्स्टीन के $E=mc^2$ समीकरण में c द्योतक है, प्रकाश के वेग का, M द्रव्यमान एवं E ऊर्जा का द्योतक है।

43. (a) 'ऑटो हान' ने अणुबम की खोज यूरेनियम विखण्डन के सिद्धान्त पर की थी। वर्ष 1939 में जर्मन वैज्ञानिक 'ऑटो हान' (Otto Hahn) और 'स्ट्रॉसमान' (Strassmann) ने बताया कि ${}_{92}U^{235}$ के नाभिक पर मन्द वेग वाले न्यूट्रान से प्रहार करने पर यूरेनियम का नाभिक टूटकर ${}_{56}Ba^{141}$ तथा ${}_{36}Kr^{92}$ में बदल जाता है। इस प्रक्रिया में तीन अन्य न्यूट्रान भी उत्पन्न होते हैं तथा ऊर्जा की एक विशाल राशि उत्पन्न होती है।

$${}_{92}U^{235} + {}_0n^1 \rightarrow {}_{56}Ba^{141} + {}_{36}Kr^{92} + 3{}_0n^1 + \text{ऊर्जा}$$

44. (b) प्रसिद्ध वैज्ञानिक 'आइन्स्टीन' ने भौतिकी में चतुर्थ आयाम का परिचय दिया था।

45. (a) टैकियॉन प्रकाश गति से तीव्र गति से चलने वाला कण होता है।

46. (a) हीरे की खनिजीय बनावट कार्बन है। हीरा कार्बन का क्रिस्टलीय अपरूप है। इसका प्राकृतिक स्रोत किम्बरलाइट पत्थर होता है। शुद्ध हीरा पारदर्शक एवं रंगहीन होता है। किन्तु अशुद्धियों की उपस्थिति के कारण यह भिन्न-भिन्न रंगों का होता है। कुछ हीरे काले रंग के होते हैं जिसे बोर्ट (Bort) कहते हैं। यह सभी पदार्थो से अधिक कठोर होता है। इसका आपेक्षित घनत्व 3.52 होता है। यह कांच को आसानी से काट देता है। इसके रवे घनाकार होते हैं। इसका अपवर्तनांक 2.417 होता है। अत: पूर्ण आन्तरिक परावर्तन के कारण ही यह बहुत चमकता है। यह ताप और विद्युत का कुचालक है।

47. (c) पायरोमीटर का प्रयोग तापमान को नापने के लिए किया जाता है इससे दूर स्थित आकाशीय पिण्डों के उच्च ताप को नापा जाता है।

48. (b) भारत में पाये जाने वाले आणविक खनिज मुख्यत: यूरेनियम, थोरियम, इल्मेनाइट, ग्रेफाइट, बेरेलियम, जिरकॉन एवं एण्टिमनी हैं। यूरेनियम मुख्यत: भारत में झारखण्ड (जादूगोड़ा), राजस्थान विसुनदीह (अजमेर), उमरा (उदयपुर), आन्ध्र प्रदेश संकरा खान (नेल्लोर), मेघालय (दोमियातास) में पाया जाता है। यूरेनियम का अन्य स्रोत चेरालाइट खनिज भी है, जो केरल के बालू में पाया जाता है।

थोरियम मोनाजाइट से प्राप्त किया जाता है। भारत में मोनाजाइट का विश्व में सबसे बड़ा उचित भण्डार है। यह मुख्य रूप से केरल के बालू (कन्याकुमारी से लेकर केरल के क्विलोन तक 160 किमी. की लम्बाई) में पाया जाता है। भारत में थोरियम पर्याप्त मात्रा में मौजूद है। परन्तु प्राकृतिक थोरियम विखण्डनीय नहीं होता है। अत: इसे सर्वप्रथम 233 में परिवर्तित किया जाता है, जो विखण्डनीय होने के कारण नाभिकीय ईंधन के रूप में प्रयोग किया जा सकता है।

49. (d) तारों के मध्य दूरी ज्ञात करने की इकाई प्रकाश वर्ष है। यह प्रकाश द्वारा एक वर्ष में तय की गई दूरी के बराबर होती है।

$$1 \text{ प्रकाश वर्ष} = 9.46 \times 10^{15} \text{ मीटर}$$

50. (a) कार्बन डेटिंग विधि से जीवाश्म (Fossils) की आयु का निर्धारण होता है। किसी रेडियोसक्रिय समस्थानिक की मात्रा या किसी पत्थर के नमूने, काष्ठ या जैव अवशेष में मापन करके उनकी आयु का निर्धारण करना रेडियो आइसोटोप डेटिंग कहलाता है। कार्बन डेटिंग रेडियो आइसोटोप डेटिंग का एक महत्त्वपूर्ण उदाहरण है। कार्बन डेटिंग के द्वारा जीवाश्मों, मृत पेड़-पौधों आदि की आयु का अंकन किया जाता है। निर्जीव वस्तुओं जैसे-पृथ्वी, पुरानी चट्टानों आदि की आयु ज्ञात करने के लिए यूरेनियम का प्रयोग किया जाता है। इसे यूरेनियम द्वारा आयु अंकन कहते हैं। अधिक पुरानी चट्टानों के लिए पोटेशियम-ऑर्गन डेटिंग विधि भी अधिक उपयुक्त सिद्ध हुई है। मृत पेड़-पौधों और जानवरों का आयु निर्धारण उनमें ${}_6C^{14}$ और ${}_6C^{12}$ का अनुपात ज्ञात करके किया जाता है।

51. (a) कलपक्कम के फास्ट ब्रीडर टेस्ट रिएक्टर में प्रयुक्त ईंधन समृद्ध यूरेनियम है। वह संयन्त्र जिसमें नाभिकीय ऊर्जा को उष्मा ऊर्जा में परिवर्तित कर विद्युत ऊर्जा प्राप्त की जाती है, परमाणु रिएक्टर या नाभिकीय रिएक्टर कहलाता है। नाभिकीय रिएक्टर में यूरेनियम या प्लूटोनियम का उपयोग ईंधन के रूप में किया जाता है, जबकि कैडमियम छड़ का उपयोग

नियन्त्रक छड़ के रूप में होता है। नाभिकीय रिएक्टर से प्राप्त नाभिकीय ऊर्जा को विद्युत ऊर्जा में परिवर्तित करके विद्युत उत्पादन के लिए विद्युत गृह बनाए जाते हैं। नाभिकीय रिएक्टर में अनेक प्रकार के रेडियो समस्थानिक उत्पन्न होते हैं, जिनका उपयोग-चिकित्सा विज्ञान, कृषि, रोगों के उपचार, उद्योग-धंधों में किया जाता है।

52. (a) मोती की रासायनिक संरचना कैल्सियम कार्बोनेट ($CaCO_3$) है। यह प्रकृति में चूने के पत्थर, संगमरमर, खड़िया आदि के रूप में काफी मात्रा में पाया जाता है। मैग्नेशियम कार्बोनेट के साथ यह डोलोमाइट के रूप में पाया जाता है। यह एक उजला ठोस पदार्थ है। कैल्सियम कार्बोनेट का प्रयोग दन्त मंजन, पाउडर तथा पेस्ट बनाने में किया जाता है। इसका उपयोग सीमेन्ट उद्योग में भी होता है।

53. (b) सीमेन्ट का मुख्य संघटक चूना पत्थर (Limestone) है। सीमेन्ट में चूना, सिलिका, ऐलुमिना, मैग्नीशिया एवं आयरन तथा सल्फर के ऑक्साइड मिले रहते हैं। सीमेन्ट में चूना की मात्रा अधिक रहने पर जमते समय उसमें दरारें पड़ जाती हैं, जबकि सीमेन्ट में ऐलुमिना की मात्रा अधिक रहने पर वह शीघ्र जमता है।

54. (b) खानों में अधिकतम विस्फोट मिथेन के साथ वायु के मिलने से होता है। मिथेन एक कार्बनिक गैस है। इसे मार्श गैस से भी जाना जाता है। यह प्राकृतिक गैस का प्रमुख अवयव है। उसमें यह 90% मात्रा में मौजूद रहता है। हवा के साथ यह विस्फोटक मिश्रण बनाता है, जिस कारण कोयले की खानों में प्राय: भयानक विस्फोट हुआ करते हैं।

55. (c) बॉक्साइट अयस्क से एल्युमीनियम धातु प्राप्त की जाती है। बॉक्साइट एल्युमीनियम का मुख्य अयस्क है, जो एल्युमीनियम के जलयोजित ऑक्साइड के रूप में पाया जाता है। चूँकि यह अयस्क सर्वप्रथम फ्रांस के बॉक्स नामक स्थान पर पाया गया था, इसलिए इस अयस्क का नाम बॉक्साइट रखा गया है।

56. (a) शरीर में हीमोग्लोबिन का कार्य ऑक्सीजन का परिवहन करना है।

57. (d) वृक्क स्तनधारियों एवं अन्य कशेरुकी जन्तुओं में मुख्य उत्सर्जी अंग है, जो उपापचय के फलस्वरूप उत्पन्न विभिन्न अपशिष्ट पदार्थों की मूत्र के रूप में शरीर से बाहर निकालता है। यह रुधिर में हाइड्रोजन आयन सान्द्रता अर्थात pH का नियन्त्रण करता है। यह अम्लीय एवं क्षारीय पदार्थों के अधिशेष भाग का निष्कासन करता है। यह अम्लीय एवं क्षारीय पदार्थों के अधिशेष भाग का निष्कासन कर रुधिर के pH को स्थायी रूप से कायम रखता है। यह रुधिर के परासरणी दाब तथा उसकी मात्रा का नियन्त्रण करता है।

58. (a) हीमोफीलिया आनुवंशिक रोग है। साधारणत: एक व्यक्ति को चोट लगने पर औसतन 2–5 मिनट में रक्त का थक्का बनकर बहना बन्द हो जाता है। किन्तु हीमोफीलिया रोग से ग्रस्त व्यक्ति में चोट लगने पर आधा घण्टा से 24 घण्टे तक रक्त में कुछ प्रोटीन की कमी के कारण थक्का नहीं बनता है और रक्त हमेशा बहता रहता और अन्तत: शीघ्र उपचार न होने पर रोगी की मृत्यु हो जाती है। मनुष्यों में कुछ आनुवंशिक रोग निम्नलिखित हैं–

(i) वर्णान्धता
(ii) कर्णपल्लवों का हाइपरट्राइकोसिस
(iii) टर्नर सिन्ड्रोम
(iv) क्लीनेफेल्टर सिन्ड्रोम
(v) डाउन्स सिन्ड्रोम
(vi) मायलोजिनस ल्यूकीमिया।

59. (b) दूध में केसिन, एल्ब्यूमिन तथा ग्लोबिन तीन प्रमुख प्रकार के प्रोटीन पाए जाते हैं। इसमें केसिन की मात्रा सबसे अधिक होती है। केसिन प्रोटीन से प्लेनीटाल या लैक्टोफिल तथा एरालोक नाम से धागे बनाए जाते हैं।

60. (a) रुधिर (Blood) वर्ग के विषय में जानकारी देने वाले पहले वैज्ञानिक कार्ल लैण्डस्टीनर थे, जिन्होंने 1902 ई. में इसकी खोज की थी। इन्होंने रुधिर को इसकी एण्टीजन एण्टीबॉडी प्रतिक्रिया के आधार पर चार समूहों में विभक्त किया–

(i) ग्रुप A (ii) ग्रुप B
(iii) ग्रुप AB (iv) ग्रुप O

61. (c) पीलिया से दुष्प्रभावित यकृत (Liver) होता है। यह एक यकृत रोग, जिसमें रक्त में पित्त वर्णक (Bile Pigment) अधिक मात्रा में चला आता है। इसमें यकृत में पित्त वर्णक का निर्माण अधिक मात्रा में होने लगता है, परन्तु यकृत की कोशिकाएं इसका उत्सर्जन निम्न मात्रा में करती हैं। फलत: पित्त वर्णक यकृत शिरा के माध्यम से रक्त में प्रवेश कर जाता है। पेशाब भी पीला हो जाता है। खून में पित्त (Bile) बढ़ जाता है।

62. (a) जैसे-जैसे कोई व्यक्ति वृद्ध होता जाता है वैसे-वैसे उसका रक्त का दाब सामान्यतया घटता जाता है। रक्त दाब को स्फाइग्नोमैनोमीटर यन्त्र द्वारा मापा जाता है। हृदय के संकुचन से धमनियों की दीवारों पर पड़ने वाला दाब रुधिर दाब कहलाता है। इस दाब को संकुचन दाब कहते हैं, जो निलयों के संकुचन के फलस्वरूप उत्पन्न होता है। यह संकुचन दाब उतना होता है जितना कि 120 मिलीमीटर पारे के स्तम्भ द्वारा उत्पन्न होता है। इसके ठीक उल्टा अनुशिथिलन दाब होता है, जो निलय के अनुशिथिलन के फलस्वरूप उत्पन्न होता है। जब रुधिर आलिन्द से निलय में प्रवेश कर रहा होता है। यह दाब सामान्यत: 80 मिलीमीटर पारे के स्तम्भ द्वारा उत्पन्न दाब के बराबर होता है। अत: एक स्वस्थ मनुष्य में संकुचन और अनुशिथिलन दाब अर्थात् रुधिर दाब 120/80 होता है।

63. (a) मधुमेह के उपचार हेतु प्रयुक्त हार्मोन इन्सुलिन का आविष्कार प्रसिद्ध वैज्ञानिक 'एफ.जी. बैन्टिंग' ने किया था। इन्सुलिन हार्मोन अग्नाशय की लैंगरहैंस की द्वीपिका ग्रन्थि से स्रावित होती है। यह रक्त में शर्करा की मात्रा को नियन्त्रित करती है।

64. (b) रुधिर में श्वेत रक्त कणिकाओं की अत्यधिक मात्रा में उपस्थिति रोग को विज्ञान की भाषा में ल्यूकेमिया कहते हैं। श्वेत रक्त कण का आकार अनिश्चित होता है एवं यह केन्द्रिकायुक्त होता है। इसमें हीमोग्लोबिन रहित संख्या प्रति घन मिमी 5 से 7 हजार होती है। इसका कार्य बाहर से आए रोगाणुओं को हनन करना (मारना) होता है। इसका जीवन काल 24 से 30 घण्टे होता है।

65. (a) चूंकि तेल में असंतृप्त वसाएं पाई जाती हैं इसलिए हमें अपना भोजन वनस्पति घी की अपेक्षा तेल में बनाना चाहिए।

66. (c) फलीदार पादपों की जड़ों में उपस्थित गांठों में पाए जाने वाले नत्रजन स्थिरीकरण जीवाणु सहजीवी का उदाहरण हैं। लेग्यूमिनस परिवार या दलहनी परिवार के पौधों की जड़ों की गांठों में पाया जाने वाला राइजोबियन नामक सहजीवी जीवाणु नाइट्रोजन स्थिरीकरण में भाग लेता है। नाइट्रोजन यौगिकों का नाइट्रोजन में परिवर्तन विनाइट्रीकरण कहलाता है। यह क्रिया कुछ जीवाणुओं द्वारा सम्पादित होती है।

67. (c) कोलेस्टेराल जन्तु वसा में उपस्थित वसीय एल्कोहॉल है।

68. (d) हृदय के संकुचन एवं शिथिलन को सम्मिलित रूप से हृदय की धड़कन कहते हैं। एक सामान्य या स्वस्थ मनुष्य का हृदय, विश्राम की अवस्था में औसतन 1 मिनट में 72 बार धड़कता है। हृदय की कड़ी मेहनत या व्यायाम के फलस्वरूप यह धड़कन बढ़कर 1 मिनट में 180 बार तक हो सकती है। हृदय एक धड़कन में लगभग 70 मिमी. रुधिर पम्प करता है।

69. (c) ग्लोबल वार्मिंग के लिए उत्तरदायी गैस मुख्यत: कार्बन डाइ-ऑक्साइड (CO_2) एवं मिथेन (CH_2) है। इसके अलावा नाइट्रस ऑक्साइड, ओजोन, क्लोरो फ्लोरो कार्बन इत्यादि हैं। इन सभी में क्लोरो फ्लोरो कार्बन (CFC) और नाइट्रस ऑक्साइड में गर्मी को अवशोषित करने की क्षमता काफी अधिक है किन्तु वातावरण में इनकी मात्रा कम होती है। इस

कारण मुख्य ग्रीन हाऊस गैस के अन्तर्गत CO_2 ही आती है।

पृथ्वी की सतह का वातावरण काफी हद तक सूर्य के द्वारा प्राप्त विकिरण के द्वारा नियन्त्रित होता है। धरातल के तापमान के सन्तुलित रहने के लिए यह आवश्यक है कि जितनना तापमान या ऊर्जा पृथ्वी सूर्य के द्वारा ग्रहण करती है उतनी ही पुन: वायुमण्डल में चली जाए। इस सन्तुलन के कारण ही पृथ्वी का तापमान सन्तुलित रहता है। किन्तु ग्रीन हाऊस प्रभाव वाली गैसें सूर्य के द्वारा प्राप्त गर्मी को अवशोषित रखती हैं और इसे वायुमण्डल में कम मात्रा में ही छोड़ती हैं। अत: इन गैसों की मात्रा बढ़ने से वायुमण्डल को पुन: प्राप्त होने वाली ऊर्जा में कमी आती है जिससे पृथ्वी के आसपास तापमान का स्तर बढ़ जाता है। इस ग्रीन हाउस का प्रभाव ही वैश्विक उष्णता (Global Warming) होती है।

70. (d) उपरोक्त चारों में केवल 'प्रिन्टर', 'की-बोर्ड' (Key-Board) एवं 'माऊस' यन्त्र सामग्री है जबकि 'प्रचालन तन्त्र' तन्त्र सामग्री नहीं है। प्रचालन तन्त्र (Operating system) सॉफ्टवेयर होता है। कम्प्यूटर के संचालन के लिए निर्मित प्रोग्रामों को सॉफ्टवेयर कहा जाता है। प्रचालन पद्धति सॉफ्टवेयर का ही एक प्रकार है। कम्प्यूटर के आन्तरिक कार्यों के लिए एवं कम्प्यूटर के साथ लगी अन्य युक्तियों के प्रचालन के लिए बनाए गए प्रोग्राम को प्रचालन पद्धति कहा जाता है।

71. (c) ब्लैक होल मृत हुए तारे (Dead-Star) है। इनका आन्तरिक क्षेत्र में संकुचन हुआ होता है। इस प्रक्रिया के कारण इनमें काफी ज्यादा गुरुत्वाकर्षण बल पैदा हो जाता है। इतना अधिक कि इनके गुरुत्वाकर्षण बल को पार कर प्रकाश भी बाहर नहीं जा सकता है। हमारी आकाश गंगा के मध्य में ब्लैक होल (Black Hole) है।

72. (d) तेजाब वर्षा अर्थात् अम्ल वर्षा का कारण मुख्यत: सल्फर डाइ-ऑक्साइड (SO_2) नाइट्रिक ऑक्साइड व नाइट्रस ऑक्साइड आदि गैसें हैं। इस गैसों का मुख्य स्रोत जीवाश्म ईंधन का जलाया जाना एवं औद्योगिक प्रक्रियाएं हैं कार्बन डाइ-ऑक्साइड के पश्चात SO_2 (सल्फर-डाइ-ऑक्साइड) वायु को प्रदूषित करने वाली दूसरी महत्वपूर्ण गैस है। सल्फर डाइ-ऑक्साइड, नाइट्रिक ऑक्साइड एवं नाइट्रस ऑक्साइड जैसी गैसें जब वर्षा जल में घुलकर पृथ्वी पर आती हैं तो अम्ल वर्षा होती है। इसका प्रभाव फसलों, पेड़-पौधों एवं जीव-जन्तुओं पर पड़ता है।

73. (b) जीन अभियन्त्रण की नवीनतम तकनीक जीन प्रतिचित्रण है।

74. (a) वायुमण्डल में बढ़ती हुई गैसें जैसे-कार्बन डाइऑक्साइड (CO_2) कार्बन मोनोऑक्साइड (CO_2), सल्फर डाइ-ऑक्साइड (SO_2) वायुमण्डल की ऊपरी सतह पर जमकर पृथ्वी का तापमान बढ़ाती है। इसे ग्रीन हाउस प्रभाव कहते हैं। ये गैसें पृथ्वी से वापस लौटने वाली अवरक्त किरणों को रोककर वातावरण को गर्म करती हैं। यदि तापमान इसी तरह बढ़ता रहेगा, तो ध्रुवों की बर्फ पिघलकर समुद्रतल को ऊंचा कर देगी, जिससे समुद्र के किनारे बसे शहर डूब जाएंगे।

75. (a) नील हरित शैवाल के साथ ऐजोला को मिलाने से यह एक अच्छे उर्वरक का काम करता है। ऐजोला प्रयोग जैव उर्वरकों के उत्पादन में होता है। इसका उपयोग कार्बनिक पदार्थ तथा नाइट्रोजन स्थिरीकरण के रूप में होता है।

76. (c) अल्बर्ट आइन्स्टीन वॉयलिन वाद्य यन्त्र बजाने में निपुण थे।

77. (b) भारत रत्न पुरस्कार भारत सरकार द्वारा कला, साहित्य, विज्ञान एवं सार्वजनिक सेवा या जीवन में असाधारण एवं अत्युत्तम कोटि की उपलब्धि हेतु व्यक्तियों को दिया जाता है। यह पुरस्कार 1954 ई. से दिया जा रहा है। सर्वप्रथम यह पुरस्कार डॉ. सर्वपल्ली राधाकृष्णन को दिया गया। जे.आर. डी. टाटा, सत्यजीत रे और सी. सुब्रह्मण्यम को यह पुरस्कार दिया गया है। प्रसिद्ध समाजवादी आचार्य नरेन्द्र देव को यह पुरस्कार नहीं दिया गया है।

78. (a)

79. (c) भटनागर पुरस्कार, भारतीय औद्योगिक एवं वैज्ञानिक अनुसंधान परिषद द्वारा विज्ञान एवं प्रौद्योगिकी के क्षेत्र में उल्लेखनीय योगदान करने वाले भारतीय वैज्ञानिकों को विभिन्न वैज्ञानिक विधाओं के अंतर्गत शोध कार्य हेतु दिया जाता है। देश का यह सर्वोच्च वैज्ञानिक पुरस्कार है। यह पुरस्कार 1957 ई. में शुरू हुआ।

80. (b) ''इन्साइड आई.बी. एण्ड रॉ : द रोलिंग स्टोन दैट गैदर्ड मोर्स' नामक पुस्तक के लेखक के. शंकरन नायर हैं।

81. (a) व्यास सम्मान पाने वाली प्रथम महिला चित्रा मुद्गल थी। यह सम्मान प्रति वर्ष के.के. बिडला फाउण्डेशन द्वारा भारतीय भाषा में पिछले 10 वर्षों से प्रकाशित भारतीय नागरिक को उत्कृष्ट हिन्दी कृति पर दिया जाता है। चित्रा मुद्गल को वर्ष 2003 में यह पुरस्कार उनकी कृति 'आवा' के लिए प्रदान किया गया था।

82. (a) भागीरथी एवं अलकनन्दा नदियों का सम्मिलित नाम गंगा है। गंगा नदी गंगोत्री के पास गोमुख हिमानी (समुद्र तल से 5,165 मी. से भी अधिक ऊंचाई पर) से निकलती है। इसकी कुल लम्बाई 2.071 किमी. है। यह बंगाल की खाड़ी में गिरती है। अलकनन्दा नदी तिब्बत की सीमा के निकट 7,800 मी. की ऊंचाई पर गढ़वाल से निकलती है तथा इसमें भागीदारी की अपेक्षा जल की मात्रा अधिक होती है। अलकनन्दा की दो प्रमुख सहायक नदियां धौली एवं विष्णु गंगा हैं। देवप्रयाग के नजदीक अलकनन्दा और भागीरथी नदियां मिलकर एक हो जाती हैं एवं यहीं से यह शिवालिक श्रेणी को काटती हुई गंगा नदी के नाम से ऋषिकेश और हरिद्वार पहुंचती है। गंगा नदी ऋषिकेश के बाद हरिद्वार के समीप मैदान में प्रवेश करती है एवं उत्तर प्रदेश, बिहार एवं पश्चिम बंगाल राज्य में बहती हुई बंगाल की खाड़ी में गिर जाती है। फरक्का के बाद गंगा की मुख्य धारा बांग्लादेश में प्रवेश करती है जहां से इसे पद्मा के नाम से जाना जाता है। बांग्लादेश के चन्दनपुर में ग्वालण्डों के समीप पद्मा नदी ब्रह्मपुत्र में मिल जाती है तथा वहां इसे यमुना या मेघना कहते हैं।

83. (c) नगरीकरण (Urbanization) भारत में निर्वनीकरण का प्रभाव नहीं है। भारत में निर्वनीकरण काफी तीव्र गति से हो रहा है। तीव्र गति से हो रहे निर्वनीकरण के कारण ही हिमालय में जलस्रोत सूख रहे हैं। इससे जैव-विविधता की हानि होती है एवं मृदा अपरदन होता है। राष्ट्रीय वन नीति के अनुसार भारत के कुल क्षेत्र के एक तिहाई भाग में वन होना चाहिए लेकिन अभी वर्तमान में भारत के 17.9% भाग में वन है।

84. (c) भारतीय वन्य जीवन संस्थान उत्तराखण्ड की राजधानी देहरादून में स्थित है।

85. (c) यमुना, अलकनन्दा और मन्दाकिनी नदी का स्रोत हिमनद है, जबकि कोसी नदी का स्रोत हिमनद नहीं है। अलकनन्दा और मन्दाकिनी नदी, गंगोत्री के पास गोमुख हिमानी से निकलती हैं। यमुना नदी बन्दरपूंछ के पश्चिमी ढाल पर स्थित यमुनोत्री हिमानी से निकलती है। कोसी नदी नेपाल में स्थित गोसाँईथान चोटी के उत्तर से निकलती है।

86. (d) $2(27 \div 3) + 30 - 30 = 18$
$2(9) + 30 - 30 = 18$
$18 + 30 - 30 = 18$
$18 = 18$
L.H.S= R.H.S

87. (b)
37 32 26 19 [11]
−5 −6 −7 −8

88. (b) 15 20 30 [45] 65
+5 +10 +15 +20

89. (d)
10 11 14 23 50 [131]
+1 +3 +9 +27 +81

90. (b)

91. (b) $R \xrightarrow{+1} S$ $\quad F \xrightarrow{+1} G$

$A \xrightarrow{+1} B$ $\quad \therefore \quad I \xrightarrow{+1} J$

$T \xrightarrow{+1} U$ $\quad R \xrightarrow{+1} S$

$E \xrightarrow{+1} F$ $\quad E \xrightarrow{+1} F$

92. (d) 'INTERDEPENDENCE' में दो I नहीं हैं अत: INCIDENT' शब्द नहीं बन सकता है।

93. (b)

94. (c) शब्दों का क्रम इस प्रकार है–

Latch, Latitude, laugh, Laurels.

95. (d) शब्दों का क्रम इस प्रकार है–

BALLERINA, BALLISTICS, BALLISTITE, BALLIUM.

96. (d) $\frac{a}{b} = \frac{3}{5}; \frac{b}{c} = \frac{4}{7}$

$\therefore \frac{a}{b} \times \frac{b}{c} = \frac{3}{5} \times \frac{4}{7}$

$\therefore \frac{a}{c} = \frac{12}{35}$

a : c = 12 : 35

97. (b) कुल दूरी = 30 + 40 = 70 किमी

कुल समय = $\frac{30}{6} + 5 = 10$ घण्टे

$\therefore$ औसत गति = $\frac{\text{कुल दुरी}}{\text{कुल समय}} = \frac{70}{10}$

= 7 किमी/घण्टा

98. (c) (A + B) का 1 दिन का काम = $\frac{1}{72}$

(B + C) का 1 दिन का काम = $\frac{1}{120}$

(C + A) का 1 दिन का काम = $\frac{1}{90}$

तीनों को जोड़ने पर,

2 (A + B + C) का 1 दिन का काम

$= \frac{1}{72} + \frac{1}{120} + \frac{1}{90}$

$= \frac{5+3+4}{3600} = \frac{12}{360} = \frac{1}{30}$

$\therefore$ (A + B + C) का 1 दिन का काम

$= \frac{1}{60}$

$\therefore$ A का 1 दिन का काम

$= \frac{1}{60} - \frac{1}{120} = \frac{2-1}{120} = \frac{1}{120}$

$\therefore$ अभीष्ट समय = 120 दिन

99. (a) पहली अभाज्य संख्या = 2

दूसरी अभाज्य संख्या = 3

अभीष्ट योगफल = 2 + 3 = 5

100. (c) विक्रय मूल्य = ₹ x

क्रय मूल्य = ₹ $(x + 300)$

$\therefore \frac{300}{x+300} \times 100 = 25$

$\Rightarrow x + 300 = 1200$

$\Rightarrow x = 1200 - 300$

= ₹ 900

❑❑❑

प्रैक्टिस सेट–8

1. भारतीय रिजर्व बैंक की स्थापना कब हुई?
(a) वर्ष 1920 (b) वर्ष 1930
(c) वर्ष 1935 (d) वर्ष 1940

2. एक रुपए के भारतीय नोट पर किसके हस्ताक्षर होते हैं?
(a) गवर्नर, भारतीय रिजर्व बैंक
(b) सचिव, वित्त मन्त्रालय
(c) वित्त मन्त्री
(d) इनमें से कोई नहीं

3. 'सोज-ए-वतन' पुस्तक के लेखक हैं–
(a) महादेवी वर्मा
(b) प्रेमचन्द
(c) सुमित्रानन्दन पन्त
(d) सूर्यकान्त त्रिपाठी 'निराला'

4. अंग्रेजों के विरुद्ध 'भारत छोड़ो आन्दोलन' की घोषणा किस वर्ष की गई?
(a) वर्ष 1940 में
(b) वर्ष 1942 में
(c) वर्ष 1946 में
(d) वर्ष 1936 में

5. जलियांवाला बाग कत्लेआम किस शहर में हुआ?
(a) मेरठ (b) आगरा
(c) अमृतसर (d) लाहौर

6. किस राजवंश ने उत्तर भारत पर शासन नहीं किया है?
(a) चालुक्य (b) राजपूत
(c) गुप्त (d) मौर्य

7. हल्दीघाटी का युद्ध किस वर्ष में हुआ था?
(a) 1756 ई. (b) 1576 ई.
(c) 1756 ई. पू. (d) 1576 ई. पू.

8. वह महिला जिसने अवध में 1857 की क्रान्ति का नेतृत्व किया था–
(a) लक्ष्मीबाई
(b) अहिल्याबाई
(c) अरुणा आसफ अली
(d) बेगम हजरत महल

9. महात्मा गांधी ने पहला आमरण अनशन कब प्रारम्भ किया था?
(a) कम्युनल अवार्ड के समय
(b) कलकत्ता के दंगों के समय
(c) जलियांवाला बाग दुर्घटना के समय
(d) दिल्ली के दंगों के समय

10. बाकू प्रसिद्ध क्यों है?
(a) लोहा उद्योग
(b) हवाई जहाज उद्योग
(c) समुद्री जहाज उद्योग
(d) पेट्रोलियम

11. बेरोजगारी समस्या से गरीबी बढ़ती है, क्योंकि–
(a) गरीबी-रेखा से नीचे रहने वालों की संख्या बढ़ती है
(b) जनसंख्या तेजी से बढ़ती है
(c) मुद्रास्फीति की दर बढ़ती है
(d) ब्याजदर बढ़ती है

12. वयस्क मानव शरीर में हड्डियों की संख्या होती है–
(a) 214 (b) 206
(c) 253 (d) अनिश्चित

13. भागीरथी घाटी में राजमा और आलू की खेती प्रारम्भ करने का श्रेय किसको दिया जाता है?
(a) विल्सन
(b) राम ब्रह्मचारी
(c) हेनरी
(d) महाराजा सुदर्शन शाही

14. भारत में अधिकांशतः बेरोजगारी है–
(a) प्रौद्योगिकीय
(b) चक्रीय
(c) संघर्ष सम्बन्धी
(d) संरचनात्मक

15. आदि शंकराचार्य द्वारा स्थापित चार मठ हैं–
(a) जोशीमठ, द्वारका, पुरी,शृंगेरी
(b) शृंगेरी, द्वारका, जोशीमठ, प्रयाग
(c) द्वारका, जोशीमठ, प्रयाग, कांची
(d) पुरी,शृंगेरी, द्वारका, वाराणसी

16. संयुक्त राष्ट्र मानव विकास सूचकांक किसके द्वारा विकसित किया गया है?
(a) महबूब-उल-हक
(b) जगदीश भागवत
(c) जोसेफ स्टिग्लिज
(d) अमर्त्य सेन

17. भारत में राष्ट्रीय आय के प्राक्कलन तैयार किए जाते हैं
(a) भारतीय विकास परिषद् द्वारा
(b) भारतीय उत्पादकता परिषद् द्वारा
(c) भारतीय आय समिति द्वारा
(d) केन्द्रीय सांख्यिकीय संगठन द्वारा

18. भगत सिंह, सुखदेव और राजगुरु को किस 'वाद' (केस) में फांसी की सजा सुनाई गई थी?
(a) अलीपुर षड्यन्त्र केस
(b) लाहौर षड्यन्त्र केस
(c) काकोरी षड्यन्त्र केस
(d) कानपुर षड्यन्त्र केस

19. भारत के मुख्य चुनाव आयुक्त को निम्न में से किसके द्वारा नियुक्त किया जाता है?
(a) लोकसभा द्वारा
(b) प्रधानमन्त्री द्वारा
(c) राष्ट्रपति द्वारा
(d) मुख्य न्यायाधीश द्वारा

20. भारत की स्वतन्त्रता प्राप्ति के समय भारतीय राष्ट्रीय कांग्रेस के अध्यक्ष थे–
(a) जे बी कृपलानी
(b) जवाहरलाल नेहरू
(c) राजेन्द्र प्रसाद
(d) सरदार पटेल

21. 1908 में 6 वर्ष की कारावास की सजा स्वतन्त्रता संग्राम के किस उग्रवादी नेता को दी गई थी?
(a) विपिनचन्द्र पाल
(b) बाल गंगाधर तिलक
(c) लाला लाजपत राय
(d) अरविन्द घोष

22. मौर्य काल में शिक्षा ग्रहण करने का सर्वाधिक प्रसिद्ध केन्द्र था–
(a) तक्षशिला
(b) उज्जैन
(c) नालन्दा
(d) वल्लभी

23. प्रसिद्ध बौद्ध विद्वान् अश्वघोष किसके समकालीन थे?
(a) अशोक (b) नागार्जुन
(c) कनिष्क (d) हर्ष

24. किस वायसराय की हत्या उसके कार्यालय में की गई?
(a) लॉर्ड कर्जन (b) लॉर्ड मेयो
(c) लॉर्ड रिपन (d) लॉर्ड वेलेजली

25. निम्नलिखित में से किस स्थान पर मानव के साथ कुत्ते को दफनाए जाने का साक्ष्य मिला है?
(a) बुर्जहोम (b) कोल्डीहवा
(c) चौपानी (d) माण्डो

26. संसद में पहला लोकपाल विधेयक कब रखा गया था?
(a) वर्ष 1967 (b) वर्ष 1971
(c) वर्ष 1968 (d) वर्ष 1972

27. एलीफेण्टा की प्रसिद्ध गुफा-मन्दिरों का सम्बन्ध था–
(a) चालुक्यों से (b) चोल से
(c) पल्लवों से (d) राष्ट्रकूट से

28. संविधान का कौन-सा अनुच्छेद दोषसिद्ध के सम्बन्ध में अभियुक्तों को दोहरे दण्ड एवं स्व-अभिशंसन से संरक्षण प्रदान करता है?
(a) अनुच्छेद-19 (b) अनुच्छेद-22
(c) अनुच्छेद-21 (d) अनुच्छेद-20

29. भारतियों के विरोध के कारण बंगाल को फिर से कब एकीकृत किया गया?
(a) वर्ष 1905 (b) वर्ष 1911
(c) वर्ष 1947 (d) वर्ष 1971

30. 'हुमायूँनामा का लेखक कौन है?
(a) जेबुन्निसा
(b) जहांआरा
(c) गुलबदन बेगम
(d) रोशन आरा

31. गणित की पुस्तक 'लीलावती' के लेखक थे–
(a) रामानुज (b) कौटिल्य
(c) अमर्त्य सेन (d) भास्कराचार्य

32. सर्वेण्ट्स ऑफ इण्डिया सोसायटी के संस्थापक कौन थे?
(a) मदनमोहन मालवीय
(b) सरोजिनी नायडू
(c) जस्टिस रानाडे
(d) गोपालकृष्ण गोखले

33. ब्रिटिश ईस्ट इण्डिया कम्पनी ने बम्बई किससे लिया था?
(a) डचों से
(b) फ्रांसीसियों से
(c) डेनिसों से
(d) पुर्तगालियों से

34. कॉलेस्ट्रॉल का असामान्य स्तर सम्बन्धित होता है–
(a) धमनियों का कठोर हो जाना
(b) शिराओं का कठोर हो जाना
(c) वृक्क पत्थर निर्माण
(d) यकृत सिरहोसिस

35. संसद की सम्मिलित बैठक की अध्यक्षता की जाती है–
(a) राज्यसभा के अध्यक्ष द्वारा
(b) प्रधानमन्त्री द्वारा
(c) लोकसभा के स्पीकर द्वारा
(d) राज्यसभा में विपक्ष के नेता द्वारा

36. 1838 ई. में स्थापित भारत का प्रथम राजनैतिक संगठन था–
(a) ब्रिटिश इण्डिया सोसायटी
(b) बंगला ब्रिटिश इण्डिया सोसायटी
(c) सेटलर्स एसोसिएशन
(d) जमीदारों एसोसिएशन

37. महात्मा गांधी के राजनीतिक जीवन में निम्नलिखित घटनाओं का क्या सही कालानुक्रम है?
1. चम्पारण सत्याग्रह
2. अहमदाबाद मिल हड़ताल
3. खेड़ा सत्याग्रह
4. असहयोग आन्दोलन
कूटः
(a) 2, 4, 3, 1 (b) 1, 3, 2, 4
(c) 4, 3, 2, 1 (d) 3, 4, 2, 1

38. 'ए पैसेज टू इण्डिया' पुस्तक किसने लिखी थी?
(a) जवाहरलाल नेहरू
(b) मीनू मसानी
(c) ई एम फोस्टर
(d) इनमें से कोई नहीं

39. निम्न में से कौन उदारवादी नहीं था?
(a) फिरोजशाह मेहता
(b) दादाभाई नौरोजी
(c) गोपालकृष्ण गोखले
(d) बाल गंगाधर तिलक

40. 'माना दर्रा' स्थित है–
(a) उत्तर प्रदेश (b) उत्तराखण्ड
(c) जम्मू-कश्मीर (d) हिमाचल प्रदेश

41. फसल चक्र आवश्यक है–
(a) पादपों में प्रोटीन वृद्धि हेतु
(b) विभिन्न फसलों की प्राप्ति हेतु
(c) मृदा की उर्वरा शक्ति में वृद्धि हेतु
(d) मृदा की नमी को बनाए रखने हेतु

42. चन्द्रमा एक–
(a) तारा है (b) ग्रह है
(c) उपग्रह है (d) उल्का है

43. एंजाइम एक–
(a) विटामिन है
(b) बैक्टीरियम है
(c) बायो-उत्प्रेरक है
(d) वायरस है

44. निम्न में से कौन संक्रामक बीमारी नहीं है?
(a) एड्स
(b) छोटी माता
(c) गलसुआ
(d) परिसर्प सरल (हरपीज)

45. निम्न में से कौन आनुवंशिक अव्यवस्था नहीं है?
(a) डाउन सिण्ड्रोम
(b) हीमोफीलिया
(c) इरिटेबुल-बाउल-सिण्ड्रोम
(d) दात्र-कोशिका अरक्तता

46. निम्न में से कौन-सा जैविक मूल का है?
(a) मूंगा (b) पन्ना
(c) माणिक (d) पुखराज

47. मुस्लिम लीग ने भारत के विभाजन की मांग का प्रस्ताव अपने किस अधिवेशन में किया था?
(a) लाहौर में
(b) कराची में
(c) इलाहाबाद में
(d) ढाका में

48. निम्न में से कौन-सा वेद सबसे प्राचीन है?
(a) सामवेद (b) यजुर्वेद
(c) ऋग्वेद (d) अथर्ववेद

49. पानीपत की तीसरी लड़ाई में मराठों को हराया–
(a) अफगानों ने (b) मुगलों ने
(c) अंग्रेजों ने (d) रोहिल्लों ने

50. महमूद गजनवी के साथ भारत आने वाला प्रसिद्ध इतिहासकार कौन था?
(a) फरिश्ता (b) अलबरूनी
(c) अफीफ (d) इब्नबतूता

51. 'खानवा के युद्ध' में कौन पराजित हुआ था?
(a) राणा प्रताप
(b) हेमू
(c) राणा सांगा
(d) अलाउद्दीन खिलजी

52. महात्मा गांधी ने अपनी आत्मकथा मूलरूप में लिखी–
(a) हिन्दी (b) मराठी
(c) गुजराती (d) अंग्रेजी

53. लोथल कहां है?
(a) गुजरात (b) राजस्थान
(c) पाकिस्तान (d) हरियाणा

54. भारतीय संविधान के अनुसार सम्पत्ति का अधिकार है–
(a) मौलिक अधिकार
(b) नीति-निदेशक सिद्धान्त
(c) विधिक अधिकार
(d) सामाजिक अधिकार

55. प्लासी का युद्ध मैदान कहां स्थित है?
(a) बिहार (b) आन्ध्र प्रदेश
(c) ओडिशा (d) पश्चिम बंगाल

56. इनफ्लूएंजा रोग होता है
(a) विषाणु से (b) कवक से
(c) शैवाल से (d) जीवाणु से

57. फ्रिजों में कौन-सी गैस भरी जाती है?
(a) अमोनिया (b) मेफ्रोन
(c) मीथेन (d) एसीटिलीन

58. वायुयान में 'ब्लैक बॉक्स' का क्या रंग होता है?
(a) नारंगी (b) लाल
(c) नीला (d) काला

59. ध्वनि का वेग महत्तम होता है–
(a) निर्वात में (b) धातु में
(c) द्रव में (d) वायु में

60. निम्न में कौन-सा प्रदूषण कारक जैवीय रूप से अपघटित होता है?
(a) एस्बेस्टास
(b) डी डी टी
(c) प्लास्टिक
(d) मल

61. निम्नांकित में से कौन एक सर्वाधिक भंगुर पारिस्थितिक तन्त्र है, जो वैश्विक तापन द्वारा सबसे पहले प्रभावित होगा?
(a) आर्कटिक एवं ग्रीन लैण्ड हिम चादर
(b) अमेजन वर्षा वन
(c) टैगा
(d) भारतीय मानसून

62. निम्नांकित में से कौन एक वायुमण्डल के ओजोन परत की मोटाई नापने वाली इकाई है?
(a) नॉट (b) डॉब्सन
(c) प्वॉयज (d) मैक्सवेल

63. भारत का सबसे बड़ा जल प्रपात, जोग प्रपात किस नदी पर है?
(a) शरावती (b) कावेरी
(c) गोदावरी (d) नर्मदा

64. भारत में केन्द्र शासित राज्यों की संख्या कितनी है?
(a) 8 (b) 7
(c) 9 (d) 11

65. भारत का निम्नलिखित में से कौन-सा प्राकृतिक बन्दरगाह नहीं है?
(a) कोचीन
(b) मुम्बई
(c) विशाखापट्टनम
(d) चेन्नई

66. 'ब्लैक पैगोडा' कहां है?
(a) मदुरै (b) कोणार्क
(c) खजुराहो (d) इनमें से कोई नहीं

67. दुनिया में सबसे बड़ा (ग्रीनलैण्ड के बाद) द्वीप है–
(a) बोर्नियो (b) मालागासी
(c) सुमात्रा (d) न्यू-गिनी

68. हमारे जल मण्डल का सबसे बड़ा भाग है–
(a) अटलाण्टिका महासागर
(b) हिन्द महासागर
(c) प्रशान्त महासागर
(d) अण्टार्कटिक महासागर

69. ओजोन पर्त अवस्थित है–
(a) क्षोभमण्डल में
(b) समताप मण्डल में
(c) मध्य मण्डल में
(d) बहिर्मण्डल में

70. हरित क्रान्ति में प्रयुक्त मुख्य पादप (फसल) कौन-सी थी?
(a) जैपोनिका चावल
(b) भारतीय चावल
(c) एमर गेहूं
(d) मैक्सिकन गेहूं

71. निम्नलिखित में से किसे ओशेनिया के नाम से अभिहित देशों के भौगोलिक समूह में सम्मिलित किया जाता है?
(a) इण्डोनेशिया (b) मेलेनेशिया
(c) माइक्रोशिया (d) ऑस्ट्रेलिया

72. निम्न में से कौन-सा देश अरण्ड-तेल बीज का सबसे बड़ा उत्पादक व निर्यातक है?
(a) फ्रांस (b) भारत
(c) जापान (d) चीन

73. पृथ्वी की भूमध्य रेखा की कुल लम्बाई है लगभग–
(a) 6,400 किमी
(b) 12,800 किमी
(c) 40,000 किमी
(d) 5,000 किमी

74. निम्न में से किस प्रदेश में अभ्रक संसाधन सर्वाधिक हैं?
(a) राजस्थान (b) उत्तर प्रदेश
(c) उत्तराखण्ड (d) हरियाणा

75. किसी जगह का स्थानीय समय 6.00 प्रातः है जबकि ग्रीनविच मीन टाइम (जी एम टी) 3.00 है। उस जगह की देशान्तर रेखा क्या होगी?
(a) 45^0 पश्चिम (b) 45^0 पूर्व
(c) 120^0 पूर्व (d) 120^0 पश्चिम

76. निम्नलिखित भारतीय द्वीपों में से कौन-सा द्वीप भारत एवं श्रीलंका के मध्य है?
(a) एलीफेण्डा (b) निकोबार
(c) रामेश्वरम् (d) सलसत

77. भारत का निम्नलिखित में से कौन-सा क्षेत्र उच्च तीव्रता की भूकम्पीय मेखला में नहीं आता है?
(a) उत्तराखण्ड (b) हिमाचल प्रदेश
(c) कच्छ (d) कर्नाटक पठार

78. दुलहस्ती बिजली स्टेशन किस नदी पर स्थित है?
(a) गंगा (b) यमुना
(c) चिनाब (d) कावेरी

79. भारत के संविधान के अन्तर्गत ग्राम पंचायतों का गठन–
(a) एक मूलभूत अधिकार है
(b) एक मूल कर्त्तव्य है
(c) निदेशक सिद्धान्त है
(d) इनमें से कोई नहीं

80. शिवालिक श्रेणियों की ऊंचाई है–
(a) 850-1200 मी के मध्य
(b) 750-1100 मी के मध्य
(c) 750-1500 मी के मध्य
(d) 750-1300 मी के मध्य

81. कितने भारतीय प्रदेश से होकर कर्क रेखा गुजरती है?
(a) 6 (b) 8
(c) 7 (d) 9

82. इनमें से कौन 'ग्रेट लेक्स' का हिस्सा नहीं है?
(a) बीयर (b) सुपीरियर
(c) हूरन (d) मिशीगन

83. निम्न में से एक भारतीय कृषि की विशेषता नहीं है
(a) प्रकृति पर अधिक निर्भरता
(b) उत्पादकता का निम्न स्तर
(c) फसलों की विविधता
(d) बड़े खेतों की प्रधानता

84. भारत के कम्पट्रोलर और ऑडिटर जनरल (सी. ए. जी) की रिपोर्ट का परीक्षण निम्न में से कौन-सी संसदीय समिति के द्वारा किया जाता है?
(a) एस्टीमेट कमेटी
(b) इंश्योरेन्स कमेटी
(c) पब्लिक एकाउन्ट्स कमेटी
(d) स्टैण्डिग कमेटी

85. 'समेकित बाल विकास सेवाएं' नामक कार्यक्रम प्रारम्भ हुआ–
(a) वर्ष 1969 में (b) वर्ष 1984 में
(c) वर्ष 1975 में (d) वर्ष 1999 में

निर्देश (प्रश्न 86-88 तक) दिए गए विकल्पों में से सम्बन्धित अक्षर/ शब्द / संख्या को चुनिए।

86. 9 : 80 : : 100 : ?
(a) 901 (b) 1009
(c) 9889 (d) 9999

87. BDFH : SUWY : : CEGI : ?
(a) QTWZ (b) PTVX
(c) JLNP (d) TVXZ

88. आहार : आदमी :: ईंधन : ?
(a) लकड़ी (b) आग
(c) गरमी (d) धुआं

निर्देश (प्रश्न 89-91 तक) दिए गए विकल्पों में से विषम शब्द अक्षर/ शब्द / संख्या युग्म को चुनिए।

89. (a) VWY (b) QRT
(c) LMO (d) JKL

90. (a) BE (b) G J
(c) NQ (d) Q R

91. (a) 400 (b) 484
(c) 625 (d) 729

92. सही विकल्प चुनिए जो प्रश्न चित्र का दर्पण प्रतिबिम्ब होगा–
प्रश्न आकृति :

उत्तर आकृतियां :

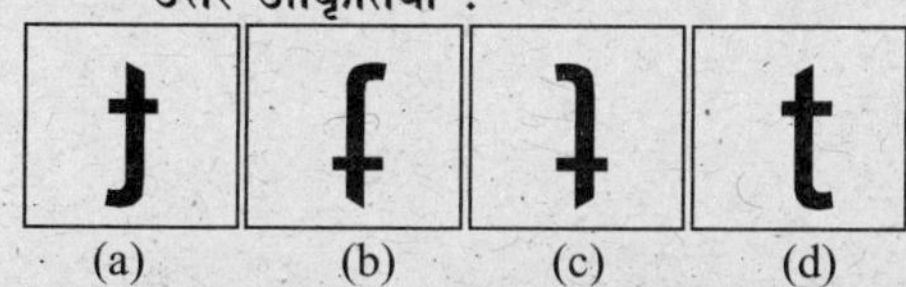

(a) (b) (c) (d)

93. प्रश्न आकृतियों में दिखाए अनुसार कागज को मोड़ कर काटने तथा खोलने के बाद वह किस उत्तर आकृति जैसा दिखाई देगा?
प्रश्न आकृतियां :

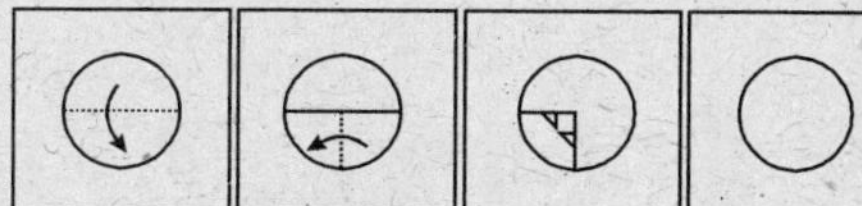

उत्तर आकृतियां :

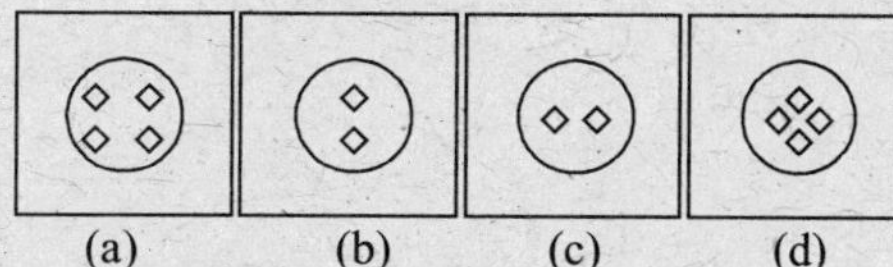

(a) (b) (c) (d)

94. दी गई उत्तर आकृतियों में से उस उत्तर आकृति को चुनिए जिसमें प्रश्न आकृति निहित है–
प्रश्न आकृति :

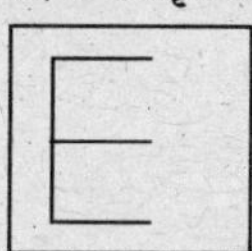

उत्तर आकृतियां :

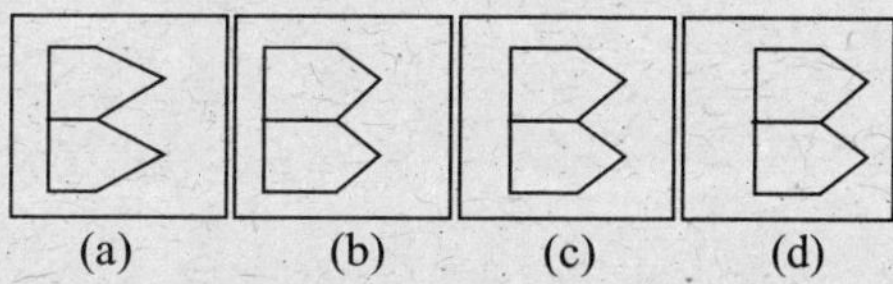

(a) (b) (c) (d)

95. कौन-सी उत्तर आकृति प्रश्न आकृति के प्रतिरूप को पूरा करेगी?
प्रश्न आकृति :

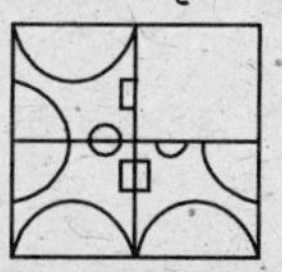

उत्तर आकृतियां :

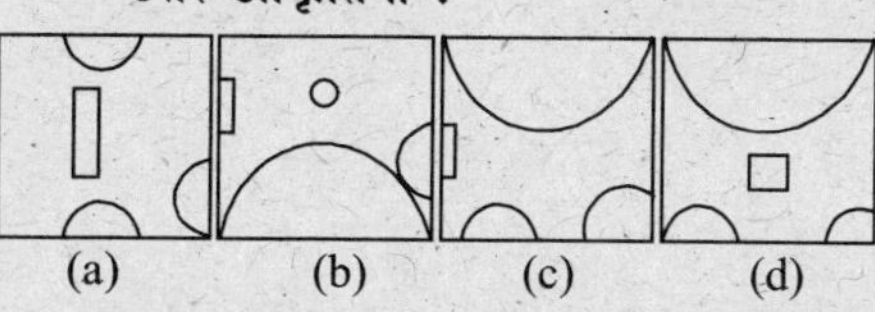

(a) (b) (c) (d)

96. तीन संख्याओं का औसत 28 है। पहली संख्या दूसरी की आधी और तीसरी संख्या दूसरी की दोगुनी है। तीसरी संख्या है–
(a) 18 (b) 26
(c) 36 (d) 48

97. निम्नांकित का मान ज्ञात करें– (1250 का 0.07%) – (650 का 0.02%) = ?
(a) 0.545 (b) 0.615
(c) 0.625 (d) 0.745

98. शहर की आबादी 50% प्रति वर्ष की दर से बढ़ती है। यदि शहर की मौजूदा आबादी 185220 हो, तो 3 वर्ष पहले उसकी आबादी कितनी थी?
(a) 181500 (b) 183433
(c) 160000 (d) 127783

99. यदि $\frac{a}{2}=\frac{b}{3}=\frac{c}{5}$ हो, तो $\frac{4a+3b-c}{b}$ का मान क्या होगा?
(a) 5 (b) 3
(c) 4 (d) $\frac{8}{3}$

100. यदि (3x – 2y) : (x + 3y) = 5 : 6 हो, तो x : y का मान क्या होगा?
(a) $\frac{17}{13}$ (b) $\frac{5}{13}$
(c) $\frac{3}{13}$ (d) $\frac{27}{13}$

व्याख्या सहित उत्तर

1. (c) भारतीय रिजर्व बैंक की स्थापना 1 अप्रैल, 1935 की रिजर्व बैंक ऑफ इण्डिया एक्ट 1934 के तहत की गई। उस समय यह एक निजी क्षेत्रीय बैंक था जिसकी अधिकृत पूंजी 5 करोड़ रुपए थी। इसका मुख्यालय मुम्बई है।

2. (b) एक रुपए के भारतीय नोट पर सचिव, वित्त मन्त्रालय के हस्ताक्षर होते हैं। 2 रुपए से लेकर 2000 के तक के नोट पर गवर्नर, रिजर्व बैंक के हस्ताक्षर होते हैं। एक रुपए के नोट का मुद्रण अब बन्द हो गया है।

3. (b)

4. (b) अंग्रेजों के विरुद्ध 'भारत छोड़ो आन्दोलन' की घोषणा अगस्त, 1942 में की गई, जिसमें गांधी जी ने 'करो या मरो' का नारा दिया था। इस आन्दोलन के दौरान गांधी जी को पूना के आगा खां महल में नजरबन्द किया गया।

5. (c) 13 अप्रैल, 1919 को अमृतसर में डॉ. सत्यपाल एवं सैफुद्दीन किचलू की गिरफ्तारी के विरोध में हो रही जनसभा पर जनरल डायर ने अन्धाधुन्ध गोलियां चलाई, जो जलियांवाला बाग हत्याकाण्ड के नाम से जाना जाता है।

6. (a) चालुक्यों का शासन दक्षिण भारत में था। जिसमें वातापी के चालुक्य, कल्याणी के चालुक्य और वेंगी के चालुक्य आदि प्रसिद्ध थे।

7. (b) हल्दीघाटी का युद्ध 18 जून, 1576 ई. को मेवाड़ के शासक महाराणा प्रताप एवं अकबर के बीच हुआ। इस युद्ध में मुगल सेना का नेतृत्व मानसिंह एवं आसफ खां ने किया था।

8. (d) अवध में 1857 की क्रान्ति का नेतृत्व बेगम हजरत महल ने किया। अवध (लखनऊ) में 4 जून, 1857 को क्रान्ति हुई जिसको मार्च, 1858 में ब्रिटिश सेनानायक कैम्पबेल ने दबा दिया।

9. (a) महात्मा गांधी ने दलितों को पृथक् निर्वाचक मण्डल प्रदान करने वाले 'कम्युनल अवार्ड' का विरोध करने के लिए 20 सितम्बर, 1932 को यरवदा जेल में आमरण अनशन आरम्भ किया था।

10. (d) 'बाकू' अजरबैजान की राजधानी है जो कैस्पियन सागर के तट पर स्थित सबसे बड़ा शहर है। बाकू पेट्रोलियम के लिए प्रसिद्ध है।

11. (c) बेरोजगारी समस्या से गरीबी बढ़ती है, क्योंकि मुद्रास्फीति की दर बढ़ती है, मुद्रास्फीति में मुद्रा का वास्तविक मूल्य कम हो जाता है।

12. (b) वयस्क मानव में कुल 206 हड्डियां होती है। फीमर सबसे लम्बी तथा मध्यकान की स्टैपिज सबसे छोटी हड्डी होती है।

13. (a) भागीरथी घाटी में राजमा और आलू की खेती प्रारम्भ करने का श्रेय 'विल्सन' को दिया जाता है।

14. (b) भारत में अधिकांशत: बेरोजगारी चक्रीय है। ऐसी बेरोजगारी जो समग्र मांग में कमी तथा निष्क्रिय उत्पादन क्षमता के कारण हो और मांग में वृद्धि के साथ समाप्त हो जाए, इसे हम चक्रीय बेरोजगारी कहते हैं।

15. (a) आदि शंकराचार्य द्वारा स्थापित चार मठ हैं

जोशीमठ (उत्तर में बद्रीनाथ के पास), पूर्व में गोवर्धन मठ (पुरी शारदा पीठ श्रृंगेरी) दक्षिण में तथा द्वारका पीठ (द्वारका) पश्चिम में रामचन्द्रपुर मठ शंकराचार्य द्वारा स्थापित सबसे पुराना मठ है।

16. (a) महबूब-उल-हक ने संयुक्त राष्ट्र मानव विकास सूचकांक विकसित किया। वह पाकिस्तानी अर्थशास्त्री एवं कराची विश्वविद्यालय में माइक्रो इकोनॉमिक्स के प्रोफेसर थे।

17. (d) केन्द्रीय सांख्यिकीय संगठन (CSO) द्वारा राष्ट्रीय आय के प्राक्कलन तैयार किए जाते हैं।

18. (b) भगत सिंह, सुखदेव और राजगुरु को 23 मार्च, 1931 को लाहौर षड्यन्त्र केस में फांसी की सजा सुनाई गई थी। भगत सिंह ने 'नौजवान भारत सभा' की भी स्थापना की थी।

19. (c) भारत के मुख्य चुनाव आयुक्त और दो अन्य चुनाव आयुक्तों की नियुक्ति राष्ट्रपति द्वारा की जाती है। इनका कार्यकाल 6 वर्ष या 65 वर्ष की आयु पूरी होने तक है (जो भी पहले हो वही लागू होता है)। जून, 2012 में एस वाई कुरैशी की जगह बी. एस. सम्पत को नया मुख्य चुनाव आयुक्त बनाया गया है।

20. (a) स्वतन्त्रता प्राप्ति के समय कांग्रेस के अध्यक्ष जे बी कृपलानी एवं ब्रिटेन के प्रधानमंत्री क्लीमेण्ट एटली (लेबर पार्टी) थे।

21. (b) उग्रवादी दल के प्रमुख नेता बाल गंगाधर तिलक को 1908 में क्रान्तिकारी प्रफुल्ल चाकी और खुदीराम बोस बम हमले का समर्थन करने की वजह से बर्मा (म्यांमार) में जेल भेज दिया गया। जेल से छूटकर वे फिर कांग्रेस में शामिल हुए और एनी बेसेण्ट के साथ मिलकर 1916 में अखिल भारतीय होमरूल लीग की स्थापना की। उनका प्रसिद्ध कथन था "स्वराज्य मेरा जन्मसिद्ध अधिकार है और मैं इसे लेकर रहूंगा।"

22. (a) मौर्य काल में तक्षशिला शिक्षा का प्रसिद्ध केन्द्र था। आचार्य चाणक्य तक्षशिला में ही शिक्षक थे जहां उन्होंने चन्द्रगुप्त मौर्य को शिक्षा दी।

23. (c) प्रसिद्ध बौद्ध विद्वान् अवश्घोष कनिष्क के समकालीन थे जिन्होंने बुद्धचरित संस्कृत में लिखा तथा महालंकर ग्रन्थ भी लिखा। वह महायान विचारधारा के समर्थक थे। मध्य भारत के 'साकेत' में उनका जन्म हुआ था। कालिदास के पूर्व नाटककारों में सर्वश्रेष्ठ नाटककार थे।

24. (b) लॉर्ड मेयो की हत्या एक अफगान ने 1872 में चाकू मारकर कर दी थी। लॉर्ड मेयो ने अजमेर में कॉलेज की स्थापना की थी तथा 1872 ई. में एक कृषि विभाग की स्थापना की।

25. (a) बुर्जहोम कश्मीर में खोजा गया प्रथम नवपाषाणिक स्थल है, जो डलझील और जबरवान पहाड़ी के बीच स्थित 'करेवा' पर स्थित है। यहां पर स्टोन ऐज से आरम्भिक ऐतिहासिक काल तक का प्रवास मिला है। इसी स्थान पर मानव के साथ कुत्ते दफनाए जाने का भी साक्ष्य मिला है।

26. (c) संसद में पहला लोकपाल बिल शान्तिभूषण द्वारा वर्ष 1968 में रखा गया और 1969 में लोकसभा (चौथी) द्वारा पारित किया गया किन्तु राज्यसभा द्वारा पारित होने से पहले ही लोकसभा भंग हो गई और बिल अधर में लटक गया। लोकपाल बिल 1968 से अब तक 8 बार लोकसभा में रखा गया।

27. (d) एलीफेण्टा की गुफाएं भारत में मुम्बई से 12 किमी दूर हैं। यहां 7 गुफाएं हैं। मुख्य गुफा में 26 स्तम्भ हैं जिसमें शिव को कई रूपों में उकेरा गया है। इन गुफाओं का निर्माण राष्ट्रकूट शासकों द्वारा किया गया है। त्रिमूर्ति भगवान शिव की मूर्ति अत्यन्त प्रसिद्ध है।

28. (d) संविधान का अनुच्छेद-20 स्वतन्त्रता के अधिकार के अन्तर्गत दोषसिद्ध के सम्बन्ध में अभियुक्तों को दोहरे दण्ड एवं स्व अभिशंसन से संरक्षण प्रदान करता है।

29. (b)

30. (c) बाबर की पुत्री गुलबदन बेगम (1523-1603) ने 'हुमायूँनामा' लिखा है।

31. (d) लीलावती भारतीय गणितज्ञ भास्कराचार्य II द्वारा 1150 ई. में संस्कृत में रचित गणित और खगोल शास्त्र का एक प्राचीन ग्रन्थ है। साथ ही यह 'सिद्धान्त शिरोमणि' का एक अंक भी है। लीलावती में अंकगणित का विवेचन किया गया है।

32. (d) गोपालकृष्ण गोखले ने सर्वेण्ट्स ऑफ इण्डिया सोसायटी की स्थापना पुणे, महाराष्ट्र में की थी। सोसायटी ने शिक्षा, स्वास्थ्य, सफाई और सामाजिक बुराइयों के क्षेत्र में कार्य किया।

33. (d) 1668 ई. में इंग्लैण्ड के सम्राट चार्ल्स II का विवाह पुर्तगाल की राजकुमारी कैथरीन से होने के कारण चार्ल्स को दहेज के रूप में बम्बई मिला जिसे उन्होंने दस पौण्ड वार्षिक किराये पर ईस्ट इण्डिया कम्पनी को दे दिया।

34. (a) कोलेस्ट्रॉल का असामान्य स्तर शिराओं के कठोर हो जाने से सम्बन्धित है जिससे हृदयघात होने की सम्भावना बढ़ जाती है।

35. (c) संसद के संयुक्त अधिवेशन की अध्यक्षता लोकसभा के अध्यक्ष (स्पीकर) के द्वारा की जाती है। संविधान के अनुच्छेद-108 में संसद के संयुक्त अधिवेशन की व्यवस्था है। प्रथम लोकसभा अध्यक्ष जी वी मावलंकर थे।

36. (d) 1838 में जमींदारी सभा की (लैण्ड होल्डर्स सोसायटी) स्थापना द्वारकानाथ टैगोर के प्रयासों से हुई। यह प्रथम राजनीतिक संस्था थी जिसका उद्देश्य जमींदारों के हितों का संरक्षण करना था।

37. (b) चम्पारण सत्याग्रह (1917), खेड़ा सत्याग्रह (1918), अहमदाबाद मिल मजदूरों की हड़ताल (मार्च 1918), असहयोग आन्दोलन (1920) क्रमानुसार हुए महात्मा गांधी के जीवन में।

38. (c) ई एम फोस्टर (1879-1970) ब्रिटिश उपन्यासकार, लघु कहानी लेखक, निबन्धकार एवं उदारवादी थे। वर्ष 1920 में देवास के महाराजा तुकोजी राव III के प्राइवेट सेक्रेटरी रहे, इसी दौरान 'द हिल ऑफ देवी' पुस्तक लिखी। भारत से लन्दन लौटने पर 'ए पैसेज टू इण्डिया' (1924) ग्रन्थ लिखा जिसके लिए उन्हें जेम्स टेट ब्लैक मेमोरियल पुरस्कार दिया गया।

39. (d) बाल गंगाधर तिलक उग्रवादी दल के नेता थे। उन्होंने मराठा एवं केसरी पत्रिका का प्रकाशन किया। साथ ही शिवाजी जयन्ती एवं गणेश पूजा का प्रचलन किया एवं "स्वराज्य मेरा जन्मसिद्ध अधिकार है और मैं इसे लेकर रहूंगा" जैसे क्रान्तिकारी विचारों का प्रतिपादन किया। 1908 में वे 6 वर्ष की सजा के लिए बर्मा भेजे गए।

40. (b) 'माना दर्रा' नन्दा देवी जैव-मण्डल रिजर्व के अन्दर है, जो जास्कर पर्वतमाला श्रेणी के पूर्व में स्थित है। यह दर्रा उत्तराखण्ड के माना कस्बे से 48 किमी उत्तर में है। 'माना दर्रा' सरस्वती नदी का स्रोत है। माना दर्रा उत्तराखण्ड और तिब्बत के बीच व्यापार का रास्ता था।

41. (c) फसल चक्र का उद्देश्य पौधों के भोज्य तत्त्वों का सदुपयोग तथा भूमि की भौतिक, रासायनिक और जैविक दशाओं में सन्तुलन स्थापित करना है। फसल चक्र से पौधे की उर्वरा शक्ति की रक्षा, पोषक

तत्त्वों का सन्तुलन, हानिकारक कीटाणुओं एवं घासपात की रोकथाम, आदि फायदे होते हैं।

42. (c) चन्द्रमा पृथ्वी का एकमात्र उपग्रह है जो पृथ्वी के चारों ओर चक्कर लगाता है। चन्द्रमा पर वायु का अभाव है।

43. (c) एंजाइम जैव उत्प्रेरक होते हैं जिनके द्वारा पाचन सहित सभी रासायनिक अभिक्रियाएं उत्प्रेरित होती है। एंजाइम स्वयं परिवर्तित हुए बिना ही रासायनिक प्रक्रियाओं को उत्प्रेरित करते हैं। उदाहरण टायलिन, पेप्सिन, रेनिन आदि।

44. (a) एड्स एक विषाणुजन्य रोग है जो ह्यूमन इम्यूनो डेफिसिएंसी वाइरस (HIV) के द्वारा होता है। एड्स रोग का विषाणु लैंगिक स्पर्श रुधिर आधान व सन्दूषित सीरिंज के द्वारा फैलता है।

45. (c) डाउन सिण्ड्रोम, हीमोफीलिया, सिकिल सेल एनीमिया आदि आनुवंशिक रोग हैं जो एक पीढ़ी से दूसरी पीढ़ी में संचरित होते हैं।

46. (a) मूंगा (coral) जैविक मूल का है। मूंगा संघ सीलेण्टेट्रा का एक समुद्री जीव है।

47. (a) मुस्लिम लीग के लाहौर अधिवेशन में अध्यक्षता करते हुए मोहम्मद अली जिन्ना ने 23 मार्च, 1940 को पृथक् मुस्लिम राष्ट्र की मांग की।

48. (c) ऋग्वेद सबसे प्राचीन वेद है, जिसमें 10 मण्डल व 1028 सूक्त हैं। इस वेद की ऋचाओं को पढ़ने वाले ऋषि को 'होत' कहते थे। इसमें 'दसराज्ञ' युद्ध का वर्णन है जो भरत व सुदास के बीच लड़ा गया था।

49. (a) पानीपत के तीसरे युद्ध में (14 जनवरी, 1761) अफगान अहमदशाह अब्दाली ने मराठों को हराया। इस युद्ध में मराठा सेना का प्रतिनिधित्व सदाशिव राव भाऊ ने किया था। तोपखाने की टुकड़ी इब्राहिम खां गार्दी के हाथों में थी।

50. (b) अलबरूनी भारत में महमूद गजनवी के साथ आया। उसने 'तहकीक-उल-हिन्द' पुस्तक अरबी में लिखी जिसमें 11वीं सदी के भारत की राजनैतिक एवं सामाजिक दशा का उल्लेख मिलता है।

51. (c) 1527 ई. खानवा के युद्ध में बाबर ने राणा सांगा को हराया था। इसी युद्ध में बाबर ने तमगा कर न लेने, शराब न पीने की घोषणा की। इस युद्ध के बाद बाबर ने 'गाजी' की उपाधि धारण की।

52. (c) महात्मा गांधी ने अपनी आत्मकथा ***'My Experiment with Truth'*** गुजराती भाषा में लिखी।

53. (a) लोथल गुजरात के अहमदाबाद जिले में भोगवा नदी के तट पर स्थित एक प्रसिद्ध सैन्धवकालीन बन्दरगाह था। इस स्थल के उत्खननकर्ता रंगनाथ राव थे।

54. (c) भारतीय संविधान के अनुसार सम्पत्ति का अधिकार एक विधिक अधिकार है। मूल संविधान में सात मौलिक अधिकार थे लेकिन 44वें संविधान संशोधन के (1979 ई.) सम्पत्ति का अधिकार (अनुच्छेद 31 व 19क) को मौलिक अधिकार से हटाकर संविधान के अनुच्छेद 300(a) के अन्तर्गत कानून अधिकार के रूप में रखा गया है।

55. (d) प्लासी का युद्ध (1757 ई.) स्थल पश्चिम बंगाल के मुर्शिदाबाद के नदिया जिले में भागीरथी नदी के किनारे प्लासी गांव में है। इस युद्ध में क्लाइव की सेना ने सिराजुद्दौला को हराया था।

56. (a) इन्फ्लूएंजा मिक्सो वायरस द्वारा होता है। इस बीमारी के लक्षण है-गलशोथ, छींक, बेचैनी।

57. (b) फ्रिजों में मेफ्रोन गैस भरी जाती है।

58. (a) वायुयान में ब्लैक बॉक्स में उड़ान के दौरान विभिन्न सूचनाओं, जैसे-वायुयान में होने वाली बातचीत, एटीसी और क्रू के सदस्यों के बीच हुई बातचीत और परिवेश की ध्वनियां रिकॉर्ड होती रहती हैं। सामान्यत: इसका रंग गहरा नारंगी होता है। 1954 में पहली बार वायुयान में लगाया गया। इसकी मजबूत बॉडी टाइटेनियम की बनी होती है। विमान के दुर्घटनाग्रस्त हो जाने पर भी इसको नुकसान नहीं पहुंचता।

59. (b) ठोसों जैसी धातु में ध्वनि की चाल अधिकतम होती है, क्योंकि ठोसों में प्रत्यास्थता द्रवों एवं गैसों की अपेक्षा अधिक होती है।

60. (d) 'मल' जैविक रूप से अपघटित प्रदूषण है जिसमें 99% पानी होता है। इसमें पैथोजेनिक ऑर्गेनिज्म होते हैं, जो इसको अपघटित करते रहते हैं। जबकि प्लास्टिक, एस्बेस्टास DDT अकार्बनिक रसायन हैं।

61. (a) आर्कटिक एवं ग्रीनलैण्ड हिम चादर सर्वाधिक भंगुर पारिस्थितिक तन्त्र है, जो वैश्विक तापन द्वारा सबसे पहले प्रभावित होगी क्योंकि यह क्षेत्र पूर्णतया प्रदूषण रहित है।

62. (b) 'डॉब्सन' इकाई पृथ्वी के वातावरण में ओजोन परत की मोटाई नापने वाली इकाई है। 'डॉब्सन' इकाई गार्डन के नाम पर रखी गई है जो ऑक्सफोर्ड यूनिवर्सिटी में रिसर्चर थे। उन्होंने ही सर्वप्रथम पृथ्वी की सतह से कुल ओजोन की मात्रा ज्ञात करने का यन्त्र 1920 में डॉब्सन ओजोन स्पेक्ट्रोफोटोमीटर बनाया।

63. (a) जोग प्रपात महाराष्ट्र और कर्नाटक की सीमा पर शरावती नदी पर है। यह चार छोटे-छोटे प्रपातों-राजा, रॉकेट, रोरर और दाम ब्लांचे से मिलकर बना है। इसका जल 250 मी की ऊंचाई से गिरकर बड़ा सुन्दर दृश्य प्रस्तुत करता है। इसका एक अन्य नाम जोरसप्प भी है।

64. (b) भारत में केन्द्र शासित राज्यों की संख्या-7 है-दिल्ली, पुदुचेरी, चण्डीगढ, दादर एवं नगर हवेली, लक्षद्वीप, अण्डमान-निकोबार, दमन एवं दीव।

65. (d) चेन्नई एक कृत्रिम बन्दरगाह है। मुम्बई देश का सबसे बड़ा बदरगाह है। विशाखापट्टनम एक प्राकृतिक बन्दरगाह है।

66. (b) कोणार्क के सूर्य मन्दिर को 'ब्लैक पैगोडा' कहते हैं जो ओडिशा के कोणार्क में स्थित है। इसे 13वीं सदी में पूर्वी गंग नरेश नरसिंहदेव I (1238-1250) ने बनवाया था। इसे विश्व विरासत स्थल में रखा गया है। कृष्ण के पुत्र साम्ब ने सूर्य भगवान की उपासना के सन्दर्भ में यहां पर सूर्य मन्दिर बनवाया था ऐसी जनश्रुति है।

67. (d) दुनिया में सबसे बड़ा (ग्रीनलैण्ड के बाद) न्यू-गिनी द्वीप है।

68. (c) हमारे जलमण्डल का सबसे बड़ा भाग प्रशान्त महासागर है, जो विश्व का सबसे बड़ा और गहरा महासागर है जिसमें सर्वाधिक गर्त पाए जाते हैं।

69. (b) ओजोन गैस समताप मण्डल (Stratosphere) में पाई जाती है, जो पृथ्वी से 50 किमी तक विस्तृत है। ओजोन परत सूर्य की पराबैंगनी किरण ों का अवशोषण करती है इसलिए इसे पृथ्वी का रक्षा कवच कहते हैं।

70. (d) हरित क्रान्ति में मैक्सिकन गेहूं पादप को प्रमुख रूप से प्रयुक्त किया गया था।

71. (c)

72. (b)

73. (c) भूमध्य रेखा (Equator) पृथ्वी की सतह पर उत्तरी ध्रुव एवं दक्षिणी ध्रुव से समान दूरी पर स्थित एक काल्पनिक रेखा है जो पृथ्वी को उत्तरी एवं दक्षिणी ध्रुव में विभाजित करती है। पृथ्वी की भूमध्य रेखा लम्बाई लगभग 40,075 किमी. है। भूमध्य रेखा के निकट वर्ष भर उच्च तापक्रम रहता है। भूमध्य रेखा 14 देशों के स्थल या जल से होकर गुजरती है। मध्यान्ह रेखा से होकर यह पूर्व की ओर जाती है।

74. (a) भारत अभ्रक उत्पादन में विश्व में प्रथम स्थान रखता है। भारत विश्व का 3/4 अभ्रक का उत्पादन करता है। अच्छी गुणवत्ता वाले अभ्रक राजस्थान, बिहार एवं आन्ध्र प्रदेश में पाए जाते हैं।

75. (b) 45^0 पूर्व

76. (c) रामेश्वरम द्वीप श्रीलंका और भारत के बीच है। यह भारत के प्रसिद्ध धामों में से एक है। रामनाथस्वामी मन्दिर का कॉरिडोर पूरे भारत में सबसे बड़ा है।

77. (d) भारत के उच्च तीव्रता का भूकम्प केन्द्र हिमाचल क्षेत्र (उत्तर-पश्चिम में जम्मू-कश्मीर से लेकर उत्तर-पूर्व में असम-मणिपुर तक) है। गंगा-ब्रह्मपुत्र और पंचनद के मैदान हिमालय क्षेत्र से सटे होने के कारण भूकम्प के केन्द्र हैं। प्रायद्वीपीय

भारत को भूकम्प से सुरक्षित माना गाया है लेकिन तटीय क्षेत्र भूकम्प के केन्द्र हैं। कर्नाटक पठार में उच्च तीव्रता का भूकम्प नहीं आता है।

78. (c) दुलहस्ती बिजली स्टेशन (390MW) का निर्माण जम्मू-कश्मीर के क्षेत्र में चिनाब नदी पर NHPC द्वारा किया गया है। इस स्टेशन से जम्मू-कश्मीर, पंजाब, हरियाणा, उत्तर प्रदेश, राजस्थान, उत्तराखण्ड, दिल्ली और चण्डीगढ़ को फायदा पहुंचता है।

79. (c) भारतीय संविधान के अनुच्छेद-40 के अन्तर्गत राज्यों को निदेश दिया गया है, कि वे ग्राम पंचायतों की स्थापना करें। अत: ग्राम पंचायतों का गठन एक नीति-निदेशक सिद्धान्त है। पंचायती राज की स्थापना वर्ष 1993 में 73वें संविधान संशोधन के द्वारा हुई है।

80. (a) शिवालिक पर्वत श्रेणी हिमाचल पर्वत का सबसे दक्षिणी तथा भौगोलिक रूप से युवा भाग है, जो पश्चिम से पूरब तक फैला हुआ है। इसकी औसत ऊंचाई 900-1200 मी है और इसकी कई उपश्रेणियां भी हैं। यह 1600 किमी तक पूर्व में तीस्ता नदी, सिक्किम से पश्चिमावर्त नेपाल और उत्तराखण्ड से कश्मीर होते हुए उत्तरी पाकिस्तान तक जाता है।

81. (b) कर्क रेखा (Tropic of Cancer) भारत के मध्य भाग से 8 राज्यों (गुजरात, राजस्थान, मध्य प्रदेश, छत्तीसगढ़, झारखण्ड, पश्चिम बंग, त्रिपुरा एवं मिजोरम) से होकर गुजरती है।

82. (a) द ग्रेट. लेक, सुपीरियर मिशीगन, ह्यूरॉन, इरी और ओण्टारियो उत्तरी अमेरिका के भौगोनिक एवं सांस्कृतिक विरासत के प्रमुख हिस्से हैं।

83. (d) भारतीय अर्थव्यवस्था का मूल आधार कृषि है। भारतीय कृषि में फसलों की विविधता है, प्रकृति पर निर्भरता भी है, किन्तु यहां बड़े खेतों की प्रधानता नहीं है। खेत छोटे-छोटे हैं।

84. (c) भारत के नियन्त्रक और महालेखा परीक्षक की रिपोर्ट का परीक्षण 'पब्लिक एकाउन्ट्स कमेटी' संसदीय समिति के द्वारा किया जाता है।

85. (c) समन्वित बाल विकास योजना 1975 में भारत सरकार द्वारा छ: साल से कम वर्ष के बच्चों एवं उनकी माँ के कुपोषण एवं स्वास्थ्य से सम्बन्धित समस्याओं से लड़ने के लिए यह एक लोक कल्याणकारी स्कीम शुरू की गई थी।

86. (d) जिस प्रकार,

$9 \to (9)^2 - 1 = 80$

उसी प्रकार, $100 \to (100)^2 - 1 = 9999$

87. (d) जिस प्रकार, उसी प्रकार,

$B \xrightarrow{+17} S$ $\quad C \xrightarrow{+17} T$

$D \xrightarrow{+17} U$ $\quad E \xrightarrow{+17} V$

$F \xrightarrow{+17} W$ $\quad G \xrightarrow{+17} X$

$H \xrightarrow{+17} Y$ $\quad I \xrightarrow{+17} Z$

88. (b) जिस प्रकार 'आहार', 'आदमी' के लिए आवश्यक है, उसी प्रकार, 'ईंधन', 'आग' के लिए आवश्यक है।

89. (d)

V (+1) W (+2) Y, Q (+1) R (+2) T

L (+1) M (+2) O, J (+1) K (+2) L

90. (d)

B (+3) E, G (+3) J

N (+3) Q, Q (+1) R

91. (d) 729 एक घन संख्या है जबकि अन्य सभी पूर्ण वर्ग संख्याएं हैं।

92. (c) **93.** (d) **94.** (c) **95.** (c)

96. (d) पहली संख्या $= x$

दूसरी संख्या $= 2x$

तीसरी संख्या $= 4x$

$\therefore \quad x + 2x + 4x = 3 \times 28$

$\Rightarrow \quad 7x = 3 \times 28$

$\Rightarrow \quad x = \frac{3 \times 28}{7} = 12$

$\therefore$ तीसरी संख्या $= 4x = 4 \times 12 = 48$

97. (d) $? = \frac{0.07 \times 1250}{100} - \frac{0.02 \times 650}{100}$

$= 0.875 - 0.13 = 0.745$

98. (c) $P = P_0\left(1 + \frac{R}{100}\right)^T$

$\Rightarrow \quad 185220 = P_0\left(1 + \frac{5}{100}\right)^3$

$\Rightarrow \quad 185220 = P_0\left(\frac{21}{20}\right)^3$

$\Rightarrow \quad P_0 = \frac{185220 \times 20 \times 20 \times 20}{21 \times 21 \times 21}$

$= 160000$

99. (c) माना $\frac{a}{2} = \frac{b}{3} = \frac{c}{5} = k$

$\therefore$ $a = 2k;$

$b = 3k;$

और $c = 5k;$

$\therefore$ व्यंजक $= \frac{4a + 3b - c}{b}$

$= \frac{8k + 9k - 5k}{3k} = \frac{12k}{3k} = 4$

100. (d) $\because (3x - 2y) : (x + 3y) = 5 : 6$

$\Rightarrow \quad \frac{3x - 2y}{x + 3y} = \frac{5}{6}$

$\Rightarrow \quad 18x - 12y = 5x + 15y$

$\Rightarrow \quad 13x = 27y$

$\Rightarrow \quad \frac{x}{y} = \frac{27}{13}$

$\therefore \quad x : y = 27 : 13$

❑❑❑

प्रैक्टिस सेट–9

1. ''भारत के प्रत्येक नागरिक का कर्त्तव्य होगा प्राकृतिक पर्यावरण का संरक्षण एवं सुधार।'' यह कथन भारतीय संविधान के किस अनुच्छेद से सन्दर्भित है?
   (a) अनुच्छेद 48-A
   (b) अनुच्छेद 51-A
   (c) अनुच्छेद 56
   (d) अनुच्छेद 21

2. निम्न में से कौन-सा सार्वजनिक व्यय पर संसदीय नियन्त्रण का अंग नहीं हैं?
   (a) लोक लेखा समिति
   (b) भारत का नियन्त्रक व महालेखा परीक्षक
   (c) प्राक्कलन समिति
   (d) सार्वजनिक उपक्रम समिति

3. मुद्रा की दशमलव प्रणाली के साथ प्रचलित 'नया पैसा' कब 'पैसा' हो गया?
   (a) 1 अप्रैल, 1957 से
   (b) 1 अप्रैल, 1965 से
   (c) 1 जून, 1964
   (d) 2 अक्टूबर, 1961 से

4. समुद्र में प्लवन करते हुए आइसबर्ग का कितना भाग समुद्र की सतह से ऊपर होता है?
   (a) 1/9 (b) 1/10
   (c) 1/6 (d) 1/4

5. प्रेशर-कुकर में खाना कम समय में पकता है, क्योंकि-
   (a) अधिक दाब के कारण उबलते पानी का ताप कम हो जाता है।
   (b) चारों ओर से बन्द होने के कारण वायु का प्रभाव नहीं पड़ता है।
   (c) अधिक दाब के कारण उबलते पानी का ताप बढ़ जाता है।
   (d) प्रयुक्त पानी का वाष्पन बहुत कम होता है।

6. कार चलाते समय अपने पीछे के यातायात को देखने के लिए आप किस प्रकार के दर्पण का उपयोग करना चाहेंगे?
   (a) अवतल दर्पण
   (b) समतल दर्पण
   (c) गोलीय दर्पण
   (d) उत्तल दर्पण

7. एक स्वस्थ मनुष्य के शरीर का ताप होता है-
   (a) 37° सेल्सियस
   (b) 37° फॉरेनहाइट
   (c) 98.4° सेल्सियस
   (d) 98.4° कैल्विन

8. विद्युत ऊर्जा को यान्त्रिक ऊर्जा में बदलने वाली युक्ति है-
   (a) डायनमो (b) ट्रान्सफॉर्मर
   (c) विद्युत मोटर (d) इन्डक्टर

9. निम्न में से किसने कहा था, ''अच्छा शासन स्वशासन का स्थानापन्न नहीं है''?
   (a) लोकमान्य तिलक
   (b) स्वामी विवेकानन्द
   (c) स्वामी दयानन्द
   (d) रवीन्द्र नाथ टैगोर

10. त्रिपुरा-संकट की समाप्ति के बाद कांग्रेस का अध्यक्ष किसे चुना गया?
    (a) जवाहरलाल नेहरू
    (b) पट्टाभि सीतारमैया
    (c) राजेन्द्र प्रसाद
    (d) सरदार पटेल

11. डीजल रेल इन्जन बनाए जाते हैं-
    (a) चितरंजन में (b) मडुवाडीह में
    (c) जमशेदपुर में (d) पेराम्बूर में

12. वर्ष 2001 की जनगणना के अनुसार भारत का सर्वाधिक नगरीकृत राज्य है-
    (a) गुजरात (b) पंजाब
    (c) महाराष्ट्र (d) तमिलनाडु

13. सर्वाधिक जैव-विविधता पाई जाती है-
    (a) शान्त घाटी में
    (b) कश्मीर घाटी में
    (c) सूरमा घाटी में
    (d) फूलों की घाटी में

14. निम्नलिखित में से कौन-सा एक भारत में जनसंख्या वृद्धि का प्रतिफल नहीं है?
    (a) बाढ़ों में वृद्धि
    (b) प्रदूषण में वृद्धि
    (c) कृषि योग्य भूमि में कमी
    (d) जंगली जानवरों में अभिवृद्धि

15. वर्ष 1991-2001 के दौरान सबसे अधिक जनसंख्या वृद्धि दर एवं सबसे कम जनसंख्या वृद्धि दर रही क्रमश–
    (a) नागालैण्ड और केरल में
    (b) मिजोरम एवं केरल में
    (c) उत्तर प्रदेश एवं केरल में
    (d) बिहार एवं दिल्ली में

16. 'ब्रिटिश हाउस ऑफ कॉमन्स' का चुनाव लड़ने वाला प्रथम भारतीय था-
    (a) दादा भाई नौरोजी
    (b) गोपाल कृष्ण गोखले
    (c) रमेश चन्द्र दत्त
    (d) डब्ल्यू.सी. बनर्जी

17. निम्नांकित में से किसने सुझाव दिया कि स्वतन्त्रता प्राप्ति के पश्चात् भारतीय राष्ट्रीय कांग्रेस को समाप्त कर दिया जाए?
    (a) सी. राजगोपालाचारी
    (b) आचार्य जे.बी. कृपलानी ने
    (c) महात्मा गांधी ने
    (d) जयप्रकाश नारायण ने

18. वर्ष 2001 की जनगणना आंकड़ों के अनुसार भारत के तीन अधिकतम आबादी वाले राज्यों का सही क्रम कौन-सा है?
    (a) महाराष्ट्र, मध्य प्रदेश, उत्तर प्रदेश
    (b) बिहार, उत्तर प्रदेश, पश्चिम बंगाल
    (c) उत्तर प्रदेश, पश्चिम बंगाली, बिहार
    (d) उत्तर प्रदेश, महाराष्ट्र, बिहार

19. बांग्लादेश में गंगा नदी को किस नाम से पुकारा जाता है?
    (a) मेघना (b) पद्मा
    (c) भागीरथी (d) महागंगा

20. निम्नांकित में से किस स्थान पर तीन अर्द्ध-चन्द्रकार समुद्र तट मिलते हैं?
    (a) मर्मागावो में (b) बालेश्वर में
    (c) कोवलम में (d) कन्याकुमारी में

21. 'सलीम अली राष्ट्रीय उद्यान' कहां स्थित है-
    (a) महाराष्ट्र (b) जम्मू और कश्मीर
    (c) मध्य प्रदेश (d) उत्तर प्रदेश

22. भारत का सर्वाधिक खनिज सम्पन्न शैल तन्त्र है-
    (a) कुडप्पा तन्त्र
    (b) गोण्डवाना तन्त्र
    (c) विन्ध्य तन्त्र
    (d) धारवाड़ तन्त्र

23. निम्न में से किस राज्य की महिला साक्षरता दर जनगणना वर्ष 2001 के अनुसार सबसे ज्यादा है?
(a) छत्तीसगढ़ (b) मध्य प्रदेश
(c) उड़ीसा (d) राजस्थान

24. निम्नलिखित भाषाओं में 'सुनामी' शब्द किस भाषा से सम्बन्धित है?
(a) अरबी (b) जापानी
(c) हिब्रू (d) लैटिन

25. निम्नलिखित में कौन 'धूम्रनगर' के नाम से जाना जाता है?
(a) कोलकाता (b) शिकागो
(c) लन्दन (d) लैनझाऊ

26. जनसंख्या के आधार पर निम्न में से कौन सबसे बड़ा इस्लामिक देश है?
(a) पाकिस्तान (b) बांग्लादेश
(c) इण्डोनेशिया (d) मिस्र

27. निम्नांकित में से कौन-सा विश्व का सबसे बड़ा पोताश्रय है?
(a) लन्दन (b) कोलम्बो
(c) रॉटरडम (d) न्यूयार्क

28. यलो स्टोन नेशनल पार्क कहां अवस्थित है?
(a) कनाडा में
(b) कोलम्बिया में
(c) केन्या में
(d) संयुक्त राज्य अमेरिका में

29. अन्तर्राष्ट्रीय स्तर पर 'मेसाबी रेंज' जिस उत्पाद के लिए जाना जाता है–
(a) तांबा
(b) सोना
(c) लौह अयस्क
(d) यूरेनियम

30. यूरेनियम के सर्वाधिक भण्डार किस देश में हैं?
(a) कनाडा में
(b) ऑस्ट्रेलिया में
(c) दक्षिण अफ्रीका में
(d) ब्राजील में

31. शून्य अंश अक्षांश तथा शून्य अंश देशान्तर अवस्थित है-
(a) अटलाण्टिक महासागर में
(b) आर्कटिक महासागर में
(c) हिन्द महासागर में
(d) प्रशान्त महासागर में

32. संचार उपग्रह वायुमण्डल में किस स्तर में अवस्थित किए जाते हैं?
(a) बहिर्मण्डल में
(b) समताप मण्डल में
(c) आयन मण्डल में
(d) क्षोभ मण्डल में

33. कौन-सा 'संवैधानिक संशोधन' राज्यों से चुने जाने वाले लोकसभा के सदस्यों की संख्या बढ़ाने से सम्बन्धित है?
(a) छठा और बाइसवां
(b) तेरहवां और अड़तीसवां
(c) सातवां और इकतीसवां
(d) ग्यारहवां और बयालीसवां

34. निम्न में से कौन संविधानेत्तर संस्था है?
(a) संघ लोक सेवा आयोग
(b) वित्त आयोग
(c) नीति आयोग
(d) चुनाव आयोग

35. भारतीय संविधान की अस्पृश्यता उन्मूलन से सम्बन्धित अनुच्छेद है-
(a) अनुच्छेद 15 (b) अनुच्छेद 16
(c) अनुच्छेद 17 (d) अनुच्छेद 18

36. सबसे कम 'वेव लेन्थ' (तरंगदैर्ध्य) वाला प्रकाश होता है-
(a) लाल (b) पीला
(c) नीला (d) बैंगनी

37. आकाश नीला प्रतीत होता है, क्योंकि-
(a) नीली गैसें ऊपर जाती हैं।
(b) वायु में प्रदूषण विद्यमान है।
(c) सितारे नीला प्रकाश प्रक्षेपित करते हैं।
(d) वातावरण में वायु कण सूर्य किरणें विकीर्णित करते हैं।

38. ट्यूब लाइट में निम्न दाब पर कौन-सी गैस भरी जाती है?
(a) आर्गन और निऑन
(b) निऑन और पारद वाष्प
(c) नाइट्रोजन एवं निऑन
(d) केवल आर्गन

39. रासायनिक दृष्टि से 'सिन्दूर' है-
(a) कैल्सियम कार्बोनेट
(b) पोटैशियम नाइट्रेट
(c) मरक्यूरिक सल्फाइड
(d) सोडियम क्लोराइड

40. गैसोहोल है-
(a) एथिल एल्कोहल+पेट्रोल
(b) प्राकृतिक गैस+एथिल एल्कोहल
(c) एल्कोहल में विलायित कोई गैस
(d) एथिल एल्कोहल+मिट्टी का तेल

41. निम्नलिखित गैस मिश्रणों में से कौन-सी गैस वेल्डिंग के लिए प्रयुक्त की जाती है?
(a) एसीटिलीन तथा हाइड्रोजन
(b) ऑक्सीजन तथा एसीटिलीन
(c) हाइड्रोजन एवं ऑक्सीजन
(d) हाइड्रोजन तथा हीलियम

42. अशुद्ध जल से बड़ी मात्रा में पेयजल तैयार किया जाता है?
(a) निर्लवणीकरण द्वारा
(b) आसवन द्वारा
(c) आयन आदान-प्रदान द्वारा
(d) निथार कर

43. निम्नांकित में से कौन एक 'बुलेट-प्रूफ जैकेट' बनाने में प्रयोग किया जाता है?
(a) रेशेदार कांच
(b) गन मेटल
(c) सीसा
(d) लेमिनेटेड (पटलित) कांच

44. स्टेनलैस स्टील बनाने के लिए लोहे में क्या मिलाया जाता है?
(a) निकिल और तांबा
(b) जिंक और टिन
(c) निकिल और टिन
(d) क्रोमियम और निकिल

45. जल के लिए pH-मान होता है-
(a) लगभग शून्य
(b) लगभग 7
(c) 5 या 5 से कम
(d) 8.5 या उससे अधिक

46. पानी की स्थायी कठोरता के लिए निम्न में से कौन उत्तरदायी है?
(a) कैल्सियम और मैग्नीशियम के क्लोराइड्स व सल्फेट्स
(b) कैल्सियम का बाइकार्बोनेट
(c) मैग्नीशियम का बाइकार्बोनेट
(d) सिल्वर व पोटैशियम के क्लोराइड्स

47. याहू, गूगल एवं एम.एस.एन. है-
(a) इन्टरनेट साइट्स
(b) कम्प्यूटर ब्रैंड
(c) स्विट्जरलैण्ड में बनने वाली घड़ियां
(d) शनि ग्रह के छल्ले

48. कम्प्यूटर के सन्दर्भ में ALU का तात्पर्य है-
(a) एल्जेब्रिक लॉजिक यूनिट
(b) अरिथमेटिक लॉजिक यूनिट
(c) एल्जेब्रिक लोकल यूनिट
(d) अरिथमेटिक लोकल यूनिट

49. असेम्बलर का कार्य है-
(a) बेसिक भाषा को यन्त्र भाषा में परिवर्तित करना
(b) उच्च स्तरीय भाषा को यन्त्र भाषा में परिवर्तित करना
(c) असेम्बली भाषा का यन्त्र भाषा में परिवर्तित करना
(d) असेम्बली भाषा को उच्च स्तरीय भाषा में परिवर्तित करना

50. एक लोकप्रिय विन्डोइंग इन्वॉयरमेन्ट 'विन्डोज-3' माइक्रोसॉफ्ट द्वारा निर्गम की गई-

(a) सन् 1985 में (b) सन् 2000 में
(c) सन् 1995 में (d) सन् 1990 में

51. कम्प्यूटर-

1. **आंकड़ों के भण्डारण वाली एक सक्षम युक्ति है।**
2. **आंकड़ों के विश्लेषण करने के लिए सक्षम है।**
3. **पूर्ण गोपनीयता बनाये रखने में सक्षम है।**
4. **कभी-कभी वाइरस द्वारा आक्रमित होता है।**

नीचे दिए गए कूट में से सही उत्तर का चयन कीजिए-

(a) 1 और 2 (b) 2 और 3
(c) 1, 2 और 4 (d) चारों सभी

52. भोजन विषाक्तता का कारण होता है-

(a) ई. कोलाई (b) सैल्मोनेला बैसिलाई
(c) स्यूडोमोनास (d) कैन्डिडा

53. थैलेसीमिया के रोगी में शरीर निम्न के संश्लेषण की क्षमता नहीं रखता-

(a) विटामिन डी (b) हार्मोन
(c) हीमोग्लोबिन (d) प्रोटीन

54. स्वस्थ मनुष्य का रक्त-चाप (सिस्टॉलिक व डाइस्टॉलिक) होता है-

(a) 120 मिमी. व 80 मिमी.
(b) 201 मिमी. व 110 मिमी.
(c) 90 मिमी. व 60 मिमी.
(d) 85 मिमी. व 55 मिमी.

55. दन्त क्षय का मुख्य कारण है मुख के भीतर होने वाले जीवाणु व-

(a) प्रोटीन के खाद्य कणों के मध्य अन्तर्व्यवहार
(b) कार्बोहाइड्रेट के खाद्य कणों के मध्य अन्तर्व्यवहार
(c) वसा के खाद्य कणों के मध्य अन्तर्व्यवहार
(d) सलाद के खाद्य कणों के मध्य अन्तर्व्यवहार

56. शीत भण्डारों में फलों तथा साग-सब्जियों का अपघटन-

(a) सदैव के लिए समाप्त हो जाता है।
(b) कुछ समय के लिए अवरुद्ध हो जाता है।
(c) अप्रभावित रहता है।
(d) धीमा हो जाता है।

57. पैलियो-वनस्पति के अन्तर्गत अध्ययन करते हैं-

(a) जन्तु-जीवाश्म का
(b) शैवाल का
(c) फफूंदी का
(d) इनमें से कोई नहीं

58. एच.आई.वी. एड्स रोग नहीं फैलता है-

(a) एच.आई.वी. संक्रमित रक्त से
(b) बिना उबली सुई के प्रयोग से
(c) मच्छर के काटने से
(d) असुरक्षित यौन सम्बन्ध से

59. निम्नलिखित में से किसमें सुमेल है?

(a) मोतियाबिन्द थायरॉइड ग्रन्थि
(b) पीलिया यकृत
(c) टायफाइड फेफड़े
(d) निमोनिया आंखें

60. निम्नलिखित में से कौन-सा तत्त्व पौधों के विकास के लिए आवश्यक नहीं है?

(a) सोडियम (b) पोटैशियम
(c) कैल्सियम (d) मैग्नीशियम

61. इन्टरनेट पर www का अर्थ है-

(a) वर्ड्स, वर्ड्स, वर्ड्स
(b) वाइड वर्ल्ड वर्ड्स
(c) वर्ल्ड वाइड वेब
(d) व्हैन व्हैर व्हाई

62. एक किलोबाइट बराबर होता है-

(a) 1000 बाइट्स
(b) 1024 बाइट्स
(c) 1042 बाइट्स
(d) 1 किलोग्राम बाइट्स

63. सूची-I तथा सूची-II का मिलान करें तथा नीचे दिए गए कूट की सहायता से सही उत्तर चुनें-

सूची-I
A. कवलम नारायण पणिक्कर
B. शर्मिला टैगोर
C. बाल मुरली कृष्ण
D. सोनल मान सिंह

सूची-II
1. नृत्य
2. कर्नाटक संगीत
3. रंगमंच
4. इतिहासकार
5. सिनेमा

कूट :

	A	B	C	D
(a)	4	5	3	1
(b)	3	1	2	5
(c)	4	1	3	5
(d)	3	5	2	1

64. दाभोल परियोजना, जिसे पुनः जीवित करने के प्रयास चल रहे हैं, का सम्बन्ध है-

(a) रसायन से
(b) इस्पात उत्पादन से
(c) ऑटो निर्माण से
(d) ऊर्जा उत्पादन से

65. 'भारतीय राष्ट्रीय ध्वज' में चक्र किसका प्रतीक है?

(a) स्वतन्त्रता का
(b) न्याय का
(c) समानता का
(d) भाईचारे का

66. निम्नांकित में से किसे 'एशिया का ज्योति पुंज' नाम से जाना जाता है?

(a) ईसा मसीह
(b) भगवान बुद्ध
(c) पैगम्बर मुहम्मद
(d) जरथुस्ट

67. भारत में अनेक तीर्थयात्री 'श्रीशैलम' की यात्रा करते हैं, जो द्वादश ज्योतिर्लिंगों में से एक है। यह अवस्थित है-

(a) उत्तरांचल में तपोवन के पास
(b) तमिलनाडु में अरुणाचल के निकट
(c) आन्ध्र प्रदेश में कुर्नूल के निकट
(d) केरल में कलाडी के निकट

68. नासा की नेट प्रोपल्सन लेबोरेट्री स्थित है-

(a) ह्यूस्टन में (b) लास एन्जिलिस में
(c) पासाडेना में (d) केप केनेडी में

69. 'ट्रॉपिकल आइसलैण्ड' नामक विश्व का सबसे बड़ा कृत्रिम आरामगाह कहां है?

(a) मलेशिया में
(b) संयुक्त राज्य अमेरिका में
(c) इटली में
(d) जर्मनी में

70. 'साइलेन्ट स्प्रिंग' के लेखक हैं-

(a) रशेल कार्सन
(b) लीनियस
(c) रिचर्ड विदेराल्ड
(d) जोसेफ फोरियर

71. भारत में प्रथम आम चुनाव आयोजित हुए-

(a) वर्ष 1951 में
(b) वर्ष 1952 में
(c) वर्ष 1953 में
(d) वर्ष 1950 में

72. डब्ल्यू.टी.ओ. का मुख्यालय अवस्थित है-

(a) जेनेवा में (b) पेरिस में
(c) रोम में (d) न्यूयार्क में

73. जुगाली करने वाले पशुओं से जिस ग्रीन हाउस का निस्सरण होता है-

(a) कार्बन डाइऑक्साइड
(b) मीथेन
(c) सी.एफ.सी.
(d) नाइट्रस ऑक्साइड

74. निम्न में से कौन वायुमण्डलीय ओजोन परत के क्षरण के लिए सबसे अधिक उत्तरदायी है?
(a) सल्फर डाइऑक्साइड गैस
(b) क्लोरो-फ्लोरो-कार्बन गैसें
(c) नाइट्रस ऑक्साइड गैस
(d) कार्बन डाइऑक्साइड गैस

75. 'डॉबसन' इकाई का प्रयोग किया जाता है-
(a) पृथ्वी की मोटाई मापने में
(b) हीरे की मोटाई नापने में
(c) ओजोन पर्त की मोटाई नापने में
(d) शोर के मापन में

76. स्यादवाद सिद्धान्त है-
(a) लोकायत धर्म का
(b) शैव धर्म का
(c) जैन धर्म का
(d) वैष्णव धर्म का

77. 'सत्यमेव जयते' शब्द किस उपनिषद् से लिए गए हैं?
(a) मुण्डक उपनिषद्
(b) कठोपनिषद्
(c) ईशोपनिषद्
(d) बृहदारण्यक उपनिषद्

78. प्रथम शताब्दी ईस्वी में किस भारतीय बौद्ध भिक्षुक को चीन भेजा गया था?
(a) असंग (b) अश्वघोष
(c) वसुमित्र (d) नागार्जुन

79. मुगल प्रशासन के दौरान जिले को किस नाम से जाना जाता था?
(a) अहर (b) विश्यास
(c) सूबा (d) सरकार

80. 'आदि ग्रन्थ' अथवा 'गुरु ग्रन्थ गुरु साहिब' का संकलन निम्नांकित में से किसने किया था?
(a) गुरु नानक देव
(b) गुरु तेग बहादुर
(c) गुरु गोविन्द सिंह
(d) गुरु अर्जुन देव

81. फ्यूल सेल्स (Fuel Cells) जिसमें हाइड्रोजन से समृद्ध ईंधन और ऑक्सीजन का उपयोग विद्युत पैदा करने के लिए होता है, के संदर्भ मे निम्नलिखित कथनों पर विचार कीजिये-
1. यदि शुद्ध हाइड्रोजन का उपयोग ईंधन के रूप में होता है, तो फ्यूल सेल उल-उत्पाद (बाइ प्रोडक्ट) के रूप में ऊष्मा एवं जल का उत्सर्जन करता है।
2. फ्यूल सेल्स का उपयोग भवनों को विद्युत प्रदान के लिये तो किया जा सकता है, किंतु लैपटॉप व कम्प्यूटर जैसी छोटी युक्तियों (डिवाइसेज) के लिए नहीं।
3. फ्यूल सेल्स, प्रत्यावर्ती धारा AC के रूप में विद्युत उत्पादन करते हैं

उपर्युक्त कथनों में से कौन-सा/से सही है/हैं?
(a) केवल 1
(b) केवल 2 और 3
(c) केवल 1 और 3
(d) 1, 2 और 3

82. भारतीय इतिहास के मध्यकाल में बंजारे सामान्यतः कौन थे?
(a) कृषक (b) योद्धा
(c) बुनकर (d) व्यापारी

83. निम्नलिखित राज्यों में से किसका संबंध बुद्ध के जीवन से था?
1. अवन्ति 2. गान्धार
3. कोसल 4. मगध

कूट:
(a) 1, 2 और 3 (b) 2 और 4
(c) 3 और 4 (d) 1, 3 और 4

84. दक्षिण-पश्चिमी एशिया का निम्नलिखित में से कौन-सा एक देश भूमध्यसागर तक फैला नहीं है?
(a) सीरिया (b) जॉर्डन
(c) लेबनान (d) इज़रायल

85. निम्नलिखित राज्यों पर विचार कीजिये-
1. अरूणाचल प्रदेश
2. हिमाचल प्रदेश
3. मिज़ोरम

उपर्युक्त राज्यों में से किसमें / किनमें 'उष्णाकटिबन्धीय आर्द्र सदापर्णी वन' होते है?
(a) केवल 1
(b) केवल 2 और 3
(c) केवल 1 और 3
(d) 1, 2 और 3

निर्देश (प्रश्न 86-88 तक) : प्रत्येक प्रश्न में एक अनुक्रम दिया गया है, जिससे एक पद / संख्या लुप्त है, दिए गए विकल्पों में से वह सही विकल्प चुनिए, जो अनुक्रम को पूरा करे-

86. निम्नलिखित विकल्पों में से कौन-सा विकल्प नीचे दिए गए शब्दों का सार्थक क्रम दर्शाता है?
(a) तना (b) पत्ता
(c) फूल (d) शाखा

87. 109, 74, 46, 25, 11, ?
(a) 11 (b) 4
(c) 3 (d) 36

88. ABD, EFH, IJL. ?
(a) OPQ (b) SPQ
(c) UPQ (d) OPR

निर्देश (प्रश्न 89-90 तक) : अक्षरों का कौन-सा एक समूह दी गई अक्षर शृंखला के रिक्त स्थानों में क्रम से रखने पर उसे पूरा कर देगा?

89. b_ ccacca _ba_bbc_bc_a
(a) baabc (b) abaaa
(c) acbca (d) bacab

90. A_ VZ_AV_ZA_V
(a) AVAZ (b) ZVZA
(c) AZVA (d) ZVAZ

निर्देश (प्रश्न 91-94 तक) : दिए गए विकल्पों में से सम्बन्धित अक्षर / शब्द / संख्या को चुनिए-

91. ऑक्सीजन : श्वास :: ?
(a) कलम : स्याही
(b) रोग : जन्म
(c) बिस्तर : विश्राम
(d) ग्लूकोस : बल

92. थर्मामीटर : ऊष्मा :: बैरोमीटर : ?
(a) ताप
(b) दाब
(c) नमी (आर्द्रता)
(d) ऊंचाई (तुंगता)

93. UTS : EDC : : WVU : ?
(a) GFE (b) XYW
(c) SJM (d) RST

94. 2 : 3 : : 23 ?
(a) 24 (b) 28
(c) 46 (d) 29

निर्देश (प्रश्न 95-98 तक) : दिए गए विकल्पों में से सम्बन्धित अक्षर / शब्द / संख्या युगम को चुनिए-

95. (a) स्टील (b) सिल्वर
(c) कॉपर (d) सोना

96. दो वृत्त एक-दूसरे को अन्दर से छूते हैं। बड़े वृत्त की त्रिज्या 6 सेमी है और दोनों वृत्तों के केन्द्रों के बीच की दूरी 2 सेमी है। तदनुसार दूसरे वृत्त की त्रिज्या कितनी होगी?
(a) 3 सेमी
(b) 8 सेमी
(c) 4 सेमी
(d) 10 सेमी

97. $x^2 - 4x + 3$ तथा $x^2 - 5x + 6$ का लघुत्तम समापवर्त्य (LCM) क्या होगा?
(a) $(x-1)(x-2)(x-3)^2$
(b) $(x-1)(x+2)(x-3)$
(c) $(x+1)^2(x-2)(x-3)$
(d) $(x-1)(x-2)(x-3)$

98. यदि $x = \frac{\sqrt{5}-1}{\sqrt{5}+1}$ तथा $xy = 1$ हो, तो $x^2 + y^2 - 3xy$ कितना होगा?
(a) 9 (b) 5
(c) 4 (d) 3

99. A, B की तुलना में दोगुना सक्षम कामगार है। वे दोनों मिलकर एक कार्य 18 दिन में कर लेते हैं। तदनुसार अकेला B वह कार्य कितने दिनों में कर सकता है?
(a) 9 दिन (b) 36 दिन
(c) 54 दिन (d) 27 दिन

100. एक विमान 2500 किमी, 1200 किमी तथा 500 किमी की यात्रा क्रमशः 500 किमी / घण्टा, 400 किमी / घण्टा तथा 250 किमी / घण्टा की गति से करता है, तदनुसार उस विमान की औसत गति कितनी होगी?
(a) 420 किमी / घण्टा
(b) 410 किमी / घण्टा
(c) 405 किमी / घण्टा
(d) 575 किमी / घण्टा

व्याख्या सहित उत्तर

1. (b) अनुच्छेद 48A-राज्य प्राकृतिक पर्यावरण के संरक्षण का प्रयास करेगा। अनुच्छेद 51A-मूल कर्त्तव्य में 10 मूल कर्त्तव्यों का उल्लेख है, जिसमें से एक मूल कर्त्तव्य में यह उल्लेख है कि प्रत्येक नागरिक का कर्त्तव्य होगा कि वह प्राकृतिक पर्यावरण के संरक्षण का प्रयास करे।

अनुच्छेद 56-राष्ट्रपति की पदावधि।

अनुच्छेद 21-प्राण एवं दैहिक स्वतन्त्रता का संरक्षण।

2. (b) **प्राक्कलन समिति**-इस समिति को 'स्थायी मितव्ययता समिति' भी कहा जाता है। इसमें लोकसभा के 30 सदस्या होते हैं। **लोक लेखा समिति**-प्राक्कलन समिति की 'जुड़वां बहन' के रूप में ज्ञात इस समिति में 22 सदस्य होते हैं, जिनमें से 15 सदस्य लोकसभा के सदस्यों द्वारा तथा 7 सदस्य राज्यसभा के सदस्यों द्वारा चुने जाते हैं। **सार्वजनिक उपक्रम समिति**-इस समिति का गठन 22 सदस्यों द्वारा किया जाता है, जिनमें से 15 लोकसभा से तथा 7 राज्यसभा से निर्वाचित होते हैं।

नियन्त्रक व महालेखा परीक्षक-यह संघ तथा राज्यों, दोनों की सभी वित्तीय प्रणाली का नियन्त्रण करता है।

3. (a) 1 अप्रैल, 1957 ई. से मुद्रा की दशमलव प्रणाली की शुरूआत हुई।

4. (a) बर्फ का टुकड़ा (आइसबर्ग) जब जल में तैरता है, तो उसके एक भाग को जल के ऊपर रहने के लिए उसका 9 गुना भाग जल के अन्दर रहना जरूरी होता है। अर्थात् 8/9 भाग को जल के अन्दर एवं शेषक 1/9 भाग को जल के ऊपर रहना जरूरी है।

5. (c) प्रेशर कुकर के अन्दर दाब बढ़ने से पानी क्वथनांक बढ़ जाता है, जिससे अधिक ऊष्मा की प्राप्ति होती है और खाना जल्दी पक जाता है।

6. (d) उत्तल दर्पण में किसी वस्तु का बना प्रतिबिम्ब सदैव आभासी और वस्तु से छोटा होता है अर्थात् उत्तल दर्पण द्वारा काफी बड़े क्षेत्र की वस्तुओं का प्रतिबिम्ब एक छोटे से क्षेत्र में बन जाता है। इसीलिए इसे चालक के बगल में लगाया जाता है।

7. (a) विभिन्न तापमापियों पर मानव शरीर का सामान्य तापक्रम है-

सेण्टीग्रेड (^{0}C)	37
फारेनहाइट (^{0}F)	98.6
र्यूमर (^{0}R)	29.6
केल्विन (^{0}K)	310

8. (c)

9. (c) स्वामी दयानन्द सरस्वती विदेशी दासता को एक अभिशाप मानते थे और स्वतन्त्रता एवं लोकतन्त्र के हिमायती थे। उन्होंने 'सत्यार्थ प्रकाश' में लिखा कि बुरे से बुरा देशी राज्य अच्छे से अच्छे विदेशी राज्य से अच्छा है।

10. (c) 1939 ई. के त्रिपुरा अधिवेशन में सुभाष चन्द्र बोस, गांधीजी समर्थित उम्मीदवार पट्टाभि सीतारमैया को हराकर कांग्रेस के अध्यक्ष बने जिसके पश्चात् कांग्रेस में मतभेद शुरू हो गया। फलस्वरूप सुभाष चन्द्र बोस ने इस्तीफा दे दिया और उनके स्थान पर गांधीजी समर्थक राजेन्द्र प्रसाद को अध्यक्ष बनाया गया।

11. (b) सेन्ट्रल लोकोमोटिव फैक्ट्री (चितरंजन)-बिजली इन्जन बनाया जाता है।

डीजल लोकोमोटिव वर्क्स (मडुवाडीह, वाराणसी)-डीजल इन्जन बनाया जाता है।

टाटा इन्जीनियरिंग लोकोमोटिव (जमशेदपुर)-भाप इन्जन बनाया जाता है।

इण्टीग्रल कोच फैक्ट्री (पेराम्बूर, चेन्नई)-विविध प्रकार के कोच बनाये जाते हैं।

12. (d)

राज्य	नगरीकरण (% में)
गोवा	49.7
मिजोरम	49.5
तमिलनाडु	43.8
महाराष्ट्र	42.4

13. (a) सर्वाधिक जैव-विविधता शान्त घाटी में पायी जाती है।

शान्त घाटी	केरल
कश्मीर घाटी	जम्मू-कश्मीर
सूरमा घाटी	असम
फूलों की घाटी	उत्तरांचल

14. (d) भारत में जनसंख्या वृद्धि के कारण बाढ़ों की बारम्बारता में वृद्धि, पर्यावरणीय क्षति, कृषि योग्य भूमि में कमी होने के साथ-साथ वनों में कमी होने से वर्षा की अनियमितता और जंगली जीव-जन्तुओं में कमी आयी है।

15. (a)

राज्य	1991-2001 में वृद्धि दर (%में)
नागालैण्ड	64.41
दिल्ली	46.31
मिजोरम	29.18
बिहार	28.43
उत्तर प्रदेश	25.80
केरल	9.42

16. (d) दादाभाई नौरोजी ब्रिटिश हाउस ऑफ कॉमन्स में निर्वाचित होने वाले प्रथम भारतीय थे, परन्तु डब्ल्यू.सी. बनर्जी प्रथम भारतीय थे जो ब्रिटिश कॉमन्स का चुनाव लड़े थे लेकिन हार गए थे।

17. (c) महात्मा गांधी जी का विचार था भारतीय राष्ट्रीय कांग्रेस का मुख्य उद्देश्य भारत को स्वतन्त्रता दिलवाने में सहयोग का था जो पूरा हो गया और इसीलिए इसको अब समाप्त कर देना चाहिए।

18. (d)

राज्य	जनसंख्या
उत्तर प्रदेश	16,6,0,52,859
महाराष्ट्र	9,6,7,52,247
बिहार	8,2,8,78,796
पश्चिम बंगाल	8,0,2,21,171
मध्य प्रदेश	6,0,3,85,118

19. (b) गंगा नदी का उद्‌गम गंगोत्री हिमनद से होता है, जहां इसे भागीरथी के नाम से जाना जाता है। गंगा नदी बांग्लादेश में पद्मा नाम से प्रवाहित होते हुए ग्वाल्डो के निकट ब्रह्मपुत्र से मिलती है। जिसके पश्चात् यह मेघना नदी से मिलकर बंगाल की खाड़ी में गिरती है।

20. (b) बालेश्वर (उड़ीसा) में तीन अर्द्ध-चन्द्राकार समुद्र तट मिलते हैं।

कोवलम	-	केरल
मर्मागावो	-	गोवा
कन्याकुमारी	-	तमिलनाडु

21. (b) सलीम अली राष्ट्रीय उद्यान जम्मू-कश्मीर में स्थित है।

राज्य	राष्ट्रीय उद्यान
जम्मू-कश्मीर	दाचीग्राम
महाराष्ट्र	नवेगांव, सेल्वाडर
मध्य प्रदेश	कान्हा, बान्धवगढ़, फॉसिल, सतपुड़ा

22. (d) धारवाड़ क्रम का शैल तन्त्र आर्थिक दृष्टिकोण से सर्वाधिक खनिज सम्पन्न है। इस शैल तन्त्र में देश की कुल प्रमुख धातुएं (लोहा, सोना, मैंगनीज, तांबा, टंगस्टन, क्रोमियम, जस्ता) तथा महत्त्वपूर्ण खनिज (फ्लूराइट, इल्मेनाइट, सीसा, सुरमा, अभ्रक, गारनेट, संगमरमर, कोरण्डम आदि) प्राप्त होता है।

23. (a)

राज्य	महिला साक्षरता प्रतिशत
छत्तीसगढ़	52.4%
उड़ीसा	50.9%
मध्य प्रदेश	50.2%
राजस्थान	44.3%

24. (b) सुनामी जापानी भाषा का शब्द है जिसमें सु का अर्थ बन्दरगाह और नामी का अर्थ तुरंग है अर्थात् इसका तात्पर्य बहुत लम्बी व कम कम्पन वाली समुद्री लहरें हैं।

25. (b) शिकागो को धूम्रनगर के रूप में जाना जाता है।

26. (c)

देश	जनसंख्या (करोड़ों में)
इण्डोनेशिया	21.21
पाकिस्तान	15.65
बांग्लादेश	12.82

27. (d) न्यूयार्क में विश्व का सबसे बड़ा बन्दरगाह है, जबकि नीदरलैण्ड में स्थित रॉटरडैम बन्दरगाह को 'यूरो बन्दरगाह' के नाम से जानते हैं।

28. (d) संयुक्त राज्य अमेरिका में यलोस्टोन नेशनल पार्क की स्थापना 1872 ई. में की गई। इस पार्क में स्थित 'एक्सेलिसियर गेसर' से सदैव गर्म जल तथा वाष्प निकलती रहती है।

29. (c) संयुक्त राज्य अमेरिका में सुपीरियर झील के दक्षिण-पश्चिम में मेसाबी, वरमिलियन, मारक्वेट, कुयानरा, गोजेबिक, मेनोमिनी आदि से लौह अयस्क की प्राप्ति होती है।

30. (b)

देश	भण्डार (हजार मिट्रिक हम)
ऑस्ट्रेलिया	463
दक्षिण अफ्रीका	257
ब्राजील	163
कनाडा	155

यूरेनियम का सर्वाधिक भण्डार ऑस्ट्रेलिया में है, जबकि सर्वाधिक उत्पादन कनाडा में होता है।

31. (a) शून्य अक्षांश तथा शून्य देशान्तर दोनों का सम्मिलन दक्षिण अटलाण्टिक महासागर में स्थित गुयाना की खाड़ी में होती है।

32. (a)

मण्डल	ऊंचाई (किमी. में)
क्षोभ मण्डल	0-12
समताप मण्डल	12-30
ओजोन मण्डल	30-60
आयन मण्डल	60-400
बहिर्मण्डल	400 किमी. से ऊपर

संचार उपग्रह 36,000 किमी. की ऊंचाई पर स्थित रहता है जो बहिर्मण्डल का भाग है।

33. (c) **सातवाँ संशोधन**-इसके द्वारा संविधान की प्रथम अनुच्छेद सूची में संशोधन करके राज्यों को 14 राज्यों तथा 6 संघ राज्य क्षेत्रों में पुनर्गठित किया गया है।

इकत्तीसवाँ संशोधन-इस संशोधन द्वारा 197 ई. की जनगणना के आधार पर लोकसभा के सदस्यों की संख्या को 525 से बढ़ाकर 545 कर दिया गया है।

34. (c) भारत में नीति आयोग के सम्बन्ध में कोई संवैधानिक प्रावधान नहीं है। योजना आयोग की स्थापना केन्द्रीय मन्त्रिमण्डल के उस प्रस्ताव पर की गयी थी, जो मन्त्रिमण्डल द्वारा 15 मार्च, 1950 को पारित किया गया था।

35. (c) **अनुच्छेद 15**-धर्म मूलवंश, जाति, लिंग, जन्म स्थान के आधार पर विभेद का प्रतिषेध।

अनुच्छेद 16-लोक सेवाओं में अवसर की समानता का अधिकार।

अनुच्छेद 17-अस्पृश्यता का अन्त।

अनुच्छेद 18-उपाधियों का अन्त।

36. (d) बैंगनी रंग की तरंगदैर्ध्य सबसे कम 4×10^{-5} सेमी. तथा लाल रंग की तरंगदैर्ध्य सबसे अधिक 75×10^{-5} सेमी. होती है।

37. (d) आकाश का नीला दिखाई देना वायुमण्डल में विद्यमान धूल के कणों द्वारा प्रकाश के प्रकीर्णन के कारण है। प्रकीर्णन, तरंग दैर्ध्य के व्युत्क्रमानुपाती होता है। इसी कारण कम तरंग दैर्ध्य के प्रकाश (बैंगनी-नीली किरणों) का प्रकीर्णन सर्वाधिक होता है और हम तक बैंगनी किरणें ही अधिकाधिक पहुंचती हैं, जिससे आकाश नीला दिखाई देता है।

38. (c) ट्यूब लाइट में कांच की एक लम्बी ट्यूब होती है, जिसके अन्दर की दीवारों पर फास्फोरस का लेप चढ़ा रहता है। ट्यूब के अन्दर कोई अक्रिय गैस जैसे-निऑन या आर्गन आदि को कुछ पारे के साथ भर दिया जाता है।

39. (c) 'सिन्दूर' का रासायनिक नाम मरक्यूरिक सल्फाइड (HgS) है।

40. (a) गैसोहोल के अन्तर्गत गन्ने के रस द्वारा प्राप्त सामान्य एल्कोहल को पेट्रोल में मिलाकर पेट्रोल के अत्यधिक व्यय तथा पेट्रोलियम प्रदूषण की वृद्धि को रोका जा सकता है। चेन्नई की मैसूर शुगर कम्पनी ने एल्कोहल एवं पेट्रोल को 25 : 75 के अनुपात में सम्मिश्रण में पेट्रोल का सफल उपयोग किया है।

41. (b) ऑक्सीजन-यह धातुओं को जोड़ने तथा क्लोरीन, सल्फ्यूरिक अम्ल आदि के औद्योगिक निर्माण में प्रयोग की जाती है।

एसीटिलीन-इस गैस का उपयोग मुख्यतः कपूर बनाने, प्रकाश उत्पन्न करने कृत्रिम रबर बनाने, वेल्डिंग करने में, रेशमी कपड़े, एसीटिक अम्ल आदि बनाने में किया जाता है।

42. (d) अशुद्ध जल को निथार कर बड़ी मात्रा में पेयजल तैयार किया जाता है।

43. (a) बुलेट-प्रूफ जैकेट बनाने में रेशेदार कांच का प्रयोग किया जाता है।

44. (d) स्टेनलैस स्टील का मुख्य संघटक है-

आयरन	(89.4%)
क्रोमियम	(10%)
मैंगनीज	(0.35%)
कार्बन	(0.25%)

45. (b) pH मूल्य एक संख्या होती है, जो पदार्थों की अम्लीयता या क्षारीयता को प्रदर्शित करती है। pH का मान 0 से 14 के बीच होता है। जिन विलयनों के pH का मान 7 से कम होता है, वे अम्लीय होते हैं तथा जिनका मान 7 से अधिक होता है, वे क्षारीय होते हैं। उदासीन विलयनों के pH का मान 7 होता है। जल का pH मान 7 होता है।

46. (a) कठोर जल में कैल्सियम व मैंग्नीशियम के क्लोराइड, सल्फेट व बाईकार्बोनेट घुले रहते हैं। कठोर जल साबुन के साथ झाग उत्पन्न नहीं करता है। इसकी कठोरता दूर करने के लिए इसे सोडियम कार्बोनेट के साथ मिलाया जाता है।

47. (a)

48. (b) ALU दी गई सूचना के आधार पर गणितीय एवं तार्किक आपरेशन करता है।

49. (c) असेम्बली कोड से मशीन कोड में परिवर्तन का काम कम्प्यूटर में स्थित एक प्रोग्राम के जरिए किया जाता है। इस प्रकार के प्रोग्राम को असेम्बलर कहा जाता है।

50. (d)

51. (d) तकनीकी दृष्टि से कम्प्यूटर के चार कार्य हैं-

डाटा का संकलन या निवेशन।
डाटा का संचयन।
डाटा संसाधन।
डाटा का निर्गम या पुनर्निर्गमन।

52. (b)

53. (c) थैलेसीमिया एक ऐसा आनुवांशिक रोग है, जिससे पीड़ित शिशु में जन्म के कुछ माह बाद ही अत्यधिक अरक्तता हो जाती है। उसे जीवित रखने के लिए उसे बाहरी रक्त देना अनिवार्य हो जाता है।

54. (a) एक स्वस्थ मनुष्य का रक्त चाप 120/80 मिमी. होता है।

55. (b) दांतों के क्षरण का मुख्य कारण जीवाणु और कार्बोहाइड्रेट के खाद्य कणों, जो दांतों के बीच फंसे रहते हैं, के मध्य अन्तर्व्यवहार होता है।

56. (d) शीत भण्डारों में फलों तथा साग-सब्जियों की अपघटन क्रिया धीमे रूप में होती रहती है।

57. (d)

Phycology or Algology	शैवालों का अध्ययन
Mycology	फफूंदी (कवक) का अध्ययन
Palaeontology	जन्तु जीवाश्म का अध्ययन
Palaeobotany	पादप जीवाश्म का अध्ययन

58. (c) यह एक विषाणु जनित रोग है जिसका पूरा नाम 'एक्वायर्ड इम्यूनो डिफिसएन्सी सिन्ड्रोम' है। यह रोग यौन सम्बन्धों के कारण, रक्ताधान में अनियमितता और नशीले पदार्थों के अत्यधिक सेवन करने से फैलता है।

59. (b)

रोग	**प्रभावित अंग**
मोतियाबिन्द	आंखें
पीलिया	यकृत
टायफाइड	आंत
निमोनिया	फेफड़ा

60. (a) पौधों के विकास के लिए 16 तत्त्वों की आवश्यकता होती है जिसमें से 10 तत्त्व जो अति महत्त्वपूर्ण हैं, वह हैं-कार्बन, हाइड्रोजन, ऑक्सीजन, नाइट्रोजन फॉस्फोरस, पोटैशियम, मैग्नीशियम, कैल्सियम, सल्फर तथा आयरन।

61. (c) यह शब्द एवं आकृति को दर्शाने के लिए हाइपर टेक्स्ट का उपयोग करता है।

62. (b)

63. (d)

के.एन. पणिक्कर	रंगमंच
शर्मिला टैगोर	सिनेमा
बाल मुरली कृष्ण	कर्नाटक संगीत
सोनल मान सिंह	भरतनाट्यम (नृत्य)

64. (d) महाराष्ट्र में स्थित दाभोल परियोजना विद्युत उत्पादन से सम्बन्धित है।

65. (a) **66.** (b) **67.** (c)

68. (c) नासा की जेट प्रोपल्सन लेबोरेट्री की स्थापना 1936 ई. में कैलिफोर्निया के पासाडेना में की गई।

69. (d)

70. (a) अमेरिकी जैव वैज्ञानिक रसेल कार्सन द्वारा लिखी इसी पुस्तक में कीटनाशकों के उपयोग पर प्रश्न उठाया गया है।

71. (b) वर्ष 1950 में संविधान लागू किया गया और वर्ष 1952 में प्रथम आम चुनाव आयोजित हुआ।

72. (a) जेनेवा में निम्न का मुख्यालय स्थित है-ILO, WHO, WMO, ITU, WIPO, GATT, WTO रेड क्रास।

73. (b)

74. (b) ओजोन परत के क्षरण के सर्वप्रमुख मानव निर्मित कारण हैं-CFC यौगिक, हैलोजन्स (क्लोरीन, फ्लोरीन, ब्रोमीन) तथा नाइट्रस ऑक्साइड की वायुमण्डल में अधिकता, परन्तु सर्वाधिक उत्तरदायी CFC ही है।

75. (c) 'डॉबसन' ओजोन परत की मोटाई को नापता है। वर्तमान में अण्टार्कटिका में ओजान की मोटाई घटकर 100 डॉबसन हो गयी है।

76. (c) स्यादवाद को सप्त भंगीय सिद्धांत भी कहा जाता है। ज्ञान की सापेक्षता का सिद्धान्त है जिसके प्रवर्तक महावीर जैन है। इनके अनुसार सांसारिक वस्तुओं के विषय में हमारे सभी निर्णय सापेक्ष्य एवं सीमित होते हैं। न तो हम किसी को पूर्णरूपेण स्वीकार कर सकते हैं और न अस्वीकार ही ये दोनों अतियां हैं। अत: हम प्रत्येक निर्णय के पूर्व 'स्याद' (शायद) लगाना चाहिये। इसके सात प्रकार बताए गए हैं जो इस प्रकार हैं-

"है, नहीं है, है भी और नहीं भी है, कहा जा सकता है तथा कहा नहीं जा सकता, नहीं है तथा कहा नहीं जा सकता एवं है, नहीं है तथा कहा नहीं जा सकता।"

77. (a) मुण्डकोपनिषद् अथर्ववेद से सम्बन्धित है, इसी से 'सत्यमेव जयते' लिया गया है।

78. (d) नागार्जुन कनिष्क के दरबार की एक महान विभूति था। उसकी तुलना मार्टिन लूथर से की जाती है। ह्वेनसांग ने उसे 'संसार की चार मार्गदर्शक शक्तियों में से एक कहा है। उसने अपनी पुस्तक 'माध्यमिक सूत्र' में सापेक्षता सिद्धांत को प्रस्तुत किया। उसे 'भारत का आइन्स्टीन' भी कहा गया है।

79. (d) पुराने समय में सरकार आम तौर पर राजा अथवा कुलीन के खजाने के लिए प्रयुक्त होता था। शेरशाह के काल में इसका अर्थ प्रशासनिक इकाई (जिला) यानि परगनों का समूह था एवं अकबर के शासन काल में इसका प्रयोग जिले का राजस्व के अर्थ में होता था।

80. (d)

81. (a) **फ्यूल सेल (Fuel Cell)** में रासायनिक अभिक्रिया के द्वारा विद्युत ऊर्जा का उत्पादन किया जाता है।

- एल्केलाइन फ्यूल सेल्स में हाइड्रोजन और ऑक्सीजन का प्रयोग किया जाता है, जो जल, ऊष्मा और विद्युत उत्पन्न करती हैं। यह सर्वाधिक दक्ष फ्यूल सेलों में से एक है, जिसकी दक्षता 70% तक है।
- इसका उपयोग वाहनों, सेल फोन, लैपटॉप तथा कम्प्यूटर जैसी युक्तियों में भी किया जाता है। फ्यूल सेल दिष्ट धारा के रूप में विद्युत उत्पादन करते हैं।
- फ्यूल सेल के सिद्धांत का आविष्कार 'विलियम ग्रोव' के द्वारा 1839 में किया गया लेकिन इनका प्रथम व्यावहारिक विकास 1950 के दशक के अंत में ब्रिटिश आविष्कारक फ्रॉसिस थॉमस बेकन ने किया था, जिनके नाम पर इसे बेकन फ्यूल सेल्स भी कहते हैं।

82. (d) भारतीय इतिहास के मध्यकाल में बंजारे सामान्यत: नमक के व्यापारी वर्ग से संबंधित थे। बंजारा (जिन्हें लंबाणी, वंजारा और गोरमाटी भी कहा जाता है) एक ऐसा समुदाय है जिसे आमतौर पर घुमंतू समुदाय के रूप में वर्णित किया जाता है, जो भारत के राजस्थान में पाए जाते हैं। अब ये सम्पूर्ण भारतीय उपमहाद्वीप में फैले हुए हैं। बंजारे पारम्परिक रूप से बैलों और नमक के आपूर्तिकर्ता व्यापारी माने जाते थे। ऐसा माना जाता है, कि बंजारा शब्द संस्कृत शब्द के 'वनचर' से आया है, (अर्थात् वनों में विचरण करने वाला)। लंबाणी या लामनी शब्द संस्कृत शब्द 'लवण' से लिया गया प्रतीत होता है, जो प्रमुख वस्तु थी, जिसका यह समुदाय व्यापार करता था। अत: बंजारे मुख्य रूप से व्यापारी थे। इस समुदाय की महिलाएं कढ़ाई का कार्य करती थीं परंतु यह उनके जीवनयापन का स्रोत नहीं था।

83. (c)

84. (b) एशिया का दक्षिण-पश्चिमी भाग भूमध्यसागर से संलग्न है जिससे टर्की, सीरिया, लेबनान तथा इज़रायल की सीमाएं भूमध्य सागर से स्पर्श करती हैं, जबकि जॉर्डन की सीमाएं भूमध्यसागर से स्पर्श नहीं करती हैं। वस्तुत: भूमध्यसागर की सीमाएं यूरोप, एशिया और अफ्रीका तीनों महाद्वीपों से मिलती हैं।

85. (c) उष्णकटिबंधीय आर्द्र सदाबहार वन, वर्षा वनों का एक अनूठा उदाहरण हैं। ये वन 200 सेमी. से अधिक औसत वार्षिक वर्षा, 22°C औसत तापमान से अधिक वाली जलवायविक दशाओं में ही विकसित होते हैं।

यहाँ विविध प्रजातियों के वन एक साथ पाए जाते हैं, जो कि वर्ष में भिन्न-भिन्न अवधियों में अपनी पत्तियां गिराते हैं, एकसाथ नहीं, अत: ये समग्र रूप से सदापर्णी बने रहते हैं।

भारत में ये वन अंडमान-निकोबार द्वीपसमूह, पश्चिमी घाट (विशेषकर कर्नाटक के भाग) अन्नामलाई पहाड़ियां, असम, पश्चिम बंगाल, अरूणाचल प्रदेश एवं मिजोरम में पाए जाते हैं।

86. (d)

87. (b) $109 \xrightarrow{-35} 74 \xrightarrow{-28} 46 \xrightarrow{-21} 25 \xrightarrow{-14} 11 \xrightarrow{-7} \boxed{4}$

88. (d)

$A \xrightarrow{+4} E \xrightarrow{+4} I \xrightarrow{+6} \boxed{O}$

$B \xrightarrow{+4} F \xrightarrow{+4} J \xrightarrow{+6} \boxed{P}$

$D \xrightarrow{+4} H \xrightarrow{+4} L \xrightarrow{+6} \boxed{R}$

89. (a) bb̲ cca/ cca a̲ b/ a a̲ bbc/ b̲ bcc̲a.

90. (d) AZ̲V/ ZV̲ A/ VA̲ Z/ AZ̲V.

91. (d) जिस प्रकार 'ऑक्सीजन', 'श्वास' लेने में प्रयोग की जाती है, उसी प्रकार 'ग्लूकोस' 'बल' को बढ़ाने में प्रयोग की जाती है।

92. (b) जिस प्रकार 'थर्मामीटर', ऊष्मा का पता लगाता है, उसी प्रकार 'बैरोमीटर' से दाब ज्ञात किया जाता है।

93. (a) जिस प्रकार,

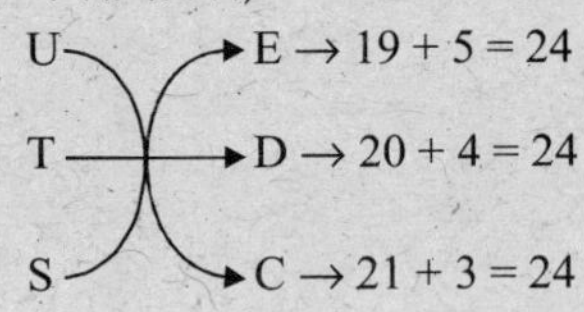

उसी प्रकार,

W → G → 21 + 7 = 28

V → F → 22 + 6 = 28

U → E → 23 + 5 = 28

94. (a) जिस प्रकार, 2 + 1 = 3

उसी प्रकार, 23 + 1 = 24

95. (a) अन्य सभी धातुएं हैं, जबकि स्टील मिश्रधातु है।

96. (c)

$R = 6$

$\because \quad R - r = 2$

$\therefore \quad r = 6 - 2 = 4$ सेमी

97. (d) $\because x^2 - 4x + 3 = (x-1)(x-3)$

$x^2 - 5x + 6 = (x-2)(x-3)$

$\therefore$ अभीष्ट लघुतम समापवर्त्य

$= (x-1)(x-2)(x-3)$

98. (c) $x = \dfrac{\sqrt{5}-1}{\sqrt{5}+1} \times \dfrac{\sqrt{5}-1}{\sqrt{5}-1}$

$= \dfrac{5+1-2\sqrt{5}}{4} = \dfrac{3-\sqrt{5}}{2}$

और $y = \dfrac{2}{3-\sqrt{5}} = \dfrac{2(3+\sqrt{5})}{4}$

$= \dfrac{(3+\sqrt{5})}{2}$

$\therefore$ व्यंजक $= x^2 - y^2 - 3xy$

$= \left(\dfrac{3-\sqrt{5}}{2}\right)^2 + \left(\dfrac{3+\sqrt{5}}{2}\right)^2 - 3 \times 1$

$= \dfrac{9+5-6\sqrt{5}}{4} + \dfrac{9+5+6\sqrt{5}}{4} - 3$

$= 7 - 3 = 4$

99. (c) माना B अकेला x दिन में पूरा काम कर सकता है।

$\therefore$ A अकेला $\dfrac{x}{2}$ दिन में पूरा काम कर सकता है, तब

$\because \dfrac{2}{x} + \dfrac{1}{x} = \dfrac{1}{18}$

$\Rightarrow \dfrac{3}{x} = \dfrac{1}{18}$

$\therefore x = 54$ दिन

100. (a) कुल तय दूरी $= 2500 + 1200 + 500$ $= 4200$ किमी

तथा कुल लगा समय $= (5 + 3 + 2) = 10$ घण्टे

$\therefore$ अभीष्ट औसत गति

$= \dfrac{4200}{10} = 420$ किमी/घण्टा

❑❑❑

प्रैक्टिस सेट-10

1. सूची-I तथा सूची-II को सुमेलित कीजिए तथा नीचे दिए गए कूट से सही उत्तर चुनिए–

सूची I (उ.प्र. के प्राचीन जनपद)	सूची II (राजधानी)
A. कुरु	1. साकेत
B. पांचाल	2. कौशाम्बी
C. कोशल	3. अहिच्छत्र
D. वत्स	4. इन्द्रप्रस्थ

कूट :

	A	B	C	D
(a)	1	2	3	4
(b)	4	3	1	2
(c)	3	4	2	1
(d)	4	2	3	1

2. निम्न में से किस एक पुरास्थल से पाषाण संस्कृति से लेकर हड़प्पा सभ्यता तक के सांस्कृतिक अवशेष प्राप्त हुए हैं?
(a) आम्री (b) मेहरगढ़
(c) कोटदिजी (d) कालीबंगन

3. गौतम बुद्ध की मां किस वंश से संबंधित थी?
(a) शाक्य वंश (b) माया वंश
(c) लिच्छवि वंश (d) कोलिया वंश

4. महावीर का प्रथम अनुयायी कौन बना?
(a) जमालिस (b) यशोदा
(c) अणोज्जा (d) त्रिशला

5. निम्न में से कौन एक बौद्ध ग्रंथ 'सोलह महाजनपदों' का उल्लेख करता है?
(a) अंगुत्तर निकाय
(b) मज्झिम निकाय
(c) खुद्दक निकाय
(d) दीघ निकाय

6. गंगा घाटी में धान की खेती का प्राचीनतम प्रमाण कहां से मिलता है?
(a) लहुरादेव (b) सेनुवार
(c) सोहगौरा (d) कौशाम्बी

7. उस पाल शासक का नाम बताइए जिसने विक्रमशिला विश्वविद्यालय स्थापित किया?
(a) धर्मपाल (b) देवपाल
(c) रामपाल (d) गोपाल

8. भारत में किस शिलाश्रय से सर्वाधिक चित्र प्राप्त हुए हैं?
(a) घघरिया (b) भीमबेटका
(c) लेखाहिषा (d) आदमगढ़

9. वैदिक काल में किस जानवर को 'अघन्या' माना गया है?
(a) बैल (b) भेड़
(c) गाय (d) हाथी

10. सारनाथ स्तम्भ का निर्माण किया था–
(a) हर्षवर्धन ने
(b) अशोक ने
(c) गौतम बुद्ध ने
(d) कनिष्क ने

11. योग दर्शन के प्रतिपादक हैं–
(a) पतंजलि
(b) योगी गोरखनाथ
(c) स्वामी रामदेव
(d) शंकराचार्य

12. अमीर खुसरो ने किसके विकास में अग्रगामी की भूमिका निभाई?
(a) बृज भाषा (b) अवधी
(c) खड़ी बोली (d) भोजपुरी

13. मुहम्मद गोरी ने जयचन्द को किस युद्ध में पराजित किया था?
(a) तराइन का युद्ध (1191 ई.)
(b) तराइन का युद्ध (1192 ई.)
(c) चन्दावर का युद्ध (1194 ई.)
(d) कन्नौज का युद्ध (1194 ई.)

14. किस मध्यकालीन भारतीय शासक ने पट्टा एवं कबूलियत की व्यवस्था प्रारम्भ की थी?
(a) अलाउद्दीन खिलजी
(b) मोहम्मद बिन तुगलक
(c) शेरशाह
(d) अकबर

15. मुगलों एवं मेवाड़ के राणा के मध्य 'चित्तौड़ की संधि' किस शासक के शासन काल में हस्ताक्षरित हुई थी?
(a) अकबर (b) जहांगीर
(c) शाहजहां (d) औरंगजेब

16. निम्नलिखित में से किन ब्रिटिश अधिकारियों ने लखनऊ में अपना जीवन खोया था?
1. जनरल जॉन निकल्सन
2. जनरल नील
3. मेजर जनरल हैवलॉक
4. सर हेनरी लॉरेन्स

कूट :
(a) 1, 2 और 3 (b) 1, 3 और 4
(c) 2, 3 और 4 (d) ये सभी

17. जियातरंग आंदोलन कहां प्रारम्भ हुआ?
(a) नागालैण्ड में (b) त्रिपुरा में
(c) मणिपुर में (d) मिजोरम में

18. वर्ष 1928 में हिन्दुस्तान सोशलिस्ट रिपब्लिकन एसोसिएशन की स्थापना कहां हुई थी?
(a) कानपुर में (b) दिल्ली में
(c) इलाहाबाद में (d) लाहौर में

19. गांधी जी को किसने सर्वप्रथम 'राष्ट्रपिता' कहकर संबोधित किया था?
(a) सुभाषचन्द्र बोस
(b) रवीन्द्रनाथ टैगोर
(c) सरदार वल्लभ भाई पटेल
(d) पंडित जवाहर लाल नेहरू

20. गदर पार्टी की स्थापना हुई थी–
(a) अफगानिस्तान में
(b) बर्मा में
(c) इंग्लैंड में
(d) संयुक्त राज्य अमेरिका में

21. निम्नलिखित को कालक्रमानुसार व्यवस्थित कीजिए। सही उत्तर का चयन नीचे दिए कूट से कीजिए–
1. असहयोग आंदोलन
2. सविनय अवज्ञा आंदोलन
3. खिलाफत आंदोलन
4. भारत छोड़ो आंदोलन

कूट :
(a) 1, 3, 2, 4 (b) 2, 3, 1, 4
(c) 3, 1, 2, 4 (d) 4, 2, 3, 1

22. निम्नलिखित में से भारतीय राष्ट्रीय कांग्रेस के किस अधिवेशन में महात्मा गांधी ने कहा था, "गांधी मर सकते हैं परन्तु गांधीवाद सदैव बना रहेगा"?
(a) रामगढ़ अधिवेशन, 1940
(b) लाहौर अधिवेशन, 1929
(c) कलकत्ता अधिवेशन, 1928
(d) कराची अधिवेशन, 1931

23. कार्डामम पहाड़ियां जिनकी सीमाओं पर स्थित हैं, वे हैं–
(a) कर्नाटक एवं तमिलनाडु
(b) कर्नाटक एवं केरल
(c) केरल एवं तमिलनाडु
(d) तमिलनाडु एवं आंध्र प्रदेश

24. दामोदर जिसकी सहायक नदी है, वह है–
(a) गंगा (b) हुगली
(c) पद्मा (d) सुवर्ण रेखा

25. सूची-I को सूची-II से सुमेलित कीजिए तथा नीचे दिए गए कूट से सही उत्तर चुनिए–

सूची I (क्षेत्र)	सूची II (खनिज)
A. बादाम पहाड़	1. तांबा
B. कोडरमा	2. लौह-अयस्क
C. मोसाबानी	3. खनिज तेल (पेट्रोलियम)
D. रवा	4. अभ्रक

कूट :

	A	B	C	D
(a)	4	3	1	2
(b)	2	4	3	1
(c)	1	2	4	3
(d)	2	4	1	3

26. निम्नलिखित में भारत का कौन-सा क्षेत्र मृदा अपरदन (इरोजन) से अत्यधिक प्रभावित है?
(a) मालवा पठार
(b) उत्तर प्रदेश तराई
(c) आंध्र तटीय क्षेत्र
(d) चम्बल घाटी

27. निम्नलिखित को सुमेलित कीजिए। सही उत्तर का चयन नीचे दिए कूट से कीजिए–

A. स्वर्ण	1. खेतड़ी
B. कोयला	2. कोलार
C. तांबा	3. कुद्रेमुख
D. लोहा	4. झरिया

कूट :

	A	B	C	D
(a)	1	2	3	4
(b)	4	3	2	1
(c)	3	4	1	2
(d)	2	4	1	3

28. निम्नलिखित राज्यों में से उस राज्य को चुनिए जिसमें सर्वाधिक संख्या में वन्य जीव अभयारण्य (नेशनल पार्क और अभयारण्य) हैं–
(a) उत्तर प्रदेश (b) राजस्थान
(c) मध्य प्रदेश (d) प. बंगाल

29. राष्ट्रीय पर्यावरण अभियान्त्रिकी संस्थान स्थित है–
(a) कटक में (b) जमशेदपुर में
(c) नागपुर में (d) रांची में

30. शारदा सहायक समादेश विकास परियोजना के मुख्य लक्ष्य निम्नलिखित में से क्या हैं? नीचे दिए गए कूट से सही उत्तर चुनिए–
I. कृषि उत्पादन बढ़ाना।
II. बहु फसली खेती द्वारा भूमि उपयोग के प्रारूप को बदलना।
III. भू-प्रबंधन का सुधार करना।
कूट :
(a) केवल I (b) I और II
(c) II और III (d) ये सभी

31. भारत की काली मिट्टी उत्पादन के लिए बहुत उपयुक्त होती है–
(a) कपास की फसल के लिए
(b) धान की फसल के लिए
(c) गन्ने की फसल के लिए
(d) गेहूं की फसल के लिए

32. निम्नलिखित में से कौन सदाबहार फल वृक्ष हैं?
(a) सेब (b) बादाम
(c) आड़ू (d) लोकाट

33. निम्नलिखित में से कौन-सा कथन सही है?
(a) 1901 के बाद यौन-अनुपात में लगातार ह्रास देखा गया है।
(b) 1901 की जनगणना में सर्वाधिक यौन-अनुपात पाया जाता है।
(c) 2001 की जनगणना में न्यूनतम यौन अनुपात दर्ज किया गया है।
(d) 1991-2001 के दशक के दौरान यौन-अनुपात में सर्वाधिक ह्रास दर्ज किया गया है।

34. निम्न में से कौन-से कथन राजस्थान के मरूक्षेत्र के लिए सही हैं? सही उत्तर के चयन हेतु नीचे दिये गए कूट का प्रयोग कीजिए।
1. यह विश्व का सबसे घना बसा मरुस्थल है।
2. यह लगभग 10,000 वर्ष पुराना है, जिसका कारण अत्यधिक मानवीय हस्तक्षेप रहा है।
3. यहां केवल 40 से 60 प्रतिशत क्षेत्र कृषि हेतु उपयुक्त है।
4. शुद्ध बोए गए क्षेत्र में वृद्धि के कारण चरागाह क्षेत्र के विस्तार पर कुप्रभाव पड़ा है।

कूट :
(a) 1, 2 और 3 (b) 2, 3 और 4
(c) 1, 2 और 4 (d) 1, 2, 3 और 4

35. निम्न कथनों पर विचार कीजिए तथा नीचे दिये गए कूट से सही उत्तर का चयन कीजिए–
1. महाराष्ट्र देश का सबसे नगरीकृत राज्य है।
2. नगरीय वृद्धि से तटीय क्षेत्र कंक्रीट के जंगल में बदल रहा है।
3. यहां मुम्बई से अहमदाबाद के बीच देश के सबसे बड़े बृहन्नगर का निर्माण हो रहा है।
4. यहां के नगर मलिन बस्तियों से भरे और अत्यधिक प्रदूषित हैं।

कूट :
(a) 1, 2 और 3 (b) 1, 3 और 4
(c) 2, 3 और 4 (d) 1, 2 और 4

36. निम्न में से कौन-सा स्थान सबसे कम वर्षा प्राप्त करता है?
(a) बीकानेर (b) जैसलमेर
(c) जोधपुर (d) लेह

37. भारत में दो सर्वाधिक नगरीकृत राज्य हैं–
(a) महाराष्ट्र एवं तमिलनाडु
(b) महाराष्ट्र एवं उत्तर प्रदेश
(c) गोवा एवं मिजोरम
(d) गुजरात एवं कर्नाटक

38. निम्नलिखित में से कौन-सा बंदरगाह भारत के पूर्वी तट का नहीं है?
(a) चेन्नई (b) काण्डला
(c) पाराद्वीप (d) तूतीकोरिन

39. यदि रेफ्रीजरेटर के दरवाजे को कुछ घंटों के लिए खुला छोड़ दिया जाए तो कमरे का तापमान–
(a) घट जाएगा
(b) बढ़ जाएगा
(c) अपरिवर्तित रहेगा
(d) केवल रेफ्रीजरेटर के निकट के क्षेत्र में घटेगा

40. वर्ष 2011 की जनगणना के अनुसार निम्नलिखित राज्यों में से किसमें सर्वोच्च साक्षरता स्तर है?
(a) मिजोरम (b) आंध्र प्रदेश
(c) पंजाब (d) पश्चिम बंगाल

41. निम्नलिखित शैल तंत्रों में से कौन भारत के कोयला निक्षेपों (डिपॉजिट्स) का प्रमुख स्रोत है?
(a) धारवाड़ तंत्र (b) गोण्डवाना तंत्र
(c) कुडप्पा तंत्र (d) विन्ध्य तंत्र

42. कथन (A) : भारत में अन्तर्देशीय जल मार्गों का पर्याप्त विकास नहीं हुआ है।
कारण (R) : भारत के अधिकतर भागों में वर्षा साल के चार महीनों में ही होती है।
कूट :
(a) 'A' और 'R' दोनों सही हैं और 'R', 'A' की सही व्याख्या है।
(b) 'A' और 'R' दोनों सही हैं तथा 'R', 'A' की सही व्याख्या नहीं है।
(c) 'A' सही है, परंतु 'R' गलत है।
(d) 'A' गलत है, परंतु 'R' सही है।

43. बिसरामपुर जिसके खनन के लिए प्रसिद्ध है, वह है–
(a) ताम्र-अयस्क (b) लौह-अयस्क
(c) कोयला (d) मैंगनीज

44. रिंग ऑफ फायर संबद्ध है–
1. भूकम्प से
2. ज्वालामुखी से
3. प्रशान्त महासागर से
4. जंगल की आग से
कूट :
(a) 1, 2 और 3 (b) 2 और 3
(c) 2 और 4 (d) 1, 2, 3 और 4

45. निम्नलिखित में से कौन एक सही सुमेलित है?
(a) हेमाइट युगाण्डा
(b) सेमाइट मलेशिया
(c) सकाई सूडान
(d) बुशमैन बोत्सवाना

46. निम्नलिखित में से कौन सुमेलित नहीं है?
(a) कोपेनहेगन डेनमार्क
(b) बर्लिन जर्मनी
(c) पेरिस फ्रांस
(d) ऑस्लो नार्वे

47. भूमध्य रेखा गुजरती है–
(a) कैमरून से (b) कोस्टारिका से
(c) केन्या से (d) वेनुजुएला से

48. सौरमंडल में छुद्र ग्रह (एस्ट्रायड) छोटे खगोलीय पिंड हैं, जो निम्न ग्रहों के मध्य पाए जाते हैं, वे हैं–
(a) बुध और शुक्र
(b) मंगल और बृहस्पति
(c) बृहस्पति और शनि
(d) वरुण (नेपच्यून) और शनि

49. सरकारिया आयोग गठित हुआ था समीक्षा करने के लिए–
(a) राष्ट्रपति और प्रधानमंत्री के मध्य संबंधों की
(b) विधायिका और कार्यपालिका के मध्य संबंधों की
(c) कार्यपालिका और न्यायपालिका के मध्य संबंधों की
(d) संघ और राज्यों के मध्य संबंधों की

50. भारतीय संविधान का कौन-सा भाग संविधान की 'आत्मा' कहलाता है?
(a) मूल अधिकार
(b) राज्य की नीति के निदेशक तत्त्व
(c) उद्देशिका
(d) संविधानिक उपचारों का अधिकार

51. भारत का सर्वोच्च न्यायालय एक 'अभिलेख न्यायालय' है। इसका आशय है, कि–
(a) इसे अपने सभी निर्णयों का अभिलेख रखना होता है।
(b) इसके सभी निर्णयों का साक्ष्यात्मक मूल्य होता है और इस पर किसी भी न्यायालय में प्रश्न चिह्न नहीं लगाया जा सकता है।
(c) इसे अपनी अवमानना करने वालों को दंडित करने की शक्ति है।
(d) इसके निर्णयों के विरुद्ध कोई अपील नहीं की जा सकती।

52. हम न्यायिक पुनरावलोकन की व्यवस्था रखते हैं–
(a) केवल भारत में
(b) केवल यू.के. में
(c) केवल यू.एस.ए. में
(d) भारत और यू.एस.ए. दोनों में

53. भारतीय संविधान के किस अनुच्छेद के अंतर्गत राष्ट्रपति को अधिकार है, कि वह किसी बिल पर अपनी अनुमति रोक ले?
(a) अनुच्छेद 63
(b) अनुच्छेद 108
(c) अनुच्छेद 109
(d) अनुच्छेद 111

54. दिए गए कूट की सहायता से हरित-क्रांति के घटक चुनिए–
1. उच्च उत्पादन देने वाली किस्म के बीज।
2. सिंचाई।
3. ग्रामीण विद्युतीकरण।
4. ग्रामीण सड़कें और विपणन।
कूट :
(a) 1 और 2 (b) 1, 2 और 3
(c) 1, 2 और 4 (d) ये सभी

55. राष्ट्रीय ग्रामीण रोजगार गारंटी योजना (NREGS) प्रारंभ में कितने जनपदों में प्रारंभ की गई थी?
(a) 200 जनपदों में
(b) 300 जनपदों में
(c) 310 जनपदों में
(d) 330 जनपदों में

56. कथन (A) : केन्द्र-राज्य संबंधों पर पुनर्विचार की मांगें बढ़ती रही हैं।
कारण (R) : राज्यों के पास विकास कार्यों के लिए पर्याप्त साधन नहीं हैं।
कूट :
(a) 'A' और 'R' दोनों सही हैं और 'R', 'A' की सही व्याख्या है।
(b) 'A' और 'R' दोनों सही हैं परंतु 'R', 'A' की सही व्याख्या नहीं है।
(c) 'A' सही है, परंतु 'R' गलत है।
(d) 'A' गलत है, परंतु 'R' सही है।

57. निम्नलिखित में से कौन-सी एक लघु उद्योगों (SSIs) की समस्या नहीं है?
(a) वित्त
(b) विपणन
(c) कच्चा माल
(d) हड़ताल एवं तालाबंदी

58. 'नवरत्न' का विचार संबंधित है–
(a) तकनीकी जनशक्ति के चयनित वर्ग
(b) चयनित निर्यातोन्मुखी इकाइयां
(c) चयनित खाद्य-प्रसंस्करण उद्योग
(d) सार्वजनिक क्षेत्र के चयनित उद्यम

59. गिल्ट एज्ड में विपणु संबंधित है–
(a) धातुओं के व्यापार से
(b) ऋणपत्रों के व्यापार से
(c) सरकारी प्रतिभूतियों के व्यापार से
(d) शस्त्रों के व्यापार से

60. 'एक्च्युरीज' शब्द संबंधित है–
(a) बैंकिंग से
(b) बीमा से
(c) शेयर बाजार से
(d) उपरोक्त में से किसी से नहीं

61. पूंजी बाजार से आशय है–
(a) शेयर बाजार से(b) वस्तु बाजार से
(c) मुद्रा बाजार से (d) इन सभी से

62. हरित क्रांति से भारत के कौन-से राज्य सर्वाधिक लाभान्वित हुए?
(a) बिहार, प. बंगाल और असम
(b) राजस्थान, गुजरात और महाराष्ट्र
(c) पंजाब, हरियाणा और पश्चिम उ.प्र.
(d) तमिलनाडु, आंध्र प्रदेश और केरल

63. कम वोल्टेज पर कार्य करने पर विद्युत मोटर प्रायः जल जाते हैं क्योंकि–
(a) वे अधिक विद्युत धारा खींचते हैं जो वोल्टेज के प्रतिलोमानुपाती होती है।
(b) वे अधिक विद्युत धारा खींचते हैं जो वोल्टेज के वर्गमूल के प्रतिलोमानुपाती होती है।
(c) वे V^2 के समानुपाती ऊष्मा खींचते हैं।
(d) कम वोल्टेज विद्युतीय विसर्जन प्रारंभ कर देता है।

64. निम्नलिखित अवस्थाओं में से किसमें गीले कपड़े सबसे जल्दी सूख जाएंगे?
(a) 100% आर्द्रता, 60ºC तापक्रम
(b) 100% आर्द्रता, 20ºC तापक्रम
(c) 20% आर्द्रता, 20ºC तापक्रम
(d) 20% आर्द्रता, 60ºC तापक्रम

65. रेडियोधर्मी डेटिंग एक प्रक्रिया है, जिससे मापा जा सकता है–
(a) चट्टानों की उम्र
(b) चट्टानों की संगठन
(c) चट्टानों का रंग
(d) चट्टानों का भार

66. जापान की 1953 में होने वाली मिनिमाटा व्याधि हुई थी, उन मछलियों को खाने से जो संक्रमित थीं–
(a) निकेल द्वारा
(b) सीसे द्वारा
(c) पारा द्वारा
(d) कैडमियम द्वारा

67. दिया गया है–
1. रुधिर कोशिकाएं
2. अस्थि कोशिकाएं
3. बाल रज्जु
4. लार (सलाइवा)
अपराध की जांच में डी.एन.ए. परीक्षण हेतु जो नमूने लिए जाते हैं वे हो सकते हैं–
(a) 1, 2 और 3 (b) 1 और 4
(c) 2 और 3 (d) 1, 2, 3 और 4

68. मस्तिष्क तथा मेरुरज्जु पर चढ़ी झिल्ली में सूजन आ जाने से होने वाला रोग है–
(a) ल्यूकीमिया
(b) पैरालिसिस
(c) स्केलेरोसिस
(d) मेनिनजाइटिस

69. निम्नलिखित कथनों में से कौन-से सही हैं? सही उत्तर का चयन नीचे दिये कूट से कीजिए–
1. मानव शरीर में ऊर्विका (फीमर) सबसे लंबी अस्थि है।
2. हैजा रोग जीवाणु के द्वारा होता है।
3. 'एथलीट फुट' रोग विषाणु के द्वारा होता है।
कूट :
(a) 1, 2 और 3 (b) 1 और 3
(c) 1 और 2 (d) 2 और 3

70. हृदय कब आराम करता है?
(a) कभी नहीं
(b) सोते समय
(c) दो धड़कनों के बीच
(d) योगिक आसन करते समय

71. प्रदूषकों को उनके दीर्घकालीन प्रभाव के साथ दिए गए कूट की सहायता से सुमेलित कीजिए–
प्रदूषक
A. कार्बन मोनोऑक्साइड
B. नाइट्रोजन के ऑक्साइड
C. धूल कण
D. सीसा
प्रभाव
1. लीवर और किडनी को क्षति
2. कैंसर
3. श्वास संबंधी रोग
4. केन्द्रीय नर्वस सिस्टम
कूट :

	A	B	C	D
(a)	2	3	4	1
(b)	4	3	2	1
(c)	1	2	3	4
(d)	3	4	1	2

72. निम्नलिखित में से कौन लौह का अच्छा स्रोत है?
(a) गाजर
(b) मटर
(c) चावल
(d) पालक

73. गाड़ियों को चलाने के लिए हाइड्रोजन गैस सुविधाजनक रूप से ईंधन के रूप में प्रयोग लाई जा सकती है, यदि वह कम ताप पर किसी पदार्थ द्वारा शोषित हो ताकि वह निर्वातक द्वारा उत्पन्न तापमान पर मुक्त हो सके। वह कौन-सा पदार्थ है, जो भारत में पाया जाता है?
(a) हाइड्राइट
(b) कोयला
(c) सोप स्टोन
(d) रेजिन

74. रडार का प्रयोग मुख्य रूप से किया जाता है–
(a) प्रकाश तरंगों द्वारा वस्तुओं का पता लगाने के लिए।
(b) ध्वनि तरंगों को परावर्तित करके वस्तुओं का पता लगाने के लिए।
(c) रेडियो तरंगों द्वारा वस्तुओं की उपस्थिति और स्थिति ज्ञात करने के लिए।
(d) वर्षा के जल भरे बादलों का पीछा करने के लिए।

75. विश्व स्तर के प्रोग्राम 'ह्यूमन जीनोम प्रोजेक्ट' का संबंध है–
(a) सुपर-मानव के समाज की स्थापना से
(b) रंगभेद पर आधारित नस्लों की पहचान करने से
(c) मानव नस्लों के आनुवंशिक सुधारों से
(d) मानव जीनों और उनके अनुक्रमों की पहचान और मानचित्रण से

76. निम्नलिखित में से कौन-सा रक्त के हीमोग्लोबिन के साथ अनुत्क्रमणीय (irreversible) संश्लिष्ट बनाता है?
(a) कार्बन डाइऑक्साइड
(b) शुद्ध नाइट्रोजन गैस
(c) कार्बन मोनोऑक्साइड
(d) कार्बन डाइऑक्साइड और हीलियम का मिश्रण

77. निम्न ग्रीन हाउस गैसों में से ऐसी कौन है, जिसके द्वारा ट्रोपोस्फियर में ओजोन प्रदूषण नहीं होता है?
(a) मीथेन
(b) कार्बन मोनोऑक्साइड
(c) नत्रजन ऑक्साइड्स (NOX)
(d) जल वाष्प

78. सूची-I को सूची-II से सुमेलित कीजिए तथा सूचियों के नीचे दिए गए कूट की सहायता से सही उत्तर का चयन कीजिए–

सूची I	सूची II
A. स्टेथोस्कोप	**1. प्रकाश की तीव्रता मापने के लिए**
B. स्फिग्नोमैनोमीटर	**2. सोने की शुद्धता पता लगाने के लिए**
C. कैरेटोमीटर	**3. हृदय की ध्वनि सुनने के लिए**
D. लक्स मीटर	**4. रक्त चाप मापने के लिए**

कूट :

	A	B	C	D
(a)	1	2	3	4
(b)	4	3	2	1
(c)	3	4	2	1
(d)	2	1	4	3

79. यूरो नॉर्म्स बनाए गए हैं–
(a) वाहनों की गति नियंत्रण के लिए
(b) वाहनों का आकार वर्गीकरण के लिए
(c) वाहनों से निकलने वाली हानिप्रद गैसों को नियंत्रित करने के लिए
(d) इंजन की शक्ति बताने के लिए

80. कथन (A) : उत्तर प्रदेश में भारत की जनसंख्या का सर्वाधिक जमाव पाया जाता है।
कारण (R) : यह भारत का सबसे घना बसा राज्य भी है।
कूट :
(a) 'A' और 'R' दोनों सही हैं तथा 'R', 'A' की सही व्याख्या है।

(b) 'A' और 'R' दोनों सही हैं परंतु 'R', 'A' की सही व्याख्या नहीं है।
(c) 'A' सही है, परंतु 'R' गलत है।
(d) 'A' गलत है, परंतु 'R' सही है।

81. मंडल आयोग, जिसके प्रस्तावों ने अक्षुण्ण विवाद का सूत्रपात किया है, को गठित करने वाले थे–
(a) इंदिरा गांधी
(b) मोरारजी देसाई
(c) राजीव गांधी
(d) विश्वनाथ प्रताप सिंह

82. रिजर्व बैंक के उस गवर्नर का नाम बताइए, जो वित्त मंत्री भी हुए–
(a) एच.एम. पटेल
(b) सी.डी. देशमुख
(c) सी. सुब्रह्मण्यम
(d) सचिन चौधरी

83. 'द हिमालयन माउन्टेनियरिंग इन्स्टीट्यूट' निम्न स्थानों में जहां स्थित है, वह है–
(a) उत्तरकाशी
(b) देहरादून
(c) दार्जिलिंग
(d) शिलांग

84. एच.ए.एल. (HAL) उत्पादन से संबंधित है–
(a) टेलिकम्यूनिकेशन उपकरणों के
(b) वायुयानों के
(c) अंतरिक्ष मिसाइलों के
(d) युद्ध मिसाइलों के

85. निम्नलिखित में से कौन-सी कृषि करने की प्रक्रिया पर्यावरण संरक्षण में सहायक है?
(a) अधिक उपज वाली किस्म की खेती
(b) ग्लास हाउस में पौधे उगाना
(c) शिफ्टिंग खेती
(d) जैविक खेती

निर्देश (86-88) दिए गए विकल्पों में से भिन्न समूह को पहचानिए–

86. (a) प्रत्यायुक्त (b) व्यक्ति
(c) उपायुक्त (d) प्रतिनिधि

87. (a) 4512 (b) 3621
(c) 1722 (d) 1109

88. (a) SORE (b) SOTLU
(c) NORGAE (d) MEJNIAS

89. एक विशिष्ट कूट भाषा में NATION को ANITNO लिखा गया है, तदनुसार उसी कूट भाषा में, कौन-सा शब्द EROFMR के रूप में लिखा जाएगा?
(a) FORMER (b) ROMFER
(c) REFORM (d) FROMRE

90. यदि TRAIN को कूट भाषा में WUDLQ लिखा जाता है, तो शब्द BUS को उस कूट भाषा में कैसे लिखा जाएगा ?
(a) EXU (b) DWU
(c) EXV (d) VXE

91. इस प्रश्न में, एक शब्द के बाद चार अन्य शब्द दिए गए हैं, जिनमें से एक दिए गए शब्द के अक्षरों का प्रयोग करके नहीं बनाया जा सकता, वह शब्द चुनिए–
'CHEMOTHERAPY'
(a) HECTARE (b) MOTHER
(c) THEATRE (d) RAPED

92. यदि रानी के पिता के चाचा, अनूप के पिता के पोते हैं, तथा अनूप अपने पिता का इकलौता पुत्र है, तो रानी से अनूप का क्या सम्बन्ध है?
(a) दादा (b) चाचा
(c) मामा (d) परदादा

93. कौन-सी उत्तर आकृति प्रश्न आकृति के प्रतिरूप को पूरा करेगी?

प्रश्न आकृतिः

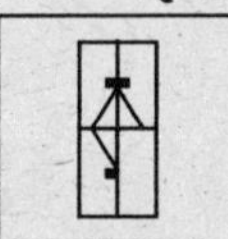

उत्तर आकृतियां

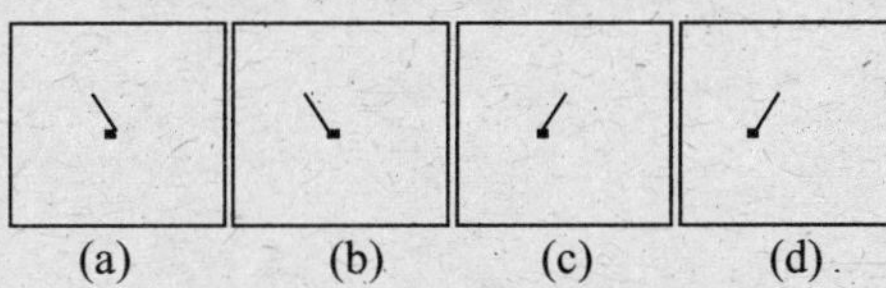

(a) (b) (c) (d)

94. GRADUATES, WORKING और KNOW COOKING को दर्शाने वाले तीन वृत्त एक-दूसरे को काटते हैं, इन कटे हुए भागों को A,B,C,D,E,F और G अंकित किया गया है, कौन-सा भाग GRADUATES KNOWING COOKING को दर्शाता है, लेकिन WORKING को नहीं।

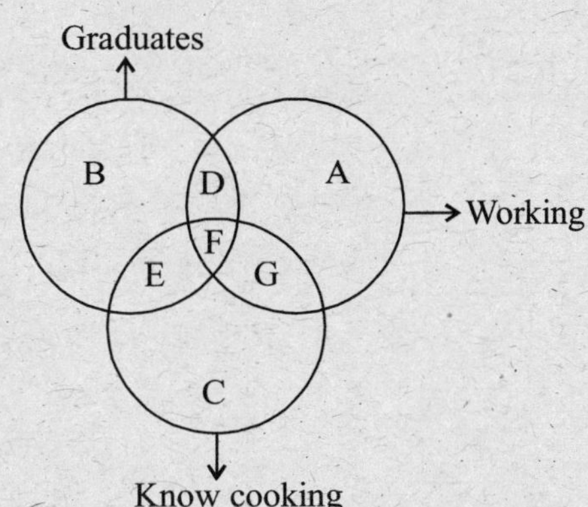

(a) E (b) D
(c) G (d) F

95. पहली पंक्ति में दिए गए वर्णों के दूसरी पंक्ति में कोड दिए गए हैं–

V	D	A	S	G	K	I	H	X	O
5	1	3	9	0	8	2	4	7	6

IVSHOD वर्णों के कोड क्या होंगे?
(a) 258416
(b) 259641
(c) 254961
(d) 259461

96. यदि 18 कुर्सियों की लागत 16 कुर्सियों की बिक्री मूल्य के बराबर हो, तो उन पर हुए लाभ का प्रतिशत कितना होगा?
(a) 12. 5 (b) 13
(c) 13.5 (d) 14

97. एक वस्तु के मूल्य पर 20% की छूट, एक अन्य वस्तु पर 25% की छूट के बराबर है। तदनुसार उन दोनों वस्तुओं का लागत मूल्य क्रमशः कितना-कितना (₹ में) हो सकता है?
(a) 1000, 800
(b) 600, 800
(c) 500, 700
(d) 900, 1000

98. उस सबसे लम्बे फीते की लम्बाई कितनी होगी, जो 7 मीटर, 3 मीटर 85 सेमी तथा 12 मीटर 95 सेमी को ठीक-ठीक नाप सके?
(a) 37
(b) 35
(c) 20
(d) 11

99. 1 मी, 6 मीटर तथा 8 मीटर किनारे वाले 3 घन पिघलाकर एक घन में परिवर्तित किए गए हैं, तदनुसार उस नए घन की सतह का क्षेत्रफल कितना होगा?
(a) 294 मीटर^2
(b) 324 मीटर^2
(c) 486 मीटर^2
(d) 468 मीटर^2

100. यदि $2x = a$ तथा $4a = 2b$ हो, तो $\frac{x}{b}$ कितना होगा?
(a) $\frac{1}{2}$
(b) $\frac{2}{1}$
(c) $\frac{1}{4}$
(d) $\frac{1}{8}$

व्याख्या सहित उत्तर

1. (b)

2. (b) बलूचिस्तान (पाकिस्तान) में स्थित पुरास्थल मेहरगढ़ से पाषाण संस्कृति से लेकर हड़प्पा सभ्यता तक के सांस्कृतिक अवशेष प्राप्त हुए हैं।

3. (d) गौतम बुद्ध का जन्म 563 ई.पू. में कपिलवस्तु के लुम्बिनी नामक स्थान पर हुआ था। इनके पिता शुद्धोधन शाक्य गण के मुखिया थे। इनकी माता श्रीमती मायादेवी कोलिया वंश की कन्या थी। इनकी मृत्यु गौतम बुद्ध के जन्म के 7वें दिन ही हो गई थी। गौतम बुद्ध के बचपन का नाम सिद्धार्थ था। इनका विवाह 16 वर्ष की अवस्था में यशोधरा के साथ हुआ था।

4. (a) महावीर का प्रथम अनुयायी उनका अपना दामाद जमालिस था। जमालिस, प्रियदर्शनी के पति थे। महावीर स्वामी जैन धर्म के 24वें एवं अंतिम तीर्थंकर हुए। इनका जन्म 540 ई.पू. में कुण्डग्राम (वैशाली) में हुआ था। इनके पिता सिद्धार्थ 'ज्ञात्रक कुल' के सरदार थे और माता त्रिशला लिच्छवि राजा चेटक की बहन थी। महावीर की पत्नी का नाम यशोदा एवं पुत्री का नाम अनोज्जा प्रियदर्शनी था। इसी प्रियदर्शनी का पति जमालिस था।

5. (a)

6. (a) मध्य गंगा घाटी में स्थित संत कबीर नगर (उ.प्र.) के लहुरादेव ग्राम में धान की खेती के प्राचीनतम प्रमाण 7000 ई.पू. प्राप्त हुए हैं।

7. (a) विक्रमशिला विश्वविद्यालय की स्थापना पाल शासक धर्मपाल (783–820) ने की थी। यह बिहार राज्य के ग्राम अंतीचक जिला भागलपुर में स्थित है। धर्मपाल पालवंश का सबसे महान शासक था। पालवंश का संस्थापक गोपाल (750 ई.) था। इस वंश की राजधानी मुंगेर थी। गोपाल बौद्ध धर्म का अनुयायी था। इसने ओदन्तपुरी विश्वविद्यालय की स्थापना की थी।

8. (b) मध्य प्रदेश के रायसेन जिले में स्थित 'भीमबेटका' में अवस्थित शिलाश्रयों में सर्वाधिक चित्र प्राप्त हुए हैं। वहां की विभिन्न गुफाओं में हजारों चित्र प्राप्त हुए हैं। 'भीमबेटका' का महाभारत काल के पांच भाइयों में से एक भीम के नाम पर नामकरण किया गया है। इनकी आयु 9000 वर्ष आंकी गई है।

9. (c) वैदिक काल में गाय को 'अघन्या' (न मारे जाने योग्य) माना गया है। गाय की हत्या अथवा उसे घायल करने वाले व्यक्ति को मृत्युदंड तथा देश निकाले की व्यवस्था वेदों में दी गई है।

10. (b) सारनाथ स्तम्भ का निर्माण 249 BC के आस-पास मौर्य शासक अशोक ने कराया था। इसे सिंह-शीर्ष प्रस्तर स्तम्भ के नाम से भी जाना जाता है। यह मौर्य प्रस्तर कला का सुन्दरतम उदाहरण है।

11. (a) योग दर्शन के प्रतिपादक पतंजलि हैं। इसके मुख्य ग्रंथ पतंजलि का योगसूत्र है। योगाभ्यास आठ चरणों में विभाजित है, जिसे अष्टांग योग कहते हैं। भगवद्गीता को 'योग शास्त्र' भी कहा जाता है।

12. (c)

13. (c) गोविन्द चन्द्र के बाद 1170 ई. में जयचन्द गहड़वाल शासक बना। गहड़वाल वंश के अंतिम शासक जयचन्द को सेन नरेश लक्ष्मण सेन ने एक युद्ध में परास्त कर दिया। दिल्ली पर अधिकार को लेकर हुए संघर्ष में उसे चौहानों से पराजित होना पड़ा। 1194 ई. में चन्दावर के युद्ध में मुहम्मद गोरी की सेनाओं ने जयचन्द को पराजित कर उसकी हत्या कर दी। जयचन्द के दरबार में संस्कृत का प्रसिद्ध कवि श्रीहर्ष रहता था, जिसने 'नैषध चरित' की रचना की। उसके पुत्र हरिश्चन्द्र ने मुहम्मद गौरी के अधीन शासन किया। चन्दावर उत्तर प्रदेश के इटावा जिले में यमुना तट पर स्थित है।

14. (c) मध्यकालीन भारतीय शासक शेरशाह ने अपने अधीनस्थ किसानों से संबंध स्थापित करने के लिए पट्टा तथा कबूलियत की व्यवस्था प्रारम्भ की। 'कबूलियत' (करार-विलेख) में भूमि पर किराएदार के अधिकार निहित होते हैं तथा उसकी जिम्मेदारियां ले ली गई थीं तथा सरकार ने उन्हीं नियम एवं शर्तों पर 'पट्टा' जारी कर दिया था।

15. (b) 1615 ई. में मेवाड़ विजय के उपरांत राणा अमरसिंह तथा मुगल बादशाह जहांगीर के मध्य चित्तौड़ की संधि हुई। इसमें राणा ने मुगल बादशाह की अधीनता स्वीकार कर ली तथा बादशाह जहांगीर ने राणा को चित्तौड़ समेत समस्त भू-भाग वापस कर दिया जो अकबर के समय से मुगल आधिपत्य में था।

16. (c) 14 सितम्बर, 1857 को अंग्रेजों द्वारा दिल्ली पर अधिकार करने के क्रम में जनरल जॉन निकल्सन की मृत्यु हुई। लखनऊ में 1857 ई. के विद्रोह के दौरान रेजीडेंसी की रक्षा करते हुए सर हेनरी लॉरेन्स, मेजर जनरल हैवलॉक एवं जनरल नील की मृत्यु हुई थी।

17. (a) सविनय अवज्ञा आंदोलन के दौरान मणिपुर की जनजातियों ने भी सक्रिय भागीदारी दिखाई। यहां पर आंदोलन का नेतृत्व नागा महिला गाइदिन्ल्यू ने किया जिसे जियातरंग आंदोलन कहा जाता है।

18. (a) हिन्दुस्तान सोशलिस्ट रिपब्लिक एसोसिएशन क्रांतिकारी चंद्रशेखर आजाद, भगत सिंह जैसे लोगों का एक स्वतंत्र संगठन था। इसकी स्थापना सन् 1928 में पूर्वी बंगाल के भोलाचांग ग्राम में इसकी बैठक के दौरान हुई। पूर्व में इसे हिन्दुस्तान रिपब्लिक एसोसिएशन के नाम से सन् 1924 में कानपुर में स्थापित किया गया।

19. (a) जुलाई 1944 में सुभाषचन्द्र बोस ने आजाद हिन्द रेडियो के एक विशेष प्रसारण में सर्वप्रथम महात्मा गांधी को राष्ट्रपिता कहा था।

20. (d) नवम्बर 1913 में सोहन सिंह भाखना ने सेन फ्रांसिस्को में हिन्द एसोसिएशन ऑफ अमेरिका की स्थापना की। इसके द्वारा 'गदर' पत्रिका का प्रकाशन किया गया। इसके नाम पर इस आंदोलन का नाम गदर आंदोलन पड़ा। इसके प्रमुख सदस्यों में लाला हरदयाल, पंडित काशीराम, भाई परमानन्द, करतार सिंह सराबा और रामचन्द्र प्रमुख थे। लाला हरदयाल ने बर्लिन में 'भारतीय स्वतंत्रता समिति' का गठन किया।

21. (c) उपरोक्त प्रश्न के विकल्पों का कालक्रमानुसार व्यवस्थित रूप इस प्रकार है–

1.	खिलाफत आंदोलन	1919 ई.
2.	असहयोग आंदोलन	1920 ई.
3.	सविनय अवज्ञा आंदोलन	1930 ई.
4.	भारत छोड़ो आंदोलन	1942 ई.

22. (d) गांधी मर सकते हैं, परन्तु गांधीवाद सदैव बना रहेगा। ("They might kill me but they cannot kill Gandhism. If truth can be killed Gandhism can be killed.") कथन यंग इंडिया के 2 अप्रैल, 1931 के अंक में प्रकाशित था, जो महात्मा गांधी द्वारा 26 मार्च, 1931 को कांग्रेस के कराची अधिवेशन में दिये गए भाषण का अंश है।

23. (c) कार्डामम पहाड़ियां केरल एवं तमिलनाडु की सीमाओं पर स्थित हैं। पश्चिमी घाट पूर्वी घाट को दक्षिण में नीलगिरि पहाड़ियां मिलाती हैं। नीलगिरि की सर्वोच्च चोटी दोदाबेट्टा (2637 मी) है। इसके दक्षिण में पालघाट दर्रा नीलगिरि पहाड़ी एवं अन्नामलाई पहाड़ी को अलग करता है। अन्नामलाई की एक शाखा (उत्तर में) पालनी पहाड़ियां एवं इसकी शाखा कार्डामम (इलायची) की पहाड़ियां (दक्षिण में) हैं। दक्षिण भारत की सबसे ऊंची चोटी अनाईमुदी है, जिसकी ऊंचाई 2696 मी है।

24. (b) हुगली नदी की सहायक नदी दामोदर है। दामोदर को बंगाल का शोक भी कहा जाता है, क्योंकि यह नदी पश्चिम बंगाल में काफी तबाही मचाती है। इस नदी का उद्भव छोटानागपुर पठार से होता है। इसकी सहायक नदी बराकर, जमुनिया एवं

बराकी आदि हैं। यह रूपनारायण नदी के जल को संग्रह करती हुई हुगली में मिल जाती हैं।

25. (d) उपरोक्त प्रश्न का सही सुमेलन इस प्रकार है-

सूची I (क्षेत्र)	सूची II (खनिज)
A. बदाम पहाड़ (उड़ीसा)	लौह अयस्क
B. कोडरमा (झारखण्ड)	अभ्रक
C. मोसाबानी	तांबा
D. रवा (कृष्णा-गोदावरी के अपतटीय क्षेत्र)	खनिज तेल (पेट्रोलियम)

26. (d) भारत में मृदा अपरदन से सर्वाधिक प्रभावित क्षेत्रों में चम्बल और यमुना नदियों की उत्खात (गड्ढा) भूमि है। इसके अलावा भारत में मृदा अपरदन से सर्वाधिक प्रभावित क्षेत्र निम्नलिखित हैं-

(i) पश्चिम हिमालय का गिरिपदीय क्षेत्र
(ii) छोटानागपुर पठार
(iii) तापी-साबरमती घाटी (गुजरात)
(iv) महाराष्ट्र का रेगड़ मिट्टी क्षेत्र
(v) राजस्थान, गुजरात और हरियाणा के शुष्क क्षेत्र शामिल हैं।

27. (d) **28.** (c) **29.** (c)

30. (d) शारदा सहायक समादेश विकास परियोजना का सृजन 1973-74 में किया गया। जिसका उद्देश्य सिंचाई परियोजना एवं नहर प्रणालियों से सृजित सिंचन क्षमता का उपयोग करके कृषि उत्पादन एवं उत्पादकता में वृद्धि करना तथा कृषि क्षेत्र का समन्वित विकास करना था।

31. (a) भारत की काली मिट्टी उत्पादन के लिए कपास की फसल के लिए बहुत उपयुक्त होती है। यह मिट्टी मुख्य रूप से भारत के दक्षिणी भाग में पाई जाती है। आंध्र प्रदेश, महाराष्ट्र, तमिलनाडु, गुजरात, दक्कन के पठार आदि क्षेत्र में इसका विस्तार पाया जाता है। इसमें कैल्सियम, एल्युमीनियम, आयरन, मैग्नीशियम, कार्बोनेट आदि प्रचुर मात्रा में पाए जाते हैं, परन्तु फास्फोरस, नाइट्रोजन एवं कार्बनिक पदार्थ अल्प मात्रा में पाए जाते हैं। काली मिट्टी को 'रेगुर' के नाम से जाना जाता है।

32. (d)

33. (b) वर्ष 1901 से वर्ष 2001 तक की जनगणना रिपोर्ट देखने पर यह स्पष्ट है कि लिंग अनुपात वर्ष 1901 की जनगणना में सर्वाधिक 972 थीं। जबकि वर्ष 2001 की, जनगणना के अनुसार लिंग अनुपात 933 है।

34. (d) राजस्थान का मरु क्षेत्र (थार मरुस्थल) विश्व का सबसे घना बसा मरुस्थल है। यहां का जनसंख्या घनत्व 83 व्यक्ति/वर्ग किमी है। यह अनुमानत: 10000 वर्ष पुराना है। यहां केवल 40 से 60 प्रतिशत क्षेत्र ही कृषि हेतु उपयुक्त है। सिंचाई सुविधाओं के विकास के फलस्वरूप शुद्ध बोये गए क्षेत्र में वृद्धि के कारण चरागाह क्षेत्र के विस्तार पर कुप्रभाव पड़ा है। अत: चारों कथन सही हैं।

35. (c)

36. (d) भारत के उपयुक्त नगरों की वार्षिक वर्षा इस प्रकार है-

(i) लेह-9.20 सेमी (देश भर में सबसे कम वर्षा होती है)

(ii) बीकानेर-24.30 सेमी

(iii) जैसलमेर-10 सेमी (राजस्थान में सबसे कम वर्षा वाला स्थान)

37. (c)

38. (b) काण्डला बंदरगाह भारत के गुजरात राज्य में स्थित है। यह भारत के पश्चिम तट पर स्थित है। यह एक ज्वारीय बंदरगाह है। यह मुक्त व्यापार क्षेत्र वाला बंदरगाह है।

39. (b) रेफ्रीजरेटर के फ्रीजर बॉक्स में उपस्थित बर्फ तथा जल उसमें रखे पदार्थ को ठण्डा रखता है। यदि रेफ्रीजरेटर के दरवाजे को कुछ घण्टों के लिए खुला छोड़ दिया जाए तो कमरे का तापमान बढ़ जाएगा।

40. (a)

41. (b) भारत के कोयला भंडार का 98% भाग गोण्डवाना क्षेत्र से प्राप्त होता है। इस क्षेत्र का विस्तार 90,650 वर्ग किमी क्षेत्र पर है। इसका प्रमुख क्षेत्र पश्चिम बंगाल, झारखंड तथा उड़ीसा राज्यों में फैला है, जहां से 76% कोयला प्राप्त किया जाता है। जबकि 17% कोयला मध्य प्रदेश एवं छत्तीसगढ़ तथा 6% कोयला आंध्र प्रदेश में मिलता है। गोण्डवानायुगीन कोयला मुख्यत: बिटुमिनस प्रकार का है, जिसका उपयोग कोकिंग कोयला बनाकर देश के लौह इस्पात के कारखानों में किया जाता है।

42. (b)

43. (c) छत्तीसगढ़ के सरगुज जिले का बिसरामपुर क्षेत्र कोयला खनन के लिए प्रसिद्ध है।

44. (a) 'रिंग ऑफ फायर' प्रशांत महासागर क्षेत्र में भूकम्प तथा ज्वालामुखी से प्राय: प्रभावित परिक्षेत्र है। विश्व के सर्वाधिक दो-तिहाई ज्वालामुखी परिप्रशांत महासागरीय पेटी में पाए जाते हैं। इसका विस्तार अंटार्कटिका महाद्वीप के माउंट इरेबस से लेकर प्रशांत महासागर के दोनों किनारों पर चारों ओर विस्तृत है। इसे प्रशांत महासागर का ज्वालावृत्त (Fire Girdle of the Pacific Ocean) अथवा (Fiery Ring of the Pacific) के उपनाम से जाना जाता है। इसे प्रशांत महासागर की अग्नि शृंखला भी कहा जाता है। विश्व के सर्वोत्तम ज्वालामुखी चिली का एकांकागुआ, मैक्सिको का पोपोकैटपेटल, जापान का फ्यूजीयामा, संयुक्त राज्य अमेरिका का शास्ता, टेनियर एवं हुड, फिलीपीन्स का मेयॉन तथा माउण्ट ताल इस पेटी के प्रमुख ज्वालामुखी पर्वत हैं।

45. (d) विश्व की प्रमुख जनजाति एवं उससे संबंधित देश निम्नलिखित हैं-

	जनजाति	संबंधित क्षेत्र/देश
(i)	बुशमैन	बोत्सवाना (कालाहारी मरुस्थल)
(ii)	एस्कीमो	ग्रीनलैण्ड, कनाडा
(iii)	खिरगीज	मध्य एशिया
(iv)	सेमांग	मलेशिया
(v)	मसाई	केन्या
(vi)	वेद्दास	श्रीलंका
(vii)	माओरी	न्यूजीलैण्ड
(viii)	जुलू, इंकाथा	द. अफ्रीका
(ix)	पिग्मीज	कांगो बेसिन

46. (d)

47. (c) भूमध्य रेखा को विषुवत रेखा (Equator) भी कहते हैं। यह रेखा पृथ्वी को दो बराबर भागों में बांटती है। यह शून्य अंश की अक्षांश रेखा है। विषुवत रेखा के उत्तरी भाग को उत्तरी गोलार्द्ध और दक्षिणी भाग को दक्षिणी गोलार्द्ध कहते हैं।

48. (b)

49. (d) केन्द्र तथा राज्य संबंधों पर विचार करने के लिए 24 मार्च, 1983 को न्यायमूर्ति रणजीत सिंह सरकारिया की अध्यक्षता में तीन सदस्यीय समिति का गठन किया गया था। इस समिति ने 1987 ई. में अपनी रिपोर्ट केन्द्र सरकार को सौंप दी। इस आयोग द्वारा की गई मुख्य सिफारिशें निम्नलिखित हैं-

(i) केन्द्र-राज्य से संबंधित संवैधानिक प्रावधान में कोई संशोधन न तो उचित है और न ही आवश्यक। देश की एकता तथा अखंडता के लिए मजबूत केन्द्र अनिवार्य हैं।

(ii) राज्यों में राष्ट्रपति शासन को अंतिम विकल्प के रूप में लागू किया जाना चाहिए।

(iii) राज्यपाल को 5 वर्षों के लिए नियुक्त किया जाना चाहिए और बीच में इनका स्थानान्तरण नहीं करना चाहिए।

(iv) केन्द्र तथा राज्यों के बीच निगम कर के उचित बंटवारे के लिए संविधान में संशोधन किया जाना चाहिए।

(v) योजना आयोग को स्वायत्तशासी संस्था बनाया जाए।

(vi) राष्ट्रीय विकास परिषद् के नाम में परिवर्तन करके इसका नाम राष्ट्रीय एवं आर्थिक विकास परिषद् करना चाहिए।

(vii) राज्यों को ऋण देने की पद्धति पर पुनर्विचार किया जाना चाहिए और केन्द्र द्वारा प्रायोजित परियोजनाओं की संख्या कम-से-कम रखी जानी चाहिए।

50. (d) भारतीय संविधान के भाग तीन में अन्तर्निहित संवैधानिक उपचारों का अधिकार (अनुच्छेद 32) संविधान की आत्मा कहलाता है। डॉ. अंबेडकर ने भी इसे संविधान की आत्मा कहा है। संवैधानिक उपचारों संबंधी मूलाधिकार का प्रावधान अनुच्छेद 32-35 में किया गया है। संविधान के भाग 3 में प्रत्याभूत मूल अधिकारों का यदि राज्य द्वारा उल्लंघन किया जाए तो राज्य के विरुद्ध उपचार प्राप्त करने के लिए संविधान के अनुच्छेद 32 के अधीन उच्चतम न्यायालय में तथा अनुच्छेद 226 के अधीन उच्च न्यायालय में रिट याचिका दाखिल करने के अधिकार नागरिकों को प्रदान किये गए हैं। मूल अधिकारों के उल्लंघन की स्थिति में उच्चतम न्यायालय या उच्च न्यायालयों को निम्नलिखित रिट जारी करने की शक्ति है–

(i) बंदी प्रत्यक्षीकरण रिट.

(ii) परमादेश रिट

(iii) प्रतिषेध रिट

(iv) उत्प्रेषण रिट

(v) अधिकार पृच्छा

51. (c) अनुच्छेद 129, उच्चतम न्यायालय को अभिलेख न्यायालय घोषित करता है। अभिलेख न्यायालय का तात्पर्य–

(i) ऐसे न्यायालय के निर्णय और कार्यवाही लिखित होती हैं, उन्हें पूर्व निर्णय के रूप में प्रस्तुत करने के लिए सुरक्षित रखा जाता है।

(ii) ऐसे न्यायालय को अपनी अवमानना के लिए दंडित करने की शक्ति होती है।

52. (d) भारतीय संविधान के अनुच्छेद 137 में उच्चतम न्यायालय को संसद या विधानमंडलों द्वारा पारित किसी अधिनियम तथा कार्यपालिका द्वारा दिये गए किसी आदेश की वैधानिकता का पुनर्विलोकन करने का अधिकार है। भारत के संविधान में न्यायिक पुनरावलोकन की संकल्पना संयुक्त राज्य अमेरिका के संविधान से ली गई है।

53. (d) भारतीय संविधान के अनुच्छेद 111 के अनुसार जब कोई विधेयक सदनों द्वारा पारित होने के बाद राष्ट्रपति के समक्ष उनकी अनुमति के लिए प्रस्तुत किया जाता है, तो राष्ट्रपति यह घोषित करेगा कि–

(i) वह विधेयक पर अपनी अनुमति देता है, या

(ii) वह अनुमति रोक लेता है।

(iii) यदि वह धन विधेयक नहीं है, तो अपने सुझाव के साथ या उसके बिना सदनों को उस पर पुनर्विचार करने के लिए लौटा सकता है।

54. (a) 1960 और 1970 के दशक के दौरान भारत में हरित क्रांति हुई। इस घटना के बाद भारतीय परंपरागत कृषि एक आधुनिक एवं अधिक उत्पादक कृषि का रूप धारण करने में सफल हुई। भारत में हरित क्रांति के जनक एम.एस. स्वामीनाथन थे। हरित क्रांति के प्रमुख घटक इस प्रकार हैं–

(i) उच्च उत्पादन देने वाली किस्म के बीज का आविष्कार करने के लिए HYVP (High Yeilding Varieties Programme) प्रारंभ किया गया।

(ii) सिंचाई को समग्र रूप से बढ़ावा दिया गया।

(iii) रासायनिक उर्वरक, कीटनाशक दवाएं और आधुनिक कृषि मशीनें उपलब्ध करायी गईं।

55. (d) राष्ट्रीय ग्रामीण रोजगार गारंटी योजना (NREGS) सितम्बर, 2005 को पारित हुई तथा 2 फरवरी, 2006 को प्रारम्भ की गई है।

56. (a) उपरोक्त कथन 'A' और कारण 'R' दोनों सही हैं तथा कारण 'R' कथन 'A' की सही व्याख्या करता है। भारतीय संघ में केन्द्र की स्थिति और भूमिका अधिक शक्तिशाली है। इस संबंध में राज्यों पर केन्द्र का वर्चस्व है। यद्यपि वित्तीय विषयों का बंटवारा दोनों के मध्य किया गया है, किन्तु वित्तीय स्रोतों का आवंटन केन्द्र के पक्ष में अधिक है। राज्यों के पास विकास कार्यों के लिए पर्याप्त संसाधन नहीं हैं। संविधान में केन्द्र और राज्यों की व्यय संबंधी आवश्यकताओं को ध्यान में रखकर राजस्व के स्रोतों के विभाजन की व्यवस्था की गई है। संविधान के अनुच्छेद 280 के अंतर्गत प्रत्येक 5 वर्ष पर राष्ट्रपति द्वारा वित्त आयोग का गठन करने की व्यवस्था की गई है।

57. (d) हड़ताल एवं तालाबंदी लघु उद्योगों की समस्या नहीं है। लघु उद्योगों की प्रमुख समस्या कच्चा माल, वित्त, उत्पादन की अविकसित प्रणाली, विपणन एवं बड़े उद्योगों से प्रतिस्पर्द्धा है। इसकी अन्य समस्याओं में संगठन का अभाव, अनुसंधान कार्यों की कमी, परिवहन साधन की कमी एवं तकनीकी शिक्षा का अभाव है। हड़ताल एवं तालाबंदी बड़े उद्योगों की प्रमुख समस्या हैं।

58. (d) वर्ष 1997-98 के बजट में नौ अच्छा प्रदर्शन करने वाले सार्वजनिक उद्यमों को नवरत्न का दर्जा प्रदान किया गया। वर्तमान में नवरत्नों की कुल संख्या 18 हो गई है।

59. (c) गिल्ट एज्ड (Gilt edged) का अर्थ है- सर्वोत्तम या उत्कृष्ण भारतीय गिल्ट एज्ड बाजार में प्रतिभूतियों का क्रय-विक्रय RBI के माध्यम से किया जाता है। इस बाजार को सरकारी प्रतिभूति बाजार भी कहते हैं।

60. (b) **61.** (a) **62.** (c)

63. (a) व्याख्या कम वोल्टेज पर कार्य करने पर विद्युत मोटर प्रायः जल जाते हैं, क्योंकि वे अधिक विद्युत धारा खींचते हैं, जो वोल्टेज के प्रतिलोमानुपाती होती है। विद्युत मोटर एक ऐसा यंत्र है, जो विद्युत ऊर्जा को यांत्रिक ऊर्जा में बदल देता है। यह विद्युत चुम्बकीय प्रेरण के सिद्धांत पर कार्य नहीं करता है।

64. (d) कम आर्द्रता एवं अधिक तापमान पर गीला कपड़ा जल्दी सूख जाता है। गर्मियों के समय समुद्र, नदी, तालाब आदि का जल वाष्पीकृत होकर जलवाष्प के रूप में वायुमंडल में उपस्थित रहता है। अतः वायुमंडल में वायु एवं जलवाष्प दोनों का मिश्रण होता है। वायु के साथ घुली हुई इस जलवाष्प को आर्द्रता कहते हैं।

65. (a) रेडियोधर्मी डेटिंग एक प्रक्रिया है, जिससे चट्टानों की उम्र का पता लगाया जाता है।

66. (c) मिनिमाटा व्याधि सर्वप्रथम जापान के मिनिमाटा शहर में ज्ञात हुई थी। यह व्याधि औद्योगिक संदूषित जल में मिथाइल मरकरी (Methyl Mercury) की निकासी से मिनिमाटा खाड़ी और शिरानुई सागर (Shiranul Sea) में मछलियों और सिपी (Shellfish) के प्रदूषित होने से हुई थी।

67. (d) अपराध की जांच में डी.एन.ए. परीक्षण हेतु जो नमूने लिए जाते हैं वो हो सकते हैं–

(i) रुधिर कोशिकाएं

(ii) अस्थि कोशिकाएं

(iii) बाल रज्जु

(iv) लार (सलाइवा)

68. (d) मेनिनजाइटिस (Meningitis) वायरस से फैलने वाली बीमारी है। इस रोग में मस्तिष्क प्रभावित होता है। इस रोग में रोगी को तेज बुखार आता है तथा बाद में बेहोशी भी होने लगती है। मस्तिष्क तथा मेरुरज्जु (Spinal Cord) के ऊपर चढ़ी झिल्ली के नीचे रहने वाले द्रव सेरिब्रो स्पाइनल द्रव से संक्रमण होता है। कभी-कभी रोगी की मृत्यु भी हो जाती है। इस रोग से बचने के लिए मेनिनजाइटिस रोधी टीका लगवाना चाहिए।

69. (c) मानव शरीर में ऊर्विका (फीमर) सबसे लंबी अस्थि है। हैजा रोग जीवाणु के द्वारा होता है। एथलीट फुट रोग पैरासिटिक फंगस (Parasitic Fungus) के द्वारा होता है। यह त्वचा का संक्रामक रोग है, जो पैरों की त्वचा के फटने, कटने और मोटे होने से होता है। यह रोग कवकों द्वारा फैलता है।

70. (a) हृदय (Heart) यह एक संकुचनशील अंग है, जिसके द्वारा द्रव को समस्त शरीर में भेजा जाता है। यह लाल रंग का तिकोना, खोखला एवं मांसल होता है, जो वक्ष गुहा में अधर तल की ओर अवस्थित होता है। हृदय एक पतली झिल्ली से घिरा होता है, जिसे हृदयावरण (Pericardium) कहते हैं। हृदय रुधिर परिसंचरण तंत्र का एक प्रमुख अंग है। हृदय से रुधिर वाहिनियां शुद्ध रुधिर लेकर शरीर के विभिन्न अंगों तक पहुंचाती हैं। मनुष्य के हृदय का सामान्य स्पन्दन एक मिनट में 72 बार होता है। स्पन्दन को धड़कन भी कहते हैं। मनुष्य को जिंदा रहने के लिए हृदय को हमेशा अपना काम करना पड़ता है। अत: हृदय कभी आराम नहीं करता है।

71. (b)

(i) कार्बन मोनोऑक्साइड–यह प्रदूषक केन्द्रीय नर्वस सिस्टम तथा हृदय पर प्रतिकूल प्रभाव डालता है।

(ii) लेड (Lead)–इस विषाक्तता से हृदय संबंधी रोग तथा वृक्क संबंधी एवं लीवर संबंधी रोग होते हैं।

(iii) नाइट्रोजन के ऑक्साइड–इसके अल्प मात्र श्वास संबंधी रोग जैसे–ब्रोंकाइटिस के लिए उत्तरदायी हैं।

(iv) धूल कण–इससे कैंसर की बीमारी होती है।

72. (d) पालक (Spinach) को लौह और कैल्सियम के अच्छे स्रोत के रूप में जाना जाता है। 180 ग्राम उबले हुए पालक में 6.4 मिग्रा लौह तत्त्व पाया जाता है। लौह के अन्य मुख्य स्रोत कलेजी, गुर्दे, अंडे का पीतक, चोकरयुक्त आटे की रोटी, बाजरा, रागी, सेब, केला एवं अन्य हरी सब्जियां तथा गुड़ इत्यादि हैं।

73. (a) उपरोक्त प्रश्न का उत्तर हाइड्राइट होगा। यह भारत में पर्याप्त मात्रा में पाया जाता है।

74. (c) रडार अन्तरिक्ष में आने-जाने वाले वायुयानों के संसूचन और उनकी स्थिति ज्ञात करने के लिए काम आता है। रडार 'Radio detection and ranging' का संक्षिप्त रूप है। इसका अर्थ है रेडियो संसूचन एवं सर्वेक्षण इसका सिद्धान्त प्रतिध्वनि (cho) के सिद्धान्त से मिलता-जुलता है। रडार से वायुयान की उपस्थिति, दिशा आदि का ज्ञान हो जाता है। युद्ध के समय में शत्रु के वायुयानों तथा अन्य महत्वपूर्ण ठिकानों की उपस्थिति इसके द्वारा ज्ञात की जाती है। आकाश में वायुयानों तथा समुद्र में जहाजों का सुरक्षित रूप से चलना रडार के कारण ही सम्भव हो पाया है। रडार की सहायता से मौसम की भी भविष्यवाणी की जाती है। पृथ्वी के गर्भ में छिपे खनिजों का पता भी रडार की सहायता से लगाया जाता है।

75. (d) विश्व स्तर के प्रोग्राम 'ह्यूमन जीनोम प्रोजेक्ट' का सम्बन्ध मानव जीवों और उनके अनुक्रमों की पहचान और मानचित्रण से है। मानव जीनोम एक जैविक निर्देश की तरह हैं, जो बतलाते हैं कि किसी विशेष व्यक्ति का निर्माण कैसे होता है तथा उसकी कोशिश कैसे कार्य करती है। मानव के समस्त जीनों की संरचना जल्द-से-जल्द खोज लेने के लिए अमेरिकी सरकार ने मानव जीनोम परियोजना के नाम से वर्ष 1988 में एक महत्वाकांक्षी एवं विशाल परियोजना प्रारम्भ की। डी.एन.ए. 50,000 से अधिक जीन से बना होता है। मानव कोशिकाओं में मौजूद कुल डी.एन.ए. ही मानव जीनोम मानचित्र का निर्माण करते हैं। डी.एन.ए. कोश के भीतर केन्द्रक में जीवन का पूरा विवरण न्यूक्लिओटाइड्स से बने चार आधार एडेनाइन (A), थायमीन (T), साइटोसीन (c) और गुछानाइन (G) द्वारा क्रमबद्ध रूप से चित्रित होता है। केन्द्रक पर अवस्थित ये चारों न्यूक्लिओटाइड्स डी.एन.ए. के सर्पाकार स्वरूप पर युग्मों में अवस्थित रहते हैं।

76. (c) कार्बन मोनोऑक्साइड रक्त के हीमोग्लोबिन के साथ अनुत्क्रमणीय (irreversible) संश्लिष्ट बनाता है।

77. (d) वायुमण्डल में बढ़ती हुई गैसें जैसे-कार्बन डाइऑक्साइड (CO_2), कार्बन मोनो ऑक्साइड (CO), सल्फर डाइऑक्साइड (SO_2) वायुमण्डल की ऊपरी सतह पर जमकर पृथ्वी का तापमान बढ़ाती है। इसे ग्रीन हाऊस प्रभाव कहते हैं। ओजोन (O_3) गैस सूर्य से निकलने वाली पराबैंगनी किरणों (Ultraviolet rays) को पृथ्वी पर आने से रोकती है। पराबैंगनी किरणें जीवों के लिए घातक होती हैं। किन्तु हाल में वैज्ञानिकों ने पता लगाया है कि अण्टार्कटिका महाद्वीप के ऊपर ओजोन स्तर में छिद्र हो गया है। ओजोन छिद्र का मुख्य कारण क्लोरो-फ्लोरो-कार्बन (Chloro-Floro-Carbons) हैं। ट्रोपोस्फियर में ओजोन प्रदूषण के लिए उत्तरदायी ग्रीन हाउस गैसें हैं-जलवाष्प, कार्बन डाइऑक्साइड, मीथेन, ओजोन, नाइट्रस ऑक्साइड तथा क्लोरो-फ्लोरो-कार्बन।

78. (c) उपरोक्त प्रश्न का सही सुमेलन इस प्रकार है–

सूची I	**सूची II**
A. स्टेथोस्कोप	हृदय की ध्वनि सुनने के लिए।
B. स्फिग्नोमैनोमीटर	रक्त चाप मापने के लिए।
C. कैरेटोमीटर	सोने की शुद्धता पता लगाने के लिए
D. लक्स मीटर	प्रकाश की तीव्रता मापने के लिए

79. (c) यूरोप तथा अन्य औद्योगिक राष्ट्रों में पर्यावरण के प्रति लाभप्रद वाहनों के नियमन के लिए संहिता बनाई गई है, जिसे यूरो नार्म्स कहते हैं। इसमें वाहनों के चलने से होने वाले हानिकारक उत्सर्जन के प्रति मानदण्डों का निर्धारण है।

80. (c) **81.** (b)

82. (b) सी.डी. देशमुख, रिजर्व बैंक के गवर्नर थे। इन्होंने संविधान द्वारा चुनी गई पहली संसद का बजट हिन्दी में दिया। इन्होंने लगातार 7 बार बजट पेश किया। प्रधानमन्त्री श्री मनमोहन सिंह रिजर्व बैंक के गवर्नर तथा वित्त मन्त्री रह चुके हैं।

83. (c) 'द हिमालयन माउन्टेनियरिंग इन्स्टीट्यूट दार्जिलिंग (प. बंगाल) में स्थित है।

84. (b) हाल (Hindustan Aeronautics Limited) वायुयानों के उपकरणों का उत्पादन करती है।

85. (d) जैविक खेती करने की प्रक्रिया पर्यावरण संरक्षण में सहायक है। यह खेती मृदा, पारिस्थितिक तन्त्र और लोगों के स्वास्थ्य के अनुकूल होती है।

86. (a) अन्य सभी का 'प्रत्यायुक्त' एक समूह है।

87. (d) अन्य सभी में अंकों का योग 12 है।

88. (c) ROSE, LOTUS तथा JASMINE फूल हैं तथा ORANGE फल है।

89. (c) जिस प्रकार, उसी प्रकार,

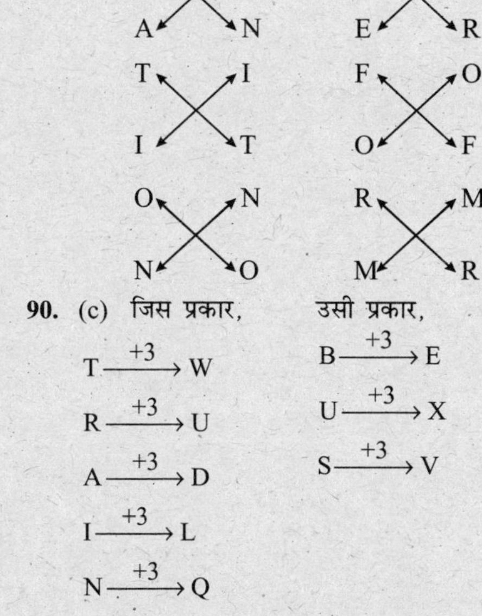

90. (c) जिस प्रकार,

$T \xrightarrow{+3} W$

$R \xrightarrow{+3} U$

$A \xrightarrow{+3} D$

$I \xrightarrow{+3} L$

$N \xrightarrow{+3} Q$

उसी प्रकार,

$B \xrightarrow{+3} E$

$U \xrightarrow{+3} X$

$S \xrightarrow{+3} V$

91. (d) शब्द 'RAPED' नहीं बनाया जा सकता है क्योंकि दिए गए शब्द में अक्षर D उपस्थित नहीं है।

92. (d)

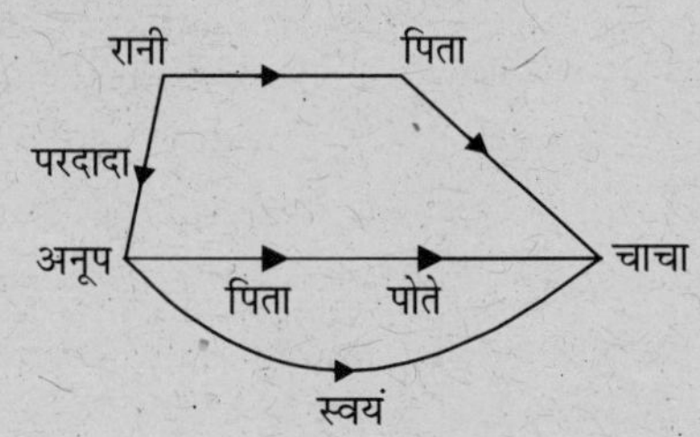

अत: स्पष्ट है, अनूप, रानी का परदादा है।

93. (c) **94.** (b) **95.** (d)

96. (a) लाभ% $= \dfrac{m-n}{n} \times 100\%$

(यहां $m = 18, n = 16$)

$= \dfrac{18-16}{16} \times 100\% = 12.5\%$

97. (a) माना वस्तुओं के लागत मूल्य क्रमशः ₹x और ₹y हैं।

$\because \; x \times \dfrac{20}{100} = y \times \dfrac{25}{100}$

$\Rightarrow \; 4x = 5y$

$\therefore$ लागत मूल्य क्रमशः ₹ 1000 तथा ₹ 800 हैं।

98. (b) 7 मी = 700 सेमी

3 मी 85 सेमी = 385 सेमी

12 मी 95 सेमी = 1295 सेमी

700, 385, 1295 सेमी का म.स.प. = 35 सेमी

$\therefore$ फीते की अभीष्ट लम्बाई = 35 सेमी

99. (c) $\because$ नये घन का आयतन

$= 1 + 216 + 512$

$= 729$ घन मी $= (9)^3$

$\Rightarrow$ नये घन की प्रत्येक कोर की लम्बाई = 9मी

$\therefore$ नये घन की सतह का क्षेत्रफल $= 6a^2$

$= 6 \times 9 \times 9 = 486$ वर्ग मी

100. (c) $\because \; x = \dfrac{a}{2}, a = \dfrac{b}{2}$

$\therefore \; \dfrac{x}{b} = \dfrac{\frac{a}{2}}{2a} = \dfrac{1}{4}$

❑❑❑

प्रैक्टिस सेट-11

1. मीमांसा के प्रणेता थे-
   (a) कणाद (b) वशिष्ठ
   (c) विश्वामित्र (d) जैमिनी
2. कौन-सा सबसे प्राचीन वेद है?
   (a) अथर्ववेद (b) ऋग्वेद
   (c) सामवेद (d) यजुर्वेद
3. हिन्दू पौराणिक कथा के अनुसार समुद्र मंथन हेतु किस सर्प ने रस्सी के रूप में स्वयं को प्रस्तुत किया?
   (a) कालिया (b) वासुकी
   (c) पुष्कर (d) शेषनाग
4. 'श्रीमद् भागवद् गीता' मौलिक रूप में किस भाषा में लिखी गई थी?
   (a) संस्कृत (b) उर्दू
   (c) पाली (d) हिन्दी
5. योग के आविष्कारक थे-
   (a) आर्यभट्ट (b) चरक
   (c) पतंजलि (d) रामदेव
6. मीनाक्षी मंदिर कहां अवस्थित है?
   (a) चेन्नई (b) कोलकाता
   (c) मदुरै (d) महाबलीपुरम्
7. आर्यभट्ट थे-
   (a) भारतीय राजनीतज्ञ
   (b) भारतीय गणितज्ञ एवं खगोल शास्त्री
   (c) भारतीय संस्कृत के विद्वान एवं कवि
   (d) इनमें से कोई नहीं
8. 'गीत गोविन्द' की रचयिता कौन है?
   (a) विद्यापति (b) सूरदास
   (c) जयदेव (d) मीराबाई
9. पुरी में 'रथयात्रा' किसके सम्मान में निकाली जाती है?
   (a) भगवान राम के
   (b) भगवान विष्णु के
   (c) भगवान जगन्नाथ के
   (d) भगवान शिव के
10. निम्नलिखित में से किस प्रथा की शुरुआत राजपूतों के समय में हुई?
   (a) सती-प्रथा
   (b) बाल-विवाह
   (c) जौहर प्रथा
   (d) इनमें से किसी की नहीं
11. 'रामचरित मानस' नामक ग्रंथ के रचयिता थे-
   (a) तुलसीदास (b) वाल्मीकि
   (c) सूरदास (d) वेद व्यास
12. भारत में निम्नलिखित नगरों में से किसे 'गुलाबी नगरी' कहते हैं?
   (a) मैसूर (b) जयपुर
   (c) चंडीगढ़ (d) श्रीनगर
13. भारत वर्ष में ब्रिटिश साम्राज्य का संस्थापक कौन था?
   (a) वारेन हेस्टिंग्स
   (b) लॉर्ड अमहर्स्ट
   (c) लॉर्ड रॉबर्ट क्लाइव
   (d) लॉर्ड विलियम बेंटिक
14. प्लासी का युद्ध लड़ा गया था, वर्ष-
   (a) 1761 में (b) 1757 में
   (c) 1760 में (d) 1764 में
15. ''ब्रह्म समाज'' की स्थापना की थी-
   (a) राजा रामामोहन राय ने
   (b) जवाहरलाल नेहरू ने
   (c) शंकराचार्य ने
   (d) चन्द्र देव ने
16. 'भारत का मार्टिन लूथर' किसे कहा गया है?
   (a) राजा राममोहन राय
   (b) स्वामी दयानन्द सरस्वती
   (c) स्वामी विवेकानन्द
   (d) स्वामी श्रद्धानन्द
17. 'सत्यार्थ प्रकाश' पवित्र पुस्तक है-
   (a) आर्य समाज की
   (b) ब्रह्म समाज की
   (c) थियोसोफिकल सोसाइटी की
   (d) प्रार्थना समाज की
18. निम्नलिखित को कालानुक्रम में रखिए :
   1. तुलसीदास
   2. राजा राममोहन राय
   3. स्वामी विवेकानन्द
   4. दयानन्द सरस्वती
   (a) 1, 2, 3, 4
   (b) 1, 2, 4, 3
   (c) 2, 1, 3, 4
   (d) 2, 3, 4, 1
19. 1906 में मुस्लिम लीग की स्थापना हुई थी-
   (a) लाहौर में (b) दिल्ली में
   (c) कलकत्ता में (d) ढाका में
20. 'हरिजन सेवक संघ' संगठित किया गया था-
   (a) राजा राममोहन द्वारा
   (b) डॉ. बी.आर. अम्बेडकर द्वारा
   (c) महात्मा गांधी द्वारा
   (d) ऐनी बेसेन्ट द्वारा
21. भारत के 'ग्रैण्ड ओल्ड मैन' की संज्ञा किसे दी जाती है?
   (a) दादाभाई नौरोजी
   (b) गोपाल कृष्ण गोखले
   (c) रमेश चन्द्र बैनर्जी
   (d) सर सैयद अहमद खां
22. 'भारत-भारती' के लेखक हैं-
   (a) रवीन्द्रनाथ टैगोर
   (b) मुल्कराज आनन्द
   (c) मैथिलीशरण गुप्त
   (d) बंकिम चन्द्र
23. 'भूदान आन्दोलन' की शुरुआत हुई थी-
   (a) उत्तर प्रदेश राज्य में
   (b) मध्य प्रदेश राज्य में
   (c) आन्ध्र प्रदेश राज्य में
   (d) हिमाचल प्रदेश राज्य में
24. भारत के प्रथम एवं अंतिम भारतीय गवर्नर-जनरल थे-
   (a) आर.एम. गोपाला
   (b) डॉ. एस. राधाकृष्णन
   (c) सी. राजगोपालाचारी
   (d) रामानुज आचार्य
25. अलीपुर सेण्ट्रल जेल स्थित है-
   (a) मुम्बई में (b) कोलकाता में
   (c) चेन्नई में (d) दिल्ली में
26. 'स्वराज' पार्टी का गठन किया गया था-
   (a) बी.जी. तिलक तथा महात्मा गांधी द्वारा
   (b) विपिन चन्द्र पाल तथा लाला लाजपत राय द्वारा
   (c) सी.आर. दास तथा पंडित मोतीलाल नेहरू द्वारा
   (d) सरदार पटेल तथा राजेन्द्र प्रसाद द्वारा

27. 'सेण्ट्रल लेजिस्लेटिव एसेम्बली' का प्रथम भारतीय अध्यक्ष (स्पीकर) कौन था?
(a) सह हरी सिंह गौर
(b) विट्ठल भाई जे. पटेल
(c) वल्लभ भाई जे. पटेल
(d) पुरुषोत्तम दास टंडन

28. 'भारतीय स्वतंत्रता अधिनियम' (द इण्डियन इण्डिपेण्डेंस ऐक्ट) ब्रिटिश संसद द्वारा पारित किया गया-
(a) जनवरी, 1947 में
(b) जुलाई, 1947 में
(c) अगस्त, 1947 में
(d) अगस्त, 1946 में

29. ''लेण्डमार्क्स इन इण्डियन कॉन्स्टीट्यूशनल एण्ड नेशनल डेवलपमेन्ट'' नामक पुस्तक के लेखक कौन हैं?
(a) बिपिन चन्द्र
(b) गुरुमुख निहाल सिंह
(c) बी.आर. नन्दा
(d) राम गोपाल

30. निम्नलिखित में से कौन कभी भी 'भारतीय राष्ट्रीय कांग्रेस' का अध्यक्ष नहीं बना?
(a) बी.जी. तिलक
(b) बदरूद्दीन तैयबजी
(c) जी.के. गोखले
(d) सुभाषचन्द्र बोस

31. 'हरिजन' के प्रारम्भकर्ता थे-
(a) तिलक (b) गोखले
(c) गांधीजी (d) नौरोजी

32. 'लाल कुर्ती' आन्दोलन के नेता थे-
(a) मौलाना आजाद
(b) खान अब्दुल गफ्फार खां
(c) मुहम्मद अली जिन्ना
(d) इकबाल

33. 'नेहरू रिपोर्ट' तैयार की थी-
(a) एम.एल. नेहरू ने
(b) जे. नेहरू ने
(c) आर.के. नेहरू ने
(d) बी.एल. नेहरू ने

34. भारतीय राष्ट्रीय कांग्रेस का प्रथम मुस्लिम अध्यक्ष कौन था?
(a) बदरूद्दीन तैयबजी
(b) अबुल कलाम आजाद
(c) रफी अहमद किदवई
(d) एम.ए. अन्सारी

35. दिल्ली भारत की राजधानी कब बनी?
(a) 1910 में (b) 1911 में
(c) 1916 में (d) 1923 में

36. निम्न में से कौन-सी पत्रिका मौलाना अबुल कलाम आजाद के द्वारा निकाली गयी थी?
(a) अल-हिलाल
(b) जमींदार
(c) इण्डिका सोशलिस्ट
(d) कॉमरेड

37. 'पंजाबी केसरी' की उपाधि किसको दी गई थी?
(a) भगत सिंह
(b) रणजीत सिंह
(c) लाला लाजपत राय
(d) लाल हरदयाल

38. डॉ. अम्बेडकर एवं गांधीजी के मध्य हुए एक समझौते को कहा जाता है-
(a) कलकत्ता समझौता
(b) लंदन समझौता
(c) पूना समझौता (पूना पैक्ट)
(d) लाहौर समझौता

39. शारदा ऐक्ट का संबंध है-
(a) बाल विवाह निषेध से
(b) अन्तर्जातीय विवाह निषेध से
(c) विधवा पुनर्विवाह निषेध से
(d) जन जातीय विवाह निषेध से

40. नीचे स्वाधीनता संग्रामियों तथा उनके द्वारा प्रारम्भ समाचार पत्रों के नाम दिये जा रहे हैं। इनमें से कौन-सा जोड़ा गलत है?
(a) मौलाना आजाद - अल-हिलाल
(b) लोकमान्य तिलक - केसरी
(c) जवाहरलाल नेहरू - नेशनल हेराल्ड
(d) महात्मा गांधी - द पायनीयर

41. निम्नलिखित में से किसे 'केप कॉमोरिन' के नाम से भी जाना जाता है?
(a) मिजोरम (b) कश्मीर
(c) कन्याकुमारी (d) गुजरात

42. झारखण्ड राज्य की राजधानी निम्नलिखित में से कौन-सी है?
(a) जमशेदपुर (b) पटना
(c) रांची (d) धनबाद

43. वन अनुसंधान संस्थान कहां स्थित है?
(a) दिल्ली (b) भोपाल
(c) देहरादून (d) लखनऊ

44. भारतीय चावल शोध-संस्थान स्थित है-
(a) कटक (b) कोलकाता
(c) त्रिवेन्द्रम (d) मुम्बई

45. भारत में किस राज्य में सर्वाधिक कोयले के भण्डार हैं?
(a) छत्तीसगढ़ (b) उड़ीसा
(c) बिहार (d) झारखण्ड

46. भारत के किस राज्य को 'सिलिकन स्टेट' के नाम से जाना जाता है?
(a) गोवा (b) आन्ध्र प्रदेश
(c) कर्नाटक (d) केरल

47. भारत में सोयाबीन का सबसे अधिक उत्पादन किस राज्य में होता है?
(a) उत्तर प्रदेश (b) बिहार
(c) मध्य प्रदेश (d) राजस्थान

48. किस महाद्वीप में जनसंख्या-घनत्व सर्वाधिक है?
(a) एशिया (b) यूरोप
(c) अफ्रीका (d) उत्तरी अमेरिका

49. भारत का सबसे अधिक जनसंख्या वाला शहर कौन-सा है?
(a) कोलकाता (b) चेन्नई
(c) मुम्बई (d) दिल्ली

50. भारत में राजनैतिक सत्ता का प्रमुख स्रोत कौन है?
(a) जनता (b) संविधान
(c) संसद (d) राष्ट्रपति

51. भारत की 'संविधान निर्मात्री सभा' के अध्यक्ष कौन थे?
(a) डॉ. राजेन्द्र प्रसाद
(b) डॉ. बी.आर. अम्बेडकर
(c) श्री अय्यर
(d) पं. जवाहरलाल नेहरू

52. भारत का राष्ट्रीय पक्षी कौन है?
(a) मोर (b) बत्तख
(c) तोता (d) कबूतर

53. भारत का राष्ट्रीय पशु है-
(a) हिरण (b) हाथी
(c) बाघ (d) शेर

54. भारत में, राज्य पुनर्गठन आयोग की संस्तुति के आधार पर, राज्यों का पुनर्गठन किस वर्ष किया गया?
(a) 1947 (b) 1951
(c) 1956 (d) 1966

55. निम्नलिखित में से कौन संविधान सभा का संवैधानिक सलाहकार थे?
(a) डॉ. बी.आर. अम्बेडकर
(b) के.एम. मुंशी
(c) बी.एन. राव
(d) टी.टी. कृष्णामाचारी

56. भारतीय संविधान में आरम्भ में कितने अनुच्छेद थे?
(a) 420 (b) 380
(c) 395 (d) 270

57. 'बन्धुआ मजदूरी पर रोक अधिनियम' पास हुआ था-
(a) 1972 में (b) 1976 में
(c) 1982 में (d) 1948 में

58. भारतीय संविधान के किस अनुच्छेद में भाषण एवं अभिव्यक्ति की स्वतंत्रता के मूल अधिकार का प्रावधान है?

(a) अनुच्छेद 14 (b) अनुच्छेद 19
(c) अनुच्छेद 21 (d) अनुच्छेद 22

59. भारतीय संविधान में किस संशोधन के द्वारा नागरिकों के मौलिक कर्त्तव्यों को सम्मिलित किया गया?
(a) 38वें (b) 41वें
(c) 42वें (d) 45वें

60. भारतीय संविधान का छुआछूत उन्मूलन से संबंधित अनुच्छेद है-
(a) अनुच्छेद 18 (b) अनुच्छेद 17
(c) अनुच्छेद 16 (d) अनुच्छेद 15

61. भारत में संसद के दोनों सदनों की सम्मिलित बैठक की अध्यक्षता कौन करता है?
(a) राष्ट्रपति
(b) प्रधानमंत्री
(c) लोकसभा अध्यक्ष
(d) उप-राष्ट्रपति

62. भारत का राष्ट्रपति लोकसभा में दो सदस्यों को, निम्न में से, किसका प्रतिनिधित्व करने के लिए मनोनीत कर सकता है?
(a) भारतीय ईसाई
(b) आंग्ल-भारतीय
(c) बौद्ध
(d) पारसी

63. प्रथम लोकसभा का अध्यक्ष कौन था?
(a) आर. वेंकटरमन
(b) वाई.बी. चाह्वाण
(c) हुकम सिंह
(d) जी.वी. मावलंकर

64. भारतीय संविधान के किस अनुच्छेद के अन्तर्गत किसी राज्य में राष्ट्रपति शासन लागू किया जा सकता है?
(a) अनुच्छेद 370 (b) अनुच्छेद 368
(c) अनुच्छेद 356 (d) अनुच्छेद 352

65. आपातकाल में किसी राज्य विधान सभा की अवधि बढ़ायी जा सकती है-
(a) राष्ट्रपति द्वारा
(b) संसद द्वारा
(c) राज्य के राज्यपाल द्वारा
(d) राज्य विधानमण्डल द्वारा

66. भारत का प्रधानमंत्री बनने के लिए न्यूनतम आयु कितनी होनी चाहिए?
(a) 21 वर्ष (b) 25 वर्ष
(c) 30 वर्ष (d) 35 वर्ष

67. नीति आयोग के 'पदेन' अध्यक्ष हैं-
(a) राष्ट्रपति (b) वित्त मंत्री
(c) उप-राष्ट्रपति (d) प्रधानमंत्री

68. लौह की कमी से कौन-सी बीमारी होती है?
(a) फाइलेरिया (b) मलेरिया
(c) एनीमिया (d) फ्लोरोसिस

69. सर्वोच्च न्यायालय में एक मुख्य न्यायाधीश के अतिरिक्त कितने न्यायाधीश होते हैं?
(a) सात न्यायाधीश
(b) नौ न्यायाधीश
(c) ग्यारह न्यायाधीश
(d) पच्चीस न्यायाधीश

70. भारतीय संविधान के अन्तर्गत मौलिक अधिकारों का संरक्षक कौन है?
(a) संसद
(b) राष्ट्रपति
(c) मंत्रिमण्डल (कैबिनेट)
(d) सर्वोच्च न्यायालय

71. भारत में लोक सभा के लिए प्रथम साम्राज्य निर्वाचन कब हुए थे?
(a) 1947 (b) 1948
(c) 1949 (d) 1952

72. लोक सभा में केन्द्र-शासित प्रदेशों के लिए कितनी सीटें (स्थान) आरक्षित हैं?
(a) 20
(b) 25
(c) 30
(d) कोई सीट आरक्षित नहीं

73. भारत के मुख्य चुनाव आयुक्त को नियुक्त किया जाता है-
(a) लोक सभा द्वारा
(b) प्रधानमंत्री द्वारा
(c) राष्ट्रपति द्वारा
(d) मुख्य न्यायाधीश द्वारा

74. पंचायत चुनाव होते हैं-
(a) प्रत्येक चार वर्षों में
(b) प्रत्येक पांच वर्षों में
(c) प्रत्येक छः वर्षों में
(d) सरकार की इच्छानुसार

75. भारत के संविधान में प्रथम संशोधन कब किया गया?
(a) 1950 (b) 1951
(c) 1955 (d) 1958

76. 'समाजवादी' शब्द उद्देशिका में जोड़ा गया-
(a) 42वें संशोधन द्वारा
(b) 44वें संशोधन द्वारा
(c) 52वें संशोधन द्वारा
(d) उपर्युक्त में से किसी के द्वारा नहीं

77. मिश्रित अर्थव्यवस्था का तात्पर्य है-
(a) लघु एवं बृहद् दोनों उद्योगों की विद्यमानता
(b) निजी एवं सार्वजनिक दोनों क्षेत्रों की विद्यमानता
(c) प्राथमिक एवं द्वितीयक दोनों क्षेत्रों की विद्यमानता
(d) कोई से कोई नहीं

78. भारत में कर्मचारियों के महंगाई भत्ते का निर्धारण का आधार है-
(a) राष्ट्रीय आय
(b) उपभोक्ता कीमत सूचकांक
(c) जीवन स्तर
(d) प्रति व्यक्ति आय

79. किसे 'प्लास्टिक मनी' कहा जाता है?
(a) कागजी मुद्रा
(b) क्रेडिट कार्ड
(c) डिस्काउण्ट कूपन
(d) शेयर

80. 'भारत आर्थिक सर्वेक्षण' प्रत्येक वर्ष प्रकाशित किया जाता है-
(a) वाणिज्य मंत्रालय, भारत सरकार द्वारा
(b) वित्त मंत्रालय, भारत सरकार द्वारा
(c) उद्योग मंत्रालय, भारत सरकार द्वारा
(d) भारतीय रिजर्व बैंक द्वारा

81. निम्नलिखित में से किस वैज्ञानिक ने गुरुत्वाकर्षण का सार्वभौमिक नियम दिया था?
(a) कैपलर
(b) गैलिलियो
(c) न्यूटन
(d) कॉपरनिक्स

82. दूध का दही में परिवर्तन किसके द्वारा होता है?
(a) बैक्टीरिया द्वारा
(b) विटामिन द्वारा
(c) एन्जाइम द्वारा
(d) उपर्युक्त में से कोई नहीं

83. भारत में परमाणु ऊर्जा का जनक किस वैज्ञानिक को कहा जाता है?
(a) प्रो. समीश धवन
(b) होमी जे. भाभा
(c) डॉ. के.एस. कृष्णा
(d) उपर्युक्त में से कोई नहीं

84. भाप के इंजन का आविष्कार किसने किया?
(a) रॉबर्ट वाटसन
(b) जेम्स वाट
(c) विलियम हार्वे
(d) उपर्युक्त में से कोई नहीं

85. वायुयानों के टायरों में भरने में निम्न गैस का प्रयोग किया जाता है-
(a) हाइड्रोजन (b) नाइट्रोजन
(c) हीलियम (d) निर्यान

निर्देश (प्रश्न 86 से 88 तक) : निम्नलिखित प्रश्नों में एक अनुक्रम दिया है, जिसमें एक पद लुप्त है। दिए गए विकल्पों में से वह सही विकल्प चुनिए जो अनुक्रम को पूरा करे।

86. 32, 58, 92, 134, ?
(a) 184 (b) 194
(c) 156 (d) 169

87. 2, 3.5, 5, 6.5, 8, ?
(a) 9.5 (b) 10.5
(c) 11.0 (d) 9.0

88. 15, 23, 31, 39, ?, 54, 61
(a) 47 (b) 46
(c) 44 (d) 45

निर्देश (प्रश्न 89 से 91 तक) : निम्नलिखित प्रत्येक प्रश्न में दिए गए विकल्पों में से सम्बन्धित शब्द चुनिए।

89. खगोलविज्ञान : तारे :: भूविज्ञान : ?
(a) ज्यामिति (b) विज्ञान
(c) पृथ्वी (d) आकाश

90. ऊपर : नीचे : : पीछे : ?
(a) गहरे (b) सामने
(c) दायें (d) बायें

91. यदि $4 \times 2 \times 6 = 1626$, $3 \times 7 \times 4 = 974$ तो $5 \times 6 \times 8 = ?$
(a) 2568 (b) 5664
(c) 6456 (d) 3658

निर्देश (प्रश्न 92 से 95 तक) : निम्नलिखित प्रत्येक प्रश्न में दिए गए विकल्पों में से विषम संख्या/शब्द चुनिए।

92. (a) Animal (b) Othello
(c) Noun (d) Madam

93. (a) 8 : 64 (b) 7 : 49
(c) 6 : 30 (d) 5 : 25

94. (a) 443 (b) 633
(c) 821 (d) 245

95. (a) बाजरा (b) जौ
(c) गेहूं (d) मूंग

96. कागज के बंडलों से भरे हुए एक बक्से का भार 36 किग्रा है। यदि बक्से का भार और कागज के बंडलों के भार का अनुपात क्रमशः 3 : 22 हो, तो उन कागजों का भाग कितने ग्राम होगा?
(a) 30680 (b) 30710
(c) 31500 (d) 31680

97. एक व्यापारी अपनी वस्तुएं उनके लागत मूल्य से 20% ज्यादा पर अंकित करता है। वह उन पर कुछ छूट देकर भी 12% लाभ कमा लेता है। तदनुसार वह छूट की दर कितनी है?
(a) $6\frac{2}{3}\%$ (b) $6\frac{1}{4}\%$
(c) $33\frac{1}{3}\%$ (d) $16\frac{2}{3}\%$

98. एक व्यापारी के कपड़े धोने की मशीन ₹ 7,660 में खरीदी। उसके अंकित मूल्य पर 12% की छूट देने पर भी उसे 10% का लाभ प्राप्त हुआ। तदनुसार, उस कपड़े धोने की मशीन का अंकित मूल्य कितना था?
(a) ₹ 9,437.12
(b) ₹ 8,426
(c) ₹ 8,246
(d) ₹ 9,755

99. एक ठेकेदार ने एक सड़क 100 दिनों में बनाने का ठेका लिया। उसने उसके लिए 90 व्यक्तियों को नियुक्त किया। 40 दिनों बाद, उसे पता चला कि निर्माण कार्य का $\frac{1}{3}$ ही हो पाया है। तदनुसार, कार्य को समयानुसार पूरा करने के लिए उसे कितने व्यक्ति और नियुक्त करने होंगे?
(a) 30 (b) 60
(c) 120 (d) 54

100. $(x - 1)$ व्यक्तियों द्वारा $(x + 1)$ दिनों में किया गया कार्य और $(x + 1)$ व्यक्तियों द्वारा $(x + 2)$ अनुपात में किया गया कार्य 5 : 6 के अनुपात में है। तदनुसार, x कितना है?
(a) 16 (b) 10
(c) 8 (d) 6

व्याख्या सहित उत्तर

1. (d) मीमांसा के प्रवर्तक आचार्य जैमिनी थे। उन्होंने मीमांसा सूत्रों की रचना की।

2. (b) सबसे प्राचीन वेद ऋग्वेद है जिसमें 1028 सूक्त हैं और 10 मंडल हैं इसके बाद क्रमशः यजुर्वेद, सामवेद और अथर्ववेद आते हैं।

3. (b) स्कंदपुराण के अनुसार अमृत प्राप्ति के उद्देश्य से देवताओं और दैत्यों ने मिलकर मंदराचल पर्वत को मथानी और नागराज वासुकी को रस्सी बनाकर समुद्र मंथन किया था।

4. (a) इसमें 18 अध्याय हैं। यह संस्कृत भाषा में लिखी गई है। यह कर्म योग की विश्व प्रसिद्ध पुस्तक है जिसका विश्व की अनेक भाषाओं में अनुवाद हो चका है।

5. (c) शुंग कालीन प्रसिद्ध विद्वान तथा दार्शनिक जिन्होंने योग पर 'पतंजलि योग' नामक पुस्तक लिखी और योग का सूत्र वाक्य दिया 'योगस्य चित्तवृत्त निरोधः'।

6. (c) द्रविण शैली में निर्मित मीनाक्षी का सुप्रसिद्ध मंदिर पाण्ड्य शासकों की राजधानी और प्रसिद्ध धार्मिक केन्द्र मदुराई (तमिलनाडु) में स्थित है।

7. (b) पांचवी सदी में पैदा हुए भारत के महान खगोलशास्त्री एवं गणितज्ञ आर्यभट्ट ने बीजगणित की स्थापना की और ज्योतिष को गणित से अलग किया। इनका प्रसिद्ध ग्रन्थ आर्यभट्टीयम है।

8. (c) मैथिल कवि विद्यापति के पूर्ववर्ती जयदेव ने 'गीत गोविन्द' की रचना की जिसमें राधाकृष्ण के श्रृंगारिक चरित्र का वर्णन किया गया है।

9. (c) भगवान जगन्नाथ, सुभद्रा और बलदेव महाराज के सम्मान में प्रतिवर्ष सावन मास में रथयात्रा का आयोजन किया जाता है।

10. (c) जब देश पर मुस्लिम आक्रमणकारियों की गतिविधियां बढ़ने लगीं तो राजपूत राजाओं की स्त्रियां अपने सतीत्वकी रक्षा के लिए सामूहिक रूप से चिता में जलकर अपने प्राणों को उत्सर्ग कर देती थीं। ऐसा करके वे आक्रमणकारियों के हाथों में जाने से बच जाती थीं। इस प्रथा का सर्वप्रथम प्रचलन अलाउद्दीन के चित्तौड़ आक्रमण के समय हुआ, जिसमें रानी पद्मिनी के साथ हजारों स्त्रियों ने चित्तौड़ के दुर्ग में जौहर व्रत करके अपनी सतीत्व की रक्षा की थी।

11. (a) सात काण्डों में विभाजित रामचरित मानस अवधी भाषा का उत्कृष्ट ग्रन्थ है इसकी रचना संवत् 1631 में अयोध्या में प्रारम्भ हुई। इसे पूरा करने में 2 वर्ष 7 माह लगे। यह दोहा चौपाई शैली में लिखा गया है।

12. (b)

13. (c) 23 जून, 1757 ई. को हुए प्लासी के युद्ध द्वारा भारत में अंग्रेजी राज की स्थापना मानी जाती है जिसकी जीत का श्रेय क्लाइव के सिर पर बांधा जाता है और वहीं से भारत में अंग्रेजी राज की स्थापना मानी जाती है जिसका संस्थापक लार्ड रॉबर्ट क्लाइव को माना जाता है।

14. (b) प्लासी का युद्ध 23 जून, 1757 ई. का नवाब सिराजुद्दौला और क्लाइव के मध्य लड़ा गया जिसमें नवाब सिराजुद्दौला की पराजय हुई।

15. (a) एकेश्वरवाद पर आधारित 'ब्रंह्म समाज' की स्थापना बंगाल के सुप्रसिद्ध समाज सुधारक राजा राममोहन राय ने 20 अगस्त, 1828 ई. को किया था।

16. (b) स्वामी दयानंद ने हिन्दू धर्म में व्याप्त आडम्बर और अन्धविश्वासों के सृष्टा वर्ग पर भी

प्रहार किया और मार्टिन लूथर की भांति काशी के पंडितों को शास्त्रार्थ में पराजित किया तथा मूर्तिपूजा, अवतारवाद, जातिप्रथा आदि का खण्डन किया।

17. (a) अप्रैल 1875 ई. में बंबई में आर्य समाज की स्थापना की गई, सभी धर्मों में व्याप्त कुरीतियों की आलोचना करते हुए स्वामी दयानंद सरस्वती ने अपनी पुस्तक 'सत्यार्थ प्रकाश' हिन्दी में लिखी जो आर्य समाज का पवित्र ग्रंथ है।

18. (b) **1.** तुलसीदास का जन्म - 1532 ई., **2.** राजाराम मोहन राय का जन्म - 22 मई, 1772 ई., **3.** स्वामी विवेकानन्द का जन्म - 1863 ई., **4.** स्वामी दयानंद का जन्म 1824 ई.।

19. (d) ढाका के नवाब सलीमुल्लाह के नेतृत्व में 30 दिसम्बर, 1906 को ढाका में आयोजित एक बैठक में अखिल भारतीय मुस्लिम लीग की स्थापना की घोषणा की गई। मुस्लिम लीग के प्रथम अध्यक्ष वकार-उल-मुल्क मुश्ताक हुसैन थे, नवाब सलीमुल्ला इसके संस्थापक अध्यक्ष थे।

20. (c) गांधी जी हरिजन कल्याण हेतु "हरिजन सेवक संघ" की स्थापना की। 1934 ई. में गाँधीजी ने अपने को सक्रिय राजनीति से अलग करके हरिजनोत्थान से जोड़ दिया तथा वर्धा से "हरिजन यात्रा" आरम्भ की। इस दौरान वे करीब 12500 मील की यात्रा की।

21. (a) दादा भाई नौरोजी (1825-1911) को 'ग्रैंड ओल्ड मैन ऑफ इंडिया' भी कहा जाता है।

22. (c)

23. (c) आचार्य बिनोवा भावे द्वारा 1951-52 ई. के दशक में भूदान आन्दोलन सर्वप्रथम आन्ध्र प्रदेश में चलाया गया। उसके बाद इसका केंद्र बिहार राज्य बना, लेकिन इसे वहां बहुत सफलता नहीं मिली।

24. (c) प्रमुख विद्वान, राजनीतिज्ञ और स्वतंत्रता सेनानी सी. राजगोपालाचारी स्वतंत्र भारत के प्रथम और अंतिम भारतीय गवर्नर जनरल थे।

25. (b)

26. (c) मोतीलाल नेहरू और चितरंजन दास ने इलाहाबाद में 1923 ई. में स्वराज पार्टी की स्थापना की जो कांग्रेस के अंदर काम करते हुए विधानमण्डल चुनावों में भाग ली थी।

27. (b) 'सेंट्रल कौंसिल' स्वराजी चुनाव के बाद पूर्व बहुमत में आये। अत: भारतीय विधान सभा के प्रथम अध्यक्ष विट्ठल भाई पटेल बनाए गए।

28. (b) माउंटबेटन योजना को कानूनी जामा पहनाने के उद्देश्य से ब्रिटिश संसद ने 18 जुलाई, 1947 को भारतीय स्वतंत्रता अधिनियम पारित किया। इस अधिनियम के द्वारा भारत और पाकिस्तान नामक दो स्वतंत्र राज्यों का जन्म हुआ।

29. (b) **30.** (a)

31. (c) गांधीजी राजनेता के साथ-साथ उच्च कोटि के लेखक व पत्रकार भी थे। उन्होंने "हिन्द स्वराज" सत्य के मेरे प्रयोग नामक पुस्तकें लिखी तथा 'नव जीवन', यंग इंडिया एवं हरिजन नामक पत्र भी निकाला था।

32. (b) पश्चिमोत्तर सीमा प्रान्त के मुसलमानों ने खान अब्दुल गफ्फार खां (सीमांत गांधी) के नेतृत्व में सविनय अवज्ञा आंदोलन चलाया। उनके स्वयं सेवकों को 'खुदाई खिदमतगार' कहा जाता था, जो आधी बांह का लाल कुर्ता पहनते थे। यह आन्दोलन 1929-30 में सक्रिय रहा था।

33. (a) 11 मई, 1928 को बम्बई में हुए दूसरे सर्वदलीय सम्मेलन में पं. मोतीलाल नेहरू की अध्यक्षता में एक सात सदस्यीय समिति की स्थापना की गई जिसने 28 अगस्त, 1928 को अपनी रिपोर्ट प्रस्तुत की जिसे नेहरू रिपोर्ट के नाम से जाना जाता है।

34. (a) कांग्रेस की स्थापना दिसम्बर 1885 में बम्बई में की गई थी। इसके प्रथम अध्यक्ष व्योमेश चन्द्र बनर्जी दूसरे अध्यक्ष दादा भाई नौरोजी थे। तीसरे कांग्रेस अधिवेशन की अध्यक्षता करने वाले प्रथम मुस्लिम अध्यक्ष बदरुद्दीन तैय्यबजी थे।

35. (b) दिसम्बर 1911 ई. में ब्रिटिश सम्राट जॉर्ज पंचम और महारानी मैरी के भारत आगमन पर उनके स्वागत हेतु दिल्ली में एक दरबार का आयोजन किया गया। दिल्ली दरबार में ही 12 दिसम्बर, 1911 को सम्राट ने बंगाल विभाजन को रद्द घोषित किया साथ ही कलकत्ता की जगह दिल्ली को भारत की नई राजधानी बनाने की अनुमति प्रदान की। इस प्रकार 1 अप्रैल, 1912 ई. को दिल्ली भारत की नई राजधानी बन गई।

36. (a)

37. (c) लाला लाजपत राय (1865-1929) पंजाब केसरी नाम से प्रसिद्ध संयुक्त पंजाब के प्रभावशाली कांग्रेसी नेता स्वतंत्रता संग्राम सेनानी और समाज सुधारक व गर्म दल के नेता थे।

38. (c) दलितों को पृथक् निर्वाचन मण्डल की सुविधा दिये जाने के विरोध महात्मा गांधी ने जेल में ही 20 सितम्बर, 1932 ई. को आमरण अनशन शुरू कर दिया। मदन मोहन मालवीय, डॉ. राजेन्द्र प्रसाद, पुरुषोत्तम दास, सी. राजगोपालाचारी आदि के प्रयत्नों से गांधी के उपवास के पांच दिन बाद 26 सितम्बर, 1932 को गांधी जी और डॉ. अम्बेदकर के मध्य पूना समझौता हुआ जिसमें दलितों के लिए पृथक् निर्वाचन व्यवस्था समाप्त कर दी गई।

39. (a) सन् 1930 में 'एज् ऑफ कंसैंट एक्ट' को संशोधित कर हरविलास शारदा के प्रयासों से एक कानून पारित कराया गया जिसके अंतर्गत विवाह की आयु 14 वर्ष (लड़की) और 18 वर्ष (लड़के) का निर्धारित किया गया।

40. (d) मौलाना आजाद ने अल-हिलाल और अल-बिलाल नामक समाचार पत्र निकाला। लोकमान्य तिलक का केसरी और मराठा था। जवाहरलाल नेहरू ने नेशनल हेराल्ड का सम्पादन किया था जबकि महात्मा गांधी ने नवजीवन, यंग इंडिया और हरिजन नामक पत्र निकाला था।

41. (c) तीन समुद्रों का मिलन स्थल कन्याकुमारी को केप कोमोरिन या कुमारी अन्तरीप नाम से भी जाना जाता है जो तमिलनाडु के समुद्री तट पर स्थित है।

42. (c)

43. (c)

44. (a) भारतीय चावल शोध संस्थान की स्थापना उड़ीसा के कटक जिले में की गई है जहां से चावल की अनेक नवीन प्रजातियां निकाली गई हैं।

45. (d) भारत में सर्वाधिक 60% कोयले का भण्डार गोंडवाना लैण्ड का भाग झारखण्ड में संचित है। यहां की झरिया, बोकारो, धनबाद आदि प्रसिद्ध कोयले की खान हैं।

46. (c) कर्नाटक राज्य को भारत का 'सिलिकन स्टेट' कहा जाता है। इस राज्य के बंग्लौर शहर में सिलिकन धातु से बने पदार्थों का उत्पादन अधिक मात्रा में किया जाता है, जिसका प्रयोग कम्प्यूटर के चिप्स (Intergrated Circuit) बनाने में किया जाता है।

47. (c) भारत में सोयबीन का सर्वाधिक उत्पादन मध्य प्रदेश में होता है जो पूरे भारत का 80% सोयाबीन उत्पादन करता है इसका प्रमुख उत्पादन क्षेत्र मालवा का पठार है।

48. (a) पूरे विश्व की लगभग 1/2 से अधिक जनसंख्या, एशिया महाद्वीप में निवास करती है इसका जनघनत्व सभी महाद्वीपों से अधिक है। जनसंख्या की दृष्टि से विश्व के प्रथम एवं दूसरे नंबर के दोनों देश चीन एवं भारत इसी द्वीप में स्थित हैं।

49. (c) भारत के सर्वाधिक जनसंख्या वाले चार शहरों में मुम्बई, कोलकाता, दिल्ली और चेन्नई है।

50. (a) संविधान के किसी भी प्रावधान में पृथक् से यह इंगित नहीं किया गया है कि शासन की समूची शक्तियां जनता से प्राप्त हुई है। संविधान की प्रस्तावना में स्पष्ट है कि संविधान का आधार जनता है इसमें निहित प्राधिकार और प्रभुसत्ता सब जनता से प्राप्त हुई है।

51. (a) संविधान निर्मात्री सभा का प्रथम अधिवेशन 6 दिसम्बर, 1947 को संसद भवन के केन्द्रीय कक्ष में प्रारम्भ हुआ। डॉ. सच्चिदानंद सिन्हा को सर्वसम्मति से अस्थायी अध्यक्ष चुना गया। इसके बाद सदस्यों ने अपने मत का प्रयोग करते हुए 11 दिसम्बर, 1946 ई. को कांग्रेस के तपे हुए नेता डॉ. राजेन्द्र प्रसाद को संविधान सभा का स्थायी अध्यक्ष निर्वाचित किया।

52. (a) भारत का राष्ट्रीय पक्षी 'मोर' (पावोक्रिस्टेटस) है। भारतीय वन्य प्राणी सुरक्षा अधिनियम, 1972 के तहत इसे संरक्षण प्रदान किया गया है। राष्ट्रीय पुष्प कमल है, राष्ट्रीय वृक्ष अशोक है, राष्ट्रीय फल आम है, राष्ट्रीय वाक्य 'सत्यमेव जयते' है।

53. (c) भारत का राष्ट्रीय पशु बाघ (पेन्थराटाइग्रिस लिनियस) है। बाघ की भारत में पायी जाने वाली एक प्रजाति को रॉयल बंगाल के नाम से जाना जाता है। भारत के उत्तर-पश्चिमी क्षेत्र को छोड़कर शेष सम्पूर्ण देश में बाघ की यही प्रजाति पाई जाती है।

54. (c) 1953 में भाषाई आधार पर आंध्र प्रदेश के गठन के बाद अन्य राज्य भी भाषा के आधार पर अपने गठन की मांग करने लगे। अंततः पंडित जवाहर लाल नेहरू ने फजल अली आयोग की स्थापना कर 1956 में भाषाई आधार पर राज्यों का पुनर्गठन किया। 1960 में भाषाई आधार पर महाराष्ट्र और गुजरात बने।

55. (c) संविधान सभा का संवैधानिक सलाहकार बी.एन. राव को चुना गया। बी.एन. राव द्वारा तैयार किए गए संविधान के प्रारूप पर विचार-विमर्श करने के लिए प्रारूप समिति का गठन किया जिसके अध्यक्ष डॉ. भीमराव अम्बेडकर थे।

56. (c) संविधान को जब 26 नवम्बर, 1949 ई. को संविधान सभी द्वारा पारित किया गया तब इसके कुल 22 भाग, 395 अनुच्छेद और 8 अनुसूचियां थीं। वर्तमान समय में संविधान में 25 भाग, 395 अनुच्छेद एवं 12 अनुसूचियां हैं।

57. (b) मौलिक अधिकार अनुच्छेद 23 का प्रयोग करते हुए संघ सरकार ने 1976 में एक कानून पारित किया जिसके अनुसार किसी व्यक्ति की खरीद, बिक्री, बेगारी तथा किसी प्रकार का अन्य जबरदस्ती लिया हुआ श्रम निषिद ठहराया गया।

58. (b) अनुच्छेद 19 में कहा गया है कि भारत के सभी नागरिकों को विचार करने, भाषण देने और अपने तथा अन्य व्यक्तियों के विचारों को प्रकट करने की स्वतन्त्रता प्राप्त है लेकिन अनुच्छेद 19(2) में उल्लिखित निम्नलिखित आधारों पर नागरिकों की वाक् एवं अभिव्यक्ति की स्वतन्त्रता पर निर्बन्धन लगाये जा सकते हैं-(1) राज्य की सुरक्षा, (2) विदेशी राज्यों के साथ मैत्रीपूर्ण सम्बन्धों के हित में, (3) लोक व्यवस्था, (4) शिष्टाचार या सदाचार के हित में, (5) न्यायालय अवमानना, (6) मानहानि, (7) अपराध के लिए उत्तेजित करना, (8) भारत की प्रभुता एवं अखण्डता।

59. (c) 42वां संविधान संशोधन 1976 ई.में किया गया। इसमें अध्याय 4क एवं अनुच्छेद 51क जोड़कर 10 मूल कर्तव्य जोड़े गए।

60. (b) अनुच्छेद 17 अस्पृश्यता का अन्त करता है। इस अनुच्छेद व अस्पृश्यता को दण्डनीय अपराध माना गया है।

61. (c) जब दोनों सदनों के बीच किसी विधान के सम्बन्ध में मतभेद होने पर संयुक्त बैठक बुलाई जाती है तो उसकी अध्यक्षता लोक सभा का अध्यक्ष करता है और बैठक के सम्बन्ध में प्रक्रिया नियम उसके निदेशों तथा आदेशों के अन्तर्गत लागू होते हैं। इस प्रकार दोनों सदनों पर लोकसभा अध्यक्ष की सर्वोच्चता सर्वोपरि होती है।

62. (b) संविधान में उपबन्ध है कि लोकसभा के 530 से अधिक सदस्य राज्यों में प्रादेशिक निर्वाचन क्षेत्रों से प्रत्यक्ष रीति से चुने जाएंगे और 20 से अनधिक सदस्य संघ राज्य क्षेत्रों का प्रतिनिधित्व करने के लिए दो से अनधिक सदस्य मनोनीत कर सकता है।

63. (d)

64. (c) अनुच्छेद 356 के अनुसार अगर राष्ट्रपति को राज्यपाल के प्रतिवेदन पर या अन्य किसी प्रकार से समाधान हो जाए कि ऐसी परिस्थितियां पैदा हो गयी हैं कि किसी राज्य का शासन संविधान के उपबन्धों के अनुसार नहीं चलाया जा सकता है तो राष्ट्रपति शासन की घोषणा की जा सकती है।

65. (b) यदि राज्य की विधान सभा में किसी भाग में शासन व्यवस्था भंग है और क्षेत्रीय अशांति है तो ऐसी स्थिति में संसद राज्य विधान सभा का कार्यकाल बढ़ा सकती है।

66. (b) भारतीय प्रधानमंत्री लोकसभा के बहुमत दल का नेता होता है अतः लोकसभा से सदस्य होने की आयु 25 वर्ष निर्धारित की गयी है। इस प्रकार कोई भी व्यक्ति जो 25 वर्ष की आयु में सांसद निर्वाचित हो जाये वह प्रधानमंत्री हो सकता है।

67. (d)

68. (c) लौह लाल रुधिर कणिकाओं में हीमोग्लोबिन बनने के लिए आवश्यक है। इसकी कमी से रक्त अल्पता रोग हो जाता है। एक स्वस्थ पुरुष के लिए 10-15 Mg और स्त्री के लिए 8-12 Mg आवश्यक है।

69. (d) मूल रूप से सर्वोच्च न्यायालय के लिए मुख्य न्यायाधीश तथा 7 अन्य न्यायधीशों की व्यवस्था की गयी थी। किन्तु वर्तमान में संसद द्वारा 1985 ई. में कानून बनाकर सर्वोच्च न्यायालय में एक मुख्य न्यायाधीश और 25 अन्य न्यायधीश नियुक्त करने की व्यवस्था की गई। इसके अतिरिक्त विशेष परिस्थिति उत्पन्न होने पर तदर्थ न्यायधीश नियुक्त करने की भी व्यवस्था है जिसे मुख्य न्यायाधीश भारत के राष्ट्रपति की अनुमति प्राप्त कर नियुक्त करता है।

70. (d) अनुच्छेद 32 के अंतर्गत उच्चतम न्यायालय को नागरिकों के मूल अधिकारों का सजग प्रहरी बनाया गया है। सर्वोच्च न्यायालय और उच्च न्यायालयों के द्वारा नागरिकों के मौलिक अधिकारों की रक्षा 5 लेख (रिट) जारी कर सकता है। उन सभी कानूनों एवं कार्यपालिका के कार्यों को अवैधानिक घोषित कर दिया जायेगा जो मौलिक अधिकारों के विरुद्ध है।

71. (d) भारत का प्रथम आम चुनाव श्री सुकुमार सेन के नेतृत्व में कराया गया जिसमें 14 राष्ट्रीय राजनैतिक दल भाग लिए। इस चुनाव को सम्पन्न कराने में 4 माह का लम्बा समय लगा। सम्पूर्ण चुनाव 21 फरवरी, 1952 को सम्पन्न हुआ इसमें कुल मतदान प्रतिशत 61.16 था तथा लोकसभा के लिए स्थानों की संख्या 489 थी।

72. (a) मूल संविधान में लोक सभा की सदस्य संख्या 500 निश्चित की गयी है। अभी इसके सदस्यों की अधिकतम सदस्य संख्या 552 हो सकती है। इसमें से अधिकतम 530 सदस्य राज्यों के निर्वाचन क्षेत्र से व अधिकतम 20 सदस्य संघीय क्षेत्रों से निर्वाचित किये जा सकते हैं एवं राष्ट्रपति आंग्ल भारतीय वर्ग के अधिकतम दो सदस्यों का मनोनयन कर सकते हैं।

73. (c) संविधान के भाग-15 के अनुच्छेद 324 में निर्वाचन आयोग के गठन एवं उसकी शक्तियों का वर्णन है। निर्वाचन आयोग का गठन मुख्य निर्वाचन आयुक्त एवं अन्य निर्वाचन आयुक्तों से किया जाता है।

74. (b) 73वें संविधान संशोधन के अनुसार भारत में पंचायतीराज संस्थाओं का कार्यकाल 5 वर्ष होगा। किसी पंचायत के गठन के लिए निर्वाचन 5 वर्ष की अवधि के पूर्व और विघटन की तिथि से 6 मास की अवधि के अवसान से पूर्व करा लिया जाएगा।

75. (b) प्रथम संविधान संशोधन 1951 ई. के चम्पाकम दौरैराजन आदि के मामलों से उत्पन्न समस्याओं को दूर करने के लिए अनुच्छेद 15, 19, 31 आदि में संशोधन किया गया एवं संविधान में नवम् अनुसूची जोड़ी गयी तथा यह प्राविधान किया गया कि इसमें शामिल अधिनियमों को इस आधार पर चुनौती नहीं दी जा सकती है कि वे मूलाधिकारों का अतिक्रमण करते हैं।

76. (a) 42वें संवैधानिक संशोधन द्वारा प्रस्तावना में भारत को 6 समाजवादी 'राज्य' घोषित किया गया।

77. (b) ऐसी अर्थव्यवस्था जिसमें उत्पादन में सार्वजनिक एवं निजी क्षेत्र दोनों की निश्चित भूमिका रहती है इसमें सरकार एवं निजी उद्यमी दोनों ही आर्थिक विकास में भाग लेते हैं। भारत में मिश्रित अर्थव्यवस्था को अपनाया गया है।

78. (b) भारत में कर्मचारियों के महगाई और भत्ते का निर्धारण उपभोक्ता कीमत सूचकांक पर किया जाता है। सर्वप्रथम इसका आंकलन 1956 ई. में किया गया तथा आधार वर्ष 1948-49 को माना गया। वर्तमान में यह आधार वर्ष 2004-05 है।

79. (b) प्लास्टिक मनी से तात्पर्य विभिन्न बैंकों, वित्तीय संस्थानों तथा अन्य कंपनियों द्वारा जारी किये गये क्रेडिट कार्डों से है।

80. (b)

81. (c) सुविख्यात ब्रिटिश वैज्ञानिक न्यूटन ने गुरुत्वाकर्षण के नियम को प्रतिपादन किया तथा गति के नियमों की खोज की। गणित के क्षेत्र में बाइनोमिलय प्रमेय की खोज की।

82. (a) दूध में सूक्ष्म जीवाणु पैदा हो जाते हैं जिसके कारण दूध में किण्वन की क्रिया आरम्भ हो जाती है और उसमें रासायनिक परिवर्तन होने लगता है। किण्वन की क्रिया के कारण ही दूध से दही बनता है।

83. (b) डॉ. होमी जहांगीर भाभा प्रसिद्ध भारतीय परमाणु वैज्ञानिक थे। इन्हीं की देखरेख में भारत का प्रथम एटॉमिक रिएक्टर पूर्ण हुआ।

84. (b)

85. (c) हीलियम गैस हवा से हल्की होती है। यह इसलिए वायुयान के टायरों में भरी जाती है क्योंकि वायुयान के रनवे पर उतरते समय टायर हल्के और सड़क से घर्षण के समय न फटें।

86. (a)

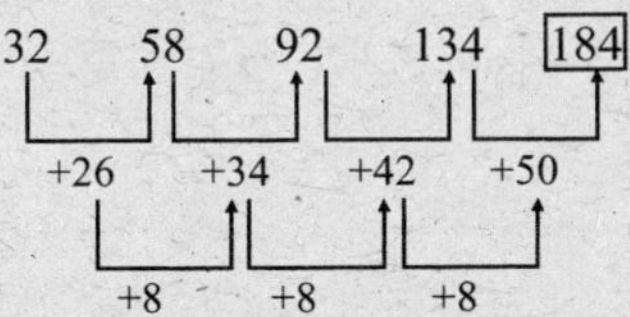

87. (a) $2 + 1.5 = 3.5$

$3.5 + 1.5 = 5$

$5 + 1.5 = 6.5$

$6.5 + 1.5 = 8$

$8 + 1.5 = \boxed{9.5}$

88. (a) $15 + 8 = 23$

$23 + 8 = 31$

$31 + 8 = 39$

$39 + 8 = \boxed{47}$

$47 + 7 = 54$

$54 + 7 = 61$

89. (c) जिस प्रकार तारे एवं अन्य खगोलीय पिण्डों के अध्ययन को खगोलविज्ञान कहते हैं। उसी प्रकार, पृथ्वी एवं आन्तरिक संरचना के अध्ययन को भूविज्ञान कहते हैं।

90. (b) जिस प्रकार ऊपर का विपरीतार्थ शब्द नीचे है। उसी प्रकार, पीछे का विपरीतार्थक शब्द सामने है।

91. (a) जिस प्रकार,

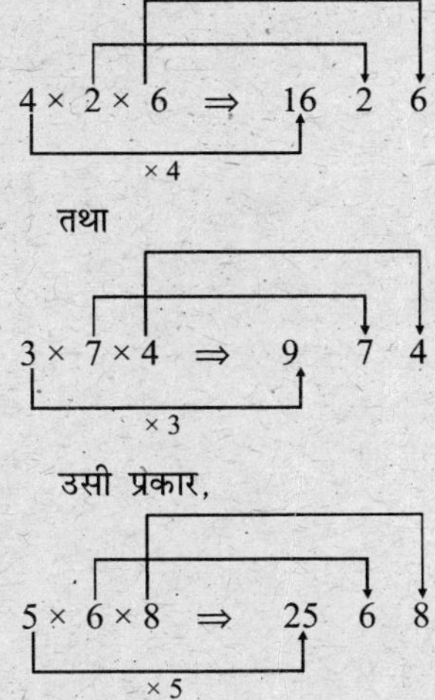

92. (c)

93. (c) संख्या 6 का पूर्ण वर्ग 36 है।

$8 \times 8 = 64; 7 \times 7 = 49$

$5 \times 5 = 25$

94. (b) $443 \Rightarrow 4 + 4 + 3 = 11$

$633 \Rightarrow 6 + 3 + 3 = 12$

$821 \Rightarrow 8 + 2 + 1 = 11$

$245 \Rightarrow 2 + 4 + 5 = 11$

95. (a) बाजरा को छोड़कर अन्य रबी फसलें हैं। बाजरा खरीफ की फसल है।

96. (d) कागजों का भार $= \frac{22}{(22+3)} \times 36$

$= \frac{22 \times 36}{25}$ किग्रा

$= 31680$ ग्राम

97. (a) माना वस्तु का क्रय मूल्य = ₹ 100

∴ अंकित मूल्य = ₹ 100 + 20 = ₹ 120

तथा विक्रय मूल्य

= ₹ 100 + 12 = ₹ 112

∴ कुल छूट = 120 – 112 = ₹ 8

∴ अभीष्ट छूट की दर

$= \frac{8}{120} \times 100\%$

$= \frac{20}{3}\% = 6\frac{2}{3}\%$

98. (*) माना मशीन का अंकित मूल्य = ₹ x

∴ 12% छूट के बाद, मशीन का विक्रय मूल्य

$= x \times \frac{(100-12)}{100}$

$= ₹\ \frac{22}{25}x$ ...(i)

⇒ मशीन का क्रय मूल्य = ₹ 7660

⇒ 10% लाभ हेतु मशीन का विक्रय मूल्य

$= 7660 \times \frac{110}{100}$

$= ₹\ (766 \times 11)$

$= ₹\ 8426$

$\because \frac{22}{25}x = 8426$

$x = \frac{8426}{22} \times 25$

$= ₹\ 9575$

99. (a) शेष कार्य $= \frac{2}{3}$ तथा शेष समय

= 100 – 40 = 60 दिन

काम	दिन	मजदूर
$\frac{1}{3}$ ↓	40 ↑	90 ↓
$\frac{2}{3}$	60	x

$\left.\begin{matrix}\frac{1}{3} : \frac{2}{3} \\ 60 : 40\end{matrix}\right\} :: 90 : x$

$\therefore x = \frac{2}{3} \times 40 \times 90 \times \frac{3}{1} \times \frac{1}{60}$

$= 120$

∴ नियुक्त व्यक्तियों की संख्या

$= 120 - 90 = 30$

100. (a) $\because \frac{(x-1)(x+1)}{(x+1)(x+2)} = \frac{5}{6}$

$\Rightarrow \frac{x-1}{x+2} = \frac{5}{6}$

$\Rightarrow 6x - 6 = 5x + 10$

$\therefore x = 16$

❑❑❑

प्रैक्टिस सेट-12

1. गुर्जरा लघु शिलालेख, जिसमें अशोक का नामोल्लेख किया गया है, कहां स्थित है?
(a) उत्तर प्रदेश के मिर्जापुर जिले में
(b) मध्य प्रदेश के दतिया जिले में
(c) राजस्थान के जयपुर जिले में
(d) बिहार के चम्पारन जिले में

2. निम्न में से सही युग्म का चुनाव कीजिए-
(a) खजुराहो - चन्देल
(b) एलोरा गुफाएं - शक
(c) महाबलीपुरम - राष्ट्रकूट
(d) मीनाक्षी मन्दिर - पल्लव

3. निम्नलिखित में से किस स्थल से मानव कंकाल के साथ कुत्ते का कंकाल भी शवाधान से प्राप्त हुआ है?
(a) ब्रह्मगिरि (b) बुर्जहोम
(c) चिरांद (d) मॉस्की

4. अशोक के निम्न अभिलेखों में से पूर्णरूपेण धार्मिक सहिष्णुता के प्रति समर्पित कौन सा अभिलेख है?
(a) शिलालेख XIII
(b) शिलालेख XII
(c) स्तम्भलेख VII
(d) भाब्रु लघु शिलालेख

5. भारतीय उपमहाद्वीप में कृषि के प्राचीनतम साक्ष्य प्राप्त हुए हैं-
(a) कोलडिहवा से
(b) लहुरादेव से
(c) मेहरगढ़ से
(d) टोकवा से

6. निम्न में से किसने 'सैण्ड्रोकोट्स' (चन्द्रगुप्त मौर्य) और सिकन्दर महान की भेंट का उल्लेख किया है?
(a) प्लिनी (b) जस्टिन
(c) स्ट्रैबो (d) मेगस्थनीज

7. दिल्ली के किस सुल्तान ने "सिकन्दर सानी' की उपाधि धारण की थी?
(a) बलबन
(b) अलाउद्दीन खिलजी
(c) मुहम्मद बिन तुगलक
(d) सिकन्दर लोदी

8. निम्नलिखित में से किसे 'शेख-उल-हिन्द' की पदवी प्रदान की गई थी?
(a) बाबा फरीदुद्दीन
(b) ख्वाजा कुतुबुद्दीन बख्तियार काकी
(c) ख्वाजा मुइनुद्दीन चिश्ती
(d) शेख सलीम चिश्ती

9. निम्नलिखित में से कौन सही सुमेकित है?
(a) काकतीय - देवगिरि
(b) होयसल - द्वारसमुद्र
(c) यादव - वारंगल
(d) पाण्ड्य - मदुरै

10. निम्नलिखित में से किसने 'टंका' (tanka) नामक चांदी का सिक्का चलाया था?
(a) अलाउद्दीन खिलजी
(b) कुतुबुद्दीन ऐबक
(c) इल्तुतमिश
(d) बलबन

11. निम्नलिखित नामों में से उसे चिन्हित कीजिए, जो हुमायूं के भाइयों में से किसी का नाम नहीं था-
(a) कामरान (b) उस्मान
(c) अस्करी (d) हिन्दाल

12. मुगलों एवं मेवाड़ के राणा के मध्य चित्तौड़ की सन्धि किस शासक के शासनकाल में हस्ताक्षरित हुई थी?
(a) अकबर (b) जहांगीर
(c) शाहजहाँ (d) औरंगजेब

13. अकबर के पूर्ववर्ती किस मध्यकालीन भारतीय शासक का उल्लेख 'कश्मीर के अकबर' के रूप में किया गया है?
(a) इब्राहिम शाह शर्की
(b) सुल्तान सिकन्दर
(c) जैनुल आबीदीन
(d) महमूद गवां

14. 'हक्क-ए-शर्ब' अथवा सिंचाई कर लगाने वाला दिल्ली का प्रथम सुल्तान कौन था?
(a) अलाउद्दीन खिलजी
(b) ग्यासुद्दीन तुगलक
(c) मुहम्मद बिन तुगलक
(d) फिरोज तुगलक

15. दिल्ली के किस सुल्तान ने एक पृथक् कृषि विभाग की स्थापना की थी एवं 'फसल चक्र' की योजना बनाई थी?
(a) इल्तुतमिश
(b) बलबन
(c) अलाउद्दीन खिलजी
(d) मुहम्मद बिन तुगलक

16. 1907 ई. में मुस्लिम लीग का वार्षिक अधिवेशन कहां हुआ था?
(a) ढाका में (b) कराची में
(c) अलीगढ़ में (d) लखनऊ में

17. भारतीय राष्ट्रीय कांग्रेस ने असहयोग आन्दोलन किस वर्ष प्रारम्भ किया था?
(a) 1918 ई. में (b) 1919 ई. में
(c) 1920 ई. में (d) 1921 ई. में

18. निम्न में से कौन कांग्रेस रेडियो पर भारत छोड़ो आन्दोलन की अवधि में नियमित रूप से कार्यक्रम प्रसारित करता था?
(a) जय प्रकाश नारायण
(b) सुभाष चन्द्र बोस
(c) राम मनोहर लोहिया
(d) सुचेता कृपलानी

19. निम्नलिखित में से किन समाचार पत्रों ने भारतीय स्वतन्त्रता संग्राम के काल में क्रान्तिकारी आतंकवाद की वकालत की थी?
1. संध्या
2. युगान्तर
3. काल
नीचे दिए गए कूट का प्रयोग करते हुए सही उत्तर चुनिए-
(a) 1, 2 (b) 1, 3
(c) 2, 3 (d) 1, 2, 3

20. प्रथम विश्व युद्ध के दौरान आन्दोलन जो भारत में लोकप्रिय हुआ, वह था-
(a) स्वदेशी एवं बहिष्कार आन्दोलन
(b) होमरूल आन्दोलन
(c) पृथकवादी आन्दोलन
(d) स्वराजिस्ट पार्टी आन्दोलन

21. निम्नलिखित घटनाओं को कालानुक्रमानुसार व्यवस्थित कीजिए और नीचे दिए गए कूट का प्रयोग करते हुए सही उत्तर चुनिए-
1. जलियाँवाला बाग हत्याकाण्ड
2. चौरी-चौरा की घटना
3. चम्पारण आन्दोलन
4. मोपला विद्रोह
(a) 1, 2, 3, 4
(b) 2, 1, 3, 4
(c) 3, 1, 4, 2
(d) 3, 1, 2, 4

22. सूची-I को सूची-II से सुमेलित कीजिए तथा सूचियों के नीचे दिए गए कूट से सही उत्तर का चयन कीजिए-

	सूची-I		सूची-II
(A)	अबुल कलाम आजाद	1.	बॉम्बे क्रॉनिकल
(B)	फिरोजशाह मेहता	2.	अल-हिलाल
(C)	एनी बेसेण्ट	3.	यंग इण्डिया
(D)	महात्मा गांधी	4.	न्यू इण्डिया

कूट :

	A	B	C	D
(a)	2	1	4	3
(b)	1	2	3	4
(c)	2	1	3	4
(d)	3	2	1	4

23. निम्नलिखित में से कौन भारतीय राष्ट्रीय काँग्रेस का लगातार छः वर्षों तक अध्यक्ष था?
(a) जवाहर लाल नेहरू
(b) दादाभाई नौरोजी
(c) अबुल कलाम आजाद
(d) गोपाल कृष्ण गोखले

24. निम्नलिखित में से किसने खिलाफत आन्दोलन का प्रारम्भ किया था? नीचे दिए गए कूट से सही उत्तर का चयन कीजिए-
1. शौकत अली
2. मुहम्मद अली
3. शरिअत उल्लाह
4. अबुल कलाम आजाद
कूट :
(a) 1 और 2 (b) 1, 3 और 4
(c) 1, 2 और 3 (d) 1, 2, 3, 4

25. काकोरी षड्यन्त्र केस किस वर्ष में हुआ था?
(a) 1920 में (b) 1925 में
(c) 1930 में (d) 1935 में

26. अन्तरिम सरकार (1946 ई.) में रेल मन्त्रालय का कार्य कौन देखता था?
(a) बलदेव सिंह (b) टी.टी. युन्दरीगर
(c) आसफ अली (d) अब्दुल रब नश्तर

27. वह प्रान्त कौन सा था, जहां 1937 ई. के आम निर्वाचन के पश्चात् भारतीय राष्ट्रीय काँग्रेस ने अपनी सरकार, नहीं बनाई?
(a) उड़ीसा (b) बिहार
(c) मद्रास (d) बंगाल

28. ब्रिटिश भारत की राजधानी का कलकत्ता से दिल्ली स्थानान्तरण किसके काल में कार्यान्वित हुआ था?
(a) लॉर्ड मिण्टो
(b) लॉर्ड हार्डिंग
(c) लॉर्ड चेम्सफोर्ड
(d) लॉर्ड रीडिंग

29. मद्रास में स्वदेशी आन्दोलन का नेतृत्व किसने किया था?
(a) श्रीनिवास शास्त्री
(b) राजगोपालाचारी
(c) चिदम्बरम पिल्लै
(d) चिन्तामणि

30. निम्नलिखित में से कौन-सा कथन दादाभाई नौरोजी के विषय में सत्य नहीं है?
(a) उन्होंने 'पावर्टी एण्ड अनब्रिटिश रूल इन इण्डिया' पुस्तक लिखी थी।
(b) उन्होंने गुजराती के प्रोफेसर के रूप में यूनिवर्सिटी कॉलेज लन्दन में कार्य किया था।
(c) उन्होंने बम्बई में महिला शिक्षा की नींव रखी थी।
(d) वे ब्रिटिश पार्लियामेन्ट के सदस्य के रूप में अनुदारवादी पार्टी के टिकट पर चुने गए थे।

31. निम्नलिखित में से किस एक का 1932 ई. के पूना समझौते से सीधा सम्बन्ध था?
(a) भारतीय महिलाओं का
(b) भारतीय मजदूर वर्ग का
(c) भारतीय किसानों का
(d) भारतीय दलित वर्ग का

32. सुभाष चन्द्र बोस ने 'फारवर्ड ब्लॉक' की स्थापना किस वर्ष की थी?
(a) 1936 ई. (b) 1937 ई.
(c) 1938 ई. (d) 1939 ई.

33. 'स्थायी बन्दोबस्त' किसके शासनकाल में प्रारम्भ किया गया था?
(a) वारेन हेस्टिंग्स
(b) लॉर्ड कार्नवालिस
(c) सर जॉन शोर
(d) लॉर्ड वेलेजली

34. वह बंगाली नेता कौन था जिसने सामाजिक-धार्मिक सुधारों का विरोध किया और रूढ़िवादिता का समर्थन किया?
(a) राधाकान्त देव
(b) नेमिसाधन बोस
(c) हेमचन्द्र विश्वास
(d) हेमचन्द्र डे

35. बारीन्द्र घोष किससे सम्बद्ध थे?
(a) अनुशीलन समिति से
(b) साधवा समाज से
(c) अभिनव भारत से
(d) स्वदेश बाधव समिति से

36. निम्नलिखित में से किन जिलों में भारत की सबसे बड़ी अभ्रक (Mica) मेखला पाई जाती है?
(a) बालाघाट और छिन्दवाड़ा
(b) उदयपुर, अजमेर और अलवर
(c) हजारीबाग, गया और मुंगेर
(d) सलेम और धरमपुरी

37. 'शान्त घाटी' अवस्थित है-
(a) उत्तराखण्ड में
(b) केरल में
(c) अरुणाचल में
(d) जम्मू और कश्मीर में

38. भारत में सर्वाधिक अनुसूचित जाति जनसंख्या वाला प्रदेश है-
(a) राजस्थान (b) महाराष्ट्र
(c) मध्य प्रदेश (d) उत्तर प्रदेश

39. उज्जैन स्थित है-
(a) चम्बल नदी के तट पर
(b) क्षिप्रा नदी के तट पर
(c) गोदावरी नदी के तट पर
(d) नर्मदा नदी के तट पर

40. बगलिहार परियोजना किस नदी पर है?
(a) झेलम नदी (b) रावी नदी
(c) चिनाब नदी (d) सिन्धु नदी

41. निम्नलिखित में से कौन दक्षिण में अटलांटिक महासागर की शीतल धारा है?
(a) कनारी धारा
(b) बेंगुएला धारा
(c) अगलुहास धारा
(d) ब्राजील धारा

42. गंगा नदी की एकमात्र सहायक नदी जिसका उद्गम मैदान में है, को चिन्हित कीजिए-
(a) सोन
(b) शारदा अथवा सरयू
(c) गोमती
(d) रामगंगा

43. किसके उत्पादन में भारत में उत्तर प्रदेश का प्रथम स्थान है?
(a) चावल और गेहूं
(b) गेहूं और गन्ना
(c) चावल और गन्ना
(d) गेहूं और दाल

44. चिल्का झील स्थित है-
(a) पश्चिम बंगाल में
(b) आन्ध्र प्रदेश में
(c) उड़ीसा में
(d) तमिलनाडु में

45. ड्रेकेन्सबर्ग पर्वत किस देश में स्थित है?
(a) बोत्स्वाना
(b) नामीबिया
(c) दक्षिण अफ्रीका
(d) जाम्बिया

46. विश्व के किस क्षेत्र को आप 'बुशमैन' से सम्बद्ध करेंगे?
(a) पूर्वी अफ्रीका (b) सहारा रेगिस्तान
(c) न्यूजीलैण्ड (d) कालाहारी

47. चन्द्रमा की पृथ्वी से दूरी है-
(a) 364 हजार किमी.
(b) 300 हजार किमी.
(c) 446 हजार किमी.
(d) 384 हजार किमी.

48. जापान विश्व के अग्रणी औद्योगिक देशों में से एक है, क्योंकि-
(a) उसके पास प्रचुर खनिज संसाधन
(b) उसके पास प्रचुर जैव-ऊर्जा संसाधन है
(c) औद्योगिक क्रान्ति का प्रारम्भ यहीं हुआ था
(d) उसके पास उच्च तकनीकी क्षमता है

49. पृथ्वी की जुड़वाँ बहन कहे जाने वाले ग्रह का नाम है-
(a) बुध (b) शुक्र
(c) मंगल (d) प्लूटो

50. विश्व की सबसे गहरी झील है-
(a) राजस्थान की पुष्कर झील
(b) अमेरिका में लेक सुपीरियर
(c) विक्टोरिया झील अफ्रीका में
(d) रूस में बैकाल झील

51. अति गहरी महासागरीय द्रोणियां कहाँ पायी जाती है?
(a) हिन्द महासागर में
(b) प्रशान्त महासागर में
(c) आर्कटिक महासागर में
(d) अटलांटिक महासागर में

52. निम्न देशों में से किस एक में पहली बार उच्च उपज किस्म बीज विकसित किए गए थे?
(a) अर्जेंटीना (b) चीन
(c) मैक्सिको (d) भारत

53. एक नागरिक के मूल कर्त्तव्यों में निम्न में कौन-सा कर्त्तव्य सम्मिलित नहीं है?
(a) प्राकृतिक पर्यावरण की रक्षा और उसका संवर्द्धन।
(b) स्वतन्त्रता के लिए हमारे राष्ट्रीय आन्दोलन को प्रेरित करने वाले उच्च आदर्शों को संजाए रखे और उनका पालन करें।
(c) अस्पृश्यता मिटाने की ओर प्रयास करें।
(d) वैज्ञानिक दृष्टिकोण, मानववाद और ज्ञानार्जन तथा सुधार की भावना का विकास करें।

54. शिक्षा जो प्रारम्भ में राज्य सूची का विषय था, उसे समवर्ती सूची में स्थानान्तरित किया गया-
(a) 24वें संशोधन द्वारा
(b) 25वें संशोधन द्वारा
(c) 42वें संशोधन द्वारा
(d) 44वें संशोधन द्वारा

55. राज्य के नीति-निदेशक सिद्धान्तों में निम्न में से किसके बारे में संविधान शान्त है?
(a) प्रौढ़ शिक्षा
(b) कर्मकारों को निर्वाह मजदूरी
(c) गरीबों को निःशुल्क विधिक सहायता
(d) बालकों को प्रारम्भिक शिक्षा जब तक वह 6 वर्ष की आयु न प्राप्त कर लें।

56. डॉ. बी.आर. अम्बेडकर की अध्यक्षता में संविधान सभा की प्रारूप समिति में कितने अन्य सदस्य थे?
(a) 7 (b) 6
(c) 5 (d) 4

57. विधायी शक्तियों का केन्द्र तथा राज्यों के मध्य वितरण संविधान की निम्न अनुसूचियों में से किस एक में है?
(a) छटी (b) सातवीं
(c) आठवीं (d) नवीं

58. भारत में उच्च न्यायालयों की संख्या है-
(a) बीस (b) इक्कीस
(c) बाईस (d) चौबीस

59. निम्नलिखित में से किस राज्य में द्वि-सदनात्मक विधायिका नहीं है?
(a) उत्तर प्रदेश (b) मध्य प्रदेश
(c) बिहार (d) कर्नाटक

60. भारत में राजनीतिक व्यवस्था के विशिष्ट लक्षण हैं-
(1) यह एक लोकतान्त्रिक गणतन्त्र है।
(2) सर्वोच्च संसदात्मक रूप की सरकार है।
(3) सर्वोच्च सत्ता भारतीय जनता में निहित है।
(4) यह एकीकृत शक्ति का प्रावधान करती है।
नीचे दिए गए कूट से सही उत्तर का चयन कीजिए-
कूट :
(a) 1 और 2 (b) 1, 2 और 3
(c) 2, 3 और 4 (d) ये सभी

61. निम्नलिखित में से कौन एक तृतीय क्रियाकलाप है?
(a) वानिकी (b) विनिर्माण
(c) कृषि (d) विपणन

62. भारत में कर्मचारियों के महँगाई भत्ते के निर्धारण का आधार है-
(a) राष्ट्रीय आय
(b) उपभोक्ता मूल्य सूचकांक
(c) जीवन निर्वाह स्तर
(d) प्रति व्यक्ति आय

63. रिजर्व बैंक ऑफ इण्डिया के नोट निर्गमन विभाग को न्यूनतम कितने मूल्य का स्वर्ण अपने स्टॉक में हमेशा रखना चाहिए?
(a) ₹ 85 करोड़ का
(b) ₹ 115 करोड़ का
(c) ₹ 200 करोड़ का
(d) इनमें से कोई नहीं

64. 'स्मार्ट मनी' शब्द का प्रयोग होता है-
(a) इन्टरनेट बैंकिंग में
(b) क्रेडिट कार्ड में
(c) बैंक में बचत खाता में
(d) बैंक में चालू खाता में

65. विभेदीकृत ब्याज योजना का उद्देश्य रियायती ऋण प्रदान करना था-
(a) समाज के कमजोर वर्ग के लिए
(b) सार्वजनिक क्षेत्र के उद्योगों के लिए
(c) पब्लिक लिमिटेड कम्पनियों के लिए
(d) बड़े निर्यातकों के लिए

66. भारत में प्रथम उद्योग जिसका विकास हुआ, वह है-
(a) कुटीर उद्योग
(b) सीमेन्ट उद्योग
(c) आयरन और स्टील उद्योग
(d) अभियान्त्रिकी उद्योग

67. आर.बी.आई. के 'खुले बाजार संचालन' (ओपन मार्केट ऑपरेशन) से आशय है-
(a) शेयरों का क्रय और विक्रय
(b) विदेशी मुद्रा की नीलामी
(c) ऋण-पत्रों में व्यवसाय
(d) सोने का सौदा

68. 2000° सेल्सियस ताप नापने हेतु थर्मामीटर, जो उपयुक्त है, वह है-
(a) सकल रेडिएशन थर्मामीटर
(b) गैस थर्मामीटर
(c) पारे का थर्मामीटर
(d) वाष्प दबाव का थर्मामीटर

69. कच्चे फल को पकाने के लिए जिस गैस का प्रयोग होता है, वह है-
(a) इथेन
(b) एथलीन
(c) कार्बन डाइ-ऑक्साइड
(d) ऑक्सीटोसिन

70. निम्नलिखित में से कौन एक जीवाणु-जनित रोग है?
(a) हर्पीज
(b) पोलियो
(c) चेचक
(d) टिटनेस

71. निम्नलिखित में से कौन मानव शरीर की सबसे छोटी हड्डी है?
(a) वोमर (b) स्टेपीज
(c) मैलियस (d) इन्कस

72. निम्नलिखित में से कौन एक मछली है?
(a) समुद्री कुकुम्बर (खीरा)
(b) समुद्री गाय
(c) समुद्री घोड़ा
(d) समुद्री बाघ

73. मानव मूत्र का पीला रंग एक वर्णक के कारण होता है, जिसे कहते हैं-
(a) साइटोक्रोम (b) यूरोक्रोम
(c) हीमोक्रोम (d) फीनालीक्रोम

74. एम्फीइसीमा एक ऐसी व्याधि है, जो पर्यावरणीय प्रदूषण द्वारा होती है और इससे प्रभावित मानव अंग है-
(a) यकृत
(b) वृक्क
(c) फुफ्फुस (फेफड़े)
(d) मस्तिष्क

75. जेनिको प्रौद्योगिकी है-
(a) एड्स से बचाने की एक रक्षा पद्धति
(b) खाद्य फसलों की प्रजाति को विकसित करने की एक विधि
(c) आनुवंशिक रोगों की पूर्व सूचना प्राप्त करने की एक तकनीक
(d) मोतियाबिन्दु से बचाव की एक तकनीक

76. 2, 4-D है-
(a) एक कीटनाशक
(b) एक विस्फोटक
(c) एक कवकनाशी
(d) एक खरपतवारनाशी

77. 'सतीश धवन अन्तरिक्ष केन्द्र' स्थित है-
(a) विशाखापट्टनम में
(b) गोवा में
(c) श्री हरिकोटा में
(d) चेन्नई में

78. निम्नलिखित वैज्ञानिकों में से किसने भौतिक विज्ञान और जीव विज्ञान दोनों विषयों में अनुसन्धान किया है?
(a) जगदीश चन्द्र बोस
(b) हर गोविन्द खुराना
(c) सी.वी. रमन
(d) होमी जे. भाभा

79. किसने कहा था, 'डोडो' की भांति 'साम्राज्यवाद' दिवंगत हो चुका है?
(a) रैम्जे मैक्डोनाल्ड
(b) विन्स्टन चर्चिल
(c) क्लीमेण्ट एटली
(d) लॉर्ड वैवेल

80. वृद्धावस्था एवं काल प्रभावन के विषय में ज्ञान प्राप्त करने की विधा को कहते हैं-
(a) ओन्कोलॉजी (b) जेरेन्टोलॉली
(c) टैरैटोलॉजी (d) आर्निथोलॉजी

81. सूची-I को सूची-II से सुमेलित कीजिए तथा सूचियों के नीचे दिए गए कूट का प्रयोग करते हुए सही उत्तर चुनिए-

सूची-I	सूची-II
A. क्यूसेक	1. दाब
B. बाइट	2. भूकम्प की तीव्रता
C. रिक्टर	3. प्रवाह की दर
D. बार	4. कम्प्यूटर

कूट :

	A	B	C	D
(a)	1	2	3	4
(b)	3	4	2	1
(c)	4	3	2	1
(d)	3	4	1	2

82. कलपक्कम के 'फास्ट ब्रीडर टेस्ट रिएक्टर' में निम्नलिखित में से कौन शीतलक के रूप में प्रयोग में लाया जाता है?
(a) कार्बन डाइ-ऑक्साइड
(b) हैवी वाटर
(c) समुद्री जल
(d) गलित सोडियम

83. कृत्रिम प्रकाश-
(a) पर्णहरित को नष्ट कर सकता है।
(b) पर्णहरित का संश्लेषण कर सकता है।
(c) प्रकाश संश्लेषण का कारण हो सकता है।
(d) प्रकाश संश्लेषण का कारण नहीं हो सकता।

84. एक लोहे की गेंद को गर्म किया जाए, तो सर्वाधिक प्रतिशत वृद्धि होगी उसके-
(a) व्यास (Diameter) में
(b) सतह के क्षेत्रफल (Surface Area) में
(c) आयतन (Volume) में
(d) घनत्व (Density) में

85. यदि किसी चुम्बक को बराबर लम्बाई के दो टुकड़ों में काट दिया जाए, तो-
(a) दोनों टुकड़े अपना चुम्बकत्व (Magnetism) खो देंगे।
(b) एक टुकड़ा 'उत्तरी पोल' की तरह कार्य करेगा और दूसरा दक्षिणी पोल की तरह।
(c) उनमें से एक टुकड़ा अपना चुम्बकीय खो देगा।
(d) दोनों टुकड़े सम्पूर्ण चुम्बक की तरह कार्य करेंगे।

86. अक्षरों का कौन-सा समूह खाली स्थानों पर क्रमवार रखने से दी गई अक्षर शृंखला को पूरा करेगा?
a_b_c_a_bc_b_cd
(a) ccbcca (b) ccaccb
(c) cacabc (d) acbcab

87. निम्नलिखित शब्दों को शब्दकोष में दिए गए क्रम के अनुसार लिखें-
1. **Obscure**
2. **Objective**
3. **Objection**
4. **Obligation**
5. **Oblivion**

(a) 3, 2, 5, 4, 1
(b) 3, 2, 5, 1, 4
(c) 5, 2, 1, 3, 4
(d) 3, 2, 4, 5, 1

88. एक सरकारी बैठक में 130 विभागीय कर्मचारियों ने भाग लिया, उनमें से 66 चाय पीते हैं, 56 कॉफी पीते हैं और 63 जूस पीते हैं, 27 चाय या कॉफी पी सकते हैं, 25 कॉफी या जूस और 23 जूस या चाय पी सकते हैं, 5 कर्मचारी तीनों में से कुछ भी पी सकते हैं, कितने केवल चाय पीते हैं?
(a) 21 (b) 22
(c) 18 (d) 20

89. 3 समीकरण उसी संख्यात्मक प्रक्रिया को अपनाते हैं, इनके अनुसार लुप्त संख्या ज्ञात कीजिए।
178 = 817, 534 = 453, 294 = ?
(a) 429 (b) 492
(c) 924 (d) 942

90. यदि $53 \div 31 = 2, 45 \div 27 = 1, 69 \div 32 = 3$, तो $97 \div 26 = ?$
(a) 1 (b) 2
(c) 3 (d) 4

91. यदि MUSTARD को 132119201184 लिखा जाता है, तो उसी कूट में PROFUSE को कैसे लिखा जाता है?
(a) 16815621195
(b) 16181562195
(c) 16181521195
(d) 161815621195

92. यदि एक दर्पण को MN रेखा पर रखा जाए, तो दी गई आकृतियों में से कौन-सी आकृति प्रश्न आकृति का सही दर्पण प्रतिबिम्ब होगी?
प्रश्न आकृति :

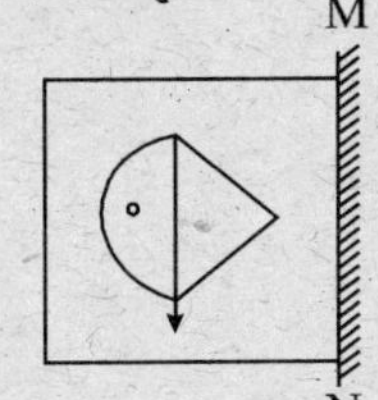

उत्तर आकृतियां

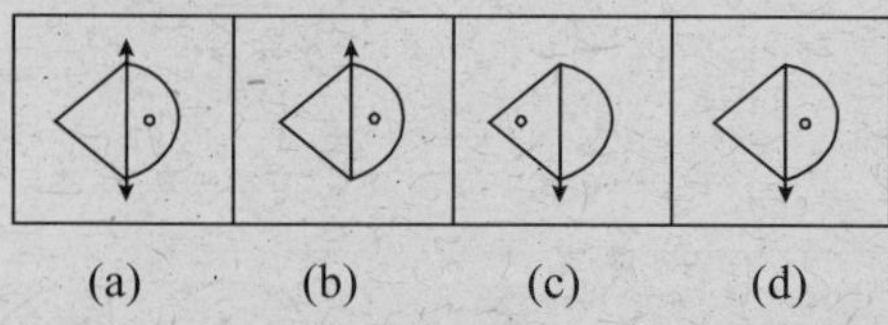

(a) (b) (c) (d)

93. दिए गए विकल्पों में से उस उपयुक्त आकृति को ज्ञात कीजिए, जिससे आकृति-मैट्रिक्स पूर्ण हो जाए।

प्रश्न आकृति :

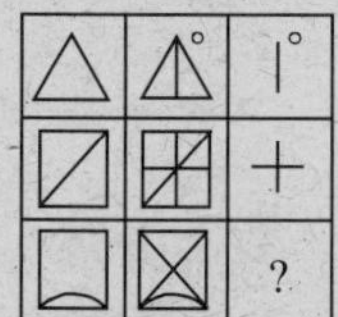

उत्तर आकृतियां :

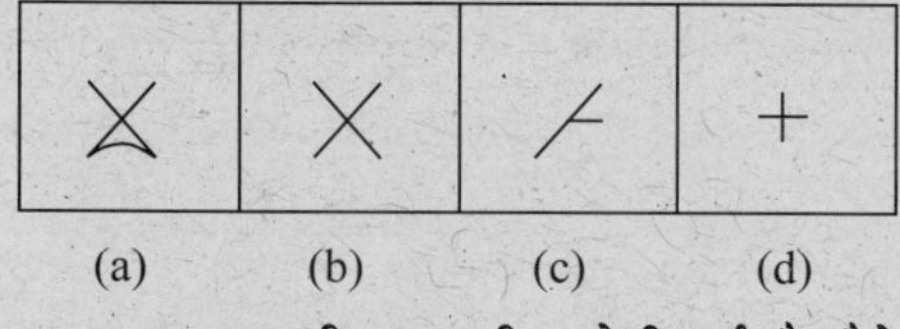

(a) (b) (c) (d)

94. कागज की एक शीट मोड़ी गई है जैसे प्रश्न आकृति में दिखाया गया है, चार उत्तर आकृतियों में से वह आकृति चुनिए जैसा खोलने पर यह कागज दिखाई देगा–

प्रश्न आकृतियां

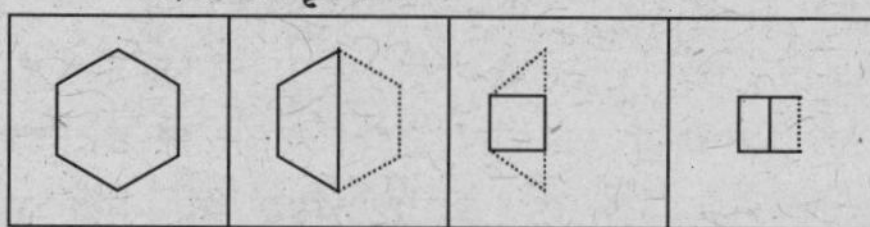

उत्तर आकृतियां

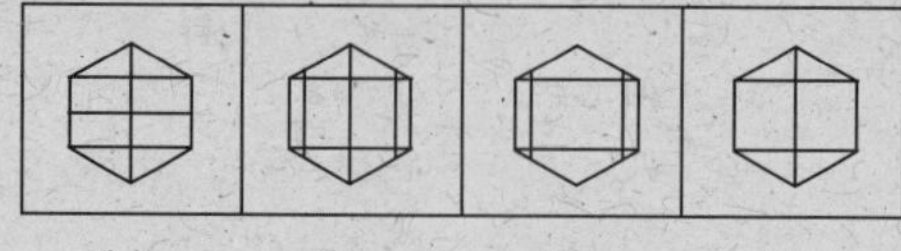

(a) (b) (c) (d)

95. उत्तर आकृतियों में से, प्रश्न आकृति में सन्निहित आकृति पैटर्न खोजिए–

प्रश्न आकृति :

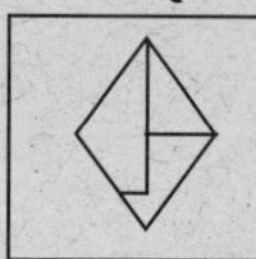

उत्तर आकृतियां :

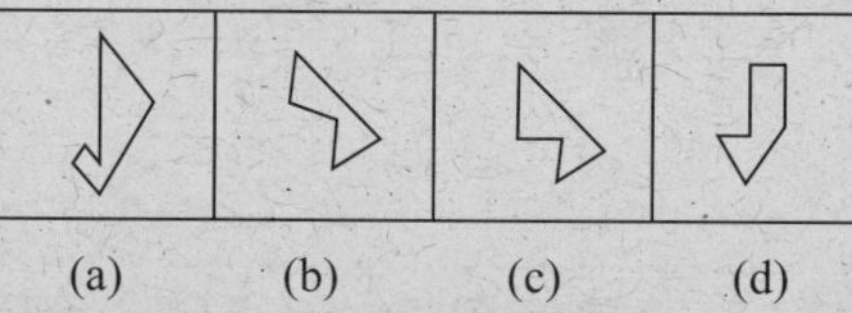

(a) (b) (c) (d)

96. मैं एक दिन में एक पुस्तक का $\frac{3}{8}$ हिस्सा पढ़ लेता हूं और शेष का $\frac{4}{5}$ हिस्सा अगले दिन पढ़ता हूं। इसके बाद यदि पुस्तक में 30 पृष्ठ बिना पढ़े रह गए हों, तो उस पुस्तक की कुल पृष्ठ संख्या कितनी है?

(a) 200 (b) 60
(c) 240 (d) 65

97. यदि $64^{x+1} = \frac{64}{4^x}$ हो तो x का मान कितना है?

(a) 1 (b) 0
(c) $\frac{1}{2}$ (d) 2

98. 1848 के विषम संयुक्त विभाजकों की संख्या कितनी है?

(a) 4 (b) 3
(c) 2 (d) 1

99. $\sqrt[3]{0.000125}$ का मान कितना होता है?

(a) 0.005 (b) 0.05
(c) 0.5 (d) 0.0005

100. यदि $\frac{51.84}{4.32} = 12$, हो, तो $\frac{0.005184}{0.432}$ का मान क्या होगा?

(a) 0.12 (b) 0.012
(c) 0.0012 (d) 1.2

व्याख्या सहित उत्तर

1. (b) गुर्जरा लघु शिलालेख मध्य प्रदेश के दतिया जिले में अवस्थित है। इस अभिलेख में अशोक का नामोल्लेख किया गया है। इस अभिलेख के अलावा अशोक का नामोल्लेख मास्की, मिहुर एवं उदैगोलम अभिलेख में हुआ है।

2. (a) उपर्युक्त में से ही सही युग्म का विकल्प (a) है क्योंकि खजुराहो मन्दिर का निर्माण चन्देल शासक ने किया था। अन्य मन्दिरों के निर्माता/वंश इस प्रकार है–

मन्दिर	वंश/शासक
(a) खजुराहो	चन्देल
(b) एलोरा गुफाएं	राष्ट्रकूट
(c) महाबलीपुरम	चोल
(d) मीनाक्षी मन्दिर	पाण्ड्य

3. (b) बुर्जहोम स्थल से मानव कंकाल के साथ कुत्ते का कंकाल भी शवाधान से प्राप्त हुआ है।

4. (c)

5. (c) भारतीय उपमहाद्वीप में कृषि के प्राचीनतम साक्ष्य मेहरगढ़ से प्राप्त हुए हैं। यह जगह बोलन दर्रे की तराई में स्थित है और मोहनजोदड़ों से लगभग 150 मील उत्तर-पश्चिम में स्थित है। यहां पर पशुचारियों का स्थायी कृषकों के रूप में परिवर्तन शुरू होता है और भारतीय उपमहाद्वीप में स्थायी कृषि के लिए अभी तक उपलब्ध प्राचीनतम प्रमाण उपलब्ध होते हैं। यहां पर आरम्भिक अधिवासों के विभिन्न संस्तरों वाले 6 (छ:) टीले हैं।

6. (d) मेगस्थनीज ने सैण्ड्रोकोट्टस (चन्द्रगुप्त मौर्य) और सिकन्दर महान् की भेंट का उल्लेख किया है।

मेगस्थनीज यूनानी राजदूत था जिसे सेल्युकस निकेटर ने चन्द्रगुप्त मौर्य के दरबार में भेजा था। 'इण्डिका' नामक पुस्तक लिखी जिसकी मूल पाण्डुलिपि उपलब्ध नहीं है। स्ट्रैबो, डायोडोरस, एरियन (तीनों यूनानी लेखक) एवं प्लिनी जैसे रोमन लेखकों के उद्धरण ों का संग्रह जो किसी न किसी रूप में इण्डिका से सम्बन्धित है, इण्डिया के रूप में हमारे पास उपलब्ध है।

7. (b) अलाउद्दीन खिलजी ने 'सिकन्दर-ए-सानी' की उपाधि धारण की थी। अलाउद्दीन का बचपन का नाम अली तथा गुरशास्प था। जलालुद्दीन के दिल्ली तख्त पर बैठने के बाद इसे अमीर-ए-तुजुक का पद मिला। मलिक छज्जू के विद्रोह को दबाने में महत्वपूर्ण भूमिका निभाने के कारण जलालुद्दीन ने इसे कड़ा-मानिकपुर की सूबेदारी सौंप दी। अलाउद्दीन ने खलीफा की सत्ता को मान्यता प्रदान करते हुए 'यामिन-उलखिलाफत-नासिरी-अमीर -उल-मोमिनीन' की उपाधिग्रहण की।

8. (c) ख्वाजा मुइनुद्दीन चिश्ती को 'शेख-उल-हिन्द की पदवी प्रदान की गई थी।

9. (b) सही सुमेलन इस प्रकार है–

वंश	राजधानी
A. काकतीय	वारंगल
B. होयसल	द्वारसमुद्र
C. यादव	देवगिरि
D. पाण्ड्य	मदुरै

10. (c) इल्तुतमिश ने 'टंका' नामक चांदी का सिक्का चलाया था। कुतुबुद्दीन ऐबक की मृत्यु के बाद इल्तुतमिश दिल्ली का शासक 1210 ई. में बना जिसने 1236 ई. तक शासन किया। इल्तुतमिश पहला तुर्क सुल्तान था जिसने शुद्ध अरबी सिक्के चलवाये। इसने सल्तनतकालीन दो महत्वपूर्ण सिक्के चांदी का 'टंका' (लगभग 175 ग्रेन का), तांबे का 'जीतल' चलवाया। इल्तुतमिश ने इक्ता व्यवस्था' का प्रचलन किया।

11. (b) कामरान, अस्करी, हिन्दाल हुमायूं के भाई थे, जबकि उस्मान हुमायूं का भाई नहीं था। अपने पिता के निर्देश के अनुसार हुमायूं ने अपने राज्य का

बंटवारा अपने भाइयों में कर दिया। इसने कामरान को काबुल और कंधार, मिर्जा अरकरी को सम्भल, मिर्जा हिन्दाल को अलवर एवं मेवाड़ की जागीरें दीं। अपने चचेरे भाई सुलेमान मिर्जा को हुमायूं ने बदख्शां प्रदेश दिया।

12. (b) मुगलों एवं मेवाड़ के राणा के मध्य चितौड़ की सन्धि जहांगीर के शासनकाल में हस्तक्षरित हुई थी।

13. (c)

14. (d) फिरोज तुगलक दिल्ली का प्रथम सुल्तान था जिसके 'हक्क-ए-शर्ब' (सिंचाई कर) लगाया था। यह कर उपज का 1/10 भाग होता था। राजस्व व्यवस्था के अन्तर्गत फिरोज ने अपने शासनकाला में 24 कष्टदायक करों को समाप्त कर केवल चार कर-खराज (लगान), खुम्स (युद्ध में लूट का माल), जजिया एवं जकात को वसूल करने का आदेश दिया। फिरोज तुगलक ब्राह्मणों पर जजिया लागू करने वाला पहला मुसलमान शासक था।

15. (d) मुहम्मद बिन तुगलक ने एक पृथक् कृषि विभाग की स्थापना की थी एवं फसल चक्र की योजना बनाई थी। इसने कृषि के विकास के लिए 'अमीर-ए-कोही' नामक एक नवीन विभाग की स्थापना की। मध्यकालीन सभी सुल्तानों में मुहम्मद तुगलक सर्वाधिक शिक्षित, विद्वान एवं योग्य व्यक्ति था।

16. (b) 1907 ई. में मुस्लिम लीग का वार्षिक अधिवेशन कराची में हुआ था।

17. (c) रौलेट एक्ट, जलियाँवाला बाग हत्याकांड तथा खिलाफ आन्दोलन ने असहयोग आन्दोलन की पृष्ठभूमि तैयार की। सितम्बर, 1920 में लाला लाजपत राय की अध्यक्षता में कांग्रेस के कलकत्ता के विशेष अधिवेशन में गांधी जी ने असहयोग प्रस्ताव रखा जिसका सी.आर. दास, एनी बेसेन्ट, पण्डित मदन मोहन मालवीय, विपिन चन्द्र पाली, मि. खन्ना, सर नारायण चन्द्रावरकर, शंकर नायर आदि नेताओं ने विरोध किया लेकिन असहयोग प्रस्ताव को पारित किया।

18. (c)

19. (d)

20. (b) प्रथम विश्व युद्ध के दौरान (1914-1918 ई.) भारत में होमरूल आन्दोलन लोकप्रिय हुआ था। होमरूल आन्दोलन जिसका उद्देश्य था-ब्रिटिश साम्राज्य के अधीन रहते हुए संवैधानिक तरीके से स्वशासन को प्राप्त किया जाए, के प्रमुख नेता थे-बाल गंगाधर तिलक एवं एनी बेसेन्ट। तिलक ने स्वशासन प्राप्त हेतु 28 अप्रैल, 1916 को बेलगांव में होमरूल लीग, की स्थापना की। इनके द्वारा स्थापित लीग का प्रभाव कर्नाटक, महाराष्ट्र (बम्बई छोड़कर) मध्य प्रान्त एवं बरार तक फैला हुआ था। तिलक ने मई, 1917 में नासिक में लीग की पहली वर्षगांठ मनाई।

21. (c)

घटनाएँ	**कालक्रम**
3. चम्पारन आन्दोलन	1917 ई.
1. जलियांवाला बाग हत्याकाण्ड	13 अप्रैल, 1919 ई.
4. मोपला विद्रोह	1921 ई.
2. चौरी-चौरा घटना	5 फरवरी, 1922 ई.

22. (a) सही सुमेलन इस प्रकार है-

सूची-I	**सूची-II**
A. अबुल कलाम आजाद	अल-हिलाल
B. फिरोजशाह मेहता	बॉम्बे क्रॉनिकल
C. एनी बेसेन्ट	न्यू इण्डिया
D. महात्मा गांधी	यंग इण्डिया

23. (c) अबुल कलाम आजाद भारतीय राष्ट्रीय कांग्रेस के लगातार 6 वर्षों तक अध्यक्ष रहे थे। 1888 ई. में जन्मे राष्ट्रवादी मुस्लिम नेता व स्वाधीनता संग्राम सेनानी, ब्रिटिश सरकार की नीतियों के प्रखर अलोचक तथा 'अल-हिलाल' नामक उर्दू साप्ताहिक पत्र के सम्पादक अबुल कलाम आजाद थे। उन्होंने 'अल-बलाघ' नामक साप्ताहिक पत्र भी निकाला। उनकी पुस्तक 'इण्डिया विन्स फ्रीडम' काफी चर्चित रही।

24. (a)

25. (b) काकोरी षड्यन्त्र केस 9 अगस्त, 1925 को हुआ था। हिन्दुस्तान रिपब्लिकन एसोसिएशन का उद्देश्य सशस्त्र क्रान्ति द्वारा ब्रिटिश नेता को समाप्त कर एक 'संघीय गणतन्त्र' की स्थापना करना था, जिसे संयुक्त राज्य भारत कहा जाएगा। क्रान्तिकारी गतिविधियों के व्यापक पैमाने पर विस्तार के लिए धन की आवश्यकता थी। एच.आर.ए. ने इस उद्देश्य की पूर्ति के लिए 9 अगस्त, 1925 को काकोरी में '8 डाउन ट्रेन' को रोक कर सरकारी खजाने को लूट लिया।

26. (c) अन्तरिम सरकार में रेल मन्त्रालय का कार्य आसफ अली के पास था।

अन्तरिम केन्द्रीय मन्त्रिपरिषद्-1946,

नाम	**विभाग**
जवाहर लाल नेहरू	प्रधानमन्त्री, विदेश व राष्ट्रमण्डल
सरदार वल्लभ भाई पटेल	गृह, सूचना व प्रसारण
सरदार बलदेव सिंह	रक्षा
जॉन मथाई	उद्योग तथा आपूर्ति
सी. राजगोपालाचारी	शिक्षा
सी.एच. भाभा	खान एवं बन्दरगाह
राजेन्द्र प्रसाद	खाद्य एवं कृषि
आसफ अली	रेलवे
जगजीवन राम	श्रम
लियाकत अली खान	वित्त
आई.आई. चुन्दरीगर	वाणिज्य
अब्दुल रब नश्तर	संचार
योगेन्द्र नाथ मण्डल	विधि
गजनफर अली खान	स्वास्थ्य

27. (d) 1936 ई. के लखनऊ एवं 1937 ई. के फैजपुर के कांग्रेस अधिवेशन में कांग्रेस के सभी गुट चुनाव में हिस्सा लेने के लिए सहमत हो गए। फरवरी, 1937 में हुए चुनावों में कांग्रेस ने हिस्सा लिया और उसे कुल 1161 में से 716 सीटों पर विजय प्राप्त हुई। ग्यारह प्रान्तों में से पांच प्रान्तों-मद्रास, बिहार, उड़ीसा, मध्य प्रान्त, संयुक्त प्रान्त में स्पष्ट बहुमत मिला जबकि बम्बई में लगभग पूर्ण बहुमत मिला। कांग्रेस ने जुलाई, 1937 में मद्रास, बम्बई, मध्य प्रान्त, उड़ीसा, संयुक्त प्रान्त में अपनी सरकार का गठन किया। कुछ दिन बाद पश्चिमोत्तर प्रान्त तथा असम में भी कांग्रेस की सरकार बनी। मन्त्रिमण्डल के कार्यों का निरीक्षण करने के लिए 'केन्द्रीय नियन्त्रण परिषद' का गठन किया गया। सरदार पटेल, राजेन्द्र प्रसाद तथा अबुल कलाम आजाद को इसका सदस्य बनाया गया। कांग्रेस ने अपनी चुनावी घोषणा को पूरा करते हुए सर्वप्रथम हजारों कैदियों को स्वतन्त्र कराया।

28. (b) ब्रिटिश भारत की राजधानी कलकत्ता से दिल्ली 1911 ई. में स्थानान्तरित हुई थी। उस समय भारत के गवर्नर-जनरल लॉर्ड हार्डिंग थे।

29. (c) मद्रास में स्वदेशी आन्दोलन का नेतृत्व चिदम्बरम पिल्लै ने किया था। स्वदेशी आन्दोलन और बहिष्कार आन्दोलन को फैलाने का काम उग्रवादी नेता तिलक, लाजपत राय, अरविन्द घोष व अन्य ने किया। इन्होंने बहिष्कार आन्दोलन में सिर्फ विदेशी कपड़ों को ही बहिष्कार नहीं किया बल्कि स्कूल, अदालतों, उपाधियों, सरकारी नौकरियों के बहिष्कार का भी नारा दिया। सैयद हैदर राजा ने दिल्ली में तथा चिदम्बरम पिल्लै ने मद्रास प्रेसीडेन्सी में इस आन्दोलन का नेतृत्व किया।

30. (d) दादाभाई नौरोजी ने 1853 ई. में 'बॉम्बे एसोसिएशन' की स्थापना की। वह पहले भारतीय थे जो उदारवादी दल की ओर से 1892 ई. में फिन्सबरी से ब्रिटिश संसद के सदस्य चुने गए। जीवन के आरम्भिक काल से दादाभाई देश के सामाजिक और राजनीतिक जीवन में सक्रिय रहे। उन्होंने मुम्बई में ज्ञान प्रकाश मण्डली बनाई और एक महिला स्कूल स्थापित किया। मुम्बई में इन्होंने 'राफ्त गोफ्तार' नामक पाक्षित पत्रिका आरम्भ की और 1876 ई. में 'पावर्टी एण्ड अनब्रिटिश रूल इन इण्डिया' के माध्यम से अंग्रेजों की शीर्षक नीतियों का अनावरण किया। 'ग्राण्ड ओल्ड मैन ऑफ इण्डिया' के नाम से विख्यात नौरोजी की मृत्यु 1917 ई. में हुई।

31. (d) द्वितीय गोलमेज की समाप्ति पर मैक्डोनाल्ड ने भारतीय साम्प्रदायिक समस्या पर आपसी सहमति की बात कही थी, ऐसा न होने पर रैम्जे मैक्डोनाल्ड ने अगस्त, 1932 में साम्प्रदायिक निर्णय की घोषणा की जिसके तहत अल्पसंख्यक समुदायों के लिए पृथक् निर्वाचन मण्डल की व्यवस्था की। इस नवीनतम घोषणा से दलित वर्ग को भी मुसलमान, सिख, ईसाई के साथ अल्पसंख्यक वर्ग में रखा गया। गांधी जी ने दलित वर्ग को अल्पसंख्यक वर्ग में शामिल करने तथा पृथक् निर्वाचन मण्डल की कड़ी आलोचना की तथा इसे समाप्त करने के लिए रैम्जे मैक्डोनाल्ड को पत्र लिखा, लेकिन कोई सुनवाई न होने के कारण उन्होंने 20 सितम्बर, 1932 से आमरण अनशन प्रारम्भ किया। मदन मोहन मालवीय, राजेन्द्र प्रसाद, पुरुषोत्तम दास टण्डन तथा सी. राजगोपालाचारी के प्रयासों के फलस्वरूप उन्होंने अम्बेडकर को दलित पृथक् निर्वाचन मण्डल को समाप्त करने के लिए मनाया तथा 26 सितम्बर, 1932 को गांधी जी और अम्बेडकर के मध्य 'पूना समझौता' (पूना पैक्ट) हुआ। समझौते की शर्तों के अनुसार दलित वर्ग के लिए पृथक निर्वाचन व्यवस्था समाप्त कर दी गई। लेकिन विधान मण्डलों में दलितों के लिए सुरक्षित सीटों की संख्या 71 से बढ़ाकर 147 कर दी गई।

32. (d) सुभाष चन्द्र बोस ने फारवर्ड ब्लॉक की स्थापना मार्च, 1939 में की थी। गांधी जी से मतभेद होने पर मार्च, 1930 में समाजवादी, अतिवादी नेता सुभाष चन्द्र बोस ने फारवर्ड ब्लॉक नामक संस्था की स्थापना की। ब्रिटिश सरकार ने सुभाष चन्द्र बोस को 2 जुलाई, 1940 को विद्रोह भड़काने के आरोप में गिरफ्तार कर लिया। जेल में अनशन के कारण स्थिति नाजुक होने पर 5 दिसम्बर, 1940 को उन्हें रिहा कर कलकत्ता स्थित एल्गिन रोड के उनके निवास स्थान पर नजरबन्द कर दिया गया। वहां से 17 जनवरी, 1941 को मौका पाकर वे भाग निकले। अफगानिस्तान, इटली होते हुए सुभाष चन्द्र बोस जर्मन पहुंचे। बर्लिन में उन्होंने जर्मनी के नाजी नेता हिटलर से मुलाकात की।

33. (b) 'स्थायी बन्दोबस्त' लॉर्ड कार्नवालिस के शासनकाल में प्रारम्भ किया गया था। इस व्यवस्था को जागीरदारी, मालगुजारी व बीसवेदारी नाम से भी जाना जाता था। वारेन हेस्टिंग्स (गवर्नर-जनरल बंगाल) ने अपना विचार व्यक्त करते हुए कहा कि भूमि का स्वामित्व सम्राट के पास हो। बिचौलियों को कमीशन एजेन्टों के रूप में किसानों से लगान वसूल करने के लिए बदले में कुछ कमीशन प्राप्त करने का अधिकार है। परन्तु हेस्टिंग्स की यह पद्धति असफल रही। 1772 ई. में हेस्टिंग्स ने पंचवर्षीय बन्दोबस्त चलाया। 1976 ई. में इस व्यवस्था को भी त्याग दिया गया।

34. (a) राधाकान्त देव प्रमुख बंगाली नेता थे जिन्होंने सामाजिक-धार्मिक सुधारों का विरोध किया था एवं रूढ़िवादिता का समर्थन किया था।

35. (a) बारीन्द्र घोष अनुशीलन समिति से सम्बद्ध थे। उन्होंने पूर्वी बंगाल में लेफ्टिनेंट गवर्नर फुलर की हत्या का असफल प्रयास 1907 ई. में किया था।

36. (c) हजारीबाग (झारखण्ड), गया और मुंगेर (बिहार) जिलों में भारत की सबसे बड़ी अभ्रक (Mica) मेखला पाई जाती है। भारत में विश्व का सर्वाधिक अभ्रक का भण्डार है तथा यहां से विश्व उत्पादन का लगभग दो-तिहाई अभ्रक प्राप्त किया जाता है।

37. (b) शान्त घाटी केरल राज्य में अवस्थित है।

38. (d) भारत में सर्वाधिक अनुसूचित जाति जनसंख्या वाला प्रदेश उत्तर प्रदेश है।

39. (b) उज्जैन क्षिप्रा नदी के तट पर स्थित है। यह नदी इन्दौर जिले की काकरी करडी नामक पहाड़ी से निकलती है। यह चम्बल नदी की सहायक नदी है। इसके किनारे उज्जैन का विख्यात महाकालेश्वर मन्दिर स्थित है जहां प्रति 12वें वर्ष कुम्भ मेला लगता है।

40. (c)

41. (b) बेंगुएला धारा शीतल जलधारा है जो दक्षिणी अटलाण्टिक महासागर में बहती है। अटलाण्टिक महासागर की धाराएं इस प्रकार हैं-

गर्म जलधारा-उत्तरी विषुवतीय जलधारा, फ्लोरिडा, गल्फस्ट्रीम, उत्तरी अटलाण्टिक प्रवाह, दक्षिणी विषुवतीय जलधारा, ब्राजील धारा।

ठण्डी जलधारा-लैब्रोडोर जलधारा, ग्रीनलैड धारा, फॉकलैण्ड जलधारा, बेंगुएला धारा।

42. (c) गंगा नदी की एकमात्र सहायक नदी गोमती का उद्गम मैदान में है। जबकि अन्य का उद्गम स्थल पहाड़ है। शारदा नदी कुमाऊं के पूर्वी भाग में मिलाप हिमनद से निकलती है। इसे काली, सरयू, गौरी गंगा इत्यादि नामों से भी जाना जाता है। सोन नदी अमरकण्टक के पठार से निकलती है। इसकी कुल लम्बाई 780 किमी है। यह पटना के निकट गंगा में मिल जाती है। रामगंगा नदी गढ़वाल हिमालय में नैनीताल के निकट निकलती है। इसकी कुल लम्बाई 600 किमी है। यह कन्नौज के निकट गंगा में मिल जाती है। गोमती नदी गाजीपुर के निकट गंगा में मिलती है।

43. (b) गन्ना और गेहूं के उत्पादन में भारत में उत्तर प्रदेश राज्य का प्रथम स्थान है।

फसल	प्रमुख उत्पादक राज्य
चावल	- पं. बंगाल, उत्तर प्रदेश, आन्ध्र प्रदेश, बिहार, पंजाब
गेहूं	- उत्तर प्रदेश, पंजाब, हरियाणा, बिहार, मध्य प्रदेश
गन्ना	- उत्तर प्रदेश, महाराष्ट्र, तमिलनाडु, कर्नाटक
ज्वार	- महाराष्ट्र, कर्नाटक, मध्य प्रदेश
बाजरा	- गुजरात, राजस्थान, उत्तर प्रदेश
दलहन	- मध्य प्रदेश, उत्तर प्रदेश, पंजाब

44. (c) चिल्का झील उड़ीसा राज्य में अवस्थित है। यह एक लैगून झील है। भारत के पूर्वी तट पर स्थित प्रमुख लैगून झील पुलिकट (चेन्नई), चिल्का (पुरी) तथा कोलेरू (आन्ध्र प्रदेश) है।

45. (c) ड्रेकेन्सबर्ग पर्वत द. अफ्रीका देश में स्थित है। यह द. अफ्रीका के दक्षिण-पूर्वी भाग में विस्तृत है। इसकी सर्वोच्च चोटी **थवनाएन्टलेयाना** है, जिसकी ऊंचाई 3482 मी. है। इस पर्वत की कुल लम्बाई 1290 किमी है।

46. (d) बुशमैन जनजाति कालाहारी मरुस्थल में निवास करती है। इनकी त्वचा का रंग पीला होता है। बुशमैन एवं काण्टु के मिश्रण से हॉटेण्टाट प्रजाति का निर्माण हुआ है।

47. (d) यह पृथ्वी का उपग्रह है जो पृथ्वी से 3,84,365 किमी दूर स्थित है। चन्द्रमा पर दिन का तापमान 100°C एवं रात का तापमान -180°C होता है। चन्द्रमा पर गुरुत्वाकर्षण बल का मान पृथ्वी के गुरुत्वाकर्षण का 1/6वां भाग है। कम गुरुत्वाकर्षण बल के कारण यहां वायुमण्डल का अभाव है।

48. (d) जापान के पास उच्च तकनीकी क्षमता है। इसी तकनीकी क्षमता के आधार पर यह विश्व के अग्रणी औद्योगिक देशों में से एक है। जापान के पास प्रचुर खनिज संसाधन नहीं हैं। जापान के प्रमुख औद्योगिक प्रदेशों में क्वांग्टो प्रदेश, किकी प्रदेश, नगोया प्रदेश एवं किता-क्यूशू प्रदेश प्रमुख हैं क्वांग्टो प्रदेश जापान का सबसे बड़ा औद्योगिक प्रदेश है।

49. (b) शुक्र ग्रह को पृथ्वी की जुड़वां बहन कहा जाता है। यह ग्रह पृथ्वी के सबसे निकट है। इसके पश्चात् क्रमशः मंगल, बुध, बृहस्पति का स्थान आता है। पृथ्वी एवं शुक्र का आकार लगभग बराबर है। अतः दोनों ग्रहों को जुड़वां ग्रह (Twin planet) कहा जाता है।

50. (d) विश्व की सबसे गहरी झील रूस में अवस्थित बैकाल झील है। इस झील का क्षेत्रफल 30.5 हजार वर्ग किमी है। इस झील की अधिकतम गहराई 1940 मी. है।

51. (b) अति गहरी महासागरीय द्रोणियां प्रशान्त महासागर में पाई जाती हैं।

(i) फिलीपीन्स द्रोणी
(ii) फिजी द्रोणी
(iii) पूर्वी ऑस्ट्रेलियाई द्रोणी
(iv) जेफ्रीज द्रोणी
(v) पेरू-चिली द्रोणी

52. (c) पहली बार उच्च उपज किस्म बीज (HYV) मैक्सिको देश में विकसित किए गए थे।

53. (c)

54. (c) शिक्षा जो प्रारम्भ में राज्य सूची का विषय थी, उसे भारतीय संविधान के 42वें संशोधन द्वारा समवर्ती सूची में स्थानान्तरित किया गया है।

55. (a) राज्य के नीति-निदेशक सिद्धान्त का वर्णन संविधान के भाग-4 में अनुच्छेद 36 से 51 तक किया गया है। इसकी प्रेरणा आयरलैण्ड के संविधान से मिली है। प्रौढ़ शिक्षा के बारे में राज्य के नीति-निदेशक सिद्धान्त में वर्णन नहीं है। उपर्युक्त अन्य तीनों का वर्णन इसमें है।

अनुच्छेद-43-कर्मकारों के लिए निर्वाहन मजदूरी।

अनुच्छेद-39क-समान न्याय और निःशुल्क विधिक सहायता, समान कार्य के लिए समान वेतन।

अनुच्छेद-41-कुछ दशाओं में काम, शिक्षा और लोक सहायता पाने का अधिकार।

56. (b) डॉ. बी.आर. अम्बेडकर की अध्यक्षता में संविधान सभा की प्रारूप सीमित में 6 अन्य सदस्य थे, जो इस प्रकार हैं-

1. संचालन समिति-डॉ. राजेन्द्र प्रसाद
2. संघ संविधान समिति-पं. जवाहर लाल नेहरू
3. प्रान्तीय संविधान समिति-सरदार वल्लभ भाई पटेल
4. प्रारूप समिति-डॉ. भीमराव अम्बेडकर
5. झण्डा समिति-जे.बी. कृपलानी
6. संघ शक्ति समिति-पं. जवाहर लाल नेहरू

57. (b) विधायी शक्तियों का केन्द्र तथा राज्यों के मध्य वितरण संविधान की सातवीं अनुसूची के तहत किया गया है। भारत में केन्द्र-राज्य सम्बन्ध संघवाद की ओर उन्मुख है तथा संघवाद की इस प्रणाली को कनाडा के संविधान से लिया गया है। भारतीय संविधान में केन्द्र तथा राज्य के मध्य विधायी, प्रशासनिक तथा वित्तीय शक्तियों का विभाजन किया गया है, लेकिन न्यायपालिका को विभाजन की परिधि से बाहर रखा गया है। भारतीय संविधान की सातवीं अनुसूची में केन्द्र एवं राज्यों के मध्य शक्तियों के बंटवारे से सम्बन्धित तीन सूचियाँ दी गई हैं-

(i) संघ सूची-99 विषय
(ii) राज्य सूची-61 विषय
(iii) समवर्ती सूची-52 विषय

58. (d)

59. (b) मध्य प्रदेश में द्विसदनात्मक व्यवस्था नहीं है। उत्तर प्रदेश, बिहार, कर्नाटक, जम्मू-कश्मीर एवं महाराष्ट्र में द्विसदनात्मक विधायिका है।

60. (d) उपर्युक्त सभी भारत में राजनीतिक व्यवस्था के विशिष्ट लक्षण हैं। भारत एक लोकतान्त्रिक गणतन्त्र है। इसमें संसदात्मक रूप की सरकार है। यहां सर्वोच्च सत्ता भारतीय जनता में निहित है। यह एक एकीकृत शक्ति का प्रावधान करती है।

61. (d) विपणन तृतीयक क्रियाकलाप है।

62. (b) भारत में कर्मचारियों के महंगाई भत्ते के निर्धारण का आधार उपभोक्ता मूल्य सूचकांक है।

63. (b) रिजर्व बैंक ऑफ इण्डिया के नोट निर्गमन विभाग को न्यूनतम 115 करोड़ मूल्य का स्वर्ण अपने स्टॉक में हमेशा रखना चाहिए।

64. (b) 'स्मार्ट मनी' शब्द का प्रयोग क्रेडिट कार्ड में प्रयोग होता है।

65. (a) विभेदीकृत ब्याज योजना का उद्देश्य समाज के कमजोर वर्ग के लिए रियायती ऋण प्रदान करना था।

66. (a) भारत में सर्वप्रथम कुटीर उद्योग का विकास हुआ था।

67. (a) आर.बी.आई. (RBI) के खुले बाजार संचालन का आशय शेयरों के क्रय-विक्रय से है।

68. (a) 2000°C ताप नापने हेतु सकल रेडिएशन थर्मामीटर का प्रयोग होता है, जैसे सूर्य का ताप। इसके द्वारा प्रायः 800°C से ऊंचे ताप ही मापे जाते हैं; इससे नीचे के ताप नहीं, क्योंकि इससे कम ताप की वस्तुएं उष्मीय विकिरण उत्सर्जित नहीं करती हैं। यह तापमापी स्टीफेन के नियम पर आधारित है, जिसके अनुसार उच्च ताप पर किसी वस्तु से उत्सर्जित विकिरण की मात्रा इसके परमताप के चतुर्थ घात के अनुक्रमानुपाती होती है।

69. (b) कच्चे फल को पकाने हेतु एथलीन गैस का प्रयोग होता है। एथलीन एकमात्र ऐसा हार्मोन है, जो गैसीय रूप में पाया जाता है। हार्मोन के रूप में इसे बर्ग (Burg) ने 1962 ई. में प्रमाणित किया था।

70. (d) टिटनेस (Tetanus) रोग बैसीलस टेटनी नामक जीवाणु से होता है। इस रोग के बैक्टीरिया अधिकांशतः जंग लगे लोहे पर, घोड़े की लीद या मल में पाए जाते हैं। इस रोग में रोगी को तेज बुखार आता है और शरीर में ऐंठन होती है।

71. (b) मानव शरीर की सबसे छोटी हड्डी का नाम स्टेपीज है।

72. (c) समुद्री घोड़ा एक मछली है।

73. (b) मानव मूत्र का पीला रंग यूरोक्रोम वर्णक की उपस्थिति के कारण होता है।

74. (c) एम्फीसीमा नामक बीमारी से फुफ्फुस (फेफड़ा) प्रभावित होता है। यह बीमारी पर्यावरणीय प्रदूषण के द्वारा होती है।

75. (c) जेनिका प्रौद्योगिकी आनुवंशिक रोगों की पूर्व सूचना प्राप्त करने की एक तकनीक है।

76. (d) 2, 4-D एक खरपतवारनाशी है।

77. (c) सतीश धवन अन्तरिक्ष केन्द्र श्री हरिकोटा में स्थित है।

78. (a) भारत के प्रख्यात वैज्ञानिक श्री जगदीश चन्द्र बोस ने भौतिक विज्ञान और जीव विज्ञान दोनों विषयों में अनुसन्धान किया है।

79. (b) द्वितीय विश्वयुद्ध के समय इंग्लैण्ड के प्रधानमन्त्री विन्स्टन चर्चिल ने कहा था कि 'डोडो' की भांति साम्राज्यवाद दिवंगत हो चुका है।

80. (b) **ओन्कोलॉजी (Oncology)**-कैन्सर या ट्यूमर का अध्ययन।

जेरेन्टोलॉजी-वृद्धावस्था से सम्बन्धित तथ्यों का अध्ययन।

टेरैटोलॉजी-किसी व्यक्ति के भौतिक विकास की असमानता का अध्ययन।

आर्निथोलॉजी-पक्षियों से सम्बन्धित अध्ययन

81. (b) उपर्युक्त प्रश्न का सही सुमेलन इस प्रकार है-

सूची-I	सूची-II
A. क्यूसेक	3. प्रवाह की दर
B. बाइट	4. कम्प्यूटर
C. रिक्टर	2. भूकम्प की तीव्रता
D. बार	1. दाब

82. (d) कलपक्कम के फास्ट ब्रीडर टेस्ट रिएक्टर में गलित सोडियम शीतलक के रूप में प्रयोग में लाया जाता है।

83. (c) कृत्रिम प्रकाश में प्रकाश संश्लेषण की क्रिया हो सकती है। पौधों में जल, प्रकाश, पर्णहरित तथा CO_2 की उपस्थिति में कार्बाहाइड्रेट्स के निर्माण की प्रक्रिया को प्रकाश संश्लेषण कहते हैं। प्रकाश संश्लेषण केवल दृश्य प्रकाश वर्णों में होता है। बैंगनी रंग के प्रकाश में सबसे कम तथा लाल रंग में सबसे अधिक प्रकाश संश्लेषण होता है।

84. (c) एक लोहे की गेंद को गर्म किया जाए तो सर्वाधिक प्रतिशत वृद्धि उसके आयतन में होती है।

85. (d) यदि किसी चुम्बक को बराबर लम्बाई के दो टुकड़ों में काट दिया जाए तो दोनों टुकड़े सम्पूर्ण चुम्बक की तरह कार्य करेंगे।

86. (a) a[c] b [c] c[b] /a[c] bc [c] b/ [a] cb

श्रेणी का लुप्त अक्षर समूह = ccbcca

87. (d) शब्दकोश के अनुसार शब्दों का क्रम :

3. Objection
↓
2. Objective
↓
4. Obligation
↓
5. Oblivion
↓
1. Obscure

88. (a) वेन आरेख से,

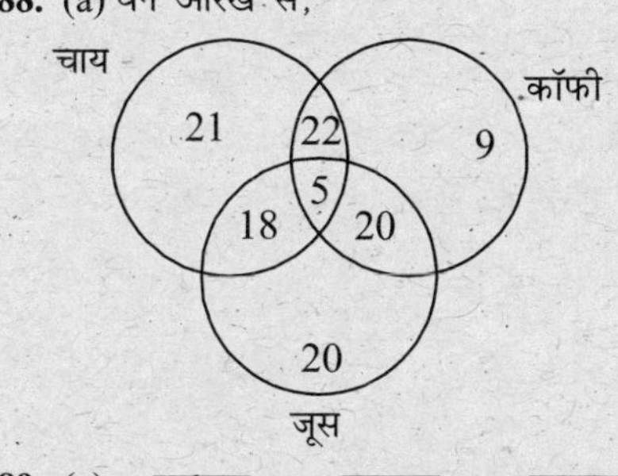

89. (a)

90. (b) $53 \div 31 \Rightarrow 8 \div 4 = 2;$

$45 \div 27 \Rightarrow 9 \div 9 = 1;$

$69 \div 32 \Rightarrow 15 \div 5 = 3;$

इसी प्रकार

$97 \div 26 \Rightarrow 16 \div 8 = 2;$

91. (d) जिस प्रकार,

M	U	S	T	A	R	D
↓	↓	↓	↓	↓	↓	↓
13	21	19	20	1	18	4

उसी प्रकार,

P	R	O	F	U	S	E
↓	↓	↓	↓	↓	↓	↓
16	18	15	6	21	19	5

92. (b) **93.** (b) **94.** (b) **95.** (c)

96. (c) माना पुस्तक में कुल पृष्ठों की संख्या x है।

$\therefore$ पहले दिन पढ़ी गई पृष्ठों की संख्या

$= \frac{3x}{8}$

$\therefore$ शेष पृष्ठों की संख्या $= x - \frac{3x}{8} = \frac{5x}{8}$

$\therefore$ दूसरे दिन पढ़ी गई पृष्ठों की संख्या

$= \frac{5x}{8} \times \frac{4}{5} = \frac{x}{2}$

$\therefore$ दूसरे दिन पढ़ी गई पृष्ठों की संख्या

$= x - \frac{x}{2} - \frac{3x}{8} = \frac{x}{8}$

$\because \frac{x}{8} = 30$

$\therefore x = 240$

97. (b) $\therefore (64)^{x+1} = \frac{64}{4^x}$

$\Rightarrow (64)^x \times 4^x = 1$

$\Rightarrow (4)^{4x} \times = 1 = 4^0$

$\Rightarrow 4x = 0 \therefore x = 0$

98. (b)

2	1848
2	924
2	462
3	231
7	77
	11

$\therefore$ विषम संयुक्त विभाजकों की संख्या = 3

99. (b) $\sqrt[3]{0.000125} = 0.05$

100. (b) व्यंजक $= \frac{0.005184}{0.432}$

$= \frac{5184}{432 \times 1000}$

$= \frac{12}{1000} = 0.012$

❑❑❑

प्रैक्टिस सेट-13

1. उत्तरी तथा उत्तरी-पश्चिमी भारत में सर्वाधिक संख्या में तांबे के सिक्कों को जारी किया था-
(a) इण्डो-ग्रीकों ने
(b) कुषाणों ने
(c) शकों ने
(d) प्रतिहारों ने

2. न्याय दर्शन को प्रचारित किया था-
(a) चर्वाक ने (b) गौतम ने
(c) कपिल ने (d) जैमिनी ने

3. प्राचीन भारत में 'निशाका' से जाने जाते थे-
(a) स्वर्ण आभूषण
(b) गायें
(c) तांबे के सिक्के
(d) चांदी के सिक्के

4. भगवान महावीर का प्रथम शिष्य था-
(a) जामालि (b) योसुद
(c) विपिन (d) प्रभाष

5. निम्नलिखित कथनों में से कौन-सा शंकराचार्य आठवीं शताब्दी के संत के बारे में सही नहीं है?
(a) उन्होंने भारत के विभिन्न क्षेत्रों में चार धाम स्थापित किये।
(b) उन्होंने बौद्ध तथा जैन धर्मों के विस्तार पर रोक लगाई।
(c) उन्होंने प्रयाग को तीर्थराज नाम दिया।
(d) उन्होंने वेदान्त का प्रसार किया।

6. सोनागिरि, जहां 108 जैन मन्दिर बने हुए हैं, किसके सन्निकट स्थित है?
(a) दतिया (b) झांसी
(c) ओरछा (d) ललितपुर

7. निम्नलिखित में से किसने दिल्ली में खगोलीय वेधशाला, जिसे जन्तर-मन्तर कहते हैं, बनवायी थी-
(a) अकबर ने (b) शाहजहां ने
(c) सूरजमल ने (d) जयसिंह द्वितीय ने

8. गोविन्द महल, जो हिन्दू वास्तुकला का अप्रतिम उदाहरण है, स्थित है-
(a) दतिया में (b) खजुराहो में
(c) ओरछा में (d) ग्वालियर में

9. अन्तिम मुगल सम्राट बहादुर शाह था। उसके पिता का नाम था-
(a) अकबर शाह I
(b) अकबर शाह II
(c) औरंगजेब
(d) शाहजहां

10. 1857 में किसने इलाहाबाद को आपातकालीन मुख्यालय बनाया था?
(a) लॉर्ड केनिंग
(b) लॉर्ड कार्नवालिस
(c) लॉर्ड वेलेजली
(d) लॉर्ड विलियम बैंटिक

11. 'स्वदेशवाहिनी' के सम्पादक थे-
(a) सी.वी. रामन पिल्लै
(b) सी.एन. मुदालियर
(c) के. रामकृष्ण पिल्लै
(d) सी.आर. रेड्डी

12. निम्नलिखित में से कौन-सा क्रिप्स मिशन के सम्बन्ध में सही नहीं है?
(a) युद्ध समाप्त होने पर डोमिनियम दर्जा
(b) संविधान सदन द्वारा निर्मित संविधान मान्य
(c) नई कार्य परिषद् की नियुक्ति जिसमें हिन्दुओं एवं मुसलमानों का समान प्रतिनिधित्व
(d) कोई भी सूबा भारतीय संघ से बाहर रह सकता था

13. निम्नलिखित में से किसने भारतीय राष्ट्रीय कांग्रेस के कराँची अधिवेशन का सभापतित्व किया था?
(a) जवाहरलाल नेहरू
(b) जे.एम. सेनगुप्ता
(c) एस.सी.बोस
(d) वल्लभ भाई पटेल

14. निम्नलिखित सत्याग्रहों में से किसका नेतृत्व गांधी ने नहीं किया था?
(a) भारत छोड़ो आन्दोलन
(b) सविनय अवज्ञा
(c) बारडोली
(d) खेड़ा

15. निम्नलिखित में से किस भाषा में 'दि इण्डियन ओपीनियन' पत्र नहीं छापा जाता था?
(a) अंग्रेजी (b) गुजराती
(c) तमिल (d) उर्दू

16. किसने भारतीय राष्ट्रीय कांग्रेस के विरुद्ध 'अनुनय, विनय और विरोध' की राजनीति का दोष लगाया था?
(a) बी.जी. तिलक
(b) एम.ए. जिन्ना
(c) एस.सी. बोस
(d) एनी बेसेन्ट

17. किस भारतीय राष्ट्रीय आन्दोलन का शीर्ष गीत बना वन्दे मातरम्?
(a) चम्पारण आन्दोलन
(b) सविनय अवज्ञा आन्दोलन
(c) असहयोग आन्दोलन
(d) स्वदेशी आन्दोलन

18. भारतीय राष्ट्रीय कांग्रेस का प्रथम मुस्लिम प्रेसीडेन्ट था-
(a) अबुल कलाम आजाद
(b) रफी अहमद किदवई
(c) एम.ए. अन्सारी
(d) बदरुद्दीन तैयबजी

19. महाराष्ट्र में गणपति पर्व का शुभारम्भ किया था-
(a) बाल गंगाधर तिलक ने
(b) गोपाल कृष्ण गोखले ने
(c) अरबिन्द घोष ने
(d) विपिन चन्द्र पाल ने

20. 1921-22 के असहयोग आन्दोलन का मुख्य प्रतिफल था-
(a) हिन्दू-मुस्लिम एकता
(b) सूबों को अधिक शक्तियां
(c) केन्द्रीय विधायिका सदन में चने हुए सदस्यों की संख्या में वृद्धि
(d) भारतीय राष्ट्रीय कांग्रेस में विभाजन

21. ब्रह्म समाज किस सिद्धान्त पर आधारित है?
(a) एकेश्वरवाद (b) बहुईश्वरवाद
(c) अनीश्वरवाद (d) अद्वैतवाद

22. ''स्वराज मेरा जन्मसिद्ध अधिकार है।''
(a) बाल गंगाधर तिलक
(b) गोपालकृष्ण गोखले
(c) जवाहरलाल नेहरू
(d) सुभाषचन्द्र बोस

23. निम्नलिखित में से किस पारिस्थितिकीय तंत्र में पौधों का जैविक पदार्थ अधिकतम है?
(a) उष्णकटिबन्धीय पतझड़ वन
(b) उष्ण कटिबन्धीय वर्षा वन
(c) शीतोष्ण पतझड़ वन
(d) रेगिस्तानी झाड़िया

24. कथन (A) : 'भारत छोड़ो आन्दोलन' भारतीय राष्ट्रीय आन्दोलन की पराकाष्ठा थी।
कारण (R) : 'भारत छोड़ो आन्दोलन' के पश्चात् शक्ति हस्तान्तरण की प्रक्रिया की खोज समय का तकाजा थी।
नीचे दिए गए कूट में से सही उत्तर चुनिए-
कूट :
(a) A और R दोनों सही हैं तथा R, A की सही व्याख्या है
(b) A और R दोनों सही हैं परंतु R, A की सही व्याख्या नहीं है
(c) A सही है, परंतु R गलत है
(d) A गलत है, परंतु R सही है

25. एक जनजाति, जो सरहुल त्योहार मनाती है, वह है-
(a) संथाल (b) मुण्डा
(c) भील (d) थारू

26. झूमिंग सर्वाधिक व्यवहृत है-
(a) असम में (b) आन्ध्र प्रदेश में
(c) नागालैण्ड में (d) मध्य प्रदेश में

27. दस डिग्री चैनल पृथक् करता है-
(a) अण्डमान को निकोबार द्वीप से
(b) अण्डमान को म्यांमार से
(c) भारत को श्रीलंका से
(d) लक्षद्वीप को मालद्वीप से

28. निम्नलिखित में से कौन-सा एक सुमेलित नहीं है?
(a) बिहू - असम
(b) ओणम - आन्ध्र प्रदेश
(c) पोंगल - तमिलनाडु
(d) बैसाखी - पंजाब

29. निम्नलिखित में से कौन-सा सुमेलित नहीं है?
(a) जयपुर - गुलाबी नगर
(b) उज्जैन - महाकाल का नगर
(c) कोलकाता - आनन्द का नगर
(d) जैसलमेर - झीलों का नगर

30. उत्तरांचल की सबसे बड़ी अनुसूचित जनजाति है-
(a) भोक्सा (b) भोटिया
(c) जौनसारी (d) थारू

31. दक्षिण भारत की सबसे ऊंची चोटी है-
(a) अनाइमुडी (b) दोदाबेट्टा
(c) अमरकंटक (d) महेन्द्रगिरि

32. भारत का सर्वाधिक खनिज युक्त शैल तन्त्र है-
(a) धारवाड़ तन्त्र (b) विन्ध्य तन्त्र
(c) कुडप्पा तन्त्र (d) गोण्डवाना तन्त्र

33. 2001 की जनगणना के अनुसार भारत का सर्वाधिक नगरीकृत राज्य है-
(a) गुजरात (b) केरल
(c) महाराष्ट्र (d) तमिलनाडु

34. किसी प्रजातिको विलुप्त माना जा सकता है, जब वह अपने प्राकृतिक आवास में नहीं देखी गई है-
(a) 15 वर्ष से (b) 25 वर्ष से
(c) 40 वर्ष से (d) 50 वर्ष से

35. मानव-जनित पर्यावरणीय प्रदूषक कहलाते हैं-
(a) परजैविक (b) प्रतिजैविक
(c) ह्यूमेलिन (d) एनल्जेसिक

36. विश्व की हरितगृह गैसों में भारत का अधि भाग है-
(a) 1% (b) 2%
(c) 3% (d) 5%

37. भारत में जनसंख्या में दशकीय वृद्धि सर्वाधिक रही-
(a) 1951-61 के दौरान
(b) 1961-71 के दौरान
(c) 1971-81 के दौरान
(d) 1991-2001 के दौरान

38. भारत में 2001-2011 के दौरान जनसंख्या की सर्वाधिक दशकीय वृद्धि दर्ज की गई थी-
(a) बिहार में (b) नागालैण्ड में
(c) सिक्किम में (d) उत्तर प्रदेश में

39. भारत के नगरीय क्षेत्रों में न्यूनतम शिशु मृत्यु दर पायी जाती है-
(a) केरल में
(b) महाराष्ट्र में
(c) तमिलनाडु में
(d) गुजरात में

40. भारत में सोयाबीन का अग्रणी उत्पादक है-
(a) छत्तीसगढ़
(b) मध्य प्रदेश
(c) महाराष्ट्र
(d) उत्तर प्रदेश

41. कर्क रेखा नहीं गुजरती है-
(a) मिस्त्र से (b) भारत से
(c) ईरान से (d) म्यांमार से

42. पत्तन जहां एल.एन.जी. टर्मिनल नहीं है, है-
(a) दाहेज (b) हजीरा
(c) कोच्चि (d) कांडला

43. कथन (A) : गंगा बहुत ही प्रदुषित नदी है।
कारण (R) : जो नदी जितनी पवित्र होती है, वह उतनी ही अधिक प्रदूषित होती है।
नीचे दिए गए कूट में से सही उत्तर चुनिए-
कूट :
(a) A और R दोनों सही हैं तथा R, A की सही व्याख्या है।
(b) A और R दोनों सही हैं परंतु R, A की सही व्याख्या नहीं है।
(c) A सही है, परंतु R गलत है।
(d) A गलत है, परंतु R सही है।

44. निम्नलिखित कथनों में से कौन-सा सही नहीं है?
(a) आज भारत में लगभग 28% जनसंख्या नगरों में रहती है।
(b) भारत के जनांकिकीय इतिहास में वर्ष 1921 नगरीय विभाजक है।
(c) मुम्बई भारत की सर्वाधिक जनसंख्या वाला महानगर है।
(d) उत्तर प्रदेश में केवल 50 लाख नगर है।

45. कथन (A) : उड़ीसा तट भारत में सर्वाधिक चक्रवात-प्रवण क्षेत्र है।
कारण (R) : महानदी डेल्टा क्षेत्र में भारी मात्रा में मैन्ग्रोव का निर्वनीकरण हुआ है।
नीचे दिए गए कूट में से सही उत्तर चुनिए-
कूट :
(a) A और R दोनों सही हैं तथा R, A की सही व्याख्या है।
(b) A और R दोनों सही हैं परंतु R, A की सही व्याख्या नहीं है।
(c) A सही है, परंतु R गलत है।
(d) A गलत है, परंतु R सही है।

46. भारत में निम्न लिंगानुपात के लिए निम्नांकित में से कौन-से कारक उत्तरदायी हैं?

नीचे दिये गए कूट से सही उत्तर का चयन कीजिए-
1. उच्च मातृ-मृत्यु दर
2. उच्च बालिका मृत्यु दर
3. बालिका भ्रूण हत्या
4. बालिकाओं की तुलना में अधिक बालकों का जन्म

कूट :
(a) 1, 2 और 3 (b) 2, 3 और 4
(c) 1, 3 और 4 (d) 1, 2, 3 और 4

47. निम्नलिखित देशों में से कौन-सा स्थल अवरुद्ध देश नहीं है?
(a) अफगानिस्तान (b) लाइबेरिया
(c) लाओस (d) लक्जेम्बर्ग

48. निम्नलिखित कथनों पर विचार कीजिए तथा नीचे दिए गए कूट से सही उत्तर चुनिए-
1. क्यूबा को विश्व का 'चीनी का कटोरा' कहा जाता है।
2. हाँगकाँग चीन का विशिष्ट प्रशासनिक प्रदेश है।
3. संसार में सयुक्त राज्य अमेरिका दूध का अग्रणी उत्पादक है।
4. ऑस्ट्रेलिया एक संघीय राज्य है।

कूट :
(a) केवल 1 तथा 2
(b) केवल 1, 2 तथा 3
(c) केवल 2, 3 तथा 4
(d) केवल 1, 2 तथा 4

49. सूची-I को सूची-II से सुमेलित कीजिए तथा नीचे दिये गए कूट से सही उत्तर का चयन कीजिए-

सूची-I (केन्द्र)	सूची-II (उद्योग)
A. पिट्सबर्ग	1. पोत निर्माण उद्योग
B. शंघाई	2. लोहा तथा इस्पात
C. डून्डी	3. सूती वस्त्र
D. लेनिनग्राद	4. जूट वस्त्र

कूट :

	A	B	C	D
(a)	1	2	3	4
(b)	4	3	2	1
(c)	2	3	4	1
(d)	4	3	1	2

50. दक्षिणी अमेरिका का चौड़ा वृक्ष रहित घास का मैदान कहलाता है-
(a) सेल्वा (b) पम्पास
(c) प्रेयरी (d) स्टेपीज

51. निम्नलिखित में से कौन-सी दक्षिण अटलांटिक महासागर की शीतल धारा है?
(a) कैनेरी धारा
(b) बैंगुएला धारा
(c) अंगलुहास धारा
(d) ब्राजील धारा

52. अन्तर्राष्ट्रीय अम्ल वर्षा सूचना केन्द्र स्थापित किया गया है-
(a) बर्लिन में (b) ओस्लो में
(c) ओसाका में (d) मैनचेस्टर में

53. निम्नलिखित में से कौन-सा सुमेलित नहीं है?
(a) चिनूक — संयुक्त राज्य अमेरिका
(b) सिरॉको — सिसिली
(c) ब्लिजर्ड — चिली
(d) नार्वेस्टर्स — भारत

54. निम्नलिखित में से कौन घुमक्कड़ नहीं है?
(a) पिग्मी (b) कजाक
(c) मसाई (d) लैप

55. संयुक्त राज्य अमेरिका में निम्नलिखित में से किस क्षेत्र को 'टॉरनैडो ऐली' कहा जाता है?
(a) अटलांटिक समुद्रतट
(b) प्रशान्त तट
(c) मिसीसिपी मैदान
(d) अलास्का

56. मृतक घाटी जानी जाती है, इसकी-
(a) अत्यधिक उष्णता के लिए
(b) अत्यधिक ठण्ड के लिए
(c) असामान्य गहराई के लिए
(d) अत्यधिक लवणता के लिए

57. मौना लोआ एक सक्रिय ज्वालामुखी है-
(a) अलास्का का (b) हवाई का
(c) इटली का (d) जापान का

58. निम्नलिखित में से कौन-सा सुमेलित नहीं है?
(a) अंशन — लोहा व इस्पात
(b) डेट्रायट — आटोमोबाइल्स
(c) मास्को — पोत निर्माण
(d) ओसाका — वस्त्र उद्योग

59. मौलिक अधिकारों के अन्तर्गत कौन-सा अनुच्छेद बच्चों के शोषण से सम्बन्धित है?
(a) अनुच्छेद-17 (b) अनुच्छेद-19
(c) अनुच्छेद-23 (d) अनुच्छेद-27

60. राष्ट्रपति का रिक्त स्थान भर लिया जाना चाहिए-
(a) 90 दिनों में (b) छः माह में
(c) नौ माह में (d) एक वर्ष में

61. निम्नलिखित कथनों में से कौन-सा सही है?
(a) भारतीय संविधान अध्यक्षात्मक है।
(b) भारत एक नाममात्र का राजतन्त्र है।
(c) भारत एक कुलीन तन्त्र है।
(d) भारत एक संसदात्मक प्रजातन्त्र है।

62. निम्नलिखित में से राज्यों के किस युग्म को लोकसभा में समान सीटें प्राप्त हैं?
(a) पंजाब तथा असम
(b) गुजरात तथा राजस्थान
(c) मध्य प्रदेश तथा तमिलनाडु
(d) आन्ध्र प्रदेश तथा राजस्थान

63. राष्ट्रपति पद्धति में समस्त कार्यपालिका की शक्तियां निहित होती हैं-
(a) राष्ट्रपति में
(b) कैबिनेट में
(c) व्यवस्थापिका में
(d) उच्च सदन में

64. भारत में त्रि-स्तरीय पंचायती राजतन्त्र की सिफारिश की थी-
(a) अशोक मेहता समिति ने
(b) बलवन्त राय मेहता समिति ने
(c) जी.के.वी. राव समिति ने
(d) एल. एम. सिंघवी समिति ने

65. प्रथम स्पीकर जिसके खिलाफ लोकसभा में अविश्वास प्रस्ताव लाया गया था, था-
(a) बी.आर. झाखड़
(b) जी.वी. मावलंकर
(c) हुकुमसिंह
(d) के.एस. हेगड़े

66. केशवानन्द भारती केस का महत्त्व इसलिए है कि-
(a) उसने कार्यपालिका के आदेशों को दरकिनार कर दिया।
(b) उच्चतमक न्यायालय ने संविधान की मूल विशेषताओं को प्रतिपादित किया।
(c) उसने संघीय सरकार को कटघरे में खड़ा कर दिया।
(d) उपरोक्त में से कोई नहीं।

67. निम्नलिखित में से कौन लोकसभा तथा राज्यसभा के संयुक्त अधिवेशन में सभापतित्व करता है?
(a) चेयरमैन राज्यसभा
(b) स्पीकर
(c) प्रधानमन्त्री
(d) प्रोटेम स्पीकर

68. निम्नलिखित में से कौन एक अप्रासंगिक है?
(a) सेन्सेक्स (b) बी.एस.ई.
(c) निफ्टी (d) सैप्स

69. केन्द्रीय बजट में राजस्व व्यय की सबसे बड़ी मद होती है-
(a) रक्षा व्यय
(b) मुख्य उपदान
(c) ब्याज की अदायगी
(d) राज्यों को अनुदान

70. गेहूँ की सिंचाई हेतु अति क्रान्तिक अवस्था है-
(a) ताज निकलने की अवस्था
(b) किल्ले निकलने की अवस्था
(c) बूट अवस्था
(d) सन्धि की अवस्था

71. भारत में कृषि को वित्त देने वाली शीर्ष संस्था है-
(a) रिजर्व बैंक ऑफ इण्डिया
(b) नाबार्ड
(c) सहकारी समितियां
(d) भारत सरकार

72. सूची-I को सूची-II से सुमेलित कीजिए तथा नीचे दिये गए कूट से सही उत्तर चुनिए-

सूची-I (भौतिक राशियां)	सूची-II (इकाई)
A. त्वरण	1. जूल
B. बल	2. न्यूटन-सेकण्ड
C. कृत कार्य	3. न्यूटन
D. आवेग	4. मीटर/सेकण्ड^2

कूट :

	A	B	C	D
(a)	1	2	3	4
(b)	2	1	4	3
(c)	4	3	1	2
(d)	3	4	2	1

73. वर्षा की बूंदें गोलाकार होती हैं, क्योंकि-
(a) वे बहुत ऊंचाई से गिरती हैं।
(b) हवा में प्रतिरोध होता है।
(c) जल में पृष्ठ-तनाव होता है।
(d) उपरोक्त में से कोई नहीं।

74. किसी तारे का रंग दर्शाता है-
(a) उसकी पृथ्वी से दूरी
(b) उसका ताप
(c) उसकी ज्योति
(d) उसकी सूर्य से दूरी

75. कॉस्मिक किरणों के सम्बन्ध में निम्न कथनों में से कौन-सा सही नहीं है?
(a) वे विद्युत चुम्बकीय तरंगें होती हैं।
(b) उनकी तरंगदैर्ध्य बहुत छोटी होती है।
(c) वे बहुत अधिक ऊर्जा वाले आवेशित कणों से बनी होती हैं।
(d) वे सूर्य से उत्पन्न होती हैं।

76. विलहेल्म रॉन्टजेन ने आविष्कार किया था-
(a) रेडियों का
(b) एक्स-रे मशीन का
(c) विद्युत बल्ब का
(d) विद्युत मोटर का

77. बिजली के बल्ब का तन्तु बना होता है-
(a) मैग्नीशियम का
(b) लोहे का
(c) नाइक्रोम का
(d) टंग्स्टन का

78. लम्बाई की न्यूनतम इकाई है-
(a) माइक्रोन (b) नैनोमीटर
(c) ऐंग्स्ट्रोम (d) फर्मीमीटर

79. जब अर्धचन्द्र होता है, तो सूर्य, पृथ्वी तथा चन्द्र के बीच का कोण होता है-
(a) 45^0 (b) 90^0
(c) 180^0 (d) 270^0

80. टाँका एक मिश्रधातु है-
(a) टिन तथा सीसे की
(b) टिन तथा तांबे की
(c) टिन, तांबे तथा जस्ते की
(d) टिन, सीसा तथा जस्ते की

81. स्वचालित वाहनों में प्रदूषण नियन्त्रण हेतु प्रयुक्त सी.एन.जी. में मुख्यतः उपस्थित है-
(a) CH_4 (b) CO_2
(c) N_2 (d) H_2

82. निम्नलिखित में से कौन-सा रसायन फल पकानें में सहायता करता है?
(a) एथिलीन (b) एट्राजिन
(c) आइसोप्रोटूरान (d) मैलेथियान

83. निम्नलिखित नोबल गैसों में से कौन-सी वायु में नहीं पाई जाती है?
(a) हीलियम (b) ऑर्गन
(c) रेडोन (d) निऑन

84. पारिस्थितिकी निकेत (आला) की संकल्पना को प्रतिपादित किया था-
(a) ग्रीनेल्स ने
(b) डार्विन ने
(c) ई.पी. ओडम ने
(d) सी.सी. पार्क ने

85. मच्छर-क्वाइल में प्रयोग होने वाला पाइरेथ्रिन प्राप्त होता है-
(a) एक बीजीय पौधे से
(b) एक कीट से
(c) एक जीवाणु से
(d) एक कवक से

86. BCD, DED, FGF, HIH, ?
(a) JHJ (b) IJI
(c) JKJ (d) HJH

87. 2, 3, 5, 6, 7, 9, 10, 11, 13, ?
(a) 12 (b) 15
(c) 14 (d) 16

निर्देश (प्रश्न 88-90 तक) : दिए गए विकल्पों में से विषम शब्द/संख्या/संख्या युग्म/ आकृति को ज्ञात कीजिए।

88. (a) त्रिभुज (b) पिरामिड
(c) समचतुर्भुज (d) समान्तर चतुर्भुज

89. (a) स्पष्टवादी
(b) घिघिआना (जी-हजूरी)
(c) चाटुकारता
(d) चापलूसी करना

90. (a) 289 (b) 196
(c) 169 (d) 120

निर्देशः (प्रश्न 91-94 तक): निम्नलिखित प्रश्नों में दिए गए विकल्पों में से सम्बन्धित शब्द/अक्षरों/ संख्या/ आकृति को चुनिए।

91. विमान : विमानशाला : कार : ?
(a) सड़क (b) गैराज
(c) टायर (d) ब्रेक

92. BDAC : FHEG : NPMO : ?
(a) RTQS (b) QTRS
(c) RQTS (d) SQRT

93. BOMBAY : CNNABX : : ? : DMMBLY
(a) CNCLBZ (b) CNLCAZ
(c) CNLCBX (d) CNLCKZ

94. 33 : 10 : : 54 : ?
(a) 15 (b) 17
(c) 19 (d) 21

95. अक्षरों का कौन-सा समूह खाली स्थानों का क्रमवार रखने से दी गई अक्षर शृंखला को पूरा करेगा?
ab_d_aaba_na_badna_badna
(a) babda (b) andaa
(c) badna (d) dbanb

96. एक संख्या 10% घटाने से 30 रह जाती है। उसे 40 बनाने के लिए, संख्या को कितना बढ़ाया जाए?
(a) 10% (b) 15%
(c) 20% (d) 25%

97. एक आदमी एक वस्तु को 20% के लाभ पर बेचता है। यदि उसने वह 20% कम पर खरीदी होती और ₹ 5 कम पर बेची होती, तो उसे 25% लाभ होता, वस्तु का क्रय मूल्य है–
(a) ₹ 15 (b) ₹ 20
(c) ₹ 25 (d) ₹ 30

98 15 सेबों का क्रय मूल्य 25 सेबों के विक्रय मूल्य के बराबर है। हानि प्रतिशत है–
(a) 66.6
(b) 56.0
(c) 46.6
(d) 40.0

99. दो संख्याओं का औसत 6 है और उनके व्युत्क्रमों का औसत $\frac{3}{16}$ है। संख्याएं हैं–
(a) 8 और 4 (b) 7 और 5
(c) 3 और 9 (d) 2 और 10

100. एक बल्लेबाज 19 वीं पारी में 78 रन बनाता है और उसका औसत रन 2 कम हो जाता है। 19वीं पारी के बाद औसत रन है–
(a) 118 (b) 122
(c) 156 (d) 1144

व्याख्या सहित उत्तर

1. (b) उत्तरी-पश्चिमी भारत में स्वर्ण सिक्कों का प्रचलन सर्वप्रथम इण्डो-ग्रीक राजाओं ने करवाया, परन्तु कुषाण राजाओं ने विभिन्न आकार-प्रकार के स्वर्ण, ताम्र एवं रजत सिक्कों का प्रचलन करवाया जिसमें ताम्र सिक्कों की संख्या सर्वाधिक थी।

2. (b) प्राचीन हिन्दू साहित्य में दार्शनिक सम्प्रदायों की संख्या 6 मानी गई है, जो हैं-

दर्शन	प्रवर्तक
1. सांख्य	कपिल
2. योग	पतञ्जली
3. न्याय	गौतम
4. वैशैषिक	कणाद
5. मीमांसा	जैमिनी
6. वेदान्त	वादरायण

3. (a) मौर्य युग से पूर्व 'निष्क' स्वर्ण आभूषण के नए में प्रयुक्त होता था, परन्तु मौर्य युग तक आते-आते व्यापार-व्यवसाय में नियमित सिक्कों का प्रचलन हो चुका था। इनमें सोने के सिक्कों को 'निष्क' और 'सुवर्ण' कहा जाता था। चांदी के सिक्कों को 'कार्षापण' या 'धारण' कहा जाता था। तांबे के सिक्के 'माषक' कहलाते थे और छोटे-छोटे तांबे के सिक्कों को 'काकणी' कहा जाता था।

4. (a) भगवार महावीर का जन्म 599 ईसा पूर्व में वैशाली के निकट कुण्डग्राम में हुआ था। वह जैन परम्परानुसार 24वें तीर्थंकर थे। भगवान महावीर ने सर्वप्रथम अपने जामाता जामालि को शिष्य बनाया, किन्तु उसने ही सर्वप्रथम जैन धर्म में विरोध किया।

5. (c) शंकराचार्य का जन्म केरल प्रान्त में कलादी नामक ग्राम में 788 ई. के लगभग हुआ था। उनके द्वारा हिन्दू धर्म के प्रबल प्रचार-प्रसार से बौद्ध एवं जैन धर्म को गहरा धक्का लगा तथा उसका विलोप हो गया। अपने कार्यों को मूर्त रूप देने के लिए उसने देश की चारों दिशाओं-उत्तर में केदारनाथ, दक्षिण में शृंगेरी, पूर्व में पुरी तथा पश्चिम में द्वारका में प्रसिद्ध मठों की स्थापना की। शंकराचार्य का मत 'अद्वैतवाद' के नाम से विख्यात है जो उपनिषदों के सन्निकट है।

6. (a) सोनागिरि, जहां 108 जैन मन्दिर हैं, मध्य प्रदेश के दतिया जिले में स्थित है। दतिया जिले के गुर्जरा में अशोक के एक लघु शिलालेख में अशोक का नाम देवनाम पियदसि के रूप में उल्लिखित है।

7. (d) सवाई जयसिंह (1688-1743) ने सुप्रसिद्ध जयपुर अथवा गुलाबी नगर तथा जयपुर, दिल्ली, बनारस, उज्जैन तथा मथुरा में ज्योतिष की वेधशालाएं बनवाई।

8. (d) ग्वालियर में स्थित महत्वपूर्ण पर्यटक स्थल हैं-मोती महल, गूजरी महल, जयविलास महल, तानसेन का मकबरा, बादल महल, सास-बहू मन्दिर, तेली का मन्दिर इत्यादि।

9. (b)

मुगल सम्राट	कार्यकाल
शाहजहां	1627-1657
औरंगजेब	1657-1707
अकबर शाह I	1748-1754
अकबर शाह II	1806-1837
बहादुरशाह II	1837-1857

10. (c)

गवर्नर जनरल	कार्यकाल
लॉर्ड कार्नवालिस	1786-93
(प्रथम शासन)	
(दूसरा शासन)	1805
लॉर्ड वेलेजली	1798-1805
लॉर्ड विलियम बैंटिक	1828-1833
लॉर्ड केनिंग	1858-1862

11. (c)

12. (c) क्रिप्स प्रस्ताव, मार्च 1942 के प्रमुख तथ्य हैं-

(क) युद्ध के बाद एक नये भारतीय संघ का निर्माण होगा, जिसे पूर्ण उपनिवेश का दर्जा प्राप्त होगा तथा इसे ब्रिटिश राष्ट्रमण्डल से सम्बन्ध विच्छेद का भी अधिकार होगा।

(ख) युद्ध के शीघ्र बाद एक संविधान निर्मात्री सभा का गठन होगा, जिसमें ब्रिटिश प्रान्तों तथा देशी रियासतों के चुने हुए प्रतिनिधि शामिल होंगे।

(ग) संविधान सभा द्वारा निर्मित संविधान को सरकार दो शर्तों पर लागू करेगी-

पहली, जो प्रान्त इससे सहमत नहीं हैं वे इसे अस्वीकार कर पूर्ववत् स्थिति में रह सकते हैं।

दूसरी, संविधान सभा एवं सरकार के बीच अल्पसंख्यकों के हितों को लेकर एक समझौता होगा।

(घ) नये संविधान के निर्माण होने तक भारत के रक्षा का उत्तरदायित्व ब्रिटिश सरकार पर ही होगा।

13. (d) सरदार वल्लभ भाई पटेल ने 1931 के करांची अधिवेशन की अध्यक्षता थी।

14. (c) गांधीजी ने खेड़ा सत्याग्रह (1918), सविनय आज्ञा (1930) और भारत छोड़ो आन्दोलन (1942) में नेतृत्व किया जबकि बारडोली सत्याग्रह (1928) का नेतृत्व सरदार वल्लभ भाई पटेल ने किया।

15. (d) महात्मा गांधी ने दक्षिण अफ्रीका से 'इण्डियन ओपीनियन' नामक पत्र का प्रकाशन शुरू किया। यह पत्र गुजराती, हिन्दी, तमिल और अंग्रेजी में निकलता था।

16. (a) भारतीय राष्ट्रीय कांग्रेस की उग्रवादी विचारधारा के प्रवर्तक तिलक ने उदारवादी दल के 'अनुनय, विनय और विरोध' की नीतियों का विरोध किया।

17. (d) 1905 ई. के बंगाल विभाजन के विरोध स्वरूप हुये स्वदेशी आन्दोलन में 'वन्दे मातरम्', विभाजन नहीं चाहिए और 'बंगाल एक है' आदि नारे लगाये गए।

18. (d)

अबुल कलाम आजाद	1923 दिल्ली (विशेष (अधिवेशन)
	1940 रामगढ़ अधिवेशन
एम.ए. अन्सारी	1927 मद्रास अधिवेशन
बदरुद्दीन तैयबजी	1887 मद्रास अधिवेशन

19. (a) तिलक ने नवयुवकों को साहस और देशप्रेम की शिक्षा देने के लिए गणपति उत्सव और शिवाजी उत्सव प्रारम्भ किया।

20. (a) असहयोग आन्दोलन अपने घोषित उद्देश्यों में आंशिक रूप से ही सफल रहा, परन्तु अपने रचनात्मक कार्यों में इसे अवश्य अपार सफलता मिली। आन्दोलन की सफलता सबसे अधिक इस बात में निहित है कि इसने कांग्रेस को नई दिशा प्रदान की, साम्राज्यवाद पर आघात किया एवं पूरे देश में राष्ट्रप्रेम और देशप्रेम के प्रति बलिदान की भावना को व्यापक रूप दिया।

21. (a)

22. (a) "स्वराज मेरा जन्मसिद्ध अधिकार है और मैं इसे लेकर रहूंगा"-इस वाक्य को बाल गंगाधर तिलक ने कहा था। इन्होंने अपना यह प्रसिद्ध नारा 1916 ई. में होमरूल आन्दोलन के दौरान दिया था।

23. (c)

24. (a)

25. (b) सरहुल उरांव एवं मुण्डा जनजाति का प्रमुख त्योहार है। यह पर्व कृषि कार्य आरम्भ करने के पहले मनाया जाता है। इसमें सरना में पूजा की जाती है। सरना 'सखुए की कुंज' को कहा जाता है।

26. (d) सर्वाधिक झूमिंग व्यवस्था उत्तर-पूर्व भारत एवं मध्य प्रदेश और छत्तीसगढ़ में प्रचलित है। गारो, चकमा, नागा, सीरिया पहाड़िया, पहाड़ी खड़िया, कोरबा, बैगा, कमार आदि जनजातियों की अर्थव्यवस्था झूमिंग कृषि पर ही आधारित है।

27. (a) 10 डिग्री चैनल - छोटा अण्डमान एवं निकोबार के बीच

कोको चैनल - अण्डमान एवं म्यांमार के बीच

पाक स्ट्रैट - भारत एवं श्रीलंका के बीच

8 डिग्री चैनल - लक्षद्वीप एवं मालदीव के बीच

28. (b) ओणम केरल में मनाया जाता है जो कृषि कार्य से सम्बन्धित है।

29. (d) जैसलमेर-स्वर्ण नगरी

30. (d)

31. (a)

(क) अनाइमुडी-दक्षिण भारत की सबसे ऊंची चोटी (2695 मी.) है जो अन्नामलाई की पहाड़ी पर स्थित है।

(ख) दोदाबेट्टा-यह नीलगिरि पहाड़ी की सबसे ऊंची चोटी (2637 मी.) है जो दक्षिण भारत की दूसरी सबसे ऊंची चोटी है।

(ग) अमरकंटक-मैकाल पहाड़ी के सर्वोच्च चोटी (1036 मी.) है।

(घ) महेन्द्रगिरि-पूर्वी घाट पर्वत की दूसरी सबसे ऊंची चोटी (1501 मी.) है, जो उड़ीसा राज्य में स्थित है।

32. (a) धारवाड़ तन्त्र में देश की कुल प्रमुख धातुएं (लोहा, सोना, मैंगनीज, तांबा, टंग्स्टन, क्रोमियम, जस्ता) तथा महत्त्वपूर्ण खनिज (फ्लूराइट, इल्मेनाइट, सीसा, सुरमा, बुलफ्राम, अभ्रक, गारनेट, संगमरमर, कोरण्डम आदि) पायी जाती है।

33. (d)

34. (a)

35. (c) **परजैविक**-वह जीव जो हमेशा दूसरे जीव पर आश्रित रहता है और जो हानि पहुंचाता है जैसे-कवक, जीवाणु, विषाणु।

प्रतिजैविक-यह जीवाणुरोधी होती है, जो संक्रामक बीमारियों को रोकने में मदद करती हैं।

एनल्जेसिक-बीमारियों की रोकथाम में मदद करती है।

36. (d)

37. (d) जनसंख्या में सर्वाधिक दशकीय वृद्धि 1991-2001 में हुई (लगभग 18 करोड़), जबकि सर्वाधिक दशकीय वृद्धि दर 1961-71 ई. में (24. 8%) हुई।

38. (a)

राज्य	दशकीय वृद्धि
नागालैण्ड	0.50%
सिक्किम	12.40%
बिहार	25.10%
उत्तर प्रदेश	20.10%

39. (a)

40. (b) भारत के कुल सोयाबीन उत्पादन का 88% भाग मध्य प्रदेश में उत्पादित होता है जिसके कारण इस प्रदेश को सोया राजधानी भी कहा जाता है।

41. (c)

42. (d) दाहेज और हजीरा एल.एन.जी. टर्मिनल गुजरात में स्थित है। कोच्चि में देश का पहला एल.एन. जी. टर्मिनल है।

43. (c) **44.** (d)

45. (b) उड़ीसा तट के चक्रवात से प्रभावित होने का मुख्य कारण है बंगाल की खाड़ी का अवदाब और इस तट का चक्रवात के मार्ग में सीधा पड़ना।

46. (d) भारत में लिंग अनुपात में ह्रास का कारण बाल विवाह, लड़कियों की उपेक्षा, पौष्टिक भोजन तथा प्रसव सम्बन्धी सुविधाओं का अभाव, कन्याओं की भ्रूण हत्या, अधिक बालकों की चाह आदि है।

47. (b) अफ्रीका महादेश के पश्चिम-दक्षिण में स्थित लाइबेरिया की दक्षिणी सीधा दक्षिण अटलांटिक महासागर से सम्बन्धित है।

48. (d) डेनमार्क में प्रति व्यक्ति दुग्ध उत्पादन विश्वभर में सबसे अधिक है। यहां सहकारी समितियों के द्वारा उद्योग चलाया जाता है। इस देश के लगभग 9000 वैज्ञानिक इस उद्योग में संलग्न है। कुल दुग्ध का 80% से मक्खन, 10% से पनीर तथा संघनित दूध बनाया जाता है और शेष 10% स्थानीय खपत में आता है।

49. (c) उद्योग तथा उनके प्रमुख केन्द्र-

(क) लोहा तथा इस्पात-सोवियत संघ (क्रिवाई रॉग, दोनेत्जे, निकोपाल, तुला, गोर्की, मैगनितोगोर्स्क) यू.एस.ए. (शिकागो, गैरी, पिट्सबर्ग, यंग्सटाउन, जोहान्सटाउन, डेट्रायट, इरी तट आदि।

(ख) पोत निर्माण उद्योग-जापान (याकोहामा, तामाशिमा), पूर्व सोवियत संघ (आर्केन्जलस्क, लेनिनग्राद, रीगा, निकोलाएव) यू.के. (बर्किनहैड, वारो, बेलफास्ट), यू.एस.ए. (बोस्टन, शिकागो, डेट्रायट, बफैलो, व्यूमोण्ट, हाउसटन)।

(ग) सूती वस्त्र-चीन (शंघाई, केण्टन, सिंगटाओ, शान्टुंग), पूर्व सोवियत संघ (मास्को, इवानोवो, लेनिनग्राद, कालिनिन), अमेरिका (फिलाडेल्फिया, पिडमाण्ट क्षेत्र), जापान (ओसाका, कोबे, याकोहामा, टोकियो)।

(घ) जूट वस्त्र-भारत, बांग्लादेश (देवरा क्षेत्र, सिराजगंज क्षेत्र, नारायणगंज क्षेत्र), चीन, थाइलैण्ड आदि।

50. (b)

(क) सेल्वा-अमेजन बेसिन (द. अमेरिका) स्थित उष्ण कटिबन्धीय सदाबहार वर्षा वन वाले घास के मैदान।

(ख) पम्पास-अर्जेन्टीना-उरूग्वे (द. अमेरिका) स्थित समशीतोष्ण घास का मैदान।

(ग) प्रेयरी-कनाडा-यू.एस.ए. के मध्य स्थित समशीतोष्ण घास का मैदान, जो गेहूं का कटोरा के रूप में प्रसिद्ध है।

(घ) स्टेपीज-पूर्व सोवियत संघ स्थित समशीतोष्ण घास का मैदान।

51. (b)

1. उत्तरी अटलांटिक महासागर की जलधारा-गल्फस्ट्रीम (गर्म), लेब्रेडोर (ठण्डी), कैनेरी (ठण्डी), नार्वे (गर्म), फ्लोरिडा (गर्म), ग्रीन लैण्ड (ठण्डी), गिनी (गर्म)।

2. दक्षिण अटलांटिक महासागर की जलधारा- फाकलैण्ड (ठण्डी), ब्राजील (गर्म), बैंगुएला (ठण्डी)।

3. अगलुहास धारा-यह गर्म जलधारा है, जो द. अफ्रीका के पूर्वी तट पर प्रवाहित होती है।

52. (b)

53. (c)

(क) चिनूक-अमेरिका एवं कनाडा में यह पवन रॉकी पर्वत श्रेणी की पूर्वी ढाल पर नीचे उतरती है।

(ख) सिरॉको-सहारा मरुस्थल में इटली में प्रवाहित होने वाली गर्म वायु।

(ग) ब्लिजर्ड-यह ध्रुवीय पवन है, जो अत्यधिक सर्द एवं हिमकणों से युक्त होती है। यह पवन साइबेरिया एवं उत्तरी अमेरिका के उत्तरी भाग में प्रवाहित होती है।

(घ) नार्वेस्टर्स-भारत के असम और पश्चिम बंगाल में आने वाले तूफान जिन्हें काल वैशाखी भी कहते हैं।

54. (a)

जनजाति	निवास स्थान
पिग्मी	जायरे (कांगो) बेसिन
मसाई	पूर्वी अफ्रीका
कजाक	मध्य एशिया
लैप	यूरोप के टुण्ड्रा प्रदेश

55. (c) टॉरनैडो उष्ण कटिबन्धीय चक्रवातों का एक रूप है। इनका साधारण वेग 800 से 1000 किमी. प्रति घण्टा होता है। यह अल्पावधि वाले भयंकर तूफान हैं। इसका प्रमुख प्रभावकारी क्षेत्र संयुक्त राज्य अमेरिका में मिसीसिपी की घाटी है साथ ही मैक्सिको की खाड़ी में यह अधिक आता है।

56. (a) मृतक घाटी अत्यधिक उष्णता के लिए प्रसिद्ध है।

57. (b)

(क) सक्रिय ज्वालामुखी-इटली का एटना व स्ट्राम्बोली, हवाई द्वीप का मौना लोआ।

(ख) प्रसुप्त ज्वालामुखी-इटली का विसुवियस, इण्डोनेशिया का क्राकातोआ, जापान का फ्यूजीयामा।

(ग) मृत ज्वालामुखी-म्यांमार का माउण्ट पोपा, अफ्रीका का किलिमंजारो।

58. (c) मास्को में इस्पात उद्योग, इन्जीनियरिंग उद्योग, वस्त्र उद्योग, हल्के उद्योग तथा उपभोक्ता वस्तुओं का उत्पादन सर्वप्रमुख है। जबकि भूतपूर्व सोवियत संघ में प्रमुख पोत निर्माण केन्द्र थे-लेनिनग्राद, रीगा, कालिनीनग्राद, वोल्गोग्राद, रोस्तोव, ब्लादिवोस्तक निकोलाएव, बाकू इत्यादि।

59. (d) अनुच्छेद-17-अस्पृश्यता का अन्त

अनुच्छेद-19-वाक् स्वातन्त्र्य आदि विषयक कुछ अधिकारों का संरक्षण

अनुच्छेद-23-मानव के दुर्व्यापार और बलात् श्रम का प्रतिषेध

अनुच्छेद-27-कारखानों आदि में बालकों के नियोजन का प्रतिषेध

60. (b) यदि राष्ट्रपति का पद उसकी मृत्यु, पद त्याग या पद से हटाने अथवा अन्य कारणों से रिक्त हो जाता है तो इसके लिए निर्वाचन 6 महीने के अंदर हो जाना चाहिए। इस प्रकार निर्वाचित व्यक्ति अनुच्छेद-56 के अधीन रहते हुये अपने पद ग्रहण की तिथि से 5 वर्ष की पूरी अवधि के लिए पद धारण करने का हकदार होगा।

61. (d) भारतीय संविधान ने संसदीय सरकार की स्थापना की है। यह व्यवस्था केन्द्र तथा राज्य दोनों सरकारों में एक सी है। संसदीय प्रणाली में वास्तविक कार्यपालिका शक्ति जनता के निर्वाचित प्रतिनिधियों में जिसे मन्त्रिपरिषद् कहते हैं, निहित होती है।

62. (d) लोकसभा में प्रतिनिधित्व है-

राज्य	कुल स्थान
पंजाब	13
असम	14
गुजरात	26
राजस्थान	25
मध्य प्रदेश	29
तमिलनाडु	39
आन्ध्र प्रदेश	25
पश्चिम बंगाल	42

63. (a) अमेरिका की सरकार अध्यक्षात्मक या राष्ट्रपति पद्धति वाली है, जिसमें राष्ट्रपति कार्यपालिका का वास्तविक प्रधान होता है, अर्थात् समस्त कार्यकारिणी शक्ति राष्ट्रपति में निहित होती है। राष्ट्रपति का निर्वाचन सीधे जनता द्वारा किया जाता है। वह अपने मन्त्रिमण्डल के सदस्यों को नियुक्त करता है और उन्हें जब चाहे पदच्युत करता है।

64. (b) बलवन्त राय मेहता समिति की सिफारिश को 1 अप्रैल, 1958 को लागू किया गया। इस समिति ने भारत में त्रिस्तरीय पंचायती व्यवस्था यथा-1 ग्राम या नगर पंचायत 2 तहसील पंचायत 3 जिला पंचायत की सिफारिश की। साल ही यह सिफारिश भी की थी कि लोकतान्त्रिक विकेन्द्रीकरण की मूल इकाई प्रखण्ड या समिति के स्तर पर होनी चाहिए।

65. (b) लोकसभाध्यक्ष जी.वी. मावलंकर, हुकुमसिंह और बलराम जाखड़ के विरुद्ध अविश्वास प्रस्ताव लाया गया था। तीनों में प्रथम स्पीकर जी.वी. मावलंकर थे जिनके विरुद्ध सर्वप्रथम अविश्वास प्रस्ताव लाया गया था।

66. (b) केशवानन्द भारती बनाम केरल राज्य के मामले में उच्चतम न्यायालय ने कहा कि संसद को संविधान में संशोधन करने की व्यापक शक्ति प्राप्त है लेकिन वह इस शक्ति का प्रयोग करके संविधान के मूल ढांचे को नष्ट नहीं कर सकती।

67. (b) अनुच्छेद-108 के अनुसार यदि संसद का एक सदन किसी विधेयक को पारित करके दूसरे सदन को भेजता है और दूसरा सदन विधेयक अस्वीकार कर देता है या दूसरे सदन द्वारा विधेयक में किये गए संशोधन से पहला सदन असहमत है या दूसरा सदन विधेयक को 6 महीने तक अपने पास रोके रहता है, तो राष्ट्रपति दोनों सदनों की संयुक्त बैठक को बुला सकता है। ऐसी संयुक्त बैठक की अध्यक्षता लोकसभाध्यक्ष करता है।

68. (d) सेन्सेक्स, बी.एस.ई. एवं निफ्टी, शेयर बाजार से सम्बन्धित हैं।

69. (c)

70. (a) गेहूँ बोते समय साधारण वर्षा लाभकारी होती है। बुवाई के 15 दिन बाद और पकने के 15 दिन पूर्व सिंचाई गेहूँ की फसल के लिए लाभदायक होती है। फसल काटते समय मौसम शुष्क अवश्य होना चाहिये। गेहूँ के लिए 50 से 75 सेमी. औसत वार्षिक वर्षा उपयुक्त होती है।

71. (b) प्रारम्भ में कृषि वित्त से सम्बन्धित कार्य रिजर्व बैंक देखता था, परन्तु 12 जुलाई, 1982 को नाबार्ड (NABARD) की स्थापना हो जाने पर अब इसमें रिजर्व बैंक से कृषि वित्त सम्बन्धी कार्य ले लिया है।

72. (c)

भौतिक राशियां	इकाई
त्वरण	मीटर/सेकण्ड^2
बल	न्यूटन
कार्य	जूल
आवेग	न्यूटन-सेकण्ड

73. (c) किसी दिए गए आयतन के लिए गोलाकार आकृति के पृष्ठ का क्षेत्रफल अन्य आकृतियों के पृष्ठ के क्षेत्रफल से कम होता है। चूंकि द्रव का स्वतन्त्र पृष्ठ कम-से-कम क्षेत्रफल घेरने का प्रयास करता है। अत: वर्षा की बूंदे तथा पारे के कण गोलाकार होते हैं।

74. (b) तारे विशाल स्वत: चमकदार गैसों के पिण्ड हैं जो स्वयं के गुरुत्वाकर्षण बल से परस्पर बन्धे रहते हैं। भार के अनुपात में तारों में 70% हाइड्रोजन, 28% हीलियम, 1.5% कार्बन, नाइट्रोजन व ऑक्सीजन तथा 0.5% लौह तथा अन्य भारी तत्त्व होते हैं। तारों का सतत् स्पेक्ट्रम ही इनके रंगों का निर्धारण करता है। इसके द्वारा तारों का ताप भी ज्ञात किया जा सकता है। तारों का जीवन काल इनके द्रव्यमान व चमक पर निर्भर करता है। जो तारा जितना अधिक चमकीला होता है, उसका जीवनकाल उतना ही कम होता है।

75. (a) बहुत अधिक ऊर्जा वाले कॉस्मिक पदार्थ एवं विद्युत चुम्बकीय विकिरण जो पृथ्वी के वायुमण्डल के बाहर से प्राकृतिक रूप से निरन्तर आती रहती है और जिसका तरंगदैर्ध्य बहुत छोटा होता है, कॉस्मिक किरणें कहलाती हैं।

76. (b)

रेडियो	मारकोनी
एक्स-रे	रॉन्टजेन
विद्युतं बल्ब	एडीसन
विद्युत मोटर	जैकोबी

77. (d) विद्युत बल्ब का आविष्कार सर्वप्रथम एडीसन ने किया था। इसमें टंग्स्टन धातु का एक पतला कुण्डलीनुमा तन्तु लगा होता है। टंग्स्टन धातु का प्रयोग इसीलिए किया जाता है क्योंकि इसका गलनाँक अत्यधिक (लगभग 3500°C) होता है।

78. (d)

इकाई	लम्बाई (मीटर में)
1 माइक्रोन	10^{-6}
1 नैनो मीटर	10^{-9}
1 ऐंग्स्ट्रोम	10^{-10}
1 फर्मीमीटर	10^{-15}

79. (b)

80. (a) टाँका या सोल्डर मिश्रधातु में सीसा 68% और टिन 32% होता है।

81. (a) सी.एन.जी. धरती के भीतर पाये जाने वाले हाइड्रोकार्बन का मिश्रण है और इसमें 80% से 90% मात्रा मीथेन (CH_4) गैस की होती है। मीथेन गैस पेट्रोल एवं डीजल की तुलना में कार्बन मोनोऑक्साइड को 70%, नाइट्रोजन ऑक्साइड को 87% और जैविक गैसों को लगभग 89% कम उत्सर्जित करती है।

82. (a) **83.** (c)

84. (c) ई.पी. ओडम ने पारिस्थितिकी निकेट के सन्दर्भ में निम्न विचारों को व्यक्त किया है-''जीवित जीव तथा उनके अजीवित पर्यावरण एक-दूसरे से अविभाज्य रूप से सम्बन्धित हैं तथा ये एक-दूसरे के साथ प्रतिक्रिया करते हैं। कोई भी इकाई, जो किसी निश्चित क्षेत्र के समस्त जीवों के समुदाय को सम्मिलित करती है तथा भौतिक पर्यावरण के साथ इस तरह पारस्परिक क्रिया करती है कि तन्त्र के अन्दर ऊर्जा प्रवाह द्वारा सुनिश्चित पोषण संरक्षण, जैविक विविधता तथा खनिज चक्र का आविर्भाव होता है, पारिस्थितिकीय तंत्र होती है।''

85. (a)

86. (c)

$B \xrightarrow{+2} D \xrightarrow{+2} F \xrightarrow{+2} H \xrightarrow{+2}$ [J]

$C \xrightarrow{+2} E \xrightarrow{+2} G \xrightarrow{+2} I \xrightarrow{+2}$ [K]

$B \xrightarrow{+2} D \xrightarrow{+2} F \xrightarrow{+2} H \xrightarrow{+2}$ [J]

87. (c) $2 \xrightarrow{+4} 6 \xrightarrow{+4} 10 \xrightarrow{+4}$ [14]

$3 \xrightarrow{+4} 7 \xrightarrow{+4} 11$

$5 \xrightarrow{+4} 9 \xrightarrow{+4} 13$

88. (b) पिरामिड को छोड़कर अन्य सभी द्विविमीय आकृतियां हैं।

89. (a) स्पष्टवादी अन्य शब्दों से भिन्न है।

90. (d) संख्या 120 को छोड़कर, अन्य सभी पूर्ण वर्ग संख्याएं हैं।

$289 = 17 \times 17$
$196 = 14 \times 14$
$169 = 13 \times 13$

91. (b) विमानशाला में अस्थायी रूप से विमान को रखा जाता है। उसी प्रकार, कार को गैराज में रखा जाता है।

92. (a) जिस प्रकार

B D A C ⟶ F H E G (+4, +4, +4, +4)

उसी प्रकार

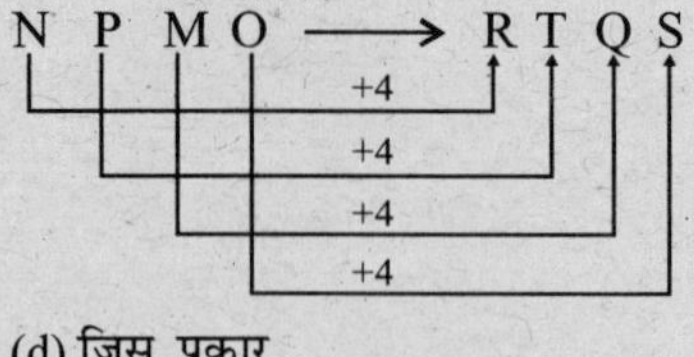

93. (d) जिस प्रकार

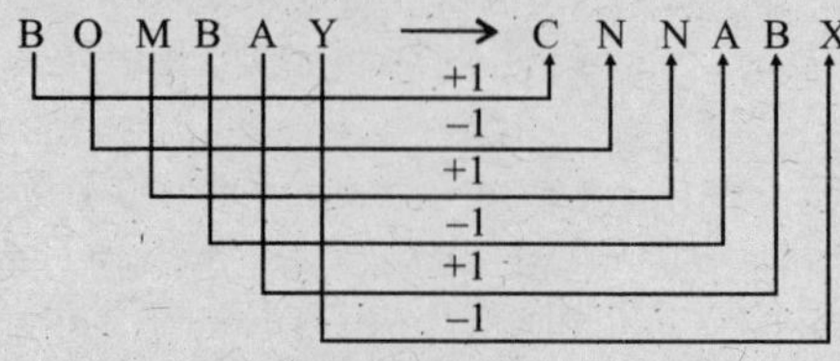

उसी प्रकार

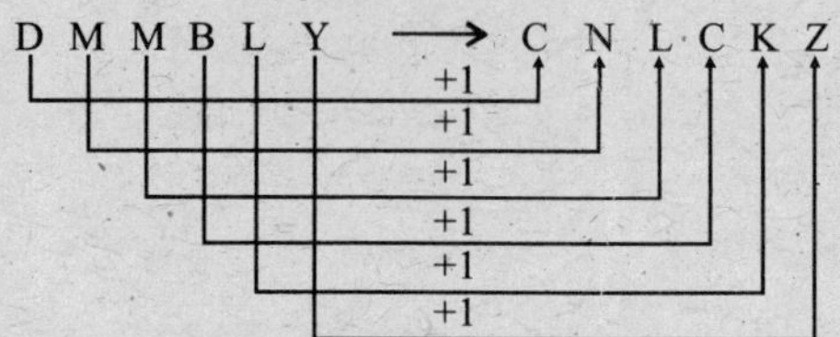

94. (b) जिस प्रकार

$33 - 3 = 30$ और $\frac{30}{3} = 10$

उसी प्रकार

$54 - 3 = 51$ और $\frac{51}{3} = 17$

95. (b) ab [a] d [n] a / a b a [d] na / [a] badna/ [a] badna श्रेणी का लुप्त अक्षर समूह andaa

96. (c) माना संख्या x है।

$$x - \frac{10x}{100} = 30$$

$$\frac{9x}{10} = 30$$

$$x = \frac{30 \times 10}{9} = \frac{100}{3}$$

$$\frac{100}{3} + \frac{y \times 100}{3 \times 100} = 40$$

जबकि y% संख्या बढ़ायी गई है।

$\therefore \frac{y}{3} = 40 - \frac{100}{3} = \frac{20}{3}$

$\therefore y = 20\%$

97. (c) माना वस्तु का क्रय मू. ₹ 100 है।

$\therefore$ वस्तु का वि.मू = 100 + 20
= ₹ 120

तथा वस्तु का दूसरा क्र.मू = 100 – 20
= ₹ 80

$\therefore$ वस्तु का दूसरा वि. मू. $= 80 \times \frac{125}{100}$
= ₹ 100

$\therefore$ दोनों वि. मू. का अन्तर = 120 – 100
= ₹ 20

यदि अन्तर ₹ 20 है तो क्रय मूल्य
= 100

$\therefore$ अन्तर ₹ 5 है तो क्रय मूल्य

$= \frac{100 \times 5}{20}$

= ₹ 25

98. (d) हानि % $= \frac{b-a}{b} \times 100$

(यहां $b = 25, a = 15$)

$= \frac{25-15}{25} \times 100$

$= 40\%$

99. (a) माना संख्याएं x और y है।

$\therefore \quad x + y = 2 \times 6 = 12$

तथा $\frac{1}{x} + \frac{1}{y} = 2 \times \frac{3}{16}$

$\therefore \quad \frac{y+x}{xy} = \frac{3}{8}$

$\therefore \quad xy = \frac{12 \times 8}{3} = 32$

$(x-y)^2 = (x+y)^2 - 4xy$
$= 144 - 128 = 16$

$\therefore \quad x - y = 4$

$\therefore \quad x = 8$ और $y = 4$

100. (d) माना 18 पारियों का औसत रन x है।

$18 + 78 = 19(x-2)$

$18 + 78 = 19x - 38$

$\Rightarrow x = 116$

$\therefore$ 19 पारी के बाद औसत = 116 – 2 = 114

□□□

प्रैक्टिस सेट–14

1. कोई लकड़ी का गुटका जल के पृष्ठ पर तैर रहा है तैरते समय इस गुटके का आभासी भार–
(a) इसके वास्तविक भार से कम होता है, परन्तु यह कदापि शून्य नहीं हो सकता।
(b) शून्य होता है।
(c) ज्ञात नहीं किया जा सकता।
(d) गुटके द्वारा विस्थापित जल के भार के बराबर होता है।

2. जैव गैस (बायोगैस) का प्रमुख अवयव है-
(a) ब्यूटेन (b) एथेन
(c) मेथेन (d) प्रोपेन

3. दाब कुकर में भोजन शीघ्र पकता है, क्योंकि-
(a) दाब कुकर के वायुरुद्ध होने के कारण प्रतिवेश को ऊष्मा का ह्रास नहीं होता।
(b) जलवाष्प द्वारा आरोपित दाब पकाए जाने वाला भोजन के क्वथनांक को प्रभावित करता है।
(c) कुकर में बन्द जलवाष्प द्वारा आरोपित दाब जल के क्वथनांक को घटा देता है।
(d) कुकर में बन्द जलवाष्प द्वारा आरोपित दाब जल के क्वथनांक में वृद्धि कर देता है।

4. डबल रोटी और केक में उपलब्धि छोटे-छोटे छिद्र किस गैस के बुलबुलों के कारण होते हैं?
(a) कार्बन मोनो-ऑक्साइड
(b) कार्बन डाइऑक्साइड
(c) ऑक्सीजन
(d) सल्फर डाइऑक्साइड

5. ताप में वृद्धि करने पर नीचे दिए गए किस समुच्चय की परिघटनाओं में वृद्धि हो जाएगी?
(a) वाष्पन, विसरण, गैसों की विलेयता (घुलनशीलता)
(b) वाष्पन, विलेयता (घुलनशीलता), गैसों का संपीडन
(c) वाष्पन, विसरण, गैसों का प्रसार
(d) विसरण, विलेयता (घुलनशीलता) गैसों का प्रसार

6. किसी गैलरी में कोई दर्शक किसी स्थिर समतल दर्पण की ओर $2.5ms^{-1}$ की चाल से गति कर रहा है दर्पण के सापेक्ष इस दर्शक के प्रतिबिम्ब की चाल है-
(a) $2.5ms^{-1}$ दर्पण की ओर
(b) $2.5ms^{-1}$ दर्पण से दूर
(c) $5.0ms^{-1}$ दर्पण की ओर
(d) $5.0ms^{-1}$ दर्पण से दूर

7. कपूर का शोधन किस प्रक्रिया द्वारा किया जाता है?
(a) संघनन
(b) आसवन
(c) वाष्पन
(d) उर्ध्वपातन

8. वर्ण कोड की भारतीय के अनुसार विद्युत आपूर्ति के लिए प्रयुक्त तारों का विद्युतरोधी अविरण इस प्रकार होता है–
(a) विद्युतमय हरा उदासीन काला और भू-संपर्क तार लाल
(b) विद्युतमय लाल उदासीन हरा और भू-संपर्क तार काला
(c) विद्युतमय नीला, उदासीन लाल और भू-संपर्क तार हरा
(d) विद्युतमय लाल उदासीन काला और भू-संपर्क तार हरा

9. आपके पास बीकर में कॉपर सल्फेट का जलीय विलयन है यदि आप इस बीकर में कुछ लोहे की कीलें वाले, तब लगभग 30 मिनट के पश्चात् आप विलयन के रंग में परिवर्तन की प्रेक्षण करेंगे यह रंग में परिवर्तन होगा-
(a) फीके हरे से रंगहीन
(b) रंगहीन से नीला
(c) नीले से रंगहीन
(d) नीले से फीका हरा

10. कोशिका में केन्द्रक किसके द्वारा कोशिका-द्रव्य से पृथक् होता है?
(a) जीवद्रव्य
(b) कोशिका झिल्ली
(c) कोशिका भित्ति
(d) केन्द्र झिल्ली

11. नीचे दिए गए खाद्य पदार्थों पर विचार कीजिए-
(i) ब्रेड का टुकड़ा
(ii) उबला और मथा हुआ आलू
(iii) ग्लूकोस
(iv) नारियल का तेल
उपर्युक्त खाद्य पदार्थों में से कौन आयोडीन विलयन के साथ परीक्षण किए जाने पर काला-नीला रंग देंगे?
(a) (i) और (ii) (b) (i), (ii) और (iii)
(c) (ii) और (iii) (d) (i), (ii) और (iv)

12. हमारे मुख में लार-ग्रंथि होती है, जो लार रस (लार) स्रावित करती है, इस लार रस में उपस्थित एन्जाइम-
(a) जटिल शर्कराओं को सरल शर्कराओं में बदल देते हैं।
(b) वसाओं को वसीय-अम्लों और ग्लिसरोल में बदल देते हैं।
(c) प्रोटीनों को अमीनो-अम्लों में बदल देते हैं।
(d) स्टार्च को सरल शर्कराओं में बदल देते हैं।

13. जब कोई किसान अपने खेत में एक ही समय दो या अधिक फसल उगाता है, तब इसे कहा जाता है-
(a) शस्य स्वरूप
(b) फसल चक्रण
(c) अन्तरा फसलीकरण
(d) मिश्रित फसल

14. निम्नलिखित में से हाल ही में उत्पन्न होने वाली पर्यावरणीय समस्याएं चुनिए-
(i) बादल-फटना
(ii) भूकम्प
(iii) वैश्विक ऊष्मण
(iv) बाढ़
(v) ग्रीन हाउस प्रभाव
(vi) ओजोन परत का ह्रास
(a) (i), (iii) और (iv)
(b) (iii), (v) और (vi)
(c) (i), (iii), (v) और (vi)
(d) (ii), (iv), (v) और (vi)

15. निम्नलिखित में से हड़प्पा का कौन-सा पुरास्थल अफगानिस्तान में मिला है?

(a) सिन्ध (b) शौर्तुघई
(c) बनावली (d) लोथल

16. ईस्ट इण्डिया कम्पनी के उस अधिकारी की पहचान कीजिए जिसने ब्राह्मी और खरोष्ठी लिपियों का अध्ययन किया और मौर्य राजनीतिक इतिहास को नई दिशा दी–

(a) जेम्स विलयन
(b) विलयम रॉजर
(c) जेम्स प्रिंसेप
(d) डब्ल्यू.ऐक

17. भारत में 18 शताब्दी के दौरान यूरोपीय कम्पनियों द्वारा स्थापित निम्नलिखित आधारस्थानों का मिलान कीजिए-

सूची-I	सूची-II
A. पुर्तगाली	1. पणजी
B. डच	2. मुसली-पट्नम
C. अंग्रेज	3. मद्रास
D. फ्रांसीसी	4. पांडिचेरी (पुदुचेरी)

कूट :

	A	B	C	D
(a)	3	4	1	2
(b)	4	3	2	1
(c)	2	3	4	1
(d)	1	2	3	4

18. दसवीं शताब्दी तक आते-आते 12 अलवरों की रचनाओं का संकलन किया गया जिन्हें.................. के नाम से जाना जाता है।

(a) दिव्य सुरी सरीता
(b) प्रिय पुराणम्
(c) नलयिरादिव्यप्रबंधम्
(d) तेवरम्

19. दिल्ली सल्तनत के दशों को 1206 ई. से 1526 ई. तक की क्रमानुगत सूची बनाइए-

(i) तुगलक (ii) खिलजी
(iii) दास वंश (iv) लोदी
(v) सैयद

(a) (iii), (i), (ii), (iv), (v)
(b) (iii), (ii), (i), (v), (iv)
(c) (iii), (iv), (ii), (i), (v)
(d) (ii), (i), (iii), (v) (iv)

20. विद्वानों के अनुसार स्वतंत्रता के बाद गांधीजी के जीवन का श्रेष्ठतम क्षण क्या था?

(a) उन्होंने साम्प्रदायिक शांति बहाल करने की कोशिश की।
(b) उन्हें 'राष्ट्रपिता' की उपाधि मिली।
(c) लोगों ने उन्हें संविधान सभा बनाने का श्रेय दिया।
(d) असहयोग और भारत छोड़ो आन्दोलन में उनका योगदान।

21. मुगलकालीन भारत में 'जमा' और 'हासिल' का मूल अंतर निम्नलिखित में से क्या था?

(a) जमा भूराजस्व था जबकि हासिल व्यापारियों पर लगने वाला कर था।
(b) जमा शिल्पकारों पर लगने वाला कर था, जबकि हासिल कुल आमदनी थी।
(c) जमा निर्धारित रकम थी और हासिल सचमुच वसूली गई रकम।
(d) जमा इकट्ठी की गई रकम और हासिल अनुमानित रकम।

22. निम्नलिखित में से ब्रिटिश सरकार द्वारा 'दक्कन दंगा आयोग' के गठन का एक कारण कौन-सा था?

(a) दंगों के कारणों की छानबीन करना।
(b) सेना तैनात करने के बारे में सुझाव देना।
(c) दंगों का समाधान ढूंढना।
(d) भारतीय समाज में बदलाव लाना।

23. निम्नलिखित कथन को पढ़िए और इसको कहने वाले व्यक्ति की पहचान कीजिए ''भारत में सामुदायिक समूहों की वास्तविकताओं को मान्यता दिए बिना यहां यूरोपीय लोकतंत्र को लागू नहीं किया जा सकता

(a) मुहम्मद अली जिन्ना
(b) मुहम्मद इकबाल
(c) मौलाना आजाद
(d) शौकत अली

24. सुमेल कीजिए-

सूची-I		सूची-II
A. नाना साहब	1.	बिहार
B. शाह मल	2.	कानपुर
C. कुंवर सिंह	3.	छोटानागपुर
D. गुन्नू	4.	उत्तर प्रदेश

कूट:

	A	B	C	D
(a)	1	2	3	4
(b)	2	4	1	3
(c)	4	3	1	2
(d)	3	1	2	4

25. निम्नलिखित घटनाओं में से किसके बाद रवीन्द्रनाथ टैगोर ने अपनी 'नाईटहुड' की उपाधि ब्रिटिश सरकार को वापिस कर दी थी?

(a) जलियाँवाला बाग नरसंहार
(b) चौरी-चौरा की हिंसा
(c) चम्पारन सत्याग्रह
(d) काकोरी षड्यन्त्र केस

26. महात्मा गांधी के नेतृत्व में चलाई गई प्रसिद्ध नमक यात्रा के सम्बन्ध में असत्य कथन को पहचान कीजिए-

(a) यह यात्रा दांडी से प्रारम्भ हुई तथा साबरमती आश्रम में समाप्त हुई।
(b) लगभग दस मील प्रति दिन के हिसाब से, कार्यकर्ता 24 दिन तक चलते रहे।
(c) महात्मा गांधी ने 6 अप्रैल का नमक बनाकर नमक कानून का उल्लंघन किया था।
(d) नमक कानून का तोड़ना सविनय अवज्ञा आंदोलन की शुरुआत थी।

27. निम्नलिखित में से उदारवादियों की कौनसी मांग को मार्ले-सिटी सुधारों में स्वीकार कर लिया गया था?

(a) भारत को एक स्वतंत्र उपनिवेश का दर्जा देना।
(b) उत्तरदायी सरकार की शुरुआत करना।
(c) परिषद् के आकार में वृद्धि करना।
(d) स्वशासन का विचार।

28. महात्मा गांधी अपना 'राजनीतिक गुरु' किसे मानते थे?

(a) दादाभाई नौरोजी
(b) बाल गंगाधर तिलक
(c) गोपाल कृष्ण गोखले
(d) एम.जी. रानाडे

29. पारसी क्रान्तिकारी मैडम भीखाजी कामा ने एक साप्ताहिक पत्रिका आरम्भ की थी उसका नाम क्या था?

(a) वन्दे मातरम (b) इण्डिया
(c) स्वराज (d) लोटस

30. निम्नलिखित में से किस राष्ट्रीय नेता को राजनीतिक दृष्टि से उग्रवादी तथा सामाजिक मुद्दों के संदर्भ में परम्परावादी कहा गया है?

(a) मदन मोहन मालवीय
(b) लाल लाजपत राय
(c) बाल गंगाधर तिलक
(d) गोपाल कृष्ण गोखले

31. निम्नलिखित में से किसको पचास वर्ष जेल की सजा दी गई और अण्डमान-निकोबार की जेल में भेज दिया गया?

(a) विनायक दामोदर सावरकर
(b) खुदीराम बोस
(c) उधम सिंह
(d) भाई परमानंद

32. निम्नलिखित में से कौन-सा प्रस्ताव 1946 में जवाहरलाल नेहरू द्वारा रखे गए 'उद्देश्यों सम्बन्धी प्रस्ताव' (Objectives Resolution) का भाग नहीं था?

(a) भारत एक स्वतंत्र, संप्रभुत गण-राज्य है।
(b) अल्पसंख्यकों तथा अन्य पिछड़े वर्गों को किसी प्रकार की सुरक्षा प्रदान नहीं की जाएगी।
(c) स्वतंत्र भारत की सत्ता एवं सभी शक्तियां जनता से प्राप्त होंगी।
(d) भारत के सभी लोगों को कानून के सम्मुख समानता प्रदान की जाएगी।

33. 'सारे जहाँ से अच्छा, हिंदोस्तान हमारा' पंक्ति से प्रारम्भ होते वाले प्रसिद्ध गीत को किसने लिखा?

(a) रामप्रसाद बिस्मिल
(b) कैफी आजमी
(c) अशफाक उल्ला खां
(d) मुहम्मद इकबाल

34. नीचे कुछ भारतीय सुधार आंदोलन दिए गए हैं जिन्हें सुधारवादी तथा पुनरुद्धार आंदोलन की दो व्यापक श्रेणियों में रखा जा सकता है निम्नलिखित में से किसी एक सुधारवादी आंदोलन की पहचान कीजिए-

(a) प्रार्थना समाज
(b) आर्य समाज
(c) रामकृष्ण मिशन
(d) देवबन्द आंदोलन

35. संविधान के किस संशोधन द्वारा ग्रामीण स्थानीय शासन को संवैधानिक दर्जा प्रदान किया गया है?

(a) 42वां संशोधन
(b) 44वां संशोधन
(c) 56वां संशोधन
(d) 73वां संशोधन

36. 1905 में हुए बंगाल विभाग के परिणाम सम्बन्धी निम्नलिखित कथनों में से कौन-सा सही नहीं है?

(a) इस से राजनीतिक दृष्टि से उन्नतिशील बुद्धिवर्ग में शिथिलता आ गई
(b) इससे धार्मिक वैमनस्य भड़क उठा
(c) इससे सच्ची राष्ट्रीय भावना विकसित करने में सहायता मिली
(d) इसने हिंदुओं तथा मुसलमानों दोनों में विरोध करने की प्रबल भावना को जन्म दिया।

37. प्रथम विश्व युद्ध के कारण भारत में पैदा हुई नई आर्थिक स्थिति का प्रभाव निम्नलिखित में से कौन-सा नहीं था?

(a) रक्षा व्यय कई गुना बढ़ गया।
(b) करों तथा आयात कर में वृद्धि।
(c) आम चीजों की कीमतों में भारी कमी।
(d) ग्रामीण क्षेत्रों में सेना के लिए बलपूर्वक भर्ती।

38. भारतीय कृषि में निम्नलिखित में से कौन-सा एक संस्थागत सुधार है?

(a) रासायनिक उर्वरकों का प्रयोग
(b) साख की सुविधा का प्रावधान
(c) सिंचाई की सुविधाओं का विकास
(d) सहकारी खेती

39. सुरक्षात्मक भेदभाव की नीति किसको प्रोत्साहन देती है?

(a) पूर्ण समानता
(b) वास्तविक समानता
(c) अनुचित समानता
(d) वर्तमान भेदभाव

40. निम्नलिखित में से कौनसा सबसे लम्बा नदी बाँध है?

(a) भाखड़ा नांगल बांध
(b) हीराकुड बांध
(c) सरदार सरोवर बांध
(d) नागार्जुन सागर बांध

41. निम्नलिखित में से कौन कत्थक का प्रख्यात नर्तक/नर्तकी है?

(a) राजा रेड्डी
(b) किरण सहगल
(c) सरोजा वैद्यनाथन
(d) बिरजू महाराज

42. भारत की सामाजिक-आर्थिक असमानता को निम्नलिखित में से किसके द्वारा समाप्त नहीं किया जा सकता?

(a) निर्धन लोगों को आर्थिक सहायता अथवा कर्ज देकर
(b) गरीबी तथा अमीरों के बीच की खाई पाटकर
(c) निर्धनता तथा निरक्षरता दूर करके
(d) शिक्षा का प्रसार करके

43. 2003 में भारतीय संविधान के 92वें संशोधन द्वारा 'आठवीं अनुसूची' में किन तीन भारतीय भाषाओं को सम्मिलित किया गया?

(a) बोडो, मैथिली, उड़िया
(b) बोडो, मैथिली, संथाली
(c) बोडो, उड़िया, सिंधी
(d) उड़िया, सिंधी, संथाली

44. भारत सरकार की ओर से कौन-सी संस्था, करेंसी नोट जारी करने का अधिकार रखती है?

(a) वित्त मंत्रालय
(b) भारतीय रिजर्व बैंक
(c) भारतीय वित्त आयोग
(d) भारतीय योजना आयोग

45. निम्नलिखित में से कौनसा कथन, मौलिक अधिकारों के सम्बन्धों में सत्य है?

(a) इनका संरक्षण तथा क्रियान्वयन साधारण कानूनों के अनुसार होता है।
(b) इन्हें कानून की साधारण प्रक्रिया से राज्य विधायिका द्वारा बदला जा सकता है।
(c) इन्हें भारतीय संविधान का संरक्षण प्राप्त है।
(d) इनकी संख्या असीम है।

46. भारत के राष्ट्रीय चिन्ह के नीचे लिखे शब्द 'सत्यमेव जयते' को निम्नलिखित में से किस ग्रन्थ से लिया गया है?

(a) मुंडक उपनिषद्
(b) सामवेद
(c) भगवद् गीता
(d) सत्यार्थ प्रकाश

47. निम्नलिखित में से किस शब्दों को अधिकतम रबड़ रोपण राजस्व प्राप्त होता है?

(a) केरल तथा तमिलनाडु
(b) केरल तथा कर्नाटक
(c) केरल तथा आन्ध्र प्रदेश
(d) केरल तथा महाराष्ट्र

48. कोई भी धन प्रस्ताव निम्नलिखित में से किसकी स्वीकृति के बिना लोक सभा में प्रस्तुत नहीं किया जा सकता है?

(a) भारत का प्रधानमंत्री
(b) लोक सभा अध्यक्ष
(c) भारत का राष्ट्रपति
(d) राज्य सभा का सभापति

49. 'मथुरा कला', मथुरा में विकसित हुई जो निम्नलिखित में से किस नदी के किनारे पर स्थित है?

(a) गंगा (b) यमुना
(c) कोसी (d) गंडक

50. भारत की तिलहनों की निम्नलिखित फसलों में से कौनसी फसल प्रमुख तिलहनों के उत्पादन के लगभग आधे की भागीदार है?

(a) सरसों (b) मूंगफली
(c) तिल (d) अलसी

51. सिंचित क्षेत्रों में भूमि के निम्नीकरण का मुख्य कारण क्या है?

(a) अति सिंचाई
(b) लवणीकरण
(c) भूमि पर सिल्ट का जमाव
(d) अवनालिका अपरदन

52. 'ऑपरेशन फ्लड' का सम्बन्ध किस कथन से है?
(a) सिंचाई की सुविधाओं का प्रबंध
(b) बाढ़ नियन्त्रण के उपाय
(c) दूध का उत्पादन, संग्रहण, प्रसंस्करण और विपणन
(d) फसलें उगाना और पशुपालन

53. सरकार द्वारा नौभार के लिए एक 'मुक्त आकाश नीति' कब प्रारम्भ की गई थी?
(a) अप्रैल 1992
(b) मार्च 1992
(c) जनवरी 1990
(d) अप्रैल 1990

54. शाकाहारी खाने में प्रोटीन का सबसे बड़ा स्रोत कौन-सा है?
(a) बाजरा (b) दालें
(c) मक्का (d) रागी

55. निम्नलिखित में से कौन-सा जोड़ा सही नहीं है?
(a) भारत का पूर्वी तट-न्यू मंगलौर और पारादीप
(b) भारत का पश्चिमी तट-कोच्चि और जवाहरलाल नेहरू पत्तन
(c) भारत का पूर्वी तट-हल्दिया और चेन्नई
(d) भारत का पश्चिमी तट मार्मागाँव और मुम्बई

56. निम्नलिखित फसलों में से किस फसल को अच्छे जल निकासवाली उपजाऊ मिट्टी, भारी मात्रा में खाद और उर्वरक, गरम-आर्द्र जलवायु लगभग 100 सेमी वर्षा तथा सिंचाई के द्वारा सुनिश्चित जल-आपूर्ति की आवश्यकता होती है?
(a) चावल (b) गेहूं
(c) मक्का (d) गन्ना

57. निम्नलिखित में से उस राज्य की पहचान कीजिए, जिसमें महिला साक्षरता दर जनगणना 2011 के अनुसार सबसे कम है-
(a) उत्तर प्रदेश (b) राजस्थान
(c) झारखण्ड (d) बिहार

58. कर्तन और दहन कृषि को 'मिल्पा' के रूप में जाना जाता है-
(a) मैक्सिको में (b) ब्राजील में
(c) वेनेजुएला में (d) इण्डोनेशिया में

59. जनगणना 2011 के अनुसार निम्नलिखित राज्यों में से किसमें एक भी महानगर नहीं है?
(a) पंजाब
(b) हरियाणा
(c) हिमाचल प्रदेश
(d) राजस्थान

60. निम्नलिखित पत्तनों में से कौन-सा पत्तन अन्य तीन से भिन्न है?
(a) कोलकाता (b) पारादीप
(c) कांडला (d) विशाखापट्टनम

61. भारत में कोयले के विशाल भण्डार हैं, लेकिन प्रतिवर्ष लाखों टन कोयले का आयात किया जाता है
निम्नलिखित कथनों पर विचार कीजिए-
(i) भारत सरकार की नीति है कि कोयले के देशी भण्डारों को बचाया जाए।
(ii) कोयला-आधारित ऊर्जा संयंत्रों को पर्याप्त और नियमित कोयला नहीं मिलेगा
(iii) इस्पात संयंत्रों में उपयोग किए जाने वाले कोकिंग कोयले की भारत में कमी है
ऊपर दिए गए कथनों में से कौन-सा/कौन-से कथन सही है/हैं?
(a) केवल (i)
(b) केवल (ii)
(c) (i), (ii) और (iii)
(d) केवल (ii) और (iii)

62. किसी देश में आर्थिक प्रगति के साथ जन्म दर और मृत्यु दर में क्या परिवर्तन होते हैं?
(a) जन्म दर घटती है।
(b) मृत्यु दर घटती है।
(c) जन्म दर और मृत्यु दर दोनों घटती हैं।
(d) जन्म दर और मृत्यु दर दोनों बढ़ती हैं।

63. निम्नलिखित में से प्रवास की सही परिभाषा कौनसी है?
(a) लोगों का एक स्थान से दूसरे स्थान पर लम्बी अवधि के लिए चले जाना।
(b) लोगों का प्रतिदिन काम पर जाना।
(c) पर्यटन के रूप में किसी ऐतिहासिक स्थान पर जाना।
(d) अपने उत्पाद बेचने के लिए ग्रामीणों का मंडी में जाना।

64. 2011 की जनगणना के अनुसार भारत के निम्नलिखित राज्यों में से किस राज्य में अनुसूचित जनजाति जनसंख्या का प्रतिशत सबसे अधिक है?
(a) नगालैण्ड
(b) मिजोरम
(c) मेघालय
(d) अरुणाचल प्रदेश

65. केरल के बारे में सत्य क्या है?
(a) स्त्री साक्षरता दर पुरुष साक्षरता दर से अधिक है।
(b) ग्रामीण साक्षरता दर नगरीय साक्षरता दर से अधिक है।
(c) यह अकेला राज्य है जहां 2011 की जनगणना के अनुसार साक्षरता दर लगभग 94% है।
(d) विगत वर्षों में साक्षरता दर घट गई है।

66. निम्नलिखित जीवमण्डल निचयों में किसको विश्व के धरोहर स्थलों में शामिल है?
(a) नंदा देवी (b) जिम कार्बेट
(c) सिमलीपाल (d) पचमढ़ी

67. प्राकृतिक वानस्पतिक पेटियों का अनुक्रमण हमें दिखाई पड़ता है-
(a) ऊष्णकटिबंधीय वनों में
(b) पर्वतीय वनों में
(c) कँटीली वनों में
(d) ऊष्णकटिबंधीय पर्णवाती वनों में

68. भारत में 'बाघ परियोजना' कब प्रारम्भ की गई?
(a) 1958 (b) 1973
(c) 1989 (d) 1980

69. पारितंत्र के संदर्भ में निम्नलिखित प्राकृतिक प्रदेशों में से किस प्रदेश में उत्पादकता सबसे अधिक होती है?
(a) उष्णकटिबंधीय मरुस्थल
(b) विषुवतीय प्रदेश
(c) मध्य-अक्षांशीय घास भूमि
(d) टुंड्रा प्रदेश

70. निम्नलिखित नगरों में से किस नगर में वर्ष के किसी भी समय रात के आकाश में किसी प्रेक्षक को ध्रुवतारा नहीं दिखाई देगा?
(a) मैक्सिको नगर (b) ब्राजीलिया
(c) मास्को (d) दिल्ली

71. निम्नलिखित में से कौन-सी शैल पारगम्य है?
(a) संगमरमर (b) ग्रेनाइट
(c) बलुआ पत्थर (d) बेसाल्ट

72. निम्नलिखित ज्वालामुखियों में से कौन-सा 'विलुप्त ज्वालामुखी' का उदाहरण है?
(a) माउन्ड एटना
(b) कोटोपक्सी
(c) विसुवियस
(d) पोपा

73. विकास से सम्बन्धित कुछ क्रियाकलाप नीचे दिए गए हैं उस क्रियाकलाप का चयन कीजिए जो पंचम क्रियाकलापों के अन्तर्गत आता है-
(a) अनुसंधान व विकास आधारित
(b) व्यापार और वाणिज्य
(c) वित्त एवं विधि परामर्श
(d) सूचना संकलन

74. उस अन्तःस्थलीय जलमार्ग को पहचान कीजिए, जो बेसल से रॉटरडैम तक नाव्य है?
(a) मिसीसिपी जलमार्ग
(b) वोल्गा जलमार्ग
(c) राइन जलमार्ग
(d) डेन्यूब जलमार्ग

75. निम्नलिखित में से कौन-सा जोड़ा सही नहीं है?
(a) प्राथमिक क्रियाकलाप-वानिकी
(b) द्वितीय क्रियाकलाप-कपड़ा बुनना
(c) तृतीयक क्रियाकलाप-व्यापार
(d) चतुर्थक क्रियाकलाप-शैक्षिक सेवाएं

76. भारत के निम्नलिखित क्षेत्रों में से कौन-सा क्षेत्र ज्वारीय ऊर्जा विकास के लिए आदर्श स्थितियां प्रदान करता है?
(a) मालाबार तट
(b) कच्छ खाड़ी
(c) तापी ज्वार नदमुख
(d) कोरोमण्डल तट

77. निम्नलिखित में से कौन-सा अधात्विक खनिज विद्युत व इलेक्ट्रॉनिक उद्योगों में प्रयुक्त होने वाला सबसे महत्वपूर्ण खनिज है?
(a) सीसा (b) तांबा
(c) बॉक्साइट (d) अभ्रक

78. निम्नलिखित में से कौन-सा बहुउद्देशीय नदी परियोजना का उद्देश्य नहीं है?
(a) विद्युत उत्पादन
(b) बाढ़ नियंत्रण
(c) आंतरिक नौचालन
(d) जल प्रदूषण को कम करना

79. भारत के निम्नलिखित नगरों में से किसमें वार्षिक ताप परिसर सबसे कम रहता है?
(a) दिल्ली (b) पटना
(c) नागपुर (d) पोर्ट ब्लेयर

80. दिल्ली-मुम्बई औद्योगिक कॉरिडोर का निर्माण कहां हो रहा है?
(a) दिल्ली और मुम्बई के बीच
(b) दादरी और जवाहर लाल नेहरू बंदरगाह के बीच
(c) गुड़गांव और ठाणे के बीच
(d) नोएडा और मुम्बई के बीच

81. रेणुकूट किसके लिए जाना जाता है?
(a) ताप बिजली
(b) इस्पात उद्योग
(c) एल्युमीनियम उद्योग
(d) सीमेंट उद्योग

82. भारतीय उप-महाद्वीप में कृषि के प्राचीनतम साक्ष्य प्राप्त हुए हैं-
(a) कोलदिहवा से
(b) लहुरादेवा से
(c) मेहरगढ़ से
(d) टोकवा से

83. चोल साम्राज्य को अन्ततः किसने समाप्त किया?
(a) महमूद गजनवी ने
(b) बख्तियार खिलजी ने
(c) मोहम्मद गौरी ने
(d) मलिक काफूर ने

84. अवेस्ता और ऋग्वेद में समानता है। अवेस्ता किस क्षेत्र से संबंधित है?
(a) भारत से (b) ईरान से
(c) इजराइल से (d) मिस्र से

85. निम्नलिखित में से किस अभिलेख में चन्द्रगुप्त और अशोक दोनों का उल्लेख किया गया है।
(a) गौतमीपुत्र शातकर्णी की नासिक प्रशस्ति
(b) महाक्षत्रप रुद्रदामन का जूनागढ़ अभिलेख
(c) अशोक का गिरनार अभिलेख
(d) स्कन्दगुप्त का जूनागढ़ अभिलेख

86. यदि एक विशिष्ट कूट भाषा में ENTRY को 12345 और STEADY को 931785 लिखा जाता है। तो "ARREST" का सही कूट क्या होगा?
(a) 744589 (b) 744193
(c) 166479 (c) 745194

87. A और B भाई हैं। C और D बहनें हैं। A का पुत्र D का भाई है। B किस प्रकार सम्बन्धित है C से ?
(a) पिता (b) भाई
(c) चाचा (d) पुत्र

88. निम्नलिखित शब्दों को शब्दकोष में दिए गए क्रम के अनुसार व्यवस्थित कीजिए-
1. Admire 2. Addition
3. Addict 4. Admission
5. Adult
(a) 1, 3, 2, 4, 5
(b) 3, 2, 1, 4, 5
(c) 5, 4, 1, 2, 3
(d) 2, 3, 1, 5, 4

89. निम्नलिखित विकल्पों में से कौन-सा विकल्प नीचे दिए हुए शब्दों का सार्थक क्रम दर्शाता है?
1. कलाकार 2. अभ्यास
3. रचना 4. पुनर्निवेशन
5. नाटक
(a) 2, 1, 3, 5, 4 (b) 3, 1, 2, 5, 4
(c) 4, 3, 5, 1, 2 (d) 1, 5, 2, 3, 4

90. निम्नलिखित समीकरण को सन्तुलित करने और * चिन्हों के स्थान पर प्रतिस्थापित करने के लिए गणितीय चिन्हों का सही क्रम समूह चुनिए-
5 * 9 * 3 * 6 * 8
(a) × + = × (b) × − = ×
(c) + − = (d) + × =

91. कुछ समीकरण एक विशेष प्रणाली के आधार पर हल किए गए हैं। उसी आधार पर अनुत्तरित समीकरण का सही उत्तर ज्ञात कीजिए।
4 × 5 = 42,
5 × 6 = 56,
6 × 7 = 72,
7 × 8 = ?
(a) 84 (b) 90
(c) 92 (d) 102

92. दिए गए उत्तरों में से लुप्त संख्या ज्ञात कीजिए-

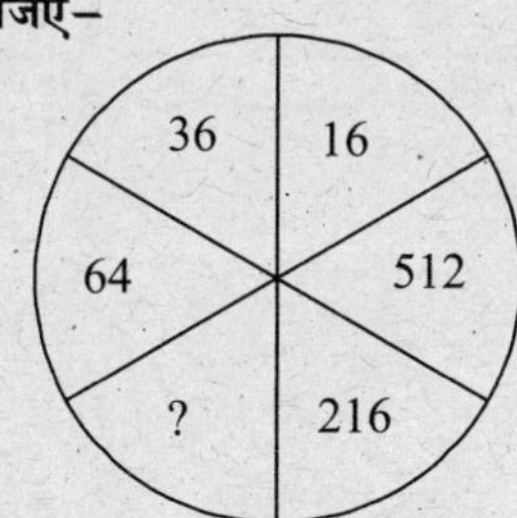

(a) 62 (b) 64
(c) 66 (d) 70

93. दी गई उत्तर आकृतियों में से उस उत्तर आकृति को चुनिए जिसमें प्रश्न आकृति निहित है।
प्रश्न आकृति :

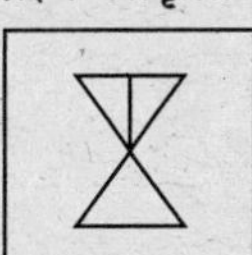

उत्तर आकृतियां :

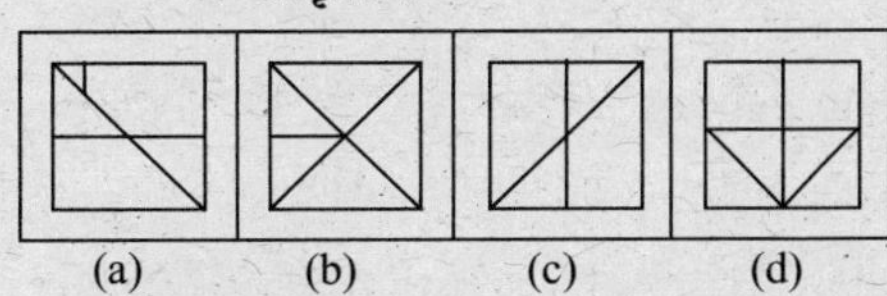

94. कौन-सी उत्तर आकृति प्रश्न आकृति को पूरा करेगी?
प्रश्न आकृति :

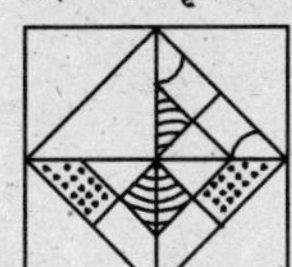

उत्तर आकृतियां :

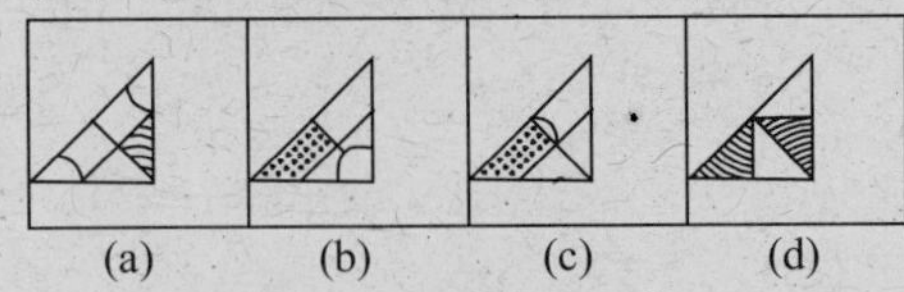

(a) (b) (c) (d)

95. एक पासे की चार स्थितियाँ नीचे दर्शायी गई हैं। जब ऊपरी फलक पर 2 है तो नीचे कौन-सा अंक होगा?

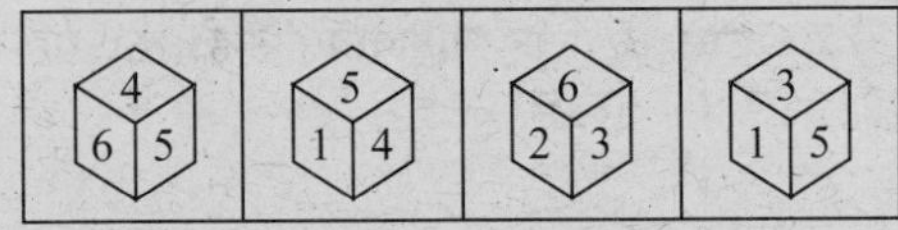

(a) 3 (b) 5
(c) 4 (d) 6

96. एक क्लब के प्रत्येक सदस्य ने सदस्यों की संख्या के तीन गुने से ₹ 10 अधिक का अंशदान किया है। यदि कुल अंशदान ₹ 3,000 है, तो सदस्यों की संख्या है–

(a) 10 (b) 30
(c) 20 (d) 50

97. यदि संख्याओं $a = \frac{127}{128}$, $b = \frac{211}{3125}$, $c = \frac{125}{84}$ को दशमलव में व्यक्त किया जाए, तो दशमलव रूप में–

(a) a सान्त है, परंतु b तथा c अन्तरहित हैं।
(b) a, b, c सभी अंतरहित हैं।
(c) b तथा c सांत हैं, परंतु a अंतरहित है।
(d) a तथा b सांत हैं, परंतु c अंतरहित है।

98. यदि 3 पुरुष और 5 महिलाएं एक काम को 8 दिन में कर सकते हैं जबकि 2 पुरुष और 7 बच्चे उसी काम को 12 दिन में कर सकते हैं, तो कितनी महिलाएं एक दिन में उतना काम कर सकती हैं जितना 21 बच्चे करेंगे?

(a) 10 महिलाएं
(b) 15 महिलाएं
(c) 20 महिलाएं
(d) 25 महिलाएं

99. पाइप A एक टंकी को 30 मिनट में भरता है और पाइप B, 45 मिनट में, जब टंकी भरी हो, तो पाइप C उसे 90 मिनट में खाली कर सकता है, यदि सभी पाइप एक साथ खोल दिया जाएं, तो टंकी भरेगी–

(a) 25 मिनट में
(b) $26\frac{1}{2}$ मिनट में
(c) $22\frac{1}{2}$ मिनट में
(d) 35 मिनट में

100. एक ऑटो व्यापारी, जो कार के अंकित मूल्य पर 12% छूट देता है, 10% लाभ अर्जित करता है, यदि सूची मूल्य ₹ 1,26,000 हो तो क्रय मूल्य क्या है?

(a) ₹ 1,00,800
(b) ₹ 1,01,800
(c) ₹ 1,02,800
(d) ₹ 1,03,800

व्याख्या सहित उत्तर

1. (d) आर्किमीडीज के सिद्धान्त के अनुसार अगर कोई वस्तु द्रव में तैरती है, तो वह उतना ही डूबती है जितने से विस्थापित द्रव का वजन वस्तु के भार के बराबर हो जाए अर्थात प्रश्नानुसार तैरते हुए गुटकों का आभासी भार गुटके द्वारा विस्थापित जल के भार के बराबर होगा।

2. (c) जैव गैस (Biogas), मीथेन (CH_4) एवं कार्बन डाइऑक्साइड का मिश्रण है, जिसका प्रमुख अवयव मीथेन होता है।

3. (d) प्रेशर कुकर में जलवाष्प द्वारा आरोपित दाब जल के क्वथनांक (Boiling Point) में वृद्धि कर देता है, जिसके कारण भोजन शीघ्र बन जाता है।

4. (b) किण्वन के पश्चात् (यीस्ट-Yeast की उपस्थिति में) CO_2 गैस बनती है।

5. (c) वाष्पन (Evaporation), विसरण, गैसों का प्रसार।

6. (a) दर्पण के सापेक्ष प्रतिबिम्ब की चाल 2.5 ms^{-1} होगी, परन्तु दर्शन के सापेक्ष प्रतिबिम्ब की चाल $2 \times 2.5\ ms^{-1} (= 5\ ms^{-1})$ होगी।

7. (d) जब कोई ठोस पदार्थ, बिना द्रव में परिवर्तित हुए सीधे गैस में परिवर्तित हो जाता है, तो इस प्रक्रिया को ऊर्ध्वपातन के द्वारा होता है।

8. (d)

9. (c) अभिक्रिया के दौरान कॉपर सल्फेट का नीला घोल लोहे की कील से अभिक्रिया करके रंगहीन हो जाता है, क्योंकि आयरन सल्फेट रंगहीन होता है।

10. (d) कोशिका में केन्द्रक झिल्ली (Nuclear membrane) द्वारा केन्द्रक पृथक होता है।

11. (a) सभी कार्बोहाइड्रेट पदार्थ (पॉली-सेकेरॉइड) आयोडीन के साथ नीला रंग देते हैं।

12. (d) लार जीवधारियों के मुख में पाया जाने वाला जलीय पदार्थ है, जिसका स्राव लार ग्रंथियों द्वारा होता है, लार में पाया जाने वाला हार्मोन एमाइलेज (Amylase) है, जो पाचन में सहायक होता है, जब हम कोई ऐसा भोज्य पदार्थ लेते हैं जिससे स्टार्च के साथ-साथ शर्करा भी हो, जैसे चावल या आलू, तो ऐसे में यह हार्मोन, भोजन में उपस्थित स्टार्च को थोड़ी मात्रा को शर्करा में बदल देता है, जिससे कारण भोजन में मिठास आ जाता है।

13. (d) जब एक ही समय में किसी खेत में दो या अधिक फसल उगायी जाती है, तो कृषि को इस प्रक्रिया को मिश्रित कृषि या बहुफसलीय (Multiple Cropping) कहते हैं।

14. (b) हाल के कुछ वर्षों में मानव जाति को कुछ पर्यावरणीय समस्याओं का सामना करना पड़ रहा है, इन समस्याओं के मूल में मुख्यत: विकृत मानवीय क्रियाकलाप है। इन समस्याओं में वैश्विक ऊष्मन, ग्रीन हाउस प्रभाव तथा ओजोन परत का ह्रास है।

15. (b) 2000 ई. पू. के लगभग उत्तरी अफगानिस्तान में आक्सास नदी के किनारे स्थित शौर्तुघई (Shortughai) हड़प्पाई व्यापारिक उपनिवेश था।

16. (c) जेम्स प्रिंसेप अंग्रेज विद्वान, एवं पुरातत्वविद थे। वह बंगाल एशियाटिक सोसाइटी द्वारा प्रकाशित शोधपत्र के संस्थापक सदस्य भी थे उनका सबसे महत्वपूर्ण कार्य ब्राह्मी एवं खरोष्ठी लिपि का वाचन था।

17. (d) यूरोपीय वाणिज्यिक शक्तियों में पुर्तगालियों ने गोवा, डचों ने मुसली-पट्टम, अंग्रेजों ने मद्रास एवं फ्रांसिसियों ने पांडिचेरी में अपनी फैक्ट्रियाँ स्थापित कीं।

18. (c) आलवार 10वीं शताब्दी ई.पू. में तमिल-भक्ति संत थे। जिनके उपास्य देव भगवान विष्णु थे। इन संतों की संख्या 12 थी। इन्होंने अनेक भक्ति रचनाएं कीं जो सामूहिक रूप से ''नालयिरा दिव्य प्रबंधम'' के नाम से जाना जाता है। इसमें 4000 छंद संगृहीत है।

19. (b) 1206 ई. से 1526 ई. तक दिल्ली सल्तनत के राजवंशों की क्रमानुसार सूची निम्नवत् है-

(i) दास वंश (1206-1290 ई.)
(ii) खिलजी वंश (1290-1320 ई.)
(iii) तुगलक वंश (1320-1414 ई.)
(iv) सैयद वंश (1414-1450 ई.)
(v) लोदी वंश (1451-1526 ई.)

20. (a) लैरी कौलिन्स एवं डोमिनिक लैपियर ने अपनी पुस्तक 'Freedom At Mid-night' में लिखा है कि स्वतंत्रता के बाद गांधीजी के जीवन को सर्वश्रेष्ठ समय सांप्रदायिक आग से झुलसते हुए देश में शांति बहाली के लिए प्रयास के दौरान था।

21. (c) मुगल भू-राजस्व व्यवस्था का केन्द्रीय तत्व अधिशेष उत्पादन एवं उससे प्राप्त राजस्व था। यही राज्य की आय का प्रमुख स्रोत था। मुगल राजस्व दो स्तरों पर स्तरीकृत था-

(i) निर्धारित रकम जिसे 'जमा' कहते थे।

(ii) वास्तविक वसूली जिसे हासिल कहते थे।

22. (a) मई-जून 1875 ई. में महाराष्ट्र के पुणे, सतारा एवं नागपुर जिलों में किसानों ने स्थानीय साहूकारों के विरुद्ध विद्रोह कर दिया। जिसके परिणामस्वरूप पूरे दक्कन में दंगे भड़क उठे। ब्रिटिश सरकार ने इन दंगों के कारणों की जांच के लिए एक आयोग का गठन किया।

23. (b) उक्त वक्तव्य अल्लामा इकबाल ने मुस्लिम लीग की 25वीं वर्षगांठ के दौरान अध्यक्षीय भाषण के दौरान 29 दिसम्बर 1930 को इलाहाबाद में दिया था। उनके इस भाषण को इलाहाबाद वक्तव्य (Allahabad Address) के रूप में भी जाना जाता है।

24. (b) 1857 के विद्रोह के दौरान नाना साहब ने कानपुर, कुंवर सिंह ने बिहार के जगदीशपुर वर्तमान भोजपुर (जिले में), शाहमल ने उत्तर प्रदेश के वरुत (Baraut) एवं गुन्नू ने छोटा नागपुर में विद्रोह का नेतृत्व किया।

25. (a) जब रबीन्द्र नाथ टैगोर को जलियां वाला बाग हत्याकांड की जानकारी मिली तो उन्होंने कलकत्ता में विरोध प्रदर्शन का आयोजन किया एवं ब्रिटिश सरकार द्वारा प्रदत्त 'नाइटहुड' (Knighthood) की उपाधि वापस कर दी।

26. (a) दांडी मार्च, जिसे सामान्यतौर पर नमक सत्याग्रह के रूप में भी जाना जाता है, का आरंभ गांधीजी ने 12 मार्च, 1930 को अहमदाबाद के साबरमती आश्रम से अपने 78 सहयोगियों के साथ किया तथा 24 दिन की यह यात्रा 240 मील (290 किमी.) के बाद वर्तमान गुजरात राज्य के नवसारी जिले के दांडी नामक समुद्रतटीय गांव में नमक कानून के उल्लंघन के साथ समाप्त हुई।

27. (c) मिंटो-मार्ले सुधार का सबसे महत्वपूर्ण प्रावधान यह था कि इसने विधान परिषद में चुने हुए सदस्यों की संख्या बढ़ाकर 16 से 60 कर दी। इसमें सरकारी सदस्य शामिल नहीं थे।

28. (c) महात्मा गांधी अपना राजनीतिक गुरू गोपाल कृष्ण गोखले को मानते थे।

29. (a) मैडम भीखाजी कामा ने 'वंदेमातरम्' नामक साप्ताहिक पत्रिका आरम्भ की वही इस पत्रिका की संपादक एवं वितरक भी थीं।

30. (c) बाल गंगाधर की राजनैतिक शैली को उग्रतावादी (Radical) माना जाता है, वहीं सामाजिक मुद्दों के संदर्भ में उनके विचार परंपरावादी थे।

31. (a) विनायक दामोदर सावरकर को 1910 में क्रांतिकारी संस्था 'इंडियन हाउस' के साथ सम्बन्ध रखने के कारण गिरफ्तार किया गया, लेकिन गिरफ्तारी के दौरान भागने की असफल कोशिश करने के उपरांत उन्हें दोहरे आजीवन कारावास (50 वर्ष) की सजा सुनाई गई। जिसके लिए उन्हें माण्डले जेल भेज दिया गया। लेकिन बाद में उन्हें 1921 में छोड़ दिया गया।

32. (c) संविधान निर्माण की दिशा में पहला काम था, पं. नेहरू द्वारा 13 दिसम्बर, 1946 को 'उद्देश्य प्रस्ताव' को प्रस्तावित करना इस उद्देश्य प्रस्ताव में यह कहीं भी उल्लिखित नहीं है कि स्वतंत्र भारत की सभी शक्तियां जनता से प्राप्त होंगी।

33. (d)

34. (a) 19वीं शताब्दी में भारतीय सामाजिक जीवन में अनेक सामाजिक आंदोलनों का उद्भव हुआ, जिन्हें दो रूपों में वर्गीकृत किया जा सकता है-(1) सुधारवादी आंदोलन (2) पुनरुद्धार आंदोलन, प्रार्थना समाज एक सुधारवादी आंदोलन था, जिसका आरम्भ 1867 में बम्बई में डॉ. आत्माराम पांडुरंग ने किया, इस आंदोलन का उद्देश्य हिन्दू धर्म के अन्दर व्याप्त बुराइयों को समाप्त करना था।

35. (d) 73वें संविधान संशोधन द्वारा शक्तियों का विकेन्द्रीकरण किया गया। इस संविधान संशोधन द्वारा ग्रामीण स्थानीय शासन को संवैधानिक दर्जा प्रदान किया गया।

36. (a) 1905 में बंगाल विभाजन के उपरांत भड़के असंतोष को एक आंदोलन के रूप में संगठित बंगाल के राजनीतिक दृष्टि से उन्नतिशील बौद्धिक वर्ग ने किया।

37. (c) प्रथम विश्व युद्ध के दौरान भारत में आम उपभोक्ता वस्तुओं की भारी कमी थी, जिसके परिणामस्वरूप भारत में अकाल पड़ गया तथा आम चीजों की कीमतों में भारी वृद्धि हो गई।

38. (d) भारतीय कृषि में सहकारी खेती (Co-operatove Farming) एक संस्थागत सुधार है, जो कृषि जिस विपणन में कृषकों हेतु लाभकारी होगी, जिस हेतु नियाम (राष्ट्रीय कृषि विपणन संस्थान-NIAM, भारत सरकार) जयपुर (राज.) अच्छी भूमिका निभा रहा है।

39. (b)

40. (b) महानदी पर अवस्थित हीराकुण्ड बांध एशिया का सबसे लम्बा बांध है, जिसकी लम्बाई 25.8 किमी. (16 मील) है।

41. (d)

42. (a) निर्धन लोगों को आर्थिक सहायता या कर्ज देकर भारत की आर्थिक असमानता को समाप्त नहीं किया जा सकता है।

43. (b) संविधान के 92वें संशोधन अधिनियम-2003 द्वारा संविधान की आठवीं अनुसूची में चार भाषाओं-बोडो, डोगरी, संथाली एवं मैथिली को सम्मिलित किया गया। इस संशोधन के उपरांत आठवीं अनुसूची में भाषाओं की संख्या 22 हो गई है।

44. (b) भारतीय रिजर्व बैंक, भारत में नोट निर्गमन की केन्द्रीय संस्था है।

45. (d) भारतीय संविधान के भाग-3 में अनुच्छेद 12 से 30 तथा 32 से 35 में व्यक्तियों के मूल अधिकारों की घोषणा की गई है। भारतीय संविधान में 7 प्रकार के मूल अधिकार वर्णित है, न कि असीमित।

46. (a) 'सत्यमेव जयते' सूक्ति, मुण्डकोपनिषद में वर्णित है। स्वतंत्रता के उपरांत इसे राष्ट्रीय चिन्ह के रूप में स्वीकार किया गया।

47. (b) केरल में सम्पूर्ण देश के रबड़ उत्पादन का 90% भाग पैदा होता है। साथ ही केरल एवं कर्नाटक में रबड़ उत्पादन का सर्वाधिक रोपण क्षेत्रफल (लगभग 90%) है।

48. (c) भारतीय संविधान के अनुच्छेद 110 में वर्णित धन विधेयक, राष्ट्रपति की पूर्वानुमति से ही लोक सभा में प्रस्तुत किया जाता है। यहां यह तथ्य ध्यातव्य है कि अन्य विधेयक संसद के किसी भी सदन (राज्य सभा या लोक सभा) में प्रस्तुत किया जा सकता है, किन्तु धन विधेयक केवल लोक सभा में ही प्रस्तुत किया जा सकता है, किन्तु धन विधेयक या वित्त विधेयक केवल लोक सभा में ही प्रस्तुत किए जा सकते हैं।

49. (b)

50. (b) भारत में मूंगफली एक प्रमुख तिलहनी फसल है जिसका वर्ष 2014-15 में कुल उत्पादन 9.5 मिलि. टन हुआ था, जिसमें मुख्य रूप से गुजरात (52% हिस्सा), तमिलनाडु (13%) एवं आन्ध्र प्रदेश (11%) राज्य आते हैं, जबकि राई-सरसों का उत्पादन 7.8 मिलियन टन रहा था।

51. (b) सिंचित क्षेत्रों में भूमि के निम्नीकरण का मुख्य कारण लवणीकरण (Salinisation) है जिसकी भूमि पी-एच (pH) 8.0 - 8.5 होती है जिसमें सोडियम (Na), कैल्सियम (Ca) तथा मैग्नीशियम (Mg) तत्व अधिक मात्रा में पाए जाते हैं, फलत: भूमि की उर्वरा शक्ति, फसल उत्पादकता एवं फसल उत्पादन घट जाता है।

52. (c) 'ऑपरेशन फ्लड', राष्ट्रीय डेयरी विकास बोर्ड (NDDB) का कार्यक्रम है, जो 1970 में आरम्भ किया गया। इसका उद्देश्य दूध के उत्पादन संस्करण, प्रसंस्करण एवं विपणन को बढ़ावा देना है।

53. (d) भारत सरकार ने अप्रैल 1990 में उड्डयन क्षेत्र में मुक्त आकाश, नीति की घोषणा को अपनी सेवाए संचालित करने की अनुमति प्रदान की।

54. (b) शाकाहारी भोजन में दालें प्रोटीन का सबसे बड़ा स्रोत है।

55. (a)

56. (d) गन्ना की फसल के लिए अच्छे जल निकास वाली उपजाऊ मिट्टी, अधिक मात्रा में खाद एवं उर्वरक (150 + 80 - 100 + 60 - 80 kg N, P, K उर्वरक तत्व प्रति हैक्टर), गर्म एवं आर्द्र जलवायु, औसतन वार्षिक वर्षा 50 से 250 cm/ वार्षिक-भारत में) एवं सुनिश्चित सिंचाई द्वारा जल-आपूर्ति की आवश्यकता पड़ती है।

57. (d) बिहार में महिला साक्षरता दर, देश में सबसे कम (51.5%) है।

58. (a) स्लैश (Slash) एवं बर्न (Burn) कृषि को मैक्सिको (संयुक्त राष्ट्र अमरीका USA) में मिल्पा (Milpa) के रूप में जाना जाता है। भारत में झूम/शिफ्टिंग खेती कहते हैं जो एक शस्य-ईको प्रणाली नियमित गतिविधियों हेतु अपनाई जाती है।

59. (c) 2011 की जनगणना के अनुसार देश में 46 महानगर (10 लाख की आबादी से अधिक) है, जिनमें से एक भी हिमाचल प्रदेश में नही है।

60. (a) कोलकाता पत्तन, देश का एकमात्र नदीय पत्तन (Reverine Port) है। हुगली नदी के बाएं किनारे पर अवस्थित कोलकाता पत्तन की दो गोदियां-कोलकाता डॉक एवं हल्दिया डॉक हैं।

61. (d)

62. (c) जैसे-जैसे किसी देश में आर्थिक संपन्नता आती-जाती है, उस देश में जन्म दर और मृत्यु दर दोनों घटती जाती है। दूसरे शब्दों में इसे कहा जा सकता है कि यदि किसी देश में जन्म दर एवं मृत्यु दर, दोनों में कमी आ रही है, तो यह देश में आर्थिक संपन्नता का सूचक माना जाता है।

63. (a) प्रवासन एक ऐसी प्रक्रिया है जिसमें लोग एक स्थान से दूसरे स्थान पर लम्बी अवधि के लिए चले जाते हैं। प्रवासन, आंतरिक (देश के अंदर ही), अथवा बाह्य (देश के बाहर) दोनों प्रकार से संभव हो सकता है।

64. (b) प्रश्न के विकल्पों में दिए गए राज्यों में अनुसूचित जनजाति की जनसंख्या का प्रतिशत निम्नवत है-

मिजोरम - 94.4%
नागालैण्ड - 86.5%
मेघालय - 86.1%
अरुणाचल प्रदेश - 68.1%

65. (c) 2011 की जनगणना के अनुसार केरल की साक्षरता दर 94% है।

66. (a) **67.** (b)

68. (b) भारत में बाघ परियोजना का आरम्भ 1973 में तत्कालीन प्रधानमंत्री श्रीमती इंदिरा गांधी द्वारा किया गया।

69. (b)

70. (b) ध्रुवतारा केवल उत्तरी गोलार्द्ध में ही दिखाई देता है। भूमध्य रेखा के दक्षिण में यह दिखाई नहीं देता। ब्राजीलिया, जोकि ब्राजील की राजधानी है, दक्षिणी गोलार्द्ध में स्थित है इसलिए ध्रुवतारा वहां कभी भी दिखाई नहीं देगा।

71. (c)

72. (d) म्यांमार (बर्मा) में स्थित पोपा ज्वालामुखी पर्वत को 'विलुप्त ज्वालामुखी (Extinct Volcano)' की श्रेणी में वर्गीकृत किया गया है।

73. (a)

74. (c) राइन नदी जर्मनी और नीदरलैण्ड के बीच प्रवाहित होती है। इस नदी का 700 किमी. का भाग नौवहन योग्य है, जो बेवल से रोटर्डम तक है।

75. (d) अर्थव्यवस्था के चतुर्थक क्रिया-कलापों में पूर्ण व्यापार, बीमा, विधि सेवाएं, बैंकिंग सेवाएं, विज्ञापन, डाटा प्रोसेसिंग आते हैं, जबकि शैक्षिक सेवाएं पंचम क्रियाकलापों (Quomaru Activities) के अंतर्गत वर्गीकृत है।

76. (b) कच्छ एवं खंभात की खाड़ी को ज्वारीय ऊर्जा (Tidal Energy) के विकास के लिए आदर्श क्षेत्र माना जाता है।

77. (d) अपनी पारद्युतिक (Dietectric) क्षमता, अल्प विद्युत क्षय (Loe Power Loss), रोधक (Insulting) क्षमताओं एवं उच्च वोल्टेज प्रतिरोध (High Voltage Resistance) के कारण अभ्रक विद्युत एवं इलेक्ट्रॉनिक उद्योगों में प्रयुक्त होने वाला सबसे महत्वपूर्ण अधात्विक खनिज है।

78. (d) जल-प्रदूषण को कम करना बहु-उद्देश्यशीय नदी परियोजनाओं का उद्देश्य नहीं है।

79. (d)

80. (a) जापानी मदद से विकसित किए जा रहे 1983 किमी. लम्बे दिल्ली-मुम्बई कॉरीडोर देश की दो राजधानियों अर्थात् राजनीतिक राजधानी दिल्ली एवं वाणिज्यिक राजधानी मुम्बई को जोड़ेगा।

81. (c) रेणुकूट, मुख्य रूप से एल्यूमीनियम उद्योग के लिए जाना जाता है। यहीं पर एशिया का सबसे बड़ा एल्यूमीनियम परिष्करण सम्पन्न हिंडाल्को अवस्थित है।

82. (c) भारतीय उपमहाद्वीप में कृषि के प्राचीनतम साक्ष्य मेहरगढ़ से प्राप्त हुए हैं। मेहरगढ़ जो सिन्ध और बलुचिस्तान में है, से कृषि का पहला और स्पष्ट प्रमाण प्राप्त हुआ है। सम्भवत: इस जगह 7000 ई.पु. में ही कृषि उत्पादन प्रारम्भ हो चुका था। यहां से 5000 ई. में ही गेहूं और जौ की विभिन्न प्रजातियों के उगाए जाने का प्रमाण मिलता है।

83. (d) चोल साम्राज्य को अन्तत: अलाउद्दीन खिलजी के सेनानायक मलिक काफूर ने पराजित कर समाप्त किया था।

84. (b) अवेस्ता प्राचीन ईरान के ग्रन्थ का नाम है। ऋग्वेद और ईरानी ग्रन्थ ''जेंद अवेस्ता'' (Zenda Avesta) में समानता पाई जाती है।

85. (b) महाक्षत्रप रुद्रदामन के जूनागढ़ अभिलेख में चन्द्रगुप्त और अशोक दोनों का उल्लेख किया गया है।

86. (b) जिस प्रकार,

E	N	T	R	Y
↓	↓	↓	↓	↓
1	2	3	4	5

तथा

S	T	E	A	D	Y
↓	↓	↓	↓	↓	↓
9	3	1	7	8	5

उसी प्रकार,

A	R	R	E	S	T
↓	↓	↓	↓	↓	↓
7	4	4	1	9	3

87. (c) A का पुत्र, C तथा D का भाई है।
अत: C, A की पुत्री है।
अब, B, C का चाचा हुआ।

88. (b) अंग्रेजी शब्दकोष के अनुसार शब्दों का क्रम:

3. Addict
↓
2. Addition
↓
1. Admire
↓
4. Admission
↓
5. Adult

89. (b) शब्दों का सार्थक क्रम:

3. रचना
↓
1. कलाकार
↓
2. अभ्यास
↓
5. नाटक
↓
4. पुनर्निवेशन

90. (a) 5 * 9 * 3 * 6 * 8
$\Rightarrow 5 \times 9 + 3 = 6 \times 8$
$\Rightarrow 45 + 3 = 48$

91. (b) $4 \times 5 = 42$
$\Rightarrow (4 + 2) \times (5 + 2) = 42$
$\Rightarrow 6 \times 7 = 42$
$5 \times 6 = 56$

$\Rightarrow (5+2) \times (6+2) = 56$
$\Rightarrow 7 \times 8 = 56$
$6 \times 7 = 72$
$\Rightarrow (6+2) \times (7+2) = 72$
$\Rightarrow 8 \times 9 = 72$
उसी प्रकार,
7×8
$\Rightarrow (7+2) \times (8+2)$
$\Rightarrow 9 \times 10 = 90$

92. (b) $16 = 4 \times 4$
$64 = 4 \times 4 \times 4$
$36 = 6 \times 6$
$216 = 6 \times 6 \times 6$
$64 = 8 \times 8$
$512 = 8 \times 8 \times 8$

93. (b)

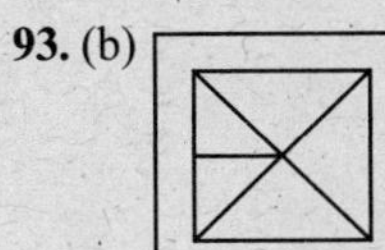

94. (a)

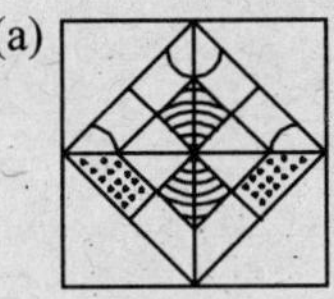

95. (b) संख्या '5' के आसन्न सतहों पर संख्याएं 1, 3, 4 तथा 6 विद्यमान हैं। अतः '5' के विपरीत सतह पर '2' है।

96. (b) माना सदस्यों की संख्या x है।

$\therefore 3x^2 + 10x - 3000 = 0$

$\therefore (3x + 100)(x - 30) = 0$

$\therefore x = 30$

97. (d) $a = \frac{127}{128} = 0{,}9921875$

$b = \frac{211}{3125} = 0.06752$

$c = \frac{125}{84} = 1.4880952$

$\therefore$ a और b सांत है, परन्तु c अन्तरहित।

98. (a) 1 दिन में काम करेंगे = 24 पुरुष तथा 40 महिलाएं तथा 1 दिन में काम करेंगे = 24 पुरुष तथा 84 बच्चे

$\therefore$ 84 बच्चों का काम = 40 महिलाओं का काम

$\therefore$ 21 बच्चों का काम = 10 महिलाओं का काम

99. (c) 1 मिनट में टंकी का भरा भाग

$= \frac{1}{30} + \frac{1}{45} - \frac{1}{90}$

$= \frac{3+2-1}{90} = \frac{4}{90} = \frac{2}{45}$

$\therefore$ टंकी $22\frac{1}{2}$ मिनट में भरेगी।

100. (a) कुल छूट

$= 126000 \times \frac{12}{100} =$ ₹ 15120

$\therefore$ कार का वि. मू. = 126000 – 15120
= ₹ 110880

$\therefore$ कार का क्र.मू = $110880 \times \frac{100}{110}$

= ₹ 100800

❑❑❑

प्रैक्टिस सेट–15

1. ऋग्वेद में अघन्या का प्रयोग हुआ है–
   (a) बकरी के लिए
   (b) गाय के लिए
   (c) हाथी के लिए
   (d) घोड़े के लिए
2. भूमि स्पर्श मुद्रा की सारनाथ बुद्ध प्रतिमा सम्बन्धित है–
   (a) कुषाण काल से
   (b) गुप्त काल से
   (c) वर्धन काल से
   (d) राजपूत काल से
3. विष्णु के किस अवतार को समुद्र से पृथ्वी का उद्धार करते हुए अंकित किया जाता है?
   (a) कच्छप (b) मत्स्य
   (c) वराह (d) नृसिंह
4. एलोरा के कैलाश मन्दिर का निर्माण कराया था?
   (a) राष्ट्रकूटों ने
   (b) वातापी के चालुक्यों ने
   (c) गंग शासकों ने
   (d) चेदी शासकों ने
5. मगध का कौन-सा सम्राट 'अपरोपरशुराम' के नाम से जाना जाता है?
   (a) बिन्दुसार (b) अजातशत्रु
   (c) कालाशोक (d) महापद्मनन्द
6. अलबरूनी भारत में कब आया था?
   (a) नौंवी शताब्दी ई. में
   (b) दसवीं शताब्दी ई. में
   (c) ग्यारहवीं शताब्दी ई. में
   (d) बारहवीं शताब्दी में
7. 'मत्त विलास प्रहसन' का लेखक कौन था?
   (a) गौतमीपुत्र सतकर्णी
   (b) महाक्षत्रय रुद्रदामन
   (c) महेन्द्र वर्मन
   (d) पुलकेशी द्वितीय
8. निम्नलिखित सुल्तानों में से कौन अन्न के ऊपर कर समाप्त करने के लिए जाना जाता है?
   (a) अलाउद्दीन खिलजी
   (b) गियासुद्दीन तुगलक
   (c) फिरोज तुगलक
   (d) सिकन्दर लोदी
9. भक्ति आन्दोलन के निम्नलिखित नायकों में से कौन इस्लाम से प्रभावित था?
   (a) चैतन्य (b) मीराबाई
   (c) नामदेव (d) वल्लभाचार्य
10. निम्नलिखित में से किसने भारत सरकार अधिनियम, 1935 को "गुलामी का अधिकार पत्र" कहा था?
    (a) जवाहरलाल नेहरू
    (b) एम. ए. जिन्ना
    (c) डॉ. राजेन्द्र प्रसाद
    (d) मौलाना अबुल कलाम आजाद
11. राणा सांगा ने निम्नलिखित युद्धों में से किसमें बाबर के विरुद्ध लड़ाई की थी?
    (a) पानीपत का युद्ध
    (b) खानवा का युद्ध
    (c) चन्देरी का युद्ध
    (d) घाघरा का युद्ध
12. 1885 में भारतीय राष्ट्रीय कांग्रेस का महासचिव कौन था?
    (a) ए.ओ.ह्यूम
    (b) दादाभाई नैरोजी
    (c) डब्ल्यू. सी. बनर्जी
    (d) फिरोज शाह मेहता
13. शिवाजी ने 'पुरन्धर की सन्धि' (1665 ई.) निम्नलिखित में से किस मुगल सेनानायक के साथ हस्ताक्षरित की थी?
    (a) जसवन्त सिंह
    (b) जयसिंह
    (c) शाईस्ता खां
    (d) दिलेर खां
14. वी.डी. सावरकर द्वारा स्थापित गुप्त संगठन का नाम क्या था?
    (a) युगान्तर समिति
    (b) अनुशीलन सीमित
    (c) हिन्दुस्तान रिपब्लिकन एसोशियन
    (d) अभिनव भारत
15. सूची-I को सूची-II से सुमेलित कीजिए और सूचियों के नीचे दिए गए कूट का उपयोग करके सही उत्तर चुनिए–

    सूची-I
    A बाबर
    B हुमायूं
    C अकबर
    D जहांगीर

    सूची-II
    1. जामी मस्जिद (संभाल)
    2. दीन पनाह
    3. जहांगीरी महल
    4. एत्माद-उद-दौला-का मकबरा

    कूट:

	A	B	C	D
(a)	1	2	3	4
(b)	4	3	2	1
(c)	3	4	1	2
(c)	2	1	4	3

16. डेक्कन एजुकेशनल सोसायटी की स्थापना से कौन सम्बन्धित था?
    (a) जस्टिस रानाडे
    (b) फिरोजशाह मेहता
    (c) बी.जे. तिलक
    (d) दयानन्द सरस्वती
17. भारतीय ब्रह्म समाज की स्थापना किसने की थी?
    (a) राजा राममोहन राय ने
    (b) देवेन्द्रनाथ टैगोर ने
    (c) ईश्वर चन्द्र विद्यासागर ने
    (d) केशव चन्द्र सेन ने
18. निम्नलिखित में से कौन एक कृष्णा नदी की सहायक नदी नहीं है?
    (a) भीमा (b) डान
    (c) तेल (d) तुंगभद्रा
19. कथन (A): कांग्रेस ने साइमन कमीशन का बहिष्कार किया था।
    कारण (R): साइमन कमीशन में एक भी सदस्य भारतीय नहीं था।
    सही उत्तर का चयन नीचे दिए गए कूट का उपयोग करके कीजिए:
    (a) (A) तथा (R) दोनों सही हैं और (R), (A) की सही व्याख्या है।
    (b) (A) तथा (R) दोनों सही हैं, और (R), (A) की सही व्याख्या नहीं है।
    (c) (A) सही है, परन्तु (R) गलत है।
    (d) (A) गलत है, परन्तु (R) सही है।
20. निम्नलिखित स्थानों में से कहां पर आर्द्र जलवायु का अनुभव होता है?
    1. अहमदाबाद 2. कोच्चि
    3. लुधियाना 4. तेजपुर

नीचे दिए गए कूट से सही उत्तर चुनिए–
कूटः
(a) केवल 1 तथा 2
(b) केवल 1 तथा 3
(c) केवल 2 तथा 3
(d) केवल 2 तथा 4

21. भारतीय राष्ट्रीय कांग्रेस के 1946 में मेरठ में आयोजित अधिवेशन की अध्यक्षता किसने की थी?
(a) जे.बी. कृपलानी
(b) मौलाना अबुल कलाम आजाद
(c) डॉ. राजेन्द्र प्रसाद
(d) बी. पट्टाभि सीतारमैया

22. 'इन्डियन ब्यूरो ऑफ माइन्स' का मुख्यालय कहां अवस्थित है?
(a) रांची में (b) अहमदाबाद में
(c) नागपुर में (d) मैसूर में

23. सूची-I को सूची-II से सुमेलित कीजिये और सूचियों के नीचे दिए गये कूट का उपयोग करके सही उत्तर चुनिए–

	सूची-I		सूची-II
A.	उकाई	1.	झारखंड
B.	पत्रातू	2.	गुजरात
C.	पेंच	3.	महाराष्ट्र
D.	डभोल	4.	मध्य प्रदेश

कूटः

	A	B	C	D
(a)	4	2	3	1
(b)	2	1	4	3
(c)	3	2	1	4
(d)	1	3	4	2

24. सूची-I को, सूची-II से सुमेलित कीजिये और सूचियों के नीचे दिये गये कूट का उपयोग करके सही उत्तर चुनिए–

	सूची-I (केन्द्र)		सूची-II (उद्योग)
A.	कनकीनारा	1.	कालीन
B.	विरुधनगर	2.	जूट
C.	चन्ना पटना	3.	सूती वस्त्र
D.	भदोही	4.	रेशम

कूटः

	A	B	C	D
(a)	1	2	3	4
(b)	2	3	4	1
(c)	4	3	2	1
(d)	3	2	1	4

25. निम्नलिखित में से कौन-सा अपने देश अपने कुल निर्यात से प्राप्त धन का लगभग दो तिहाई चावल के व्यापार से प्राप्त करता है?
(a) जापान (b) थाईलैण्ड
(c) इन्डोनेशिया (d) म्यांमार

26. निम्नलिखित में से कहां तेल शोधक कारखाना नहीं है?
(a) कोयली (b) नूनमाटी
(c) हटिया (d) बरौनी

27. अफ्रीका में सर्वाधिक तांबा उत्पादक देश कौन-सा है?
(a) दक्षिण-अफ्रीका
(b) जाम्बिया
(c) केन्या
(d) तन्जानिया

28. भारत के दो शीर्षस्थ बॉक्साइट उत्पादक राज्य कौन-से हैं?
(a) झारखंड एवं गुजरात
(b) गुजरात एवं ओडिशा
(c) ओडिशा एवं महाराष्ट्र
(d) ओडिशा एवं झारखंड

29. निम्नलिखित में से कौन सही सुमेलित नहीं है?
(a) बोलीविया - टिन
(b) ब्राजील - लौह अयस्क
(c) मेक्सिको - चांदी
(d) पेरू - शोरा

30. कार्यान्वित किए जा रहे राष्ट्रीय राजमार्ग विकास परियोजना के उत्तर दक्षिण तथा पूर्व पश्चिम गलियारे मिलते हैं–
(a) कानपुर में (b) लखनऊ में
(c) झांसी में (d) वाराणसी में

31. यदि इंग्लैंड में एक क्रिकेट कमेन्ट्री 10 बजे पूर्वाह्न (जी.एम.टी.) से शुरू होती है जो तो भारत में भारतीय समयानुसार कितने बजे में सुनी जा सकती है?
(a) 10:10 बजे पूर्वाह्न से
(b) 4:30 बजे पूर्वाह्न से
(c) 3:30 बजे पूर्वाह्न से
(d) 2:30 बजे पूर्वाह्न से

32. किस देश में बाजार आधारित लौह एवं इस्पात के कारखाने हैं?
(a) चीन में (b) भारत में
(c) जापान में (d) यू. के. में

33. हड्डी से निर्मित आभूषण भारत में मध्य पाषाण काल के संदर्भ में प्राप्त हुए हैं-
(a) सराय नाहर राय से
(b) महदहा से
(c) लेखहिया से
(d) चोपनी माण्डो से

34. जनगणना 2011 के अन्तिम आंकड़ों के आधार पर निम्नलिखित राज्यों को साक्षरता प्रतिशत के अनुसार अवरोही क्रम में व्यवस्थित कीजिए और नीचे दिए कूट से सही उत्तर का चयन कीजिए–
1. नागालैण्ड 2. हिमाचल प्रदेश
3. सिक्किम 4. त्रिपुरा
(a) 1, 2, 3 4 (b) 4 3, 2, 1
(c) 4 2, 3, 1 (d) 2 4, 1, 3

35. कौन-सा हड़प्पाई (Harappan) नगर तीन भागों में विभक्त है?
(a) लोथल (b) कालीबंगा
(c) धौलावीरा (d) सुरकोटदा

36. जनगणना 2011 के अनन्तिम आंकड़ों के अनुसार निम्नलिखित राज्यों में से किसका जनसंख्या घनत्व 100 से कम है?
(a) नागालैंड (b) मेघालय
(c) मिजोरम (d) मणिपुर

37. वैदिक कर्मकाण्ड में 'होता' का सम्बन्ध है–
(a) ऋग्वेद से (b) यजुर्वेद से
(c) सामवेद से (d) अथर्ववेद से

38. हर वर्ष जनसंख्या दिवस कब मनाया जाता है?
(a) जून 5 को (b) जून 11 को
(c) जुलाई 5 को (d) जुलाई 11 को

39. 2011 जनगणना के अन्तिम आंकड़ों पर आधारित निम्नलिखित कथनों में से कौन सा एक उत्तर प्रदेश के लिए सही नहीं है?
(a) उत्तर प्रदेश की जनसंख्या का 25% से कम शहरी क्षेत्र में रहता है
(b) उत्तर प्रदेश भारत में सर्वाधिक शहरी जनसंख्या वाला राज्य है
(c) इलाहाबाद उत्तर प्रदेश का सर्वाधिक जनसंख्या वाला जिला है
(d) ''कवाल नगर'' दस लाख जनसंख्या से अधिक वाले नगरों की श्रेणी में आते हैं।

40. जनसंख्या 2011 के अन्तिम आंकड़ों के अनुसार, भारत की जनसंख्या में स्त्रियों का प्रतिशत कितना है?
(a) 49.80 (b) 48.46
(c) 47.98 (d) 47.24

41. भारत के संविधान के अंतर्गत कौन-सा अनुच्छेद कारखानों में बालकों के नियोजन का प्रतिषेध करता है?
(a) अनुच्छेद 19 (b) अनुच्छेद 17
(c) अनुच्छेद 23 (d) अनुच्छेद 24

42. निम्नलिखित अनुच्छेदों में से किस एक को डॉ.बी.आर. अम्बेडकर द्वारा संविधान का हृदय एवं आत्मा कहा गया था?
(a) अनुच्छेद 14
(b) अनुच्छेद 25
(c) अनुच्छेद 29
(d) अनुच्छेद 32

43. सूचना का अधिकार–

(a) एक मूल अधिकार है।
(b) एक विविध अधिकार है।
(c) दोनों (a) तथा (b)
(d) न तो (a) और न (b)

44. नीचे दो वक्तव्य दिए गए हैं एक को कथन (A) कहा गया है, जबकि दूसरे को कारण (R) कहा गया है–

कथन (A) कोई व्यक्ति उपराष्ट्रपति निर्वाचित होने का पात्र तभी होगा जब वह राज्यसभा का सदस्य होने के लिए अर्हित है।

कारण (R) उपराष्ट्रपति राज्यसभा का पदेन सभापति होता है।

उपरोक्त वक्तव्यों के परिप्रेक्ष्य में निम्नलिखित में से कौन सा उत्तर सही है?

(a) दोनों (A) और (R) सत्य हैं तथा (R), (A) का एक मान्य स्पष्टीकरण है।
(b) दोनों (A) तथा (R) सत्य हैं, परन्तु (R), (A) का एक मान्य स्पष्टीकरण नहीं है।
(c) (A) सही है, परन्तु (R) गलत है।
(d) (A) गलत है, परन्तु (R) सही है।

45. निम्नलिखित में से किसे द्वितीय पीढ़ी का मानव अधिकार समझा जाता है?

(a) काम का अधिकार
(b) शिक्षा का अधिकार
(c) स्वतंत्रता का अधिकार
(d) समता का अधिकार

46. निम्नलिखित कथनों पर विचार कीजिए–

1. प्राण और दैहिक स्वतंत्रता के संरक्षण का मूल अधिकार आपातकाल में निलम्बित नहीं किया जा सकता है

2. भारत के उपराष्ट्रपति को उनके पद से राज्य सभा द्वारा पारित किए गए और लोक सभा द्वारा सहमत व्यक्त किए गए संकल्प द्वारा हटाया जा सकता है

3. वर्तमान में राज्य सभा में विपक्ष के नेता भी अरुण जेटली हैं।

4. योजना आयोग के अध्यक्ष श्री मोंटेक सिंह अहलूवालिया हैं।

इन कथनों में

(a) केवल 1 तथा 2 सही हैं
(b) केवल 2 तथा 3 सही हैं
(c) केवल 3 तथा 4 सही हैं
(d) केवल 1, 2 तथा 3 सही हैं

47. निम्नलिखित में से किसे भारत सरकार का प्रथम विधि अधिकारी समझा जाता है?

(a) भारत के मुख्य न्यायाधीश
(b) महान्यायाभिकर्ता
(c) महान्यायवादी
(d) महाधिवक्ता

48. संघ लोक सेवा आयोग अपना वार्षिक प्रतिवेदन सौंपता है–

(a) प्रधान मंत्री को
(b) राष्ट्रपति को
(c) लोक सभा अध्यक्ष को
(d) गृह मंत्री को

49. किसी राज्य में मुख्यमंत्री से सम्बन्धित निम्नलिखितद कथनों में से कौन-सा एक सही नहीं है?

(a) मुख्यमंत्री राज्यपाल द्वारा नियुक्त किए जाते हैं
(b) सामान्यत: मुख्यमंत्री मंत्री-परिषद् की बैठकों की अध्यक्षता करते हैं
(c) राज्यपाल मुख्यमंत्री की सलाह पर अपने समस्त कृत्यों का प्रयोग करते हैं
(d) मंत्रियों की नियुक्ति राज्यपाल, मुख्यमंत्री की सलाह पर करते हैं

50. भारतीय संविधान का अनुच्छेद 370 संबंधित है–

(a) जम्मू-कश्मीर राज्य से
(b) सिक्किम राज्य से
(c) नागालैण्ड राज्य से
(d) मणिपुर राज्य से

51. जे एन यू आर एम का सम्बन्ध निम्नलिखित में से किसमें सुधार करने से है?

(a) ग्रामीण भवन निर्माण
(b) शहरी तथा ग्रामीण विपणन संरचना
(c) शिक्षित व्यक्तियों को रोजगार
(d) शहरी अधो संरचना

52. कावेरी नदी के जल बँटवारे का विवाद किन राज्यों से सम्बन्धित है?

(a) तमिलनाडु तथा कर्नाटक
(b) तमिलनाडु कर्नाटक एवं केरल
(c) तमिलनाडु कर्नाटक, केरल तथा गुजरात
(d) तमिलनाडु कर्नाटक, केरल तथा पांडिचेरी

53. सार्वजनिक वस्तुओं की कीमत निर्धारण हेतु 'छाया कीमतों की अवधारणा को किसने प्रतिपादित किया था?

(a) जे. टिनबरगिन ने
(b) ए. के. सेन ने
(c) पी. सी. महालनोबीस ने
(d) आर. नर्क्स ने

54. बम्बई, मद्रास और कलकत्ता में उच्च न्यायालयों की स्थापना कब हुई थी?

(a) 1861 में (b) 1851 में
(c) 1871 में (d) 1881 में

55. भारत में राष्ट्रीय आय के मापने का निम्नलिखित में कौन-सा सही आधार वर्ष है?

(a) 2000–01 (b) 2001–02
(c) 2004–05 (d) 2005–06

56. निम्नलिखित में से कौन-सा कार्यक्रम ग्रामीण अवस्थापना विकास कोष (RIDF) के अंतर्गत नहीं आता?

(a) ग्रामीण जलापूर्ति
(b) ग्रामीण सड़कें
(c) ग्रामीण विद्युतीकरण
(d) ग्रामीण उद्योग

57. वार्षिक आर्थिक समीक्षा को तैयार करने के लिए निम्नलिखित में से कौन उत्तरदायी है?

(a) योजना मंत्रालय
(b) वित्त मंत्रालय
(c) भारतीय रिजर्व बैंक
(d) केन्द्रीय सांख्यिकीय संगठन

58. सहकारिता क्षेत्र में भारत का सबसे बड़ा उर्वरक कारखाना स्थित है?

(a) फूलपुर (उ. प्र.) में
(b) हजीरा (गुजरात) में
(c) हल्दिया (पश्चिम बंगाल) में
(d) सीवान (बिहार) में

59. भारत के सिक्के जारी करने के लिए कौन अधिकृत है?

(a) रिजर्व बैंक ऑफ इंडिया
(b) वित्त मंत्रालय
(c) स्टेट बैंक ऑफ इंडिया
(d) राष्ट्रीय स्टॉक बाजार

60. भारत के सकल घरेलू उत्पाद में 2010-11 में कृषि और संबंधित क्षेत्रों का योगदान कितना रहा है?

(a) लगभग 20 प्रतिशत
(b) लगभग 15 प्रतिशत
(c) लगभग 10 प्रतिशत
(d) लगभग 8 प्रतिशत

61. विशेष कृषि एवं ग्राम उद्योग योजना का मुख्य उद्देश्य है–

(a) कृषि निर्यात का संवर्द्धन
(b) खाद्य फसलों की उत्पादकता बढ़ाना
(c) तिलहन की खेती बढ़ाना
(d) दलहन की खेती का संवर्द्धन

62. चालू खाते में रुपए की पूर्ण परिवर्तनीयता को किस वर्ष से घोषित किया गया?

(a) 1994 में (b) 1996 में
(c) 1998 में (d) 2001 में

63. राष्ट्रीय कृषि विकास योजना के लिए निम्नलिखित में से कौन-सी वित्त व्यवस्था सही है?

	राज्य	केन्द्र
(a)	0%	100%
(b)	25%	75%
(c)	50%	50%
(d)	75%	25%

64. पंजाब नेशनल बैंक में विलय होने वाला वाणिज्यिक कौन-सा बैंक है?
(a) बैंक ऑफ इण्डिया
(b) न्यू बैंक ऑफ इण्डिया
(c) भारत ओवरसीज बैंक
(d) ओरियण्टल बैंक ऑफ कॉमर्स

65. निम्नलिखित युग्मों में से कौन-सा सही सुमेलित नहीं है?
(a) गोस्वामी समिति - औद्योगिक रुग्णता की समस्या
(b) जानकी रमन समिति - शेयर घोटाले की जांच पड़ताल
(c) मल्होत्रा समिति - बीमा क्षेत्र में सुधार
(d) तारापोर समिति - बैंकों में ग्राहक सेवा

66. निम्नलिखित में से कौन सा देश दक्षिण एशियाई क्षेत्रीय सहयोग संघ का सदस्य नहीं है?
(a) भारत (b) पाकिस्तान
(c) कम्बोडिया (d) नेपाल

67. निम्नलिखित में से किसको ट्रिप्स समझौते में संरक्षण प्रदान करने के लिए सम्मिलित नहीं किया गया है–
(a) व्यापार मार्क
(b) एकीकृत सर्किट के रूपाकृति का बाह्य प्रारूप
(c) भौगोलिक संकेतांक
(d) पौधा उत्पादक

68. ट्यूमर संसूचित करने में प्रयुक्त रेडियो समस्थानिक है–
(a) As -74 (आर्सेनिक-74)
(b) Co -60 (कोबाल्ट-60)
(c) Na -24 (सोडियम-24)
(d) C -14 (कार्बन-14)

69. डंकल का नाम निम्न में से किससे सम्बन्धित है?
(a) डब्ल्यू.टी.ओ.से
(b) गैट से
(c) ओ.सी.जी.सी. से
(d) एक्जिम बैंक से

70. जोन्स साल्क किसकी खोज के लिए जाने जाते हैं?
(a) चेचक का टीका
(b) हैजे का टीका
(c) पोलियो का टीका
(d) HN_1 का टीका

71. निम्नलिखित विटामिन में से कौन-सा किसी स्वप्न को पर्याप्त अवधि तक याद रखने में सहायक होता है?
(a) विटामिन A (b) विटामिन D
(c) विटामिन B-6 (d) विटामिन C

72. निम्नलिखित में से किसे 1500° सेल्सियम से अधिक ताप मापन हेतु प्रयोग में लाया जा सकता है?
(a) चिकित्सीय थर्मामीटर
(b) ताप वैद्युत युग्म थर्मामीटर
(c) प्लैटिनम प्रतिरोध थर्मामीटर
(d) पायरोमीटर

73. जल में वायु का एक बुलबुला कार्य करता है–
(a) एक उत्तल दर्पण जैसा
(b) एक अवतल लेंस जैसा
(c) एक अवतल दर्पण जैसा
(d) एक उत्तल लेंस जैसा

74. निम्नलिखित में से क्या आंत में जीवाणुओं द्वारा संश्लेषित होता है?
(a) विटामिन B_{12} (b) विटामिन C
(c) विटामिन K (d) विटामिन A

75. टेलीविजन प्रसारणों में श्रव्य संकेतों को प्रेषित करने के लिए प्रयुक्त तकनीक निम्न में से कौन-सी है?
(a) आयाम आरोपण
(b) स्पंद संकेत आरोपण
(c) आवृत्ति आरोपण
(d) समय विस्तार गुणन

76. मानव शरीर की सबसे छोटी अस्थि है–
(a) वोमर (b) स्टेपीस
(c) मैलियस (d) इंकस

77. भारतीय कृषि अनुसंधान परिषद् की रिपोर्ट के अनुसार भारत में कृषि पारिस्थितिकीय क्षेत्रों की संख्या कितनी है?
(a) 15 (b) 17
(c) 18 (d) 20

78. निम्नलिखित में से कौन-सा हरित ईंधन का स्रोत है?
(a) पाइन
(b) करंज
(c) फर्न
(d) उपर्युक्त में से कोई नहीं

79. जीरो टिल बीज एवं उर्वरक ड्रिल किसके द्वारा विकसित किया गया था?
(a) पी.ए.यू., लुधियाना में
(b) जी.बी. पन्त कृषि एवं प्रौद्योगिक विश्वविद्यालय, पन्तनगर में
(c) आई.आई.एस.आर., लखनऊ में
(d) आई.ए.आर.आई., नई दिल्ली में

80. भारत का बीसवां परमाणु बिजली घर कौन-सा है?
(a) तारापुर
(b) रावतभाटा
(c) कैगा (कर्नाटक)
(d) नरोरा (उ.प्र.)

81. सेन्ट्रल एरिड जोन रिसर्च इन्स्टीटयूट कहां स्थित है?
(a) हैदाराबाद में (b) जोधपुर में
(c) अहमदाबाद में (d) बंगलौर में

82. विश्व की विशालतम दूरबीन कौन-सी है?
(a) गैलिलियो (b) आइसक्यूब
(c) डिस्कवरी (d) चेलेंजर

83. निम्नलिखित कथनों पर विचार कीजिए–
1. अमेरिकी एजेन्सी नासा ने अपनी स्वप्निल मशीन मंगल विज्ञान प्रयोगशाला (क्यूरियोसिटी रोवर) का प्रक्षेपण किया है जो मंगल ग्रह पर जीवन की सम्भावना का अध्ययन करेगा
2. क्यूरियोसिटी रोवर और ऊर्जा से संचालित है
3. रोवर में विशेष रसायन विज्ञान की एवं कैमरा की युक्ति है जो मंगल की सतह पर उपस्थित पदार्थ में माइक्रो स्तर पर उपस्थित तत्व की पहचान कर सकता है। उपरोक्त कथनों में से कौन-सा सही है?
(a) केवल 1
(b) केवल 1 और 2
(c) केवल 2 और 3
(d) केवल 3 और 1

84. निम्नलिखित में से कौन-सा एक चाय में नहीं पाया जाता है?
(a) थीन (b) कैफिन
(c) टैनिन (d) मार्फीन

85. सरसों के बीज के अपमिश्रक के रूप में सामान्यत: निम्नलिखित में से किसे प्रयोग में लाया जाता है?
(a) आर्जीमोन के बीज
(b) पपीता के बीज
(c) जीरा के बीज
(d) धनिया के बीज

86. यदि ABSENT का कूट ZYHVMG है, तो PRESENT का कूट का क्या होगा?
(a) KIHVHGM (b) KITMHMG
(c) KIVHVMG (d) GKITYTL

87. अनुक्रम
1, 3, 7, x, 31, y में
x और y के मान क्रमश: क्या है?
(a) 14 और 60 (b) 13 और 63
(c) 15 और 60 (d) 15 और 63

88. 500 व्यक्तियों के एक समूह में 300 व्यक्ति केवल हिन्दी बोल सकते हैं तथा 120 केवल अंग्रेजी बोल सकते हैं, तो हिन्दी और अंग्रेजी दोनों बोल सकने वाले व्यक्तियों की संख्या कितनी होगी?
(a) 20 (b) 80
(c) 60 (d) 100

89. A, B, से C वर्ष छोटा है और B की आयु C की तीन गुनी है। यदि C की आयु 4 वर्ष 10 पूर्व 10 वर्ष थी तो A की आयु 6 वर्ष बाद कितनी होगी?

(a) 35 वर्ष (b) 43 वर्ष
(c) 40 वर्ष (d) 30 वर्ष

90. रिक्त त्रिज्यखंड में संख्या है:

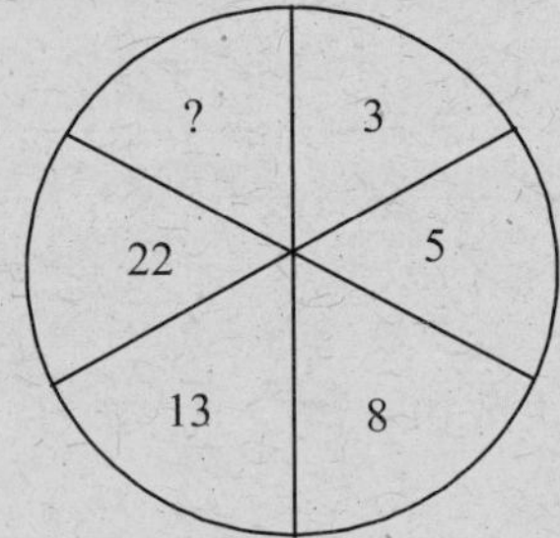

(a) 29 (b) 39
(c) 37 (d) 49

91. यदि किसी महीने की 7 तारीख रविवार के दो दिन पहले पड़ती हो, तो महीने की 27 तारीख के बाद अगला दिन क्या होगा?

(a) शुक्रवार
(b) शनिवार
(c) बृहस्पतिवार
(d) सोमवार

92. निम्नलिखित में से कौन-सा अन्य शब्दों से भिन्न है?

(a) तार
(b) ई-मेल
(c) फैक्स
(d) सन्देशवाहक

93. कितने साधारण ब्याज की दर पर एक राशि 16 वर्षों में दुगुनी हो जाएगी?

(a) $6\frac{1}{2}\%$ प्रतिवर्ष
(b) $6\frac{1}{4}\%$ प्रतिवर्ष
(c) 6% प्रतिवर्ष
(d) $6\frac{3}{4}\%$ प्रतिवर्ष

94. यदि किसी संख्या $\frac{3}{8}$ के तथा $\frac{2}{7}$ का योग 370 हो, तो संख्या क्या होगी?

(a) 520
(b) 540
(c) 500
(d) 560

95.. यदि 100 छात्रों में से 40 छात्र अंग्रेजी में अनुत्तीर्ण है, 20 हिन्दी में अनुत्तीर्ण हैं और 12 छात्र अंग्रेजी तथा हिन्दी दोनों में अनुत्तीर्ण हैं, तो दोनों विषयों में उत्तीर्ण छात्रों की संख्या कितनी होगी?

(a) 48 (b) 52
(c) 28 (d) 40

96. एक नाव, जिसकी शांत जल में गति 6 किमी./घंटा है, 1 किमी. की दूरी नदी के प्रवाह के विरुद्ध 15 मिनट में तय करती है, तो नदी के प्रवाह की गति कितनी है?

(a) 2 किमी प्रति घंटा
(b) 3 किमी प्रति घंटा
(c) 4 किमी प्रति घंटा
(d) उपर्युक्त में से कोई नहीं

97. यदि किसी संख्या में से 4 घटा दें तो वह उस संख्या के व्युत्क्रम से 21 गुना हो जाती है तो वह संख्या क्या है?

(a) 10 (b) 9
(c) 8 (d) 7

98. $\left(-\frac{1}{343}\right)^{-\frac{2}{3}}$ का मान है

(a) 49 (b) − 49
(c) $\frac{1}{49}$ (d) $-\frac{1}{49}$

99. एक समद्विबाहु ΔABC के आधार की लम्बाई 48 सेमी है और इसका क्षेत्रफल 168 सेमी² है। इसकी समान भुजाओं में से एक की लम्बाई है-

(a) 8 सेमी
(b) 15 सेमी
(c) 17 सेमी
(d) 25 सेमी

100. किसी एक वर्ग का क्षेत्रफल किसी एक वृत्त के क्षेत्रफल का $\frac{16}{\pi}$ है। वर्ग की भुजा और वृत्त के व्यास में अनुपात है-

(a) 3 : 1 (b) 2 : 1
(c) $\pi:1$ (d) $\sqrt{2}\pi:1$

व्याख्या सहित उत्तर

1. (b) ऋग्वेद भारत-यूरोपीय भाषाओं का सबसे पुराना निर्देश है। इसमें अग्नि, इन्द्र, मित्र, वरुण आदि देवताओं की स्तुतियां संग्रहित हैं। इस ग्रंथ के अनेक तथ्य अवेस्ता में मिलते है। ऋग्वेद में ही गाय के लिए अघन्या का प्रयोग किया जाता है।

2. (b) गुप्त काल की चित्रकला का जन्म विशेषत: मथुरा शैली द्वारा स्थापित प्रतिमानों पर आधारित था। गुप्त मूर्तिकला के सर्वोतम उदाहरण सारनाथ की मूर्तियों और चित्रकला का सर्वोत्कृष्ट उदाहरण अजन्ता बौद्ध कला है। भूमि स्पर्श मुद्रा की कुछ प्रतिमा गुप्त काल से सम्बन्धित है।

3. (c) विष्णु के वराह अवतार को समुद्र से पृथ्वी का उद्धार करते हुए दिखाया गया है। गुप्तकाल की कई मूर्तियां विष्णु के इस रूप में दिखाई गई है।

4. (a) ऐलोरा के प्रसिद्ध कैलाश मंदिर का निर्माण राष्ट्रकूट शासक कृष्ण प्रथम ने करवाया था राष्ट्रकूट राजवंश का संस्थापक दन्तिदुर्ग था। इसकी राजधानी मनकिर या मान्यखेत वर्तमान मालखेड़ शोलापुर के निकट थी।

5. (d) पुराण के अनुसार नंद वंश का संस्थापक महापद्मनन्द एक शूद्र शासक था। इसे सर्वक्षत्रान्तक (क्षत्रियों का नाश करने वाला) तथा भार्गव (दूसरे परशुराम का अवतार) कहा गया है। एक विशाल साम्राज्य स्थापित कर उसने एकराट और एकच्छन की उपाधि धारण की।

6. (c) अलबरूनी महमूद गजनी के आक्रमण के समय भारत आया था। इसकी प्रसिद्ध पुस्तक किताबुल हिन्द तत्कालीन इतिहास जानने का एक महत्वपूर्ण साधन है। इसमें भारतीय गणित, इतिहास भूगोल खगोल, दर्शन आदि की समीक्षा की गई है।

7. (c) मत्त विलास प्रहसन के लेखक महेन्द्र वर्मन हैं। ये पल्लव वंश के शासक थे जो तमिल संत अय्यर के प्रभाव में आकर शैव बन गए।

8. (d) बहलोल लोदी का उत्तराधिकारी सिकन्दर शाह लोदी हुआ जो लोदी वंश का सर्वश्रेष्ठ शासक था। राज्य के हिसाब-किताब की लेखा परीक्षण प्रणाली की शुरुआत की। उसने खाद्यान्न करों (अनाज कर) को समाप्त कर दिया तथा व्यापार से प्रतिबन्धों को हटा दिया, जिससे लोगों की आर्थिक समृद्धि को बढ़ावा मिले।

9. (c) नामदेव का जन्म एक दर्जी परिवार में हुआ था। अपने प्रारम्भिक जीवन में ये डाकू थे। बारकारी सम्प्रदाय के रूप में प्रसिद्ध विचारधारा की गौरवशाली परम्परा की स्थापना में इनकी प्रमुख भूमिका रही। इनके कुछ गीतात्मक पद्य गुरू ग्रंथ साहिब में संकलित है। इन्होंने कुछ भक्तिपरक मराठी गीतों की रचना की जो अभंगों के रूप में प्रसिद्ध है। इन्होंने दिल्ली में सूफी सन्तों के वाद-विवाद में भी हिस्सा लिया था।

10. (a) पं. जवाहरलाल नेहरू ने 1935 के अधिनियम को दासता का अधिकार पत्र कहा उन्होंने इस अधिनियम को एक ऐसी मशीन बताया जिसमें ब्रेक अनेक हैं लेकिन इंजन कोई नहीं। जिन्ना ने इस अधिनियम के बारे में कहा है कि पूर्णत: सड़ा हुआ, मूल रूप से बुरा और बिल्कुल अस्वीकृत है। सी. राजगोपालाचारी ने इसे द्वैध शासन से भी बुरा कहा।

11. (b) बाबर को भारत पर आक्रमण करने का निमंत्रण पंजाब के शासक दौलत ख़ां लोदी एवं मेवाड़ के शासक राणा सांगा ने दिया था खानवा का युद्ध 17 मार्च, 1527 ई. को राणा सांगा एवं बाबर के बीच हुआ जिसमें बाबर विजयी हुआ खानवा युद्ध में विजय के बाद बाबर ने गाजी की उपाधि धारण की थी।

12. (a) एलन अक्टोवियन ह्यूम ने 1884 में भारतीय राष्ट्रीय संघ की स्थापना की थी। जिसका प्रथम अधिवेशन 28 दिसम्बर, 1885 को बम्बई स्थित गोकुलदास तेजपाल संस्कृत विद्यालय में आयोजित किया गया था इसी सम्मेलन में दादा भाई नौरोजी के सुझाव पर भारतीय राष्ट्रीय संघ का नाम बदलकर भारतीय राष्ट्रीय कांग्रेस रख दिया गया । भारतीय कांग्रेस का महासचिव स्वयं एलन अक्टोवियन ह्यूम को बनाया गया तथा अध्यक्ष व्योमेश चन्द्र बनर्जी को।

13. (b) औरंगजेब ने 1665 ई. में जयसिंह को शिवाजी के विरुद्ध भेजा। जयसिंह ने उसे पराजित कर 22 जून, 1665 ई. को पुरन्दर की सन्धि करने के लिए विवश कर दिया। पुरन्दर की सन्धि के फलस्वरूप शिवाजी को अपने चार लाख हून वाले 23 मिले मुगलों को सौंपने पड़े तथा बीजापुर के खिलाफ मुगलों की सहायता करने का वचन देना पड़ा। पुरन्दर की सन्धि जयसिंह की व्यक्तिगत विजय थी।

14. (d) महाराष्ट्र में विनायक दामोदर सावरकर ने 1904 ई. में अभिनव भारत नामक संस्था की स्थापना की।

15. (a) सही सुमेल है - बाबर - जामी मस्जिद (सांभल) हुमायूं - दीन पनाह अकबर - जहांगीरी महल जहांगीर-एत्माद- उद्- दौला का मकबरा।

16. (a) रानाडे ने महाराष्ट्र में 'विडो री मेरिज एसोसिएशन' की स्थापना की तथा उन्हीं के प्रयत्नों से 'दक्कन एजुकेशनल सोसायटी' का जन्म हुआ।

17. (d) ब्रह्म समाज की स्थापना राजा राममोहन राय ने की थी। 1865 में ब्रह्म समाज में पहला विभाजन हुआ। विभाजित समाज के देवेन्द्र नाथ वाले समूह ने अपने को 'आदि ब्रह्म समाज' कहा। आदि ब्रह्म समाज का नारा था। कि ब्रह्मवाद ही हिन्दूवाद है। आचार्य केशव सेन के नेतृव्य वाले गुट ने अपने को भारत वर्षीय ब्रह्म समाज का नाम दिया।

18. (c) कृष्णा प्रायद्वीपीय भारत की दूसरी बड़ी नदी है। महाबलेश्वर के निकट से निकलकर दक्षिण-पूर्व दिशा में 1400 किमी. की लम्बाई में बहती है। इसका अपवाह क्षेत्र 259000 वर्ग किमी. क्षेत्र में फैला हुआ है। कोयना, अरला पंचगंगा, दूधगंगा, घाटप्रभा मालप्रभा, भीमा, तुंगभद्रा और मूसी इसकी प्रमुख नदियां है।

19. (a) 1919 के भारत शासन अधिनियम में कहा गया था कि अधिनियम के पारित होने के दस वर्ष बाद एक संवैधानिक आयोग की नियुक्ति की जायेगी जो इस बात की जांच करेगा कि अधिनियम व्यवहार में कहां तक सफल रहा है तथा भारत उत्तरदायी शासन की दिशा में कहां तक प्रगति करने की स्थिति में है। आयोग की नियुक्ति दस वर्ष बाद की जानी थी लेकिन ब्रिटेन की तत्कालीन सरकार ने दो वर्ष पूर्व ही साइमन कमीशन की नियुक्ति कर दी साइमन की अध्यक्षता में गठित आयोग में कुल सात सदस्य थे चूंकि इसके सभी सदस्य अंग्रेज थे इसलिए कांग्रेसियों ने इसे श्वेत कमीशन कहा। 11 दिसम्बर, 1927 को इलाहाबाद में हुए एक सर्वदलीय सम्मेलन में आयोग में एक भी भारतीय सदस्य को न नियुक्त किए जाने के कारण इसके बहिष्कार का निर्णय लिया गया।

20. (d) कोचीन और तेजपुर में अधिक आर्द्र जलवायु का अनुभव होता है क्योंकि यहां वर्षा अधिक होती है।

21. (a) भारतीय राष्ट्रीय कांग्रेस का चौवनवां अधिवेशन नवम्बर 1946 में मेरठ में सम्पन्न हुआ इसकी अध्यक्षता आचार्य जे. वी. कृपलानी ने की थी।

22. (c) इण्डियन ब्यूरो ऑफ माइन्स का मुख्यालय नागपुर में है।

23. (b) सही सुमेल है - उकाई - गुजरात पत्रातू - झारखंड पेच - मध्य प्रदेश डभोल - महाराष्ट्र।

24. (b) सही सुमेल है - कनकीनारा - जूट। विरुधनगर - सूती वस्त्र। चन्ना पटना - रेशम। भदोही - कालीन।

25. (b) थाईलैण्ड अपने कुल निर्यात से प्राप्त धन का लगभग दो तिहाई चावल से प्राप्त करता है।

26. (c) देश में कुल 17 सार्वजनिक क्षेत्र की रिफायनरियों की स्थापना की गयी है। प्रश्नानुसार बरौनी सोवियत संघ की सहायता से, कोयली सोवियत संघ की सहायता से स्थापित की गयी। इसके साथ ही रिफायनरी नूनमाटी में भी स्थित है। जबकि हटिया में कोई तेलशोधक कारखाना नहीं है।

27. (b) संसार में प्रागौतिहासिक काल से ही तांबे का प्रयोग हो रहा है इसको टिन में मिश्रित करने पर कांस्य तथा जस्ते में मिलाने पर पीतल बनता है। तांबे का प्रयोग विद्युतीय उद्योगों तथा बर्तन बनाने में अधिकाशत: होता है। विश्व में सर्वाधिक तांबा उत्पादक देश चिली है। प्रश्नानुसार अफ्रीका में सर्वाधिक तांबा उत्पादक देश जाम्बिया है।

28. (c) बॉक्साइट टर्शियरी युग में निर्मित लेटराइटी शैलों से सम्बद्ध है जो एल्युमिनियम का आक्साइड है। यह अवशिष्ट अपक्षय का प्रतिफल है। जिससे सिलिका का निक्षालन होता है। देश के चार शीर्ष बाक्साइट उत्पादक राज्य निम्न है - ओडिशा-30% गुजरात- 23.0% महाराष्ट्र-13.0% छत्तीसगड; 11.0%।

29. (d) सही सुमेल है - टिन - चीन लौह अयस्क - चीन चांदी - मैक्सिको मैंगनीज - चीन।

30. (c) राष्ट्रीय राजमार्ग विकास परियोजना के तहत उत्तर-दक्षिण तथा पूर्व-पश्चिम गलियारे झांसी में मिलते है।

31. (c) इंग्लैंड में क्रिकेट कमेन्ट्री का प्रारंभ = 10 बजे पूर्वाह्न या 10 बजे सुबह भारत, पूर्वी देशान्तर $82\frac{1^\circ}{2}$ पर अवस्थित है तो समय को एक देशांतर खिसकने में 4 मिनट का समय लगता है $82\frac{1^\circ}{2}\times 4=\frac{1}{2}$ घंटा। भारत में यह 3:30 बजे अपराह्न सुनी जाएगी।

32. (c)

33. (b) मध्यकालीन पाषणकालीन स्थल महदहा से हड्डी से निर्मित आभूषण प्राप्त हुए थे। महदहा से प्राप्त प्रमुख उपकरणों में से ब्लेड, खुरचनी, भेदक, चांद्रिक त्रिभुज, समलम्ब चतुर्भुज उल्लेखनीय हैं। यहां से सींग तथा शृंग के बने उपकरण और आभूषण सरायनाहर राय की तुलना में अधिक संख्या में प्राप्त हुए हैं। महदाहा स्थल प्रतापगढ़ जिले की पट्टी तहसील में स्थित है।

34. (c) जनगणना 2011 के अंतिम आंकड़ों के अनुसार त्रिपुरा (87.75%) हिमाचल प्रदेश (83.78%) सिक्किम (82.20:) तथा नागालैंड (80.11%) जबकि 30 अप्रैल 2013 को जारी जनगणना 2011 के अंतिम आंकड़ों के अनुसार क्रमश: त्रिपुरा (87.2%) हिमाचल प्रदेश (82.8%) सिक्किम (81.4%) तथा नागालैंड (76.6%) है।

35. (c) गुजरात के कच्छ जिले के भचाऊ तालुका में स्थित धौलावीरा आज एक साधारण स्कूल है। इस स्थल की खोज व उत्खनन 1990-91 में आर. एस. विष्ट ने की। अन्य हड़प्पाकालीन नगर दो भागों-1 किला या नगर दुर्ग और 2 निचले नगर में विभाजित थे, किंतु इनसे भिन्न धौलावीरा तीन भागों में विभाजित था, जिनमें से दो भाग आयताकार दुर्गबन्दी या प्राचीरों द्वारा पूरी तरह सुरक्षित थे। ऐसी नगर योजना अन्य हड़पकालीन नगरों में देखने को नहीं मिलती है।

36. (c) जनगणना 2011 के अनन्तिम आंकड़ों के अनुसार भारत का जनघनत्व 382 है। प्रश्नानुसार सबसे कम जनघनत्व वाला राज्य मिजोरम है जिसका जनघनत्व 52 है, जबकि 30 अप्रैल, 2013 को जारी

जनगणना 2011 के अंतिम आंकड़ों के अनुसार भारत को जनघनत्व 382 है जिसमें मिजोरम (52), मेघालय (132) नागालैंड (119) तथा मणिपुर (115) है।

37. (a) ऋग्वेद का ऋत्विक (वेद संबंधी कार्य करने वाला व्यक्ति) 'होता' कहलाता था। 'होता' का कार्य देवताओं को यज्ञ में आहूत करना था ऋचा पाठ करते हुए स्तुति करना था।

38. (d) 11 जुलाई 1987 को विश्व जनसंख्या 5 अरब के बिन्दु को पार कर गई थी तब से 11 जुलाई को जनसंख्या दिवस के रूप में मनाया जाता है।

39. (b)

40. (b) जनगणना 2011 के अंतिम आंकड़ों के अनुसार भारत की कुल जनसंख्या 1210193422 है। जिसमें महिलाओं की जनसंख्या 5876469174 है जो प्रतिशत रूप में 48.46% होगा। 30 अप्रैल, 2013 को जारी जनगणना 2011 के अंतिम आंकड़ों के अनुसार भारत की कुल जनसंख्या 1210569573 है जिसमें महिलाओं की जनसंख्या 587447730 है जो प्रतिशत रूप में 48.52% होगा।

41. (d) संविधान के अनुच्छेद 24 के अनुसार 14 वर्ष से कम आयु वाले किसी बच्चे को कारखानों खानों या अन्य किसी जोखिम भरे काम पर नियुक्त नहीं किया जा सकता है तथा संविधान के अनुच्छेद 23 के अनुसार किसी व्यक्ति की खरीद बिक्री, बेगारी तथा इसी प्रकार का अन्य जबरदस्ती लिया हुआ श्रम निषिद्ध ठहराया गया है जिसका उल्लघंन विधि के अनुसार है।

42. (d) संविधान के अनुच्छेद 32 में मूल अधिकारों के संरक्षण के लिए संवैधानिक उपचारों का प्रावधान किया गया है। डॉ. भीम राव अम्बेडकर ने संवैधानिक उपचारों का अधिकार अर्थात् अनुच्छेद 32 को संविधान का हृदय एवं आत्मा कहा है।

43. (b) सूचना अधिकार अधिनियम 2005 के तहत सूचना मांगने का अधिकार पारित किया गया। यह एक विधिक अधिकार है।

44. (a) कोई व्यक्ति उपराष्ट्रपति निर्वाचित होने के योग्य तभी होगा जब वह–

• भारत का नागरिक हो। राज्यसभा का सदस्य निर्वाचित होने के योग्य हो। निर्वाचन के समय किसी प्रकार के लाभ के पद पर नहीं हो।

• यह संसद के किसी सदन या राज्य विधानमंडल के किसी सदन का सदस्य नहीं हो सकता और यदि कोई व्यक्ति उपराष्ट्रपति निर्वाचित हो जाता है तो समझा जाएगा कि उसने उस सदन का अपना स्थान अपने पदर ग्रहण की तारीख से रिक्त कर दिया है।

45. (d) द्वितीय पीढ़ी का मानव अधिकार समता का अधिकार को जाना जाता है।

46. (d) संविधान के अनुच्छेद 358 के अनुसार, अनुच्छेद 352 के तहत आपात उद्घोषणा प्रवृत्त रहने के समय अनुच्छेद 19 में वर्णित स्वतंत्राएं निलंबित हो जाता है। अनुच्छेद 359 के तहत राष्ट्रपति अनुच्छेद 19 के अतिरिक्त अन्य अधिकारों को भी लागू करने के लिए समावेदन के अधिकार को निलंबिन कर सकता है। इसे संसद में अनुमोदित भी करना होगा। 44वें संशोधन द्वारा यह उपबंधित किया गया है कि अनुच्छेद 21 से 20 को निलंबित नहीं किया जा सकता है। ध्यातव्य हो कि संविधान के अनुच्छेद 21 से प्राण एवं दैहिक स्वतंत्रता का अधिकार दिया गया है। योजना आयोग की स्थापना 1950 में मंत्रिमंडलीय प्रस्ताव द्वारा किया गया था वर्तमान में इसके उपाध्यक्ष डॉ. मोंटेक सिंह अहलूवालिया है।

47. (c) संविधान के अनुच्छेद 76 के तहत महान्यायवादी की नियुक्ति की जाती है यह भारत का प्रथम विधि अधिकारी होता है। वर्तमान में भारत के महान्यायवादी मुकुल रोहतगी है।

48. (b) संघ लोक आयोग प्रतिवर्ष अपने कार्यों का विवरण राष्ट्रपति के समक्ष प्रस्तुत करता है, जिनमें उन मामलों का उल्लेख रहता है जिन पर सरकार ने कोई परामर्श नहीं लिया है अथवा आयोग के परामर्श को सरकार ने स्वीकार नहीं किया है।

49. (a) साधारणत: वैसे व्यक्ति को मुख्यमंत्री नियुक्ति किया जाता है जो विधानसभा में बहुमत दल का नेता होता है। मुख्यमंत्री ही शासन का प्रमुख धुरी है। मंत्रिपरिषद की बैठकों की अध्यक्षता मुख्यमंत्री करता है राज्यपाल के सारे अधिकारों का प्रयोग मुख्यमंत्री ही करता है।

50. (a) जम्मू कश्मीर का अनुच्छेद 370 के तहत विशेष दर्जा प्राप्त है इसके अनुसार भारतीय संविधान के वहीं भाग वहां लागू होने जिन्हें राष्ट्रपति राज्य सरकार के परामर्श से वहां लागू होने की घोषणा करे। जम्मू कश्मीर की यह विशेष स्थिति जम्मू कश्मीर की विधान सभा की सिफारिश पर राष्ट्रपति लोक अधिसूचना द्वारा समाप्त कर सकता है।

51. (d) जवाहरलाल नेहरू नेशनल अरबन रिनुअल मिशन दिसम्बर 2005 से चल रही 7 वर्षीय शहरी अवस्थापना विकास से सम्बन्धित है। इस कार्यक्रम के चार घटक हैं - (1) अरबन इन्फ्रास्ट्राक्चर एण्ड गवर्नेन्स (2) शहरी गरीबों के लिए बुनियादी सेवाएं (3) इन्फ्रास्ट्राक्चर डेवेलपमेंट स्कीम फॉर एम्पलाइड मीडियम टाउन्स और (4) एकीकृत आवास एवं मलिन बस्ती विकास।

52. (d) भारत में नदी जल विवादों का इतिहास काफी पुराना है। नदी जल विवाद उस समय ज्यादा गंभीर हो जाता है। जब नदी बारहमासी न हो। प्रमुख प्रायद्वीपीय नदियों में से एक कावेरी नदी जिसका उद्गम कोडगू कर्नाटक है। इसका प्रवाह बेसिन केरल, 2013 को अधिसूचित निर्णय के अनुसार कावेरी नदी जल का कुल 740 टीएमसी फीट मात्रा में से कर्नाटक को 270 टीएमसी फीट, केरल को 30 टीएमसी तमिलनाडु को 419 टीएमसी फीट एवं पुडुचेरी को 7 टीएमसी फीट जल आवंटित किया गया है।

53. (a) छाया कीमतों की अवधारणा सर्वप्रथम जे. टिनबरगिन ने दिया था।

54. (a) भारत शासन अधिनियम 1861 के तहत बम्बई, मद्रास और कोलकता में उच्च न्यायालयों की स्थापना की गई थी।

55. (c) केंद्रीय सांख्यिकीय कार्यालय द्वारा राष्ट्रीय आय संबंधी आंकड़े प्रचलित मूल्यों तथा स्थिर आधार वर्ष मूल्यों पर जारी किए जाते हैं। स्थिर मूल्यों पर सकल घरेलू उत्पाद (GDP) व राष्ट्रीय आय संबंधी आंकड़ों के प्राकलन के लिए 2004-05 आधार वर्ष बदलकर अब 2011-12 किया गया है।

56. (d)

57. (b) वार्षिक आर्थिक समीक्षा को वित्त मंत्रालय, भारत सरकार द्वारा तैयार किया जाता है।

58. (a) सहकारिता क्षेत्र का भारत का सबसे बड़ा उर्वरक कारखाना इफको है। यह उत्तर प्रदेश के इलाहाबाद जिले के फूलपुर में अवस्थित है।

59. (b) एक रुपये के नोट तथा सिक्के का निर्गमन वित्त मंत्रालय (भारत सरकार) करता है तथा इसके अतिरिक्त समस्त करेंसी नोटों का निर्गमन रिजर्व बैंक करता है।

60. (b) आर्थिक समीक्षा 2011-12 के अनुसार उत्पादन लागत पर GDP में कृषि एवं संबद्ध क्षेत्र का हिस्सा 14.1 प्रतिशत, उद्योग क्षेत्र का हिस्सा (निर्माण सहित) 30.2 प्रतिशत तथा सेवा क्षेत्र का हिस्सा 55.7 प्रतिशत है। आर्थिक समीक्षा 2014-15 के आंकड़ों के अनुसार- कृषि एवं सहायक क्षेत्र (17.6%), उद्योग (29.7%), सेवाए, (52.7%)।

61. (a) कृषि निर्यात का संवर्द्धन करना विशेष कृषि एवं ग्राम उद्योग योजना का मुख्य उद्देश्य है।

62. (a) मार्च 1993 में 1993-94 की बजट प्रस्तुत करते हुए वित्तमंत्री डॉ. मनमोहन सिंह ने व्यापार खाते पर रुपए की पूर्ण परिवर्तनीयता की घोषणा की।

63. (a) राष्ट्रीय कृषि विकास योजना 2007 में प्रारंभ की गई। यह 100 प्रतिशत केन्द्रीय सहायता स्कीम है। जिसका प्रमुख उद्देश्य राज्यों को कृषि तथा कृषि सम्बद्ध क्षेत्रों में नियोग को प्रेरणा प्रदान करता है जिससे 11वीं पंचवर्षीय योजना के अंत तक कृषि में कम-से-कम 4.0 प्रतिशत की विकास दर प्राप्त हो सके।

64. (b) पंजाब नेशनल बैंक में न्यू बैंक ऑफ इण्डिया का विलय किया गया है।

65. (d) यही सुमेल है - • गोस्वामी सीमित - औद्योगिक रुग्णता की समस्या • जानकी रमन सीमित - शेयर घोटाले की जांच-पड़ताल - मल्होत्रा समिति

– बीमा क्षेत्र में सुधार • तारापोर समिति – भारतीय मुद्रा का चालू खाते पर परिवर्तनीयता।

66. (c) दक्षिण एशियाई क्षेत्रीय सहयोग संघ (सार्क) की स्थापना 7-8 दिसम्बर 1985 में की गयी थी। इसका मुख्यालय काठमांडू नेपाल में है। इसके सदस्य देश भारत, पाकिस्तान, बांग्लादेश, नेपाल, भूटान, श्रीलंका और मालदीव हैं।

67. (d) बौद्धिक सम्पदा अधिकार को व्यापारिक मूल्य के साथ सूचना के रूप में पारिभाषित किया जाता है। बौद्धिक सम्पदा अधिकार विचारों, आविष्कारों तथा सृजनात्मक अभिव्यक्तियों तथा उनको सम्पति का दर्जा दिए जाने के सम्बन्ध में जनता की सहमति तथा उसके स्वामित्वधारी को अधिकार दिये जाने से सम्बन्धित है इसके तहत् सात बौद्धिक सम्पदा अधिकार आते हैं।

68. (b) कोशिकाओं में असामान्य वृद्धि को कैंसर कहते हैं। रेडियोधर्मी पदार्थों जैसे रेडियम, प्लूटोनियम इत्यादि से हड्डी का कैंसर होता है। संश्लेषी रंजकों के निर्माण में प्रयुक्त होने वाले ऐरोनेटिक एमीन से मूत्राश्य का कैंसर होता है। कैंसर से शरीर के किसी भाग में दर्द न करने वाला पिण्ड बन जाता है। कैंसर का उपचार एन्टीबायोटिक्स, एल्कुलायड्स के प्रयोग से रेडियोधर्मी लेसर किरणों से शल्य चिकित्सा करके या बोन मेरो का प्रत्यार्पण करके किया जाता है।

69. (b) आर्थर डंकल गैट के अध्यक्ष थे। इन्होंने 1989 में उरुग्वे चक्र के विकासशील देशों के विरोध में प्रस्ताव पारित किया गया था।

70. (c) **71.** (c) **72.** (d)

73. (b) जल की वायु का बुलबुला अवतल लेन्स की भांति कार्य करता है।

74. (a) विटामिन B_{12} का रासायनिक नाम साइनोकोबालामिन है यह जल में घुलनशील विटामिन है। इस विटामिन में कोबाल्ट धातु उपस्थित होता है। यह रक्त की उत्पति में सहायक होता है। इसका संश्लेषण आंत के जीवाणुओं द्वारा किया जाता है।

75. (c)

76. (b) मानव शरीर की सबसे छोटी अस्थि स्टेपीज है यह कान में पायी जाती है।

77. (d) भारतीय कृषि अनुसंधान परिषद् की रिपोर्ट के अनुसार भारत में कृषि पारिस्थितिकीय क्षेत्रों की संख्या 20 है।

78. (b)

79. (b) जी.बी. पन्त कृषि एवं प्रौद्योगिकी विश्वविद्यायल पन्त नगर द्वारा जीरो टिल बीज एवं उवर्रक ड्रिल विकसित किया गया था।

80. (c) भारत में परमाणु संयंत्रों की कुल संख्या 20 है इसमें प्रथम 28-10-1969 को तारापुर महाराष्ट्र में लगाया गया तथा 20वां या नवीनतम 20 जनवरी, 2011 को कैगा, कर्नाटक में लगाया गया है।

81. (b) सेन्ट्रल एरिड जोन रिसर्च इन्स्टीट्यूट जोधपुर में है। राष्ट्रीय भू-भौतिकी अनुसंधान संस्थान हैदराबाद में है। बंगलौर में भारतीय खगोल संस्थान है। अहमदाबाद में कपड़ा उद्योग अनुसंधान संस्थान है।

82. (b)

83. (d) मंगल ग्रह पर जीवन की तलाश के लिए अमेरिकी अंतरिक्ष एजेंसी नासा के मार्स सांइस लेबोरेटरी मिशन के तहत 26 नवम्बर, 2011 को फ्लोरिडा स्थित केप कैनवेरेल एयरफोर्स स्टेशन से एटलस V रॉकेट द्वारा क्यूरियोसिटी रोवर को प्रक्षेपित किया था। यह रोवर मंगल पर रेडियो आइसोटोप जेनरेटर से मिलने वाली बिजली से चल रहा है, इसमें ईंधन के रूप में प्लूटोनियम 238 का इस्तेमाल किया गया है।

84. (d) चाय में मॉर्फीन नहीं पाया जाता है।

85. (a) आर्जीमोन के बीज को सरसों के बीज के अपमिश्रक के रूप में सामान्यत: प्रयोग में लाया जाता है।

86. (c) प्रत्येक अक्षर का विपरीत अक्षर लिखा गया है। अत: विपरीत अक्षर प्राप्त करने के लिए 27 में से घटाया गया है–

A – (27 – 1) = (26) Z	P – (27 – 16) = (11) K
B – (27 – 2) = (25) Y	R – (27 – 18) = (9) I
S – (27 – 19) = 8H	E – (27 – 5) = (22) V
E – (27 – 5) = 22V	S – (27 –19) = (8) H
N – (27 – 14) = 13M	E – (27 – 5) = (22) V
T – (27 – 20) = 7G	N – (27 – 14) = (13) M
	T – (27 – 20) = (7) G

87. (d)

+2 +4 +8 +16 +32

1, 3, 7, 15, 31, 63

x y

शृंखला के क्रमश: 2, 4, 8, 16 तथा 32 जोड़ा गया था।

88. (d) व्यक्तियों की कुल संख्या = 500

केवल हिन्दी बोलने वाले व्यक्तियों की संख्या = 300

केवल अंग्रेजी बोलने वाले व्यक्तियों की संख्या = 120

हिन्दी तथा अंग्रेजी दोनों बोलने वाले व्यक्तियों की संख्या

= 500 – (300 + 120)

= 500 – 420 = 80

89. (b) A की आयु = B – 5

B की आयु = C × 3

4 वर्ष पूर्व C की आयु 10 वर्ष तो वर्तमान में 14 वर्ष तो B की आयु होगी = 14 × 3 = 42

A की आयु = 42 – 5 = 37

6 वर्ष पश्चात् A की आयु = 37 + 6 = 43

90. (b) $3 \times 2 - 1 = 5, 5 \times 2 - 2 = 8, 8 \times 2 - 3 = 13$

$13 \times 2 - 4 = 22, 22 \times 2 - 5 = 39$

91. (b)

92. (d)

93. (b) माना मूलधन 100 ₹

मिश्रधन = 100 × 2 = 200, समय = 16 वर्ष

साधारण ब्याज = मिश्रधन – मूलधन = 200 – 100 = 100 ₹

दर प्रतिशत में

= साधारण ब्याज × 100 मूलधन × समय

$= \frac{100 \times 100}{100 \times 16} = \frac{100}{16} = \frac{25}{4} = 6\frac{1}{4}\%$

94. (d) माना संख्या x है

$\frac{3}{8}x + \frac{2}{7}x = 370 \Rightarrow 21x + 16x = 370 \times 8 \times 7$

$\Rightarrow 37x = 370 \times 8 \times 7 \Rightarrow x = \frac{370 \times 8 \times 7}{37}$

= 560

95. (b) छात्रों की कुल संख्या = 100

अंग्रेजी में अनुतीर्ण छात्र = 40

हिन्दी में अनुत्तीर्ण छात्र = 20

अंग्रेजी तथा हिन्दी दोनों में अनुत्तीर्ण छात्र = 12

कुल अनुतीर्ण छात्र = 60 – 12 = 48

तो उत्तीर्ण छात्र = 100 – 48 = 52

96. (a) नदी का वेग x किमी/घंटा, नाव का वेग 6 किमी./घंटा

नदी के विपरीत दिशा में नाव का वेग

= $(6 - x)$

वेग = दूरी/ समय

$(6 - x) = \frac{1}{4}$ (15 मिनट को घंटे में परिवर्तित करने पर 1/4 होगा।)

$6 - x = 4 \Rightarrow x = 6 - 4 = 2$ किमी/घंटा

97. (d) माना संख्या = x है।

प्रश्नानुसार, $(x - 4) = 21\left(\frac{1}{x}\right)$

$\Rightarrow x^2 - 4x - 21 = 0$

$\Rightarrow x^2 - 7x + 3x - 21 = 0$

$\Rightarrow x(x - 7) + 3(x - 7) = 0$

$(x - 7)(x + 3) = 0$ अत: $x = 7, -3$

98. (a)

$\left(-\frac{1}{343}\right)^{-\frac{2}{3}} = (-343)^{\frac{2}{3}} = (-7^3)^{\frac{2}{3}} = (-7)^{3 \times \frac{2}{3}}$

$= (-7)^2 = 49$

99. (d) माना समद्विबाहु त्रिभुज की प्रत्येक समान भुजा की लम्बाई a सेमी है।

आधार (BC) = 48 सेमी, क्षेत्रफल = 168 वर्ग सेमी

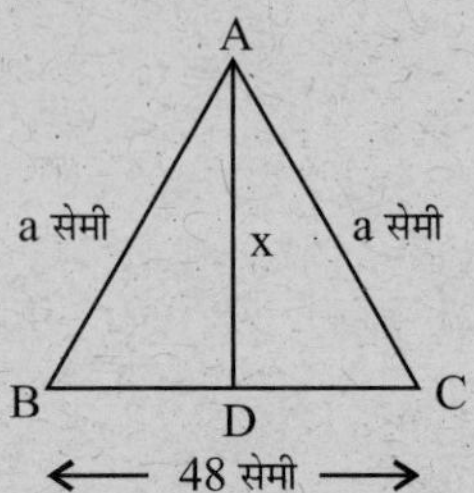

ऊँचाई (AD) = x लेने पर,

ΔABC का क्षेत्रफल

= $\frac{1}{2}$ × आधार × ऊँचाई

$\Rightarrow 168 = \frac{1}{2} \times 48 \times x$

$x = 7$ सेमी

तब ΔADB में, $\angle D = 90°$ (समकोण)

पाइथागोरस प्रमेय से,

$(AB)^2 = (AD)^2 + (BD)^2$

$\Rightarrow (a)^2 = (x)^2 + \left(\frac{48}{2}\right)^2$

$= (7)^2 + (24)^2$

$= 49 + 576 = 625$

$\therefore a = \sqrt{625} = 25$ सेमी

100. (b) माना वर्ग की भुजा = a इकाई तथा वृत्त की त्रिज्या = r इकाई

प्रश्नानुसार, वर्ग का क्षेत्रफल

= $\frac{16}{\pi}$ × वृत्त का क्षेत्रफल

$\Rightarrow a^2 = \frac{16}{\pi} \times \pi r^2$

$\Rightarrow a^2 = \frac{16}{1} \times r^2 \Rightarrow a = 4r$

$\therefore 2x = \left(\frac{a}{2}\right)$

अतः अभीष्ट अनुपात

$= \frac{a}{\frac{a}{2}} = \frac{2a}{a} = 2:1$

❑❑❑

प्रैक्टिस सेट-16

1. **पौधों को संक्रमित करने वाले अधिकांश विषाणुओं में क्या होता है?**
   (a) एकल तन्तु गुच्छ वाला DNA
   (b) एकल तन्तु गुच्छ वाला RNA
   (c) दोहरे तन्तु गुच्छ वाला DNA और RNA
   (d) केवल दोहरे तन्तु गुच्छ वाला RNA
2. **युग्मक-संलयन के परिणामस्वरूप क्या बनता है?**
   (a) अगुणित युग्मनज
   (b) द्विगुणित युग्मनज
   (c) अचल पुंयुग्मक
   (d) गतिशील पुंयुग्मक
3. **AIDS का कारण ह्यूमन इम्युनो डेफिशिएन्सी वायरस (HIV) है। सामान्यतया HIV संक्रमण का पारगमन किसके माध्यम से होता है?**
   (a) संदूषित भोजन एवं जल ग्रहण करने से
   (b) संदूषित रक्त एवं उत्पादों के संचरण से
   (c) प्रदूषित हवा में सांस लेने से
   (d) संक्रमित व्यक्ति से हाथ मिलाने से
4. **मसूड़ों से रक्तस्राव, दांतों का गिरना, अस्थियों का भंगुर होना एवं घाव भरने में देरी निम्नलिखित में से किस विटामिन की कमी से होती है?**
   (a) विटामिन-C (b) विटामिन-K
   (c) विटामिन-D (d) विटामिन-B
5. **निम्नलिखित में से कौन-सा एक अर्द्धचालक नहीं है?**
   (a) सिलिकॉन (b) जर्मेनियम
   (c) क्वार्ट्ज (d) गैलियम आर्सेनाइड
6. **निम्नलिखित में से किसका संहति-केन्द्र वस्तु के बाहर होता है?**
   (a) फाउण्टेन पेन (b) क्रिकेट की गेंद
   (c) रिंग (वलय) (d) पुस्तक
7. **किसी परमाणु के लिए 'प्लम पुडिंग मॉडल' किसके द्वारा दिया गया था?**
   (a) एण्टोनी लावोइजर
   (b) रॉबर्ट बॉयल
   (c) अर्नेस्ट रदरफोर्ड
   (d) जे.जे. थॉमसन
8. **निम्नलिखित में से किस राज्य में लोकटक झील स्थित है?**
   (a) सिक्किम (b) हिमाचल प्रदेश
   (c) मणिपुर (d) मेघालय
9. **निम्नलिखित में से कौन-सा एक भौतिक परिवर्तन है?**
   (a) कोयले का जलना
   (b) लकड़ी का जलना
   (c) प्लेटिनम क्रूसीबल को गर्म करना
   (d) पोटैशियम क्लोरेट को गर्म करना
10. **कुल शस्य क्षेत्रफल से वास्तविक बुआई क्षेत्र के अनुपात को क्या कहा जाता है?**
   (a) शस्य सघनता
   (b) फसल चक्र की तीव्रता
   (c) फसल उत्पादकता
   (d) शस्य विविधता
11. **बहु-आसुत जल के एक नमूने का pH मान है–**
   (a) शून्य
   (b) 14
   (c) शून्य के अतिनिकट
   (d) सात के अतिनिकट
12. **चेन्नई से कोलकाता की यात्रा सड़क मार्ग (न्यूनतम दूरी) से करने पर, नदियों की उपस्थिति का सही क्रम निम्नलिखित में से कौन-सा है?**
   (a) कृष्णा, कावेरी, गोदावरी, महानदी, सुवर्णरेखा
   (b) कृष्णा, पेरियार, गोदावरी, महानदी, सुवर्णरेखा
   (c) पेन्नेरू, कृष्णा, गोदावरी, महानदी, सुवर्णरेखा
   (d) पेन्नेरू, महानदी, सुवर्णरेखा, गोदावरी, कृष्णा
13. **किसी तत्व का सर्वाधिक अभिलाक्षणिक गुणधर्म निम्नलिखित में से कौन-सा है?**
   (a) घनत्व
   (b) क्वथनांक
   (c) द्रव्यमान संख्या
   (d) परमाणु क्रमांक
14. **बच्चों में क्वाशिओरकर रोग किस कारण से होता है?**
   (a) आहार में पर्याप्त कार्बोहाइड्रेट, किन्तु वसा की कमी
   (b) आहार में कार्बोहाइड्रेट और वसा की पर्याप्त मात्रा, किन्तु प्रोटीन की कमी।
   (c) आहार में पर्याप्त विटामिन, किन्तु वसा की कमी
   (d) आहार में पर्याप्त वसा, किन्तु विटामिनों की कमी
15. **पादप वर्धन नियंत्रक, भिन्न रासायनिक संरचनाओं के छोटे, साधारण अणु होते हैं। ये क्या हैं?**
   (a) कार्बोहाइड्रेट, वसा और प्रोटीन
   (b) इण्डोल यौगिक, ऐडिनीन व्युत्पन्न, कैरोटिनॉयड और टर्पीन
   (c) वसा-अम्ल, ग्लूकोज और विटामिन
   (d) विटामिन-C, विटामिन-D और ग्लूकोज
16. **वर्षा के किसी दिन इन्द्रधनुष के दिखाई पड़ने के लिए कौन-सी प्रकाशीय घटना मुख्य रूप से उत्तरदायी है?**
   (a) विवर्तन (b) व्यतिकरण
   (c) विक्षेपण (d) परावर्तन
17. **'प्रोजेक्ट टाइगर' के संबंध में निम्नलिखित में से कौन-सा कथन सही नहीं है?**
   (a) इसे वर्ष 1973 में भारत में आरम्भ किया गया था।
   (b) इस परियोजना का उद्देश्य प्राकृतिक वास और बाघों को, प्राकृतिक विरासत के रूप में उसी स्थान पर सुरक्षित रखना है।
   (c) इस परियोजना ने भारत में बाघों की जीवनक्षम आबादी सुनिश्चित करने को महत्त्व दिया।
   (d) भारत के पूर्वोत्तर भाग में कोई टाइगर रिजर्व नहीं है।
18. **निम्नलिखित में से कौन-सा जैवमंडल संरक्षित क्षेत्र भारत में नहीं है?**
   (a) अगस्थ्यामलाई (b) नोकरेक
   (c) ग्रेट निकोबार (d) ग्रेट हिमालयन
19. **शीतकालीन अयनान्त के संबंध में निम्नलिखित में से कौन-सा कथन सही है?**
   (a) दक्षिणी ध्रुव पर 24 घंटे अंधेरा छाया रहता है।
   (b) यह 21 जून को होता है।
   (c) उत्तरी ध्रुव पर 24 घंटे अंधेरा छाया रहता है।
   (d) दिन और रात की सर्वाधिक लम्बी अवधि विषुवत रेखा पर होती है।

20. एरिडिसॉल, जो मृदा प्रकारों में से एक है, के विषय में निम्नलिखित में से कौन-सा सही नहीं है?
(a) वर्ष के अधिकांश समय में पौधों के लिए पानी की कमी
(b) अत्यधिक जैव पदार्थ
(c) गहराई पर कार्बोनेटों का अधिक संचयन
(d) गहरी चौड़ी दरारों का अभाव

21. द्रव्य की अवस्थाओं की अधिकतम संख्या क्या है?
(a) तीन (b) चार
(c) पांच (d) परिवर्तनशील

22. जेट प्रवाह, जो एक ऊपरी स्तर की क्षोभमंडलीय तरंग है, के संदर्भ में निम्नलिखित में से कौन-सा कथन सही नहीं है?
(a) यह उच्च-वेग वायु का एक संकीर्ण बैण्ड है।
(b) यह 8 किमी. से 15 किमी. की ऊंचाई पर क्षोभसीमा के निकट तरंग पथ का अनुसरण करता है।
(c) लम्बी दूरियों पर जेट प्रवाहों में एक विशेष प्रकार की सन्ततता होती है।
(d) ग्रीष्मकाल में ध्रुवीय वाताग्र जेट अपना अधिकतम बल प्राप्त कर लेता है।

23. 'रैण्ड/जार' कहां की मुद्रा है?
(a) बुरुण्डी (b) लीबिया
(c) सूडान (d) दक्षिण अफ्रीका

24. किसी तत्व के रासायनिक गुणधर्म किस पर निर्भर करते हैं?
(a) तत्व के समस्थानिकों की संख्या
(b) तत्व की द्रव्यमान संख्या
(c) तत्व में न्यूट्रॉनों की कुल संख्या
(d) तत्वों के सबसे बाहरी कोश में इलेक्ट्रॉनों की संख्या

25. निम्नलिखित में से कौन-सा बन्दरगाह ज्वारनदमुख पर स्थित है?
(a) काण्डला
(b) मोरमुगांव
(c) कोलकाता-हल्दिया
(d) तूतीकोरिन

26. प्रायद्वीपीय भारत के चीनी उद्योग के बारे में निम्नलिखित में से कौन-सा सही नहीं है?
(a) गन्ने का प्रति हेक्टेयर उच्च उत्पादन
(b) उच्चतर सूक्रोस अंश
(c) लम्बी पेराई (संदलन) अवधि
(d) प्रायद्वीप में अधिकांश मिलें मुख्यत: पूर्वी तट के समीप स्थित हैं।

27. निम्नलिखित में से कौन-सा कथन सही नहीं है?
(a) भारत का राष्ट्रीय पक्षी पैवो क्रिस्टाटस है।
(b) भारत का राष्ट्रीय फूल नेलुम्बो नुसिफेरा गैर्टन है।
(c) भारत का राष्ट्रीय वृक्ष फाइकस बेंगालेन्सिस है।
(d) भारत का राष्ट्रीय पशु मैंगीफेरा इण्डिका है।

28. TRIPS समझौता किससे संबंधित है?
(a) अन्तर्राष्ट्रीय टैरिफ व्यवस्था
(b) बौद्धिक सम्पदा संरक्षण
(c) व्यापार सरलीकरण पर अन्तर्राष्ट्रीय पद्धति
(d) सम्पत्ति का अन्तर्राष्ट्रीय कराधान

29. निम्नलिखित में से कौन-सा संघ सरकार की राजस्व प्राप्तियों का घटक नहीं है?
(a) निगमित कर प्राप्तियां
(b) लाभांश तथा लाभ
(c) विनिवेश प्राप्तियां
(d) ब्याज प्राप्तियां

30. बिटकॉइन के संबंध में निम्नलिखित में से कौन-सा/से कथन सही है/हैं?
1. यह एक विकेन्द्रीकृत परोक्ष मुद्रा है।
2. इसे जटिल कम्प्यूटर सॉफ्टवेयर प्रणालियों द्वारा सृजित किया जाता है।
3. रिजर्व बैंक ऑफ इण्डिया ने जनवरी, 2016 में इसे एक वैध टेण्डर के रूप में मान्यता प्रदान की।
नीचे दिए गए कूट का प्रयोग कर सही उत्तर चुनिए-
(a) केवल 1 (b) 1 और 2
(c) 2 और 3 (d) 1, 2 और 3

31. निम्नलिखित में से कौन-सा एक शांतिकालीन वीरता पुरस्कार है?
(a) शौर्य चक्र
(b) वीर चक्र
(c) युद्ध सेवा मेडल
(d) परमवीर चक्र

32. भारतीय नौसेना के दक्षिणी नौसैन्य कमान का मुख्यालय निम्नलिखित में से किस स्थान पर है?
(a) करवार
(b) कोच्चि
(c) तिरुवनन्तपुरम
(d) चेन्नई

33. सूची-I को सूची-II के साथ सुमेलित कीजिए और सूचियों के नीचे दिये गये कूट का प्रयोग कर सही उत्तर चुनिए-

सूची-I (अधिनियम/घटना)		सूची-II (वर्ष)
A. रौलेट एक्ट	1.	1922
B. नमक मार्च	2.	1931
C. चौरी-चौरा घटना	3.	1930
D. द्वितीय गोलमेज सम्मेलन	4.	1919

कूट :

	A	B	C	D
(a)	4	3	1	2
(b)	3	1	4	2
(c)	4	3	2	1
(d)	3	4	2	1

34. 'ए कम्पैरिजन बिट्वीन वूमेन एण्ड मेन' पुस्तक का लेखक/लेखिका इनमें से कौन हैं?
(a) पण्डिता रमाबाई
(b) सरोजिनी नायडू
(c) ताराबाई शिन्दे
(d) रामेश्वरी नेहरू

35. ग्रेट ब्रिटेन निम्नलिखित में से किससे अलग हो रहा है, जो BREXIT से सन्दर्भित है?
(a) अन्तर्राष्ट्रीय मुद्रा कोष
(b) राष्ट्रमंडल
(c) विश्व व्यापार संगठन
(d) यूरोपियन यूनियन

36. यह तथ्य कि ग्रह, सूर्य के चारों ओर वृत्तों में नहीं, बल्कि दीर्घवृत्तों में घूमते हैं, सबसे पहले किसने प्रदर्शित किया था?
(a) गैलीलियो
(b) मार्टिन लूथर
(c) जोहानस केपलर
(d) कॉपरनिकस

37. निम्नलिखित में से कौन-सा बौद्धिक सम्पदा अधिकार बिना किसी पंजीकरण के संरक्षित है?
(a) प्रतिलिप्याधिकार (कॉपीराइट)
(b) पेटेण्ट
(c) औद्योगिक डिजाइन
(d) व्यापार चिह्न (ट्रेडमार्क)

38. निम्नलिखित में से कौन-सा सूचकांक भारत में मुद्रास्फीति की दर को मापने के लिए भारतीय रिजर्व बैंक द्वारा अब प्रयोग में लाया जाता है?

(a) NASDAQ सूचकांक
(b) BSE सूचकांक
(c) उपभोक्ता मूल्य सूचकांक
(d) थोक मूल्य सूचकांक

39. WTO शासन-व्यवस्था के अंतर्गत सर्वाधिक पसन्दीदा राष्ट्र (एम.एफ.एन.) का प्रावधान किस सिद्धांत पर आधारित है?
(a) राष्ट्रों के बीच गैर-विभेदीकरण
(b) राष्ट्रों के बीच विभेदीकरण
(c) स्थानीय और विदेशियों के बीच विभेदी व्यवहार
(d) वस्तुओं के बीच एकसमान प्रशुल्क (टैरिफ)

40. निम्नलिखित में से कौन-सा भारत में लगाया जाने वाला संभावित माल एवं सेवा कर नहीं है?
(a) सकल मूल्य कर
(b) मूल्य कर
(c) उपभोग कर
(d) गन्तव्य आधारित कर (डेस्टिनेशन बेस्ड टैक्स)

41. अमर्त्य सेन को उनके किस विषय-क्षेत्र में योगदान के लिए नोबेल पुरस्कार प्रदान किया गया था?
(a) मौद्रिक अर्थशास्त्र
(b) कल्याणकारी अर्थशास्त्र
(c) पर्यावरणीय अर्थशास्त्र
(d) विकासात्मक अर्थशास्त्र

42. निम्नलिखित में से किस शहर में ग्रीष्मकालीन ओलम्पिक, 2020 होने जा रहा है?
(a) लन्दन (b) पेरिस
(c) टोक्यो (d) मॉस्को

43. ऑल इंडिया डिप्रेस्ड क्लासेस एसोसिएशन के बारे में निम्नलिखित में से कौन-सा कथन सही नहीं है?
(a) ऑल इंडिया डिप्रेस्ड क्लासेस एसोसिएशन का गठन नागपुर में हुआ था, जिसके प्रथम निर्वाचित अध्यक्ष एम. सी. राजा थे।
(b) डॉ. बी.आर. अम्बेडकर वर्ष 1926 में ऑल इंडिया डिप्रेस्ड क्लासेस एसोसिएशन में उपस्थित नहीं हुए थे।
(c) अम्बेडकर ने ऑल इंडिया डिप्रेस्ड क्लासेस एसोसिएशन से इस्तीफा दे दिया और वर्ष 1930 में स्वयं का ऑल इंडिया डिप्रेस्ड क्लासेस कांग्रेस बनाया।
(d) ऑल इंडिया डिप्रेस्ड क्लासेस एसोसिएशन ने दलित वर्ग हेतु पृथक् निर्वाचक मंडल की अम्बेडकर की मांग का समर्थन किया।

44. भारत के संविधान की उद्देशिका के बारे में निम्नलिखित में से कौन-सा/से कथन सही है/हैं?
1. उद्देशिका स्वयं न्यायालय में प्रवर्तनीय नहीं है।
2. उद्देशिका उन उद्देश्यों को बताती है, जिन्हें संविधान स्थापित करना और आगे बढ़ाना चाहता है।
3. उद्देशिका उस स्रोत को इंगित करती है, जहां से संविधान अपना प्राधिकार प्राप्त करता है।
नीचे दिए गए कूट का प्रयोग कर सही उत्तर चुनिए-
(a) 1, 2 और 3 (b) 1 और 2
(c) 1 और 3 (d) केवल 2

45. भू-राजस्व में रैयतवाड़ी प्रयोग का प्रारम्भ किसके द्वारा किया गया?
(a) हेनरी दुण्डास
(b) अलेक्जेण्डर रीड
(c) डेविड रिकार्डो
(d) माउण्ट स्टुअर्ट एल्फिन्सटन

46. राज्य के नीति-निर्देशक तत्वों के संबंध में निम्नलिखित में से कौन-सा कथन सही नहीं है?
(a) भारत के संविधान के भाग-(ख) में अन्तर्विष्ट उपबंध किसी भी न्यायालय द्वारा प्रवर्तनीय नहीं होंगे।
(b) देश के शासन में राज्य की नीति के नीति-निदेशक-तत्व मूलभूत हैं।
(c) राज्य का यह कर्तव्य होगा कि कानून बनाने में नीति-निदेशक-तत्वों को लागू करें।
(d) निदेशक-तत्व, भारत को विश्व का एक उन्नत पूंजीवादी देश बनाने के लिए निर्दिष्ट है।

47. भारत के राष्ट्रपति और उपराष्ट्रपति के निर्वाचन में उठे संदेहों और विवादों के मामले में जांच और निर्णय निम्नलिखित में से किस संवैधानिक प्राधिकरण द्वारा किए जाते हैं?
(a) भारत का सर्वोच्च न्यायालय
(b) भारत का निर्वाचन आयोग
(c) संसदीय समिति
(d) दिल्ली उच्च न्यायालय

48. निम्नलिखित में से कौन-सा एक, गृह मन्त्रालय के अधीन केन्द्रीय अर्द्धसैनिक बल नहीं है?
(a) केन्द्रीय औद्योगिक सुरक्षा बल
(b) केन्द्रीय रिजर्व पुलिस बल
(c) लद्दाख स्काउट्स
(d) सीमा सुरक्षा बल

49. निम्नलिखित प्रश्नांश में दो कथन हैं, कथन I और II इन दोनों कथनों का सावधानीपूर्वक परीक्षण कर इन प्रश्नांशों के उत्तर नीचे दिए गए कूट की सहायता से चुनिए।
कथन
I. 19वीं तथा 20वीं शताब्दियों में विश्व के विनिर्माण उत्पादन (मैन्युफैक्चरिंग आउटपुट) में भारत के अंश में निरन्तर ह्रास हुआ।
II. भारत में औपनिवेशिक शासन के दौरान उत्पादन में कोई आत्यन्तिक ह्रास नहीं हुआ।
कूट :
(a) दोनों कथन अलग-अलग सत्य हैं और कथन II, कथन I का सही स्पष्टीकरण है।
(b) दोनों कथन अलग-अलग सत्य हैं, किन्तु कथन II, कथन I का सही स्पष्टीकरण नहीं है।
(c) कथन I का सत्य है, किन्तु कथन II असत्य है।
(d) कथन I का असत्य है, किन्तु कथन II सत्य है।

50. भारत के नियन्त्रक-महालेखा परीक्षक को पद से केवल किसके द्वारा हटाया जा सकता है?
(a) संघ के मन्त्रिमण्डल के परामर्श से राष्ट्रपति द्वारा।
(b) उच्चतम न्यायालय के मुख्य न्यायमूर्ति द्वारा।
(c) भारत की संसद की दोनों सदनों में सम्बोधन के उपरान्त राष्ट्रपति द्वारा।
(d) भारत के मुख्य न्यायमूर्ति के परामर्श से राष्ट्रपति द्वारा।

51. निम्नलिखित में से कौन-सा एक, रक्षा मन्त्रालय के नियन्त्रण में है?
(a) भारत-तिब्बत सीमा पुलिस
(b) राष्ट्रीय राइफल्स
(c) राष्ट्रीय सुरक्षा गार्ड
(d) सशस्त्र सीमा बल

52. भारत के संविधान के अनुच्छेद 371 G में दिए गए विशिष्ट उपबन्ध किस राज्य से सम्बन्धित हैं?
(a) जम्मू-कश्मीर (b) झारखण्ड
(c) मिजोरम (d) नागालैण्ड

53. निम्नलिखित में से कौन-सा/से आर. आई. एन. विद्रोह का भाग नहीं था/थे?
1. इण्डियन नेशनल आर्मी
2. एच. एम. आई. एस. तलवार

3. नेवल रेटिंग्स द्वारा भूख हड़ताल
4. लॉर्ड इरविन

नीचे दिए गए कूट का प्रयोग कर सही उत्तर चुनिए-

(a) 1 और 2 (b) 2 और 3
(c) 1 और 4 (d) कवेल 4

54. न्यायालय में समावेदन करने में 'सुने जाने का अधिकार' नियम (लोकस स्टैण्डाइ रूल) को किस वाद के द्वारा उदार बनाया गया?

(a) एम. आर. बोम्मई बनाम भारत संघ
(b) मिनर्वा मिल्स बनाम भारत संघ
(c) एस. पी. गुप्ता बनाम भारत संघ
(d) केशवानन्द भारती बनाम केरल राज्य

55. रक्षा अधिग्रहण परिषद् की अध्यक्षता कौन करता है?

(a) रक्षामन्त्री
(b) रक्षा सचिव
(c) एकीकृत रक्षा स्टाफ प्रमुख
(d) महानिदेशक (अधिग्रहण)

56. बाल गंगाधर तिलक किससे सम्बन्धित थे?

1. पूना सार्वजनिक सभा
2. सहमति की आयु विधेयक (दी एज ऑफ कन्सेण्ट बिल)
3. गौरक्षिणी सभा
4. आत्मीय सभा

नीचे दिए गए कूट का प्रयोग कर सही उत्तर चुनिए-

(a) 1 और 2 (b) 1, 2 और 4
(c) 3 और 4 (d) 2 और 4

57. भारत के संविधान के अनुच्छेद 350 A के अधीन उपबन्ध किससे सम्बन्धित हैं?

(a) नागरिकों के किसी भी वर्ग का अपनी विशेष भाषा तथा संस्कृति को संरक्षित करने का अधिकार
(b) सिख समुदाय का कृपाण साथ रखने तथा धारण करने का अधिकार।
(c) प्राथमिक स्तर पर मातृ-भाषा में शिक्षा की सुविधाओं की व्यवस्था करने का उपबन्ध।
(d) अल्पसंख्यक प्रबन्धित शिक्षण संस्थाओं को राज्य से प्राप्त होने वाली सहायता में भेदभाव से मुक्ति

58. आई. एन. एस. विक्रमादित्य किसका नाम है?

(a) विमान वाहक पोत
(b) नाभिकीय पनडुब्बी
(c) नाविकों के लिए स्मारक
(d) नौसेना अस्पताल

59. निम्नलिखित में से कौन-सा एक अण्डमान तथा निकोबार द्वीप कमान का सर्वोत्तम वर्णन करता है?

(a) साइबर सुरक्षा कमान
(b) थलसेना, नौसेना, वायुसेना तथा तटरक्षक बल की एकीकृत कमान
(c) नौसेना तथा तटरक्षक बल की एकीकृत कमान
(d) भारतीय नौसेना की एक कमान

60. सूची-I को सूची-II से सुमेलित कीजिए तथा सूचियों के नीचे दिए गए कूट का प्रयोग कर सही उत्तर चुनिए-

सूची-I (कृषक आन्दोलन)	सूची-II (नेता/अनुयायी)
A. बाकाश्त भूमि आन्दोलन	1. बाबा रामचन्द्र
B. एका आन्दोलन	2. मुहम्मद हाजी
C. मोपला विद्रोह	3. मदारी पासी
D. अवध किसान सभा आन्दोलन	4. कार्यानन्द शर्मा

कूट :

	A	B	C	D
(a)	4	3	2	1
(b)	4	2	3	1
(c)	1	2	3	4
(d)	1	3	2	4

61. निम्नलिखित में से किन समितियों ने निर्वाचन सुधारों पर रिपोर्ट प्रस्तुत की है?

1. दिनेश गोस्वामी समिति
2. तारकुण्डे समिति
3. इन्द्रजीत गुप्त समिति
4. बलवन्तराय मेहता समिति

नीचे दिए गए कूट का प्रयोग कर सही उत्तर चुनिए-

(a) 1, 3 और 4 (b) 2 और 4
(c) 1, 2 और 3 (d) 3 और 4

62. ब्रह्मोस (Brahmos) किसका नाम है?

(a) छोटी-दूरी का पराध्वनिक क्रूज प्रक्षेपास्त्र
(b) वायु सुरक्षा तोप
(c) सैनिक उपग्रह
(d) बहु-रॉकेट लॉन्चर

63. सूची-I को सूची-II से सुमेलित कीजिए तथा सूचियों के नीचे दिए गए कूट का प्रयोग कर सही उत्तर चुनिए-

सूची-I (आन्दोलन)	सूची-II (जनाधार/अनुसरण)
A. बारदोली सत्याग्रह	1. बरगदार
B. तिभागा	2. कालीपरज
C. सत्यशोधक समाज	3. मुण्डा
D. उलगुलान	4. कुणबी कृषक

कूट :

	A	B	C	D
(a)	2	4	1	3
(b)	2	1	4	3
(c)	3	4	1	2
(d)	3	1	4	2

64. 1893 में किस/किन विषय/विषयों पर आर्य समाज में विभाजन हुआ?

1. मांसाहार बनाम शाकाहार
2. जाति व्यवस्था तथा विधवा पुनर्विवाह
3. धर्मान्तरित व्यक्तियों की शुद्धि
4. आंग्लीकृत बनाम संस्कृत आधारित शिक्षा

नीचे दिए गए कूट का प्रयोग कर सही उत्तर चुनिए-

(a) 1, 3 और 4 (b) 2 और 4
(c) 1 और 4 (d) केवल 1

65. GRSE, BDL तथा MIDHANI किसके परिवर्णी शब्द (ऐक्रीनिम) हैं?

(a) सार्वजनिक क्षेत्र के रक्षा उपक्रम
(b) राकेट-निर्माण में प्रयुक्त रसायन
(c) टैंकों में प्रयुक्त गोला-बारूद
(d) संचार-उपग्रह

66. 'राष्ट्रपति के अंगरक्षक' क्या है?

(a) राष्ट्रपति-सचिवालय के नियन्त्रणाधीन पुलिस बल
(b) अर्द्धसैनिक बल
(c) दिल्ली पुलिस की एक यूनिट
(d) उपरोक्त में से कोई नहीं

67. महात्मा गाँधी ने, वांछित उद्देश्य की प्राप्ति के लिए, भूख-हड़ताल की अपनी पद्धति का सर्वप्रथम प्रयोग कहाँ और कब किया था?

(a) दक्षिण अफ्रीका के नाताल में वर्ष 1906 में
(b) चम्पारण में वर्ष 1917 में
(c) अहमदाबाद में वर्ष 1918 में
(d) दक्षिण अफ्रीका के केपटाउन में वर्ष 1906 में

68. निम्नलिखित में से किसने 'दि आइडिया ऑफ इण्डिया' नामक पुस्तक लिखी है?

(a) खुशवन्त सिंह
(b) शशि थरूर
(c) सुनील खिलनानी
(d) विलियम डैलरिम्पल

69. निम्नलिखित में से कौन-से वासुदेव बलवन्त फड़के पर पड़ने वाले प्रमुख प्रभाव थे?

1. 1876-77 के दक्कन दुर्भिक्ष का अनुभव
2. हिन्दू पुनर्जागरण
3. पूँजी अपवाह (ड्रेन ऑफ वेल्थ) का सिद्धान्त
4. फुले का सुधारवादी विचार

नीचे दिए गए कूट का प्रयोग कर सही उत्तर चुनिए-

(a) 1, 2 और 3 (b) 2, 3 और 4
(c) 1 और 3 (d) 2 और 4

70. पूँछी आयोग की रिपोर्ट किससे सम्बन्धित थी?

(a) केन्द्र-राज्य सम्बन्ध
(b) निर्वाचन सुधार
(c) राजकोषीय संघ राज्य पद्धति
(d) नये राज्यों का सृजन

71. निम्नलिखित में से कौन-सा एक राष्ट्रीय हरित अधिकरण (नेशनल ग्रीन ट्रिब्यूनल) की प्रधान बैठक का स्थान है?

(a) कोलकाता (b) हैदराबाद
(c) लखनऊ (d) नई दिल्ली

72. निम्नलिखित में से कौन, औपनिवेशिक भारत में स्त्री शिक्षा के/की सुख्यात पक्षधर थे/थीं?

1. सिस्टर सुब्बुलक्ष्मी
2. बेगम रुकय्या सखावत हुसैन
3. केशव चन्द्र सेन
4. आनन्द कुमारस्वामी

नीचे दिए गए कूट का प्रयोग कर सही उत्तर चुनिए-

(a) 1, 2, 3 और 4
(b) 1, 2 और 3
(c) 3 और 4
(d) 1 और 2

73. सूची-I को सूची-II से सुमेलित कीजिए तथा सूचियों के नीचे दिए गए कूट का प्रयोग करते हुए सही उत्तर चुनिए-

	सूची-I		सूची-II
A.	क्यूसेक	1.	दाब
B.	बाइट	2.	भूकम्प की तीव्रता
C.	रिक्टर	3.	प्रवाह की दर
D.	बार	4.	कम्प्यूटर

कूट :

	A	B	C	D
(a)	1	2	3	4
(b)	3	4	2	1
(c)	4	3	2	1
(d)	3	4	1	2

74. कलपक्कम के 'फास्ट ब्रीडर टेस्ट रिएक्टर' में निम्नलिखित में से कौन शीतलक (Coolant) के रूप में प्रयोग में लाया जाता है?

(a) कार्बन डाइ-ऑक्साइड
(b) हैवी वाटर
(c) समुद्री जल
(d) गलित सोडियम

75. कृत्रिम प्रकाश-

(a) पर्णहरित (Chlorophyll)) को नष्ट कर सकता है।
(b) पर्णहरित का संश्लेषण कर सकता है।
(c) प्रकाश संश्लेषण का कारण हो सकता है।
(d) प्रकाश संश्लेषण का कारण नहीं हो सकता।

76. एक लोहे की गेंद को गर्म किया जाए, तो सर्वाधिक प्रतिशत वृद्धि होगी उसके-

(a) व्यास (Diameter) में
(b) सतह के क्षेत्रफल (Surface Area) में
(c) आयतन (Volume) में
(d) घनत्व (Density) में

77. सूची-I को सूची-II से सुमेलित कीजिए तथा नीचे दिए गए कूट से सही उत्तर चुनिए-

	सूची-I (मेला)		सूची-II (स्थान)
A.	माघ मेला	1.	बाराबंकी
B.	झूला मेला	2.	बटेश्वर
C.	पशु मेला	3.	वृंदावन
D.	देवां मेला	4.	इलाहाबाद

कूट :

	A	B	C	D
(a)	4	3	2	1
(b)	4	2	3	1
(c)	1	3	4	2
(d)	3	1	2	4

78. हिंदू-मुस्लिम एकता का प्रतीक 'सुलहकुल उत्सव' आयोजित किया जाता है-

(a) आगरा में (b) अलीगढ़ में
(c) इटावा में (d) बाराबंकी में

79. सूची-I एवं सूची-II को सुमेलित कीजिए तथा सूचियों के नीचे दिए गए कूट का प्रयोग करते हुए सही उत्तर चुनिए-

	सूची-I (तीर्थ स्थल का नाम)		सूची-II (नगर/स्थान)
A.	चक्रतीर्थ	1.	कौशाम्बी
B.	गोविंद देव मंदिर	2.	फतेहपुर सीकरी
C.	सलीम चिश्ती की दरगाह	3.	वृंदावन
D.	बौद्ध एवं जैन मंदिर	4.	नैमिषारण्य

कूट :

	A	B	C	D
(a)	1	2	3	4
(b)	2	1	4	3
(c)	3	4	2	1
(d)	4	3	2	1

80. निम्नलिखित कौन एक सही सुमेलित नहीं है?

(a) कबीरपंथियों का पवित्र तीर्थ स्थल - मगहर
(b) भगवान बुद्ध का निर्वाण स्थल - कुशीनगर
(c) सूफी संत हाजी वारिस अली शाह - देवां शरीफ की मजार
(d) 88 हजार ऋषियों की तपस्थली - संकीसा

81. एक विशिष्ट कोड भाषा में 'PEPPER' को '@#@@#!' लिखा जाता है और 'AIM' को '^?*' लिखा जाता है। इस कोड भाषा में 'PAMPER' को किस प्रकार लिखा जाएगा?

(a) @^*@#! (b) @*^@#!
(c) @^*#@! (d) @^*@!#

82. स्पर्श अपने भाई से 3 वर्ष छोटा है। उसकी बहन के जन्म के समय उसके पिता की आयु 28 वर्ष और माँ की आयु 26 वर्ष थी। उसके भाई के जन्म के समय उसकी बहन की आयु 4 वर्ष थी, तो स्पर्श के जन्म के समय उसके पिता की आयु बताइए-

(a) 31 (b) 35
(c) 29 (d) 30

83. A का जन्म B से 5 वर्ष पहले हुआ था। B की आयु C से 4 वर्ष अधिक और D से 3 वर्ष कम है। यदि इस समय A की आयु 17 वर्ष है, तो D की आयु क्या है?

(a) 19 वर्ष (b) 15 वर्ष
(c) 12 वर्ष (d) 8 वर्ष

84. दिए गए विकल्पों में से सम्बन्धित संख्या को चुनिए-

381 : 160 : : 478 : ?

(a) 347 (b) 357
(c) 247 (d) 257

85. समीकरण को सन्तुलित करने के लिए * को किस गणितीय चिह्नों के संयोजन से परिवर्तित किया जाएगा?

48 * 4 * 6 * 3 * 30

(a) –, +, =, × (b) ÷, =, ×, +
(c) ÷, +, ×, = (d) –, =, ×, +

86. दी गई रेखा आकृतियों में से कौन-सी आकृति अपराधी, चोर तथा पॉकेटमार के सम्बन्ध को निरूपित करती है?

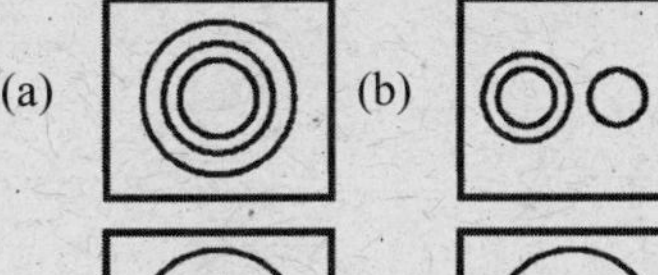

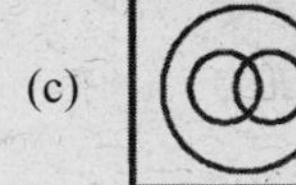

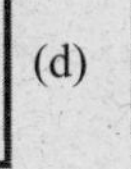

87. यदि किसी कूटभाषा में STRONG को ROTNSG लिखा जाता है, तो उसी कूटभाषा में NAGPUR को किस प्रकार लिखा जाएगा?

(a) GPAUNR
(b) PGUARN
(c) PGAURN
(d) GPUANR

88. किसी कोड भाषा में, '@' का मतलब '÷' हैं '⊕' का मतलब '–' है। 'n' का मतलब '+' है तथा 'O' का मतलब '×' है, तो निम्नलिखित प्रश्न का उत्तर ज्ञात कीजिए।

8900@100⊕5O4⊕121@11 का मान है।

(a) 58 (b) 62
(c) 158 (d) 205

89. यदि किसी महीने की 2 तारीख रविवार को पड़ती है, तो उसी महीने की 31 तारीख को कौन-सा दिन होगा?

(a) मंगलवार (b) शनिवार
(c) शुक्रवार (d) सोमवार

90. यदि 'मेज' को 'कुर्सी', 'कुर्सी' को 'चारपाई', 'चारपाई' को 'पात्र' और 'पात्र' को 'फिल्टर' कहा जाए, तो व्यक्ति कहाँ बैठता है?

(a) कुर्सी (b) चारपाई
(c) पात्र (d) फिल्टर

91. किसी धनराशि पर 2 वर्षों में चक्रवृद्धि ब्याज ₹ 105 तथा साधारण ब्याज ₹ 100 है वह धनराशि होगी?

(a) ₹ 475 (b) ₹ 375
(c) ₹ 500 (d) ₹ 450

92. एक वर्ग की भुजा 828 वर्ग सेमी. क्षेत्रफल वाले आयत की लम्बाई से दो गुनी है। आयत का परिमाप 118 सेमी. है। वर्ग का परिमाप कितना है?

(a) 184 सेमी. (b) 288 सेमी.
(c) 144 सेमी. (d) 924 सेमी.

93. एक तम्बू 3 मीटर की ऊँचाई तक लंबवृत्तीय बेलन के आकार का है और फिर जमीन के ऊपर 13.5 मीटर की अधिकतम ऊँचाई तक लंब वृत्तीय शंकु बन जाता है। यदि आधार की त्रिज्या 44 मीटर हो, तो ₹ 2 प्रति वर्ग मीटर की दर से तम्बू के भीतरी भाग को पेंट करने की लागत है–

(a) ₹ 2050 (b) ₹ 2060
(c) ₹ 2068 (d) ₹ 2080

94. यदि $x + 2y = 8$ तथा $xy = 6$ हो, तो $x^3 + 8y^3$ का मान है–

(a) 512
(b) 288
(c) 224
(d) उपरोक्त में से कोई नहीं

95. समीकरण $y^2 + 2y - 143 = 0$ के मूलों के वर्गों का योग क्या है?

(a) 170 (b) 180
(c) 190 (d) 290

96. जब 4^{96} को 6 से विभाजित किया जाता है, तो शेषफल प्राप्त होता है–

(a) 3 (b) 4
(c) 5 (d) 6

97. एक समबाहु त्रिभुज का क्षेत्रफल क्या होगा, जिसकी भुजा 16 सेमी है?

(a) $48\sqrt{3}$ वर्ग सेमी
(b) $128\sqrt{3}$ वर्ग सेमी
(c) $9.6\sqrt{3}$ वर्ग सेमी
(d) $64\sqrt{3}$ वर्ग सेमी

98. यदि किसी वृत्त का क्षेत्रफल A, त्रिज्या r तथा उसकी परिधि C हो, तो–

(a) $rC = 2A$ (b) $\frac{C}{A} = \frac{r}{2}$
(c) $AC = \frac{r^2}{4}$ (d) $\frac{A}{r} = C$

99. एक आयत की लम्बाई तथा चौड़ाई का अनुपात 2 : 1 तथा परिमाप 60 सेमी है। आयत का क्षेत्रफल ज्ञात कीजिए–

(a) 250 वर्ग सेमी
(b) 200 वर्ग सेमी
(c) 300 वर्ग सेमी
(d) 205 वर्ग सेमी

100. 1234567654321 का वर्गमूल ज्ञात कीजिए–

(a) 1121121
(b) 111111
(c) 1112111
(d) 1111111

व्याख्या सहित उत्तर

1. (b) पौधों को संक्रमित करने वाले अधिकांश विषाणुओं में आनुवांशिक पदार्थ के रूप में एकल तन्तु गुच्छ वाला या द्विरज्जुक RNA उपस्थित होता है। उदाहरण TMV विषाणु।

2. (b) दो अगुणित युग्मकों के संलयन से जीवों में द्विगुणित युग्मनज बनता है, जो कोशिका विभाजन (विदलन से) द्वारा भ्रूण का निर्माण करता है।

3. (b) यौन संबंधों तथा संदूषित रक्त एवं रक्त उत्पादों के संचरण से AIDS रोग के HIV विषाणु अति तीव्र गति से स्वस्थ व्यक्ति में पारगमन कर जाते हैं।

4. (a) विटामिन-C की कमी के कारण मानव में मसूड़ों से रक्तस्राव, दांतों का गिरना, अस्थियों का भंगुर होना एवं घाव भरने में देरी आदि लक्षण प्रकट होने लगते हैं। ये सभी स्कर्वी रोग के लक्षण हैं।

5. (c) 'क्वार्ट्ज' अर्द्धचालक नहीं है। अर्द्धचालक में चालकों से कम तथा अचालक से अधिक विद्युत चालकता होती है।

6. (c) किसी वस्तु में वह बिन्दु, जिस पर उसका सम्पूर्ण द्रव्यमान केन्द्रित रहता है, वस्तु का संहति-केन्द्र कहलाता है। रिंग (वलय) में संहति-केन्द्र वस्तु के बाहर होता है, क्योंकि रिंग (वलय) खोखला होता है।

फाउण्टेन पेन, क्रिकेट की गेंद एवं पुस्तक का संहति-केन्द्र वस्तु के अन्दर होता है।

7. (d) जे. जे. थॉमसन ने परमाणु संरचना से सम्बन्धित एक मॉडल बनाया, जोकि क्रिसमस 'प्लम पुडिंग' के समान था। यद्यपि यह मॉडल परमाणु की विद्युत उदासीनता को स्पष्ट करता था।

8. (c) लोकटक झील भारत के पूर्वोत्तर भाग में स्थित मणिपुर राज्य की एक झील है। यह झील विश्व की एकमात्र तैरती हुई झील है, क्योंकि यहाँ छोटे-छोटे द्वीप, वनस्पति एवं भू-खण्ड पानी में तैरते रहते हैं। यह झील पूर्वोत्तर भारत की ताजे (मीठे) पानी की सबसे बड़ी झील है।

9. (c) जलना किसी भी पदार्थ का रासायनिक परिवर्तन है। पोटैशियम क्लोरेट को गर्म करने पर नए पदार्थ का निर्माण होता है। अतः यह भी एक रासायनिक परिवर्तन है। प्लेटिनम क्रूसीबल को गर्म करना एक भौतिक परिवर्तन है।

10. (a) कुल शस्य क्षेत्रफल से वास्तविक बुआई क्षेत्र के अनुपात को शस्य सघनता कहा जाता है।

11. (d) बहु-आसुत जल के नमूने का pH मान सात के अतिनिकट होता है।

12. (c) यदि हम सड़क मार्ग से चेन्नई से कोलकाता जाते हैं, तो मार्ग में पड़ने वाली नदियों की क्रमिकता इस प्रकार होगी-पेन्नेरू, कृष्णा, गोदावरी, महानदी, सुवर्णरेखा।

13. (d) परमाणु क्रंमाक किसी भी तत्व का सर्वाधिक अभिलक्षिक गुणधर्म है। एक परमाणु के नाभिक में उपस्थित प्रोटॉनों की संख्या उसकी परमाणु संख्या को निरूपित करती है।

14. (b) बच्चों में क्वाशिओरकर रोग साधारणतया आहार में प्रोटीन की कमी के कारण होता है, जिसके कारण उनमें पेशियों का विकास नहीं हो पाता है तथा बच्चे कुपोषित लक्षण प्रदर्शित करते हैं।

15. (b) सभी पादप हॉर्मोन इण्डोल यौगिक ऐडिनीन व्युत्पन्न, कैरोटिनॉयड एवं टर्पाॅन के व्युत्पन्न होते हैं; जैसे ऑक्सीन, जिबरेलीन, साइटोकाइनिन, आदि।

16. (c) प्रकाश के वर्ण-विक्षेपण की परिघटना के कारण इन्द्रधनुष का निर्माण होता है।

17. (d) बाघों की घटती संख्या को देखते हुए केन्द्र सरकार द्वारा, 1973 में 'प्रोजेक्ट टाइगर' की शुरुआत की गई। इस परियोजना के अन्तर्गत बाघों के प्राकृतिक वास एवं उन्हें प्राकृतिक धरोहर के रूप में सुरक्षित रखने पर बल दिया गया। इसके अन्तर्गत बाघों की आबादी को सुनिश्चित रखने पर भी बल दिया गया। कुछ महत्त्वपूर्ण टाइगर रिजर्व असोम (मानस), नोकरेक (मेघालय) अरुणाचल प्रदेश (नामदफा), मध्य प्रदेश (पेंच, कान्हा), केरल (पेरियार) इत्यादि में स्थित है।

18. (d) भारत में अब तक कुल 18 संरक्षित जैवमण्डल केन्द्र सरकार द्वारा स्थापित किए गए हैं। यह व्यापक स्तर पर प्राकृतिक वास को सुरक्षित करता है। कुछ महत्त्वपूर्ण संरक्षित जैवमण्डल, यथा-नोकरेक (मेघालय) अगस्थ्यामलाई (केरलं, तमिलनाडु), ग्रेट निकोबार (अण्डमान एवं निकोबार द्वीप), सिमलीपाल (ओडिशा), मानस (असोम) सुन्दरवन (पश्चिम बंगाल) इत्यादि। ग्रेट हिमालयन संरक्षित जैवमण्डल क्षेत्र में नहीं है।

19. (c) शीतकालीन अयनान्त एक खगोलीय परिघटना है। यहाँ एक वर्ष में दिन बहुत कम समय का एवं रात बहुत लम्बी होती है। शीतकालीन अयनान्त उत्तरी गोलार्द्ध में होता है। यह 21 दिसम्बर को होता है तथा उत्तरी ध्रुव पर 24 घण्टे अँधेरा छाया रहता है।

20. (b) शुष्क मृदा या मरु मृदा शुष्क तथा अर्द्धशुष्क जलवायु वाले क्षेत्र में बनती है। इस मृदा में गहरी चौड़ी दरारों का अभाव होता है। मिट्टी की गहराई पर कार्बोनेट का अधिक मात्रा में संचय होता है तथा शुष्क मृदा में पानी की वर्ष भर कमी होती है। शुष्क मृदा में जैव पदार्थ की मात्रा बहुत ही कम पाई जाती है।

21. (c) द्रव्य की तीन प्रमुख अवस्थाएँ है ठोस, द्रव तथा गैस।

आधुनिक खोज के आधार पर दो और अवस्थाएँ खोजी गई है प्लाज्मा तथा बोस आइन्स्टीन कण्डेनसेट। अत: द्रव्य की अधिकतम अवस्थाओं की संख्या पाँच है।

22. (d) ठण्डे वाताग्र के साथ अधिक ऊँचाई की हवाएँ जेट प्रवाह कहलाती है। यह घटना क्षोभमण्डल में होती है। जेट प्रवाह एक क्षोभमण्डल तरंग है। जेट प्रवाह उच्च वेग-वायु का एक संकीर्ण बैण्ड है। यह 8 किमी से 15 किमी की ऊँचाई पर क्षोभसीमा के निकट तरंग पथ का अनुसरण करता है तथा लम्बी दूरियों के जेट प्रवाहों में एक विशेष प्रकार की सन्तता होती है। लेकिन ग्रीष्मकाल में ध्रुवीय वाताग्र जेट अपना अधिकतम बल प्राप्त नहीं करता है।

23. (d) रैण्ड दक्षिण अफ्रीका की मुद्रा है तथा जार दक्षिण अफ्रीका का मुद्रा कोड है। रैण्ड को 'R' प्रतीक के माध्यम से दर्शाया जाता है।

24. (d) किसी तत्व के रासायनिक गुणधर्म तत्व के सबसे बाहरी कोश में इलेक्ट्रॉनों की संख्या पर निर्भर करते हैं।

25. (b) मोरमुगांव बन्दरगाह जुबेरी मुहाने के प्रवेश द्वार पर स्थित गोवा का एक महत्वपूर्ण बन्दरगाह है। यह बन्दरगाह ज्वारनदमुख पर स्थित है। नदी का जलमग्न मुहाना, जहाँ स्थल से आने वाले जल तथा सागरीय खारे जल का मिलन होता है, ज्वारदनमुख कहलाता है।

26. (d) प्रायद्वीपीय भारत चीनी उद्योग के लिए प्रसिद्ध है। इस क्षेत्र में प्रति हेक्टेयर गन्ने का उत्पादन अधिक, गन्ने में सुक्रोस की उच्चतम मात्रा तथा लम्बी पेराई अवधि होती है। प्रायद्वीपीय भारत में गन्ने की अधिकांश मिलें मुख्यत: उत्तरी तट के समीप स्थित नहीं है।

27. (d) भारत का राष्ट्रीय पशु बाघ है, जिसका वैज्ञानिक नाम पैनथीरिया टिग्रिस है। मैंगीफेरा इण्डिका आम का वैज्ञानिक नाम है, जो राष्ट्रीय फल है। भारत का राष्ट्रीय पुष्प कमल (नेलुम्बों नुसिफेरा गैर्टन) तथा राष्ट्रीय वृक्ष बरगद (फाइकस बेंगालेन्सिस है।)

28. (b) TRIPS (The Agreement on Trade-related Aspects of Intellectual Property Rights) का सम्बन्ध बौद्धिक अधिकार संरक्षण से है। TRIPS विश्व व्यापार संगठन के सदस्यों के बीच अन्तर्राष्ट्रीय वैधानिक समझौता है।

29. (c) विनिवेश प्राप्तियाँ केन्द्र सरकार के पूंजी राजस्व के अन्तर्गत आती हैं। सार्वजनिक क्षेत्र की कम्पनियों अथवा उपक्रमों में सरकारी हिस्सेदारी को बेचने की प्रक्रिया विनिवेश कहलाती है। इसके माध्यम से सरकार को धन प्राप्त होता है। सरकार सार्वजनिक क्षेत्र की कम्पनियों की हिस्सेदारी शेयर या बॉण्ड के रूप में बेचती है तथा प्राप्त धन का उपयोग सरकार उस कम्पनी को बेहतर बनाने हेतु या अपनी अन्य योजनाओं में व्यय कर सकती है।

30. (b) बिटकॉइन एक क्रिप्टोकरेन्सी है। इसकी शुरुआत 3 जनवरी, 2009 को हुई। यह एक डिजिटल मुद्रा है। कम्प्यूटर नेटवर्क पर भुगतान हेतु इसे निर्मित किया गया है। इसका विकास सातोशी नामक एक अभियन्ता ने किया। इसे जटिल कम्प्यूटर सॉफ्टवेयर प्रणाली द्वारा विकसित किया गया है। यह विश्व का प्रथम पूर्णतया खुला भुगतान तन्त्र है। यह एक विकेन्द्रीकरण परोक्ष मुद्रा का रूप है। आरबीआई ने इसे मान्यता नहीं दी।

31. (a) शौर्य चक्र शान्तिकालीन वीरता पुरस्कार है। यह पुरस्कार सैनिकों एवं असैनिकों को असाधारण वीरता या बलिदान के लिए दिया जाता है। यह पुरस्कार भारत सरकार द्वारा दिया जाता है।

32. (b) भारतीय नौसेना की दक्षिणी नौसेना कमान का मुख्यालय कोच्चि में स्थित है। पश्चिमी नौसेना कमान का मुख्यालय मुम्बई में है, तथा पूर्वी नौसेना कमान का मुख्यालय विशाखापट्टनम में है। ये सभी ऑपरेशनल कमाण्ड स्तर है।

33. (a)

रौलेट एक्ट	- 1919
नमक मार्च	- 1930
चौरी-चौरा घटना	- 1922
द्वितीय गोलमेज सम्मेलन	- 1931

34. (c) ताराबाई शिन्दे 19वीं-20वीं शताब्दी की प्रसिद्ध नारीवादी कार्यकर्ता थीं। उन्होंने पितृप्रधान समाज एवं जातिवाद का विरोध किया। उन्होंने इस सन्दर्भ में प्रसिद्ध पुस्तक 'कम्पैरिजन बिट्वीन वूमेन एण्ड मेन' (स्त्री-पुरुष तुलना) की रचना की। यह पुस्तक वर्ष 1882 में मूलत: मराठी भाषा में प्रकाशित हुई।

35. (d) ग्रेट ब्रिटेन यूरोपियन संघ (ईयू) से अलग हो रहा है। यह यूरोपियन संघ 28 देशों का राजनीतिक एवं आर्थिक संघ है। इसका क्षेत्र 434782 वर्ग किमी^{2} है। इसकी अनुमानित आबादी 510 मिलियन (लाख) है। इसका गठन वर्ष 1993 में किया गया, यूरोपीय मुद्रा (यूरो) की शुरुआत वर्ष 1999 से हुई। इसका मुख्यालय बेल्जियम की राजधानी ब्रुसेल्स में स्थित है।

36. (c) जोहानस केपलर एक जर्मन खगोलशास्त्री थे। उन्होंने ग्रहों की गति से सम्बन्धित नियम दिए तथा इसके अन्तर्गत बताया कि सभी ग्रह सूर्य के चारों तरफ दीर्घवृत्ताकार कक्षा में परिक्रमा करते हैं। सर्वप्रथम इस तथ्य को केपलर ने सत्यापित किया।

37. (a) कॉपीराइट बौद्धिक अधिकार सम्पदा अधिकार बिना पंजीकरण के संरक्षित होता है। पेटेण्ट, औद्योगिक डिजाइन तथा ट्रेडमार्क के लिए पंजीकरण करवाया जाता है। व्यापार चिह्न एक विशिष्ट चिह्न माना जाता है, जिसका प्रयोग बाजार में उत्पादों के बीच भ्रान्तियों को रोकने के लिए किया जाता है। ट्रिप्स के द्वारा 7 चिह्नों को पंजीकृत किया जाता है। व्यापार चिह्न से सिर्फ उत्पादों के बीच भ्रान्तियाँ पैदा होती हैं, इस कारण व्यापार चिह्न बिना पंजीकरण के संरक्षित है।

38. (c) भारतीय रिजर्व बैंक के पूर्व गवर्नर रघुराम गोविन्द राजन ने यह घोषणा की थी कि केन्द्रीय

बैंक मुद्रास्फीति मापने के लिए नवीन उपभोक्ता मूल्य सूचकांक का उपयोग करेगा। मुद्रास्फीति मापने की इस विधि का सुझाव उर्जित पटेल समिति ने दिया था।

39. (a) एम.एफ.एन. अर्थात् सर्वाधिक पसन्दीदा राष्ट्र का अर्थ राष्ट्रों के बीच बिना भेदभाव के विश्व व्यापार संगठन और अन्तर्राष्ट्रीय व्यापार नियमों के आधार पर एम.एल.एन. का दर्जा दिया जाना है। यह कारोबार के क्षेत्र में दिया जाता है। इससे परस्पर आयात-निर्यात में आपस में विशेष छूट (कम आयात शुल्क) मिलती है।

40. (a) वस्तु एवं सेवा कर एक अप्रत्यक्ष कर है, जो वस्तुओं एवं सेवाओं पर आरोपित होगा। जीएसटी के माध्यम से देश में एक समान कर प्रणाली की व्यवस्था होगी। भारत में लगाया जाने वाला सम्भावित वस्तु एवं सेवा कर हैं मूल्यवर्धित कर, उपभोग कर, गन्तव्य आधारित कर। सकल मूल्य कर इसके अन्तर्गत नहीं आते हैं।

41. (b) अमर्त्य सेन प्रसिद्ध भारतीय अर्थशास्त्री हैं। इन्हें वर्ष 1998 में अर्थशास्त्र की शाखा 'कल्याणकारी अर्थशास्त्र' के क्षेत्र में विशेष योगदान के लिए नोबेल पुरस्कार दिया गया।

42. (c) ग्रीष्मकालीन ओलम्पिक 2020 का आयोजन जापान की राजधानी टोक्यो में 24 जुलाई से 9 अगस्त, 2020 तक होगा। टोक्यो में दूसरी बार ग्रीष्मकालीन ओलम्पिक का आयोजन होने जा रहा है।

43. (d) ऑल इण्डिया डिप्रेस्ड क्लासेस एसोसिएशन ने दलित वर्ग हेतु पृथक् निर्वाचक मण्डल की अम्बेडकर की माँग का समर्थन नहीं किया था। एसोसिएशन ने वर्ष 1932 में साथ में चुनाव लड़ने की बात कही थी तथा जनसंख्या के आधार पर निर्वाचक मण्डल की स्थापना की मांग की थी।

44. (a) भारतीय संविधान की प्रस्तावना पण्डित जवाहरलाल नेहरू द्वारा बनाए गए और पेश किए गए संविधान सभा द्वारा अपनाए गए 'उद्देश्य प्रस्ताव' पर आधारित है। इसे 42वें संविधान संशोधन अधिनियम, 1976 द्वारा संशोधित किया गया है, जिसने इसमें समाजवादी, धर्मनिरपेक्ष और अखण्डता शब्द समाहित किए।

45. (b) भू-राजस्व में रैयतवाड़ी प्रयोग का प्रारम्भ सर्वप्रथम अलेक्जेण्डर रीड ने 1792 ई. में बड़ामहल नामक स्थान पर किया। इसे थॉमस मुनरो के द्वारा वर्ष 1801 तक बढ़ा दिया गया। वर्ष 1820 तक इसे मद्रास, बम्बई प्रेसीडेन्सी, ईस्ट बंगाल और कुर्ग के कुछ भागों में बढ़ा दिया गया था।

46. (d) राज्य के नीति-निदेशक तत्वों का उल्लेख संविधान के भाग-(IV) के अनुच्छेद-36 से 51 तक में किया गया है। संविधान निर्माताओं ने यह विचार वर्ष 1937 में निर्मित आयरलैण्ड के संविधान से लिया है। इसे न्यायालय में चुनौती नहीं दी जा सकती है। निदेशक तत्व देश के शासन में मूलभूत तत्व हैं या विधि बनाने में इन तत्वों को लागू करना राज्य का कर्तव्य होगा।

47. (a) राष्ट्रपति एवं उपराष्ट्रपति चुनाव से सम्बन्धित सभी विवादों की जाँच व फैसले सर्वोच्च न्यायालय में होते हैं तथा उच्चतम न्यायालय का फैसला इस सन्दर्भ में अन्तिम होता है।

48. (c) लद्दाख स्काउट की स्थापना भारत-चीन युद्ध (1962) के पश्चात् 1963 में की गई थी। यह भारतीय सेना की एक शाखा है और रक्षा मन्त्रालय के अधीन कार्य करती है।

49. (d) कथन I असत्य है क्योंकि 19वीं तथा 20वीं शताब्दियों में विश्व के विनिर्माण उत्पादन में भारत के अंश में निरन्तर वृद्धि हुई है।

कथन II सत्य है। अत: विकल्प (d) सही उत्तर होगा।

50. (c) भारत के नियन्त्रक-महालेखा परीक्षक को पद से केवल भारत की संसद के दोनों सदनों में सम्बोधन के उपरान्त राष्ट्रपति द्वारा हटाया जा सकता है। भारतीय संविधान के अनुच्छेद 148 के अन्तर्गत भारत के नियन्त्रक-महालेखा परीक्षक की नियुक्ति राष्ट्रपति द्वारा की जाती है। यह संसद द्वारा प्रदत्त शक्तियों के अन्तर्गत संघ राज्यों के लेखाओं का परीक्षण अर्थात् अंकेक्षण (अनुच्छेद 149) करता है तथा अपने द्वारा सम्पादित लेखा तथा अंकेक्षण से सम्बन्धित विस्तृत रिपोर्ट राष्ट्रपति को प्रस्तुत करता है (अनुच्छेद 151) ।

51. (b) राष्ट्रीय राइफल भारतीय सेना की एक शाखा है, जो रक्षा मन्त्रालय के नियन्त्रण में कार्य करती है।

52. (c) भारतीय संविधान के अनुच्छेद 371G के अन्तर्गत मिजोरम राज्य के सम्बन्ध में विशेष उपबन्ध किए गए हैं।

53. (c) खराब भोजन एवं नस्लीय भेदभाव के विरोध में नौसैनिक विद्रोह वर्ष 1946 में हुआ था, जिसमें बम्बई के नौसैनिक प्रशिक्षण पोत एच.एम.आई. एस. तलवार पर तैनात गैर-कमीशण्ड अधिकारियों तथा नौसैनिकों (रेटिंग्स) ने भाग लिया था।

इण्डियन नेशनल आर्मी (INA) और लॉर्ड इरविन आर. आई. एन. विद्रोह से सम्बन्धित नहीं थे।

54. (b)

55. (a) रक्षा अधिग्रहण परिषद् की अध्यक्षता रक्षामन्त्री करता है। यह परिषद् रक्षा नीति 2008 के अन्तर्गत रक्षा सौदों का अनुमोदन करती है।

56. (a) बाल गंगाधर तिलक पूना सार्वजनिक सभा के संस्थापक सदस्य थे। यद्यपि तिलक बाल विवाह के विरोधी थे फिर भी उन्होंने 1891 के सहमति की आयु विधेयक का विरोध किया था क्योंकि यह उनके अनुसार अंग्रेजों द्वारा भारतीय संस्कृति में हस्तक्षेप था।

57. (c) भारतीय संविधान के अनुच्छेद 350A के अन्तर्गत प्राथमिक स्तर पर मातृ-भाषा में शिक्षा की सुविधाओं की व्यवस्था करने से सम्बन्धित उपबन्ध किए गए हैं।

58. (a) आई. एन. एस. विक्रमादित्य, जो पूर्व सोवियत संघ (रूस) के एडमिरल गोर्शकोव का नया नाम हैं, एक विमान वाहक पोत है। यह सितम्बर, 2013 में भारतीय नौसेना में शामिल किया गया था।

59. (b) **60.** (a)

61. (c) दिनेश गोस्वामी समिति (1990), तारकुण्डे समिति (1974) तथा इन्द्रजीत गुप्ता समिति (1992), निर्वाचन सुधारों से सम्बन्धित है जबकि बलवन्त राय मेहता समिति (1956) पंचायती राजव्यवस्था एवं सामुदायिक विकास से सम्बन्धित है।

62. (a) ब्रह्मोस छोटी दूरी का सुपरसोनिक क्रूज मिसाइल है। यह भारत और रूस की संयुक्त परियोजना है। ब्रह्मोस नाम भारत की ब्रह्मपुत्र एवं रूस की मोस्कोवा नदी से लिया गया है। इसकी मारक क्षमता 300 किग्रा. आयुध के साथ 290 किमी. तक है। यह विश्व की तीव्रतम ऑपरेशनल क्रूज मिसाइल है जो 'दागो व भूल जाओ' के सिद्धान्त पर कार्य करती है।

63. (c)

64. (c) 1893 ई. में मांसाहार बनाम शाकाहार तथा आंग्लीकृत बनाम संस्कृत आधारित शिक्षा आदि विषयों पर मतभेद होने के कारण आर्य समाज विभाजित हो गया था। हंसराज और लाला लाजपत राय के नेतृत्व में नरमपन्थी 'कॉलेज' गुट ने डी. ए. वी. कॉलेजों की स्थापना पर ध्यान केन्द्रित किया साथ ही गुरुकुल गुट ने गुरुकुलों की स्थापना पर जोर दिया। गुरुकुल गुट के संस्थापक लेखराम और मुन्शीराम थे।

65. (a) GRSE → Garden Reach Shipbuilders and Engineers Ltd.

यह कोलकाता में स्थित सार्वजनिक क्षेत्र का उपक्रम है, जो भारतीय नौसेना के पोतों तथा व्यावसायिक जलयानों की मरम्मत करता है।

BDL → Bharat Dynamics Limited.

यह हैदराबाद स्थित सार्वजनिक क्षेत्र का उपक्रम है। यह भारत का गोला बारूद तथा प्रक्षेपास्त्र आदि का निर्माण करता है।

MIDHANI मिश्रधातु निगम लिमिटेड

सार्वजनिक क्षेत्र का यह उपक्रम भारत के नाभिकीय, अन्तरिक्ष और प्रक्षेपास्त्र कार्यक्रमों के लिए महत्त्वपूर्ण उपकरणों का निर्माण करता है, यहाँ पर मैटेजिंग इस्पात का निर्माण किया जाता है।

66. (d) 'राष्ट्रपति के अंगरक्षक' के नाम से विख्यात यह रेजिमेन्ट (PBG) भारतीय सेना की एक शाखा है। इस रेजिमेन्ट का गठन 1773 ई. में तत्कालीन गवर्नर जनरल वॉरेन हेस्टिंग्स ने बनारस में किया था। सबसे पहले 1773 ई. में इसको गॉर्ड्स ऑफ मुगल कहा जाता था। 26 जनवरी, 1953 को इस रेजिमेन्ट को 'राष्ट्रपति के अंगरक्षक' का नाम दिया गया।

67. (c)

68. (c) 'दि आइडिया ऑफ इण्डिया' सुनील खिलनानी द्वारा लिखी गई एक पुस्तक है।'

69. (a) क्रान्तिकारी वासुदेव बलवन्त फड़के का जन्म महाराष्ट्र में हुआ था। ये चितपावन ब्राह्मण और सेना के रसद विभाग में बाबू थे। 1876-77 के दक्षिण में पड़ने वाले अकाल और पूना के ब्राह्मणों द्वारा चलाए गए हिन्दू पुनर्जागरण आन्दोलन तथा राष्ट्र की सम्पत्ति के दोहन पर रानाडे के व्याख्यानों ने इन पर गहरा प्रभाव डाला था।

70. (a) पूँछी आयोग की रिपोर्ट केन्द्र-राज्य सम्बन्धो पर आधारित थी। इस आयोग का गठन 2007 में जस्टिस मदन मोहन पूँछी के नेतृत्व में किया गया था।

71. (d) राष्ट्रीय हरित अधिकरण अधिनियम, 2010 के अन्तर्गत गठित राष्ट्रीय हरित अधिकरण (नेशनल ग्रीन ट्रिब्युनल) की प्रधान बैठक का स्थान नई दिल्ली में स्थित है। तथा भोपाल, पुणे, कोलकाता और चेन्नई अन्य चार बैठक स्थान बनाए जाएंगे।

72. (a)

73. (b) उपर्युक्त प्रश्न का सही सुमेलन इस प्रकार है-

	सूची-I	सूची-II
A.	क्यूसेक	3. प्रवाह की दर
B.	बाइट	4. कम्प्यूटर
C.	रिक्टर	2. भूंकम्प की तीव्रता
D.	बार	1. दाब

74. (d) कलपक्कम के फास्ट ब्रीडर टेस्ट रिएक्टर में गलित सोडियम शीतलक के रूप में प्रयोग में लाया जाता है।

75. (c) कृत्रिम प्रकाश में प्रकाश संश्लेषण की क्रिया हो सकती है। पौधों में जल, प्रकाश, पर्णहरित तथा CO_2 की उपस्थिति में कार्बोहाइड्रेट्स के निर्माण की प्रक्रिया को प्रकाश संश्लेषण कहते हैं। प्रकाश संश्लेषण केवल दृश्य प्रकाश वर्णों (VIBGYOR) में होता है। बैंगनी रंग के प्रकाश में सबसे कम तथा लाल रंग में सबसे अधिक प्रकाश संश्लेषण होता है।

76. (c) एक लोहे की गेंद को गर्म किया जाए तो सर्वाधिक प्रतिशत वृद्धि उसके आयतन में होती है।

77. (a) सही सुमेलन निम्न प्रकार होगा-

सूची-I (मेला)		सूची-II (स्थान)
माघ मेला	-	इलाहाबाद
झूला मेला	-	वृंदावन
पशु मेला	-	बटेश्वर
देवां मेला	-	बाराबंकी

78. (a) हिंदू-मुस्लिम एकता का प्रतीक 'सुलहकुल उत्सव' आगरा में आयोजित किया जाता है।

79. (d) सही सुमेलन इस प्रकार है-

सूची-I (तीर्थ स्थल का नाम)	सूची-II (नगर/स्थान)
चक्रतीर्थ	- नैमिषारण्य
गोविंद देव मंदिर	- वृंदावन
सलीम चिश्ती की दरगाह	- फतेहपुर सीकरी
बौद्ध एवं जैन मंदिर	- कौशाम्बी

80. (d) उत्तर प्रदेश के फर्रुखाबाद जिले में स्थित संकिसा बौद्ध धर्म से सम्बन्धित है। अठ्ठासी हजार ऋषियों की तपस्थली नैमिषारण्य को कहा जाता है।

81. (a) प्रश्नानुसार,

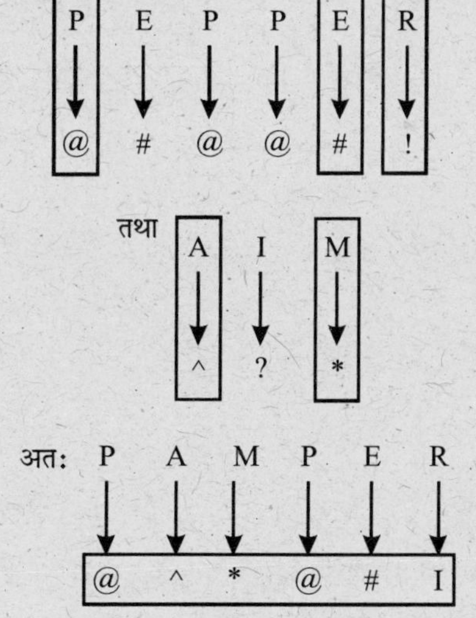

शब्द में प्रयुक्त अक्षरों को सांकेतिक चिन्हों द्वारा कोड किया गया है। समान अक्षर और प्रतीकों के आधार पर PAMPER को '@^*@#!' लिखा जाएगा।

82. (b) प्रश्नानुसार, स्पर्श के भाई के जन्म के समय उसकी बहन की आयु = 4 वर्ष

अतः स्पर्श से उसकी बहन = 4 + 3 = 7 वर्ष बड़ी

स्पर्श के जन्म के समय उसके पिता की आयु = (28 + 7) = 35 वर्ष

83. (b) प्रश्नानुसार,

A= 7 वर्ष

B = (17 – 4) = 12 वर्ष

C = (12 – 4) = 8 वर्ष

D = (12 + 3) = 15 वर्ष

अतः D की आयु 15 वर्ष है।

84. (d) जिस प्रकार, (381 – 221) = 160

उसी प्रकार, (478 – 221) = 257

अतः प्रश्नवाचक चिह्न (?) के स्थान पर संख्या 257 आएगी।

85. (c) दिया गया व्यंजक,

48* 4* 6* 3* 30

विकल्प (c) के द्वारा,

गणितीय चिह्नों को प्रतिस्थापित करने पर,

$\Rightarrow \quad 48 \div 4 + 6 \times 3 = 30$

$\Rightarrow \quad 12 + 6 \times 3$

$\Rightarrow \quad 12 + 18 = 30$

$\Rightarrow \quad \boxed{30 = 30}$

86. (c) प्रश्नानुसार, चोर और पॉकेटमार दोनों ही अपराधी होते हैं, जबकि कुछ चोर पॉकेटमार भी हो सकते हैं। अतः वेन आरेख निम्नवत् है।

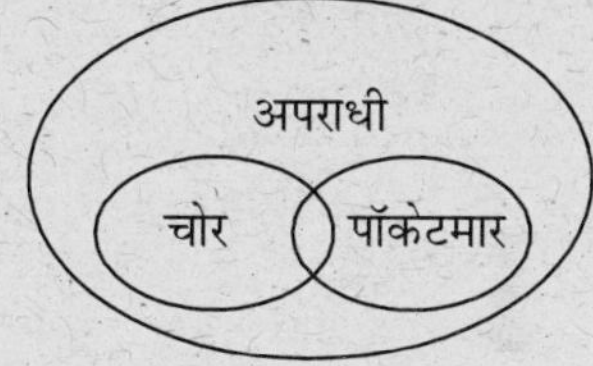

87. (a)

जिस प्रकार,

1 2 3 4 5 6   3 4 2 5 1 6

S T R O N G   R O T N S G

उसी प्रकार,

1 2 3 4 5 6   3 4 2 5 1 6

N A G P U R   G P A U N R

88. (a) दिया गया व्यंजक 8900@ 100 ⊕ 5O4 ⊕ 121@11

प्रश्नानुसार, प्रतीकों को गणितीय चिह्नों में परिवर्तित करने पर,

व्यंजक $8900 \div 100 - 5 \times 4 - 121 \div 11$

$= 89 - 20 - 11 = 89 - 31 = \boxed{58}$

89. (d) प्रश्नानुसार,

2, 9, 16, 23 और 30 तारीख

⇒ रविवार

31 तारीख = सोमवार

अतः 31 तारीख को सोमवार होगा।

90. (b) चूँकि व्यक्ति कुर्सी पर बैठता है और 'कुर्सी' को 'चारपाई' कहा गया है अर्थात् व्यक्ति 'चारपाई' पर बैठता है।

91. (c) दो वर्षों के चक्रवृद्धि ब्याज एवं साधारण ब्याज का अंतर

= ₹ (105 – 100) = ₹ 5

$\because$ दो साल का ब्याज = 100

$\therefore$ 1 साल का ब्याज = 50

$\therefore$ दर प्रतिशत $= \frac{5}{50} \times 100 = 10\%$

अन्तर = 5

दर प्रतिशत = 10%

$\frac{pr^2}{(100)^2}$ = अन्तर

$P = \frac{100 \times 100}{10 \times 2} = 500$

92. (b) माना आयत की लम्बाई x सेमी. तथा चौड़ाई y सेमी. है, तब प्रश्नानुसार,

आयत का परिमाप $= 2(x + y)$

$\Rightarrow 118 = 2(x + y)$

$\therefore (x + y) = 59$

तथा $xy = 828$

$\therefore x - y = \sqrt{(x+y)^2 - 4xy}$

$= \sqrt{(59)^2 - 4 \times 828}$

$= \sqrt{3481 - 3312} = \sqrt{169} = 13$

$\therefore x = \frac{59+13}{2} = \frac{72}{2} = 36$ सेमी.

$y = \frac{59-13}{2} = \frac{46}{2} = 23$ सेमी.

$\therefore$ वर्ग की भुजा $= 2 \times x = (2 \times 36)$ सेमी. = 72 सेमी.

$\therefore$ वर्ग का परिमाप = (4 × 72) सेमी. = 288 सेमी.

93. (c) माना तम्बू के ऊपरी भाग की तिरछी ऊँचाई = l मीटर

$\therefore l^2 = (13.5 - 3)^2 + 14^2$

$l^2 = 110.25 + 196$

$l^2 = 306.25$

$\Rightarrow l = 17.5$ मीटर

तम्बू के भीतरी भाग का क्षेत्रफल

$= \left(2 \times \frac{22}{7} \times 14 \times 3 + \frac{22}{7} \times 14 \times 17.5\right)$ वर्ग मीटर

= (264 + 770) वर्ग मीटर = 1034 वर्ग मीटर

$\therefore$ अभीष्ट लागत = (2 × 1034) = ₹ 2068

94. (c) $x + 2y = 8$, $(xy = 6)$ दिया हुआ है।

$= (x + 2y)^3 = 8^3$ तथा $(x + 2y = 8)$

$\Rightarrow x^3 + 8y^3 + 2 . x . 2y (x + 2y) = 512$

$\Rightarrow x^3 + 8y^3 + 6xy (x + 2y) = 512$

$\Rightarrow x^3 + 8y^3 + 6 \times 6 \times 8 = 512$

$x^3 + 8y^3 = 512 - 288$

$x^3 + 8y^3 = 224$

95. (d) दिया गया समीकरण

$y^2 + 2y - 143 = 0$

माना α, β समीकरण के मूल हैं तब

$\alpha + \beta = -2$ तथा $\alpha\beta = -143$

अतः $\alpha^2 + \beta^2 = (\alpha + \beta)^2 - 2\alpha\beta$

$= (-2)^2 - 2 \times (-143)$

$= 4 + 286 = 290$

96. (d) जब 4^n को (यदि $n \geq 2$) 6 से विभाजित किया जाता है, तो शेषफल सदैव 6 बचता है।

97. (d) समबाहु त्रिभुज का क्षेत्रफल

$= \frac{\sqrt{3}}{4} \times$ (भुजा)^2

$= \frac{\sqrt{3}}{4} \times (16)^2$

$= \sqrt{3} \times 4 \times 16$

$= 64\sqrt{3}$ वर्ग सेमी

98. (a) वृत्त का क्षेत्रफल (a) = πr^2

वृत्त की परिधि (c) = $2\pi r$

$\frac{A}{C} = \frac{\pi r^2}{2\pi r} \Rightarrow \frac{A}{C} = \frac{r}{2}$

$\therefore 2A = rC$

99. (b) माना आयत की लम्बाई $2x$ सेमी तथा चौड़ाई x सेमी है। तब प्रश्नानुसार,

$2(2x + x) = 60$

$\Rightarrow 2 \times 3x = 60 \Rightarrow 6x = 60$

$\Rightarrow x = 10$

आयत का क्षेत्रफल

$= 2x \times x = 2x^2 = 2 \times (10)^2$

= 2 × 100 = 200 वर्ग सेमी

100. (d) यदि संख्याएँ पहले बढ़ते क्रम में तथा उसके बाद घटते क्रम में हो, तो इस प्रकार बनी संख्या का वर्गमूल अधिकतम अंक के बराबर 1 लिखने पर प्राप्त होता है।

$\therefore \sqrt{1234567654321}$

$= 1111111$

❑❑❑

प्रैक्टिस सेट-17

1. निम्नलिखित में से कौन-सा यन्त्र, निम्न वोल्टता की प्रत्यावर्ती धारा को उच्च वोल्टता वाली प्रत्यावर्ती धारा में और इसके विलोमतः परिवर्तित करता है?
(a) जनित्र (जेनरेटर)
(b) मोटर
(c) ट्रांसफॉर्मर
(d) कम्पित्र

2. तेज गर्मी के मौसम में मुख्यतया रेगिस्तान में घटित होने वाली 'दृष्टिभ्रम' की घटना किस सिद्धान्त पर आधारित होती है?
(a) परावर्तन
(b) व्यतिकरण
(c) प्रकीर्णन
(d) पूर्ण आन्तरिक परावर्तन

3. किस स्थान पर पृथ्वी का चुम्बकीय क्षेत्र क्षैतिज होता है?
(a) चुम्बकीय याम्योत्तर
(b) चुम्बकीय निरक्ष
(c) भौगोलिक ध्रुव
(d) कर्क रेखा

4. निम्नलिखित में से किसके अणुओं की संरचना पिन्जरे जैसी होती है?
1. हीरा
2. ग्रेफाइट
3. फुलेरीन

नीचे दिए गए कूट का प्रयोग कर सही उत्तर चुनिए-
(a) ये सभी (b) 2 और 3
(c) केवल 2 (d) केवल 3

5. काँच (ग्लास) क्या है?
(a) द्रव
(b) कोलाइड
(c) अक्रिस्टलीय रवाहीन ठोस (नॉन-क्रिस्टलाइन एमॉरफस सॉलिड)
(d) क्रिस्टलीय ठोस

6. कैल्शियम और मैग्नीशियम के किस यौगिक के कारण जल में अस्थायी कठोरता होती है?
(a) हाइड्रोजन कार्बोनेट्स
(b) कार्बोनेट्स
(c) क्लोराइड्स
(d) सल्फेट्स

7. किसी कवक की कोशिका भित्ति पादपों से भिन्न होती है, क्योंकि इनमें होता है-
(a) सेलुलोस (b) काइटिन
(c) कोलेस्ट्रॉल (d) ग्लाइकोजन

8. निद्रालु रोग, मनुष्यों और अन्य जन्तुओं का एक परजीवी रोग है। यह किसके द्वारा उत्पन्न होता है?
(a) हिस्टोमोनास (b) ट्रिपैनोसोमा
(c) ऐंगोमोनी (d) नीग्लेरिया

9. निम्नलिखित में से कौन-सा तत्व जल के साथ अल्पतम अभिक्रियाशील है?
(a) लीथियम (b) सोडियम
(c) पोटेशियम (d) सीजियम

10. निम्नलिखित में से कौन-सी एजेन्सी भारत में खाद्य सुरक्षा पर कानून प्रवर्तित करती है?
(a) FDA (b) WHO
(c) FSSAI (d) FAO

11. वर्ष 2011 की जनगणना के अनुसार, निम्नलिखित राज्यों में से किस राज्य में जनसंख्या का घनत्व न्यूनतम है?
(a) सिक्किम (b) नागालैण्ड
(c) मणिपुर (d) मिजोरम

12. प्रत्येक वर्ष, 'विश्व मानवता दिवस' कब मनाया जाता है?
(a) 24 अक्टूबर (b) 19 अगस्त
(c) 10 दिसम्बर (d) 8 मार्च

13. तापमान में कोई परिवर्तन किए बिना, द्रव अवस्था को गैस अवस्था में बदलने के लिए आवश्यक ऊष्मा की मात्रा को क्या कहा जाता है?
(a) विशिष्ट ऊष्मा धारिता
(b) ऊष्मा का यान्त्रिक तुल्यमान
(c) वाष्पन की गुप्त ऊष्मा
(d) शमन

14. दो द्रवों का एक समांगी मिश्रण है। उन्हें कैसे अलग किया जा सकता है?
(a) निस्यन्दन (छनन) द्वारा
(b) वाष्पन द्वारा
(c) आसवन द्वारा
(d) संघनन द्वारा

15. निम्नलिखित तत्वों में से कौन-सा तत्व, अधिकतम संख्या में यौगिक बनाता है?
(a) ऑक्सीजन (b) हाइड्रोजन
(c) क्लोरीन (d) कार्बन

16. निम्नलिखित में से कौन-सा तत्व शीघ्र संक्षारित होता है?
(a) एल्यूमीनियम (b) लौह
(c) जस्ता (d) चाँदी

17. एक तत्व की संयोजकता किस पर निर्भर करती है?
(a) एक परमाणु में प्रोटॉनों की कुल संख्या पर
(b) एक परमाणु की द्रव्यमान संख्या पर
(c) एक परमाणु में न्यूट्रॉनों की कुल संख्या पर
(d) एक परमाणु की सबसे बाहरी कक्षा में इलेक्ट्रॉनों की कुल संख्या पर

18. गन्ना, भारत की मुख्य नगदी फसलों में से एक है। निम्नलिखित में से किसे प्राप्त करने के लिए इसे उगाया जाता है?
(a) स्टार्च (b) ग्लूकोज
(c) फ्रक्टोस (d) सुक्रोस

19. सूरजमुखी या गेंदा पादप का कौन-सा भाग रंगीन होता है?
(a) पुष्प (b) पुष्पक्रम
(c) फल (d) बीज

20. सूची-I को सूची-II के साथ सुमेलित कीजिए और सूचियों के नीचे दिए गए कूट का प्रयोग कर सही उत्तर चुनिए-

	सूची-I (खनिज)		सूची-II (प्रमुख राज्य)
A.	मैंगनीज	1.	उत्तराखण्ड
B.	जिप्सम	2.	कर्नाटक
C.	चूना पत्थर	3.	राजस्थान
D.	मैग्नेसाइट	4.	ओडिशा

कूट :

	A	B	C	D
(a)	1	3	2	4
(b)	1	2	3	4
(c)	4	2	3	1
(d)	4	3	2	1

21. मानव नेत्रों में वर्ण-दर्शन किन प्रकाशग्राही कोशिकाओं का प्रकार्य है?
(a) शलाका (रॉडस)
(b) शंकु (कोन्स)

(c) अन्धबिन्दु
(d) खात

22. निम्नलिखित में से कौन-सा कथन सही नहीं है?
(a) सभी प्रोटीन एन्जाइम होते हैं।
(b) अधिकांश एन्जाइम प्रोटीन होते हैं।
(c) सभी वसाएँ ऊर्जा समृद्ध यौगिक होती हैं।
(d) ग्लूकोज एक साधारण कार्बोहाइड्रेट है।

23. भारत में उत्तर से दक्षिण की ओर स्थित टाइगर रिजर्व का सही क्रम निम्नलिखित में से कौन-सा है?
(a) कॉर्बेट-सिमलीपाल-सरिस्का-पेरियार
(b) पेरियार-सरिस्का-सिमलीपाल-कॉर्बेट
(c) कॉर्बेट-सरिस्का-सिमलीपाल-पेरियार
(d) पेरियार-सिमलीपाल-सरिस्का-कार्बेट

24. निम्नलिखित हिमालय की नदियों में से कौन-सी नदी हिमालय के उस पार से नहीं निकलती है?
(a) सिन्धु
(b) सतलुज
(c) गंगा
(d) ब्रह्मपुत्र

25. विद्युतरोधी पदार्थों के सम्बन्ध में निम्नलिखित में से कौन-सा कथन सही है?
(a) उनमें इलेक्ट्रॉन नहीं होते हैं।
(b) उनमें इलेक्ट्रॉन आसानी से प्रवाह नहीं करते हैं।
(c) वे क्रिस्टल होते हैं।
(d) उनकी सतह पर इलेक्ट्रॉनों की संख्या प्रोटॉनों से अधिक होती है।

26. निम्नलिखित भौतिक राशियों में से किसका प्रभाव एक बेलनाकार प्रतिरोधक के प्रतिरोध पर नहीं पड़ता है?
(a) इसमें से गुजरने वाली धारा का
(b) इसकी लम्बाई का
(c) प्रतिरोधक में प्रयुक्त पदार्थ की प्रतिरोधकता का
(d) बेलन की अनुप्रस्थ काट के क्षेत्रफल का

27. राजा कृष्णदेव राय के सम्बन्ध में निम्नलिखित में से कौन-सा कथन सही नहीं है?
(a) वे तेलुगू और संस्कृत के एक बड़े विद्वान थे।
(b) विदेशी यात्री पेस और नुनिज उनके दरबार में आए थे।
(c) उनके साम्राज्य में प्रचलित महान न्याय और निष्पक्षता के लिए बारबोसा ने उनकी प्रशंसा की।
(d) उन्होंने अपनी सर्वश्रेष्ठ कृति 'आमुक्तमलयदा' की रचना संस्कृत में की।

28. 1857 के विद्रोह का निम्नलिखित में से कौन-सा एक कारण नहीं था?
(a) यह अफवाह कि ब्रिटेनवासियों ने बाजार में बिकने वाले आटे में गाय और सूअर की हड्डियों का चूर्ण मिलाया था।
(b) यह भविष्यवाणी कि प्लासी युद्ध की शताब्दी पर, 23 जून, 1857 को ब्रिटिश शासन का अन्त होगा।
(c) ब्रिटिश शासन से सामान्य जन में असन्तोष।
(d) यह भविष्यवाणी कि ब्रिटिश शासन के अन्त के साथ कलियुग का अन्त होगा और रामराज्य फिर से आएगा।

29. सूची-I को सूची-II के साथ सुमेलित कीजिए और सूचियों के नीचे दिए गए कूट का प्रयोग कर सही उत्तर चुनिए-

	सूची-I (स्थान)		सूची-II (खनिज)
A.	लाकवा	1.	ताम्र
B.	मलंजखण्ड	2.	पेट्रोलियम
C.	कालाकोट	3.	जस्ता
D.	जावर	4.	कोयला

कूट :

	A	B	C	D
(a)	3	4	1	2
(b)	3	1	4	2
(c)	2	1	4	3
(d)	2	4	1	3

30. निम्नलिखित में से किस राज्य में रेल मण्डल का कोई मुख्यालय नहीं है?
(a) झारखण्ड
(b) छत्तीसगढ़
(c) ओडिशा
(d) बिहार

31. ठोस की अपेक्षा द्रव का प्रसार गुणांक मापने में कठिनाई क्यों होती है?
(a) द्रव सभी तापमानों पर वाष्पित होते हैं
(b) द्रव अधिक ऊष्मा चालित करते हैं
(c) गर्म करने पर द्रवों का बहुत अधिक प्रसार होता है
(d) गर्म करने पर उनके पात्रों का भी प्रसार होता है

32. रेडॉन है-
(a) एक अक्रिय गैस
(b) एक कृत्रिम रेशा
(c) एक विस्फोटक पदार्थ
(d) एक धातु

33. बेकिंग सोडा का रासायनिक नाम क्या है?
(a) Na_2CO_3 (b) $NaHCO_3$
(c) $CaCO_3$ (d) NaOH

34. 'फिलॉसफी ऑफ दी बॉम' पुस्तक के लेखकों में से एक लेखक, निम्नलिखित में से कौन है?
(a) भगत सिंह
(b) जवाहरलाल नेहरू
(c) सूर्यसेन
(d) यशपाल

35. निम्नलिखित में से कौन-सा तत्व, पेन्सिल-लेड (लेड पेन्सिल) में प्रयुक्त होता है?
(a) जस्ता
(b) सीसा (लेड)
(c) कार्बन (ग्रेफाइट)
(d) टिन

36. भारत छोड़ो आन्दोलन की एक मुख्य विशेषता निम्नलिखित में से कौन-सी है?
(a) इस आन्दोलन में स्त्रियों ने प्रमुख भूमिका नहीं निभाई।
(b) आन्दोलन के दौरान, महाराष्ट्र में नासिक एक महत्वपूर्ण क्षेत्रीय आधार था।
(c) यह जमींदार विरोधी हिंसा के रूप में चिन्हित था।
(d) भारत के विभिन्न भागों में यह समानान्तर सरकारों के उभार के रूप में चिह्नित था।

37. सविनय अवज्ञा आन्दोलन के दौरान, निम्नलिखित में से किस रियासत ने कांग्रेस का समर्थन नहीं किया?
(a) भावनगर (b) मैसूर
(c) जूनागढ़ (d) काठियावाड़

38. अकबर के दरबार के सुलेखकार का नाम क्या है, जिसे 'जरीन कलम' या 'स्वर्ण कलम' के नाम से सम्मानित किया गया था?
(a) अबुल फजल
(b) तानसेन
(c) मुहम्मद हुसैन
(d) मुहम्मद कासिम

39. भारत में स्वर्ण चतुर्भुज राजमार्ग का निम्नलिखित में से कौन-सा खण्ड मार्ग दूरी के सन्दर्भ में सबसे लम्बा है?
(a) दिल्ली-कोलकाता
(b) कोलकाता-चेन्नई
(c) चेन्नई-मुम्बई
(d) मुम्बई-दिल्ली

40. सूची-I को सूची-II के साथ सुमेलित कीजिए और सूचियों के नीचे दिए गए कूट का प्रयोग कर सही उत्तर चुनिए।

सूची-I (खनिज जमाव)	सूची-II (राज्य)
A. जिप्सम	1. ओडिशा
B. ग्रेफाइट	2. गुजरात
C. फ्लुओरस्पार	3. अरुणाचल प्रदेश
D. निकेल	4. राजस्थान

कूट :

	A	B	C	D
(a)	1	3	2	4
(b)	1	2	3	4
(c)	4	3	2	1
(d)	4	2	3	1

41. जनजाति और राज्य के निम्नलिखित युग्मों में से कौन-सा सही सुमेलित नहीं है?
(a) थारू : मध्य प्रदेश
(b) अदि : अरुणाचल प्रदेश
(c) इरूला : केरल
(d) सहरिया : राजस्थान

42. 'बादशाहनामा' का लेखक निम्नलिखित में से कौन है?
(a) अब्दुल हमीद लाहौरी
(b) अबुल फजल
(c) शाहजहाँ
(d) सदुल्लाह खान

43. निम्न में से सही युग्म का चुनाव कीजिए-
(a) खजुराहो - चन्देल
(b) एलोरा गुफाएँ - शक
(c) महाबलीपुरम - राष्ट्रकूट
(d) मीनाक्षी मन्दिर - पल्लव

44. निम्नलिखित में से किस स्थल से मानव कंकाल के साथ कुत्ते का कंकाल भी शवाधान से प्राप्त हुआ है?
(a) ब्रह्मगिरि (b) बुर्जहोम
(c) चिराँद (d) मास्की

45. अशोक के निम्न अभिलेखों में से पूर्णरूपेण धार्मिक सहिष्णुता के प्रति समर्पित कौन-सा अभिलेख है?
(a) शिलालेख XIII
(b) शिलालेख XII
(c) स्तम्भलेख VII
(d) भाब्रु लघु शिलालेख

46. भारतीय उपमहाद्वीप में कृषि के प्राचीनतम साक्ष्य प्राप्त हुए हैं-
(a) कोलडिहवा से (b) लहुरादेव से
(c) मेहरगढ़ से (d) टोकवा से

47. निम्न में से किसने 'सैण्ड्रोकोट्टस' (चन्द्रगुप्त मौर्य) और सिकन्दर महान् की भेंट का उल्लेख किया है?
(a) प्लिनी (b) जस्टिन
(c) स्ट्रैबो (d) मेगस्थनीज

48. दिल्ली के किस सुल्तान ने 'सिकन्दर सानी' की उपाधि धारण की थी?
(a) बलबन
(b) अलाउद्दीन खिलजी
(c) मुहम्मद बिन तुगलक
(d) सिकन्दर लोदी

49. निम्नलिखित में से किसने 'टँका' (tanka) नामक चाँदी का सिक्का चलाया था?
(a) अलाउद्दीन खिलजी
(b) कुतुबुद्दीन ऐबक
(c) इल्तुतमिश
(d) बलबन

50. अकबर के पूर्ववर्ती किस मध्यकालीन भारतीय शासक का उल्लेख 'कश्मीर के अकबर' के रूप में किया गया है?
(a) इब्राहिम शाह शर्की
(b) सुल्तान सिकन्दर
(c) जैनुल आबीदीन
(d) महमूद गवाँ

51. दिल्ली के किस सुल्तान ने एक पृथक् कृषि विभाग की स्थापना की थी एवं 'फसल चक्र' की योजना बनाई थी?
(a) इल्तुतमिश
(b) बलबन
(c) अलाउद्दीन खिलजी
(d) मुहम्मद बिन तुगलक

52. निम्न में से कौन कांग्रेस रेडियो पर भारत छोड़ो आन्दोलन की अवधि में नियमित रूप से कार्यक्रम प्रसारित करता था?
(a) जय प्रकाश नारायण
(b) सुभाष चन्द्र बोस
(c) राम मनोहर लोहिया
(d) सुचेता कृपलानी

53. 1907 ई. में मुस्लिम लीग का वार्षिक अधिवेशन कहाँ हुआ था?
(a) ढाका में (b) कराची में
(c) अलीगढ़ में (d) लखनऊ में

54. निम्नलिखित में से किन समाचार-पत्रों ने भारतीय स्वतन्त्रता संग्राम के काल में क्रान्तिकारी आतंकवाद की वकालत की थी?
1. संध्या 2. युगान्तर
3. काल
नीचे दिए गए कूट का प्रयोग करते हुए सही उत्तर चुनिए-
(a) 1, 2 (b) 1, 3
(c) 2, 3 (d) 1, 2, 3

55. निम्नलिखित में से कौन भारतीय राष्ट्रीय कांग्रेस का लगातार छः वर्षों तक अध्यक्ष था?
(a) जवाहर लाल नेहरू
(b) दादाभाई नौरोजी
(c) अबुल कलाम आजाद
(d) गोपाल कृष्ण गोखले

56. काकोरी षड्यन्त्र केस किस वर्ष में हुआ था?
(a) 1020 में (b) 1925 में
(c) 1930 में (d) 1935 में

57. ब्रिटिश भारत की राजधानी का कलकत्ता से दिल्ली स्थानान्तरण किसके काल में कार्यान्वित हुआ था?
(a) लॉर्ड मिण्टो
(b) लॉर्ड हार्डिंग
(c) लॉर्ड चेम्सफोर्ड
(d) लॉर्ड रीडिंग

58. निम्नलिखित में से किन जिलों में भारत की सबसे बड़ी अभ्रक (Mica) मेखला पाई जाती है?
(a) बालाघाट और छिन्दवाड़ा
(b) उदयपुर, अजमेर और अलवर
(c) हजारीबाग, गया और मुंगेर
(d) सलेम और धरमपुरी

59. बगलिहार परियोजना किस नदी पर है?
(a) झेलम नदी (b) रावी नदी
(c) चिनाब नदी (d) सिन्धु नदी

60. भारत में सर्वाधिक अनुसूचित जाति जनसंख्या वाला प्रदेश है-
(a) राजस्थान (b) महाराष्ट्र
(c) मध्य प्रदेश (d) उत्तर प्रदेश

61. 'शान्त घाटी' अवस्थित है-
(a) उत्तराखण्ड में
(b) केरल में
(c) अरुणाचल में
(d) जम्मू और कश्मीर में

62. निम्नलिखित में से कौन दक्षिण में अटलाण्टिक महासागर की शीतल धारा है?
(a) कनारी धारा (b) बेंगुएला धारा
(c) अगुलहास धारा (d) ब्राजील धारा

63. गंगा नदी की एकमात्र सहायक नदी जिसका उद्गम मैदान में है, को चिह्नित कीजिए-
(a) सोन
(b) शारदा अथवा सरयू
(c) गोमती
(d) रामगंगा

64. चिल्का झील स्थित है-
(a) पश्चिम बंगाल
(b) आन्ध्र प्रदेश में
(c) उड़ीसा में
(d) तमिलनाडु में

65. ड्रेकेन्सबर्ग पर्वत किस देश में स्थित है?
(a) बोत्स्वाना
(b) नामीबिया
(c) दक्षिण अफ्रीका
(d) जाम्बिया

66. विश्व के किस क्षेत्र को आप 'बुशमैन' से सम्बद्ध करेंगे?
(a) पूर्वी अफ्रीका (b) सहारा रेगिस्तान
(c) न्यूजीलैण्ड (d) कालाहारी

67. चन्द्रमा की पृथ्वी से दूरी है-
(a) 364 हजार किमी
(b) 300 हजार किमी
(c) 446 हजार किमी
(d) 384 हजार किमी

68. पृथ्वी की जुड़वाँ बहन कहे जाने वाले ग्रह का नाम है-
(a) बुध (b) शुक्र
(c) मंगल (d) प्लूटो

69. विश्व की सबसे गहरी झील है-
(a) राजस्थान की पुष्कर झील
(b) अमेरिका में लेक सुपीरियर
(c) विक्टोरिया झील अफ्रीका में
(d) रूस में बैकाल झील

70. अति गहरी महासागरीय द्रोणियाँ कहाँ पाई जाती हैं?
(a) हिन्द महासागर में
(b) प्रशान्त महासागर में
(c) आर्कटिक महासागर में
(d) अटलाण्टिक महासागर में

71. विधायी शक्तियों का केन्द्र तथा राज्यों के मध्य वितरण संविधान की निम्न अनुसूचियों में से किस एक में है?
(a) छठी (b) सातवीं
(c) आठवीं (d) नवीं

72. निम्नलिखित में से कौन एक तृतीय क्रियाकलाप है?
(a) वानिकी (b) विनिर्माण
(c) कृषि (d) विपणन

73. भारत में कर्मचारियों के महँगाई भत्ते के निर्धारण का आधार है-
(a) राष्ट्रीय आय
(b) उपभोक्ता मूल्य सूचकांक
(c) जीवन निर्वाह स्तर
(d) प्रति व्यक्ति आय

74. नरसिंह समिति का सम्बन्ध है-
(a) उच्च शिक्षा सुधारों से
(b) कर रचना सुधारों से
(c) बैंकिंग संरचना सुधारों से
(d) नियोजन क्रियान्वयन सुधारों से

75. 'स्मार्ट मनी' शब्द का प्रयोग होता है-
(a) इन्टरनेट बैंकिंग में
(b) क्रेडिट कार्ड में
(c) बैंक में बचत खाता में
(d) बैंक में चालू खाता में

76. भारत में प्रथम उद्योग जिसका विकास हुआ, वह है-
(a) कुटीर उद्योग
(b) सीमेन्ट उद्योग
(c) आयरन और स्टील उद्योग
(d) अभियान्त्रिकी उद्योग

77. आर.बी.आई. के 'खुले बाजार संचालन' (ओपन मार्केट ऑपरेशन) से आशय है-
(a) शेयरों का क्रय और विक्रय
(b) विदेशी मुद्रा की नीलामी
(c) ऋण-पत्रों में व्यवसाय
(d) सोने का सौदा

78. 2000⁰ सेल्सियस ताप नापने हेतु थर्मामीटर, जो उपयुक्त है, वह है-
(a) सकल रेडिएशन थर्मामीटर
(b) गैस थर्मामीटर
(c) पारे का थर्मामीटर
(d) वाष्प दबाव का थर्मामीटर

79. मानव मूत्र का पीला रंग एक वर्णक के कारण होता है, जिसे कहते हैं-
(a) साइटोक्रोम (b) यूरोक्रोम
(c) हीमोक्रोम (d) फीनालीक्रोम

80. निम्नलिखित में से कौन एक जीवाणु-जनित रोग है?
(a) हर्पीज (b) पोलियो
(c) चेचक (d) टिटनेस

81. निम्नलिखित में से कौन मानव शरीर की सबसे छोटी हड्डी है?
(a) वोमर (b) स्टेपीज
(c) मैलियस (d) इन्कस

82. जेनिको प्रौद्योगिकी है-
(a) एड्स से बचाने की एक रक्षा पद्धति
(b) खाद्य फसलों की प्रजाति को विकसित करने की एक विधि
(c) आनुवांशिक रोगों की पूर्व सूचना प्राप्त करने की एक तकनीक
(d) मोतियाबिन्द से बचाव की एक तकनीक

83. 'सतीश धवन अन्तरिक्ष केन्द्र' स्थित है-
(a) विशाखापट्टनम में
(b) गोवा में
(c) श्री हरिकोटा में
(d) चेन्नई में

84. निम्नलिखित वैज्ञानिकों में से किसने भौतिक विज्ञान और जीव विज्ञान दोनों विषयों में अनुसन्धान किया है?
(a) जगदीश चन्द्र बोस
(b) हरगोविन्द खुराना
(c) सी.वी. रमन
(d) होमी जे. भाभा

85. 'मोहिनीअट्टम' परम्परागत नृत्य है-
(a) आन्ध्र प्रदेश का
(b) कर्नाटक का
(c) केरल का
(d) तमिलनाडु का

86. निम्नलिखित प्रश्न में दिए गए विकल्पों में से संबंधित संख्या को चुनिए।
354 : 351 : : 478 : ?
(a) 481 (b) 447
(c) 475 (d) 477

87. निम्नलिखित प्रश्न में दिए गए विकल्पों में से संबंधित अक्षर/अक्षरों को चुनिए।
PTY : DHM : : SQZ : ?
(a) IEO (b) GEN
(c) GFN (d) IFP

88. निम्नलिखित प्रश्न में दिए गए विकल्पों में से विषम शब्द युग्म को चुनिए।
(a) टेबल टेनिस – इनडोर
(b) क्रिकेट – आउटडोर
(c) फुटबॉल – आउटडोर
(d) इनडोर – शतरंज

89. नीचे दिए गए प्रश्न में, चार संख्या युग्म दिए गए हैं। (–) के बायीं ओर दी संख्या (–) के दायीं ओर दी गई संख्या से तर्क/नियम से सम्बंधित है। तीन उसी एक तर्क/नियम के आधार पर समान हैं। दिए गए विकल्पों में से विभिन्न को चुनिए।
(a) 33 – 40 (b) 31 – 38
(c) 21 – 28 (d) 23 – 28

90. निम्नलिखित शब्दों को शब्दकोश में आने वाले क्रम के अनुसार लिखें।
1. Infect 2. Inferior
3. Indulge 4. Induce
5. Indirect
(a) 52143 (b) 12453
(c) 54312 (d) 14532

91. एक अनुक्रम दिया गया है, जिसमें से एक पद लुप्त है। दिए गए विकल्पों में से वह सही विकल्प चुनिए, जो अनुक्रम को पूरा करें।
AFMG, CHOI, EJQK, GLSM, ?
(a) HMVP
(b) IOUH
(c) MOUP
(d) INUO

92. राहुल, ऋचा से लम्बा है परंतु मीता से छोटा नहीं है। मीता तथा मुकेश एक समान लम्बाई के हैं। राहुल, राजू से छोटा है। छात्रों में से, दूसरा सबसे लम्बा कौन है?
(a) मीता
(b) राहुल
(c) मुकेश
(d) ज्ञात नहीं किया जा सकता

93. 25 मी./से. की गति से चल रही रेलगाड़ी 50 मिनट में कितने किमी. की दूरी तय करेगी?
(a) 75 किमी. (b) 60 किमी.
(c) 35 किमी. (d) 68 किमी.

94. दो बर्तनों में अम्ल और पानी का क्रमशः 3 : 1 तथा 5 : 3 के अनुपात में घोल बनाया गया है। इन घोलों से एक नया मिश्रित घोल अम्ल तथा पानी को 2 : 1 के अनुपात में तैयार करने के लिए दोनों प्रकार के घोलों को परस्पर किस अनुपात में मिलाना चाहिए?
(a) 1 : 2 (b) 2 : 1
(c) 2 : 3 (d) 3 : 2

95. एक घड़ी के मिनट की सूई की कोणीय चाल है–
(a) $\frac{\pi}{180}$ rad/d (b) $\frac{\pi}{1800}$ rad/s
(c) $\frac{\pi}{60}$ rad/s (d) $\frac{\pi}{360}$ rad/s

96. ₹ 2600 दो भागों में उधार दिए गए। यदि 5% वार्षिक दर से 5 वर्ष में पहले भाग का साधारण ब्याज और दूसरे भाग का $4\frac{1}{2}$% वार्षिक की दर से 6 वर्ष का साधारण ब्याज बराबर हो, तो दूसरा भाग है–
(a) ₹ 1250 (b) ₹ 1300
(c) ₹ 1350 (d) ₹ 1200

97. किसी राशि का 5% प्रतिवर्ष की दर से 2 वर्ष के लिए साधारण ब्याज और चक्रवृद्धि ब्याज में अंतर ₹ 160 है, तो वह राशि होगी–
(a) ₹ 64000 (b) ₹ 68500
(c) ₹ 65700 (d) ₹ 60200

98. एक नाविक धारा के अनुदिश 5 मिनट में 1 किमी. की गति से तथा धारा के विपरीत दिशा में एक घंटे में 6 किमी. की गति से नाव खेता है। धारा की चाल है–
(a) 3 किमी./घंटा
(b) 6 किमी./घंटा
(c) 10 किमी./घंटा
(d) 12 किमी./घंटा

99. एक साइकिल का पहिया 5000 चक्कर पूरे करके 11 कि.मी. चलता है, तो उस पहिए का व्यास कितने सेमी. होगा?
(a) 35 (b) 55
(c) 65 (d) 70

100. 14 मीटर आंतरिक व्यास वाले एक कुएँ को 15 मीटर गहरा खोदा जाता है। इससे बाहर निकाली गई मिट्टी को चारों ओर बराबर से फैलाकर 7 मीटर चौड़ाई वाले एक तटबंध का निर्माण होता है। इस प्रकार बने तटबंध की ऊँचाई है–
(a) 7 मीटर
(b) 5 मीटर
(c) 14 मीटर
(d) इनमें से कोई नहीं।

व्याख्या सहित उत्तर

1. (c) ट्रांसफॉर्मर वह युक्ति है, जो निम्न विभवान्तर को उच्च विभवान्तर व उच्च विभवान्तर को निम्न विभवान्तर में परिवर्तित कर देती है। इस कार्य के लिए दो प्रकार के ट्रांसफॉर्मर उपयोग में लिए जाते है

1. उच्चायी ट्रांसफॉर्मर, 2. अपचायी ट्रांसफॉर्मर

उच्चायी ट्रांसफार्मर में द्वितीयक कुण्डली में फेरों की संख्या $N_S > N_P$ और अपचायी ट्रांसफॉर्मर में, $N_S < N_P$।

2. (d) रेगिस्तान में गर्मियों में घटित होने वाला दृष्टिभ्रम, प्रकाश के पूर्ण आन्तरिक परावर्तन के कारण होता है। गर्मी के दिनों मे रेत के अधिक गर्म होने के कारण, रेत (अथवा सतह) के निकट की वायु अधिक गर्म होकर विरल हो जाती है तथा ऊपर की वायु अपेक्षाकृत ठण्डी होने के कारण सघन होती है।

अतः जब किसी ऊँचे पेड़ से आता हुआ प्रकाश सघन माध्यम से विरल माध्यम में गमन करता है, तो वस्तु से आने वाली प्रकाश की किरण अभिलम्ब से दूर होती जाती है और जब आपतन कोण का मान क्रान्तिक कोण से अधिक हो जाता है, तो प्रकाश किरण का पूर्ण आन्तरिक परावर्तन हो जाता है तथा प्रकाश किरण वापस ऊपर लौट जाती है। चूँकि ऊपर वाली परतें अधिकाधिक सघन हैं, अतः ऊपर उठती हुई किरण अभिलम्ब की ओर झुकती जाती हैं और दूरस्थ प्रेक्षक के लिए प्रकाश भूमि पृष्ठ के नीचे से आता हुआ प्रतीत होता है। अतः प्रेक्षक यह मान लेता है कि यह प्रकाश ऊँची वस्तु के समीप जल से भरे किसी तालाब या पोखर से परावर्तित होकर उस तक पहुँच रहा है।

3. (b) पृथ्वी का चुम्बकीय क्षेत्र, चुम्बकीय निरक्ष पर क्षैतिज दिशा में होता है।

4. (d) ग्रेफाइट तथा हीरा के अतिरिक्त, फुलेरीन कार्बन अपररूप का अन्य वर्ग है। फुलेरीन अणुओं की संरचनाएँ पिन्जरे जैसी होती हैं। C_{60} अणुओं में कार्बन के परमाणु फुटबॉल के रूप में व्यवस्थित होते हैं, जिन्हें बकमिन्स्टर फुलेरीन कहा जाता है।

5. (c) काँच एक अक्रिस्टलीय रवाहीन ठोस है। यह विभिन्न क्षारीय धातुओं के सिलिकेटों का एक अक्रिस्टलीय पारदर्शक या आंशिक पारदर्शक समांगी मिश्रण है।

6. (a) कैल्शियम और मैग्नीशियम के हाइड्रोजन कार्बोनेट्स (बाइकार्बोनेट) की उपस्थिति के कारण जल में अस्थायी कठोरता है।

7. (b) कवक की कोशिका भित्ति काइटिन तथा पॉलीसैकेराइड की बनी होती है, जबकि पादपों की कोशिका भित्ति सेलुलोस की बनी होती है। पादपों की कोशिका भित्ति में काइटिन अनुपस्थित होता है।

8. (b) निद्रालु रोग मनुष्यों और जन्तुओं में होने वाला एक कीटजनित परजीवी रोग है। यह रोग ट्रिपैनोसोमा नामक प्रोटोजोआ से फैलता है, जो सी-सी मक्खी (tse-tse fly) के अन्दर रहता है। यह मक्खी निद्रालु रोग के संवाहक के रूप में कार्य करती है।

9. (a) दिए गए विकल्पों में लीथियम (Li) तत्व जल के साथ अल्पतम अभिक्रियाशील है। अन्य तत्व जल में घुलनशील अवस्था में सक्रिय रहते हैं।

10. (c) भारतीय खाद्य सुरक्षा एवं मानक प्राधिकरण (FASSI) की स्थापना खाद्य सुरक्षा तथा मानक अधिनियम के अन्तर्गत की गई है। वर्ष 2011 में स्थापित यह संस्था भारत में खाद्य सुरक्षा और नियन्त्रण के लिए प्रतिबद्ध है। यह भारत में खाद्य सुरक्षा सम्बन्धी कानून को प्रवर्तित करती है। FDA, WHO, FAO अन्तर्राष्ट्रीय संस्थाएँ हैं, जो पूरे विश्व के लिए काम करती हैं।

11. (d) जनगणना 2011 के अनुसार, पूर्वोत्तर राज्य मिजोरम का जनसंख्या घनत्व 52 व्यक्ति प्रति वर्ग किमी है, जो अन्य राज्यों की तुलना में न्यूनतम है। अन्य राज्यों का जनघनत्व क्रमशः सिक्किम (86), नागालैण्ड (119) और मणिपुर (122) है। भारत का जनसंख्या घनत्व 382 व्यक्ति प्रति वर्ग किमी. है।

12. (b) प्रत्येक वर्ष 19 अगस्त को 'विश्व मानवता दिवस' का आयोजन मानवीय सहायता को

बढ़ावा देने के उद्देश्य से किया जाता है। संयुक्त राष्ट्र महासभा द्वारा वर्ष 2008 से इस दिवस को मनाने की शुरूआत की गई।

19 अगस्त की तिथि इसलिए तय की गई, क्योंकि इसी दिन वर्ष 2003 में, बगदाद में यूएन मुख्यालय में बमबारी की गई, जिसमें यूएन के शीर्ष दूत सर्जियों विएरा डी मेल्लो सहित 22 कर्मी मारे गए थे।

13. (c) नियत ताप पर किसी पदार्थ को द्रव अवस्था से गैसीय अवस्था में परिवर्तित करने के लिए आवश्यक ऊष्मा की मात्रा वाष्पन की गुप्त ऊष्मा कहलाती है। क्वथन के दौरान वाष्पन की गुप्त ऊष्मा के कारण ताप स्थिर रहता है।

14. (c) समांगी मिश्रण को आसवन विधि द्वारा अलग किया जा सकता है। इसका उपयोग कैसे मिश्रण को पृथक् करने में किया जाता है, जो विघटित हुए बिना उबलते हैं तथा जिनके घटकों के क्वथनांकों के मध्य अधिक अंतराल होता है।

15. (d) कार्बन अधिकतम संख्या में यौगिक बनाता है। कार्बन में पाए जाने वाले दो विशिष्ट लक्षणों-जैसे अणु संयोजकता और शृंखलन से बड़ी संख्या में यौगिकों का निर्माण होता है।

16. (b) लौह शीघ्रता से संक्षारित होता है। लम्बे समय तक आर्द्र वायु में रहने पर लोहे पर भूरे रंग के पदार्थ की परत चढ़ जाती है जिसे जंग कहते हैं। यह क्षारीयता का परिणाम होता है।

17. (d) संयोजकता (तत्व के) परमाणु की संयोजन शक्ति है। संयोजकता परमाणु की बाह्यतम कक्षा में उपस्थित इलेक्ट्रॉनों की संख्या पर निर्भर करती है।

18. (d) गन्ने से सुक्रोस निकाला जाता है। इसका शुद्धिकरण कर खाद्य उद्योग या एथेनॉल उत्पादन के लिए उपयोग किया जाता है। ब्राजील, भारत, चीन, थाइलैण्ड, पाकिस्तान और मैक्सिको विश्व में गन्ने के शीर्ष उत्पादक देश हैं।

19. (b) एस्टरेसी कुल के सदस्य सूरजमुखी या गेंदा पादप का पुष्पक्रम भाग रंगीन होता है। इस प्रकार के पुष्पक्रम में डण्ठल के विस्तृत भाग पर कसकर एकजुट होते हैं। इस प्रकार के पुष्पक्रम को कैपिटुलम या मुण्डक पुष्पक्रम कहते हैं।

20. (d) ओडिशा में सर्वाधिक 44% मैंगनीज भण्डार हैं। राजस्थान 99% जिप्सम उत्पादन के साथ देश में शीर्ष पर है। कर्नाटक चूना पत्थर के मुख्य उत्पादक राज्यों में से एक है। उत्तराखण्ड में सर्वाधिक 69% मैग्नेसाइट का भण्डार है।

21. (b) मानव नेत्र में वर्ण-दर्शन शंकु (कोन्स) नामक प्रकाशग्राही कोशिकाओं का प्रकार्य है। दृष्टि शंकुओं में आयोडॉप्सिन नामक रंगा पदार्थ पाया जाता है, जोकि प्रोटीन घटक फोटोप्सिन तथा वर्णक घटक रेटिनीन से सम्मिलित होकर बनता है। यहाँ तीन प्राथमिक रंगों-लाल, नीले तथा हरे से सम्बन्धित शंकु होते हैं।

22. (a) कथन (a) गलत है, क्योंकि अधिकांश एन्जाइम प्रोटीन होते हैं, परन्तु सभी प्रोटीन एन्जाइम नहीं होते हैं। जन्तुओं में प्रोटीन विभिन्न रूपों में पाए जाते हैं; जैसे-हॉर्मोन, कोशिका भित्ति के घटक के रूप में, मांसपेशियों में, इत्यादि।

23. (c) भारत में स्थित टाइगर रिजर्व का क्रम (उत्तर से दक्षिण) निम्नलिखित है

टाइगर रिजर्व	राज्य
कार्बेट	उत्तराखण्ड
सरिस्का	राजस्थान
सिम्लीपाल	ओडिशा
पेरियार	केरल

24. (d) ब्रह्मपुत्र नदी का उद्भव तिब्बत के दक्षिण में मानसरोवर के निकट चेनायुंग दुंग नामक हिमवाह से होता है। यह 2900 किमी लम्बी नदी है, इसके छोटे हिस्से के लगभग 800 किमी का बहाव भारत में है, जबकि ब्रह्मपुत्र नदी का शेष बहाव चीन और बांग्लादेश में होता है।

25. (b) विद्युतरोधी पदार्थों में मुक्त इलेक्ट्रॉनों की संख्या बहुत कम होती है तथा उनमें इलेक्ट्रॉन आसानी से प्रवाह नहीं करते हैं।

26. (a) एक बेलनाकार प्रतिरोधक का प्रतिरोध

$$R = \rho \frac{L}{A}$$

जहाँ ρ = प्रतिरोधक के पदार्थ की प्रतिरोधकता

L = प्रतिरोधक की लम्बाई

A = बेलन के अनुप्रस्थ काट का क्षेत्रफल

इस व्यंजक से यह स्पष्ट है कि बेलनाकार प्रतिरोधक का प्रतिरोध इसमें से गुजरने वाली धारा पर निर्भर नहीं करता है।

27. (d) 'आमुक्तमलयदा' राजा कृष्णदेव राय द्वारा तेलुगू में रचित महाकाव्य है। राजा कृष्णदेव राय का सम्बन्ध विजयनगर साम्राज्य के तुलुव वंश से है।

28. (b) 1857 की क्रान्ति का होना भारतीय साम्राज्य में अंग्रेजों के प्रति असन्तोष की भावना से सम्बन्धित था। इस सन्दर्भ में किसी भविष्यवाणी को इस क्रान्ति से जोड़कर नहीं देखा जा सकता है। अत: यह भविष्यवाणी की प्लासी युद्ध की शताब्दी पर 23 जून, 1857 को ब्रिटिश शासन का अन्त होगा, एक गलत कारण है।

29. (c) लाकवा स्थान असोम में बीपीसीएल और गेल की पेट्रोरसायन इकाई के लिए जाना जाता है। मलजखण्ड मध्य प्रदेश में ताँबे के लिए प्रसिद्ध है। कालाकोट राजौरी (जम्मू और कश्मीर) में कोयले के लिए प्रसिद्ध है। जावर (राजस्थान) जस्ता के लिए प्रसिद्ध हैं, जो कि हिन्दुस्तान जिंक लिमिटेड के द्वारा संचालित होता है।

30. (a) देश के पूर्व-मध्य रेलवे का मुख्यालय हाजीपुर (बिहार) में स्थित है, जिसके अन्तर्गत धनबाद (झारखण्ड) मण्डल आता है। रेलवे के अलग जोन के रूप में झारखण्ड में रेल मण्डल का कोई मुख्यालय नहीं है।

31. (d) किसी द्रव को पात्र में रखकर ही गर्म किया जा सकता है। अत: द्रव का प्रसार गुणांक मापने में पहले पात्र के आयतन में प्रसार होता है, इसके पश्चात् द्रव के आयतन में प्रसार हो पाता है।

अत: द्रव का प्रसार गुणांक मापने में कठिनाई होती है।

32. (a) रेडॉन एक अक्रिय गैस है, जिसकी खोज डोर्न नामक वैज्ञानिक ने की थी।

33. (b) बेकिंग सोडा का रासायनिक नाम सोडियम हाइड्रोजन कार्बोनेट ($NaHCO_3$) है।

34. (a) ऐसा माना जाता है कि 'फिलॉसफी ऑफ दी बॉम' पुस्तक को भगत सिंह ने लिखा है, लेकिन इस पुस्तक के सम्पादन के पीछे हिन्दुस्तान सोशलिस्ट रिपब्लिकन एसोसिएशन के सदस्य भगवतीचरण वर्मा का महत्वपूर्ण योगदान रहा है।

35. (c) पेन्सिल-लेड में कार्बन (ग्रेफाइट) का उपयोग किया जाता है।

36. (d) भारत छोड़ो आन्दोलन के दौरान (वर्ष 1942 में) भारत में चार जगहों पर समान्तर सरकार की स्थापना हुई जोकि निम्न है :

1. बलिया (उत्तर प्रदेश)
2. तामलुक (बंगाल)
3. सतारा (महाराष्ट्र)
4. तालचर (उड़ीसा)

उपरोक्त में से सतारा जगह पर सर्वाधिक दिनों तक समानान्तर सरकार चली।

37. (c) जूनागढ़ रियासत ने भारतीय राष्ट्रीय आन्दोलन का सहयोग नहीं किया। सविनय अवज्ञा आन्दोलन या भारत छोड़ो आन्दोलन दोनों ही आन्दोलन में जूनागढ़ रियासत ने कांग्रेस का समर्थन नहीं किया।

38. (c) अकबर के दरबार में मुहम्मद हुसैन एक सुप्रसिद्ध सुलेखकार के रूप में प्रसिद्ध थे। ये कश्मीर से आए थे तथा मुगल राजकुमारों को शिक्षा प्रदान की। इन्हें 'ज़रीन कलम' या 'स्वर्ण कलम' के नाम से जाना जाता था।

39. (b) भारत में स्वर्ण चतुर्भुज राजमार्ग के रूप में कोलकाता-चेन्नई का मार्ग दूरी के सन्दर्भ में सबसे अधिक है, जिसकी कुल लम्बाई 1684 किमी है।

40. (c) ग्रेफाइट अवक्षेप के लिए अरुणाचल प्रदेश का बोपी क्षेत्र प्रसिद्ध है। राजस्थान का जिप्सम मुख्यतया जिप्साइट प्रकार का है, जो बेड़ा जमाव में पाया जाता है। फ्लुओरस्पार का बड़ा जमाव कादिपानी 'गुजरात' में पाया जाता है। निकेल का बड़ा संग्रह ओडिशा में पाया जाता है।

41. (a) थारू जनजाति नेपाल के तराई क्षेत्रों में पाई जाती हैं। भारत में थारू जनजाति का क्षेत्र उत्तराखण्ड, उत्तर प्रदेश और बिहार है।

42. (a) 'बादशाहनामा' या 'पादशाह नामा' अब्दुल हमीद लाहौरी द्वारा लिखित पुस्तक है, जिसमें मुगल शासक शाहजहाँ के समय की शासन शैली को बताया गया है।

43. (a) उपर्युक्त में से सही युग्म का विकल्प (a) है क्योंकि खजुराहो मन्दिर का निर्माण चन्देल शासक ने किया था। अन्य मन्दिरों के निर्माता/वंश इस प्रकार हैं-

मन्दिर	वंश/शासक
खजुराहो	- चन्देल
एलोरा गुफाएँ	- राष्ट्रकूट
महाबलीपुरम	- चोल
मीनाक्षी मन्दिर	- पाण्ड्य

44. (b) बुर्जहोम स्थल से मानव कंकाल के साथ कुत्ते का कंकाल भी शवाधान से प्राप्त हुआ है।

45. (c) प्रथम शिलालेख में पशुबलि की निन्दा की गई है। द्वितीय शिलालेख में अशोक ने मनुष्य और पशु की चिकित्सा व्यवस्था का उल्लेख किया है। तृतीय शिलालेख में अशोक ने अपने राजकीय अधिकारियों को यह आदेश दिया कि वे हर पाँच वर्ष पर दौरे पर जाएँ। इस शिलालेख में कुछ 'धार्मिक नियमों' का भी उल्लेख किया गया है। चतुर्थ शिलालेख में धर्म से सम्बन्धित शेष नियमों का उल्लेख किया गया है। पाँचवें शिलालेख में 'धर्म महामात्रों' की नियुक्ति के विषय में जानकारी मिलती है। छठे शिलालेख में आय नियन्त्रण की शिक्षा दी गई है। सातवें व आठवें शिलालेख में अशोक की तीर्थ यात्राओं का उल्लेख है। नौवें शिलालेख में सच्ची भेंट व सच्चे शिष्टाचार के विषय में उल्लेख किया गया है। दसवें शिलालेख के माध्यम से अशोक ने यह आदेश दिया है कि राजा और उच्च पदाधिकारी हर क्षण प्रजा के हित के विषय में ही सोचें। ग्यारहवें शिलालेख में धर्म के वरदान को सर्वोत्कृष्ट बताया गया है। बारहवें शिलालेख में सभी प्रकार के विचारों के सम्मान की बात कही गई है। तेरहवें शिलालेख में कलिंग युद्ध का वर्णन तथा अशोक के हृदय परिवर्तन की बात कही गई है। चौदहवें शिलालेख में अशोक ने जनता को धार्मिक जीवन जीने के लिए प्रेरित किया है।

46. (c) भारतीय उपमहाद्वीप में कृषि के प्राचीनतम साक्ष्य मेहरगढ़ से प्राप्त हुए हैं। यह जगह बोलन दर्रे की तराई में स्थित है और मोहनजोदड़ो से लगभग 150 मील उत्तर-पश्चिम में स्थित है। यहाँ पर पशुचारियों का स्थायी कृषकों के रूप में परिवर्तन शुरू होता है और भारतीय उपमहाद्वीप में स्थायी कृषि के लिए अभी तक उपलब्ध प्राचीनतम प्रमाण उपलब्ध होते हैं। यहाँ पर आरम्भिक अधिवासों के विभिन्न संस्तरों वाले 6 (छ:) टीले हैं।

47. (d) मेगस्थनीज ने सैण्ड्रोकोट्टस (चन्द्रगुप्त मौर्य) और सिकन्दर महान् की भेंट का उल्लेख किया है।

मेगस्थनीज यूनानी राजदूत था जिसे सेल्युकस निकेटर ने चन्द्रगुप्त मौर्य के दरबार में भेजा था। इसने 'इण्डिका' नामक पुस्तक लिखी जिसकी मूल पाण्डुलिपि उपलब्ध नहीं है। स्ट्रैबो, डायोडोरस, एरियन (तीनों यूनानी लेखक) एवं प्लिनी जैसे रोमन लेखकों के उद्धरणों का संग्रह जो किसी न किसी रूप में इण्डिका से सम्बन्धित है, इण्डिका के रूप में हमारे पास उपलब्ध है।

48. (b) अलाउद्दीन खिलजी ने 'सिकन्दर सानी' की उपाधि धारण की थी। अलाउद्दीन का बचपन का नाम अली गुरुशस्प था। जलालुद्दीन के दिल्ली तख्त पर बैठने के बाद इसे अमीर-ए-तुजुक का पद मिला। मलिक छज्जू के विद्रोह को दबाने में महत्त्वपूर्ण भूमिका निभाने के कारण जलालुद्दीन ने इसे कड़ा-मानिकपुर की सूबेदारी सौंप दी। भिलसा, चंदेरी एवं देवगिरि के सफल अभियानों से प्राप्त अपार धन ने इसकी स्थिति और मजबूत कर दी। इस प्रकार उत्कर्ष पर पहुँचे अलाउद्दीन ने अपने चाचा जलालुद्दीन की हत्या कर 22 अक्टूबर, 1296 को दिल्ली में स्थित बलबन के लाल महल में अपना राज्याभिषेक सम्पन्न करवाया। राज्याभिषेक के बाद उत्पन्न कठिनाइयों का सफलतापूर्वक सामना करते हुए अलाउद्दीन ने कठोर शासन व्यवस्था के अन्तर्गत अपने राज्य की सीमाओं का विस्तार करना प्रारम्भ किया। अपनी प्रारम्भिक सफलताओं से प्रोत्साहित होकर अलाउद्दीन ने सिकन्दर द्वितीय (सानी) की उपाधि ग्रहण कर इसका उल्लेख अपने सिक्कों पर करवाया। उसने विश्व विजय एवं एक नवीन धर्म को स्थापित करने के अपने विचार को अपने मित्र दिल्ली के कोतवाल अला-उल-मुल्क के समझाने पर त्याग दिया। अलाउद्दीन ने खलीफा की सत्ता को मान्यता प्रदान करते हुए 'यामिन- उलखिलाफत-नासिरी-उल-मोमिनीन' की उपाधि ग्रहण की।

49. (c) इल्तुतमिश ने 'टंका' नामक चाँदी का सिक्का चलाया था। कुतुबुद्दीन ऐबक की मृत्यु के बाद इल्तुतमिश दिल्ली का शासक 1210 ई. में बना जिसने 1236 ई. तक शासन किया। इल्तुतमिश पहला तुर्क सुल्तान था जिसने शुद्ध अरबी सिक्के चलवाये। इसने सल्तनतकालीन दो महत्त्वपूर्ण सिक्के चाँदी का 'टंका' (लगभग 175 ग्रेन का)तथा ताँबे का 'जीतल' चलवाया। इल्तुतमिश ने 'इक्ता व्यवस्था' का प्रचलन किया। राजधानी को लाहौर से दिल्ली स्थानान्तरित किया। इल्तुतमिश के दरबार में मिन्हाज-उज-सिराज मलिक ताजुद्दीन को संरक्षण मिला था। स्थापत्य कला के अन्तर्गत इल्तुतमिश ने कुतुबमीनार के निर्माण कार्य को पूरा करवाया। भारत में सम्भवत: पहला मकबरा निर्मित करवाने का श्रेय भी इल्तुतमिश को दिया जाता है। 'अजमेर की मस्जिद' का निर्माण इल्तुतमिश ने ही करवाया था।

50. (c) जैनुल आबेदीन को कश्मीर का अकबर कहा गया है।

51. (d) मोहम्मद-बिन-तुगलक ने एक पृथक् कृषि विभाग की स्थापना की थी एवं फसल चक्र की योजना बनाई थी। इसने कृषि के विकास के लिए 'अमीर-ए-कोही' नामक एक नवीन विभाग की स्थापना की। मध्यकालीन सभी सुल्तानों में मुहम्मद तुगलक सर्वाधिक शिक्षित, विद्वान एवं योग्य व्यक्ति था। मुहम्मद-बिन-तुगलक को अपनी सनक भरी योजनाओं, क्रूर कृत्यों एवं दूसरे के सुख-दुःख के प्रति उपेक्षा का भाव रखने के कारण 'स्वप्नशील', 'पागल' एवं 'रक्तपिपासु' कहा गया।

मुहम्मद-बिन-तुगलक द्वारा क्रियान्वित चार योजनाएँ क्रमश: निम्न थीं-

(i) दोआब में कर वृद्धि (1326-27 ई.)
(ii) राजधानी परिवर्तन (1326-27 ई.)
(iii) सांकेतिक मुद्रा का प्रचलन (1329-29 ई.)
(iv) खुरासान एवं कराचिल का अभियान

52. (c) भारत छोड़ो आन्दोलन को 'अगस्त क्रान्ति' के नाम से भी जाना जाता है। इसकी शुरुआत 8 अगस्त, 1947 को महात्मा गाँधी के प्रसिद्ध नारे 'करो या मरो' के साथ हुई थी। राम मनोहर लोहिया, बी.एम. खाकर, नादियान अब्रवाद, प्रिण्टर तथा उषा मेहता ने राष्ट्रीय तथा अन्तर्राष्ट्रीय समाचार को लोगों तक पहुंचाने के लिए 'कांग्रेस रेडियो' की स्थापना की। ये रेडियो मुख्य रूप से बम्बई तथा नासिक में कार्यरत थे।

53. (b) 1907 ई. में मुस्लिम लीग का वार्षिक अधिवेशन कराची में हुआ था।

54. (d) उपर्युक्त तीनों समाचार-पत्रों ने भारतीय स्वतन्त्रता संग्राम के काल में क्रान्तिकारी आतंकवाद की वकालत की थी।

संस्था	स्थान	संस्थापक
युगान्तर 1906 ई.	कलकत्ता	बारीन्द्र कुमार घोष, भूपेन्द्र नाथ दत्त
भारत स्वशासन समिति तथा इण्डिया हाउस (1905 ई.)	लंदन	श्याम जी कृष्ण वर्मा
अंजुमाने मोहिब्बाने वतन	लाहौर	सरदार अजीत सिंह
इण्डियन सोसाइटी	पेरिस	मैडम कामा
हिन्दुस्तान एसोसिएशन ऑफ द पैसिफिक कोस्ट	पोर्टलैण्ड	सोहन सिंह भाकना
गदर एवं युगान्तर आश्रम	सैन फ्रान्सिस्को	सोहन सिंह भाकना, लाला हरदयाल

हिन्दुस्तान सोशलिस्ट रिपब्लिकन एसोसिएशन (दिसम्बर 1928)	दिल्ली	चन्द्रशेखर आजाद
विद्रोही संगठन	चटगाँव	सूर्यसेन
भारतीय गणतन्त्र सेना	चटगाँव	सूर्यसेन
भारत नौजवान सभा	पंजाब	मंगल सिंह, छबीलदास और यशपाल
लाहौर छात्र संघ	पंजाब	सुखदेव तथा भगत सिंह

55. (c) अबुल कलाम आजाद भारतीय राष्ट्रीय कांग्रेस के लगातार 6 वर्षों तक अध्यक्ष रहे थे। 1888 ई. में जन्मे राष्ट्रवादी मुस्लिम नेता व स्वाधीनता संग्राम सेनानी, ब्रिटिश सरकार की नीतियों के प्रखर आलोचक तथा 'अल-हिलाल' नामक उर्दू साप्ताहिक पत्र के सम्पादक थे। उन्होंने 'अल-बलग' नामक साप्ताहिक पत्र भी निकाला। उनकी पुस्तक 'इण्डिया विन्स फ्रीडम' काफी चर्चित रही है। ये सर्वप्रथम 1940 ई. के भारतीय राष्ट्रीय कांग्रेस के रामगढ़ में आयोजित कांग्रेस अधिवेशन के अध्यक्ष थे एवं इसके बाद लगातार 1945 ई. तक कांग्रेस के अध्यक्ष रहे थे। 1946 ई. के मेरठ के कांग्रेस अधिवेशन के अध्यक्ष जे.बी. कृपलानी थे।

56. (b) काकोरी षड्यन्त्र केस 9 अगस्त, 1925 को हुआ था। हिन्दुस्तान रिपब्लिकन एसोसिएशन का उद्देश्य सशस्त्र क्रान्ति द्वारा ब्रिटिश सत्ता को समाप्त कर एक 'संघीय गणतन्त्र' की स्थापना करना था, जिसे संयुक्त राज्य भारत कहा जाएगा। क्रान्तिकारी गतिविधियों के व्यापक पैमाने पर विस्तार के लिए धन की आवश्यकता थी। एच.आर.ए. ने इस उद्देश्य की पूर्ति के लिए 9 अगस्त, 1925 को काकोरी में '8 डाउन ट्रेन' को रोक कर सरकारी खजाने को लूट लिया। कालान्तर में 'काकोरी काण्ड' के नाम से विख्यात इस घटना के सभी अभियुक्तों को गिरफ्तार कर लिया गया। अशफाक उल्ला खाँ, राम प्रसाद बिस्मिल, रोशन सिंह तथा राजेन्द्र लाहिड़ी पर मुकदमा चलाकर सरकार ने उन्हें फाँसी दे दी।

57. (b) ब्रिटिश भारत की राजधानी कलकत्ता से दिल्ली 1911 ई. में स्थानान्तरित हुई थी। उस समय भारत के गवर्नर-जनरल लॉर्ड हार्डिंग थे। इनके कार्यकाल की महत्वपूर्ण घटनाएँ इस प्रकार हैं-

1. 1911 ई. में जॉर्ज पंचम के स्वागत में दिल्ली में राज्याभिषेक दरबार हुआ।
2. 1911 ई. में बंगाल विभाजन वापस ले लिया गया।
3. राजधानी को दिल्ली स्थानान्तरित किया गया (1911-12 ई)।
4. 1911 ई. में बिहार और उड़ीसा अलग राज्य बनाए गए।
5. 1912 ई. में दिल्ली के चाँदनी चौक पर जब वह दिल्ली में प्रवेश कर रहा था उसके वाहन पर बम फेंका गया (दिल्ली बम काण्ड)
6. 1915 ई. में गदर आन्दोलन प्रारम्भ हुआ।
7. भारत सरकार द्वारा शिक्षा प्रस्ताव लाया गया जिसमें सरकार ने अशिक्षा को खत्म करने की जिम्मेदारी ली।
8. 1915 ई. में 'डिफेन्स ऑफ इण्डिया अधिनियम' पारित हुआ।
9. 1915 ई. में गोपाल कृष्ण गोखले तथा फिरोज शाह मेहता की मृत्यु हुई।

58. (c) हजारीबाग (झारखण्ड), गया और मुंगेर (बिहार) जिलों में भारत की सबसे बड़ी अभ्रक (Mica) मेखला पाई जाती है। भारत में विश्व का सर्वाधिक अभ्रक का भण्डार है तथा यहाँ से विश्व उत्पादन का लगभग दो-तिहाई अभ्रक प्राप्त किया जाता है। देश के झारखण्ड, बिहार, आन्ध्र प्रदेश, राजस्थान, केरल, कर्नाटक आदि राज्यों में अभ्रक मिलता है।

59. (c) बगलिहार परियोजना चिनाब नदी पर स्थित है।

60. (d) भारत में सर्वाधिक अनुसूचित जाति जनसंख्या वाला प्रदेश उत्तर प्रदेश है।

61. (b) शान्त घाटी केरल राज्य में अवस्थित है।

62. (b) बेंगुएला धारा शीतल जलधारा है जो दक्षिणी अटलाण्टिक महासागर में बहती है। अटलाण्टिक महासागर की धाराएँ इस प्रकार हैं-

गर्म जलधारा-उत्तरी विषुवतीय जलधारा, फ्लोरिडा, गल्फस्ट्रीम, उत्तरी अटलाण्टिक प्रवाह, दक्षिणी विषुवतीय जलधारा, ब्राजील धारा।

63. (c) गंगा नदी की एकमात्र सहायक नदी गोमती का उद्गम मैदान में है जबकि अन्य का उद्गम स्थल पहाड़ है। शारदा नदी कुमाऊँ के पूर्वी भाग में मिलाप हिमनद से निकलती है। इसे काली, सरयू, गौरी गंगा इत्यादि नामों से भी जाना जाता है। सोन नदी अमरकण्टक के पठार से निकलती है। इसकी कुल लम्बाई 780 किमी है। यह पटना के निकट गंगा में मिल जाती है। रामगंगा नदी गढ़वाल हिमालय में नैनीताल के निकट निकलती है। इसकी कुल लम्बाई 600 किमी है। यह कन्नौज के निकट गंगा में मिल जाती है। गोमती नदी गाजीपुर के निकट गंगा में मिलती है।

64. (c) चिल्का झील उड़ीसा राज्य में अवस्थित है। यह एक लैगून झील है। भारत के पूर्वी तट पर स्थित प्रमुख लैगून झील पुलिकट (चेन्नई), चिल्का (पुरी) तथा कोलेरू (आन्ध्र प्रदेश) है। जब समुद्र क्षेत्र में तटीय क्षेत्र का पानी स्थल भाग में घुस जाता है और धीरे-धीरे बालू का अवरोध खड़ा होने पर स्थलीय क्षेत्र का जलीय भाग समुद्र से अलग हो जाता है तो ऐसी जलीय आकृति को लैगून कहते हैं।

65. (c) ड्रेकेन्सबर्ग पर्वत द. अफ्रीका देश में स्थित है। यह द. अफ्रीका के दक्षिण-पूर्वी भाग में विस्तृत है। इसकी सर्वोच्च चोटी थवनाएन्टलेयाना है, जिसकी ऊँचाई 3482 मी. है। इस पर्वत की कुल लम्बाई 1290 किमी है।

66. (d) बुशमैन जनजाति कालाहारी मरुस्थल में निवास करती है। इनकी त्वचा का रंग पीला होता है। बुशमैन एवं काण्टु के मिश्रण से हॉटेण्टाट प्रजाति का निर्माण हुआ है।

67. (d) चन्द्रमा से पृथ्वी की दूरी 384 हजार किमी. है। यह पृथ्वी का प्राकृतिक उपग्रह है जो पृथ्वी से 3,84,365 किमी. दूर स्थित है। चन्द्रमा पर दिन का तापमान 100°C एवं रात का तापमान -180°C होता है। चन्द्रमा पर गुरुत्वाकर्षण बल का मान पृथ्वी के गुरुत्वाकर्षण का 1/6वाँ भाग है। कम गुरुत्वाकर्षण बल के कारण यहाँ वायुमण्डल का अभाव है।

68. (b) शुक्र ग्रह को पृथ्वी की जुड़वाँ बहन कहा जाता है। यह ग्रह पृथ्वी के सबसे निकट है। इसके पश्चात् क्रमश: मंगल, बुध, बृहस्पति का स्थान आता है। पृथ्वी एवं शुक्र का आकार लगभग बराबर है। अत: दोनों ग्रहों को जुड़वाँ ग्रह (Twin planet) कहा जाता है।

69. (d) विश्व की सबसे गहरी झील रूस में अवस्थित बैकाल झील है। इस झील का क्षेत्रफल 30.5 हजार वर्ग किमी है। इस झील की अधिकतम गहराई 1940 मी. है।

70. (b) अति गहरी महासागरीय द्रोणियाँ प्रशान्त महासागर में पाई जाती हैं। यहाँ की प्रमुख द्रोणियाँ इस प्रकार हैं-

(i) फिलीपीन्स द्रोणी
(ii) फिजी द्रोणी
(iii) पूर्वी ऑस्ट्रेलियाई द्रोणी
(iv) जेफ्रीज द्रोणी
(v) पेरू-चिली द्रोणी

प्रशान्त महासागर विश्व का सबसे बड़ा महासागर है जो सम्पूर्ण पृथ्वी के एक-तिहाई भाग पर फैला हुआ है। इसका क्षेत्रफल सभी स्थलों के संयुक्त क्षेत्रफल से भी अधिक है। इस महासागर में 20000 द्वीप हैं।

71. (b) विधायी शक्तियों का केन्द्र तथा राज्यों के मध्य वितरण संविधान की सातवीं अनुसूची के तहत किया गया है। भारत में केन्द्र-राज्य सम्बन्ध संघवाद की ओर उन्मुख है तथा संघवाद की इस प्रणाली को कनाडा के संविधान से लिया गया है। भारतीय संविधान में केन्द्र तथा राज्य के मध्य विधायी, प्रशासनिक तथा वित्तीय शक्तियों का विभाजन किया गया है, लेकिन न्यायपालिका को विभाजन की परिधि से बाहर रखा गया है। भारतीय संविधान की सातवीं अनुसूची में केन्द्र एवं राज्यों के मध्य शक्तियों के बँटवारे से सम्बन्धित तीन सूचियाँ दी गई हैं-

(i) संघ सूची-99 विषय
(ii) राज्य सूची-61 विषय
(iii) समवर्ती सूची-52 विषय

संघ सूची में उन विषयों को शामिल किया गया है, जो राष्ट्रीय महत्त्व के हैं तथा जिन पर कानून बनाने का अधिकार केन्द्रीय विधायिका अर्थात् संसद को है। इस सूची में कुल 88 विषयों को शामिल किया गया है जिनमें प्रमुख हैं-रक्षा, विदेशी मामले, युद्ध, अन्तर्राष्ट्रीय सन्धि, अणु शक्ति, सीमा शुल्क, जनगणना, विदेशी ऋण, डाक एवं तार प्रसारण, टेलीफोन, विदेशी व्यापार, रेल तथा वायु एवं जल परिवहन आदि।

राज्य सूची में उन विषयों को शामिल किया गया है जो स्थानीय महत्त्व के हैं तथा जिन पर कानून बनाने का अधिकार राज्य विधान मण्डल को है; लेकिन कुछ परिस्थितियों में संसद भी कानून बना सकती है। इस सूची में शामिल विषयों की संख्या 61 है जिनमें प्रमुख हैं-लोक सेवा, कृषि, वन, कारागार, भू-राजस्व, लोक व्यवस्था, पुलिस, स्थानीय शासन, क्रय, विक्रय, सिंचाई आदि।

समवर्ती सूची में शामिल विषयों पर संसद व राज्य विधान मण्डल द्वारा कानून बनाया जाता है और यदि दोनों कानून में विरोध हो तो संसद द्वारा निर्मित कानून लागू होगा। इस सूची में शामिल विषयों की संख्या 52 हैं उनमें प्रमुख हैं-राष्ट्रीय जलमार्ग, परिवार नियोजन, जनसंख्या नियन्त्रण, समाचार-पत्र, कारखाना, शिक्षा, आर्थिक तथा सामाजिक योजना।

72. (d) उपर्युक्त में से विपणन तृतीयक क्रियाकलाप है।

73. (b) भारत में कर्मचारियों के महँगाई भत्ते के निर्धारण का आधार उपभोक्ता मूल्य सूचकांक है।

74. (c) नरसिंह समिति का सम्बन्ध बैंकिंग संरचना सुधारों से है।

75. (b) 'स्मार्ट मनी' शब्द का प्रयोग क्रेडिट कार्ड में प्रयोग होता है।

76. (a) भारत में सर्वप्रथम कुटीर उद्योग का विकास हुआ था।

77. (a) आर.बी.आई. (RBI) के खुले बाज़ार संचालन का आशय शेयरों के क्रय-विक्रय से है।

78. (a) 2000°C ताप नापने हेतु सकल रेडिएशन थर्मामीटर (Total radiation pyrometer) का प्रयोग होता है, जैसे सूर्य का ताप। इसके द्वारा प्राय: 800°C से ऊँचे ताप ही मापे जाते हैं; इससे नीचे के ताप नहीं, क्योंकि इससे कम ताप की वस्तुएँ उष्मीय विकिरण उत्सर्जित नहीं करती हैं। यह तापमापी स्टीफेन के नियम पर आधारित है, जिसके अनुसार उच्च ताप पर किसी वस्तु से उत्सर्जित विकिरण की मात्रा इसके परमताप के चतुर्थ घात के अनुक्रमानुपाती होती है।

79. (b) मानव मूत्र का पीला रंग यूरोक्रोम वर्णक की उपस्थिति के कारण होता है।

80. (d) टिटनेस (Tetanus) रोग बैसीलस टेटनी नामक जीवाणु से होता है। इस रोग के बैक्टीरिया अधिकांशत: जंग लगे लोहे पर, घोड़े की लीद या मल में पाए जाते हैं। इस रोग में रोगी को तेज बुखार आता है और शरीर में ऐंठन होती है। जीवाणु (Bacteria) द्वारा उत्पन्न मानव रोग निम्नलिखित हैं-

(i) सूजाक (ii) सिफलिस
(iii) हैजा (iv) टायफाइड
(v) तपेदिक (vi) डिप्थीरिया
(vii) प्लेग (viii) काली खाँसी
(ix) न्यूमोनिया (x) कुष्ठ रोग
(xi) पीलिया इत्यादि।

81. (b) मानव शरीर की सबसे छोटी हड्डी का नाम स्टेपीज है।

82. (c) जेनिको प्रौद्योगिकी आनुवंशिक रोगों की पूर्व सूचना प्राप्त करने की एक तकनीक है।

83. (c) सतीश धवन अन्तरिक्ष केन्द्र श्री हरिकोटा में स्थित है।

84. (a) भारत के प्रख्यात वैज्ञानिक श्री जगदीश चन्द्र बोस ने भौतिक विज्ञान और जीव विज्ञान दोनों विषयों में अनुसन्धान किया है।

85. (c)

राज्य	लोक नृत्य
आन्ध्र प्रदेश	कुचिपुड़ी, घटामर्दाल, कुम्मी आदि।
कर्नाटक	यक्षगान, कुनीता, कर्गा आदि।
केरल	कथकली, ओट्टम, मोहिनीअट्टम आदि।
तमिलनाडु	भरतनाट्यम, कुमी, कोलाट्टम आदि।

86. (c) जिस प्रकार, 354 – 3 = 351
उसी प्रकार, 478 – 3 = 475

87. (b) जिस प्रकार,

P T Y → D H M
16 20 25 → 4 8 13 (प्रत्येक –12)

उसी प्रकार,

S Q Z → G E N
19 17 26 → 7 5 14 (प्रत्येक –12)

88. (d) सभी विकल्पों में खेल और खेल से जुड़ा स्थान बताया गया है। जबकि विकल्प (d) में खेल का स्थान पहले और खेल बाद में बताया गया है। अत: विकल्प (d) इनडोर-शतरंज विषम शब्द युग्म है।

89. (d) 33 – 40 ⇒ 33 + 7 = 40
31 – 38 ⇒ 31 + 7 = 38
21 – 28 ⇒ 21 + 7 = 28
23 – 28 ⇒ 23 + 5 = 28
अत: 23-28 सभी से भिन्न है।

90. (c) शब्दकोश के अनुसार शब्दों का क्रम–
5. Indirect
↓
4. Induce
↓
3. Indulge
↓
1. Infect
↓
2. Inferior

91. (d)

A —+2→ C —+2→ E —+2→ G —+2→ I
F —+2→ H —+2→ J —+2→ L —+2→ N
M —+2→ O —+2→ Q —+2→ S —+2→ U
G —+2→ I —+2→ K —+2→ M —+2→ O

अत: लुप्त पद INUO होगा।

92. (d) दिये गये कथनानुसार
राहुल > ऋचा
राहुल < मीता
मीता = मुकेश
राजू < राहुल
अत: स्पष्ट नहीं कि दूसरा लम्बा छात्र कौन है जिससे ज्ञात नही किया जा सकता।

93. (a) अभीष्ट दूरी = (25 × 50 × 60) मी.
= 75000 मी. = 75 किमी.

94. (a) माना $x = \frac{3}{1}, y = \frac{5}{3}$ तथा $z = \frac{2}{1}$

तब, अभीष्ट अनुपात

$$= \frac{\text{पहले बर्तन से ली गई मात्रा}}{\text{दूसरे बर्तन से ली गई मात्रा}}$$

$$= \frac{\frac{y}{1+y} - \frac{z}{1+y}}{\frac{z}{1+x} - \frac{x}{1+x}} = \frac{\frac{\frac{5}{3}}{\left(1+\frac{5}{3}\right)} - \frac{2}{\left(1+\frac{5}{3}\right)}}{\frac{2}{(1+3)} - \frac{3}{(1+3)}}$$

$$= \frac{\frac{5}{8} - \frac{6}{8}}{\left(-\frac{1}{4}\right)} = \left(\frac{1}{8} \times 4\right) = 1:2$$

95. (b) घड़ी की मिनट की सुई की कोणीय चाल

$$= \frac{2\pi}{60 \times 60} \text{ रेडियन/सेकण्ड}$$

$$= \frac{\pi}{1800} \text{ रेडियन/सेकण्ड}$$

96. (a) माना धन का पहला भाग ₹ p_1 तथा दूसरा भाग ₹ p_2 है।

तब, $p_1 + p_2 = 2600$

⇒ $p_2 = (2600 - p_1)$

$\therefore$ प्रश्नानुसार,

$$\frac{p_1 \times 5 \times 5}{100} = \frac{p_2 \times 9 \times 6}{2 \times 100}$$

$\Rightarrow \quad 25\,p_1 = p_2 \times 27$

$\Rightarrow \quad p_2 = \frac{25}{27} p_1$

$\Rightarrow \quad p_2 = \frac{25}{27}(2600 - p_2)$

$\Rightarrow \quad 27\,p_2 = 25 \times 2600 - 25\,p_2$

$\Rightarrow \quad 52\,p_2 = 25 \times 2600$

$p_2 =$ ₹ 1250.

97. (a) **ट्रिकी सूत्र से–**

अंतर $I_D = P\left(\frac{R}{100}\right)^2$

$\Rightarrow \quad 160 = P\left(\frac{5}{100}\right)^2$

$\Rightarrow \quad P =$ ₹ $\left(\frac{160 \times 100 \times 100}{25}\right)$

$=$ ₹ 64,000

98. (a) माना नाविक की चाल u किमी./घंटा तथा धारा की चाल v किमी./घंटा है,

प्रश्नानुसार,

$$\frac{1}{u+v} = \frac{5}{60}$$

$\Rightarrow \quad u + v = 12 \quad ...(i)$

पुनः $\quad \frac{6}{u-v} = 1$

$\Rightarrow \quad u - v = 6 \quad ...(ii)$

समीकरण (i) व (ii) से $v = 3$ किमी./घंटा

अतः धारा की चाल = 3 किमी./घंटा

99. (d) साइकिल के पहिए द्वारा 1 चक्कर लगाने में तय की गई दूरी $= 2\pi r$

$\therefore \quad 5000 \times \pi d = 11 \times 1000$

$\Rightarrow \quad d = \left(\frac{11000}{5000 \times 22} \times 7\right)$

$= 0.7$ मीटर

$\therefore \quad d = (0.7 \times 100) = 70$ सेमी.

100. (b) माना तटबंध की ऊँचाई $= x$ मीटर

तब प्रश्नानुसार,

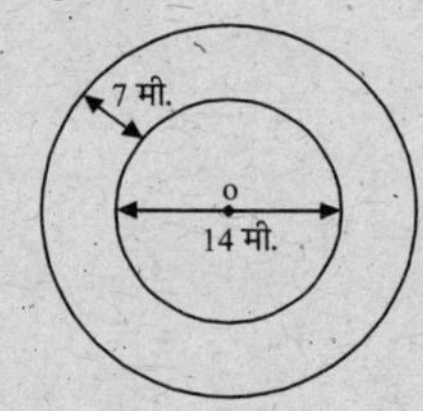

$\pi\,(14^2 - 7^2) \times x = \pi \times (7)^2 \times 15$

$\Rightarrow \quad x = \frac{4.9 \times 15}{147} = 5$ मीटर

प्रैक्टिस सेट-18

1. 'माही सुगन्धा' किस फसल की प्रजाति है?
   (a) धान (Rice)
   (b) गेहूँ (Wheat)
   (c) सूर्यमुखी (Sunflower)
   (d) सरसों (Mustard)
2. 'गंगा वाराणसी' एक प्रजाति है-
   (a) अमरुद की (b) आँवला की
   (c) आम की (d) खरबूजे की
3. राज 3077 एक प्रजाति है-
   (a) मक्का की (b) ज्वार की
   (c) धान की (d) गेहूँ की
4. निम्नलिखित में से कौन-सा एक सही सुमेलित नहीं है?
   (a) चांग ला-जम्मू-कश्मीर
   (b) रोहतांग-हिमाचल प्रदेश
   (c) बोमडी ला-अरुणाचल प्रदेश
   (d) से ला-उत्तराखण्ड
5. निम्नलिखित में से किसको 'रहस्यमयी झील' (Mystery lake) कहा जाता है?
   (a) जोर पोखरी झील
   (b) डोडीताल झील
   (c) रूपकुण्ड झील
   (d) रेड हिल्स झील
6. केरल का कुट्टानाड या कुट्टानाडु प्रसिद्ध है-
   (a) मीठे पानी की झील के लिए
   (b) भारत का न्यूनतम ऊँचाई वाला क्षेत्र
   (c) एक प्रवालद्वीप के लिए
   (d) भारत के सबसे पश्चिम में स्थित बिन्दु के लिए
7. निम्नलिखित में से कौन-सा एक कर्नाटक, केरल एवं तमिलनाडु राज्यों के मिलन स्थल पर स्थित है?
   (a) अन्नामलाई पहाड़ियाँ
   (b) पालनी पहाड़ियाँ
   (c) नन्दी पहाड़ियाँ
   (d) नीलगिरि पहाड़ियाँ
8. निम्नलिखित राज्यों में से कौन-सा पटकारी पहाड़ियों (Patkori hills) से संलग्न नहीं है?
   (a) नागालैण्ड (b) त्रिपुरा
   (c) मणिपुर (d) मिजोरम
9. निम्नलिखित पहाड़ियों में से कौन-सी पूर्वी घाट एवं पश्चिमी घाट के मिलन स्थल को बनाती हैं?
   (a) अन्नामलाई पहाड़ियाँ
   (b) अक्षाबु पहाड़ियाँ
   (c) बिलिगिरि रंगा पहाड़ियाँ
   (d) इलायची पहाड़ियाँ
10. नीचे दिए गए कूट से निम्नलिखित पहाड़ियों का दक्षिण से उत्तर की ओर बढ़ते हुए सही अवस्थिगत अनुक्रम चुनिए-
    1. सतमाला पहाड़ियाँ
    2. कैमूर पहाड़ियाँ
    3. पीर पंजाल पहाड़ियाँ
    4. नागा पहाड़ियाँ

    कूट :
    (a) 2, 3, 1, 4 (b) 1, 2, 4, 3
    (c) 1, 2, 3, 4 (d) 4, 3, 2, 1
11. निम्नलिखित में से कौन रामसर कन्वेंशन (Ramsar Convention) के अन्तर्गत रामसर स्थल हैं?
    (a) गोदावरी डेल्टा (b) कृष्णा डेल्टा
    (c) सुन्दरबन (d) भोजा आर्द्रस्थल
12. अधोलिखित में से कौन-सा एक सही सुमेलित नहीं है?
    (a) कैगा-कर्नाटक
    (b) रावतभाटा-राजस्थान
    (c) मुपपान्दल-तमिलनाडु
    (d) एन्नोर-मेघालय
13. नीचे दिए गए कूट से अधोलिखित महाद्वीपों को क्षेत्रफल के अनुसार सही अवरोही क्रम में चुनिए-
    1. यूरोप 2. ऑस्ट्रेलिया
    3. अफ्रीका 4. दक्षिण अमेरिका

    कूट :
    (a) 1, 2, 3, 4 (b) 4, 1, 3, 2
    (c) 2, 1, 4, 3 (d) 3, 4, 1, 2
14. निम्नलिखित में से कौन-सा सही सुमेलित नहीं है?
    (a) रैड क्लिफ रेखा - भारत और पाकिस्तान के बीच
    (b) मैगीनाट रेखा - फ्रांस और जर्मनी के बीच
    (c) डूरण्ड रेखा - बांग्लादेश और भारत के बीच
    (d) हिन्डेनबर्ग रेखा - बेल्जियम और जर्मनी के बीच
15. निम्नलिखित में से किसने सुझाया था कि पृथ्वी की धुरी पर अवस्था बदलना जलवायु परिवर्तन (Climatic change) के लिए एक कारक है?
    (a) रॉबर्ट हुक
    (b) मिलुटिन मिलन कोलिच
    (c) जॉर्ज सिम्पसन
    (d) टी.सी. चैम्बरलेन
16. सूची-I और सूची-II को सुमेलित कीजिए तथा नीचे दिए गए कूट से सही उत्तर चुनिए-

	सूची-I		सूची-II
A.	माउण्ट किनाबालू	1.	अर्जेन्टीना
B.	अल-बुर्ज	2.	मलेशिया
C.	एकांकागुआ	3.	तंजानिया
D.	किलीमंजारो	4.	ईरान

कूट :

	A	B	C	D
(a)	1	4	2	3
(b)	3	2	1	4
(c)	2	4	3	1
(d)	2	4	1	3

17. निम्नलिखित में से कौन-सा सबसे गहरा सागर है?
    (a) दक्षिण चीन सागर
    (b) बेरिंग सागर
    (c) भूमध्य सागर
    (d) जापान सागर
18. निम्नलिखित में से किसे विश्व का 'चीनी का कटोरा' (Sugar bowl) कहा जाता है?
    (a) भारत (b) हवाई द्वीप
    (c) क्यूबा (d) फिलीपीन्स
19. निम्नलिखित झीलों में से कौन-सी पूर्णतः यू.एस.ए. में स्थित है?
    (a) मिशिगन झील
    (b) ह्यूरन झील
    (c) सुपीरियर झील
    (d) ईरी झील

20. निम्नलिखित में से कौन-सी सर्वाधिक गहरी महासागरीय गर्त है?

(a) टोंगा (b) मैरियाना
(c) प्यूर्टोरिको (d) इजू-बोनिन

21. कलिंग नरेश खारवेल किस वंश से सम्बन्धित था?

(a) चेदि (b) कदम्ब
(c) हर्यक (d) कलिंग

22. बुद्ध ने अपने जीवन की अन्तिम वर्षा ऋतु कहाँ बिताई थी?

(a) श्रावस्ती में (b) वैशाली में
(c) कुशीनगर में (d) सारनाथ में

23. काल्पी नगर किस नदी के तट पर स्थित है?

(a) गंगा (b) यमुना
(c) नर्मदा (d) कृष्णा

24. अशोक राम विहार निम्नलिखित में से किस स्थान पर स्थित था?

(a) वैशाली (b) पाटलिपुत्र
(c) कौशाम्बी (d) श्रावस्ती

25. कल्हणकृत राजतरंगिणी में कुल कितने तरंग हैं?

(a) आठ (b) नौ
(c) दस (d) ग्यारह

26. पाल वंश (Pala dynasty) का संस्थापक कौन था?

(a) धर्मपाल (b) देवपाल
(c) गोपाल (d) रामपाल

27. महाबलीपुरम का सप्तरथ मन्दिर बनवाया गया था-

(a) महेन्द्र वर्मन द्वारा
(b) नरसिंह वर्मन द्वारा
(c) परमेश्वर वर्मन द्वारा
(d) नन्दिवर्मन द्वारा

28. शेरशाह को दफनाया गया था-

(a) कालिंजर में (b) सासाराम में
(c) जौनपुर में (d) पटना में

29. बाबर ने सर्वप्रथम 'पादशाह' (Padshah) की पदवी धारण की थी-

(a) फरगना में (b) काबुल में
(c) दिल्ली में (d) समरकन्द में

30. निम्नलिखित में से कौन नूरजहाँ के गुट का सदस्य नहीं था?

(a) जहाँगीर (b) गियास बेग
(c) आसफ खाँ (d) खुर्रम

31. निम्नलिखित में से कौन शाहजहाँ के शासनकाल का 'राजकवि' (Poetlaureate) था?

(a) कलीम (b) काशी
(c) कुदसी (d) मुनीर

32. वांडीवाश के युद्ध (1760) में-

(a) फ्रेंच ने ब्रिटिश को हराया
(b) ब्रिटिश ने डच को हराया
(c) ब्रिटिश ने फ्रेंच को हराया
(d) डच ने ब्रिटिश को हराया

33. शिवाजी का जन्म कब हुआ था तथा कब उन्होंने छत्रपति की उपाधि धारण की?

(a) 1626, 1675 में
(b) 1625, 1671 में
(c) 1627, 1661 में
(d) 1627, 1674 में

34. बोर्ड ऑफ कन्ट्रोल (Board of Control) की स्थापना किस अधिनियम के अन्तर्गत की गई?

(a) रेग्यूलेटिंग अधिनियम, 1773
(b) सेटलमेन्ट अधिनियम, 1781
(c) चार्टर अधिनियम, 1813
(d) पिट्स इण्डिया अधिनियम, 1784

35. भारतीय दुर्भिक्ष संहिता, 1883 का निर्माण निम्नलिखित में से किस आयोग द्वारा किया गया था?

(a) हन्टर आयोग (b) हार्टोग आयोग
(c) स्ट्रेची आयोग (d) इन्डिगो आयोग

36. 1857 के संग्राम के निम्नलिखित केन्द्रों में से सबसे पहले अंग्रेजों ने किसे पुनः अधिकृत किया?

(a) झांसी (b) मेरठ
(c) दिल्ली (d) कानपुर

37. निम्नलिखित में से कौन काकोरी काण्ड मुकदमें में सरकारी वकील था?

(a) मोहनलाल सक्सेना
(b) जगत नारायण मुल्ला
(c) कृष्ण बहादुर
(d) प्रभात चन्द

38. महात्मा गांधी ने भारत में अपना पहला जनभाषण कहाँ दिया था?

(a) बम्बई में (b) लखनऊ में
(c) चम्पारण में (d) वाराणसी में

39. निम्नलिखित में से कौन-सा सही सुमेलित नहीं है?

(a) मोपला विद्रोह-केरल
(b) कूका विद्रोह-पंजाब
(c) कोली विद्रोह-गुजरात
(d) चुआर विद्रोह-मध्य प्रदेश

40. निम्नलिखित में से किस कारागार में पण्डित रामप्रसाद बिस्मिल को फाँसी दी गई थी?

(a) गोण्डा (b) फैजाबाद
(c) गोरखपुर (d) वाराणसी

41. निम्नलिखित में से किसने कहा था, "स्वराज हमारा जन्मसिद्ध अधिकार है"?

(a) एम.के. गांधी (b) जी.के. गोखले
(c) बी.जी. तिलक (d) दादाभाई नौरोजी

42. दक्षिण अफ्रीका के किस रेलवे स्टेशन पर गांधी जी को ट्रेन से फेंका गया था?

(a) जोहान्सबर्ग (b) पीटरमारित्सबर्ग
(c) डरबन (d) प्रिटोरिया

43. निम्नलिखित में से किसने 1946 के कैबिनेट मिशन (Cabinet Mission) का नेतृत्व किया था?

(a) ह्यू गेट्सकेल
(b) सर जॉन साइमन
(c) सर पैथिक लॉरेन्स
(d) उपर्युक्त में से कोई नहीं

44. निम्नलिखित में से कौन गदर पार्टी का पहला सभापति था?

(a) लाला हरदयाल
(b) सोहन सिंह भाकना
(c) केसर सिंह
(d) पण्डित काशीराम

45. मुस्लिम लीग के निम्नलिखित में से किस अधिवेशन में एम.ए. जिन्ना ने अपना 14 सूत्रीय प्रस्ताव रखा था?

(a) 1927 (b) 1928
(c) 1929 (d) 1930

46. भारत विभाजन के सन्दर्भ में 1947 में नियुक्त सीमा आयोग की अध्यक्षता किसने की थी?

(a) माउण्टबेटन (b) रैडक्लिफ
(c) जेम्स बोल्ट (d) रिचर्डसन

47. निम्नलिखित में से कौन-सा क्रान्तिकारी 'वन्दे मातरम्' (Vande Mataram) पत्र का सम्पादक था?

(a) श्यामजी कृष्ण वर्मा
(b) भीकाजी कामा
(c) वी.डी. सावरकर
(d) जी.डी. सावरकर

48. निम्नलिखित जनगणना दशकों में से किसमें जनसंख्या परिवर्तन का न्यूनतम प्रतिशतांश अंकित किया गया था?

(a) 1971-81 (b) 1981-91
(c) 1991-2001 (d) 2001-11

49. निम्नलिखित में से कौन-सी अनुसूचित जनजाति दीपावली को शोक के रूप में मनाती है?

(a) सहरिया (b) बागा
(c) पाहरिया (d) थारू

50. जनगणना-2011 के अनुसार भारत के किस राज्य का जनसंख्या घनत्व सर्वाधिक है?

(a) उत्तर प्रदेश (b) पश्चिम बंगाल
(c) गुजरात (d) बिहार

51. जनगणना-2011 के अनुसार निम्नलिखित में से किस राज्य में शिशु मृत्यु दर न्यूनतम थी?
(a) तमिलनाडु (b) कर्नाटक
(c) केरल (d) पंजाब

52. भारत के संविधान की उद्देशिका में कितने प्रकार के न्याय की व्यवस्था की गई है?
(a) दो (b) तीन
(c) एक (d) चार

53. प्राक्कलन समिति के सदस्यों का कार्यकाल होता है-
(a) दो वर्ष का (b) एक वर्ष का
(c) तीन वर्ष का (d) चार वर्ष का

54. संविधान के किस अनुच्छेद के अन्तर्गत भारत के राष्ट्रपति को अध्यादेश जारी करने की शक्ति प्रदत्त है?
(a) अनुच्छेद 360 (b) अनुच्छेद 123
(c) अनुच्छेद 200 (d) अनुच्छेद 356

55. अस्पृश्यता का निषेध किस अनुच्छेद में किया गया है?
(a) अनुच्छेद-12
(b) अनुच्छेद-16
(c) अनुच्छेद-17
(d) अनुच्छेद-20

56. निम्नलिखित में से किस राज्य से लोक सभा के दो सदस्य निर्वाचित किए जाते हैं?
(a) त्रिपुरा से (b) मिजोरम से
(c) नागालैण्ड से (d) सिक्किम से

57. भारतीय संविधान के निम्नलिखित अनुच्छेदों में से किसका व्यवहार में क्रियान्वयन कभी नहीं हुआ है?
(a) अनुच्छेद-60 का
(b) अनुच्छेद-360 का
(c) अनुच्छेद-352 का
(d) अनुच्छेद-356 का

58. निम्नलिखित में से भारतीय संविधान के किस संशोधन द्वारा अनुच्छेद 19(1)(c) में 'सहकारी समितियाँ' शब्द जोड़ा गया?
(a) 42वां संशोधन अधिनियम, 1976
(b) 73वां संशोधन अधिनियम, 1993
(c) 97वां संशोधन अधिनियम, 2011
(d) 36वां संशोधन अधिनियम, 1975

59. भारत के संविधान के किस अनुच्छेद के अन्तर्गत अन्तर्राष्ट्रीय करारों को प्रभावी करने के लिए राज्य सूची के किसी विषय पर संसद को कानून बनाने की शक्ति है?
(a) अनुच्छेद 253 (b) अनुच्छेद 241
(c) अनुच्छेद 250 (d) अनुच्छेद 254

60. संविधान के निम्नलिखित संशोधनों में से किसके अन्तर्गत भारत में महिलाओं के लिए ग्राम पंचायतों में 30% स्थान आरक्षित किया गया है?
(a) 70वें संशोधन के अन्तर्गत
(b) 71वें संशोधन के अन्तर्गत
(c) 73वें संशोधन के अन्तर्गत
(d) 74वें संशोधन के अन्तर्गत

61. भारत के संविधान में 'समवर्ती सूची' की अवधारणा गृहीत की गई है-
(a) ग्रेट ब्रिटेन के संविधान से
(b) यू.एस.ए. के संविधान से
(c) कनाडा के संविधान से
(d) ऑस्ट्रेलिया के संविधान से

62. पंचायती राज सम्मिलित किया गया है-
(a) संघ सूची में
(b) राज्य सूची में
(c) समवर्ती सूची में
(d) अवशिष्ट सूची में

63. भारत में धीमी कृषि विकास गति के लिए निम्नलिखित में से कौन प्रभावी कारण है?
(a) ग्रामीण निर्धनता
(b) शहरी निर्धनता
(c) कुशल श्रमिकों का अभाव
(d) शहर से गांवों की ओर पलायन

64. भारत में राष्ट्रीय विकास परिषद् कब गठित की गई थी?
(a) 26 जनवरी, 1950 को
(b) 2 अक्टूबर, 1950 को
(c) 6 अगस्त, 1951 को
(d) 6 अगस्त, 1952 को

65. भारत की अर्थव्यवस्था के सन्दर्भ में निम्नलिखित घटनाओं में से कौन सर्वप्रथम घटित हुई?
(a) बीमा कम्पनियों का राष्ट्रीयकरण
(b) भारतीय स्टेट बैंक का राष्ट्रीयकरण
(c) बैंकिंग नियंत्रण अधिनियम का नियमन
(d) प्रथम पंचवर्षीय योजना का प्रारंभ

66. भारत में एन.एस.एस.ओ. द्वारा बेरोजगारी के आकलन के लिए निम्नलिखित में से कौन-सी विधि प्रयुक्त नहीं की जा रही है?
(a) चालू मासिक प्रस्थिति
(b) चालू दैनिक प्रस्थिति
(c) चालू साप्ताहिक प्रस्थिति
(d) प्रायिक प्रधान प्रस्थिति

67. निम्नलिखित में से कौन प्रोटीन को विकृत नहीं करता है?
(a) ऊष्मा (b) अवरक्त-किरणें
(c) एक्स-किरणें (d) भारी धातु-लवण

68. ''ब्लैक होल'' संबंधी प्रथम सूचना प्रस्तुत की गई थी-
(a) एस. चन्द्रशेखर द्वारा
(b) हरमन बाण्डी द्वारा
(c) रदरफोर्ड द्वारा
(d) कोपरनिकस द्वारा

69. निम्नलिखित संयंत्रों में से किसका उपयोग अत्यधिक उच्च ताप को मापने में किया जाता है?
(a) पायरोमीटर (b) फोटोमीटर
(c) फोनोमीटर (d) पैक्नोमीटर

70. निम्नलिखित वैज्ञानिकों में से किसने ''नवीन सापेक्षता सिद्धान्त'' प्रतिपादित किया था?
(a) जे.बी. नार्लीकर
(b) एम.एम. कृष्णन
(c) एस. चन्द्रशेखर
(d) बी.डी. नाग चौधरी

71. काँसा मिश्रधातु है ताँबे और-
(a) टिन की (b) एल्यूमीनियम की
(c) चाँदी की (d) निकेल की

72. निम्नलिखित धातुओं में से कौन स्वतंत्र अवस्था में पाई जाती है?
(a) एल्यूमीनियम (b) सोना
(c) क्रोमियम (d) जस्ता

73. गैसोहोल एक मिश्रण है-
(a) गैसोलिन और मेथेनॉल का
(b) गैसोलिन और एथेनॉल का
(c) गैसोलिन और प्रोपेनॉल का
(d) मेथेनॉल और एथेनॉल का

74. वनस्पति तेलों के हाइड्रोजनीकरण में निम्नलिखित में से किस उत्प्रेरक का उपयोग किया जाता है?
(a) जस्ता (b) प्लेटिनम
(c) निकेल (d) लौह

75. कीटभक्षी पौधे जिस मृदा में उगते हैं, उसमें कमी रहती है-
(a) मैग्नीशियम की
(b) कैल्सियम की
(c) नाइट्रोजन की
(d) जल की

76. निम्नलिखित में से कौन-सा रंग सोडियम क्रोमेट द्वारा आपूर्त होता है?
(a) नीला (b) लाल
(c) हरा (d) पीला

77. आर.डी.एक्स. आविष्कृत हुआ-
(a) एल्फ्रेड नोबेल द्वारा
(b) सॉडी द्वारा
(c) बर्जीलियस द्वारा
(d) हैनिंग द्वारा

78. निम्नलिखित में से कौन जीवाश्म ईंधन होता है?
(a) एल्कोहल
(b) ईथर
(c) वाटर गैस
(d) प्राकृतिक गैस

79. निम्नलिखित तत्वों में से कौन जब वायु तथा अंधेरे में रखा जाता है, तो स्वत: दीप्त हो उठता है?
(a) लाल फॉस्फोरस
(b) श्वेत फॉस्फोरस
(c) सिन्दूरी फॉस्फोरस
(d) बैंगनी फॉस्फोरस

80. श्वसन में ऊर्जा उत्पादित होती है–
(a) ए.डी.पी. के रूप में
(b) ए.टी.पी. के रूप में
(c) एन.ए.डी. के रूप में
(d) CO_2 के रूप में

81. विटामिन बी$_{12}$ में निम्नलिखित में से कौन-सी धातु मौजूद है?
(a) कोबाल्ट
(b) लौह
(c) जस्ता
(d) मैग्नीशियम

82. निम्नलिखित में से कौन-सा रोग कवक-जनित है?
(a) प्रत्यूर्जता
(b) वर्णान्धता
(c) एड्स
(d) गंजापन

83. डी.एन.ए. में मौजूद शर्करा होती है–
(a) ग्लूकोज़
(b) फ्रक्टोज
(c) डिऑक्सीराइबोस
(d) राइबोस

84. निम्नलिखित में से कौन जैव अपघटनीय प्रदूषक है?
(a) सीवेज
(b) एस्बेस्टॉस
(c) प्लास्टिक
(d) पॉलीथीन

85. यदि '+' का अर्थ '×', '–' का अर्थ, '÷', '×' का अर्थ '–' और '÷' का अर्थ '+' हो, तो :
$9+8\div 8-4\times 9=?$
(a) 26 (b) 17
(c) 11 (d) 65

86. जिस प्रकार, 'घर', 'आश्रय' से सम्बन्धित है, उसी प्रकार, 'साबुन' किससे सम्बन्धित है?
(a) स्नानघर से
(b) सुगन्ध से
(c) सफाई से
(d) धोबी से

87. दी गई शृंखला से गलत संख्या ज्ञात कीजिए
216, 163, 120, 72, 24
(a) 216 (b) 163
(c) 72 (d) 214

88. छः मित्र वृत्ताकार रूप में केन्द्र की ओर मुँह करके बैठे हुए हैं। रूना, चारू और परी महिलाएँ हैं। वरुण, मनु और अर्पित पुरुष है। मनु, वरुण और अर्पित के मध्य बैठा है। चारू, परी और रूना के मध्य बैठी है। वरुण और परी एक-दूसरे के सामने बैठे है। रूना की दाईं ओर पुरुष बैठा है। अर्पित के एकदम दाईं और कौन बैठा है?
(a) मनु (b) चारू
(c) परी (d) वरुण

89. निम्नलिखित विकल्पों में से उस शब्द का चयन कीजिए, जो दिए गए शब्द के अक्षरों के प्रयोग से नहीं बनाया जा सकता है?
DETERMINATION
(a) DETENTION
(b) DESTINATION
(c) TERMINATE
(d) DOMINATE

90. A, D का भाई है। D, B का पिता है तथा B और C बहनें है। C का A से सम्बन्ध बताइए–
(a) चाची
(b) भतीजा
(c) चचेरी बहन
(d) भतीजी

91. यदि कुत्ते को 'बिल्ली', 'बिल्ली' को 'शेर', 'शेर' को 'बैल', 'बैल' को 'मुर्गा', 'मुर्गे' को 'हाथी' और 'हाथी' को 'गधा' कहा जाए, तो किसान किस पशु से खेत जोतेगा?
(a) कुत्ता (b) शेर
(c) गधा (d) मुर्गा

92. दिए गए विकल्पों में से सम्बन्धित का चयन कीजिए–
19 : 568 : : 25 : ?
(a) 748 (b) 623
(c) 799 (d) 654

93. x^4+x^2+1 का एक गुणनखण्ड है–
(a) x^2-x+1 (b) x^2-x-1
(c) x^2+1 (d) x^2+x-1

94. निम्न में कौन-सी संख्या एक पूर्ण वर्ग संख्या है?
(a) 548543251
(b) 548543241
(c) 548543213
(d) 548543215

95. 0.001 + 1.01 + 0.11 का मान है–
(a) 1.013 (b) 1.121
(c) 1.111 (d) 1.101

96. यदि 10 मोमबत्तियों का क्रय मूल्य 8 मोमबत्तियों के विक्रय मूल्य के बराबर हो, तो लाभ/हानि प्रतिशत है–
(a) 20% लाभ (b) 25% हानि
(c) 25% लाभ (d) 20% हानि

97. एक व्यक्ति और एक ही दिन पैदा हुए उसके जुड़वां बेटों की औसत आयु 30 वर्ष है। पिता की आयु का उसके एक बेटे की आयु से अनुपात 5 : 2 है। पिता की आयु क्या है?
(a) 50 वर्ष (b) 30 वर्ष
(c) 45 वर्ष (d) 20 वर्ष

98. 132 फीट की दूरी तक दौड़ने में एक लड़का 9 सेकेंड का समय लेता है। मील/घंटा. में उसकी गति कितनी है?
(a) 8 (b) 9
(c) 10 (d) 11

99. 10 आदमी, 10 स्त्रियाँ और 10 बच्चे किसी काम को क्रमशः 10 दिनों, 20 दिनों और 30 दिनों में पूरा कर सकते हैं, तो उसी काम को पूरा करने में 5 आदमियों, 5 स्त्रियों और पाँच बच्चों के साथ शुरू करने पर कितने दिन का समय लगेगा?
(a) 6
(b) 8
(c) 10
(d) इनमें से कोई नहीं

100. दूध और पानी का एक मिश्रण ऐसा है, जिसमें दूध, पानी का $\frac{3}{5}$ भाग है, तदनुसार, उस पूरे मिश्रण में दूध का भाग कितना है?
(a) $\frac{3}{8}$ (b) $\frac{5}{8}$
(c) $\frac{1}{8}$ (d) $\frac{1}{2}$

व्याख्या सहित उत्तर

1. (a) **2.** (b)

3. (d) राज 3077 गेहूं की एक प्रजाति है, जो देर से बोने और सींचने की स्थिति में भी 36-40 क्विंटल प्रति हैक्टेयर की औसत उत्पादक क्षमता रखती है।

4. (d)

5. (c) रूपकुण्ड (कंकाल झील) भारत के उत्तराखण्ड राज्य में स्थित एक हिम झील है, जो अपने किनारे पर पाए गए पांच सौ से अधिक कंकालों के कारण प्रसिद्ध है।

6. (b)

7. (d) नीलगिरि भारत के दक्षिणी भाग में स्थित एक पर्वतमाला है। यह पर्वतमाला पश्चिमी घाट शृंखला का हिस्सा है। इस क्षेत्र में बहुत से पर्वतीय स्थल हैं, जो उपर्युक्त पर्यटन केन्द्र बनाते हैं। नीलगिरि पर्वत शृंखला का कुछ हिस्सा तमिलनाडु, कर्नाटक और केरल में भी है। यहां की सबसे ऊंची चोटी डोडाबेट्टा है, जिसकी ऊंचाई 2637 मीटर है।

8. (b) **9.** (c) **10.** (b) **11.** (d)

12. (d) **13.** (d)

14. (c) अफगानिस्तान और पाकिस्तान के बीच की रेखा को डूरण्ड रेखा कहते हैं।

15. (b)

16. (d)

सूची-I	सूची-II
माउण्ट किनाबालू	मलेशिया
अल-बुर्ज	ईरान
एकांकागुआ	अर्जेन्टीना
किलीमंजारो	तंजानिया

17. (a) **18.** (c)

19. (a) मिशीगन झील अमेरिका की सबसे बड़ी झीलों में से एक है। इसकी सीमाएं अमेरिका के चार प्रांतों इलिनाय, इण्डियाना, विस्कासिन एवं मिशीगन से लगती हैं। मिशीगन शब्द आरम्भ में इसी झील के लिए प्रयुक्त किया जाता था, जो ओजीबे भाषा का शब्द है, जिसका मतलब होता है 'बहुत सारा पानी' यह झील क्रोएशिया देश के भौगोलिक क्षेत्र से थोड़ी बड़ी है।

20. (b) **21.** (a) **22.** (c)

23. (b) काल्पी उत्तर प्रदेश के जालौन जिले में स्थित एक नगर है। यह यमुना नदी के तट पर बसा हुआ है। माना जाता है कि काल्पी, प्राचीन काल में कालप्रिया नगरी के नाम से विख्यात थी, समय के साथ इसका नाम संक्षिप्त होकर काल्पी हो गया।

24. (b)

25. (a) राजतरंगिणी कल्हण द्वारा रचित एक संस्कृत ग्रन्थ है। राजतरंगिणी का शाब्दिक अर्थ है–राजाओं की नदी, जिसका भावार्थ है–'राजाओं का इतिहास या समय-प्रवाह' यह कविता के रूप में है। इसमें कश्मीर का इतिहास वर्णित है, जो महाभारत काल से आरम्भ होता है। राजतरंगिणी में आठ तरंग यानि अध्याय और संस्कृत में कुल 7826 श्लोक हैं।

26. (c) पालवंश का संस्थापक गोपाल (750 ई.) था। इस वंश की राजधानी मुंगेर थी। गोपाल बौद्ध धर्म का अनुयायी था। इसने ओदन्तपुरी विश्वविद्यालय की स्थापना की थी। धर्मपाल, देवपाल, नयपाल, महिपाल, नारायणपाल आदि पालवंश के प्रमुख शासक थे।

27. (b) नरसिंह वर्मन पल्लव वंश का प्रमुख शासक था। महाबलीपुरम् के एकाश्म मन्दिर, जिन्हें रथ कहा गया है, का निर्माण नरसिंह वर्मन के द्वारा ही करवाया गया था। इन मन्दिरों की संख्या सात है। रथ मन्दिरों में सबसे छोटा द्रौपदी रथ है। जिसमें किसी प्रकार का अलंकरण नहीं मिलता।

28. (b) शेरशाह सूरी, सूर साम्राज्य का संस्थापक था। शेरशाह का जन्म 1472 ई. में बजवाड़ा (होशियारपुर) में हुआ था। इसके बचपन का नाम फरीद खां था। शेरशाह की मृत्यु कालिंजर के किले को जीतने के क्रम में 22 मई, 1545 ई. को हो गई शेरशाह का मकबरा सासाराम में झील के बीच ऊंचे टीले पर निर्मित किया गया है।

29. (b) बाबर ने 1504 में काबुल पर अधिकार कर लिया और परिणामस्वरूप उसने 1507 में 'पादशाह' की उपाधि धारण की। 'पादशाह' से पूर्व बाबर 'मिर्जा' की पैतृक उपाधि धारण करता था।

30. (a) नूरजहां से संबंधित सबसे महत्वपूर्ण घटना उसके द्वारा बनाया गया 'जुन्ता गुट' था जिसमें उसका पिता गियास बेग (एत्मादुद्दौला), माता अस्मत बेगम, भाई आसफ खां तथा खुर्रम (शाहजहां) सम्मिलित थे।

31. (a)

32. (c) 22 जनवरी, 1760 को लड़े गए वांडीवाश के युद्ध में अंग्रेजी सेना को सर आयरकूट ने तथा फ्रांसीसी सेना को लाली ने नेतृत्व प्रदान किया। इस युद्ध में फ्रांसीसी पराजित हुए, यही पराजय भारत में उनके पतन की शुरुआत थी।

33. (d) 20 अप्रैल, 1627 ई. को पूना के निकट शिवनेर के दुर्ग में शिवाजी का जन्म हुआ। इनके पिता का नाम शाहजी भोंसले और माता का नाम जीजाबाई था। शिवाजी के गुरु का नाम समर्थ रामदास था।

14 जून, 1674 ई. को शिवाजी ने काशी के प्रसिद्ध विद्वान् गंगाभट्ट से अपना राज्याभिषेक रायगढ़ में करवाया तथा 'छत्रपति' की उपाधि धारण की।

34. (d) रेग्यूलेटिंग एक्ट की विसंगतियों, कम्पनी के कुशासन, अन्याय, अत्याचार के कारण कम्पनी की गिरती साख को बचाने के लिए पिट्स इंडिया एक्ट, 1784 पारित किया गया। इस अधिनियम के तहत इंग्लैण्ड सरकार का विभाग बनाया गया, जिसे नियंत्रण बोर्ड (बोर्ड ऑफ कन्ट्रोल) कहते थे। इसमें 6 सदस्य थे।

35. (c) **36.** (c) **37.** (b) **38.** (d)

39. (d) **40.** (c) **41.** (c) **42.** (b)

43. (c)

44. (b) 1 नवम्बर, 1913 ई. में अनेक भारतीयों ने लाला हरदयाल के नेतृत्व में सैन फ्रांसिस्को (अमेरिका) में गदर पार्टी की स्थापना की। सोहन सिंह भाकना इसके प्रथम अध्यक्ष, लाला हरदयाल इसके प्रथम मंत्री एवं काशीराम कोषाध्यक्ष चुने गए थे।

45. (c) जिन्ना के 14 सूत्रीय मांग पत्र की प्रमुख मांग थी–मुसलमानों के लिए पृथक् निर्वाचन की सुविधा, केन्द्रीय तथा प्रांतीय मंत्रिमंडलों में मुसलमानों के लिए एक-तिहाई प्रतिनिधित्व, मुस्लिम बहुमत वाले प्रान्तों का पुनर्गठन, राज्य की सभी सेवाओं में मुसलमानों के लिए पदों का आरक्षण आदि।

46. (b) **47.** (b)

48. (d)

दशक		दशकीय वृद्धि दर
1971-81	→	+ 24.60
1981-91	→	+ 23.87
1991-2001	→	+ 21.54
2001-11	→	+ 17.70

49. (d)

50. (d) जनगणना 2011 के आंकड़ों के अनुसार दिए गए राज्यों के जनसंख्या घनत्व निम्न हैं :

राज्य	जनसंख्या घनत्व/व्यक्ति (प्रति वर्ग किमी.)
बिहार	1106
पश्चिम बंगाल	1028
उत्तर प्रदेश	829
गुजरात	308

51. (c) जनगणना 2011 के अनुसार केरल राज्य में न्यूनतम शिशु मृत्यु दर (13) और न्यूनतम जन्मदर 14.7 थी।

52. (b) भारत के संविधान की उद्देशिका में तीन प्रकार के न्याय की व्यवस्था की गई है। ये हैं–सामाजिक, आर्थिक और राजनैतिक न्याय।

53. (b) प्राक्कलन समिति का उद्भव 1921 में स्थापित स्थायी वित्तीय समिति में देखा जा सकता है। स्वतंत्रता के पश्चात् पहली बार जॉन मथाई की सिफारिश पर 1950 में पहली प्राक्कलन समिति का गठन किया गया। इसके सदस्य लोकसभा सदस्य होते हैं। इस समिति में राज्यसभा का कोई प्रतिनिधित्व नहीं होता है। इसके सदस्यों का चुनाव प्रतिवर्ष लोकसभा द्वारा इसके सदस्यों में से किया जाता है। समिति का कार्यकाल एक वर्ष होता है। कोई मंत्री समिति का सदस्य नहीं हो सकता।

54. (b) संविधान के अनुच्छेद-123 में राष्ट्रपति को संसद के विश्रांतिकाल में अध्यादेश प्रख्यापित करने की शक्ति प्रदान की गई है। किसी अध्यादेश की अधिकतम अवधि छह महीने, संसद की मंजूरी न मिलने की स्थिति में छह हफ्तों की होती है। (संसद के दो सूत्रों के मध्य अधिकतम अवधि छह महीने होती है।) हालांकि संविधान संशोधन हेतु अध्यादेश जारी नहीं किए जा सकता है।

55. (c)

56. (a) प्रदेश में दिए गए राज्यों से निर्वाचित होने वाले लोकसभा सदस्यों की संख्या निम्न है–

राज्य	निर्वाचित लोक सभा सदस्य	राज्य सभा में सीटों की संख्या
त्रिपुरा	2	1
मिजोरम	1	1
नागालैण्ड	1	1
सिक्किम	1	1

अत: स्पष्ट है कि त्रिपुरा राज्य से लोकसभा के 2 सदस्य निर्वाचित होते हैं।

57. (b) अनुच्छेद-360 राष्ट्रपति को वित्तीय आपात की घोषणा करने की शक्ति प्रदान करता है, यदि वह संतुष्ट हो कि ऐसी स्थिति उत्पन्न हो गई है, जिसमें भारत अथवा किसी क्षेत्र की वित्तीय स्थिति खतरे में हो। वित्तीय आपात की घोषणा को, घोषणा तिथि के दो माह के भीतर संसद की स्वीकृति मिलना अनिवार्य है। अभी तक भारत में वित्तीय आपातकाल की घोषणा नहीं की गई है।

58. (c) सत्तानवां संविधान (97वां संशोधन) 2011 द्वारा अनुच्छेद 19(1) (c) में "सहकारी समिति" शब्द और अनुच्छेद 43-ख जोड़ा गया। इस संशोधन द्वारा संविधान में IX-ख भाग अन्त: स्थापित किया गया जिसमें अनुच्छेद 243 य ज से 243 य न तक, सहकारी समितियों को संवैधानिक स्तर प्रदान किया गया।

59. (a) अनुच्छेद 253 में अन्तर्राष्ट्रीय करारों को प्रभावी करने के लिए संसद को किसी संधि, करार या अभिसमय अथवा किसी अंतर्राष्ट्रीय सम्मेलन, संगम के लिए किए गए विनिश्चय के कार्यान्वयन के लिए भारत के संपूर्ण राज्यक्षेत्र या उसके किसी भाग के लिए कोई विधि बनाने की शक्ति है।

60. (c) भारत में महिलाओं को 73वें संविधान संशोधन द्वारा ग्राम पंचायतों में 30% आरक्षण दिया गया है। अनुच्छेद 243घ(3) के अनुसार पंचायतों में सभी स्तरों पर महिलाओं को एक-तिहाई आरक्षण प्रदान किया गया है। 70वां संविधान संशोधन, 1992 राष्ट्रपति के निर्वाचन में निर्वाचन मंडल के रूप में राष्ट्रीय राजधानी क्षेत्र दिल्ली विधानसभा के सदस्यों एवं केन्द्रशासित प्रदेश पुडुचेरी को भी शामिल किया गया। 71वां संविधान संशोधन, 1992 में कोंकणी, मणिपुरी और नेपाली भाषा को आठवीं अनुसूची में शामिल किया गया। इसके साथ ही अनुसूचित भाषाओं की संख्या बढ़कर 18 हो गई। जबकि 74वें संविधान संशोधन में शहरी स्थानीय निकायों को संवैधानिक स्थिति एवं सुरक्षा प्रदान की गई है। इस उद्देश्य के लिए संशोधन में नया भाग IX(क) जोड़ा गया जिसे 'नगरपालिकाएं' नाम दिया गया और नई बारहवीं अनुसूची में नगरपालिकाओं की 18 कार्यात्मक मदें जोड़ी गईं।

61. (d) भारत के संविधान ने अपने अधिकतर उपबंध विश्व के कई देशों के संविधानों तथा भारत-शासन अधिनियम 1935 के उपबंधों से लिए है। डॉ. अम्बेडकर ने गर्व से घोषणा की थी कि "भारत के संविधान का निर्माण विश्व के विभिन्न संविधानों का अध्ययन करने के बाद किया गया है।"

62. (b) संविधान की सातवीं अनुसूची के अंतर्गत राज्य सूची की प्रविष्टि-5 के तहत् स्थानीय शासन (पंचायती राज) राज्य सूची का विषय है।

63. (c) भारत में धीमें कृषि विकास के लिए कुशल श्रमिक का अभाव प्रमुख कारण है जिसके कारण से कृषि में आधुनिक तकनीकी का पूर्ण इस्तेमाल नहीं हो पा रहा है। ग्रामीण निर्धनता, कृषि का प्रमुख कारण न होकर गौण (Secondary) कारण है।

64. (d) राष्ट्रीय विकास परिषद् का गठन 6 अगस्त, 1952 को किया गया था। इसका गठन प्रथम पंचवर्षीय योजना में भारत सरकार की कार्यकारिणी की सिफारिश के बाद किया गया। यह एक गैर-संवैधानिक निकाय है। राष्ट्रीय विकास परिषद्, संसद के नीचे सबसे बड़ा निकाय है, जो सामाजिक और आर्थिक विकास में संबंधित नीति मामलों के प्रति उत्तरदायी है।

राष्ट्रीय विकास परिषद् में निम्नलिखित सदस्य होते हैं :

1. भारत का प्रधानमंत्री (इसके अध्यक्ष या प्रमुख के रूप में)
2. सभी केन्द्रीय कैबिनेट मंत्री (1967)
3. सभी राज्यों के मुख्यमंत्री
4. सभी केन्द्रशासित राज्यों के मुख्यमंत्री/प्रशासक
5. नीति आयोग के सदस्य।

65. (c) भारत की अर्थव्यवस्था के संदर्भ में सर्वप्रथम घटित होने वाली घटना बैंकिंग नियंत्रण अधिनियम का नियमन 1949 थी। शेष सभी इसके बाद हुई हैं।

66. (a) योजना आयोग द्वारा बेरोजगारी के अनुमान के संबंध में नियुक्त विशेषज्ञ कमेटी-भगवती कमेटी (1973) ने बेरोजगारी की माप के लिए तीन धारणाओं–सामान्य (मूल) स्थिति (usual status), चालू साप्ताहिक स्थिति (current weekly status) तथा चालू दैनिक स्थिति (current daily status) की संस्तुति की। एन.एस.एस.ओ. जो भारत में प्रत्येक 5 वर्ष के पश्चात् बेरोजगारी संबंधी आंकड़े एकत्रित करता है, अपने 27वें चक्र (1973) से बेरोजगारी की माप के लिए इन तीन धारणाओं का प्रयोग कर रहा है। चालू मासिक प्रस्थिति का प्रयोग NSSO द्वारा नहीं किया जाता है।

67. (b) ऊष्मा, एक्स किरणें, भारी धातु-लवण आदि प्रोटीन को विकृत करते हैं जबकि अवरक्त किरणें प्रोटीन को विकृत नहीं करती हैं।

68. (a) ब्लैक होल एक ऐसा खगोलीय क्षेत्र है जिसका गुरुत्वाकर्षण क्षेत्र इतना प्रबल होता है कि प्रकाश सहित कुछ भी इसके खिंचाव से बच नहीं पाता है। खगोलविद् सुब्रह्मण्यम चन्द्रशेखर 'चन्द्रशेखर सीमा' के सिद्धांत का प्रतिपादन करने के लिए जाने जाते हैं। इस सिद्धांत के अनुसार सफेद बौने तारे एक निश्चित द्रव्यमान प्राप्त करने के पश्चात् अपने भार में वृद्धि नहीं कर पाते। अंतत: वे ब्लैक होल बन जाते हैं। इस योगदान के लिए उन्हें 1983 में भौतिकी के नोबेल पुरस्कार से सम्मानित किया गया।

69. (a) अत्यधिक उच्च ताप को मापने के लिए पाइरोमीटर या पूर्ण विकिरण उत्तरमापी (Total radiation Pyrometer) का उपयोग किया जाता है। यह तापमापी स्टीफेन के नियम पर आधारित है। (स्टीफन का नियम ET^4)

E = उत्सर्जित विकिरण की मात्रा

T = परमताप

70. (a) नवीन सापेक्षता के सिद्धांत का प्रतिपादन जे.बी. नार्लीकर ने किया था।

71. (a) कांसे में 88 प्रतिशत तांबा जबकि 12 प्रतिशत टिन उपस्थित होता है।

72. (b) सोना धातु ही स्वतंत्र अवस्था में पाई जाती है जबकि अन्य धातुएं संबंधित अयस्क से प्राप्त की जाती हैं।

73. (b) गैसोहोल ईंधन में 10% एनहाइड्रस एथेनॉल (एथिल एल्कोहल) तथा 90% गैसोलीन (पेट्रोल) का मिश्रण है।

74. (c) उच्च दाब पर निकेल उत्प्रेरक की उपस्थिति में हाइड्रोजन वनस्पति तेलों में संयोग करके उसे वनस्पति घी में बदलता है, इस क्रिया को तेलों का हाइड्रोजनीकरण कहते हैं।

75. (c) कीटभक्षी पौधे ऐसे स्थानों पर पाए जाते हैं जहां की मिट्टी में नाइट्रोजन की कमी होती है। इसलिए ये कीटों को मारकर उनके शरीर से नाइट्रोजन प्राप्त करते हैं। भारत में ये पौधे दार्जिलिंग, नैनीताल, कश्मीर आदि स्थानों पर पाए जाते हैं।

76. (b)

77. (d) आर.डी.एक्स (R.D.X.) की खोज हैनिंग द्वारा की गई। यह एक अतिविस्फोटक पदार्थ है जिसका रासायनिक सूत्र $C_3H_6N_6O_6$ होता है। इसके अन्य नाम जैसे–साइक्लोनाइट, हेक्सोजन एवं T_4 भी है।

78. (a) प्राकृतिक गैस जीवाश्म ईंधन है। ईथर, एल्कोहल और वाटर गैस $(CO + H_2)$ का भी प्रयोग ईंधन के रूप में किया जाता है, लेकिन ये जीवाश्म ईंधन के अंतर्गत नहीं आते हैं।

79. (b) फॉस्फोरस एक अभिक्रियाशील तत्त्व है इस कारण यह मुक्त अवस्था में नहीं पाया जाता है। फॉस्फोरस के 5 अपररूप हैं :

1. श्वेत या पीला फॉस्फोरस
2. लाल फॉस्फोरस
3. सिंदूरी फॉस्फोरस
4. काला फॉस्फोरस
5. बैंगनी फॉस्फोरस

श्वेत फॉस्फोरस मोम जैसा पदार्थ होता है। इसमें लहसुन जैसी गंध होती है तथा प्रकाश में छोड़ देने पर धीरे-धीरे पीला हो जाता है। जब इसे वायु तथा अंधेरे में रखा जाता है तो यह स्वत: ही दीप्त हो उठता है। वायु से बचाने के लिए श्वेत फॉस्फोरस को जल में रखा जाता है।

80. (b) सजीव कोशिकाओं में भोजन के ऑक्सीकरण के फलस्वरूप ऊर्जा उत्पन्न होने की क्रिया को कोशिकीय श्वसन कहते हैं। यह एक कैटाबोलिक क्रिया है जो ऑक्सीजन की उपस्थिति या अनुपस्थिति दोनों ही अवस्थाओं में सम्पन्न हो सकती है। इस क्रिया के दौरान मुक्त होने वाली ऊर्जा को ATP नामक जैव अणु में संग्रहीत करके रख लिया जाता है जिसका उपयोग सजीव अपनी जैविक क्रियाओं में करते हैं।

81. (a) विटामिन B_{12} का महत्त्वपूर्ण घटक कोबाल्ट नामक खनिज लवण है। इसका रासायनिक नाम सायनोकोबालमिन है। विटामिन B_{12} वृद्धि के लिए आवश्यक होता है तथा इसकी कमी से तंत्रिका तंत्र की कार्यिकी में गड़बड़ी हो जाती है।

82. (d) गंजापन एक कवक जनित रोग है तथा एलर्जी एक स्थिति है, जिसमें प्रतिरक्षा प्रणाली बाहरी तत्त्वों पर असामान्य प्रतिक्रिया करती है। यह कई प्रकार की होती है। एड्स विषाणु जनित रोग है तथा वर्णान्धता एक आनुवांशिक रोग है।

83. (c) डी.एन.ए. जीवित कोशिकाओं के गुणसूत्रों में पाए जाने वाले तंतुनुमा अणु को डी-ऑक्सीराइबोन्यूक्लिक अम्ल या DNA कहते हैं। इसमें आनुवंशिक कूट संबंध रहता है। DNA अणु की संरचना घुमावदार सीढ़ी की तरह होती है। DNA में चार न्यूक्लियोटाइड पाए जाते हैं, जिन्हें (A.T.G.C.) कहते हैं। इन न्यूक्लियोटाइड से युक्त डिऑक्साइडों से युक्त डिऑक्सीराइबोस शर्करा भी पाई जाती है। इन न्यूक्लियोटाइडों से एक फास्फेट अणु भी जुड़ा रहता है।

84. (a) ऐसे प्रदूषक जो सूक्ष्म-जीवों जैसे जीवाणु आदि के द्वारा समय के साथ प्रकृति में सरल, हानि-रहित तत्त्वों में विभक्त हो जाते हैं, जैव विघटित प्रदूषक कहलाते हैं। जैव विघटित प्रदूषकों के कुछ उदाहरण हैं–घरेलू अपशिष्ट (कचरा), मूत्र तथा मल, वाहित मल आदि जबकि एस्बेटॉस, प्लास्टिक, पॉलीथीन जैव-अविघटित प्रदूषक के उदाहरण हैं।

85. (d) दिया गया व्यंजक $9 + 8 \div 8 - 4 \times 9$

प्रश्नानुसार, गणितीय चिह्नों को परिवर्तित करने पर,

$9 \times 8 + 8 \div 4 - 9 = ?$

$= 9 \times 8 + 2 - 9 = 72 + 2 - 9 = \boxed{65}$

86. (c) जिस प्रकार, घर से आश्रय मिलता है। उसी प्रकार, साबुन से सफाई होती है। अत: विकल्प (c) सही है।

87. (b) दी गई संख्या श्रृंखला का क्रम निम्नवत् है :

168
216 [163] 120 72 24
–48 –48 –48 –48

यहाँ, संख्या श्रृंखला के प्रत्येक पद में क्रमश: 48 अंकों की कमी हो रही है।

अत: श्रृंखला में गलत पद 163 है। इसके स्थान पर 168 आना चाहिए।

88. (c) प्रश्नानुसार, मित्रों के बैठने का क्रम निम्नवत् है

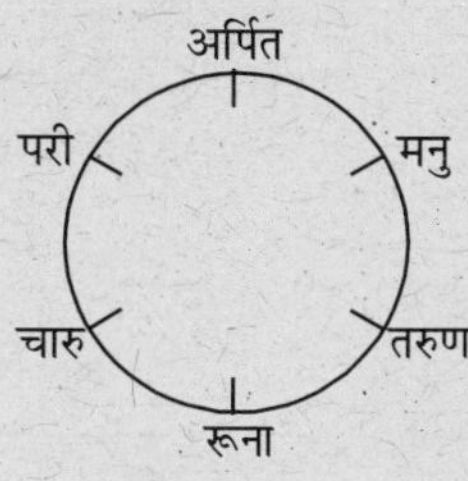

अत: अर्पित के दाईं ओर परी बैठी है।

89. (b) प्रश्नानुसार, दिए गए शब्द में 'S' अक्षर नहीं है। अत: शब्द DESTINATION नहीं बनाया जा सकता है।

90. (d) प्रश्नानुसार, सम्बन्ध आरेख बनाने पर,

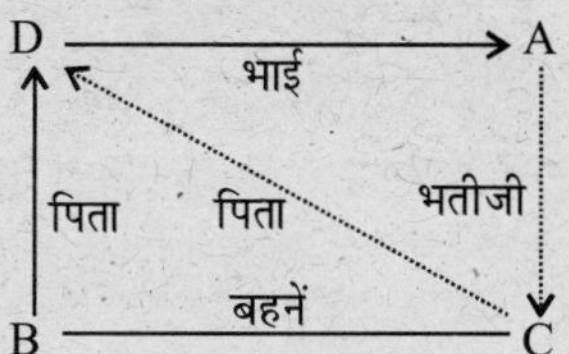

उपरोक्त आरेख से स्पष्ट है कि D, C का पिता है और A, D का भाई है तथा पिता का भाई चाचा कहलाता है।

अत: C, A की भतीजी है।

91. (d) प्रश्नानुसार, हमें ज्ञात है कि किसान बैल से खेत जोतता है, परन्तु प्रश्न में बैल को मुर्गा कहा गया है। इसलिए मुर्गा खेत को जोतेगा।

92. (a) जिस प्रकार, $19 \times 30 - 2 = 568$

उसी प्रकार, $25 \times 30 = \boxed{748}$

93. (a) $x^4 + x^2 + 1 = x^4 + x^2 + 1 + x^2 - x^2$

$= x^4 + 2x^2 + 1 - x^2$

$= (x^2 + 1)^2 - x^2$

$= (x^2 + 1 - x)(x^2 + 1 + x)$

अभीष्ट गुणनखण्ड $= x^2 - x + 1$

94. (b) $\sqrt{548543241} = 23421$

95. (b) $0.001 + 1.01 + 0.11 = 1.121$

96. (c) अभीष्ट लाभ प्रतिशत

$= \frac{10 - 8}{8} \times 100$

$= \left(\frac{1}{4} \times 100\right) = 25\%$

97. (a) पिता की आयु = 5x वर्ष

बेटे की आयु = $2x$ वर्ष

$\therefore \quad 5x + 2x + 2x = 3 \times 30$

$\Rightarrow \quad 9x = 90$

$\Rightarrow \quad x = \frac{90}{9} = 10$

पिता की आयु $= (5 \times 10) = 50$ वर्ष

98. (c) लड़के की प्रति सेकेंड चाल $= \frac{132}{9}$

$= \frac{44}{3}$ फीट/से.

$\therefore$ 1 सेकेंड में $= \frac{44}{3}$ फीट तक दौड़ता है

$\therefore$ 60 सेकेंड में $= \frac{44}{3} \times 60$ फीट तक दौड़ता है

$\therefore$ 60 मिनट में $= \frac{44}{3} \times 60 \times 60$

$= 52800$ फीट

$= \frac{52800}{3 \times 1760} = 10$ मील/घंटा

99. (d) प्रश्नानुसार,

(10×10) आदमी $= (10\times20)$ स्त्रियाँ (10×30) बच्चे

100 आदमी $=$ 200 स्त्रियाँ $=$ 300 बच्चे

1 आदमी $=$ 2 स्त्रियाँ $=$ 5 बच्चे

5 आदमी $+$ 5 स्त्रियाँ $+$ 5 बच्चे

$= \left(5+\frac{5}{2}+\frac{5}{3}\right)$ आदमी

$= \frac{30+15+10}{6} = \frac{55}{6}$ आदमी

अब 10 आदमी एक काम को 10 दिनों में पूरा करते हैं

$\therefore$ 10 आदमी का एक दिन का काम $= \frac{1}{10}$

$\therefore$ 1 आदमी का एक दिन का काम $= \frac{1}{100}$

$\therefore$ 55/6 आदमी का एक दिन का काम

$= \frac{1}{100} \times \frac{55}{6} = \frac{55}{600}$

$\therefore$ दिनों की अभीष्ट संख्या $= \frac{600}{55}$

$= 10\frac{10}{11}$ दिन

100. (a) प्रश्नानुसार,

$\because$ दूध की मात्रा $= \frac{3}{5} \times$ पानी की मात्रा

$\Rightarrow$ $\frac{\text{मिश्रण में दूध की मात्रा}}{\text{मिश्रण में पानी की मात्रा}}$

$= \frac{3}{5} = 3:5$

$\therefore$ पूरे मिश्रण में दूध का भाग

$= \frac{3}{(5+3)} = \frac{3}{8}$

❑❑❑

प्रैक्टिस सेट-19

1. निम्नलिखित में से कौन-सा रथ मन्दिर सबसे छोटा है?
(a) द्रौपदी रथ (b) भीम रथ
(c) अर्जुन रथ (d) धर्मराज रथ

2. 'घरी' अथवा 'गृहकर' लगाने वाला दिल्ली का प्रथम सुल्तान कौन था?
(a) बलबन
(b) अलाउद्दीन खिलजी
(c) मुहम्मद बिन तुगलक
(d) फिरोजशाह तुगलक

3. किस मध्ययुगीन सुल्तान को आगरा शहर की नींव डालने एवं उसे सल्तनत की राजधानी बनाने का श्रेय जाता है?
(a) इल्तुतमिश
(b) मुहम्मद बिन तुगलक
(c) फिरोजशाह तुगलक
(d) सिकन्दर लोदी

4. किस मुगल बादशाह के विरुद्ध जौनपुर से 'फतवा' जारी हुआ था?
(a) हुमायूँ (b) अकबर
(c) शाहजहाँ (d) औरंगजेब

5. इब्नबतूता भारत में किसके शासन-काल में आया?
(a) बहलोल लोदी
(b) फिरोज तुगलक
(c) गयासुद्दीन तुगलक
(d) मुहम्मद बिन तुगलक

6. निम्नलिखित यूरोपीय व्यापारिक कम्पनियों में से किसने सूरत में सर्वप्रथम अपना कारखाना स्थापित किया?
(a) डचों ने (b) अंग्रेजों ने
(c) फ्रान्सीसियों ने (d) पुर्तगालियों ने

7. सूची-I को सूची-II से सुमेलित कीजिए तथा सूचियों के नीचे दिए कूट से सही उत्तर का चयन कीजिए-

सूची-I (निर्माता)	सूची-II (स्मारक)
A. बाबर	1. जामा मस्जिद (संभल)
B. हुमायूँ	2. दीन पनाह
C. अकबर	3. जहाँगीरी महल
D. जहाँगीर	4. अकबर के मकबरे को पूर्ण करवाना

कूट :

	A	B	C	D
(a)	1	2	3	4
(b)	1	2	4	3
(c)	2	1	4	2
(d)	4	3	2	1

8. निम्नलिखित में से कौन हैदराबाद के स्वतंत्र राज्य का संस्थापक था?
(a) कमरुद्दीन खाँ
(b) मोहम्मद अमीन खाँ
(c) असद खाँ
(d) चिनकिलिच खाँ

9. लॉर्ड कार्नवालिस की कब्र कहाँ स्थित है?
(a) गाजीपुर (b) बलिया
(c) वाराणसी (d) गोरखपुर

10. किसके शासन काल में भारत में अंग्रेजी शिक्षा आरम्भ की गई?
(a) लॉर्ड विलियम केवेंडिश बैंटिंक
(b) लॉर्ड हार्डिंग
(c) लॉर्ड मिंटो
(d) लॉर्ड डलहौजी

11. सहायक सन्धि को किसके काल में क्रियान्वित किया गया?
(a) लॉर्ड कार्नवालिस
(b) लॉर्ड वैलेजली
(c) सर जान शोर
(d) लॉर्ड ऑकलैण्ड

12. निम्नलिखित में से कौन अवध का ब्रिटिश रेजीडेंट था जब अवध का ब्रिटिश साम्राज्य में विलय हुआ?
(a) जेम्स आउट्रम
(b) डब्ल्यू.एच. स्लीमैन
(c) विशप आर. हेबर
(d) जनरल लो

13. भारतीय राष्ट्रीय काँग्रेस की स्थापना के समय भारत का वायसराय कौन था?
(a) लॉर्ड रिपन (b) लॉर्ड लिटन
(c) लॉर्ड कैनिंग (d) लॉर्ड डफरिन

14. निम्नलिखित में से कौन भारतीय राष्ट्रीय कांग्रेस में उदारवादियों से जुड़ा नहीं था?
(a) फिरोजशाह मेहता
(b) दादाभाई नौरोजी
(c) गोपाल कृष्ण गोखले
(d) लाला लाजपतराय

15. चौरी-चौरा की घटना के समय महात्मा गांधी कहाँ थे?
(a) दिल्ली में (b) कलकत्ता में
(c) चौरी-चौरा में (d) बारदोली में

16. भारतीय राष्ट्रीय कांग्रेस से सम्बन्धित निम्नलिखित घटनाओं पर विचार कीजिए:
1. 1929 का भारतीय राष्ट्रीय कांग्रेस का लाहौर अधिवेशन
2. गांधी-इर्विन समझौता
3. भारतीय राष्ट्रीय कांग्रेस का कराची अधिवेशन
4. राजगुरु की फांसी

नीचे दिए गए कूट से इन घटनाओं का सही कालानुक्रम का चयन कीजिए :
(a) 1, 2, 4, 3 (b) 2, 1, 3, 4
(c) 4, 3, 2, 1 (d) 1, 2, 3, 4

17. निम्नलिखित में से किसने महात्मा गांधी के खिलाफत आन्दोलन में भागीदारी की भर्त्सना की थी?
(a) मुहम्मद अली
(b) शौकत अली
(c) अबुल कलाम आजाद
(d) एम.ए. जिन्ना

18. निम्नलिखित युग्मों में से कौन सुमेलित नहीं है?
(a) राजा राममोहन राय - ब्रह्म समाज
(b) स्वामी दयानन्द सरस्वती - आर्य समाज
(c) स्वामी विवेकानन्द - रामकृष्ण मिशन
(d) महादेव गोविन्द रानाडे - थियोसोफिकल सोसायटी

19. निम्नलिखित में से किसने 1872 में नेटिव मैरिज एक्ट को पारित कराने में महत्वपूर्ण भूमिका निभाई थी?
(a) देवेन्द्र नाथ टैगोर
(b) ईश्वर चन्द्र विद्यासागर
(c) केशव चन्द्र सेन
(d) श्याम चंद्र दास

20. "हरिजन सेवक संघ" के संस्थापक अध्यक्ष कौन थे?
(a) जी.डी. बिड़ला
(b) जे.बी. कृपलानी
(c) महात्मा गांधी
(d) विनोबा भावे

21. निम्नलिखित भारतीय राष्ट्रीय कांग्रेस के किस अधिवेशन में सुभाषचन्द्र बोस दूसरी बार अध्यक्ष चुने गये थे?
(a) हरीपुरा अधिवेशन
(b) मद्रास अधिवेशन
(c) त्रिपुरी अधिवेशन
(d) कलकत्ता अधिवेशन

22. कोयला, पेट्रोल, डीजल आदि का दहन मूल स्रोत है-
(a) जल प्रदूषण का
(b) भू-प्रदूषण का
(c) वायु प्रदूषण का
(d) ध्वनि प्रदूषण का

23. निम्नलिखित वृक्षों में कौन पारिस्थितिकी मित्र नहीं है?
(a) बबूल (b) यूकेलिप्टस
(c) नीम (d) पीपल

24. सूची-I तथा सूची-II से सुमेलित कीजिए तथा सही उत्तर का चयन नीचे दिए कूट से कीजिए-

सूची-I (दर्रा)	सूची-II (राज्य)
A. बनिहाल	1. हिमाचल प्रदेश
B. नाथूला	2. जम्मू व कश्मीर
C. नीति	3. सिक्किम
D. शिपकीला	4. उत्तराखंड

कूट :

	A	B	C	D
(a)	1	2	3	4
(b)	2	3	4	1
(c)	3	4	2	1
(d)	4	3	2	1

25. निम्नलिखित में से कौन-सी प्राकृतिक रूप से पाई जाने वाली ग्रीन हाउस गैस सर्वाधिक ग्रीन हाउस इफेक्ट करती है?
(a) कार्बन डाइऑक्साइड
(b) मीथेन
(c) ओजोन
(d) जल वाष्प

26. नदी में जल प्रदूषण के निर्धारण के लिए घुली हुई मात्रा मापी जाती है-
(a) क्लोरीन की (b) नाइट्रोजन की
(c) ओजोन की (d) ऑक्सीजन की

27. सूची-I तथा सूची-II से सुमेलित कीजिए तथा सही उत्तर का चयन सूचियों के नीचे दिए कूट से कीजिए-

सूची-I (ताँबा के क्षेत्र)	सूची-II (राज्य)
A. चन्दरपुर	1. महाराष्ट्र
B. हासन	2. आन्ध्र प्रदेश
C. खम्मान	3. राजस्थान
D. खेत्री	4. कर्नाटक

कूट :

	A	B	C	D
(a)	1	4	2	3
(b)	2	3	4	1
(c)	4	2	3	1
(d)	3	1	2	4

28. निम्नलिखित देशों में से कौन अपने चीनी उत्पादन का सर्वाधिक प्रतिशत निर्यात करता है?
(a) भारत (b) मॉरीशस
(c) मैक्सिको (d) चीन

29. कौन देश गैसोहॉल का सबसे बड़ा उत्पादक एवं उपभोक्ता है?
(a) ब्राजील
(b) क्यूबा
(c) भारत
(d) संयुक्त राज्य अमेरिका

30. विश्व की सबसे गहरी झील है-
(a) बैकाल (b) क्रेटर लेक
(c) न्यासा (d) टंगानिका

31. भारत में निम्नलिखित में से कौन नवीकरणीय ऊर्जा स्रोत सर्वाधिक संभाव्यता वाला है?
(a) सौर शक्ति
(b) जैव पुंज शक्ति
(c) लघु जल विद्युत शक्ति
(d) अपशिष्ट से अर्जित

32. नागार्जुन सागर स्थित है-
(a) गोदावरी नदी पर
(b) कृष्णा नदी पर
(c) पेनगंगा नदी पर
(d) तुंगभद्रा नदी पर

33. निम्नलिखित युग्मों में से कौन-सा सुमेलित नहीं है?

	फसल		वृहत्तम उत्पादक
(a)	आलू	-	उत्तर प्रदेश
(b)	नारियल	-	केरल
(c)	केला	-	महाराष्ट्र
(d)	तम्बाकू	-	आन्ध्र प्रदेश

34. कोरीक्रीक स्थित है-
(a) कच्छ की खाड़ी में
(b) खम्भात की खाड़ी में
(c) कच्छ के लिटिल रन में
(d) कच्छ के रन में

35. निम्नलिखित में से कौन चम्बल घाटी योजना से संबंधित नहीं है?
1. गांधी सागर
2. जवाहर सागर
3. गोविंद सागर
4. गोविन्दवल्लभ पंत सागर

सही उत्तर का चयन नीचे दिए कूट से कीजिए:
कूट :
(a) 1 एवं 2 (b) 2 एवं 3
(c) 3 एवं 4 (d) 1 एवं 4

36. निम्नलिखित में से कौन-सा युग्म सही सुमेलित नहीं है?
(a) गढ़जात पहाड़ियाँ - उड़ीसा
(b) माण्डव पहाड़ियाँ - महाराष्ट्र
(c) नल्लामल्ला पहाड़ियाँ - आन्ध्र प्रदेश
(d) शेवरॉय पहाड़ियाँ - तमिलनाडु

37. शिवसमुद्रम जलविद्युत परियोजना स्थित है-
(a) तमिलनाडु में
(b) केरल में
(c) आन्ध्र प्रदेश में
(d) कर्नाटक में

38. किस राज्य में लिग्नाइट कोयला के विशालतम भंडार हैं?
(a) गुजरात (b) केरल
(c) राजस्थान (d) तमिलनाडु

39. निम्नलिखित में से कौन शीतोष्ण कटिबंधीय मरुस्थल है?
(a) अरब मरुस्थल
(b) अटाकामा मरुस्थल
(c) कालाहारी मरुस्थल
(d) पैटागोनियन मरुस्थल

40. भारत में निम्नलिखित में से किस फसल के अन्तर्गत सर्वाधिक क्षेत्रफल है?
(a) गेहूँ (b) गन्ना
(c) मक्का (d) धान

41. निम्नलिखित में से कौन आन्ध्र प्रदेश का बन्दरगाह नगर है?
(a) काकीनाडा (b) नेल्लोर
(c) ओंगोले (d) विजयनगरम्

42. 'भारतीय उद्यमिता विकास संस्थान' स्थित है-
(a) अहमदाबाद में (b) चेन्नई में
(c) मुम्बई में (d) नई दिल्ली में

43. प्रथम पंचवर्षीय योजना की प्राथमिकता क्या थी?
(a) प्रौद्योगीकरण
(b) नगरीकरण
(c) कृषि का विकास
(d) शिक्षा का प्रसार

44. सूची-I को सूची-II से सुमेलित कीजिए तथा सूचियों के नीचे दिए कूट से सही उत्तर का चयन कीजिए-

सूची-I	सूची-II
A. हरित क्रान्ति	1. तिलहन
B. श्वेत क्रान्ति	2. खाद्यान्न
C. पीत क्रान्ति	3. मत्स्य पालन
D. नीली क्रान्ति	4. दुग्ध एवं दुग्ध उत्पाद

कूट :

	A	B	C	D
(a)	2	1	4	3
(b)	2	4	1	3
(c)	3	4	1	2
(d)	1	2	3	4

45. 'बैंक दर' से अभिप्राय उस ब्याज दर से है जो-
(a) बैंकों द्वारा जमाकर्ताओं को दी जाती है।
(b) बैंकों द्वारा ऋण लेने वालों से ली जाती है।
(c) अंतर-बैंकीय ऋणों पर ली जाती है।
(d) भारतीय रिजर्व बैंक द्वारा व्यापारिक बैंकों को दिये जाने ऋणों वाले पर ली जाती है।

46. आयात प्रक्रिया आरम्भ होती है-
(a) मेट की रसीद से
(b) सामुद्रिक बीमा से
(c) इण्डेण्ट से
(d) जहाजी बिल से

47. ड्यूटी-ड्रॉ-बैंक का आशय है-
(a) आयात शुल्क की अधिक दर
(b) निर्यातकों को आयात शुल्क की वापसी
(c) निर्यात के मामले में बाधायें
(d) निर्यातकों को निर्यात शुल्क की वापसी

48. भारत में वित्त आयोग का गठन किया जाता है-
(a) 4 वर्षों के लिए
(b) 5 वर्षों के लिए
(c) 6 वर्षों के लिए
(d) 7 वर्षों के लिए

49. जनगणना 2011 के अंतिम आंकड़ों पर आधारित उनके बालकों के लिंग-अनुपात अवरोही क्रम में व्यवस्थित कीजिए-
1. मिजोरम
2. मेघालय
3. हरियाणा
4. पंजाब

नीचे दिए गए कूट से सही उत्तर का चयन कीजिए :

कूट :
(a) 1, 2, 4, 3 (b) 2, 1, 3, 4
(c) 1, 3, 2, 4 (d) 2, 1, 3, 3

50. 2011 जनगणना के अनन्तिम आंकड़ों के अनुसार भारत में सबसे कम लिंग अनुपात है-
(a) चंडीगढ़ में
(b) दमन एवं दीव में
(c) दादरा एवं नगर हवेली में
(d) दिल्ली में

51. जनगणना 2011 की अंतिम आंकड़ों के अनुसार देश में महिलाओं की साक्षरता है लगभग-
(a) 63.5% (b) 54.5%
(c) 65.46% (d) 66.5%

52. जनगणना 2011 के अंतिम आंकड़ों के अनुसार उत्तर प्रदेश में उच्चतम साक्षरता दर वाला जनपद है-
(a) गौतम बुद्ध नगर
(b) गाजियाबाद
(c) कानपुर नगर
(d) वाराणसी

53. सूची-I को सूची-II को सुमेलित कीजिए और सूचियों के नीचे दिए कूट का उपयोग करके सही उत्तर चुनिए-

सूची-I (वैज्ञानिक)	सूची-II (आविष्कार)
A. अल्फ्रेड नोबेल	1. विकास का सिद्धांत
B. एलेक्जेंण्डर फ्लेमिंग	2. डायनामाइट
C. चार्ल्स डार्विन	3. पेन्सिलीन
D. मैडम क्यूरी	4. रेडियम का पृथक्करण

कूट :

	A	B	C	D
(a)	1	2	3	4
(b)	2	3	1	4
(c)	3	2	1	4
(d)	1	4	3	2

54. निम्नलिखित में से कौन-सा सुमेलित नहीं है?
(a) ऐन्टीफ्रीज यौगिक - एंथिलीन ग्लाइकूल
(b) ऐन्टीनॉक एजेन्ट - टेट्राएथिल लेड
(c) ऐन्टी ऑक्सीडेन्ट - B-कैरोटीन
(d) ऐन्टी बायोटिक्स - क्विनीन

55. निम्नलिखित युग्म में से कौन-सा साधारण टॉर्च सेल के टर्मिनलों को बनाता है?
(a) जिंक - कार्बन
(b) कॉपर - जिंक
(c) जिंक - कैडमियम
(d) कार्बन - कॉपर

56. निम्नलिखित में से कौन-सा सुमेलित नहीं है?
(a) ज्वरनाशी - पैरासीटामोल
(b) प्रतिफेनकारक - पॉलीएमाइड्स सिलिकॉन्स
(c) पूर्तिरोधी - ऐस्पिरिन
(d) अस्थिक्षयरोधी - कैल्सिफेरॉल (विटामिन डी)

57. निम्नलिखित में से कौन-सा विश्व का सबसे बड़ा पुष्प है?
(a) कमल (b) सूर्य मुखी
(c) रैफ्लेसिया (d) ग्लोरी लिली

58. लिटमस-अम्ल क्षार सूचक प्राप्त होता है-
(a) जीवाणु से
(b) लाइकेन से
(c) विषाणु से
(d) उपर्युक्त में से किसी से नहीं

59. मादा जनन पथ में पहुँचने के पश्चात् मानव शुक्राणु अपनी निषेचन क्षमता सुरक्षित रखते हैं-
(a) दो मिनट के लिए
(b) बीस मिनट के लिए
(c) नब्बे मिनट के लिए
(d) एक से दो दिनों के लिए

60. निम्नलिखित रोगों में कौन जीवाणु-जनित है?
(a) खिलाड़ी पाँव (b) यक्ष्मा
(c) दाद (d) थ्रश

61. मानव कलाई में नाड़ी स्पन्दन करती है-
(a) हृदय से द्रुततर
(b) हृदय से मंदतर
(c) उसी दर पर जिस पर हृदय करता है।
(d) हृदय से स्वतंत्र होकर

62. एल्कोहॉल के निराविषण के लिए निम्नलिखित मानव अंगों में कौन उत्तरदायी है?
(a) यकृत (b) फुफ्फुस
(c) हृदय (d) वृक्क

63. निम्नलिखित में से कौन-सा सुमेलित नहीं है?
(a) नॉट - जहाज के चाल की माप
(b) नॉटिकल मील - नौसंचालन में प्रयुक्त दूरी की इकाई

(c) एनगस्ट्रॉम - प्रकाश के तरंगदैर्ध्य की इकाई
(d) प्रकाश वर्ष - समय मापन की इकाई

64. निम्नलिखित में कौन-सा सुमेलित नहीं है?
(a) कोबाल्ट-60 - शरीर के अन्तरंग के अर्बुद का उपचार
(b) आयोडीन-131 - थायरॉइड अर्बुद का उपचार
(c) फास्फोरस-32 - श्वेत रक्तता का उपचार
(d) गोल्ड-198 - रेटिना दोषों का उपचार

65. वाहनों में पीछे के दृश्य को देखने के लिए कौन-सा दर्पण प्रयुक्त होता है?
(a) समतल (b) उत्तल
(c) अवतल (d) बेलनाकार

66. भारत का राष्ट्रपति राष्ट्रीय आपात की घोषणा कर सकता है, यदि खतरा है-
1. बाहरी आक्रमण का।
2. आन्तरिक अशान्ति का।
3. सशस्त्र विद्रोह का।
4. साम्प्रदायिक संघर्ष का।
कूट :
(a) केवल 1 तथा 2
(b) केवल 2 तथा 3
(c) केवल 3 तथा 4
(d) केवल 1 तथा 3

67. संसदात्मक शासन व्यवस्था में-
(a) न्यायपालिका का कार्यपालिका पर नियंत्रण होता है।
(b) कार्यपालिका का न्यायपालिका पर नियंत्रण होता है।
(c) कार्यपालिका का विधायिका पर नियंत्रण होता है।
(d) विधायिका का कार्यपालिका पर नियंत्रण होता है।

68. प्राक्कलन समिति संसद के किस सदन के सदस्यों से गठित की जाती है?
(a) दोनों सदनों के सदस्यों से
(b) राज्य सभा के सदस्यों से
(c) लोक सभा के सदस्यों से
(d) उपरोक्त में से कोई नहीं

69. भारत की संसदीय शासन प्रणाली एवं ब्रिटेन की संसदीय शासन प्रणाली में अन्तर का बिन्दु निम्नलिखित में से कौन है?
(a) सामूहिक उत्तरदायित्व
(b) न्यायिक समीक्षा
(c) द्वि-सदनात्मक व्यवस्थापिका
(d) वास्तविक एवं नाममात्र का कार्यपालिका

70. भारत में मताधिकार और निर्वाचित होने का अधिकार है-
(a) संवैधानिक अधिकार
(b) मूल अधिकार
(c) विधिक अधिकार (एक अधिनियम के अन्तर्गत)
(d) इनमें से कोई नहीं

71. निम्नलिखित शब्दों में से कौन से शब्द 42वें संवैधानिक संशोधन द्वारा प्रस्तावना में जोड़े गये हैं?
1. समाजवाद
2. ग्राम स्वराज
3. पंथ निरपेक्षता
4. सम्पूर्ण प्रभुत्व सम्पन्न
सही उत्तर का चयन नीचे दिये कूटों के उपयोग से कीजिए :
कूट :
(a) 1, 2, 3 (b) 1, 3, 4
(c) 1, 2, 4 (d) 2, 3, 4

72. संविधान के निम्नलिखित अनुच्छेदों में से किस एक के अन्तर्गत संघ की कार्यपालिका शक्तियाँ राष्ट्रपति में निहित हैं?
(a) अनुच्छेद 51 (b) अनुच्छेद 52
(c) अनुच्छेद 53 (d) अनुच्छेद 54

73. भारत का संविधान निम्नलिखित अनुच्छेदों में से किस एक के अन्तर्गत एक निर्वाचन आयोग का प्रावधान करता है?
(a) अनुच्छेद 321 के अन्तर्गत
(b) अनुच्छेद 322 के अन्तर्गत
(c) अनुच्छेद 323 के अन्तर्गत
(d) अनुच्छेद 324 के अन्तर्गत

74. भारत का संविधान पूर्ण रूप से तैयार हुआ था-
(a) जनवरी 26, 1950 तक
(b) नवम्बर 26, 1949 तक
(c) फरवरी 11, 1948 तक
(d) उपर्युक्त में से कोई नहीं

75. पंचायती राज व्यवस्था की स्थापना के लिए अनुशंसा की गई थी-
(a) भारत सरकार अधिनियम 1935 द्वारा।
(b) क्रिप्स मिशन 1942 द्वारा।
(c) भारत का स्वतंत्रता अधिनियम 1947 द्वारा।
(d) 1957 की बलवन्त राय मेहता समिति की रिपोर्ट द्वारा।

76. मौलिक अधिकारों की संरक्षक हैं-
(a) न्यायपालिका
(b) कार्यकारिणी
(c) संसद
(d) उपर्युक्त में से कोई नहीं

77. 'आर्थिक समीक्षा' को तैयार करने तथा प्रकाशित करने का दायित्व निम्नलिखित में से किसको है?
(a) योजना आयोग को
(b) योजना तथा कार्यक्रम क्रियान्वयन मंत्रालय को
(c) वित्त मंत्रालय को
(d) भारतीय रिजर्व बैंक को

78. भारतीय रिजर्व बैंक ने सूक्ष्म वित्त के अध्ययन तथा उस पर सुझावों द्वारा एक समिति का गठन किया था। इसके अध्यक्ष थे-
(a) वाई.एच. मालेगाम
(b) आबिद हुसैन
(c) विमल जालान
(d) राकेश मोहन

79. निम्नलिखित में से कौन-सा एक इंग्लिश ईस्ट इण्डिया कम्पनी द्वारा लाई गई भू-राजस्व नीति से सम्बन्ध रखता है?
(a) पिट्स इण्डिया एक्ट
(b) महालवारी बन्दोबस्त
(c) रेग्युलेटिंग एक्ट
(d) सहायक सन्धि

80. निम्नलिखित में से कौन-सी एक अटलाण्टिक महासागर में शीत धारा है?
(a) गल्फ स्ट्रीम (b) बेंगुएला धारा
(c) पेरु धारा (d) ब्राजील धारा

81. भारत का स्वर्णित चतुर्भुज निम्नलिखित में से किन स्थानों को जोड़ता है?
(a) श्रीनगर-पोरबन्दर-कन्याकुमारी-सिल्वर
(b) दिल्ली-मुम्बई-चेन्नई-कोलकाता
(c) दिल्ली-मुम्बई-कन्याकुमारी-कोलकाता
(d) जम्मू-अहमदाबाद-चेन्नई-कोलकाता

82. भारत के राष्ट्रपति ने हाल ही में भारत के उत्तर-पूर्वी राज्यों में से तीन राज्यों में पृथक् उच्च न्यायालय स्थापित करने का अनुमोदन प्रदान किया है।
(a) अरुणाचल प्रदेश
(b) मणिपुर
(c) मेघालय
(d) त्रिपुरा

83. मानव अधिकार विधि के एक ढांचे के भाग के रूप में, सभी मानव अधिकार–
1. अन्योन्याश्रित हैं।
2. अन्तःसम्बन्धित हैं।
3. अविभाज्य हैं।
नीचे दिए गए कूटों का प्रयोग कर सही उत्तर चुनिए-
(a) 1, 2 और 3 (b) 2 और 3
(c) 1 और 3 (d) केवल 2

84. सूची-I को सूची-II से सुमेलित कीजिए और नीचे दिए गए कूटों का प्रयोग कर सही उत्तर चुनिए-

सूची-I (गवर्नर जनरल)	सूची-II (महत्त्वपूर्ण नीति)
A. लॉर्ड कॉर्नवालिस	1. बंगाल का विभाजन
B. लॉर्ड वेलेजली	2. राज्य अपहरण नीति
C. लॉर्ड डलहौजी	3. स्थायी बंदोबस्त
D. लॉर्ड कर्जन	4. सहायक सन्धि

कूट :

	A	B	C	D
(a)	3	4	2	1
(b)	1	2	4	3
(c)	3	2	4	1
(d)	1	4	2	3

85. 'आधारभूत ढाँचा' का सांवैधानिक सिद्धान्त निम्न में से किसके द्वारा आविष्कृत है?

(a) कार्यपालिका (b) न्यायपालिका
(c) विधायिका (d) सिविल समाज

86. वह छोटी से छोटी संख्या ज्ञात कीजिए जिसमें संख्याएँ 27, 42, 63, 84 से भाग देने पर हर दशा में 21 शेष बचे-

(a) 760 (b) 745
(c) 777 (d) 767

87. यदि $\sqrt{\left(1+\frac{27}{169}\right)}=\left(1+\frac{x}{13}\right)$, तब x का मान है—

(a) 1 (b) 3
(c) 5 (d) 7

88. पाँच कक्षाओं (I से V) में छात्रों की औसत संख्या 29 है। यदि कक्षा I, III और V में छात्रों की औसत संख्या 30 है, तो कक्षा II और IV में छात्रों की कुल संख्या होगी-

(a) 45
(b) 55
(c) 50
(d) निश्चित नहीं की जा सकती

89. 120 से 90 पाने हेतु जितने प्रतिशत का ह्रास करना है, वह है-

(a) 30% (b) 25%
(c) 20% (d) $33\frac{1}{3}\%$

90. 10 व्यक्तियों के एक समूह की औसत उम्र तब 2 वर्ष बढ़ जाती है जब समूह में एक 25 वर्षीय व्यक्ति को एक नए आदमी को शामिल कर लिया जाता है। तो नये व्यक्ति की उम्र क्या है?

(a) 35 वर्ष (b) 40 वर्ष
(c) 45 वर्ष (d) 50 वर्ष

91. एक संख्या में 3 अंक है बीच वाला अंक दूसरे दो अंकों का योग है प्रथम अंक तीसरे अंक के वर्ग के बराबर है, तो संख्या है-

(a) 121 (b) 442
(c) 993 (d) इनमें से कोई नहीं

92. एक हौज के साथ दो नलों जिनमें से एक पूर्ति पर एवं दूसरा निकास पर लगे हुए हैं। यदि दोनों नल एक साथ खोल दिए जाएँ, तो हौज 9 घंटे में भर जाता है, लेकिन निकास-नल को पूर्ति-नल खोलने के एक घंटा बाद खोला जाए, तो हौज 7 घंटे में भर जाता है। खाली हौज को पूर्ति-नल द्वारा भरने में लगा समय है–

(a) 2 घंटे 47 मिनट
(b) $3\frac{1}{2}$ घंटे
(c) 3 घंटे
(d) 3 घंटे 32 मिनट

93. किसी कक्षा में लड़कियों की संख्या, लड़कों की संख्या की 5 गुनी है, तो निम्नलिखित में से कौन-सी संख्या कक्षा के कुल बच्चों की संख्या नहीं होगी ?

(a) 24 (b) 30
(c) 35 (d) 42

94. एक लड़के की ओर इशारा करते हुए, रीना कहती है कि वह मेरे दादाजी की इकलौती सन्तान का इकलौता पुत्र है। रीना का उस लड़के से क्या सम्बन्ध है ?

(a) माता
(b) बहन
(c) मामी
(d) निर्धारित नहीं किया जा सकता है।

95. 30 मिनट में घड़ी की घण्टे वाली सुई कितने अंश घूम जाएगी ?

(a) 10° (b) 20°
(c) 24° (d) 15°

96. नीचे एक अनुक्रम दिया गया है जिसमें एक संख्या को छोड़कर सम्पूर्ण अनुक्रम एक निश्चित नियम का अनुसरण करता है, आपको उस संख्या का पता लगाना है, जो इस नियम का पालन नहीं करती
255, 130, 66, 34, 18, 8, 6

(a) 130 (b) 66
(c) 34 (d) 8

97. यदि किसी सांकेतिक भाषा में MOTHERS को OMVGGPU लिखा जाता है, तो उसी भाषा में आप BROUGHT को किस प्रकार लिखेंगे?

(a) DQPTIFV
(b) DQPITFV
(c) DPQTIFV
(d) DPQTIVF

98. दी गई श्रेणी में लुप्त संख्या ज्ञात करो।
2, 9, 25, 82, 335, ?

(a) 1326 (b) 1584
(c) 1682 (d) 1985

99. यदि जोड़ के स्थान पर ↓, घटाने के स्थान पर ↑, भाग के स्थान पर ↗, गुणा के स्थान पर ↖, बराबर के स्थान पर ← हो, तो कौन-सा विकल्प सही है ?

(a) 24 ↗ 6 ↓ 6 ↖ 4 ↑ 20 ← 0
(b) 24 ← 6 ↑ 6 ↖ 4 ↓ 20
(c) 24 ← 6 ↓ 6 ↗ 4 ↑ 20
(d) 24 ↗ 6 ↑ 6 ↖ 4 ↓ 20 ← 0

100. यदि एक कूट भाषा में RAMAN को '5', 'PRASHANT' को '8' लिखा जाता है, तो TIMTIM को क्या लिखा जाएगा ?

(a) 6 (b) 7
(c) 8 (d) 5

व्याख्या सहित उत्तर

1. (c) पल्लव वंश के शासकों ने मामल्लपुरम में रथ मंदिरों का निर्माण किया। नरसिंह वर्मन-1 ने वातापीकोण्ड एवं महामल्ल की उपाधि धारण की एवं इसी के समय ही मामल्लशैली का विकास हुआ। इस शैली के अंतर्गत दो प्रकार के स्मारक बने–मण्डप तथा एकाश्म मंदिर, जिन्हें रथ कहा गया। प्रमुख रथ मंदिर-द्रौपदी रथ, नकुल-सहदेव रथ, अर्जुन रथ, भीम रथ, धर्मराज रथ, गणेश रथ, वलैकुट्टै रथ। इनमें द्रौपदी रथ सबसे छोटा एवं धर्मराज रथ सबसे बड़ा है। इन रथों को 'सप्त पैगोड़ा' भी कहा जाता है।

• पल्लव शासक नरसिंह वर्मन-II ने 'राजसिंह शैली' का प्रारम्भ किया इसके अंतर्गत इमारती मंदिरों का निर्माण कराया गया। नरसिंह वर्मन-II ने कांची के कैलाशनाथ मंदिर एवं महाबलीपुरम् के शोर मंदिर का निर्माण कराया।

2. (b) 'घरी' (गृहकर) एवं चराई कर अलाउद्दीन खिलजी ने लगाए थे। अलाउद्दीन खिलजी अपनी बाजार नियंत्रण व्यवस्था के लिए प्रसिद्ध है। अलाउद्दीन खिलजी पहला मध्यकालीन शासक है जिसने सार्वजनिक वितरण प्रणाली प्रारम्भ की। इसके अंतर्गत उसने कम कीमत पर खाद्यान्न एवं अन्य आवश्यक वस्तुएं जनता को उपलब्ध कराया।

3. (d) सिकंदर लोदी ने 1504 ई. में आगरा शहर की स्थापना की एवं 1506 ई. में आगरा को दिल्ली सल्तनत की राजधानी बनाया तथा यहां बादलगढ़ नामक किला बनवाया।

4. (b) सन् 1580 में जौनपुर के काजी मुल्ला यज़्दी ने अकबर की धार्मिक सहिष्णुता की नीति के विरोध में उसके विरुद्ध फतवा जारी किया।

5. (d) इब्नबतूता मोरक्को का निवासी था जो मुहम्मद बिन तुगलक के काल में सन् 1334 में भारत आया। उसने 'रेहला' नामक पुस्तक की रचना की थी। सन् 1341 में मोहम्मद बिन तुगलक ने उसे चीन में अपना दूत बनाकर भेजा था।

6. (b) जहांगीर ने सूरत में अंग्रेजों को व्यापारिक कोठी खोलने की अनुमति प्रदान की। उसकी अनुमति से सन् 1613 में अंग्रेजों ने सूरत में प्रथम फैक्ट्री खोली।

- अंग्रेजों ने दक्षिण भारत में अपना पहला कारखाना 1611 ई. में मसूलीपट्टम में स्थापित किया था।
- अंग्रेजों ने बंगाल में अपनी प्रथम कोठी (गोदाम) 1651 ई. में हुगली में तत्कालीन बंगाल के सूबेदार शाहजहां के द्वितीय पुत्र शाहशुजा की अनुमति से बनाई थी।
- व्यापार हेतु भारत आने वाले यूरोपीय लोगों में पुर्तगाली सर्वप्रथम आए। यूरोपीय लोगों का भारत आने का क्रम–पुर्तगाली → डच → अंग्रेज → फ्रांसीसी। उल्लेखनीय है कि फ्रांसीसी भारत में सबसे बाद में आए एवं सबसे बाद में गए।

7. (a) रूहेलखंड में सम्भल की जामा मस्जिद का निर्माण बाबर ने करवाया। सन् 1534-35 में दीनपनाह नगर (दिल्ली में) का निर्माण हुमायूं ने, आगरा में जहांगीर महल का निर्माण अकबर ने तथा सिकंदरा स्थित अकबर के मकबरे की योजना अकबर ने बनाई किंतु इसका निर्माण जहांगीर के काल में पूर्ण हुआ।

8. (d) हैदराबाद के स्वतंत्र राज्य की स्थापना दक्कन के मुगल सूबेदार चिनकिलिच खां ने सन् 1724 में की। चिनकिलिच खां को फर्रूखसियर ने निजामउलमुल्क की उपाधि दी। मुगल सम्राट मुहम्मद शाह ने उसे आसफजाह की उपाधि प्रदान की तथा मुगल साम्राज्य का वजीर बना दिया था।

9. (a) लॉर्ड कार्नवालिस सन् 1786 से सन् 1793 तक बंगाल का गवर्नर जनरल रहा तथा सन् 1805 में दूसरी बार गवर्नर-जनरल बनकर भारत आया किंतु भारत पहुंचते ही सन् 1805 में कुछ माह बाद ही गाजीपुर (उ.प्र.) में उसकी मृत्यु हो गई। गाजीपुर में ही कार्नवालिस की समाधि बनी हुई है। इस तरह कार्नवालिस दो बार बंगाल का गवर्नर-जनरल बनने वाला एकमात्र व्यक्ति था।

10. (a) लॉर्ड विलियम बैंटिक (सन् 1828-35) के काल में शिक्षा को लेकर प्राच्य शिक्षा के समर्थकों व आंग्ल-शिक्षा के समर्थकों के बीच विवाद था। अतः विवाद से निपटने हेतु विलियम बैंटिक ने लॉर्ड मैकाले को भाषा के विवाद पर रिपोर्ट प्रस्तुत करने को कहा। मैकाले ने सन् 1835 में अपना स्मरण-पत्र (मैकाले मिनट) प्रस्तुत किया। बैंटिक ने इसे स्वीकार कर लिया जिसके अनुसार अंग्रेजी भाषा को ही प्रशासन व उच्च शिक्षा का आधार माना गया।

11. (b) वैलेजली ने सहायक संधि की प्रणाली शुरू की, जिसके तहत देशी रियासतों को कम्पनी की सेना तथा एक ब्रिटिश रेजीडेंट को अपनी रियासत में रखने तथा इसके बदले एक निश्चित धनराशि कम्पनी को देने की शर्तें निहित थीं। इसके साथ ही राजाओं को अपनी विदेश-नीति भी कम्पनी के अधीन करनी होती थी। सहायक संधि को सर्वप्रथम सन् 1798 में हैदराबाद के निज़ाम ने स्वीकार किया। इसके बाद मैसूर (1799) ई., तंजौर (1799) ई., अवध (1801) ई., पेशवा (1802) ई., भोंसले (1803) ई., सिंधिया (1803) ई. ने इसे स्वीकार किया।

12. (a) सन् 1854 में कर्नल जेम्स आउट्रम लखनऊ का रेजीडेंट बना, उसने वहां के प्रशासन की दुर्दशा का वर्णन किया। नवाब वाजिद अलीशाह के समय आउट्रम रिपोर्ट के आधार पर कुशासन का आरोप लगाकर सन् 1856 में लॉर्ड डलहौजी ने अवध को ब्रिटिश साम्राज्य में मिला लिया। जेम्स आउट्रम अवध विलय के समय अवध का रेजीडेंट था।

13. (d) लॉर्ड डफरिन के समय भारतीय राष्ट्रीय कांग्रेस की स्थापना ए.ओ. ह्यूम ने की थी। भारतीय राष्ट्रीय कांग्रेस की स्थापना 28 दिसम्बर, 1885 ई. में बम्बई (वर्तमान मुम्बई) ए.ओ. ह्यूम ने की।

डफरिन के कार्यकाल की प्रमुख घटनाएं-

- तृतीय आंग्ल-बर्मा युद्ध (1885-88 ई.) बंगाल कृषक अधिनियम पारित (1885 ई.)
- भारतीय स्त्रियों की रक्षा हेतु 'लेडी डफरिन फंड' की स्थापना 1885 ई. में हुई।
- पंजाब टेनेसी एक्ट पारित हुआ (1887 ई.)।
- 1887 ई. में इलाहाबाद विश्वविद्यालय की स्थापना की गई।

14. (d) लाला लाजपत राय कांग्रेस की उग्रवादी विचारधारा से संबंधित थे। अन्य उग्रवादी विचारधारा वाले लोग थे–बाल गंगाधर तिलक, बिपिन चंद्र पाल, अरबिंद घोष। लाला लाजपत राय ने "साइमन कमीशन वापस जाओ" और "मेरे सिर पर लाठी का एक-एक प्रहार अंग्रेजी शासन के ताबूत की कील साबित होगा" जैसे प्रसिद्ध नारे दिए।

15. (d) असहयोग आंदोलन के दौरान गोरखपुर जनपद में स्थित चौरी-चौरा नामक स्थान पर 5 फरवरी, 1922 को भीड़ ने पुलिस के 22 जवानों को जिन्दा जला दिया। यह भीड़ अपने नेता भगवान अहीर की गिरफ्तारी का विरोध कर रही थी। हिंसा के परिणामस्वरूप 12 फरवरी, 1922 को गांधी जी ने बारदोली में हुई कांग्रेस की बैठक में असहयोग आंदोलन वापस ले लिया।

16. (a)
- भारतीय राष्ट्रीय कांग्रेस की लाहौर अधिवेशन : 1929 ई.
- गांधी-इरविन समझौता : 5 मार्च, 1931;
- भगत सिंह, राजगुरु का फांसी : 23 मार्च, 1931;
- भारतीय राष्ट्रीय कांग्रेस का कराची अधिवेशन : 26 मार्च, 1931।

17. (d) मोहम्मद अली जिन्ना ने खिलाफत आंदोलन में गांधीजी की भागीदारी की आलोचना की। उल्लेखनीय है कि भारत में खिलाफत आंदोलन सन् 1919 से सन् 1924 तक चला। तुर्की में ओटोमान साम्राज्य के शासक अब्दुल हमीद द्वितीय (सन् 1876-1909) ने अपनी सुल्तान खलीफा की हैसियत से एक इस्लामिक आंदोलन चलाया। प्रथम विश्व युद्ध में ब्रिटेन द्वारा तुर्की पर हमला करने एवं तुर्की के टुकड़े हो जाने पर इस आंदोलन की आग भारत में भी फैली। तुर्की के खलीफा साम्राज्य के लिए भारत में भी सहानुभूति थी। भारत में सितम्बर, 1919 में खिलाफत आंदोलन प्रारम्भ हुआ। भारत में इसका नेतृत्व अली बंधुओं शौकत अली, मोहम्मद अली, अबुल कलाम आजाद, डॉ. एम.ए. अंसारी और हसरत मोहानी इत्यादि ने किया।

18. (d) ब्रह्म समाज की स्थापना सन् 1828 में राजा राममोहन राय ने बंगाल में की। आर्य समाज की स्थापना 10 अप्रैल, 1875 को स्वामी दयानंद सरस्वती द्वारा बम्बई में की गई। रामकृष्ण मिशन की स्थापना 1 मई, 1897 को स्वामी विवेकानन्द द्वारा की गई। थियोसोफिकल सोसायटी की स्थापना न्यूयॉर्क में कर्नल आल्कॉट और मैडम ब्लावट्स्की द्वारा की गई। भारत में इसका प्रसार मैडम एनी बेसेंट द्वारा किया गया। महादेव गोविंद रानाडे ने पूना सार्वजनिक सभा और प्रार्थना समाज की स्थापना में अपना सहयोग दिया था।

केशवचंद्र सेन ने ब्रह्म समाज, जिसकी स्थापना 20 अगस्त, 1828 को राजा राममोहन राय ने की थी, से अपने आपको अलग करके 'आदि ब्रह्म समाज' की स्थापना की। यही आगे चलकर 'भारतीय ब्रह्म समाज' कहलाया।

19. (c) सन् 1872 में नेटिव मैरिज एक्ट को पारित कराने में केशव चंद्र सेन ने महत्त्वपूर्ण भूमिका निभाई थी। इस एक्ट को 'सिविल मैरिज एक्ट' भी कहते हैं। इस एक्ट के तहत 14 वर्ष से कम आयु की लड़की तथा 18 वर्ष से कम आयु के लड़कों का विवाह वर्जित कर दिया गया था।

20. (a) 30 सितम्बर, 1932 को महात्मा गांधी ने 'ऑल इंडिया अनटचेबिलिटी लीग' (बाद में हरिजन सेवक संघ समाज) की स्थापना की। इसके प्रथम अध्यक्ष जी.डी. बिड़ला थे।

21. (c) सन् 1938 में हरिपुरा अधिवेशन में सुभाषचंद्र बोस निर्विरोध अध्यक्ष पद पर निर्वाचित हुए थे। सन् 1939 के त्रिपुरी अधिवेशन में सुभाष चंद्र बोस ने गांधी जी द्वारा समर्थित उम्मीदवार पट्टाभि सीतारमैय्या को 1377 के मुकाबले 1580 मतों से पराजित कर दूसरी बार कांग्रेस के अध्यक्ष चुने गए परन्तु कार्य समिति के सदस्यों द्वारा समिति में भाग लेने से इन्कार के कारण सुभाष चंद्र बोस ने अध्यक्ष पद से इस्तीफा दे दिया। डॉ. राजेन्द्र प्रसाद को बोस की जगह कांग्रेस अध्यक्ष बनाया गया। 3 मार्च, 1939 को सुभाष चंद्र बोस ने 'फारवर्ड ब्लॉक' की स्थापना की।

22. (c) कोयला, पेट्रोल व डीजल के दहन के दौरान मुख्यत: CO_2 (कार्बन ऑक्साइड) गैसें उत्सर्जित होती हैं। अल्प मात्रा में नाइट्रोजन व सल्फर डाइऑक्साइड व अन्य भी निकलती हैं। ये सभी गैसें वातावरण में जाकर वायु को प्रदूषित करती हैं।

23. (b) यूकेलिप्टस (Eucalyptus) वृक्ष की उत्पत्ति ऑस्ट्रेलिया से हुई है और अब यह विश्व के अन्य देशों में फैलता जा रहा है। इसकी विशेषता यह है कि यह किसी भी तरह की मिट्टी में बहुत तेजी से बढ़ता है। इस कारण इसे लोगों द्वारा बढ़ावा दिया जाने लगा है। लेकिन इसे पारिस्थितिकी की मित्र नहीं माना जाता, क्योंकि यह अपने आस-पास के क्षेत्र से काफी मात्रा में पानी व पोषक तत्त्वों को सोख लेता है, जिससे पानी की मात्रा भूमि में कम होती है व भूमि बंजर होना शुरू हो जाती है। इसी कारण इसे 'आतंकवादी पौधा' भी कहा जाता है।

24. (b) **भारत के प्रमुख दर्रे-**

जम्मू कश्मीर
- बनिहाल दर्रा
- चांग्ला दर्रा
- फ़ोतु दर्रा
- खारदेगु दर्रा
- लुंगालाचा दर्रा
- मारसिमिक दर्रा

हिमाचल प्रदेश
- रोहतांग दर्रा
- लामखागा दर्रा
- कुंजुम दर्रा
- इंद्राहार दर्रा

उत्तराखंड
- नामा दर्रा
- सिन ला
- ट्रेल दर्रा

सिक्किम
- नाथुला
- जेलेप ला
- गोएचा ला
- डोंगखाला

अरुणाचल प्रदेश
- सेला दर्रा

25. (d) कार्बन डाइऑक्साइड, मीथेन, ओजोन, सल्फर डाइऑक्साइड, जल वाष्प प्रमुख ग्रीन हाउस गैसें हैं, जो ग्लोबल वार्मिंग के लिए प्रमुख रूप से उत्तरदायी हैं। उपरोक्त में से जलवाष्प प्राकृतिक रूप से पाई जाने वाली गैस है जो सर्वाधिक ग्रीन हाऊस इफेक्ट पैदा करती है। शेष गैसों के लिए मानवीय क्रियाकलाप भी उत्तरदायी होते हैं जिससे इनकी मात्रा परिवर्तित होती रहती है।

26. (d) बी.ओ.डी. (Biological Oxygen Demand) एक रासायनिक प्रक्रिया है जिसके द्वारा पानी में घुली ऑक्सीजन की मात्रा ज्ञात करते हैं जिससे पानी में जैविक प्रदूषण की मात्रा ज्ञात करते हैं।

- भारत में बहने वाली नदियों में गंगा में बी.ओ.डी. की मात्रा सबसे अधिक है।
- दामोदर नदी अपने जैविक प्रदूषकों के कारण 'जैविक मरुस्थल' कहलाती है।

27. (a) भारत में तांबा के उत्पादन में क्रमश: झारखंड, राजस्थान, मध्य प्रदेश, आंध्र प्रदेश, महाराष्ट्र, कर्नाटक आदि राज्य मुख्य हैं। झारखंड में सिंहभूम व हजारीबाग जिलों की मोसाबानी, घाटशिला तथा धोबानी आदि मुख्य खानें हैं। राजस्थान में झुँझनूँ, भीलवाड़ा, अलवर व सिरोही जिलों की खेतड़ी-सिंघाना, खोंदरीबा, खत्री, बाल्दा आदि मुख्य तांबा उत्पादक खानें हैं। राजस्थान के जावर खान से जस्ते के साथ तांबा भी निकाला जाता है। मध्य प्रदेश में बालाघाट जिले में देश की सबसे बड़ी खुली खदान मलाजखंड स्थित है। महाराष्ट्र के कोल्हापुर व चंदरपुर भी तांबा उत्पादक क्षेत्र हैं। कर्नाटक में चीतल, दुर्ग, हासन, रामचुर आदि तांबा उत्पादक जिले हैं तथा आंध्र प्रदेश के गुंटूर जिले में अग्निमुण्डला ताम्रपेटी में खम्मान तांबा उत्पादक क्षेत्र मुख्य है।

28. (a) भारत उच्च कोटि की चीनी निर्यात कर अंतर्राष्ट्रीय बाजार से निम्न कोटि की चीनी आयात करता है। भारत चीनी उत्पादन का 60% से अधिक भाग निर्यात करता है। विश्व में गन्ने के क्षेत्रफल में ब्राजील तथा उत्पादन में भारत का प्रथम स्थान है। भारत विश्व का 11.8%, ब्राजील 11.5%, चीन 6.0%, यू.एस.ए. 5.6%, ऑस्ट्रेलिया 5.8% गन्ने का उत्पादन करते हैं। वैसे विश्व में चीनी का सबसे बड़ा निर्यातक देश क्यूबा तथा आयातक देश यू.एस.ए. (28%) है।

29. (a) गैसोहॉल, पेट्रोल एवं एल्कॉहल के मिश्रण से (रासायनिक विधि से) तैयार किया जाता है। एल्कोहल में अधिकतर एथेनॉल प्रयोग होता है। एथेनॉल का उत्पादन गन्ने के अपशिष्टों से किया जाता है। विश्व में सर्वाधिक गैसोहॉल का उत्पादन व उपभोग ब्राजील देश में होता है। इसके अलावा थाईलैंड, बर्मा, कंबोडिया, मलेशिया, सिंगापुर आदि देशों में भी गैसोहॉल का उत्पादन व उपभोग किया जाता है।

30. (a) बैकाल झील रूस के साइबेरिया में स्थित मीठे पानी की झील है। यह विश्व की सबसे गहरी झील है। इस झील के क्षेत्र में अनेक औद्योगिक नगर हैं और समीप से साइबेरियन रेलमार्ग होकर गुजरता है। उल्लेखनीय है कि समान खारेपन वाले स्थानों को मिलाकर खींची गई रेखा को 'समलवण रेखाएं' (Isho-haline) कहते हैं।

31. (a) ऊर्जा के परम्परागत स्रोत कोयला, पेट्रोलियम पदार्थ, नाभिकीय पदार्थ, जल आदि की सीमित मात्रा को देखते हुए गैर-परम्परागत व नवीकरणीय ऊर्जा पर सरकार विशेष जोर दे रही है। इसी क्रम में सौर ऊर्जा, पवन ऊर्जा, जल ऊर्जा, जैव ऊर्जा आदि पर कई परियोजना देशभर में संचालित हैं। सौर ऊर्जा शक्ति के अधिक लाभकारी होने से तथा हमारे देश में लगभग 330 दिन (वर्षभर में) सौर किरणें उपलब्ध होने से यह अधिक व्यापक हो रही है। 11 जनवरी, 2010 को नई दिल्ली में विज्ञान भवन में प्रधानमंत्री द्वारा 'जवाहरलाल नेहरू राष्ट्रीय सौर ऊर्जा मिशन' संक्षेप में राष्ट्रीय सौर ऊर्जा मिशन का उद्घाटन किया गया। इस मिशन का उद्देश्य है वर्ष 2022 तक 20 गीगा वाट ऊर्जा का उत्पादन करना लक्षित है। 2022 तक ग्रामीण क्षेत्रों में दो करोड़ सौर प्रकाशीय प्रणालियां लगाना इसमें निहित है।

32. (b) नागार्जुन सागर परियोजना आंध्र प्रदेश में 'नदीकोड' गांव के पास स्थित है। यह परियोजना कृष्णा नदी पर निर्मित है। यह परियोजना सन् 1963-64 में बनकर पूर्ण हुई थी। इस परियोजना का मुख्य उद्देश्य सिंचाई सुविधा उपलब्ध करवाना है। यह आन्ध्र प्रदेश के मध्यवर्ती क्षेत्रों को सिंचाई सुविधा उपलब्ध करवाती है।

33. (c) केले का सर्वाधिक उत्पादन करने वाला राज्य तमिलनाडु है। भारत में केले के कुल उत्पादन का 19% अकेले तमिलनाडु में होता है परन्तु प्रति हेक्टेयर उत्पादकता में महाराष्ट्र का प्रथम स्थान है।

34. (d) कोरी क्रीक गुजरात राज्य में कच्छ के रन में स्थित है। यह काठियावाड़ तट पर स्थित है।

35. (c) चंबल घाटी परियोजना मध्य प्रदेश एवं राजस्थान की साझेदारी (50 : 50) के आधार पर सन् 1953-54 में शुरू की गई। इसका विकास तीन चरणों में पूरा हुआ। यह सिंचाई व जल विद्युत परियोजना है। इस परियोजना की स्थापना का मुख्य उद्देश्य मिट्टी के नालीदार अपरदन (Erosion) को रोकना था।

- गांधी सागर बांध का निर्माण सन् 1959 में प्रथम चरण में किया गया। यह बांध मध्य प्रदेश के मंदसौर जिले में बनाया गया।
- जवाहर सागर बांध एक पिकअप बांध है इसका निर्माण बोरावास कोटा (राजस्थान) में किया गया। इसके अलावा इस परियोजना में कोटा सिंचाई बांध और राणा प्रताप सागर बांध (चित्तौड़गढ़) भी राजस्थान में बनाए गए हैं।
- उत्तर प्रदेश व मध्य प्रदेश की सीमा पर रिहंद नदी पर पिपरी नामक स्थान पर 930 मी. लंबा गोविंद वल्लभ सागर (रिहंद) बांध बनाया गया है। यह उत्तर प्रदेश की सबसे बड़ी जल विद्युत परियोजना है, गोविंद सागर बांध सतलुज नदी पर स्थित है।

36. (b) गढ़जात की पहाड़ियाँ उड़ीसा के उत्तर में पश्चिम से पूर्व की ओर कर्क रेखा के समांतर फैली हुई हैं। नल्लामलाई पहाड़ियां आंध्र प्रदेश के मध्य दक्षिण में उत्तर की ओर वेल्लीकोडा पर्वत श्रेणी के समांतर चाप की आकृति में फैली हुई है। शेवरॉय पहाड़ियाँ तमिलनाडु के उत्तरी क्षेत्र में स्थित हैं। मांडव पहाड़ियाँ गुजरात राज्य में स्थित हैं।

37. (d) शिव-समुद्रम परियोजना कर्नाटक राज्य में स्थित है। यह भारत की प्रथम जल विद्युत परियोजना थी जो 1902 ई. में प्रारम्भ की गई थी।

अन्य जल विद्युत परियोजनाएं

- वर्तमान में सुबनसिरी जल विद्युत परियोजना देश की सबसे बड़ी जल विद्युत परियोजना है जो आगे चलकर 2000 मेगावाट विद्युत का उत्पादन करेगी।
- लोकटक जल विद्युत परियोजना मणिपुर में है।
- इडुक्की जल विद्युत परियोजना केरल राज्य में स्थित है।
- मैटूर जल विद्युत परियोजना कावेरी नदी पर स्थित है जो तमिलनाडु राज्य में स्थित है।
- सलाल जल विद्युत परियोजना चेनाब नदी पर स्थित है जो जम्मू-कश्मीर राज्य में स्थित है।
- बेतवा नदी पर राजघाट जल विद्युत परियोजना है। यह परियोजना मध्य प्रदेश एवं उत्तर प्रदेश की संयुक्त परियोजना है। उल्लेखनीय है कि नदी जोड़ो परियोजना, जिसे "अमृत क्रांति" के नाम से जाना जाता है, के अंतर्गत यह परियोजना प्रारम्भ की गई है।

38. (d) तमिलनाडु राज्य का भारत में लिग्नाइट कोयले के उत्पादन एवं भंडार में प्रथम स्थान है। यहां नेवेली महत्त्वपूर्ण कोयला उत्पादक क्षेत्र है। नेवेली कोयला क्षेत्र का विस्तार तमिलनाडु के वेल्लोर व तिरुवल्लूर जिलों में लगभग 256 वर्ग किमी. क्षेत्र में विस्तृत है। यहां 52 मी. गहराई में 20 मी. मोटी परत के रूप में लिग्नाइट कोयला पाया जाता है। देश का 77% लिग्नाइट कोयला तमिलनाडु राज्य में पाया जाता है। अन्य उत्पादक राज्यों में राजस्थान, गुजरात, जम्मू-कश्मीर आदि मुख्य हैं।

39. (d) पैटागोनियन मरुस्थल का विस्तार अर्जेंटाइना व चिली देशों में 41 डिग्री से 54 डिग्री दक्षिणी अक्षांशों के मध्य स्थित है जबकि अरब मरुस्थल कर्क रेखा के दोनों ओर अरब देशों में फैला हुआ है। अटाकामा मरुस्थल मकर रेखा के दोनों ओर चिली (द. अमेरिका) देश में प्रशांत के तट के समान्तर फैला हुआ है। यह विश्व का सबसे शुष्क मरुस्थल है और कालाहारी मरुस्थल भी मकर रेखा के दोनों ओर अफ्रीका महाद्वीप के बोत्सवाना देश में स्थित है। शीतोष्ण कटिबंध में दक्षिणी अमेरिका का पैटागोनियन मरुस्थल स्थित है।

40. (d) वर्ष 2009-11 के दौरान धान (चावल) 41.8 मिलियन हेक्टेयर क्षेत्रफल पर, गेहूं 28.5 मिलियन हैक्टेयर, मक्का 8.3 मिलियन हेक्टेयर, गन्ना 4.2 मिलियन हेक्टेयर क्षेत्रफल पर उगाया गया है।

41. (a) काकीनाडा आंध्र प्रदेश का बंदरगाह नगर है। यह विशाखापत्तनम और चेन्नई बंदरगाह के बीच स्थित है। यहां से होने वाले मुख्य निर्यातों में सीफूड व संबंधित उत्पाद, कृषि उत्पाद, चावल, प्रसंस्कृत खाद्य उत्पाद, रसायन, बाक्साइट पाउडर एवं जैव ईंधन प्रमुख हैं।

42. (a) भारतीय उद्यमिता विकास संस्थान अहमदाबाद में स्थित एक स्वायत्त संस्थान है जिसकी स्थापना सन् 1983 में की गई थी। इस संस्थान का पंजीकरण सोसायटीज रजिस्ट्रेशन एक्ट 1980 और पब्लिक ट्रस्ट एक्ट के तहत किया गया था।

43. (c) प्रथम पंचवर्षीय योजना 1 अप्रैल, 1951 से प्रारम्भ हुई। इस योजना में कृषि विकास को सर्वोच्च प्राथमिकता दी गई थी।

44. (b)

प्रमुख कृषि क्रांतियां

क्रांतियां	संबंधित क्षेत्र
हरित क्रांति	गेहूं, मक्का
भूरी क्रांति	उर्वरक उत्पादन
पीली क्रांति	सरसों उत्पादन
लाल क्रांति	मांस एवं टमाटर उत्पादन
सुनहरी क्रांति	बागवानी हेतु
गुलाबी क्रांति	प्याज/झींगा उत्पादन
नीली क्रांति	मत्स्य उत्पादन
रजत क्रांति	अण्डा/मुर्गी उत्पादन
गोल क्रांति	आलू उत्पादन
बादामी क्रांति	मसाला उत्पादन
इंद्रधनुषी क्रांति	दूसरी कृषि नीति, 2002
श्वेत क्रांति	दुग्ध उत्पादन

45. (d) बैंक दर से अभिप्राय उस ब्याज दर से है, जो भारतीय रिजर्व बैंक द्वारा व्यापारिक बैंकों को दिए जाने वाले ऋणों पर ली जाती है।

46. (c) दो पक्षों-आयातकर्ता व निर्यातकर्ता या क्रेता और विक्रेता के बीच इकरारनामा या समझौता 'इण्डेन्ट' कहा जाता है। आयात की प्रक्रिया इसी से शुरू होती है।

47. (b) निर्यातकों पर सरकार जो सीमा शुल्क लगाती है उसे साल के अंत में वापस कर दिया जाता है। इसके लिए अलग-अलग कर अधिनियमों के तहत सरकार अलग-अलग क्षेत्रों में ड्यूटी ड्रॉ बैंक की अलग-अलग दरें तय करती है।

48. (b) अनु. 280 के तहत राष्ट्रपति वित्त आयोग की नियुक्ति करता है। वित्त आयोग में एक अध्यक्ष एवं चार अन्य सदस्य होते हैं जिनकी नियुक्ति राष्ट्रपति करता है। वित्त आयोग की नियुक्ति प्रत्येक 5 वर्ष पश्चात् की जाती है।

- वित्त आयोग की सिफारिशें राष्ट्रपति सदन के समक्ष रखवाता है।

49. (a) जनगणना 2011 के अंतिम आंकड़ों के अनुसार बालकों के लिंग अनुपात हैं–

मिजोरम – 97 मेघालय – 970
पंजाब – 846 हरियाणा – 834

50. (b) **51.** (c) **52.** (a)

53. (b) अल्फ्रेड नोबेल (स्वीडेन) ने डायनामाइट का आविष्कार किया था। अलेक्जेंडर फ्लेमिंग (स्काटलैंड) ने पेनिसिलीन की खोज की। चार्ल्स डार्विन ने विकास के सिद्धांत का प्रतिपादन किया था। मैडम क्यूरी ने रेडियम का पृथक्करण किया था।

54. (d) सिनकोना नामक पौधे से प्राप्त कुनैन (क्विनीन) एक मलेरियारोधी औषधि है।

55. (a) साधारण टॉर्च सेल के टर्मिनलों के निर्माण में जिंक एवं कार्बन का प्रयोग किया जाता है। इसमें जिंक से एनोड का एवं कार्बन से कैथोड का निर्माण किया जाता है।

56. (c) एस्प्रिन को सैलिसिलिक एसिड के नाम से भी जाना जाता है जो एक दर्द निवारक औषधि है। इसे ज्वरनाशक के रूप में भी प्रयुक्त किया जाता है।

57. (c) दक्षिण-पूर्वी देशों में रैफ्लेसिया नामक पुष्प विश्व का सबसे बड़ा पुष्प है।

58. (b) लिटमस पत्र द्वारा अम्ल एवं क्षार का परीक्षण किया जाता है। यह लिटमस पत्र लाइकेन द्वारा निर्मित होता है। उल्लेखनीय है कि लाइकेन, कवक एवं शैवाल दोनों से मिलकर बना होता है। यहाँ कवक एवं शैवाल में सहजीवी सम्बन्ध होता है।

59. (d) मादा जनन पथ में पहुंचने के पश्चात् शुक्राणु की निषेचन क्षमता एक से दो दिनों तक सुरक्षित रहती है। इस दौरान यदि शुक्राणु को उपयुक्त मादा अंडा मिल जाता है तो वह उससे निषेचित हो जाता है अन्यथा वह नष्ट हो जाता है।

60. (b) तपेदिक रोग 'माइक्रोबियम ट्यूबरकुलोसिस' द्वारा होता है। यह एक जीवाणु है। इस रोग से बचाव हेतु बचपन में B.C.G. (Bacillus Calmette Guerin) का टीका लगाया जाता है।

मानवों में जीवाणु (Bacteria) जनित रोग

टॉयफाइड (Typhoid), प्लेग (Plague), हैजा (Cholera), डिप्थेरिया (Diptheria), टिटनेस (Tetanus/Lock Jaw), निमोनिया (Pneumonia), सिफलिस (Syphilis)।

61. (c) मानव कलाई में नाड़ी का स्पंदन उसी दर पर होता है। जिस पर हृदय स्पन्दन करता है। सामान्यत: यह दर 72/मिनट होती है।

62. (a) यकृत (Liver) एल्कोहल के निराविषण के लिए उत्तरदायी होता है।

63. (d) प्रकाश वर्ष (Light Year) दूरी का मात्रक है। 1 प्रकाश वर्ष 9.46×10^{15} मी. के बराबर होता है। उल्लेखनीय है कि प्रकाश वर्ष की इकाई आस्ट्रोनॉमिकल एवं प्रतीक चिन्ह 'ly' है।

64. (d) गोल्ड-198 का प्रयोग कैंसर के उपचार में होता है।

65. (b) उन्नतोदर दर्पण अथवा उत्तल दर्पण (Convex Mirror) ट्रक चालकों द्वारा साइड मिरर के रूप में प्रयुक्त किया जाता हैं उल्लेखनीय है कि अवतल दर्पण को अपसारी दर्पण एवं उत्तल दर्पण को 'अभिसारी दर्पण' भी कहते हैं।

66. (d) अनुच्छेद 352 के अन्तर्गत राष्ट्रपति प्रधानमंत्री और मन्त्रिमण्डल स्तर के अन्य मंत्रियों की लिखित सलाह पर युद्ध, बाह्य-आक्रमण या सशस्त्र विद्रोह की दशा में भारत.या उसके राज्य क्षेत्र के किसी भी भाग में आपातकाल की उद्घोषणा कर सकता है। 44वें संविधान संशोधन वर्ष 1978 के अन्तर्गत पूर्व में स्थापित आन्तरिक अशान्ति के स्थान पर सशस्त्र विद्रोह शब्द का प्रयोग किया गया। इस आपातकाल का न्यायिक पुनरावलोकन हो सकता है।

67. (d) हमारे संविधान में संसद की संसदीय प्रणाली को अपनाया गया है। इसमें कार्यपालिका और विधायिका का सुन्दर समन्वय है। कार्यपालिका शक्ति विधानमण्डल के सदस्यों के एक समूह के हाथ में होती है, जो विधानमण्डल में निर्वाचित सदन में बहुमत रखता है। संसदीय प्रणाली में विधायी अंग के रूप में संसद के निम्नलिखित कार्य हैं-

1. मन्त्रिमण्डल की रचना
2. मन्त्रिमण्डल का नियंत्रण
3. मन्त्रिमण्डल और मन्त्रियों की आलोचना करना
4. विधि का निर्माण
5. वित्तीय नियंत्रण रखना आदि।

68. (c) प्राक्कलन समिति (Estimates Committee) में 30 सदस्य होते हैं जो केवल लोक सभा से ही संबद्ध होते हैं। लोक सभा अध्यक्ष द्वारा इसके अध्यक्ष की नियुक्ति होती है। किसी भी मंत्री को इसका सदस्य नहीं बनाया जाता है।

69. (b) भारतीय संविधान निर्माताओं संविधान की सर्वोच्चता को स्वीकार किया है। संविधान की व्याख्या करने का उत्तरदायित्व सर्वोच्च न्यायालय को प्रदान किया है। सर्वोच्च न्यायालय संसद द्वारा पारित विधेयक की न्यायिक पुनरावलोकन के माध्यम के अनुसार है या नहीं। यदि विधान द्वारा संविधान का अतिक्रमण होता है तो सर्वोच्च न्यायालय सम्पूर्ण विधान को या इसके किसी भी भाग को निरस्त कर सकता है जबकि ब्रिटेन में संसद को सर्वोच्च प्रदान की गई है। ब्रिटेन में संसद द्वारा बनाए गए किसी भी विधान का सर्वोच्च न्यायालय न्यायिक पुनरावलोकन नहीं कर सकता है। उल्लेखनीय है कि ब्रिटेन में लिखित संविधान नहीं है।

70. (c) अनुच्छेद 326 के अनुसार लोकसभा एवं राज्य विधान सभाओं के लिए निर्वाचन वयस्क मताधिकार के आधार पर होगा। जनप्रतिनिधित्व अधिनियम, 1951 के अंतर्गत मताधिकार एक विधिक अधिकार है।

- 61वाँ संविधान संशोधन द्वारा मतदाताओं की न्यूनतम आयु 21 से घटाकर 18 वर्ष कर दी गई। यह प्रावधान सन् 1989 से प्रभावी हो गए थे।

71. (b) 42वें संविधान संशोधन द्वारा प्रस्तावना में पंथ निरपेक्ष, समाजवादी तथा राष्ट्र की एकता एवं अखण्डता शब्द जोड़े गए।

72. (c) अनुच्छेद 53(1) के तहत संघ की कार्यपालिका शक्ति राष्ट्रपति में निहित है तथा वह इसका प्रयोग संविधान के अनुसार स्वयं या अपने अधीनस्थ अधिकारियों द्वारा करता है।

73. (d) चुनाव आयोग का गठन अनुच्छेद 324 के अन्तर्गत किया गया है। पूर्व में यह एक सदस्यीय संगठन था। अक्टूबर, 1993 में एक अध्यादेश द्वारा दो निर्वाचन आयुक्त नियुक्त किए गए। वर्तमान में यह 3 सदस्यीय है।

74. (b) संविधान सभा की प्रथम बैठक 9 दिसम्बर, 1946 को प्रारम्भ हुई एवं 26 नवम्बर, 1949 को संविधान-सभा के माध्यम से भारत की जनता ने भारतीय संविधान को अंगीकृत, अधिनियमित एवं आत्मर्पित किया। इस प्रकार संविधान सभा को संविधान निर्माण में 2 वर्ष 11 माह 18 दिन लगे।

75. (d) सन् 1957 की बलवंत राय समिति की रिपोर्ट द्वारा पंचायती राज व्यवस्था की स्थापना के लिए अनुशंसा की गई थी।

76. (a) अनुच्छेद 32 के अंतर्गत उच्चतम न्यायालय एवं अनुच्छेद 226 के अंतर्गत उच्च न्यायालय मूल अधिकारों के हनन के संदर्भ में रिट जारी कर सकते हैं। अतः न्यायपालिका मौलिक अधिकारों की संरक्षक है।

77. (c) वित्त मंत्रालय भारत सरकार का वित्तीय प्रबन्ध देखता है तथा सरकार के व्यय का प्रबन्ध करता है। इस मंत्रालय के चार विभाग हैं-1. आर्थिक मामले, 2. व्यय, 3. राजस्व, 4. विनिवेश। आर्थिक ममाले के प्रमुख कार्य वित्त प्रबन्धन, बजट निर्माण (आर्थिक समीक्षा सहित)। आर्थिक मामले विभाग राष्ट्रपति शासन वाले राज्यों व केन्द्र शासित प्रदेशों के बजट तैयार कर उन्हें संसद में पेश करता है।

78. (a) भारतीय रिजर्व बैंक ने सूक्ष्म वित्त क्षेत्र के अध्ययन एवं उस पर सुझावों हेतु वाई.एच. मालेगाम की अध्यक्षता में एक समिति का गठन किया था जिसने अपनी सिफारिशें प्रस्तुत कर दी हैं-

1. एमएफआई द्वारा अपने ऋण पर ली जाने वाली ब्याज की दर 24% से अधिक होनी चाहिए।
2. ऐसे व्यक्ति ऋणों की ऊपरी सीमा रु. 25,000 से अधिक नहीं हो।

79. (b) ब्रिटिशों ने अपनी ऑपनिवेशिक नीति के तहत मुख्यतः तीन प्रकार की भू-राजस्व नीतियों को अपनाया। ये हैं-जमींदारी प्रथा, रैयतवाड़ी व्यवस्था व्यवस्था को मद्रास व मुम्बई के क्षेत्रों में तथा महालवाड़ी बन्दोबस्त को दक्कन के कुछ जिले उत्तर भारत, आगरा, अवध व मध्य प्रान्त पंजाब के क्षेत्रों में लागू किया गया। तीनों बन्दोबस्त/भू-राजस्व व्यवस्था में महालवाड़ी व्यवस्था ब्रिटिश भारत के कुल क्षेत्रफल के 30% हिस्से पर लागू था।

80. (b)

धारा	महासागर	धारा का प्रकार
गल्फ स्ट्रीम	उ. अटलाण्टिक	गर्म
बेंगुएला धारा	द. अटलाण्टिक	शीत
पेरू धारा	प्रशान्त	शीत
ब्राजील धारा	द. अटलाण्टिक	गर्म

81. (b) यह देश के चार महानगरों दिल्ली, मुम्बई, चेन्नई और कोलकाता को जोड़ने वाली 584 किमी लम्बाई वाली राष्ट्रीय राजमार्ग परियोजना है। यह भारत को सबसे बड़ी राजमार्ग परियोजना है जो उत्तर-दक्षिण में श्रीनगर से कन्याकुमारी को तथा पूर्व-पश्चिम सिलचर (असम) को पोरबन्दर (गुजरात) से जोड़ती है।

82. (a) भारत के राष्ट्रपति ने वर्ष 2012 में एक बिल पर अपना अनुमोदन प्रदान कर भारत के उत्तर-पूर्वी राज्यों-मणिपुर, मेघालय तथा त्रिपुरा में पृथक्-पृथक् उच्च न्यायालय स्थापित करने की अनुमति प्रदान की है। वर्तमान में छह उत्तरी-पूर्वी राज्य (त्रिपुरा, मणिपुर, मेघालय, मिजोरम, नागालैण्ड तथा अरुणाचल प्रदेश) गुहावाटी उच्च न्यायालय के अन्तर्गत ही आते हैं।

83. (a) मानव अधिकार किसी भी मानव के अन्तर्निहित विकास के लिए अपरिहार्य है। ये अधिकार मानव के सम्पूर्ण विकास के लिए अति आवश्यक है। मानव अधिकार विधि के ढाँचे के भाग के रूप में सभी मानव अधिकार अन्योन्याश्रित, अन्तःसम्बन्धित तथा अविभाज्य है।

84. (a)

85. (b) 'आधारभूत ढाँचा' का सांविधानिक सिद्धान्त न्यायालय के द्वारा आविष्कृत किया गया है। सर्वप्रथम केशवानन्द भारती-1973 के मामले में न्यायालय ने यह निर्णय दिया कि संविधान संशोधन की शक्ति के प्रयोग द्वारा संविधान में 'आधारभूत ढाँचे' को नष्ट नहीं किया जा सकता है। उच्चतम न्यायालय ने निम्न मुख्य 'आधारभूत ढाँचों' को मान्यता दी है

86. (c) 27, 42, 63 , 84 का ल. स. = 756
प्रश्नानुसार,
अभीष्ट सं. = 756 + 21 = 777

87. (a) $\sqrt{1+\frac{27}{169}} = \left(1+\frac{x}{13}\right)$

$\Rightarrow \sqrt{\frac{196}{169}} = \left(1+\frac{x}{13}\right)$

$\Rightarrow \frac{14}{13} = 1 + \frac{x}{13}$

$\Rightarrow \frac{x}{13} = \frac{14}{13} - 1 = \frac{14-13}{13}$

$\Rightarrow x = \frac{1}{13} \times 13 = 1$

88. (b) I से V तक की कक्षाओं के छात्रों की संख्या का कुल योग = 29 × 5 = 145

पुन: I, III और V के कक्षाओं के छात्रों की संख्या कुल योग = 30 × 3 = 90

कक्षा II और IV में कुल छात्रों की संख्या = 145 – 90 = 55

89. (b) 120 – 90 = 30

∴ ह्रास प्रतिशत = $\frac{30}{120} \times 100\% = 25\%$

90. (c) नए व्यक्ति की उम्र
= (10 × 2 + 25) वर्ष
= (20 + 25) = 45 वर्ष

91. (a) माना संख्या $100x + 10y + z$ है

∴ $y = x + z$

तथा $x = z^2$

$y = z^2 + z$

यदि $z = 1$ मानें,

तो $y = 1 + 1 = 2$ और x = 1.

∴ संख्या 121 है।

92. (c) माना कि खाली हौज का पूर्ति नल द्वारा भरा भाग = y घंटे में

∴ निकास-नल द्वारा 1 घंटे में खाली किया गया भाग = $\frac{1}{y} - \frac{1}{9}$

तथा $\frac{7}{y} - 6\left(\frac{1}{y} - \frac{1}{9}\right) = 1$

$\Rightarrow \frac{7}{y} - \frac{6}{y} + \frac{6}{9} = 1$

$\Rightarrow \frac{1}{y} = \frac{1}{3}$ ∴ $y = 3$ घंटे

93. (c) लड़कियों तथा लड़कों की संख्या में अनुपात = 5 : 1

अनुपातिक योग = (5 + 1) = 6

बच्चों की कुल संख्या = 6 का कोई गुणज

विकल्प (c) लेने पर, अत: संख्या 35 छात्रों की कुल संख्या के बराबर नहीं होगी।

94. (b) प्रश्नानुसार, सम्बन्ध इस प्रकार है,

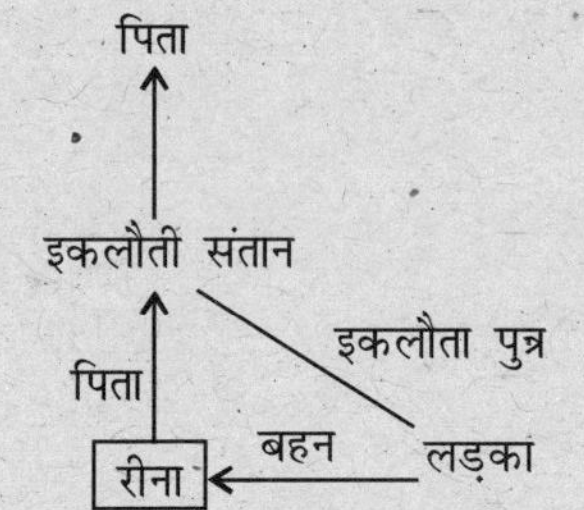

रीना के दादाजी की इकलौती सन्तान रीना के पिता होंगे तथा पिता का इकलौता पुत्र रीना का भाई होगा। अत: रीना उस लड़के की बहन है।

95. (d) अभीष्ट कोण = $\frac{1}{2} \times 30° = 15°$

96. (d)

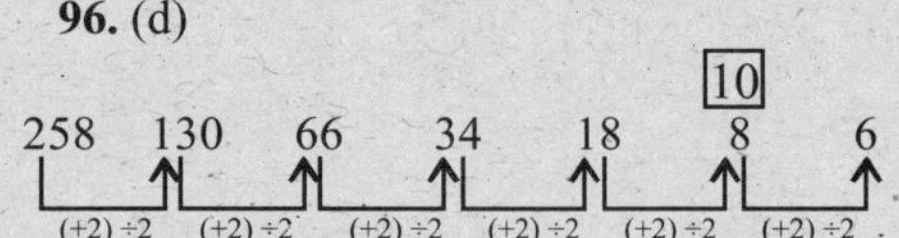

दी गई अंक शृंखला में संख्या 8 गलत है।

97. (d) जिस प्रकार,

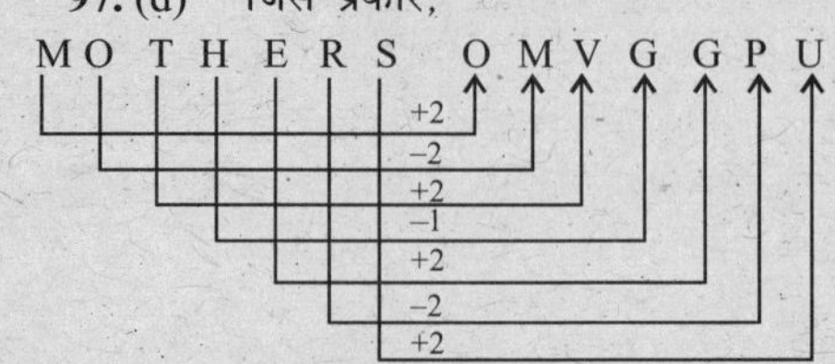

उसी प्रकार,

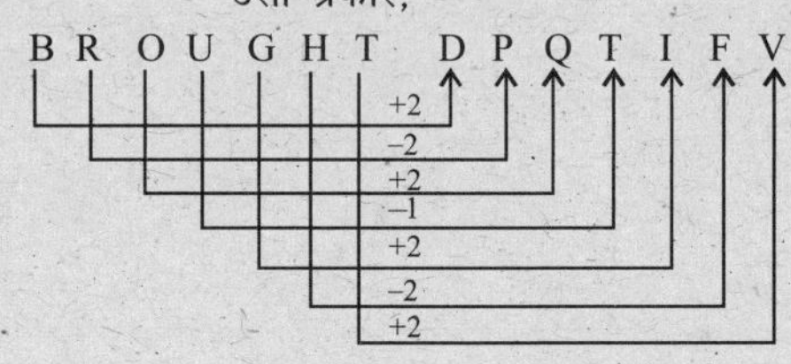

98. (c) दी गई अंक शृंखला निम्नलिखित है:

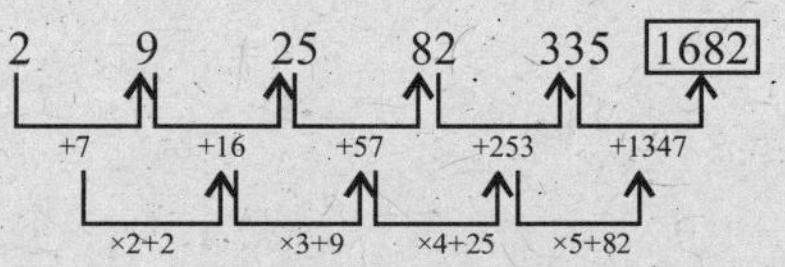

99. (d) विकल्प (d) के प्रयोग से,

व्यंजन = 24 ↗ 6 ↑ 6 ↖ 4 ↓ 20 ← 0

$\Rightarrow$ 24 ÷ 6 – 6 × 4 + 20 = 0

$\Rightarrow$ 4 – 6 × 4 + 20 = 0

$\Rightarrow$ 24 – 24 = 0

∴ 0 = 0

100. (a) RAMAN में अक्षर = 5

PRASHANT मे अक्षर = 8

TIMTIM में अक्षर = 6

∴ अत: TIMTIM का कूट = 6

❑❑❑

प्रैक्टिस सेट–20

1. निम्नलिखित में से किस स्थल से हड्डी के उपकरण प्राप्त हुए हैं?
(a) चोपानी-माण्डो से
(b) काकोरिया से
(c) महदहा से
(d) सराय नाहर से

2. भारतीय उप महाद्वीप में कृषि के प्राचीनतम साक्ष्य प्राप्त हुए हैं–
(a) ब्रह्मगिरि से
(b) बुर्जहोम से
(c) कोल्डिहवा से
(d) मेहरगढ़ से

3. धौलावीरा जिस राज्य में स्थित है, वह है–
(a) गुजरात (b) हरियाणा
(c) पंजाब (d) राजस्थान

4. ऋग्वेद में सर्वाधिक संख्या में मंत्र संबंधित हैं–
(a) अग्नि से (b) वरुण से
(c) विष्णु से (d) यम से

5. प्रथम बौद्ध संगीति का आयोजन हुआ था?
(a) अनिरुद्ध के शासनकाल में
(b) अजातशत्रु के शासनकाल में
(c) बिम्बिसार के शासनकाल में
(d) उदयभद्र के शासनकाल में

6. जैन धर्म के संस्थापक हैं–
(a) आर्य सुधर्मा (b) महावीर स्वामी
(c) पार्श्वनाथ (d) ऋषभ देव

7. सती प्रथा का प्रथम अभिलेखिक साक्ष्य प्राप्त हुआ?
(a) एरण से (b) जूनागढ़ से
(c) मन्दसौर से (d) सांची से

8. निम्नलिखित में से किस गुप्त शासक ने सर्वप्रथम सिक्के जारी किए?
(a) चन्द्रगुप्त प्रथम ने
(b) घटोत्कच ने
(c) समुद्रगुप्त ने
(d) श्रीगुप्त ने

9. निम्नलिखित में से कौन सिंचाई कर लगाने वाला दिल्ली का प्रथम सुल्तान था?
(a) अलाउद्दीन खलजी
(b) फिरोज शाह तुगलक
(c) बलबन
(d) मुहम्मद बिन तुगलक

10. निम्नलिखित युग्मों में से कौन एक सुमेलित नहीं है?
(a) अब्दुर रहमान – हमीर रासो
(b) चन्द बरदाई – पृथ्वीराज रासो
(c) जगनिक – आल्हा-खण्ड
(d) नरपति नाल्ह – बीसलदेव रासो

11. निम्नलिखित में से किस मध्यकालीन शासक ने 'सार्वजनिक वितरण प्रणाली' प्रारम्भ की थी?
(a) अलाउद्दीन खिलजी ने
(b) बलबन ने
(c) फिरोज शाह तुगलक ने
(d) मुहम्मद बिन तुगलक ने

12. पुर्तगालियों ने भारत में निम्नलिखित में से किस स्थान पर दुर्ग का निर्माण किया था?
(a) अञ्जीदीव में
(b) कन्नानोर में
(c) कोचीन में
(d) गोवा में

13. आंग्ल-नेपाल युद्ध जिसके शासनकाल में हुआ था, वह है–
(a) लॉर्ड कॉर्नवालिस
(b) लॉर्ड हेस्टिंग्स
(c) लॉर्ड वेलेजली
(d) वारेन हेस्टिंग्स

14. निम्नलिखित में से किस अधिनियम में कलकत्ता में सर्वोच्च न्यायालय की स्थापना का प्रावधान किया गया था?
(a) रेग्युलेटिंग एक्ट, 1773
(b) पिट का भारत अधिनियम, 1784
(c) चार्टर ऐक्ट, 1813
(d) चार्टर ऐक्ट, 1833

15. ब्रिटिश साम्राज्य में अवध का विलयन हुआ था
(a) वर्ष 1853 में
(b) वर्ष 1854 में
(c) वर्ष 1855 में
(d) वर्ष 1856 में

16. निम्नलिखित में से कौन अगस्त 1946 ई. में गठित प्रथम अन्तरिम राष्ट्रीय सरकार का सदस्य नहीं था?
(a) सी. राजगोपालाचारी
(b) डॉ. राजेन्द्र प्रसाद
(c) डॉ. एस. राधाकृष्णन
(d) जगजीवन राम

17. भारतीय पुरातत्व सर्वेक्षण की स्थापना हुई थी–
(a) लॉर्ड कर्जन के काल में
(b) लॉर्ड वेलेजली के काल में
(c) लॉर्ड विलियम बैन्टिक के काल में
(d) वारेन हेस्टिंग्स के काल में

18. निम्नलिखित में से किसे 'एशिया के ज्योति पुंज' के तौर पर जाना जाता है?
(a) गौतम बुद्ध को
(b) महात्मा गांधी को
(c) महावीर स्वामी को
(d) स्वामी विवेकानन्द को

19. भारतीय राष्ट्रीय कांग्रेस एवं मुस्लिम लीग के मध्य प्रसिद्ध 'लखनऊ समझौता' हस्ताक्षरित हुआ था–
(a) 1912 में (b) 1914 में
(c) 1916 में (d) 1918 में

20. 1935 के अधिनियम के उपरान्त, 1937 में हुए चुनावों में गठित कांग्रेस मंत्रिमंडलों का कार्यकाल था–
(a) 20 माह (b) 22 माह
(c) 24 माह (d) 28 माह

21. असहयोग आंदोलन के दौरान निम्नलिखित में से किसने विदेशी वस्त्रों को जलाये जाने को 'अविवेकी बर्बादी' कहा था?
(a) सी.आर. दास ने
(b) मोतीलाल नेहरू ने
(c) रवीन्द्रनाथ टैगोर ने
(d) वल्लभभाई पटेल ने

22. महात्मा गांधी के जीवनीकार लुई फिशर सम्बद्ध थे–
(a) सविनय अवज्ञा आंदोलन से
(b) वैयक्तिक सत्याग्रह से
(c) असहयोग आंदोलन से
(d) भारत छोड़ो आंदोलन से

23. भारतीय राष्ट्रीय कांग्रेस की स्थापना हुई थी–
(a) वर्ष 1885 में (b) वर्ष 1886 में
(c) वर्ष 1887 में (d) वर्ष 1888 में

24. ''तथाकथित प्रथम राष्ट्रीय स्वतंत्रता संग्राम न प्रथम, न राष्ट्रीय और न ही स्वतंत्रता संग्राम था।'' यह कथन सम्बद्ध है–
(a) आर.सी. मजूमदार से
(b) एस.एन. सेन से
(c) ताराचन्द से
(d) वी.डी. सावरकर से

25. 'गुलाबी क्रान्ति' सम्बन्धित है–
(a) कपास से (b) लहसुन से
(c) अंगूर से (d) प्याज से

26. सर्वाधिक नगरीकृत महाद्वीप है–
(a) अफ्रीका (b) ऑस्ट्रेलिया
(c) उत्तर अमेरिका (d) यूरोप

27. सूची-I को सूची-II को सुमेलित कीजिए तथा नीचे दिए गए कूट से सही उत्तर चुनिए–

सूची-I (खनिज)	सूची-II (महत्वपूर्ण केन्द्र)
A. तांबा	1. बुट
B. हीरा	2. कटांगा
C. सोना	3. किम्बले
D. चांदी	4. विटवाटर्सलैण्ड

कूट :

	A	B	C	D
(a)	2	4	3	1
(b)	2	3	4	1
(c)	1	3	2	4
(d)	3	1	4	2

28. निम्नलिखित युग्मों में से कौन एक सुमेलित नहीं है?
(a) बरबर – मोरक्को
(b) इनुइट – कनाडा
(c) सेमांग – इण्डोनेशिया
(d) वेद्दा – श्रीलंका

29. एशिया की निम्नलिखित में से कौन-सी नदी दक्षिण को प्रवाहित होती है?
(a) आमूर (b) लीना
(c) ओब (d) सालविन

30. सूची-I को सूची-II से सुमेलित कीजिए तथा नीचे दिए गए कूट का प्रयोग करके सही उत्तर चुनिए–

सूची-I (पर्वत)	सूची-II (देश)
A. अलेघनी	1. कनाडा
B. कैण्टाब्रियन	2. ईरान
C. एलबुर्ज	3. स्पेन
D. मैकेंजी	4. संयुक्त राज्य अमेरिका

कूट :

	A	B	C	D
(a)	4	3	2	1
(b)	4	1	3	2
(c)	2	3	4	1
(d)	1	4	2	3

31. निम्नलिखित में से कौन सुमेलित नहीं है?
(a) मुरी – झारखण्ड
(b) अल्वाय – केरल
(c) धर्मापुरी – उड़ीसा
(d) कोयाली – गुजरात

32. भारत की सर्वाधिक आद्य जनजाति है–
(a) गोंड (b) जार्वा
(c) जुआंग (d) लेप्चा

33. निम्नलिखित में से किस स्थान पर सबसे कम वार्षिक वर्षा होती है?
(a) बेल्लारी (b) जैसलमेर
(c) जोधपुर (d) लेह

34. सूची-I को सूची-II से सुमेलित कीजिए तथा नीचे दिए गए कूट का प्रयोग करके सही उत्तर चुनिए–

सूची-I (एल्यूमिनियम संयंत्र)	सूची-II (राज्य)
A. अलुपुरम	1. छत्तीसगढ़
B. अंगुल	2. केरल
C. बेलगाम	3. उड़ीसा
D. कोरबा	4. कर्नाटक

कूट :

	A	B	C	D
(a)	4	2	3	1
(b)	2	3	4	1
(c)	1	3	4	2
(d)	2	1	3	4

35. मक्का की पत्तियों के शीर्ष का सफेद होना सूचक है–
(a) Fe की कमी का
(b) Mn की कमी का
(c) N की कमी का
(d) Zn की कमी का

36. भारत का निर्यात का सबसे बड़ा भाग (मूल्य में) भेजा जाता है–
(a) चीन को
(b) सिंगापुर को
(c) संयुक्त अरब अमीरात को
(d) संयुक्त राज्य अमेरिका को

37. भारत में राष्ट्रीय आय समंकों का आकलन किया जाता है–
(a) सी.एस.ओ. द्वारा
(b) एन.एस.एस.ओ. द्वारा
(c) योजना आयोग द्वारा
(d) भारतीय रिजर्व बैंक द्वारा

38. भारत में दाशमिक मुद्रा प्रणाली शुरू की गई–
(a) वर्ष 1951 में (b) वर्ष 1955 में
(c) वर्ष 1957 में (d) वर्ष 1960 में

39. भारत में क्षेत्रीय ग्रामीण बैंकों की स्थापना हुई थी–
(a) वर्ष 1969 में (b) वर्ष 1975 में
(c) वर्ष 1980 में (d) वर्ष 1982 में

40. भारत में 'मुद्रा एवं साख' का नियंत्रण किया जाता है–
(a) सेण्ट्रल बैंक ऑफ इण्डिया द्वारा
(b) इंडस्ट्रियल डेवलपमेंट बैंक ऑफ इण्डिया द्वारा
(c) भारतीय रिजर्व बैंक द्वारा
(d) भारतीय स्टेट बैंक द्वारा

41. जनगणना 2011 के आँकड़ों के अनुसार भारत में 0-6 वर्ष के आयु समूह के बच्चों का यौन अनुपात है–
(a) 912 (b) 913
(c) 914 (d) 915

42. जनगणना 2011 के आँकड़ों के अनुसार भारत में पुरुष और महिला साक्षरता दर का अन्तराल है–
(a) 16.38 प्रतिशत का
(b) 16.68 प्रतिशत का
(c) 17.38 प्रतिशत का
(d) 17.68 प्रतिशत का

43. एक निर्वाचित संविधान सभा द्वारा भारत के संविधान का निर्माण कराने का प्रस्ताव किया गया था–
(a) साइमन कमीशन द्वारा
(b) भारत सरकार अधिनियम, 1935 द्वारा
(c) क्रिप्स मिशन द्वारा
(d) ब्रिटिश कैबिनेट डेलीगेशन द्वारा

44. भारतीय संविधान विभक्त है–
(a) 16 अध्यायों में
(b) 22 अध्यायों में
(c) 24 अध्यायों में
(d) 25 अध्यायों में

45. निम्न में से किस एक कमेटी/आयोग ने संविधान में मूल कर्तव्यों को सम्मिलित करने हेतु संस्तुति की थी?
(a) स्वर्ण सिंह कमेटी
(b) अशोक मेहता कमेटी
(c) बलराम जाखड़ कमेटी
(d) सरकारिया आयोग

46. भारतीय संविधान में राज्य के नीति-निदेशक सिद्धान्तों का विचार लिया गया है–
(a) आयरलैंड के संविधान से
(b) कनाडा के संविधान से
(c) दक्षिण अफ्रीका के संविधान से
(d) ऑस्ट्रेलिया के संविधान से

47. निम्नलिखित में से किस एक का कथन है कि ''संविधान को संघात्मकता के तंग ढाँचे में नहीं ढाला गया है''?

(a) डी.डी. बसु
(b) के.एम. मुंशी
(c) बी.आर. अम्बेडकर
(d) ए.के. अय्यर

48. भारतीय संविधान में जैसा निहित है निम्न में से कौन-सा समानता के मौलिक अधिकार में सम्मिलित नहीं है?

(a) कानून के समक्ष समानता
(b) सामाजिक समानता
(c) अवसर की समानता
(d) आर्थिक समानता

49. लोक सभा अध्यक्ष (स्पीकर) अपने ''कॉस्टिंग वोट'' का प्रयोग केवल करते हैं–

(a) वर्तमान सरकार को बचाने हेतु
(b) संविधान में संशोधन के मामले में
(c) आपातकाल के मामले में
(d) तब जब वोट बराबर-बराबर होने के नाते 'टाई' (tie) हो

50. किसी राज्य के राज्यपाल द्वारा जारी ऑर्डिनेन्स का अनुमोदन होना आवश्यक है?

(a) राष्ट्रपति द्वारा
(b) राज्य की विधायिका द्वारा
(c) राज्य के मंत्रियों की काउन्सिल द्वारा
(d) उपर्युक्त में से किसी से नहीं

51. निम्नलिखित में से कौन-सा भारत के क्षेत्रवाद के उदय का कारण है?

(a) असंतुलित विकास
(b) संस्कृति पहचान खोने का भय
(c) राजनीति वर्चस्व
(d) उपरोक्त सभी

52. उच्चतम न्यायालय मामलों की सुनवाई नई दिल्ली में करता है, परन्तु किसी अन्य स्थान पर भी सुनवाई कर सकता है–

(a) राष्ट्रपति के अनुमोदन से
(b) यदि उच्चतम न्यायालय के जज मेजोरिटी (majority) से यह तय करे
(c) संसद के अनुमोदन से
(d) राज्य विधान सभा के अनुरोध पर

53. स्थानीय शासन की निम्नलिखित में से कौन-सी एक विशेषता नहीं है?

(a) वैधानिक स्थिति
(b) स्थानीय समुदाय की भागीदारी
(c) केन्द्रीय नियंत्रण
(d) कर आरोपित कर वित्त प्राप्त करने की शक्ति

54. चन्द्रमा की सतह से एक चट्टान को पृथ्वी पर लाया जाता है, तब–

(a) इसका द्रव्यमान बदल जाएगा
(b) इसका भार तथा द्रव्यमान दोनों बदल जाएंगे
(c) इसके भार तथा द्रव्यमान दोनों अपरिवर्तित रहेंगे
(d) इसका भार बदल जाएगा, परन्तु द्रव्यमान नहीं

55. चुम्बकीय अनुनाद बिम्बीकरण (MRI) निम्न परिघटना पर आधारित है–

(a) नाभिकीय चुम्बकीय अनुनाद
(b) इलेक्ट्रॉन स्पिन अनुनाद
(c) इलेक्ट्रॉन अनुचुम्बकीय अनुनाद
(d) मानवीय कोशिकाओं का प्रतिचुम्बकत्व

56. एक व्यक्ति स्थिर जल में नाव में खड़ा है। यदि वह किनारे की ओर चले, तो नाव–

(a) किनारे की ओर बढ़ेगी
(b) किनारे से दूर बढ़ेगी
(c) स्थिर रहेगी
(d) डूब जाएगी

57. रिक्टर पैमाना मापने के लिए प्रयोग होता है–

(a) ध्वनि की गति
(b) प्रकाश की तीव्रता
(c) भूकम्पी लहरों का आयाम
(d) ध्वनि की तीव्रता

58. पानी से भरे एक बीकर में एक बर्फ का टुकड़ा तैर रहा है। जब सम्पूर्ण बर्फ पिघल जाएगी तो–

(a) पानी की सतह नीचे आ जाएगी
(b) पानी की सतह ऊपर उठ जाएगी
(c) पानी की सतह पहले ऊपर उठेगी और फिर नीचे आएगी
(d) पानी की सतह अपरिवर्तित रहेगी

59. नदियों में पानी के बहाव के लिए निम्न बलों (फोर्स) में से कौन जिम्मेदार हैं?

(a) घर्षण का बल
(b) गुरुत्वाकर्षण बल
(c) स्थिर वैद्युत बल
(d) चुम्बकीय बल

60. एक दर्पण, जिससे काफी अधिक चौड़े क्षेत्र का अवलोकन होता है, आवश्यक ही होगा एक–

(a) सादा दर्पण
(b) नतोदर दर्पण
(c) उन्नतोदर दर्पण
(d) इनमें से कोई नहीं

61. जब पानी को 0^oC से 4^oC तक गर्म किया जाता है, तो इसका आयतन–

(a) बढ़ता है
(b) घटता है
(c) पहले बढ़ता है फिर घटता है
(d) अपरिवर्तित रहता है

62. मस्टर्ड गैस का उपयोग किया जाता है–

(a) ईंधन गैस के रूप में
(b) रासायनिक युद्ध में
(c) सरसों के तेल के स्रोत के रूप में
(d) निर्गन्धीकरण के रूप में

63. अस्पतालों में मंद निश्चेतक के रूप में प्रयुक्त गैस है–

(a) कार्बन डाइऑक्साइड
(b) कार्बन मोनो ऑक्साइड
(c) हीलियम
(d) नाइट्रस ऑक्साइड

64. बहुलक, जो विशेषत: बर्तनों पर न चिपकने वाली सतह के रूप में प्रयुक्त होता है, है–

(a) पॉलीविनाइल क्लोराइड
(b) टेफ्लॉन
(c) पॉलीस्टाइरी
(d) पॉली प्रोपाइलीन

65. धातु, जो ठंडे पानी से त्वरित क्रिया करती हैं, है–

(a) सोडियम (b) एल्यूमिनियम
(c) मैग्नीशियम (d) आयरन

66. लाल मिर्चा तीखी होती हैं, क्योंकि उसमें उपस्थित होता है–

(a) रिसिन (b) कैप्सायसिन
(c) एरिकोलीन (d) कैफियॉल

67. पृथ्वी पर सबसे पुराना जीव कौन-सा है?

(a) हरित नील शैवाल
(b) कवक
(c) अमीबा
(d) युग्लीना

68. शरीर के अन्दर के अंगों को देखने के लिए डॉक्टर एक एण्डोस्कोप का उपयोग करते हैं। यह निम्न सिद्धांत पर आधारित है–

(a) प्रकाश का अपवर्तन
(b) प्रकाश का परावर्तन
(c) प्रकाश का पूर्ण आंतरिक परावर्तन
(d) प्रकाश का वर्ण विक्षेपण

69. इलेक्ट्रॉन किरण चिकित्सा एक प्रकार की विकिरण चिकित्सा है, जिसके द्वारा उपचार किया जाता है–

(a) बढ़ी हुई प्रोस्टेट ग्रंथि का
(b) पित्ताशय की पथरियों को
(c) विशेष प्रकार के कैंसर का
(d) गुर्दे की पथरियों का

70. WBC का बनना तथा RBC का विनाश होता है–
(a) लसिका ग्रंथि में
(b) प्लीहा में
(c) पेंक्रियास में
(d) यकृत में

71. आँख के किस भाग में 'अँध बिंदु' तथा 'पीत बिंदु' पाए जाते हैं?
(a) कॉर्निया (b) लेंस
(c) आयरिस (d) दृष्टि पटल

72. सूची-I को सूची-II से सुमेलित कीजिए तथा सूचियों के नीचे दिए गए कूटों का उपयोग करते हुए सही उत्तर का चयन कीजिए–

सूची-I	सूची-II
A. टेस्टोस्टेरॉन	1. बेहोशी की ड्रग
B. कोडीन पदार्थ	2. रबड़ का स्त्रोत
C. कूचुक	3. लौंग का सुगंधित तेल
D. युगेनॉल	4. हार्मोन

कूट :

	A	B	C	D
(a)	4	1	2	3
(b)	1	2	3	4
(c)	4	3	2	1
(d)	2	3	4	1

73. कौन-सा रसायन क्षारीय भूमि सुधारक के रूप में कार्य करता है?
(a) कैल्शियम कार्बोनेट
(b) कैल्शियम सल्फेट
(c) कैल्शियम ऑक्साइड
(d) उपरोक्त में से कोई नहीं

74. समुद्र-जल से प्रचुर मात्रा में कौन-से धात्विक तत्व और अधात्विक तत्व क्रमशः प्राप्त होते हैं?
(a) सोडियम और आयोडीन
(b) सोडियम और ब्रोमीन
(c) मैग्नीशियम और क्लोरीन
(d) मैग्नीशियम और ब्रोमीन

75. निम्नलिखित में से कौन-सा प्रसिद्ध कवि अमीर खुसरो का समकालिक था?
(a) इल्तुतमिश
(b) अलाउद्दीन खिलजी
(c) इब्राहिम लोदी
(d) अकबर

76. निम्नलिखित दिल्ली सुल्तानों में से किसने आगरा को अपने साम्राज्य की राजधानी बनाया?
(a) इल्तुतमिश
(b) बलबन
(c) फिरोजशाह तुगलक
(d) सिकन्दर लोदी

77. निम्नलिखित में से कौन-सा युद्ध सबसे पहले लड़ा गया था?
(a) प्रथम आंग्ल - बर्मी युद्ध
(b) प्रथम आंग्ल - अफगान युद्ध
(c) प्रथम आंग्ल - मराठा युद्ध
(d) प्रथम आंग्ल - सिख युद्ध

78. निम्नलिखित में से कौन-सा देश, G-4 देश जो संयुक्त राष्ट्रसंघ की सुरक्षा परिषद् में स्थायी सदस्यता के लिए प्रयत्नशील है, में सम्मिलित नहीं है?
(a) ब्राजील (b) जर्मनी
(c) इटली (d) जापान

79. एक द्रव्य क्रिस्टल निम्नलिखित में से कौन-से एक को ग्रहण करता है?
(a) द्रव प्रावस्था
(b) ठोस प्रावस्था
(c) ठोस तथा द्रव के बीच प्रावस्था
(d) द्रव तथा गैस के बीच प्रावस्था

80. सूची-I (खनिज) को सूची-II (भण्डार का प्रमुख स्थान) के साथ सुमेलित कीजिए और नीचे दिए गए कूट का प्रयोग कर सही उत्तर चुनिए–

सूची-I (खनिज)	सूची-II (भण्डार का प्रमुख स्थान)
A. टंगस्टन	1. आन्ध्र प्रदेश
B. निकिल	2. केरल
C. जिरकॉन	3. राजस्थान
D. अभ्रक	4. ओडिशा

कूट :

	A	B	C	D
(a)	3	4	2	1
(b)	2	1	3	4
(c)	3	1	2	4
(d)	2	4	3	1

81. अधिकांश अभिकलित्र तन्त्रों में एक बाइट में कितने द्वि-आधारी द्वयंक (बिट) होते हैं?
(a) 8 (b) 16
(c) 32 (d) 64

82. निम्नलिखित अंगों में से कौन-सा एक मानव शरीर में यूरिया उत्पन्न करता है?
(a) वृक्क (b) यकृत
(c) प्लीहा (d) मूत्राशय

83. कठिन शारीरिक श्रम के पश्चात् पेशीय श्रांति महसूस करने का क्या कारण होता है?
(a) पेशियों में यूरिया का संचयन
(b) पेशियों में दुग्धाम्ल का संचयन
(c) पेशियों में से द्राक्षा-शर्करा का क्षय
(d) पेशियों में ऑक्सीजन की कमी

84. इंग्लैण्ड में मेग्नाकार्टा से कौन-सी विधि का विकास हुआ?
(a) संविधान विधि (b) अन्तर्राष्ट्रीय विधि
(c) श्रम विधि (d) दण्ड विधि

85. निम्नलिखित देशों में से कौन-सा एक वेस्टमिंस्टर संसदीय प्रणाली का अनुसरण नहीं करता?
(a) मलेशिया (b) सिंगापुर
(c) आस्ट्रेलिया (d) स्विट्जरलैण्ड

86. 33856 के अंतिम अंक के पश्चात् एक अंक लिखने से जो संख्या मिलती है, वह 11 द्वारा विभाज्य है। वह अंक......... है।
(a) 7 (b) 8
(c) 9 (d) 6

87. यदि मैं आज की अपेक्षा दोगुना कार्यक्षम हो जाऊँ तो मैं कार्य को 12 दिनों में समाप्त कर लूँगा। यदि मेरी कार्यक्षमता आज की अपेक्षा 1/3 रह जाय, तो मैं उस कार्य को कितने दिनों में पूरा कर सकूँगा?
(a) 72 (b) 52
(c) 36 (d) 18

88. एक धनराशि 18 वर्षों में साधारण ब्याज पर दुगुनी हो जाती है, तो यह कितने वर्षों में स्वतः $3\frac{1}{2}$ गुनी हो जायेगी?
(a) $25\frac{1}{2}$ वर्ष (b) $30\frac{1}{2}$ वर्ष
(c) $34\frac{1}{2}$ वर्ष (d) इनमें से कोई नहीं

89. यदि एक आदमी 10 किमी. प्रति घंटा के बदले 14 किमी. प्रति घंटा चला होता तो उसी समय में वह 20 किमी. दूरी अधिक तय कर लेता। उसके द्वारा वास्तव में तय की गई दूरी है–
(a) 50 किमी. (b) 56 किमी.
(c) 70 किमी. (d) 80 किमी.

90. यदि $1+\frac{1}{t}=\frac{t+1}{t}$ हो, तो t =

(a) +2

(b) +2 अथवा –2

(c) 1

(d) कोई शून्यरहित संख्या

91. यदि एक मीनार की छाया उसकी ऊँचाई की $\sqrt{3}$ गुना है, तो उन्नयन कोण होगा–

(a) 60º (b) 30º

(c) 45º (d) 90º

92. निम्नलिखित क्रम में छूट गई संख्या बताएँ–
3, 15, 35, 63, … ? …, 143

(a) 75 (b) 81

(c) 99 (d) 125

93. एक बर्तन दूध व पानी से भरा है, जिसमें पांच अंश दूध है और 3 अंश पानी है। इस मिश्रण में से कितनी मात्रा निकाल ली जाये और उसके स्थान पर उतना ही पानी भर दिया जाये कि मिश्रण में अब आधा दूध और आधा पानी हो जाये?

(a) 1/5 (b) 1/4

(c) 1/2 (d) 4/5

94. नीचे दिये गए शब्दों को अर्थपूर्ण रूप से सुव्यवस्थित कीजिए–

1. स्थान 2. योजना

3. किराया 4. धन

5. इमारत 6. भवन निर्माण

(a) 1, 2, 3, 6, 5, 4

(b) 2, 3, 6, 5, 1, 4

(c) 3, 4, 2, 6, 5, 1

(d) 4, 1, 2, 6, 5, 3

95. पाँच जिलों में रामपुर छोटा है श्यामपुर से, धामपुर बड़ा है हरिपुर से, जयपुर बड़ा है श्यामपुर से, परन्तु इतना नहीं कितना हरिपुर है। सबसे बड़ा जिला कौन-सा है?

(a) हरिपुर (b) श्यामपुर

(c) धामपुर (d) जयपुर

96. यदि 17 मार्च, 1980 को सोमवार था, तो 12 जुलाई, 1980 को कौन-सा दिन था?

(a) रविवार (b) शनिवार

(c) सोमवार (d) बृहस्पतिवार

97. यदि K का अर्थ है ÷, R का अर्थ है ×, T का अर्थ है – और J का अर्थ है +, तब 40 T 120 K 60 R 8 J 12 का मान होगा।

(a) 52 (b) 44

(c) 36 (d) 46

98. कौन-से दो चिह्नों को आपस में बदलने पर निम्न समीकरण सही बनेगा ?

$5 + 3 \times 8 - 12 \div 4 = 3$

(a) + व – को (b) – व ÷ को

(c) + व × को (d) + व ÷ को

99. निम्नलिखित में ऐसे कितने '4' हैं, जिनके एकदम पहले 5 हैं तथा एकदम बाद 2 या 3 है ?

5 4 3 7 8 5 4 2 7 6 5 4 5 1 2 4 5

(a) 3 (b) 4

(c) 2 (d) 1

100. एक पिता अपने पुत्र से तीन गुना बड़ा है। पाँच वर्ष पहले वह अपने पुत्र से चार गुना बड़ा था, तो उसके पुत्र की आयु क्या होगी ?

(a) 12 वर्ष (b) 15 वर्ष

(c) 18 वर्ष (d) 20 वर्ष

व्याख्या सहित उत्तर

1. (c) सरायनाहर एवं महदहा दोनों स्थलों से हड्डी निर्मित उपकरण प्राप्त हुए हैं। परन्तु यदि संख्या को आधार बनाया जाए तो महदहा से हड्डी निर्मित उपकरण अधिक संख्या में मिले हैं। महदहा नामक स्थल प्रतापगढ़ जिले में स्थित है। इस मध्यपाषाण कालीन स्थल का उत्खनन 1978-80 के मध्य जी. आर. शर्मा के नेतृत्व में किया गया। यहाँ से लघु पाषाण उपकरणों के अतिरिक्त आवास, शवाधान एवं गर्त चूल्हों के साक्ष्य प्राप्त होते हैं। किसी-किसी समाधि में स्त्री-पुरुषों को साथ-साथ दफनाया गया है। उल्लेखनीय है कि भारत में चिरांद ही एक मात्र स्थान है, जहाँ से हड्डी निर्मित उपकरण बड़ी मात्रा में मिले हैं। ये उपकरण हिरन के सींगों से निर्मित हैं, अन्य स्थानों से कम ही मात्रा में ऐसे उपकरण मिले हैं।

2. (d) नवपाषाण कालीन स्थल मेहरगढ़ बलूचिस्तान प्रांत में स्थित है। जहां से स्थायी जीवन के प्रमाण मिले हैं। यहां से उपमहाद्वीप में कृषि के प्राचीनतम प्रमाण मिले हैं, जहां गेहूँ की कृषि की जाती थी।

3. (a) धौलावीरा नामक स्थल गुजरात राज्य में स्थित है।

- नवदाटोली मध्य प्रदेश राज्य में नर्मदा नदी के तट पर स्थित है। यह प्रमुख ताम्रपाषाणिक स्थल है।
- ताम्बवती, जिसका प्राचीनतम नाम आहार है, राजस्थान में स्थित है।
- महाराष्ट्र में दायमाबाद, नेवासा, जोर्वे, इनामगांव प्रमुख स्थल हैं। दायमाबाद से ही तांबे की चार प्रमुख वस्तुएं मिली हैं : सांड, रथ चलाता मनुष्य, गैंडा एवं हाथी।

4. (a) ऋग्वेद में सर्वाधिक संख्या (250) में मंत्र इंद्र को समर्पित हैं। इसके पश्चात् लगभग 200 मंत्र अग्नि को समर्पित हैं।

5. (b) प्रथम बौद्ध संगीति का आयोजन अजातशत्रु के शासन काल में 483 ई.पू. में महाकस्सप की अध्यक्षता में हुआ था।

बौद्ध धर्म की सभाएँ

क्रम	वर्ष	स्थान	शासन	अध्यक्ष	कार्य
प्रथम	483 ई.पू.	राजगृह	अजातशत्रु	महाकस्सप	बुद्ध के उपदेशों को दो पिटकों सुत और विनय में (सप्तपर्णी गुफा) बाँटकर संकलित किया गया।
द्वितीय	383 ई.पू.	वैशाली	कालाशोक	सर्वकामी	मतभेद के कारण बौद्ध धर्म दो भागों-स्थाविर एवं महासंघिक में बँटा।
तृतीय	251 ई.पू.	पाटलिपुत्र	अशोक	मोगलिपुत्र	अभिधम्म पिटक का संकलन तथा संघभेद को रोकने के लिए कठोर नियम बनाए गए।
चतुर्थ	प्रथम सदी ई.पू.	कश्मीर (कुंडलवन)	कनिष्क	वसुमित्र (अध्यक्ष) अश्वघोष (उपाध्यक्ष)	'विभाषशास्त्र' नामक टीका का संकलन तथा बौद्ध धर्म दो सम्प्रदाय में विभक्त महायान और हीनयान।

6. (d) प्रथम तीर्थंकर ऋषभदेव ने जैन धर्म की स्थापना की थी।

7. (a) 510 ई. का एरण से प्राप्त एरण अभिलेख सती प्रथा का प्रथम अभिलेखीय साक्ष्य प्रस्तुत करता है। इस अभिलेख में गोपराज नामक सेनापति की स्त्री द्वारा सती होने का उल्लेख है।

8. (a) चन्द्रगुप्त प्रथम पहला गुप्त शासक है, जिसने सर्वप्रथम सिक्कों को जारी किया। चंद्रगुप्त प्रथम ने ही 319 ई.पू. में गुप्त संवत् को चलाया था। इसने लिच्छवी राजकुमारी से विवाह किया था।

9. (b) फिरोज शाह तुगलक ने उलेमाओं से स्वीकृति मिलने के पश्चात् एक सिंचाई कर 'हक-ए-शर्ब' लगाया, जो उपज का 1/10 था।

10. (a) 'हमीर रासो' की रचना सारंगदेव ने की थी।

11. (a) अलाउद्दीन खिलजी पहला मध्यकालीन शासक है, जिसने सार्वजनिक वितरण प्रणाली प्रारम्भ की। इसके अंतर्गत उसने कम कीमत पर खाद्यान्न एवं अन्य आवश्यक वस्तुएं जनता को उपलब्ध कराया।

12. (c) 1503 ई. में अल्बुकर्क ने भारत में प्रथम पुर्तगाली दुर्ग की स्थापना कोचीन में की थी। अल्बुकर्क को ही भारत में पुर्तगाली शक्ति का वास्तविक संस्थापक माना जाता है। 1510 ई. में उसने बीजापुर के आदिलशाही सुल्तान से गोवा को जीता था।

13. (b) 1814-16 ई. के लड़ा गया आंग्ल-नेपाल युद्ध लॉर्ड हेस्टिंग्स के शासन में हुआ। वह स्वयं इस युद्ध का मुख्य सेनापति था। सन् 1816 में सुगौली की संधि से यह युद्ध समाप्त हुआ। उल्लेखनीय है कि सुगौली बिहार राज्य के चम्पारण में स्थित है।

14. (a) वारेन हेस्टिंग्स के समय 1773 के रेग्युलेटिंग एक्ट के अनुसार सन् 1774 में कलकत्ता में सर्वोच्च न्यायालय की स्थापना की गई। एलीजाह एम्पे को इसका मुख्य न्यायाधीश बनाया गया।

15. (d) सन्, 1856 में लॉर्ड डलहौजी ने कुशासन के आधार पर नवाब वाजिद अली शाह को हटाकर अवध का विलय ब्रिटिश साम्राज्य में कर लिया था। उल्लेखनीय है कि कुशासन का आधार आउट्रम की रिपोर्ट थी।

ब्रिटिश साम्राज्य में अन्य मिलाए गए राज्य

राज्य	विलय वर्ष
सतारा	1848
जैतपुर	1849
सम्भलपुर	1849
उदयपुर	1852
झांसी	1853
नागपुर	1854

16. (d) कैबिनेट मिशन के अंतर्गत नवनिर्वाचित संविधान सभा से अंतरिम सरकार का गठन किया गया। इसमें डॉ. एस. राधाकृष्णन शामिल नहीं थे।

17. (a) लार्ड कर्जन के कार्यकाल में 1904 ई. में प्राचीन स्मारक संरक्षण एक्ट पारित किया गया था।

18. (a) गौतम बुद्ध को 'एशिया के ज्योतिपुंज' के तौर पर जाना जाता है।

19. (c) लखनऊ समझौता पर सन् 1916 में हस्ताक्षर हुए थे। 1916 ई. में भारतीय राष्ट्रीय कांग्रेस के लखनऊ अधिवेशन की अध्यक्षता अम्बिका चरण मजूमदार ने की। लखनऊ दो प्रमुख समझौतों के लिए प्रसिद्ध है प्रथम, बाल गंगाधर तिलक एवं एनी बेसेन्ट के प्रयासों से कांग्रेस के गरम दल एवं नरम दल पुन: एक हो गए। द्वितीय, बाल गंगाधर तिलक एवं मोहम्मद अली जिन्ना के प्रयासों से कांग्रेस एवं लीग के मध्य समझौता हुआ। कांग्रेस एवं लीग के लखनऊ समझौते का मदन मोहन मालवीय ने विरोध किया।

20. (d) 1935 के अधिनियम के उपरांत, 1937 में हुए चुनावों ने गठित कांग्रेस मंत्रिमंडल जुलाई, 1937 से नवम्बर 1939 तक कार्यरत रहे। इस प्रकार यह अवधि 28 माह की थी।

21. (c) महात्मा गांधी ने 1 अगस्त, 1920 को असहयोग आंदोलन का प्रारम्भ किया। असहयोग आंदोलन के दौरान सबसे सफल कार्यक्रम-विदेशी कपड़ों का बहिष्कार था। इस दौरान विदेशी कपड़ों की होली जलाई गई। इसे रवीन्द्र नाथ टैगोर ने 'निष्ठुर बर्बादी' बताया। इस आंदोलन में एक और कार्यवाही, जो बहुत लोकप्रिय हुई, वह थी ताड़ी की दुकानों पर धरना। हालांकि यह मूल कार्यक्रम में शामिल नहीं था।

22. (a) महात्मा गांधी का जीवनीकार लुई फिशर सविनय अवज्ञा आंदोलन से संबंधित था। महात्मा गांधी का जीवनीकार लुई फिशर एक अमेरिकी थे। इनकी पुस्तक का नाम 'लाइफ ऑफ महात्मा गांधी' थी। जिस पर आधारित 'गांधी' फिल्म रिचर्ड एटनबरो द्वारा बनाई गई।

23. (a) 1885 ई. में बम्बई में आयोजित कांग्रेस के प्रथम अधिवेशन की अध्यक्षता डब्ल्यू.सी. बनर्जी ने की थी। इस अधिवेशन में 72 प्रतिनिधियों ने भाग लिया था।

कांग्रेस के प्रारम्भिक अधिवेशन के अध्यक्ष

वर्ष	स्थान	अध्यक्ष
1886	कलकत्ता	दादा भाई नौरोजी
1887	मद्रास	बदरुद्दीन तैयबजी
1888	इलाहाबाद	जार्ज यूले
1889	बम्बई	वेंडरबर्न

24. (a) उपरोक्त कथन आर.सी. मजूमदार का है। उन्होंने 'The Sepoy Mutiny and the Rebellion of 1857' नामक पुस्तक लिखी।

25. (d) 'गुलाबी क्रांति' प्याज एवं झींगा उत्पादन से संबंधित है।

26. (b) संयुक्त राष्ट्र के जनसंख्या विभाग द्वारा वर्ष 2010 के आधार पर जारी किए गए आँकड़ों के आधार पर महाद्वीपों के स्तर पर ऑस्ट्रेलिया महाद्वीप का नगरीकरण प्रतिशत सबसे उच्च है तथा यह प्रतिशत लगभग 89% रहा है। इसी रिपोर्ट के अनुसार यूरोप का नगरीकरण प्रतिशत 73%, उत्तरी अमेरिका का नगरीकरण प्रतिशत 82% एवं अफ्रीका के सन्दर्भ में यह प्रतिशत 40% है।

27. (b) जायरे (कांगो) प्रदेश में स्थित कटांगा केन्द्र ताँबा उत्पादन हेतु विश्व प्रसिद्ध है। दक्षिण अफ्रीका में स्थित किरबर्ले खान हीरा उत्पादन के लिए प्रसिद्ध है। दक्षिण अफ्रीका में ही स्थित विटवाटर्सलैण्ड (Witwatersland) सोना उत्पादन के लिए प्रसिद्ध है। बुट क्षेत्र चाँदी के लिए प्रसिद्ध है। जर्मनी का सार बेसिन कोयला उत्पादक क्षेत्र है। उल्लेखनीय है कि जर्मनी का रूर बेसिन भी प्रमुख कोयला उत्पादक क्षेत्र है।

- फ्रांस का लारेन प्रदेश लौह अयस्क उत्पादक क्षेत्र है।
- दक्षिण अफ्रीका का ट्रांसवाल क्षेत्र सोना उत्पादक क्षेत्र है।
- संयुक्त राज्य अमेरिका का एरिजोना प्रांत तांबा उत्पादन के लिए प्रसिद्ध है।
- रासनतुरा, सऊदी अरब का तेलशोधन केन्द्र है।

28. (c) सेमांग जनजाति मलेशिया में निवास करती है। अन्य जनजातियां एवं उनके निवास स्थान–

जनजाति	देश
माओरी	न्यूजीलैंड
मगयार	यूक्रेन, हंगरी
बोअर	द. अफ्रीका
रेड इण्डियन	उत्तरी अमेरिका
सकाई	मलेशिया
औका	इक्वेडोर
माया	मैक्सिको
युकाधिर	साइबेरिया
सेंटीनली, ओंगे	अंडमान निकोबार द्वीप

- बुशमैन जनजाति कालाहारी मरुस्थल में निवास करती है। ये जनजाति दक्षिण अफ्रीका, नामीबिया देशों में विद्यमान है। मसाई जनजाति केन्या, तंजानिया, युगांडा देशों में निवास करती है। पिग्मी जनजाति कांगो, युगांडा, फिलीपींस देशों में पाई जाती है। बद्दू जनजाति सऊदी अरब के उत्तरी भागों में निवास करती है।

29. (d) सालविन नदी अपने उद्गम क्षेत्र से दक्षिण की ओर प्रवाहित होते हुए मर्तावान की खाड़ी (Gulf of Martaban) में गिरती है। उल्लेखनीय है कि इस नदी का उद्गम तिब्बत के पठार में स्थित है। लीना एवं ओब नदियाँ उत्तर की ओर जबकि आमूर नदी पूर्व की ओर प्रवाहित होती है।

30. (a)

पर्वत	देश
अलेघनी	संयुक्त राज्य अमेरिका
कैण्टाब्रियन	स्पेन
एलबुर्ज	ईरान
मैकेन्जी	कनाडा

31. (c) धर्मापुरी तमिलनाडु में स्थित है। तमिलनाडु की इस राजधानी का अस्तित्व 1965 ई. में आया, जो भारत के सबसे लंबे राष्ट्रीय राजमार्ग संख्या-07 पर स्थित है।

32. (b) भारत की सबसे आद्य जनजाति जार्वा है। ये जनजाति अति प्राचीन काल से अण्डमान एवं निकोबार द्वीप समूह में निवास कर रही है। भारत में यह एक संकटग्रस्त जनजाति समूह है।

33. (d) जम्मू-कश्मीर राज्य में स्थित लेह नामक स्थान पर सबसे कम वार्षिक वर्षा होती है।

34. (b)

एल्यूमिनियम संयंत्र	**राज्य**
अलुपुरम	केरल
अंगुल	उड़ीसा
बेलगाम	कर्नाटक
कोरबा	छत्तीसगढ़

35. (d) मक्का की पत्तियों के शीर्ष का सफेद होना जिंक (Zn) की कमी का सूचक है।

36. (c) आर्थिक समीक्षा 2010-11 के अनुसार भारत के निर्यात का सबसे बड़ा भाग (मूल्य के आधार पर) संयुक्त अरब अमीरात को भेजा जाता है। यह कुल निर्यात का लगभग 13.4% है। क्रमानुसार अन्य देश-संयुक्त राज्य अमेरिका (10.9%), चीन (6.5%) एवं सिंगापुर (4.2%) है।

37. (a) भारत में राष्ट्रीय आय समंकों (National Income Indicators) का आकलन केंद्रीय सांख्यिकीय संगठन (C.S.O : Central Statical Organization) द्वारा किया जाता है। केन्द्रीय सांख्यिकीय संगठन ने राष्ट्रीय आय हेतु आधार वर्ष 1993-94 को बदलकर 2003-04 कर दिया है। C.S.O. की स्थापना सन् 1951 में की गई थी। यह संस्था योजना मंत्रालय के अंतर्गत कार्य करती है।

38. (c) भारत में दाशमिक मुद्रा प्रणाली का प्रारम्भ 1 अप्रैल, 1957 से हुआ। वर्तमान विश्व में केवल मालागासी एवं मॉरिशस की मुद्रा ही सैद्धांतिक रूप में गैर-दार्शनिक पद्धति का निरूपण करती है।

39. (b) **प्रमुख बैंकों की स्थापना**

संस्था	**स्थापना वर्ष**
क्षेत्रीय ग्रामीण बैंक	1975
अग्रणी बैंक योजना	1969
नाबार्ड	1982
भारतीय स्टेट बैंक	1955

40. (c) भारतीय रिजर्व बैंक भारत में मुद्रा एवं साख नियंत्रण की एकमात्र संस्था है। उल्लेखनीय है कि रिजर्व बैंक ऑफ इंडिया का अस्तित्व 1 अप्रैल, 1935 में आया, जिसका मुख्यालय मुम्बई में है और इसके वर्तमान गवर्नर रघुराम राजन हैं।

41. (c) जनगणना 2011 के अनुसार भारत में 0-6 वर्ष के आयु समूह के बच्चों का यौन अनुपात 914 है।

42. (b) जनगणना 2011 के आँकड़ों के अनुसार भारत में पुरुष एवं महिला साक्षरता दर का अंतराल 16.68% है। उल्लेखनीय है कि पुरुष साक्षरता दर 82.14% एवं महिला साक्षरता दर 65.40% है।

43. (d) 1946 में कैबिनेट मिशन ने संविधान सभा के गठन की सिफारिश की। 1 जुलाई, 1946 ई. में कैबिनेट मिशन के प्रावधानों के अनुरूप चुनाव हुए। चुनाव अप्रत्यक्ष निर्वाचन द्वारा किया गया। 10 लाख की जनसंख्या पर एक स्थान का आवंटन किया गया।

44. (b) भारतीय संविधान 22 भागों में विभक्त है। जिसमें 395 अनुच्छेद एवं 12 अनुसूचियां हैं।

45. (a) मूल कर्त्तव्यों को भारतीय संविधान में शामिल करने की संस्तुति 1976 में गठित सरदार स्वर्ण सिंह समिति ने की थी। मूल कर्त्तव्य पूर्व सोवियत संघ के संविधान से प्रेरित हैं। 42वें संविधान संशोधन द्वारा भारतीय संविधान में भाग 4 क के रूप में मौलिक कर्त्तव्यों को जोड़ा गया। अनुच्छेद 51 क में 10 मूल कर्त्तव्य का उल्लेख है। 11वां मूल कर्त्तव्य के रूप में बच्चों की शिक्षा को 86वें संविधान संशोधन द्वारा शामिल किया गया।

46. (a) भारतीय संविधान में नीति निर्देशक सिद्धान्तों को आयरलैंड के संविधान से प्रेरित होकर शामिल किया गया था। राज्य के नीति निर्देशक सिद्धांतों का वर्णन भाग 4 में है। नीति-निर्देशक सिद्धांतों को न्यायालय द्वारा प्रवर्तित नहीं कराया जा सकता। इसके द्वारा राज्य लोगों के सामाजिक, आर्थिक एवं राजनीतिक न्याय में वृद्धि का प्रयास करता है।

47. (d) उपरोक्त कथन ए.के. अय्यर का है।

48. (d) मूल अधिकार के अंतर्गत समता का अधिकार अनुच्छेद 14-18 में वर्णित है। समता के अधिकार में विधि के समक्ष समता, सामाजिक समानता एवं लोक नियोजन के विषय में अवसर की समानता शामिल है। मूल अधिकार में आर्थिक समानता का उल्लेख नहीं है।

49. (d) लोक सभा अध्यक्ष अपनी निष्पक्षता बनाए रखने हेतु प्रारम्भिक स्तर पर मतदान में भाग नहीं लेता, परन्तु मत बराबर होनें की दशा में वह अपने मतदान अधिकार का प्रयोग करता है।

50. (b) अनुच्छेद 213 के तहत राज्यपाल को विधान-मण्डल के विश्रांतिकाल में अध्यादेश (Ordinance) जारी करने की शक्ति प्राप्त है। अनुच्छेद 213 (2) के अंतर्गत जब विधान मण्डल की पुन: बैठक हो तो अध्यादेश सदन के समक्ष रखा जाएगा अन्यथा सत्र आरम्भ होने के 6 सप्ताह पश्चात् अध्यादेश निष्प्रभावी हो जाएगा। यदि इसे सदन अनुमति दे दे तो यह प्रभावी बना रहेगा।

51. (d) असंतुलित विकास, सांस्कृतिक पहचान खोने का डर एवं राजनीति वर्चस्व स्थापित करने की महत्वाकांक्षा ने भारत में क्षेत्रवाद के उदय में प्रमुख भूमिका निभाई है।

52. (a) राष्ट्रपति के अनुमोदन से भारत का मुख्य न्यायमूर्ति उच्चतम न्यायालय दिल्ली में अथवा किसी अन्य स्थान पर भी किसी केस की सुनवाई कर सकता है।

53. (c) स्थानीय शासन प्रजातांत्रिक विकेन्द्रीकरण के सिद्धांत पर आधारित है, जिसमें केन्द्रीय नियंत्रण नहीं होता है। उल्लेखनीय है कि अनुच्छेद-40 के, अंतर्गत राज्य को पंचायती राज संस्थाओं के विकास का दायित्व सौंपा गया है। पंचायती राज प्रणाली के लिए 1957 ई. बलवंत राय मेहता समिति गठित की गई थी, जिसने त्रिस्तरीय पंचायती राज प्रणाली के प्रारूप की संस्तुति की।

- 24 अप्रैल, 1993 को 73वें संविधान संशोधन अधिनियम से पंचायती राज व्यवस्था को लागू किया गया।

54. (d) चन्द्रमा की सतह से एक चट्टान को यदि पृथ्वी पर लाया जाए, तब इसका भार बदल जाएगा परन्तु द्रव्यमान नहीं। उल्लेखनीय है कि चट्टान का द्रव्यमान परिवर्तित नहीं होता, परन्तु चन्द्रमा एवं पृथ्वी पर गुरुत्वीय बल में अंतर होने से चट्टान का भार बदल जाएगा।

55. (d) चुम्बकीय अनुनाद बिम्बीकरण (MRI : Magnetic Resonance Imaging) तकनीक मानवीय कोशिकाओं के प्रतिचुम्बकत्व पर आधारित है। इसके द्वारा मानवीय शरीर में होने वाली विभिन्न बीमारियों का पता लगाया जाता है।

56. (b) जब कोई व्यक्ति स्थिर जल में नाव पर खड़ा है तथा वह किनारे की ओर चले तो न्यूटन के क्रिया-प्रतिक्रिया नियम के अनुसार नाव किनारे से दूर बढ़ेगी।

57. (c) रिक्टर पैमाना भूकंपीय तीव्रता को मापने हेतु प्रयोग किया जाता है। इसमें भूकंपीय लहरों के आयाम की गणना की जाती है। रिक्टर पैमाने में 0-9 की माप होती है और रिक्टर पैमाने पर प्रत्येक अगली इकाई पिछली इकाई की तुलना में 10 गुना अधिक तीव्रता रखता है। उल्लेखनीय है कि समान भूकंपीय तीव्रता वाले स्थानों को मिलाने वाली रेखा को 'Isoseismal Line' कहते हैं एवं एक ही समय पर आने वाले भूकंपीय क्षेत्रों को मिलाने वाली रेखा को 'Homoseismal Line' कहते हैं।

58. (d) यदि पानी से भरे एक बीकर में एक बर्फ का टुकड़ा तैर रहा हो तो बर्फ के टुकड़े के पिघलने के पश्चात् पानी की सतह अपरिवर्तित रहेगी, क्योंकि बर्फ के टुकड़े का आयतन बर्फ के टुकड़े के पिघलने से प्राप्त पानी के आयतन के बराबर होगा।

- जब बर्फ का टुकड़ा पानी पर तैर रहा होता है, तो उसके आयतन का 1/10 भाग पानी के ऊपर एवं 9/10 भाग पानी के नीचे रहता है।

59. (a)

60. (c) उन्नतोदर दर्पण अथवा उत्तल दर्पण (Convex Mirror) द्वारा काफी बड़े क्षेत्र की वस्तुओं का प्रतिबिम्ब एक छोटे से क्षेत्र पर बन जाता है। इसी

कारण ट्रक चालक साइड मिरर के रूप में इसका प्रयोग करते हैं।

61. (b) यदि पानी को 0°C से 4°C के मध्य गर्म किया जाए तो प्रारम्भ में आयतन घटता है। 4°C तक गर्म करने पर इस ताप (4°C) पर जल का आयतन न्यूनतम व घनत्व अधिकतम होता है। यही कारण है जब किसी झील में पानी के जम जाने पर भी उसमें रहने वाली मछलियां नहीं मरती हैं।

62. (b) यह अत्यंत विषैली गैस है, जिसका प्रयोग प्रथम विश्व युद्ध में रासायनिक हथियार के रूप में किया गया था। इसमें सरसों के तेल की गंध आने के कारण 'मस्टर्ड गैस' कहा जाता है। इसे 'War Gas' भी कहते हैं।

63. (d) अस्पतालों में मंद निश्चेतक के रूप में नाइट्रोजन अथवा नाइट्रस ऑक्साइड का प्रयोग किया जाता है।

64. (b) टेफ्लान की उपस्थिति के कारण बर्तन पर न चिपकने वाली सतह निर्मित होती है। यह फ्लोरीन द्वारा निर्मित होता है।

65. (a) सोडियम धातु ठंडे पानी से तीव्र क्रिया कर सोडियम हाइड्रॉक्साइड (NaOH) एवं हाइड्रोजन गैस का निर्माण करती है। यही कारण है कि सोडियम को कैरोसिन तेल में डुबोकर रखा जाता है।

66. (b)

67. (c) पृथ्वी पर सबसे पुराना जीव अमीबा है। यह एक कोशिकीय प्राणी है।

68. (c) एण्डोस्कोप, जिसका प्रयोग डॉक्टर शरीर के आंतरिक भागों को देखने के लिए प्रयुक्त करते हैं, प्रकाश के पूर्ण आंतरिक परावर्तन पर आधारित होता है।

- प्रकाशीय रेशें (Optical fibres) भी पूर्ण आंतरिक परावर्तन पर आधारित हैं।

69. (c)

70. (b) WBC का बनना एवं RBC का विनाश होना यह क्रिया प्लीहा में होती है।

71. (d) दृष्टि पटल (रेटिना) पर अँध बिंदु एवं पीत पाए जाते हैं।

72. (b)

टेस्टोस्टेरॉन	-	हार्मोन
कोडीन	-	बेहोशी का ड्रग
कूचुक	-	रबड़ का स्रोत पदार्थ
यूगेनॉल	-	लौंग का सुगंधित तेल

73. (d) उपरोक्त सभी रसायन क्षारीय प्रकृति के हैं। अत: ये क्षारीय मृदा के सुधारक के रूप में प्रयुक्त नहीं हो सकते।

74. (b) समुद्री जल का पानी खारा होने के लिए उसमें उपस्थित लवणों की मात्रा उत्तरदायी होती है। इसमें सोडियम तथा ब्रोमीन की अत्यधिक मात्रा पाई जाती है।

75. (b) **76.** (d)

77. (c) प्रथम आंग्ल-बर्मी युद्ध (1826), प्रथम आंग्ल-अफगान युद्ध (1811-13), प्रथम आंग्ल-मराठा युद्ध (1775-82) और प्रथम आंग्ल-सिख युद्ध (1845-46) में लड़ा गया था।

78. (c) G-4 देश (भारत, ब्राजील, जर्मनी, जापान) यूएनओ के सुरक्षा परिषद् में स्थायी सदस्यता के लिए एक-दूसरे के दावों का समर्थन कर रहे हैं और इसकी प्रभावशीलता के लिए इस समूह का निर्माण किए हैं।

79. (c)

80. (a) भारत में जिरकॉन खनिज केरल राज्य में समुद्री बालू से प्राप्त होता है। अभ्रक की सर्वाधिक उपलब्धि आन्ध्र प्रदेश में है। निकिल ओडिशा से प्राप्त होता है। टंगस्टन राजस्थान में प्राप्त होता है।

81. (a)

82. (b) मनुष्य में उत्सर्जन की जैव-रासायनिक प्रक्रिया के दौरान यकृत में अमोनिया से यूरिया संश्लेषण होता है। अमोनिया CO_2 से मिलकर यूरिया में बदल जाती है।

83. (b)

84. (a) इंग्लैंड में 'मैग्नाकार्टा' महारानी एलिजाबेथ I के शासनकाल के दौरान आया। यह इंग्लैंड के संविधान का आधार बना। इसके द्वारा मूल्य का निर्धारण, काम के घण्टों को निश्चित करना तथा प्रत्येक नागरिक को काम देने के अधिकारों की पुष्टि हुई।

85. (d) स्विट्जरलैण्ड में शासन की अध्यक्षीय प्रणाली अस्तित्व में है।

86. (c) यदि किसी संख्या के सम एवं विषम स्थानों के अंकों के योग का अन्तर 0 या 11 का गुणज हो, तो संख्या 11 से पूर्णत: विभाजित होगी।

$3 + 5 + ? = 3 + 8 + 6$

$\Rightarrow 8 + ? = 17$

$\Rightarrow ? = (17 - 8) = 9$

87. (a) ∵ दोगुनें कार्यक्षम होने पर कार्य 12 दिनों में समाप्त होता है

∴ सामान्य दक्षता होने पर कार्य 12 × 2 दिनों में समाप्त होगा।

∴ $\frac{1}{3}$ कार्यक्षम होने की स्थिति में कार्य

$= \frac{12\times2}{\frac{1}{3}} = 12 \times 2 \times 3 = 72$ दिनों

88. (d) यदि कोई धन t समय में n_1 गुना हो जाता है, तो n_2 गुना होने में लगा समय

$= \frac{n_2 - 1}{n_1 - 1} \times t = \frac{3.5 - 1}{2 - 1} \times 18$

$= \frac{2.5}{1} \times 18 = 45$ वर्ष।

89. (a) माना कि व्यक्ति t समय में x किमी. जाता है।

प्रश्नानुसार,

$\frac{x}{t} = 10$

$\Rightarrow \frac{x}{10} = t$ ...(i)

तथा $\frac{x+20}{14} = t$ ...(ii)

समीकरण (i) और (ii) से,

$\frac{x}{10} = \frac{x+20}{14}$

$\Rightarrow 14x = 10x + 200$

$\Rightarrow 4x = 200$

$\therefore x = \frac{200}{4} = 50$ किमी.

90. (d) कोई शून्यरहित संख्या होगी, क्योंकि

यदि $t = 0$

तो $\frac{t+1}{t} = \infty$

यदि $t = 1$

तो $\frac{t+1}{t} = \frac{1+1}{1} = \frac{2}{1} = 2$

91. (b) $\tan\theta = \frac{\text{लम्ब}}{\text{आधार}} = \frac{h}{\sqrt{3}h} = \frac{1}{\sqrt{3}}$

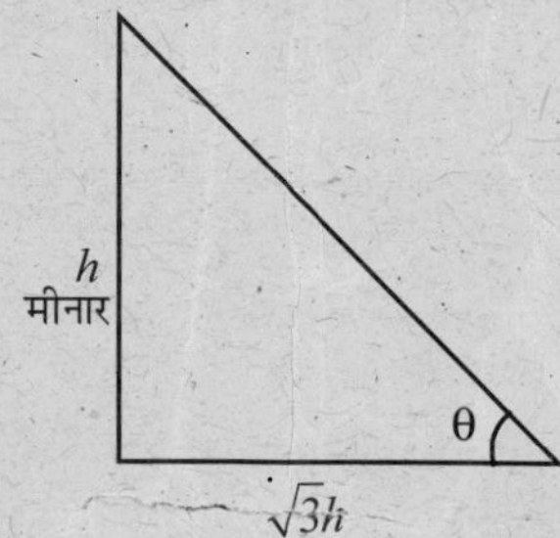

$\tan\theta = \tan 30°$

$\theta = 30°$

92. (c) $1 \times 3 = 3$

$3 \times 5 = 15$

$5 \times 7 = 35$

$7 \times 9 = 63$

$9 \times 11 = \boxed{99}$

$11 \times 13 = 143$

अत: छूटी हुई संख्या $\boxed{99}$ है।

93. (a) प्रश्नानुसार

दूध की मात्रा $= \frac{5}{8}$ भाग

पानी की मात्रा = $\frac{3}{8}$ भाग

मात्रा x भाग मिश्रण निकाला गया

शेष दूध = $\frac{5}{8}-\frac{5}{8}x$

पानी की मात्रा = $\frac{3}{8}-\frac{3}{8}x$

$\frac{5}{8}-\frac{5}{8}x = \frac{3}{8}-\frac{3}{8}x+x$

$\Rightarrow 5-5x = 3-3x+8x \Rightarrow 5-5x = 3+5x$

$\Rightarrow 10x = 2 \Rightarrow x = \frac{1}{5}$

94. (d) शब्दों का सार्थक क्रम निम्नवत् होगा:
4. धन → 1. स्थान → 2. योजना → 6. भवन निर्माण → 5. इमारत → 3. किराया
अत: सही क्रम = 4, 1, 2, 6, 5, 3.

95. (c) प्रश्नानुसार,
धामपुर > हरिपुर > जयपुर > श्यामपुर > रहते हैं।
स्पष्ट है कि धामपुर सबसे बड़ा जिला है।

96. (b) जिस प्रकार, 17 मार्च, 1980 से 12 जुलाई, 1980 तब दिन

= 14 + 30 + 31 + 30 + 12 = 117

उसी प्रकार, 117 दिनों में विषम दिनों की संख्या

= 16 × 7 + 5 = 5

∴ अभीष्ट, दिन = (सोमवार + 5) = शनिवार

97. (c) 40 T 120 K 60 R 8 J 12 = ?

$\Rightarrow ? = 40 - 120 \div 60 \times 8 + 12$

$\Rightarrow ? = 40 - 2 \times 8 + 12$

$\Rightarrow ? = 40 - 16 + 12$

$\Rightarrow ? = 40 + 12 - 16$

$\Rightarrow ? = 52 - 16$

$\therefore ? = 36$

98. (b) $5 + 3 \times 8 - 12 \div 4 = 3$

विकल्प (b) के प्रयोग से,

$5 + 3 \times 8 \div 12 - 4 = 3$

$\Rightarrow 5 + \frac{3\times 8}{12} - 4 = 3$

$\Rightarrow 5 + 2 - 4 = 3 \Rightarrow 7 - 4 = 3$

$\Rightarrow 3 = 3$

99. (c) दी गई संख्या शृंखला में ऐसे दो 4 हैं, जिनके एकदम पहले 5 है तथा एकदम बाद 2 या 3 है।

5<u>4</u>3, 5<u>4</u>2

100. (b) माना कि पुत्र की आयु = x वर्ष

∴ पिता की आयु = $3x$ वर्ष

5 वर्ष पहले, प्रश्नानुसार,

$4(x-5) = (3x-5)$

$\Rightarrow 4x - 20 = 3x - 5$

$\Rightarrow 4x - 3x = 15$

$\Rightarrow x = 15$ वर्ष

❑❑❑

प्रैक्टिस सेट्स
सामान्य हिन्दी

प्रैक्टिस सेट-1

निर्देश-(1-10) निम्नलिखित प्रत्येक वाक्य खंड के लिए उसके नीचे दिए गए विकल्पों में से एक शब्द चुनिए-

1. मछली के समान आंखों वाली-
(a) मयूराक्षी (b) मीनाक्षी
(c) मृगनयनी (d) महिषी

2. जानने की इच्छा रखने वाला-
(a) विज्ञ (b) जिज्ञासु
(c) ज्ञानी (d) ऋषि

3. जो किसी भी पक्ष में न रहे-
(a) विपक्षी (b) तटस्थ
(c) निरपेक्ष (d) पक्षहीन

4. जो बिल्कुल नष्ट हो गया हो-
(a) ध्वस्त (b) भ्रष्ट
(c) खंडित (d) इनमें से कोई नहीं

5. जिसे पार करना कठिन हो-
(a) निगम (b) आगम
(c) दुर्गम (d) अगम्य

6. तैरने या पार होने का इच्छुक-
(a) तितीर्षु (b) तितीषी
(c) तितिक्षु (d) तितिज्ञा

7. हड्डियों का ढांचा-
(a) अवशेष (b) भग्नावशेष
(c) अस्थिशेष (d) अस्थिपंजर

8. जिसकी बराबरी का दूसरा न हो-
(a) अनोखा (b) अनुपम
(c) अभूतपूर्व (d) अद्वितीय

9. इच्छा के विरुद्ध कार्य करने पर उत्पन्न मनोभाव-
(a) क्षोभ (b) खेद
(c) क्रोध (d) अप्रसन्नता

10. किसी के ज्ञान, योग्यता, कुशलता आदि को परखना-
(a) निरीक्षण (b) अनुवीक्षण
(c) परीक्षण (d) पुनरीक्षण

11. जो शब्द मूल रूप से विशेषण होते हैं उन्हें क्या कहा जाता है?
(a) व्युत्पन्न विशेषण
(b) प्रविशेषण
(c) गुणवाचक विशे
(d) पूर्णांकबोधक विशेषण

12. जहां एक क्रिया के समाप्त होने के एकदम बाद दूसरी पूर्ण क्रिया के होने का बोध होता है, वहां पहली क्रिया को क्या कहते हैं?
(a) क्रियार्थक क्रिया
(b) तात्कालिक क्रिया
(c) अनुकरणात्मक क्रिया
(d) पूर्वकालिक क्रिया

13. किस वाक्य में क्रिया वर्तमान काल में है?
(a) उसने फल खा लिए थे।
(b) मैं तुम्हारा पत्र पढ़ रहा हूं।
(c) अचानक बिजली कौंध उठी।
(d) कल वे आने वाले थे।

14. क्रिया के होने का समय तथा उसकी पूर्णता और अपूर्णता का बोध किससे होता है?
(a) कारक (b) काल
(c) वचन (d) क्रिया विशेषण

15. विशेषण की विशेषता बताने वाले शब्दों को क्या कहा जाता है?
(a) सार्वनामिक विशेषण
(b) आवृत्तिवाचक विशेषण
(c) प्रविशेषण
(d) परिमाणवाचक विशेषण

16. रचना की दृष्टि से क्रिया के कौन-से भेद हैं?
(a) अकर्मक और सकर्मक
(b) एककर्मक और द्विकर्मक
(c) संयुक्त, प्रेरणार्थक, नामधातु, पूर्वकालिक
(d) इनमें से कोई नहीं

17. निम्नलिखित में विकारी शब्द कौन-सा है?
(a) तथापि (b) बल्कि
(c) एवं (d) मनुष्य

18. निम्नलिखित में बताइए कि कौन-सा शब्द विस्मयबोधक अविकारी है?
(a) आदि (b) ओह
(c) अरे (d) और

19. निम्नलिखित में रूढ़ शब्द कौन-सा है?
(a) वाचनालय (b) समतल
(c) विद्यालय (d) पशु

20. 'शक्ति' से बनने वाला विशेषण है-
(a) शक्तिम (b) शाक्त
(c) अशक्ति (d) साक्त

निर्देश-(21-25) वाक्य में रेखांकित छपे शब्द की शुद्ध वर्तनी का चयन कीजिए

21. रवीन्द्र जैन <u>मनिषि</u> कवि तथा अरविंद जैसे योगी भारतीय मेधा का सिक्का विश्व में जमा चुके हैं।
(a) मनिषी (b) मुनीषी
(c) मनीषी (d) मनीषि

22. हिमालय के <u>शुभ्रोज्वल</u> शृंग किसे आकृष्ट नहीं करते।
(a) शुभ्रुज्जवल
(b) शुभ्रोज्जवल
(c) शुभोज्जवल
(d) शुभ्रोज्वल

23. सभी देशवासियों को देश की समस्याओं के समाधान के लिए स्वयमेव <u>सनद्ध</u> हो जाना चाहिए।
(a) सन्नद्ध (b) सन्नद्य
(c) सनद्ध (d) सनद्ध

24. रात्रि-भोज से पूर्व दोनों देशों के विदेश-मंत्रियों में <u>आनोपचारिक</u> वार्ता होती रही।
(a) आनुपचारिक
(b) अनौपचारिक
(c) आनौपचारिक
(d) अनोपचारिक

25. जिस मित्र का उसने अनादर किया वही उसका <u>मार्गद्रशक</u> बना।
(a) मार्गदर्षक (b) मार्गदर्शक
(c) मार्गद्रषक (d) मार्गदृशक

निर्देश-(26-30) दिए गए चार विकल्पों में से वाक्य शुद्ध विकल्प का चयन कीजिए

26. (a) उसने बिना कुछ कहे उनकी आज्ञा स्वीकार ली।
(b) उसने बिना कुछ कहे उनकी आज्ञा उतार ली।
(c) उसने बिना कुछ कहे उनकी आज्ञा मान ली।
(d) उसने बिना कुछ कहे उनकी आज्ञा की हामी भर ली

27. (a) तुमको खीर बनाना नहीं आती।
(b) तुम्हें खीर बनाना नहीं आता।
(c) तुमको खीर बनाना नहीं आता।
(d) तुमको खीर बनानी नहीं आती।

28. (a) किसी ने भी उसे जाते हुए न देखा।
(b) किसी ने ही उसे जाते हुए न देखा।
(c) किसी ने उसे जाते हुए न देखा।
(d) किसी ने ही न उसे जाते हुए देखा।

29. (a) यही नहीं, बल्कि वे वहां से चले भी गए।
(b) केवल यही नहीं, बल्कि वे वहां से चले भी गए।
(c) यही नहीं, वे वहां से चले भी गए।
(d) न केवल यही, बल्कि वे वहां से चले भी गए।

30. (a) मैंने अमित को, राजेश को और दीपक को कल साथ-साथ देखा था।
(b) मैंने अमित, राजेश और दीपक को कल साथ-साथ देखा था।
(c) मैंने अमित और राजेश और दीपक को कल साथ-साथ देखा था।
(d) मैंने अमित को और राजेश को और दीपक को कल साथ-साथ देखा था।

निर्देश-(31-40) निम्नलिखित वाक्यों में मुद्रित शब्द के विलोम के लिए चार-चार विकल्प दिए गए हैं। इनमें से उचित विकल्प का चयन कीजिए

31. **मानव का लोभ उसके विनाश का कारण बन सकता है।**
(a) सृजन (b) सर्जन
(c) विसर्जन (d) उभार

32. **बड़े शब्दों में जन किसी की निन्दा नहीं करते।**
(a) निकृष्ट (b) विशिष्ट
(c) अशिष्ट (d) अवशिष्ट

33. **तिरस्कृत को गले लगाना महानता है।**
(a) संस्मरित (b) उत्प्रेरित
(c) विस्मृत (d) पुरस्कृत

34. **उसके पास चुने हुए उपन्यासों का एक विशिष्ट संग्रह है।**
(a) त्याग (b) आग्रह
(c) विराग (d) विग्रह

35. **स्वाधीनता एक नियामत है।**
(a) परतंत्रता (b) परवशता
(c) निर्बन्धता (d) पराधीनता

36. **कनिष्ठ भ्राता के मुख से अपवचन सुनकर उसे अपना जीवन व्यर्थ प्रतीत होने लगा।**
(a) उच्छिष्ट (b) उत्कृष्ठ
(c) ज्येष्ठ (d) जेठ

37. **अपने सहोदर को देखकर उसका साहस दो गुना हो गया।**
(a) कुधर (b) अधर
(c) परोदर (d) अन्योदर

38. **आवश्यकता से अधिक धन की प्राप्ति मनुष्य को गलत रास्ते पर ले जाती है।**
(a) अनधिक (b) अपक्व
(c) अतिरंजक (d) अनाधिक्य

39. **विश्व में गरीबी मिटाने और समता लाने की बात सभी करते हैं।**
(a) असमानता (b) अन्तर
(c) भेद (d) विषमता

40. **हमें सदैव सत्य बोलना चाहिए।**
(a) मृषा (b) ऋचा
(c) तृषा (d) ऋत

निर्देश-(41-45) नीचे प्रत्येक वर्ग में दिए गए विकल्पों में से तद्भव शब्द का चयन कीजिए

41. (a) कुशल (b) वृत्तान्त
(c) स्त्री (d) खजूर

42. (a) मान्य (b) उदार
(c) सुई (d) उद्गार

43. (a) जंगम (b) त्रास
(c) नैन (d) वणिक

44. (a) पराजय (b) घोड़ा
(c) प्रभु (d) गिरि

45. (a) संशोधन (b) तरंग
(c) बीमारी (d) ध्वंस

निर्देश-(46-50) निर्देश : नीचे प्रत्येक वर्ग में दिए गए विकल्पों में से तत्सम शब्द का चयन कीजिए

46. (a) पूनम (b) काठ
(c) छिन्न (d) आश्चर्य

47. (a) मुनि (b) कन
(c) नहान (d) दांत

48. (a) नौकर (b) निर्जीव
(c) नेह (d) निकास

49. (a) चूर (b) कांटा
(c) रेणु (d) चाकू

50. (a) वाहन (b) वस्तु
(c) साजन (d) चमक

51. **'असुर' का समानार्थी है**
(a) पापी (b) भूत
(c) राक्षस (d) उद्दंड

52. **'आनन्द' का पर्यायवाची है**
(a) सहकार (b) स्पृहा
(c) प्रमाद (d) प्रमोद

53. **'इन्द्र' का पर्यायवाची है–**
(a) पुरन्दर (b) महेश
(c) महीसुर (d) देवासुर

54. **'चपला' का समानार्थी है**
(a) ज्वाला (b) कंजूस
(c) भामिनी (d) दामिनी

55. **'जीभ' का पर्यायवाची है**
(a) वचन (b) रसना
(c) ध्वनि (d) जीव

56. **'तरंग' किसका पर्यायवाची है?**
(a) क्षीण (b) काया
(c) ऊर्मि (d) प्रतिकृति

57. **'दास' किसका पर्यायवाची है?**
(a) किन्नर (b) सेवक
(c) नायक (d) इनमें से कोई नहीं

58. **'माहवार' किसका पर्यायवाची है?**
(a) महावर (b) मंगलवार
(c) प्रतिमाह (d) महावत

59. **'शिव' का पर्यायवाची है**
(a) शिवालय (b) रुद्र
(c) रुद्राक्ष (d) हरि

60. **'सिवा' शब्द का पर्यायवाची है**
(a) शंकर (b) अतिरेक
(c) रिश्तेदार (d) अलावा

61. **तत्सम शब्द का चयन कीजिए?**
(a) ऊन (b) उष्ट्र
(c) ऊँचा (d) उल्लू

62. **'निर्वासित' में प्रत्यय है–**
(a) इक (b) नि
(c) सित (d) इत

63. **हिन्दी वर्णमाला में 'आयोग वाह' वर्ण कौन-से हैं?**
(a) अ, आ (b) इ, ई
(c) उ, ऊ (d) अं, अः

64. **पद्य, लक्ष्मी, श्री ये किसके पर्यायवाची है?**
(a) रमा (b) दैव्य
(c) हरि (d) काल

65. **निम्न विकल्पों में से शुद्ध वाक्य का चयन कीजिए–**
(a) वह बिलकुल यह कार्य नहीं जानता
(b) वह बिलकुल भी यह कार्य नहीं जानता
(c) यह कार्य वह बिलकुल भी नहीं जानता
(d) यह कार्य बिलकुल भी नहीं जानता

66. **निम्नलिखित वाक्य के लिए उसके नीचे दिए गए विकल्पों में से वाक्य के प्रकार को चिह्नित कीजिए।**
''मुझे विश्वास है कि आप अवश्य आयेंगे।''
(a) मिश्र वाक्य
(b) संयुक्त वाक्य
(c) सरल वाक्य
(d) इनमें से कोई नहीं

67. **'उष्ण' का विलोम है–**
(a) ताप (b) शीत
(c) गर्मी (d) वर्षा

68. निम्न प्रश्न के शब्द युग्म के सही अर्थ भेद का चयन कीजिए–
(a) खत्म-फसल
(b) समाप्ति-फसल की बाधा
(c) रचना-फसल
(d) रचना-समाप्ति

69. जिस संज्ञा में उस द्रव्य या पदार्थ को बोध होता है, जिसे हम माप या तौल नहीं सकते पर गिन सकते हैं..........कहलाती है।
(a) जाति वाचक संज्ञा
(b) व्यक्ति वाचक संज्ञा
(c) द्रव्य वाचक संज्ञा
(d) भाव वाचक संज्ञा

70. जहाँ दो सवर्ण मिलते हैं, वहाँ..........सन्धि होती है?
(a) गुण (b) यण
(c) दीर्घ (d) व्यंजन

71. निम्न में से समास का भेद नहीं है?
(a) द्विगु (b) बहुव्रीहि
(c) पुनरोक्ति (d) द्वन्द्व

72. श्रृंगार रस के कितने भेद होते हैं?
(a) 3 (b) 4
(c) 2 (d) इनमें से कोई नहीं

73. निम्न प्रश्न के शब्द युग्म के विकल्पों में से सही अर्थ-भेद का चयन कीजिए?
आभास-अभ्यास
(a) दृश्य-परिश्रम
(b) भ्रम-आदत
(c) अनुभूति-कसरत
(d) छाया-प्रतिछाया

74. 'दुस्साहस' उपसर्ग का अर्थ है–
(a) दुः (b) दुस
(c) दुर्
(d) उक्त में से कोई भी एक

75. निम्नलिखित तत्सम तद्भव में से कौन-सा विकल्प अशुद्ध है?
(a) पूर्व-पूर्वी (b) महिष-भैंस
(c) अमर-भौंरा (d) मास-महीना

76. निम्नांकित में से कौन-सा शब्द कृत प्रत्यय से बना है?
(a) चौथाई (b) मथानी
(c) जटिल (d) पढ़ाई

77. 'ट' वर्ग की ध्वनियों का उच्चारण स्थान है?
(a) तालव्य (b) नासिक्य
(c) मूर्द्धन्य (d) दन्त्य

78. निम्न में से कौन-सा एक युग्म विपरीतार्थक नहीं है?
(a) उदार-अनुदार (b) न्यून-अल्प
(c) अक्षम-संक्षम (d) निर्जल-सजल

79. निम्न शब्द युग्म के विकल्पों में कोई एक युग्म नहीं हैं, गलत युग्म का चयन कीजिए–
(a) दिन-दिन (b) चिर-चिर
(c) अन्तर-वहि (d) कर्म-क्रम

80. भौ + उक का सन्धि शब्द होगा?
(a) भौउक (b) भाउक
(c) भावुक (d) भौइक

81. "निशा में विचरण करने वाला" का सामासिक पद होगा?
(a) निश्चर (b) निशाकर
(c) निशाचर (d) निसाचर

82. "उदित उदयगिरि मंच पर, रघुवर बाल पतंग।
विकसे संत सरोज सब, हरषे लोचन भृंग॥"
में अलंकार है–
(a) रूपक अलंकार
(b) श्लेष अलंकार
(c) उपमा अलंकार
(d) अनुप्रास अलंकार

83. उपमा, रूपक, उत्प्रेक्षा किस अलंकार के भेद हैं?
(a) अनुप्रास अलंकार
(b) शब्दालंकार
(c) अर्थालंकार
(d) उभयालंकार

84. 'हेम' का पर्यायवाची है–
(a) तुषार (b) तुहिम
(c) कनक (d) कटक

85. "चौकन्ना होना" मुहावरे का सही अर्थ है–
(a) सावधान होना (b) अकड़ होना
(c) तैयारी करना (d) पढ़ाई करना

86. "तैयार होना" निम्न में से किस मुहावरे का अर्थ है?
(a) कमर टूटना
(b) कमर कसना
(c) कमर सीधी करना
(d) इनमें से कोई नहीं

87. "थोथा चना बाजे घना" लोकोक्ति का सही अर्थ है?
(a) बहुत अधिक बोलना
(b) ओछे व्यक्ति अधिक दिखावा करते हैं
(c) बढ़ा-चढ़ाकर बात करना
(d) बहुत शोर करना

88. "अटका बनिया देवे उधार" लोकोक्ति का सही अर्थ है–
(a) दबाव पड़ने पर सब कुछ करना
(b) उधार देना
(c) गले में अटकने पर बनिया उधार देता है
(d) उपर्युक्त में से कोई नहीं

89. 'लम्बोदर' में कौन-सा समास है?
(a) बहुव्रीहि समास
(b) द्विगु समास
(c) कर्मधारय समास
(d) अव्ययीभाव समास

90. "जिसके पास कुछ न हो" वह कहलाता है–
(a) अकर्मण्य (b) अल्पज्ञ
(c) अकिंचन (d) नगण्य

91. द्वन्द्व समास के दोनों पदों पर संज्ञाएँ होती हैं, इसके सभी पद प्रधान होते हैं, परन्तु जहाँ योजक चिह्न नहीं लगता, वहाँ..... समास होता है।
(a) कर्मधारय (b) द्वन्द्व
(c) तत्पुरुष (d) अव्ययी भाव

92. निम्न विकल्पों में कौन-सा एक विकल्प द्विगु समास का उदाहरण है?
(a) सूर्यप्रभा
(b) मातृभूमि
(c) अठन्नी
(d) इनमें से कोई नहीं

93. जहाँ उपमान के वर्णन के माध्यम से उपमेय का वर्णन होता है, वहाँ कौन-सा अलंकार होता है?
(a) अतिशयोक्ति अलंकार
(b) भ्रान्तिमान अलंकार
(c) अन्योक्ति अलंकार
(d) विरोधाभास अलंकार

94. अनुप्रास अलंकार के कितने भेद हैं?
(a) पाँच (b) तीन
(c) चार (d) दो

95. 'दुत' का पर्यायवाची है–
(a) तारीख (b) त्वरित
(c) द्वन्द्व (d) मन्द

96. "एक अनार सौ बीमार" लोकोक्ति का सही अर्थ है–
(a) एक वैध अनेक बीमार
(b) किसी वस्तु की पूर्ति कम किन्तु माँग अधिक
(c) महामारी के दिनों में दवाइयों की कमी
(d) किसी वस्तु की आपूर्ति समाप्त हो जाना

97. "नीक हकीम खतरा-ए-जान" लोकोक्ति का सही अर्थ है–
(a) डींग हाँकना
(b) बीमारी का गलत इलाज होना
(c) खतरनाक चीजें
(d) अल्पविया भयंकर

98. "सिन्धु-सा विस्तृत है अथाह,
एक निर्वासित का उत्साह" किस अलंकार का उदाहरण है?
(a) उपमा अलंकार
(b) रूपक अलंकार
(c) यमक अलंकार
(d) उत्प्रेक्षा अलंकार

99. **''नींद हराम कर देना'' मुहावरे का अर्थ है–**
(a) जगा देना
(b) सोने न देना
(c) परेशान कर देना
(d) कोई नहीं

100. **''एक आँख से देखना'' मुहावरे का सही अर्थ है–**
(a) एक आँख वाला व्यक्ति
(b) उचित-अनुचित का विचार करना
(c) उचित-अनुचित का विचार किए बिना व्यवहार करना
(d) समानता का व्यवहार करना

व्याख्या सहित उत्तर

1. (b)	**2.** (b)	**3.** (b)	**4.** (a)
5. (c)	**6.** (a)	**7.** (d)	**8.** (d)
9. (d)	**10.** (c)	**11.** (a)	**12.** (b)
13. (b)	**14.** (b)	**15.** (c)	**16.** (c)
17. (d)	**18.** (b)	**19.** (d)	**20.** (b)
21. (c)	**22.** (c)	**23.** (a)	**24.** (b)
25. (b)	**26.** (c)	**27.** (b)	**28.** (c)
29. (c)	**30.** (b)	**31.** (a)	**32.** (c)
33. (d)	**34.** (d)	**35.** (d)	**36.** (c)
37. (c)	**38.** (a)	**39.** (d)	**40.** (a)
41. (d)	**42.** (c)	**43.** (c)	**44.** (b)
45. (c)	**46.** (d)	**47.** (a)	**48.** (b)
49. (c)	**50.** (b)	**51.** (c)	**52.** (d)
53. (a)	**54.** (d)	**55.** (b)	**56.** (c)
57. (b)	**58.** (c)	**59.** (b)	**60.** (d)

61. (b) वे शब्द जो संस्कृत से हिन्दी में बिना किसी ध्वनि परिवर्तन के ज्यों-के-त्यों आ गए हैं, उन्हें तत्सम शब्द कहते हैं। जैसे–उष्ट्र-ऊँट, ऊँचा (तद्भव शब्द)–अपयश (तत्सम शब्द)।

62. (d)

63. (d) अनुस्वार की तरह विसर्ग भी स्वर के बाद आता है। यह व्यंजन है और इसका उच्चारण 'ह' की तरह होता है। संस्कृत में इसका व्यवहार खुलकर किया जाता है। हिन्दी में इसका प्रयोग कम ही होता है। तत्सम शब्दों में इसका प्रयोग अब भी किया जाता है, जैसे दु:ख, अत:, प्राय:, मन:कामना आदि। आयोग वाह का अर्थ है–योग न रहने पर भी जो साथ रहे। हिन्दी वर्णमाला में अं, अ: 'आयोग वाह' वर्ण से है।

64. (a)

65. (a) दिए गए विकल्पों में से शद्ध वाक्य है–वह बिलकुल यह कार्य नहीं जानता, जबकि अन्य वाक्यों में शब्दों के अनुपयुक्त प्रयोग के कारण वाक्य सम्बन्धी अशुद्धियाँ हैं।

66. (a)

67. (b) 'उष्ण' का विलोम 'शीत' होता है। अपने सामने वाले शब्द के सर्वदा विपरीत अर्थ प्रकट करने वाले शब्द विलोम शब्द कहलाते हैं। ताप का विलोम भी शीत होता है तथा गर्मी का विलोम शब्द सर्दी होता है।

68. (b) हिन्दी में ऐसे अनेक शब्द प्रयुक्त होते हैं जिनका उच्चारण मात्रा या वर्ण के हल्के हेरफेर के अलावा प्राय: समान है, किन्तु अर्थ में भिन्नता है। ऐसे शब्दों को, युग्म शब्द या 'समोच्चारित प्राय भिन्नार्थक शब्द' कहते हैं–इति-ईति का अर्थ है पूर्णता/समाप्ति–फसल की बाधा या विघ्न।

69. (c)

70. (c) जब दो सवर्णी स्वर पास-पास आते हैं, तो मिलकर दीर्घ हो जाते हैं। जैसे–अ + आ = आ, अ + अ = आ, इ + इ = ई, उ + ऊ आदि। जबकि अ अथवा आ के बाद इ, ई, उ, ऊ अथवा ऋ आए तो क्रमश: दीर्घ ए, ओ तथा अंतस्थ र् होते हैं, जैसे–देव + इन्द्र = देवेन्द्र, सप्त + ऋषि = सप्तर्षि, महा + ईश = महेश आदि। यण् स्वर सन्धि में ह्रस्व ई, उ, ऋ के पश्चात् आदि अन्य असमान स्वर आता है तब इ का य तथा उ का व् और 'ऋ' का 'र' हो जाता है। जैसे–यदि + अपि = यद्यपि, सु + आगत् = स्वागत, पितृ + आदेश = पित्रादेश आदि। जब व्यंजन के साथ व्यंजन का मेल हो तो व्यंजन सन्धि कहलाती है, जैसे–सत् + वाणी = सदवाणी, किम् + चित = किंचित आदि।

71. (c)

72. (c) शृंगार रस में नारी व पुरुष के पवित्र प्रेम के वर्णन में इस रस की व्यंजना होती है। इसका स्थायी भाव रति है। शृंगार रस के दो भेद हैं। संयोग शृंगार और वियोग शृंगार। जहाँ नायक- नायिका के परस्पर मिलन, वार्तालाप, दर्शन, स्पर्श आदि प्रेमपूर्ण कार्यों का वर्णन हो, वहाँ संयोग शृंगार होता है, जबकि वियोग शृंगार में नायक-नायिका के वियोग की स्थिति का वर्णन रहता है।

73. (b) शब्द युग्म में ऐसे दो शब्द होते हैं, जो बोलने, सुनने और पढ़ने तथा लिखने में भी अधिक भिन्न नहीं लगते हैं किन्तु जिनके अर्थ सर्वदा भिन्न होते हैं। इसीलिए इन्हें 'श्रुतिसम/समोच्चारित शब्द कहते हैं। जैसे–अंश-हिस्सा, अंस-कन्धा, इसी प्रकार आभास-भ्रम/ छाया/झलक तथा अभ्यास- आदत होता है।

74. (b) उपसर्ग उस शब्दांश को कहते हैं, जो किसी शब्द से पहले जुड़कर उसके अर्थ में या तो विशिष्टता ला देते हैं या उसे बदल देता है। 'दुस्साहस' शब्द में 'दुस' उपसर्ग है।

75. (a)

76. (d) कृत प्रत्यय क्रिया की धातु के पीछे जोड़े जाते हैं। कृत प्रत्यय से बने हुए शब्द को कृदन्त कहते हैं। उदाहरणार्थ 'पढ़ाई' शब्द में आई प्रत्यय क्रिया की पढ़ धातु के पीछे जोड़ा गया है। अत: आई कृत प्रत्यय है और पढ़ाई शब्द कृदन्त है।

77. (c)

78. (b) दिए गए विकल्प में से विकल्प (b) का युग्म सही नहीं है, क्योंकि 'न्यून' का विलोम 'अधिक' होता है। अतत: सही युग्म 'न्यून-अधिक' होगा।

79. (c) दिए गए शब्द युग्म के विकल्पों में से युग्म, अन्तर-वहि गलत है। इसका सही शब्द युग्म है–अतर-अन्तर जिनका अर्थ–अतर-इत्त तथा अन्तर-भेद होता है।

80. (c)

81. (c) जहाँ समस्त पद में आए हुए दोनों पद गौण होते हैं तथा ये दोनों मिलकर किसी तीसरे पद के विषय में संकेत करते हैं तथा यही तीसरा पद प्रधान होता है। जैसे–

निशाचर–निशा में विचरण करने वाला (राक्षस)।
कमलनयन–कमल जैसे नयनों वाला (राम)।
नीलकंठ–नीला कंठ है जिसका (शिव)।

82. (a)

83. (c) जिस अलंकार में अर्थ के माध्यम से काव्य में चमत्कार उत्पन्न होता है, वहाँ अर्थालंकार होता है। अर्थालंकार के अनेक भेद हैं, इनमें प्रमुख भेद इस प्रकार हैं–उपमा, रूपक, उत्प्रेक्षा, अनन्वय, प्रतीक आदि। जबकि शब्दालंकार के मुख्य भेद हैं–अनुप्रास, यमक, श्लेष, वक्रोक्ति, श्लेष और वीप्सा में अर्थ का भी चमत्कार रहता है।

84. (c) 'हेम' का पर्यायवाची कनक, स्वर्ण, कंचन, सोना होता है, जबकि तुषार के पर्यायवाची शब्द है–पाला, नीहार, हिम तथा तुहिम बर्फ का पर्यायवाची शब्द हैं।

85. (a) जो वाक्यांश अपने सामान्य अर्थ को न बताकर, किसी विशेष अर्थ को बतलाता है और प्राय: क्रिया का काम देता है, उसे वाग्धारा या मुहावरा कहते हैं। ''चौकन्ना होना'' मुहावरे का सही अर्थ है सावधान होना।

86. (b) मुहावरा किसी बात को करने का तरीका अथवा पद्धति है, जिसका स्वतंत्र रूप में प्रयोग नहीं होता है। तैयार होना के लिए उचित मुहावरा है कमर कसना अर्थात् तत्पर रहना या तैयार होना। इसी प्रकार कमर सीधी करना मुहावरे का अर्थ है–थकान मिटाना

तथा कमर टूटना मुहावरे का अर्थ है–हिम्मत हारना, कुछ करने का दम न रहना।

87. (b) किसी घटना या कहानी से सम्बन्धित अनुभव के सार को व्यक्त करने वाली लोक प्रसिद्ध उक्ति या कथन को लोकोक्ति कहते हैं। ''थोथा चना बाजे घना'' एक प्रसिद्ध कहावत है, जिसका अर्थ है–असमर्थ अथवा अल्पज्ञ व्यक्ति अधिक बातें करता हैं अथवा ओछे व्यक्ति अधिक दिखावा करते हैं।

88. (a) ''अटका बनिया देवे उधार'' प्रसिद्ध लोकोक्ति का सही अर्थ है दबाव पड़ने पर सब कुछ करना पड़ता है।

89. (a) बहुब्रीहि समास–जिस समस्त पद में कोई पद प्रधान नहीं होता, दोनों पद मिलकर किसी तीसरे पद की ओर संकेत करते हैं, वहाँ बहुब्रीहि समास होता है। 'लम्बोदर' में बहुब्रीहि समास है। लम्बा है उदर (पेट) जिसका अर्थात् गणेश जी।

90. (c) 'जिसके पास कुछ न हो' वह अकिंचन कहलाता है अर्थात् अति निर्धन, दरिद्र या अपरिग्रही।

91. (c) द्वन्द्व समास के दोनों पदों पर संज्ञाएँ होती हैं, इसके सभी पद प्रधान होते हैं, परन्तु जहाँ योजक चिह्न नहीं लगता, वहाँ तत्पुरुष समास होता है। जबकि अव्ययीभाव समास में पूर्वपद अव्यय होता है और यह वाक्य में क्रिया विश्लेषण का कार्य करता है।

92. (c) द्विगु समास में प्रथम पद संख्यावाचक विशेषण होता और उत्तरपद विशेष्य होता है। जैसे–अठन्नी।

93. (c) जहाँ उपमान के वर्णन के माध्यम से उपमेय का वर्णन होता है, वहाँ अन्योक्ति अलंकार होता है। जबकि काव्य में जहाँ पर किसी वस्तु या व्यक्ति का स्वाभाविकता से अधिक बढ़ा-चढ़ाकर वर्णन किया जाए, वहाँ अतिशयोक्ति अलंकार होता है। काव्य में जहाँ किसी पदार्थ, गुण या क्रिया में वास्तविक विरोध न होने पर भी विरोध का आभास हो, वहाँ विरोधाभास अलंकार होता है।

94. (a) वर्णों की आवृत्ति को अनुप्रास कहते हैं। काव्य में जब कोई वर्ण (अक्षर) बार-बार आता है, उसे अनुप्रास अलंकार कहते हैं। अनुप्रास अलंकार के पाँच भेद हैं।

95. (b) समान अर्थ व्यक्त करने वाले शब्दों को पर्यायवाची शब्द कहते हैं। 'दुत' का पर्यायवाची त्वरित है।

96. (b)

97. (d) दी गई लोकोक्ति ''नीम हकीम खतरा-ए-जान'' का सही अर्थ भेद हैं–अल्पवीया भयंकर। अर्थात् अधकचरे व्यक्ति से काम कराने पर लाभ की अपेक्षा हानि की सम्भावना अधिक रहती है।

98. (a) **99.** (c)

100. (d) दिए गए मुहावरे ''एक आँख से देखना'' का सही अर्थ है–समानता का व्यवहार करना।

❑❑❑

प्रैक्टिस सेट–2

निर्देश-(1-10) निम्नलिखित प्रत्येक वाक्य खण्ड के लिए उसके नीचे दिए गए विकल्पों में से एक शब्द चुनिए–

1. दूसरों से आगे बढ़ने की इच्छा–
(a) ईर्ष्या (b) स्पर्धा
(c) द्वेष (d) हस्तक्षेप

2. सुन्दर हृदय वाला–
(a) सहृदय (b) सहोदर
(c) सुहृद (d) सुमन

3. हिलोरें उत्पन्न करने वाला–
(a) मंथक (b) आलोड़क
(c) हिलोरक (d) विलोड़क

4. पति को छोड़कर दूसरों से प्रेम करने वाली स्त्री–
(a) विधवा (b) भामिनी
(c) वन्ध्या (d) परकीया

5. जो बहुत बातें करता हो–
(a) बधिर (b) बहुभाषी
(c) वचनीय (d) वाचाल

6. रात को न दिखाई देने का रोग–
(a) रतौंधी (b) रति
(c) निशीथ (d) प्रदोष

7. जिसका जन्म न हुआ हो–
(a) जन्महीन (b) जन्म रहित
(c) अजर (d) अजन्मा

8. जिसकी पत्नी मर गई हो–
(a) परित्यक्ता (b) आत्महंता
(c) विधवा (d) विधुर

9. दैहिक, दैविक एवं भौतिक ताप–
(a) तापी (b) त्रिताप
(c) प्रतापी (d) सन्ताप

10. वास्तविक मूल्य से अधिक लिया जाने वाला शुल्क–
(a) अतिवृष्टि (b) अधिशुल्क
(c) अत्युक्ति (d) अतिशयोक्ति

11. किस वाक्य में 'अच्छा' शब्द का प्रयोग विशेषण के रूप में हुआ है?
(a) तुमने अच्छा किया जो आ गए।
(b) यह स्थान बहुत अच्छा है।
(c) अच्छा, तुम घर जाओ।
(d) अच्छा है वह अभी आ जाए।

12. 'आदर' शब्द से विशेषण बनेगा–
(a) आदरकारी (b) आदरपूर्वक
(c) आदरणीय (d) इनमें से कोई नहीं

13. 'संस्कृति' का विशेषण है–
(a) संस्कृत (b) सांस्कृति
(c) संस्कृतिक (d) सांस्कृतिक

14. निम्नलिखित में से विशेषण शब्द का चयन कीजिए–
(a) मर्द (b) प्रमाण
(c) पिता (d) पैतृक

15. 'गुरु' शब्द की उत्तमावस्था क्या होगी?
(a) गुरुतन (b) गुरुजन
(c) गुरुओं (d) गुरुजी

16. सुन्दरतम की मूलावस्था क्या होगी?
(a) सुन्दरता (b) सुन्दरम
(c) सुन्दरी (d) सुन्दर

17. उच्च की उत्तरावस्था क्या होगी?
(a) उच्चतम (b) उच्चतर
(c) ऊंचा (d) उच्चम

18. प्रतिभाशाली बच्चे की सराहना होती है में विशेष्य है–
(a) प्रतिभाशाली (b) बच्चे
(c) सराहना (d) होती

19. निम्नलिखित में कौन-सा शब्द विशेषण है?
(a) मात्र (b) खर्च
(c) नया (d) मित्र

20. संख्यावाचक विशेषण से संबंधित है–
(a) भद्दा
(b) सुन्दर
(c) दस मीटर कपड़ा
(d) चार कुर्सियां

निर्देश-(21-25) दिए गए वाक्य में रेखांकित शब्द की वर्तनी शुद्धि के लिए चार विकल्प दिए गए हैं। इनमें से एक विकल्प में शब्द की वर्तनी शुद्ध है। उसे चुनिए।

21. <u>ग्यान</u> का भण्डार अथाह होता है।
(a) गियान (b) ज्ञान
(c) गिआन (d) ज्यान

22. पिता की मृत्यु के पश्चात् दोनों भाइयों ने गुरुजी का <u>संरक्षण</u> पाया।
(a) संरक्शण (b) सन्रक्षण
(c) संरक्षण (d) सम्रक्षण

23. रमेश के बीमार पड़ने का कारण उसे <u>पोष्टिक</u> आहार न मिल पाना है।
(a) पौष्टिक (b) पोश्टिक
(c) पौश्टिक (d) पौष्टीक

24. <u>अत्याधिक</u> व्यस्तता से जीवन में नीरसता आ जाती है।
(a) अत्याधीक (b) अत्यधिक
(c) अतयाधिक (d) अत्यधीक

25. आपका यह व्यवहार सर्वथा <u>गृहणीय</u> है।
(a) गृहणिय (b) ग्रहणीय
(c) गर्हणीय (d) गर्हणिय

निर्देश-(26-30) निम्नलिखित प्रत्येक प्रश्न में दिए गए चार विकल्पों में से वाक्य के शुद्ध रूप का चयन कीजिए

26. (a) कबीरदास लिखे-पढ़े नहीं थे।
(b) कबीरदास ने पढ़े-लिखे नहीं थे।
(c) कबीरदास ने लिखाई-पढ़ाई नहीं कर रखी थी।
(d) कबीरदास ने पढ़ाई-लिखाई नहीं कर रखी थी।

27. (a) पर्यटन पर रमा और ममता जा रहे हैं।
(b) पर्यटन पर रमा और ममता जा रही है।
(c) पर्यटन पर रमा और ममता जा रही हैं।
(d) पर्यटन पर रमा और ममता जा रहा है।

28. (a) प्रधानाचार्य अध्यापक को बुला भेजा।
(b) प्रधानाचार्य अध्यापक को बुलाया।
(c) प्रधानाचार्य ने अध्यापक को बुला भेजा।
(d) प्रधानाचार्य ने अध्यापक को बुलाया।

29. (a) वह कौन से मकान में रहता है?
(b) वह किस मकान में रहता है?
(c) वह कौन मकान में रहता है?
(d) किस मकान में रहता है वह?

30. (a) लड़का मिठाई लेकर भागता हुआ घर आया।
(b) लड़का भागता हुआ मिठाई लेकर घर आया।
(c) लड़का मिठाई लेकर दौड़ता हुआ घर आया।
(d) लड़का मिठाई लेकर दौड़ लगाता हुआ घर आया।

निर्देश-(31-40) निम्नलिखित वाक्यों में रेखांकित शब्द के विलोम के लिए चार विकल्प दिए गए हैं। इनमें से उचित विकल्प का चयन कीजिए।

31. मंत्री जी के आने से सारे शहर में हर्ष की लहर दौड़ गई।
(a) शोक (b) दु:ख
(c) खेद (d) निराशा

32. इस दुर्घटना के बाद वह मेरे घर नहीं आया।
(a) घटना (b) अवश्यंभावी
(c) कुशलक्षेम (d) हादसा

33. आपके इस कार्य को प्रशंसनीय नहीं कहा जा सकता।
(a) वन्द्य (b) वंध्य
(c) निन्द्य (d) अनिन्द्य

34. जिसमें आत्मविश्वास है वह जटिल समस्याओं को भी आसानी से सुलझा लेता है।
(a) सरल (b) शिथिल
(c) साधारण (d) सरस

35. वह अपने किए पर लज्जित था।
(a) निर्लज्ज (b) नि:संकोच
(c) निष्पाप (d) बेशर्म

36. अल्प समय में ही तुमने बड़ा नाम कमा लिया।
(a) बहुत (b) दीर्घ
(c) ज्यादा (d) महान

37. उसे डॉक्टर ने ठोस आहार लेने से मना किया है।
(a) द्रव (b) पेय
(c) तरल (d) कोमल

38. स्वतंत्र देश के निवासी किसी बंधन में रहना नहीं स्वीकार कर सकते।
(a) मोक्ष (b) मुक्ति
(c) निर्बाध (d) आजादी

39. विवाह वहीं होता है जहां संयोग है।
(a) बिछोह (b) वियोग
(c) विषाद (d) विच्छिन्न

40. जिसने आजीवन ब्रह्मचर्य व्रत का पालन करने का निश्चय किया।
(a) गृहस्थ (b) विवाहित
(c) परिणय (d) सांसारिक

निर्देश-(41-45) नीचे प्रत्येक वर्ग में दिए गए विकल्पों में से तद्भव शब्द का चयन कीजिए

41. (a) बहरा (b) कुंठा
(c) अन्वय (d) उष्ण

42. (a) अलौकिक (b) वृक्ष
(c) हवा (d) अंतस्तल

43. (a) नमस्कार (b) पत्ता
(c) आभार (d) ऋषि

44. (a) हर्ष (b) बानी
(c) पक्षी (d) स्त्री

45. (a) कंटक (b) परीक्षण
(c) नसिका (d) कान

निर्देश-(46-50) नीचे प्रत्येक वर्ग में दिए गए विकल्पों में से तत्सम शब्द का चयन कीजिए

46. (a) वापसी (b) मलिन
(c) रास्ता (d) पुजारी

47. (a) खीर (b) प्यास
(c) पानी (d) अपशब्द

48. (a) तागा (b) प्रहर
(c) सरग (d) दोख

49. (a) विवाद (b) छिति
(c) थान (d) रात

50. (a) चांद (b) चन्द्रमा
(c) चन्द्र (d) चन्दर

51. निम्नलिखित में पर्यायवाची शब्द है–
(a) अचिर, अचर
(b) राधारमण, करामिकन्दन
(c) अंबुज, अभ्युषि
(d) नीरद, नीरज

52. कौन-सा विकल्प वैचारिक अन्तर के समानार्थी शब्दों का है?
(a) देखना, घूरना (b) बेहद, असीम
(c) जल, नीर (d) सौंदर्य, खूबसूरती

53. 'नौका' शब्द का पर्याय बताइए।
(a) तिया (b) तरंगिणी
(c) तरी (d) तरणिजा

54. 'घर' के लिए यह पर्यायवाची नहीं है–
(a) गृह (b) ग्रह
(c) आलय (d) निलय

55. 'पवन' का पर्यायवाची शब्द है–
(a) मिलना (b) पूजना
(c) समीर (d) आदर

56. 'सूरज' किसका पर्यायवाची है?
(a) अंशुमाली (b) आदित्य
(c) भास्कर (d) ये सभी

57. 'हिरण्य' पर्यायवाची है–
(a) कुरंग (b) सारंग
(c) कंचन (d) केशरी

58. 'खर' का पर्यायवाची शब्द है–
(a) खरगोश (b) शशक
(c) मूर्ख (d) गधा

59. अनिल पर्यायवाची है–
(a) पवन का (b) चक्रवात का
(c) पावस का (d) अनल का

60. 'प्रसून' शब्द का पर्यायवाची है।
(a) वृक्ष (b) पुष्प
(c) चन्द्रमा (d) अग्नि

61. तत्सम शब्द का चयन कीजिए–
(a) कलेश (b) कोयल
(c) कुटी (d) कोना

62. ठकुरौती में प्रत्यय है–
(a) औटी (b) औती
(c) अती (d) इ

63. हिन्दी में मूलत: वर्णों की संख्या कितनी है?
(a) 50 (b) 51
(c) 52 (d) 55

64. निम्न विकल्पों में से किसी एक की वर्तनी शुद्ध है, चयन कीजिए–
(a) कवित्री (b) कवीत्री
(c) कवियत्री (d) कवयित्री

65. निम्न विकल्पों में से शुद्ध वाक्य का चयन कीजिए–
(a) उसने हमारे यहाँ मिठाई और दही खाया
(b) उसने हमारे यहाँ मिठाई और दही खाई
(c) उसने हमारे यहाँ मिठाई और दही खाए
(d) उसने हमारे यहाँ मिठाई खाई और दही खाए

66. निम्नलिखित वाक्य के लिये उसके नीचे दिये गये विकल्पों में से वाक्य के प्रकार को चिन्हित कीजिए–
''चलिए अब यहाँ से चला जाए।''
(a) कर्तृ वाच्य (b) कर्म वाच्य
(c) भाव वाच्य (d) संयुक्त वाक्य

67. 'निरामिष' का विलोम है–
(a) आमिस (b) आमिष
(c) निर्विध (d) निर्मिष

68. निम्न प्रश्न के शब्द युग्म के सही अर्थ-भेद का चयन कीजिए–
उपाधि-उपाधी
(a) उपद्रव-उद्दण्ड (b) उपद्रव-खिताब
(c) पद-पाद (d) पद-उपद्रव

69. जिस संज्ञा से व्यक्तियों या वस्तुओं की पूरी जाति का बोध होता है, वह .... कहलाती है।
(a) भाव वाचक संज्ञा
(b) समूह वाचक संज्ञा
(c) जाति वाचक संज्ञा
(d) द्रव्य वाचक संज्ञा

70. 'आदयान्त' में संधि होगी–
(a) गुण स्वर (b) यण स्वर
(c) अयादि स्वर (d) दीर्घ स्वर

71. जिस सामासिक पद में उत्तर पद की प्रधानता हो, उसे .... समास कहते हैं।
(a) अव्ययी भाव (b) कर्मधारय
(c) द्विगु (d) तत्पुरुष

72. निम्न प्रश्न के शब्द युग्म के विकल्पों में से सही अर्थ-भेद का चयन कीजिए–
असन-आसन्न
(a) सीट-भोजन (b) वस्त्र भोजन
(c) भोजन-निकट (d) आसान-आराम

73. 'उत्सर्ग' में उपसर्ग है–
(a) आ (b) उप
(c) उस (d) उत्

74. निम्नलिखित तत्सम-तद्‌भव में से कौन-सा विकल्प अशुद्ध है?
(a) लवण-नौन (b) वत्स-बच्चा
(c) बर्षा-बरखा (d) इनमें से कोई नहीं

75. निम्नांकित में से कौन-सा शब्द कृत प्रत्यय से बना है?
(a) कृपालु (b) ऊँटनी
(c) लुटेरा (d) मिलाप

76. 'त' वर्ग की ध्वनियों का उच्चारण स्थान है–
(a) नासिक्य (b) दंत्य
(c) मूर्द्धन्य (d) तालव्य

77. निम्न में से कौन-सा एक युग्म विपरीतार्थक नहीं है?
(a) निर्गुण-दुर्गुण (b) निर्जीव-सजीव
(c) तरल-ठोस (d) ज्वार-भाटा

78. निम्न शब्द-युग्म के विकल्पों में कोई एक युग्म सही नहीं है, गलत युग्म का चयन कीजिए–
(a) सुधि-सुधी (b) सीर-हल
(c) सखी-सखि (d) सवा-सबा

79. समुच्चय का विच्छेद होगा–
(a) सम + उच्चय
(b) सम् + उत् + चय
(c) समुच्च + चय
(d) समो + उच्चय

80. 'विषधर' किस समास का उदाहरण है?
(a) कर्मधारय (b) बहुब्रीहि
(c) तत्पुरुष (d) अव्ययी भाव

81. जहाँ एक ही शब्द के अनेक अर्थ हो, वहाँ अलंकार है–
(a) उपमा अलंकार
(b) पूर्णोपमा अलंकार
(c) श्लेष अलंकार
(d) यमक अलंकार

82. जहां रूप, रंग और गुण की समानता के कारण किसी वस्तु को देखकर संदेह होता है, वहाँ..........अलंकार होता है।
(a) भ्रांतिमान (b) विरोधाभास
(c) संदेह (d) भ्रांतिमान

83. ''अरण्य'' का पर्यायवाची है–
(a) उपवन (b) वन
(c) कतार (d) कर्तार

84. ''मेह बरसना'' मुहावरे का सही अर्थ है?
(a) अमृत बरसना
(b) आग बरसना
(c) वर्षा होना
(d) बादल फटना

85. ''सबको समान समझना'' निम्न में से किस मुहावरे का अर्थ है?
(a) अड़ंगा लगाना
(b) अक्ल का दुश्मन होना
(c) एक-एक कोना देखना
(d) इनमें से कोई नहीं

86. ''खग जाने खग ही की भाषा'' लोकोक्ति का सही अर्थ है?
(a) पक्षियों की भाषा जानना
(b) समान प्रवृत्ति वाले ही एक-दूसरे को समझते हैं
(c) पक्षी अपनी भाषा स्वयं समझते हैं
(d) पक्षियों की तरह बोलना

87. ''चोर-चोर मौसेरे भाई'' लोकोक्ति का सही अर्थ है–
(a) सब चोर समान होते हैं
(b) एक पेशे वाले आपस में नाता जोड़ लेते हैं
(c) चोरों की माताओं के स्वभाव एक से होते हैं
(d) चोरों की रिश्तेदारी का भरोसा है

88. सर्वाधिक प्राचीन सम्प्रदाय कौन-सा है?
(a) रति (b) रस
(c) वक्रोक्ति (d) अलंकार

89. ''मृत्यु जीवन का शाश्वत सत्य है'', में शाश्वत का सही समानार्थी शब्द होगा–
(a) एकमात्र (b) अंतिम
(c) चिरन्तन (d) दु:खद

90. ''नव जीवन दो घन श्याम हमें'' में कौन-सा अलंकार है?
(a) यमक अलंकार
(b) अनुप्रास अलंकार
(c) अर्थालंकार
(d) श्लेष अलंकार

91. करुण रस के स्थायी भाव का नाम क्या है?
(a) क्रोध
(b) शोक
(c) निर्वेद
(d) इनमें से कोई नहीं

92. ''किलकत कान्ह घुटरूवन आवत।
मनिमय कनक नन्द के आंगन बिंब पकरिबे-धावल।''
किस रस का उदाहरण है?
(a) श्रृंगार रस (b) रौद्र रस
(c) वीर रस (d) वात्सल्य रस

93. एक से अधिक उपसर्गों से बना शब्द है–
(a) निर्माह (b) निराकरण
(c) निर्माण (d) निर्गुण

94. 'निपात' में उपसर्ग है–
(a) नि:
(b) निस
(c) निर्
(d) इनमें से कोई नहीं

95. निम्न में से कौन-सा शब्द तत्सम नहीं है?
(a) आँख (b) नयन
(c) नेय (d) दृग

96. निम्न में से तत्सम चुनिए–
(a) अचरज (b) अज्जत
(c) उज्जत (d) आश्चर्य

97. किस शब्द की रचना प्रत्यय से हुई है?
(a) अपयश (b) असफलता
(c) मुख्य (d) कठिन

98. किस शब्द में निम्न प्रत्यय नहीं है?
'इक'
(a) भौतिक (b) तार्किक
(c) राजनीतिक (d) लौकिक

99. निम्नलिखित में से कौन-सा वर्ण ऊष्म व्यंजन का नहीं है?
(a) श (b) स
(c) र (d) ह

100. निम्न विकल्पों में से अशुद्ध वाक्य का चयन कीजिए–
(a) इस काम में देर होना स्वाभाविक था
(b) जिसकी लाठी उसकी भैंस वाली कहावत चरितार्थ होती है
(c) राम और लक्ष्मण के जन्म अयोध्या में हुए थे
(d) तुमसे कोई काम नहीं हो सकता

व्याख्या सहित उत्तर

1. (b)	**2.** (c)	**3.** (b)	**4.** (d)	**21.** (b)	**22.** (c)	**23.** (a)	**24.** (b)	**41.** (a)	**42.** (c)	**43.** (b)	**44.** (b)
5. (d)	**6.** (a)	**7.** (d)	**8.** (d)	**25.** (c)	**26.** (b)	**27.** (c)	**28.** (d)	**45.** (d)	**46.** (b)	**47.** (d)	**48.** (b)
9. (b)	**10.** (b)	**11.** (b)	**12.** (c)	**29.** (b)	**30.** (c)	**31.** (a)	**32.** (a)	**49.** (a)	**50.** (c)	**51.** (b)	**52.** (a)
13. (c)	**14.** (c)	**15.** (a)	**16.** (d)	**33.** (a)	**34.** (a)	**35.** (a)	**36.** (b)	**53.** (c)	**54.** (b)	**55.** (c)	**56.** (d)
17. (b)	**18.** (b)	**19.** (c)	**20.** (d)	**37.** (c)	**38.** (b)	**39.** (b)	**40.** (a)	**57.** (c)	**58.** (d)	**59.** (a)	**60.** (b)

61. (c) संस्कृत से बिना किसी परिवर्तन के हिन्दी में आए शब्द 'तत्सम' शब्द कहे जाते हैं। दिए गए विकल्प में से 'कुटी' तत्सम शब्द है, जबकि संस्कृत के कुछ शब्द ऐसे हैं, जिनका रूप परिवर्तन करके हिन्दी में अपनाया गया है। ऐसे शब्दों को तद्भव शब्द कहते हैं।

62. (b) वे शब्द जो किसी शब्द के अंत में लगाकर या प्रयुक्त होकर मूल शब्द के अर्थ में परिवर्तन या नवीनता ला देते हैं, प्रत्यय कहलाते हैं। 'ठकुरौती' शब्द में 'औती' प्रत्यय है। हिन्दी में चार प्रकार के प्रत्यय पाए जाते हैं–कृत प्रत्यय, तद्धित प्रत्यय, स्त्री प्रत्यय और विदेशी प्रत्यय।

63. (c)

64. (d) किसी भी भाषा में शब्दों की ध्वनियों को जिस क्रम और जिस रूप से उच्चारित किया जाता है। उसी क्रम और रूप में लिखने की रीति को वर्तनी कहते हैं। शुद्ध वर्तनी की दृष्टि से 'कवयित्री' शुद्ध है।

65. (a) दिए गए विकल्प में से विकल्प (a) का वाक्य 'उसने हमारे यहाँ मिठाई' (a) और दही खाया सही (शुद्ध) वाक्य है।

66. (c)

67. (b) जिन शब्दों के प्रयोग से किसी शब्द का ठीक या विपरीत या उल्टे अर्थ का बोध होता है, उन्हें विपरीतार्थक या विलोम शब्द कहते हैं। 'निरामिष' शब्द का विलोम 'आमिष' होता है।

68. (d) दो या दो से अधिक शब्द जिनके उच्चारण में अत्यल्प अंतर होता है, किन्तु उनमें अर्थगत कोई साम्य नहीं होता है, उन्हें 'युग्म शब्द' कहते हैं। दिए गए शब्द युग्म 'उपाधि-उपाधी' का सही अर्थ-भेद 'पद-उपद्रव' है।

69. (c) जिस संज्ञा से व्यक्तियों या वस्तुओं की पूरी जाति का बोध होता है, उसे जातिवाचक संज्ञा कहते हैं जैसे मनुष्य-लड़का, लड़की, बाल, युवा, वृद्धा, जबकि जिन शब्दों से व्यक्ति या वस्तु के गुणों का बोध होता है, उन्हें 'भाववाचक संज्ञा' कहते हैं। जैसे–प्रेम, दया, शत्रुता आदि। जिन शब्दों से एक ही जाति के व्यक्तियों या वस्तुओं के समूह का बोध होता है, उन्हें 'समूहवाचक संज्ञा' कहते हैं। जैसे–दल, गिरोह, झुण्ड, गुच्छा आदि। जिन शब्दों से किसी द्रव्य या पदार्थ का बोध होता है, उन्हें 'द्रव्यवाचक संज्ञा' कहते हैं। जैसे-सोना, चाँदी, पीतल, लोहा, दूध आदि।

70. (b) **71.** (c)

72. (c) शब्द युग्म 'असन-आसन्न' का सही अर्थ-भेद 'भोजन-निकट' है।

73. (d) उपसर्ग वह शब्दांश है, जो किसी शब्द के प्रारंभ में जुड़कर उसमें एक विशेष अर्थ ला देते हैं। उपसर्ग कहलाते हैं। 'उत्सर्ग' शब्द में 'उत्' उपसर्ग है। 'उत्' उपसर्ग का अर्थ ऊपर अधिक होता है।

74. (d)

75. (c) प्रत्यय-वह शब्दांश है, जो किसी शब्द के बाद लगकर या प्रयुक्त होकर मूल शब्द के अर्थ में परिवर्तन या नवीनता ला देता है, प्रत्यय कहलाते हैं। हिन्दी में चार प्रकार के प्रत्यय पाए जाते हैं–कृत प्रत्यय, तद्धित प्रत्यय, स्त्री प्रत्यय और विदेशी प्रत्यय। धातु या क्रिया के अंत में प्रयुक्त होकर उसके अर्थ में नवीनता लाने वाले प्रत्ययों को 'कृत' प्रत्यय कहते हैं और इनसे जो यौगिक शब्द बनते हैं, उन्हें 'कृदन्त' कहते हैं। जैसे–लड़ + आई = लड़ाई, पढ़ + आई = पढ़ाई। 'लुटेरा' शब्द कृत प्रत्यय से बना है, जबकि वे प्रत्यय जो क्रिया से भिन्न शब्दों अर्थात् संज्ञा, सर्वनाम, विशेषण, क्रिया विशेषण आदि के साथ (अंत में) मिलकर उसके अर्थ में नवीनता ला देते हैं, तद्धित प्रत्यय कहलाते हैं। जैसे–'कृपालु' में 'आलु' तद्धित प्रत्यय है।

76. (b) दाँत और जीभ के स्पर्श से बोले जाने वाले वर्ण 'दंत्य' कहलाते हैं। जैसे–त वर्ग, ल, स। जबकि मूर्द्धा और जीभ के स्पर्श से बोले जाने वाले वर्ण 'मूर्द्धन्य' कहलाते हैं। जैसे–ऋ, ट वर्ग, रे और ष। तालू और जीभ के स्पर्श से बोले जाने वाले वर्ण 'तालव्य' कहलाते हैं। जैसे–इ, ई, च वर्ग, य और श।

77. (a) जिन शब्दों के प्रयोग से किसी शब्द का ठीक विपरीत या उल्टे अर्थ का बोध होता है, उन्हें विपरीतार्थक शब्द कहते हैं। 'निर्गुण' शब्द का विपरीतार्थक 'सगुण' होता है। अत: सही विपरीतार्थक युग्म 'निर्गुण-सगुण' होगा।

78. (b) दिए गए शब्द युग्म में से 'सीर-हल' युग्म सही नहीं है।

79. (b) **80.** (b)

81. (c) काव्य में जहाँ पर किसी शब्द के दो या दो से अधिक अर्थ निकले वहाँ 'श्लेष अलंकार' होता है, जबकि काव्य में जहाँ पर उपमेय के साथ उपमान की किसी समान धर्म को लेकर तुलना की जाये वहाँ पर 'उपमा' अलंकार होता है। काव्य में जहाँ पर शब्दों या वाक्यांशों की आवृत्ति हो, किन्तु उनके अर्थ भिन्न हो, वहाँ पर 'यमक अलंकार' होता है। जब उपमा के ये चारों अंग उपमेय, उपमान, वाचक शब्द तथा समान धर्म शब्दों द्वारा बनाये जाते हैं, तब वहाँ 'पूर्णोपमा अलंकार' होता है।

82. (c)

83. (b) समान अर्थ व्यक्त करने वाले शब्दों को पर्यायवाची शब्द कहते हैं। इन्हें प्रतिशब्द या समानार्थक शब्द भी कहा जाता है। 'अरण्य' शब्द का पर्यायवाची वन, कानन, जंगल, विपिन है।

84. (c) मुहावरा वह वाक्यांश है, जो अपने वाचिक अर्थ का बोध न कराकर लाक्षणिक या व्यांगिक अर्थ का बोध कराता है और भाषा में सजीवता एवं अर्थ-गौरव बढ़ाने में सहायता देता है। दिए गए मुहावरे 'मेह बरसाना' का सही अर्थ वर्षा होना है।

85. (d) **86.** (b)

87. (b) दी गई लोकोक्ति 'चोर-चोर मौसेरे भाई' का सही अर्थ-एक पेशे वाले आपस में नाता जोड़ लेते हैं।

88. (b) रस सम्प्रदाय काव्यशास्त्र के इतिहास में सर्वाधिक प्राचीन काव्य सम्प्रदाय है। रस सम्प्रदाय के पश्चात् दूसरा स्थान अलंकार सम्प्रदाय का है। सर्वप्रथम भरत ने नाट्यशास्त्र में चारों अलंकारों का विवेचन किया।

89. (c) शाश्वत का सही अर्थ होता है चिरन्तन अर्थात् जो कभी ना बदले। जो जन्म लेता है, उसकी मृत्यु निश्चित है।

90. (d) "नव जीवन दो घन श्याम हमें" में श्लेष अलंकार है। इसमें एक शब्द का प्रयोग एक ही बार किया जाता है, पर उसके एक से अधिक अर्थ निकलते हैं।

91. (b) करुण रस के स्थायी भाव का नाम शोक है, जबकि रौद्र रस का स्थायी भाव क्रोध और अद्भुत रस का स्थायी भाव निर्वेद या वैराग्य होता है।

92. (d)

93. (b) उपसर्ग वह शब्दांश है, जो किसी शब्द के पहले लगकर या उसके समीप बैठकर उसमें एक विशेष अर्थ ला देता है। 'निराकरण' शब्द एक से अधिक उपसर्गों से बना शब्द है।

94. (d) 'निपात' शब्द में 'नि' उपसर्ग है। इसका अर्थ बहुत नीचे अलावा होता है।

95. (a) संस्कृत से बिना किसी परिवर्तन के हिन्दी में आए शब्द 'तत्सम' कहे जाते हैं। दिए गए विकल्प में से आँख का तत्सम शब्द नहीं है। यह एक तद्भव शब्द है।

96. (d)

97. (b) किसी शब्द के अन्त में लगकर या प्रयुक्त होकर मूल शब्द के अर्थ में परिवर्तन या नवीनता ला देते हैं, प्रत्यय कहलाते हैं। दिए गए विकल्प में से 'असफलता' शब्द में 'ता' प्रत्यय है।

98. (a) दिए गए विकल्प में से भौतिक शब्द में 'इक' प्रत्यय नहीं है, जबकि तार्किक, राजनैतिक और लौकिक शब्द में 'इक' प्रत्यय है।

99. (c) 'र' वर्ण उष्म व्यंजन नहीं है। यह एक अन्तस्थ व्यंजन है।

100. (c)

❑❑❑

प्रैक्टिस सेट-3

निर्देश-(1-10) निम्नलिखित प्रत्येक वाक्य खंड के लिए उसके नीचे दिए गए विकल्पों में से एक शब्द चुनिए-

1. जो मार्ग में चलने वाला हो
(a) बटोही (b) अवरोही
(c) यात्री (d) आरोही

2. वह मानसिक स्थिति जब किसी अमंगल की घटना होने की बात मन में हो
(a) शंका (b) भय
(c) संभावना (d) आशंका

3. जो किसी का हित चाहता हो
(a) हितकारी (b) अहितकारी
(c) हितैषी (d) हितभाषी

4. मित्रों या संबंधियों के प्रति लगाव
(a) चाह (b) वात्सल्य
(c) स्नेह (d) प्रणय

5. जो डर के बल चलता हो
(a) मकर (b) कच्छप
(c) कीटभक्षी (d) डरग

6. जिसकी गर्दन सुंदर है
(a) सुदर्शन (b) सुगत
(c) सुगर्दन (d) सुग्रीव

7. जिसके ऊपर किसी का उपकार हो
(a) कृतार्थ (b) परोपजीवी
(c) उपकृत (d) उपमेय

8. किसी मत का सर्वप्रथम प्रवर्तन करने वाला
(a) आदि प्रवर्तक
(b) प्रवक्ता
(c) अग्रणी
(d) द्रुतगामी

9. जिसके पास कुछ न हो
(a) अकिंचन (b) निरामिष
(c) उऋण (d) कर्जदार

10. जो मुश्किल से खाया जा सके
(a) दुर्लभ (b) दुष्कर
(c) विषम (d) दुर्भक्ष

11. निम्न में से विकारी शब्द कौन-से हैं?
(a) संज्ञा, सर्वनाम, विशेषण, क्रिया
(b) तत्सम, तद्भव, देशज, विदेशी
(c) क्रिया विशेषण, संबंध बोधक, विस्मयादिबोधक
(d) इनमें से कोई नहीं

12. निम्नलिखित में से कौन-सा शब्द गुणवाचक है?
(a) यह (b) थोड़ा
(c) दस (d) कपटी

13. पिताजी ने दो लीटर दूध खरीदा। रेखांकित पद में विशेषण का कौन-सा प्रकार है?
(a) निश्चित परिमाणवाचक
(b) अनिश्चित परिमाणवाचक
(c) अनिश्चित संख्यावाचक
(d) निश्चित संख्यावाचक

14. प्रविशेषण किसे कहते हैं?
(a) विशेषण की विशेषता बताने वाला शब्द
(b) विशेष्य के पहले लगने वाला शब्द
(c) विशेष्य की विशेषता बताने वाला शब्द
(d) विधेय की विशेषता बताने वाला शब्द

15. 'प्रिय' विशेषण के साथ प्रयुक्त होने वाली संज्ञा नहीं है
(a) विषय (b) बैरी
(c) कवि (d) मित्र

16. किस वाक्य में 'अच्छा' शब्द का प्रयोग विशेषण के रूप में हुआ है?
(a) तुमने अच्छा किया जो आ गए
(b) यह स्थान बहुत अच्छा है
(c) अच्छा, तुम घर जाओ
(d) अच्छा है वह अभी आ जाए

17. 'पीड़ित' शब्द क्या है?
(a) संज्ञा (b) सर्वनाम
(c) विशेषण (d) क्रियाविशेषण

18. निम्नलिखित शब्दों में कौन-सा शब्द विशेषण है?
(a) सच्चा (b) शीतलता
(c) नम्रता (d) मिठास

19. 'आलस्य' शब्द का विशेषण क्या है?
(a) आलस (b) अलस
(c) आलसी (d) आलसीपन

20. निम्नलिखित में से विशेषण चुनिए
(a) भलाई (b) मिठास
(c) थोड़ा (d) स्वयं

निर्देश-(21-25) दिए गए वाक्य में रेखांकित शब्द की वर्तनी शुद्धि के लिए चार विकल्प दिए गए हैं। इनमें से एक विकल्प में शब्द की वर्तनी शुद्ध है। उसे चुनिए।

21. जो इंद्रियों को वश में कर लेता है उसे <u>जितिंद्रिय</u> कहते हैं।
(a) जितेंद्रिय (b) जितीन्द्रिय
(c) जितेन्द्रीय (d) जितिन्द्रय

22. कल आयोजित होने वाले <u>सम्मिलन</u> में शहर के सभी धनी लोग पधारेंगे।
(a) सम्मेलन (b) सम्मेलन
(c) सममेलन (d) समामेलन

23. प्रत्येक कथन का अपना एक <u>समदर्भ</u> होता है।
(a) सनद्रर्भ (b) सन्दर्भ
(c) संदर्भ (d) सन्द्रभ

24. पुलिस ने सभी ठेकेदारों को <u>गिरफ्तार</u> कर लिया।
(a) गिरफतार (b) गिरफ्तार
(c) गीरफ्तार (d) गिरफ़्तार

25. ग्रीष्मकाल में प्रायः बच्चों को <u>आंखें</u> आ जाती हैं।
(a) आंखें (b) आंखें
(c) आंखे (d) आंखे

निर्देश-(26-30)निम्नलिखित प्रत्येक प्रश्न में दिए गए चार विकल्पों में से वाक्य के शुद्ध रूप का चयन कीजिए-

26. (a) नदी की इस ओर पनघट है।
(b) नदी पर इस ओर पनघट है।
(c) नदी किनारे इस ओर पनघट है।
(d) नदी के इस ओर पनघट है।

27. (a) मां को अपने पुत्र की ममता होती है।
(b) मां को अपने पुत्र में ममता होती है।
(c) मां को अपने पुत्र पर ममता होती है।
(d) मां को अपने पुत्र से ममता होती है।

28. (a) मानव को भगवान ने उत्कृष्टतम कृति बनाया है।
(b) मानव भगवान द्वारा बनाई गई उत्कृष्टतम कृति है।
(c) मानव भगवान की उत्कृष्टतम कृति है।
(d) मानव भगवान की सबसे उत्कृष्टतम कृति है।

29. (a) समस्त सृष्टि का भाग क्योंकि दूधिया चांदनी से नहा रहा था उस दिन पूर्णिमा ही रही होगी।
(b) उस दिन पूर्णिमा हो रही होगी क्योंकि समस्त सृष्टि का भाग दूधिया चांदनी से नहा रहा था।
(c) क्योंकि समस्त सृष्टि का भाग दूधिया चांदनी से नहा रहा था उस दिन पूर्णिमा ही रही होगी।

(d) समस्त सृष्टि का भाग दूधिया चांदनी से नहा रहा था क्योंकि उस दिन पूर्णिमा ही रही होगी।

30. (a) कालिदास ने शरत्काल में कुमुद का वर्णन किया है।
(b) कालिदास ने कुमुद का वर्णन शरत्काल में किया है।
(c) कालिदास ने कुमुद का उल्लेख शरत्काल के वर्णन में किया है।
(d) कालिदास ने कुमुद का उल्लेख शरत्काल के वर्णन के बीच किया है।

निर्देश-(31-40) निम्नलिखित वाक्यों में मुद्रित शब्द के विलोम के लिए चार-चार विकल्प दिए गए हैं। इनमें से उचित विकल्प का चयन कीजिए।

31. **इच्छित वस्तु की प्राप्ति न होने पर जीवन को व्यर्थ नहीं समझ लेना चाहिए।**
(a) उपेक्षित (b) वांछित
(c) अनिच्छित (d) आकांक्षित

32. **इन शब्दों की संधि करें।**
(a) वियोग (b) विरह
(c) व्यष्टि (d) विग्रह

33. **मनुष्य की लोभी प्रवृत्ति के कारण आज जंगल सिमट कर रह गए हैं।**
(a) विस्तार (b) फैलाव
(c) सुदूर (d) विग्रह

34. **महाराजा अग्रसेन के श्रम और पराक्रम से कई अन्य परंपराओं का भी विकास हुआ।**
(a) ह्रास (b) अवनति
(c) पतन (d) निकास

35. **हमारे देश का युवा वर्ग पाश्चात्य संस्कृति को अपनाता जा रहा है।**
(a) पौरस्त्य (b) पूर्वी
(c) पूर्वोत्य (d) पूरबी

36. **उसके कथन में एक विशेष औपचारिकता थी।**
(a) अव्यावहारिकता
(b) अनौपचारिकता
(c) वैचारिकता
(d) अवैचारिकता

37. **शहर पहुंचने का यह रास्ता अत्यन्त दुर्गम है, किसी दूसरे रास्ते से जाइए।**
(a) सरल (b) सुकर
(c) सुगम (d) साफ

38. **उसका मात्र यही दोष था कि वह स्वावलम्बी बनना चाहता था।**
(a) पराश्रित (b) परमुखीपक्षी
(c) परावलम्बी (d) परतंत्र

39. **जगत के बाह्य रूप को देखकर मोहित न होइए।**
(a) आत्मिक (b) आंतरिक
(c) बौद्धिक (d) मानसिक

40. **मनमोहन ने अपने माता-पिता के सपनों को साकार करने का दृढ़ संकल्प किया है।**
(a) विकल्प (b) निष्कल्प
(c) कायाकल्प (d) अकल्प

निर्देश-(41-45) नीचे प्रत्येक वर्ग में दिए गए विकल्पों में से तद्भव शब्द का चयन कीजिए

41. (a) पुरातन (b) वेदना
(c) सौहार्द (d) फागुन

42. (a) भात (b) सौभाग्य
(c) उपहास (d) पर्वत

43. (a) व्याख्यान (b) चोंच
(c) निरर्थक (d) भक्ति

44. (a) उत्सर्ग (b) कष्ट
(c) पगहा (d) स्वर्ण

45. (a) पिता (b) खेल
(c) मोर (d) उन्मूलन

निर्देश-(46-50) नीचे प्रत्येक वर्ग में दिए गए विकल्पों में से तत्सम शब्द का चयन कीजिए-

46. (a) ससुर (b) मास
(c) राष्ट्र (d) बहिन

47. (a) युद्ध (b) कारज
(c) कलश (d) कुआं

48. (a) बहाव (b) कौवा
(c) नाखून (d) सुमन

49. (a) शिविर (b) दाह
(c) बनिज (d) जूठा

50. (a) चौथा (b) बुढ़ापा
(c) भाग्य (d) चाँदी

निर्देश : (प्र.सं. 51-53) प्रश्नों में दिए गए शब्दों के पर्याय (समानार्थक शब्द) के लिए विकल्प दिए गए हैं। उन विकल्पों में से सही विकल्प का चयन कीजिए-

51. **सुगंध**
(a) इत्र (b) सौरभ
(c) चंदन (d) केसर

52. **जंगल**
(a) बहिन (b) द्रुमदल
(c) कानन (d) कुसुम

53. **बादल**
(a) पयोधि (b) अंबुज
(c) अंबुधि (d) पयोद

निर्देश : (प्र.सं. 54-57) प्रश्नों में दिए गए शब्द के समानार्थक शब्द का चयन उसके नीचे दिए गए विकल्पों में से कीजिए

54. **विप्र**
(a) निर्धन (b) धनी
(c) ब्राह्मण (d) सैनिक

55. **आविर्भाव**
(a) मृत्यु (b) मोक्ष
(c) वानप्रस्थ (d) उत्पत्ति

56. **'कानन' शब्द का पर्यायवाची नहीं है**
(a) जंगल (b) अरण्य
(c) विपिन्न (d) इनमें से कोई नहीं

57. **'नियति' शब्द का समानार्थी शब्द है**
(a) चरित्र (b) स्वभाव
(c) भाग्य (d) कर्म

निर्देश : (प्र.सं. 58-60) प्रश्नों में दिए गए शब्दों के पर्याय (समानार्थक शब्द) के लिए चार विकल्प दिए गए हैं। उचित विकल्प चुनिए।

58. **स्वच्छ**
(a) निर्मल (b) पंकिल
(c) नीरज (d) नीरद

59. **ग्रीष्म**
(a) गर्मी (b) वर्षा
(c) तपन (d) पावक

60. **शाश्वत**
(a) आंशिक (b) साकार
(c) चिरंतन (d) लौकिक

61. **निम्नलिखित में कौन-सा शब्द देशज नहीं है।**
(a) चिड़िया (b) खिचड़ी
(c) आग (d) डिबिया

62. **शुद्ध वाक्य चिह्नित कीजिए-**
(a) तुलसी ओर सूर अवधीं और ब्रजभाषा के श्रेष्ठ कवि है
(b) तुलसी और सूर क्रमशः अवधी और ब्रजभाषा के श्रेष्ठ कवि है
(c) तुलसी अवधी के श्रेष्ठ कवि है और ब्रजभाषा के सूर है
(d) तुलसी अवधी के श्रेष्ठ कवि है और सुर ब्रजभाषा के है

63. **'अरे, आप भी हैं।' वाक्य को अर्थानुसार पहचानिए-**
(a) सन्देहार्थक वाक्य
(b) संकेतार्थक वाक्य
(c) विस्मयबोधक वाक्य
(d) प्रश्नार्थक वाक्य

64. **निम्नलिखित में कौन-सा शब्द पुल्लिंग नहीं है-**
(a) संस्करण (b) संशोधन
(c) योग्यता (d) आकलन

65. **'यंत्रणा' शब्द का अर्थ है-**
(a) शारीरिक पीड़ा
(b) दैविक पीड़ा
(c) मानसिक पीड़ा
(d) इनमें से कोई नहीं

66. **'घर की मुर्गी दाल बराबर' कहावत का सही अर्थ क्या है-**
(a) मुर्गी खाना
(b) मुर्गी को दाल खिलाना

(c) अपने आदमी को कम महत्व देना
(d) मुर्गी को दाल से तौलना

67. निम्नलिखित में प्रशासनिक शब्द है–
(a) माँगपत्र (b) खाता
(c) अभ्यर्थी (d) आदेश

68. 'इहलोक' का विलोम शब्द है–
(a) भूलोक
(b) परलोक
(c) यमलोक
(d) इनमें से कोई नहीं

69. निर्मोह का सन्धि-विच्छेद है–
(a) नि + मोह
(b) निः + मोह
(c) निर + मोह
(d) निः + मोह

70. दिए गए वर्णों में भिन्न कोटि का वर्ण पहचानिए।
(a) य (b) ड
(c) क (d) इ

71. 'कानन' शब्द का पर्यायवाची नहीं है-
(a) जंगल (b) अरण्य
(c) विपिन (d) इनमें से कोई नहीं

72. 'नियति' शब्द का समानार्थी शब्द है-
(a) चरित्र (b) स्वभाव
(c) भाग्य (d) कर्म

73. 'अथ' का विलोम है-
(a) अन्त (b) इति
(c) अर्थ (d) अध

74. निम्न में से कौन-सा शब्द शुद्ध है?
(a) अर्धम (b) सत्य
(c) आर्शीवाद (d) भष्ट्राचार

75. 'शोषक' शब्द का विपरीतार्थक चुनिए-
(a) शोषित (b) पोषक
(c) पोसक (d) पोषित

76. 'हर्ष' शब्द के विलोम के लिए चार विकल्प दिए गए हैं। सही विलोम शब्द का चयन कीजिए-
(a) खेद (b) वेदना
(c) दु+ख (d) विषाद

77. शासकीय आदेश में आदेशकर्ता के हस्ताक्षर के साथ लिखा जाता है–
(a) आपका
(b) भवदीय
(c) शुभचिन्तक
(d) पदनाम

78. 'झ' वर्ण किन दो वर्णों की संयुक्त ध्वनि है–
(a) ग् + य (b) ज् + य
(c) ड् + य (d) ज् + ञ

79. कौन-सा शब्द 'सुन्दर' का पर्यायवाची नहीं है–
(a) रुचिर (b) हिरण्य
(c) चारु (d) ललित

80. शब्द की सही वर्तनी है–
(a) सहानुभूति (b) सहानूभूति
(c) सहानुभूती (d) सहानुभुति

81. समूहवाचक संज्ञा का व्यंजक शब्द है–
(a) नीम (b) आम
(c) कुंज (d) पीपल

82. निम्नलिखित में समुदायवाचक विशेषण पहचानिए–
(a) मैंने दो आम खायें
(b) उसने कक्षा में द्वितीय स्थान प्राप्त किया
(c) तुम्हारा मुझसे दूना है
(d) हम दोनों एक साथ हैं

83. निम्नलिखित में कौन 'सर्वनाम' का एक भेद नहीं है–
(a) पुरुषवाचक सर्वनाम
(b) गुणवाचक
(c) प्रश्नवाचक
(d) निजवाचक

84. विशेषण और विशेष्य के योग से कौन-सा समास बनता है–
(a) द्विगु
(b) द्वन्द्व
(c) कर्मधारय
(d) इनमें से कोई नहीं

85. दो या दो से अधिक शब्दों से मिलकर बने हुए सार्थक शब्द को क्या कहते हैं?
(a) सन्धि (b) समास
(c) अव्यय (d) छन्द

86. 'यथासाध्य' समस्तपद समास के किस भेद का उदाहरण है?
(a) अव्ययीभाव
(b) बहुब्रीहि
(c) द्वन्द्व
(d) कर्मधारय

87. 'सपत्नीक' समस्तपद के समास विग्रह के लिए कौन-सा विकल्प उपयुक्त है?
(a) सपरिवार है, जो वह
(b) सौत के साथ है, जो वह
(c) पत्नी के साथ है जो वह
(d) इनमें से कोई नहीं

88. निम्नलिखित में से द्वन्द्व समास का सही उदाहरण कौन-सा है?
(a) देश को गत
(b) पल-पल
(c) सिर में दर्द
(d) माँ और बाप

89. आजन्म शब्द..................का उदाहरण है?
(a) अव्ययीभाव (b) तत्पुरुष
(c) द्वन्द्व (d) द्विगु

90. मौन का विलोम शब्द है?
(a) मुखर (b) मौखिक
(c) मयंक (d) विकार

91. रचना की दृष्टि से वाक्य कितने प्रकार के होते हैं?
(a) दो (b) तीन
(c) पाँच (d) चार

92. 'रद्द' का विलोम है–
(a) ग्रहण (b) स्वीकार
(c) प्रस्तुत (d) बहिष्कार

93. 'छली' का विलोम चुनिए–
(a) निश्चय (b) निश्छल
(c) निष्कपट (d) अछली

94. निम्न प्रश्न के शब्द-युग्म के विकल्पों में से सही अर्थ भेद का चयन कीजिए– ईहा-इहाँ
(a) यत्न-यहाँ
(b) यहाँ-वहाँ
(c) परिश्रम-अभ्यास
(d) प्रयत्न-प्रयास

95. निम्न शब्द-युग्म के विकल्पों में से कोई एक विकल्प सही नहीं है। गलत युग्म का चयन कीजिए–
(a) पड़ना-पढ़ना
(b) पथ-पंथ
(c) प्रणय-परिणय
(d) व्यंजन-पंखा

96. प् + र् + आ + ण् + अ = ?
(a) परण (b) प्ररण
(c) प्राण (d) पराण

97. निम्न समूह से सही शब्द चुनकर लिखें–
(a) नमष्कार (b) पुरष्कार
(c) बहिष्कार (d) तिरष्कार

98. पानी में कुछ गिर गया है। रेखांकित शब्द का सर्वनाम चुनिए–
(a) निश्चय वाचक
(b) अनिश्चय वाचक
(c) प्रश्न वाचक
(d) सम्बन्ध वाचक

99. स्पृश्य शब्द को विलोमार्थक बनाने के लिए किस उपसर्ग का प्रयोग करेंगे?
(a) नि (b) अनु
(c) अ (d) कु

100. हिन्दी में 'कृत' प्रत्ययों की संख्या कितनी है?
(a) 28 (b) 30
(c) 40 (d) 50

व्याख्या सहित उत्तर

1. (a)	2. (d)	3. (c)	4. (c)
5. (d)	6. (d)	7. (c)	8. (a)
9. (a)	10. (d)	11. (a)	12. (d)
13. (a)	14. (a)	15. (b)	16. (b)
17. (c)	18. (a)	19. (c)	20. (c)
21. (a)	22. (b)	23. (b)	24. (d)
25. (a)	26. (d)	27. (d)	28. (c)
29. (b)	30. (c)	31. (c)	32. (d)
33. (a)	34. (a)	35. (a)	36. (b)
37. (c)	38. (c)	39. (b)	40. (a)
41. (d)	42. (a)	43. (b)	44. (c)
45. (c)	46. (b)	47. (c)	48. (d)
49. (a)	50. (c)	51. (b)	52. (c)
53. (d)	54. (c)	55. (d)	56. (d)
57. (d)	58. (a)	59. (a)	60. (c)

61. (c) 'आग' देशज शब्द नहीं है। जिन शब्दों की उत्पत्ति हमारे देश की भाषाओं से हुई, उन्हें देशी या देशज कहा जाता है।

62. (b) उक्त में शुद्ध वाक्य है–तुलसी और सूर क्रमशः अवधी और ब्रजभाषा के श्रेष्ठ कवि हैं।

63. (c)

64. (c) उक्त शब्दों में 'योग्यता' शब्द पुल्लिंग नहीं है। अत: उत्तर (c) उपयुक्त है।

65. (c) यंत्रणा शब्द का अर्थ मानसिक पीड़ा होता है।

66. (c) 'घर की मुर्गी दाल बराबर' कहावत का सही अर्थ है–अपने आदमी को कम महत्व देना। 'कहावत' शब्द का अर्थ है समाज में प्रचलित कथन, जिसका हम रोजमर्रा की जिन्दगी में उपयोग करते हैं। आम लोगों के लिए अत्यन्त महत्वपूर्ण तथ्यों को प्रकट करने वाले संक्षिप्त किन्तु महत्वपूर्ण कथनों को 'कहावत' कहा जाता है।

67. (d) आदेश प्रशासनिक शब्द है। अत: उत्तर (d) उपयुक्त है।

68. (a) किसी शब्द का उल्टा या विपरीत अर्थ देने वाले शब्दों को विलोम शब्द कहते हैं। इहलोक का विलोम शब्द भूलोक होता है।

69. (d) निर्मोह का सन्धि विच्छेद निः + मोह होगा। दो वर्णों के मेल से होने वाले विकार को सन्धि कहते हैं। इस मिलावट को समझकर वर्णों को अलग करते हुए पदों का अलग-अलग कर देना सन्धि विच्छेद है।

70. (d)

71. (d) कानन = अरण्य, जंगल, विपिन ये सब कानन के पर्यायवाची हैं। अंतः कानन का पर्यायवाची नहीं है का उत्तर होगा इनमें से कोई नहीं।

72. (c) नियति = भाग्य

73. (b) अथ = प्रारम्भ, इति = अंत अत: अथ का विलोम इति है।

74. (c)

75. (b) शोषक = शोषण करने वाला, पोषक = पोषण (पालन) करने वाला। अत: शोषक का विलोम पोषक है।

76. (d) हर्ष का विलोम विषाद है।

77. (d) शासकीय आदेश में आदेशकर्ता के हस्ताक्षर के साथ पदनाम लिखा जाता है।

78. (d) 'ज्ञ' वर्ण ज् + ञ वर्णो की संयुक्त ध्वनि है।

79. (b) 'सुन्दर' का पर्यायवाची 'हिरण्य' नहीं है। हिरण्य का पर्याय सोना, कनक, स्वर्ण, कनक आदि है।

80. (a)

81. (c) 'कुंज' समूहवाचक संज्ञा का व्यंजक शब्द है। जो संज्ञा शब्द किसी समूह या समुदाय का बोध कराते हैं उसे समूहवाचक संज्ञा कहते हैं।

82. (d) उपरोक्त वाक्य में 'हम दोनों एक साथ हैं' वाक्य समुदायवाचक विशेषण है। जिस विशेषण से कुछ संख्याओं के इकट्ठे समूह अथवा समुदाय का बोध हो, उसे समुदायवाचक विशेषण कहते हैं।

83. (b)

84. (c) विशेषण और विशेष्य के योग से योग से कर्मधारय समास बनता है। जिस समास में प्रथम पद विशेषण और दूसरा पद विशेष्य हो, उसे 'कर्मधारय' समास कहते हैं। जैसे–महान् वीर = महावीर, नील कण्ठ = नीलकण्ठ, पीत अम्बर = पीताम्बर।

85. (b) **86.** (a)

87. (c) समस्त पद के सभी पदों को अलग-अलग किए जाने की प्रक्रिया समास- विग्रह कहलाती है, जैसे–'सपत्नीक' समस्त पद के समास विग्रह-पत्नी के साथ है, जो वह। इसी तरह 'नील कमल' का विग्रह नीला है-जो कमल तथा 'चौराहा' विग्रह है-चार राहों का समूह।

88. (d)

89. (a) आजन्म शब्द अव्ययीभाव समास का उदाहरण है। जिस समास में पूर्व पद प्रधान तथा अव्यय होता है ओर उत्तर पद संज्ञा अथवा विशेषण होता है, उसे 'अव्ययीभाव समास' कहते हैं। जैसे–जन्म से लेकर = आजन्म।

90. (a) 'मौन' का विलोम शब्द 'मुखर' है।

91. (b) रचना की दृष्टि से वाक्य के तीन प्रकार हैं–सरल या साधारण वाक्य, मिश्र वाक्य और संयुक्त वाक्य।

92. (b) जिन शब्दों के प्रयोग से किसी शब्द का ठीक विपरीत या उल्टे अर्थ का बोध होता है, उन्हें विपरीतार्थक शब्द कहते हैं। 'रद्द' का विलोम 'स्वीकार' होता है।

93. (b) **94.** (a)

95. (d) दिए गए विकल्प में से शब्द-युग्म 'व्यंजन-पंखा' सही नहीं है।

96. (c) प् + र् + आ + ण् + अ = प्राण।

97. (c) दिए गए विकल्पों में से सही (शुद्ध) शब्द बहिष्कार है, जबकि नमष्कार का शुद्ध शब्द नमस्कार, पुरष्कार का पुरस्कार तथा तिरष्कार का शुद्ध रूप तिरस्कार है।

98. (b)

99. (c) स्पृश्य शब्द को विलोमार्थक बनाने पर नया शब्द ''अस्पृश्य बनता है, तथा इसमें उपसर्ग 'अ' है, जैसे– अस्पृश्य = अ (उपसर्ग) + स्पृश्य (शब्द)।

100. (a) हिन्दी में 'कृत' प्रत्ययों की संख्या 28 है।

□□□

प्रैक्टिस सेट-4

निर्देश-(1-10) निम्नलिखित प्रत्येक वाक्य खंड के लिए उसके नीचे दिए गए विकल्पों में से एक शब्द चुनिए

1. अपनी ही जाति वाला
(a) विजातीय (b) वर्णसंकर
(c) ज्ञातीय (d) सजातीय

2. नीति-ज्ञान रखने वाला
(a) नीतिवान (b) नीति-निपुण
(c) नीति-दक्ष (d) नीतिज्ञ

3. जो अच्छा बोलता हो
(a) मितभाषी (b) सुभाषी
(c) सुवक्ता (d) सुभाषणीय

4. आशा से अधिक
(a) शातीत (b) आशातीत
(c) आशीत (d) अधिकाधिक

5. जिसे किसी का डर न हो
(a) निश्छल (b) निर्लज्ज
(c) निःशंक (d) निर्भीक

6. जिसका भेदन न किया जा सके
(a) संपूर्ण (b) अभेद्य
(c) अविभक्त (d) अखंड

7. जिस तक न पहुंचा जा सके
(a) अगम्य (b) अधिगम्य
(c) गम्य (d) अनुगम्य

8. पाप करने के बाद स्वयं दंड पाना
(a) पश्चात्ताप (b) प्रायश्चित
(c) प्रताड़ना (d) इनमें से कोई नहीं

9. ऐसी चीज़ का निर्माण जो पहले से विद्यमान न हो
(a) शोध (b) आविष्कार
(c) अन्वेषण (d) अनुसंधान

10. जो शत्रु की हत्या करता है
(a) शत्रुघ्न (b) नश्वर
(c) जन्मांध (d) निर्दय

11. 'निश्चित' शब्द क्रिया-विशेषण के किस भेद के अन्तर्गत आता है?
(a) हेतुवाचक (b) हेतुबोधक
(c) प्रश्नवाचक (d) परिमाणवाचक

12. संयुक्त क्रिया किसे कहते हैं?
(a) जब दो या दो से अधिक क्रियाएं मिलकर किसी पूर्ण क्रिया का बोध कराती हैं।
(b) जहां कर्त्ता कार्य को स्वयं न करके किसी दूसरे से करवाता है।
(c) जब किसी क्रिया से पहले दूसरी क्रिया आती है।
(d) इनमें से कोई नहीं

13. इनमें से गुणवाचक विशेषण कौन-सा है?
(a) चौगुना (b) नया
(c) तीन (d) कुछ

14. निम्नलिखित वाक्य में काला शब्द विशेषण है, उसका भेद छांटिए-
कुछ बच्चे कक्षा में शोर मचा रहे थे।
(a) गुणवाचक विशेषण
(b) अनिश्चित परिमाणवाचक विशेषण
(c) सार्वनामिक विशेषण
(d) अनिश्चित संख्यावाचक विशेषण

15. 'उत्कर्ष' का विशेषण क्या होगा?
(a) अपकर्ष (b) अवकर्ष
(c) उत्कृष्ट (d) उत्कीर्ण

16. अव्यय के कितने भेद हैं?
(a) तीन (b) चार
(c) पांच (d) छह

17. जिस क्रिया की रचना संज्ञा, सर्वनाम अथवा विशेषण के आधार पर की जाती है, उसे क्या कहते हैं?
(a) पूर्वकालिक क्रिया
(b) प्रेरणार्थक क्रिया
(c) सकर्मक क्रिया
(d) नामधातु क्रिया

18. निम्नलिखित वाक्यों में से एक वाक्य में विशेषण संबंधी अशुद्धि नहीं है, वह कौन-सा है?
(a) उसमें एक गोपनीय रहस्य है।
(b) आप जैसा अच्छा सज्जन कोन होगा।
(c) कहीं से खूब ठंडा बर्फ लाओ।
(d) वहां ज्वर की सर्वोत्कृष्ट चिकित्सा होती है।

19. निम्न में से कौन-से अपूर्णांकबोधक संख्यावाचक विशेषण के उदाहरण हैं?
(a) एक, दो, तीन, दस, पचास, सौ
(b) आधा, पाव, तिहाई, डेढ़, पौन
(c) पहला, दूसरा, पांचवा, दसवां
(d) दुगुना, इकहरा, दसगुना

20. निम्नांकित में विशेषण है-
(a) सुलेख (b) आकर्षक
(c) हव्य (d) पौरुष

निर्देश-(21-25) वाक्य में रेखांकित शब्द की शुद्ध वर्तनी का चयन कीजिए

21. कृष्ण-भक्ति काव्य में ऐसा बहुत कुछ है जो नित्य और <u>निमितिक</u> सांप्रदायिक कार्यों से संबंधित है।
(a) निमित्तिक (b) नैमित्तिक
(c) नेमित्तिक (d) निमीतिक

22. महर्षि <u>बाल्मीकी</u> ने रामायण की रचना की।
(a) बालमीकी (b) वाल्मीकि
(c) बालमीकि (d) बाल्मीकि

23. इस कालोनी में बुनियादी नागरिक सुविधाएं <u>मुहेया</u> कराने की व्यवस्था की जा रही है।
(a) मूहैया (b) मुहैया
(c) मूहेया (d) म्हुय्या

24. <u>आरक्षण</u> नीति से अनेक गरीब विद्यार्थियों को लाभ हुआ।
(a) आरक्षण (b) आरक्षण
(c) आर्रक्षण (d) आरर्क्षण

25. आजकल <u>आयुवैदिक</u> औषधियों की विश्वसनीयता बढ़ रही है।
(a) आयुवेदिक (b) आयुर्वेदिक
(c) आयुर्वैदिक (d) आयुर्वैदीक

निर्देश-(26-30) दिए गए चार विकल्पो में से शुद्ध वाक्य का चयन कीजिए

26. (a) योगियों की वेश-भूषा धारण मात्र कर लेने से कोई सच्चा योगी नहीं हो जाता।
(b) योगियों की वेश-भूषा धारण कर लेने से कोई सच्चा योगी नहीं हो पाता।
(c) योगियों की मात्र वेश-भूषा धारण कर लेने से कोई सच्चा योगी नहीं हो जाता।
(d) योगियों की वेश-भूषा धारण कर लेने मात्र से कोई सच्चा योगी नहीं हो जाता।

27. (a) स्वामी दयानंद सरस्वती ने हिंदी के द्वारा जनता को जगाया।
(b) स्वामी दयानंद सरस्वती ने हिंदी द्वारा जनता को जगाया।
(c) स्वामी दयानंद सरस्वती हिंदी द्वारा जनता को जगाए।
(d) हिंदी के द्वारा स्वामी दयानंद सरस्वती ने जनता को जगाया।

28. (a) व्यक्ति की ही इच्छा स्वयं उसके विपरीत पड़ सकती है।

(b) उसके विपरीत स्वयं व्यक्ति की ही इच्छा पड़ सकती है।
(c) स्वयं व्यक्ति की ही इच्छा उसके विपरीत पड़ सकती है।
(d) व्यक्ति की ही इच्छा उसके विपरीत पड़ सकती है स्वयं।

29. (a) वह बीमार है, परन्तु काम पर जाता है।
(b) यदि वह बीमार है, फिर भी काम पर जाता है।
(c) यद्यपि वह बीमार है, परन्तु काम पर जाता है।
(d) यद्यपि वह बीमार है, तथापि काम पर जाता है।

30. (a) आपका पत्र सधन्यवाद मिला।
(b) आपका पत्र मिला। सधन्यवाद।
(c) आपका पत्र मिला। धन्यवाद।
(d) धन्यवाद कि आपका पत्र मिला।

निर्देश-(31-40) निम्नलिखित वाक्यों में मुद्रित शब्द के विलोम के लिए चार विकल्प दिए गए है। इनमें से उचित विकल्प का चयन कीजिए।

31. एक ऋजु रेखा खींचकर उस पर नब्बे अंश का कोण बनाओं
(a) सरल (b) ऋज्वी
(c) पर्यक (d) तिर्यक

32. नेताजी ने यह आश्वासन दिया कि गांवों में बिजली की समस्या को शीघ्र हल करवाया जाएगा।
(a) दीर्घ (b) विचार
(c) विलंब (d) विश्राम

33. विनोद का भाव जीवन की सुधा है।
(a) क्षुधा (b) मुधा
(c) हलाहल (d) कोलाहल

34. हमें सदैव अपयश से बचने का प्रयास करना चाहिए।
(a) विरल (b) विरत
(c) विरज (d) विरद

35. सभी धर्म प्रेमियों ने मिलकर उस विशाल मंदिर का निर्माण कराया था।
(a) गौण (b) अल्प
(c) छोटा (d) लघु

36. उसने मेरे अनुरोध को ठुकरा दिया।
(a) प्रतिरोध (b) विरोध
(c) प्रतिशोध (d) अवरोध

37. अगले दिन की चिंता में उसने सारी रात जागरण किया।
(a) अवचेतना (b) स्पंदनहीन
(c) निद्रा (d) मूर्छा

38. भाग्य में विश्वास करना व्यक्ति की कमजोरी को दिखाता है।
(a) तत्परता (b) प्रयत्नशीलता
(c) सबलता (d) आत्मविश्वास

39. वयोवृद्ध लोगों को बुढ़ापे की तकलीफें होना स्वाभाविक बात है।
(a) अप्राकृतिक (b) विशेष
(c) कृत्रिम (d) दुष्कर

40. कुंभकर्ण छह मास तक गहरी निद्रा में रहता था।
(a) चेतना (b) जागृति
(c) जागरण (d) अतींद्रिय

निर्देश-(41-45) नीचे प्रत्येक वर्ग में दिए गए विकल्पों में से तद्भव शब्द का चयन कीजिए

41. (a) धूम्र (b) काष्ठ
(c) यजमान (d) जोगी

42. (a) कर्ण (b) मार्ग
(c) विस्फोट (d) सांप

43. (a) बांह (b) दुग्ध
(c) होलिका (d) मत्स्य

44. (a) रात्रि (b) कंकण
(c) विद्युत (d) संगम

45. (a) दूतावास (b) खिड़की
(c) दरिद्र (d) उद्यम

निर्देश-(46-50) नीचे प्रत्येक वर्ग में दिए गए विकल्पों में से तत्सम शब्द का चयन कीजिए

46. (a) भविष्य (b) शीर्ष
(c) मानुस (d) कंकड़

47. (a) पलंग (b) भात
(c) चोंच (d) भगवान

48. (a) अंचरच (b) विराम
(c) घर (d) अंगूठा

49. (a) परीक्षा (b) सुहाग
(c) महीना (d) माह

50. (a) बांझ (b) पुण्य
(c) खीर (d) सूत

निर्देश-(51-60) किस शब्द का अर्थ अन्य तीन शब्दो से बिल्कुल भिन्न है

51. (a) नीरद (b) अंबुधि
(c) सिंधु (d) नीरधि

52. (a) अलक (b) कच
(c) केश (d) अंजन

53. (a) कांता (b) कांतर
(c) कानन (d) अटवी

54. (a) दनुज (b) दैव
(c) असुर (d) तमीचर

55. (a) लोक (b) जगत
(c) संसार (d) पृथ्वी

56. (a) देवनदी (b) मंदाकिनी
(c) भागीरथी (d) अवधूत

57. (a) द्वेष (b) ईर्ष्या
(c) घृणा (d) कलह

58. (a) अभ्यागत (b) अतिथि
(c) अंतर्गत (d) आगन्तुक

59. (a) क्षीर (b) पय
(c) दूध (d) मृदा

60. (a) निशाचर (b) तमीचर
(c) निशाकर (d) निश्चर

61. पदक्रम की दृष्टि से शुद्ध वाक्य है–
(a) छब्बीस जनवरी का भारत के इतिहास में बहुत महत्व है
(b) बहुत महत्व है भारत के इतिहास में छब्बीस जनवरी का
(c) भारत के इतिहास में छब्बीस जनवरी का बहुत महत्व है
(d) भारत के इतिहास में बहुत महत्व है छब्बीस जनवरी का

62. ऐसी ध्वनियाँ जिन्हें न स्वरों में रखा जाता है, न व्यंजनों में एवं जिनकी स्थिति स्वरों और व्यंजनों के बीच की है, उन्हें क्या कहा जाता है–
(a) अनुनासिक (b) अयोगवाह
(c) अंत:स्थ (d) द्वित्व

63. निम्नलिखित में अव्ययीभाव समास कौन-सा है?
(a) चक्रधर (b) नीलकमल
(c) यथाशक्ति (d) रोगमुक्त

64. निम्नलिखित में शुद्ध वर्तनी किसमें हैं?
(a) अनाधिकार, आगामी, कृपालू, अतिथी
(b) अनाधिकार, अगामी, कृपालू, अतिथि
(c) अनाधिकार, आगामी, कृपालू, अतिथि
(d) अनाधिकार, आगामी, कृपालु, अतिथि

65. 'दुर्व्यवहार' में कितने उपसर्ग हैं?
(a) एक (b) दो
(c) तीन (d) चार

66. 'अमृत' के पर्यायवाची शब्द हैं–
(a) सुरतरु, रसाल, अमृतफल, अमी
(b) अमर, पयोधि, सोम, हिरण्य
(c) अमिय, पयोद, पावन, सुरसरि
(d) सुधा, पीयूष, सोम, अमी, अमिय

67. निम्नलिखित में विदेशी भाषा का शब्द कौन-सा है?
(a) लीची (b) दही
(c) खीर (d) मीठा

68. जब कोई सरकारी पत्र, कार्यालय ज्ञापन या ज्ञापन एक साथ अनेक प्रेषितियों को भेजा जा रहा हो, तो उसे क्या कहा जाता है?
(a) अनुस्मारक (b) परिपत्र
(c) संकल्प (d) अधिसूचना

69. निम्नलिखित में से कौन-सा युग्म विपरीतार्थक है?
(a) अज्ञ-प्रज्ञ (b) ज्ञानी-विज्ञ
(c) मयंक-मृणांक (d) पादप-विटप

70. विमुख का विलोम शब्द है?
(a) अमुख
(b) उन्मुख
(c) प्रमुख
(d) उपर्युक्त में से कोई नहीं

71. अर्थ की दृष्टि से वाक्य के कितने भेद किए जाते हैं?
(a) दो (b) एक
(c) आठ (d) बीस

72. जिस वाक्य में एक उद्देश्य और एक विधेय होता है, वह है?
(a) मिश्रवाक्य
(b) आश्रित वाक्य
(c) संयुक्त वाक्य
(d) सरल वाक्य

73. निम्नलिखित में से किस वाक्य में विराम चिन्हों का उचित प्रयोग हुआ है–
(a) ममता-रेखा-सुमन और सुषमा खेल रही है
(b) रमेश, तुम्हारे पिता का नाम क्या है
(c) तुम्हें अपने खान, पान पर ध्यान देना चाहिए
(d) यह गलत काम, मुझसे नहीं होगा

74. निम्नलिखित में से किसमें विराम चिन्ह का अनुचित प्रयोग हुआ है?
(a) प्रेम, ममता, दया आदि
(b) जड़, चेतन-गुण, दोष
(c) अरे! तुम बच गए
(d) तुम्हारा नाम क्या है?

75. निम्नलिखित में से कौन-सा वाक्य शुद्ध है?
(a) यह आपकी श्रद्धा करता है
(b) वह आप पर श्रद्धा रखता है
(c) वह आपसे श्रद्धा करता है
(d) वह आप में श्रद्धा करता है

76. निम्नलिखित में से कौन-सा वाक्य अशुद्ध है?
(a) आप का सब विचार अच्छा है
(b) आप कुशल होंगे
(c) मनुष्य एक सामाजिक प्राणी है
(d) आप मुझ पर विश्वास कीजिए

77. 'ऐतिहासिक' शब्द में कौन-सा प्रत्यय है?
(a) सिक (b) इत
(c) इक (d) ईक

78. 'अभ्युदय' का सही संधि-विच्छेद कौन-सा है?
(a) अभ् + उदय
(b) अ + उदय
(c) अभि + उदय
(d) अभ्य + उदय

79. निम्न किस शब्द में 'ता' प्रत्यय का प्रयोग हुआ है?
(a) लता (b) खता
(c) आवश्यकता (d) पिता

80. 'विधु + उदय' की संधि होगी–
(a) विधूधय (b) विधोदय
(c) विधूउदय (d) विधूदय

81. 'महोत्सव' का सही संधि-विच्छेद क्या है?
(a) मही + उत्सव
(b) महा + उत्सव
(c) महो + उत्सव
(d) मह + उत्सव

82. 'नयन' शब्द का संधि-विच्छेद है–
(a) न + यन (b) ने + यन
(c) ने + अन (d) न + अन

83. 'सत् + आनंद' की संधि होगी–
(a) सच्चिदानंद
(b) सदानंद
(c) सानंद
(d) इनमें से कोई नहीं

84. संधि के कितने प्रकार हैं?
(a) चार (b) दो
(c) पाँच (d) तीन

85. विलोम शब्दों का कौन-सा युग्म सही नहीं है?
(a) अनावृष्टि-अधिवृष्टि
(b) आविर्भाव-तिरोभाव
(c) उदार-कृपण
(d) उपत्यका-अधित्यका

86. 'कृतज्ञ' का विपरीत है?
(a) कृतघ्न (b) कृतार्थ
(c) कृपण (d) कृपालु

87. 'आरोही' का विलोम शब्द कौन-सा है?
(a) अवरोही (b) निरोही
(c) अनरोही (d) विरोही

88. निम्नलिखित में से विलोम शब्दों का कौन-सा युग्म सही नहीं है?
(a) युगल-एकल
(b) उर्वर-उत्कृष्ट
(c) चिकना-खुरदरा
(d) विजातीय-सजातीय

89. 'सुषुप्ति' का विपरीतार्थक है"–
(a) जागरण (b) अचेतन
(c) शुश्रुषा (d) सुप्त

90. निम्नलिखित में से अनेकार्थी शब्दों का कौन-सा युग्म सही नहीं है?
(a) घट-घड़ा, शरीर
(b) पानी-चमक, मान-सम्मान
(c) आधि-मानसिक पीड़ा, धरोहर
(d) खेचर-पक्षी, खच्चर

91. तत्सम शब्द का चयन कीजिए–
(a) अकाज (b) आम
(c) आषाढ़ (d) आश्रय

92. जो धातु या शब्द के अन्त में जोड़ा जाता है, उसे..........कहते हैं।
(a) समास (b) अव्यय
(c) उपसर्ग (d) प्रत्यय

93. वर्ण माला कहते हैं–
(a) शब्द समूह को
(b) वर्णों के आकलन को
(c) शब्द गणना को
(d) वर्णों के व्यवस्थित समूह को

94. निम्न विकल्प में से किसी एक की वर्तनी शुद्ध है, चयन कीजिए–
(a) न्याधीष (b) न्यायधीश
(c) न्यायाधीश (d) न्यानाधिश

95. निम्न विकल्पों में से शुद्ध वाक्य का चयन कीजिए–
(a) राजीव अपने माता-पिता का निर्भर रहता है
(b) राजीव अपने माता-पिता पर निर्भर है
(c) राजीव अपने माता-पिता का निर्भर है
(d) राजीव अपने माता-पिता पर निर्भर करता है

96. निम्नलिखित वाक्य के लिए नीचे दिए गए विकल्पों में से वाक्य के प्रकार को चिह्नित कीजिए–
''ईश्वर करे तुम्हारा जीवन सुखमय हो।''
(a) विधि वाचक (b) संकेत वाचक
(c) इच्छा वाचक (d) सन्देह वाचक

97. 'आहूत' का विलोम है–
(a) अनाहूत
(b) विनाहू
(c) नाहूत
(d) इनमें से कोई नहीं

98. निम्न प्रश्न के शब्द युग्म के सही अर्थ भेद का चयन कीजिए–
(a) काम-सिलसिला
(b) कर्म-सिलसिला
(c) कम-सिलसिला
(d) काम-कम

99. जिस संज्ञा में केवल एक ही व्यक्ति का बोध हो..............कहलाती है।
(a) जाति वाचक संज्ञा
(b) व्यक्ति वाचक संज्ञा
(c) भाव वाचक संज्ञा
(d) द्रव्य वाचक संज्ञा

100. स्वर सन्धि के कितने भेद होते हैं?
(a) चार (b) तीन
(c) पाँच (d) आठ

व्याख्या सहित उत्तर

1. (d)	**2.** (d)	**3.** (c)	**4.** (b)
5. (d)	**6.** (b)	**7.** (a)	**8.** (b)
9. (b)	**10.** (a)	**11.** (b)	**12.** (a)
13. (b)	**14.** (d)	**15.** (c)	**16.** (b)
17. (d)	**18.** (d)	**19.** (b)	**20.** (b)
21. (b)	**22.** (b)	**23.** (b)	**24.** (b)
25. (b)	**26.** (d)	**27.** (b)	**28.** (c)
29. (d)	**30.** (c)	**31.** (d)	**32.** (c)
33. (c)	**34.** (d)	**35.** (d)	**36.** (b)
37. (c)	**38.** (c)	**39.** (c)	**40.** (c)
41. (d)	**42.** (d)	**43.** (a)	**44.** (d)
45. (b)	**46.** (a)	**47.** (d)	**48.** (b)
49. (a)	**50.** (b)	**51.** (a)	**52.** (d)
53. (a)	**54.** (b)	**55.** (d)	**56.** (d)
57. (d)	**58.** (c)	**59.** (d)	**60.** (c)

61. (c) पदक्रम की दृष्टि से शुद्ध वाक्य है–भारत के इतिहास में छब्बीस जनवरी का बहुत महत्व है।

62. (b)

63. (c) जिस समास का पहला पद प्रधान या अव्यय होता है, उसे अव्ययीभाव समास कहते हैं। यथाशक्ति में अव्ययीभाव समास है। इसका विग्रह है–शक्ति के अनुसार। इसमें पहले पद 'यथा' की प्रधानता है तथा पूरा पद अव्यय है। नीलकमल में कर्मधारय समास है। इसका समास विग्रह है–नीला है, जो कमल।

64. (d)

65. (b) 'दुर्व्यवहार' में दो उपसर्ग हैं–दुर्व्यवहार = दुर् + व्यवहार, व्यवहार = वि + अवहार। इस प्रकार, दुर्, वि इन दो उपसर्गों का प्रयोग हुआ है।

66. (d)

67. (a) 'लीची' विदेशी भाषा का शब्द है। यह पुर्तगाली शब्द है।

68. (b) जब कोई सरकारी पत्र, कार्यालय ज्ञापन या ज्ञापन एक साथ अनेक प्रेषितियों को भेजा हो रहा हो, तो उसे 'परिपत्र' कहा जाता है। परिपत्र तब भेजा जाता है, जब कोई सूचना, ज्ञापन अनेक प्रेषितियों को एक साथ भेजा जा रहा हो।

69. (a) उपरोक्त युग्मों में से 'अज्ञ' का विज्ञ, प्रज्ञ विलोम शब्द है, जबकि पादप-विटप दोनों ही वृक्ष के पर्यायवाची शब्द हैं तथा ज्ञानी का विज्ञ और मयंक, मृगांक ये आपस में पर्यायवाची शब्द हैं।

70. (b) विमुख का विलोम शब्द है सम्मुख तथा उन्मुख। जबकि प्रमुख शब्द के विलोमार्थी शब्द है–सामान्य, गौण।

71. (c)

72. (d) जिस वाक्य में एक उद्देश्य और एक विधेय रहते हैं अर्थात् एक क्रिया होती है और एक कर्ता होता है, उसे साधारण या सरल वाक्य कहते हैं। जैसे–बिजली चमकती है, पानी बरसा। जबकि मिश्रवाक्य में मुख्य उद्देश्य विधेय के अलावा एक या अधिक समायिका क्रियाएँ होती हैं। संयुक्त वाक्य उस वाक्य को कहते हैं जिसके दो या दो से अधिक सरल वाक्य अथवा मिश्र वाक्य अव्ययों द्वारा संयुक्त होते हैं।

73. (d)

74. (b) उपरोक्त शब्दों में से विकल्प (b) में जड़, चेतन-गुण, दोष में विराम चिन्ह का अनुचित प्रयोग हुआ है। इन शब्दों के मध्य योजक-चिन्ह का प्रयोग होगा। अत: इस प्रकार सही शब्द-जड़-चेतन, गुण-दोष होंगे।

75. (b) वाक्य शुद्धि के लिए यह आवश्यक है कि वाक्य में पदसमूह यथास्थान है। वाक्य रचना के सामान्य नियम के अनुसार सर्वप्रथम कर्ता होता और अंत में क्रिया होती है। प्रश्न में दिये गये वाक्यों में विकल्प (b) का वाक्य शुद्ध है।

76. (a) उपरोक्त वाक्यों में विकल्प (a) का वाक्य अशुद्ध है, क्योंकि इसका शुद्ध रूप होगा-आपका विचार अच्छा है।

77. (c) प्रत्यय = प्रति (साथ में पर बाद में) + अय (चलने वाला) शब्द का अर्थ है पीछे चलना। जो शब्दांश शब्दों के अंत में जुड़कर उनके अर्थ में विशेषता या परिवर्तन ला देते हैं, वे प्रत्यय कहलाते हैं। प्रश्न में दिए गए 'ऐतिहासिक' शब्द में 'इक' प्रत्यय जुड़ा है।

जैसे–प्रशासन + इक = प्रशासनिक, अध्यात्म + इक = आध्यात्मिक, ऐतिहास + इक = ऐतिहासिक आदि।

78. (c) **79.** (c)

80. (d) प्रश्न में दिए गए संधि विच्छेद विधु + उदय की सही संधि 'विधूदय' होगी। यह स्वर संधि (दीर्घ संधि) का उदाहरण है। ह्रस्व या दीर्घ 'अ', 'इ', 'उ' के पश्चात् क्रमश: ह्रस्व या दीर्घ 'अ', 'इ', 'उ' स्वर आएँ, तो दोनों को मिलाकर दीर्घ 'आ', 'ई', 'ऊ' हो जाते हैं। जैसे–

उ + उ = ऊ →

भानु + उदय = भानूदय

उ + उ = ऊ →

विधु + उदय = विधूदय।

81. (b) प्रश्न में दिया गया शब्द 'महोत्सव' गुण संधि का उदाहरण है। जब अ या आ के बाद इ या ई रहे, तो दोनों मिलकर ए; उ या ऊ रहे तो दोनों मिलकर ओ; ऋ रहे तो दोनों मिलकर अर् हो जाता है। यह गुण संधि कहलाती है।

उदाहरण के लिए–

आ + उ = ओ → महा + उत्सव = महोत्सव

आ + इ = ए → महा + इन्द्र = महेन्द्र

आ + ऋ = अर → महा + ऋषि = महर्षि

82. (c)

83. (b) सत् + आनंद की संधि 'सदानंद' होगी। यह व्यंजन संधि का उदाहरण है। व्यंजन के बाद स्वर या व्यंजन आने से जो परिवर्तन होता है, उसे व्यंजन संधि कहते हैं। जैसे–

वाक् + ईश = वागीश (क् + इ + गी)

सत् + आनन्द = सदानंद (त् + आ + दा)

सत् + जन = सज्जन (त् + ज + ज्ज)

84. (d) दो वर्णों के आपस में मिल जाने से जो विकार उत्पन्न होता है, वह 'संधि' कहलाती है। संधि स्वरों के बीच, व्यंजनों के बीच तथा विसर्ग एवं स्वर अथवा व्यंजन के बीच होती है। इसी आधार पर संधि तीन प्रकार की होती है–(1) स्वर संधि, (2) व्यंजन संधि, (3) विसर्ग संधि।

85. (a) जो एक-दूसरे के विपरीत अर्थ बताते हैं, उन्हें विलोम शब्द कहते हैं। प्रश्न में दिए गए विलोम शब्दों के युग्मों में विकल्प (a) का युग्म सही नहीं है, क्योंकि अतिवृष्टि का विलोम अनावृष्टि होता है, न कि अनावृष्टि का अधिवृष्टि। जबकि आविर्भाव का तिरोभाव, उदार का कृपण तथा उपत्यका का विलोम अधित्यका है।

86. (a) हिन्दी में 'विरोधी' शब्द के कई पर्याय प्रचलित हैं; यथा-विपर्याय, विलोम, प्रतिलोम, विरुद्धार्थी, निषेधात्मक, विपरीतार्थक आदि। प्रश्न में पूछे गए 'कृतज्ञ' का विपरीत शब्द कृतघ्न है, जबकि 'कृपण' का विपरीत दाता/उदार है।

87. (a) दिए गए विकल्पों में 'आरोही' का विलोम 'अवरोही' है, जबकि आरोह का विलोम अवरोह होता है।

88. (b) प्रश्न में दिए गए विलोम शब्दों के युग्मों में विकल्प (b) का युग्म सही नहीं है, क्योंकि उर्वर का विलोम अनुर्वर होता है, न कि उत्कृष्ट। शेष युग्म सुमेलित हैं। युगल का एकल, चिकना का खुरदस तथा विजातीय का विलोम सजातीय है।

89. (a) प्रश्न में दिए 'सुषुप्ति' का विपरीतार्थक जागरण/जागृति है। इसी तरह जागृत का विपरीतार्थक सुषुप्त है। चेतन का विपरीतार्थ अचेतन/जड़ है।

90. (d)

91. (d) संस्कृत से बिना किसी परिवर्तन के हिन्दी में आए शब्द 'तत्सम' कहे जाते हैं। दिए गए विकल्प में से आश्रय शब्द तत्सम शब्द है, जबकि 'अकाज' शब्द तद्भव शब्द है। 'आम' शब्द एक तद्भव शब्द है। इस शब्द का तत्सम शब्द 'आम्र' होगा।

92. (d)

93. (d) वर्णों के व्यवस्थित समूह को वर्णमाला कहते हैं। हिन्दी वर्णमाला में 52 वर्ण हैं, इनमें 11 स्वर, 4 अंतस्थ व्यंजन, 5 संयुक्त व्यंजन, 1 अनुस्वार, 25 स्पर्श व्यंजन, 4 उष्म व्यंजन, 2 द्विगुण व्यंजन व 1 विसर्ग है।

94. (c) लिखने की रीति को 'वर्तनी' या 'अक्षरी' कहते हैं। दिए गए विकल्प में से वर्तनी की दृष्टि से 'न्यायाधीश' शब्द शुद्ध है।

95. (b) दिए गए विकल्प में शुद्ध वाक्य– 'राजीव अपने माता-पिता पर निर्भर है' सही वाक्य है।

96. (c)

97. (a) विपरीतार्थक या विलोम शब्द का अर्थ है–उल्टा, जिन शब्दों के प्रयोग से किसी शब्द का ठीक विपरीत या उल्टे अर्थ का बोध होता है, उन्हें विपरीतार्थक (विलोम) शब्द कहते हैं। जैसे–'आहूत' का विलोम है– 'अनाहूत।'

98. (a) दो या दो से अधिक शब्द जिनके उच्चारण में अत्यल्प अन्तर होता है, किन्तु उनमें अर्थगत कोई साम्य नहीं होता है, उन्हें 'युग्म शब्द' कहते हैं। जैसे–काम-सिलसिला।

99. (b)

100. (c) दो स्वरों के संयोग से उत्पन्न विकार को स्वर सन्धि कहते हैं। स्वर सन्धियाँ पाँच प्रकार की हैं–(1) दीर्घ सन्धि, (2) गुण सन्धि, (3) वृद्धि सन्धि, (4) यण् सन्धि, (5) अयादि सन्धि।

❑❑❑

प्रैक्टिस सेट–5

निर्देश-(1-60) निम्नलिखित प्रत्येक वाक्य खंड के लिए उसके नीचे दिए गए विकल्पों में से एक शब्द चुनिए

1. कांटों से भरा हुआ
   (a) कंटक (b) विकीर्ण
   (c) कुचैला (d) कंटकाकीर्ण
2. जो सब कालों में हो
   (a) सार्वकालिक (b) त्रिकालिक
   (c) तांत्रिक (d) त्रिकालदर्शी
3. हमेशा रहने वाला
   (a) शाश्वत (b) समसामयिक
   (c) प्राणदा (d) पार्थिव
4. जो किसी की ओर से है
   (a) प्रहरी (b) प्रतिनिधि
   (c) मेहमान (d) अभिनेता
5. चलायमान रहने वाली सम्पत्ति
   (a) चल संपत्ति (b) अविचल संपत्ति
   (c) अचल संपत्ति (d) अस्थिर संपत्ति
6. जो ममत्व से रहित हो
   (a) निरामय (b) निर्मोही
   (c) निर्मम (d) निष्ठुर
7. वह ज़मीन जिसमें कुछ भी पैदा न हो
   (a) भूभुड़ (b) ऊसर
   (c) उर्वरा (d) वनखंडी
8. जो मरने वाला हो
   (a) मुमूर्षु (b) म्रियपाणं
   (c) मृतप्राय (d) मरणासन्न
9. जिस पर विजय प्राप्त कर ली गई हो
   (a) विजित (b) अजातशत्रु
   (c) पराजित (d) परतंत्र
10. जिसके आर-पार देखा जा सके
    (a) दूरदर्शी (b) सूक्ष्मदर्शी
    (c) पारदर्शी (d) अतलदर्शी

निर्देश-(11-15) नीचे प्रत्येक वर्ग में दिए गए विकल्पों में से तद्भव का चयन कीजिए

11. (a) इच्छा (b) प्रहार
    (c) पहर (d) कृति
12. (a) कांति (b) कोल्हू
    (c) स्वाध्याय (d) महल
13. (a) कंकड़ (b) अनुसंधान
    (c) पत्नी (d) आशा
14. (a) संस्कृति (b) जिह्वा
    (c) नंद (d) नासिका
15. (a) कलश (b) तपाक
    (c) निर्जीव (d) भाषण

निर्देश-(16-20) नीचे प्रत्येक वर्ग में दिए गए विकल्पों में से तत्सम शब्द का चयन कीजिए

16. (a) अचरज (b) इज्जत
    (c) आम (d) आश्चर्य
17. (a) गोंडा (b) ग्वाला
    (c) घोसी (d) घोषणा
18. (a) श्यामल (b) भगत
    (c) सुहाग (d) तुरंत
19. (a) चंचु (b) दूब
    (c) दस (d) पहर
20. (a) गहरा (b) तीखा
    (c) अटारी (d) निकृष्ट

निर्देश-(21-30) निम्नलिखित प्रत्येक वाक्य में रेखांकित शब्द के पर्यायवाची शब्द का चयन उसके नीचे दिए विकल्पों में से कीजिए

21. <u>हवा</u> का झोंका आया कि शाख-शाख चरमरा उठी।
    (a) अतल (b) आपगा
    (c) अनल (d) अनिल
22. रात्रि में भंवरा <u>कमल</u> की पंखुड़ियों में बंद हो जाता है।
    (a) उत्पल (b) जलद
    (c) पवमान (d) अब्धि
23. देखि रूप <u>लोचन</u> ललचाने।
    (a) चक्षु (b) वासव
    (c) निलय (d) तोय
24. उसने सहसा एक <u>पत्थर</u> उठाकर मेरे सिर पर दे मारा।
    (a) शिला (b) गिरि
    (c) भूधर (d) प्रस्तर
25. स्वस्थ <u>शरीर</u> में स्वस्थ मन का आवास होता है।
    (a) कलेवर (b) कलेवा
    (c) अवयव (d) कलरव
26. <u>विभावरी</u> का अंतिम प्रहर है, अब प्रातःकाल होगा।
    (a) चंद्रिका (b) तपसा
    (c) क्षणदा (d) तरणि
27. वह असहाय निर्बल <u>ब्राह्मण</u> घर-घर जाकर भीख मांगता था।
    (a) पंडित (b) विप्र
    (c) भूप (d) महीपति
28. रोटी, <u>कपड़ा</u> और मकान जीवन की तीन मूलभूत आवश्यकताएं हैं।
    (a) अंबर (b) पोशाक
    (c) परिधान (d) कंचन
29. सुगृहिणी अपने घर को सदा साफ-सुथरा रखती है।
    (a) साकेत (b) सदन
    (c) प्रासाद (d) आश्रम
30. शरद-पूर्णिमा के <u>चांद</u> की छटा ही निराली है
    (a) उदधि (b) रत्नाकर
    (c) दिवाकर (d) सुधाकर

निर्देश-(31-40) निम्नलिखित वाक्यों में मुद्रित शब्द के विलोम के लिए चार विकल्प दिए गए हैं। इनमें से उचित विकल्प का चयन कीजिए–

31. पुत्र के व्यापार संभालते ही उसके घर में <u>वैभव</u> छा गया।
    (a) गरीबी (b) दारिद्रय
    (c) संताप (d) दुःख
32. यज्ञ की पूर्णाहुति के समय बलि के लिए तैयार मूक अश्व की छटपटाहट देखकर महाराज अत्यंत <u>विचलित</u> हो गए।
    (a) निर्वाचित (b) निस्पंद
    (c) अविचल (d) अचंचल
33. वह अपने विषय का पूर्ण <u>अभिज्ञ</u> है।
    (a) सर्वज्ञ (b) अल्पज्ञ
    (c) अनभिज्ञ (d) विज्ञ
34. <u>राजा</u> वह होता है जो देश पर शासन करता है।
    (a) रानी (b) प्रजा
    (c) जन (d) रंक
35. संत सांसारिक ऐश्वर्य पर <u>आसक्त</u> नहीं होते।
    (a) अनुरक्त (b) निष्काम
    (c) आरक्त (d) विरक्त
36. <u>विस्तार</u> में सारी बात बता देने से ही इस संशय का निदान हो सकेगा।
    (a) अल्प (b) संक्षेप
    (c) संक्षेपण (d) कम
37. कोई भी कार्य करने से पूर्व मनुष्य को परिवार की मर्यादा और अपनी <u>गरिमा</u> का ध्यान करना चाहिए।

(a) कालिमा (b) लघिमा
(c) महानता (d) अरूणिका

38. संस्कृत-साहित्य अत्यन्त समृद्ध है।
(a) निर्धन (b) दरिद्र
(c) विपन्न (d) अवनत

39. सुख-दुःख जीवन के क्षणिक तत्त्व हैं।
(a) शाश्वत (b) स्थिर
(c) स्थावर (d) दीर्घ

40. आगामी वर्षों में जनसंख्या बहुत बढ़ जाएगी।
(a) अग्रिम (b) गत
(c) परोक्ष (d) विगत

निर्देश-(41-45) दिए गए वाक्य में रेखांकित छपे शब्द की वर्तनी शुद्धि के लिए चार विकल्प दिए गए हैं। इनमें से एक विकल्प में शब्द की वर्तनी शुद्ध है। उसे चुनिए।

41. सूरदास ने भक्ति रस से आपलाबित उच्चकोटि की काव्य रचना की है।
(a) आप्लावित (b) आपलावीत
(c) अप्लावित (d) अपलावीत

42. अंग-प्रत्यारोपण के क्षेत्र में भारतीय शल्य-चिकिलिसक पर्याप्त सफल रहे हैं।
(a) चिकित्सक (b) चिक्तसिक
(c) चिकत्सिक (d) चिकित्सक

43. अपने आधिकारों के लिए राहुल ने अपनी वर्षों पुरानी मित्रता को भी दांव पर लगा दिया।
(a) अद्धिकारों (b) अधीकारों
(c) आधीकारों (d) अधिकारों

44. दिन-प्रतिदिन रसायनों के आप्रत्याशीत प्रभाव सामने आ रहे हैं।
(a) आप्रात्याशीत (b) आप्रत्याशित
(c) अप्रत्याशित (d) अप्रत्याशीत

45. मां शिशु को देखकर आनदित हो गई।
(a) आनंदीत (b) आंनदित
(c) आनंदित (d) अनंदित

निर्देश-(46-50) निम्नलिखित प्रत्येक प्रश्न में दिए गए चार विकल्पों में से वाक्य के शुद्ध रूप का चयन कीजिए

46. (a) सावित्री जो सत्यवान की पत्नी थी, वह एक पतिव्रता नारी थी।
(b) सावित्री जो सत्यवान की पत्नी थी, एक पतिव्रता नारी थी।
(c) सत्यवान की जो पत्नी थी सावित्री, वह एक पतिव्रता नारी थी।
(d) सत्यवान की पत्नी सावित्री एक पतिव्रता नारी थी।

47. (a) वह दंड देने योग्य है।
(b) वह दंड के योग्य है।
(c) वह दंड लेने योग्य है।
(d) वह दंड पाने योग्य है।

48. (a) इसकी भाषा संस्कृतनिष्ठ यद्यपि संस्कृत गर्भित शब्दों की बहुलता को लिये हुए है।
(b) इसकी भाषा संस्कृतनिष्ठ और संस्कृत गर्भित शब्दों की बहुलता को लिये हुए है।
(c) इसकी भाषा संस्कृतनिष्ठ किन्तु संस्कृत गर्भित शब्दों की बहुलता को लिये हुए है।
(d) इसकी भाषा संस्कृतनिष्ठ अपितु संस्कृत गर्भित शब्दों की बहुलता को लिये हुए है।

49. (a) हमारे बैल इधर-उधर भटकते हुए पड़ोसियों के खेत में जा पहुंचे।
(b) हमारे बैल भटकते हुए इधर-उधर पड़ोसियों के खेत में जा पहुंचे।
(c) इधर-उधर भटकते हुए हमारे बैल पड़ोसियों के खेत में जा पहुंचे।
(d) इधर-उधर हमारे बैल भटकते हुए पड़ोसियों के खेत में जा पहुंचे।

50. (a) अध्यापक ने कहा कि कल सभी छात्र पुस्तकें न लाओ।
(b) अध्यापक से कहा कि कल सभी छात्र पुस्तकें न लाएं।
(c) अध्यापक द्वारा कहा गया कि कल सभी छात्र पुस्तकें न लाओ।
(d) अध्यापक द्वारा कहा गया कि कल सभी छात्र पुस्तकें न लाएं।

51. सार्वनामिक विशेषण किसे कहते हैं?
(a) जिनसे समूह की हर एक वस्तु का बोध होता है
(b) जिन सर्वनाम शब्दों का प्रयोग संज्ञा की विशेषता बताने के लिए हो
(c) सर्वनाम की विशेषता बताने वाले शब्द
(d) इनमें से कोई नहीं

52. कौन-सा शब्द विशेषण है?
(a) मात्र (b) खर्च
(c) निपट (d) चुपचाप

53. 'थोड़ा पानी दीजिए'-इस वाक्य में 'थोड़ा' शब्द क्या है?
(a) संज्ञा (b) विशेषण
(c) अव्यय (d) क्रिया-विशेषण

54. भूतकाल के कितने प्रकार हैं?
(a) चार (b) पांच
(c) छह (d) सात

55. कौन-सा शब्द क्रिया नहीं है?
(a) गिरवाना (b) छाया
(c) चलाना (d) लिखवाना

56. किस वाक्य में क्रिया भूतकाल में नहीं है?
(a) वह पढ़ रहा था।
(b) उसने पढ़ाई की थी।
(c) वह पढ़ने वाला है।
(d) उसने पढ़ाई कर ली थी।

57. जिस क्रिया के कार्य का फल कर्त्ता को छोड़कर कर्म पर पड़ता है, उसे क्या कहते हैं?
(a) अकर्मक क्रिया
(b) सकर्मक क्रिया
(c) द्विकर्मक क्रिया
(d) इनमें से कोई नहीं

58. विशेषण के कितने भेद हैं?
(a) तीन (b) चार
(c) पांच (d) सात

59. किस वाक्य में क्रिया सामान्य भूतकाल में है?
(a) उसने पुस्तक पढ़ी।
(b) उसने पुस्तक पढ़ी है।
(c) उसने पुस्तक पढ़ी थी।
(d) उसने पुस्तक पढ़ी होगी।

60. निम्नलिखित में से कौन-सा शब्द क्रिया-विशेषण है?
(a) सूर्योदय (b) नीला
(c) विगत (d) धीरे-धीरे

61. तत्सम शब्द का चयन कीजिए–
(a) चौर (b) चोर
(c) चूना (d) धुआँ

62. माननीय में प्रत्यय है–
(a) ईय
(b) आई
(c) अनीय
(d) इनमें से कोई नहीं

63. 'त्र' ध्वनि किसके अन्तर्गत आती है?
(a) संयुक्त वर्ण (b) तालव्य
(c) घोष वर्ण (d) मूल स्वर

64. निम्न विकल्प में से किसी एक की वर्तनी शुद्ध है, चयन कीजिए–
(a) पुज्यनीय (b) पूजनीय
(c) पूज्यनीय (d) पूजनिय

65. निम्न विकल्पों में से शुद्ध वाक्य का चयन कीजिए–
(a) चलो यमुना किनारे शैर करने
(b) चलो, यमुना में सैर करने के लिए
(c) चलो, यमुना किनारे सैर करने चलें
(d) चलो, यमुना किनारे शैर के लिए चलें

66. निम्नलिखित वाक्य के लिए उसके नीचे दिए गए विकल्पों में से वाक्य के प्रकार को चिन्हित कीजिए–
''मैं खाना नहीं खाऊँगा, वरन् थोड़ा-सा दूध पिऊँगा।''
(a) संयुक्त वाक्य
(b) सरल वाक्य
(c) मिश्रित वाक्य
(d) इनमें से कोई नहीं

67. 'ईमानदार' का विलोम है–
(a) ईमानदारी (b) बेआमान
(c) बेईमान (d) बेकारी

68. निम्न प्रश्न के शब्द युग्म के सही अर्थ भेद का चयन कीजिए–
धात्र-धात्री
(a) धरती-धारा
(b) वर्तनी-मात्रा
(c) आकाश-धारा
(d) धरा-आकाश

69. गुच्छा, पुंज, ढेर, शृंखला शब्दों में कौन-सी संज्ञा है?
(a) भाव वाचक
(b) गुण वाचक
(c) समूह वाचक
(d) व्यक्ति वाचक

70. 'मात्रानन्द' का विच्छेद होगा–
(a) मात्रा + नन्द
(b) मात्र + आनन्द
(c) मातृ + आनन्द
(d) मातृ + नन्द

71. व्याधिकरण तत्पुरुष समास के..........भेद हैं।
(a) चार (b) पाँच
(c) छ: (d) तीन

72. ''अरह नगर भा लोग बिहाला।
झपठ लपठ बहु कोटि कराला।।
तातु-मातु हा सुनिअ पुकारा।
यहि अवसर कों हमहिं उबारा।।''
किस रस का उदाहरण है?
(a) भयानक रस (b) वीभत्स रस
(c) अद्भुत रस (d) रौद्र रस

73. निम्न प्रश्न के शब्द युग्म विकल्पों में सही अर्थ भेद का चयन कीजिए–
चूड़-चूर
(a) चूरण-चरण (b) शिथिल-केश
(c) चन्द्र-चूड़ (d) चोटी-शिथिल

74. 'निहत्था' में उपसर्ग है–
(a) निस (b) निर
(c) नि (d) ना

75. निम्नलिखित तत्सम-तद्भव में से कौन-सा विकल्प अशुद्ध है?
(a) काँच-काच
(b) कंगन-कंकण
(c) कपड़ा-कर्पट
(d) इनमें से कोई नहीं

76. निम्नांकित में से कौन-सा शब्द कृत प्रत्यय से बना है?
(a) लेखक (b) अधोगति
(c) बचपन (d) चमचा

77. 'क' किस प्रकार का व्यंजन है?
(a) ऊष्म
(b) स्पर्श
(c) अन्तस्थ
(d) इनमें से कोई नहीं

78. निम्न में से कोई एक युग्म विपरीतार्थक है, उसे चुनिए–
(a) दिवा-रात्रि
(b) छोटा-तुच्छ
(c) कष्ट-संकट
(d) सुख-खुश

79. निम्न शब्द युग्म के विकल्पों में से कोई एक युग्म सही नहीं है, गलत युग्म का चयन कीजिए–
(a) हंसी-हँसी (b) हंत-हन्ता
(c) स्वर्ण-सोना (d) हक-हक्क

80. 'निरूद्देश्य' का सन्धि विच्छेद होगा–
(a) नि: + उद्देश्य
(b) निर + उद्देश्य
(c) नि + उद्देश्य
(d) इनमें से कोई नहीं

81. 'लोकहितकारी' में समास है–
(a) द्वन्द्व (b) कर्मधारय
(c) तत्पुरुष (d) बहुब्रीहि

82. ''यह अथाह पानी रखता, है यह सूख सा गात्र'' में अलंकार है?
(a) सन्देह अलंकार
(b) विरोधाभास अलंकार
(c) भ्रान्तिमान अलंकार
(d) व्यतिरेक अलंकार

83. किस अलंकार में तर्क-वितर्क की भावना बनी रहती है?
(a) भ्रान्तिमान (b) विभावना
(c) विरोधाभास (d) सन्देह

84. ''जीभ'' का पर्यायवाची है–
(a) वचन (b) ध्वनि
(c) रसना (d) जीव

85. ''कफन बढ़ाना'' मुहावरे का सही अर्थ है–
(a) मृत्यु को स्वीकार करना
(b) बीमार होना
(c) मार देना
(d) दु:खी होना

86. ''व्यंग्य से हँसना'' निम्न में से किस मुहावरे का अर्थ है?
(a) अठखेलियाँ करना
(b) अट्टहास करना
(c) अड्डा जमाना
(d) अड़ंगा लगाना

87. ''अस दूल्हा तस बनी बराता'' लोकोक्ति का सही अर्थ है–
(a) अच्छा दूल्हा और अच्छे साथी
(b) अच्छा दूल्हा और खराब बाराती
(c) सभी लोगों का अच्छा होना
(d) जैसा व्यक्ति वैसे साथी

88. ''दर्जी की सुई कभी ताश में कभी टाट में'' लोकोक्ति का सही अर्थ है–
(a) कोई दोष न होना
(b) खाली न होना
(c) कबाड़ी का काम करना
(d) बेकार होना

89. नमस्ते का सही सन्धि-विच्छेद है–
(a) नम + स्ते (b) नम् + स्ते
(c) नम: + ते (d) नम: + ते

90. अयोगवाह कहा जाता है-
(a) विसर्ग को
(b) महाप्राण को
(c) संयुक्त व्यंजन को
(d) अल्पप्राण को

91. जिस सामासिक पद का पहला पद प्रधान हो, वह कहलाती है–
(a) द्वन्द्व समास
(b) अव्ययी भाव समास
(c) तत्पुरुष समास
(d) इनमें से कोई नहीं

92. विचित्र अथवा आश्चर्यजनक वस्तु या घटना को देखकर हृदय में कौतूहल तथा आश्चर्य का भाव उत्पन्न होता है। उसे कौन-सा रस कहते हैं?
(a) वीभत्स रस
(b) अद्भुत रस
(c) भयानक रस
(d) इनमें से कोई नहीं

93. 'अपकृत्य' में उपसर्ग है–
(a) अप (b) आ
(c) अप (d) अनु

94. निम्नलिखित तत्सम-तद्भव में से कौन-सा विकल्प अशुद्ध है?
(a) भगिनी-बहन
(b) भिक्षा-भिखारी
(c) मूल्य-मोल
(d) मानुष-मानुस

95. इनमें से कौन समूह वाचक प्रत्यय नहीं है?
(a) लोग (b) गण
(c) वर्ग (d) प्रेस

96. 'च' वर्ग की ध्वनियों का उच्चारण स्थान है–
(a) दन्त्य
(b) तालव्य
(c) ओष्ठ्य
(d) कण्ठ्य

97. निम्न में से कौन-सा एक युग्म विपरीतार्थक नहीं है?
(a) अनाथ-सनाथ (b) आदि-अन्त
(c) अर्थ-अपूर्ण (d) अग्रज-अनुज

98. निम्न शब्द-युग्म के विकल्पों में कोई एक युग्म सही नहीं है, गलत युग्म का चयन कीजिए–
(a) क्षत्र-छत्र (b) सूचि-सूची
(c) भाग्य-दुर्भाग्य (d) तरंग-तुरंग

99. सम् + कृति का सन्धि शब्द होगा–
(a) समकृति (b) संस्कृति
(c) संसस्कृति (d) संकृति

100. विद्यादान का समास विग्रह है–
(a) विद्या को दान
(b) विद्या का दान
(c) विद्या से दान
(d) विद्या के लिए दान

व्याख्या सहित उत्तर

1. (d)	2. (c)	3. (c)	4. (c)
5. (c)	6. (c)	7. (b)	8. (d)
9. (c)	10. (c)	11. (c)	12. (d)
13. (a)	14. (c)	15. (b)	16. (d)
17. (d)	18. (a)	19. (a)	20. (d)
21. (d)	22. (a)	23. (a)	24. (d)
25. (a)	26. (c)	27. (b)	28. (a)
29. (b)	30. (d)	31. (b)	32. (c)
33. (c)	34. (b)	35. (d)	36. (b)
37. (b)	38. (b)	39. (a)	40. (d)
41. (a)	42. (d)	43. (d)	44. (c)
45. (c)	46. (d)	47. (d)	48. (b)
49. (c)	50. (d)	51. (b)	52. (c)
53. (b)	54. (c)	55. (b)	56. (c)
57. (b)	58. (b)	59. (a)	60. (d)

61. (a) संस्कृत से बिना किसी परिवर्तन के हिन्दी में आए शब्द 'तत्सम' कहे जाते हैं। दिए गए विकल्प में से 'चौर' तत्सम शब्द है, जबकि जिनका रूप परिवर्तन करके हिन्दी में अपनाया गया है, ऐसे शब्दों को तद्भव शब्द कहते हैं। जैसे–चूना, धुआँ और चोर।

62. (c) किसी शब्द के अन्त में लगाकर या प्रयुक्त होकर मूल शब्द के अर्थ में परिवर्तन या नवीनता ला देते हैं, प्रत्यय कहलाते हैं। 'माननीय' शब्द में 'अनीय' प्रत्यय है।

63. (a)

64. (b) किसी भी भाषा में शब्दों की ध्वनियों को जिस क्रम और जिस रूप से उच्चारित किया जाता है, उसी क्रम और उसी रूप में लिखने की रीति को 'वर्तनी' कहते हैं। वर्तनी की दृष्टि से 'पूजनीय' शब्द शुद्ध है।

65. (c) दिए गए विकल्प में 'चलो, यमुना किनारे सैर करने चले' वाक्य शुद्ध है।

66. (a)

67. (c) जो एक-दूसरे के विपरीत अर्थ बताते हैं, उन्हें विलोम शब्द कहते हैं। 'ईमानदार' का विलोम शब्द 'बेईमान' होता है।

68. (b) ऐसे शब्दों के उच्चारण और वर्तनी में बहुत थोड़ा-सा अन्तर होता है। किन्तु उनके अर्थ में कोई समानता नहीं होती, शब्द युग्म कहलाते हैं। दिए गए शब्द युग्म 'धात्र-धात्री' का सही अर्थ भेद 'वर्तनी-मात्रा' है।

69. (c)

70. (c) दो वर्णों का अत्यन्त समीप होने पर जो विकार होता है, उसे सन्धि कहते हैं। मात्रानन्द का सन्धि विच्छेद 'मातृ+ आनन्द' होगा।

जहाँ अ/आ के बाद अ/आ आए, इ/ई के बाद इ/ई आए, उ/ऊ से परे उ/ऊ आए तो दोनों मिलकर दीर्घ स्वर हो जाता है।

71. (c) व्याधिकरण तत्पुरुष समास के छः भेद हैं।

72. (a) 73. (d)

74. (c) उपसर्ग वह शब्दांश है, जो किसी शब्द के पहले लगाकर या उसके समीप बैठकर उसमें एक विशेष अर्थ ला देता है उपसर्ग कहलाते हैं। 'निहत्था' शब्द में 'नि' उपसर्ग है। 'नि' उपसर्ग का अर्थ–बहुत, नीचे, अलावा होता है।

75. (d) संस्कृत से बिना किसी परिवर्तन के हिन्दी में आए शब्द 'तत्सम' कहे जाते हैं, जबकि जिनका रूप परिवर्तन करके हिन्दी में अपनाया गया है, ऐसे शब्दों को 'तद्भव' शब्द कहते हैं।

76. (a) धातु या क्रिया के अन्त में प्रयुक्त होकर उसके अर्थ में नवीनता लाने वाले प्रत्ययों को 'कृत' प्रत्यय कहते हैं और इनसे जो यौगिक शब्द बनते हैं, उन्हें 'कृदन्त' कहते हैं। जैसे– लेखक।

77. (b) क से म तक 25 व्यंजन 'स्पर्श' है। इनमें क वर्ग को कंठ्य व्यंजन कहते हैं, जबकि य र ल व 'अन्तस्थ' और श ष स ह 'ऊष्म' व्यंजन कहलाते हैं।

78. (a) जिन शब्दों के प्रयोग से किसी शब्द का ठीक विपरीत या उल्टे अर्थ का बोध होता है उन्हें विपरीतार्थक शब्द कहते हैं। दिए गए विपरीतार्थक युग्म से 'दिवा-रात्रि' युग्म सही है, जबकि 'सुख' का विलोम 'दुःख' होता है। अतः सही विपरीतार्थक युग्म 'सुख- दुःख' होगा।

79. (c) दो या दो से अधिक शब्द जिनके उच्चारण में अत्यल्प अन्तर होता है कि उनमें अर्थात् कोई साम्य नहीं होता है, उन्हें 'युग्म शब्द' कहते हैं। दिए गए विकल्प में से 'स्वर्ण-सोना' शब्द युग्म सही नहीं है। क्योंकि ये पर्यायवाची है।

80. (a) विसर्ग के बाद स्वर या व्यंजन आने पर जो सन्धि होती है, उसे विसर्ग सन्धि कहते हैं। 'निरुद्देश्य' का सन्धि विच्छेद 'निः + उद्देश्य' होगा।

81. (c)

82. (b) काव्य में जहाँ किसी पदार्थ, गुण या क्रिया में वास्तविक विरोध न होने पर भी विरोध का आभास हो, वहाँ पर 'विरोधाभास अलंकार' होता है। उपरोक्त काव्य में विरोधाभास अलंकार है, जबकि जब प्रस्तुत को देखकर अप्रस्तुत के बारे में मन में सन्देह हो, वहाँ 'सन्देह अलंकार' होता है। जब प्रस्तुत को देखकर अप्रस्तुत के बारे में मन में भ्रम हो, वहाँ 'भ्रान्तिमान अलंकार' होता है। जहाँ उपमेय को उपमान से भी श्रेष्ठ बताया जाए, वहाँ 'व्यतिरेक अलंकार' होता है।

83. (d)

84. (c) समान अर्थ व्यक्त करने वाले शब्दों को पर्यायवाची शब्द कहते हैं। 'जीभ' का पर्यायवाची रसना, रसज्ञा, चञ्चल और जिह्वा होता है, जबकि जीव का पर्यायवाची प्राणी, जीवधारी, जीवनधारी और 'वचन' के पर्यायवाची कथन, वाद, बात और उक्ति होते हैं।

85. (a)

86. (b) दिए गए मुहावरे ''व्यंग्य से हँसना'' का सही अर्थ–अट्टहास करना होता है।

87. (d) विद्वानों एवं जनसामान्य के ऐसे कथन जिनमें जीवन के अनुभवों को संक्षिप्त एवं विलक्षण ढंग से व्यक्त किया जाता हो और वे समय की कसौटी पर खरे उतरते हों, कहावत, सुभाषित या लोकोक्ति कहलाते हैं। दी गई लोकोक्ति ''जस दूल्हा तस बनी बराता'' का सही अर्थ–जैसा व्यक्ति वैसे साथी है।

88. (b) दी गई लोकोक्ति ''दर्जी की सुई कभी ताश में, कभी टाट में'' का सही अर्थ–खाली न होना है।

89. (c) 'नमस्ते' का सन्धि-विच्छेद 'नमः + ते' है। यह विसर्ग सन्धि का उदाहरण है। नियम–विसर्ग के बाद यदि 'त' या 'स' हो, तो विसर्ग 'स' होता है।

90. (a) **91.** (d)

92. (b) काव्य में जहाँ अलौकिक व आश्चर्यजनक वस्तुओं या घटनाओं का समावेश हो, वहाँ 'अद्भुत रस' की व्यंजना होती है। काव्य में जहाँ घृणित पदार्थों, व्यक्तियों या दृश्यों का वर्णन हो, वहाँ 'वीभत्स रस' होता है। काव्य में जहाँ भयावह स्थिति का वर्णन हो, वहाँ 'भयानक रस' होता है।

93. (c) जो शब्दांश किसी शब्द के पहले जुड़ते हैं, उन्हें उपसर्ग कहते हैं। दिए गए शब्द 'अपकृत्य' में 'अप' उपसर्ग है। 'अप' उपसर्ग का अर्थ–बुरा, अभाव, विपरीत होता है, जबकि 'उप' उपसर्ग का अर्थ–समीप, सहायक, छोटा होता है। 'आ' उपसर्ग का अर्थ–तब, सब तरफ से, ओर होता है। 'अनु' उपसर्ग का अर्थ पीछे, क्रम समानता होता है।

94. (b) संस्कृत से बिना किसी परिवर्तन के हिन्दी में आए शब्द 'तत्सम' कहे जाते हैं, जबकि संस्कृत के वे शब्द जो प्राकृत-अपभ्रंश से विकृत होते हुए हिन्दी में आए हैं, 'तद्भव शब्द' कहते हैं। दिए गए विकल्प में तत्सम-तद्भव की दृष्टि से 'भिक्षा- भिखारी' अशुद्ध है, जबकि इसका शुद्ध वाक्य 'भिक्षाकारी-भिखारी' है।

95. (d) जिन शब्दों से किसी व्यक्ति अथवा वस्तु के समूह का बोध होता है, उन्हें समूहवाचक संज्ञा कहते हैं। 'प्रेस' शब्द में समूह वाचक प्रत्यय नहीं है।

96. (b) **97.** (c)

98. (c) दिए गए विकल्प में से शब्द युग्म 'भाग्य-दुर्भाग्य' एक गलत युग्म है।

99. (b) यदि सम् के बाद कृत, कृति, करण, कार आदि में से कोई शब्द आए तो म् का अनुस्वार बन जाता है एवं स् का आगमन हो जाता है। जैसे–सम्+ कृत् = संस्कृत, सम् + कृति = संस्कृति।

100. (b) तत्पुरुष समास में पूर्वपद गौण तथा उत्तर पद प्रधान होता है, दोनों पदों के मध्य परसर्ग का लोप होता है। परसर्ग लोप के आधार पर तत्पुरुष समास के छः भेद होते हैं। सम्बन्ध तत्पुरुष ('का' का लोप) जैसे–विद्यादान = विद्या का दान।

❑❑❑

प्रैक्टिस सेट–6

निर्देशः निम्नलिखित प्रत्येक वाक्य में रेखांकित छपे शब्द के पर्यायवाची शब्द का चयन उसके नीचे दिए गए विकल्पों में से कीजिए?

1. भगवान शंकर ने अपने तीसरे नेत्र से कामदेव को भस्म कर दिया।
   (a) आत्मज (b) स्वेदज
   (c) मनसिज (d) सरसिज
2. उसने तूणीर से अपना आखिरी बाण निकाला और शत्रु सेना पर छोड़ दिया।
   (a) असंग (b) उत्संग
   (c) निषंग (d) निःसंग
3. श्री राम ने हनुमान जी को दूत बनाकर सीताजी के पास भेजा।
   (a) पायक (b) अनुचर
   (c) हरकारा (d) पदाति
4. उद्यान में तरह-तरह के फूल खिले हैं।
   (a) आराम (b) निकेतन
   (c) कानन (d) अरण्य
5. शेर जंगल का राजा होता है।
   (a) चीता (b) केशरी
   (c) शावक (d) नृसिंह
6. वह उनके घर वर्षों से नौकर था।
   (a) दास
   (b) स्वामीभक्त
   (c) चर
   (d) कार्यकर्ता
7. गर्मियों में सूर्य तपता है।
   (a) सुधाकर (b) रत्नाकार
   (c) पद्माकर (d) दिवाकर
8. मोती निकालने के लिए तो समुद्र में जाना ही पड़ेगा।
   (a) मुकुर (b) मुक्ता
   (c) मरकत (d) मणि
9. नदिया जिसकी यश धारा ही बहती है, अब भी निशिवासर
   (a) निर्झरिणी (b) सफरी
   (c) चंचला (d) नीरनिधि
10. उसने बाज को अपना चुनाव चिह्न घोषित किया।
    (a) बाजि (b) हय
    (c) आशु (d) श्येन

निर्देशः नीचे प्रत्येक वर्ग में दिए गए विकल्पों में से तद्भव का चयन कीजिए–

11. (a) शांति (b) सांस
    (c) गणना (d) दन्त
12. (a) कल्प (b) मधुर
    (c) प्रतिवाद (d) मौत
13. (a) विष (b) अनुच्छेद
    (c) स्वार्थ (d) सूत
14. (a) नकद (b) कन्या
    (c) चीत्कार (d) माता
15. (a) चौदह (b) वाष्प
    (c) कोष्ठ (d) वारिधि

निर्देशः नीचे प्रत्येक वर्ग में दिए गए विकल्पों में से तत्सम शब्द का चयन कीजिए–

16. (a) अश्रु (b) रेडियो
    (c) पगड़ी (d) कान
17. (a) छुधा (b) निर्दोष
    (c) मूढ़ (d) जंघा
18. (a) सिपाही (b) घुड़सवार
    (c) योद्धा (d) दही
19. (a) यौवन (b) सूरज
    (c) भीड़ (d) बसचालाक
20. (a) चोंच (b) चरित्र
    (c) गेहूं (d) उछाह

निर्देशः निम्नलिखित प्रत्येक वाक्यों में से मुद्रित शब्द के विलोम के लिए चार-चार विकल्प दिए गए हैं। इनमें से उचित विकल्प का चयन कीजिए।

21. गृहस्थी के बंधन के कारण मैं कहीं आ-जा नहीं सकता।
    (a) उद्घाटन (b) पार्थक्य
    (c) मोक्ष (d) विमोचन
22. यद्यपि भारत विश्व का सबसे बड़ा लोकतन्त्र है, किन्तु यहां की स्थिति जरा भी अच्छी नहीं है?
    (a) अपितु (b) बल्कि
    (c) किंतु (d) तथापि
23. उसका लड़का स्वभाव से उग्र है।
    (a) शांत (b) सभ्य
    (c) चेतन (d) भद्र
24. स्वार्थ-सिद्धि के लिए दूसरों को हानि पहुंचाना गलत है।
    (a) परोपकार (b) उपकार
    (c) परमार्थ (d) कृपा
25. उसने इस योजना को सही स्वरूप दिया है।
    (a) कुरूप (b) विरूप
    (c) विकार (d) निराकर
26. गृहस्थ व्यक्ति को यह सब शोभा नहीं देता।
    (a) दनुज (b) सन्यासी
    (c) योगी (d) निष्काम
27. कठोर परिश्रम के बाद ही सफलता हाथ लगती है।
    (a) आलस्य (b) विश्राम
    (c) धैर्य (d) निष्काम
28. समारोह के अंत में मुख्य अतिथि ने पुरस्कार वितरित किए।
    (a) अवमान (b) तिरस्कार
    (c) अपमान (d) सजा
29. आज हमारे वरिष्ठ नेता इस अस्पताल का उद्घाटन करेंगे।
    (a) समिष्ट (b) अनिष्ट
    (c) गरिष्ठ (d) निकृष्ट
30. हमारे देश की रीति-नीति सदैव से भाईचारे की ओर संकेत करती है।
    (a) दुर्नीति (b) कुरीति
    (c) नीति (d) अपरीति

निर्देशः दिए गए वाक्य में रेखांकित छपे शब्द की वर्तनी शुद्धि के लिए चार विकल्प दिए गए है इनमें से एक विकल्प में शब्द की वर्तनी शुद्ध है। उसे चुनिए।

31. परिस्थितियों के वशीभूत होकर उसने यह कार्य किया।
    (a) वषीभूत (b) वशीभूत
    (c) वशिभुत (d) वशीभुत
32. गर्विष्ठ व्यक्ति ऊंची उड़ान भरने का अभ्यस्त होता है।
    (a) गर्विशठ (b) गर्विष्ट
    (c) गर्वीष्ट (d) गरविष्ठ
33. उपनिषदों को गीता का स्रोत कहा जाता है?
    (a) श्रुत (b) स्त्रुत
    (c) श्रोत (d) स्रोत

34. वही जीवन कृतकृतय है जो मातृभूमि के काम आता है।
(a) क्रतक्रत्य (b) कृत्कृतय
(c) कृत्कृत्य (d) कृतकृत्य

35. प्राथमिक शिक्षा की संकलपना को जन्म दिया महात्मा गांधी ने
(a) सकंल्पना
(b) संकल्पना
(c) संकलप्ना
(d) संक्लप्ना

निर्देश: निम्नलिखित प्रत्येक प्रश्न में दिए गए चार-चार विकल्पों में से वाक्य के शुद्ध रूप का चयन कीजिए–

36. (a) आजादी के पीछे की दो महत्त्वपूर्ण घटनाओं का स्मरण कीजिए।
(b) आजादी के पश्चात् दो महत्वपूर्ण घटनाओं का स्मरण कीजिए।
(c) आजादी के बाद की दो महत्वपूर्ण घटनाओं का स्मरण कीजिए।
(d) आजादी के आगे की दो महत्वपूर्ण घटनाओं का स्मरण कीजिए

37. (a) बिना यह कहे वह रह नहीं सकता है
(b) यह वह बिना कहे नहीं रह सकता
(c) यह वह कहे बिना नहीं रह सकता।
(d) वह कहे बिना नहीं रह सकता

38. (a) उसने आवाज देकर अपनी बेटी बुलायी
(b) उसने आवाज देकर अपनी बेटी को बुलायी
(c) उसने आवाज देकर अपनी बेटी को बुलाया
(d) उसने आवाज देकर अपनी बेटी बुलाया।

39. (a) खेद है कि मैंने आपको समझने में गलती की।
(b) शौक है कि मैंने आपको समझने में गलती की।
(c) पश्चात्ताप है कि मैंने आपको समझने में गलती की।
(d) अनुताप हैं कि मैंने आपको समझने में गलती की।

40. (a) इस प्रकार के संगठित प्रबन्ध से मन प्रसन्न हो उठा।
(b) इस प्रकार के समुच्चय प्रबन्ध में मन प्रसन्न हो उठा।
(c) इस प्रकार के सम्पन्न प्रबन्ध से मन प्रसन्न हो उठा।
(d) इस प्रकार के समुचित प्रबन्ध से मन प्रसन्न हो उठा।

निर्देश: निम्नलिखित प्रत्येक वाक्य-खंड के लिए उसके नीचे दिए गए विकल्पों में से एक शब्द चुनिए–

41. हर काम को देर से करने वाला
(a) दीर्घदर्शी (b) अदूरदर्शी
(c) विलम्बी (d) दीर्घसूत्री

42. बहुत पढ़ी-लिखी महिला
(a) सरस्वती (b) विदुषी
(c) शिक्षिता (d) बुद्धिमती

43. न जीता जा सकने वाला
(a) अविजेय (b) अविजित
(c) अजेय (d) अदम्य

44. लाभ के लिए व्यापार या शेयर आदि खरीदने में पूंजी लगाना
(a) निवेश (b) परिवेश
(c) अनुवेश (d) उपनिवेश

45. बहुत अधिक परिश्रमी व्यक्ति
(a) अध्यवसायी (b) उद्यमी
(c) कर्मठ (d) लगनशील

46. बीता हुआ
(a) भूतकाल (b) आगत
(c) विगत (d) इनमें से कोई नहीं

47. जो तर्क द्वारा माना जा चुका हो
(a) तर्कसिद्ध (b) तर्कसाध्य
(c) तर्कसम्मत (d) तर्कशास्त्र

48. ऐसा पुष्प जो अभी विकसित नहीं हुआ है–
(a) कोश (b) बौर
(c) मुकुल (d) मंजरी

49. आलोचना करने वाला
(a) समीक्षक (b) छिद्रान्वेषी
(c) निंदक (d) आलोचक

50. दोपहर के बाद का समय
(a) विहान (b) मध्याह्न
(c) पूर्वाह्न (d) अपराह्न

51. क्रिया के जिस रूप से यह आभास होता है कि भूतकाल में होने वाली क्रिया का होना किसी अन्य क्रिया के होने पर निर्भर है उसे क्या कहते हैं?
(a) आसन्न भूत (b) हेतुमद् भूत
(c) अपूर्ण भूत (d) इनमें से कोई नहीं

52. निम्नलिखित क्रियाओं में से कौन-सी क्रिया अनुकरणात्मक नहीं है?
(a) फड़फड़ाना (b) मिमियाना
(c) झुठलाना (d) हिनहिनाना

53. क्रिया के मूल रूप को क्या कहते हैं?
(a) क्रिया विशेषण (b) कारक
(c) धातु (d) इनमें से कोई नहीं

54. ''चिड़िया आकाश में उड़ रही है।'' इस वाक्य में 'उड़ रही' क्रिया किस प्रकार की है?
(a) अकर्मक (b) सकर्मक
(c) समापिका (d) असमापिका

55. अपूर्ण भूत का उदाहरण कौन-सा वाक्य है?
(a) वह आता।
(b) वह आ रहा था।
(c) वह आया था।
(d) तुमने खाया होगा।

56. ''मैं खाना खा चुका हूं।'' इस वाक्य में भूतकालिक भेद इंगित कीजिए।
(a) सामान्य भूत (b) पूर्णभूत
(c) आसन्न भूत (d) संदिग्ध भूत

57. अविकारी शब्द कौन-सा है?
(a) मनुष्य (b) मोती
(c) घोड़ा (d) भीतर

58. काम का नाम बताने वाले शब्द को क्या कहते हैं?
(a) संज्ञा (b) सर्वनाम
(c) क्रिया (d) क्रिया-विशेषण

59. जो शब्द संज्ञा व सर्वनाम की विशेषता बताते हैं उन्हें क्या कहते हैं?
(a) अव्यय (b) क्रिया
(c) कारक (d) विशेषण

60. निम्नलिखित में से विशेष्य क्या हैं?
(a) संज्ञा (b) सर्वनाम
(c) कारक (d) (a) और (b)

61. दो या दो से अधिक शब्दों से मिलकर बने हुए नए सार्थक शब्द को क्या कहते हैं?
(a) सन्धि (b) समास
(c) अव्यय (d) छन्द

62. निम्न विकल्पों में से कौन-सा एक विकल्प तत्पुरुष समास का उदाहरण नहीं है?
(a) शरणागत (b) देवमूर्ति
(c) मृगनयन (d) दानवीर

63. ''कहती हुई यों उत्तरा के नेत्र जल से भर गए। हिम के कणों से पूर्ण मानो हो गए पंकज नए।।''
किस अलंकार का उदाहरण है?
(a) अनुप्रास अलंकार
(b) श्लेष अलंकार
(c) यमक अलंकार
(d) उत्प्रेक्षा अलंकार

64. जहाँ एक वर्ण अथवा अनेक वर्णों की आवृत्ति केवल एक ही बार हो, वहाँ अलंकार होगा–
(a) वृत्यानुप्रास (b) छेकानुप्रास
(c) श्रुत्वानुप्रास (d) लाटानुप्रास

65. निम्न में से कौन-सा शब्द स्त्रीलिंग है?
(a) उपहार (b) ग्रन्थ
(c) मस्तक (d) रचना

66. 'निपुण' का पर्यायवाची है–
(a) दक्ष (b) अक्ष
(c) अंक (d) अरि

67. ''बन्धन मुक्त करना'' मुहावरे का सही अर्थ है–
(a) कैद करना (b) माफ करना
(c) आजाद करना (d) कोई नहीं

68. ''ऊँगली पर नचाना'' मुहावरे का सही अर्थ है–
(a) किसी की इच्छानुसार चलना
(b) अपनी इच्छानुसार चलाना
(c) थोड़ा-सा सहारा पाना
(d) आरोप लगाना

69. ''आँखों में प्रियमूर्ति थी, भूले थे सब भोग। हुआ योग से भी अधिक, उनका विषम वियोग।।''
किस रस का उदाहरण है?
(a) शान्त रस
(b) संयोगश्रृंगार रस
(c) वियोगश्रृंगार रस
(d) रौद्र रस

70. जहाँ घृणित वस्तुएँ देखकर अथवा उनके विषय में सुनकर हृदय में घृणा उत्पन्न होती है तो वहाँ किस रस की निष्पत्ति होती है?
(a) अद्भुत रस
(b) वीभत्स रस
(c) भयानक रस
(d) इनमें से कोई नहीं

71. ''ऊधो का लेना न माधो का देना'' लोकोक्ति का सही अर्थ है–
(a) अपने काम से काम
(b) भक्ति भाव से दूर रहना
(c) हिसाब साफ रखना
(d) सबसे अलग रहना

72. ''मान न मान मैं तेरा मेहमान'' लोकोक्ति का अर्थ है–
(a) दुष्ट के साथ दुष्टतापूर्ण व्यवहार करना
(b) जबरदस्ती गले पड़ना
(c) अनिच्छापूर्वक अतिथि सत्कार करना
(d) दूसरों पर अपने विचार थोपना

73. हिन्दी की खड़ीबोली किस अपभ्रंश से विकसित हुई?
(a) मागधी (b) अर्द्धमागधी
(c) शौरसेनी (d) ब्राचड़

74. हिन्दी भाषा की बोलियों के वर्गीकरण के आधार पर छत्तीसगढ़ी बोली है–
(a) पूर्वी हिन्दी (b) पश्चिमी हिन्दी
(c) पहाड़ी हिन्दी (d) राजस्थानी हिन्दी

75. 'समाचार' में उपसर्ग है–
(a) सम् (b) समा
(c) सम् + आ (d) सत्

76. 'उनचास' में उपसर्ग है–
(a) उन (b) उ
(c) अन (d) ऊ

77. तद्भव शब्द का चयन कीजिए–
(a) बीट (b) बात
(c) बॉस (d) वार्ता

78. निम्नलिखित तत्सम-तद्भव में से कौन-सा विकल्प शुद्ध है?
(a) चर्मरिक–चमड़ा
(b) चर्मरिक–चटोरा
(c) चर्मरिक–चमार
(d) चर्मरिक–चौहान

79. किस शब्द की रचना प्रत्यय से हुई है?
(a) खर्राटा (b) प्रतिदिन
(c) उत्तम (d) प्रबल

80. कौन-सा शब्द निम्न प्रत्यय से बना है?
(a) बांकपन (b) चटोरा
(c) छप्पन (d) उत्पन्न

81. य, र, ल, व किस वर्ग के व्यंजन हैं?
(a) तालव्य (b) ऊष्म
(c) अन्तस्थ (d) ओष्ठ्य

82. ह्रस्व स्वर कौन-से हैं सही विकल्प चुनिए?
(a) क, अ, प, आ
(b) अ, ई, उ, ऊ
(c) अ, इ, उ, ऋ
(d) आ, ई, ऊ, ॠ

83. निम्न विकल्पों में से किसी एक की वर्तनी शुद्ध है, चयन कीजिए–
(a) निर्दशन (b) निर्देशन
(c) र्निदशन (d) निदशर्न

84. निम्नलिखित विकल्पों में से अशुद्ध वाक्य का चयन कीजिए–
(a) उसकी इच्छा भी पूरी नहीं हो पाई कि शाम हो गई
(b) अध्यापक जी की बातें सुनना पड़ती हैं
(c) मैंने अपनी बात धीमे से बतायी
(d) उसने मेरी नाक में दम कर दिया है

85. जिस वाक्य में कर्म की प्रधानता का बोध हो, उसे.........कहते हैं।
(a) कर्तृ वाच्य (b) कर्म वाच्य
(c) भाव वाच्य (d) उपर्युक्त सभी

86. मोहन की 'आय' उसके.......से कम है।
(a) धन (b) वेतन
(c) व्यय (d) आमदनी

87. 'ठोस' का विलोम चुनिए–
(a) पोला
(b) खोखला
(c) तरल
(d) उपरोक्त सभी

88. निम्न प्रश्न के शब्द-युग्म के विकल्पों में से सही अर्थ भेद का चयन कीजिए–
शकट-शकठ
(a) मचान–बेट
(b) मचान–बैलगाड़ी
(c) बैलगाड़ी–मचान
(d) बैलगाड़ी–शकट

89. निम्न शब्द-युग्म के विकल्पों में कोई एक विकल्प सही नहीं है। गलत युग्म का चयन कीजिए–
(a) ईशा-ईषा (b) तृण-त्राण
(c) आद्य-अद्य (d) ज्वार-भाटा

90. बोलने वाले वक्ता को.........कहते हैं, जैसे–मैं, हम।
(a) अन्य पुरुष (b) उत्तम पुरुष
(c) मध्यम पुरुष (d) प्रथम पुरुष

91. ''अलंकार को काव्य की आत्मा कहा जाता है'' किसका कथन है?
(a) आचार्य विश्वनाथ
(b) मैथिलीशरण गुप्त
(c) पंडितराज जगन्नाथ
(d) आचार्य रामचन्द्र शुक्ल

92. ''हरि मुख मानो मधुर मयंक'' में अलंकार है–
(a) उपमा (b) सन्देह
(c) उत्प्रेक्षा (d) प्रतीप

93. 'वटोली' का पर्यायवाची है–
(a) धात्री (b) रात्रि
(c) सहयात्री (d) पंथ

94. ''कान भरना'' मुहावरे का सही अर्थ है–
(a) कान पकना
(b) कान में दर्द होना
(c) चुगली करना
(d) गीत सुनना

95. ''मदद देना'' निम्न में से किस मुहावरे का अर्थ है?
(a) कन्धा पकड़कर चलना
(b) कन्धे-से-कन्धा मिलाकर चलना
(c) कन्धा देना
(d) कचूमर निकालना

96. ''तीन लोक से मथुरा न्यारी'' लोकोक्ति का सही अर्थ है–
(a) बहुत सुन्दर होना
(b) दूर की वस्तु सुन्दर लगना
(c) जरूरत से ज्यादा बड़ाई करना
(d) कृष्ण भक्त होना

97. "लोहे के चने चबाना" लोकोक्ति का सही अर्थ है–
(a) भूखा रहना
(b) घोर कठिनाई का सामना करना
(c) परिश्रम से घबराना
(d) पराजित होना

98. मरकत, जवाहर, माणिक ये किसके पर्यायवाची हैं?
(a) कंचन
(b) हरिप्रिया
(c) चंचला
(d) मणि

99. "कवि" शब्द का स्त्रीलिंग है–
(a) कवित्री (b) कवयत्री
(c) कवयित्री (d) कवियित्री

100. "स्थावर" का विलोम शब्द है–
(a) सूचल (b) चंचल
(c) चेतन (d) जंगम

व्याख्या सहित उत्तर

1. (c)	2. (c)	3. (a)	4. (a)
5. (b)	6. (a)	7. (d)	8. (b)
9. (a)	10. (d)	11. (b)	12. (d)
13. (d)	14. (a)	15. (a)	16. (a)
17. (b)	18. (c)	19. (a)	20. (b)
21. (d)	22. (d)	23. (a)	24. (c)
25. (b)	26. (b)	27. (a)	28. (b)
29. (c)	30. (b)	31. (b)	32. (b)
33. (d)	34. (d)	35. (b)	36. (c)
37. (d)	38. (c)	39. (a)	40. (d)
41. (d)	42. (b)	43. (c)	44. (a)
45. (b)	46. (c)	47. (c)	48. (c)
49. (d)	50. (d)	51. (b)	52. (c)
53. (c)	54. (a)	55. (b)	56. (b)
57. (c)	58. (c)	59. (d)	60. (d)

61. (b)

62. (c) जिस समास में दूसरा पद प्रधान होता है और पहले पद के विभक्ति चिह्न का लोप कर दिया जाता है, उसे तत्पुरुष समास कहते हैं। जैसे– शरणागत = शरण में आगत, देवमूर्ति और दानवीर आदि। 'मृगनयन' शब्द तत्पुरुष समास का उदाहरण नहीं है।

63. (d)

64. (b) छेकानुप्रास अलंकार में एक वर्ण की अथवा अनेक वर्णों की आवृत्ति केवल एक ही बार होती है। जबकि जहाँ एक व्यंजन की आवृत्ति एक या अनेक बार हो, वहाँ 'वृत्यानुप्रास अलंकार' होता है। जब एक शब्द या वाक्यखण्ड की आवृत्ति उसी अर्थ में हो, पर तात्पर्य या अन्वय में भेद हो, तो वहाँ 'लाटानुप्रास' होता है।

65. (d) 'रचना' शब्द स्त्रीलिंग है।

66. (a) 'निपुण' का पर्यायवाची दक्ष, निष्पात, पारंगत, होशियार, चतुर, कुशल और प्रवीण होते हैं, जबकि 'अंक' के पर्यायवाची संख्या, चिह्न, अध्याय और 'अक्ष' के पर्यायवाची आँख, सर्प, ज्ञान, मण्डल, रथ, धुरी, पहिया होते हैं।

67. (c)

68. (b) दिए गए मुहावरे "अँगुली पर नचाना" का सही अर्थ–अपनी इच्छानुसार चलाना होता है।

69. (c)

70. (b) काव्य में जहाँ घृणित पदार्थों, व्यक्तियों या दृश्यों का वर्णन हो, वहाँ वीभत्स रस होता है। जबकि अद्भुत रस में आश्चर्यजनक बातों का वर्णन किया जाता है। काव्य में जहाँ भयावह स्थिति का वर्णन हो, वहाँ 'भयानक रस' होता है।

71. (a) विद्वानों एवं जनसामान्य के ऐसे कथन जिनमें जीवन के अनुभवों को संक्षिप्त एवं विलक्षण ढंग से व्यक्त किया गया हो और वे समय की कसौटी पर खरे उतरते हों, कहावत, सुभाषित या लोकोक्ति कहलाते हैं। दी गई लोकोक्ति "ऊधो का लेना न माधो का देना' का सही अर्थ 'अपने काम से काम' होगा।

72. (b)

73. (c) हिन्दी की खड़ीबोली 'शौरसेनी' अपभ्रंश से विकसित हुई। संस्कृत, पालि तथा शौरसेनी प्राकृत विभिन्न युगों में मध्य प्रदेश की भाषा थी। कालक्रम से शौरसेनी प्राकृत के पश्चात् इस प्रदेश में शौरसेनी अपभ्रंश का प्रचार हुआ। यह कथ्य (बोलचाल की) शौरसेनी, अपभ्रंश भाषा ही कालान्तर में कदाचित खड़ी बोली (हिन्दी) के रूप में परिणत हुई है। इस प्रकार हिन्दी खड़ी बोली की उत्पत्ति शौरसेनी अपभ्रंश से मानी जाती है।

74. (a)

75. (c) उपसर्ग–वह शब्दांश है, जो किसी शब्द के प्रारम्भ में जुड़कर उसमें एक विशेष अर्थ ला देता है, उपसर्ग कहलाते हैं। 'समाचार' शब्द में सम्+ आ उपसर्ग है।

76. (a) उपसर्ग शब्दों के पहले लगकर उसके अर्थ में पर्याप्त अन्तर या परिवर्तन कर देता है। जैसे–उनचास = उन (उपसर्ग) + चास (शब्द)। 'उन' उपसर्ग का अर्थ–'एक कम' होता है।

77. (b) संस्कृत के कुछ शब्द ऐसे हैं, जिनका रूप परिवर्तन करके हिन्दी में अपनाया गया है, ऐसे शब्दों को 'तद्भव' शब्द कहते हैं। दिए गए विकल्पों में से बात तद्भव शब्द है।

78. (c)

79. (a) मूल शब्दों के अन्त में जो शब्दांश जुड़कर नए शब्द बनाते हैं, उन्हें 'प्रत्यय' कहते हैं। दिए गए विकल्प में से 'खर्राटा' शब्द में प्रत्यय है, जबकि शब्द प्रतिदिन में 'प्रति' और प्रबल में 'प्र' उपसर्ग है।

80. (a) किसी शब्द के बाद लगाकर या प्रयुक्त होकर मूल शब्द के अर्थ में परिवर्तन या नवीनता ला देते हैं, वे 'प्रत्यय' कहलाते हैं। दिए गए विकल्प में से 'बांकपन' में 'पन' प्रत्यय है। 'पन' प्रत्यय के योग से भाववाचक संज्ञाएँ निष्पन्न होती हैं।

81. (c) य, र, ल, व अन्तस्थ वर्ग के व्यंजन हैं, जबकि श, ष, स, ऊष्म वर्ग के व्यंजन हैं। क वर्ग को कंठ्य या कोमल तालव्य, च वर्ग को तालव्य, ट वर्ग को मूर्धन्य, त वर्ग को दन्त्य और प वर्ग को ओष्ठ्य व्यंजन कहते हैं।

82. (c)

83. (b) किसी भी भाषा में शब्दों की ध्वनियों को जिस क्रम और जिस रूप से उच्चारित किया जाता है, उसी क्रम और उसी रूप में लिखने की रीति को 'वर्तनी' कहते हैं। वर्तनी की दृष्टि से 'निर्देशन' शुद्ध शब्द है।

84. (c) दिए गए विकल्प में से विकल्प (c) वाला वाक्य–"मैंने अपनी बात धीमे से बतायी" अशुद्ध वाक्य है। अत: इसका शुद्ध वाक्य–"मैंने अपनी बात धीरे से बताई" होगा।

85. (b)

86. (c) मोहन की आय उसके व्यय से कम है।

87. (d) जिन शब्दों के प्रयोग से किसी शब्द का ठीक विपरीत या उल्टे अर्थ का बोध होता है, उन्हें विपरीतार्थक (विलोम) शब्द कहते हैं। 'ठोस' का विलोम पोला, खोखला और तरल होता है।

88. (c) ऐसे शब्दों के उच्चारण और वर्तनी में बहुत थोड़ा-सा अन्तर होता है, किन्तु उनके अर्थ में कोई समानता नहीं होती, शब्द-युग्म कहे जाते हैं। दिए गए शब्द-युग्म 'शकट-शकठ' का सही अर्थ-भेद 'बैलगाड़ी-मचान' है।

89. (d)

90. (b) बोलने वाले वक्ता को उत्तम पुरुष कहते हैं। जैसे–मैं, हम। जबकि मध्यम पुरुष में तुम, आप का प्रयोग और अन्य पुरुष में वह, राम आदि का प्रयोग होता है।

91. (d) काव्य की शोभा बढ़ाने वाले उपकरणों को 'अलंकार' कहते हैं। आचार्य रामचन्द्र शुक्ल के अनुसार, "अलंकार को काव्य की आत्मा कहा जाता है।" आचार्य विश्वनाथ के अनुसार– 'रसात्मकं वाक्यं काव्यम्' अर्थात् रसयुक्त वाक्य ही काव्य है।

92. (c)

93. (a) समान अर्थ व्यक्त करने वाले शब्दों को पर्यायवाची शब्द कहते हैं। 'बटोही' शब्द का पर्यायवाची 'यात्री', 'रात' का पर्यायवाची 'रात्रि' होता है।

94. (c) मुहावरा वह वाक्यांश है, जो अपने वाचिक अर्थ का बोध न कराकर लाक्षणिक या व्यांगिक अर्थ का बोध कराता है और भाषा में सजीवता एवं अर्थ गौरव बढ़ाने में सहायक होता है। "कान भरना" मुहावरे का सही अर्थ–चुगली करना होता है।

95. (c) दिए गए मुहावरे 'मदद देना' का सही अर्थ 'कन्धा देना' होगा।

96. (a)

97. (b) दी गई लोकोक्ति "लोहे के चने चबाना" का सही अर्थ–घोर कठिनाई का सामना करना होता है।

98. (d) 'मणि' शब्द के पर्यायवाची–मरकत, जवाहर, माणिक हैं, जबकि 'कंचन' शब्द के पर्यायवाची–सुवर्ण, सोना, स्वर्ण है।

99. (c)

100. (d) 'स्थावर' का विलोम शब्द 'जंगम' है। विपरीत या उलट अर्थ बताने वाले शब्द विलोम होते हैं।

❑❑❑

प्रैक्टिस सेट-7

1. निम्नलिखित में से तत्सम शब्द है–
(a) गरम (b) नरम
(c) नरम (d) तीर्थ

2. 'सिंगार' शब्द का तत्सम है–
(a) श्रृंगार (b) श्रंगार
(c) शंगार (d) शिंगार

3. 'अंगीठी' का तत्सम शब्द है–
(a) अग्निका (b) अनिष्ठका
(c) अग्निष्ठिका (d) अग्निष्ठिकी

4. 'हल्दी' शब्द का तत्सम है–
(a) हरदी (b) हरिद्रा
(c) हल्दिका (d) हरद्रिका

5. निम्नलिखित में से कौन तद्भव शब्द है?
(a) दिनकर (b) दिवाकर
(c) प्रभाकर (d) सूरज

6. 'गेहूँ' शब्द का तत्सम है–
(a) गोधूम (b) गोहूं
(c) गोहुम (d) गोधुम

7. निम्नलिखित में से कौन-सा शब्द 'तत्सम' नहीं है?
(a) आंख (b) नयन
(c) नेत्र (d) दृग

8. 'खंडहर' का तत्सम शब्द है–
(a) खण्डहर (b) खंडघर
(c) खण्डगृह (d) खड़हर

9. निम्नलिखित में 'तत्सम' शब्द है–
(a) कान (b) जीभ
(c) मुख (d) दांत

10. 'वह श्रेष्ठ उपासक है' में विशेष्य है–
(a) वह (b) श्रेष्ठ
(c) उपासक (d) है

11. निम्नलिखित में से कौन शब्द तद्भव है–
(a) मधुप (b) मधुकर
(c) भ्रमर (d) भँवरा

12. 'भले और महान लोग उचित और संयमित व्यवहार करते हैं। उपर्युक्त वाक्य में कितने विशेषण और विशेष्य है?
(a) दो विशेषण और दो विशेष्य
(b) दो विशेषण और दो विशेष्य
(c) तीन विशेषण और दो विशेष्य
(d) चार विशेषण और दो विशेष्य

13. 'यह गाय अधिक दूध देती है' उक्त वाक्य में 'अधिक 'विशेषण किसकी विशेषता बता रहा है?
(a) गाय की (b) दूध की
(c) देने की (d) किसी की नहीं

14. 'विद्वान' व्यक्ति पूज्य होते हैं जो प्रयुक्त विशेषण है–
(a) सार्वनामिक विशेषण
(b) गुणवाचक विशेषण
(c) संख्यावाचक विशेषण
(d) परिणामबोधक विशेषण

15. कौन-सा शब्द 'अहि' का पर्यायवाची नहीं है–
(a) उरग (b) सरीसृप
(c) पवनाश (d) सिंधुर

16. निम्नलिखित में से कौन शब्द विशेषण नहीं है–
(a) उत्कृष्ट (b) निकृष्ट
(c) घृष्ट (d) विषाद

17. 'नैसर्गिक' का पर्यायवाची है–
(a) सत्कृत (b) चमत्कृत
(c) प्राकृतिक (d) चतुर्दिक्

18. निम्नलिखित शब्दों में से जो शब्द विशेषण नहीं है, उसका उल्लेख कीजिए–
(a) सज्जन (b) दुर्जन
(c) सुकुमार (d) मानस

19. निम्नलिखित में कौन-सा शब्द 'हाथ' का पर्यायवाची नहीं है?
(a) कटि (b) हस्त
(c) पाणि (d) कर

20. निम्नलिखित में से कौन-सा शब्द 'विशेषण' नहीं है?
(a) आगामी (b) शांत
(c) काला (d) तुम

21. निम्नलिखित में कौन-सा शब्द 'सूर्य' का पर्यायवाची नहीं है?
(a) प्रभाकर (b) विभाकर
(c) दिनकर (d) दिनेश

22. 'विशेष्य शब्द है–
(a) ललिता (b) सुन्दर
(c) लम्बा (d) लघु

23. 'चाँदनी' का पर्यायवाची शब्द नहीं है–
(a) चन्द्रातप (b) कौमुदी
(c) ज्योत्सना (d) मयंक

24. निम्नलिखित में विशेष्य पद है–
(a) उमा (b) कालिमा
(c) मधुरिमा (d) महिमा

25. निम्नलिखित में कौन-सा शब्द 'सरस्वती' का पर्यायवाची नहीं है?
(a) वीणापाणि (b) महाश्वेता
(c) पद्मा (d) भारती

26. निम्नलिखित में विशेषण पद है–
(a) उपासना
(b) उद्गार
(c) आयतलोचना
(d) वन्दना

27. 'जनार्दन' किसका पर्यायवाची है?
(a) राम (b) कृष्ण
(c) विष्णु (d) ब्रह्म

28. 'जीभ' का पर्याय है–
(a) वचन (b) रसना
(c) ध्वनि (d) जीव

29. निम्नलिखित में कौन-सा शब्द 'समुद्र' का पर्यायवाची नहीं है?
(a) पयोधि (b) जलद
(c) जलधि (d) वारिधि

30. 'विग्रह' का विलोम–
(a) सन्धि (b) अविग्रह
(c) आग्रह (d) ग्रहण

31. निम्नलिखित में 'शिव' का पर्यायवाची शब्द है–
(a) शिवालय (b) रुद्र
(c) रुद्राक्ष (d) हरि

32. निम्नलिखित में कौन-सा विलोम युग्म त्रुटिपूर्ण है?
(a) अपेक्षा-उपेक्षा
(b) अग्रज-अनुज
(c) उन्नत-अवगत
(d) आदान-प्रदान

33. 'अथ' का विलोम है–
(a) पूर्ण (b) समाप्त
(c) इति (d) खत्म

34. 'यथार्थ' का विलोम है–
(a) कृत्रिम (b) आदर्श
(c) उचित (d) अनुचित

35. 'अभिज्ञ' का विलोम है–
(a) अज्ञ (b) तज्ञ
(c) प्रज्ञ (d) चतुर

36. 'साधु' का विलोम शब्द है–
(a) साधुनी (b) सन्यासिनी
(c) साध्वी (d) असाधु

37. 'कृतज्ञ' का विलोम है–
(a) अकृतज्ञ (b) संवेदनहीन
(c) कृतघ्न (d) जड़

38. किस शब्द की वर्तनी अशुद्ध है?
(a) लंगड़ (b) बुझक्कड़
(c) कोंकण (d) भुख्खड़

39. 'संकीर्ण' का विलोम है–
(a) संक्षेप (b) विस्तार
(c) विकीर्ण (d) विस्तीर्ण

40. किस शब्द की वर्तनी अशुद्ध है?
(a) निरनुनासिक (b) छिद्रान्वेशी
(c) गत्यर्थ (d) अन्तश्चेतना

41. 'अनुरक्ति' का विलोम है–
(a) विराग (b) विरक्ति
(c) तिरोभाव (d) संसक्ति

42. कौन-सा वाक्य शुद्ध है?
(a) आपका शासन सम्बन्धी कार्य अधिक विख्यातपूर्ण है।
(b) आपको भूमि-भवन-वाहन का अभिनव सुख की प्राप्ति होगी।
(c) यह समाचार पूरे देश भर में तुरन्त फैल गया।
(d) तुम्हें कल कुछ हो जाये तो कहीं का नहीं रहूंगा।

43. 'सापेक्ष' का विलोम शब्द है–
(a) असापेक्ष (b) निष्पक्ष
(c) निरपेक्ष (d) आपेक्ष

44. कौन-सा वाक्य शुद्ध है?
(a) रोगी अपनी कमजोरियों के कारण उठ तक नहीं पा रहा था।
(b) राजपथ की सड़क से झाँकियाँ वापस लौट गई।
(c) शिकारी उस पर गोली चलाई पर वह शेर बच निकला।
(d) उस समय चरखा चलाना भी एक अनुशासन था।

45. निम्नलिखित में शुद्ध वर्तनी वाला शब्द है–
(a) कवयित्री (b) कवियित्री
(c) कवियत्री (d) कवित्री

46. 'जिसे बुलाया न गया हो' वाक्य के लिए प्रयुक्त होने वाला शब्द है–
(a) अतिथि (b) अभ्यागत
(c) अनाहुत (d) रिश्तेदार

47. निम्नलिखित में शुद्ध वर्तनी वाला शब्द है–
(a) शुश्रुषा (b) सुश्रूषा
(c) सुश्रुषा (d) श्रुशुषा

48. 'मोक्ष की इच्छा रखने वाला' वाक्याँश के लिए उपयुक्त शब्द है–
(a) योगी (b) मुक्तिकामी
(c) मुमुक्ष, (d) तपस्वी

49. शुद्ध वर्तनी वाला शब्द है–
(a) ईर्शा (b) ईर्षा
(c) इर्षा (d) ईर्ष्या

50. रंगमंच के पर्दे के पीछे का स्थान कहा जाता है–
(a) पृष्ठभूमि (b) नेपथ्य
(c) मंचपृष्ठ (d) गुह्यमंच

51. निम्नलिखित में से अशुद्ध वर्तनी वाला शब्द है–
(a) उल्लंघन (b) मनोरथ
(c) उज्वल (d) वत्सल

52. शुद्ध शब्द रूप है–
(a) दुरनिवार (b) दुर्नावार
(c) दु:निवार (d) दुर्निवार

53. 'हवन में जलाने वाली लकड़ी' के लिए शुद्ध शब्द है–
(a) हवनसामग्री (b) वनकाष्ठ
(c) शुष्ककाष्ठ (d) समिधा

54. 'ऊंटों का .... जा रहा है' वाक्य में रिक्त स्थान की पूर्तित उपयुक्त (शुद्ध) शब्द से कीजिए–
(a) कारवां (b) जत्था
(c) काफिला (d) बेड़ा

55. 'दिशाएँ ही जिसका वस्त्र है' उन्हें कहा जाता है–
(a) विश्वम्भर (b) दिक्पाल
(c) दिगम्बर (d) पैगम्बर

56. खाद्य सामग्री जो यात्रा के समय रास्ते में उपयोग के लिए दी जाती है–
(a) स्वल्पाहार (b) पथ्य
(c) पाथेय (d) उपाहार

57. जिसका जन्म कन्या के गर्भ से हुआ हो–
(a) कन्यापुत्र (b) कानीन
(c) अवैध पुत्र (d) कुमारीसुत

58. आधी रात का समय–
(a) शर्वरी (b) विभावरी
(c) निशा (d) निशीथ

59. 'पेट की अग्नि' के लिए शुद्ध शब्द है–
(a) दावाग्नि (b) बड़वाग्नि
(c) जठराग्नि (d) मन्दाग्नि

60. जिसके पास कुछ न हो, उसके लिए उपयुक्त शब्द है–
(a) अभावग्रस्त (b) अकिंचन
(c) दीनहीन (d) महादीन

61. 'बद' उपसर्ग का अर्थ है–
(a) हमदर्द (b) अन्दर
(c) हीनता (d) से

62. 'निर्वाह' में उपसर्ग है–
(a) निरि (b) नि
(c) निर (d) नि:

63. तद्भव शब्द का चयन कीजिए–
(a) केला (b) आम्र
(c) कदली (d) बदरी

64. निम्नलिखित तत्सम-तद्भव में से कौन-सा विकल्प शुद्ध है?
(a) छति–क्षति (b) छति–छवि
(c) छवि–क्षण (d) छति–छल

65. किस शब्द की रचना प्रत्यय से हुई है?
(a) उपदेश (b) निरपराध
(c) सामाजिक (d) दुर्जन

66. कौन-सा शब्द निम्न प्रत्यय से बना है? 'इल'
(a) खटिया (b) धूमिल
(c) आग्नेय (d) लठैत

67. हिन्दी वर्णमाला में स्वरों की कुल संख्या कितनी है?
(a) 10 (b) 12
(c) 11 (d) 9

68. वर्ण संयोजन कहलाता है–
(a) शब्दों को पृथक–पृथक करना
(b) वर्णो को पृथक–पृथक करना
(c) वर्णो को जोड़ना
(d) इनमें से कोई नहीं

69. निम्न विकल्पों में से किसी एक की वर्तनी शुद्ध है, चयन कीजिए–
(a) अधोपातन (b) अधि:पतन
(c) अध:पतन (d) आध:पतन

70. निम्नलिखित विकल्पों में से अशुद्ध वाक्य का चयन कीजिए–
(a) ताज महल की शान निराली है।
(b) मैंने उनकी प्रतीक्षा की।
(c) प्रत्येक प्राणियों को स्वयं आत्मनिर्भर होना चाहिए।
(d) मैं अपनी कलम से लिखता हूँ।

71. निम्नलिखित में से निषेध वाचक वाक्य का चयन कीजिए–
(a) कौन ऐसा है, जिसे लोभ न हो।
(b) जीवन में निराश होना ठीक नहीं।

(c) कितना स्वच्छ जल है।
(d) रमेश के न आने से हमारा क्या बिगड़ेगा।

72. विलोम शब्द का चयन कर रिक्त स्थान भरिए–
संसार में सभी जीव 'आजादी' से रहना चाहते हैं,...........किसी को पसंद नहीं।
(a) परतंत्र (b) स्वतंत्र
(c) पराधीन (d) गुलामी

73. 'अखंडनीय' का विलोम चुनिये–
(a) अखंड (b) खंडनीय
(c) खंड (d) संद

74. निम्न प्रश्न के शब्द-युग्म के विकल्पों में से सही अर्थ-भेद का चयन कीजिए– सकल-शकल
(a) सम्पूर्ण-जुड़ा
(b) सम्पूर्ण-अपूर्ण
(c) सम्पूर्ण-टुकड़ा
(d) टुकड़ा-जुड़ा

75. निम्न शब्द-युग्म के विकल्पों में से कोई एक विकल्प सही नहीं है। गलत युग्म का चयन कीजिए–
(a) पैत्रक-पैतृक (b) भर-भार
(c) पृष्ट-पृष्ठ (d) बदन-मुख

76. सर्वनाम किसे कहते हैं?
(a) दो शब्दों के मेल को
(b) दो वर्णों के मेल को
(c) संज्ञा के बदले प्रयोग होने वाले शब्दों को
(d) इनमें से कोई नहीं

77. निम्न में से कौन-सा शब्द व्यंजन संधि का उदाहरण नहीं है?
(a) उन्नयन (b) संचार
(c) अद्वैव (d) कष्ट

78. 'देव्यागम' में संधि है–
(a) व्यंजन (b) विसर्ग
(c) यण स्वर (d) दीर्घ स्वर

79. समास का क्या अर्थ है?
(a) संक्षेप (b) विस्तार
(c) टिप्पणी (d) सार

80. निम्न विकल्पों में कौन-सा एक विकल्प द्वन्द्व समास का उदाहरण नहीं है?
(a) नर-नारी
(b) नयन-बाण
(c) दाल-भात
(d) इनमें से कोई नहीं

81. ''हाय फूल-सी कोमल बच्ची'' में कौन सा अलंकार है?
(a) लुप्तोपमा अलंकार
(b) यमक अलंकार
(c) पूर्णोपमा अलंकार
(d) मालोपमा अलंकार

82. उल्लेख अलंकार होता है, जहाँ वस्तु का–
(a) अनेक प्रकार से उल्लेख हो
(b) एक प्रकार से उल्लेख हो
(c) उल्लेख न हो
(d) उल्लेख किया जाना कठिन हो

83. 'मंडूक' का पर्यायवाची नहीं है–
(a) मेंढ़क (b) कैफी
(c) दाइर (d) दादुर

84. 'अरविंद' का पर्यायवाची है–
(a) पयोधि (b) पंकज
(c) अमृत (d) समीर

85. ''टूट पड़ना'' मुहावरे का सही अर्थ है–
(a) झगड़ने लगना
(b) आक्रमण करना
(c) दिल टूटना
(d) टूट जाना

86. ''आड़े आना'' मुहावरे का सही अर्थ है–
(a) मुसीबत में सहायता करना
(b) मुकाबला करना
(c) परेशान करना
(d) अड़चन बनना

87. ''हलुए के ब्याह में खुरपी का गीत'' लोकोक्ति का सही अर्थ है–
(a) शादी का गीत गाना
(b) जश्न मनाना
(c) असंगत बातें करना
(d) निचले स्तर का कार्य करना

88. ''जो गरजते हैं, वो कभी बरसते नहीं'' लोकोक्ति का सही अर्थ है–
(a) धोखा देना
(b) कर्महीन होना
(c) केवल बड़ी-बड़ी बातें करना
(d) कर्त्तव्यशील होना

89. जयशंकर प्रसाद की 'कामायनी' किस प्रकार का काव्य है–
(a) मुक्तक काव्य (b) खण्डकाव्य
(c) महाकाव्य (d) चम्पूकाव्य

90. हिन्दी में स्वतंत्र रूप में बोले जाने वाले अक्षर क्या कहलाते हैं?
(a) स्वर
(b) व्यंजन
(c) संयुक्त अक्षर
(d) स्वतंत्र ध्वनि

91. 'अत्युत्तम' के संधि विच्छेद का सही विकल्प चुनिए–
(a) अति + युत्तम
(b) अत्य + उत्तम
(c) अत्यु + उत्तम
(d) अति + उत्तम

92. 'हिमांशु' शब्द का संधि विच्छेद कीजिए–
(a) हिम + अंशु
(b) हिमा + अंशु
(c) हिम + आंशु
(d) हिमांश + उ

93. भौतिक के लिए विलोम शब्द होगा–
(a) प्रभौतिक
(b) आध्यात्मिक
(c) कृत्रिम
(d) रासायनिक

94. ''मुझे तोड़ देना वनमाली उस पथ पर देना तुम फेंक'' यह पंक्ति किस कवि की है?
(a) बच्चन
(b) माखनलाल चतुर्वेदी
(c) नरेन्द्र शर्मा
(d) महादेवी वर्मा

95. प्रेमचंद का कौन-सा उपन्यास इनमें है?
(a) मानस का हंस
(b) मैला आँचल
(c) झूठा सच
(d) निर्मला

96. इनमें से कौन-से कवि सूफी हैं?
(a) तुलसी (b) कबीर
(c) सूर (d) जायसी

97. 'अंधायुग' के रचयिता कौन हैं?
(a) धर्मवीर भारती
(b) दिनकर
(c) अज्ञेय
(d) राजेन्द्र यादव

98. अधोलिखित शब्द का कौन-सा रूप वर्तनी की दृष्टि से शुद्ध है?
(a) प्रमात्मा
(b) परमात्मा
(c) प्ररमात्मा
(d) परमत्मा

99. इनमें से शुद्ध वर्तनी वाला शब्द कौन-सा है?
(a) घनिष्ठ (b) गनिष्ठ
(c) घनिष्ठ (d) घनिश्ट

100. इनमें से कौन-सा शब्द रूप शुद्ध है?
(a) आर्शीवाद (b) आशीवाद
(c) आशीर्वाद (d) आशीर्वाद

व्याख्या सहित उत्तर

1. (d) हिन्दी में प्रयुक्त अधिकांश शब्दों की जननी संस्कृत भाषा ही है। इनमें कतिपय शब्द तद्नुरूप अपनी गरिमा हिन्दी भाषा में अद्यतन बनाये हुए हैं। जो तत्सम के नाम से जाने जाते हैं। उक्त दिये गये विकल्पों में तीनों को छोड़कर विकल्प (d) 'तीर्थ' संस्कृत का शुद्ध शब्द है जो तत्सम शब्द है।

2. (c) 'सिंगार' शब्द का तत्सम रूप श्रृंगार शब्द है।

3. (c) 'अंगीठी' का तत्सम शब्द 'अग्निष्ठिका होता है। जबकि विकल्प में दिये गये तीनों शब्द त्रुटिपूर्ण है।

4. (b) 'हल्दी' शब्द का तत्सम शब्द 'हरिद्रा' होता है जबकि अन्य तीनों विकल्प त्रुटिपूर्ण हैं।

5. (d) ऐसे शब्द जो संस्कृत से उत्पन्न एवं विकसित हुए हैं, तद्भव शब्द कहलाते हैं। ''तत् + भव'', जिसका आशय है 'उससे उत्पन्न'। ऐसे शब्दों को देखकर सहज ही अनुमान हो जाता है कि ये संस्कृत के किस शब्द से प्रस्फुटित हुए हैं। जैसे– दिये गये विकल्प में 'सूरज' शब्द को देखकर स्पष्ट भान हो जाता है कि यह 'सूर्य' शब्द से बना हुआ है।

6. (a) 'गेहूँ' शब्द का तत्सम शब्द 'गोधूम' होता है। अन्य तीनों विकल्प असत्य है।

7. (a) दिये गये विकल्पों में नेत्र, नयन और दृग तत्सम शब्द है जबकि 'आंख' तद्भव शब्द है। आंख का तत्सम शब्द 'अक्षि' होता है।

8. (c) 'खंडहर' शब्द का तत्सम शब्द 'खण्डगृह' होता है न कि अन्य दिये गये तीनों विकल्प वाले शब्द है।

9. (c) दिये गये विकल्प में 'मुख' तत्सम शब्द है जबकि इसका तद्भव शब्द 'मुँह' होता है। अन्य विकल्प कान, जीभ और दाँत ये तद्भव शब्द हैं जिनका तत्सम रूप क्रमश: होगा कर्ण, जिह्वा और दाँत।

10. (c) जो शब्द संज्ञा या सर्वना की विशेषता बतलाता है, उसे विशेषण कहते हैं तथा विशेषण जिसकी विशेषता बतलाता है उसे ''विशेष्य'' कहते हैं। 'उपासक' विशेष्य शब्द है।

11. (d) निर्दिष्ट विकल्पों में मधुप, मधुकर और भ्रमर ये तत्सम शब्द हैं, जबकि 'भंवरा' तद्भव शब्द है। 'भँवरा का तत्सम रूप 'भ्रमर' होता है।

12. (d) दिये गये विकल्प में चार विशेषण और दो विशेष्य हैं। 'भले' और 'महान', उचित और संयमित विशेषण हैं और लोग और व्यवहार विशेष्य हैं।

13. (b) दिये गये विकल्प में 'अधिक' शब्द 'दूध' की विशेषता बतला रहा है न कि गाय की। अधिक एवं कम परिणामवाचक शब्द है।

14. (b) 'विद्वान' व्यक्ति पूज्य होते हैं में गुणवाचक विशेषण है। जिस विशेषण से संज्ञा या सर्वनाम के गुण, रूप, रंग आकार, अवस्था, स्वभाव, दशा, स्वाद, स्पर्श, गंध, दिशा, स्थान, समय, भार, तापमान आदि का बोध होता है, गुणवाचक विशेषण कहलाते हैं।

15. (d) दिये गये विकल्पों में 'अहि' का पर्यायवाची शब्द 'सिंधुर' नहीं है। सिंधुर का आशय हाथी से है, जबकि उरग, सरीसृप, पवनाश सर्प का पर्यायवाची शब्द है।

16. (d) दिये गये विकल्पों में उत्कृष्ट, निकृष्ट और धृष्ट शब्द विशेषण है। जबकि 'विषाद' शब्द विशेषण नहीं है। यह एक संयुक्त क्रिया है। जहाँ क्रिया में दो या दो से अधिक धातु मिलें हो वह संयुक्त क्रिया कहलाती है।

17. (c) 'नैसर्गिक' का पर्यायवाची शब्द 'प्राकृतिक' होता है जबकि सत्कृत, चमत्कृत, और चतुर्दिक का नैसर्गिक शब्द से कोई लेना-देना नहीं है।

18. (d) दिये गये विकल्प में सज्जन, दुर्जन और सुकुमार विशेषण शब्द हैं जबकि 'मानस' विशेषण नहीं है अपितु यह शब्द कर्म का द्योतक है।

19. (a) 'हाथ' का पर्यायवाची शब्द 'कटि' नहीं होता जबकि हस्त, पाणि और कर हाथ के पर्यायवाची शब्द हैं। 'कटि' शब्द 'कमर प्रदेश' के लिए प्रयुक्त होता है।

20. (d) आगामी काला और शांत विशेषण शब्द है जबकि 'तुम' शब्द पुरुषवाद सर्वनाम है। ऐसे सर्वनाम जो किसी पुरुष या स्त्री के लिए प्रयुक्त होते है, पुरुषवाचक सर्वनाम कहलाते हैं। जैसे– मैं, हम, तू, आप, वह, वे और ये।

21. (b) 'सूर्य' का पर्यायवाची शब्द प्रभाकर दिनकर और दिनेश होता है जबकि 'विभाकर' 'सूर्य का पर्यायवाची शब्द नहीं है।

22. (d) 'लघु' विशेष्य का 'लालव' विशेषण होता है।

23. (d) 'मयंक चांदनी' का पर्यायवाची शब्द नहीं है। मयंक का आशय 'चन्द्रमा' से है जबकि चंद्रातप, कौमुदी और ज्योत्सना चांदनी का पर्यायवाची शब्द है।

24. (a)

25. (c) दिये गये विकल्प में 'पद्मा' शब्द सरस्वती का पर्यायवाची नहीं है। पद्मा का अर्थ 'लक्ष्मी' से है जबकि वीणापाणि, महाश्वेता और भारती, सरस्वती का पर्यायवाची शब्द है।

26. (a)

27. (c) 'जनार्दन' विष्णु की पर्यायवाची शब्द है। जनार्दन के अन्य पर्यायवाची हैं–हरि, लक्ष्मीकांत आदि।

28. (b) 'जीभ' का पर्यायवाची शब्द-रसना' होता है जबकि वचन, ध्वनि और जीव का जीभ से कोई आशय नहीं है।

29. (b) दिये गये विकल्प में 'समुद्र' का पर्यायवाची पयोधि, जलधि, वारिधि होता है। जबकि 'जलद' शब्द का आशय बादल से है। समुद्र का अन्य पर्यायवाची शब्द रत्नाकर, नीरनिधि, पयोनिधि, उदधि, वारीश आदि।

30. (a) 'विग्रह' का विलोम 'सन्धि' होता है न कि आग्रह, ग्रहण और अविग्रह।

31. (b) दिये गये विकल्प में 'शिव' का पर्यायवाची शब्द 'रुद्र' होता है न कि शिवालय, रुद्राक्ष और हरि। शिव का अन्य पर्यायवाची शब्द है-शम्भु त्रिपुरारि, महादेव, देवाधि देव, कैलाशपति, शंकर आदि।

32. (c) दिये गये विलोम युग्म में अपेक्षा- उपेक्षा, अग्रज- अनुज और आदान और प्रदान सही विलोम युग्म है। जबकि 'उन्नति' का विलोम -अवनति' होता है न कि अवगत।

33. (c) 'अथ' का विलोम 'इति' होता है जबकि पूर्ण का विलोम अपूर्ण समाप्त का आरंभ और खत्म का शुरू होता है।

34. (b) यथार्थ का विलोम 'आदर्श' होता है वहीं कृत्रिम का प्राकृत अनुचित का उचित और उचित का अनुचित।

35. (a) 'अभिज्ञ' का विलोम अनभिज्ञ होता है जबकि 'अज्ञ' का 'विज्ञ' होता हैं। चूंकि विकल्प में अनभिज्ञ नहीं दिया गया है अत: अभिज्ञ का विलोम 'अज्ञ' ही होगा।

36. (d) 'साधु' का विलोम 'असाधु' होता है न कि साध्वी, सन्यासिनी और साधुनी।

37. (c) 'कृतज्ञ' का विलोम शब्द का 'कृतघ्न' होता है जबकि जड़ का चेतन, संवेदनहीन का संवेदनशील, अकृतज्ञ का कृतज्ञ होता है।

38. (d) दिये गये विकल्पों में लंगड़, बुझक्कड़ और कोंकण शब्द शुद्ध हैं। विकल्प (d) में दिया गया शब्द 'भुख्खड़' अशुद्ध है। इसका शुद्ध होगा 'भुक्खड़'।

39. (d) 'संकीर्ण' का विलोम -'विस्तीर्ण' होता है।

40. (b) निरनुनासिक, गत्यर्थ और अन्तश्चेतना तीनों शुद्ध हैं जबकि छिद्रान्वेशी अशुद्ध है। इसका शुद्ध रूप होगा छिद्रान्वेषी।

41. (b) 'अनुरक्ति' का विलोम 'विरक्ति' होता है जबकि विराग का अनुराग तथा तिरोभाव का आर्विभाव होता है।

42. (d)

43. (c) 'सापेक्ष' का विलोम 'निरपेक्ष' होता है जबकि असापेक्ष, निष्पक्ष और आपेक्ष शब्द का आशय प्रश्न से बिल्कुल असम्बद्ध है।

44. (d) दिये गये विकल्पों में 'उस समय चरखा चलाना भी एक अनुशासन था।' विकल्प वाक्य शुद्ध है।

45. (a) दिये गये विकल्पों में शुद्ध वर्तनी वाला शब्द 'कवयित्री' हैं।

46. (c) 'जिसे बुलाया गया न हो' वाक्य के लिए उपयुक्त शब्द है– अनाहूत। जबकि अतिथि, जिसके आने की कोई तिथि ज्ञात न हो। इसी प्रकार अभ्यागत व रिश्तेदार का प्रश्न से कोई आशय नहीं है।

47. (a) दिये गये विकल्पों में शुद्ध वर्तनी वाला शब्द 'शुश्रुषा' है।

48. (c) मोक्ष की इच्छा रखने वाला 'मुमुक्षु' कहा जाता है।

49. (d)

50. (b) रंगमंच के परदे के पीछे का स्थान कहा जाता हे 'नेपथ्य।

51. (c) दिये गये विल्कपों के उल्लघंन, मनोरथ और वत्सल सही शब्द है जबकि विकल्प (c) में दिया गया शब्द उज्वल शब्द अशुद्ध है। इसका शुद्ध वर्तनी रूप होगा - 'उज्जवल'।

52. (d)

53. (d) हवन में जलाने वाली लकड़ी के लिए शुद्ध शब्द है– 'समिधा'।

54. (c) दिये गये विकल्प में 'काफिला' शब्द शुद्ध प्रतीत होता है।

55. (c) 'दिशायें ही जिनका वस्त्र हैं उन्हें दिगम्बर कहा जाता है, न कि विश्वम्भर, दिक्पाल एवं पैगम्बर।

56. (c) खाद्य सामग्री जो यात्रा के समय रास्ते में उपभोग के लिए प्रदान की जाती है, उसे 'पाथेय' कहा जाता है।

57. (b) 'जिसका जन्म कन्या के गर्भ से हुआ हो, उसे 'कानीन' कहते हैं।

58. (d) आधी रात का समय के लिए प्रयुक्त शब्द 'निशीथ' होता है न कि शर्वरी, विभावरी और निशा।

59. (c) 'पेट की अग्नि' के लिए शुद्ध शब्द है 'जठराग्नि'।

60. (b) 'जिसके पास कुछ न हो' उसके लिए उपयुक्त शब्द हैं - अकिंचन।

61. (c) उपसर्ग–वह शब्दांश है जो किसी शब्द के प्रारम्भ में जुड़कर उसमें एक विशेष अर्थ ला देता है, उपसर्ग कहलाते हैं। 'बद' उपसर्ग का अर्थ हीनता है।

62. (d)

63. (a) संस्कृत के वे शब्द जो प्राकृत अपभ्रंश से विकृत होते हुए हिन्दी में आए हैं 'तद्भव शब्द' कहलाते हैं। दिए गए विकल्प में 'केला' तद्भव शब्द है।

64. (a) संस्कृत से बिना किसी परिवर्तन के हिन्दी में आए शब्द 'तत्सम' शब्द कहे जाते हैं, जबकि संस्कृत के कुछ शब्द ऐसे हैं, जिनका रूप परिवर्तन करके हिन्दी में अपनाया गया है, ऐसे शब्दों को तद्भव शब्द कहते हैं। दिए गए विकल्प में से तत्सम तद्भव की दृष्टि से 'छति–क्षति' शुद्ध है।

65. (c)

66. (b) 'धूमिल' शब्द 'इल' प्रत्यय से बना है। अर्थात्, धूम + इल = धूमिल।

67. (c) हिन्दी वर्णमाला में 52 वर्ण हैं। इनमें 11 स्वर, 4 अंतस्थ व्यंजन, 4 संयुक्त व्यंजन, 1 अनुस्वार, 25 स्पर्श व्यंजन, 4 ऊष्म व्यंजन, 2 द्विगुण व्यंजन एवं 1 विसर्ग है।

68. (c) किसी भी भाषा में प्रयुक्त होने वाली मूल ध्वनि को 'वर्ण' कहते हैं। वर्णों को जोड़ना वर्ण संयोजन कहलाता है।

69. (c)

70. (c) वाक्य रचना में अनेक कारणों से अशुद्धियाँ होती हैं। इनमें प्रमुख कारण हैं–पदक्रम, अन्विति, पुनरुक्ति दोष आदि। दिए गए विकल्प में से वाक्य 'प्रत्येक प्राणियों को स्वयं आत्मनिर्भर होना चाहिए' अशुद्ध वाक्य है।

71. (b) जिस वाक्य से किसी बात के न होने का बोध हो। उसे निषेध वाचक वाक्य कहते हैं। जैसे–जीवन में निराश होना ठीक नहीं।

72. (d) चूँकि 'आजादी' का विलोम 'गुलामी' होता है। अत: रिक्त स्थान में 'गुलामी' आएगा।

73. (b) **74.** (c)

75. (d) दिए गए विकल्प में से शब्द-युग्म 'बदन–मुख' गलत युग्म है।

76. (c)

77. (c) व्यंजन के साथ व्यंजन या स्वर का मेल होने से जो विकार या परिवर्तन होता है, उसे व्यंजन सन्धि कहते हैं। दिए गए विकल्प में से 'अद्यैव' व्यंजन सन्धि का उदाहरण नहीं है।

78. (c) जब इ, ई, उ, ऊ, ऋ के आगें कोई स्वर आता है, तो ये क्रमश: य, व, र में परिवर्तित हो जाते हैं। इस परिवर्तन को यण् सन्धि कहते हैं। जैसे–ई + आ = या, देवी + आगम = देव्यागम।

79. (a) समास का शाब्दिक अर्थ होता है, 'संक्षिप्ति' दूसरे शब्दों में–समास संक्षेप करने की एक प्रक्रिया है।

80. (b) द्वन्द्व समास में समस्त पद में दोनों पद प्रधान होते हैं और दोनों पद संज्ञा अथवा उसका समूह होता है। इसमें 'और', 'वा', 'अथवा' आदि का लोप पाया जाता है। जैसे–नर-नारी = नर और नारी, दाल-भात = दाल और भात।

81. (c)

82. (a) जब एक वस्तु का अनेक प्रकार से वर्णन किया जाता है तब उल्लेख अलंकार होता है।

83. (b) समान अर्थ व्यक्त करने वाले शब्दों को पर्यायवाची शब्द कहते हैं। 'मंडूक' का पर्यायवाची मेंढक, दाइर, दादुर है।

84. (b) 'अरविन्द' का पर्यायवाची 'पंकज' है, जबकि 'अमृत' का पर्यायवाची सुधा, अमिय, सोम, पीयूष, अमी है।

85. (b)

86. (d) दिए गए मुहावरे 'आड़े आना' का सही अर्थ है–अड़चन बनना।

87. (c) विद्वानों एवं जन सामान्य के ऐसे कथन जिनमें जीवन के अनुभवों को संक्षिप्त एवं विलक्षण ढंग से व्यक्त किया गया हो और वे समय की कसौटी पर खरे उतरते हों, कहावत या लोकोक्ति कहलाती है। दी गई लोकोक्ति ''हलुए के ब्याह में खुरपी का गीत'' का सही अर्थ है–असंगत बातें करना।

88. (c) दी गई लोकोक्ति ''जो गरजते हैं वो कभी बरसते नहीं'' का सही अर्थ है–केवल बड़ी-बड़ी बातें करना।

89. (c)

90. (a) हिन्दी में स्वतंत्र रूप में बोले जाने वाले अक्षर स्वर कहलाते हैं। हिन्दी वर्णमाला में 'अ से अ:' तक स्वर अक्षर होते हैं, जबकि 'क से ज्ञ' तक सारे व्यंजन अक्षर होते हैं।

91. (d) 'अत्युत्तम' शब्द स्वर संधि का उदाहरण है। इसका सही संधि-विच्छेद है–अति + उत्तम = अत्युत्तम

92. (a) 'हिमाँशु' शब्द का संधि विच्छेद है–हिम + अँशु = हिमाँशु

93. (b) भौतिक के लिए विलोम शब्द आध्यात्मिक होगा।

94. (b) उक्त पंक्तियाँ प्रसिद्ध हिन्दी लेखक और कवि माखनलाल चतुर्वेदी की प्रतिनिधि कविताओं में से एक 'पुष्प की अभिलाषा' नामक कविता से उद्धृत की गई है। चतुर्वेदीजी का जन्म बाबई, होशंगाबाद (म.प्र.) में हुआ था। उन्हें 'एक भारतीय आत्मा' के उपनाम से भी जाना जाता है।

95. (d)

96. (d) मलिक मुहम्मद जायसी हिन्दी साहित्य के भक्तिकाल की निर्गुण प्रेमाश्रयी धारा के कवि हैं। ये अत्यंत उच्च कोटि के सरल और उदार सूफी महात्मा थे। वे उत्तर प्रदेश के जायस नामक स्थान पर रहने वाले थे। उनके नाम में जायसी शब्द का प्रयोग उनके उपनाम की तरह किया जाता है।

97. (a)

98. (b) वर्तनी संबंधी अशुद्धियाँ कई प्रकार की होती हैं जैसे–स्वर और मात्रा संबंधी, व्यंजन संबंधी, शब्द निर्माण संबंधी अशुद्धि आदि। उपरोक्त प्रश्न में दिए गए विकल्पों में से विकल्प (b) में दिया गया परमात्मा शब्द वर्तनी की दृष्टि से शुद्ध है।

99. (c) जिस वर्ण की जिस मात्रा के साथ किसी शब्द के शुद्ध रूप में आवश्यक हो, उसे भिन्न रूप में लिखने से वर्ण अथवा वर्तनी संबंधी अशुद्धि हो जाती है। उदाहरण के लिए, उपरोक्त प्रश्न में दिए गए विकल्पों में केवल विकल्प (c) का शब्द 'घनिष्ठ' शुद्ध वर्तनी वाला है, जबकि शेष अशुद्ध वर्तनी वाले शब्द हैं।

100. (d)

❑❑❑

प्रैक्टिस सेट-8

1. इनमें एक 'लहर' का पर्यायवाची शब्द नहीं है–
(a) वीचि (b) दुकूल
(c) तरंग (d) हिलोर

2. 'मृगेन्द्र' का पर्यायवाची शब्द है–
(a) कुरंग (b) केसरी
(c) भुजंग (d) तुरंग

3. इनमें से एक शब्द 'देवता' का पर्याय है–
(a) अलकेश (b) विबुध
(c) अनीक (d) ज्योतिष्क

4. 'षट्पद' का पर्यायवाची शब्द है–
(a) तितली (b) भ्रमर
(c) मकड़ी (d) केकड़ा

5. 'बगीचा' का पर्यायवाची शब्द है–
(a) निर्जन (b) व्यंजन
(c) आराम (d) कल्पशाल

6. इनमें से एक शब्द 'मछली' का पर्यायवाची नहीं है–
(a) मत्स्य (b) मीन
(c) शफरी (d) जलोदरी

7. इनमें से 'तुरंग' शब्द का पर्याय है–
(a) वाजि (b) अम्बुधर
(c) विजन (d) किंकर

8. 'ईप्सित' शब्द का विलोम है–
(a) अनीप्सित (b) अभीप्सित
(c) अधीप्सित (d) कुत्सित

9. 'विडौजा' पर्यायवाची शब्द है–
(a) 'नक्षत्र' का (b) 'अप्सरा' का
(c) 'इन्द्र' का (d) 'पत्थर का'

10. 'स्वजाति' का विलोम है–
(a) अजाति (b) कुजाति
(c) सुजाति (d) विजाति

11. 'मार' शब्द पर्यायवाची है–
(a) 'जादू' का
(b) 'स्वर्ण का
(c) 'अधर्म' का
(d) 'अंनग' का

12. 'उन्मूलन' का विलोम है–
(a) आमुलन (b) निमीलन
(c) समूलन (d) रोपण

13. इनमें से एक 'रसा' का पर्यायवाची शब्द है–
(a) रत्नगर्भा (b) अचला
(c) धरित्री (d) तमिस्त्रा

14. 'अमित' शब्द का विलोम है–
(a) सुमित (b) कुमित
(c) परिमित (d) दुर्मित

15. 'श्रीगणेश' शब्द का विलोम है–
(a) इति (b) इतिश्री
(c) अथ (d) इत्यालम्

16. निम्नलिखित में शुद्ध वर्तनी का शब्द है–
(a) वांड्मय (b) वांगमय
(c) वाड्मय (d) बांगमय

17. 'धनी' का विलोम शब्द है–
(a) धनहीन (b) अधीन
(c) अधनी (d) निर्धन

18. इनमें से कौन-सा वाक्य शुद्ध है?
(a) मेरा गुप्त रहस्य कोई नहीं जानता।
(b) श्याम सज्जन आदमी है।
(c) उत्तर का अधिकांश भाग पहाड़ी है।
(d) इनमें से एक भी वाक्य शुद्ध नहीं है।

19. 'उन्मीलन' का विलोम शब्द है–
(a) अवमीलन (b) सुमेलन
(c) अनुमीलन (d) निमीलन

20. इनमें से वर्तनी की दृष्टि से शुद्ध है–
(a) अन्तर्धान (b) षष्ठम्
(c) सहस्त्र (d) अनुषंगिक

21. 'अधिकृत' शब्द का विलोम है–
(a) अनाधिकृत
(b) अनधिकृत
(c) अनाधिकारिक
(d) प्राधिकृत

22. इन नामों में से एक की वर्तनी अशुद्ध है–
(a) कौशल्या (b) मैथिलीशरण गुप्त
(c) मेघनाद (d) राहुल सांस्कृत्यायन

23. 'अनुलोम' शब्द का विलोम है–
(a) सुलोम (b) प्रतिलोम
(c) अनलोम (d) अवलोम

24. इनमें से एक शब्द की वर्तनी अशुद्ध है–
(a) अधीन (b) भागीरथी
(c) जागृत (d) अनूगृहीत

25. 'परिश्रम' का विलोम है–
(a) आश्रम (b) विश्रम
(c) विश्राम (d) बिश्रांत

26. निम्नलिखित में से शुद्ध वाक्य है?
(a) यह रूमाल अच्छी है।
(b) उसकी दही खट्टी है।
(c) कई हाथियां जा रही है।
(d) उसका मकान बहुत अच्छा है।

27. इनमें से शुद्ध वर्तनी का शब्द है–
(a) ज्योत्सना (b) जयोतसना
(c) ज्योत्स्ना (d) ज्यौत्सना

28. इनमें से शुद्ध वाक्य है–
(a) डॉ. गुप्ता हमारे पृभारी है
(b) आज मैं इकतिस वर्ष हो गया हूं
(c) इस वर्ष पहाड़ों पर जमकर तुषारपात हुआ है
(d) हमें कभी हतोत्साहित नहीं होना चाहिए

29. इनमें से शुद्ध वर्तनी का शब्द है–
(a) हिरण्यकशिपु (b) हिरण्यकश्यपु
(c) हिरण्यकश्यप (d) हिरण्यकस्यप

30. इनमें से अशुद्ध वर्तनी का शब्द है–
(a) महत्व (b) वाल्मीकी
(c) पैतृक (d) सन्यासी

31. निम्नलिखित वाक्य खण्डों में से एक के लिए प्रयुक्त होने वाला शब्द है 'स्वयंसेवक'–
(a) सबकी सेवा करने वाला
(b) स्वयं की सेवा करने वाला
(c) अपनी इच्छा से दूसरों की सेवा करने वाला
(d) बिना वेतन के काम करने वाला सेवक।

32. 'हाथी की पीठ पर रखे जाने वाले 'आसन' के लिए शुद्ध शब्द है–
(a) जीन (b) हौदा
(c) काठी (d) बख्तर

33. 'गुरु के समीप रह कर शिक्षा ग्रहण करने वाला' के लिए एक शब्द है?
(a) गुरुकुलवासी
(b) छात्रावासी
(c) अन्तेवासी
(d) आश्रमवासी

34. 'जिसे प्रमाण द्वारा सिद्ध न किया जा सके' उसके लिए सही शब्द है–
(a) अप्रमाणित (b) अनुप्रमेय
(c) अप्रमेय (d) अप्रामाणिक

35. 'अपना उद्देश्य पूर्ण होने पर संतुष्ट' ऐसे व्यक्ति के लिए एक शब्द है–
(a) चिरप्रसन्न (b) कृतज्ञ
(c) आभारी (d) कृतार्थ

36. 'उपनिवेश से सम्बन्ध हो जिसका' उसके लिए एक शब्द है–
(a) उपनिवेशिक (b) औपनिवेशिक
(c) औपन्यासिक (d) उपनिवेशवाद

37. 'नियमविरुद्ध, असामाजिक कार्य करने वालों की सूची' के लिए एक शब्द है–
(a) अपराध सूची (b) काली सूची
(c) अवैध सूची (d) श्वेत सूची

38. इनमें से एक के लिए प्रयोज्य शब्द है– 'असूर्यम्पश्या'
(a) वह स्थान जहां सूर्य दिखायी न दे।
(b) वह स्थान जहां सूर्य का प्रखर प्रकाश बड़ा कष्टकारी होता है।
(c) वे प्राणी जो सूर्य का दर्शन न कर पायें।
(d) रनिवास में कड़े पर्दे में रहने वाली स्त्री।

39. 'देवर' का तत्सम रूप है–
(a) द्विवर (b) द्वितीयवर
(c) दूभर (d) दुर्बह

40. 'उत्तराधिकार में प्राप्त सम्पत्ति' के लिए एक शब्द है–
(a) रिक्थ (b) धरोहर
(c) वसीयत (d) संदाय

41. इनमें से कौन सा शब्द तत्सम नहीं है?
(a) अग्नि (b) घोटक
(c) दूभर (d) मोती

42. 'गिरा हुआ' के लिए एक शब्द है–
(a) पतित (b) लुंठित
(c) धराशायी (d) पातकी

43. 'पलंग शब्द का तत्सम रूप है–
(a) पलंगा (b) प्लवंग
(c) पयंक (d) पर्यक

44. इनमें से एक शब्द तद्भव है–
(a) दिन (b) अंधकार
(c) स्कन्ध (d) कपास

45. 'वह कृशकाय व्यक्ति दौड़ने लगा'– इस वाक्य में विशेष्य है–
(a) व्यक्ति (b) कृशकाय
(c) वह (d) दौड़ने लगा

46. 'अखरोट' शब्द का तत्सम रूप है–
(a) अक्षवाट (b) अक्षोर
(c) अक्षरोट (d) अषरोट

47. जिस विकारी शब्द से संज्ञा की व्याप्ति मर्यादित होती है–
(a) विशेष्य
(b) विशेषण
(c) विशेषण एवं विशेष्य
(d) विशिष्ट

48. 'अकार्य' शब्द का तद्भव रूप है–
(a) अकाम (b) अकाज
(c) अकारथ (d) इनमें से कोई नहीं

49. निम्नलिखित शब्दों में से विशेषण शब्द है–
(a) पाँचवा (b) प्रपंच
(c) सरपंच (d) पहुंच

50. 'टकसाल' का तत्सम रूप है–
(a) टंकशाला (b) टंकशाल
(c) टकशाल (d) टकशाला

51. निम्नलिखित में से क्रिया विशेषण है?
(a) अंधेरा (b) धीरे-धीरे
(c) चाल-चलन (d) सुन्दर

52. इनमें से तत्सम शब्द है–
(a) भैंस (b) बारह
(c) सच (d) पद

53. 'दोनों शब्द किस प्रकार का संख्यावाचक विशेषण है?
(a) समुदाय बोधक
(b) पुनरुक्ति बोधक
(c) आवृति बोधक
(d) क्रम बोधक

54. 'गोबर' का तत्सम रूप है–
(a) गुर्बर (b) गोमय
(c) गह्वर (d) गुब्बर

55. 'प्रतिदिन' किस प्रकार का क्रिया विशेषण है–
(a) रीतिवाचक
(b) परिणामवाचक
(c) स्थानवाचक
(d) कालवाचक

56. 'मां' का तत्सम रूप है–
(a) मातृ (b) मातृका
(c) माताश्री (d) मातुश्री

57. इनमें से किस वाक्य में गलत विशेषण प्रयुक्त हुआ है?
(a) कविता परिश्रमी युवती है।
(b) प्रबुद्ध से हमारी अपेक्षा है।
(c) यही सरकारी महिलाओं का अस्पताल है।
(d) वह अच्छा आदमी था, लेकिन काम न आया।

58. इनमें से कौन सा शब्द विशेषण नहीं है?
(a) भयभीत (b) निभीक
(c) भीरु (d) भव

59. निम्नलिखित में से कौन सा शब्द विशेषण है?
(a) सुन्दरता (b) कवि
(c) विद्वान (d) भलाई

60. 'गुणवाचक विशेषण' के कितने भेद हैं?
(a) चार (b) पांच
(c) छह (d) सात

61. संज्ञा एवं सर्वनाम से जुड़ने वाले प्रत्ययों को.........प्रत्यय कहते हैं?
(a) कृदन्त प्रत्यय
(b) सजी प्रत्यय
(c) तद्धित प्रत्यय
(d) इनमें से कोई नहीं

62. 'स' वर्ण है–
(a) ओष्ठ्य (b) दंत्य
(c) मूर्द्धन्य (d) तालव्य

63. निम्न में से कोई एक युग्म विपरीतार्थक है, उसे चुनिए–
(a) बुरा-भला
(b) प्राय: हमेशा
(c) अग्नि-अनल
(d) गूंगा-मूक

64. निम्न शब्द युग्म के विकल्पों में कोई एक विकल्प सही नहीं है। गलत युग्म का चयन कीजिए–
(a) बलि-बली (b) वप्रि-वप्री
(c) शून्य-खाली (d) रूढ़-रूढ़

65. 'अधोगति' का संधि विच्छेद है?
(a) अधस + गति
(b) अध: + गति
(c) प्रथम दोनों
(d) इनमें से कोई नहीं

66. 'चूहा बिल्ली' में समास है?
(a) द्वन्द्व (b) कर्मधारय
(c) अव्ययी भाव (d) तत्पुरुष

67. उभयालंकार है–
(a) शब्दालंकार + अर्थालंकार
(b) शब्दालंकार + उभयालंकार
(c) अर्थालंकार + लुप्तोपमा अलंकार
(d) अर्थालंकार + अपन्हुति अलंकार

68. श्लेष अलंकार का उदाहरण है–
(a) ''प्रियतम बतला दो, लाल मेरा कहाँ है''।
(b) ''चाहन हार सुवर्ण के, कविजन और सुनार''
(c) ''मधुवन की छाती देखो, सूखी इसकी कलियां''
(d) उपरोक्त सभी

69. 'दंभ' का पर्यायवाची है–
(a) बड़ा (b) दर्प
(c) दुर्ग (d) युग

70. "छाती पीटना" मुहावरे का सही अर्थ है–
(a) शोर मचाना
(b) छाती में दर्द होना
(c) शोक प्रकट करना
(d) अस्वस्थ होना

71. "विद्रोह करना" निम्न में से किस मुहावरे का अर्थ है–
(a) गम खाना
(b) गर्दन उठाना
(c) गर्दन झुकाना
(d) गढ़ जीतना

72. "खोदा पहाड़ निकली चुहिया" लोकोक्ति का सही अर्थ है–
(a) अत्यधिक परिश्रम करने से फल की प्राप्ति होना
(b) परिश्रम अत्यधिक और प्राप्ति अत्यल्प
(c) असंभव कार्य को संभव कर दिखाना
(d) श्रम का परिणाम अवश्य मिलता है

73. "आम के आम गुठलियों के दाम" लोकोक्ति का सही अर्थ है–
(a) मनमानी करना
(b) नकली वस्तु देना
(c) दोहरा लाभ होना
(d) बहुत चतुर व्यापारी बनना

74. किस समूह के सभी शब्द पर्यायवाची नहीं हैं?
(a) सूक्ष्म, महीन, बारीक, झीना
(b) सुष्ठू, अच्छा, साफ, भला
(c) साहस, हिम्मत, हौसला, जुर्रत
(d) सरल, अबोध, युग्म, सहज

75. 'उन्माद' का संधि विच्छेद होगा–
(a) उन् + याद (b) उत् + माद
(c) उत + गात (d) उन + माद

76. किस समास में 'को' चिन्ह का लोप होता है?
(a) करण तत्पुरुष
(b) कर्म तत्पुरुष
(c) संबंध तत्पुरुष
(d) अपादान तत्पुरुष

77. किस रस को रसराज कहा जाता है?
(a) वात्सल्य रस (b) वीर रस
(c) शृंगार रस (d) शांत रस

78. 'सम्पन्न' व्यक्ति...........की व्यथा नहीं जान सकता।
(a) आसन्न (b) विपन्न
(c) निष्पन्न (d) विषण्ण

79. निम्न प्रश्न के शब्द युग्म के सही अर्थ भेद का चयन कीजिए–
मेध-मेधा
(a) चपला-बादल
(b) यज्ञ-बुद्धि
(c) बुद्धि-यज्ञ
(d) बादल-चपला

80. कौन-सा शब्द पदार्थ वाचक संज्ञा है?
(a) सोना (b) प्रशंसा
(c) विश्वास (d) झंडा

81. संचारी भाव के कितने भेद होते हैं?
(a) 34
(b) 32
(c) 33
(d) इनमें से कोई नहीं

82. 'निर्' उपसर्ग का अर्थ है–
(a) विद्वेष (b) निषेध
(c) विशेष (d) संयोग

83. तत्सम शब्द का चयन कीजिए–
(a) चवर्ण (b) चूमना
(c) चैपाया (d) चौक

84. घूमंतू में प्रत्यय है–
(a) अंतु
(b) अतु
(c) एतु
(d) इनमें से कोई नहीं

85. 'ज्ञ' वर्ण किन वर्णों के सहयोग से बना है?
(a) ज + ञ (b) ज् + त्र
(c) ज + ध (d) ज + न्य

86. निम्न विकल्पों में से किसी एक की वर्तनी शुद्ध है, चयन कीजिए–
(a) समति (b) समीति
(c) समिति (d) समिती

87. निम्न विकल्पों में से शुद्ध वाक्य का चयन कीजिए–
(a) मेरे पर कृपा करो।
(b) मेरे ऊपर कृपा करो।
(c) मुझ पर कृपा करो।
(d) मुझे कृपा करो।

88. निम्नलिखित में से आज्ञा वाचक वाक्य का चयन कीजिए–
(a) क्या वह घर गया?
(b) उसे घर जाना चाहिए।
(c) हो सकता है अभी तुम मेरी बात न समझो।
(d) तुम मेरे साथ घर चलो।

89. चिरंतर का विलोम शब्द है?
(a) अलौकिक (b) लौकिक
(c) नश्वर (d) नैसर्गिक

90. 'अर्वाचीन' का विलोम शब्द चुनिए?
(a) नूतन (b) नव्य
(c) प्राचीन (d) नवीन

91. 'कवि' का स्त्रीलिंग क्या है?
(a) कवियित्री (b) कवयित्री
(c) कवियत्री (d) कवयित्रि

92. इनमें से कौन-सा स्त्रीलिंग शब्द है?
(a) क्रोध (b) बुढ़ापा
(c) छाया (d) चयन

93. 'एक' का बहुवचन क्या है?
(a) बहुत (b) अनेक
(c) ज्यादा (d) दो

94. 'पुस्तक' का बहुवचन क्या है?
(a) पुस्तकें (b) पुस्तकों
(c) पुसतकें (d) पुस्तकाएँ

95. 'नौकर आज छुट्टी पर है' इस वाक्य का स्त्रीलिंग वाक्य है–
(a) नौकरन आज छुट्टी पर है।
(b) नौकराइन आज छुट्टी पर है।
(c) नौकरानी आज छुट्टी पर है।
(d) नौकरनी आज छुट्टी पर है।

96. 'हमारी अध्यापिका आज नहीं आएँगी' इस वाक्य का पुल्लिंग वाक्य कौन-सा है?
(a) हमारा अध्यापक आज नहीं आएगा।
(b) हमारी अध्यापक आज नहीं आएगी।
(c) हमारे अध्यापक आज नहीं आएगा।
(d) हमारे अध्यापक आज नहीं आएँगे।

97. 'चार चाँद लगाना' इस मुहावरे का क्या अर्थ है?
(a) चारों ओर चाँद लगाना
(b) तरक्की पाना
(c) चार चाँद देखना
(d) शोभा बढ़ाना

98. कौन-सा वाक्य शुद्ध है?
(a) मैंने तेरे को बोला था।
(b) मैंने तुझ को कहा था।
(c) मैंने तुम से कहा था।
(d) मैंने तेरे से कहा था।

99. कौन-सा वाक्य शुद्ध है?
(a) आज बेहद गर्मी है।
(b) आज बेशुमार गरमी है।
(c) आज अधिक गरमा है।
(d) आज अनाधिक गरमी है।

100. शुद्ध वाक्य कौन-सा है?
(a) मैं मेरा काम करता हूँ।
(b) मैं मेरी काम करता हूँ।
(c) मैं अपुन का काम करता हूँ।
(d) मैं अपना काम करता हूँ।

व्याख्या सहित उत्तर

1. (b) लहर का पर्यायवाची शब्द है – वीचि, तरंग हिलोर है, जबकि दुकूल का आशय किनारा से है।

2. (b) मृगेन्द्र का पर्यायवाची शब्द केसरी है। इसके अन्य पर्यायवाची शब्द व्याघ्र, मृगारि, मृगराज, पुण्डरीक, व्याघ्र आदि है, जबकि भुजंग सर्प का पर्याय है, तुरंग, घोड़े का पर्याय है।

3. (b) दिये गये विकल्पों में देवता का पर्याय विबुध है। देवता के अन्य पर्यायवाची शब्द हैं– सुर, अमर, देव, आदित्य, गीर्वाण आदि।

4. (b) षट्पद का पर्यायवाची शब्द भ्रमर है। इसके अन्य पर्याय हैं। भंवरा अलि, द्विरेफ, मधुप आदि।

5. (c) बगीचा का पर्यायवाची शब्द आराम है। निर्जन, व्यंजन या कल्पशाल का बगीचा से कोई आशय नहीं।

6. (d) मछली का पर्यायवाची शब्द मीन, मत्स्य शफरी है, जबकि जलोदरी मछली से सम्बन्ध नहीं रखता।

7. (a) तुरंग का पर्यायवाची शब्द है– वाजि। इसके अन्य पर्याय वाले शब्द है – घोटक, घोड़ा, सैन्धव हय, रवि-पुत्र, अर्बा, तुरंग, वाह।

8. (a) इप्सित शब्द का विलोम अनीप्सित है, अभीप्सित, अधीप्सित एवं कुत्सित शब्द इससे पृथक शब्द है।

9. (c) विडौजा पर्यायवाची शब्द इन्द्र का है। इन्द्र के अन्य पर्यायवाची शब्द है– सुरपति, शचीपति, मघवस, शक्र, पुरन्दर, देवराय, अमरपति, वज्रधर आदि।

10. (d) स्वजाति का विलोम विजाति होता है। कुजाति, सुजाति एवं अजाति इससे अलग शब्द है।

11. (d) मार शब्द का पर्यायवाची शब्द अनंग है। अनंग का आशय कामदेव है। इनके अन्य पर्यायवाची शब्द है। मन्मथ, मदन, रतिपति, कुसुमेश, मनसिज, मकरध्वज, कन्दर्प, मीनकेतु आदि।

12. (d) उन्मूलन का विलोम रोपण होता है। निमीलन, समूलन, आमुलन का इससे कोई सम्बन्ध नहीं है।

13. (d) रसा का पर्यायवाची शब्द तमिस्त्रा है। अन्य विकल्प रत्नगर्भा, अचला और धरित्री पृथ्वी के पर्यायवाची शब्द है।

14. (c) अमित का विलोम परिमित होता है। कुमित, दुर्मित, एवं सुमित का इस शब्द से कोई आशय नहीं है।

15. (b) श्रीगणेश का शब्द विलोम ''इतिश्री'' है। अथ का आशय समारम्भ होता है।

16. (c) वाक् + मय = वाड्मय

17. (d) धनी का विलोम निर्धन होता है। अधनी, अधीन एवं धनहीन इसका सटीक विलोम शब्द नहीं है।

18. (d) दिये गये विकल्पों में विकल्प (a) में गुप्त रहस्य शब्द का प्रयोग एक ही भाव स्पष्ट करता है जो पुनरावृति का द्योतक है। अत: रहस्य ही पर्याप्त आशय रखता है। इसी प्रकार श्याम सज्जन आदमी है। यहां पर श्याम सज्जन है से भाव की पूर्ति हो जा रही है। विकल्प (c) में अधिकाँश भाग से अधिक + अंश पुन: आगे प्रयुक्त भाग अंश शब्द का पुनरावृत्ति है। अत: यह वाक्य भी दोषपूर्ण है। अगला वाक्य इनमें से एक भी शुद्ध नहीं है। यही वाक्य शुद्ध है।

19. (d) उन्मीलन का विलोम शब्द निमीलन होता है। अवमीलन, सुमेलन अनुमीलन का इसका विलोम आशय नहीं है।

20. (a) वर्तनी की दृष्टि से विकल्प (a) अन्तर्धान शुद्ध है। अन्य विकल्प षष्ठम् सहस्त्र एवं अनुर्षगिक वर्तनी की दृष्टि से त्रुटिपूर्ण है। इसका शुद्ध शब्द होगा – षष्ठ सहस्त्र एवं आनुषंगिक।

21. (b) अधिकृत का विलोम अनधिकृत होता हैं जबकि प्राधिकृत उनाधिकृत और अवलोम का आशय, अनुलोम से नहीं मिलता है।

22. (d) वर्तनी की दृष्टि से अशुद्ध शब्द विकल्प (d) है इसका शुद्ध वर्तनी रूप होगा– राहुल सांकृत्यायन। इसके अतिरिक्त अन्य विकल्प वर्तनी की दृष्टि से शुद्ध है।

23. (b) अनुलोम शब्द का विलोम प्रतिलोम होता है। सुलोम, अनलोम और अवलोम का आशय अनुलोम से नहीं होता है।

24. (d) दिये गये विकल्पों (d) त्रुटिपूर्ण है। अनूगृहीत का शुद्ध रूप अनुगृहीत होगा। अन्य विकल्प, अधीन भागीरथी और जागृत शुद्ध शब्द है।

25. (c) परिश्रम का विपरीतार्थक शब्द विश्राम होगा, जबकि दिये गये अन्य विकल्पों में प्रयुक्त शब्द आश्रम, विश्रम और विश्रान्त का अनुलोम से कोई आशय नहीं है।

26. (a)

27. (a) विकल्प (a) ज्योत्सना शुद्ध वर्तनी है।

28. (d)

29. (a) विकल्प (a) हिरण्यकशिपु शुद्ध वर्तनी है।

30. (d) विकल्प (d) सन्यासी अशुद्ध वर्तनी है। जबकि संयासी शुद्ध वर्तनी है।

31. (c) अपनी इच्छा से दूसरों की सेवा करने वाला' के लिए उपयुक्त शब्द स्वयंसेवक है। जबकि बिना वेतन के काम करने वाले को' अवैतनिक कहा जाता है।

32. (b) हाथी की पीठ पर रखे जाने वाले आसन को हौदा के नाम से जाना जाता है। जबकि काठी का उपयोग ऊंट के लिए होता है। गाड़ियों पर सुरक्षा के लिए बख्तर का प्रयोग किया जाता है।

33. (c) गुरु के समीप रह कर शिक्षा ग्रहण करने वाला के लिए एक शब्द है 'अन्तेवासी'।

34. (c) जिसे प्रमाण द्वारा सिद्ध न किया जा सके उसके लिए उपयुक्त शब्द अप्रमेय होता है।

35. (d) अपना उद्देश्य पूर्ण होने पर संतुष्ट व्यक्ति को कृतार्थ कहा जाता है। जबकि जो हमेशा प्रसन्न रहने वाला है, उसके लिए चिर प्रसन्न शब्द उपयुक्त होगा और जो किये हुए उपकार को मानता है उसे कृतज्ञ कहते हैं।

36. (b) उपनिवेश से सम्बन्ध हो जिसका' उसके लिए एक शब्द औपनिवेशिक है।

37. (b)

38. (d) असूर्यम्पश्या का आशय है – रनिवास में कड़े पर्दे में रहने वाली स्त्री।

39. (a) देवर का तत्सम शब्द है – द्विवर

40. (a) 'उत्तराधिकार में प्राप्त सम्पत्ति' के लिए एक शब्द है 'रिक्थ'।

41. (d) दिये गये चारों विकल्पों में मोती शब्द तत्सम नहीं है। इसका तत्सम रूप माणिक्य होगा। अन्य शब्द अग्नि, घोटक और घट तत्सम शब्द है। इनका तद्भव शब्द क्रमश: होगा – आग, घोड़ा और घड़ा।

42. (a) 'गिरा हुआ' के लिए एक शब्द है पतित।

43. (d) पलंग शब्द का तत्सम रूप है – पर्यक।

44. (a) दिये गये विकल्पों में दिन शब्द तद्भव है। इसका तत्सम रूप दिवस होगा। जबकि स्कन्ध का तद्भव कन्धा, अंधकार का अँधियारा और कपास का कपास होता है।

45. (a) 'वह कृशकाय व्यक्ति दौड़ने लगा'। इस वाक्य में विशेष्य शब्द व्यक्ति है। जबकि कृशकाय विशेषण शब्द है।

46. (b) अखरोट शब्द का तत्सम रूप है– अक्षोर।

47. (b)

48. (b) अकार्य शब्द का तद्भव रूप है-अकाज।

49. (a) दिये गये विकल्पों में विकल्प (a) 'पांचवाँ शब्द संख्यावाचक विशेषण है। जिस विशेषण से संज्ञा या सर्वनाम की संख्या का बोध हो उसे संख्यात्मक विशेषण कहते है।

50. (a) टकसाल का तत्सम रूप है– टंकशाला।

51. (b) **52.** (d)

53. (a) 'दोनों शब्द समुदाय बोधक संख्यावाचक विशेषण है। क्योंकि इससे एक समुदाय का स्पष्टीकरण होता है। संख्यावाचक विशेषण के निम्न भेद है–

(अ) निश्चित संख्यावाचक (गणनावाचक, क्रमवाचक, आवृतिवाचक और समुदायवाचक)

54. (b) गोबर का तत्सम रूप है-गोमय

55. (d) **56.** (a)

57. (c) दिये गये विकल्प में विकल्प (c) त्रुटिपूर्ण वाक्य है। 'यही सरकारी महिलाओं का अस्पताल है।' इसमें शब्द क्रम दोष है। सही वाक्य होगा - 'यह महिलाओं का सरकारी अस्पताल है।'

58. (d) उपर्युक्त विकल्पों में भव शब्द विशेषण नहीं है। जबकि निर्भीक, भीरु और भयभीत शब्द विशेषण है।

59. (a) निर्दिष्ट विकल्पों में सुन्दरता शब्द विशेषण है। जबकि कवि और विद्वान संज्ञा है और भलाई शब्द संज्ञा विशेष्य है। इसका विशेषण भला होगा।

60. (c) जिस शब्द से संज्ञा का गुण, दशा, स्वभाव आदि लक्षित हो उसे गुणवाचक विशेषण कहते हैं। इसके भेद निम्न है- काल, स्थान, आकार, रंग, दशा, गुण।

61. (c)

62. (b) दाँत और जीभ के स्पर्श से बोले जाने वाले वर्ण 'दंत्य' वर्ण कहलाते हैं जैसे त वर्ग, ल, स। जबकि तालु और जीभ के स्पर्श से बोले जाने वाले वर्ण 'तालव्य' वर्ण कहलाते हैं जैसे-इ, ई, च वर्ग, य, श। दोनों ओठों के स्पर्श से बोले जाने वाले वर्ण 'ओष्ठ्य' वर्ण कहलाते हैं, जैसे-उ, ऊ, प वर्ग। मूर्द्धा और जीभ के स्पर्श वाले वण 'मूर्द्धन्य' वर्ण कहलाते हैं, जैसे–ऋ, ट वर्ग, र, ष।

63. (a)

64. (c) शब्द युग्म ऐसे शब्द होते हैं, जो बोलने, सुनने और पढ़ने और लिखने में भी अधिक भिन्न नहीं लगते, किन्तु जिनके अर्थ सर्वथा भिन्न होते हैं। दिए गए विकल्प में से शब्द युग्म 'शून्य-खाली' सही नहीं है।

65. (c) **66.** (a)

67. (a) जो अलंकार शब्द और अर्थ दोनों पर आश्रित रहकर दोनों को चमत्कृत करते हैं, वे उभयालंकार कहलाते हैं। उभयालंकार (शब्दालंकार + अर्थालंकार) हैं।

68. (b) काव्य में जहाँ पर किसी शब्द के दो या दो से अधिक अर्थ निकले वहाँ 'श्लेष अलंकार' होता है। उदाहरण–'' चाहन हार सुवर्ण के, कविजन और सुनार।''

69. (b) समान अर्थ व्यक्त करने वाले शब्दों को पर्यायवाची शब्द कहते हैं। 'दंभ' का पर्यायवाची 'दर्प' हैं, जबकि 'बड़ा' का पर्यायवाची बृहत, विशाल, लम्बा-चौड़ा है।

70. (c) ऐसा वाक्यांश जो सामान्य अर्थ का बोध न कराकर किसी विलक्षण अर्थ की प्रतीति कराये, ''मुहावरा'' कहलाता है। दिए गए मुहावरें ''छाती पीटना'' का सही अर्थ शोक प्रकट करना है।

71. (b) दिए गए मुहावरे ''विद्रोह करना'' का सही अर्थ-गर्दन उठाना होता है।

72. (b)

73. (c) दी गई लोकोक्ति ''आम के आम गुठलियों के दाम'' का सही अर्थ दोहरा लाभ होना होगा।

74. (b) समान अर्थ का बोध कराने वाले शब्दों को पर्यायवाची शब्द कहा जाता है। सामान्य भाषा में इनको समानार्थक शब्द भी कह सकते हैं। दिए गए विकल्प में से समूह सुष्ठू, अच्छा, साफ, भला सभी पर्यायवाची नहीं हैं।

75. (b) यदि किसी वर्ग के प्रथम वर्ण से परे कोई अनुनासिक वर्ण हो तो प्रथम वर्ण के बदले उसी वर्ग का अनुनासिक वर्ण हो जाता है। जैसे–उत् + माद = उन्माद। यह व्यंजन संधि का उदाहरण है।

76. (b) **77.** (c)

78. (b) 'सम्पन्न' व्यक्ति 'विपन्न' की व्यथा नहीं जान सकता।

79. (b) ऐसे शब्दों के उच्चारण और वर्तनी में बहुत थोड़ा-सा अंतर होता है, किन्तु उनके अर्थ में कोई समानता नहीं होती। शब्द युग्म कहलाते हैं। दिए गए शब्द-युग्म 'मेध-मेधा' का सही अर्थ भेद 'यज्ञ-बुद्धि' है।

80. (a) जिन शब्दों से किसी द्रव्य या पदार्थ का बोध होता है, उन्हें 'द्रव्यवाचक संज्ञा' कहते हैं जैसे-सोना, चाँदी, लोहा, दूध, आदि।

81. (c) अस्थिर या संचरण करने वाले मनोविकार जो आश्रय के मन में उत्पन्न हो, उसे 'संचारी भाव' कहते हैं। इनकी संख्या 33 मानी गई है। ये एक रस में एक साथ कई बार आते हैं और पुन: लुप्त हो जाते हैं।

82. (b)

83. (a) संस्कृत से बिना किसी परिवर्तन के हिन्दी में आए शब्द 'तत्सम' कहे जाते हैं। दिए गए विकल्प में से 'चवर्ण' तत्सम शब्द है।

84. (a) किसी शब्द के अंत में लगकर या प्रयुक्त होकर मूल शब्द के अर्थ में परिवर्तन या नवीनता ला देते हैं, प्रत्यय कहलाते हैं। 'धुमंतु' शब्द में 'अंतु' प्रत्यय है।

85. (b)

86. (c) किसी भी भाषा में शब्दों की ध्वनियों को जिस क्रम और जिस रूप से उच्चारित किया जाता है। उसी क्रम और उसी रूप में लिखने की रीति को वर्तनी कहते हैं। दिए गए विकल्पों में से वर्तनी की दृष्टि से 'समिति' शुद्ध शब्द है।

87. (c)

88. (d) जिस वाक्य से किसी तरह की आज्ञा का बोध हो वे आज्ञावाचक वाक्य कहे जाते हैं। जैसे–तुम मेरे साथ घर चलो।

89. (c)

90. (c) 'अर्वाचीन' का विलोम शब्द 'प्राचीन' होता है।

91. (b) संज्ञा विकारी पद है, इसमें लिंग संबंधी परिवर्तन होता है। स्त्रीलिंग और पुल्लिंग संबंधी नियमों की अवहेलना अथवा अज्ञान से लिंग संबंधी अनेक भूलें हो जाती हैं। अत: स्त्रीलिंग और पुल्लिंग का शुद्ध रूप में प्रयोग किया जाना चाहिए। उक्त प्रश्न में कवि का शुद्ध स्त्रीलिंग 'कवयित्री' है, शेष विकल्प अशुद्ध हैं।

92. (c) शब्द के जिस रूप में यह जाना जाये कि वर्णित वस्तु या व्यक्ति पुरुष जाति का है या स्त्री जाति का, उसे लिंग कहते हैं। लिंग के द्वारा संज्ञा, सर्वनाम, विशेषण आदि शब्दों की जाति का बोध होता है। हिन्दी में लिंग निर्धारण रूप के आधार पर, प्रयोग के आधार पर तथा अर्थ के आधार पर किया जाता है। उक्त प्रश्न में क्रोध, बुढ़ापा तथा चयन पुल्लिंग शब्द है, जबकि छाया स्त्रीलिंग शब्द है।

93. (b)

94. (a) बहुवचन बनाने में प्रयुक्त प्रत्यय के अनुसार अकारान्त एवं आकारान्त स्त्रीलिंग शब्दों में 'ए' जोड़ने पर वे बहुवचन बन जाते हैं। जैसे–

पुस्तक	–	पुस्तकें
सड़क	–	सड़कें
बात	–	बातें
माता	–	माताएँ

95. (c) 'नौकर आज छुट्टी पर है'–इस वाक्य का स्त्रीलिंग वाक्य है–'नौकरानी आज छुट्टी पर है', क्योंकि नौकर का स्त्रीलिंग नौकरानी है।

96. (d)

97. (d) जब कोई वाक्यांश अपने सामान्य अर्थ को छोड़कर विशेष अर्थ में रूढ़ हो जाता है, तो मुहावरा कहलाता है। 'चार चाँद लगाना' मुहावरे का अर्थ है 'शोभा बढ़ाना।'

98. (c) वाक्य रचना का सौंदर्य उसके शब्दों एवं पदों के व्यवस्थित एवं समानुपातिक प्रयोग पर आश्रित होता है। वाक्य में पद, पदबंध, उपवाक्य आदि के संबंधों का उचित निर्वाह न करने से अशुद्धियाँ हो जाती हैं। उक्त प्रश्न में दिये गए वाक्यों में विकल्प (c) का वाक्य 'मैंने तुमसे कहा था' शुद्ध है, जबकि शेष विकल्पों में अशुद्ध वाक्य दिये गए हैं।

99. (a)

100. (d) एक पूर्ण वाक्य की संरचना के लिए- वर्ण, शब्द, पद तथा वाक्यांश की आवश्यकता होती है। साथ ही वाक्य की शुद्धता के लिए वाक्य में पद, पदबंध, उपवाक्य आदि के संबंधों का उचित निर्वाह होना चाहिए। दिए गए प्रश्न में विकल्प (d) का वाक्य शुद्ध वाक्य होने की कसौटी को पूरा करता है अर्थात् मैं अपना काम करता हूँ, शुद्ध वाक्य है, जबकि शेष अशुद्ध है।

❑❑❑

प्रैक्टिस सेट–9

1. 'यमुना' का पर्यायवाची है–
(a) कालिन्दिनी (b) भागीरथी
(c) यामिनी (d) कालिन्दी

2. 'जंगल' शब्द का पर्यायवाची है–
(a) प्रमोद (b) विश्रान्ति
(c) कान्तार (d) दिव

3. निम्नलिखित में कौन सा शब्द 'निशीथ' का पर्यायवाची नहीं है–
(a) रात्रि (b) रजनी
(c) तम (d) निशा

4. 'क्रोध' शब्द का पर्यायवाची है–
(a) संताप (b) अमर्ष
(c) वैमनस्य (d) भीति

5. 'सूर्य' का पर्यायवाची है–
(a) भास्वर (b) मार्तण्ड
(c) प्रकाश (d) तेज

6. 'बिजली' शब्द का पर्यायवाची नहीं है–
(a) वितुंडा (b) दामिनी
(c) चंचला (d) तड़ित

7. निम्नलिखित में कौन-सा शब्द 'अरविन्द' का पर्यायवाची नहीं है?
(a) मिलिन्द (b) पंकज
(c) जलज (d) अम्बुज

8. 'प्रत्यक्ष' शब्द का विलोम है–
(a) अपरोक्ष (b) परोक्ष
(c) सुंदर (d) प्रत्यय

9. 'पर्यायवाची' शब्द का अर्थ है–
(a) विलोमवाची (b) प्रतिविलोमवाची
(c) समानाभास (d) समानार्थी

10. 'सामान्य' शब्द का विलोम है–
(a) श्रेष्ठ (b) सर्वज्ञ
(c) साधारण (d) विशिष्ट

11. 'प्राची' का पर्यायवाची शब्द है–
(a) प्राचीन (b) प्रकृत
(c) पूर्व (d) प्रज्ञा

12. 'अमर' शब्द का विलोम है–
(a) मृतक (b) मृत्यु
(c) मरण (d) मर्त्य

13. 'तरंग' शब्द का पर्यायवाची है–
(a) पुष्कर (b) कूल
(c) जलधि (d) ऊर्मि

14. 'उपकार' शब्द का विलोम है–
(a) विकार (b) अनुपकार
(c) अपकार (d) तिरस्कार

15. 'तिमिर' शब्द का विलोम है–
(a) आलोक (b) किरण
(c) रंगीन (d) रंगहीन

16. कौन-सा वाक्य शुद्ध है?
(a) दही खट्‌टी है।
(b) दही खट्‌टा है।
(c) दही खटास है।
(d) दही खटाई है।

17. 'उक्त' शब्द का विलोम है–
(a) अनुरक्त (b) उपयुक्त
(c) अनुपयुक्त (d) उपर्युक्त

18. कौन-सा वाक्य शुद्ध है?
(a) सुरेश को एक पाती लिखना है।
(b) सुरेश ने एक पाती लिखना है।
(c) सुरेश के लिए एक पत्र लिखनी है।
(d) सुरेश के लिए एक पत्र लिखना है।

19. 'निर्दय' शब्द का विलोम है–
(a) सह्य (b) सहृदय
(c) सदय (d) सभय

20. 'उम्मीलन' शब्द का विलोम है–
(a) अनुमीलन (b) निमीलन
(c) अवमीलन (d) मीलन

21. कौन-सा वाक्य शुद्ध है ?
(a) यह आंखों से देखी घटना है
(b) यह आंखों देखी घटना है
(c) यह आंखों द्वारा देखी गई घटना है
(d) यह आंखों द्वारा देखी सुनी-सुनी घटना है

22. 'उत्कर्ष' शब्द का विलोम है–
(a) अकर्ष (b) अनुत्कर्ष
(c) अपकर्ष (d) आकर्ष

23. 'आविर्भाव' शब्द का विलोम है–
(a) अनाविर्भाव (b) विभाव
(c) अविर्भाव (d) तिरोभाव

24. अशुद्ध वर्तनी वाला शब्द है–
(a) पारलौकिक (b) निर्दिष्ट
(c) दुर्धर्ष (d) आशीर्वाद

25. कौन-सा वाक्य शुद्ध है?
(a) आइन्स्टीन के पास विलक्षण बुद्धि थी।
(b) आइन्स्टीन के पास विचित्र बुद्धि थी
(c) आइन्स्टीन के पास अलौकिक बुद्धि थी
(d) आइन्स्टीन के पास दैवीय बुद्धि थी।

26. शुद्ध वर्तनी वाला शब्द है–
(a) धोबिन (b) धोबिनी
(c) धोबनी (d) धोबीन

27. कौन-सा वाक्य शुद्ध है ?
(a) शरत्कालीन दिनों में चन्द्रमा की शोभा देखने योग्य होती है।
(b) शरद् काल के दिनों में चन्द्रमा की शोभा देखने योग्य होती है।
(c) शरत् काल में चन्द्रमा की शोभा देखने योग्य होती है।
(d) शरत् काल के दिनों में चन्द्रमा की शोभा देखने योग्य होती है।

28. शुद्ध वर्तनी वाला शब्द है?
(a) भगीरथी (b) भागीरथी
(c) भगिरथी (d) भागिरथी

29. शुद्ध वर्तनी वाला शब्द है–
(a) विरिहिणी (b) विरहणी
(c) विरहिणी (d) विरिहणी

30. अशुद्ध वर्तनी वाला शब्द है–
(a) प्रज्वलित (b) समुज्जवल
(c) उज्ज्वल (d) समुज्वल

31. 'जिसका जन्म छोटी जाति (निचले वर्ण) में हुआ हो, के लिए उपयुक्त शब्द है–
(a) अण्डज (b) शूद्र
(c) अन्त्यज (d) अछूत

32. 'जिसका इलाज न हो सके' उसके लिए उपयुक्त शब्द है–
(a) असाध्य (b) दुःसाध्य
(c) साधनहीन (d) श्रमसाध्य

33. 'जो सब कुछ जानता है' के लिए उपयुक्त शब्द है–
(a) त्रिकालज्ञ (b) बहुज्ञ
(c) ज्ञानी (d) सर्वज्ञ

34. 'जिसे जीता न जा सके' उसके लिए उपयुक्त शब्द है–
(a) अजेय (b) अज्ञेय
(c) अपराजेय (d) दुर्जेय

35. **कौन-सा तत्सम शब्द नहीं है?**
(a) इन्दु (b) दिनेश
(c) मनोज (d) रात

36. **'जिस स्त्री का पति जीवित है' उसके लिए उपयुक्त शब्द है–**
(a) पतिव्रता (b) सधवा
(c) विवाहिता (d) अनुरक्ता

37. **'तिक्त' शब्द का तद्भव है–**
(a) तीता (b) तीखा
(c) तिक्ता (d) तिखन

38. **'जो क्षीण न हो सके' उसके लिए उपयुक्त शब्द है–**
(a) अमिट (b) अपार
(c) अक्षय (d) अनंत

39. **'ससुर' का तत्सम शब्द है–**
(a) सस्वर (b) स्वसुर
(c) श्वसुर (d) स्वश्रु

40. **'बहुत अधिक बोलने वाला व्यक्ति'–**
(a) वक्ता (b) अधिवक्ता
(c) प्रवक्ता (d) वाचाल

41. **'तद्भव' शब्द निर्दिष्ट कीजिए–**
(a) आधा (b) कूप
(c) विद्या (d) व्योम

42. **'जिसके सिर पर चंद्र हो' के लिए उपयुक्त शब्द है–**
(a) चन्द्रशिखर (b) चन्द्रशेखर
(c) चक्रधर (d) चन्द्रग्रहण

43. **'जिसके हृदय में ममता नहीं है' – के लिए उपयुक्त शब्द है–**
(a) मर्माहत (b) क्रूर
(c) निर्मम (d) निर्दय

44. **'चूरन' का तत्सम शब्द है–**
(a) चौर (b) चूर्ण
(c) चर्म (d) चक्षु

45. **तिलक लगाने में किस अन्न का प्रयोग उपयुक्त होता है?**
(a) गेहूं (b) अक्षत
(c) जौ (d) उड़द

46. **'ढीठ' शब्द का तत्सम है–**
(a) दृष्ट (b) पुष्ट
(c) दृश्य (d) धृष्ट

47. **'तत्सम' शब्द का चयन कीजिए–**
(a) शेर (b) बबर शेर
(c) व्याघ्र (d) बाघ

48. **'विशेषण' शब्द का चयन कीजिए–**
(a) सरपंच (b) पांचवां
(c) प्रपंच (d) पहुंच

49. **'मां' शब्द का तत्सम् है–**
(a) माता (b) मातृका
(c) मातृ (d) अम्मा

50. **'विशेष्य शब्द है–**
(a) रामलला (b) बुद्धिमति स्त्री
(c) रमापति (d) सीता-राम

51. **तद्भव शब्द है–**
(a) मानव (b) मनई
(c) मनुष्य (d) मानो

52. **'तत्सम' शब्द है–**
(a) क्लिष्ठ (b) कठोर
(c) कठिन (d) मजबूत

53. **निम्नलिखित विशेष्य-विशेषण युग्मों में एक गलत है–**
(a) सर्व-सुलभ (b) ताजी-रोटी
(c) कर्म-निष्ठ (d) भाव-विह्वल

54. **'ऋषि' संज्ञा शब्द का विशेषण शब्द क्या बनेगा?**
(a) आर्ष (b) ऋषिकल्प
(c) ऋषितुल्य (d) ऋषिवत्

55. **'परिणामवाचक क्रिया-विशेषण' का वाक्य होगा–**
(a) वह बहुत थक गया है।
(b) वह अभी-अभी गया है।
(c) वह अंदर बैठा है।
(d) वह अब भली-भांति नाच लेता है।

56. **व्याकरण की दृष्टि से कौन-सा शब्द विशेषण नहीं है?**
(a) भयभीत (b) निर्भीक
(c) भीरू (d) भय

57. **निम्नलिखित में विशेष्य पद है–**
(a) अनुरागी (b) अनादृत
(c) अपमानित (d) अग्नि

58. **'एक प्रतिभासम्पन्न छात्र' का विशेषण है–**
(a) कुशल (b) चतुर
(c) अध्ययनशील (d) मेधावी

59. **'बड़ा घर', 'छोटा आदमी' और 'नीला वस्त्र' में विशेष्य कौन-कौन पद हैं?**
(a) नीला, छोटा
(b) बड़ा, छोटा
(c) घर, आदमी, वस्त्र
(d) छोटा, नीला

60. **'नीली साड़ी' में कौन-सा विशेषण है?**
(a) संख्यावाचक (b) परिमाणवाचक
(c) गुणवाचक (d) सार्वनामिक

61. **एक से अधिक उपसर्गों से बना शब्द है–**
(a) असुरक्षित (b) बेईमान
(c) अनपढ़ (d) निर्वाह

62. **'निशाचर' में कौन-सा समास है?**
(a) अव्ययीभाव (b) कर्मधारय
(c) तत्पुरुष (d) बहुव्रीहि

63. **'मुख-दर्शन' में कौन-सा समास है?**
(a) द्विगु (b) तत्पुरुष
(c) द्वन्द्व (d) बहुव्रीहि

64. **'उपेक्षा' में उपसर्ग है–**
(a) उ (b) उत्
(c) उप (d) अत्

65. **'सेम' का तत्सम निम्न में से होगा–**
(a) स्कन्ध (b) शिम्बा
(c) श्याल (d) सेज

66. **निम्न में से तत्सम चुनिए–**
(a) दो
(b) द्वौ
(c) दी
(d) इनमें से कोई नहीं

67. **किस शब्द की रचना प्रत्यय से हुई है?**
(a) खपत (b) प्रख्यात
(c) कपूत (d) निश्चल

68. **कौन-सा शब्द निम्न प्रत्यय से बना है? 'आचार'**
(a) स्वेच्छाचारी (b) गोतामार
(c) संगम (d) मंगलाचार

69. **ऊष्म व्यंजन कितने होते हैं?**
(a) चार (b) तीन
(c) दो (d) एक

70. **बलाघात कितने प्रकार का होता है?**
(a) एक (b) तीन
(c) पाँच (d) दो

71. **इनमें से कौन-सा वाक्य अशुद्ध है?**
(a) वे तो वहाँ जाने के लिए तैयार ही नहीं हैं।
(b) मुझे आशा है कि आप मेरे सुझावों पर विचार करेंगे।
(c) दो-चार साल बाद ये तो नहीं होंगे, लेकिन ये होगा।
(d) इस पुस्तक में ऐसा क्या है कि तुम इसे छोड़ ही नहीं रहे।

72. **निम्न विकल्पों में से अशुद्ध वाक्य का चयन कीजिए–**
(a) ताजमहल का सौन्दर्य अनुपम है।
(b) अपराधी को रस्सी से बांधकर ले गये।
(c) उसकी आवाज सुनाई पढ़ी।
(d) सब लोग अपनी-अपनी राय दें।

73. वाच्य किसके अनुसार बनता है?
(a) कर्त्ता के (b) कर्म के
(c) भाव के (d) तीनों के

74. 'निशीथ' का विलोम है–
(a) मध्याह्न (b) अपराह्न
(c) पूर्वाह्न (d) निशा

75. 'देही' का विलोम चुनिये–
(a) विदेह (b) संदेह
(c) देह (d) देय

76. निम्न प्रश्न के शब्द-युग्म विकल्पों में से सही अर्थ-भेद का चयन कीजिए-चूड-चूर–
(a) चरण-चरण
(b) शिथिल-केश
(c) चन्द्र-चूड़
(d) चोटी-शिथिल

77. निम्न शब्द-युग्म के विकल्पों में से कोई एक विकल्प सही नहीं है। गलत युग्म का चयन कीजिए–
(a) कुल-वंश (b) गणना-गड़ना
(c) शुक्ल-शुल्क (d) चित्त-चित

78. निश्चयवाचक सर्वनाम है–
(a) कोई (b) क्या
(c) कहाँ (d) यह

79. 'व्यर्थ' शब्द में किन वर्णों की सन्धि हुई है?
(a) इ + अ (b) इ + उ
(c) इ + ए (d) इ + आ

80. निम्नलिखित में से कौन-सा शब्द वृद्धि स्वर संधि का नहीं है?
(a) सदैव (b) जलौंध
(c) गुरुपदेश (d) परमौदार्य

81. संधि और समास में क्या अन्तर है?
(a) सन्धि वर्णों का मेल है, समास शब्दों का।
(b) संधि में वर्णों के योग से वर्ण परिवर्तन होता है जबकि समास में ऐसा नहीं होता।
(c) समास में बहुत से पक्षों के बीच कारक चिन्हों अथवा समुच्चय बोधकों का लोप हो जाता है।
(d) उपर्युक्त सभी अन्तर।

82. निम्न विकल्पों में कौन-सा एक विकल्प अव्ययी भाव समास का उदाहरण है?
(a) जनप्रिय (b) दयाद्र
(c) बेकाम (d) आग पानी

**83. ''देख लो साकेत नगरी है यही।
स्वर्ग से मिलने गगन में जा रहीं।।''
उपरोक्त उदाहरण किस अलंकार का है?**
(a) विभावना अलंकार
(b) अतिशयोक्ति अलंकार
(c) अन्योक्ति अलंकार
(d) काव्यलिंग अलंकार

84. ''जलता है यह जीवन-पतंग'' में उपमेय है–
(a) जीवन (b) पतंग
(c) जीवन-पतंग (d) जलता

85. किस समूह में सभी शब्द 'आत्मा' के पर्यायवाची हैं?
(a) अंतर, जीव, मन, अन्तर्मन
(b) शरीर, देह, जड़, तना
(c) जीव, जीवात्मा, आर्व, नेह
(d) अन्तरात्मा, आत्मा, अस्क, मन

86. 'निरादर' का पर्यायवाची है–
(a) बहादुर (b) अनादर
(c) आदर (d) सम्मान

87. ''सिर पर पाँव रखकर भागना'' मुहावरे का अर्थ है–
(a) चोरी करके भागना
(b) छिपकर भागना
(c) बहुत तेज भागना
(d) इनमें से कोई नहीं

88. ''अगर-मगर करना'' मुहावरे का सही अर्थ है–
(a) इधर की बात उधर करना
(b) बहाने बनाना
(c) कपट करना
(d) व्यर्थ समय गँवाना

89. ''जैसी करनी वैसी भरनी'' लोकोक्ति का सही अर्थ है–
(a) कार्य के अनुसार परिणाम मिलता है।
(b) जो जितना उधार लेता है, उसे उतना ही लौटाना पड़ता है।
(c) बुरे काम का बुरा परिणाम होता है।
(d) अच्छा फल चाहने वाले को बुरा काम छोड़ देना चाहिए।

90. ''जैसे नागनाथ, वैसे साँपनाथ'' लोकोक्ति का सही अर्थ है–
(a) सब एक समान है।
(b) सब एक समान दुष्ट प्रकृति वाले हैं।
(c) सबके साथ समान व्यवहार करना चाहिए।
(d) सबको एक समान समझना चाहिए।

91. 'मिथ्या' का विलोमार्थक शब्द कौन-सा है?
(a) आडंबर (b) धुँधला
(c) दिखावा (d) सत्य

92. 'पवन' का पर्यायवाची शब्द कौन-सा है?
(a) मिलना
(b) पूजना
(c) समीर
(d) आदर

93. 'जो मन की बात जानता हो', इसे क्या कहते हैं?
(a) भविष्यणी
(b) अंतर्यामी
(c) ज्योतिषी
(d) मनोवैज्ञानिक

94. 'अकालपीड़ित' समस्तपद में समास का कौन-सा भेद है?
(a) द्वंद्व (b) बहुब्रीहि
(c) तत्पुरुष (d) कर्मधारय

95. 'नवनिधि' समस्तपद में कौन-सा समास है?
(a) तत्पुरुष
(b) द्वंद्व
(c) द्विगु
(d) इनमें से कोई नहीं

96. निम्न अनेकार्थी शब्दों का कौन-सा युग्म सही है?
(a) द्विज-ब्राह्मण, दाँत
(b) अंक-संख्या, ओढ़नी
(c) सारंग-हिरण, हस्ति
(d) अज-शिव, आज

97. 'अर्क' के अनेकार्थ हैं–
(a) व्याख्या, प्रयोजन, उद्देश्य
(b) सार, सारांश, निष्कर्ष
(c) आकाश, कपड़ा, सूर्य
(d) नभचर, अंशुमाली, रश्मि

98. पर्यायवाची शब्दों का कौन-सा युग्म सही नहीं है?
(a) सूर्य-पतंग
(b) बंदर-मर्कट
(c) रात-विभावरी
(d) सुत-आत्मजा

99. निम्नलिखित में से कौन-सा शब्द 'चाँद' का पर्यायवाची नहीं है?
(a) मयंक (b) मयूख
(c) राकेश (d) सोम

100. समोच्चारित भिन्नार्थक शब्दों में से 'कुल-कूल' का सही युग्म है?
(a) वंश-किनारा
(b) वंश-ठंडा
(c) परिवार-योग
(d) वंश-योग

व्याख्या सहित उत्तर

1. (d) दिये गये विकल्पों में यमुना का पर्यायवाची 'कालिन्दी' है। जबकि यामिनी रात्रि का पर्यायवाची है, भागीरथी गंगा का पर्यायवाची है। यमुना के अन्य पर्यायवाची शब्द हैं, जैसे सूर्यतनया, भानुजा, सूर्यसुता, तरणितनुजा आदि।

2. (c) जंगल शब्द का पर्यायवाची शब्द कान्तार है, न कि जबकि प्रमोद, विश्रान्ति और दिव है। जंगल के अन्य पर्यायवाची शब्द हैं – विपिन, कानन, वन, अटवि, कान्तार आदि।

3. (c) निर्दिष्ट विकल्पों में तम् अंधकार का पर्याय है, जबकि निशीथ के पर्याय रात्रि, रजनी और निशा है। अत: विकल्प (c) तम् निशीथ का पर्यायवाची शब्द नहीं है।

4. (b) क्रोध शब्द का पर्यायवाची शब्द अमर्ष है न कि संताप वैमनस्य और भीति है।

5. (b) सूर्य का पर्यायवाची मार्तण्ड है न कि प्रकाश, तेज एवं भास्वर है। सूर्य के अन्य पर्यायवाची शब्द हैं – तरणि, आदित्य, दिवाकर, प्रभाकर, दिनकर, भाष्कर आदि।

6. (a) बिजली शब्द का पर्यायवाची शब्द वितुण्डा नहीं है। दामिनी, चंचला और तड़ित बिजली शब्द के पर्यायवाची हैं। इसके अन्य पर्यायवाची शब्द, जैसे चंपला, क्षणप्रभा, कारका, सौदामिनी आदि हैं।

7. (a) अरविन्द का आशय कमल से है। दिये गये विकल्प में मिलिन्द शब्द अरविन्द का पर्यायवाची शब्द नहीं है। इसके पर्यायवाची शब्द हैं– पंकज, जलज, अम्बुज,सरसिज, राजीव, अम्भोज सरोज, नलिन आदि।

8. (b) प्रत्यक्ष का विलोम शब्द परोक्ष है न कि अपरोक्ष सुंदर प्रत्यय है। अपरोक्ष का अर्थ भी प्रत्यक्ष है।

9. (d) पर्यायवाची शब्द का आशय समानार्थी शब्द से होता है। वे शब्द जिनके अर्थो में समानता हो पर्यायवाची शब्द कहे जाते हैं। इन शब्दों को समानार्थी शब्द भी कहा जाता है।

10. (d) सामान्य शब्द का विलोम शब्द विशिष्ट है। श्रेष्ठ सर्वज्ञ और साधारण इसके विलोम शब्द नहीं है। जबकि साधारण का असाधारण, सर्वज्ञ का अज्ञ और श्रेष्ठ का निम्न विलोम होता है।

11. (c) प्राची का पर्यायवाची शब्द पूर्व है, न कि विलोम, प्रकृत और प्रज्ञा है।

12. (d) अमर शब्द का विलोम मर्त्य है न कि मृतक, मृत्यु और मरण है।

13. (d) तरंग शब्द का पर्यायवाची शब्द ऊर्मि है न कि पुष्कर, कूल और जलज। इसके अन्य पर्यायवाची शब्द - लहर, हिलोर, वीचि आदि हैं।

14. (c) उपकार शब्द का विलोम अपकार है, न कि विकार, अनुपकार और तिरस्कार है।

15. (a) तिमिर शब्द का विलोम आलोक है, न कि किरण, रंगीन और रंगहीन है।

16. (b) दिये गये विकल्पों में विकल्प (b) दही खट्टा है, सही है। ध्यातव्य हो। कि दही शब्दों पुर्लिंग के अर्थ में प्रयोग किया जाता है। दूध एवं दूध से बने पदार्थ, हमेशा पुर्लिंग होते हैं।

17. (a) उक्त का विलोम 'अनुरक्त' होता है अत: अन्तर (a) सही है। जबकि उपयुक्त का विलोम 'अनुपयुक्त' होता है।

18. (d) निर्दिष्ट विकल्पों के विकल्प (d) सुरेश के लिए एक पत्र लिखना है, शुद्ध वाक्य है। जबकि अन्य तीनों व्याकरण की दृष्टि से गलत है।

19. (c) निर्दय का विलोम 'सदय' होता है, न कि सहृदय सभय और सहृय।

20. (b) उन्मीलन का विलोम दिये गये विकल्पों में विकल्प (d) निमीलन उपयुक्त है। अन्य तीनों विकल्प गलत है।

21. (b) विकल्प (b) यह आंखों देखी घटना है, शुद्ध वाक्य है। ध्यातव्य हो कि आंखों की उपयोगिकता देखने में ही होती है। अतएव इसके साथ किसी भी कारक विभक्ति का प्रयोग उचित नहीं है।

22. (c) उत्कर्ष का विलोम दिये गये विकल्प (c) अपकर्ष सही है। अन्य तीनों विकल्प त्रुटिपूर्ण है।

23. (d) आविर्भाव का विलोम शब्द है तिरोभाव होता है। अत: विकल्प (d) सही है। जबकि विभाव का विलोम अनुभाव होता है।

24. (b) अशुद्ध वर्तनी वाला शब्द है निर्दिष्ट है जबकि इसका शुद्ध रूप निश्चेष्ट होता है।

25. (a) दिये गये विकल्पों में विकल्प (a) आईस्टीन के पास विलक्षण बुद्धि थी, सही है। अन्य तीनों विकल्प त्रुटिपूर्ण है।

26. (b) शुद्ध वर्तनी वाला शब्द है 'धोबिन' है। अत: विकल्प (a) सही है।

27. (d) दिये गये विकल्पों में विकल्प (c) शरतकाल में चंद्रमा की शोभा देखने योग्य होती है सही विकल्प है। अन्य व्याकरण की दृष्टि से गलत है। क्योंकि काल और दिन एक साथ प्रयोग नहीं होते है।

28. (b) दिये गये विकल्पों में विकल्प (b) 'भागीरथी' शुद्ध विकल्प है। अन्य तीनों त्रुटिपूर्ण हैं।

29. (c) शुद्ध वर्तनी वाला शब्द है 'विरहिणी' । अत: विकल्प (c) सही है। अन्य तीनों विकल्प गलत है।

30. (d) अशुद्ध वर्तनी वाला शब्द 'समुज्वल' है। जबकि अन्य तीनों विकल्प प्रज्वलित, समुज्जवल एवं उज्जवल सही हैं।

31. (c) जिसका जन्म छोटी जाति में हुआ हो,' के लिए उपयुक्त शब्द 'अन्त्यज' होता है।

32. (a) जिसका इलाज न हो सके' उसके लिए उपयुक्त शब्द है– 'असाध्य'।

33. (d) जो सब कुछ जानता हो उसे 'सर्वज्ञ' कहा जाता है। अत: विकल्प (d) सही है।

34. (a) जिसे जीता न जा सके उसके लिए उपयुक्त शब्द है– अजेय।

35. (d) दिये गये विकल्पों में इन्दु, दिनेश और मनोज तत्सम शब्द हैं जबकि रात तद्भव शब्द है। इसका तत्सम रूप रात्रि होता है।

36. (b) जिस स्त्री का पति जीवित है उसके लिए उपर्युक्त शब्द सधवा है।

37. (a) तिक्त शब्द का तद्भव तीता शब्द से हुआ है। अत: विकल्प (a) सही है।

38. (c) जो क्षीण न हो सके उसके लिए उचित शब्द अक्षय है।

39. (c) ससुर का तत्सम श्वसुर होता है। अत: विकल्प (c) सही है। अन्य तीनों विकल्प गलत हैं।

40. (d) बहुत अधिक बोलने वाला व्यक्ति 'वाचाल' कहलाता है।

41. (a) दिये गये विकल्पों में 'कूप', 'विद्या' और 'व्योम' तीनों विकल्प तत्सम् शब्द के हैं। जबकि विकल्प (a) में प्रयुक्त शब्द आधा तद्भव शब्द है। इसका तत्सम रूप अर्द्ध होगा।

42. (b) जिसके सिर पर चंद्र हो उसके लिए उपयुक्त शब्द 'चन्द्रशेखर' है।

43. (c) जिसके हृदय में ममता नहीं हो उसके लिए उपयुक्त शब्द 'निर्मम' होता है। जबकि जिसके हृदय में दया न हो उसके लिए निर्दय शब्द का प्रयोग होता है।

44. (b) चूरन शब्द का तत्सम शब्द चूर्ण होता है, न कि चक्षु, चौर चर्म।

45. (b) तिलक लगाने में अक्षत का प्रयोग किया जाता है। अक्षत में चावल के दाने का प्रयोग किया जाता है।

46. (d) ढीठ शब्द का तत्सम शब्द धृष्ट होता है। अन्य तीनों विकल्प गलत हैं।

47. (c) दिये गये विकल्पों में विकल्प (c) का व्याघ्र शब्द तत्सम शब्द है। जबकि अन्य तीनों शेर, और बाघ तद्भव शब्द है।

48. (b) दिये गये विकल्पों में पांचवां शब्द विशेषण है जो कि निश्चित संख्या (क्रम सूचक) की अभिव्यक्ति करता है, जबकि अन्य शब्द सरपंच, प्रपंच और पहुंच इससे इतर शब्द हैं।

49. (c) डॉ. हरदेव बाहरी के हिन्दी शब्द कोश के अनुसार मां शब्द का तत्सम शब्द माता एवं मातृ दोनों है।

50. (d) विशेष्य पद सदैव संज्ञा होते हैं। सीता-राम दोनों संज्ञा शब्द हैं अत: उत्तर (d) सही है।

51. (b) दिये गये विकल्पों में 'मनई' शब्द तद्भव शब्द है।

52. (a) दिये गये विकल्पों (a) में दिया गया क्लिष्ठ शब्द तत्सम शब्द हैं। वैसे इसका शुद्ध रूप क्लिष्ट होता है। वर्तनी अशुद्धि के कारण हो सकता है। ऐसा हो गया है। अत: विकल्प (a) सही है। अन्य तीनों विकल्प कठोर, कठिन और मजबूत तद्भव शब्द हैं।

53. (a) सर्व-सुलभ दोनों ही शब्द विशेषण पद हैं। अत: प्रश्न की दृष्टि से यह त्रुटिपूर्ण है। ध्यातव्य हो कि डॉ. बाहरी शब्द कोश के अनुसार कर्म, भाव एवं रोटी संभा है। अतएव उत्तर (d) सही है।

54. (a) ऋषि संज्ञा शब्द से विशेषण शब्द आर्ष बनेगा। अत: विकल्प (a) सही है, अन्य विकल्प ऋषिकल्प, ऋषिवत और ऋषितुल्य गलत शब्द हैं।

55. (a) परिणावाचक क्रिया विशेषण का वाक्य है - वह बहुत थक गया है। बहुत शब्द परिमाणवाचक क्रिया विशेषण के अन्तर्गत आता है। अन्य विकल्प वह अभी-अभी गया है, वह अंदर बैठा है, वह अब भली-भांति नाच लेता है। उक्त प्रश्न से पृथक् आशय रखता है।

56. (d) व्याकरण की दृष्टि से भयभीत, निर्भीक और भीरु शब्द विशेषण हैं जबकि भय शब्द विशेषण नहीं अपितु विशेष्य है। इसका विशेषण भयानक होता है।

57. (d) ध्यातव्य हो कि अग्नि संज्ञा है जो विशेष्य पद है। इसका विशेषण 'आग्नेय' होगा।

58. (d) एक प्रतिभासम्पन्न छात्र का विशेषण दिये गये विकल्पों में मेधावी है, न कि चतुर, कुशल और अध्ययनशील है।

59. (c) बड़ा घर, छोटा आदमी और नीला वस्त्र में विशेष्य पद हैं, घर, आदमी और वस्त्र। जबकि बड़ा, छोटा तथा नीला विशेषण है।

60. (c) नीली साड़ी में प्रयुक्त विशेषण गुणवाचक विशेषण है, जबकि संख्यावाचक विशेषण संख्या प्रकट करते हैं। वहीं परिमाणवाचक विशेषण द्रव्य वस्तु से सम्बन्धित है।

61. (a) जो किसी शब्द के प्रारंभ में जुड़कर उसमें एक विशेष अर्थ ला देता है, उपसर्ग कहलाते हैं। 'असुरक्षित' शब्द दो उपसर्गों से मिलकर बना है।

62. (c) 'निशाचर' में तत्पुरुष समास है। जिस समास में दूसरा पद प्रथम होता है और पहले पद के विभक्ति चिन्ह का लोप कर दिया जाता है उसे तत्पुरुष समास कहते हैं। जैसे–निशाचर-निशा (रात्रि) में विचरण।

63. (b)

64. (c) 'उपेक्षा' शब्द में 'उप' उपसर्ग है। 'उप' उपसर्ग का अर्थ समीप, सहायक, छोटा होता है।

65. (b) तत्सम का शब्दिक अर्थ है 'उसके समान' या 'ज्यों-का-त्यों।' ये वे शब्द हैं, जिन्हें हिन्दी ने मूल रूप में स्वीकार कर लिया है। जैसे–'सेम' का तत्सम शब्द 'शिम्बा' होगा।

66. (b) संस्कृत से बिना किसी परिवर्तन के हिन्दी में आए शब्द 'तत्सम' शब्द कहे जाते हैं। दिए गए विकलप में से 'द्वौ' तत्सम शब्द है।

67. (a) किसी शब्द के अंत में लगकर या प्रयुक्त होकर मूल शब्द के अर्थ में परितर्वन या नवीनता ला देते हैं, वे शब्द प्रत्यय कहलाते हैं। जैसे–'खपत' शब्द की रचना 'त' प्रत्यय से हुई है।

68. (d) 'मंगलाचार' शब्द 'आचार' प्रत्यय से बना है। जैसे–मंगल (शब्द) + आचार (प्रत्यय) = मंगलाचार।

69. (a) ऊष्म व्यंजन चार (श, ष, स, ह) है, जबकि अनुनासिक व्यंजन तीन पाँच (ङ, ञ, ण, न, म) हैं। उत्क्षिप्त व्यंजन दो (ड, ढ़) और संयुक्त व्यंजन तीन (क्ष, त्र, ज्ञ) हैं।

70. (b)

71. (c) दो-चार साल शब्द ये तो नहीं होंगे पर ये होगा। अशुद्ध वाक्य है, क्योंकि होना (एकवचन) क्रिया के साथ ये बहुवचन सर्वनाम प्रयुक्त है, इसके स्थान पर यह होना चाहिए शेष तीनों वाक्य शुद्ध हैं।

72. (c) वाक्य रचना में अनेक कारणों से अशुद्धियाँ होती हैं। इनमें प्रमुख कारण है–पदक्रम, अन्विति, पुनरुक्ति दोष आदि। दिए गए वाक्य में से उसकी आवाज सुनाई पढ़ी अशुद्ध वाक्य रचना है।

73. (d)

74. (a) जिन शब्दों के प्रयोग से किसी शब्द का ठीक विपरीत या उल्टे अर्थ का बोध होता है, उन्हें विलोम शब्द कहते हैं। जैसे–'निशीथ' का विलोम 'मध्याह्न' है।

75. (a) दिए गए विकल्प में से 'देही' का विलोम 'विदेह' है।

76. (d)

77. (a) दिए गए विकल्प में शब्द-युग्म 'कुल-वंश' गलत युग्म हैं।

78. (d)

79. (a) जब इ, ई, उ, ऊ, ऋ के आगे कोई स्वर आता है, तो क्रमशः य, व, र में परिवर्तित हो जाते हैं। इस परिवर्तन को यण् संधि कहते हैं। 'व्यर्थ' शब्द में इ + अ वर्णो की संधि हुई है।

80. (c) **81.** (d)

82. (c) अव्ययीभाव समास में पूर्वपद अव्यय होता है और यह वाक्य में क्रिया विशेषण का कार्य करता है। दिए गए विकल्प में से शब्द 'बेकाम' अव्ययी भाव समास का उदाहरण है।

83. (b)

84. (a) 'जलता है यह जीवन-पतंग' में जीवन उपमेय है।

85. (a) समान अर्थ व्यक्त करने वाले शब्दों को पर्यायवाची शब्द कहते हैं, जैसे–'आत्मा' शब्द के पर्यायवाची हैं–अंतर, जीव, मन, अन्तर्मन।

86. (b) 'निरादर' का पर्यायवाची है–अनादर।

87. (b)

88. (b) दिए गए मुहावरे ''अगर-मगर करना'' का सही अर्थ हैं-बहाने बनाना।

89. (a) लोकोक्ति का अर्थ है-लोक में प्रचलित उक्ति। लोकोक्ति किसी कथा या चिर-सत्य से संबद्ध रहती है। लोकोक्ति ''जैसी करनी वैसी भरनी'' का सही अर्थ है-कार्य के अनुसार परिणाम मिलता है।

90. (b) दी गई लोकोक्ति ''जैसे नागनाथ वैसे साँपनाथ'' का सही अर्थ है सब एक समान दुष्ट प्रकृति वाले हैं।

91. (d) जो एक-दूसरे का विपरीत अर्थ बताते हैं, उन्हें विलोम शब्द कहते हैं। उक्त प्रश्न में दिया गया 'मिथ्या' शब्द का विलोमार्थक शब्द 'सत्य' है क्योंकि मिथ्या अथवा झूठ का विपरीत शब्द सत्य अथवा सच होगा।

92. (c)

93. (b) प्रश्न में दिया गया वाक्यांश अनेक शब्द के लिए एक शब्द के प्रयोग से संबंधित है। इसलिए 'जो मन की बात जानता हो' के लिए एक शब्द है 'अंतर्यामी'। इसी तरह जो भविष्य के बारे में बताये उसे भविष्यवक्ता कहते हैं, जो सब जगह व्याप्त हो, उसके लिए एक शब्द है–सर्वव्यापी।

94. (c) जिस समास में बाद का अथवा उत्तरपद प्रधान होता है तथा दोनों पदों के बीच का कारक-चिन्ह लुप्त हो जाता है, उसे तत्पुरुष समास कहते हैं, जैसे–अकालपीड़ित–अकाल से पीड़ित, स्वर्ग प्राप्त–स्वर्ग को प्राप्त, सेनापति-सेना का पति, गृहप्रवेश-गृह में प्रवेश आदि। यहाँ उल्लेखनीय है कि तत्पुरुष समास के छह भेद होते हैं।

95. (c)

96. (a) प्रश्न में दिए गए युग्मों में विकल्प (a) का युग्म सही है। उक्त शब्दों के अनेकार्थी शब्द निम्नवत हैं–

(1) **द्विज–**अण्डज, प्राणी, पक्षी, ब्राह्मण, चन्द्रमा, दाँत, तारा।

(2) **अंक–**चिन्ह, 1 से 9 तक की गणना, नाटक के अंक, अक्षर, गोद, शरीर, पाप, बार, भाग्य, धब्बा, परिच्छेद।

(3) **सारंग–**मृग, सिंह, हाथी, कामदेव, कोयल, चातक, मोर, बाज, घोड़ा, सूर्य, स्वर्ण, भौंरा।

(4) **अज–**शिव, दशरथ के पिता, ब्रह्मा, बकरी, मेष-राशि।

97. (c) 'अर्क' के अनेकार्थ हैं–सूर्य, आकाश, इन्द्र, कपड़ा, स्फटिक, काढ़ा, मदार का पौधा।

98. (d)

99. (b) प्रश्न में दिए गए विकल्पों में चाँद का पर्यायवाची मयूख नहीं है। चाँद के पर्यायवाची इस प्रकार हैं–चन्द्रमा, मयंक, राकेश, सोम, शशि, इन्दु, सुधाकर, निशाकर, रजनीपति, हिमांशु, सुधांशु, मृगांक, कलानिधि।

100. (a)

❑❑❑

प्रैक्टिस सेट-10

1. 'जिस पुरुष की पत्नी साथ नहीं है' वाक्यांश के लिए एक शब्द है–
(a) अपत्नीक (b) वियोगी
(c) विधुर (d) विपत्नीक

2. नीचे दिये तत्सम् -तदभव शब्द युग्म में से कौन सा युग्म त्रुटिपूर्ण है?
(a) वचन - बैन
(b) कपाट - कपड़ा
(c) पुराण - पुराना
(d) गम्भीर - गहरा

3. 'जिस पेड़ के पत्ते झड़ गये हों– के लिए एक शब्द है–
(a) प्रपर्ण (b) अपर्णा
(c) पत्रहीन (d) अपत

4. 'संयोग' शब्द का विलोम है–
(a) दुर्योग (b) वियोग
(c) सहयोग (d) कुयोग

5. 'तैरने की इच्छा' को कहते हैं–
(a) तरणेच्छा (b) तितीर्षा
(c) संतरणेच्छा (d) जलावतरणेच्छा

6. नीचे दिये शब्द युग्म में कौन-सा त्रुटिपूर्ण है?
(a) अनुग्रह - आग्रह
(b) अनन्त-सान्त
(c) जड़ - चेतन
(d) आकृष्ट - विकृष्ट

7. 'देवर' का तत्सम शब्द है?
(a) देववर (b) द्विवर
(c) दुवर (d) द्वितीयवर

8. 'ऋजु' शब्द का विलोम है–
(a) वक्र (b) तक्र
(c) सीधा (d) विरल

9. 'मक्खन' का तत्सम शब्द है–
(a) माखन (b) माक्षण
(c) मषक्ष (d) मृक्षण

10. 'आकलन' शब्द का विलोम है–
(a) विकलन (b) संकलन
(c) समाकलन (d) प्राक्कलन

11. 'अपने पांव में आप कुल्हाड़ी मारना' का अर्थ क्या होगा?
(a) जानबूझकर मुसीबत में पड़ना
(b) अलग रहना
(c) अपनी बड़ाई आप करना
(d) इच्छापूरी न होना

12. निम्नलिखित में कौन-सा विलोम युग्म त्रुटिपूर्ण है?
(a) क्षर - अक्षर
(b) समास - व्यास
(c) स्वल्पायु - चिरायु
(d) आहार - विहार

13. निम्नलिखित शब्दों में से एक तद्भव शब्द नहीं है–
(a) तुरंत (b) आज
(c) धीरज (d) खर्पर

14. निम्नलिखित में कौन-सा विलोम युग्म त्रुटिपूर्ण है?
(a) आमिष - सामिष
(b) आधार - आधेय
(c) विनत - उद्धत
(d) विपत्ति - संपत्ति

15. नीचे दिए 'तत्सम-तद्भव शब्दों में युग्म में से कौन–सा युग्म त्रुटिपूर्ण है?
(a) क्षीर - खीर (b) दहि - दही
(c) दुग्ध-दूध (d) घृत - घी

16. नीचे दिये शब्दों में से किसकी वर्तनी शुद्ध है?
(a) द्वारका (b) पूज्यनीया
(c) अन्तर्ध्यान (d) अहिल्यिया

17. नीचे किस वाक्य में विशेषण का प्रयोग हुआ है?
(a) राम और श्याम भाई है।
(b) राम ने मां से पानी और खाना मांगा।
(c) मां ने खाने में दाल और रोटी परोसी।
(d) राम ने रोटी खाकर और रोटी मांगी।

18. नीचे दिये शब्दों में किसकी वर्तनी शुद्ध है?
(a) सन्यासी (b) आकाल
(c) अनुग्रहीत (d) अजीवका

19. नीचे दिये किस वाक्य में विशेषण का प्रयोग हुआ है?
(a) लड़का आया है।
(b) वह गुलाब के फूल लाया है।
(c) गुलाब के फूल मुझे पसंद है।
(d) वह लड़का फूल देकर चला गया।

20. निम्नलिखित में से शुद्ध वर्तनी वाला शब्द कौन-सा है?
(a) अन्तरिक्ष (b) अन्त्याक्षरी
(c) अन्ताक्षिरी (d) अन्ताक्षिणी

21. 'सुंगधित कस्तूरी के लोभी शिकारी राजस्थानी हिरणों का अवैध शिकार करते हैं – वाक्य में हैं
(a) तीन विशेषण और तीन विशेष्य
(b) दो विशेषण और दो विशेष्य
(c) चार विशेषण और चार विशेष्य
(d) तीन विशेषण और चार विशेष्य

22. निम्नलिखित में कौन-सा वाक्य शुद्ध है?
(a) यह आपकी अनाधिकार चेष्टा है।
(b) यह आपकी अनधिकार चेष्टा है।
(c) यह आपकी चेष्टा अनाधिकार है।
(d) यह चेष्टा आपका अनाधिकार है।

23. 'समुद्री सांप में घातक परन्तु बहुत कीमती ज़हर पाया जाता है'- वाक्य में हैं–
(a) तीन विशेषय और दो विशेष्य
(b) दो विशेषण और तीन विशेष्य
(c) दो विशेषण और दो विशेष्य
(d) चार विशेषण और दो विशेष्य

24. निम्नलिखित में से कौन-सा वाक्य शुद्ध है?
(a) उसने अपनी कमाई का अधिकाँश भाग गंवा दिया।
(b) वह अपनी कमाई का अधिकाँश भाग गंवा बैठा।'
(c) उसने कमाई का अधिकाँश भाग गंवा डाला।
(d) उसने अपनी कमाई का अधिकाँश गंवा दिया।

25. 'दशरथ के प्राण राम के लिए आकुल थे।' वाक्य में मुख्य विशेष्य है–
(a) दशरथ (b) राम
(c) प्राणा (d) आकुल

26. निम्नलिखित में से कौन-सा वाक्य सही है?
(a) श्री राम चौदह वर्ष के बाद वन में वापस लौटे।
(b) श्रीराम चौदह वर्ष के बाद वनवास से वापस लौटे
(c) श्री राम चौदह वर्ष बाद वन से वापस लौटे।
(d) श्री राम चौदह वर्ष के बाद वन से लौटे।

27. 'जो स्त्री सूर्य भी न देख सके' वाक्यांश के लिए एक शब्द है–
(a) असूर्यदर्शना (b) असूर्यदृष्टा
(c) असूर्यस्पर्शा (d) असूर्यपश्या

28. निम्नलिखित में कौन-सा शब्द विशेषण नहीं है?
(a) कुटिलता (b) जटिलता
(c) कौटिल्य (d) कुरूपता

29. 'जो युद्ध में स्थिर रहता है।' उसे कहते हैं–
(a) युद्ध स्थविर (b) युद्ध – थिरक
(c) युधिष्ठिर (d) युद्धस्थायी

30. 'जो हमेशा रहने वाला है।' उसको कहते हैं–
(a) शाश्वत (b) अनवरत
(c) अप्रतिहत (d) आजीवक

31. 'चिरंतन' शब्द का विलोम लिखिए–
(a) चिन्ता करने वाला
(b) चिन्ता नहीं करने वाला
(c) नश्वर
(d) चिंता

32. 'बाघ और बकरी एक घाट पानी पीती हैं, वाक्य का शुद्ध रूप है–
(a) बाघ-बकरी एक घाट पर पानी पीती हैं।
(b) बाघ और बकरी एक घाट पर पानी पीते हैं।
(c) बाघ और बकरी एक ही घाट पर पानी पीती हैं
(d) बाघ और बकरी पानी पीती हैं।

33. 'अनुग्रह' शब्द का विलोम लिखिए–
(a) ग्रहण (b) गृहीत
(c) आग्रह (d) विग्रह

34. नीचे दिये वाक्यों में कौन-सा वाक्य त्रुटिहीन है?
(a) मेरे घर के पास एक पान की दुकान है।
(b) मेरे घर के पास एक पान की दूकान स्थित है।
(c) मेरे घर के पास एक पानों की दूकान है।
(d) मेरे घर के पास पान की एक दुकान है।

35. 'अनभिज्ञ' का विलोम है–
(a) अज्ञ (b) प्रज्ञ
(c) अभिज्ञ (d) अविज्ञ

36. 'सौम्य' शब्द का विलोम है–
(a) सौभाग्य (b) उग्र
(c) शत्रु (d) दुराशय

37. 'पति-पत्नी के झगड़ें का हेतु क्या हो सकता है' वाक्य का शुद्ध रूप लिखिए।
(a) पति-पत्नी के झगड़े का क्या हेतु हो सकता है?
(b) पति-पत्नी के झगड़ें का हेतु क्या है?
(c) पति-पत्नी के झगड़ें का कारण क्या हो सकता है?
(d) पति और पत्नी के झगड़े का हेतु क्या हो सकता है?

38. 'ह्रास' शब्द का विलोम है–
(a) हास्य (b) वृद्धि
(c) हंसी (d) हस्त

39. 'न्यून' का शब्द का विलोम है–
(a) अधिक (b) नवीन
(c) नवनीत (d) नगर

40. वर्तनी की दृष्टि से शब्द का शुद्ध रूप कौन है?
(a) बन्दना (b) वंदना
(c) बनदना (d) वन्दना

41. 'पुष्ट' शब्द का विलोम है–
(a) क्षीण (b) दुष्ट
(c) पुरस्कार (d) प्रकृति

42. 'जो किये गये उपकारों को मानता है' के लिए एक शब्द लिखिए–
(a) कृतघ्न (b) कृतज्ञ
(c) कृतकार्य (d) अज्ञ

43. 'गुण' शब्द का विलोम है–
(a) दोष (b) गुड़
(c) गुणा (d) गृहस्थ

44. 'पेट की अग्नि' को कहते है–
(a) दावाग्नि (b) वडवागिन
(c) जठराग्नि (d) मन्दागिन

45. निम्नलिखित में से कौन तद्भव शब्द है?
(a) दिनकर (b) दिवाकर
(c) प्रभाकर (d) सूरज

46. 'बच्चों को सुलाने के लिए गया जाने वाला गीत' है–
(a) प्रभाती (b) विहाग
(c) लोरी (d) सोहर

47. इनमें से तद्भव है :
(a) वानर (b) बन्दर
(c) पवन (d) पर्यक

48. 'जो नभ में चलता है' के लिए शब्द है?
(a) खेचर (b) खच्चर
(c) नभोत्पन्न (d) नभचाली

49. 'काला घोड़ा तेज दौड़ता है' में क्रिया विशेषण है–
(a) घोड़ा (b) काला
(c) तेज (d) दौड़ता है

50. 'व्याकरण के ज्ञाता' के लिए शब्द है–
(a) व्याकरणी (b) व्याकर्ता
(c) वैयाकरण (d) व्याकरणज्ञ

51. 'बढ़ा-चढ़ाकर कहना' के लिए एक शब्द है–
(a) अतिवादी
(b) अतिशय
(c) अत्यन्त
(d) अतिशयोक्ति

52. 'गीला' है–
(a) सार्वनामिक विशेषण
(b) गुणवाचक विशेषण
(c) संख्यावाचक विशेषण
(d) इनमें से कोई नहीं

53. निम्नलिखित तत्सम तद्भव शब्दों के युग्म में से कौन युग्म त्रुटिपूर्ण है?
(a) धृत – घी
(b) उट्र – ऊंट
(c) त्वरित – तुरत
(d) तिक्त – तीता

54. 'दोनों' शब्द है?
(a) समुदाय वाचक विशेषण
(b) आवृत्तिजनक विशेषण
(c) गणनावाचक विशेषण
(d) क्रमवाचक विशेषण

55. निम्नलिखित तत्सम तद्भव शब्दों के युग्म में से त्रुटिपूर्ण है-
(a) गोमय – गोबर
(b) क्षीर – खीर
(c) पर्यक – पटरी
(d) सपत्नी – सौत

56. निम्नलिखित शब्दों में से विशेष्य कौन है?
(a) आकाशीय (b) आकाश
(c) आराध्य (d) आश्रित

57. 'पर्ण' का तद्भव शब्द है?
(a) पत्र (b) पण
(c) पन्ना (d) पत्रा

58. निम्नलिखित शब्दों में से विशेषण कौन नहीं है?
(a) अजय (b) अजित
(c) अकर्म (d) अनुशंसा

59. 'अंगीठी' का तत्सम है–
(a) अग्निका (b) अनिष्ठिका
(c) अग्निष्ठिका (d) अग्निष्ठिकी

60. निम्नलिखित शब्दों में से विशेषण कौन नहीं है?
(a) आंतरिक (b) अंतर
(c) आग्नेय (d) अधिकारी

61. 'दुः' उपसर्ग का अर्थ है?
(a) सरल
(b) दुष्ट
(c) कठिन (d) उक्त सभी

62. उपसर्ग का प्रयोग होता है?
(a) शब्द के आरम्भ में
(b) शब्द के मध्य में
(c) शब्द के अन्त में
(d) इनमें से कोई नहीं

63. 'लेखक' के अन्त में कौन-सा प्रत्यय लगा हुआ है?
(a) क (b) इक
(c) आक (d) अक

64. किस समूह के सभी शब्द पर्यायवाची हैं–
(a) दर्पण, आइना, काँच, मुकुर
(b) गात, तन, घट, घड़ा
(c) अनल, नयार, अनिल, समीर
(d) रवि, हंस, पतंग, सरोज

65. तत्सम शब्द का चयन कीजिए–
(a) दाई (b) धान्य
(c) धड़ (d) धुआँ

66. महत्तम मे प्रत्यय है–
(a) अम् (b) कम
(c) तम (d) अन्तम

67. निम्न विकल्प में से किसी एक की वर्तनी शुद्ध है, चयन कीजिए–
(a) रचयिता (b) रचियता
(c) रचयता (d) रिचयता

68. निम्न विकल्पों से शुद्ध वाक्य का चयन कीजिए–
(a) यदि में जाता हूँ तभी वह आएगा।
(b) यदि मैं जा रहा तभी वह आएगा।
(c) यदि मैं जाऊँगा तो वह आएगा।
(d) यदि मैं जाऊँ तो वह आए।

69. निम्नलिखित वाक्य के लिए उसके नीचे दिए विकल्पों में से वाक्य के प्रकार को चिह्नित कीजिए–
''क्या उसे मालूम है कि कल तुम मेरे घर आ रहे हो?''
(a) मिश्रित वाक्य
(b) संयुक्त वाक्य
(c) सरल वाक्य
(d) इनमें से कोई नहीं

70. 'निष्ठुर' का विलोम है–
(a) करुण
(b) कठोर
(c) निडर
(d) इनमें से कोई नहीं

71. दूध, पानी, सोना, चाँदी में संज्ञा है?
(a) द्रव्य वाचक
(b) भाव वाचक
(c) समुदाय वाचक
(d) जाति वाचक

72. निम्न में से कौन-सा शुद्ध है?
(a) ना + अका = नायिका
(b) नै + इका = नायिका
(c) नै + ईका = नायिका
(d) नै + अका = नायिका

73. किस समास में 'से' चिन्ह का लोप होता है?
(a) कर्म तत्पुरुष
(b) करण तत्पुरुष
(c) अधिकरण तत्पुरुष
(d) सम्प्रदान तत्पुरुष

74. जहाँ काव्य में अलौकिक या विचित्र वस्तुओं, व्यक्तियों अथवा दृश्यों का वर्णन हो, वहाँ किस रस की निष्पत्ति होती है?
(a) वीभत्स रस
(b) अद्‌भुत रस
(c) भयानक रस
(d) इनमें से कोई नहीं

75. निम्न प्रश्न के शब्द-युग्म के विकल्पों में से सही अर्थ भेद का चयन कीजिए–
गूँथना-गूधना।
(a) पिरोना-गूँथना (b) शान-आन
(c) सानना-माढ़ना (d) पिरोना-सानना

76. 'कमसिन' में उपसर्ग है–
(a) क (b) कम
(c) कमस (d) कल

77. निम्नलिखित तत्सम तद्‌भव में से कौन-सा विकल्प अशुद्ध है–
(a) कपड़ा-कर्पट
(b) पूत-कपूत
(c) कोयल-कोकिल
(d) कोख-कुक्षि

78. निम्नलिखित में से कौन-सा शब्द कृत प्रत्यय से बना है?
(a) गन्दगी (b) वन्दना
(c) फर्राटा (d) अन्धेरा

79. ओ, औ का उच्चारण स्थान है?
(a) ओष्ठ्य (b) कण्ठोष्ठ्य
(c) तालव्य (d) दन्त्य

80. निम्न शब्द युग्म के विकल्पों में से कोई एक विकल्प सही नहीं है। गलत युग्म का चयन कीजिए।
(a) बारिधि-वारिद
(b) सरित-शरित
(c) शाला-साला
(d) सागर-गागर

81. 'उल्लंघन' का विच्छेद होगा–
(a) उल् + लंघन
(b) उस + लंघन
(c) उत् + लंघन
(d) उलंघ + अन

82. 'निर्भय' में समास है–
(a) तत्पुरुष (b) कर्मधारय
(c) अव्ययीभाव (d) नञ तत्पुरुष

83. ''देह धरे का गुन यही, देह कुछ देहा।
बहुरि न देही पाइए, अबकी देह सुदेह॥''
में किस अलंकार का प्रयोग किया है?
(a) ब्याज निन्दा अलंकार
(b) श्लेष अलंकार
(c) यमक अलंकार
(d) उपमा अलंकार

84. ''तन्त्री नाद, कवित्त, रस, सरस राग रति-रंग।
अनबूड़े-बूड़े तिरे, जे बूड़े सब अंग॥'' में अलंकार है–
(a) अतिशयोक्ति (b) विरोधाभास
(c) अन्योक्ति (d) विभावना

85. 'एकान्त' का पर्यायवाची है–
(a) विजन (b) विभूति
(c) उन्नत (d) तेज

86. ''गला फाड़ना'' मुहावरे का सही अर्थ है?
(a) नमक का पानी पीना
(b) जोर से चिल्लाना
(c) गर्दन घुमाना
(d) गीत गाना

87. ''कष्टों से घिर जाना'' निम्न में से किस मुहावरे का अर्थ है–
(a) अथाह सागर में डूबना
(b) अनजान बनना
(c) रोना-गाना
(d) इनमें से कोई नहीं

88. ''अन्धे पीसे, कुत्ते खाएँ'' लोकोक्ति का सही अर्थ है–
(a) बेहिसाब काम करना
(b) असावधानी से अयोग्य को लाभ
(c) व्यक्ति के परिश्रम का लाभ उसे न मिलकर किसी और को मिलना
(d) अपना माल लुटाना

89. ''फिसल पड़े तो हर गंगा'' लोकोक्ति का सही अर्थ है–
(a) मजबूरी में काम करना
(b) नुकसान उठाना
(c) एक साथ दो काम करना
(d) विपत्ति पड़ने पर ईश्वर का स्मरण करना

90. 'कर' का अर्थ नहीं होता है :
(a) सूर्य (b) हाथ
(c) किरण (d) टैक्स

91. ''तुम जो अपने हाथों में विधि से ज्यादा ताकत रखते हो
मेहनत से रहते हो, खेतों में जाकर खेती करते हो
मेड़ों को ऊँचा करते हो, मेघों का पानी भरते हो
फसलों की उम्दा नस्लें हर साल नई पैदा करते हो।''
उक्त पंक्तियों के माध्यम से कवि किसे संबोधित कर रहा है?
(a) वकील (b) मजदूर
(c) किसान (d) जवान

92. ''शुद्ध सोना अलग है और गिन्नी का सोना अलग।
गिन्नी के सोने में थोड़ा-सा ताँबा मिलाया हुआ होता है।
इसलिए वह ज्यादा चमकता है और शुद्ध सोने से मजबूत भी होता है।
औरतें अकसर इसी सोने के गहने बनवा लेती हैं।''
उक्त पंक्तियों के आधार पर बताएँ कि सोने में चमक और मजबूती कब बढ़ जाती है?
(a) सोने के विशुद्ध होने पर
(b) गहने बनने पर
(c) थोड़ा ताँबा मिलाने पर
(d) उपर्युक्त सभी

93. विद्यालय में अवकाश के लिए प्रार्थना पत्र किसे संबोधित कर लिखा जाता है?
(a) प्रधानाध्यापक (b) कक्षा अध्यापक
(c) निरीक्षक (d) कक्षा प्रतिनिधि

94. विद्युत आपूर्ति में बार-बार आने वाली बाधा को दूर करने के लिए किस प्रकार का पत्र लिखा जाएगा?
(a) प्रार्थना पत्र (b) निजी पत्र
(c) शिकायती पत्र (d) व्यावसायिक पत्र

95. इनमें से निबंधकार के रूप में कौन चर्चित रहा है?
(a) विद्यानिवास मिश्र
(b) मोहन राकेश
(c) शंकर शेष
(d) कमलेश्वर

96. 'कल्पलता' किसके निबंधों का संग्रह है?
(a) कन्हैयालाल मिश्र 'प्रभाकर'
(b) हजारीप्रसाद द्विवेदी
(c) कुबेरनाथ राय
(d) सरदारपूर्ण सिंह

97. ''तुम्हारी यह दंतुरित मुस्कान मृतक में भी डाल देगी जान।''
उक्त काव्य-पंक्तियों का रचनाकार कौन है?
(a) नागार्जुन
(b) त्रिलोचन
(c) रघुवीर सहाय
(d) केदारनाथ सिंह

98. ''कैदी और कोकिला'' शीर्षक कविता के कवि का नाम क्या है?
(a) सोहनलाल द्विवेदी
(b) रामनरेश त्रिपाठी
(c) माखनलाल चतुर्वेदी
(d) श्याम नारायण पाण्डेय

99. शृंगार रस का स्थायी भाव क्या है?
(a) सौन्दर्य (b) प्रेम
(c) वैराग्य (d) रति

100. ''सोहत ओढ़े पीत पटु श्याम सलौने गात।
मनौ नीलमनि-सैल पर आतपु पर्‌यौ प्रभात॥''
उक्त दोहे में किस अलंकार का प्रयोग हुआ है?
(a) उत्प्रेक्षा (b) यमक
(c) विभावना (d) प्रतीप

व्याख्या सहित उत्तर

1. (d)	2. (b)	3. (b)	4. (b)
5. (b)	6. (a)	7. (b)	8. (a)
9. (d)	10. (a)	11. (a)	12. (d)
13. (d)	14. (a)	15. (b)	16. (a)
17. (d)	18. (a)	19. (c)	20. (b)
21. (c)	22. (d)	23. (a)	24. (d)
25. (c)	26. (d)	27. (d)	28. (c)
29. (c)	30. (a)	31. (c)	32. (b)
33. (d)	34. (d)	35. (c)	36. (b)
37. (c)	38. (b)	39. (a)	40. (d)

41. (a) पुष्ट शब्द का प्रयोग क्षीण होगा, जबकि प्रकृति का पुरुष, पुरस्कार का दण्ड एवं दुष्ट का सज्जन होगा।

42. (b) ''जो किये गये उपकारों को मानता है।'' उसके लिए कृतज्ञ शब्द का उपयोग करते हैं। जो किये हुए उपकारों को नहीं मानता। उसके लिए कृतहन सार्थक शब्द है। कृत कार्य का आशय किया हुआ कार्य और अज्ञ का आशय जो नहीं जानता है।

43. (a) गुण शब्द का विलोम दोष होगा जबकि गृहस्थ का सन्यास, गुणा का भाग होगा।

44. (c) पेट की अग्नि के लिए सार्थक शब्द जठराग्नि होता है।

45. (d) उक्त दिये गये विकल्पों में तत्सम शब्द दिनकर, दिवाकर और प्रभाकर है, जबकि सूरज शब्द तद्‌भव है। सूरज का तत्सम शब्द सूर्य होगा।

46. (c) बच्चों को सुलाने के लिए गाया जाने वाला गीत लोरी है। जबकि सोहर बच्चे के जन्म के समय गाया जाता है।

47. (b) निर्दिष्ट विकल्पों में वानर, पवन और पर्यक तत्सम शब्द है। बन्दर शब्द तद्‌भव है।

48. (a) ''जो नभ में चलता है'' के लिए शुद्ध प्रयुक्त शब्द है– खेचर खे का आशय आकाश होता है तथा चर का आशय चलना।

49. (c) काला घोड़ा तेज दौड़ता है। क्रिया के पूर्व लगने वाला विशेषण क्रिया विशेषण होता है। अतः यहां पर तेज क्रिया विशेषण है।

50. (c)	51. (d)	52. (b)	53. (b)
54. (a)	55. (c)	56. (b)	57. (a)
58. (d)	59. (c)	60. (b)	

61. (b) उपसर्ग वह शब्दांश है जो किसी शब्द के प्रारम्भ में जुड़कर उसमें एक विशेष अर्थ ला देता है। दुः उपसर्ग का अर्थ बुरा, दुष्ट, कठिन होता है।

62. (a) जो शब्दांश किसी शब्द के प्रारम्भ में जुड़ते हैं, उन्हें उपसर्ग कहते हैं। जैसे–गुण शब्द से स, अव्, तद् आदि उपसर्ग लगाने पर–स + गुण = सगुण, अव + गुण = अवगुण, तद् + गुण = तद्‌गुण बनते हैं। उदाहरण–(1) आ (उपसर्ग) + जीवन (शब्द) = आजीवन (नया शब्द), (2) अति (उपसर्ग) + रिक्त (शब्द) = अतिरिक्त (नया शब्द)।

63. (d)

64. (a) दिए गए विकल्प में से विकल्प 'a' के सभी समूह (दर्पण, आइना, काँच, मुकुर) 'शीशा' के पर्यायवाची हैं।

65. (b) संस्कृत से बिना किसी परिवर्तन के हिन्दी में आए शब्द 'तत्सम' शब्द कहे जाते हैं। दिए गए विकल्प में से 'धान्य' तत्सम शब्द है। जबकि संस्कृत के कुछ ऐसे, जिनका रूप परिवर्तन करके हिन्दी में अपनाया गया है, 'तद्भव' शब्द कहलाते हैं। जैसे–धुआँ।

66. (c) जो शब्द किसी शब्द के अन्त में लगाकर या प्रयुक्त होकर मूल शब्द के अर्थ में परिवर्तन या नवीनता ला देते हैं, प्रत्यय कहलाते हैं। 'महत्तम' शब्द में 'तम' प्रत्यय है।

67. (a) किसी भी भाषा में शब्दों की ध्वनियों को जिस क्रम और जिस रूप से उच्चारित किया जाता है। उसी क्रम और उसी रूप में लिखने की रीति को वर्तनी कहते हैं। वर्तनी की दृष्टि से 'रचयिता' शुद्ध शब्द है।

68. (c) दिए गए विकल्पों में से 'यदि मैं जाऊँगा तो वह आएगा' शुद्ध वाक्य है।

69. (b) 'संयुक्त वाक्य' उस वाक्य-समूह को कहते हैं, जिसमें दो या दो से अधिक सरल वाक्य अथवा मिश्र वाक्य अवयवों द्वारा संयुक्त हो। इस प्रकार के वाक्य लम्बे और आपस में उलझे होते हैं। जैसे–क्या उसे मालूम है कि कल तुम मेरे घर आ रहे हो। जबकि जिस वाक्य में एक क्रिया होती है और एक कर्ता होता है, उसे साधारण या सरल वाक्य कहते हैं। जैसे– बिजली चमकती है। जिस वाक्य में एक साधारण वाक्य के अतिरिक्त उसके अधीन कोई दूसरा अंगवाक्य हो, उसे 'मिश्र वाक्य' कहते हैं।

70. (a) 'निष्ठुर' शब्द का विलोम 'करुण' है, जबकि 'कठोर' का विलोम 'कोमल' और 'निडर' का विलोम 'डरपोक' होता है।

71. (a)

72. (b) दिए गए विकल्प में से नै + इका = नायिका शुद्ध है।

73. (b) **74.** (b)

75. (d) दो या दो से अधिक शब्द जिनके उच्चारण में अत्यल्प अन्तर होता है, किन्तु उनमें अर्थगत कोई साम्य नहीं होता है। उन्हें 'युग्म शब्द' कहते हैं। दिए गए शब्द युग्म 'गूँथना-गूधना' का सही अर्थ भेद 'पिरोना-सानना' है।

76. (b) उपसर्ग–वह शब्दांश, जो किसी शब्द के प्रारम्भ में जुड़कर उसमें एक विशेष अर्थ ला देते हैं, उपसर्ग कहलाते हैं। जैसे–कमसिन (मूल शब्द)–कम (उपसर्ग) + सिन (शब्द)।

77. (b) दिए गए विकल्प में से तत्सम-तद्भव की दृष्टि से 'पूत-कपूत' अशुद्ध है। अत: इसका शुद्ध रूप 'पूत-पुत्र' होगा।

78. (b) धातु या क्रिया के अन्त में प्रयुक्त होकर उसके अर्थ में नवीनता लाने वाले प्रत्ययों को 'कृत' प्रत्यय कहते हैं और इनसे जो यौगिक शब्द बनते हैं, उन्हें 'कृदन्त' कहते हैं। जैसे–वन्दना शब्द में 'अना' कृत प्रत्यय हैं अर्थात् अना (कृत-प्रत्यय) + वन्द (शब्द) = वन्दना। जबकि 'अन्धेरा' शब्द में 'एरा' तद्धित प्रत्यय है। अर्थात् एरा (तद्धित प्रत्यय) + अन्ध (शब्द) = अन्धेरा (मूल शब्द)।

79. (b)

80. (d) दिए गए विकल्प में से 'सागर-गागर' युग्म सही नहीं है।

81. (c) यदि 'त्' के आगे 'ल' आए तो उसका 'ल्ल' हो जाता है। जैसे–उत् + लंघन = उल्लंघन। 'उल्लंघन' व्यंजन सन्धि का उदाहरण है।

82. (c)

83. (c) काव्य से जहाँ पर शब्दों या वाक्यांशों की आवृत्ति हो, किन्तु उनके अर्थ भिन्न हों, वहाँ पर 'यमक अलंकार' होता है। उपरोक्त काव्यांश यमक अलंकार का उदाहरण है। काव्य में जहाँ पर किसी शब्द के दो या दो से अधिक अर्थ निकले, वहाँ 'श्लेष अलंकार' होता है। काव्य में जहाँ पर उपमेय के साथ उपमान की किसी समान धर्म को लेकर तुलना की जाए, वहाँ पर 'उपमा अलंकार' होता है।

84. (b)

85. (a) समान अर्थ व्यक्त करने वाले शब्दों को पर्यायवाची शब्द कहते हैं। 'एकान्त' शब्द का पर्यायवाची विजन सुनसान, शून्य, सूना, निर्जन आदि होते हैं। जबकि 'तेज' का पर्यायवाची तीव्र, द्रुत, क्षिप्र है।

86. (b) मुहावरा वह वाक्यांश है जो अपने वाचिक अर्थ का बोध न कराकर लाक्षणिक या व्यांगिक अर्थ का बोध कराता है और भाषा में सजीवता एवं अर्थ गौरव बढ़ाने में सहायक होता है। दिए गए मुहावरे 'गला फाड़ना' का सही अर्थ 'जोर से चिल्लाना' होता है।

87. (a) दिए गए मुहावरे 'कष्टों से घिर जाना' का सही अर्थ–अथाह सागर में डूबना होता है।

88. (c)

89. (a) दी गई लोकोक्ति 'फिसल पड़े तो हर गंगा' का सही अर्थ मजबूरी में काम करना है।

90. (a) 'कर' का अर्थ सूर्य नहीं है।

91. (c)

92. (c) इन पंक्तियों के आधार पर सोने में चमक और मजबूती तब बढ़ जाती है जब उसमें थोड़ा-सा ताँबा मिलाया जाये।

93. (a) विद्यालय में अवकाश के लिए प्रार्थना पत्र प्रधानाध्यापक को संबोधित कर लिखा जाता है।

94. (c) विद्युत आपूर्ति में बार-बार आने वाली बाधा को दूर करने के लिए शिकायती पत्र लिखा जाएगा।

95. (a)

96. (b) आचार्य हजारी प्रसाद द्विवेदी हिन्दी का मौलिक निबंधकार, उत्कृष्ट आलोचक तथा सांस्कृतिक विचार धारा के प्रमुख उपन्यासकार के रूप में अद्वितीय स्थान है, लेकिन निबंधकार के रूप में भी उनका सृजन उतना ही महत्वपूर्ण है। अपने ललित निबंधों में द्विवेदी जी आधंत कवि हैं और 'कल्पलता' उनके प्राय: ऐसे ही निबंधों की एक बहुचर्चित कृति हैं। द्विवेदी जी के अन्य प्रमुख निबंध संग्रह-अशोक के फूल, विचार और वितर्क, विचार प्रवाह, कुटज, आलोक पर्व आदि है।

97. (a) ''तुम्हारी यह दंतुरित मुस्कान मृतक में भी डाल देगी जान।''

उक्त काव्य पंक्तियों के रचनाकार हिन्दी और मैथिली के अप्रतिम लेखक और कवि नागार्जुन हैं। उनका असली नाम वैद्यनाथ मिश्र था, परन्तु हिन्दी साहित्य में उन्होंने 'नागार्जुन' तथा मैथिली में 'यात्री' उपनाम से रचनाएँ की।

98. (c)

99. (d) शृंगार रस का स्थायी भाव 'रति' है।

100. (a) प्रश्नानुसार उक्त दोहे में उत्प्रेक्षा अलंकार का प्रयोग हुआ है। उत्प्रेक्षा का अर्थ है किसी वस्तु को संभावित रूप में देखना। संभावना संदेह से कुछ ऊपर और निश्चय से कुछ नीचे होती है अर्थात् न तो पूरा संदेह होता है और न पूरा निश्चय। उत्प्रेक्षा अलंकार के वाचक शब्द हैं–मनु, मानो, जनु, जनहु, जानो, मनहु आदि।

❑❑❑

समसामयिक प्रश्न संग्रह

समसामयिक प्रश्न संग्रह

1. राष्ट्रपति ने किस विधानसभा के शताब्दी वर्ष समारोह के अवसर पर संबोधित किया ?
   (a) गोवा विधानसभा
   (b) उत्तर प्रदेश विधानसभा
   (c) राजस्थान विधानसभा
   (d) बिहार विधानसभा
2. कौन-सा देश नैनो यूरिया का वाणिज्यिक उत्पादन करने वाला दुनिया का पहला देश बना है ?
   (a) जापान (b) लीबिया
   (c) भारत (d) अमेरिका
3. नेशनल मोनेटाइजेशन पाइपलाइन (एनएमपी) योजना किसने लांच की ?
   (a) अनुराग ठाकुर
   (b) निर्मला सीतारमण
   (c) अमित शाह
   (d) नितिन गडकरी
4. भारत ने किस राज्य के जयनगर को नेपाल में कुर्था से जोड़ने वाली रेल संपर्क लाईन नेपाल को सौंप दी है ?
   (a) उत्तर प्रदेश
   (b) उत्तराखंड
   (c) हिमाचल प्रदेश
   (d) बिहार
5. ट्विटर के नए CEO कौन बने हैं ?
   (a) विलियम डुग्स
   (b) पराग अग्रवाल
   (c) जेम्स निशान
   (d) विवेक अग्निहोत्री
6. हमास एक चरम पंथी समूह है जिसका संबंध है-
   (a) सीरिया
   (b) यमन
   (c) गाजापट्टी
   (d) इराक
7. केंद्र सरकार के अनुसार भारत की मौजूदा परमाणु ऊर्जा क्षमता (Nuclear Power Capacity) निम्न में से कितने मेगावाट है ?
   (a) 6,780 मेगावाट
   (b) 3,580 मेगावाट
   (c) 5,700 मेगावाट
   (d) 2,420 मेगावाट
8. हाल ही में किस देश की सरकार ने प्रधानमंत्री नरेंद्र मोदी को अपने देश के सर्वोच्च नागरिक सम्मान 'नगदग पेल जी खोरलो' से सम्मानित करने का फैसला किया है ?
   (a) नेपाल
   (b) चीन
   (c) जापान
   (d) भूटान
9. विश्व पोलियो दिवस प्रत्येक वर्ष कब मनाया जाता है ?
   (a) 1 अक्टूबर
   (b) 4 अक्टूबर
   (c) 18 अक्टूबर
   (d) 24 अक्टूबर
10. मेट्रोमैन के नाम से पहचाने जाने वाले निम्न में से किस शख्स ने राजनीति से संन्यास लेने की घोषणा की है ?
   (a) मांगू सिंह
   (b) कौशल पारेख
   (c) ई श्रीधरन
   (d) जसमीन शाह
11. भारत, ईरान और किस देश ने 14 दिसंबर 2021 को चाबहार बंदरगाह (Chabahar Port) के संयुक्त उपयोग पर बातचीत की ?
   (a) उज्बेकिस्तान
   (b) नेपाल
   (c) पाकिस्तान
   (d) चीन
12. जैतापुर विश्व का सबसे शक्तिशाली परमाणु ऊर्जा संयंत्र होगा, निम्नलिखित में से किस भारतीय राज्य में स्थित है ?
   (a) तमिलनाडु
   (b) महाराष्ट्र
   (c) गुजरात
   (d) कर्नाटक
13. भारतीय संविधान का निम्नलिखित में से कौन-सा अनुच्छेद राष्ट्रपति को उच्च न्यायालयों के मुख्य न्यायाधीश और न्यायाधीशों की नियुक्ति की अनुमति देता है ?
   (a) अनुच्छेद 74
   (b) अनुच्छेद 214
   (c) अनुच्छेद 80
   (d) अनुच्छेद 217
14. ऑस्ट्रेलिया का क्रिसमस द्वीप एक वार्षिक घटना- जो निम्नलिखित जानवरों में से किसके लाखों की संख्या में प्रवास के लिए जाना जाता है ?
   (a) नीली व्हेल
   (b) केकड़ें
   (c) जेब्रा
   (d) हिरन
15. भू-प्रजातियाँ (Landraces) शब्द का अर्थ है-
   (a) केंचुए का एक वंश जो खांसी के इलाज के लिए एक शक्तिशाली एजेंट है
   (b) आमतौर पर खेती की जाने वाली फसलों के प्राकृतिक रूप से पाए जाने वाले प्रकार
   (c) मिट्टी को बनाए रखने में मदद करने के लिए ढलान पर अधिक से अधिक वनस्पति बनाए रखने का अभ्यास करना
   (d) इनमें से कोई भी नहीं
16. निम्नलिखित में से कौन सरकार की राजस्व प्राप्तियां नहीं है ?
   (a) निगम कर
   (b) संघ उत्पाद शुल्क
   (c) सीमा शुल्क
   (d) केंद्र शासित प्रदेशों की प्राप्तियां
17. वांचुवा त्योहार (Wanchuwa festival) किसके जीवन में सबसे महत्वपूर्ण उत्सवों में से एक है-
   (a) केरल की इरुलर जनजाति
   (b) असम की तिवा जनजाति

(c) आंध्र प्रदेश की लम्बादास जनजाति
(d) असम की गारो जनजाति

18. हजारा फारसी भाषी नृजातीय समूह (Persian- speaking ethnic group) हैं जो निम्नलिखित में से किस देश के मूल निवासी हैं ?
(a) ईरान
(b) अफगानिस्तान
(c) इराक
(d) पाकिस्तान

19. सरकारी स्वामित्व वाले संविदाकारक (Government Owned Contractor Operated- GOCO) मॉडल निम्नलिखित में से किस समिति की सिफारिश है ?
(a) डॉ. एल एम सिंघवी समिति
(b) सच्चर समिति
(c) वाई बी रेड्डी समिति
(d) डीबी शेखतकर समिति

20. पीची-वजानी, चिमोनी और चुलन्नूर शब्द जो कभी-कभी समाचारों में देखे जाते हैं, संबंधित हैं-
(a) केरल की जनजाति
(b) वन्यजीव अभयारण्य
(c) तमिलनाडु के बांध
(d) हाथी रिजर्व

21. भारत में विजय दिवस (Vijay Diwas) प्रतिवर्ष निम्न में से किस दिन मनाया जाता है ?
(a) 16 दिसंबर
(b) 12 मार्च
(c) 14 अप्रैल
(d) 13 मई

22. केंद्रीय मंत्रिमंडल ने विवाह के लिए महिलाओं की उम्र 18 वर्ष से बढ़ाकर निम्न में से कितने वर्ष रखने के प्रस्ताव को मंजूरी दे दी है ?
(a) 24 वर्ष
(b) 25 वर्ष
(c) 21 वर्ष
(d) 28 वर्ष

23. हाल ही में किस देश के दिग्गज फुटबॉलर सर्जियो एगुएरो ने सिर्फ 33 साल की उम्र में फुटबॉल को हमेशा के लिए अलविदा कह दिया है.
(a) ब्राजील
(b) मैक्सिको
(c) कोलंबिया
(d) अर्जेंटीना

24. निम्न में से कौन-सा एयरपोर्ट जल्द ही देश का चार रनवे वाला पहला एयरपोर्ट बन जाएगा ?
(a) छत्रपति शिवाजी अंतर्राष्ट्रीय एयरपोर्ट
(b) इंदिरा गांधी अंतर्राष्ट्रीय एयरपोर्ट
(c) बिरसा मुंडा अंतर्राष्ट्रीय एयरपोर्ट
(d) नेताजी सुभाष चंद्र बोस अंतर्राष्ट्रीय एयरपोर्ट

25. डेटा एनालिटिक्स कंपनी YouGov के एक सर्वे के मुताबिक विश्व के 20 सबसे प्रशंसनीय व्यक्तियों में किसे प्रथम स्थान प्राप्त हुआ है ?
(a) अमेरिकी राष्ट्रपति जो बाइडेन
(b) रूस के राष्ट्रपति व्लादिमीर पुतिन
(c) पाकिस्तानी प्रधानमंत्री इमरान खान
(d) अमेरिका के पूर्व राष्ट्रपति बराक ओबामा

26. सार्वजनिक क्षेत्र की बिजली कंपनी एनटीपीसी ने किस राज्य के सिम्हाद्री में 'एकल ईंधन-सेल आधारित हरित हाइड्रोजन माइक्रो-ग्रिड' परियोजना की शुरुआत की है ?
(a) बिहार
(b) आंध्र प्रदेश
(c) तमिलनाडु
(d) कर्नाटक

27. केंद्रीय अप्रत्यक्ष कर और सीमा शुल्क बोर्ड का चेयरमैन किन्हें नियुक्त किया गया है ?
(a) अजय बंगा
(b) रोबिन सेन
(c) विवेक जौहरी
(d) आरव जैन

28. सदर्न बर्डविंग, ग्रास ज्वेल, बुद्धा पीकॉक जो कभी-कभी समाचारों में देखा जाता है, संबंधित है-
(a) मोर प्रजाति
(b) तितली प्रजाति
(c) मेंढक प्रजाति
(d) अफ्रीका में ग्रॉसहोपर

29. माउंट सेमेरू (Mount Semeru) निम्नलिखित में से किस देश में स्थित एक सक्रिय ज्वालामुखी है ?
(a) फिलीपींस
(b) इंडोनेशिया
(c) जापान
(d) यूनान

30. बारबाडोस (Barbados) के संबंध में निम्नलिखित में से कौन-सा/से कथन सही है/हैं ?
1. बारबाडोस अमेरिका के कैरिबियन क्षेत्र में एक द्वीप देश है
2. बारबाडोस ने हाल ही में स्वयं को एक गणतंत्र राष्ट्र घोषित किया है
नीचे दिए गए कूट का प्रयोग कर सही उत्तर चुनिए-
(a) केवल 1
(b) केवल 2
(c) 1 और 2 दोनों
(d) न तो 1 और न ही 2

31. "चॉकलेट-बॉर्डर फ़्लिटर" (Chocolate-bordered Flitter) जो कभी-कभी समाचारों में देखा जाता है, वह है-
(a) मधुमक्खी की प्रजाति
(b) औषधीय पौधा
(c) तितली की प्रजाति
(d) पक्षियों की प्रजाति

32. चेयेरू नदी (Cheyyeru River) भारतीय राज्य आंध्र प्रदेश की एक नदी है जो निम्नलिखित में से किस नदी की सहायक नदी है ?
(a) कृष्णा नदी
(b) पेन्नार नदी
(c) गोदावरी नदी
(d) तुंगभद्रा नदी

33. भारत ने निम्नलिखित में से किस देश के साथ 'मैत्री दिवस' (MaitriDiwas) मनाया है ?
(a) भूटान
(b) नेपाल
(c) बांग्लादेश
(d) म्यांमार

34. काजुवेली निम्नलिखित में से किस भारतीय राज्य में स्थित एक पक्षी अभयारण्य है ?
(a) केरल
(b) तमिलनाडु
(c) तेलंगाना
(d) गुजरात

35. अंतर्राष्ट्रीय नागरिक उड्डयन दिवस (International Civil Aviation Day) निम्न में से किस दिन मनाया जाता है ?
(a) 10 जनवरी
(b) 12 मार्च

(c) 7 दिसंबर
(d) 20 अगस्त

36. सरकार ने हाल ही में किस जगह में पारंपरिक 'नमदा शिल्प' को पुनर्जीवित करने और बढ़ावा देने के लिए एक पायलट परियोजना शुरू की है ?
(a) जम्मू-कश्मीर
(b) दिल्ली
(c) तमिलनाडु
(d) बिहार

37. विश्व कंप्यूटर साक्षरता दिवस (World Computer Literacy Day) निम्न में से किस दिन मनाया जाता है ?
(a) 12 मार्च
(b) 2 दिसंबर
(c) 15 अगस्त
(d) 10 नवंबर

38. हाल ही में शोधकर्त्ताओं ने 214 मिलियन (पूर्व ट्राइसिक युग) वर्ष पूर्व किस स्थान पर निवास करने वाली पहली डायनासोर प्रजाति की खोज की है ?
(a) डेनमार्क
(b) ग्रीनलैंड
(c) नीदरलैंड
(d) जर्मनी

39. भारत के किस राज्य ने सबसे पहले कोरोना वायरस के टीके की दूसरी खुराक सहित सौ फीसदी टीकाकरण का लक्ष्य हासिल कर लिया है ?
(a) हिमाचल प्रदेश
(b) अरुणाचल प्रदेश
(c) उत्तर प्रदेश
(d) मध्यप्रदेश

40. किस राज्य ने 'गो ग्रीन' योजना शुरू की है ?
(a) गुजरात
(b) पंजाब
(c) उत्तर प्रदेश
(d) हरियाणा

41. त्रिंकोमाली (Trincomalee) निम्नलिखित में से किस देश में स्थित एक बंदरगाह शहर है ?
(a) ब्राज़ील
(b) श्रीलंका
(c) वियतनाम
(d) बांग्लादेश

42. गृहमंत्री अमित शाह ने किस राज्य में मुख्यमंत्री घस्यारी कल्याण योजना और सहकारी समितियों के कम्प्यूटरीकरण का शुभारंभ किया ?
(a) उत्तर प्रदेश
(b) बिहार
(c) उत्तराखंड
(d) केरल

43. लिवर कैंसर का पता लगाने वाली देश की पहली मशीन कहाँ लगाई गई है ?
(a) पीजीआई इंदौर
(b) पीजीआई रांची
(c) पीजीआई दिल्ली
(d) पीजीआई चंडीगढ़

44. प्रधानमंत्री आत्मनिर्भर स्वस्थ भारत योजना की शुरुआत किस जिले से की गई ?
(a) गुरुग्राम
(b) भोपाल
(c) वाराणसी
(d) गुवाहटी

45. कोन्याक (Konyaks) निम्नलिखित में से किस भारतीय राज्य में स्थित प्रमुख नृजातीय समूहों में से एक हैं ?
(a) उड़ीसा
(b) नागालैंड
(c) मणिपुर
(d) केरल

46. सिंगरेनी (Singareni) निम्नलिखित में से किस भारतीय राज्य में स्थित एक गाँव है ?
(a) तेलंगाना
(b) कर्नाटक
(c) महाराष्ट्र
(d) आंध्र प्रदेश

47. लोकतंत्र के लिए शिखर सम्मेलन निम्नलिखित में से किस देश द्वारा आयोजित एक आभासी शिखर सम्मेलन था ?
(a) भारत
(b) अमेरीका
(c) न्यूजीलैंड
(d) ऑस्ट्रेलिया

48. अमृतसर के परमजीत सिंह ने तिब्लिस (जॉर्जिया) में खेली जा रही विश्व पावरलिफ्टिंग चैंपियनशिप में 49 किलो भार वर्ग में कौन-सा पदक जीता ?
(a) रजत पदक
(b) स्वर्ण पदक
(c) कांस्य पदक
(d) इनमें से कोई नहीं

49. भारत के कौन-से स्पिनर भारत के लिए सबसे ज्यादा विकेट लेने के मामले में अनिल कुंबले एवं कपिल देव के बाद तीसरे स्थान पर पहुँच गए हैं ?
(a) वाशिंगटन सुंदर
(b) श्रेयस गोपाल
(c) राहुल चाहर
(d) रविचंद्रन अश्विन

50. इनमें से कौन चेक देश के नए प्रधानमंत्री नियुक्त हुए हैं ?
(a) पेट्र फियाला
(b) मिलोस ज़मैंन
(c) पेट्र ज़मैंन
(d) इनमें से कोई नहीं

51. अंतर्राष्ट्रीय मुद्रा कोष (IMF) की नई डिप्टी मैनेजिंग डायरेक्टर निम्न में से किसे बनाया गया है ?
(a) अमर्त्य सेन
(b) रघुराम राजन
(c) गीता गोपीनाथ
(d) उर्जित पटेल

52. असम राज्य सरकार ने राज्य का सर्वोच्च नागरिक सम्मान "असम वैभव" निम्न में से किसे प्रदान करने की घोषणा की है ?
(a) रतन टाटा
(b) साइरस मिस्त्री
(c) नटराजन चंद्रशेखरन
(d) राजेश गोपीनाथन

53. अरुणाचल प्रदेश सरकार ने निम्न में से किस फिल्म अभिनेता को राज्य का नया ब्रांड एंबेसडर नियुक्त किया है ?
(a) सलमान खान
(b) संजय दत्त
(c) अजय देवगन
(d) शाहरुख खान

54. हाल ही में किस राज्य के पुलिस ने 'कॉल योर कॉप' मोबाइल ऐप लॉन्च किया है ?
(a) बिहार
(b) झारखंड
(c) तमिलनाडु
(d) नागालैंड

55. विश्व एथलेटिक्स (World Athletics) ने किसको 'वुमेन ऑफ द ईयर' अवॉर्ड से सम्मानित किया है ?
(a) अंजू बॉबी जॉर्ज
(b) ज्योतिर्मयी सिकदर

(c) अनु रानी

(d) मंजू बाला

56. राष्ट्रीय प्रदूषण नियंत्रण दिवस (National Pollution Control Day) निम्न में से किस दिन मनाया जाता है ?

(a) 12 मार्च

(b) 25 जुलाई

(c) 2 दिसंबर

(d) 10 जनवरी

57. वेचुर, विलवाद्री शब्द, जो हाल ही में समाचारों में देखा गया था, किससे संबंधित है ?

(a) केरल की मवेशी नस्ल

(b) तितली की प्रजाति

(c) असम की जनजातियाँ

(d) तेलंगाना का नृत्य रूप

58. अंतर्राष्ट्रीय चंद्र अनुसंधान स्टेशन (ILRS) परियोजना किसके द्वारा एक नियोजित परियोजना है ?

(a) संयुक्त राज्य अमेरिका

(b) चीन

(c) भारत

(d) यूरोपीय संघ

59. हाल ही में समाचारों में चर्चित ताडोबा-अंधारी टाइगर रिजर्व (टीएटीआर) कहाँ स्थित है ?

(a) गुजरात

(b) राजस्थान

(c) महाराष्ट्र

(d) आंध्र प्रदेश

60. हाल ही में समाचारों में चर्चित हायाबुसा 2 परियोजना है-

(a) वाणिज्यिक अनुप्रयोगों वाले ईंधन सेल का विकास करना

(b) क्षुद्रग्रह नमूना-वापसी मिशन

(c) एक परिक्रमा करता अंतरिक्ष यान जो सूर्य प्रकाश से चलने वाला प्रथम यां होगा

(d) बहुत बड़े टेलीस्कोप वाली खगोलीय वेधशाला

61. बेडैकिलिन, प्रीटोमेनीड और लाइनजोलिड (BPaL), इन तीन दवाओं का उपयोग किस रोग के उपचार के लिए किया जाता है-

(a) कोरोनावायरस बीमारी

(b) हेपेटाइटिस बी

(c) क्षय रोग

(d) खसरा

62. भारत में पिछले 10 वर्षों में सबसे ज्यादा हाथियों की मौत किसके कारण हुई है ?

(a) ट्रेन द्वारा टक्कर

(b) अवैध शिकार

(c) इलेक्ट्रोक्यूशन

(d) विषाक्तता

63. आयरिश सागर किनके बीच स्थित है ?

(a) ग्रेट ब्रिटेन और फ्रांस

(b) स्वीडन और फिनलैंड

(c) ग्रेट ब्रिटेन और नॉर्वे

(d) आयरलैंड और ग्रेट ब्रिटेन

64. हाल ही में समाचारों में चर्चा में रहा तट रक्षक अभ्यास 'दोस्ती' किसके बीच आयोजित किया गया था ?

1. भारत

2. मालदीव

3. श्रीलंका

सही उत्तर कूट चुनिए:

(a) 1, 2

(b) 1, 3

(c) 2, 3

(d) 1, 2, 3

65. वर्तमान में, सशस्त्र बल विशेष अधिकार अधिनियम (AFSPA) संपूर्ण रूप से किन राज्यों में लागू है ?

1. नागालैंड

2. असम

3. मणिपुर

4. अरुणाचल प्रदेश

सही उत्तर कूट चुनिए:

(a) 1, 2

(b) 1, 2, 3

(c) 1, 2, 4

(d) 1, 2, 3, 4

66. स्वीडन की किस पहली महिला प्रधानमंत्री को पद संभालने के कुछ ही घंटे बाद इस्तीफा देना पड़ा ?

(a) मेगडालेना एंडरसन

(b) हिमा कोहली

(c) कैथी होचुल

(d) एलिजाबेथ ब्लैकवेल

67. निम्न में से किस राज्य ने तीन राजधानी वाले विधेयक को निरस्त करने की घोषणा की है ?

(a) पंजाब

(b) कर्नाटक

(c) आंध्र प्रदेश

(d) तमिलनाडु

68. अंतर्राष्ट्रीय क्रिकेट परिषद (ICC) ने किसको आईसीसी का स्थायी सीईओ नियुक्त किया है ?

(a) ग्रेग बार्कले

(b) मनु साहनी

(c) ज्योफ एलार्डिस

(d) डेविड रिचर्डसन

69. पाकिस्तान ने अमेरिका में अपना नया राजदूत निम्न में से किसे नियुक्त करने की घोषणा की है ?

(a) मोहम्मद सादिक

(b) जमीर काबुलोव

(c) मसूद खान

(d) अमन खान

70. मध्यप्रदेश सरकार ने पातालपानी रेलवे स्टेशन का नाम बदलकर निम्न में से क्या रखने की घोषणा की है ?

(a) टंट्या मामा

(b) हजरत महल

(c) वाजिद अली शाह

(d) अहिल्याबाई होल्कर

71. बांग्लादेश के किस क्रिकेटर एवं टी-20 कप्तान ने टेस्ट फॉर्मेट से सन्यास लेने की घोषणा की है ?

(a) मोहम्मद नईम

(b) सौम्य सरकार

(c) लिटन दास

(d) महमूदुल्लाह रियाद

72. भारत, मालदीव और किस देश ने द्विवार्षिक त्रिपक्षीय तटरक्षक अभ्यास 'दोस्ती' के 15वें संस्करण का मालदीव में आयोजन किया ?

(a) नेपाल

(b) चीन

(c) श्रीलंका

(d) रूस

73. निम्न में से किस राज्य सरकार ने वैश्विक फिनटेक हब बनने हेतु एक फिनटेक गवर्निंग काउंसिल (FinTech Governing Council) का गठन किया है ?

(a) तमिलनाडु

(b) बिहार

(c) पंजाब

(d) झारखंड

74. किस बॉलीवुड अभिनेता को महाराष्ट्र का कोविड-वैक्सीन एंबेसडर बनाया गया है ?
(a) शाहरुख खान
(b) अजय देवगन
(c) सलमान खान
(d) आमिर खान

75. एसिनेटोबैक्टर बॉमनी, एंटरोकोकस फेसेलिस, एस्चेरिचिया कोलाई हैं-
(a) डेंगू और मलेरिया का कारण बनने वाले वैक्टर
(b) पशुओं को दी जाने वाली दवाएं दर्दनिवारक/एंटी-इन्फ्लैमटोरी दवाओं के रूप में।
(c) रोगजनक जो एंटीबायोटिक दवाओं के लिए प्रतिरोध विकसित करने की क्षमता रखते हैं।
(d) उपरोक्त में से कोई नहीं

76. भारत ने निम्नलिखित में से किस देश के साथ 2+2 मंत्रिस्तरीय वार्ता की है।
1. रूस
2. ऑस्ट्रेलिया
3. संयुक्त राज्य अमेरिका
4. चीन
सही उत्तर कूट चुनिए-
(a) 1, 3
(b) 2, 3
(c) 1, 2, 3
(d) 1, 2, 3, 4

77. निम्नलिखित में से कौन-सी जलसंधि लाल सागर को अदन की खाड़ी से जोड़ती है ?
(a) होर्मुजु की खाड़ी
(b) मलक्का की खाड़ी
(c) बाब अल-मन्देब
(d) जिब्राल्टर की खाड़ी

78. हाल ही में समाचारों में रहा वेडेल सी किसका हिस्सा है ?
(a) प्रशांत महासागर
(b) आर्कटिक महासागर
(c) अटलांटिक महासागर
(d) दक्षिणी महासागर

79. निम्नलिखित में से कौन-सा देश संयुक्त राष्ट्र के अनुसार "अल्प विकसित देश" की सूची में नहीं है ?
(a) अफगानिस्तान
(b) बांग्लादेश
(c) मालदीव
(d) म्यांमार

80. लंगा और मंगनियार किस राज्य से संबंधित संगीतकारों के वंशानुगत समुदाय हैं-
(a) उत्तर प्रदेश
(b) पश्चिम बंगाल
(c) राजस्थान
(d) ओडिशा

81. निम्नलिखित में से कौन-सा देश अंटार्कटिक संधि (Antarctic Treaty) का मूल हस्ताक्षरकर्ता नहीं है ?
(a) अर्जेंटीना
(b) नॉर्वे
(c) न्यूजीलैंड
(d) इटली

82. एडयूर मिर्च और कुट्टियात्तोर आम जिसने हाल ही में जीआई टैग प्राप्त किया है, किस राज्य से संबंधित है-
(a) आंध्र प्रदेश
(b) केरल
(c) तमिलनाडु
(d) कर्नाटक

83. भारत के स्वतंत्रता संग्राम में श्यामजी कृष्ण वर्मा के योगदान के संबंध में, निम्नलिखित में से कौन-सा कथन गलत है ?
(a) उन्होंने लंदन में इंडियन होम रूल सोसाइटी की स्थापना की।
(b) वह इंडिया हाउस के संस्थापक थे।
(c) उन्होंने सविनय अवज्ञा आंदोलन में सक्रिय रूप से भाग लिया।
(d) उन्होंने द इंडियन सोशियोलोजिस्ट नामक पत्रिका का संपादन किया।

84. हेनले पासपोर्ट इंडेक्स 2021 (Henley Passport Index 2021) के अनुसार, निम्नलिखित में से किस देश के पास विश्व का सबसे शक्तिशाली पासपोर्ट है ?
(a) जर्मनी
(b) दक्षिण कोरिया
(c) सिंगापुर
(d) फिनलैंड

85. निम्नलिखित में से कौन-सी नदी जिम कॉर्बेट राष्ट्रीय उद्यान से होकर बहती है ?
(a) अलकनंदा
(b) रामगंगा
(c) मंदाकिनी
(d) धौलीगंगा

86. निम्नलिखित में से किसे स्वदेश दर्शन योजना के तहत विषयगत सर्किटों में से एक के रूप में चिन्हित नहीं किया गया है ?
(a) तटीय/कोस्टल सर्किट
(b) डेजर्ट सर्किट
(c) डेक्कन सर्किट
(d) उत्तर पूर्व सर्किट

87. किस टीम ने आईसीसी टी-20 वर्ल्ड कप में न्यूजीलैंड को 8 विकेट से हराकर अपना पहला T20 world cup 2021 जीत लिया है ?
(a) पाकिस्तान
(b) अफगानिस्तान
(c) इंग्लैंड
(d) ऑस्ट्रेलिया

88. राष्ट्रीय क्रिकेट अकादमी (एनसीए) का अगला प्रमुख निम्न में से किस पूर्व खिलाड़ी को नियुक्त किया गया है ?
(a) वीवीएस लक्ष्मण
(b) सुनील गावस्कर
(c) अनिल कुंबले
(d) जहीर खान

89. फीफा वर्ल्ड कप 2022 निम्न में से किस देश में आयोजित होने वाला है ?
(a) चीन
(b) कतर
(c) नेपाल
(d) इराक

90. तेलंगाना के निम्न में से किस गांव को दुनिया का सर्वश्रेष्ठ पर्यटन गांव चुना गया है ?
(a) कोठागुडम
(b) आसिफाबाद
(c) पोचमपल्ली
(d) कामारेड्डी

91. निम्न में से किस भारतीय क्रिकेट खिलाड़ी को प्लेटो फुटवियर ब्रांड ने अपना ब्रांड एम्बेस्डर नियुक्त किया है ?
(a) राहुल द्रविड़
(b) वीरेन्द्र सहवाग
(c) अनिल कुंबले
(d) हरभजन सिंह

92. राष्ट्रीय प्रेस दिवस (National Press Day) निम्न में से किस दिन मनाया जाता है ?
(a) 10 जनवरी
(b) 12 मार्च
(c) 16 नवंबर
(d) 20 मई

93. स्वामित्व (SVAMITVA) निम्नलिखित में से किस मंत्रालय की योजना है ?

(a) आवास और शहरी मामलों के मंत्रालय
(b) पंचायती राज मंत्रालय
(c) ग्रामीण विकास मंत्रालय
(d) इलेक्ट्रॉनिक्स और सूचना प्रौद्योगिकी मंत्रालय

94. सोजत मेहंदी (SojatMehndi) जिसे हाल ही में जीआई टैग मिला है, वह निम्नलिखित में से किस भारतीय राज्य से संबंधित है?
(a) उत्तर प्रदेश
(b) राजस्थान
(c) केरल
(d) गुजरात

95. यू.एस.ए द्वारा मध्यस्थता किए गए अब्राहम समझौते ने निम्नलिखित में से किस देश के साथ राजनयिक संबंध स्थापित किए:
(a) भारत और यूके
(b) संयुक्त अरब अमीरात और इज़राइल
(c) इज़राइल और यूएसए
(d) यूएई और कतर

96. कोंकण शक्ति (Konkan Shakti), पहला त्रि-सेवा अभ्यास भारत और निम्नलिखित में से किस देश के बीच आयोजित किया जाता है?
(a) अमेरीका
(b) यूनाइटेड किंगडम
(c) जापान
(d) रूस

97. कर्क्यूमिन (Curcumin) शब्द क्या है, जो कभी-कभी समाचारों में देखा जाता है-
(a) करक्यूमिन एक काला जीरा है जो दक्षिण पूर्व एशिया में उगाया जाता है
(b) करक्यूमिन पौधों द्वारा उत्पादित एक चमकीला पीला रसायन है
(c) करक्यूमिन उष्णकटिबंधीय और उपोष्णकटिबंधीय क्षेत्रों में होने वाली एक वायरल बीमारी है
(d) इनमें से कोई भी नहीं

98. कभी-कभी समाचारों में देखा जाने वाला शब्द गोरिया (Gorias) किससे संबंधित है?
(a) वे मध्य और दक्षिण भारत में रहने वाले पूर्वी अफ्रीका के बंटू क्षेत्र के अफ्रीकियों के वंशज हैं
(b) वे असमिया मुसलमानों की एक श्रेणी हैं
(c) वे असम के कुछ हिस्सों में रहने वाले एक स्वदेशी समुदाय हैं
(d) इनमें से कोई भी नहीं

99. चीन-पाकिस्तान आर्थिक गलियारा (CPEC) निम्नलिखित में से किसे जोड़ता है-
(a) पाकिस्तान में ग्वादर बंदरगाह के साथ पश्चिमी चीन
(b) पाकिस्तान में ग्वादर बंदरगाह के साथ पूर्वी चीन
(c) पाकिस्तान में कराची बंदरगाह के साथ पश्चिमी चीन
(d) इनमें से कोई भी नहीं

100. गोर्नो-बदख्शां स्वायत्त प्रांत (Gorno-Badakhshan Autonomous Province) निम्नलिखित में से किस पर्वत श्रृंखला में स्थित है?
(a) हिंदू कुश पर्वत
(b) पामीर पर्वत
(c) काकेशस पर्वत
(d) हिमालय

101. विश्व रेडियोग्राफी दिवस (International Day of Radiography) निम्न में से किस दिन मनाया जाता है?
(a) 12 मार्च
(b) 8 नवंबर
(c) 10 जनवरी
(d) 15 अप्रैल

102. अमेरिकी डेटा इंटेलिजेंस फर्म द मॉर्निंग कंसल्ट के सर्वे के मुताबिक दुनिया के विभिन्न नेताओं में किसे सर्वे में प्रथम स्थान प्राप्त हुआ है?
(a) प्रधानमंत्री नरेंद्र मोदी
(b) प्रधानमंत्री स्कॉट मॉरिसन
(c) प्रधानमंत्री बोरिस जॉनसन
(d) राष्ट्रपति जो बाइडेन

103. असम के गायक, संगीतकार, अभिनेता जुबिन गर्ग को किस बैंक ने राज्य के लिए अपना नया ब्रांड एंबेसडर नियुक्त किया है?
(a) ऐक्सिस बैंक
(b) देना बैंक
(c) एचडीएफसी बैंक
(d) बंधन बैंक

104. नारकोटिक्स कंट्रोल ब्यूरो के नए महानिदेशक के रूप में किसे नियुक्त किया गया है?
(a) अतुल करवाली
(b) आर हरि कुमार
(c) शील वर्धन
(d) सत्य नारायण प्रधान

105. भारत ने 10 नवंबर, 2021 को कौन-सा इलेक्ट्रिक वाहन जागरुकता वेब पोर्टल लॉन्च किया है?
(a) ई-अमृत पोर्टल
(b) परिवहन पोर्टल
(c) ई-परिवहन पोर्टल
(d) इनमें से कोई नहीं

106. भारतीय नौसेना को प्रोजेक्ट 75 के तहत चौथी स्कॉर्पीन पनडुब्बी सौपीं है, उसका नाम निम्न में से क्या है?
(a) Vela
(b) Gon
(c) Tim
(d) Mung

107. लॉजिस्टिक प्रदर्शन सूचकांक में निम्न में से किस राज्य को पहला स्थान प्राप्त हुआ है?
(a) पंजाब
(b) बिहार
(c) तमिलनाडु
(d) गुजरात

108. कर्नाटक सरकार ने मुंबई-कर्नाटक क्षेत्र का नाम बदलकर क्या कर दिया है?
(a) कित्तूर कर्नाटक
(b) कोंकणी कर्नाटक
(c) उडुपी कर्नाटक
(d) कुडलू कर्नाटक

109. भारत के संदर्भ में, 'छाऊ और पाइक' (chhau and paik) शब्द किससे संबंधित हैं?
(a) प्राक्-ऐतिहासिक पेंटिंग
(b) बंगाल के नृत्य रूप
(c) संगीत वाद्ययंत्र
(d) आदिवासी भाषाएं

110. इरुलर और नारीकुरावा (Irular and Narikurava) समुदाय निम्नलिखित में से किस भारतीय राज्य से संबंधित हैं?
(a) तमिलनाडु
(b) नगालैंड
(c) आंध्र प्रदेश
(d) ओडिशा

111. मुल्लापेरियार बांध विवाद (Mullaperiyar Dam dispute) निम्नलिखित में से किस भारतीय राज्य के बीच विवाद का कारण है?
(a) केरल और तमिलनाडु
(b) कर्नाटक और गोवा

(c) केरल और कर्नाटक
(d) तेलंगाना और आंध्र प्रदेश

112. मिशन 2070: नेट-जीरो इंडिया के लिए 'ए ग्रीन न्यू डील' किसके द्वारा जारी की गई है?
(a) जर्मनवाच
(b) विश्व आर्थिक मंच
(c) विश्व बैंक
(d) यूएनडीपी

113. पीएनएस तुगरिल (PNS Tughril), जो सबसे बड़ा और सबसे तकनीकी रूप से उन्नत युद्धपोत है, निम्नलिखित में से किस देश द्वारा निर्मित और वितरित किया गया है?
(a) रूस से भारत
(b) चीन से पाकिस्तान
(c) यूके से भारत
(d) भारत से थाईलैंड

114. कट्टुपनिया (Kattupania), एक खानाबदोश आदिवासी समूह है, जो निम्नलिखित में से किस भारतीय राज्य से संबंधित है?
(a) तमिलनाडु
(b) केरल
(c) नागालैंड
(d) कर्नाटक

115. पेनुम्ब्रल चंद्र ग्रहण (penumbral lunar eclipse) तब होता है जब-
(a) सूर्य, पृथ्वी और चंद्रमा अपूर्ण रूप से संरेखित होते हैं
(b) पूर्ण चंद्रमा पृथ्वी की छाया के सबसे गहरे हिस्से में आता है
(c) चंद्रमा का एक हिस्सा पृथ्वी की छाया के केंद्र से होकर गुजरता है
(d) इनमें से कोई भी नहीं

116. पोचमपल्ली गांव जिसे हाल ही में संयुक्त राष्ट्र विश्व पर्यटन संगठन द्वारा सर्वश्रेष्ठ पर्यटन गांवों में से एक के रूप में नामित किया गया था, निम्नलिखित में से किस भारतीय राज्य में स्थित है?
(a) केरल
(b) मेघालय
(c) कर्नाटक
(d) तेलंगाना

117. क्रिप्टोकार्या जीनस की एक नई पेड़ प्रजाति को क्षेत्र की एक जनजाति के नाम पर क्रिप्टोकार्या मुथुवरियाना (Cryptocaryamuthuvariana) नाम दिया गया है। मुथुवर जनजाति निम्नलिखित में से किस भारतीय राज्य से संबंधित है?
(a) तमिलनाडु
(b) केरल
(c) नागालैंड
(d) ओडिशा

118. हाल ही में समाचारों में देखे जाने वाले निहंग (Nihangs) शब्द का अर्थ है
(a) संगीत के उपकरण
(b) सिख योद्धाओं का एक समूह
(c) आदिवासी भाषा
(d) स्वदेशी आंदोलन के नेता

119. बाजार नियामक सेबी द्वारा लाए गए निवेशक चार्टर का दृष्टिकोण है-
(a) डिपॉजिटरी, प्रतिभागियों, प्रतिभूतियों के संरक्षक, विदेशी पोर्टफोलियो निवेशकों और क्रेडिट रेटिंग एजेंसियों के संचालन को विनियमित करने के लिए।
(b) निवेशकों को प्रतिभूति बाजार में शामिल जोखिमों को समझने में सक्षम बनाकर उनके हितों की रक्षा करना
(c) इनसाइडर ट्रेडिंग, यानी प्रतिभूति बाजार से संबंधित धोखाधड़ी और अनुचित व्यापार प्रथाओं को प्रतिबंधित करने के लिए।
(d) इनमें से कोई भी नहीं

120. अड्डू एटॉल (Addu Atoll) निम्नलिखित में से किस देश में स्थित है?
(a) इंडोनेशिया
(b) मालदीव
(c) मार्शल द्वीप समूह
(d) मलेशिया

121. निम्नलिखित में से कौन भारतीय नौसेना द्वारा हाल ही में शुरू किए गए प्रोजेक्ट 75 के तहत चौथी स्टेल्थ स्कॉर्पीन क्लास पनडुब्बी/सबमरीन है?
(a) आईएनएस खंडेरी
(b) आईएनएस करंज
(c) आईएनएस वेला
(d) आईएनएस वाग्शीर

122. टुंड्रा, जिसे ईकेएस या यूनिफाइड स्पेस सिस्टम (USS) के रूप में भी जाना जाता है, निम्नलिखित में से किस देश द्वारा स्थापित मिसाइल प्रारंभिक चेतावनी उपग्रहों का एक समूह है?
(a) अमेरीका
(b) भारत
(c) रूस
(d) चीन

123. 2+2 मंत्रिस्तरीय संवाद दो देशों के रक्षा और विदेश मंत्रालयों के बीच संवाद है। भारत निम्नलिखित में से किस देश के साथ ऐसी वार्ता नहीं करता है?
(a) ऑस्ट्रेलिया
(b) जापान
(c) यूके
(d) अमेरीका

124. प्रोजेक्ट संपूर्ण, जिसके परिणामस्वरूप बच्चों में कुपोषण में कमी आई है, को जिस राज्य द्वारा शुरू किया गया है-
(a) तमिलनाडु
(b) असम
(c) उत्तर प्रदेश
(d) केरल

125. कभी-कभी समाचारों में चर्चित नागोर्नो-कराबाख संघर्ष किन देशों के बीच चल रहा है-
(a) ईरान और अजरबैजान
(b) रूस और अजरबैजान
(c) आर्मेनिया और अजरबैजान
(d) आर्मेनिया और जॉर्जिया

126. अक्सर बजट और आर्थिक सर्वेक्षण में चर्चित 'सकल घरेलू पूंजी निर्माण (GDCF)' अनिवार्य रूप से किसे संदर्भित करता है-
(a) बुनियादी ढांचे या टिकाऊ आर्थिक संपत्ति का निर्माण
(b) बैंकिंग क्षेत्र का पूंजीकरण
(c) वस्तु निर्माण क्षेत्र में प्रत्यक्ष खुदरा निवेश
(d) लोगों के बीच धन संचलन

127. निम्नलिखित में से किस संगठन के सदस्य राज्यों ने नवंबर के पहले गुरुवार को साइबरबुलिंग सहित स्कूल में हिंसा और धमकाने के खिलाफ अंतर्राष्ट्रीय दिवस के रूप में घोषित किया।
(a) आर्थिक सहयोग और विकास संगठन (OECD)
(b) यूरोपीय संघ
(c) यूनेस्को
(d) एमनेस्टी इंटरनेशनल

128. वजीरएक्स, कॉइनस्विच कुबेर और कॉइनडीसीएक्स उदाहरण हैं-

(a) सेंट्रल बैंक डिजिटल मुद्राएं
(b) क्रिप्टो एक्सचेंज
(c) क्रिप्टोकुरेंसी
(d) डिजिटल वॉलेट

129. कभी-कभी समाचारों में चर्चित डेटर रिपोर्टिंग सिस्टम (DRS) को किसके द्वारा स्थापित किया गया था ?
(a) अंतर्राष्ट्रीय मुद्रा कोष (IMF)
(b) विश्व बैंक
(c) न्यू डेवलपमेंट बैंक (NDB)
(d) एशियाई विकास बैंक (ADB)

130. केंद्रीय भूजल प्राधिकरण (Central Ground Water Authority: CGWA) को किसके तहत गठित किया गया है ?
(a) पर्यावरण (संरक्षण) अधिनियम, 1986
(b) जल (प्रदूषण निवारण तथा नियंत्रण) अधिनियम 1974
(c) सार्वजनिक देयता बीमा अधिनियम, 1991
(d) खतरनाक अपशिष्ट (प्रबंधन और हैंडलिंग) नियम, 1989

131. भारतीय सेना प्रतिवर्ष 23 सितंबर को हाइफा दिवस के रूप में मनाती है ताकि तीन इंडियन कैवलरी रेजिमेंट्स को हाइफा को स्वतंत्र कराने में मदद करने के लिए उनके प्रति सम्मान व्यक्त किया जा सके। हाइफा किस देश में स्थित है ?
(a) सऊदी अरब
(b) जॉर्डन
(c) फिलिस्तीन
(d) इज़राइल

132. हाल ही में समाचारों में चर्चित 'समावेशी धन रिपोर्ट (Inclusive Wealth Report: IWR)' किसके द्वारा प्रकाशित की जाती है ?
(a) UNFCCC
(b) विश्व बैंक
(c) संयुक्त राष्ट्र पर्यावरण
(d) विश्व आर्थिक मंच

133. हाल ही में समाचारों में चर्चित 'लैम्पेडुसा द्वीप' स्थित है-
(a) भूमध्य सागर
(b) कैस्पियन सागर
(c) लाल सागर
(d) काला सागर

134. क्वाड देशों की नौसेनाओं का मालाबार नौसैनिक अभ्यास गुआम द्वीप के तट पर आयोजित किया गया था। गुआम द्वीप में स्थित है-
(a) हिंद महासागर
(b) जापान का सागर
(c) पश्चिमी प्रशांत महासागर
(d) तस्मान सागर

135. हाल ही में समाचारों में चर्चित हैती स्थित है-
(a) बाल्टिक सागर
(b) सरगासो सागर
(c) काला सागर
(d) कैरेबियन सागर

136. हाल ही में समाचारों में चर्चित मुकुंदरा हिल्स नेशनल पार्क स्थित है-
(a) महाराष्ट्र
(b) मध्य प्रदेश
(c) राजस्थान
(d) गुजरात

137. हाल ही में चर्चित क्लाइमेट फाइनेंस लीडरशिप इनिशिएटिव (CFLI), किसके द्वारा शुरू किया गया था ?
(a) भारत और यूएसए
(b) भारत और यूरोपीय संघ
(c) यूएसए और ईयू
(d) भारत और यूके

138. अखिल भारतीय ऋण और निवेश सर्वेक्षण पर नवीनतम सर्वेक्षण किसके द्वारा जारी किया गया है ?
(a) राष्ट्रीय सांख्यिकी कार्यालय (NSO)
(b) नीति आयोग
(c) वित्त मंत्रालय
(d) भारतीय रिजर्व बैंक

139. भारतीय वानस्पतिक सर्वेक्षण ने अपने नए प्रकाशन प्लांट डिस्कवरी 2020 में देश की वनस्पतियों में नई प्रजातियों को जोड़ा है। नई खोजों में, जंगली केले (Musa pradhanii) की एक प्रजाति की कहाँ खोज की गई थी-
(a) पश्चिमी घाट
(b) पूर्वोत्तर पर्वतमाला
(c) दार्जिलिंग
(d) केन्द्रीय उच्चभूमि

140. वैश्विक मीथेन प्रतिज्ञा (Global Methane Pledge), जिसका लक्ष्य इस दशक के अंत तक मीथेन उत्सर्जन में एक तिहाई की कटौती करना है, यह किन देशों के मध्य एक प्रयास है-
(a) भारत और अमेरिका
(b) यूएस और यूरोपीय संघ
(c) भारत और यूरोपीय संघ
(d) भारत, अमेरिका और यूरोपीय संघ

141. निम्नलिखित में से कौन-सा रोग जैविक युद्ध से हो सकता है ?
1. एंथ्रेक्स
2. बोटुलिज्म
3. चेचक
4. वायरल रक्तस्रावी बुखार
सही उत्तर कूट चुनिए:
(a) 1, 2, 3 (b) 2, 3
(c) 1, 2, 4 (d) 1, 2, 3, 4

142. संविधान के अनुच्छेद 239A संबंधित है-
(a) केंद्र शासित प्रदेशों के लिए नियम बनाने की राष्ट्रपति की शक्ति
(b) दिल्ली के संबंध में विशेष प्रावधान
(c) केंद्र शासित प्रदेशों के लिए विधायिका निर्माण की संसद की शक्ति
(d) केंद्र शासित प्रदेशों के लिए उच्च न्यायालय

143. अवैध शराब व्यापार पर अंकुश लगाने के लिए 'ऑपरेशन रेड रोज' किस राज्य में शुरू किया गया था ?
(a) केरल
(b) पंजाब
(c) तमिलनाडु
(d) असम

144. पोषण अभियान का लक्ष्य किसके पोषण स्तर में सुधार करना है-
1. बच्चे (0-6 वर्ष)
2. किशोर लड़कियां
3. गर्भवती महिलाएं और स्तनपान कराने वाली माताएं
सही उत्तर कूट चुनिए-
(a) 1, 2 (b) केवल 1
(c) 1, 3 (d) 1, 2, 3

145. विश्व सतत विकास शिखर सम्मेलन (World Sustainable Development Summit: WSDS) प्रमुख वार्षिक कार्यक्रम है-
(a) विश्व बैंक
(c) विश्व आर्थिक मंच
(c) ऊर्जा और संसाधन संस्थान (TERI)
(d) अंतर्राष्ट्रीय ऊर्जा एजेंसी (IEA)

146. आधुनिक भारत के इतिहास में माउंट हैरियट का संबंध किससे है ?
(a) आंग्ल-सिख युद्ध
(b) एंग्लो-मैरी युद्ध
(c) पाइका विद्रोह
(d) एंग्लो-मणिपुर युद्ध

147. राष्ट्रीय भूस्खलन संवेदनशीलता मानचित्रण (National Landslide Susceptibility Mapping: NLSM) किसके द्वारा किया गया है ?

(a) वैज्ञानिक और औद्योगिक अनुसंधान परिषद (CSIR)
(b) पृथ्वी विज्ञान मंत्रालय (MoES)
(c) भारतीय भूवैज्ञानिक सर्वेक्षण
(d) a और b दोनों

148. केंद्रीय भूजल प्राधिकरण (सीजीडब्ल्यूए) का गठन किसके तहत किया गया है-

(a) जल (प्रदूषण की रोकथाम और नियंत्रण) अधिनियम, 1974
(b) खतरनाक अपशिष्ट प्रबंधन और प्रबंधन अधिनियम, 1989
(c) सार्वजनिक देयता बीमा अधिनियम, 1991
(d) पर्यावरण (संरक्षण) अधिनियम, 1986

149. भारत के रक्षा क्षेत्र के संदर्भ में, हेलिना (HELINA) एक है-

(a) कम दूरी की सतह से सतह पर मार करने वाली बैलिस्टिक मिसाइल
(b) मध्यम दूरी की सतह से हवा में मार करने वाली मिसाइल
(c) एंटी टैंक गाइडेड मिसाइल
(d) अंतरमहाद्वीपीय बैलिस्टिक मिसाइल

150. कोदो, कुटकी और सानवा किसकी स्वदेशी किस्में हैं ?

(a) गेहूं (b) चावल
(c) बाजरा (d) मक्का

151. कैनारी द्वीपसमूह (Canary Islands) एक द्वीपसमूह है, जो स्थित है-

(a) प्रशांत महासागर
(b) हिंद महासागर
(c) अटलांटिक महासागर
(d) आर्कटिक महासागर

152. निम्न में से कौन रबी की फसल नहीं है ?

(a) जौ (b) अलसी
(c) सरसों (d) सोरगम

153. हालिया आंकड़ों के अनुसार वित्तीय वर्ष 2021-22 के पहले चार महीनों के दौरान निम्नलिखित में से कौन-सा राज्य प्रत्यक्ष विदेशी निवेश (FDI) का सबसे बड़ा प्राप्तकर्ता है ?

(a) महाराष्ट्र (b) गुजरात
(c) कर्नाटक (d) तमिलनाडु

154. आईयूसीएन लाल सूची के अनुसार, पांडिचेरी शार्क की संरक्षण स्थिति क्या है ?

(a) लुप्तप्राय
(b) सुभेद्य
(c) गंभीर रूप से लुप्तप्राय
(d) वन में विलुप्त

155. भारत के नियंत्रक और महालेखा परीक्षक हाल ही में, निम्नलिखित में से किस संगठन के बाहरी लेखा परीक्षक बने हैं ?

(a) आर्कटिक परिषद
(b) एशियन इन्फ्रास्ट्रक्चर इन्वेस्टमेंट बैंक
(c) पुनर्निर्माण और विकास के लिए अंतर्राष्ट्रीय बैंक
(d) अंतर्राष्ट्रीय परमाणु ऊर्जा एजेंसी

156. हाल ही में समाचारों में रही कथाप्रसंगम (Kathaprasangam) किस राज्य की एक प्रदर्शन कला है ?

(a) तमिलनाडु
(b) आंध्र प्रदेश
(c) तेलंगाना
(d) केरल

157. "तामेंगलोंग ऑरेंज/संतरा", हाल ही में प्राप्त जीआई टैग का संबंध है-

(a) नागालैंड
(b) मणिपुर
(c) मिजोरम
(d) त्रिपुरा

158. विधवा पुनर्विवाह अधिनियम, 1856 को पारित करने में निम्नलिखित में से कौन सहायक था ?

(a) राधाकांत देब
(b) ईश्वर चंद्र विद्यासागर
(c) गोपाल कृष्ण गोखले
(d) राजा राम मोहन राय

159. "परशुराम कुंड" (ParshuramKund), जिसका विकास हाल ही में प्रसाद योजना के तहत स्वीकृत किया गया है, यह स्थित है-

(a) उत्तराखंड (b) राजस्थान
(c) मध्य प्रदेश (d) अरुणाचल प्रदेश

160. हाल ही में समाचारोंमें रही 'थारू जनजाति' मुख्य रूप से निवास करती है-

(a) तराई निम्नभूमि
(b) पश्चिमी घाट
(c) पूर्वोत्तर भारत
(d) अंडमान द्वीप

161. निम्नलिखित में से कौन-सा झारखंड में प्रमुख आदिवासी समूह हैं ?

1. संथाल 2. उरांव
3. मुंडा 4. हो

सही उत्तर कूट चुनिए:

(a) 1, 2, 3 (b) 1, 2, 4
(c) 1, 3, 4 (d) 1, 2, 3, 4

162. मृत सागर एक लवणीय झील है, यह निम्नलिखित किन देशों के बीच स्थित है ?

(a) इज़राइल और जॉर्डन
(b) सीरिया और लेबनान
(c) इज़राइल और सीरिया
(d) जॉर्डन और सीरिया

163. ऑपरेशन "मेरी सहेली" संबंधित है-

(a) कोविड-19 टीकाकरण का इलेक्ट्रॉनिक रिकॉर्ड
(b) बच्चों के अवैध दत्तक ग्रहण को रोकना
(c) ट्रेनों से यात्रा करने वाली महिलाओं की सुरक्षा
(d) कार्यबल में लैंगिक असमानता को कम करना

164. हाल ही में समाचारों में चर्चित 'उत्सर्जन गैप रिपोर्ट 2020 (Emissions Gap Report 2020) किसके द्वारा जारी की गई है ?

(a) विश्व आर्थिक मंच
(b) राष्ट्र पर्यावरण कार्यक्रम (UNEP)
(c) जर्मनवाच
(d) वर्ल्ड वाइड फंड फॉर नेचर

165. ग्लोबल बायोडायवर्सिटी आउटलुक रिपोर्ट किसके द्वारा प्रकाशित की जाती है-

(a) वर्ल्ड वाइड फंड फॉर नेचर (WWF)
(b) संयुक्त राष्ट्र जैविक विविधता सम्मेलन (CBD)
(c) विश्व आर्थिक मंच
(d) संयुक्त राष्ट्र पर्यावरण कार्यक्रम (UNEP)

166. हाल ही में समाचारों में चर्चित "विदेश व्यापार महानिदेशालय" (Directorate General of Foreign Trade: DGFT), किस मंत्रालय के अधीन है ?

(a) वाणिज्य और उद्योग मंत्रालय
(b) वित्त मंत्रालय
(c) विदेश मंत्रालय
(d) गृह मंत्रालय

167. कभी-कभी समाचारों में चर्चित 'काहिरा प्रोग्राम ऑफ एक्शन' किससे संबंधित है ?

(a) जलवायु परिवर्तन का शमन
(b) जनसंख्या संबंधी मुद्दे
(c) बैलिस्टिक मिसाइलों का अप्रसार
(d) महासागरीय प्रदूषण को नियंत्रित करना

168. कभी-कभी समाचारों में चर्चित 'प्राइम एडिटिंग' संबंधित है-
(a) 3D प्रिंटिंग टेक्नोलॉजी
(b) जीनोम एडिटिंग तकनीक
(c) ब्लॉकचेन टेक्नोलॉजी
(d) क्वांटम संचार में उप-परमाणु कणों की एडिटिंग

169. कभी-कभी समाचारों में चर्चित 'न्यूमोकोनियोसिस (Pneumoconiosis)' है-
(a) रक्त में ग्लूकोज का उच्च स्तर
(b) ब्लैक लंग डिजीज
(c) रक्त में वसा का उच्च स्तर
(d) क्षय रोग

170. शांति की संस्कृति पर कार्रवाई की घोषणा और कार्यक्रम (Declaration and Programme of Action on a Culture of Peace) किसके द्वारा अपनाया गया था ?
(a) स्टॉकहोम इंटरनेशनल पीस रिसर्च इंस्टीट्यूट (SIPRI)
(b) संयुक्त राष्ट्र महासभा
(c) एमनेस्टी इंटरनेशनल
(d) संयुक्त राष्ट्र मानवाधिकार परिषद

171. हाल ही में 'नौका (Nauka), नामक अंतरिक्ष प्रयोगशाला किसके द्वारा शुरू की गई ?
(a) जापान (b) भारत
(c) रूस (d) चीन

172. एक कृषि उपज बाजार समिति (APMC) किसके द्वारा स्थापित की जाती है ?
(a) किसान उत्पाद संगठन (FPOs)
(b) अधिकृत स्थानीय क्षेत्र विक्रेता (ALAV)
(c) राज्य सरकार
(d) स्थानीय सरकार

173. कभी-कभी समाचारों में चर्चित "सेरेस, हौमिया और एरिस" है-
(a) क्रिप्टोकरेंसी
(b) नियर-अर्थ एस्टेरोइड
(c) आनुवंशिक रूप से संशोधित जीव
(d) मान्यता प्राप्त वामन (बौने) ग्रह

174. कभी-कभी समाचारों में चर्चित 'कफला व्यवस्था' का संबंध किससे है ?
(a) बेहतर मौसम, जलवायु और महासागरीय पूर्वानुमान और सेवाएं
(b) परमाणु हथियारों के प्रसार को रोकने के लिए IAEA सुरक्षा उपाय
(c) कानूनों की मानकीकृत प्रणाली जो सभी मध्य एशियाई देशों पर लागू होती है
(d) खाड़ी देशों में काम कर रहे प्रवासी मजदूरों की निगरानी करना

175. कभी-कभी समाचारों में चर्चित 'बालूखंड वन्यजीव अभयारण्य' कहाँ स्थित है ?
(a) बिहार (b) उत्तर प्रदेश
(c) ओडिशा (d) आंध्र प्रदेश

176. देश के अति विशिष्ट लोगों की सुरक्षा में तैनात किस सेंट्रल आर्म्ड पुलिस फ़ोर्स ने नई बटालियन को मंजूरी देने की मांग केंद्र सरकार से की है ?
(a) असम राइफल्स
(b) केंद्रीय औद्योगिक सुरक्षा बल (CISF)
(c) केन्द्रीय रिजर्व पुलिस बल (CRPF)
(d) इंडो तिब्बतन बॉर्डर पुलिस

177. पार्कर सोलर प्रोब का संबंध निम्नलिखित में से किससे है ?
(a) यूरोपीय स्पेस एजेंसी
(b) इसरो
(c) जाक्सा
(d) नासा

178. हाल ही में सुब्रमण्यम भारती की वर्षगांठ मनाई गई है, वह निम्नलिखित में से किस बात के लिए जाने जाते हैं ?
(a) आधुनिक तमिल शैली के जनक
(b) दक्षिण भारत के प्रख्यात शिल्पकार
(c) स्वाधीनता आन्दोलन के दौरान के भारतीय वैज्ञानिक
(d) इनमें से कोई नही

179. निम्नलिखित में से किस नेशनल पार्क में पार्क में तेंदुआ और हायना को कालर आइडी लगाए जाने का निर्णय हाल ही में हुआ है ?
(a) गंगोत्री नेशनल पार्क
(b) मानस नेशनल पार्क
(c) दुधवा नेशनल पार्क
(d) कूनो पालपुर नेशनल पार्क

180. निम्नलिखित में से किसे 56वें ज्ञानपीठ पुरस्कार से सम्मानित किया गया है ?
(a) दामोदर मौउजो
(b) नीलमणि फूकन
(c) जी शंकर कुरुप
(d) अक्कीतम अच्युतन नंबूदिरी

181. हाल ही में किस देश ने अपने आपको साल 2027 तक धूम्रपान मुक्त देश बनाने की घोषणा की है ?
(a) ऑस्ट्रेलिया
(b) बुल्गारिया
(c) भूटान
(d) न्यूजीलैंड

182. 'सी. राजगोपालाचारी' के संबंध में निम्नलिखित में से कौन-सा कथन असत्य है ?
(a) उन्हें स्वतंत्रता संग्राम में उनके योगदान और उनके साहित्यिक योगदान के लिए याद किया जाता है।
(b) साल 1916 में 'उन्होंने तमिल साइंटिफिक टर्म्स सोसाइटी' का गठन किया था।
(c) साल 2014 में उन्हें भारत के सर्वोच्च नागरिक पुरस्कार भारत रत्न से सम्मानित किया गया।
(d) वह भारत के अंतिम गवर्नर जनरल थे।

183. इंटरनेशनल डॉग डे (International Dog Day) निम्न में से किस दिन मनाया जाता है ?
(a) 26 अगस्त (b) 12 मार्च
(c) 25 अप्रैल (d) 18 मई

184. प्रशासनिक सुधार एवं जन शिकायत विभाग, भारत सरकार निम्नलिखित में से किस राज्य के सहयोग के साथ जिलावार सुशासन सूचकांक विकसित करेगा ?
(a) मध्य प्रदेश (b) राजस्थान
(c) गुजरात (d) उत्तर प्रदेश

185. इंडियन आइडल सीजन 12 के विनर पवनदीप राजन को किस राज्य के कला, संस्कृति व पर्यटन का ब्रांड एम्बेस्डर नियुक्त किया गया है ?
(a) बिहार (b) पंजाब
(c) उत्तराखंड (d) तमिलनाडु

186. द इकोनॉमिस्ट इंटेलिजेंस यूनिट की ताजा रिपोर्ट के अनुसार दुनिया के सबसे सुरक्षित शहरों की लिस्ट में किसे प्रथम स्थान प्राप्त हुआ है ?
(a) सिडनी (ऑस्ट्रेलिया)
(b) कोपनहेगन (डेनमार्क)
(c) टोक्यो (जापान)
(d) वेलिंग्टन (न्यूज़ीलैंड)

187. पांच हजार साल पुरानी सोहराई-कोहबर चित्रकला को जिसे GI tag दिया गया है, किस राज्य से जुड़ी है ?
(a) बिहार (b) उत्तर प्रदेश
(c) झारखंड (d) हिमाचल प्रदेश

188. किस राज्य सरकार ने किसान आंदोलन के दौरान मारे गए 104 किसानों व मजदूरों के स्वजनों को सरकारी नौकरियां देने के प्रस्ताव को मंजूरी दे दी है ?
(a) असम (b) उत्तर प्रदेश
(c) पंजाब (d) मध्य प्रदेश

189. हाल ही में राष्ट्रपति ने सर्वोच्च न्यायालय में कितनी महिलाओं सहित नौ न्यायाधीशों की नियुक्ति को मंजूरी दे दी है ?

(a) चार (b) सात
(c) आठ (d) तीन

190. भारत और किस देश ने 20 अगस्त 2021 को AK-103 राइफल खरीदने के लिए एक समझौते पर हस्ताक्षर किए हैं ?

(a) जापान (b) नेपाल
(c) चीन (d) रूस

191. भारत के अमित खत्री ने केन्या की राजधानी नैरोबी में अंडर-20 वर्ल्ड एथलेटिक्स चैंपियनशिप में 10 हजार मीटर पैदल चाल में कौन-सा पदक हासिल किया है ?

(a) स्वर्ण पदक (b) कांस्य पदक
(c) रजत पदक (d) इनमें से कोई नहीं

192. सुप्रीम कोर्ट ने महिलाओं को निम्न में से किस परीक्षा में भाग लेने के लिए अंतरिम आदेश पारित कर इसकी इजाजत दे दी है ?

(a) एनडीए (b) रेलवे
(c) एसएससी (d) इंडियन एयरफोर्स

193. हाल ही में किस राज्य सरकार ने प्रदेश में गोरखधंधा शब्द के इस्तेमाल पर प्रतिबंध लगा दिया है ?

(a) बिहार (b) झारखंड
(c) हरियाणा (d) तमिलनाडु

194. विश्व फोटोग्राफी दिवस निम्न में से किस दिन मनाया जाता है ?

(a) 20 जनवरी (b) 22 मार्च
(c) 12 मई (d) 19 अगस्त

195. हाल ही में किस देश ने संयुक्त राष्ट्र (UN) के सहयोग से दुनिया भर में काम कर रहे 'शांति सैनिकों' की सुरक्षा सुनिश्चित करने के लिये एक प्रौद्योगिकी मंच शुरू किया है ?

(a) नेपाल (b) भारत
(c) चीन (d) बांग्लादेश

196. विश्व मानवतावादी दिवस (World Humanitarian Day) निम्न में से किस दिन मनाया जाता है ?

(a) 15 मार्च (b) 10 जनवरी
(c) 12 जुलाई (d) 19 अगस्त

197. हाल ही में भारत सरकार ने प्रतिवर्ष किस तारीख को 'विभाजन विभीषिका स्मृति दिवस' के रूप में आयोजित करने की घोषणा की है ?

(a) 10 जनवरी (b) 12 मार्च
(c) 14 अगस्त (d) 15 जुलाई

198. हाल ही में प्रधानमंत्री ने वीडियो कॉन्फ्रेंसिंग के माध्यम से किस राज्य में निवेशक शिखर सम्मेलन को संबोधित करते हुए वाहन स्क्रैपिंग नीति का शुभारंभ किया ?

(a) पंजाब (b) गुजरात
(c) दिल्ली (d) असम

199. हाल ही में बांग्लादेश के किस ऑलराउंडर को आईसीसी प्लेयर ऑफ द मंथ अवार्ड दिया गया है ?

(a) नूरुल हसन (b) अफिफ हुसैन
(c) शमीम हुसैन (d) शाकिब अल हसन

200. ब्रिटिश कंपनी होउसेफ्रेश द्वारा तैयार की गयी रिपोर्ट के मुताबिक वर्ष 2020 में दुनियाभर में सबसे प्रदूषित देश निम्न में से कौन-सा था ?

(a) भारत (b) नेपाल
(c) बांग्लादेश (d) चीन

201. किस राज्य ने दिसंबर 2021 में महानदी नदी पर 'T-सेतु' नाम के T-आकार के लंबे पुल का शुभारंभ किया ?

(a) झारखंड
(b) ओडिशा
(c) पश्चिम बंगाल
(d) बिहार

202. निम्नलिखित में से किसे IGC 2021 के 16वें सत्र के दौरान मानवता की अमूर्त सांस्कृतिक विरासत की प्रतिनिधि सूची में अंकित किया गया था ?

(a) छठ (b) बथुकम्मा
(c) कथोक चेनमो (d) दुर्गा पूजा

203. उस राज्य का नाम बताइए जिसने हाल ही में (दिसंबर 2021 में) 3 नए जिले बनाए त्सेमिन्यु, नुइलैंड और चुमुकेदिमा ?

(a) सिक्किम (b) मिजोरम
(c) अरुणाचल प्रदेश (d) नागालैंड

204. दूरस्थ क्षेत्रों में मुफ्त स्वास्थ्य सेवा प्रदान करने के लिए किस राज्य ने मुख्यमंत्री वायु स्वास्थ्य सेवा योजना शुरू की ?

(a) असम (b) ओडिशा
(c) पंजाब (d) पश्चिम बंगाल

205. दिसंबर 2021 में, RBI ने केंद्रीय अप्रत्यक्ष कर और सीमा शुल्क बोर्ड (CBIC) की ओर से अप्रत्यक्ष कर एकत्र करने के लिए .... को अधिकृत किया।

(a) सिटी यूनियन बैंक
(b) RBL बैंक
(c) इंडसइंड बैंक
(d) CSB बैंक

206. लोकरंग 2021 का 11 दिवसीय 24वां संस्करण कहाँ उद्घाटन किया था ?

(a) दिसपुर, असम
(b) वाराणसी, उत्तर प्रदेश
(c) मुंबई, महाराष्ट्र
(d) जयपुर, राजस्थान

207. ताशकंद में आयोजित विश्व भारोत्तोलन चैंपियनशिप 2021 में किसने स्वर्ण पदक जीता ?

(a) झिल्ली दलबेहरा
(b) बिंद्यारानी देवी
(c) राजा मुथुपंडी
(d) कुंजरानी देवी

208. राष्ट्रीय अल्पसंख्यक अधिकार दिवस प्रतिवर्ष 18 दिसंबर को पूरे भारत में मनाया जाता है। भारत में पहला राष्ट्रीय अल्पसंख्यक अधिकार दिवस किस वर्ष मनाया गया ?

(a) 2015 (b) 2012
(c) 2009 (d) 2013

209. तमिलनाडु सरकार ने तमिलनाडु के राज्य गीत के रूप में 'तमिल थाई वाल्थु' की घोषणा की। यह .... के द्वारा यह लिखा गया था।

(a) सुब्रमण्यम भारती
(b) मनोनमनियम सुंदरनार पिल्लई
(c) VOC पिल्लै
(d) E V रामास्वामी

210. नवंबर 2021 में स्वीडन की पहली महिला प्रधानमंत्री कौन बनीं ?

(a) नजला बौडेन
(b) मैग्डेलेना एंडरसन
(c) काजा कल्लास
(d) नतालिया गवरिलिसा

211. दिसंबर 2021 में, वाणिज्य और उद्योग मंत्रालय ने बिहार मखाना का नाम बदलने के प्रस्ताव को स्वीकार करके .... कर लिया और अपने भौगोलिक पहचान (GI) टैग को बनाए रखा।

(a) भोजपुरी मखाना
(b) मिथिला मखाना
(c) अंग मखाना
(d) तिरहुत मखाना

212. इजराइल के इलियट में मिस यूनिवर्स के 70वें संस्करण में मिस यूनिवर्स 2021 का खिताब किसने जीता, जो तीसरी भारतीय मिस यूनिवर्स बनीं ?
(a) मानुषी छिल्लर (b) अनुकृति वासु
(c) मीनाक्षी चौधरी (d) हरनाज़ संधू

213. 10वीं वार्षिक विश्व सहकारी निगरानी (WCM) रिपोर्ट 2021 के अनुसार, दुनिया की शीर्ष 300 सहकारी समितियों में किस कंपनी को 'नंबर 1 सहकारी' स्थान दिया गया है ?
(a) चंबल फर्टिलाइजर्स एंड केमिकल्स लिमिटेड
(b) राष्ट्रीय केमिकल्स एंड फर्टिलाइजर्स लिमिटेड
(c) भारतीय किसान उर्वरक सहकारी लिमिटेड
(d) राष्ट्रीय कृषि सहकारी संघ लिमिटेड

214. राष्ट्रीय प्रदूषण रोकथाम दिवस प्रतिवर्ष 2 दिसंबर, 2021 को .... को चिह्नित करने के लिए पूरे भारत में मनाया जाता है।
(a) ज़ुको घाटी के जंगल की आग
(b) भोपाल गैस त्रासदी
(c) विशाखापत्तनम गैस रिसाव
(d) उत्तराखंड के जंगल की आग

215. दिसंबर, 2021 में IMF के पहले उप प्रबंध निदेशक (FDMD) के रूप में किसे नियुक्त किया गया था ?
(a) क्रिस्टालिना जॉर्जीवा
(b) एंटोनेट M सईह
(c) गीता गोपीनाथ
(d) जगदीश भगवती

216. मलेशिया के कुआलालंपुर में आयोजित मलेशियाई ओपन स्क्वैश चैंपियनशिप 2021 जीतने वाले पहले भारतीय कौन बने ?
(a) महेश मनगांवकर
(b) सौरव घोषाल
(c) मिगुएल रोड्रिगेज
(d) रमित टंडन

217. दिसंबर, 2021 में RBI द्वारा जारी आंकड़ों के अनुसार कौन-सा राज्य भारत का शीर्ष विनिर्माण केंद्र बनने के लिए महाराष्ट्र से आगे निकल गया ?
(a) कर्नाटक (b) तमिलनाडु
(c) उत्तर प्रदेश (d) गुजरात

218. वैज्ञानिकों ने 'Zographetus Dzonguensis' नामक चॉकलेट रंग की पंखों वाली तितली की खोज कहाँ की ?
(a) जम्मू और कश्मीर
(b) केरल
(c) सिक्किम
(d) तमिलनाडु

219. दिसंबर 2021 में, तमिलनाडु के पूर्व राज्यपाल कोनिजेती रोसैया का निधन हो गया। पहले उन्होंने किस राज्य के मुख्यमंत्री के रूप में कार्य किया ?
(a) गोवा (b) तमिलनाडु
(c) आंध्र प्रदेश (d) कर्नाटक

220. दिसंबर 2021 में दूसरे कार्यकाल के लिए गाम्बिया का राष्ट्रपति चुनाव किसने जीता ?
(a) सामिया सुलुहु
(b) अदामा बैरो
(c) जॉन मैगुफुली
(d) डेनिस ससौ एनगुएसो

221. दिसंबर 2021 में भारतीय राष्ट्रीय राजमार्ग प्राधिकरण (NHAI) के अध्यक्ष के रूप में किसे नियुक्त किया गया था ?
(a) सुखबीर सिंह संधू
(b) RK पांडे
(c) आशीष शर्मा
(d) अल्का उपाध्याय

222. पश्चिम बंगाल में गार्डन रीच शिपबिल्डर्स एंड इंजीनियर्स (GRSE) लिमिटेड द्वारा भारतीय नौसेना के लिए शुरू किए गए पहले सर्वेक्षण पोत परियोजना का नाम बताइए-
(a) निर्देशक (b) संधायक
(c) जलप्रहार (d) समुद्रयान

223. ओडिशा के भुवनेश्वर के कलिंग स्टेडियम में 2021 पुरुष FIH हॉकी जूनियर विश्व कप किस देश ने जीता ?
(a) नीदरलैंड (b) अर्जेंटीना
(c) फ्रांस (d) जर्मनी

224. दिसंबर 2021 में, पर्यावरण वन और जलवायु परिवर्तन मंत्रालय (MoEFCC) ने काजुवेली वेटलैंड को किस राज्य का 16वां पक्षी अभयारण्य घोषित किया ?
(a) आंध्र प्रदेश (b) तमिलनाडु
(c) कर्नाटक (d) तेलंगाना

225. स्वच्छ भारत मिशन- शहरी 2.0 के अंतर्गत 5 वर्षों के लिए भारत में अपशिष्ट प्रबंधन क्षेत्र को मजबूत करने के लिए (दिसंबर 2021 में) आवास और शहरी मामलों के मंत्रालय ने .... भारत के साथ एक समझौता ज्ञापन पर हस्ताक्षर किए।
(a) UNDP
(b) AIIB
(c) UNEP
(d) ADB

226. दिसंबर 2021 में, RBI ने ग्राहकों के लिए निकासी को 10,000 रुपए तक सीमित करने के लिए किस बैंक पर प्रतिबंध लगाया ?
(a) सारस्वत सहकारी बैंक लिमिटेड
(b) हिमाचल प्रदेश राज्य सहकारी बैंक लिमिटेड
(c) अहमदनगर मर्चेंट को-ऑपरेटिव बैंक लिमिटेड
(d) नगर अर्बन को-ऑपरेटिव बैंक लिमिटेड

227. हाल ही में राज्यपालों और उपराज्यपालों का .... सम्मेलन राष्ट्रपति भवन में आयोजित किया गया ?
(a) 49 वां (b) 50 वां
(c) 51 वां (d) 52 वां

228. हाल ही मे NTPC ने अक्षय ऊर्जा के क्षेत्र में सहयोग के लिए किसके साथ समझौता किया है ?
(a) भारत पेट्रोलियम
(b) इंडियन ऑयल
(c) हिंदुस्तान पेट्रोलियम
(d) रिलायंस इंडस्ट्रीज

229. हाल ही मे (National Education Day) राष्ट्रीय शिक्षा दिवस किस दिन मनाया गया ?
(a) 12 नवंबर (b) 11 नवंबर
(c) 14 नवंबर (d) 13 नवंबर

230. हाल ही मे केंद्र सरकार ने सेना की कितनी महिला अधिकारियों को स्थायी कमीशन देने पर सुप्रीम कोर्ट मे सहमति जताई है ?
(a) 10 (b) 11
(c) 12 (d) 13

231. भारत के वरुण ठक्कर और के.सी. गणपति ने ओमान में एशियाई 49वाँ नौकायन चैंपियनशिप में कौन-सा पदक जीता ?
(a) स्वर्ण पदक (b) रजत पदक
(c) कांस्य पदक (d) इनमें से कोई नहीं

232. हाल ही मे यूएई और बहरीन ने लाल सागर में किस देश के साथ नौसैनिक अभ्यास में हिस्सा लिया ?
(a) इजरायल (b) ओमान
(c) रूस (d) सऊदी अरब

233. हाल ही में भारत और किस देश के बीच 'संसद मैत्री संघ' (Parliament Friendship Association) को फिर से शुरू किया गया है ?

(a) कंबोडिया (b) मॉरीशस
(c) मालदीव (d) श्रीलंका

234. भारत और किस देश के बीच रक्षा प्रौद्योगिकी सहयोग के उद्देश्य से हाल ही में वर्चुअल बैठक संपन्न हुई है ?

(a) अमेरिका (b) रूस
(c) इजरायल (d) जर्मनी

235. हाल ही मे किस राज्य सरकार ने निर्माण कार्यों में लगे श्रमिकों की सहायता के लिये 'श्रमिक मित्र' योजना शुरू की है ?

(a) पश्चिम बंगाल (b) दिल्ली
(c) बिहार (d) झारखंड

236. निम्न मे से किस देश की सेना ने ओमान की खाड़ी में अपना वार्षिक युद्ध खेल "ज़ोल्फ़ाघर-1400" आयोजित किया ?

(a) ओमान (b) ईरान
(c) यू ए ई (d) सऊदी अरब

237. हाल ही मे वाणिज्य मंत्रालय द्वारा जारी LEADS (Logistics Ease Across Different States) 2021 रिपोर्ट के अनुसार कौन से भारतीय राज्य ने लॉजिस्टिक्स प्रदर्शन सूचकांक पर अपना शीर्ष स्थान बरकरार रखा है ?

(a) गुजरात (b) महाराष्ट्र
(c) कर्नाटक (d) तमिलनाडु

238. हाल ही मे केंद्रीय नागरिक उड्डयन मंत्रालय ने हवाई अड्डा आर्थिक नियामक प्राधिकरण अधिनियम, 2008 (AERA) के तहत भारत के किस हवाई अड्डे को "प्रमुख हवाई अड्डा" घोषित किया है ?

(a) बेंगलुरू (b) श्रीनगर
(c) गंगटोक (d) गुवाहाटी

239. हाल ही मे मित्राभा गुहा जिनकी उम्र महज 20 वर्ष है वह भारत की .... शतरंज ग्रैंड मास्टर बन गई है।

(a) 70वीं (b) 71वीं
(c) 72वीं (d) 73वीं

240. हाल ही मे संकल्प गुप्ता भारत के .... शतरंज ग्रैंडमास्टर बन गए है।

(a) 70वें (b) 71वें
(c) 72वें (d) 73वें

241. केंद्रीय मंत्रिमंडल ने भगवान बिरसा मुंडा (Bhagwan Birsa Munda) की जयंती को जनजातीय गौरव दिवस के रूप में घोषित करने की मंजूरी दे दी है। यह दिवस हर वर्ष किस दिन मनाया जाएगा ?

(a) 13 नवंबर (b) 15 नवंबर
(c) 12 नवंबर (d) 14 नवंबर

242. हाल ही मे कैबिनेट ने पेट्रोल में मिलाने के लिए इथेनॉल की कीमत में कितने तक की बढ़ोतरी को मंजूरी दी है ?

(a) ₹ 1.50 / लीटर (b) ₹ 1.90 / लीटर
(c) ₹ 1.47 / लीटर (d) ₹ 1.25 / लीटर

243. हाल ही मे अमेरिका अंतर्राष्ट्रीय सौर गठबंधन का .... सदस्य देश बना।

(a) 99 वां (b) 101 वां
(c) 100 वां (d) 95 वां

244. भारत ने 10 नवंबर 2021 को .... इलेक्ट्रिक वाहन जागरूकता वेब पोर्टल लॉन्च किया है।

(a) ई-अमृत पोर्टल (b) ई-इलेक्ट्रिक
(c) ई-वे ग्रीन (d) इलेक्ट्रिक इंडिया

245. हाल ही मे भारत ने अफगानिस्तान पर NSA-स्तरीय शिखर सम्मेलन की मेजबानी की है। इस शिखर सम्मेलन में कुल कितने देश शामिल हुए ?

(a) 4 (b) 5
(c) 6 (d) 7

246. हाल ही मे (World Pneumonia Day) विश्व निमोनिया दिवस किस दिन मनाया गया ?

(a) 08 नवंबर (b) 10 नवंबर
(c) 12 नवंबर (d) 14 नवंबर

247. हाल ही मे किस देश के सेना प्रमुख जनरल प्रभु राम शर्मा को भारतीय सेना के मानद जनरल रैंक से सम्मानित किया गया ?

(a) मॉरीशस (b) नेपाल
(c) कॉम्बोडिया (d) फ़िजी

248. हाल ही मे लोक सेवा प्रसारण दिवस किस दिन मनाया गया ?

(a) 08 नवंबर (b) 10 नवंबर
(c) 12 नवंबर (d) 14 नवंबर

249. हाल ही मे शांति और विकास के लिए विश्व विज्ञान दिवस किस दिन मनाया गया ?

(a) 12 नवंबर (b) 10 नवंबर
(c) 14 नवंबर (d) 13 नवंबर

250. हाल ही में पी.सी. मोदी को राज्यसभा का नया महासचिव नियुक्त किया गया है। इससे पहले वे निम्न मे से किसके अध्यक्ष थे ?

(a) CBDT
(b) इंडियन ऑइल
(c) एयरपोर्ट अथॉरिटी ऑफ इंडिया
(d) नैशनल ह्यूमन राइट कमिशन

251. हाल ही मे राष्ट्रीय कानूनी सेवा प्राधिकरण (NALSA) ने कानूनी सेवा दिवस किस दिन मनाया ?

(a) 08 नवंबर (b) 09 नवंबर
(c) 12 नवंबर (d) 10 नवंबर

252. भारत और .... ने ड्रोन, रोबोटिक, कृत्रिम बुद्धिमता और क्वांटम कंप्यूटिंग समेत अगली पीढ़ी की प्रौद्योगिकी और उत्पादों के संयुक्त रूप से विकास हेतु समझौता किया है।

(a) इजरायल (b) अमेरिका
(c) रूस (d) ब्रिटेन

253. हाल ही मे भारतीय नौसेना और .... के बीच समन्वित गश्ती (CORPAT) का 32वां संस्करण 12-14 नवंबर 2021 तक आयोजित किया गया।

(a) वियतनाम नौसेना
(b) इंडोनेशिया नौसेना
(c) रॉयल थाई नौसेना
(d) मलेशिया नौसेना

254. हाल ही मे किस भारतीय शिप्यार्ड ने भारतीय नौसेना को चौथी स्कॉर्पीन पनडुब्बी 'वेला' की सुपुर्दगी की है ?

(a) हिंदुस्तान शिप्यार्ड लिमिटेड
(b) कोचीन शिप्यार्ड लिमिटेड
(c) मझगांव डॉक लिमिटेड
(d) गोवा शिप्यार्ड लिमिटेड

255. पीएम मोदी ने हाल ही मे RBI की कितनी अभिनव ग्राहक-केंद्रित पहल की शुरुआत की ?

(a) एक (b) दो
(c) तीन (d) चार

256. हाल ही मे किस राज्य सरकार ने सड़क सुरक्षा पहल 'रक्षक की शुरुआत की है ?

(a) ओडिशा (b) उत्तर प्रदेश
(c) गुजरात (d) दिल्ली

257. भारत की पहली राष्ट्रीय योगासन स्पोर्ट्स चैंपियनशिप किस शहर में स्थापित की गई है ?

(a) चेन्नई (b) वाराणसी
(c) भुवनेश्वर (d) देहरादून

258. हाल ही में किस राज्य सरकार ने पुलिस में ट्रांसजेंडरों के लिए 1% आरक्षण की घोषणा की है?
(a) गुजरात सरकार (b) महाराष्ट्र सरकार
(c) दिल्ली सरकार (d) कर्नाटक सरकार

259. निम्न में से किस कैबिनेट ने पहले शिक्षक विश्वविद्यालय की स्थापना को मंजूरी दे दी है?
(a) दिल्ली कैबिनेट
(b) गुजरात कैबिनेट
(c) महाराष्ट्र कैबिनेट
(d) केरल कैबिनेट

260. फूड एंड ड्रग एडमिनिस्ट्रेशन ने हाल ही में किस बीमारी को रोकने के लिए एप्रेट्यूड इंजेक्शन को मंजूरी दे दी है?
(a) टीबी (b) एचआईवी
(c) निमोनिया (d) मलेरिया

261. वित्त वर्ष 2020-21 में डिजिटल लेनदेन में किस बैंक ने पहला स्थान हासिल किया है?
(a) केनरा बैंक
(b) आईसीआईसीआई बैंक
(c) बैंक ऑफ बड़ौदा
(d) इंडियन बैंक

262. मास्टरकार्ड और किस कंपनी ने हाल ही में एक टोकनाइजेशन विधि की घोषणा की है?
(a) फेसबुक
(b) गूगल
(c) ट्विटर
(d) माइक्रोसॉफ्ट

263. निम्न में से किस देश में हाल ही में 66 मिलियन साल पुराने डायनासोर के भ्रूण की खोज की गयी है?
(a) चीन
(b) जापान
(c) ऑस्ट्रेलिया
(d) अफ्रीका

264. नासा ने जूनो मिशन द्वारा किस ग्रह के चंद्रमा गैनीमेड के पास रिकॉर्ड की गई ध्वनि को जारी किया है?
(a) बुध
(b) शनि
(c) मंगल
(d) बृहस्पति

265. भारत सरकार और जर्मनी विकास बैंक ने किस मेट्रो रेल परियोजना के लिए 442.26 मिलियन यूरो के ऋण पर हस्ताक्षर किए है?
(a) दिल्ली मेट्रो रेल परियोजना
(b) मुंबई मेट्रो रेल परियोजना
(c) कोलकता मेट्रो रेल परियोजना
(d) सूरत मेट्रो रेल परियोजना

266. निम्न में से किस महिला खिलाडी को 5 अन्य लोगों के साथ बैडमिंटन वर्ल्ड फेडरेशन एथलीट आयोग के सदस्य के रूप में नियुक्त किया गया है?
(a) साइना नेहवाल
(b) पीवी सिंधु
(c) अवनि चतुर्वेदी
(d) दिव्या कपूर

267. इनमें से किसने हाल ही में टाटा संस की सहायक कंपनी टैलेस द्वारा एयर इंडिया के अधिग्रहण को मंजूरी दे दी है?
(a) नीति आयोग
(b) योजना आयोग
(c) भारतीय प्रतिस्पर्धा आयोग
(d) जनजातीय आयोग

268. एशियन चैम्पियंस ट्रॉफी-2021 में भारत की हॉकी टीम ने कौन-सा मेडल जीता है?
(a) गोल्ड मेडल
(b) सिल्वर मेडल
(c) ब्रोंज मेडल
(d) इनमें से कोई नहीं

269. हाल ही में किस देश ने सिनेमैटिक रिलीज़ में सेंसरशिप को समाप्त करने की घोषणा की है?
(a) जापान
(b) चीन
(c) संयुक्त अरब अमीरात
(d) अमेरिका

270. निम्न में से किस राज्य ने माओवादी प्रभावित जिलों में युवा खेल प्रतिभाओं को पोषित करने के उद्देश्य से 'SAHAY' योजना शुरू की है?
(a) बिहार (b) उत्तराखंड
(c) झारखंड (d) सिक्किम

271. केंद्रीय मंत्रिमंडल ने हाल ही में सेमीकंडक्टर को बढ़ावा देने के लिए कितने करोड़ रुपए की प्रोडक्शन लिंक्ड इंसेंटिव योजना को मंजूरी दे दी है?
(a) 46,000 करोड़ रुपए
(b) 56,000 करोड़ रुपए
(c) 66,000 करोड़ रुपए
(d) 76,000 करोड़ रुपए

272. महिलाओं के वित्तीय सशक्तिकरण के लिए किस राज्य ने हाल ही में 'मिशन शक्ति लिविंग लैब' शुरू करने के लिए UNCDF के साथ समझोता किया है?
(a) केरल
(b) ओडिशा
(c) हिमाचल प्रदेश
(d) मध्य प्रदेश

273. 20 दिसम्बर को विश्वभर में कौन-सा दिवस मनाया जाता है?
(a) अंतर्राष्ट्रीय मानव एकता दिवस
(b) अंतर्राष्ट्रीय एकता दिवस
(c) अंतर्राष्ट्रीय विज्ञान दिवस
(d) अंतर्राष्ट्रीय सुरक्षा दिवस

274. निम्न में से किस देश ने हाल ही में सुरक्षा उपायों पर नाटो के साथ मसौदा समझौता लांच किया है?
(a) जापान (b) चीन
(c) रूस (d) अमेरिका

275. हाल ही में किस देश ने नया शिक्षा कानून पारित किया है?
(a) जापान
(b) चीन
(c) अमेरिका
(d) ऑस्ट्रेलिया

276. 26 अक्टूबर को विश्वभर में कौन-सा दिवस मनाया जाता है?
(a) इंटरसेक्स जागरूकता दिवस
(b) सेक्स जागरूकता दिवस
(c) विज्ञान जागरूकता दिवस
(d) पोषण जागरूकता दिवस

277. भारत ने अपने किस पड़ोसी देश को हाल ही में जयनगर-कुर्था रेल लिंक सौपा है?
(a) भूटान
(b) नेपाल
(c) बांग्लादेश
(d) म्यामार

278. 27 अक्टूबर को विश्वभर में कौन-सा दिवस मनाया जाता है?
(a) विश्व श्रव्य-दृश्य विरासत दिवस
(b) विश्व विरासत दिवस
(c) विश्व शिक्षा दिवस
(d) विश्व शिक्षण पद्धति दिवस

279. भारतीय रिजर्व बैंक ने हाल ही में बलदेव प्रकाश को किस बैंक का अगला प्रबंध निदेशक और सीईओ नियुक्त किया है ?

(a) केनरा बैंक
(b) बैंक ऑफ इंडिया
(c) जम्मू-कश्मीर बैंक
(d) बैंक ऑफ बड़ोदा

280. निम्न में से किस राज्य सरकार ने प्राकृतिक संरक्षण मिशनों के प्रबंधन के लिए पहला विशेष प्रयोजन वाहन स्थापित किया है ?

(a) पंजाब सरकार
(b) महाराष्ट्र सरकार
(c) केरल सरकार
(d) तमिलनाडु सरकार

281. इनमें से किस राज्य की कैबिनेट ने नियोक्ताओं और कर्मचारियों के अधिकारों की सुरक्षा के लिए 'औद्योगिक संबंध नियम, 2021' को मंजूरी दे दी है ?

(b) बिहार (a) गुजरात
(c) दिल्ली (d) असम

282. प्रधानमंत्री नरेंद्र मोदी ने हाल ही में किस धार्मिक स्थल पर आदि शंकराचार्य की 12 फीट ऊंची प्रतिमा का अनावरण किया है ?

(a) वैष्णो देवी
(b) साईं बाबा मंदिर
(c) केदारनाथ
(d) इनमें से कोई नहीं

283. वेस्टइंडीज के किस ऑलराउंडर खिलाडी ने अंतर्राष्ट्रीय क्रिकेट से संन्यास की घोषणा की है ?

(a) कार्लोस ब्रैथवेट (b) ड्वेन ब्रावो
(c) केविन जेम्स (d) शिमरोन हेटमायर

284. भारत और किस देश ने हाल ही में 07 और व्यापार प्रवेश और निकास द्वार खोलने की घोषणा की है ?

(a) नेपाल
(b) भूटान
(c) म्यामार
(d) बांग्लादेश

285. भारतीय वायु सेना और किस संगठन ने स्वदेशी रूप से विकसित स्मार्ट एंटी-एयरफील्ड हथियार के दो उड़ान के सफलतापूर्वक परीक्षण किए हैं ?

(a) इसरो
(b) डीआरडीओ
(c) रक्षा मंत्रालय
(d) भारतीय नौसेना

286. 7 अक्टूबर को विश्वभर में कौन-सा दिवस मनाया जाता है ?

(a) कैंसर जागरुकता दिवस
(b) शिशु सुरक्षा दिवस
(c) दोनों
(d) इनमें से कोई नहीं

287. भारत के किस शहर में हाल ही में एक साथ 9,41,551 दीप जलाने का रिकॉर्ड गिनीज बुक ऑफ वर्ल्ड में दर्ज किया गया है ?

(a) मथुरा (b) अयोध्या
(c) द्वारका (d) कटरा

288. निम्न में से किस देश ने बड़े पैमाने पर इन्फ्लेटेबल मिसाइल डिटेक्शन सिस्टम का परीक्षण किया है ?

(a) इराक (b) ईरान
(c) इज़राइल (d) जापान

289. निम्न में से किस राज्य सरकार ने हाल ही में राज्य में इलेक्ट्रिक वाहनों पर मोटर वाहन करों और पंजीकरण शुल्क में पूर्ण छूट प्रदान करने की घोषणा की है ?

(a) केरल सरकार
(b) पंजाब सरकार
(c) महाराष्ट्र सरकार
(d) ओडिशा सरकार

290. केंद्रीय शिक्षा मंत्री धर्मेंद्र प्रधान ने हाल ही में कितनी भाषाओं में आम बोलचाल वाले वाक्य सीखने में मदद के लिए 'संगम ऐप' लांच किया है ?

(a) 7 भाषाओं
(b) 14 भाषाओं
(c) 22 भाषाओं
(d) 35 भाषाओं

291. भारत सरकार और विश्व बैंक ने किस राज्य में स्वास्थ्य में सुधार के लिए 40 मिलियन डॉलर के एक समझौता ज्ञापन पर हस्ताक्षर किए हैं ?

(a) केरल (b) गुजरात
(c) मेघालय (d) बिहार

292. संयुक्त राष्ट्र पर्यावरण कार्यक्रम ने हाल ही में किस सम्मेलन में 'International Methane Emissions Observatory' को लांच किया गया है ?

(a) ब्रिक्स शिखर सम्मेलन
(b) जी 20 शिखर सम्मेलन
(c) आसियान-भारत शिखर सम्मेलन
(d) इनमें से कोई नहीं

293. इनमें से किस मिशन को हाल ही में गिनीज बुक ऑफ वर्ल्ड रिकॉर्ड में शामिल किया गया है ?

(a) जिज्ञासा मिशन
(b) आत्मनिर्भर भारत मिशन
(c) राष्ट्रीय स्वच्छ गंगा मिशन
(d) स्वामित्व मिशन

294. राष्ट्रीय बाघ संरक्षण प्राधिकरण के किस राज्य के गुरु घासीदास राष्ट्रीय उद्यान और तमोर पिंगला वन्यजीव अभयारण्य को एक नया टाइगर रिजर्व घोषित कर दिया है ?

(a) महाराष्ट्र (b) पंजाब
(c) गुजरात (d) छत्तीसगढ़

295. विश्व स्वास्थ्य संगठन के प्रमुख टेड्रोस घेब्रेयसस का कार्यकाल कितने वर्ष के लिए बढ़ा दिया गया है ?

(a) 2 वर्ष (b) 3 वर्ष
(c) 4 वर्ष (d) 5 वर्ष

296. भारत सरकार ने हाल ही में प्रधानमंत्री के लिए कितने सदस्यीय आर्थिक सलाहकार परिषद का पुनर्गठन किया है ?

(a) तीन (b) पांच
(c) सात (d) दस

297. त्योहारों के मौसम में यात्रियों की अतिरिक्त भीड़ को कम करने के लिए रेलवे ने कौन से एक विशेष ट्रेन का उद्घाटन किया गया है ?

(a) संपर्क क्रांति
(b) विवेक एक्सप्रेस
(c) गतिमान एक्सप्रेस
(d) गति शक्ति एक्सप्रेस

298. निम्न में से कौन सी शताब्दी एक्सप्रेस हाल ही में पहली IMS प्रमाणित ट्रेन बन गयी है ?

(a) मध्य प्रदेश शताब्दी एक्सप्रेस
(b) विवेक शताब्दी एक्सप्रेस
(c) बिहार शताब्दी एक्सप्रेस
(d) चेन्नई-मैसूर-चेन्नई शताब्दी एक्सप्रेस

299. इनमें से किस राज्य के मंत्रिमंडल ने जाति आधारित जनगणना को मंजूरी दे दी है ?

(a) केरल मंत्रिमंडल
(b) गुजरात मंत्रिमंडल
(c) महाराष्ट्र मंत्रिमंडल
(d) आंध्र प्रदेश मंत्रिमंडल

300. भारतीय नौसेना के स्टेल्थ फ्रिगेट तुशील को हाल ही में किस देश के यंतर शिपयार्ड में लॉन्च किया गया है ?

(a) जापान
(b) रूस
(c) अमेरिका
(d) भारत

उत्तरमाला

1. (d)	2. (c)	3. (b)	4. (d)	5. (b)	6. (c)	7. (a)	8. (d)	9. (d)	10. (c)
11. (a)	12. (b)	13. (d)	14. (b)	15. (b)	16. (d)	17. (b)	18. (b)	19. (d)	20. (b)
21. (a)	22. (c)	23. (d)	24. (b)	25. (d)	26. (b)	27. (c)	28. (b)	29. (b)	30. (c)
31. (c)	32. (b)	33. (c)	34. (b)	35. (c)	36. (a)	37. (b)	38. (b)	39. (a)	40. (a)
41. (b)	42. (c)	43. (d)	44. (c)	45. (b)	46. (a)	47. (b)	48. (c)	49. (c)	50. (a)
51. (c)	52. (a)	53. (b)	54. (d)	55. (a)	56. (c)	57. (a)	58. (b)	59. (c)	60. (b)
61. (c)	62. (c)	63. (d)	64. (d)	65. (a)	66. (a)	67. (c)	68. (c)	69. (c)	70. (a)
71. (d)	72. (c)	73. (a)	74. (c)	75. (c)	76. (c)	77. (c)	78. (d)	79. (c)	80. (c)
81. (d)	82. (b)	83. (c)	84. (c)	85. (b)	86. (c)	87. (d)	88. (b)	89. (b)	90. (c)
91. (a)	92. (c)	93. (b)	94. (b)	95. (b)	96. (b)	97. (b)	98. (b)	99. (a)	100. (b)
101. (b)	102. (a)	103. (b)	104. (d)	105. (a)	106. (a)	107. (d)	108. (a)	109. (b)	110. (a)
111. (a)	112. (b)	113. (b)	114. (b)	115. (a)	116. (d)	117. (b)	118. (b)	119. (b)	120. (b)
121. (c)	122. (c)	123. (c)	124. (b)	125. (c)	126. (a)	127. (c)	128. (b)	129. (b)	130. (a)
131. (b)	132. (c)	133. (a)	134. (c)	135. (d)	136. (c)	137. (d)	138. (a)	139. (c)	140. (b)
141. (d)	142. (c)	143. (b)	144. (c)	145. (c)	146. (d)	147. (c)	148. (d)	149. (c)	150. (c)
151. (c)	152. (d)	153. (c)	154. (c)	155. (d)	156. (d)	157. (b)	158. (b)	159. (d)	160. (a)
161. (d)	162. (a)	163. (c)	164. (b)	165. (b)	166. (b)	167. (b)	168. (b)	169. (b)	170. (b)
171. (c)	172. (c)	173. (d)	174. (d)	175. (c)	176. (c)	177. (d)	178. (a)	179. (c)	180. (b)
181. (d)	182. (c)	183. (a)	184. (d)	185. (c)	186. (b)	187. (c)	188. (c)	189. (d)	190. (d)
191. (c)	192. (a)	193. (c)	194. (d)	195. (b)	196. (d)	197. (c)	198. (b)	199. (d)	200. (c)
201. (b)	202. (d)	203. (d)	204. (b)	205. (b)	206. (d)	207. (b)	208. (d)	209. (b)	210. (b)
211. (b)	212. (d)	213. (c)	214. (b)	215. (c)	216. (b)	217. (d)	218. (c)	219. (c)	220. (b)
221. (d)	222. (b)	223. (b)	224. (b)	225. (a)	226. (d)	227. (c)	228. (b)	229. (b)	230. (b)
231. (a)	232. (a)	233. (d)	234. (a)	235. (b)	236. (b)	237. (a)	238. (b)	239. (c)	240. (b)
241. (b)	242. (c)	243. (b)	244. (a)	245. (d)	246. (c)	247. (b)	248. (c)	249. (b)	250. (a)
251. (b)	252. (a)	253. (c)	254. (c)	255. (b)	256. (a)	257. (c)	258. (d)	259. (a)	260. (b)
261. (c)	262. (b)	263. (a)	264. (d)	265. (d)	266. (b)	267. (c)	268. (c)	269. (c)	270. (c)
271. (d)	272. (b)	273. (a)	274. (c)	275. (b)	276. (a)	277. (b)	278. (a)	279. (c)	280. (d)
281. (d)	282. (d)	283. (c)	284. (b)	285. (b)	286. (c)	287. (b)	288. (c)	289. (d)	290. (c)
291. (c)	292. (b)	293. (c)	294. (d)	295. (d)	296. (c)	297. (d)	298. (d)	299. (d)	300. (b)

❑❑❑